2016

JIANGXI NIANJIAN

江西年鉴

江西省地方志编纂委员会 编

主 编 刘 奇

副主编 毛伟明

殷美根

张 勇

梅 宏

刘晓艺

中国时代经济出版社

图书在版编目(CIP)数据

江西年鉴.2016 / 江西省地方志编纂委员会编. --北京:中国时代经济出版社,2016.9
ISBN 978-7-5119-2615-9

Ⅰ.①江… Ⅱ.①江… Ⅲ.①江西省-2016-年鉴 Ⅳ.①Z525.6

中国版本图书馆 CIP 数据核字(2016)第 212449 号

书　　名:江西年鉴(2016)
作　　者:江西省地方志编纂委员会　编

出版发行:中国时代经济出版社
社　　址:北京市丰台区玉林里 25 号楼
邮政编码:100069
发行热线:(010)83910203
传　　真:(010)83910203
网　　址:www.cmepub.com.cn
电子邮箱:zgsdjj@hotmail.com
经　　销:各地新华书店
印　　刷:江西龙莹印务有限公司
开　　本:889×1194　1/16
字　　数:1731 千字
印　　张:36.75
版　　次:2016 年 9 月第 1 版
印　　次:2016 年 9 月第 1 次印刷
书　　号:ISBN 978-7-5119-2615-9
定　　价:400.00 元

本书如有破损、缺页、装订错误,请与本社发行部联系更换

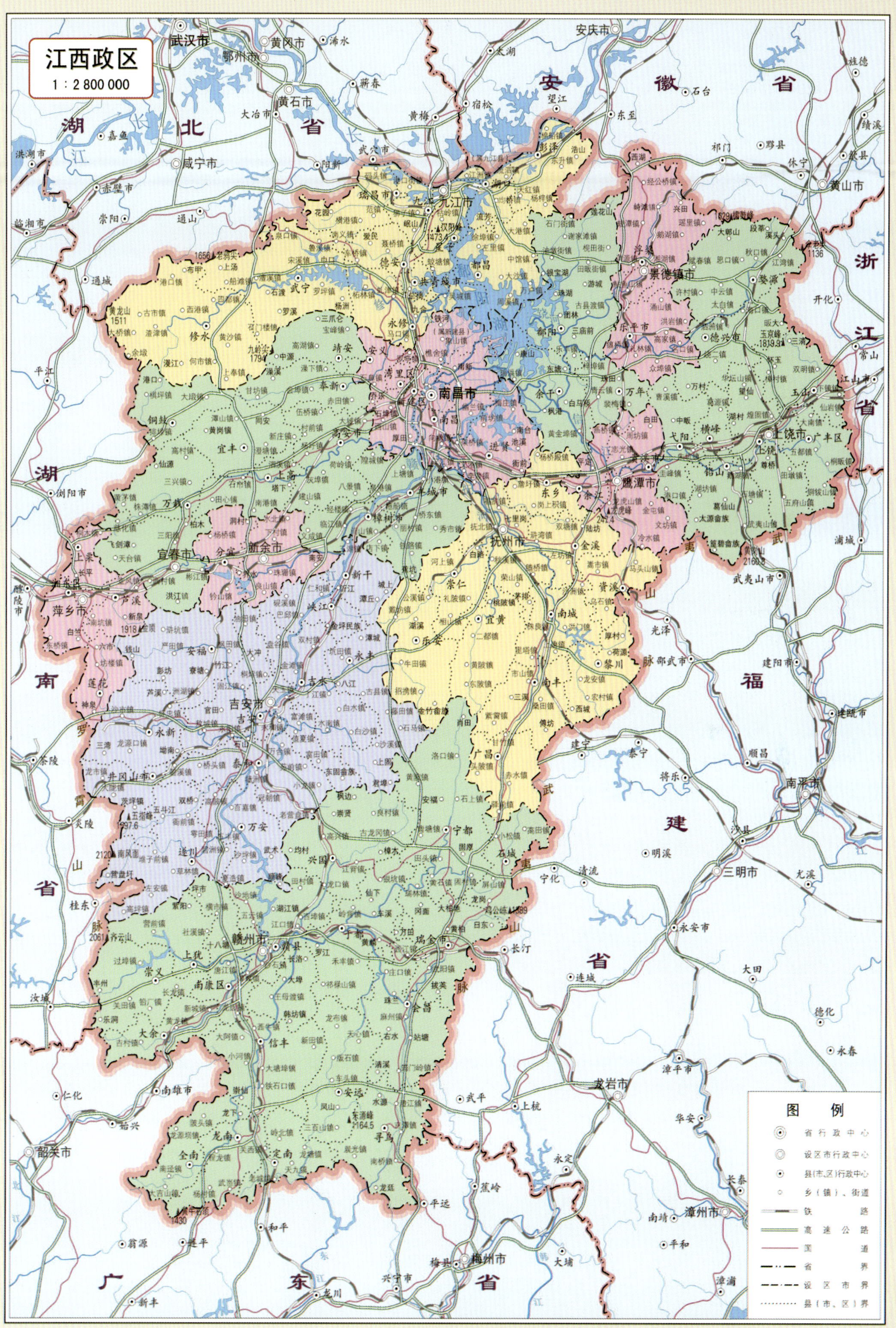

江西省测绘地理信息局编制　审图号：赣S（2016）004号

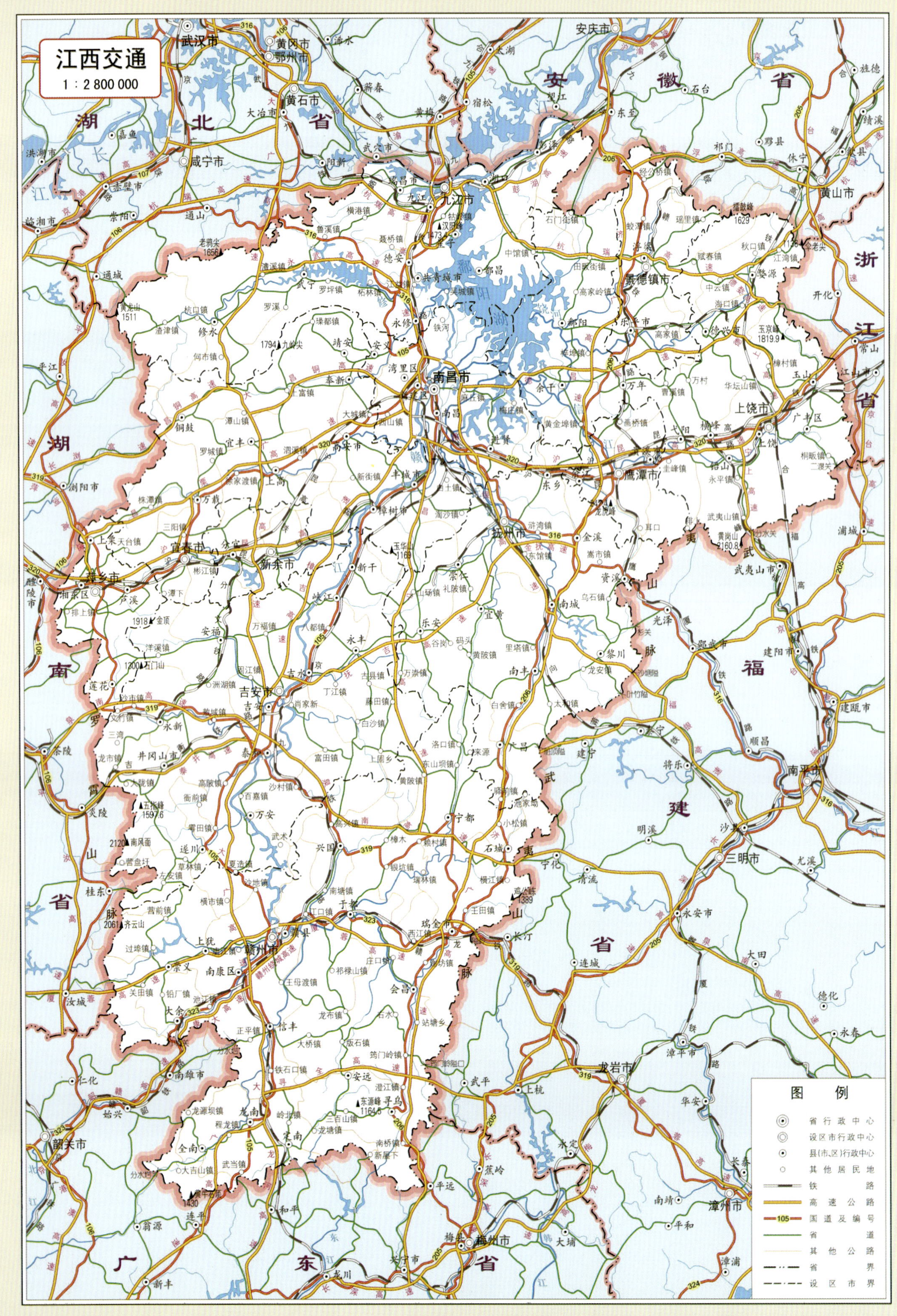

江西省测绘地理信息局编制　审图号：赣S（2016）004号

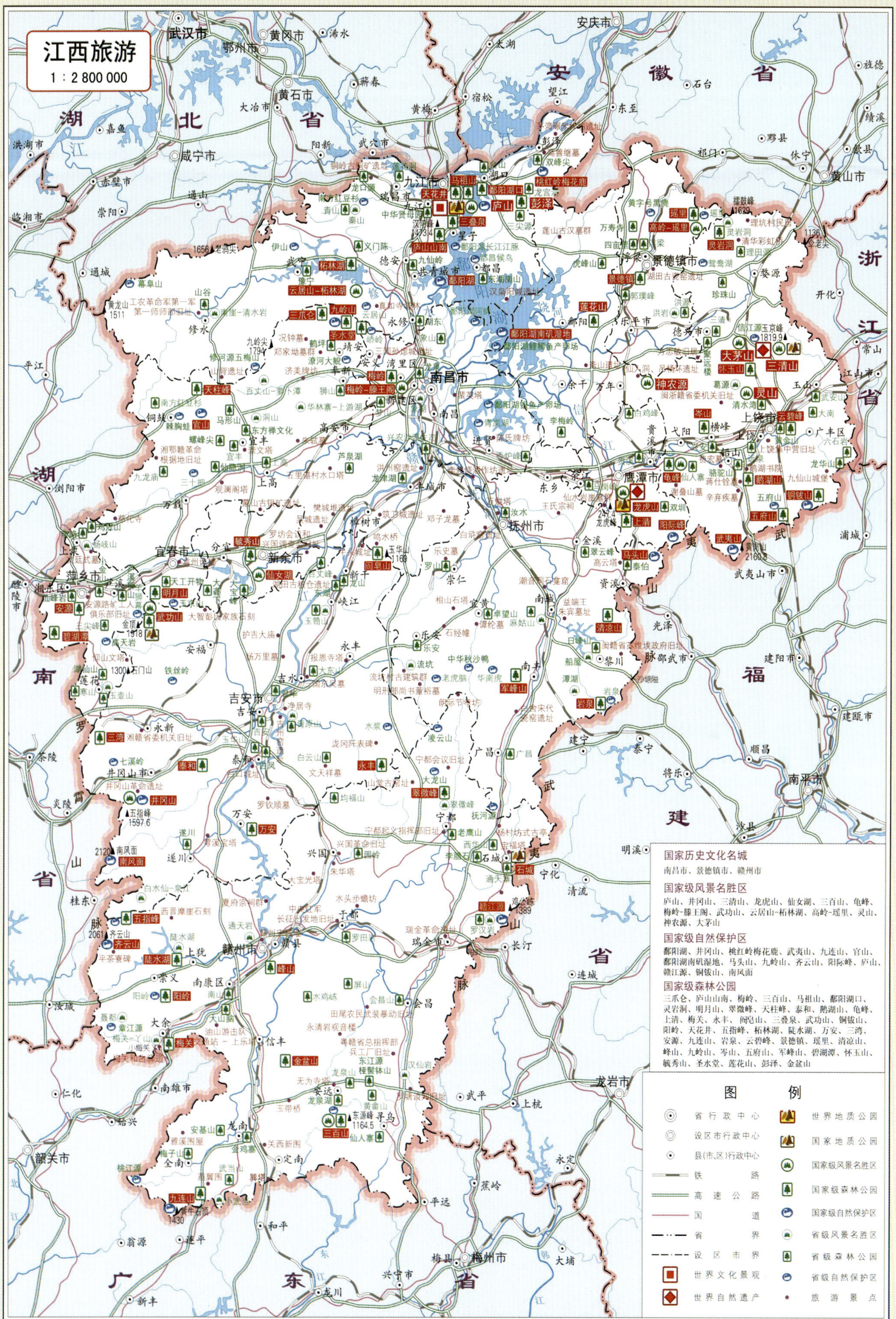

江西省测绘地理信息局编制　审图号：赣S（2016）004号

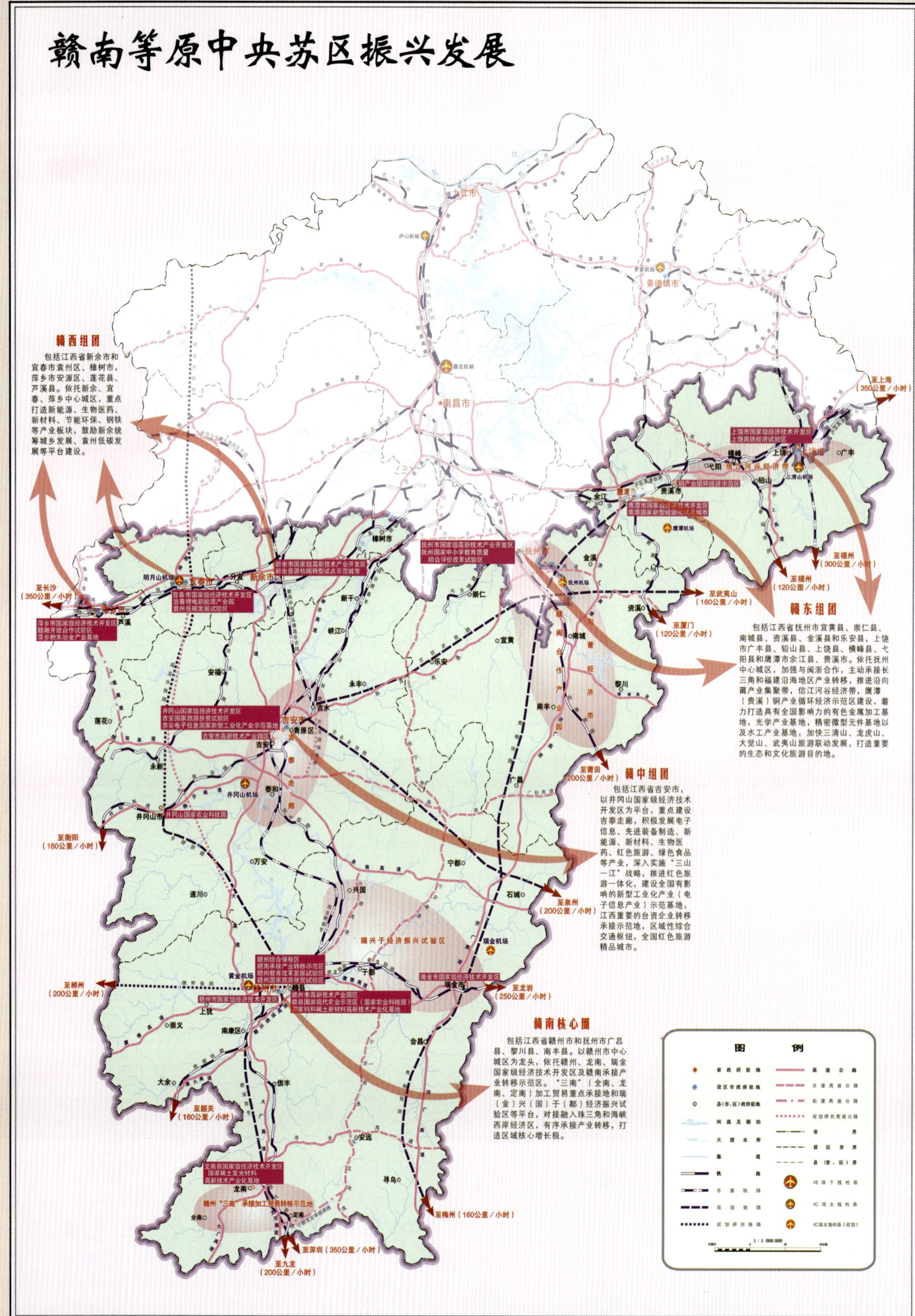

江西省测绘地理信息局编制　审图号：赣S（2015）25号

中共江西省委十三届十一次全体会议

7月21日—22日，中共江西省委十三届十一次全体会议在南昌召开。会议总结上半年经济工作，分析当前经济形势，安排下半年主要任务，研究深入贯彻“发展升级、小康提速、绿色崛起、实干兴赣”十六字方针特别是全力推进绿色崛起工作。

▲省委书记强卫发表讲话

▲省委副书记、省长鹿心社部署下半年经济工作

▲会议现场

（本版图片均为梁振堂拍摄）

中共江西省委十三届十二次全体会议

11月23日—24日，中共江西省委十三届十二次全体会议在南昌召开。会议总结2015年省委常委会工作，研究部署2016年全省各项工作，审议并通过《中共江西省委关于制定全省国民经济和社会发展第十三个五年规划的建议》。

▲省委书记强卫发表讲话

▲省委副书记、省长鹿心社就“十三五”规划建议做说明

▲会议现场

（本版图片均为梁振堂拍摄）

省十二届人大四次会议

1月27日—31日，省十二届人大四次会议在南昌召开。会议通过了关于政府工作报告的决议、关于江西省2014年国民经济和社会发展计划执行情况与2015年国民经济和社会发展计划的决议、关于江西省2014年预算执行情况和2015年预算的决议、关于江西省人大常委会工作报告的决议、关于江西省高级人民法院工作报告的决议、关于江西省人民检察院工作报告的决议、关于大力推进生态文明先行示范区建设的决议及其他人事任免事项。

▲ 强卫主持开幕式并宣布大会开幕
（梁振堂 摄）

▲ 鹿心社作政府工作报告
（朱文标 摄）

▲1月28日，来自瑞金的代表杨丽娜发完言后用甜美的歌喉力推瑞金红色旅游。她建议加大保护古村落力度，免费开放瑞金革命旧址景区
（梁振堂 摄）

▲ 会议现场
（周霖 摄）

省政协十一届三次会议

1月26日—29日，省政协十一届三次会议在南昌召开。会议通过了省政协十一届三次会议决议，省政协十一届三次会议关于提案初步审查情况的报告；增选胡幼桃为十一届省政协副主席，史蓉蓉（女）、刘鹰、孙晓山、张传发、姚电、谢斌为十一届省政协常务委员。

▲政协主席黄跃金在闭幕会上讲话

▲1月26日，省“两会”新闻中心首场全媒体访谈直播现场。主持人代表网民通过网络、微博、微信和新闻客户端等新闻媒体在线提问，由嘉宾互动作答

▲会议现场

（本版图片均为朱文标拍摄）

纪念抗日战争胜利70周年

9月3日，中国人民抗日战争暨世界反法西斯战争胜利70周年纪念日。全省贯彻落实中央关于纪念中国人民抗日战争暨世界反法西斯战争胜利70周年重大活动的安排部署，在省委、省政府的重视和谋划下，开展了形式多样、丰富多彩的系列纪念活动。

◀9月2日，强卫（前排左一）、鹿心社（前排左二）、莫建成（前排左三）等省委、省人大、省政府、省政协四套班子领导，省法院、省检察院、省军区、省武警总队主要负责人在南昌参观“江西（南昌）人民抗日战争史迹展”

（梁振堂 摄）

▶南昌市西湖区开展“红旗飘飘、闪耀中华”抗战歌曲传唱活动，弘扬抗战精神和红色文化。图为8月30日，数百名志愿者在绳金塔街道挥舞手中红旗，高唱《松花江上》《义勇军进行曲》等抗战爱国歌曲

（海波 摄）

◀9月1日，开学第一天，上饶市信州区逸夫教育集团第十二小学的孩子们组成“70”字样，纪念中国人民抗日战争暨世界反法西斯战争胜利70周年。当日，该校开展“铭记历史、圆梦中华”主题活动

（林君 摄）

全面参与“一带一路”重大战略

5月15日，为策应国家“一带一路”重大战略，抓抢历史性发展机遇，省政府印发《江西省参与丝绸之路经济带与21世纪海上丝绸之路建设实施方案》，提出全面参与“一带一路”重大战略。江西依托国内国际大通道，向西北、西南打通对接中亚、中东欧、欧盟的“陆上丝绸之路”；向东南以出海铁路、沿海公路、港口连接“海上丝绸之路”；把南昌、赣州两城打造成为连接“一带一路”的空中走廊。江西将建设成为连接“一带一路”内陆战略通道、内陆开放合作高地、生态文明国际合作重要平台。

▲4月27日，江西与福建两省在福州举行合作发展交流会，进一步加强国家“一带一路”、自贸区、赣南等原中央苏区振兴发展等重大战略协同

（周霖 摄）

▲5月27日—29日，省长鹿心社率江西代表团在香港出席2015年赣港经贸合作活动。图为5月28日，鹿心社在江西省重点产业集群投资合作推介会上发表主旨演讲

（海波 摄）

▲6月17日—25日，省委书记强卫应邀率团访问澳大利亚、新西兰、新加坡，并开展系列经贸文化合作活动。图为6月18日，强卫在中国（江西）—新加坡经贸合作推介会上作主旨演讲

▲6月28日，合福高铁开通运营。图为一列高铁动车途径五府山站

（林君 摄）

▲7月7日，以江西国际经济技术合作公司为项目总承包单位的肯尼亚加里萨50兆瓦光伏电站项目两国政府优惠贷款框架协议签署。该项目总投资1.38亿美元，为非洲国家最大的光伏电站项目之一，也是江西在非洲的第一个光伏电站项目

（江西国际经济技术合作公司 供稿）

▶7月18日，意大利米兰举办的第四十二届世界博览会中国馆上演了一场“江西秀”——米兰世博会江西活动日。江西活动日的主题为“秀美江西、生态农业、绿色崛起”。图为江西绿色农业发展成就展亮相中国馆

（省贸促会 供稿）

▲8月19日，第十三届赣台（宜春）经贸文化合作交流大会在宜春市开幕

（梁振堂 摄）

◀10月18日，2015年第十二届中国景德镇国际陶瓷博览会开幕
（杨继红 摄）

▶10月20日，赣州综合保税区（一期）通过由海关总署、国家发改委等十部委组成的国家联合验收组验收，标志着江西省首个综合保税区正式封关
（赣州市地方志办 供稿）

▲12月5日—9日，江西省党政代表团到上海市、江苏省考察学习。双方就贯彻国家长江经济带、“一带一路”战略，围绕推进“十三五”赣沪、赣苏新合作、新发展深入交流。图为江西省党政代表团在江苏省考察
（梁振堂 摄）

▲12月26日，赣瑞龙铁路开通，标志赣南结束没有动车开行的历史。图为来自赣南的游客兴奋地欣赏窗外美景
（林君 摄）

大众创业 万众创新

7月18日，省政府印发《江西省人民政府关于大力推进大众创业万众创新若干政策措施的实施意见》，进一步优化创业创新环境，激发全社会创业创新活力。2015年，全省专利授权量增长74.7%，高新技术产业增长10.4%，全省私营企业突破40万户，有16万人成了新创客，创业孵化基地等创业平台增至208个。以创新引领创业，以创业推动创新，正在汇成经济新常态下江西发展的新动力。

▲3月13日，江西省首张“三证合一”营业执照在南城县行政中心发放。这标志着江西省“三证合一”登记制度正式实施

（南城县地方志办 供稿）

▲由南昌大学教授江风益团队完成的“硅衬底高光效GaN基蓝色发光二极管”获2015年国家技术发明奖一等奖（全国唯一），实现了江西在该奖项上零的突破

（尹君伊 摄）

▲江西天海科技发展有限公司立足地方中药材资源优势，以掌叶覆盆子等地方药食同源植物资源为依托，联合中国科学院、中国农业大学等科研院校组建了国内首个覆盆子基础研究平台，承担7项国家级科研课题，大力发展健康产业。图为该公司科研人员正在进行临床营养品课题研究

（林君 摄）

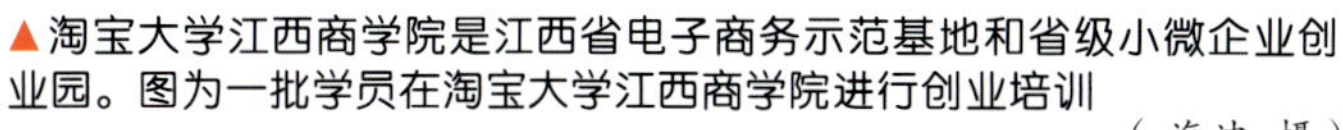

▲淘宝大学江西商学院是江西省电子商务示范基地和省级小微企业创业园。图为一批学员在淘宝大学江西商学院进行创业培训

（海波 摄）

▲横峰县通过“互联网+农产品”营销模式，将当地的葛粉、葡萄、山茶油等特色农产品，在天猫、淘宝等电商平台上销售，实现“农货上线、网货下乡”。图为横峰县农村电商创业园的销售人员正在网上售卖当地农产品

（林君 摄）

▲ 创业者在宜春市人力资源服务平台小额担保贷款绿色通道窗口办理贷款。该平台为创业者提供创业培训、项目推介、小额贷款、专家指导、跟踪服务一条龙扶持。已累计为8.37万名创业者提供小额担保贷款80.79亿元，带动就业33.74万人

（海波 摄）

◀《互联网周刊》公布的2015中国互联网思维咖啡馆排行榜Top100，江西省先锋天使咖啡众创空间入列。图为江西省众创空间的佼佼者——先锋天使咖啡

（朱文标 摄）

▶分宜县组织一批民营企业和高等院校合作，推动民营企业申报自主知识产权。全县专利申请量361件，授权250件，专利申报量逐年递增。图为分宜县工业园区内好英王光电企业车间，该企业拥有自主知识产权32项

（海波 摄）

经济发展稳中有进

2015年是完成“十二五”规划的收官之年，全省实现地区生产总值16723.8亿元，增长9.1%，增速高于全国平均水平2.2个百分点。针对经济下行压力加大的严峻形势，打出稳增长“组合拳”，深化改革，突出创新驱动，大力推进重大项目建设，产业结构进一步优化，基础设施建设取得新突破。“稳”字当头，“进”字为重，经济迈出了稳中有进的“江西节奏”。

▲3月17日，江西航空有限公司经民航华东地区管理局批准建立。12月30日，一架喷涂“鹤舞青花”的波音737-800飞机完成首次验证飞行

（江西航空有限公司 供稿）

▲4月26日，峡江水利枢纽1号机并网发电，至此，9台机组已全部建成并实现并网发电

（峡江县地方志办 供稿）

▶4月28日，省盐业集团宣布增资扩股，并在江西产权交易所以公开挂牌交易方式引进投资者。这是全省首家试点实施混合所有制经济改革的省属国有企业

（省国资委 供稿）

◀乐平市被批准为第三批国家级现代农业示范区，推进蔬菜、粮油、养殖现代化，40余家龙头企业入驻。图为鸬鹚乡光伏科技大棚内，菜农采收香菇

（徐铮 摄）

▶位于奉新的鸿圣（江西）彩印包装实业有限公司企业车间一派繁忙。该企业融资1亿多元港币，建设全省第一家环保合成纸项目

（海波 摄）

▲12月15日，江西银行启动会在南昌举行，这是江西省第一家省级法人银行。江西银行由南昌银行吸收合并景德镇商业银行组建而成

（洪鸣 摄）

►南昌市昌南工业园区借助江铃集团和洪都航空工业集团的产业辐射，做大做优一批都市劳动密集型产业，成为发达地区产业梯度转移的承接基地、大中型产业配套产品加工基地、科研成果的转化基地及民营企业的创业基地。图为该工业园区一汽车配件制造车间

（海波 摄）

▲江铃汽车针对微型电动轿车市场开发新能源汽车E100，最高时速80千米，续航里程150千米，已获得国家新能源汽车公告。2015年7月，南昌经济技术开发区率先使用新能源E100电动车，并启动新能源汽车充电桩的网点布局

（海波 摄）

▲江西高鑫电瓷电气企业拥有国内先进的电瓷工艺装备和检测手段，具有自营进出口权，是国内首家采用成型、上釉自动化生产工艺企业。公司产品销往美国ABB、美国西门子等公司，国际市场占有率超50%

（海波 摄）

▲12月23日，由江西省人民政府与全国工商联共同主办的“全国知名民营企业助推江西发展升级大会”在南昌举行。这也是2015年“民企入赣”主题招商最后一场重大活动

（李星 摄）

►12月26日，南昌地铁1号线开通试运营。这是全省第一条地铁线路。图为地铁乘客在排队买票

（杨继红 摄）

▲12月28日，南昌至宁都、南昌至上栗高速公路建成，至此全省高速公路里程突破5000千米。图为昌宁高速

（省交通运输厅 供稿）

文化事业繁荣发展

繁荣艺术精品创作，重视历史文化保护传承和合理利用，加强对外文化交流，积极融入“一带一路”国家战略，提高公共文化服务体系建设，推进文化产业发展，成功举办多项国际体育赛事，精神文明建设取得明显成效，各项文化事业繁荣发展。

▲2月28日，中央文明委在北京人民大会堂举行颁奖仪式，授予南昌“第四届全国文明城市”称号

（南昌市史志办 供稿）

▶1月27日—2月2日，中国·玉山2015CBSA得尔乐杯首届中式台球世锦赛在玉山举行，共有来自四大洲23个国家的304名球员参赛

（玉山县地方志办 供稿）

◀9月12日—23日，第六届环鄱阳湖国际自行车大赛在赣州上犹县文体中心拉开为期12天的战幕。图为来自中华台北ATG职业车队的卢绍轩获得首站冠军，振臂高呼

（杨继红 摄）

◀江西积极参与部省合作项目，推动海外中国文化中心项目共建共享。7月20日，为期22天的“千年瓷都——中国景德镇陶瓷文化展”在西班牙马德里中国文化中心落下帷幕。该展览是2015年度部省对口合作计划的第一个文化交流活动

（省文化厅 供稿）

▶8月12日，“共话赣陶情，同筑中国梦”江西省文化援疆慰问首场演出，在新疆阿克陶县举行。此次慰问演出共4场，于14日晚结束

（陈祖祯 摄）

▼8月11日，瑞金市被列为国家历史文化名城。瑞金市历史悠久，红色文化特色突出，革命历史遗存丰富，是人民共和国的摇篮和苏区精神的主要发源地，城市传统格局保存较好，具有重要的历史文化价值

（瑞金市地方志办 供稿）

◀9月19日—23日，2015（乙未）年台湾千人专场授箓活动在江西鹰潭龙虎山嗣汉天师府举行。这是嗣汉天师府首次大规模对台湾地区道教信徒进行专场授箓

（鹰潭市史志办 供稿）

▼永新盾牌舞属第一批国家级非物质文化遗产。永新盾牌舞唯一的国家级传承人吴三桂自购设备教孩子们练习盾牌舞

（林君 摄）

▲82岁的工艺美术大师蒋根水正在创作瓷板画。2008年，南昌瓷板画入选第二批“国家级非物质文化遗产”保护名录。为加强南昌瓷板画的保护与市场开发，南昌投入巨资建立南昌瓷板画研究中心

（朱文标 摄）

▼10月22日晚，南昌“一江两岸”建筑灯光秀挑战“最多建筑参与固定性声光秀”吉尼斯世界纪录活动，在滕王阁举行并挑战成功。“一江两岸”景观照明工程自2013年12月正式亮灯，两岸建筑灯光秀全长8千米，由296栋建筑参与联动表演

（海波 摄）

南昌汉代海昏侯国遗址考古发掘

2015年，位于南昌新建区大塘坪乡附近的汉代海昏侯国遗址进入主墓发掘阶段。历经5年的考古发掘，出土2万多件文物。这是一座全国迄今发现的保存最好、结构最完整、功能布局最清晰、拥有最完备祭祀体系的西汉列侯墓园。

◀11月14日，南昌汉代海昏侯墓主椁室考古发掘正式启动。图为考古发掘现场

▲11月14日，考古工作人员小心翼翼地将一块屏风取出。这是国内出土最早的画有圣人孔子像的漆木屏风

▲11月17日，南昌汉代海昏侯墓主椁室，考古工作人员正在清理马蹄金表面泥土

►11月17日，南昌汉代海昏侯墓出土文物在江西省博物馆首次免费向市民开放。该展持续1个月，展出考古5年来陆续出土的文物113件

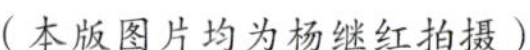

（本版图片均为杨继红拍摄）

以人为本　保障民生

大力保障改善民生，安排1000亿元资金用于民生工程，50件民生实事全面完成。完成扶贫移民搬迁10.6万人，全年减贫72万人；全年棚改开工16.54万套，基本建成12.45万套；城镇居民人均可支配收入2.65万元，增长9%；农村居民人均可支配收入1.11万元，增长10.1%。社会保障水平稳步提高，教育事业全面发展，社会保持和谐稳定。

◀横峰县众德芦笋种植基地将政府扶持资金60余万元作为49户贫困户的入股资金，直接参与经营的贫困户，年人均可获分红1500元以上。图为该基地农户采摘芦笋

（林君　摄）

▶兴国县按照“扶贫驻点、合作社引领”的模式，实现产业扶持与精准扶贫有效对接，助推有带动力的产业发展，帮助村民脱贫致富。图为兴国县塘石村村民忙着分拣新鲜烟叶

（海波　摄）

◀全省农村义务教育学校标准化工程基本完成。累计改造村小和教学点10008所，改造校舍364万平方米，购置图书948万册、教学仪器设备211万台（件、套）。图为改造一新的万载县仙源乡乐坪村小学

（王兴灿　摄）

◀ 8月25日，由中国老龄事业发展基金会主办的“全国爱心护理工程抗战老兵照护中心”揭牌仪式在南昌举行。这是全省首个“抗战老兵照护中心”，也是全国第14个。陈菊人、杜文价等首批4位抗战老兵于9月陆续入住

（邱玥 摄）

▶全省城乡居民大病保险运行成效初显，实现全省覆盖。截至10月，全省大病保险参保群众3725万人，共向4.9万人提供大病补偿金额2.3亿元。图为省中医院所有医保交费窗口均可报销大病医保

（朱岳 摄）

▶峡江县巴邱镇蒋沙移民新村美丽如画。该移民新村位于省重点工程——峡江水利枢纽工程旁，是峡江水利枢纽工程首批移民后靠村庄

（林君 摄）

▼武宁县武安锦城深山移民小区位于新宁镇团结村，总建筑面积65万平方米，安置移民7000余户。小区规划科学，利用境内武安河溪流优势，巧妙组织空间结构与水平布局，成为深山移民宜居宜业的理想家园

（海波 摄）

◀南昌市青云谱区井冈路区域，曾经的棚户区正被一栋栋漂亮的高楼所代替。2015年，南昌市重点推进青云谱区何坊西路二期等11个片区20个棚户区改造项目建设，完成20个左右“五位一体”综合示范村和735个新农村点建设

（海波 摄）

▶9月10日，南昌市湾里区罗亭镇上坂小学乡村教师袁绍和、袁全文父子俩，获得省教育厅颁发的长期从教荣誉证书。父亲袁绍和执教38年，儿子袁全文执教20年，父子俩一直坚守在偏远的山区小学。为鼓励长期从教教师坚守一线岗位，全省对在乡村学校长期从教的教师予以表彰奖励，建立乡村教师荣誉制度

（海波 摄）

▼8月5日，省政府办公厅出台《关于全面推开县级公立医院综合改革的实施意见》。继鹰潭之后，10月28日，吉安市全面推开县级公立医院综合改革

（吉安市地方志办 供稿）

保护生态 强化治理

全面启动生态文明先行示范区建设，完成生态红线、水资源红线划定，示范区建设各相关工作全面跟进。强化“净空”“净水”“净土”行动，完成植树造林14.31万公顷、森林抚育37.33万公顷；在全国率先实行全境流域生态补偿，创新河湖管理与保护制度，建立省、市、县三级“河长制”；加大生态文明考核指标的权重，使绿色发展成为自觉行动。

▲3月19日，农业部长江渔政监督管理办公室启动长江江豚迁地保护工程。为延续长江江豚自然繁殖，农业部决定从鄱阳湖捕捞挑选一定数量的江豚，投入其他水域。3月26日，从鄱阳湖迁移的8头长江江豚全部运抵目的地。图为工作人员用担架托着江豚准备放入江中

（梁振堂 摄）

▲4月13日，南昌市天空碧蓝如洗。南昌空气质量一级优的天数明显增多。2015年，南昌市在9个县区、4个开发区（新区）各建1个空气质量自动检测子站，并与市级监控中心联网，及时检测县区空气环境质量状况，检测结果作为考核县区大气污染防治工作的重要依据

（海波 摄）

◀都昌县多宝乡数千只红嘴鸥在堰湖翔集。随着当地群众护鸟意识增强，该县多地出现了红嘴鸥聚集现象

（燕平 摄）

◀婺源县由于生态环境良好，成为多种珍禽栖息地。蓝冠噪鹛是被列为《世界自然保护联盟濒危物种红色名录》极危等级的物种，2000年在婺源境内被重新发现。图为5月23日—24日在婺源县拍摄的蓝冠噪鹛

（海波 摄）

▲婺源县大力实施“生态立县”发展战略，多年呵护生态，成为全国4A级以上景区最多的县，以旅游业为主的第三产业占该县地区生产总值的比重达49.8%

（海波 摄）

▲4月23日，国家发改委、科技部、国土资源部等11个部委联合公布全国生态保护与建设示范区名单，吉安市作为全省唯一的市（州、地区）级生态保护与建设示范区入选

（吉安市地方志办 供稿）

▲11月2日，省委召开全省生态文明先行示范区建设现场推进会。会上，江西正式出台“河长制”

（武宁县地方志办 供稿）

◀11月1日，省政府印发《江西省流域生态补偿办法（试行）》，决定2016年筹集20.91亿元在全省境内实施流域生态补偿

（黄开福 摄）

▶花园式的靖安高湖镇集镇生活污水处理站一派乡村美景。该县每年投入经费千万元运行城乡垃圾一体化“升级工程”，在农业面源污染、水塘河道整理和有毒有害垃圾回收处理等方面实现新突破

（海波 摄）

▲经过治理后的全南县大吉山钨矿尾砂坝绿意盎然。该县通过实施工矿废弃地复垦利用等矿区环境恢复治理和土地复垦措施，使寸草不生的废弃矿区逐步恢复生机

（林君 摄）

编 辑 说 明

一、《江西年鉴》是江西省本级地方综合年鉴，由江西省人民政府主办、江西省地方志编纂委员会办公室编纂，稿件由省直各单位、各市、县(市、区)、中央驻赣单位及有关单位提供。

二、《江西年鉴》是一套系统记述江西省自然、政治、经济、文化、社会等多方面的年度资料性文献。其编纂宗旨是根据国务院《地方志工作条例》和《江西省实施〈地方志工作条例〉办法》的规定，逐年全面、真实地记录江西经济建设和社会发展的基本情况，为存史、资政、育人服务。

三、《江西年鉴》每年出版一卷，2002 年首卷出版，至今已经编纂出版15 卷。

四、本卷年鉴着重记载 2015 年江西省发生的重大事情。内容分为综合情况、动态信息和辅助资料三大部分。综合情况设特载、大事记、专记、江西概览 4 个栏目。动态信息设中国共产党江西省委员会，江西省人民代表大会常务委员会，江西省人民政府，中国人民政治协商会议江西省委员会，中国共产党江西省纪律检查委员会，民主党派，人民团体，军事，法治，民族宗教事务，港澳台事务，外事侨务，国家区域发展战略，农业，工业，非公有制经济，信息化建设，园区经济，旅游业，商贸服务业，对外贸易与经济合作，人力资源和社会保障，交通运输，金融，财政税收，经济管理与监督，城乡建设，水利，自然观测，环境保护，教育，科学技术，社会科学，文化艺术，档案与地方志，新闻出版广播电影电视，卫生，体育，居民生活，民政，市、县(市、区)，人物 42 个栏目。辅助资料设专录、统计资料 2 个栏目。江西政区图、江西交通图、江西旅游图均为 2016 年版地图。

五、本年鉴内容层次设置是为了方便分类编纂和读者阅读，并不反映严格的科学分类体系，机关、企事业单位等排序和层次并不表示其地位和规模。部分条目因内容需要对比，时间有所上溯。市、县(市、区)主要领导人放在所属市、县(市、区)之后，便于查阅。正文中主要数据以统计公报为准，因个别供稿单位统计口径不同等原因，有的数据在不同条目中不尽一致，使用时请注意出处；企业的计量单位，除工商行政管理部门办理注册登记的企业用“户”外，其他一律用“家”。

江西省地方志编纂委员会

主　　任	刘　奇
副 主 任	毛伟明　殷美根　张　勇　梅　宏　刘晓艺
委　　员	方晓春　张国轩　张　锋　欧阳苏勤　吴晓军
	胡世忠　虞国庆　洪三国　章凯旋　徐　毅　胡　强
	刘三秋　刘定明　陈　平　朱　希　孙晓山　胡汉平
	李　利　陈永华　王建农　邝小平　刘　平　汪晓勇
	梁　勇　周　慧　杨志华　张贻奏　魏　平　郭　安
	钟志生　颜赣辉　李小豹　熊茂平　冷新生　蒋　斌
	潘东军　张和平
主　　编	刘　奇
副 主 编	毛伟明　殷美根　张　勇　梅　宏　刘晓艺

《江西年鉴》编辑人员

总 编 辑	梅　宏
副总编辑	周　慧　杨志华
编辑部主任	詹跃华
编辑部副主任	邓玉兰　陈超萍
编　　辑	詹跃华　邓玉兰　陈超萍　朱　岳　游桃琴　邓诚君

目　录

CONTENTS

特　载

大事记

专　记

江西概览

中国共产党江西省委员会

江西省人民代表大会常务委员会

江西省人民政府

中国人民政治协商会议江西省委员会

中国共产党江西省纪律检查委员会

民主党派

人民团体

军 事

法 治

民族宗教事务

港澳台事务

外事侨务

国家区域发展战略

农　业

工 业

非公有制经济

信息化建设

园区经济

旅游业

商贸服务业

对外贸易与经济合作

人力资源和社会保障

交通运输

金 融

财政税收

经济管理与监督

城乡建设

水　利

自然观测

环境保护

教　　育

科学技术

社会科学

文化艺术

档案与地方志

新闻出版　广播电影电视

卫　生

体　育

居民生活

民　政

市、县(市、区)

人　物

专　录

统计资料

索　引

特　载

在省委十三届十一次全会上的讲话

省委书记　强　卫

（2015 年 7 月 21 日）

同志们：

这次会议的主要任务是，深入贯彻落实党的十八大、十八届三中、四中全会精神和习近平总书记系列重要讲话精神，盘点上半年工作，部署下半年任务，研究推进绿色崛起问题。

今年以来，全省上下深入学习贯彻习近平总书记参加江西代表团审议时的重要讲话精神，认真贯彻“一个希望、三个着力”重要要求，深入实施“发展升级、小康提速、绿色崛起、实干兴赣”十六字方针，狠抓各项工作任务落实，取得了经济社会发展新成效。一是经济保持平稳健康较快发展。为落实总书记“以提高经济质量和效益为中心，奋力取得新的更大成绩”的殷切希望，省委常委会切实加强对经济工作的领导，定期听取汇报，科学研判形势，及时研究解决经济运行中的重大问题。着眼于稳增长，出台《关于促进经济平稳健康发展的若干措施》，加大分级挂点帮扶力度，促进了实体经济企稳向好。着眼于优结构，在上饶召开全省旅游产业发展大会、全省服务业发展提速推进大会，在南康召开全省工业产业集群发展升级现场推进会，召开了全省农村工作会，有力推动新型工业化、现代服务业、现代农业发展。着眼于促开放，赴福建、安徽学习交流合作，赴香港和新加坡、澳大利亚、新西兰等地区和国家开展经贸推介，抓住全国工商联执委会议将在江西召开的契机扩大招商引资成果。着眼于大融入，积极对接国家战略，出台参与“一带一路”、长江经济带战略的实施意见，积极谋划昌九新区建设。上半年，全省生产总值增长 9%，比一季度提高 0.2 个百分点；财政总收入增长 14%，比一季度提高 2.6 个百分点；固定资产投资增长 16.3%，规模以上工业增加值增长 9.6%，高新技术产业增加值增长 10.3%，主要经济指标增幅继续位居全国和中部前列。二是精准扶贫攻坚战全面启动。为落实总书记“着力推动老区加快发展”的重要要求，加大力度推进赣南等原中央苏区振兴发展。召开领导小组第四次会议，专题学习贯彻习近平总书记重要讲话精神，出台《着力推动赣南等原中央苏区振兴加快发展的意见》等 4 个文件，着重就改善民生、平台建设等进行部署。特别是把扶贫攻坚放在重要位置，省委常委会多次进行专题研究，春节前省级领导分别到挂点贫困乡村调研并撰写调研报告，6 月份在吉安召开了全省精准扶贫攻坚现场推进会，出台《全力打好精准扶贫攻坚战的决定》，部署推进产业扶贫、保障扶贫和安居扶贫三大攻坚战。继续加大棚户区改造力度，扎实推进重大民生工程和社会事业建设，年初部署的 50 件民生实事有序推进。上半年，全省城乡居民人均可支配收入分别增长 9% 和 10%。三是生态文明先行示范区建设稳步开局。为落实总书记“着力推动生态环境保护”“打造生态文明建设的江西样板”的重要要求，正式成立全省生态文明先行示范区建设领导小组，召开第一次会议部署当前工作，出台《关于建设生态文明先行示范区的实施意见》，启动“六大体系”“十大工程”共 60 个项目包建设。省十二届人大四次会议审议通过《关于大力推进生态文明先行示范区建设的决议》，首次以省人民代表大会决议案方式推动国家战略实施。深入开展“净水”“净空”“净土”行动，启动造林绿化提升、“五河一湖”环境整治、污水处理设施建设和城乡生活垃圾专项治理等系列工程，推进生态文明体制改革先行先试，部署创建生态文明示范县工作，进一步加大环保执法力度。四是风清气正的政治生态建设深入推进。为落实总书记“着力推动作风建设”的重要要求，采取有力措施全面从严治党，严格落实“两个责任”。全面启动“三严三实”专题教育，继续深化“连心、强基、模范”三大工程，巩固了党的群众路线教育实践活动成果。出台《关于加强作风建设营造良好从政环境的意见》，对全省各级党组织、各级领导干部提出 20 条明确要求，并组织了广泛宣讲，营造了“把纪律挺在前面”的浓厚氛围。始终保持反腐败斗争高压态势，对部分县市区和国有企业开展两轮巡视，增设两个巡视小组并进行环保、扶贫两个专项巡视，保持了巡视工作对腐败分子的震慑效应。着力整治群众身边的腐败，基层党风廉政建设得到加强。同时，全面深化改革纵深拓展，法治江西建设不断推进，思想舆论引导积极有效，团结奋进的社会大局持续发展，迈出了“五年决战同步全面小康”的坚实步伐。

总的看，上半年全省各项工作进展顺利，实现了时间过半、任务过半，继续延续了党的十八大以来的良好发展态势。在国内外经济形势错综复杂、下行压力加大的情况下，我省发展形势不断向好来之不易，经济结构不断优化来之不易，民生事业不断改善来之不易，作风建设不断加强来之不易。之所以有这样的成绩，最根本的是全省上下深入学习贯彻习近平总书记对江西工作重要要求，真正用讲话精神统一思想、凝聚共识、指导实践，始终保持定力不动摇，坚持实干不松劲，久久为功抓落实、抓执行，形成了一心一意谋发展、众志成城奔小康的浓厚氛围。事实充分说明，省委“发展升级、小康提速、绿色崛起、实干兴赣”十六字方针，是落实“一个希望、三个着力”重要要求的具体举措，是贯彻党中央“四个全面”战略布局的江西答卷，完全符合中央精神，完全符合江西实际，必须持之以恒、坚持不懈抓下去。

习近平总书记在参加江西代表团审议时指出，“当前，江西正处在一个可以大有作为的机遇期，发展前景很好。”这既是对江西工作的充分肯定，也是对江西干部群众的巨大鼓舞，更为江西发展指明了历史方位和前进方向，极大增强了我们“五年决战同步全面小康”的信心和决心。我们要看到，省委十三届七次全会作出我省正处在加速发展爬坡期、全面小康攻坚期、生态建设提升期的省情判断，这是十六字方针提出的根本依据。两年多过去，“三期”判断的基本省情没有改变，但基础、条件和环境已经发生了积极变化。现在，江西已经进入了可以大有作为的战略机遇期。首先，经济发展新常态带来新的重大机遇。两年多来，我省坚持以发展升级为引领，狠抓产业集群发展，大力推进协同创新，抢抓“互联网+”新机遇，积极发展现代制造、现代旅游、现代农业，一些苗头性、趋势性变化正在发生，发展质量和效益提升令人鼓舞，为加速赶超积蓄了后劲。其次，国家战略叠加支撑带来新的重大机遇。我省充分利用昌九一体化平台，全面融入长江经济带和长江中游城市群，正在成为我国经济新增长极的重要组成部分；积极参与“一带一路”战略，充分发挥战略腹地和承东启西的区位优势，坚持“请进来”与“走出去”相结合，推动我省产业发展和优势产能对外合作，开辟了新的发展空间；深入推进赣南等原中央苏区振兴发展，得到了国家部委的强力支持。这些，大大拓展了我省战略优势，有利于吸引更多的政策、项目和资本。其三，建设生态文明先行示范区带来新的重大机遇。全省加快构建绿色产业体系，大力创新生态文明体制机制，推进系列重大生态工程，既抢占了未来发展制高点，也孕育了巨大的发展潜力。其四，风清气正的政治生态带来新的重大机遇。党的十八大以来，全省深入推进反腐败斗争和作风建设，特别是深刻汲取苏荣案的教训，增强了党的凝聚力战斗力，培育了公平公正的发展环境，成为吸引更多优秀企业投资江西的品牌优势。其五，已经形成的强劲发展势能带来了新的重大机遇。我省经济总量正处在1万亿向2万亿迈进过程中，强大的惯性将持续推动经济发展保持较高增速。面对千载难逢的战略机遇，只要我们始终保持政治定力、战略定力、实干定力不动摇，坚持既定的目标、方向和思路不偏移，到2020年我省将有更多超百亿企业、超千亿产业崛起，全省工业增加值将过万亿，经济总量排位将继续前移，与全国同步迈入全面小康社会的目标也一定能变为现实。

要实现既定的奋斗目标，我们必须始终坚持以习近平总书记治国理政战略思想为指导，坚决贯彻好习近平总书记“一个希望、三个着力”重要要求，坚定不移地落实好中央决策部署和省委十六字方针。省委十三届九次全会研究了发展升级工作，省委十三届十次全会部署了小康提速工作，近几年很多会议都对实干兴赣提出了明确要求。因此，这次全会着重强调绿色崛起问题，以推动十六字方针的进一步深化和细化。这里，就推进绿色崛起、建设生态文明先行示范区，我讲五点意见。

一、绿色崛起的核心要义在于打造生态文明建设的江西样板

党中央历来高度重视生态文明建设。党的十八大把生态文明建设纳入中国特色社会主义事业“五位一体”总布局，强调建设美丽中国，努力走向社会主义生态文明新时代。前不久，党中央、国务院出台《关于加快推进生态文明建设的意见》，这是继党的十八大和十八届三中、四中全会进行生态文明建设顶层设计后，对生态文明建设的具体部署和有力推进。特别是习近平总书记从战略和全局的高度，对生态文明建设提出了一系列新思想新论断新要求，深刻回答了一系列事关全局的重大理论和实践问题，形成了系统完备的生态文明建设战略思想体系，为建设美丽中国、实现中华民族永续发展指明了前进方向和实现路径。

江西山清水秀、风景独好。历届省委、省政府认真贯彻党中央要求，积极推进生态环境保护和建设，积累了丰富经验，取得了显著成效。从20世纪80年代开始，我省大力实施“山江湖”工程，提出“治湖必先治江、治江必先治山、治山必先治贫”的思路，拉开了新时期全省生态建设大幕。本世纪以来，我省强调“生态立省、绿色发展”，大力推进鄱阳湖生态经济区建设，进一步明确了生态建设的主攻方向。党的十八大以来，我省提出十六字方针，把“绿色崛起”上升为发展战略，这是“山江湖”工程的延续和发展，是“生态立省、绿色发展”思路的深化和提升，也是历届省委、省政府长期探索奋斗的接力和推进。2014年，国家批复我省全境列入生态文明先行示范区，标志着我省绿色崛起迎来了宝贵的历史机遇。

2015年3月，习近平总书记参加江西代表团审议时，对江西生态环境给予高度评价，对绿色崛起战略给予充分肯定，勉励我们按照国家对江西生态文明先行示范区建设的总体要求，走出一条经济发展和生态文明相辅相成、相得益彰的路子，打造生态文明建设的江西样板。打造好生态文明建设的江西样板，是习近平总书记赋予江西的光荣政治责任和发展使命，我们一定要在环境保护、绿色发展、制度建设等方面勇于创新、探索经验、走在前列，努力向党中

央和总书记交出一份合格的答卷。

打造生态文明建设的江西样板，必须加速推进绿色崛起。绿色崛起如何认识、怎么抓？我认为，绿色崛起的实质，就是深入贯彻习近平总书记生态文明建设战略思想，紧紧抓住建设生态文明先行示范区的历史机遇，以建设“两型社会”为导向，以构建绿色产业体系为支撑，以推进重大生态工程为抓手，以创新生态文明制度体系为动力，坚持保护为先、发展为要、制度为基、民生为本，走绿色、循环、低碳、可持续发展之路，实现最大经济社会效益、最小环境代价、最合理资源消耗的有机统一。

绿色崛起的内容，主要是制定绿色规划、发展绿色产业、实施绿色工程、打造绿色品牌、培育绿色文化，实现经济发展、环境增值、生态提升、社会和谐、人民幸福。具体地说，制定绿色规划，要把绿色发展理念落实到我省“十三五”规划当中，落实到全省各地各部门的经济社会发展规划、城乡建设规划、土地利用规划、生态环境保护规划以及各专项规划中，科学布局绿色发展的生产空间、生活空间和生态空间。发展绿色产业，要把我省生态优势转化为发展优势，加快构建以新型工业化为核心、现代农业和现代服务业为重点的绿色产业体系，大幅度提高经济绿色化程度，努力建设成为全国重要的绿色产业基地。实施绿色工程，要以重大生态工程为抓手，积极保护和修复自然生态系统，全面推进污染防治项目的实施，不断提升生态环境质量，使我省的绿色优势得到提升，主要生态指标保持全国前列。打造绿色品牌，要借助我省丰富的绿色资源，大力推出优质、安全的农产品，大力发展风景独好的生态旅游，大力培育健康养生、养老等朝阳产业，让江西绿色品牌占领国内外市场。创建绿色文化，要把生态文明理念纳入社会主义核心价值体系，积极开展生态文明创建活动，进一步普及绿色政绩观、绿色生产观、绿色消费观，引导人民群众崇尚节约、低碳生活，形成尊重自然环境、建设生态文明的浓厚氛围。

推动绿色崛起，必须凝聚起广大干部群众建设生态文明的高度自觉和广泛共识。总体上，我省广大干部对绿色崛起的认识是深刻的，但也有一些同志存在片面的看法。有的认为，江西还是欠发达地区，现在谈绿色崛起为时过早；有的认为，绿色与崛起是矛盾的，发展就会损害生态环境；也有的认为，绿色崛起缺乏实质性内容，对江西发展的推动作用不大，等等这些都是不正确的。纵观人类社会发展史，人类经历了原始文明、农耕文明、工业文明，现在已经迈入生态文明新时代。如果我们仍然延续过去的做法，走大投入、大排放、高消耗、高污染的粗放式增长路子，不仅发展上难以为继，而且严重影响人民福祉，并可能演变为社会问题、政治问题。要深刻认识到，绿色崛起的本质是生态文明的崛起，建设生态文明并不是不要发展，也不是延缓发展，而是强调换一种思维抓发展，推动发展理念、发展方式、发展模式的提升，追求经济发展与环境保护的双赢。对我省来说，绿色生态是最大的财富、最大的优势、最大的品牌，只有充分扬己之长，全力推进绿色崛起，才能后来居上，开创美好未来。全省各级领导干部都要深刻认识绿色崛起的重要性和紧迫性，坚决把思想和行动统一到中央和省委的要求上来，始终坚持在保护中发展，在发展中保护，为打造生态文明建设的江西样板而不懈努力。

二、绿色崛起的基本路径在于推动和实现绿色发展

绿色崛起的路径是绿色发展，绿色发展的关键是构建绿色产业体系。中央《关于加快推进生态文明建设的意见》首次提出，要协同推进新型工业化、信息化、城镇化、农业现代化和绿色化。这要求工业、农业、现代服务业都要实现绿色化。我们要紧紧围绕建设“一个核心和两大综合性产业”，着力构建低碳循环的绿色工业体系、生态有机的绿色农业体系、集约高效的绿色服务业体系，加快实现绿色GDP，不断提升绿色发展优势，有力推进“五化”同步发展。

构建低碳循环的绿色工业体系，突破点在创新。新常态下，依靠要素投入的工业增长动力逐渐减弱，粗放式生产的弊端不断显现。无论是工业自身发展，还是保护生态环境，都迫切要求以创新为引领，加快工业产业升级，形成绿色工业发展模式。

要推动产业结构创新，不断扩大增量、优化存量。我省工业产业结构不优的问题尚未得到根本解决。2014 年，重化工业比重达 63.8%，六大高耗能行业增加值占规模以上工业增加值 39.6%，高新技术产业增加值仅占 25.2%。要实现工业产业结构迈向中高端，就必须保持强烈的忧患意识，大力推进新型工业化和信息化深度融合，加快发展高新技术产业、战略性新兴产业，特别是要加快引爆新型光电、电子信息、生物医药等几个重点产业，实现高效增长，形成领先优势。要抢抓“中国制造 2025”的战略机遇，积极发展汽车、大飞机制造、智能制造等先进装备制造业，推动我省产业结构不断优化。要大力发展新能源汽车、光伏等新能源及其应用产业，积极开发节水、节能、净化等新材料新产品，着力培育一批节能环保产业龙头企业，打造新的经济增长点。要大力发展循环经济，严格控制“三高”产业新增产能项目，加快淘汰落后产能，促进资源高效利用。要瞄准传统优势产业技术改造、转型升级持续用力，鼓励建材、有色、钢铁、汽车、机电等行业积极参与“一带一路”战略，为我省发展拓展空间。

要推动产业布局创新，不断推进集群集聚集约发展。2014 年 11 月，我们在丰樟高（丰城、樟树、高安）召开了全省县域经济发展升级现场推进会，强调要找准支柱、做强支点、夯实支撑、优化支持，大力发展产业集群，壮大县域经济。2015 年 4 月份，我们在南康召开了全省工业产业集群发展升级现场推进会，作出“抓点、连线、扩面、健体”的部署。这些思路是符合工业产业发展的规律的。只要保持定力，坚持不懈地抓下去，就会涌现出更多千亿、百亿产业集群。要高度重视工业园区特色优势产业集聚发展，支持市属工业园区重点发展 2～3 个支柱产业，县属工业园区重点发展 1～2 个特色产业，进一步壮大园区产业实力。要深入实施园区提升工程，创新运行机制，改进服务功能，推进集约发展，进一步增强支撑产业集群集聚发展的能力。

要推动产业技术创新，不断提升核心竞争力。现代企业的竞争，既是核心技术的竞争，还是研发、投产速度的竞争。没有核心技术，永远受制于人、慢人一步。有核心技术

但转化慢，同样也会失去发展先机。我省科研基础薄弱，没有部属高校、科研院所，目前只有4个院士，而湖北、安徽分别有63、29个院士。面对差距，唯有“巧妇善炊”。要加大研发投入，不仅各级政府要持续投入，企业更要加大投入。外省许多优秀企业都针对细分市场，开发系列产品。相比之下，我省很多企业产品都比较单一，后端产品缺乏，产业链不完整。不论是新兴产业还是传统产业，都应该勇于创新，不断延伸产业链条，开发更多适销对路的产品，努力向多元化经营迈进。提高自主创新能力，关键靠人才。要积极推进大众创业、万众创新，依靠改革的力量，打破对企业和个体创新的种种束缚，搭建创新成果转化的高效平台，真正在创新创业实践中发现人才、培育人才、用好人才。

构建生态有机的绿色农业体系，发力点在品牌。推动绿色崛起，要对农业再认识、促农业再出发。这几年，我省农产品附加值和美誉度有所提升。但这些品牌的知名度仍然不高、竞争力仍然不强。拿茶油来说，很多市县都有自己的品牌，而且许多产品的品质都很好，但市场上名气最大的却是湖南茶油。我们要引入工业化理念和市场手段，在绿色食品、蔬菜果品、木材和竹加工、茶叶茶油等领域积极培育知名品牌，打造绿色生态有机农业品牌体系，带动现代农业强省建设取得更大成效。那么，如何才能把品牌做大做强？

首先要严守质量标准。澳大利亚、新西兰的农产品享誉全球，重要原因在于建立了十分严格的质量标准。相比之下，我省农产品质量标准建设还有较大差距。要从源头入手，制定清晰的农产品生产标准，构建覆盖产地环境、生产过程、加工包装等各环节的标准体系，形成质量安全追溯系统，以此倒逼绿色品牌建设。应该做到，凡是不符合质量标准的企业决不能生产，凡是不达标的农产品决不能流入市场，这两条必须成为硬杠杠。

其次要提升品牌形象。生产出好的产品只是第一步，酒香也怕巷子深。要像打造“江西风景独好”的旅游品牌一样，对我省农产品进行整体包装、策划、推介，让绿色、安全、有机的“金字招牌”更加响亮。特别是要适应“互联网+”发展趋势，大力发展电子商务，把我省绿色农产品推向全国。电子商务不仅是商品营销方式的革命性变化，还能倒逼产品质量、推广产品品牌，更为挖掘农村消费潜力提供了重要途径。我们要积极推动电子商务向农村延伸，不断完善配套服务，培训一批驻村代售代购员，激活庞大的农村生产和消费市场。

其三要壮大龙头企业。无论是标准化生产，还是市场化营销，都需要较强的实力做保证。没有一批大企业的参与和推动，打造全国知名品牌是很难的。要做大一批农业新型经营主体，大力发展农业产业化龙头企业，着力构建“龙头企业带动，合作社衔接，家庭农场参与，社会化服务跟进”的现代农业产业体系。要加大农业招商引资力度。过去，各地在招商引资上，普遍存在重工业轻农业的现象。现在，从事农业工作的同志也要积极走出去，到农业发达地区、发达国家招商引资、招大引强。只有引进更多的资本、技术、人才和现代经营管理理念，我省打造农产品品牌、建设现代农业强省才能驶上快车道。

构建集约高效的绿色服务业体系，爆发点在提档。近年来，我省现代服务业发展较快，占三次产业的比重逐步提升。但与全国平均水平相比还是偏低，与发达省份相差更大，成为我省实现全面小康指标体系的一个短板。要看到，服务业与工业化是相互促进、相辅相成的关系，没有服务业的支撑，工业发展的质量和后劲都会受到影响。而工业的发展，也会带动服务业的迅速做大。现在，我省正在加速推进新型工业化，已经到了引爆服务业的好时机。可喜的是，近年我省旅游、金融、物流等服务业产业风生水起，已经呈现爆发式增长的态势。“劲可鼓不可泄”。要一鼓作气、趁势发力，认真落实“服务业发展提速三年行动计划”，推动现代服务业跃上新台阶。

生产性服务业要加速提升。生产性服务业滞后是制约我省发展升级的软肋。要大力发展金融、物流、工业设计、信息服务等产业，促进生产性服务业与工业、农业在更高层次上的有机融合。要高度重视公共服务平台建设，充分发挥高校、科研院所及专业化社会组织的优势，推进技术研发、检验检测、电子商务、服务外包、产品展示、人力资源等服务平台建设，发展会计审计、资产评估、信用评估、经纪代理、市场调查等专业服务，以专业优势解决企业后顾之忧。

旅游业要趁势而上。高铁时代就是旅游业的黄金时代。随着高铁大发展，交通已不再是我省旅游业大发展的瓶颈了。我们要借力发力，充分发挥绿色生态优势，着力提升我省旅游吸引力和整体品质。要顺应市场需要，改善旅游产品结构，积极发展休闲度假旅游，积极培育自驾营地、自助旅游等新业态，推进旅游演出、旅游商品、旅游装备制造业，进一步延长旅游产业链，保持旅游业的良好发展势头。

新兴服务业要抢占先机。随着生活水平的提高和老龄化社会的到来，健康养生、养老、文化创意等产业将迎来蓬勃发展新时期。特别是养老产业的潜力很大，可谓是面向夕阳人群的朝阳产业。2014年，全国60岁以上人口达2.12亿，占总人口的15.5%，并保持年均增加1000万人的势头。我们从现在起就要加紧规划，采取有力措施推进养老产业发展。如果这一步跟不上，又要落到别人的后面。要大力促进养老服务与医疗、护理、旅游等产业互动发展，鼓励老年产品研发，推动养老产业商业模式创新，努力培育一批新型养老产业集聚区和养老产业集团。总之，现代服务业大有可为，一定要明确目标，加大力度，努力抢占发展先机、赢得主动。

三、绿色崛起的重要基础在于巩固和提升生态优势

巩固和提升我省生态优势，是推进绿色崛起的重要任务，也是衡量绿色崛起的重要标准。这些年来，我省生态保护和建设取得了明显成效，但也要清醒地看到，随着工业化城镇化的加速推进，一些地方水土流失、环境污染等问题日益凸显。如果不采取有力措施加以治理，我们引以为豪的生态优势、绿色品牌就可能逐步丧失，绿色发展、绿色崛起也将成为一句空话。总的思路是，要按照控增量、减存量、提质量的要求，进一步推进我省生态环境建设。控增量，就

是要使新上项目的新增污染物排放得到严格控制;减存量,就是要使现有企业的污染物排放逐步减少;提质量,就是要使全省生态稳定性进一步增强。具体地说,要做好"四篇文章"。

要强化红线管理,做好"防"的文章。要抓紧划定我省生态红线、水资源红线、耕地红线,及时研究制定守护红线的具体措施,建立资源环境承载能力监测预警机制,让红线真正成为高压线,谁都不敢越雷池半步。各地一定要算大账、算长远账,在招商引资、新上项目时,严把项目准入关,绝对不能把降低环保门槛作为招商引资的优惠条件,绝对不能把严重污染项目引进江西,绝对不能以牺牲环境为代价换取经济一时的发展。谁踩了红线,就追究谁的责任。不但要追究具体责任人的责任,也要追究主管部门的责任,真正从源头上防范和控制污染物排放,使保护优先成为各级干部抓发展的铁律。

要坚持问题导向,做好"治"的文章。实现绿色崛起,必须跨过治污这道坎。目前,我省生态环境突出问题不少。2014 年,全省废水排放量高达 20.83 亿吨,65 条主要河流劣于Ⅲ类水质的超过了 10%,鄱阳湖水质连续两年大幅下降,达标率从 2012 年的 70.6%、2013 年的 58.8% 下降到 2014 年的 41.2%。这些都向我们敲响了生态警钟。要深入推进"净空、净水、净土"行动,认真抓好"大气十条""水十条""土十条"的落实,重点加大"五河一湖"及东江源头水生态治理力度,推进区域水土流失治理,集中治理工业集聚区污染。对一些突出问题,要列出任务书、时间表、责任人,督促整改落实。比如,在治水方面,要推行"河长制"。当前全省地表水达标率为 80%,对于另外 20% 不达标的污染河段,必须明确责任,强化考核,限期整改到位。省委第八巡视组发现,全省有 22 个工业园区的污水处理设施"晒太阳",部分工业园区管网铺设完成率仅达到 30%,造成极大浪费。省政府已经部署对一批运转不良的城镇和工业园区污水处理设施进行整改提升。要抓紧落实以县为主的责任机制,推动已建污水处理设施发挥作用。

要推进生态工程,做好"建"的文章。省里已经部署了生态文明先行示范区建设"十大工程",其中生态建设重点工程包括水生态建设、赣抚尾闾整治及水系连通、湿地生态系统功能质量提升、鄱阳湖水资源保护适应试点示范、水生生物资源保护、森林质量提升、千万亩国家木材战略储备基地建设、自然保护区升级等八个子工程。各地各相关部门要按照任务分解,加大工作力度,确保有序推进。推进重大生态工程建设,一定要遵循客观规律。比如,林业工程建设必须重质量,在保持我省森林覆盖率全国领先优势的同时,加大林业科技的研发应用,推进低产低效林改造,不断丰富林业种类,提升单位蓄积率,增强综合效益。水利工程建设必须重生态,充分考虑对自然环境的影响,切实保持区域系统生态平衡。这里要强调的是,推进环境治理和保护,光靠政府投入是远远不够的,还要发挥市场机制作用,采取 PPP 模式吸引社会资本。

要强化资源节约,做好"用"的文章。资源是弥足珍贵的财富,节约是缓解资源瓶颈约束的首要之策。我省资源能源利用总体水平较低,能源消费结构不合理,绿色矿山比例很小,企业节能技术落后。要深入推进全社会节能减排,实现各类资源节约高效利用。要加强用水需求管理,抑制不合理用水,建设节水型社会。要合理利用每一寸土地,科学安排用地指标,提高土地投资强度。对于已批未用的土地要加强清理,盘活存量土地,实现地尽其用。要发展绿色矿业,促进矿产资源高效利用。要调整优化能源结构,逐步降低煤炭等化石能源消费比例,积极发展风电、水电、天然气等绿色能源,争取尽早启动核电建设。值得注意的是,近年来,我省电力需求快速增长,电力供应一直处于"紧平衡"状态。既要高度重视电力建设,也要重视科学用电、节约用电,综合施策为经济社会发展提供可靠的电力保障。

四、绿色崛起的有力保障在于建立和健全生态文明制度体系

建设生态文明先行示范区,所谓"先行",就是要抢占先机,闯出一条生态文明建设新路;所谓"示范",就是走在前列,形成可复制、可推广的制度成果。我们要靠改革开路,从制度切入,形成科学管用的生态文明制度体系,为实现绿色崛起提供有力保障。

着力完善科学化的考核评价机制。考核评价机制是"指挥棒"和"风向标"。从 2013 年开始,我们对 100 个县市区实行差别化分类考核,调动了各地抓生态的积极性。但不少人也反映,现在的分类考核,绿色权重仍然偏低,绿色化的导向还不够鲜明。特别是一些生态大县感到保护生态"吃亏",一些领导干部感到抓生态建设"难出成绩"。要进一步落实主体功能区规划,围绕经济增长绿化度、资源环境承载力、政府政策支持度等方面,制定更加简明、管用的绿色化考核指标体系。特别是要完善绿色 GDP 指标体系,加强对发展质量和效益的考核,加大资源消耗、环境损害、生态效益等指标的权重,建立全省统筹生态监测机制,实事求是评价各地绿色发展的程度。要用好考核评价成果,把干部考核的重点向生态领域延伸,把干部选拔的焦点向绿色政绩聚光。总之,要不断强化这样一种导向,发展好经济是政绩,保护好生态也是政绩,决不让保护生态有功的地方吃亏,也决不让牺牲环境换取发展的地方讨巧。

加紧推进合理化的生态补偿机制。权利与义务是相对应的。在生态资源的使用上,让受益者付费、保护者得到合理补偿、损害者进行赔偿,合法合情合理。近年来,我省在生态公益林补偿等方面进行了探索,积累了一些经验。中央《关于加快推进生态文明建设的意见》,对健全生态保护赔偿机制提出明确要求。我们要抓住机遇,首先积极推进省域内的试点探索。我省大部分县市分布在"五河一湖"流域,要统筹考虑生态保护成本、发展机会成本和生态服务价值等要素,研究出台全省重点流域生态补偿办法。对森林生态补偿、湿地生态补偿、矿产资源开发生态补偿也要积极探索,该试点的试点,该推开的推开。同时,要努力开展省际横向合作。东江源是香港和珠三角地区的母亲河,每年为粤港提供近 30 亿立方米的优质水源。要加强与这些地区的沟通,采取资金补助、产业协作、项目支持、技术援助、就业培训等措施,拓展区域合作新空间。从全国范围看,我省森林覆盖率高,拥有全国第一大淡水湖,是国家的

天然“氧吧”和“绿肺”，在全国生态系统中具有特殊地位，做了重要贡献。我们还要以生态文明先行示范区建设为平台，积极争取中央在产业和财税政策、转移支付等方面的倾斜支持。建立全方位的生态补偿机制，具有先行先试的示范意义，我们要全力以赴地推进。

积极推行市场化的资源交易机制。绿水青山既是自然财富，又是社会财富、经济财富。长期以来，环境无成本、无价格的观念十分普遍，造成生态资源无偿化、过度化使用，导致乱砍滥伐、随意排污、过度捕捞、无节制用水等恶果。如果自然资源被无限制透支，人类终将“体力不支”。因此，合理运用市场化手段，有利于强化“生态有价”的观念，遏制环境破坏，调动生态建设的积极性。我们要抓紧建立碳排放交易平台、排污权交易市场等，开展排污权、水权、矿业权等交易试点，努力盘活生态资产。要积极试水“环境金融”，开发绿色信贷、绿色保险等金融产品，吸引更多资金投入生态文明建设。

不断强化法治化的监督管理机制。习近平总书记强调，只有实行最严格的制度、最严密的法治，才能为生态文明建设提供可靠保障。今年1月1日，被称为史上最严的环保法正式实施。要对照新环保法，加快制定针对性、操作性强的地方性法规规章体系，将生态文明建设纳入法制化轨道。要加大执法力度，严肃处理环境违法行为，对环境问题突出、重大环境事件频发、环境保护责任落实不力的地方要紧盯不放、严督实察，对群众反映强烈的环境污染事件要严肃处理、尽快解决。生态环境保护能否落到实处，关键在领导干部。要严格实行责任追究制度，落实环境保护“党政同责”和“一岗双责”，把责任追究贯穿于决策、执行、监管等各个环节，对那些不顾生态环境盲目决策、导致严重后果的领导干部，都要进行终身追责。

五、绿色崛起的根本目的在于增进人民群众的生态福祉

良好的生态环境是最公平的公共产品，是最普惠的民生福祉。现在，人民群众对干净的水、清新的空气、安全的食品、优美的环境的要求越来越高，生态质量在群众生活幸福指数中的地位不断凸显，环境问题日益成为重要的民生问题，甚至是社会问题、政治问题。我们要始终牢固树立绿色民生观，大力建设绿色城镇、美丽乡村，着力增加生态产品供给，提高生态服务能力，让人民群众幸福指数节节攀升。

城市是人口集聚的空间载体，要坚定不移地推进绿色城镇化，让城市生活更美好。到2020年，我省常住人口城镇化率将达到60%，这意味着2700多万人口在城镇工作和生活。绿色城镇化怎么抓？总的就是要树立绿色理念，科学规划，精细管理，彰显风貌。要尊重自然格局，依托现有山水脉络，把山、河、林、湖等生态元素融入城镇建设，使山水城融为一体，让居民望得见山、看得见水、记得住乡愁。要发展绿色建筑，运用先进节能技术，使用绿色环保建材，努力提高各类建筑的安全性、舒适性和健康性。要扩大绿色空间，积极创建森林城市、园林城市，见缝插针种树，多建公园和绿地，推动建筑屋顶的绿化，让城市处处见绿、绿色成荫。要按照“干干净净、漂漂亮亮、井然有序、和谐宜居”的要求，扎实推进城市市容环境专项治理，着重在建立健全长效机制上下功夫，使卫生环境、道路环境、人居环境明显提升。当然，绿色城镇化不仅要“讲面子”，更要“重里子”。要按照海绵城市的要求，坚持节约高效原则，提高供排水、防涝、供气、雨污管网处理等基础设施建设水平，积极推动地下综合管廊建设。要大力发展低碳、便捷的交通体系。我省正在积极谋划昌九新区建设，要坚持高起点规划，高水平布局，进一步突出生态保护导向，积极创新体制机制，大力发展绿色产业，推进产城融合和城乡一体发展，努力把昌九新区打造成生态示范新城。

乡村是农民群众赖以生存的家园，要深入推进美丽乡村建设，实现旧貌换新颜。近年来，我省积极推进镇村联动、百强中心镇、和谐秀美乡村建设，农村面貌有了较大改观，一些乡村青山环抱、绿水围绕、环境优美，给人以世外桃源的感觉。但也要看到，还有不少农村生态环境较差，需要加大整治力度。比较突出的有3个问题，一是农业面源污染，二是农村生活垃圾，三是农村建房散乱。目前，我省每年生猪养殖COD（化学需氧量）排放大约140万吨。农村生活垃圾越来越多，处理难度也越来越大，少数地方已经“垃圾成山”。农村建房缺乏统一规划，占田建房、切坡建房、乱建乱搭的现象比较多。要继续推进和谐秀美乡村建设，深入开展农村环境集中整治，抓好生活垃圾专项治理，积极推广现代生产生活方式，进一步改善农村人居环境，提升农民生活品质。要实施农村面源污染、农村土壤重金属整治行动，特别是要对一些问题较为突出的连片地区加大投入力度，打一场攻坚战。要结合新农村建设、扶贫攻坚行动，推进城乡绿色公共服务均等化，加强农村新建住宅统一规划，加快农村危旧土坯房改造，加大农村污水处理和改厕力度，引导农民在房前屋后、道路两旁植树护绿，真正把广袤的农村大地建成诗意家园。

生态福祉人人共享，生态建设也应该人人参与、人人贡献。我省民间自古就有保护自然环境的优良传统。很多农村的乡规民约中，明确不得随意砍伐山林树木。要依托我省厚重的生态文化传统，大力发展绿色文化，创作一批优秀绿色题材作品，建设一批绿色展览馆、体验馆和文化创意基地，把绿色理念融入到工业、建筑、服装设计中。要推进绿色文化传播，善于运用新媒体普及生态知识，讲好生态故事，宣传生态法规，营造崇尚自然、爱护环境的绿色人文风尚。要开展绿色创建行动，充分调动社会各界的积极性主动性，实施生态文明建设进学校、进社区、进家庭、进机关、进农村、进公共场所等活动，创建一批生态文明示范县。要树立绿色消费观，加大绿色产品研发力度，鼓励购买绿色消费品，尤其要促进绿色住宅、新能源汽车开发和消费，坚决抵制奢侈浪费、不合理消费，抵制高能耗产品和过度包装商品。要倡导绿色交通出行，建立绿色回收体系，注重节电、节水、节油、节气，形成绿色低碳、勤俭节约的生活方式。

以上，我从5个方面谈了推进绿色崛起的总体思路和具体路径。实际上，绿色崛起是领导方式、生产方式、生活方式和价值观念的深刻变革，涉及经济社会发展的方方面面，需要做的工作很多。我们要始终践行“三严三实”要求，大力发扬实干兴赣优良作风，紧紧扭住重点任务不放

松，力争每年干好几件事，不断取得实实在在的实效，为“五年决战同步全面小康”增添强大绿色动力，为江西长远发展打牢绿色根基。

同志们，绿色崛起，意义重大，任务繁重。我们要进一步解放思想、开拓创新、真抓实干，努力走出一条具有江西特点的绿色崛起新路子，书写秀美江西的新篇章，为永葆青山绿水、建设美丽中国作出新的更大贡献！

在省委十三届十二次全体会议结束时的讲话

省委书记　强　卫

（2015 年 11 月 24 日）

同志们：

这次会议开得很好，圆满完成了各项议程。会议听取了省委常委会工作报告。大家一致认为，报告认真总结了省委十三届十次全会以来的工作，充分展现了我省贯彻“四个全面”战略布局的生动实践，全面体现了落实习近平总书记“一个希望、三个着力”重要要求的实际成效，是一个实事求是、鼓舞人心、催人奋进的好报告。

全会审议通过了《中共江西省委关于制定全省国民经济和社会发展第十三个五年规划的建议》（以下简称《建议》）。大家普遍反映，《建议》明确了我省“十三五”时期经济社会发展的指导思想、目标任务和战略举措，贯彻了党的十八届五中全会精神，落实了习近平总书记治国理政战略思想体系，深化了省委十六字方针，具有很强的战略性、前瞻性、指导性，对于我省实现“五年决战同步全面小康”奋斗目标、走出一条具有江西特色的绿色发展新路子，具有十分重要的现实意义和历史意义。

当前和今后一个时期，全省的一项重要政治任务，就是深入学习贯彻党的十八届五中全会和省委十三届十二次全会精神，把“十三五”各项任务落到实处。下面，我代表省委常委会，强调几点意见。

一、站在战略全局高度，进一步领会好党的十八届五中全会精神

党的十八届五中全会是在我国进入全面建成小康社会决胜阶段召开的一次十分重要的会议。中央“十三五”规划建议和习近平总书记的重要讲话，统筹考虑“两个一百年”奋斗目标的战略衔接，统筹考虑“五大建设”总体布局和“四个全面”战略布局的协调推进，统筹考虑国内国际的联动发展，集中提出了一系列事关民族未来的新理念、新战略、新部署。我们要立足时代大背景、发展大趋势、全球大视野，更加深刻地把握五中全会精神，切实增强贯彻中央精神的自觉性、主动性和创造性。

一是坚持增强定力与顺势应变相统一。准确把握形势是提出正确思路的前提。五中全会综合分析研判国际国内形势，鲜明提出，和平与发展的时代主题没有变，我国发展仍处于可以大有作为的重要战略机遇期没有变，我国经济长期向好基本面没有变，强调始终保持战略定力，集中力量办好自己的事情。同时，坚持与时俱进、因时而动，深入剖析了重要战略机遇期内涵的变化，强调把适应新常态、把握新常态、引领新常态作为逻辑起点，特别是敏锐看到“十三五”时期诸多矛盾叠加、风险隐患增多的严峻形势，要求坚决防止发生系统性风险，犯颠覆性错误。我们要深刻领会党中央的战略研判，牢牢把握变与不变的关系，善于观大局、谋大势、抓大事，牢记发展是硬道理，是解决一切问题的关键，紧紧抓住重要战略机遇期，始终坚持加快发展不松劲、转型升级不动摇，集中力量把江西的发展搞好。

二是坚持目标导向与问题导向相统一。“十三五”时期与全面建成小康社会的时间节点高度契合。五中全会强调，今后五年，党和国家各项任务都是围绕到 2020 年全面建成小康社会这个目标展开的。同时明确全面建成小康社会，强调的不仅是“小康”，更重要的是“全面”，是人民群众的认可。习近平总书记指出，全面小康覆盖的领域、人口、区域都应该是全面的，进一步丰富了小康社会的内涵。针对影响全面建成小康社会的突出问题，五中全会鲜明提出了协调发展、共享发展的理念，强调解决农村贫困人口脱贫、特殊群体的特殊困难、缩小收入差距和城乡区域差距等具体任务。这些，不仅仅是民生问题，还是经济问题，更是关乎党长期执政基础、中国特色社会主义事业前途命运的政治问题。我们要紧紧围绕“五年决战同步全面小康”，继续把扶贫攻坚牢牢抓在手上，把棚户区改造等涉及人民群众切身利益的大事办好，下大力气解决特殊群体的特殊困难，努力实现人民群众获得感更强的同步全面小康。

三是坚持谋划当前与布局长远相统一。五中全会的许多举措，不仅为未来五年发展定了调，更为今后 20 年乃至更长时期发展布了局。比如，强调创新发展，把创新作为引领发展的第一动力，摆在国家发展全局的核心位置，形成从理论、制度、科技到文化的全方位创新体系，实现从过去要素投资驱动向创新驱动的转变，这将重塑我国经济增长的动力引擎，从根本上强健国家筋骨；强调开放发展，提出以“一带一路”战略为主线，以主动参与全球经济治理为突破口，以构建开放型经济新体制为重点，以国家软实力为支撑的大国开放战略，实现从过去被动参与到主动布局的转变，

这将极大地增强我国国际经济政治话语权；强调绿色发展，首次提出绿色富国、绿色惠民，不仅把生态文明建设作为新的增长空间，也作为人民对美好生活追求的重要体现，这必将为中华民族永续发展固本强基。我们要深刻领会五中全会提出的一系列战略决策，持续深化改革创新，深入推进发展升级，尤其是把生态环境保护好，把生态文明先行示范区建设好，奋力走出具有江西特色的绿色发展新路子，为建设美丽中国、创新型国家作出更大贡献。

四是坚持部署举措与强化保障相统一。五中全会强调，落实“十三五”系列重大举措必须坚定不移加强党的领导。中央《建议》将“坚持党的领导”作为必须遵循的六大原则之一，并在最后一章专门阐述加强和改善党的领导。习近平总书记在全会上的重要讲话，也用了近一半的篇幅谈党的领导和高级干部队伍建设。党对经济工作的领导，是中国特色社会主义的优越性所在。习近平总书记深刻指出，能不能驾驭好世界第二大经济体，能不能保持经济社会持续健康发展，从根本上讲取决于党在经济社会发展中的领导核心作用发挥得好不好。我们要进一步加强和改善党对经济工作的领导，提高把握方向、谋划全局、提出战略、制定政策、推进改革的能力，团结带领广大干部群众攻坚克难、开拓前进。

这里要强调的是，习近平总书记治国理政的战略思想体系，是贯穿党的十八届五中全会精神的一条红线。党的十八大以来，习近平总书记统筹治党治国治军、内政外交国防、改革发展稳定，提出了一系列特色鲜明、科学务实的新思想、新理念、新战略。比如，基于新常态的经济战略思想，基于自主创新的科技战略思想，基于问题导向的改革战略思想，基于中国国情的法治战略思想，基于社会主义民主的政治建设战略思想，基于从严从实管党治党的党建战略思想，基于社会主义核心价值观的文化建设战略思想，基于美丽中国的生态文明建设战略思想，基于总体安全观的国家安全战略思想，基于能打胜仗的国防和军队建设战略思想，基于两岸一家亲的祖国统一战略思想，基于命运共同体的大国外交战略思想，等等这些，体现了从“五大建设”总体布局到“四个全面”战略布局再到五大发展理念的发展过程，形成了系统的科学的统一的战略思想体系。尤其五中全会强调的五大发展理念，是习近平总书记治国理政战略思想体系的最新成果，进一步丰富发展了这个战略思想体系。我们贯彻落实五中全会精神，最根本的就是要深入学习贯彻习近平总书记治国理政战略思想体系，始终在政治上、思想上、行动上与党中央保持高度一致，坚决按照党中央指引的方向奋勇前进。

二、紧密联系我省实际，进一步把握好省委“十三五”规划建议

省委“十三五”规划建议，是贯彻落实“五大建设”总体布局、“四个全面”战略布局和五大发展理念的江西篇章。昨天，心社同志做了说明，大家进行了充分的讨论。这里，我就我省“十三五”的几个重大问题谈点意见。

第一，战略定位问题。回答的是，未来五年，我们把一个什么样的江西呈现给人民。为此，我们必须先把所处方位搞清楚，把努力方向搞明白，做到心中有数，牢牢掌握前进航向。

省委十三届七次全会提出，我省正处在加速发展的爬坡期、全面小康的攻坚期、生态建设的提升期。这个判断总体上是符合实际的。综合分析，“十三五”时期，“三期”省情进一步呈现“六期融合”的新特点，即经济转型升级的关键期、迈向全面小康的决战期、区域开放融合的深化期、生态文明建设的提升期、全面深化改革的攻坚期、法治江西建设的推进期。这些新特点，是对“三期”省情判断的丰富和拓展，鲜明指出了我省所处的历史方位。这就是，“十三五”时期，我们不仅要继续加快发展、决战小康、提升生态，更要在转型升级上有更大进展，在全国区域格局中有重要地位，在全面深化改革和法治江西建设上有新的作为，奋力开创“发展升级、小康提速、绿色崛起、实干兴赣”新境界。可见，我们的任务挑战是全方位的、前所未有的。同时，经过多年的发展和积累，我省已经站在了更高的起点上，特别是随着国家战略叠加优势、独特区位优势、绿色生态优势和风清气正政治生态优势的进一步凸显，我们面临的历史性机遇也是全方位的、前所未有的。我们要始终保持战略定力，增强必胜信心。

围绕“五年决战同步全面小康”的总要求，依据我省发展的阶段性特征，省委提出了“十三五”时期的总目标，即“提前翻番、同步小康”。“提前翻番”，指的是与2010年相比，GDP和城乡居民收入提前翻一番。“同步小康”，指的是到2020年，江西如期与全国同步全面建成小康社会。从实际情况看，“提前翻番”易，“同步小康”难。为什么说“提前翻番”易？因为只要保持现在的发展速度，我省在2018年以前就可以实现提前翻番。这一点心社同志已做详细分析。为什么说“同步小康难”？因为真正实现与全国同步全面建成小康社会目标，仍是十分艰难的任务。我省如期实现提前翻番，主要还在于基数小，翻起番来相对容易。即便实现翻番，我们在全国的水平还是比较低的。2014年底，我省人均生产总值为34661元，位居中部第5位、全国第25位，相当于全国平均水平的74.3%。今后五年，按全国GDP年均增长6.5%、我省GDP年均增长8.5%计算，2020年我省人均生产总值只能达到全国平均水平的81%；要达到全国平均水平的85%，需要我省GDP年均增长9.2%；要达到全国平均水平的90%，则需要我省GDP年均增长10.5%。所以，要想尽快缩小我省与全国水平的差距，就必须在新常态下保持经济增长中高速而取其高。此外，我省区域发展仍不平衡，贫困人口仍然较多，公共服务水平还较低，生态环境质量巩固的任务还十分繁重。也就是说，要实现与全国同步全面建成小康社会，我们除了要保持一定的增长速度，还要在提高人民生活水平、增强群众认可和满意度方面做大量艰苦细致的工作。习近平总书记强调，中央《建议》提出的目标是对全国的要求，各地不可能整齐划一；对一些中西部地区，主要是人民生活、公共服务水平有明显提高。领会和贯彻习近平总书记的要求，我们所强调的“提前翻番、同步小康”，就不仅仅是指经济指标的增长，更是指群众切身感受的提升，以及生活水平和公共服务水平的提高。对这一点，我们必须深刻把握。

着眼于江西在全国区域发展格局中的定位,省委《建议》还提出了"一点、四区、五地"的规划目标。"一点",即建设"一带一路"内陆腹地重要战略支点和长江经济带战略支撑;"四区",即建设全国生态文明先行示范区,体制机制改革创新试验区,内陆双向开放示范区,扶贫攻坚样板区;"五地",即打造承接产业转移高地,中部地区先进制造业基地,全国大健康产业发展示范基地,国家级大数据产业发展基地,以及全国重要、国际知名的旅游目的地。省委《建议》中还结合江西特色和优势,提出了"五个强省、五个江西"的战略目标,即深入实施工业强省战略、建设现代农业强省和旅游强省、基本建成文化强省、迈向创新型省份行列,推进信息江西、法治江西、信用江西、健康江西、美丽江西建设等等。这些,都是"提前翻番、同步小康"总目标下的具体目标,也是我省经济社会充满活力的具体体现,我们都要统筹把握。

上述目标任务,是基于省情实际,经过深入调查、反复研究、多方论证提出来的。总的原则就是"跳起来摘桃子",这样既能鼓舞人心,又能激发斗志,凝聚起奋斗合力。只要不懈努力,"十三五"末,我们一定能够把一个充满活力、人民富裕、环境优美的江西呈现给人民。

第二,战略路径问题。回答的是,我们靠什么实现对人民的承诺。这就是省委《建议》指导思想中强调的,以"四三布局"和十六字方针为主要内容的具有江西特色的绿色发展新路子。

首先,以提质、增效、升级为中心,强调的是发展导向和衡量标准。目前,我省发展质量不高的问题已十分突出。比如,投入产出比不高,重工业占比较大,资源型企业多,三产占比偏低;产业链条短,产品附加值低,缺乏竞争优势;税收占财政收入的比重81.3%,比全国低3.6个百分点,等等。长远看,如果不及早重视提高发展质量,我们还会重复其他地区粗放式发展带来的问题,现在我们相对较高的增长速度也将难以持续。习近平总书记特别强调,进入全面建成小康社会决胜阶段,不是新一轮大干快上,不能靠粗放型发展方式、靠强力刺激抬高速度实现两个翻番,否则势必走到老路上,那将会带来新的矛盾和问题。因此,"十三五"时期,我们要紧紧围绕"投资有效益、产品有市场、企业有利润、员工有收入、政府有税收"的要求,积极主动调结构、转方式,进一步提高劳动生产率、投资回报率、资源配置效率,进一步增强产业竞争力、市场占有率,努力培育高端要素、高端产业、高端产品,真正实现更高质量、更有效率、更加公平、更可持续的发展。

其次,以创新、改革、开放为动力,强调的是动力转换和动能提升。对一个国家和地区来说,谁的创新能力强,谁就能抢占发展制高点,而创新弱者从来都不可能成为经济强者。我在调研时听到很多同志反映,加快发展仍是当前的主要任务。这当然是对的。但我们要认真思考,现在靠什么来实现加快发展?在经济新常态下,像以前那样拼资源、拼投入、拼优惠政策的办法已经行不通了,只有依靠创新驱动才能走出新的路子。我省经济实力不强,表面看是缺乏大产业、大企业,实质上是创新能力偏弱。去年,全省科研经费投入强度0.97%,不到全国平均水平的一半,年技术合同签订与成交额都处于中部六省末位。进入"十三五"时期,我省资源、土地、劳动力成本等后发优势的利用空间越来越窄,迫切需要创造自己的先发优势,缩小与发达地区的差距。因此,我们要坚持以科技创新为核心,选准主攻方向,加大研发投入,加快发展以技术、品牌、质量为核心的新产品、新产业和新市场。特别要注重培育创新氛围,营造创新生态,推进理论、制度、文化等各方面创新,让创新发展成为全社会参与的宏伟事业。改革与开放是一体两面的关系,改革越深入,开放的环境就越好;开放越拓展,倒逼改革的力量更强大。"十三五"时期,我们还要紧紧扭住市场这个核心,统筹推进改革开放,进一步完善市场机制、健全市场体系、形成市场规则、拓展市场空间,努力构建有利于创新发展的新体制,把我省打造成内陆双向开放的开放高地。

其三,协同推进新型工业化、农业现代化和现代服务业,强调的是产业升级和结构优化。习近平总书记指出,当前,我国经济下行压力很大,这其中有全球性、阶段性因素的影响,但根本上是结构性问题。他特别强调,"十三五"时期是转方式、调结构的重要窗口期,如果一直迟疑和等待,不仅会丧失窗口期的宝贵机遇,还会耗尽改革开放以来积累下来的宝贵资源。我们要深刻领会总书记这些重要论述,把推进产业结构战略性调整摆在重要位置,坚持以新型工业化为核心,协同推进现代农业和现代服务业,促进产业结构向中高端迈进。关于这个问题,我后面还会展开讲。

其四,全面提升新型城镇化、信息化和绿色化水平,强调的是培育新增长点和开拓发展空间。城镇化是现代化的必由之路,是加快发展的强劲引擎。有学者测算,每增加1个城市人口,将增加基础设施建设和公共服务投资10万元以上,年均增加消费6000元以上。按照规划,到2020年我省常住人口城镇化率力争接近或达到60%,户籍人口城镇化率达到40%左右,实现550万左右农业转移人口和其他常住人口在城镇落户。这对于扩投资、促消费,激发区域发展活力都具有十分重大影响。面对现在逆城市化现象和农民"农改居"意愿减弱,我们必须深入理解和实践中央《建议》中强调的"推进以人为核心的新型城镇化",采取有力有效措施推进我省新型城镇化步伐,以拓宽发展新空间。信息化为跨越发展带来历史性机遇。从目前来看,信息产业的增长速度,远超过历史上的任何一个传统产业。今后一段时期内,信息基础设施建设将成为巨大的投资领域。信息化与工业化的深度融合,信息经济、智能制造、智慧农业、智慧城市的快速发展,都蕴藏着难以估量的发展潜力。绿色化引领未来发展。绿色循环低碳发展,是当今时代科技革命和产业革命的方向,是最有前途的发展领域。重大生态项目建设,本身也是新的经济增长点。对这些领域,我们要保持敏锐头脑,努力捕捉机遇、抢占先机,不断形成新的增长点。

"四三布局",是对省委"发展升级、小康提速、绿色崛起、实干兴赣"十六字方针的丰富、深化和拓展。只要我们保持定力、坚定不移,就一定能走好具有江西特色的绿色发展新路子。

第三,战略举措问题。回答的是,用什么办法实现"十三五"目标任务。这就是省委建议提出的七大战略。其中,创新驱动发展战略、协调发展战略、绿色崛起战略、全面开放战略、共享发展战略,直接对应中央提出的创新发展、协调发展、绿色发展、开放发展、共享发展。产业转型升级战略和基础设施提升战略也是五大发展理念的具体内涵，只是结合我省实际特别加以强调的。七大战略相互贯通、相辅相成，我们要善于运用系统思维统筹贯彻。这里，我想再强调四点：

首先，产业方向要坚定不移。产业是经济发展的支撑。现阶段，我省发展不足相伴发展质量不高，必须把产业升级摆在突出位置，以转型升级助推加快发展。省委提出，“十三五”时期，要以新型工业化为核心，协同推进现代农业和现代服务业加快发展，这就是我省的产业转型升级的主攻方向。

为什么强调以新型工业化为核心？新世纪以来，我们坚持以工业化为核心的发展战略，极大地改变了工业落后的面貌，工业比重由2000年的26.9%上升到44.5%，有力推动了经济社会发展。我们要一以贯之坚持工业化为核心不动摇。但问题是，现在的工业化已不能再是传统意义上的工业化了。从全国看，传统要素和比较优势日趋弱化，通过加大创新力度推进工业结构升级是大势所趋。从我省看，工业层次不高与结构不合理并存，资源型、原材料产业比重偏高，战略性新兴产业总量偏小。有色、钢铁、石化、建材、纺织5个传统行业主营业务收入占全省规上工业的53.1%、高于全国15个百分点；航空、智能制造、新能源汽车、电子信息、生物医药等战略性新兴产业尽管发展较快、但增加值仅占全省工业增加值的16.1%；高新技术产业增加值占GDP比重为10.8%、比中部省份低5个百分点。以上数据告诉我们，在经济新常态和工业化进程中后期，我们要推动产业结构从中低端迈向中高端，就必须加大产业转型升级的力度，就必须走新型工业化道路。什么是新型工业化，就是坚持信息化和工业化的“两化”深度融合，就是智能化+制造业，就是互联网+智能制造，实现科技含量高、经济效益好、资源消耗低、环境污染少、人力资源优势得到充分发挥的工业化。因此，我们强调以新型工业化为核心，就是要把工业发展的重心转移到产业升级上来，更加注重运用新技术改造提升传统产业，更加注重培育壮大新能源、新材料、生物医药、现代装备制造等战略性新兴产业，更加注重创新驱动、“两化”融合，更加注重集聚集群集约发展，不断提升工业发展层次和水平，更好发挥新型工业化在国民经济中的核心带动作用。

为什么要协同推进农业现代化和现代服务业？因为现在的农业已不能再是单纯的第一产业，而是涉及科技种养、现代加工、市场营销的综合性产业。要清醒地看到，作为传统农业大省，我们一只脚迈向了现代农业，一只脚还停在传统农业。我省农业产业化水平不高，国家级农业产业化龙头企业仅40家，比湖南、湖北、安徽都少；农产品加工率为52%，比安徽低9个百分点；农产品品牌实力不强，缺少像蒙牛、伊利、双汇这样的全国知名品牌。“十三五”时期，我们必须加快推进农业发展方式转变，加快建设现代农业产业体系、生产体系、经营体系，加快培育新型农业经营主体，不断壮大农业龙头企业，大力发展以“百县百园”为重点的现代农业示范园区，推动农业“接二连三”新业态、新模式不断涌现，实现由传统农业大省向现代农业强省的转变。

服务业繁荣发展是现代化的重要标志。过去，服务业发展受制于工业发展；现在，工业与服务业相互促进，发展服务业本身也是工业化进程中的重要任务，因为工业化发展到一定阶段尤其需要研发、设计、融资、物流等生产性服务业的强力支撑，否则工业发展的质量就难以提高。2014年，我国服务业增加值占GDP比重达到48.2%，超过第二产业5.6个百分点，但与西方国家70%~80%占比水平相比仍有较大差距。我省服务业增加值占GDP比重仅为36.8%，低于第二产业15.7个百分点；而其中生产性服务业增加值占GDP比重就更低，仅仅有15.4%。如果不尽快把服务业短板补上，工业产业转型升级是不可能实现的。因此，在“十三五”时期，我们要推动现代服务业加速发力，突出做大做强金融服务业，重点发展物流、电子商务等行业，积极培育信息科技、研发设计、商务咨询新兴行业，促进产业逐步由生产型制造向服务型制造转变，实现服务业与工业、农业等在更高层次上的有机融合。

总之，新常态下，经济正向形态更高级、分工更复杂、结构更合理的阶段演化，一、二、三产业融合发展已经成为大趋势。我们一定要牢固树立系统思维，统筹推进三次产业协同发展，真正实现“1+2+3>6”的效果。

其次，基础支撑要适度超前。基础设施是加快发展的重要条件。新世纪以来我们举全省之力推进高速公路建设，近年来又竭尽全力争取建设南下北上高铁大通道，基础设施条件极大改善。但我省“承东启西”的区位优势尚没有完全转化为发展优势，基础设施能力不足、覆盖不密、深度不够、区域不均等问题仍很突出，必须加快构建适度超前、布局合理、管理智能的现代基础设施网络，为“十三五”乃至更长远发展提供更有力支撑。

省委提出，在“十三五”打一场基础设施建设的攻坚战。争取到2020年，建成昌吉赣客专、武九客专、合九客专、赣深客专、九景衢铁路、蒙华铁路、吉永泉铁路等项目，使全省铁路运营里程超过5000千米，其中快速铁路里程达到2500千米。同时，使高速公路通车里程超过6000千米，发电装机容量达到4000万千瓦，通江达海的水运大通道更加畅通，能源、水利等一批重大基础设施项目落地。这些目标的实现，有利于拉动投资增长，有利于促进省内各区域板块协调发展，有利于对接“一带一路”和长江经济带战略，必将为实现第二个百年奋斗目标奠定坚实基础。

推进基础设施建设，首先要解决投入的问题。一方面，我们要抓住国家推进协调发展的机遇，全方位主动争取更多支持；另一方面，也要充分利用市场机制，大力推行PPP模式，通过适当的财政资金引导、适度的财税鼓励，吸引社会资本参与。只要我们集中力量、多想办法，一定能够在“十三五”交出一份优秀的成绩单。

其三，区域布局要科学合理。区域布局谋划得当，全盘皆活，整体受益。我省“龙头昂起、两翼齐飞、苏区振兴、绿色崛起”的区域发展战略，完全符合中央协调发展的要求，要坚定不移地推进。

所谓科学，就是要遵循经济规律。从地方发展的一般规律看，实施非均衡发展战略，可以促进生产要素优化组合、推进生产力集聚爆发式发展。比如，湖南大力推进长株潭一体化，安徽重点发展合肥经济圈，都有力带动了全省发展。我们要抓住中央《建议》提出“发展一批中心城市”的机遇，继续坚持非均衡发展战略，坚定不移地推进昌九双核发展，坚决实现“做强南昌、做大九江、昌九一体、龙头昂起”的目标。为此，“十三五”时期，打造南昌核心增长极、支持九江成为长江经济带重要城市以及昌九新区建设方面要打破常规，谋划一些超常规措施，推动南昌、九江真正成为融入长江经济带的战略支撑。

所谓合理，就是要在坚持优先发展方向的同时，兼顾各方均衡发展。赣州人口占全省五分之一，面积占全省四分之一，没有赣州的同步全面小康，就不可能有全省的同步全面小康。要大力实施赣南等原中央苏区振兴发展战略，把政治优势、政策优势发挥好，把平台优势、资源优势、生态优势利用好，加快培育和壮大特色优势产业，不断做大赣南中心城市，兴起加速发展新高潮。赣东北毗邻长三角、海西经济区，赣西临近湖南最具活力的长株潭地区，区位条件优越。去年以来，我们与周边省份达成一批战略合作协议。要以此为契机，积极吸附周边的优质项目、创新要素，不断推进开放合作、转型发展。总之，各地都要围绕战略定位，你追我赶、竞相发力，错位发展、共同前进。

其四，动力结构要多元一体。现在，发展条件和发展环境出现了重大变化，劳动力、土地、环境等要素成本持续上升，重要工业产品相继出现历史需求峰值，传统发展动力正在逐步减弱。下一步，谁能在培育新的发展动力上取得领先，谁就能领跑下一轮发展。这几年东部地区调结构、促转型初见成效，新动力已初见雏形。如果我们仍满足指标增幅排名，不下大力气开拓新动力、新空间，可能过不了多久还会掉下队来。

要积极培育多元动力结构。投资要在优化结构、提高效益上下功夫。要围绕省委七大战略加大基础设施建设投资，加大产业转型升级的实业投资，加大推动农业现代化和生产性服务业投资，不断提高投资产出比，形成更多的优质资产。消费要在增加有效供给上下功夫。要大力发展电子商务，促进旅游、休闲、养老、养生等领域消费升级，积极发展科技含量高、质量高、附加值高的产品，带动居民消费结构、消费水平上一个大台阶。出口要在挖潜提效上下功夫。要抢抓“一带一路”战略机遇，深入实施优进优出战略，逐步提高中高端产品出口比例。同时，结合推进国际产能和装备制造合作，鼓励我省有条件的企业走出去开拓新空间。

要注意找准结合点，促进多元动力结构一体发力。比如，加快信息网络基础设施建设，既能带来新的投资需求，又能推动消费升级；大力实施“互联网＋”，促进了生产标准化、产品智能化，对于产业升级、提振消费和出口都有重大影响；大力打造江西风景独好的品牌，不仅可以促进我省旅游业发展，也有利于提高我省各类产品的美誉度。在新常态下，要积极关注新技术、新业态、新商业模式，激发大众创新、万众创业的活力，为经济增长提供源源不断的能量。

第四，战略保障问题。回答的是，用什么保障“十三五”规划建议落到实处。这就是全面深化改革、推进依法治省、加强和改善党的领导。

推动实施七大战略，归根结底还是要依靠改革的力量。要着眼于构建发展新体制，把改革重心放在建立完备规范有效的制度体系上。要以“三单一网”为抓手，进一步转变政府职能，规范政府行为。各级政府不能满足于放了多少权，而是要致力于提高行政效能，特别是与群众密切相关的职能部门更要简化办事程序，提高办事效率，优化服务能力。要积极完善现代市场体系，抓住牵一发动全身的重点领域，建立完善市场准入制度、负面清单制度、国有资产监管制度等，积极稳妥发展混合所有制经济，推动非公经济发展，充分调动各方面参与市场竞争的积极性。

习近平总书记指出，今后五年，可能是我国发展面临的各方面风险不断积累甚至集中显露的时期；新形势下，如果利益关系协调不好、各种矛盾处理不好，就会导致问题激化，严重的就会影响发展进程。那么，我们靠什么来防范风险、化解矛盾，很重要的一个方面就是法治的力量。我们要紧紧围绕保障社会公正、促进社会诚信、维护社会秩序三个关键，不断推进法治江西建设，为“十三五”发展营造公平公正的法治环境与和谐稳定的社会环境。

党的领导是做好一切工作的根本保证。要紧紧围绕建设风清气正的政治生态，坚定不移落实“两个责任”，大力弘扬“三严三实”作风，不断深化“连心、强基、模范”三大工程，努力把各级党组织锻造成信念坚定的奉献团队、敢闯敢干的攻坚团队、遵纪守法的清廉团队，更好地带领全省干部群众艰苦奋斗，凝聚起实现同步全面小康的强大合力。

省委《建议》提出了今后五年我省发展的总体思路。省政府要据此抓紧编制我省“十三五”规划纲要，各地区各部门各行业要抓紧编制各自“十三五”规划，把省委的部署要求落到实处。在这个过程中，特别要加强与中央部委的沟通，主动对接、积极争取，力争我省有更多的重大产业、重大项目、重大政策、重大平台纳入国家“十三五”规划盘子。

三、保持昂扬向上的精气神，进一步落实好中央省委决策部署

实现“十三五”奋斗目标，做好明年工作至关重要。明年是“十三五”开局之年，经济社会发展如何乘势开个好头面临考验。明年是全面深化改革深入推进之年，改革举措如何见到更大成效面临考验。明年是中央政法委在我省召开全国社会治安综合治理现场会的大考之年，平安江西、法治江西如何接受检阅面临考验。明年还是省委和市、县、乡四级领导班子集中换届之年，风清气正的政治生态建设成效面临考验。

做好明年工作，关键在党、关键在人。习近平总书记指出，没有广大党员、干部的积极性和执行力，再好的政策措施也会落空。全省党员干部要进一步振奋精神、解放思想、加强学习、敢于担当、狠抓落实，依靠苦干实干把“十三五”的宏伟蓝图一步一步变为美好现实。

第一，解放思想，重在破解发展难题。党的十八大以来，我们结合推进工作解放思想，有力促进了经济社会发展。基层不少地方，敢于探索实践，创造了很多鲜活经验。比如，丰城、樟树、高安激发县域经济活力，赣州南康区加快家具产业集群发展，吉安县开展“四个一”精准扶贫，武宁县协调推进生态文明建设与经济发展，等等。事实说明，推进解放思想，切忌空泛发表议论，务求解决实际问题。要围绕加大省委省政府决策部署落实力度来解放思想。比如，

对于稳增长22条、促进创新创业28条、推广自贸区改革试点经验74条等推动经济增长的政策举措，各地各部门落实的怎么样？特别是省委省政府部署了发展升级重大决策部署有关问题的整改工作，对19个普遍共性问题、45个个性问题都明确了责任单位，要不折不扣落实到位。要围绕加大经济工作矛盾困难问题分析解决力度来解放思想。比如，对于转型升级见效慢、高新企业认定标准不一、部分企业生产成本高于周边省市、本省企业的优质产品进入不了省内市场，这些问题如何解决？要围绕加大不严不实问题严肃纠正力度来解放思想。比如，部分干部担当精神退化，工作热情不高，出工不出力，存在推一推动一动、不推就少干不干的心态；个别地方改革落实不力、新官不理旧事，存在消极应对、推诿扯皮、多一事不如少一事的心态；有的部门工作标准不高，满足一般化、及格就行，热衷过好自己的小日子，存在得过且过、边做边看的心态。这些现象如何化解？所以，我们推进解放思想，一定要坚持实事求是，列出问题清单，逐个研究解决办法，在破解难题中不断更新观念、开拓视野。

第二，加强学习，重在提高领导素养。习近平总书记强调，推进创新要抓住企业家、科技人才和领导干部这几个关键少数。把领导干部列为创新的重要主体，体现的是领导干部的独特价值作用。习近平总书记还指出，无论是分析形势还是作出决策，无论是破解发展难题还是解决涉及群众切身利益的问题，都需要专业思维、专业素养、专业方法。这又为领导干部如何适应形势、发挥作用指明了方向。新常态下，领导干部如果还吃老本、啃老经验、用老办法，就会被淘汰。全省各级领导干部一定要静下心来，扑下身子，如饥似渴地提升能力素养，切实解决"不会干"的问题。比如，对中央五大发展理念和省委七大战略等重大部署，对资本运作、企业上市、互联网金融、新一代信息技术、大数据产业等新的领域，对构建众创平台、营造众扶生态、发展众筹融资等热点知识，既要知其然，也要知其所以然。此外，推进"多规合一"、国有企业改革、农村土地制度改革、计划生育政策调整等工作，原则性、政策性都很强，只有深入学习把握，才能做到精准操作。各级领导干部要自我加压，在工作实践中学习，挤出时间学习，加快提高专业素养和科学决策能力，不断增强工作的预见性、主动性和创造性。

第三，狠抓落实，重在提高执行能力。总体上，我省各级领导干部贯彻中央和省委决策部署的态度是坚决的，执行力是比较强的，这也是我们能够保持良好发展势头的重要原因。但也要看到，一些地方和部门还存在落实不力的现象。比如，中央和省委高度重视、大力推进的简政放权工作，仍存在权力部门化、利益化倾向，仍存在放权动作迟缓、不彻底、不到位、明减暗不减、明减实合并、放小不放大、放虚权不放实权等现象。我们要把"十三五"规划建议落到实处，就必须践行"三严三实"，进一步提高各级领导干部的执行力。提高执行力，对认准的事情，必须"马上就办"。这是习近平总书记在福建工作时提倡和践行的，我们一定要用心体会、用心贯彻。提高执行力，在信息化时代，必须善于进行时间管理。尤其是对于各类投资项目，早一天落地、早一天开工、早一天投产，速度越快效益就越大。提高执行力，还要注意突出重点、统筹兼顾，注意结合实际、深化细化，注意久久为功、持之以恒，真正把中央和省委各项任务干成功、干漂亮。

第四，敢于担当，重在发扬实干作风。党的十八大以来，省委坚持党要管党、从严治党，加强巡视工作，查处腐败分子和违纪行为，进一步改善了党风政风，树立了实干兴赣的鲜明导向。要继续推进风清气正的政治生态建设，坚持"把纪律挺在前面"，按照习近平总书记对高级干部提出的"对党绝对忠诚、落实管党治党责任、守住纪律底线"的要求，教育广大党员干部认真学习贯彻"一准则、两条例"，争当遵纪守法的模范。要深入推进党风廉政建设和反腐败斗争，坚决惩治腐败行为，同时要坚持标本兼治，积极探索推进制度创新和强化党内监督的有效途径，特别是要进行责任倒查，强化责任约束，从源头上消除腐败滋生土壤。党中央花这么大气力推进从严治党，最终目的还是为了发展党的事业。要在严肃清除腐败分子的同时，用最大的热情保护党的好干部，激发广大干部干事创业的积极性，在干事创业中检验干部、考察干部、挑选干部。对于那些在干事创业中犯错误的干部，要按照实事求是的原则，区分性质，慎重处理。对于那些在干事创业中出现失误、受到委屈的干部，要多一些宽容和理解，该鼓励的鼓励，该安慰的安慰，让他们卸下思想包袱，重燃干事激情。省委的态度是明确的，就是始终坚持正确的用人导向，为干实事的人撑腰鼓劲，让干成事的人得到使用，不断把风清气正的政治生态建设引向深入。

最后还要强调的是，明年就要启动省委和市、县、乡四级领导班子集中换届工作，这是我省政治生活中的一件大事，是检验干部党性的重要关口。全省各级党委特别是党委主要负责人，要认真贯彻全面从严治党要求，切实加强对换届工作的领导，面对问题苗头敢于严肃批评，面对歪风邪气敢于坚决斗争，特别是要深刻汲取四川南充拉票贿选案的深刻教训，牢固树立"不作为就是失职、不负责就是渎职"的意识，切实把管党治党的责任牢牢扛在肩上。各级纪委和组织部门要积极作为、主动靠前，自觉当好"守门员"，把住"警戒线"，敢于管理、敢于监督、敢于负责，真正让纪律和规矩立起来、严起来。广大党员干部要讲政治、顾大局、守纪律，正确对待个人进退流转，正确对待名利权位，正确对待组织决定，自觉服从组织安排。对于那些在换届中不用心干事，却挖空心思通过旁门左道谋取位置的人，要列入黑名单，不仅换届的时候不予考虑，以后也不予考虑。总之，要通过换届工作，换出凝聚力，换出战斗力，向党和人民交上一份满意的答卷，为实现"十三五"奋斗目标提供坚强的组织保证。

同志们，未来五年是我省发展进程中十分重要的时期，党中央赋予我们重任，人民群众寄予我们厚望。我们要更加紧密地团结在以习近平同志为总书记的党中央周围，牢记历史使命，始终奋发有为，为实现"五年决战同步全面小康"的奋斗目标而不懈奋斗！

政府工作报告

——在江西省第十二届人民代表大会第五次会议上

省 长 鹿心社

(2016年1月25日)

各位代表:

现在,我代表省人民政府向大会报告政府工作,请予审议,并请各位省政协委员和列席会议的同志提出意见。

一、2015年及“十二五”时期发展回顾

2015年是完成“十二五”规划的收官之年,是我们奋力夺取经济社会发展新胜利的重要一年。在党中央、国务院和省委的坚强领导下,全省上下认真贯彻落实党的十八大和十八届三中、四中、五中全会和习近平总书记系列重要讲话,特别是对江西工作“一个希望、三个着力”重要指示精神,深入实施省委“发展升级、小康提速、绿色崛起、实干兴赣”十六字方针,统筹做好稳增长、促改革、调结构、优生态、惠民生各项工作,经济发展总体平稳、稳中有进,社会事业全面进步。全省实现生产总值16723.8亿元,增长9.1%;财政总收入3021.5亿元,增长12.7%;500万元以上项目固定资产投资16993.9亿元,增长16%;规模以上工业增加值7268.9亿元,增长9.2%;外贸出口332.7亿美元,增长3.9%;社会消费品零售总额5896亿元,增长11.4%;城镇居民人均可支配收入26500元,增长9%;农村居民人均可支配收入11139元,增长10.1%;居民消费价格总水平上升1.5%;城镇登记失业率3.4%,低于控制目标1.1个百分点,较好完成了省十二届人大四次会议确定的主要目标任务。

一年来,我们牢牢把握稳中求进的工作总基调,凝心聚力促发展,聚精会神抓创新,

主要做了以下工作:

(一)综合施策精准发力,经济保持平稳较快发展。针对经济下行压力加大的严峻形势,出台“促进经济平稳健康发展22条”“推进大众创业万众创新28条”等政策措施应对困难,打出稳增长“组合拳”。加强领导分级挂点帮扶,帮助企业稳定发展。大力推进重大项目建设,向社会发布102个PPP项目,鼓励引导民间资本进入基础设施、公共服务等领域。昌樟高速改扩建、赣龙铁路扩能改造、合福客专、华能安源电厂、赣南红都变电站、大唐抚州电厂、峡江水利枢纽等一批交通、能源、水利重大项目建成投运;丰电三期、大唐新余电厂二期等一批重点工程开工建设。北汽昌河汽车景德镇一期、九江石化800万吨油品质量升级等一批重大产业项目竣工投产。提升传统消费,拓展新兴消费,健康养老、信息、旅游等消费发展迅速,服务业占GDP比重38.6%,提高1.8个百分点。加强重点出口企业帮扶,发展跨境电子商务,推进贸易便利化。外贸出口企稳回升,出口结构进一步优化。

(二)深化改革扩大开放,发展动力不断增强。坚持放管结合,深化行政管理体制改革。省本级行政权力事项精简63.6%,行政审批事项精简51%,全部取消非行政许可审批类别。“三单一网”改革快速推进,省、市、县三级政府公布权力清单和责任清单,江西政务服务网在全国率先开通运行。大力推进商事制度改革,全面实施“三证合一”“一照一码”。深入推进国资国企改革,凤凰光学、昌河汽车等五大集团重组顺利推进,省直单位所属企业脱钩移交工作按期完成,省盐业集团等混合所有制改革试点有序推进。稳步推进农村集体产权制度改革试点,农村土地承包经营权确权登记颁证到户率93.5%,农村土地流转率33.7%。扎实推进投融资体制、财税体制等改革,资本市场活力增强。坚持对内对外双向开放,加强与“一带一路”沿线国家交流合作,经贸文化交流活动取得积极成效。加强与长江经济带及泛珠、长三角、闽三角等区域开放合作,协同推进长江中游城市群建设。全国知名民营企业助推江西发展升级大会,赣港会、赣台会、华赣会、瓷博会等活动取得良好效果。开放平台和通道建设取得新进展,赣州综合保税区正式封关运行,九江城西港区正式对外开放,赣欧国际铁路货运班列正式开通。全年实际利用外资94.7亿美元,增长12.1%;引进省外2000万元以上项目资金5232.2亿元,增长15.2%。开放合作水平进一步提升。

(三)突出创新优化结构,转型升级步伐加快。密切科研与产业的对接,新增企业国家级重点实验室2个、博士后科研工作站28家,新组建产业创新战略联盟10个、协同创新体15个,新增抚州、赣州、吉安3个国家高新技术产业开发区。发明专利授权增长59%,“硅衬底蓝色发光二极管”技术获得国家技术发明一等奖,“热敏灸”技术获得国家科技进步二等奖。电子信息、生物医药等战略性新兴产业发展壮大,传统产业转型升级加快,过千亿产业达到10个。实施服务业发展提速3年行动计划,电子商务、现代物流等产业蓬勃发展。新增瑞金共和国摇篮旅游区、宜春明月山旅游区两个国家5A级景区,鹰潭获批首批国家级旅游业改革创新先行区。全省旅游接待总人数和总收入分别增长23.2%、37.3%。重组江西金控集团,新组建江西银行、江

西省再担保公司、江西航空公司，引进东亚、广发银行。江西省金融租赁公司、江西联合股权交易中心成立营运。全省新增本外币各项贷款2863亿元，4家企业在境内外上市，新增49家企业在“新三板”挂牌，企业直接融资1522亿元。大力发展现代农业，农业产业化龙头企业实力明显增强，农产品加工率达到53%。粮食生产能力进一步巩固，全年粮食总产214.85亿千克，实现“十二连丰”。

（四）统筹布局协同发展，区域经济展现新活力。昌九一体化取得新进展，社保、医疗、科教等公共服务同城化有序推进，现代装备、电子信息等重点产业进一步向昌九聚集，龙头昂起之势更显强劲。昌抚通信实现同城化，金融同城化取得实质性进展。苏区振兴取得阶段性重大成效，中央国家机关对口支援工作扎实推进，苏区振兴发展的产业支撑进一步夯实。吉泰走廊发展活跃。赣东北深化区域开放合作加快，赣西经济转型发展取得新成效。积极推进新型城镇化，农村人口有序向城镇转移，全省城镇化率51.6%，提高1.4个百分点。扎实开展秀美乡村建设，完成农村危房改造31.2万户，建设改造农村公路1.4万公里，农村面貌进一步改善。

2015年11月，南昌市启动城乡居民医保统筹工作

省人社厅供稿

（五）保护生态强化治理，生态文明先行示范区建设稳步推进。全面启动生态文明先行示范区建设，完成生态红线、水资源红线划定，示范区建设各相关工作全面跟进。强化以工业废气、机动车尾气和城市扬尘污染治理为重点的“净空”行动，实现PM2.5监测设区市城区全覆盖，全省空气环境质量优良率90.1%；强化以“五河一湖”及东江源头保护、工业及生活污水排放治理为重点的“净水”行动，全省地表水监测断面水质达标率81%；强化以城乡生活垃圾、农村面源污染、重金属污染和矿区污染治理为重点的“净土”行动，土壤污染得到控制。完成植树造林14.31万公顷、森林抚育37.33万公顷。南昌、宜春成功创建国家森林城市，吉安获批全国生态保护与建设示范区。在全国率先实行全境流域生态补偿，首期筹集补偿资金20.91亿元。创新河湖管理与保护制度，建立了省、市、县三级“河长制”。加大生态文明考核指标的权重，绿色发展成为自觉行动。

（六）以人为本保障民生，社会事业全面进步。大力保障改善民生，50件民生实事全面完成。完成扶贫移民搬迁10.6万人，全年减贫72万人。全省城镇新增就业人数55.26万人，就业形势保持稳定。城乡低保、农村五保、残疾人福利、城乡居民基本养老保险基础养老金、企业退休人员基本养老金等保障水平稳步提高，调整机关事业单位工作人员工资标准和增加离退休人员离退休费全部兑现到位，机关事业单位养老保险制度改革正式实施。全年棚改开工16.54万套，基本建成12.45万套。教育事业全面发展。农村义务教育学校标准化工程基本完成，职业教育校企合作持续深化，高等教育内涵建设加快推进。文化事业繁荣发展。南昌成功创建全国文明城市，瑞金列为国家级历史文化名城。南昌汉代海昏侯国遗址考古发掘取得重大成果。在新余、鹰潭及全省所有县（市）开展公立医院综合改革，大病保险实现城乡全覆盖。成功举办环鄱阳湖国际自行车大赛、江西国际女子网球公开赛、中式台球世锦赛和中华龙舟大赛。信访工作进一步改进，法治江西、平安江西建设深入推进，安全生产和食品药品安全形势良好，社会保持和谐稳定。

持续开展国防教育和拥军优属工作，强化国防后备力量建设，推动军民融合深度发展。民族宗教、外事侨务、妇女儿童、参事文史、档案、地方志、老龄、援疆等工作取得新成效。以法治政府建设为重点，政府管理能力和服务水平得到提升。

随着2015年主要目标任务的完成，标志着“十二五”顺利收官，江西站在更高的发展起点上。这五年，是我省改革开放和全面建成小康社会取得重大进展的五年，是综合实力和区域竞争力明显提高的五年，是城乡面貌发生深刻变化的五年，是人民群众得到更多实惠的五年。部分经济指标实现“总量翻番、位次前移”。财政总收入、一般公共预算收入、规模以上工业增加值、500万元以上项目固定资产投资、外贸出口实现总量翻番；生产总值在全国排位前移1位，一般公共预算收入由全国的第21位前移至第15位，城镇居民人均可支配收入由第22位前移至第15位，农村居民人均可支配收入由第14位前移至第12位。经过5年的发展，全省经济实力明显增强，产业结构进一步优化。全省生产总值由9451亿元提高到1.67万亿元，年均增长10.5%。一般公共预算收入年均增长22.7%。千亿产业由4个增加到10个。三次产业比重由12.8:54.2:33.0调整为10.6:50.8:38.6。基础设施逐步完善，城乡发展协调推进。高速公路通车里程突破5000千米，净增2000千米，实现县县通高速；铁路运营里程突破4000千米，净增1235千米；高速铁路从无到有，达到867千米。城市轨道交通实现零突破。统调电力装机达1800万千瓦，净增537万千瓦。4G移动电话和光纤宽带覆盖均突破1000万户。主电网输电线路长度突破3万千米,净增9300千米。城镇化率累计提高7.5个百分点,完成4.2万个新农村点建设,城乡生产生活条件显著改善。生产力布局更趋合理,区域经济发展活跃。龙头昂起、两翼齐飞、苏区振兴、绿色崛起展现勃勃生机。财政总收入过10亿元的县(市、区)由22个增加到85个,过50亿元的达到5个,南昌县率先突破100亿元,区域经济呈现多极支撑、多元发展新格局。环境建设扎实开展,生态优势稳步提升。全省空气环境质量保持优良,地表水监测断面水质达标率保持在80.6%以上,生态环境质量居全国前列。万元GDP能耗累计下降17%。全境纳入国家首批生态文明先行示范区建设,生态优势进一步凸显。社会事业全面发展,人民生活水平提高。社会保障能力增强,城乡居民养老保险、低保、医保实现全覆盖。累计新增城镇就业270.4万人,贫困人口由2011年的438万人下降到2015年末的204万人。覆盖城乡的医疗卫生服务体系基本建成。各类教育普及程度快速提升。全省城镇居民和农村居民人均可支配收入各由15660元、5987元提高到26500元、11139元,年均分别增长11.1%和13.2%。累计完成城镇保障性安居工程142.88万套,改造农村危房86万户,发展成果更多惠及广大群众。

5年的发展,倾注了全省上下不懈的努力,凝聚了全省人民共同的智慧。5年来,我们始终坚持把牢发展这个第一要务,无论形势如何变化,始终坚持发展不动摇,坚定信心,保持定力,把控运行,精准施策,坚定不移推进转型升级、加快发展。我们始终坚持突出创新这个第一动力,发挥创新驱动的引擎作用,营造激发创新的条件和环境,焕发全社会的创新热情,积极推进科技创新、制度创新、管理创新、业态创新,使创新成为发展的强大动力。我们始终坚持用好改革开放这个关键一招,深入推进重点领域和关键环节改革攻坚,让改革红利充分释放,让市场活力竞相迸发。以更宽广的视野布局对内对外开放,构筑全方位开放新格局,不断拓展发展新领域、新空间。我们始终坚持发挥生态这个突出优势,不断强化绿色发展新理念,不断提升生态环境新优势,不断积累可持续发展新动能,既为江西绿色崛起加力,也为全国绿色发展打造"江西样板"。我们始终坚持抓住为民谋利这个根本要求,把增进人民群众福祉作为最大责任,尽力而为,量力而行,大力提升民生保障水平,让人民群众在迈向全面小康的进程中,不断增强获得感、幸福感。我们始终坚持筑牢法治建设这个重要基石,把依法治国的要求贯穿到政府工作各方面、全过程,全力推进行政权力法治化,努力建设法治政府、服务政府。最为关键的是:深入学习领会习近平总书记治国理政新理念、新思想、新战略,把中央的决策部署和江西的实际紧密结合起来,努力走出一条具有江西特色的科学发展、绿色崛起之路。

过去5年的成绩来之不易,是党中央、国务院和省委坚强领导的结果,是全省干部群众团结一心、奋力拼搏的结果。我代表省人民政府,向全省广大工人、农民、知识分子、干部和历任老领导、老同志,向各民主党派、工商联、无党派、人民团体和社会各界人士,向驻赣人民解放军、武警官兵和公安干警,向中央驻赣单位,致以崇高的敬意!向所有关心、支持江西发展的同志们、朋友们、港澳同胞、台湾同胞、海外侨胞和国内外友好人士,表示衷心的感谢!

需向代表说明的是,随着我国经济发展进入新常态,"十二五"中后期全国经济发展增速普遍放缓,我省也有少数指标略低于"十二五"预期。这既有宏观经济形势严峻、传统增长动力弱化的影响,也有我省主动压缩过剩产能、调整优化产业结构的因素。面对前所未有的困难和挑战,全省上下按照省委"十六字"方针,齐心协力、求真务实、开拓创新,付出了艰辛努力,主要经济指标增幅继续位居全国前列,为"十三五"发展奠定了坚实基础。同时,我们也清醒地看到,我省加快发展、转型升级还面临一些突出矛盾和问题。经济下行压力较大,投资消费增长乏力,实体经济面临较多困难。创新能力较弱,增长动力还没有真正实现转换。制约发展的体制机制障碍依然存在,改革攻坚还需持续用力。涉及人民切身利益的住房、教育、医疗等方面还存在不足。政府效能还不够高,少数地方和部门存在安于现状、为官不为、落实不力的现象。对这些困难和问题,属于经济社会发展方面的,将在改革发展中解决;属于政府自身的问题,我们将坚决革弊鼎新。

二、编制"十三五"规划纲要(草案)的主要考虑

制定全省"十三五"规划,描绘好未来五年发展蓝图,对于凝聚力量,实现同步全面小康意义重大。省政府根据《中共江西省委关于制定全省国民经济和社会发展第十三个五年规划的建议》,编制了《江西省国民经济和社会发展第十三个五年规划纲要(草案)》(以下简称《纲要(草案)》),提交大会审议。

(一)关于"十三五"规划制定的背景考虑。

总体判断,"十三五"时期,我省发展机遇与挑战并存,但总体上机遇大于挑战。从国际层面看,和平与发展的时代主题没有变,世界经济在深度调整中曲折复苏,新一轮科技革命和产业变革蓄势待发,孕育着新产业、新业态、新模式,发展的空间将更大,发展的领域将更宽。从国家层面看,我国经济发展进入速度变化、结构优化、动力转换的新常态,经济长期向好的基本面没有改变。我省经过"十二五"时期发展,基本进入中高收入发展时期和工业化中后期阶段,综合实力显著增强,政策红利、改革红利、生态红利、开放红利等正在叠加释放,这些积极因素将为未来五年发展创造有利条件,提供持久动力。同时,未来发展也面临不少困难和挑战。全球市场总需求不振,投资贸易增长乏力,保护主义抬头,外部环境中不稳定不确定因素增多;国内"三期叠加"态势仍将持续,动力转换需要一个过程;我省面临加快发展与转型升级的双重任务,呈现"六期融合"的阶段性特征。在编制《纲要(草案)》时,充分考虑了这些背景因素。总的要求是,因应形势变化,把握发展大势,充分利用各种积极因素,奋力谱写江西发展的新篇章。

(二)关于"十三五"时期我省经济社会发展指导思想的考虑。

指导思想是规划的灵魂,是未来5年发展的根本指引。省委的"规划建议"明确了我省"十三五"经济社会发展的指导思想。这个指导思想,一是坚持了基本遵循。创新、协

调、绿色、开放、共享，是指导“十三五”发展的新思想、新理念。谋划推动“十三五”发展，必须牢固树立五大发展理念，增强发展动力、厚植发展优势。二是突出了目标引领。“提前翻番、同步小康”是时代的要求、人民的愿望。必须牢牢抓住发展第一要务，以同步全面小康统领未来五年全省经济社会发展。三是明确了发展路径。创新、改革、开放是发展的动力源泉，协同推进新型工业化、农业现代化、现代服务业，全面提升新型城镇化、信息化和绿色化水平，是江西发展的必由之路，必须作为重中之重任务推进落实。这些原则和要求，都体现在《纲要（草案）》当中。

（三）关于“十三五”时期我省经济社会发展主要目标的考虑。

省委“规划建议”明确了“十三五”时期全省经济社会发展的总体目标，其核心内容是：与2010年相比，地区生产总值和城乡居民人均收入提前实现翻一番，全面建成小康社会，为实现第二个百年目标奠定基础。围绕总体目标，《纲要（草案）》从经济发展、转型升级、民生福祉、生态文明等方面，提出了35个具体目标，其中预期性指标15个，约束性指标20个。

确定这些目标，主要考虑三个方面：一是与国家“十三五”实现全面小康目标相衔接。目前我省全面小康进程相对滞后，为确保与全国同步全面建成小康社会，增速必须高于全国平均水平。因此，设定年均增长8.5%左右，高于全国平均水平两个百分点。二是充分体现江西省情特色和发展优势。《纲要（草案）》根据省委“规划建议”要求，提出建设信息江西、法治江西、信用江西、健康江西、美丽江西等目标，都是充分把握省情特色和优势提出来的。三是兼顾需要和可能。目标的设定既要鼓舞人心，更要切实可行。从经济增长的潜力、发展惯性、内外发展环境看，这些目标的设定体现了上述要求。

（四）关于“十三五”时期重大战略任务的考虑。

着眼适应和引领经济发展新常态，推进全省经济持续健康发展，《纲要（草案）》提出了建立现代产业新体系、增强创新发展新动力、迈向信息化发展新时代、打造内陆双向开放新高地等十一项重大战略任务；同时，提出全面深化改革、全面依法治省、强化规划实施保障等三项措施。制定这些战略任务和保障措施时，主要把握和考虑了三个方面：一是全面贯彻中央精神。十八届五中全会提出的“十三五”发展要求和中央经济工作会议提出的推动供给侧结构性改革等战略部署都体现在工作任务中。二是完整体现省委“规划建议”，是省委“规划建议”七大战略、三项保障的具体落实。三是突出与“十二五”工作的连续性、紧贴新目标的针对性、实际工作的可操作性。

各位代表，《纲要（草案）》经大会讨论通过后，将成为我省“十三五”发展的宏伟蓝图，也标志着我们开启富民兴赣的新征程。时代赋予我们责任，人民寄予我们厚望。只要我们咬定目标，同心同德，脚踏实地，砥砺前行，我们和全国同步实现全面小康的目标一定能够实现！

三、2016年工作安排

2016年是“十三五”开局之年，是全面建成小康社会决胜阶段的第一年。总体看，今年经济下行的压力仍将持续，面临的发展形势更为严峻。我们要进一步增强发展信心，积极应对挑战。今年全省经济社会发展的总体要求是：全面贯彻党的十八大和十八届三中、四中、五中全会和中央经济工作会议精神，以邓小平理论、“三个代表”重要思想、科学发展观为指导，深入贯彻习近平总书记系列重要讲话特别是对江西“一个希望、三个着力”重要指示精神，按照“五位一体”总体布局和“四个全面”战略布局，牢固树立和贯彻落实“五大发展”理念，适应经济发展新常态，坚持稳中求进工作总基调，以创新驱动增动力，以深化改革添活力，以开放合作拓空间，着力稳定经济增长，着力加强结构性改革，着力推进转型升级，着力建设生态文明，着力保障改善民生，确保实现“十三五”良好开局，奋力开创“发展升级、小康提速、绿色崛起、实干兴赣”新境界。

今年全省经济社会发展的主要预期目标是：生产总值增长8.5%以上，财政总收入增长9%左右，一般公共预算收入增长9%左右，规模以上工业增加值增长9%左右，500万元以上项目固定资产投资增长15%左右，社会消费品零售总额增长11%，外贸出口增长2%左右，实际利用外资增长9%，城镇居民人均可支配收入增长9%，农村居民人均可支配收入增长10%，居民消费价格总水平涨幅控制在3%左右，城镇登记失业率控制在4.5%以内，节能减排完成国家下达的计划任务。重点抓好十个方面工作：

（一）激发“三驾马车”新动能，促进经济平稳较快增长。

抓项目扩投资促增长。发挥投资对增长的关键作用，加快建设一批事关发展全局的重大基础设施项目、一批带动作用强的重大产业项目、一批惠及面广的民生工程项目。安排省大中型建设项目725个，总投资约1.35万亿元，当年完成投资3500亿元左右。交通方面，开工建设广昌至吉安等高速公路项目，建成兴国至赣县、修水至平江等11个高速公路项目，力争高速公路通车里程突破6000千米。开工建设赣深客专、合安九客专、吉永泉等铁路项目，建成武九客专江西段。建成上饶三清山机场。能源方面，推进神华九江电厂、丰城电厂三期等5个常规火电项目建设，积极开展西南水电入赣等特高压项目前期研究工作，建成抚州电厂第二台百万千瓦机组、洪屏抽水蓄能电站，加快推进国华信丰电厂前期工作。水利方面，开工建设廖坊灌区二期工程、四方井水利枢纽等项目，加快推进赣抚尾闾综合整治，基本建成浯溪口水利枢纽工程。产业升级方面，开工建设南昌航空城试飞区、赣州北斗产业园等项目，建成昌飞吕蒙总装园、北大科技软件产业园等项目。公共服务设施方面，开工南昌轨道交通4号线一期工程，重点实施16个城市地下综合管廊项目、10个城市公共停车场项目、共青科教城等18个教育项目、省属医院新院等24个医疗卫生项目、省文化中心等12个文化项目以及15个重大体育健身项目。为保证项目建设资金，进一步创新项目建设投融资方式，务实推进PPP模式，积极争取国家专项建设基金发行支持。通过多渠道、多方式投融资，保持投资稳定增长。

兴业态拓消费促增长。发挥消费对增长的基础作用，积极发展现代服务业，引领、促进消费。实施城市商业基础设施建设与改造升级工程，打造城市新商圈、商贸综合体。

多种形式鼓励消费。对首次购买城镇住房的符合条件的农民给予财政补贴，并按规定享受税收优惠政策，探索将农民工和个体工商户纳入住房公积金制度范围。积极做好商品房“去库存”工作。加大电动汽车充电基础设施建设，落实小排量汽车、新能源汽车税收优惠政策，推动皮卡等新型货车下乡。加快旅游强省建设，扩大“江西风景独好”品牌影响力。推动“旅游+”融合发展，加快发展智慧旅游，全面提升乡村旅游，培育康体养生、自驾营地等旅游新业态，打造各具特色的旅游产业集群，加快赣浙闽皖国际文化生态旅游示范区建设，支持上饶国际医疗旅游先行区、婺源国家乡村旅游度假实验区建设，试点发行省内“旅游一卡通”，力争在南昌、景德镇实施外籍人士72小时过境免签。加快“光网江西”“无线江西”建设，推动宽带提速降费，促进信息消费。积极发展文化创意产业，发展文化消费。大力发展养老、家政、健康消费等生活性服务业。强化供给创新，推动服务业发展与消费需求高水平对接。

优化出口结构促增长。发挥出口对增长的促进作用，实施外贸出口提升工程，提高机电产品、高新技术产品出口比重，扩大服务出口，促进加工贸易创新发展。大力开拓海外市场，支持企业建立海外物流枢纽、“海外仓”。制定支持外贸综合服务企业发展政策，推动跨境电子商务发展。扩大先进技术设备、关键零部件和能源、原材料进口，以进口促进产业升级。

（二）深入实施创新驱动发展战略，积极培育经济发展新动力。

完善科技创新体系。健全以企业为主体的技术创新体系。发挥高校、科研院所创新源头作用，加快推进企业研发中心、校企联盟、产业技术联盟建设，促进产学研用贯通，推进产业链、创新链融合。加快推进南昌（国家）大学科技城建设。实施创新驱动“5511”工程，持续深化省部院产学研合作，力争今年新增国家级创新平台和载体4~5家，实施10个左右重大科技研发专项，培养各类国家级创新创业人才和创新团队10个，在重点产业领域组建10个左右科技协同创新体。

推进重点领域创新。聚焦特色优势产业，开展重点研发攻关，力争全年开发省级新产品100项以上。推进实施硅衬底蓝色发光二极管等20个左右重点创新成果产业化项目。精选5个左右创新成果产业化项目作为重点产业骨干工程，实施“一项一策”，以股权投资、质押、贴息等多种方式大力支持，加快成果转化应用。

激发创业创新活力。加快推进大众创业、万众创新，打造众创、众包、众扶、众筹支撑平台；大力发展“创客空间”“创业咖啡”“创新工场”等新型众创空间，形成各类创新主体互促、民间草根与科技精英并肩、线上与线下互动的生动局面。加强业态创新，大力发展电子商务，加快建设电子商务交易示范城市、示范基地、示范企业；大力推进电子商务进农村，积极发展智慧物流。努力催生与创业创新密切相关的生产性服务业发展，助推创新升级。拓宽创业创新投融资渠道，研究设立省级创业投资引导基金，市县政府和园区设立配套引导基金，大力引进天使投资、创业投资、风险投资等创业投资基金，鼓励众筹融资，探索开展创业券、创新券等公共服务。大力发展科技企业孵化器。充分发挥企业家作用，弘扬创新创业精神，着力培育尊重知识、崇尚创造、追求卓越的创新文化，营造人人皆可创新、创新惠及人人的社会氛围。

健全创新发展机制。开展科技计划财政资金后补助试点和龙头企业创新转型试点，落实企业研究开发费用加计扣除政策。健全政府科技投入和绩效评价机制，提高科技人员科技成果转移转化收益比例。改革科研项目管理机制，砍掉繁文缛节，让科技人员把更多精力用到研究上。制定更加灵活的人才政策，大力培养、引进创新人才。办好中国青年APP大赛等创新创业赛事，让更多优秀人才脱颖而出、一展身手。扎实推进质量兴省战略。切实加强知识产权保护和应用，营造良好创新环境。

（三）深化重点领域改革，加快形成有利于发展的体制机制。

以提高效能优化服务为重点深化行政体制改革。持续推进简政放权、放管结合、优化服务，不断激发市场活力和社会创造力。加强行政审批目录管理，完善行政权责清单动态调整机制。加快全省网上审批系统建设，实现省、市、县三级联通。进一步深化商事制度改革，探索以信用监管为核心的事中事后监管新模式。着力改进直接面向企业和群众的公共服务，加强部门间业务协同，提高服务的便利性。

以更有利发挥市场机制作用为重点深化市场改革。深化煤电、气电价格改革，提高对落后工艺、设备、产品生产的差别电价和水价，形成有利于节能减排的价格体系。推进公立医院医疗服务价格形成机制改革。深化信用体系建设，启动省公共信用信息平台二期建设，推动市级平台和网站建设，着力打造“信用江西”。加强不动产统一登记工作。加快公共资源交易平台整合，提高公共资源配置效率。

以规范管理和增强活力为重点深化财税金融体制改革。加强预算管理制度改革，加大财政资金统筹使用力度，进一步盘活财政存量资金。健全县级基本财力保障资金稳定增长机制，提高县级财力保障水平。将政府债务纳入全口径预算管理，防范政府债务风险。积极推进国地税征管体制改革，提高征管效能和质量。围绕搞活地方金融体系，积极推进农村信用社产权制度改革，基本实现村镇银行县域全覆盖。推动省金融资产管理公司、互联网金融信息服务公司尽快挂牌开业。大力发展融资租赁，推进裕民银行筹建，争取平安银行在我省设立分支机构。积极稳妥发展互联网金融。整顿金融市场秩序，切实防范金融风险。大力发展普惠金融、绿色金融，提高金融服务实体经济能力。

以搞活增效为重点深化国资国企改革。推进市场化战略重组，着力抓好江铜集团、省旅游集团、江西国际公司和省招标咨询集团等企业混合所有制改革试点；全面剥离省属国企办社会职能，积极推进钨和稀有金属产业重组整合。深化江西报业集团改革，组建省文化演艺发展集团、省广电传媒集团。加快健全现代企业制度，推进企业经理层成员任期制和契约化管理。完善国有资产管理体制，严格落实国资监管权力清单和责任清单制度，推动由管企业向管资本转变。

（四）加快工业强省步伐，促进产业向中高端迈进。

推动传统产业改造升级。实施新一轮传统产业技术改造升级工程，着力推进钢铁产品制造升级，铜精深加工、建材节能环保、石化产业综合利用转型和服装家纺品牌提升。引导企业创新品种、提升品质、打造品牌，加快发展高附加值、高技术含量终端产品，让“老产业”焕发新活力。大力发展工业设计、管理咨询等生产性服务业，不断提升对工业转型升级的服务支撑能力。更多运用市场机制推进“去产能”，妥善处置资不抵债、扭亏无望的“僵尸企业”，提高供给体系质量和效率。

加快战略性新兴产业发展。制定战略性新兴产业倍增计划，在电子信息、航空制造、生物医药、节能环保、新能源等领域实施一批重大产业项目。大力推进LED产业基地建设，加快打造南昌光谷。推动电子信息产业向终端和高端迈进，着力打造吉安国家电子信息产业示范基地。对接“中国制造2025”，深入实施“互联网+”行动计划，促进新一代信息技术与制造业融合。加快大数据、云计算的开发应用，积极推进省市数据中心、航天云网、中华工业云、中国电信中部云基地建设。实施“互联网+智能制造”行动计划，在南昌、九江、景德镇等地启动建设智能制造示范基地。培育发展高档数控机床、工业机器人、3D打印、北斗导航等产业，努力打造中部地区先进制造业基地。

推动产业集群集约发展。深入实施产业集群发展战略。每个设区市重点发展2～3个主导产业，每个县(市、区)重点发展1个首位产业，形成一批特色产业基地。建立产业协作联盟，以龙头企业为核心推动上下游配套企业对接，以产业链、供应链和创新链为纽带，推动产业集群外部对接，重点推动电子信息和铜箔铜板、硅钢和机电产品等10个专项对接。选择20个重点产业集群开展智能化改造试点，打造一批智能化工业园区。

加大企业帮扶力度。推动供给侧结构性改革，开展降低企业成本、优化发展环境专项行动，切实降低企业交易、人工、财务、物流、用电用气成本。落实小型微利企业减半征收企业所得税优惠政策，研究精简归并“五险一金”，适当降低社会保险费率。着力解决企业融资难问题。加强信贷支持，力争“财园信贷通”“财政惠农信贷通”发放贷款400亿元以上。扩大直接融资，力争全年新增2～3家企业主板上市，30家以上企业“新三板”挂牌，实现直接融资1000亿元。完善企业帮扶机制，切实帮助企业解决实际困难。推动省产品协议采购、省产品与省重点工程对接，积极帮助企业开拓市场。

(五)扎实做好“三农”工作，推进农业农村新发展。

加快推进农业现代化。坚持“藏粮于地、藏粮于技”，推进“粮安工程”建设，新增建设高标准农田19.33万公顷，稳定粮食生产能力。深入实施“百县百园”建设工程，大力发展畜禽养殖、特色水产、有机茶叶、油茶等特色种养业，打造现代化农业生产基地。实施农产品品牌创建工程和质量安全保障工程，提高江西农产品市场美誉度。深入推进农业“接二连三”融合发展，拓展农业农村经济发展新空间。完善农业气象灾害防御体系，提升农业安全保障水平。深入实施“互联网+现代农业”行动，全面推动智慧农业建设。

深入推进新农村建设。坚持镇村联动发展，着力实施农村自来水建设改造、农村公路改造，推进农村信息网络建设，不断改善农村基础设施条件。全面完成第一批654个中心村建设任务。积极开展农村垃圾和污水治理工程，切实改善城乡人居环境。加大传统村落、传统民居、少数民族特色村寨保护力度，打造一批具有赣鄱特色的文化名村。推动城市公共服务向农村延伸，提高农村基本公共服务水平。

增强农村发展活力。深化农村集体产权制度改革，全面完成农村土地承包经营权确权登记颁证工作，积极推进余江“国家农村宅基地管理制度改革试点”。深入推进供销合作社、农垦、水权、集体林权、农村小型水利工程产权制度改革试点。加快农村综合产权交易市场建设，引导土地等生产要素规范有序流转。健全农业支持保护体系。拓宽农民增收渠道，健全促进农民收入稳步增长的长效机制。积极开展农村土地经营权和农民住房财产权抵押担保贷款试点，进一步做好农业保险的增品、提标、扩面工作，提高农业保险保障水平。

(六)全方位对内对外开放，构建内陆双向开放新高地。

抓好与国家重大战略的开放对接。参与“一带一路”战略，深化与“一带一路”沿线国家交流合作，充分发挥赣欧国际铁路货运班列作用，力争开通南昌至福州、吉安至赣州至深圳铁海联运快速班列，加密国际直航航线，畅通对接通道。落实国家长江经济带三年行动计划。积极参与沿江经济协作区和赣鄂皖长江两岸合作发展试验区建设，支持九江与上海合作建设彭泽“飞地”产业园、南昌高新区与上海张江高科技园合作建设国家文化科技融合示范基地。

推动更高水平“引进来”和全方位“走出去”。实施招商引资重大项目攻坚行动，提高招商引资质量和效益。实施“央企入赣”“赣商回归”提升工程，推动更多央企在赣布局重大项目；鼓励和引导赣商回乡创业。办好世界低碳会、赣港会、赣台会、瓷博会、药交会等重大经贸活动。设立“走出去”发展引导基金和综合信息服务平台，推动农业、制造业、矿业、建筑业和服务业等五大行业“走出去”发展。组建海外基础设施建设、能源资源开发等产业联盟，为企业“走出去”提供优质高效服务。

构建开放型经济新体制。主动对接上海、福建、广东自贸试验区发展，积极申报建设江西自贸试验区，努力争取南昌综合保税区获批建设。深化通关一体化改革，推进关检合作“三个一”、国际贸易“单一窗口”新型通关模式建设。主动参与长三角、珠三角、海西经济区数字信息平台共建共享，打造法治化、国际化、便利化的营商环境。

(七)统筹推进区域协同，促进区域经济协调发展。

优化区域发展布局。以深入推进昌九地区对接融入国家战略为重点，加快昌九、昌抚深度融合，进一步推进昌九、昌抚社会保险、新农合互通互认等领域同城化。支持南昌临空经济区申报国家级临空经济示范区，支持共青先导区发展“小镇经济”。争取国家尽快批复设立昌九新区。加快苏区振兴发展，抓好农村电网改造、农村公路等基础设施建设；抓好赣南承接产业转移示范区、吉泰走廊“四化”协调发展示范区、抚州赣闽合作示范区等重点平台建设，大力发展特色产业。促进赣东赣西两翼齐飞，支持赣东北对接长三角，加入长三角城市经济协调联席会，推进赣浙省际生态产业合作示范区建设，加快信江河谷城市群建设，全面启动上饶高铁经济试验区建设;支持赣西对接长株潭,打造赣湘合作产业转移承接平台,加快新宜萍新型城镇示范带和昌铜高速生态经济带建设,规划建设赣西(新余)跨行政区转型合作试验区。支持抚州建设向莆经济带。研究编制沿沪昆高铁经济带发展规划,积极谋划沿京九高铁经济带,以积极姿态迎接高铁经济时代,努力构建充满活力、特色鲜明的经济增长带。

提升新型城镇化水平。切实加强城市工作,抓好全省城镇体系规划实施,加快城市群、都市区等重大区域规划编制。推行市县“多规合一”,实现“一张蓝图”管控城乡空间。更加注重提升城镇发展质量,积极推进地下综合管廊和海绵城市建设,推进城市网格化、信息化、精细化管理。推动鹰潭、樟树“国家新型城镇化综合改革试点”。建立城乡统一的户口登记制度,全面实施居住证制度,有序促进进城农民转移落户,成为参与城市发展、共享发展成果的新市民。

推动县域经济转型升级。深入推进扩权强县改革,增强县域经济发展活力。支持县域工业园区专业化、集约集群化、特色化发展,提升竞争力。促进产城融合发展,引导人口聚集和资源要素优化配置,促进人口向城镇集中、居住向社区集中、产业向园区集中。选择部分县市开展改革试点,打造一批产城融合示范区、扶贫攻坚示范区。

(八)加快推进生态文明建设,打造美丽中国“江西样板”。

严格生态保护治理。实施山水林田湖生态修复、鄱阳湖流域清洁水系、鄱阳湖生态修复等生态工程建设,筑牢生态安全屏障。完成植树造林8万公顷、封山育林6.67万公顷、森林抚育37.33万公顷。继续抓好燃煤电厂脱硫脱硝、除尘设施改造升级、机动车尾气污染防治等工程,加强城区施工工地扬尘监管,完善大气环境质量监测预警体系,保持空气环境质量优良。加强城镇生活污水、工业园区污水处理设施及配套管网建设和管理,保护水环境,维护水生态。加强重金属污染治理、农业面源污染治理、农村清洁生产等专项行动,推进农村和城镇垃圾无害化处理设施县级全覆盖,防止耕地、土壤污染。

推动绿色循环发展。实施工业绿色发展三年行动计划,推进工业园区循环化改造、清洁生产、资源集约利用等工程。大力发展绿色建筑。实施好赣州经开区、鹰潭高新区、南昌高新区、井冈山经开区“国家园区循环化改造试点”,推进贵溪市、吉安市、丰城市、樟树市“国家循环经济示范市”建设,加快南昌、赣州“全国餐厨废弃物资源化利用和无害化处理试点”城市建设,支持萍乡建设海绵城市。支持上饶建设新能源示范城市和赣州建设新能源科技城。着力优化能源结构,力争风电、光伏发电装机容量分别达140万和160万千瓦。积极推进电能替代。

推进生态文明制度建设。完善生态红线管理制度,加强耕地保护,全面完成全省永久基本农田划定工作。探索建立自然资源资产产权管理制度,启动自然资源资产负债和生态审计试点。实行能源和水资源消耗、建设用地等总量和强度双控行动,提升资源节约集约高效利用水平。健全生态补偿制度,建立覆盖到乡镇的“河长制”。健全生态文明考核和责任追究制度,加快建立领导干部任期生态文明建设责任制、生态环境损害责任追究制。培育绿色生态文化,让文明绿色生态的生产生活方式成为大家的自觉行动。

(九)加大力度保障改善民生,不断增强人民群众的获得感。

大力实施民生工程。坚持共享发展理念,按照人人参与、人人尽力、人人享有的要求,坚守底线、突出重点、完善制度、引导预期,持续加大民生投入,努力提高城乡居民收入水平。筹集财政性资金1200亿元,集中在就业创业、社会保障、抚恤和社会救助、医疗保障、教育文化体育、居住条件、扶贫开发、改善生产生活条件等八个方面,办好涉及群众切身利益的50件实事。强化民生工程绩效管理,完善考核评价办法和建后管养机制,扩大惠泽民生的效益。

着力推动精准脱贫。推进精准扶贫、精准脱贫,努力打造全国扶贫攻坚样板区,力争全年减贫70万人。继续打好产业扶贫攻坚战,推进“一村一品”特色扶贫产业稳步发展;打好安居扶贫攻坚战,力争全年完成村庄整治3000个,移民搬迁10万人;打好保障扶贫攻坚战,加强农村低保与扶贫开发衔接,努力做到应保尽保。鼓励社会力量扶贫。启动贫困县扶贫脱贫考核,鼓励和支持有条件的贫困县提前摘帽。

扎实做好就业工作。落实鼓励创业各项政策措施,力争城镇新增就业45万人,新增转移农村劳动力50万人。新增安排创业贷款担保基金1.5亿元,发放创业担保贷款100亿元。加大就业和技能培训力度,全省工业园区就业培训30万人、创业培训12万人。完善职工权益保障机制,让劳动者更加体面地工作和生活。

完善社会保障体系。健全基本养老保险体系,建立机关事业单位职业年金制度和基本养老金正常调整机制,推动全民参保计划实施。建立健全基本医疗保险及大病保险、医疗救助、疾病应急救助等制度。完善多层次社会保障,全面落实优抚安置政策,继续提高抚恤补助标准。大力发展慈善事业,健全法律救助制度,努力让每一位身处困境者都能得到社会关爱的阳光。加强保障性住房建设,开工建设保障性安居工程19.2万套。推进棚改货币化安置,利用政府债券、财政贴息等多种方式购买棚户区改造服务。抓好农村危房改造,让更多群众受益。

(十)全面推进社会事业发展,切实维护社会和谐稳定。

加快教育文化事业发展。实施学前教育第二期三年行动计划,加快乡镇公办中心幼儿园建设。推进城乡义务教育公办学校标准化建设,促进义务教育均衡优质发展。普及高中阶段教育。深化产教融合,加快构建现代职业教育体系。提高高校教育教学水平和创新能力,加快有特色高水平大学和一流学科、专业建设。推动文化繁荣发展,提高公共文化服务质量。加强历史文化保护传承和合理利用。加大景德镇御窑厂遗址保护力度,支持景德镇申报世界文化遗产。着力将南昌汉代海昏侯国遗址打造成全国有重大影响的文物保护单位和旅游景区。办好纪念汤显祖逝世400周年活动和第六届江西艺术节。倡导全民阅读,建设书香社会。加快新闻出版广播影视产业发展,推进江西国家数字出版基地建设。抓好我省第二次全国地名普查工作，重视地名文化建设。开展第二轮省志编纂工作。

推进健康江西建设。深化县级及试点城市公立医院综合改革。实施药品分类采购政策，加强基本药物使用管理，完善基层医疗卫生机构运行新机制，大力支持中医药发展。坚持计划生育基本国策，积极稳妥有序实施全面两孩政策。健全食品药品监管体系，提升县乡食品药品监管能力，切实保障人民群众身体健康和生命安全。大力发展健康服务业。全面实施全民健身计划，免费或低费开放体育场馆，提高健康水平。

加强和创新社会治理。深入推进法治江西、平安江西建设，严密防范和化解各类社会矛盾和风险，深化基层社会治理和服务创新，全面推进阳光信访，及时就地解决群众合理诉求，依法规范信访秩序，保障社会安定、人民安宁。完善和落实安全生产责任和管理制度，加强安全生产基础能力和防灾减灾救灾能力建设，严格安全生产监管监察执法，遏制重特大安全事故发生。积极稳妥做好新形势下民族宗教工作。

进一步完善民兵预备役、国防动员体制机制，加强国防动员和后备力量建设。贯彻军民融合深度发展战略，深入开展双拥共建，巩固和发展军民团结。

各位代表！

为人民服务，对人民负责，受人民监督，让人民满意，是政府工作坚守的信念。面对新任务、新要求，政府将更加重视自身建设，不断提升能力和水平。积极创新政府管理。健全政府职责体系，强化规划引导和市场监管，加强公共服务和社会管理，提高对“五大发展”的统筹能力。坚持用改革的办法、创新的思维，研究破解各种难题。综合运用大数据等手段加强政府信息化建设，强化政府网上服务，提升政府效能，降低行政成本，优化政务环境。全面推进依法行政。完善政府立法体制机制，加强重点领域政府立法，严格按照法定权限和程序履行政府职能。落实重大决策程序、听证、风险评估和责任追究机制，努力做到政府决策与群众“面对面”、为民办事“实打实”、有错必纠“硬碰硬”。深化司法体制改革，推进综合行政执法，严格执法程序，公正文明执法。健全政务公开机制，完善社会征信系统，加强政务诚信体系建设，提高政府公信力。不断改进工作作风。以“三严三实”严格要求政府工作人员，促进作风建设常态化长效化。强化宗旨意识，密切联系群众，着力解决群众反映强烈的突出问题。强化责任意识，弘扬担当精神，狠抓工作落实，确保设定的目标、出台的政策、部署的任务，落到实处、见到实效。切实加强廉政建设。认真落实党风廉政建设责任制，全面推进惩治和预防腐败体系建设，做到干部清正、政府清廉、政治清明。全面落实公务用车改革，严格控制和压缩“三公”经费，努力建设节约型机关。认真贯彻领导干部廉洁从政各项规定，对各类违法违纪行为严惩不贷、决不姑息。

各位代表！时代赋予重任，奋斗铸就辉煌。推进科学发展、实现同步全面小康，是全省人民共同的伟大事业。让我们紧密团结在以习近平同志为总书记的党中央周围，在省委的坚强领导下，勇于担当，不负重托，为江西的美好明天而努力奋斗！

九江八里湖风光

黄开福摄

本栏编辑　朱岳

大事记

1 月

5 日　国家发改委下发通知，正式将江西省列入国家物联网重大应用示范工程区域试点省，并同意省发改委上报的区域试点江西省总体工作方案，明确江西省以南昌和九江为重点区域，以骨干企业为龙头，以示范项目为抓手，围绕农业、交通、能源 3 个重点领域开展试点工作。

7 日　省委书记强卫在南昌会见新加坡驻华大使罗家良。省领导龚建华、谢茹，新加坡驻厦门总领事罗德杰参加会见。

△　省长鹿心社主持召开第 36 次省政府常务会议。会议通过《江西省人民政府 2015 年立法工作计划》《江西省行政许可事项目录管理办法》，听取关于全国政府秘书长和办公厅主任会议精神及江西省贯彻意见的汇报。

9 日　在北京召开的国家科学技术奖励大会上，江西省有 7 个项目获 2014 年度国家科学技术进步奖。其中：由景德镇中国直升机设计研究所主持完成的项目获一等奖，《弱磁性矿石高效强磁选关键技术及装备》《高等级中厚钢板连续辊式淬火关键技术、装备及应用》《超级稻高产栽培关键技术及区域化集成应用》《隧道与地下工程重大突涌水灾害治理关键技术及工程应用》《多囊卵巢综合征病证结合研究的示范和应用》5 个项目和 1 个专用项目获二等奖。

13 日　省法治江西建设领导小组召开第一次会议。会议听取《法治江西建设工作进展情况汇报》，审议并原则通过领导小组工作规则、全面推进法治江西建设工作任务责任分工和法治江西建设 2015 年工作要点。

△　第四届中国旅游产业发展年会在南昌召开，活动由中国旅游协会和中国旅游报社联合主办，以“新常态下的旅游业改革发展”为主题，为期两天，共设主题论坛、年度发布和产业论坛三大板块，与会的国家旅游局相关司室负责人、全国省（区、市）旅游局局长、有关城市和旅游企业代表及有关专家学者等 600 余人，围绕旅游国际传播、乡村旅游、高铁旅游传播、新常态下的旅游业改革发展等话题进行讨论。

14—15 日　中共江西省军区第十次代表大会在南昌召开。省委书记、省军区党委第一书记强卫出席并讲话。大会总结省军区第九次党代会以来的 6 年工作，全面分析面临的形势，研究部署未来 5 年的目标任务。省委常委、省军区党委书记、政委马家利向大会作报告，省军区党委副书记、司令员张晓明主持，省军区领导方建华、戴勇、陈平、罗晓东、张韬出席。

15—16 日　2015 年全国旅游工作会议在南昌召开。会议对全国旅游工作作出全面分析和谋划，围绕“文明、有序、安全、便利、富民强国”5 大目标，推出 3 年旅游业发展 10 大行动 52 项举措。会议提出，未来 35 年是中国旅游业的发展黄金期和转型攻坚期，全行业要不断增强产业自信、行业自信、事业自信，努力开辟新常态下中国旅游业发展的新天地。省委书记强卫应邀出席并致辞，国家旅游局局长李金早作工作报告。省领导龚建华、朱虹，国家旅游局领导杜一力、杜江、刘金平、吴文学、霍克以及部分省（区、市）分管旅游工作领导出席。

△　北京通航江西直升机有限公司在景德镇揭牌成立。

16 日　省委常委会召开会议，传达学习中共十八届中央纪委五次全会精神，研究江西省贯彻落实意见。会议审议《中共江西省委常委会 2015 年工作要点》《2015 年中共江西省委常委会会议议题计划》。省委书记强卫主持会议。

△　由省旅发委主办的 2015 江西风景独好旅游推介会在南昌举行。这是江西省首次面向全国旅游业界集中展示江西秀美风光和深厚人文底蕴。省长鹿心社，国家旅游局局长李金早出席推介会。全国各省（区、市）旅游部门负责人、国内旅游业界知名专家学者、大型旅游企业负责人等参加推介会。

△　鹰潭铜期货交割仓库揭牌。这是上海期货交易所设立的第 12 个铜期货交割仓库，也是中国内陆首个铜期货交割仓库。

19 日　省长鹿心社主持召开第 37 次省政府常务会议。会议审议《江西省属国资国企改革实施意见》；原则通过《江西省属国有企业负责人履职待遇业务支出管理实施意见》；原则通过《江西省实施〈中华人民共和国道路交通安全法〉办法（修正案草案）》，提请省人大常委会审议。

△　赣州进境木材国检监管区直通运营在赣州启动，这标志全国内陆首个进境木材国检监管区建成并投入使用。省委常委、赣州市委书记史文清宣布直通运营启动。

△ 全国人大教科文卫委调研组到赣，就职业教育法实施情况进行调研。全国人大常委会委员、教科文卫委副主任委员吴恒、严以新，全国人大

常委会委员、教科文卫委委员冯长根、周其凤参加调研。

23日　省委常委会召开会议，传达学习中央政法工作会议精神，研究江西省贯彻落实意见。会议审议《江西省属国资国企改革实施方案》，审议通过《中共江西省委江西省人民政府关于加强禁毒工作的意见》《中共江西省委关于再废止和宣布失效一批党内法规和规范性文件的决定》。省委书记强卫主持会议。

23—24日　中国共产党江西省第十三届纪律检查委员会第五次全体会议在南昌举行。全会的主要任务是：深入贯彻中共中央总书记习近平系列重要讲话精神，落实中共十八大、十八届三中和四中全会、十八届中央纪委四次和五次全会和省委十三届十次全会部署，回顾总结2014年党风廉政建设和反腐败工作，研究部署2015年任务。省委书记强卫出席全会并讲话。省领导鹿心社、莫建成、黄跃金出席会议。

24—28日　国务院安委会综合督查组深入南昌、九江、萍乡、宜春，对江西省安全生产工作进行督查。

26—29日　省政协十一届三次会议在南昌召开。会议通过省政协十一届三次会议决议，省政协十一届三次会议关于提案初步审查情况的报告；增选胡幼桃为十一届省政协副主席，史蓉蓉（女）、刘鹰、孙晓山、张传发、姚电、谢斌为十一届省政协常务委员。

27—31日　省十二届人大四次会议在南昌召开。会议补选史文清、冯桃莲为省人大常委会副主任，选举谭晓林、虞国庆、段景来、张贻奏为省人大常委会委员，通过省人大有关专门委员会副主任委员人选；通过关于政府工作报告的决议、关于江西省2014年国民经济和社会发展计划执行情况与2015年国民经济和社会发展计划的决议、关于江西省2014年预算执行情况和2015年预算的决议、关于江西省人大常委会工作报告的决议、关于江西省高级人民法院工作报告的决议、关于江西省人民检察院工作报告的决议、关于大力推进生态文明先行示范区建设的决议。

31日　2014年度“江西十大法治人物”颁奖礼在南昌举行。王勇、刘文成、许建国、朱勇、张少明、胡光斌、段华胜、熊少波、廖建强、魏锋获2014年度“江西十大法治人物”，夺刀少年柳艳兵和易政勇获2014年度“江西法治人物”特别奖。

2　月

2日　作为全国首批国有林场改革试点省份，江西省国有林场改革试点任务基本完成，将原有425个国有林场整合重组为216个，平均经营规模由改革前的3867公顷扩大到8000公顷。

△　11时24分，江西电网统调用电负荷达1583万千瓦，比2014年度创造的1540万千瓦最高用电负荷水平高出43万千瓦，创历史新高。当天，江西电网保持安全稳定运行，各地均未拉闸限电。

3日　全国国际税收工作会议在南昌召开。会议学习贯彻中共中央总书记习近平关于国际税收的重要指示精神，部署2015年国际税收重点工作。省委副书记、常务副省长莫建成到会致辞，国家税务总局副局长张志勇出席会议并讲话。

10日　省科技厅、省委组织部、省财政厅、省农业厅、省林业厅、省人社厅、省扶贫和移民办在南昌共同启动江西省科技特派团富民强县工程。首批171个科技特派团共1111名农业专家奔赴基层，挂点服务89个县（市、区）的优势特色产业，为加快全省富民强县提供科技支撑。

12日　全省党管武装工作会议在南昌召开。会议总结部署新形势下江西省党管武装工作，组织军分区（警备区、预备役师旅）党委第一书记述职。省委书记、省军区党委第一书记强卫出席并讲话，省长、省武委会主任鹿心社主持。各设区市市委书记、军分区党委第一书记，各设区市市长、武委会主任，以及省军区各师旅单位主官参加会议。

13日　省委常委会召开会议，传达学习中共中央总书记习近平在省部级专题研讨班上的重要讲话精神，传达贯彻全国统战部部长会议精神。会议审议省委党建工作领导小组2015年工作要点，听取全省促进非公有制经济发展、贯彻执行中央八项规定和省委若干规定精神督查情况的汇报，并研究了其他事项。省委书记强卫主持会议。

△　省长鹿心社主持召开第38次省政府常务会议。会议传达学习推动长江经济带发展工作会议暨推动长江经济带发展领导小组第一次会议精神，研究全省贯彻落实意见；通过《关于加快发展生产性服务业促进产业结构调整升级的实施意见》《关于进一步强化质量工作的若干意见》；研究省属独立科研院所科技人员创新创业工作。

△　由江西日报社大江舆情研究中心编制的《2014年江西省互联网舆情蓝皮书》在南昌发布，这是江西首份互联网舆情蓝皮书。

15日　省委副书记、常务副省长莫建成主持召开经济体制和生态文明体制改革专项小组全体会议。会议审议专项小组2015年工作计划，研究部署下一步重点工作。副省长谢茹、胡幼桃、朱虹、李贻煌、郑为文以及小组成员单位负责人等出席会议。

16日　省科技厅和省统计局公布2014年全省高新技术产业发展状况。数据显示，2014年江西省高新技术产业实现“三项突破”——增加值突破1700亿元，地区生产总值贡献率突破10%，四大领域产值突破千亿元；彰显“四大亮点”——规模更聚集、动力更强劲、效益更喜人、区域更均衡。

26日　省委书记强卫主持召开省委全面深化改革领导小组第四次全体会议。会议听取2014年度省委全面深化改革工作总结汇报，审议《省委全面深化改革领导小组2015年度工作要点》、各专项小组2015年度工作计划、《江西省重要改革举措实施规划（2015—2020）》。省长鹿心社出席并讲话。领导小组副组长、成员，不是领导小组成员的省委常委、副省长，各专项小组组长、副组长出席会议。

△　省对口支援新疆工作领导小组召开第五次会议，听取江西省援疆“十二五”规划执行情况及2014年援疆工作汇报，研究部署2015年援疆工作。省委书记强卫、省长鹿心社出席并讲话，省领导莫建成、周萌、赵爱明、冯桃莲、胡幼桃、郑为文出席。

△　科技部发出《科技部关于公布2014年创新人才推进计划入选名

单的通知》，江西省10人入选2014年国家创新人才推进计划。南昌大学陈义旺、华东交通大学徐长节、晶能光电（江西）有限公司陈振入选中青年科技创新领军人才，江西博君生态农业开发有限公司朱博、明冠新材料股份有限公司闫洪嘉、江西新天地药业有限公司李龙瑞、江西天佳动物药业有限公司肖世平、普正药业有限公司肖军平、江西沃格光电科技有限公司易伟华、江西日月明铁道设备开发有限公司陶捷入选科技创新创业人才。

27日　省委常委会召开会议，传达学习2015年中央第一轮巡视工作动员部署会议精神，研究江西省贯彻意见。会议审议《关于鼓励省属独立科研院所科技人员创新创业的试点办法》，并研究了其他事项。省委书记强卫主持会议。

△　由中央电视台举办的“感动中国”2014年度人物评选结果揭晓，于都县皮防所医生肖卿福当选。肖卿福坚守麻风病防治战线40多年，用心温暖着麻风病患者。

28日　南昌市获第四届“全国文明城市”称号，这是江西省首个获此称号的城市。

3　月

1日　在崇仁县不动产登记中心，林仁群成为全国第一个领到林权类不动产权证的林农，证书编号为D36000000001。

2日　在鄱阳湖监测到灰头麦鸟的身影，灰头麦鸟为全球性近危鸟类物种，已被列入“世界自然保护联盟”。

3日　十二届全国人大三次会议江西代表团举行全体会议。推选强卫为团长，鹿心社、莫建成、洪礼和为副团长。

△　江西省军区召开大会，宣布杨笑祥为江西省军区政治委员，增补杨笑祥为江西省军区党委委员、常委、书记。

△　江西省2015年第一批政府与社会资本合作（PPP）推介项目新闻发布会在南昌举行。会上向社会推出项目80个，总投资1065亿元。现场签约项目10个，总投资近54亿元。

6日　中共中央总书记、国家主席、中央军委主席习近平参加十二届全国人大三次会议江西代表团审议。习近平肯定了江西一年来取得的成绩，强调指出，要让老区人民同全国人民共享全面建成小康社会成果。

9日　省委第一轮巡视工作动员部署会召开。会议传达学习中央关于巡视工作的新精神新要求，动员部署江西省2015年第一轮专题巡视工作。省委书记强卫指出，要以更大力度抓好巡视工作，坚决打赢反腐攻坚战。

△　中共中央政治局委员、国务院副总理汪洋参加江西代表团全体会议，共同审议全国人大常委会工作报告。

10日　省政府与中国工商银行股份有限公司在北京签署“走出去”战略合作协议。省长鹿心社、中国工商银行董事长姜建清出席仪式，副省长李炳军与中国工商银行行长易会满签署战略合作协议。根据协议，中国工商银行将为江西企业“走出去”提供全方位、优质和高效的金融服务。

13日　江西省首张“三证合一”营业执照在南城县行政中心发放。证照上印着3个号码：工商部门的注册登记号码、质监部门的组织机构代码和税务部门的税务登记号。这标志江西省“三证合一”登记制度正式实施。

14日　省委书记强卫、省长鹿心社在北京看望参加全国两会报道的江西新闻工作者。

16日　省委书记强卫主持召开省委常委扩大会议，专题学习中共中央总书记习近平在参加江西代表团审议时的重要讲话精神，审议省委关于认真学习贯彻习近平重要讲话精神的通知。

△　中国南方稀土集团有限公司成立，这是江西省首家冠以“中国”字样的集团公司。

17日　省委召开全省领导干部会议，传达学习和部署贯彻全国两会精神，特别是中共中央总书记习近平在参加江西代表团审议时发表的重要讲话精神。省委书记强卫主持会议并讲话。省委副书记、省长鹿心社传达全国两会精神和习近平重要讲话精神。省委、省人大、省政府、省政协领导，省法院、省检察院主要负责人出席会议。省直各单位党组（党委）主要负责人，各设区市市委书记、市长，在昌全国人大代表、全国政协委员，省人大常委会委员、省政协常委以及省直管县（市）委书记出席会议。

18日　省长鹿心社主持召开第39次省政府常务会议。会议原则通过《江西省深化财税体制改革总体方案》《江西省非物质文化遗产条例（草案）》，会议通过《江西省服务业发展提速三年行动计划》《江西省粮食生产发展规划（2015—2020年）》。

21日　全省旅游厕所建管暨旅游招商项目推进工作会议在南昌召开。副省长朱虹出席并讲话。

23—24日　省委书记强卫到景德镇专题调研御窑厂遗址保护、弘扬千年瓷文化工作。他强调，要重塑千年古镇的形、实、魂，再创世界瓷都新荣光。省委常委、省委秘书长龚建华陪同调研。

24日　由中组部、中宣部、中央政法委、最高人民法院和上海市委联合举办的邹碧华先进事迹巡回报告会在南昌举行。省委常委、政法委书记周萌出席报告会并讲话。他强调，邹碧华是全社会学习的好榜样，更是政法干警学习的好榜样，全省广大党员干部尤其是政法干警，要切实把学习邹碧华的活动贯穿于工作全过程，体现在学习先进、争当先进、敢创一流的行动上。邹碧华是江西奉新人，生前是上海高级人民法院党组成员、副院长。

△　江西省政务微博“江西发布”开通一周年。2014年，江西发布刊发原创微博7000多条，帮助百姓解决急事难事500多件，吸引超120万粉丝关注。

25日　省长鹿心社在南昌专题调研创业创新情况。他强调，要让大众创业力量蓬勃生长，让万众创新活力持续迸发。省领导蔡晓明、李贻煌随同调研。

△　法治江西建设领导小组办公室官网——法治江西网正式上线。省委书记强卫，省委常委、省委政法委书记周萌点击开通。

△　江西省血液中心HLA实验室获中华骨髓库“优秀合作实验室”称号。

△　吉安市获评“国家卫生城市”。

26日　全国三八红旗集体、全国巾帼示范村——青山湖区湖坊镇进顺村召开第一次妇女代表大会暨妇女联合会成立大会，这标志着全省首个村级妇联组织成立。

△ 《江西省人民代表大会常务委员会关于修改〈江西省实施《中华人民共和国道路交通安全法》办法〉的决定》由江西省第十二届人民代表大会常务委员会第十七次会议表决通过。

26—28日 全省市厅级主要领导干部学习贯彻中共十八届四中全会精神全面推进依法治国专题研讨班在南昌举办。省委书记强卫作首场辅导。

30日 省委中心组举行集体学习会，学习中共中央总书记习近平关于推进党风廉政建设和反腐败斗争的重要论述、中央纪委十八届五次全会精神。省委书记强卫主持并讲话。省委、省人大、省政府、省政协领导和省法院、省检察院主要负责人出席。周泽民、赵爱明作学习发言。

△ 全省民族工作会议暨省政府第七次全省民族团结进步表彰大会召开。会议深入学习贯彻中央民族工作会议精神特别是中共中央总书记习近平重要讲话精神，总结部署全省民族工作。省委书记强卫出席并讲话，省长鹿心社主持会议，省委常委、省统战部部长蔡晓明作工作部署。会议表彰了全国、全省民族团结进步模范集体和模范个人，省领导为模范集体和个人颁奖。

31日 省长鹿心社主持召开第40次省政府常务会议。会议研究江西省依托黄金水道参与长江经济带发展工作，通过《关于创新重点领域投融资机制鼓励社会投资的实施意见》，原则通过《景德镇市历史文化名城保护规划》。

4 月

1日 省政府召开全省防汛工作电视电话会议，分析研判防汛和地质灾害防治工作形势，部署防汛减灾工作，确保安全度汛。省委书记强卫就做好防汛工作提出要求。省长鹿心社出席会议。副省长、省防总总指挥李炳军主持并作总结讲话。

2日 由南京军区政治部文工团打造的大型话剧《小平小道》在南昌上演。包括强卫、鹿心社、黄跃金等省委、省人大、省政府、省政协、省军区领导在内的1000余人观看演出。《小平小道》是一部反映邓小平在江西新建县拖拉机修配厂劳动生活的话剧。

△ 省长鹿心社主持召开专题会议，听取《鄱阳湖生态城市群规划》和《南昌大都市区规划》编制情况的汇报，研究解决两个规划编制涉及的重大问题，加快推进规划编制工作。

△ 安徽省蚌埠市中级人民法院一审公开开庭审理江西省人大常委会原副主任陈安众受贿一案。

5日 国务院批复同意《长江中游城市群发展规划》。这是贯彻落实长江经济带重大国家战略的重要举措。长江中游城市群是以武汉城市圈、环长株潭城市群、环鄱阳湖城市群为主体形成的特大型城市群。

7日 省委常委会召开会议，听取全省学习贯彻中共中央总书记习近平系列重要讲话精神情况汇报，部署进一步深化学习贯彻措施。省委书记强卫主持会议。会议审议《江西省人民政府贯彻国务院关于依托黄金水道推动长江经济带发展的指导意见的实施意见》。会议原则同意《关于加强作风建设营造良好从政环境的规定》。

8日 省委举行离退休干部形势报告会，向离退休干部传达全国两会期间中共中央总书记习近平参加江西代表团审议时的重要讲话，通报省委深入学习贯彻习近平重要讲话精神系列举措和全省经济社会发展情况。省委书记强卫作报告，省委常委、省委组织部部长赵爱明传达习近平重要讲话。在昌省级干部、省（中）直单位离退休干部代表出席报告会。

△ 省纪委通报5起落实党风廉政建设主体责任不力受到责任追究的典型案件。

△ 南昌大学第一附属医院为两名脊椎肿瘤患者成功施行脊椎肿瘤全脊椎切除术，填补省内空白，标志江西省脊椎肿瘤治疗水平上了新台阶。

10日 第五届中国－新加坡领导力论坛在井冈山举行，论坛以“密切联系群众、凝聚社会共识”为主题。中共中央政治局委员、中央组织部部长赵乐际，新加坡副总理张志贤出席论坛开幕式并分别致辞。省委书记强卫、中央党校常务副校长何毅亭、新加坡教育部部长王瑞杰作大会发言。

11日 由省科协、省教育厅、省科技厅、省发改委联合主办的第30届江西省青少年科技创新大赛在南昌市朝阳小学举行。省政协副主席、省科协主席李华栋出席大赛开幕式并讲话。大赛以“创新·体验·成长”为主题。

13日 省委书记强卫在南昌会见到赣考察访问的“港澳台海外知名人士江西行”活动嘉宾。

△ 省长鹿心社在南昌专题调研电子信息、生物医药等战略性新兴产业发展情况。

15—17日 湖南省党政代表团在江西省考察交流。首日，江西·湖南两省合作交流座谈会在南昌举行。双方签署《进一步推动赣湘合作框架协议》《共建赣湘开放合作试验区战略合作框架协议》。湖南省党政代表团在江西省委书记强卫、省长鹿心社等陪同下深入南昌、景德镇、九江等地考察交流，了解江西省经济社会发展情况。

18日 江西省残疾人运动员肖翠娟获全国第九届残运会暨第六届特殊奥林匹克运动会女子举重55千克级冠军。

19日 江西省文物考古工作者对鹰潭龙虎山大上清宫遗址的考古发掘有重大发现，证实该遗址为北宋以后龙虎山道教祖庭的主体。这是中国首次进行的大规模道教遗址发掘。

△ 在由中国工艺美术学会主办的2015年北京第三十一届国际礼品及工艺品展览会上，上饶县居民郭邦郅以当地旅游为题材创作的瓷板画《信江归隐图》获国家级工艺美术金奖。

20日 省委书记强卫主持召开省生态文明先行示范区建设领导小组第一次会议，研究部署2015年生态文明先行示范区建设的目标任务。

21日 省鄱阳湖生态经济区建设（昌九一体化发展）第四次领导小组会议在九江召开。省长鹿心社出席并讲话，省委副书记、常务副省长莫建成主持。会议审议《〈昌九一体化发展规划〉实施方案》《关于支持昌九一体化发展的若干政策》《2015年度鄱阳湖生态经济区（昌九一体化）重点调度推进的100个新开工重大项目》，以及昌九一体化综合交通、城镇体系、土地利用、工业布局4个专项规划。

22日　省委书记强卫在赣州主持召开赣南等原中央苏区振兴发展工作领导小组第四次会议。省委副书记、常务副省长莫建成讲话,省人大常委会副主任、赣州市委书记史文清出席。会议审议《着力推动赣南等原中央苏区振兴加快发展的意见》《深入推进对口支援赣南等原中央苏区的若干措施》《支持赣南等原中央苏区振兴发展重点平台建设的若干政策措施》《赣南等原中央苏区振兴发展重点平台建设评价办法》4个文件。

23日　省委、省政府在赣州市南康区召开全省工业产业集群发展升级现场推进会,学习交流工业产业集群发展经验。省委书记强卫、省长鹿心社出席并讲话,省领导莫建成、史文清、李贻煌、钟利贵出席。

△　国家发改委、科技部、国土资源部、环保部、水利部、农业部等11个部委联合公布全国生态保护与建设示范区名单,江西省有4个市县入选,其中吉安市成为市(州、地区)级生态保护与建设示范区,上饶市婺源县、九江市武宁县、赣州市上犹县成为县(市、区)级生态保护与建设示范区。

27—29日　江西省党政代表团在福建省开展学习考察。首日,江西与福建两省在福州举行合作发展交流会,进一步加强国家"一带一路"、自贸区、赣南等原中央苏区振兴发展等重大战略协同。江西省委书记强卫、福建省委书记尤权出席并讲话,江西省省长鹿心社、福建省省长苏树林分别介绍本省经济社会发展情况。在尤权、苏树林分别陪同下,江西省党政代表团先后到福州、莆田、泉州、厦门等地学习考察。

5　月

1日　第42届世界博览会在米兰开幕,万年稻作文化作为国家展示项目中唯一的江西元素,将在此亮相184天。此届世博会聚焦农业、粮食和食品,中国国家馆主题就是"希望的田野,生命的源泉"。

4日　省政府召开第42次常务会议。会议研究了《江西省参与"一带一路"战略实施方案》,通过《关于开展政府和社会资本合作的实施意见》,原则通过《江西省旅游条例(修订草案)》,提请省人大常委会审议。

5—6日　湖北省党政代表团到赣进行为期两天的考察交流。首日,两省在南昌举行合作交流座谈会,签署《长江中游城市群战略合作协议》。湖北省领导李鸿忠、王国生、王晓东、侯长安等,在江西省领导强卫、鹿心社、莫建成、周泽民等陪同下先后到九江、南昌进行考察。

7日　省委、省政府召开全省促进非公有制经济发展表彰电视电话会议,总结部署全省非公有制经济发展工作,表彰2014年度全省促进非公有制经济发展先进单位和个人。省委书记强卫出席并讲话,省长鹿心社主持,省领导蔡晓明、谢亦森、李贻煌、孙菊生出席。

11日　省委召开全省"三严三实"专题教育动员部署会暨专题党课。省委书记强卫作动员讲话并上首堂党课。省委副书记、省长鹿心社主持会议。省委、省人大、省政府、省政协领导,省法院、省检察院主要负责人出席会议。

△　江西省与中国航天科工集团在南昌签署合作框架协议,共同推进江西航天云网建设。省委书记强卫、省长鹿心社、副省长李贻煌出席签字仪式并会见中国航天科工集团董事长高红卫一行。

△　由中组部和国家测绘地理信息局联合举办的智慧城市建设专题研究班在南昌开班。省委副书记、常务副省长莫建成出席开班式并致辞。国家测绘地理信息局党组书记、局长库热西·买合苏提出席开班式并讲话。此次专题研究班为期5天,来自全国各省(市、区)智慧城市建设试点单位负责人等参加研究班学习。

13—14日　省政府召开全省服务业发展提速推进大会,总结交流服务业发展工作,动员部署服务业发展提速三年行动计划。省长鹿心社强调,各地各部门要大力提升服务业发展水平,打造稳增长促升级新引擎。省委副书记、常务副省长莫建成主持。

14日　全国妇联"2015寻找最美家庭"揭晓仪式在北京人民大会堂举行,揭晓100户全国"最美家庭"。江西省新建县南矶乡的陈凡经家庭、吉安县敦厚镇蒋新东家庭、崇仁县巴山镇宁宏昌家庭当选全国"最美家庭"。

14—16日　国家节能考核组到赣就2014年度节能目标完成情况和节能措施落实情况进行现场考核评价。考核组通报认为,江西省已初步完成2014年度节能目标、"十二五"进度目标。

16日　第六届全国特殊奥林匹克运动会在四川绵阳结束。江西省由40名残疾人运动员组成的代表团分别在田径、举重、乒乓球、羽毛球、篮球5个大项目69个小项目比赛中,获37金、25银、7铜,5支运动队均获体育道德风尚奖。

18日　以"合作开放、转型发展、振兴崛起"为主题的第九届中国中部投资贸易博览会开幕。省长鹿心社、副省长胡幼桃出席开幕式和主旨论坛。鹿心社在主旨论坛发表题为《携手转型发展 共促中部崛起》的演讲。

△　在浙江宁海举办的全国首批徐霞客游线标志地答辩、评审会议结果出炉,广丰县铜钹山白花岩片区成为全国首批徐霞客游线标志地。

20日　全省控编减编工作电视电话会召开。省委副书记、常务副省长莫建成出席会议并讲话。会上出台全省控编减编工作方案,确保本届政府任期内财政供养人员只减不增,2017年底前实现省级党政群机关行政编制总体精简5%,精简的编制向关系国计民生的重点领域和关键环节倾斜。

21日　第二届中国青年企业家(共青城)发展峰会在共青城举行。此次峰会以"新常态、新青年、新作为"为主题,来自包括中国青年企业家协会会员在内的海内外各界企业家代表400余人参加。省委副书记、常务副省长莫建成,团中央书记处书记汪鸿雁出席开幕式并讲话。省政协副主席钟利贵主持。

22日　省政府在南昌召开井冈质量奖奖励大会暨全省质量工作会议。省长鹿心社出席会议并讲话,国家质检总局副局长孙大伟到会讲话,副省长谢茹主持会议并作部署。会议为获首届"江西省井冈质量奖"称号的江铃汽车股份有限公司、江西铜业股份有限公司,以及获首届"江西省井冈质量奖提名奖"称号的江西中烟工业有限责任公司、巨石集团九江有限公司颁奖。

25日　在北京举行的全国地质勘查行业“最美地质队员”评选活动总结表彰会上，全国优秀科技工作者、省地矿局赣南地质调查大队已故高级工程师杨衍忠获全国“十佳最美地质队员”称号，该局地调院西藏区调队队长、“龚全珍式好干部”胡为正获全国“最美地质队员”称号。

△　商务部等10部门联合印发《全国流通节点城市布局规划(2015—2020年)》，确定37个国家级流通节点城市和66个区域级流通节点城市。南昌市被确定为国家级流通节点城市，九江市、赣州市被确定为区域级流通节点城市。

27日　2014年全省综治工作(平安建设)考核评价结果揭晓。江西省在连续10年被评为全国综治工作优秀省的基础上，以96.61的高分位居全国第一。

27—28日　省十二届人大常委会第十八次会议在南昌召开。会议表决通过《江西省矿产资源管理条例》《江西省非物质文化遗产条例》等决议及人事任免事项。

27—29日　省长鹿心社率江西代表团在香港出席2015年赣港经贸合作活动。本次赣港会除江西省重点产业集群投资合作推介会、江西省大型国有企业集团层面引进战略投资者推介洽谈会、2015年江西政府和社会资本合作(PPP)项目推介会、2015年“江西风景独好”(香港)高端自驾旅游线路分享说明会、香港金融业发展合作暨工商银行支持赣企“走出去”恳谈会等省级层面“1+5”主题对接活动外，还举办了市县60场专题对接活动。其中，主题推介会共签约100个项目，投资额达98.9亿美元。

29日　南昌大学艺术与设计学院工业设计系设计的陶瓷环保创意包装作品，获世界之星包装设计奖，并获世界之星包装设计主席奖，这是江西省首次获世界之星包装设计主席奖。

5月30日—6月13日　来自法国普瓦提埃大区中心医院2位总护士长在江西进行为期15天的临床医疗观摩学习，这是欧美国家医务人员首次赴江西短期培训。

6　月

1日　省委、省政府印发《中共江西省委江西省人民政府关于全力打好精准扶贫攻坚战的决定》，将精准扶贫攻坚实绩作为市县综合考核评价的重要内容，建立贫困县考核、约束、退出机制。

2—5日　为加大“东方之星”客船翻沉事故搜救力度，根据交通运输部和省委、省政府要求，省交通运输部门集结一支由15名潜水员组成的搜救队伍赶往事故现场参与搜救。南昌、九江、上饶等多支蓝天救援队共派出18名队员赶赴湖北监利县参与倾覆客轮搜救工作。5日，江西省搜救队结束搜救工作返回南昌。6月1日21时30分，“东方之星”客轮在从南京驶往重庆途中突遇罕见的强对流天气带来的强风暴雨袭击，在长江中游湖北监利水域沉没。

5日　江西省国家数字出版基地建设研讨会在南昌举行。副省长朱虹出席会议并为新获批的江西国家数字出版基地揭牌。该基地是2014年10月《国家新闻出版产业基地(园区)管理办法》出台后，全国第一家严格按照该办法批准建设的基地。

7日　国际田联竞走挑战赛拉科鲁尼亚站结束，江西与广东共同培养的运动员刘虹，在女子20公里竞走项目中以1小时24分38秒获得冠军，并打破了俄罗斯名将拉什马诺娃在2012年伦敦奥运会上创造的1小时25分02秒的世界纪录。刘虹是江西安福人，北京奥运会、伦敦奥运会均获得第四名。

△　2015年度美国IDEA国际工业设计卓越奖入选名单揭晓，由南昌大学艺术与设计学院教师吴江、舒余安指导，工业设计系2012级学生赵贺琦、林洁同学完成的参赛作品《盲点温度计设计》在全世界超过1.2万份作品评比中脱颖而出，获IDEA美国国际工业设计卓越奖。这是南昌大学继获得德国iF奖、德国红点奖后的又一历史性突破。

9日　省委、省政府在吉安县召开全省精准扶贫攻坚现场推进会。深入学习贯彻中共中央总书记习近平关于打好扶贫开发攻坚战的重要要求，特别是参加十二届全国人大三次会议江西代表团审议时的重要讲话精神。省委书记强卫出席并讲话，省长鹿心社讲话，省领导莫建成、冯桃莲、李炳军、肖光明出席。

△　受近期持续强降雨影响，省内部分地区出现洪涝灾情，局部灾情较为严重。省减灾委、省民政厅16时启动省级救灾四级应急响应，联合省财政厅派出两个工作组紧急赶赴婺源、铜鼓、修水、乐平等地查看灾情，协助当地做好救灾工作。

11—13日　全国政协副主席、民革中央常务副主席齐续春率民革中央调研组，就“农村土地确权登记中的法律问题及对策”到赣进行专题调研。全国政协委员、吉林省政协副主席、民革吉林省委会主委张伯军，中国社科院学部委员张晓山参加调研。省领导强卫、鹿心社、黄跃金、蔡晓明等参加座谈会或陪同调研。

11—15日　国务院第七督察组到赣就国务院2014年下半年以来出台的稳增长、促改革、调结构、惠民生政策落实情况进行督导检查。省委书记强卫主持汇报会，省长鹿心社作汇报。15日，督察组在南昌召开会议，向江西反馈督导检查情况。

15日　第51届巴黎国际航空航天博览会开幕。中航工业参展机型中包括中航工业洪都自主研发生产的L15高教机。

17—27日　省委书记强卫应邀率团访问澳大利亚、新西兰、新加坡，并开展系列经贸文化合作活动。17—18日，强卫率团密集会见一批知名企业和工商界人士，并会见新加坡副总理张志贤等相关政要。18日，强卫出席中国(江西)—新加坡经贸合作推介会并作主旨演讲。会上，江西与新加坡商协会和知名企业签约金额达8.25亿美元。

19日　省政府召开省属经营性国有资产集中统一监管工作推进会。省长鹿心社强调，要推进省属经营性国有资产集中统一监管，进一步激发国有经济活力，推动全省经济发展升级。省委副书记、常务副省长莫建成主持。

△　中电投江西贵溪发电有限责任公司挂榜山、雷公岭灰场光伏发电项目并网发电，进入商业运营阶段。

该项目为全国首家在火电厂灰场上建设的新能源项目，总投资约2.07亿元，装机总容量为25 MWp，项目投产后，年发电量约2500万千瓦时，产值约3000万元。

19—21日，省委书记强卫在新西兰开展系列经贸推动和考察交流活动。19日，在新西兰奥克兰市出席新西兰弗莱彻建筑集团在九江的增资项目签约仪式。21日，在新西兰皇后镇市出席江西煌上煌集团与新西兰麦卢卡公司签约仪式，并会见新西兰总理约翰·基。

22—25日，省委书记强卫在澳大利亚的墨尔本和悉尼会见维多利亚州州长丹尼尔·安德鲁斯、上下议院议长，并会见澳大利亚知名企业家、在澳华人华侨和江西同乡代表。25日，强卫出席中国(江西)—澳大利亚经贸合作推介会暨江西景德镇陶瓷文化艺术展开幕式，并发表主旨演讲。会上，江西与澳大利亚知名企业签约金额达23.9亿美元。

24日　全国首个岐黄国医外国政要体验中心启动仪式在南昌举行。该中心是由太湖世界文化论坛主办。十一届全国政协副主席、太湖世界文化论坛名誉主席张梅颖，省长鹿心社，太湖世界文化论坛主席严昭柱，柬埔寨驻华大使凯·西索达等为体验中心揭牌并致辞。副省长朱虹主持。省政协副主席刘晓庄等出席。

25日　江西师大在国内科研院所首开先河，设立马达加斯加研究中心，并为马达加斯加研究中心首批研究员颁发聘书。当天，马达加斯加研究中心举办首届“马达加斯加论坛”。

27日　国内第一台二次再热发电机组——华能安源电厂新建工程1号机组通过168小时连续满负荷试运行，这标志中国电力设计、制造、安装和调试水平又上了一个新台阶。

28日　合福高铁正式开通运营。这条高铁的开通，标志江西省“一纵一横”高铁“黄金十字”主架骨形成，江西成京福“8小时高铁交通圈”中心点。合福高铁全线长850千米，江西段183.2千米。福州、南昌至合肥由原来8.5小时和7小时压缩至4小时左右。

30日　江西省信丰县委书记张逸、奉新县委书记张家良、广丰区委书记郑光泉被中央组织部授予“全国优秀县委书记”称号。

7　月

1日　即日起，江西省全面推行工商营业执照、组织机构代码证和税务登记证“三证合一、一证三号”登记制度。

2日　作为省级不动产统一登记工作试点县(市)之一，共青城市颁发全省省级不动产统一登记工作试点的首本房地合一不动产权证书。

5—7日　江西省党政代表团抵达安徽学习考察。首日，江西安徽两省在合肥举行合作发展交流会，深入贯彻落实长江经济带、中部崛起等国家战略，推动赣皖互利合作共同发展提高到新水平。江西省党政代表团在合肥市、芜湖市学习考察。省领导强卫、鹿心社、黄跃金、姚亚平等参加考察，安徽省委书记王学军、安徽省代省长李锦斌等陪同考察。

8日　省长鹿心社在南昌会见法国香槟阿登大区主席尚－保罗·巴谢(Jean－Paul Bachy)一行，并共同签署加强交流和深化合作协议。

15日　江西高铁网“第二纵”——南昌至赣州铁路客运专线开工建设。昌赣客运专线全长415.165千米，工程总投资507.5亿元，建设工期5年。

16日　全国最大的杂交水稻现代化育制种企业——江西春雷集团与江西天涯种业有限公司在萍乡市湘东区签订重组合并协议。重组后，江西天涯种业将投资3亿元打造“育繁推一体化”的国家级种子龙头企业。

17日　江西省跨国企业集团跨境人民币资金集中运营业务在南昌正式启动。江西铜业集团、晶科能源有限公司通过人民银行南昌中心支行跨境双向人民币资金池结算业务备案，率先获得开办跨境人民币资金集中运营业务资格。

18日　在意大利米兰举办的第42届世博会上，以“秀美江西、生态农业、绿色崛起”为主题的“江西活动日”在中国馆举行，景德镇陶瓷、赣剧、婺源茶艺亮相，这是江西省首次组织政府代表团赴境外参加世博会。

△　省政府出台《江西省人民政府关于大力推进大众创业万众创新若干政策措施的实施意见》。

21—22日　省委十三届十一次全体会议在南昌召开。会议总结上半年经济工作，分析当前经济形势，安排下半年主要任务，研究深入贯彻“发展升级、小康提速、绿色崛起、实干兴赣”十六字方针特别是全力推进绿色崛起工作。省委书记强卫主持并讲话，省委副书记、省长鹿心社总结上半年、部署下半年经济工作。

22日　全国财政经建工作会议在南昌召开。省委副书记、常务副省长莫建成到会致辞。财政部党组成员、副部长刘昆山出席会议并作工作报告。全国各省、自治区、直辖市和计划单列市以及新疆生产建设兵团财政部门有关负责人出席会议。

23日　全省推进党建“三大工程”暨农村基层党建工作会议召开。省委书记强卫强调要坚决贯彻中共中央总书记习近平关于加强农村基层党建工作指示要求和全国农村基层党建工作座谈会精神，牢固树立“党建＋”理念，深入推进“三大工程”，严格落实党建工作责任制，以新思路、新机制、新手段谋划和推进全省农村基层党建工作。省委副书记、常务副省长莫建成主持会议。省领导周泽民、赵爱明、龚建华出席会议。

△　国务院批复南昌市部分行政区划调整方案，同意撤销新建县，设立南昌市新建区，以原新建县的行政区域为新建区的行政区域。

27日　省委、省政府在南昌召开科学技术奖励大会，表彰获2014年度江西省科学技术奖的单位和个人，部署推进创新型江西建设，提升全省科技创新水平。2014年度江西省科学技术奖共授奖106项成果和2名外籍专家，获奖科技人员共613人，科技进步奖获奖单位163个。

28日　江西日报社所属的江西大江传媒网络股份有限公司在全国中小企业股份转让系统(新三板)挂牌，成为“江西互联网第一股”。

△　赣能丰城电厂三期项目建设动员会在丰城召开。省委副书记、常务副省长莫建成出席动员会，并宣布项目开工。

28—30日　江西省第十二届人大常委会第十九次会议在南昌召开。

会议表决通过《江西省旅游条例》《江西省人民代表大会常务委员会关于批准2014年省级预算的决议》等事项。

29日 由省政府联合阿里巴巴集团举办的首届“互联网+革命老区农村电商”发展峰会在赣州举行。此次峰会主题为“扶贫、创业、创新”。会上省商务厅与阿里巴巴集团签订了农村电商战略合作协议。

30日 第二届赣西经济转型加快发展区域合作会在新余召开。省委副书记、常务副省长莫建成出席并讲话。会上，赣西三市签订9个合作项目，包括编制《赣西经济转型发展规划》、开通赣西至宁波五定班列等。

△ 由团中央和江西省人民政府共同主办的首届中国青年APP大赛总决赛在共青城举行。大赛中脱颖而出的80多个APP好项目获得上亿元风险投资。省委书记强卫、团中央书记处书记汪鸿雁、省政协副主席胡幼桃出席总决赛暨颁奖仪式并考察APP项目孵化。

31日 省委常委会召开会议，学习中共中央总书记习近平国防和军队建设战略思想，听取省军区党委和省武警总队党委工作情况汇报，研究进一步加强全省党管武装工作。

△ 全省深化国有企业负责人薪酬制度改革电视电话会召开。省委副书记、常务副省长莫建成出席会议并讲话，副省长李贻煌主持会议。

8 月

1日 省委书记强卫在南昌会见以香港青年交流促进联会永远名誉会长袁汉源为总团团长的“爱我中华”两岸四地青年大汇聚火车团。

5日 首批金融机构干部到赣挂职见面对接会在南昌举行。中央金融机构8名干部将赴九江、上饶、吉安、新余等地市、县挂职，标志江西省推动的中央金融机构与江西地方党政干部双向挂职交流工作启动。

△ 省政府办公厅出台《关于全面推开县级公立医院综合改革的实施意见》。

8日 国家重点水电工程——洪屏抽水蓄能电站一期主体工程、总库容为6316万立方米的下水库正式下闸试蓄水，标志该电站最关键的节点工程完工。

11日 国务院批复同意将瑞金市列为国家历史文化名城。

12日 “共话赣陶情，同筑中国梦”江西省文化援疆慰问首场演出，在新疆阿克陶县举行。此次慰问演出共4场，于14日晚结束。

14日 省委常委会召开会议，审议《关于建设现代农业强省的意见》《江西省公务用车制度改革总体方案》等文件，会议还研究了其他事项。

15日 省委书记强卫在南昌会见“行走中国·2015世界华文媒体江西行”采访团成员。美国《美中导报》《亚省时报》，澳大利亚《澳大利亚时报》，瑞士《欧洲商报》等26家世界华文媒体编辑记者参加会见。

△ 在收听收看全国安全生产电视电话会议之后，江西省召开全省安全生产电视电话会议，旨在贯彻落实全国会议精神，吸取陕西省山阳县山体滑坡、天津市滨海新区爆炸等几起重特大事故教训，切实加强全省安全生产工作。

16日 南昌铁路局首次开行特需货物列车，同时开通中亚货物专列。

17日 省长鹿心社主持召开第47次省政府常务会议，传达学习中共中央总书记习近平、国务院总理李克强关于安全生产重要批示及全国安全生产电视电话会议精神，部署全省安全生产工作；会议通过《关于省政府部门责任清单》《关于加快推进“互联网+”行动的实施方案》。

△ 在收听收看中央学习贯彻《中国共产党巡视工作条例》电视电话会议后，江西省接着召开会议，对学习贯彻《条例》进行动员部署。省委书记强卫提出要求。省领导周泽民、赵爱明出席会议。

18日 全省茶叶品牌整合工作动员会在南昌召开。省委副书记、常务副省长莫建成强调，推进茶叶品牌整合，是做大、做优、做强江西茶叶产业的关键之举，是促进农业转型升级的重要内容。

19日 第十三届赣台(宜春)经贸文化合作交流大会在宜春市开幕。全国政协副主席、台盟中央主席林文漪，省委书记强卫出席大会。省长鹿心社，国民党荣誉副主席蒋孝严，中共中央台办、国务院台办副主任李亚飞致辞。包括台湾工业总会、商业总会、工商协会及台湾农会、青创会等知名协会和25家台湾百大集团、上市公司的负责人在内的近千位嘉宾参加会议。会上，省委、省政府授予宜春为全省首个台湾青年创业基地，签约台资入赣项目72个，签约金额达36.2亿美元。

△ 2015年上海书展开幕，江西在上海展览中心举行主宾省馆开馆暨“版权云”上线仪式。国家新闻出版广电总局党组成员、副局长阎晓宏，上海市委常委、市委宣传部部长董云虎，上海市人民政府副市长翁铁慧等出席仪式，江西省委常委、省委宣传部部长姚亚平宣布江西主宾省馆开馆和“版权云”上线。这是江西首次作为主宾省参加上海书展。

20日 省政府与中国铁塔股份有限公司战略合作框架协议签约仪式在南昌举行。副省长李贻煌与中国铁塔股份有限公司副总经理高步文分别代表双方签署协议。根据协议，中国铁塔公司将江西作为全国信息基础设施布局重点，加大移动通信基站和室内分布系统等基础设施建设的投资力度，到2020年底累计投资200亿元，实现全省城市和农村4G高速网络全面覆盖。

20—23日 全国人大常委会副委员长张平率执法检查组到赣检查消费者权益保护法贯彻实施情况。在赣期间，执法检查组深入南昌、赣州等地的百货超市、电子商务、汽车销售服务等企业，实地了解企业生产经营和保障消费者合法权益情况。

24日 省委、省政府在南昌召开现场办公会，专题研究支持南昌打造核心增长极、推进昌九一体化工作。省委书记强卫强调要推动南昌在“产业发展、城市建设管理、辐射带动和作风建设”等“四个强起来”征程中不断迈出新步伐。省长鹿心社，省委常委、省政府党组副书记毛伟明，省委常委、南昌市委书记龚建华出席会议。

△ 国际原子能和中国国家原子能机构联合主办的“从磷酸盐和其他来源进行可持续铀和重要材料生产的领导力研讨会”在东华理工大学举行。会议为期5天，来自国际原子能机构和美国、英国、丹麦、印度等21国近40位专家学者和技术人员参会。

26日　省委书记强卫在南昌会见国际奥委会主席托马斯·巴赫。

26—27日　广东省党政代表团到赣考察。26日，江西·广东合作交流会在南昌举行。中共中央政治局委员、广东省委书记胡春华，广东省省长朱小丹率团考察。省委书记强卫、省长鹿心社陪同参加有关活动。

28日　省委常委会召开会议，传达学习8月20日中央政治局常委会会议精神，以及中共中央总书记习近平、国务院总理李克强的重要批示精神，研究进一步加强全省安全生产工作；会议传达学习中央第六次西藏工作座谈会精神、中央学习贯彻《中国共产党巡视工作条例》电视电话会议精神；会议审议通过《中共江西省委关于贯彻〈中国共产党统一战线工作条例（试行）〉的实施细则》等文件。

△　在第十五届国际田联世界田径锦标赛上，安福姑娘刘虹以1小时27分45秒的成绩夺得女子20公里竞走金牌。这是江西省运动员在田径世锦赛上夺得的第一枚金牌。

8月30日—9月2日　全国政协委员、新疆维吾尔自治区政协主席努尔兰阿不都满金率部分住疆全国政协委员，就江西经济社会发展和生态环境保护与建设等情况考察调研。考察团深入井冈山、吉安、南昌等地。

31日　江西应用技术职业学院和江西航空职业技术学院入选全国首批现代学徒制试点高职院校。江西应用技术职业学院开展试点的是汽修、建工专业，江西航空职业技术学院开展试点的是飞机制造技术专业。

△　省委书记强卫就深入贯彻中央党的群团工作会议精神特别是习近平重要讲话精神，进一步加强和改进江西省党的群团工作进行专题调研。他强调，基层组织是做好群团工作的基础和关键。各级群团组织要树立正确的政绩观，以问题为导向，向改革要动力，重视基层，做实基层。

9　月

1日　在中国人民抗日战争暨世界反法西斯战争胜利70周年纪念日来临之际，省委书记强卫、省长鹿心社在南昌分别看望慰问抗战老战士、老干部、烈士遗属及抗战将领遗属，代表省委、省政府向全省为抗战胜利作出巨大牺牲和突出贡献的前辈先烈致以崇高敬意。

△　江西干部网络学院正式开通。学院（网址：www.jxgbwlxy.gov.cn）由省委组织部主办，省委党校承办，是集在线学习、信息发布、考试测评、培训管理、在线评估、资料查询、互动交流等功能于一体的综合性、开放式的干部网络学习平台。

△　全省污水管网建设和融资工作动员部署会在南昌召开。省委副书记、常务副省长莫建成出席会议并讲话。副省长郑为文主持会议。省政府统筹安排财政性资金10亿元，融资33.6亿元，对污水进水COD浓度100mg/L以下或污水收集65%以下的48个县（市、区）污水处理厂配套管网建设给予支持。建设项目804个，污水管网建设长度1823千米。

2日　强卫、鹿心社、莫建成等省委、省人大、省政府、省政协领导，省法院、省检察院、省军区、省武警总队主要负责人在南昌参观“江西（南昌）人民抗日战争史迹展”。展览以“再现·铭记·奋起”为主题。

6日　围绕“深入贯彻落实中央‘一带一路’战略，加快推动江西企业‘走出去’”主题，省委书记强卫主持召开座谈会，听取江西省企业家代表意见建议。

△　为期4天的第二届海峡两岸山地自行车联谊赛暨第二届环鄱阳湖国际骑游大会，在南昌结束。MOSSO中国车队获团体组冠军，香港快客魔迅联队和江西福玛特车队，分别获得团体组第二名和第三名。此届比赛的主题为“铭记历史、缅怀先烈、珍爱和平、开创未来”。

△　第八届海峡两岸道文化艺术交流论坛在台北市举行。论坛由江西省台办、鹰潭市政府主办，龙虎山嗣汉天师府、台湾中华道教联合总会承办。省人大常委会副主任洪礼和出席论坛开幕式并致辞。论坛主题为“弘扬中华道教文化，促进两岸和平发展”。

6—15日　江西省启动校车集中整治统一行动。各地公安交管部门会同教育、交通运输、住房城乡建设等部门联合执法，对本地，特别是农村地区的校车和校车驾驶人，开展驾驶人准驾资格、交通违法和交通事故记录“三排查”。

7日　江西省举行座谈会，学习贯彻中共中央总书记习近平在纪念中国人民抗日战争暨世界反法西斯战争胜利70周年大会上的重要讲话精神。省委、省人大、省政府、省政协、省军区领导班子成员，省法院、省检察院、省武警总队主要负责人出席。

7—9日　柬埔寨国王诺罗敦·西哈莫尼一行在江西省进行友好访问。省委书记强卫、省长鹿心社在南昌会见诺罗敦·西哈莫尼国王。西哈莫尼国王一行先后到江西中医药大学、永修云居山真如禅寺参观访问。中国驻柬埔寨大使布建国，副省长朱虹、刘昌林陪同访问。

8日　江西省与纳米比亚共和国奥沙纳省在南昌签署建立友好省关系意向书。按照意向书，双方根据平等互利的原则，将在农业、食品加工、采矿、基础设施建设、投资、旅游和文化等方面开展多种形式的交流与合作。

△　在2015年厦门国际投资贸易洽谈会上，江西省政府主办了江西省现代农业合作（厦门）推介会。推介会签订农业合同项目33个，签约金额111.9亿元，客商投资110.07亿元。

9日　省发改委、宜春市政府在南昌召开《昌铜高速生态经济带总体规划》新闻发布会。这是江西省首个以高速命名的生态经济带，是江西省推进生态文明先行示范区建设的首个专项规划，规划范围包括宜春市靖安、奉新、宜丰、铜鼓全境，规划期限2015—2020年，展望2025年。

11日　省委常委会召开会议，研究领导干部违规插手干预工程项目问题专项治理工作，部署推进新型城镇化下一阶段任务。会议审议通过《关于全省开展领导干部违规插手工程项目问题专项治理的方案》，具体明确了专项治理的政策界限、对象内容、时间步骤和责任追究等。

△　在北京举行的联合国海陆丝绸之路城市联盟成立大会上，景德镇市被授予联合国海陆丝绸之路城市联盟首批创始成员，并获得特别贡献奖。

12—23日　第六届环鄱阳湖国际自行车大赛在赣州市上犹县文体中心拉开战幕。省委常委、赣州市委书记李炳军出席开赛式并为比赛鸣枪发令。此届比赛历时12天，共有来自中国、澳大利亚、法国、美国等30多个国家和地区的22支职业车队200多名专业车手参赛。

17日 江西政务服务网开通运行，这是江西省“三单一网”改革工作取得的阶段性成果。江西政务服务网按照“统一导航、统一认证、统一申报、统一办理、统一查询、统一互动和统一评价”的“七个统一”要求，分为省本级和市、县两期建设。该服务网在全省111个市、县（区）政府设服务平台、49个省级部门设服务窗口，按主题、按部门对全省政务服务资源进行全口径汇聚。

18日 《中共江西省委贯彻〈中国共产党统一战线工作条例（试行）〉实施细则》正式颁布实施。

19—23日 2015（乙未）年台湾千人专场授箓活动在江西鹰潭龙虎山嗣汉天师府举行。这是嗣汉天师府首次大规模对台湾地区道教信徒进行专场授箓。此次活动由中国道教协会主办、龙虎山嗣汉天师府、鹰潭市台办承办，台湾地区的17个箓生分团近千人前来参加授箓。省委书记强卫、台湾海峡交流基金会董事长林中森、海协会有关负责人，国台办交流局、江西省台办主要负责人出席。

21—24日 江西省十二届人大常委会第二十次会议在南昌举行。会议通过《江西省公路条例》、新修订的《江西省实施〈中华人民共和国消费者权益保护法〉办法》《江西省人民代表大会常务委员会关于批准〈南昌市养犬管理条例〉的决定》《江西省人民代表大会常务委员会关于批准〈南昌市建筑市场管理规定〉的决定》等决议及人事任免事项。

23日 江西省政协十一届十三次常委会议在南昌举行。会议学习贯彻省委政协工作会议精神，就江西省编制“十三五”规划建言献策。

△ 江西省在全国首创的扶贫与政策性金融合作平台——省农发行与省扶贫和移民办签订的《（2016—2020）扶贫攻坚战略合作框架协议》正式启动。“十三五”期间，省农发行将投放500亿元信贷资金，支持江西省25个扶贫重点县精准扶贫。

25日 省委书记强卫在南昌会见以伊朗确定国家利益委员会（确委会）委员、伊朗前议长哈达德·奥德勒为团长的伊朗确委会考察团。

29日 江西省首座新一代智能变电站——110千伏赣县双龙变电站投产送电。这是国家电网公司50个新一代智能变电站扩大示范工程首个建成的项目。双龙变电站总用地面积0.4公顷，总投资3490万元。

10 月

1日 即日起，江西省全面实行“一照一码”登记制度，这标志江西省“三证合一”登记制度进入全面实施阶段。

△ 南昌往返日本大阪的直飞国际航班开通。这是昌北国际机场首次开通直飞日本的正班航线，该航班由首都航空执飞。

△ 江西教育史上第一部政府规章《江西省教育督导规定》施行。该规定细化了督政与督学的内容，细化了教育督导结果的落实与运用，标志江西省依法治教工作迈出可喜一步。

10日 中央苏区机关党总支、中央苏区政府机关党总支旧址揭牌仪式在瑞金市举行。该旧址于2013年底在瑞金重建，占地面积1100多平方米。

12—17日 江西省委副书记莫建成率江西省农业考察团参访台湾现代农业，并出席赣台农业产业发展合作推介会。会上，现场签署合作意向的农业项目14个，意向合作金额5.27亿美元。

13日 第五届全国道德模范座谈会和授奖仪式在北京举行，江西省井冈山革命博物馆原馆长、离休干部毛秉华当选“全国助人为乐道德模范”，崇仁县政协退休干部宁宏昌当选“全国孝老爱亲道德模范”。

15日 国家旅游局正式公告批准宜春明月山旅游区为国家5A级旅游景区，实现赣西国家5A级旅游景区“零”的突破。

18日 2015年中国景德镇国际陶瓷博览会在景德镇开幕。全国政协副主席、全国工商联主席王钦敏，省长鹿心社，省政协主席黄跃金，中国轻工业联合会副会长王世成，商务部外贸发展局副局长贾国勇，中国国际商会会展部部长郭英会等共同推杆启动开幕仪式。此届瓷博会共有900多家陶瓷企业和科研单位参展。

19日 自2013年江西省在全国首创“协同创新体”模式以来，打通、整合从研发到产业孵化、市场销售的全创新链、产业链、资金链，通过成果产业化，实现主营业务收入54.78亿元。

20日 江西省首个综合保税区——赣州综合保税区（一期）正式通过海关总署、国家发展改革委等国家10部委联合验收组验收。该保税区是江西省首个综合保税区，整体规划面积4平方千米，规划建设保税物流区、保税服务区、保税加工区和口岸作业区四大功能区。

21日 省政府在南昌举行2015年度“庐山友谊奖”颁奖仪式。来自10个国家的15位外国专家获此奖项，这是省政府授予到赣工作外国专家的最高荣誉。

23日 ISO9001廉政风险防控管理体系认证颁证暨“智慧防腐”平台启动仪式在会昌举行。国家质量监督检验检疫总局局长支树平，省委常委、赣州市委书记李炳军，副省长谢茹共同启动“智慧防腐”平台。中国方圆标志认证集团向会昌县颁发全国首张廉政风险防控管理体系认证证书。

27日 江西省与国家发展和改革委员会就建立推进国际产能和装备制造合作委省协同机制在北京签署合作框架协议。省委书记强卫出席签约仪式。国家发改委主任徐绍史、省长鹿心社分别代表双方签约。

△ 鄱阳县饶丰镇红土山百亩“籼改粳”核心示范区，3块田平均亩产922.5千克，比2014年提高8千克，刷新江西省水稻单产纪录。

31日 省委召开全省领导干部会议，传达学习中共十八届五中全会精神，部署贯彻落实工作。省委书记强卫主持会议并讲话。省委副书记、省长鹿心社，省委副书记莫建成传达中共十八届五中全会主要精神，特别是《中共中央关于制定国民经济和社会发展第十三个五年规划的建议》和习近平重要讲话精神。黄跃金等省委、省人大、省政府、省政协领导，省法院、省检察院主要负责人出席会议。

△ 全省公务用车制度改革工作动员大会在南昌召开。会议要求各地各部门贯彻落实党中央、国务院和省委、省政府的决策部署，确保完成全省公务用车制度改革任务。省长鹿心社

出席会议并讲话。省委副书记莫建成主持会议,省委常委、常务副省长毛伟明出席会议。

11 月

1日 省政府印发《江西省流域生态补偿办法(试行)》。

2日 省委在九江市武宁县召开全省生态文明先行示范区建设现场推进会。会议决定在全省推行“河长制”,省委书记强卫担任省级“总河长”,省长鹿心社担任省级副“总河长”,省领导莫建成、谢亦森、冯桃莲、尹建业、郑为文、钟利贵、孙菊生分别担任赣江、信江、抚河、鄱阳湖、饶河、长江江西段、修河省级“河长”。省委副书记、省长鹿心社出席会议并讲话。省委副书记莫建成主持,省领导毛伟明、冯桃莲、郑为文、孙菊生出席会议。

4—13日 省长鹿心社率省政府代表团出访俄罗斯、土耳其和以色列。在俄罗斯期间,与巴什科尔托斯坦共和国签署合作协议书,正式缔结两地友好省际关系;江西省(俄罗斯乌法市)经贸文化周在俄罗斯巴什科尔托斯坦共和国乌法市举行。举办了江西省经贸投资洽谈会暨江西省商品展、江西在当地投资的重大项目开工仪式、江西省旅游推介会、景德镇精品陶瓷展、江西杂技团巡演等系列活动。在访问土耳其期间,鹿心社与伊兹密尔省省长托普拉克举行正式会谈,签署缔结友好省关系意向书。

5日 江西萧翔农业发展集团有限公司在江西联合股权交易中心挂牌,标志江西省区域性股权交易市场正式运营。

5—6日 斯洛文尼亚副总理戴扬·日丹率高级别访问代表团到赣,并在南昌与江西省共同举办经贸推介会。省委常委、南昌市委书记龚建华,副省长谢茹分别会见代表团一行。

7日 全国首个以人民代表大会制度发展历程为主题的中华苏维埃代表大会制度史陈列馆在瑞金开馆。全国人大常委会副委员长向巴平措出席开馆仪式并讲话,省委常委、赣州市委书记李炳军致辞,省人大常委会副主任魏小琴出席。

9日 省委书记强卫在南昌调研台资企业,并启动全省“精准服务台企月”活动。省领导毛伟明、龚建华陪同调研。

11日 中央巡视工作专项检查组到赣对江西省巡视工作情况开展专项检查,并听取江西省委巡视工作情况汇报。省委书记强卫主持会议并汇报中央第八巡视组向江西省反馈意见整改落实情况。中央巡视工作领导小组成员、中央巡视工作领导小组办公室主任黎晓宏出席并讲话。中央巡视工作领导小组办公室副主任王瑛,省领导姚亚平、朱虹、周萌、蔡晓明、毛伟明、龚建华出席;省委常委、省纪委书记、省委巡视工作领导小组组长周泽民,省委常委、省委组织部部长、省委巡视工作领导小组副组长赵爱明汇报全省巡视工作情况。

△ 江西省旅游集团与中国建设银行江西省分行在南昌正式签署战略合作协议,共同发起设立总规模达400亿元的江西省旅游产业基金。省委常委、副省长朱虹出席签约仪式。

12日 2015江西信息化与工业化深度融合推进会在南昌国际展览中心举行。省委书记强卫出席,省委常委、常务副省长毛伟明致辞,工业和信息化部副部长辛国斌、中国航天科工集团董事长高红卫、中国工程院院士李培根分别讲话,副省长李贻煌主持。会上集中签约项目47个,总投资额82.3亿元。中国第一个工业互联网平台——江西航天云网正式上线。

△ 中央宣讲团中共十八届五中全会精神报告会在南昌举行。中央宣讲团成员、住房和城乡建设部部长陈政高就中共十八届五中全会精神作宣讲报告。省委书记强卫主持报告会。黄跃金等省委、省人大、省政府、省政协领导出席报告会。

14日 南昌汉代海昏侯墓主椁室考古发掘启动仪式在海昏侯墓园举行。省委常委、省委宣传部部长姚亚平宣布南昌汉代海昏侯墓主椁室考古发掘工作启动。省委常委、副省长朱虹在启动仪式上讲话。省委常委、南昌市委书记龚建华,国家文物局局长刘玉珠,国家文物局副局长童明康,文化部原副部长、国家文物局原局长励小捷出席启动仪式。

15—16日 新疆克孜勒苏柯尔克孜自治州党政代表团到江西省访问考察。省政府召开座谈会,就进一步做好对口援疆工作进行沟通对接交流。省委书记强卫、省长鹿心社分别会见代表团成员。

18日 中国民主促进会成立70周年暨民进江西省委员会成立30周年纪念大会在南昌举行。全国政协副主席、民进中央常务副主席罗富和到会致辞并出席相关活动。省政协主席黄跃金出席会议,中共江西省委常委、省纪委书记周泽民出席并致辞,省政协副主席、民进江西省委会主委汤建人出席大会并讲话。

18—20日 全国人大常委会副委员长、中国红十字会会长陈竺,先后在南昌、上饶考察红十字会工作,与当地红十字会工作者、志愿者进行座谈。省委书记强卫,中国红十字会党组书记、常务副会长徐科,省领导龚建华、谢亦森、谢茹分别陪同考察。

19日 江西省红十字会第七次会员代表大会在南昌召开。全国人大常委会副委员长、中国红十字会会长陈竺,省委书记强卫出席开幕大会并讲话;省长鹿心社,中国红十字会党组书记、常务副会长徐科,省领导谢亦森、汤建人出席开幕大会;副省长谢茹主持开幕大会,并在闭幕式上作总结讲话。会议审议通过省红十字会第六届理事会工作报告和《江西省红十字事业2016—2020年发展规划纲要》。会上,省红十字会聘请强卫、鹿心社担任名誉会长,谢茹当选省红十字会会长。

△ 江西省与科技部2015年工作会商会议在南昌举行。会上,双方围绕今后两年的3个重大议题展开会商,确定以深化科技体制改革为动力,在大力发展战略性新兴产业、促进革命老区精准扶贫和振兴发展、支持江西生态文明先行示范区建设3个方面予以重点推进。省委书记强卫,科技部党组书记、副部长王志刚出席并讲话;省长鹿心社主持。科技部副部长李萌、副省长谢茹分别代表双方报告推动本次会商事项意见。

△ 第二届华侨华人赣鄱投资创业洽谈会(简称华赣会)在南昌闭幕。此届华赣会共有来自全球30多个国家和地区的江西同乡会会长、“一带一路”沿线国家侨团侨社、在赣投资的知名侨资企业代表及港澳代表、海外华侨华人科技专业人才470余人参

加。会议期间,共签约重大项目73个,签约合同总金额235.42亿元。

△ 江西银监局批复江西金融租赁有限公司开业申请。这是全省首家金融租赁公司。

19—20日 省十二届人大常委会第二十一次会议召开。会议表决通过《江西省各级人民代表大会常务委员会规范性文件备案审查条例》《江西省学校学生人身伤害事故预防与处理条例》《江西省人民代表大会常务委员会关于批准〈南昌市轨道交通条例〉的决定》等及人事任免事项。

23—24日 中国共产党江西省第十三届委员会第十二次全体会议在南昌召开。会议总结2015年省委常委会工作,研究部署2016年全省各项工作,审议并通过《中共江西省委关于制定全省国民经济和社会发展第十三个五年规划的建议》。省委书记强卫代表省委常委会作工作报告,省委副书记、省长鹿心社就《中共江西省委关于制定全省国民经济和社会发展第十三个五年规划的建议(讨论稿)》作说明。省委委员、候补委员出席会议,不是省委委员、候补委员的省级领导列席会议。

24日 国家林业局主办的2015年森林城市建设座谈会上,南昌市被正式命名为"国家森林城市"。

△ 赣欧国际货运班列(南昌—鹿特丹)从南昌横岗站首发。

29日 赣州黄金机场改扩建工程全面开工建设。赣州黄金机场改扩建工程是2015年省重点工程新开工项目。建设工期3年,工程概算投资10.24亿元。

30日 省长鹿心社主持召开第53次省政府常务会议。确定打造南昌光谷,建设江西LED产业基地实施方案,加快推动LED产业发展。会议还研究了其他事项。

12 月

1日 中国民主建国会成立70周年暨江西民建组织建立60周年纪念大会在南昌举行。全国政协副主席、民建中央常务副主席马培华出席大会并讲话。中共江西省委副书记莫建成到会讲话。省政协主席黄跃金,省政协副主席汤建人,省政协副主席、民建省委会主委孙菊生等出席大会。会议期间,马培华等一同为"江西省民建企业家协会"揭牌,并参观江西省民建组织成立60周年图片展。

2—4日 中共中央政治局常委、中央书记处书记刘云山在江西召开部分省、市"三严三实"专题教育工作座谈会并调研。刘云山强调,要深入学习贯彻中共中央总书记习近平系列重要讲话精神,从严从实推进专题教育,精心组织专题民主生活会和组织生活会,抓好突出问题整改,确保专题教育取得成效。中共中央政治局委员、中央书记处书记、中央组织部部长赵乐际随同调研,省委书记强卫、省长鹿心社陪同调研。

5—7日 江西省党政代表团在上海市考察学习。5日下午,江西和上海在沪召开合作发展交流会,深入落实长江经济带和"一带一路"战略,着眼于"十三五"发展,推动赣沪在更大范围、更宽领域、更高层次合作发展。双方签署《进一步深化沪赣合作框架协议》。在沪期间,代表团先后考察了上海浦东陆家嘴金融贸易区、嘉定新城、虹桥商务区、上海临空经济园区、徐汇区、中国(上海)自由贸易试验区、张江高科技园等地。省领导黄跃金、李炳军、朱虹、毛伟明等参加,上海市领导韩正、杨雄、应勇、时光辉等分别陪同考察。

6日 汉腾汽车首款整车下线仪式在上饶举行,标志总投资37亿元的汉腾汽车项目建成投产。省委副书记莫建成出席仪式并宣布新车下线。

7—9日 江西省党政代表团在江苏省考察学习。代表团先后考察了江苏省昆山市、苏州市、常州市、南京市。9日,江西与江苏合作交流座谈会在南京举行。双方就贯彻国家长江经济带、"一带一路"战略,围绕推进"十三五"赣苏新合作、新发展深入交流。省领导黄跃金、李炳军、朱虹、毛伟明等参加,江苏省领导罗志军、石泰峰、弘强、李云峰等分别陪同考察。

10日 省长鹿心社在南昌会见韩国全罗南道知事李洛渊一行。副省长刘昌林参加会见。

11日 2015年泛珠三角区域合作行政首长联席会议在福建省福州市召开。省长鹿心社与泛珠区域"9+2"各方行政首长出席会议。会上,泛珠区域"9+2"各方行政首长对推进泛珠合作的有关重要事项进行审议,围绕"将泛珠合作纳入国家战略,深化新一轮泛珠合作"议题进行讨论,并签署《2015年泛珠三角区域合作行政首长联席会议纪要》。

12日 全国首家农药电子监管示范店、萍乡市首家农资超市正式营业。该超市最大的特点是采用了萍乡市农业局自主开发的农药溯源管理平台,对农药产品进行追溯监管。

14日 江西省对口支援赣南等原中央苏区工作座谈会召开。会议总结两年来对口支援工作,欢送完成对口支援任务的第一批中央国家机关挂职干部。省委书记强卫、省长鹿心社出席座谈会并讲话,省委副书记莫建成主持座谈会。省领导李炳军、朱虹、蔡晓明、赵爱明、毛伟明出席,国家发改委、中组部相关负责人到会讲话。

△ 江西省唯一的区域性股权交易市场——江西联合股权交易中心启动会在南昌召开。江西联合股权交易中心于2015年7月注册成立,旨在为中小微企业提供融资、股权转让、公司展示、金融咨询等全方位服务。省长鹿心社出席启动会,副省长刘昌林致辞。

15日 江西银行、江西金融租赁公司启动会暨支持经济发展授信签约活动在南昌举行。江西银行启动会标志江西成功组建省级法人银行。省长鹿心社出席启动会,副省长刘昌林致辞。

17日 江西省委人民武装委员会全体会议在南昌召开。会议总结2015年人民武装工作,研究部署下一阶段任务。省长鹿心社出席并讲话。省委常委、常务副省长毛伟明,省军区领导张晓明、罗晓东、陈平、李晓亮等出席。省军区政委杨笑祥主持会议。

18日 赣闽粤三省和中国电信集团公司、广东新岸线计算机系统芯片有限公司在北京签署框架协议,合作推进赣闽粤原中央苏区农村超高速无线局域网应用试点工作。江西省省长鹿心社、广东省省长朱小丹、福建省代省长于伟国、财政部副部长刘昆等出席签约仪式。该项试点工作,将提升原中央苏区信息基础设施建设水平,加快当地农村信息化和现代化进程。

21日 支持赣南等原中央苏区

振兴发展部际联席会议第三次会议在北京举行。会议总结部际联席会议第二次会议以来的工作落实情况，继续推动有关事项的落实，研究部署下一步支持赣南等原中央苏区振兴发展工作。江西省领导李炳军、毛伟明和福建省、广东省政府有关负责人分别汇报部际联席会议第二次会议以来工作进展情况。联席会议召集人、国家发改委主任徐绍史，江西省委书记强卫出席并讲话。联席会议副召集人、国家发改委副主任何立峰主持会议。

22日　省委先后召开省委常委（扩大）会议和全省领导干部会议。会议传达学习中央经济工作会议和中央城市工作会议精神，要求全省切实把思想行动统一到中央决策部署上来，奋力推动“十三五”发展开好局起好步。省委书记强卫主持会议，省委副书记、省长鹿心社传达中央经济工作会议和中央城市工作会议精神，省委副书记莫建成出席。省委、省人大、省政府、省政协领导，省法院、省检察院主要负责人出席省委常委（扩大）会议；省委各部门、省直各单位主要负责人，各设区市党政主要负责人，省直管县（市）委主要负责人出席全省领导干部会议。

△　即日起，南昌、武汉、长沙、合肥4城市实现医保结算系统平台互联互通，4省会城市城镇参保职工可持本地社会保障卡在其他3市定点医疗机构看病就医，即时结算。

23日　全国知名民营企业助推江西发展升级大会在南昌举行。全国政协副主席、全国工商联主席王钦敏出席并讲话。江西省委书记强卫，中共中央统战部副部长、全国工商联党组书记、常务副主席全哲洙出席。省长鹿心社致辞。这是2015年“民企入赣”主题招商最后一场重大活动。大会期间，共有121个项目集中签约，投资总额2190.14亿元。

23—24日　全国工商联十一届四次执委会议在南昌召开。全国政协副主席、全国工商联主席王钦敏做工作报告，江西省委书记强卫致辞。中共中央统战部副部长、全国工商联党组书记、常务副主席全哲洙主持开幕式。省领导鹿心社、朱虹、蔡晓明以及全国工商联领导班子成员谢经荣、黄荣、安七一、杨启儒、王志雄等出席。

25日　江西省在第五届中国旅游产业发展年会年度发布的10类奖项中夺得6项大奖，分别为：“炫动旅游+”入选2015年中国旅游营销创新TOP10，清婺景入选2015年“美丽中国”主题旅游十佳线路，婺源九思堂入选2015年中国特色民宿TOP10，明月山入选2015年中国旅游厕所革命先锋TOP10，省旅发委市场促进处入选2015年中国旅游影响力传播机构TOP10，三清山入选2015年“旅游+”创新项目TOP10。

26日　赣瑞龙铁路开通运营。标志赣南结束没有动车开行的历史。赣瑞龙铁路是连接赣南、闽西革命老区的首条快速铁路，全长250千米，设计运行时速200千米。

△　南昌地铁1号线开通试运营。这是江西省第一条地铁线路。省委常委、南昌市委书记龚建华，副省长、省公安厅厅长郑为文察看了试运营准备情况。

28—29日　全省经济工作会议在南昌召开。会议提出要提高经济工作运作能力和操作水平，奋力实现“十三五”发展良好开局。省委书记强卫主持会议并讲话。省委副书记、省长鹿心社总结2015年经济工作，部署全省2016年经济工作。

29日　中国南方稀土集团与赣州稀土集团、江铜集团、江钨控股集团共同签署《中国南方稀土集团有限公司增资及股权收购协议》，标志中国南方稀土集团组建完成。中国南方稀土集团是江西省首家冠“中国”字词的集团公司，拥有24家子公司，注册资本10亿元。

△　芦溪县政府分别与安源区政府、萍乡经开区管委会签订山口岩水库水权交易协议书。这是全省乃至南方丰水地区首例跨流域的水权交易。

30日　江西海外能源资源开发联盟在南昌成立。这是全省首家企业海外产业联盟。

是年　江西资本市场直接融资实现历史性突破，截至12月29日，直接融资规模达到1476.09亿元，“引资入赣”成效明显。江西省创新融资方式，在全国率先发行3亿元保障房中期票据，为保障性安居工程建设开辟了新的融资途径。

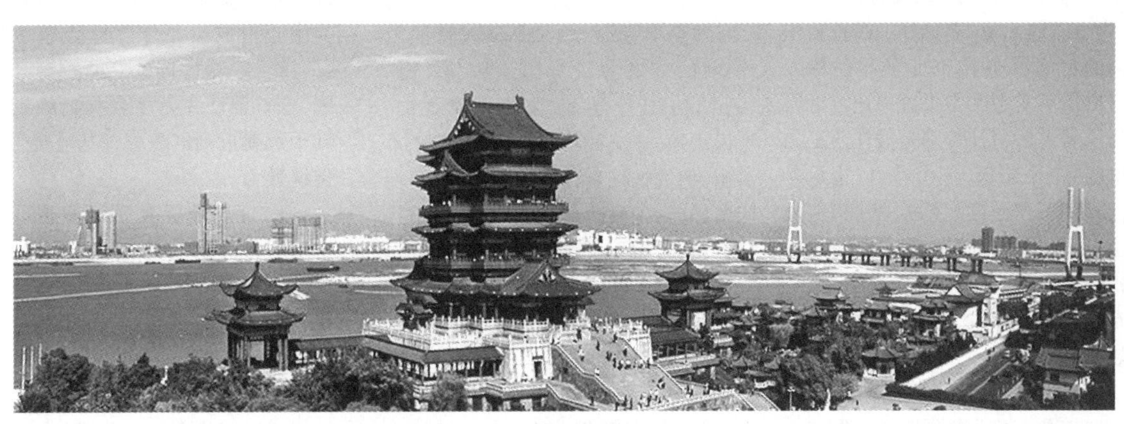

滕王阁

本栏编辑　朱岳

专　记

江西省开展“三严三实”专题教育活动纪略

根据党中央和省委部署，江西省“三严三实”专题教育从2015年5月开始，到2016年1月底基本结束。全省4个省级领导班子、11个设区市、100个县(市、区)、138个省直单位(92个省直部门、29所省属高校、17家省属国企)、1100个市直单位，24891名县处级以上干部参加专题教育。

省委对“三严三实”专题教育高度重视，将其作为一项重大政治任务，自觉向党中央看齐，融入领导干部经常性学习教育，加强组织领导，从严从实推进。省委书记强卫始终把第一责任扛在肩上，谋划部署，并从常委会抓起、从自己做起，以“带头讲好党课、带头领学导学、带头查摆问题、带头推动整改、带头自觉践行”的高标准、严要求，为全省作示范、立标杆。在省委常委会的示范带动下，各地各单位深入学习贯彻落实中共中央总书记习近平系列重要讲话精神特别是对江西工作提出的“一个希望、三个着力”指示精神，围绕“三严三实”主题，把握“三个定位”，聚焦对党忠诚、个人干净、敢于担当，坚持以上率下、以知促行，推动专题教育扎实深入开展，取得明显成效和重要成果。

12月4日，中央在江西省召开部分省、市“三严三实”专题教育工作座谈会，中央领导刘云山、赵乐际等对江西省专题教育的经验做法给予肯定。中组部《“三严三实”专题教育情况通报》先后7次刊登江西省专题教育特色做法(为全国最多)。中组部会同中宣部先后2次将江西省作为中央媒体集中宣传报道“三严三实”专题教育的重点省份(为全国唯一2次集中宣传省份)，并发函推荐省委书记强卫专题研讨文章在《求是》杂志上刊登。《人民日报》先后3次刊文、新华社先后2次刊发通稿、中央电视台《新闻联播》先后2次对江西省专题教育进行重点报道，《经济日报》《光明日报》《中国组织人事报》等中央媒体也密集对江西省专题教育进行专题报道。

一、“三严三实”专题教育活动基本做法

按照“三严三实”专题教育的总体安排，全省各级党组织围绕“知”“行”“功”3个层面，坚持把牢方向，把讲规矩、守纪律贯穿始终；坚持正本清源，把发扬优良传统贯穿始终；坚持问题导向，把整改提高贯穿始终；坚持知行合一，把促进改革发展贯穿始终。

(一)注重传承红色基因。省委从专题教育一开始，就把传承红色基因、加强党性修养作为一条红线，要求领导干部带头弘扬的井冈山精神和苏区精神，坚定理想信念、补足精神之“钙”、提升道德境界、培养高尚情操，争做忠诚、规矩、干净、担当的新时期“好干部”。省委书记强卫党课报告用大量江西省革命先烈事迹深刻阐释“三严三实”是中国共产党与生俱来的“DNA”，是区别于其他政党的核心密码，要求全省领导干部要始终做到深知、笃行、功成，努力做知行合一、实干兴赣、俯仰无愧的共产党人。各级党委书记的党课报告都重温了革命先烈事迹，生动阐释井冈山精神和苏区精神，全省11万多人次党员干部直接受到党课教育。党课结束后，各地各单位还组织教育对象“谈认识、谈体会、谈打算”。省委组织部及时调阅党课讲稿进行分析，并在全国率先形成《江西省部分省级领导同志和市(厅)级以上党委(党组)主要负责同志专题党课分析报告》，总结经验，分析不足，并围绕推动党课教育常态化提出相关意见建议。“七一”前夕，省委中心组成员集体瞻仰方志敏烈士墓，重温入党誓词。专题教育开展以来，全省累计2万多名县处级以上领导干部就近到红色教育基地接受革命传统教育。

(二)注重提高研讨质量。坚持把学习教育摆在突出重要位置，采取灵活多样的办法，推动学习研讨常态化、长效化。将专题学习研讨与平时中心组学习结合起来，省委中心组围绕3个专题开展9次集中学习，每次学习研讨安排2天时间，既有研读学习材料，又有集中研讨交流，每次安排2位干部作中心发言，再安排5～7位干部交流发言，以保证省级领导干部每个专题集中研讨都有发言机会。以

省委中心组为标杆，各地各单位精心制定专题学习研讨方案，普遍突出主题、聚焦问题，每个专题安排3次集中学习，每次明确1个主题，开展集中研讨。在集中研讨时，中心组成员紧密联系个人思想和工作实际，把自己摆进去、把职责摆进去、把思想摆进去，谈问题、谈认识、谈打算，做到见人见事见思想。

（三）注重学好身边标杆。坚持以先进典型为标杆，在学好中组部编发的先进事迹材料和组织观看中组部制作的《践行“三严三实”的好榜样》电教片的同时，还结合江西实际，组织编印《学习模范 见贤思齐》《红色基因代代相传》和《树旗帜 立标杆——江西省全国、全省优秀县委书记先进事迹汇编》等辅导材料，组织党员干部学习全国道德模范龚全珍、“全国优秀组工干部”曾建、全国公安系统二级英模柯善梅以及全国全省优秀县委书记等省内产生的先进典型事迹，做到见贤思齐、找出差距、改进提高。

（四）注重汲取反面教训。坚持以反面典型为镜鉴，在用好中纪委编印的《领导干部违纪违法典型案例警示录》同时，编印《2011年以来全省党员干部违纪违法典型案例剖析材料汇编》，制作《反腐警示录（上）——十八大以来江西省省管干部违纪违法案件剖析》《反腐警示录（下）——贪腐的代价》2部警示教育片，编发部分受查处的违纪违法领导干部《忏悔录》，在“对照反面典型受警醒，严守党的政治纪律和政治规矩”专题学习讨论时组织党员干部观看、阅读，使党员干部受到极大震撼和警醒。

（五）注重分类查找问题。专题教育启动前，省委组织部提前组织专题调研和问卷调查，初步摸排了全省党员干部“不严不实”问题的表现。专题教育启动后，省级领导干部在讲党课和研讨发言时，带头梳理查摆“不严不实”的问题，每位干部至少找出10个问题及其表现。在此基础上，省委组织部分门别类深入查找，梳理各级党委（党组）书记党课报告中列举的“不严不实”表现，整理出省直机关、市县、高校、国企4个领域71条“不严不实”问题共535种表现，编成4大本印发各地各部门对照检查。为开好民主生活会，省委常委会专门派出5个工作组到各设区市和省直单位上门征求意见建议317条，归纳为10个方面共58条。参照省委做法，各地各单位普遍在专题民主生活会前，再次认真查摆梳理“不严不实”问题，并由书记主持、班子集体研究起草领导班子对照检查材料。各级领导干部勇于把“聚光灯”打向自己、把“解剖刀”对准自己，从信仰信念、宗旨意识、党性修养、权力行使、纪律规矩、做人做事等方面深入检查扫描，列出问题清单，普遍找出自身6条以上不严不实问题。许多干部还结合上级点、同事帮、群众提，注重从基层的问题反思本级的问题，从工作的问题反思思想的问题，从班子的问题反思个人的问题，做到见人见事见思想。

（六）注重整改落实到位。各地各单位，不等不拖，普遍把问题清单转化为整改清单，建立整改台账，明确责任分工，能改的先改起来。注重从群众感受最直观、反映最强烈的问题改起，在开展中央部署的基层干部不作为、乱作为等损害群众利益问题专项整治的同时，结合江西实际，省委继续深入推进“红包”礼金问题专项整治，部署开展领导干部违规插手干预工程的问题专项治理，集中开展为官不正、为官不为、为官乱为的问题，简政放权“明放暗不放”与下放后“权力闲置晒太阳”并存的问题，顶风违纪搞“四风”不收敛不收手和“四风”变种的问题，弄虚作假、上下忽悠、工作落实不力的问题，漠视群众、侵害群众利益的问题等5个方面的专项整治。坚持把作风建设作为突破口，加大对中央八项规定执行情况的督查力度，重点盯住公款吃喝、公款旅游、公款送礼和奢侈浪费，使中央八项规定成为全省党员干部自觉坚守的“铁八条”。发挥巡视“利剑”作用，对44个县（市、区）和17个省属国有企业、29个省直单位以及环保、扶贫系统开展专项巡视，对56个县（市、区）开展巡视“回头看”。中央第八巡视组巡视反馈的25项整改任务全面完成，接受中央巡视办专项检查并得到肯定。坚持拔烂树、治病树、正歪树，重点查处中共十八大后还不收敛不收手的、问题线索反映集中的、群众反映强烈的、现在重要岗位且可能还要提拔使用的党员干部，始终保持惩治腐败高压态势。坚持把责任明确到位，严格实行责任倒查、“一案双查”、公开通报曝光等制度，并引入社会评价机制倒逼“两个责任”落实。

（七）注重向下层层压紧。为抓好专题教育的组织实施，省委组织部成立部内“三严三实”专题教育协调小组，建立定期向党委汇报、情况通报、督查指导等工作制度。为确保专题教育不虚不空不偏、不走过场，专门就进一步落实党委（党组）书记“第一责任”、进一步深化学习教育、进一步贯彻落实中央和省委要求扎实深入推进“三严三实”专题教育，分别下发通知提出明确要求。加强日常工作调度，编发《全省“三严三实”专题教育情况通报》23期，及时通报面上情况，推广典型做法。根据专题教育进展情况，分区域、分领域召开片区会和工作座谈会，听取情况汇报，调度推进落实，针对存在的问题提出改进措施。在讲专题党课期间，严格党课报告的审核把关，对不符合要求的发回修改，省委组织部累计派出90人次，分赴11个设区市、79家省直单位参加动员部署会、听取党委（党组）书记的专题党课。在学习研讨期间，派出287人次分赴11个设区市、138家省直单位督导，开展4轮随机抽查检查。在召开专题民主会时，每位省委常委、党员副省长至少选择1个分管或联系的市厅级单位参加并指导；省纪委、省委组织部和省直机关工委、省委教育工委、省国资委党委派员对口参加会议，保证所有厅级单位都有1名厅级干部到会指导。

（八）注重创新教育载体。把“党建+”和“连心、强基、模范”三大工程作为专题教育重要载体。在“连心”工程中，以“四进四联”（进农村、进社区、进基层单位、进网络，联系基层干部、联系基层群众、联系服务对象、联系广大网民）为抓手，推动机关干部集中下基层直接联系服务群众。省、市、县、乡四级机关共派出“连心”小分队4.3万余个，下派干部25.8万人，有18.1万名在职党员到社区报到、服务群众；在“强基”工程中，集中整顿软弱涣散基层党组织，新增选派第一书记8758人，新排查整顿软弱涣散基层党组织1756个；在“模范工程”中，组织开展“龚全珍式好干部”

“优秀乡镇党委书记和村(社区)党组织书记”评选,营造比学赶超、创先争优的浓厚氛围。10月,按照省委要求,省委组织部牵头举办全省“三严三实”专题教育展览,累计在省直机关及各地市举办巡回展览346场,全省所有县处级以上领导干部均参观展览。围绕彻底肃清苏荣等人腐败案件的毒害,6月中旬,省委专门组织宣讲团,就贯彻落实《关于加强作风建设营造良好从政环境的意见》,分赴各设区市、省直机关开展12场集中宣讲活动。11月,省委又组织宣讲团到各地各单位进行“一准则、两条例”专题宣讲,并组织面向全省基层党员专场宣讲,对三部党内法规进行详细解读。

(九)注重接受群众监督。整个专题教育全程引入群众参与。在《江西日报》开设不严不实问题整改公告专栏,累计公告18期,及时通报整改进展情况,涉及11个设区市、48个省直单位共81个问题,自觉接受群众监督和评判,持续传导解决问题的压力和动力,不以自我感觉代替群众评价。每个专题学习研讨结束后,省委中心组成员带头撰写学习体会,并在《江西日报》全文刊出,接受群众评议。各地各单位中心组成员学习体会都在一定范围内公布。各级领导班子召开专题民主生活会,普遍邀请党员群众列席会议,接受群众监督。专题教育以来,全省各大主流媒体均开设专题专栏,累计刊播“三严三实”专题教育新闻报道、言论理论文章300多篇(条),保持了长流水、不断线的宣传报道,为专题教育营造好氛围、增添正能量。

(十)注重促进中心工作。各地各单位把专题教育与中心工作紧密结合,把践行“三严三实”同奋力“实干兴赣”融为一体,着力把思想认识的收获提高转化为做好工作的动力干劲。与促进改革发展稳定结合起来,推动领导干部把握世情国情省情的新变化,解放思想、转变观念,增强改革创新精神,增强主动担当、积极作为的勇气,以“严”的精神改进工作作风,以“实”的干劲落实发展任务。与完成全年经济社会发展目标任务结合起来,各地各单位全面落实省委、省政府支持实体经济发展的22条措施,狠抓央企入赣、对外招商、非公经济发展、工农业生产等工作,保持了经济平稳较快增长的良好态势。与“五年决战全面同步小康”结合起来,将扶贫工作作为最大的民生工程,从导向要实、工作要实、作风要实上部署推进,在全省打响精准扶贫攻坚战。与推进“绿色崛起”打造江西样板结合起来,努力走出一条具有江西特色的绿色发展新路子。

二、“三严三实”专题教育活动取得初步成效

通过一年的持续用劲,全省“三严三实”专题教育专题党课、专题学习研讨、专题民主生活会、整改落实和立规执纪“四个关键动作”全面完成,基本实现“四个着力解决”“三个见实效”的目标,取得重要的思想成果、实践成果、制度成果、理论成果。党员干部普遍反映,这次专题教育使大家继党的群众路线教育实践活动后又过了一次严肃的党内政治生活,经历了一次常态化的党内教育,对推进党的建设和党的事业健康发展的重要作用已经显现出来。

(一)严明党的政治纪律和政治规矩,与党中央保持高度一致的思想自觉和行动自觉更加坚定。通过深入学习研讨、对照检身正己,广大领导干部一致认为,党的纪律和规矩尤其是政治纪律和政治规矩,于政党是攸关兴盛与衰亡的生命线,于党员是鉴别忠诚与背叛的分界线。严明党的纪律和规矩是立党之纲、治党之需、强党之要。大家深刻认识到,党员干部特别是高级干部,要对党绝对忠诚,坚决维护党中央绝对权威,在思想上政治上行动上同以习近平为总书记的党中央保持高度一致。这是党最重要、最根本的纪律,也是对党员干部最核心、最基本的要求。要深刻认识周永康、薄熙来、郭伯雄、徐才厚、令计划、苏荣等人严重违反政治纪律和政治规矩的极大危害性,坚决肃清影响,深刻汲取教训,切实引以为戒,自觉把纪律挺在前面。大家表示,要不讲条件、不打折扣、不搞变通,坚决贯彻落实中央决策部署,确保党中央政令畅通、决策部署落地生根;要落细落小,始终把党纪党规作为“行动之规、检查之镜、护党之宝”,全方位融入日常学习、工作、生活之中,踏踏实实做一个“站在圈子里面”的唐僧,做一个戴着“紧箍”的孙悟空;要坚定地做党的纪律和规矩的践行者、捍卫者,敢于同不守政治纪律和政治规矩的人做斗争,更要在纪律和规矩红线内敢闯敢试、敢作敢为。

(二)加深“三严三实”本真内涵的理解,传承红色基因、践行严实作风的自觉性和坚定性明显增强。通过自觉研读资料、集体学习研讨,广大领导干部一致认为,践行“三严三实”,对江西来说,就是要深入贯彻中共中央总书记习近平对江西工作提出的“一个希望、三个着力”的要求,全面推进“四个全面”战略布局,落实“发展升级、小康提速、绿色崛起、实干兴赣”十六字方针,以严和实的作风稳增长、调结构、保运行,全面完成各项目标任务,保持经济社会健康平稳发展。特别是通过召开专题民主生活会,广大领导干部认识到,践行“三严三实”,要坚守共产党人的精神高地,跑好传承红色基因“接力棒”,让一切不严不实的东西近不了身、附不了体。要重在细微处着力,重在平常时坚持,必须坚持更高标准、更严要求、更实作风,经常审视自己理想信念是否有偏差、工作上是否有不足、作风上是否有瑕疵,真正落细落小、持之以恒。大家表示,要把“三严三实”融入血液,作为天天要面对的要求,时时铭记、事事坚持、处处上心,做心中有党、心中有民、心中有责、心中有戒的好干部,树立起有形的价值观、释放出鲜活的正能量。

(三)深化“四风”整治,群众反映强烈的不严不实突出问题得到有效解决。一是整治“四风”深入推进。坚持一寸不让、一刻不松地落实中央八项规定精神,坚决纠正和防止“四风”变种、反弹,全省各级纪检监察机关共查处违反中央八项规定精神和“四风”问题1211起,处理1776人,给予党政纪处分1065人,省市两级纪委公开通报91次,曝光典型案例297起。二是整治“红包”问题已成常态。坚持教育在先、提醒在前,通过“自查自纠”实现“自查自救”。全年全省各级党员干部主动上缴“红包”及其他违纪款7622.19万元。同时,严查严究、重典治乱,让顶风违纪者丢掉官帽、付出代价。省纪委先后4次通报顶风收受“红包”的典型案例13起。三是群

众身边的腐败问题有效遏制。深入开展基层干部乱作为、贪腐谋私、执法不公等损害群众利益问题专项整治，全省已立案查办基层党员违纪违法案件6566件，给予政纪党纪处分7450人。四是整治领导干部违规插手干预工程项目问题成效明显。全省所有省直党政机关副处级以上干部、市县乡副科级以上干部全部开展自查自纠。一批干部主动从工程项目中退出、主动向组织报告情况、主动上交不当利益。各级廉政账户共收到主动上交违纪款2819.22万元。全省纪检监察机关共收到举报件941件，查实276件，给予党政纪处分173人，移送司法机关55人，给予组织处理45人。

（四）营造全面从严治党的浓厚氛围，建设风清气正政治生态渐入佳境。一是从严治党制度体系不断健全。出台《关于加强作风建设营造良好从政环境的意见》，强化对党员领导干部从政行为的监督管理。制定《关于落实党风廉政建设党委主体责任和纪委监督责任的意见（试行）》，严格实行责任倒查、“一案双查”、公开通报曝光等制度，并引入社会评价机制倒逼“两个责任”落实。制定《关于进一步加强和改进巡视工作的意见》，完善省委“五人小组”和常委会议定期听取巡视情况汇报机制。二是从严监督管理干部力度不断加大。认真贯彻并严格落实《干部任用条例》，制订《省管干部选拔任用工作流程图》，规范干部选拔任用工作程序，把好干部人选的政治关、品行关、作风关、廉政关。抓好中央巡视组和中组部选人用人专项检查组反馈意见的整改，重点开展选人用人突出问题等六项专项整治，全省副处级以上“裸官”已按规定全部调整到位，清理违规在企业兼职干部1000多人次。在全省开展干部人事档案专项审核，对领导干部个人有关事项报告抽查核实，为从源头上防止“带病提拔”发挥了较好的把关作用。采取提拔使用、交流任职、挂职锻炼、重点培训、分类储备“五个一批”方式，加大年轻干部培养选拔工作力度，五类人员中已提拔使用16名、重用36名，挂职锻炼54名，重点培训329名。三是查处腐败案件的高压态势不断巩固。全年全省纪检监察机关立案8770件、结案8750件、处分9829人。其中，共查办一把手违纪案件599件，立案28件28人，其中厅级干部24人、县处级干部4人。严格落实“一案双查”，全年责任追究1401人（次），省市两级纪委通报81次191起责任追究典型案件。通过坚持不懈的努力，不敢腐、不能腐、不想腐的机制正在形成，党风政风民风社风持续优化。

（五）强化实干兴赣的正确导向，改革发展稳定各项工作得到有力促进。通过“三严三实”专题教育，深化党的思想政治建设和作风建设，激发党员干部提振精气神、树立好作风、增强执行力，推动改革发展稳定各项工作取得明显成效。一是发展升级开辟新境界。2015年，全省经济运行保持总体平稳、稳中有进的态势，地区生产总值增长9.1%，财政总收入增长12.7%，规模以上工业增加值增长9.2%，主要经济指标运行在合理区间，增速继续位居全国前列。外贸出口增长3.9%，全年实际利用外资增长12.1%。旅游总人数、总收入分别增长23.2%、37.3%，服务业占地区生产总值比重38.6%，提高1.8个百分点。二是深化改革取得新进展。出台《江西省重要改革举措实施规划（2015—2020年）》，进一步明确五年改革目标和具体任务。深入推进“三单一网”改革，省、市、县三级政府公布权力清单，省、市政府公布责任清单，江西政务网开通运行，省本级行政审批事项精简率达51%，省政府取消所有非行政许可审批事项和30项行政事业性收费项目，50个部门行政审批外的行政权力精简率达63.6%。深入推进商事制度改革，全面实施“三证合一”“一照一码”，率先在全国出台工商登记制度改革后加强事中事后监管办法。深入推进农业农村改革，土地确权登记颁证工作进度位居全国前列。公车改革全面启动。国资国企改革、财税体制改革、文化体制改革、社会体制改革等进展顺利。省委“1+N”改革文件体系已出台配套实施意见30多个，开展各类改革试点451个。三是小康提速迈出新步伐。研究出台《关于全力打好精准扶贫攻坚战的决定》，部署打好产业扶贫、保障扶贫、安居扶贫三大攻坚战。全年全省完成扶贫移民搬迁10.6万人，全年减贫72万人。在财政收支压力加大的情况下，全省筹集财政资金1000亿元，集中办好50件民生实事。全年全省棚户区改造开工16.54万套，基本建成12.45万套；城镇和农村居民人均可支配收入分别增长9%和10.1%。四是绿色崛起取得新成效。研究出台《关于建设生态文明先行示范区的实施意见》，启动“六大体系”“十大工程”共60个项目包建设。省十二届人大四次会议审议通过《关于大力推进生态文明先行示范区建设的决议》，首次以省人民代表大会决议案方式推动国家战略实施。按照“控增量、减存量、提质量”的思路，突出抓好生态建设和环境治理。大力实施造林绿化提升、水生态建设等重点工程，深入开展“净水”“净空”“净土”行动，严格“五河一湖”及东江源头保护，推进鄱阳湖流域综合治理。全省设区市空气质量优良天数比达90.1%，水质断面达标率为81%。五是和谐稳定呈现新局面。围绕保障社会公正、促进社会诚信、维护社会秩序三大重点，深入推进法治江西建设。将法治江西建设重点任务分解为239项，明确责任人和时间表。研究确定“1+6”司法体制改革方案体系，深入推进司法公开，构建阳光执法司法新机制。聚焦社会诚信问题，发布“江西诚信红黑榜”，建立失信黑名单数据库，公布典型案例，强化信用惩戒。健全社会治安综合治理工作机制，完善立体化社会治安防控体系，全年实现“六个未发生”，公众安全感和群众满意度进一步提升。

（省委“三严三实”
专题教育协调小组）

江西省整体推进国有林场改革纪略

2015年11月8日—11日，由国家发展改革委、国家林业局、人力资源和社会保障部、中国银监会等部委组成的全国国有林场改革试点验收组到江西对国有林场改革试点进行验收，经综合评价测算，江西省得分98.8分，居7个改革试点省之首，通过国有林场改革整体推进试点验收。至此，江西省国有林场改革试点任务全面完成。全省国有林场改革得到国务院、省委、省政府、国家林业局领导的肯定，成为江西林业改革的又一面旗帜。11月24日，国家林业局在南昌召开全国国有林场改革现场会，会上江西省介绍国有林场改革的主要经验和做法。

国有林场改革是党中央、国务院站在全局和战略高度作出的一项重大决策。2011年10月，江西被列为全国国有林场改革整体推进试点省。2013年8月，国家批复江西省国有林场改革试点实施方案，并分两批拨付江西国有林场改革中央补助资金19.73亿元。4年多来，按照国家部署和试点要求，江西把握“保生态、保民生”两条底线，坚持公益性为主的改革方向，围绕“定性、重组、保障、减人、剥离、转换、安全、稳定”十六字要求，稳妥推进改革，取得明显成效。

调查研究，摸清家底。国有林场改革涉及面广，情况复杂，政策性强。省委、省政府领导多次深入基层调研，专题研究国有林场改革的重大问题。省发改、财政、人保、银监、林业等部门先后联合或单独调研5次，全面掌握国有林场情况，为制定改革方案提供可靠依据。改革前国有林场有以下特点：一是数量多。全省有国有林场425个，约占全国的1/10；经营面积平均为3867公顷，为全国平均水平的1/4。二是职工多。职工总人数10.28万人，约占全国的1/6，其中在职5.66万人、离退休4.62万人。三是类型多。按性质分，事业性质206个，企业性质219个；按隶属关系分，既有政府管的，也有主管部门管的；按级别分，既有县级的，也有科级的，还有股级的。四是负担重。国有林场负债总额达47.95亿元，人均负债4.66万元。五是遗留问题多。未参加养老保险的职工2.11万人，未参加医疗保险1.47万人。有场办学校83所、场办医务所（医院）63所，代管村组254个。江西国有林场只有改革才有出路。

制定政策，明确方向。省政府先后出台《关于推进国有林场改革的指导意见》《江西省2014年国有林场改革工作方案》，确定改革的总体目标是实现“三增一保”，即森林资源增长、林场职工增收、发展后劲增强、确保林区社会和谐稳定。主要任务是实现“六个到位”，即林场整合重组到位、林场性质界定到位、职工社会保障到位、用人制度改革到位、社会职能剥离到位、经营机制转换到位。具体内容是“十六个字”：一是重组，按照“精简效能、规模经营、管理科学”的原则，因地制宜推进林场整合重组，原则上改革后每个县不超过3个林场。二是定性，将绝大多数林场界定为生态公益型林场，重新核定编制，并按公益性事业单位进行管理。将以商品林为主、可通过市场配置资源的林场定性为商品经营型林场，按市场机制运作。三是保障，重点解决林场职工基本养老保险和医疗保险等社会保障问题，切实做到应保尽保。同时结合国有林场危旧房改造项目，解决林场职工住房困难。四是减人，通过提前退休、离岗退养、竞争上岗、自主择业等方式妥善分流安置在职职工，建立新型劳动关系。对解除劳动（聘用）关系的职工，采取现金补偿、林权补偿、社保补偿等方式给予补偿。五是剥离，将林场承办义务教育学校、医疗单位等社会管理职能全部分离，实行属地管理；林场代管村组根据村民意愿剥离；离休干部移交林场主管部门管理，实行财政供养。六是转换，推进林场事企分开，转换经营机制，优化产业结构。生态公益型林场按事业单位管理，实行“收支两条线”的财政管理制度和“目标管理、绩效挂钩”的人事收入分配制度。商品经营型林场逐步建立现代企业制度，科学合理利用森林资源，增强林场发展活力。七是安全，解决好联营山场的问题，保持国有山林经营权属稳定，不以变卖林场资源的方式筹集改革资金。加强国有林场改革专项资金管理，确保资金使用安全。八是稳定，落实社会综合治理责任制，化解社会矛盾和山林纠纷，保障职工合法权益，维护林场合法权益。省人社厅、省财政厅、省林业厅先后制定出台特殊工种提前退休、养老保险、医疗保险3个配套政策，保障改革顺利推进。

健全组织，高位推动。2014年8月，省级成立以省委常委、常务副省长凌成兴为组长，11个省直部门为成员单位的国有林场改革试点工作领导小组，办公室设在省林业厅。省政府与11个设区市和4个省直管县签订改革目标责任状，明确各级政府国有林场改革的主体责任，承担改革的资金筹措、维护稳定等兜底责任。同时，省政府先后召开由各市、县（区）政府分管领导参加的全省国有林场改革动员大会、全省国有林场改革推进会、全省国有林场改革电视电话会议等大型会议，对国有林场改革工作进行全面动员部署和整体推进。各地及时召开会议研究、传达贯彻全省会议精神，层层深入动员部署，并通过召开职工见面会、代表会、座谈会和走门串户等多种形式，向职工宣传改革的意义、政策和要求，把宣传发动工作做到各家各户，打消职工的思想顾虑。

强化督导，严格验收。省国有林场改革办对所有县（市、区）的改革实施方案逐个审核批复，从严把关。同时出台《国有林场改革督导工作方案》，成立10个督导调研组，建立挂片包干负责制，不定期开展督导。建立信息通报制度，实行半月一调度，一月一通报。出台《国有林场改革评估验收办法》《国有林场改革省级评估验收工作方案》，把省级评估验收作为促进改革落实的重要手段。2014年12月至2015年4月，在设区市预评估验收的基础上,成立10个省评估验收组,抽调40多名干部,分别由10名厅领导带队,对全省国有林场逐县进行省级评估验收。经过严格的评估验收,有改革任务的99个县(市、区)全部通过省级验收。

落实整改,确保质量。2015年1月1日—30日,全省集中开展省级评估验收"回头看",重点督促各地抓好林场定性、定编、定经费和整合重组后的林场运行等工作。针对存在的突出问题,省国有林场改革领导小组及时向县级政府下达整改意见书,要求限期整改。中共中央、国务院印发《国有林场改革方案》和国家林业局出台《国有林场改革试点验收办法》后,各地又对照中央文件和国家验收标准,逐条逐项进行自查自评,切实做好整改提升工作。之后,省国有林场改革领导小组对13个整改尚未到位的县(市、区)政府分管领导进行集体约谈,责成做好整改工作,确保改革任务落实到位。

不断深化,发展提升。一是拟定《关于贯彻落实中央6号文件 促进国有林场发展的意见》,明确进一步深化改革、促进国有林场健康发展的的具体举措。二是启动省级示范林场建设。选择武宁县生态林场等25个国有林场为全省首批示范林场,着力探索林场改革后可持续发展模式,并在政策资金等方面给予倾斜。三是启动森林经营方案编制工作。印发《关于全面启动国有林场森林经营方案编制与实施工作的通知》,全面推动国有林场森林经营方案编制工作。四是开展林场备案登记工作。印发《关于开展改革后国有林场备案登记的通知》,明确备案登记的对象、条件和程序。

整体推进,成效明显。管理体制有效理顺。全省425个国有林场整合重组为216个,场均经营面积由3867公顷提高到8000公顷。国有林场机构设置、管理层级和管理人员明显减少,资源配置得到优化,实现规模经营。定性为公益型事业单位185个,占86%;定性为商品型31个,占14%。全省公益型林场共核定事业编制7374名,其中全额拨款2951名、差额拨款4423名。所有事业林场全部纳入同级财政预算,实行收支两条线管理。2015年,市、县(区)财政安排林场人员及机构经费4.47亿元,彻底告别长期以来经费自收自支的局面。

林场负担明显减轻。林场富余职工得到妥善安置,5.66万名在职职工通过多种途径分流安置4.56万名,占在职职工81%。其中,置换身份3.5万人,提前退休、内部退养、竞争上岗和自主择业1.06万人,退休和解除劳动关系人员基本实现社会化管理。保留在职职工1.1万人,占改革前在职职工20%。按照属地管理原则,63所场办医疗单位、83所场办义务教育学校、63个场代管村组全部剥离到位。化解林场各类债务16.58亿元。

民生保障全面落实。全省应参加基本养老保险9.99万人,应参加基本医疗保险10.01万人,参保率均达100%。改革前拖欠的5亿多元社保费用一次性清偿到位。对部分新参保林场一次性补缴有困难的,由同级财政兜底解决。改革期间,实施国有林场危旧房改造项目共6.81万套,近7万名职工从中受益,为全国国有林场实施危旧房改造数量最多的省份。在岗职工月均收入由2011年的1000元左右提高到2015年的2600元左右。

资源保护得到加强。省财政将国有林场公益林管护补助标准提高到每亩20.5元,2015年市县财政安排国有林场森林资源培育管护经费1.1亿元。省林业厅出台《关于加强国有林场森林资源管理 保障国有林场改革顺利进行的意见》《关于进一步加强国有林场森林资源监管的通知》,明确具体的监管措施和相关责任。同时,全面启动森林经营方案编制工作,建立以提高森林质量和严控采伐为核心的森林资源经营管理制度。林场木材商品性采伐由改革前的每年220多万立方米减少至80多万立方米。

基础设施明显改善。将国有林场职工危旧房改造、林区公路、饮水安全、电网升级改造、广播电视等基础设施建设,分别纳入全省相关专项规划,统筹安排,同步建设。"十二五"期间,省财政安排国有林场职工危旧房改造配套资金6.8亿元、林区道路建设经费5000余万元。各级政府也大力支持国有林场基础设施建设,近60%的国有林场危旧房改造安排在县城规划区内,其土地由政府无偿划拨,相关规费实行减免。

林区社会总体平稳。改革期间,始终坚持一手抓改革、一手抓稳定的改革思路,全省没有发生大规模破坏森林资源案件,没有违规处置国有资产情况,没有出现变卖森林资源搞改革的现象,没有发生违法侵占国有林场林地林木的案件,没有发生群体性上访事件。

总结经验,深化改革。2014年3月3日,国家林业局局长赵树丛批示:江西省国有林场改革试点工作抓得实、抓得细、抓得稳,许多方面为全国创造了经验,值得认真总结。2015年1月5日,省林业厅厅长阎钢军在全国林业厅局长会议上,以"坚定公益方向,强化政府责任,全力推进国有林场改革试点工作"为题作典型发言。11月8日—11日,国家国有林场改革试点验收组认为,江西按照国家国有林场改革试点实施方案的要求,全面完成国有林场改革试点各项任务。11月24日,国家林业局在南昌召开全国国有林场改革现场会,江西省林业厅、吉安市政府、信丰县政府、广昌县高虎脑林场从不同层面系统地介绍全面推进国有林场改革试点工作的成效和经验。12月23日,国家林业局通报国有林场改革试点验收结果,肯定江西省在中央政策的有力支持和省委省政府坚强领导下,真抓实干、克难攻坚、探索出一条"生态得保护、民生得发展"的改革成功路径,江西省的改革成功实践为全国国有林场改革作出表率,在先行推动改革过程中积累的经验可为全国国有林场改革提供借鉴。《人民日报》、新华社、中央电视台、《光明日报》等中央主要新闻媒体先后对江西省国有林场改革试点工作进行集中报道。广西、湖南等10多个省(区)组织考察团到江西调研学习。

(省林业厅)

本栏编辑 朱岳

江西概览

自然环境

【区域位置】 位于长江中下游交接处的南岸，在北纬24°29′14″～30°4′41″、东经113°34′36″～118°28′58″之间。因赣江是境内主要河流，故简称"赣"。东邻浙江、福建，西接湖南，南连广东，北与湖北、安徽交界，北控长江，古称"吴头楚尾、粤户闽庭"。东西宽约490千米，南北长约620千米，土地总面积16.69万平方千米，占全国陆地总面积的1.74%，居华东各省市首位。

【地势地貌】 地势周围高中间低，从外向内，由南向北，渐次向鄱阳湖倾斜，构成一个向北开口的巨大红色盆地。地貌类型齐全，区域差异明显，分布大体呈不规则的环状结构形式。以鄱阳湖为核心，向外依次为鄱阳湖平原、赣中南丘陵和边缘山地。山地占全省面积36%，丘陵占42%，岗地、平原占12%，水面占10%。素有"六山一水二分田、一分道路和庄园"之说。

【山河湖泊】 主要山脉多分布于省境边陲，走向以东北和西南走向为主体。赣东北和赣东有怀玉山、武夷山和黄山支脉，赣南有大庾岭和九连山，赣西有罗霄山脉，赣西北有幕阜山和九岭山。全省有大小河流2400多条（其中全年有水的约160条），总长约1.84万千米。主要河流有赣江、抚河、信江、修河、饶河等五大河流，其中赣江自南而北流贯全省，包括贡水在内全长766千米，是江西最大河流。江西湖泊众多，并集中于五河尾闾地区，以鄱阳湖最为著名。鄱阳湖是中国第一大淡水湖，湖泊面积5100平方千米。

【土地资源】 全省土地大致可分为三大类：红、黄壤土地，红壤丘陵，平岗地。土壤主要有5种类型，分别是红壤、黄壤、紫色土、潮土、水稻土。土地资源利用以耕地、林地、牧草地为主要形式。全省农用地总面积1447.74万公顷，建设用地总面积120.56万公顷，未利用土地总面积101.07万公顷。

【矿产资源】 地下矿藏丰富，矿产资源种类齐全，资源配套程度高，伴（共）生组分丰富。截至2014年底，全省发现各种有用矿产193种（以亚矿种计），矿产地5000余处。查明有资源储量的矿产有九大类，139种。列入2014年矿产资源储量统计的矿产128种。截至2014年底，江西探明的矿产资源保有储量在全国居前十位的有75种，其中居首位的有：钽、锆英石、铀、铷、重稀土、碲、化工用白云岩、滑石、玻璃用脉石英、陶瓷土、麦饭石等11种。居第二位的有：钨、锂、铯、伴生硫、电气石、光学萤石、粉石英、保温材料用粘土等8种。居第三位的有：铜、铋、银、铍（绿柱石）、轻稀土、普通萤石、冶金用砂岩、化肥用灰岩、叶腊石、透闪石、水泥配料用页岩、海泡石粘土、饰面用辉石岩、水泥用辉绿岩、饰面用大理岩、饰面用板岩等16种。居第四位的有：冶金用白云岩、化肥用蛇纹岩、硅灰石、玻璃用砂岩、玻璃用大理岩等5种。居第五位的有：铌、铍（氧化铍）、镓、制灰用石灰岩、陶瓷用砂岩、水泥配料用砂、水泥配料用脉石英、高岭土、饰面用角闪岩、饰面用辉绿岩、水泥用凝灰岩等11种。

【能源资源】 主要有水能、光能、风能及能源矿产等。水能资源理论蕴藏量682.03万千瓦，可开发利用的610.9万千瓦，全部开发年发电量可达215.6亿千瓦时。光能资源较为丰富，全年太阳总辐射能力为4057兆焦耳/平方米至4794兆焦耳/平方米，全年日照1473～2078小时，日照百分率33%～47%。风能，年平均风速为1.0～3.8米/秒（不含庐山），全省年大风日数0.5～25天，风能资源较为丰富的地方，主要集中在鄱阳湖滨、赣江和抚河下游及高山顶和峡谷地带。能源矿煤炭，产地在全省共有190处，分布在70个县；主要煤田有11个，主要分布在浙赣铁路沿线地区。

【生物资源】 全省动物资源丰富，有哺乳类100多种，鸟类420种，两栖类40种，爬行类77种，鱼类205种，还有水生哺乳类、软体动物、浮游动物等。有国家一级保护动物17种，分别为云豹、豹、虎、白鳍豚、黑麂、白鹳、黑鹳、中华秋沙鸭、金雕、黄腹角雉、白颈长尾雉、白头鹤、白鹤、鸨、蟒、中华鲟、白鲟。全省植物起源古老，组分较复杂，种类繁多，类型齐全，提供物质原料的资源生产潜力很大。主要有用材植物、木本粮食植物、油脂植物、药用植物、观赏植物等。

国家级风景名胜区

【庐山风景名胜区】 位于中国第一大江长江和第一大淡水湖鄱阳湖的交汇处，总面积333.42平方千米，全区共有景区12个，最高峰大汉阳峰海拔1474米。1982年，庐山被国务院批准列为首批国家级风景名胜区；1996年12月6日，联合国教科文组织批准庐山以“世界文化景观”列入《世界遗产名录》，成为中国第一处世界文化景观遗产。

【井冈山风景名胜区】 位于湘赣边界的罗霄山脉中段，是全国著名的革命圣地，由茨坪、龙潭、黄洋界、主峰等11个景区组成，最高峰江西坳海拔1841米，面积333平方千米。1982年，井冈山风景名胜区被国务院批准列为首批国家级风景名胜区；2009年，井冈山风景名胜区被列入第二批国家自然与文化双遗产预备名录。

【三清山风景名胜区】 位于赣东北玉山和德兴两县（市）交界处，主峰玉京、玉虚、玉华三峰似道教鼻祖玉清、上清、太清三仙列坐其巅而得名。最高玉京峰海拔1816.9米，由七大景区组成，总面积229平方千米。1988年经国务院批准列为国家级风景名胜区。2008年被联合国教科文组织批准以“世界自然遗产”列入《世界遗产名录》，成为中国第七处、江西省第一处世界自然遗产。

【龙虎山风景名胜区】 位于江西鹰潭市，距市中心18千米，由仙水岩、龙虎山、上清宫、洪五湖、马祖岩和应天山6大景区组成，有55个景点、261个景物景观，总面积220平方千米。1988年经国务院批准列为国家级风景名胜区。2010年被联合国教科文组织批准以“世界自然遗产”列入《世界遗产名录》。

【仙女湖风景名胜区】 位于江西新余市西南部，是一处以群岛曲水峡谷、植物基因宝库为主要特色，以山水游赏、休闲度假、科普修学为主要功能的岛屿湖泊型风景名胜区，总面积194.7平方千米，其中水域面积46.3平方千米。2002年经国务院批准列为国家级风景名胜区。

【三百山风景名胜区】 位于江西南部安远县境内，京九铁路江西段最南端，是集古火山构造、奇山幽壑、清溪碧湖、飞瀑深潭、密林古树、珍禽异兽、怪石险滩、温泉诸奇景于一体的山岳型风景名胜区，总面积137.6平方千米。三百山风景名胜区是香港同胞饮用水的东江源头，2002年经国务院批准列为国家级风景名胜区。

【龟峰风景名胜区】 位于江西弋阳县城区西南部，地处龙虎山、三清山、武夷山和瓷都景德镇“三山一都”的中心位置，包括龟峰景区、南岩景区、弋江景区，总面积39.3平方千米。龟峰因其“无山不龟、无石不龟”，且整个主景区就像一只昂首巨龟，故名龟峰。2004年经国务院批准列为国家级风景名胜区。2010年被联合国教科文组织批准以“世界自然遗产”列入《世界遗产名录》。

【云居山—柘林湖风景名胜区】 地处九江市庐山西麓，水域广阔，风景秀丽，原生态山水完美结合，被誉为中国最美的湖光山色，总面积655.2平方千米。2005年12月经国务院批准列为国家级风景名胜区。

【高岭—瑶里风景名胜区】 位于江西景德镇市浮梁县东北部，以深厚古陶文化、群瀑名茶幽谷、原生山水环境、古朴明清街坊为主要特色，总面积95平方千米。2005年12月，经国务院批准列为国家级风景名胜区。

【武功山风景名胜区】 位于江西省中西部，地跨萍乡、宜春、吉安三市，处于湘赣边界的罗霄山脉北段，以高山草甸、千古祭坛、瀑布温泉、沩仰祖庭为主要风景特色，总面积365平方千米。2005年12月，经国务院批准列为国家级风景名胜区。按照属地管理的原则，武功山风景名胜区分为宜春片区、萍乡片区和安福片区三个片区。

【梅岭—滕王阁风景名胜区】 位于江西省南昌市西北部，由梅岭和滕王阁两大景区以及方志敏烈士墓、溪霞湖、西山万寿宫、梦山、小平小道5个外围独立景点组成，总面积为143.7平方千米。2004年经国务院批准列为国家级风景名胜区。滕王阁景区位于南昌市沿江路赣江与抚河故道交汇处，以滕王阁为主体，东至榕门路，南至瓷器街，西至赣江防洪墙，北至叠山路为风景区管辖范围，面积0.12平方千米。梅岭景区位于南昌市湾里区境内，距南昌市区中心15千米，属于典型的城郊山岳型风景名胜区，面积143.58平方千米。

【灵山风景名胜区】 位于江西上饶县北部，距上饶县城、上饶市区均为25千米。灵山风景名胜区以环状花岗岩峰林地貌奇观为主要特色，面积101.5平方千米。2006年，灵山被江西省人民政府批准为省级风景名胜区；2009年12月，灵山被国务院批准列为国家级风景名胜区。

【神农源风景名胜区】 位于万年、弋阳、乐平三县（市）交界处，面积为43.13平方千米，包括仙人洞、严家、港道源、神农宫、九子溪大赦庵、黄天峰6个景区。风景名胜区内生态资源丰富，地质景观奇特，山林溪水优美，历史古迹众多，具有很高的自然景观与历史文化价值。其中，仙人洞吊桶环景区发现了世界迄今为止最早的稻作遗迹，将水稻种植历史回溯直上一万二千年，是举世公认的稻作文化的发祥地。2012年10月，神农源经国务院批准列为国家级风景名胜区。

【大茅山风景名胜区】 位于德兴市东南部，距离德兴市区19千米，由大茅山、梧风洞、双溪湖、四角坪景区4部分组成，规划总面积143平方千米。景区主要景观特色可概括为“黛山幽谷、壁虎秀水、奇岩线天、史迹胜地”四大特点。2012年10月，大茅山经国务院批准列为国家级风景名胜区。

（夏萍）

历史沿革

【概　况】 江西省简称赣，因公元

733 年唐玄宗设江南西道而得省名，位于中国东南腹地，连接“长珠闽”，被称为“吴头、楚尾、粤户、闽庭”，到明代又称“江右”。自古以来江西人文荟萃，物产富饶，经济繁荣，孕育了灿烂的地域文化，也对中华文化的传承与发展产生了深远影响，有“物华天宝，人杰地灵”和“文章节义之邦，白鹤鱼米之国”的美誉。

江西开发的历史，可以上溯到约四五万年前的旧石器时代。万年县考古发现距今 1.2 万余年的水稻标本，该县被称为“世界稻作起源地之一”。“万年稻作文化系统”被联合国粮农组织确定为全球重要农业文化遗产保护项目。

商周时期，江西地区的水稻种植业和陶瓷业已初显优势，而铜矿开采、冶炼、青铜器铸造，在中国国青铜文化中也占有很重要的地位。新干县大洋洲商墓考古发掘的大量青铜器表明，江西地区的文化既受中原文化的影响，又有鲜明的地方特色。

秦始皇灭六国建立统一的中央政权后，设立九江郡，辖境包括今天的九江、南昌、景德镇、上饶、抚州、吉安、赣州一带，而萍乡、宜春等地则属长沙郡管辖。

汉高祖初年设豫章郡，郡治南昌，下辖 18 县，分布地域为赣江、抚河、信江、修水、袁水沿岸，初步确立了江西省境的规模。两汉时期江西人口迅速增加，农业、陶瓷业、采矿业、造船业等较为发达，赣抚平原成为重要的产粮区。南昌汉代海昏侯墓的考古发现，显示了汉代高超的科学技术和器物制作水平，出土的数以万计竹简、木牍是中国考古史上极其重大的发现，具有十分重要的科学、历史、文学、艺术价值。

三国吴、两晋、南朝时期，中原战乱，北方地区人口第一次大规模南迁，其中一部分迁入鄱阳湖周边地区，使江西郡县数大增，农业生产水平得到很大提高。南朝时京城以外的大粮仓三分之二在豫章郡，江西成为当时粮食主要供应地之一，陶渊明也成为影响至今的田园诗人。

隋唐时期，全国经济重心逐步南移，江西开始进入勃兴期。733 年，唐玄宗设江南西道监察区，下辖 37 县。安史之乱后，中原人口第二次大规模南下，不仅使鄱阳湖周边得到进一步发展，而且使边缘丘陵地区也得到广泛开发，土地垦种面积扩大，粮食产量增加，茶叶和瓷器生产兴旺，行销各地。唐玄宗时，开辟了穿越大庾岭、南达广州的驿道，赣江成为联系岭南和长江流域最重要的南北交通线路，沿线的江州（九江）、洪州（南昌）、吉州（吉安）、虔州（赣州），成为商旅汇聚的繁荣都邑。

五代时期，江西地区先辖于吴，后辖于南唐。此时期出现了相当于下等州的新的行政区——军，划 6 州、4 军、55 县。由于南方的战争规模较小，时间较短，江西的社会经济得到较快的发展，在全国的经济比重显著增加，文化也初步繁荣，白鹿洞书院后来发展为全国最具影响的四大书院之一。

宋朝江西经济文化空前繁盛，进入大发展时期。宋代将道改为路，江西地区大部分隶属于江南西路，置 9 州、4 军、68 县。北宋末年的靖康之乱，是中原人口南迁的第三次高潮，江西的人口比唐代增加约 3 倍，垦田数居全国之首，漕运至京师的稻米三分之一产自江西，“天下漕米取于东南，东南之米多取于江西”，茶叶产量为全国的四分之一。景德镇和吉州窑进入全国名窑的行列。采矿业规模之大，出现过“坑丁 10 万人开采铜矿”的场景。而南昌“高甍巨栋连阡亘陌”“中户尚有千金藏”“沉檀珠犀杂万商”，呈现出大都市风貌。以经济发展为基础，文化教育也独占全国鳌头。宋代全国书院 203 所，而江西则有 80 所，江西举进士的人数竟达全国的五分之一，造就了数不胜数的名门望族。华林胡氏家族“一门三刺史，四代五尚书”，而出任宰相级的显宦有 25 人。以欧阳修、王安石、曾巩、陆九渊、洪迈、马端临、文天祥等为代表的一大批政治家、思想家、哲学家、文学家、史学家群星闪耀，为中华文化的繁荣发展作出了重大贡献。董煟的《救荒活民书》不仅有补正史之缺，更是中国第一部救荒专著。

元朝开始确立行省制度，下设路、直隶州、县级州和县。江西行省辖区包括今江西绝大部分地区外和今天广东省的大部分，下辖 13 路、2 直隶州、48 个县和 16 个县级州。秉承宋朝的发展，元代江西的社会经济也有新的发展，经济作物的种植、矿物的开采、制瓷业的规模均有所扩大，制茶、造船、印刷也十分兴盛。

明朝基本上保留了元朝的省区建制，但改行省为布政使司（习惯上仍称省），改路为府和改州为县，设 13 府，下辖 78 县，地域基本等同今天的江西省。江西在元末农民战争中没有受到大的战争破坏，政治、经济和文化诸方面仍在全国居十分重要的地位，是全国屈指可数的人口和经济大省。江西士人对明代的中枢政治有很大影响，入阁拜相者络绎不绝，出现过“翰林多吉水，朝士半江西”的局面。南安府（大余）的梅关和赣江仍是联系广东和长江流域最繁忙的南北交通线路，赣江沿线城市的工商业更为繁荣。樟树镇、吴城镇成为新兴的航运与商业中心，景德镇和河口镇（铅山）则是著名的手工业中心，并称为“江西四大镇”。为官江西的王守仁发展了陆九渊的思想，在江西创立“致良知”学说，同陆九渊的学说一起，并称为“陆王心学”，为中华文化注入了生生不息的活力。汤显祖以《临川四梦》获“东方莎什比亚”美誉，宋应星的《天工开物》在中国科技史上占有重要地位。

清朝江西省行政区域基本承袭明制，经济文化发展滞缓，逐渐落后于周边省份。特别是在清后期太平天国运动中，江西成为湘军和太平天国军反复争夺的地区，损失巨大。人口从 1853 年的 2450 万人锐减至 1873 年的 1770 万人，全境城乡自然经济跌入停滞衰退之中。

民国时期，江西省共辖 81 县，近代工业、近代教育得到一定程度的发展。第二次国内革命战争期间，中国共产党在赣南和闽西地区的 21 县建立中央苏区，成立中华苏维埃共和国，临时中央政府驻设瑞金。江西成为中国革命的摇篮，为中国革命牺牲的有名有姓烈士达 25 万人之多。抗日战争中，中国军队在江西地区取得了“万家岭大捷”和“上高会战”的重大胜利。

中华人民共和国成立后，江西省的行政区划曾经有过多次调整和变动。到 2015 年底，全省共设南昌、九江、景德镇、萍乡、新余、鹰潭、赣州、宜春、上饶、吉安、抚州等 11 个设区市，

22个市辖区,10个县级市,68个县。在新中国的发展历程中,江西制造出了中国第一架飞机、第一台拖拉机、第一辆军用摩托车、第一枚海防导弹,改革开放后诞生了第一位资产过亿元民营企业家张果喜,江风益的晶能光电LED发光技术领先世界。

2015年,“十二五”规划顺利收官,江西综合实力和区域竞争力明显提高,产业结构进一步优化,生态优势稳步提升,改革开放和全面建成小康社会取得重大进展,城乡面貌发生深刻变化,人民群众得到更多实惠,生产总值和居民人均收入都实现了在全国排名的位次前移,站上了更高的发展起点。全省人民正以“大众创业,万众创新”的饱满热情,在省委省政府“发展升级,小康提速,绿色崛起,实干兴赣”方针指引下,融入国家“一带一路”战略,踏上了建设“美丽中国”的“江西样板”新征程。

(省社科院省志编纂室)

人口发展状况

【概　况】 2015年,随着人口相关政策持续完善,江西人口发展变化态势正在逐步加快,人口总量稳定增长,城镇化率和受教育程度不断提高,并呈现出一些新情况、新特点。

【人口总量继续保持稳定增长】 2015年末,全省总人口4565.63万人,增长0.52%,增幅比上年提高0.08个百分点,人口总量继续保持稳定增长,增速有所加快。2015年全省跨省外出人口584.58万人,比2014年减少3.19万人,跨省外出人口回流趋势明显,在人口出生率基本保持稳定的情况下,跨省外出人口回流是导致江西人口增速有所加快的主要原因。

【人口出生率、死亡率、自然增长率保持基本稳定】 2015年,江西人口出生率、死亡率、自然增长率分别为13.20‰、6.24‰、6.96‰,分别比2014年下降0.04、0.02、0.02个千分点;出生人口、死亡人口、自然增长人口分别为60.11万人、28.42万人、31.69万人,分别比2014年增加0.09万人、0.05万人、0.04万人,保持基本稳定。

【出生人口下降趋势初步扭转】 多年以来,由于执行只生育一胎的计划生育政策,江西出生人口逐年下降。江西人口出生率由2000年的15.55‰,下降到2014年的13.24‰,14年间,下降2.31个千分点,平均每年下降0.17个千分点。而至2015年,仅比2014年下降0.04个千分点,比上述14年的平均数少0.13个千分点,由此可见,江西出生率快速下降的趋势初步扭转。从出生人数看,2013年江西出生人数59.53万人,是2006年以来出生人口最少的一年,在政策效应的刺激下,2014年开始出生人数逐年增加,2015年出生人口增加到60.11万人,增幅虽小,但改变了出生人口下降的趋势。

【人口老龄化程度逐步加深】 2015年末,江西60岁及以上人口、65岁及以上人口分别为633.71万人、431万人,分别比2014年增加22.79万人、16.76万人;占总人口比重分别为13.88%、9.44%,比2014年分别提高0.43、0.32个百分点,江西老龄化程度继续加深。江西自2005年进入老龄化社会以来,人口老龄化的程度不断加深,速度不断加快,65岁以上人口占总人口的比重提高值,由2006年的0.05个百分点增加到2013年的0.43个百分点,但近两年,增速略有放缓。2015年末,江西60岁及以上人口比重增速比2014年回落0.05个百分点;65岁及以上人口比重增速比2014年回落0.02个百分点。

【劳动年龄人口规模持续增长】 2015年末,江西15~64岁劳动年龄人口达到3206.44万人,比2014年增加7.85万人,同比多增加1.9万人,劳动年龄人口规模继续增长,表明江西劳动力资源相对比较丰富。但受2006年以来出生人口不断减少和老年人口持续增加的影响,江西劳动年龄人口比重自2013年起呈现逐步下降的趋势,2015年下降幅度继续扩大。2015年末,江西15~64岁劳动年龄人口比重为70.23%,比2014年下降0.19个百分点,同比多下降0.01个百分点。

【低年龄段人口下降幅度趋缓】 2015年末,江西0~14岁、15~64岁、65岁及以上人口占总人口比重分别为20.33%、70.23%、9.44%。其中0~14岁人口比重比2014年下降0.13个百分点,同比少下降0.03个百分点,从2012—2015年看,0~14岁人口比重分别比上年下降0.48、0.41、0.16、0.13个百分点,下降幅度明显趋缓。

【人口城镇化率继续提高】 2015年,省委、省政府继续推进新型城镇化建设,进一步加快户籍制度改革力度,积极引导农业转移人口向区域中心城市和中小城镇转移,江西人口城镇化率持续提高。年末,江西城镇人口占总人口比重达到51.62%,比2014年提高1.4个百分点,增速同比提高0.05个百分点。2015年江西城乡人口结构中,城镇人口2356.78万人,乡村人口2208.85万人,城镇人口同比增加75.71万人,比2014年多增加4.61万人;乡村人口减少52.24万人,比2014年多减少1.16万人,农村地区人口向城镇地区转移规模进一步扩大。

【人口性别结构日臻优化】 2015年末,江西总人口中男性人口、女性人口分别为2343.7万人、2221.93万人,分别比2014年增加9.04万人、14.43万人,总人口性别比(皆以女性为100)为105.48,同比下降0.28。出生人口性别比为114.19,比2014年下降0.89,总人口性别比和出生人口性别比均呈现下降趋势,江西男女性别结构更趋协调。

【人口文化程度不断提高】 2015年,江西各种受教育程度人口中,不识字或识字很少、小学、初中、高中(含职业高中)、大专及以上文化程度人口分别为141.94万人、1251.54万人、1761.53万人、660.31万人、371.82万人,占6岁及以上人口中比重分别为3.39%、29.89%、42.07%、15.77%、8.88%。其中,不识字或识字很少、小学、初中文化程度人口及比重均呈现下降,人数比2014年分别下降1.59万人、12.29万人、2.57万人,比重分别下降0.05、0.4、0.21个百分点;而高中(含职业高中)、大专及以上文化程度人口及比重则持续上升,人数比2014年分别增加19.43万人、11.74万人,比重分别提高0.41、0.25个百分点。

(冷晴)

环境质量

【概　况】　2015年,全省地表水水质总体良好,Ⅰ~Ⅲ类水质断面(点位)达标率81.0%,其中河流断面达标率86.2%,湖库点位达标率44.0%;各设区市城区集中式饮用水源地水质监测水量及监测点次达标率均为100%。全省11个设区城市环境空气质量均为超二级(执行《环境空气质量标准》GB 3095-2012,评价项目为6项),主要污染物为细颗粒物。全省酸雨污染仍较重。全省11个设区市中,10个城市区域声环境质量二级,1个城市三级;6个城市道路交通声环境质量一级,5个城市二级;功能区噪声点位达标率94.7%。全省生态环境状况优良。

【水环境】　全省地表水水质总体良好。9条主要河流中,修河和长江九江段水质优;赣江、抚河、信江、饶河、东江、袁水和萍水河水质良好。3个主要湖库中,柘林湖和仙女湖水质优;鄱阳湖水质轻度污染。与2014年相比,地表水水质达标率增加0.1个百分点,其中河流增加2.4个百分点,湖库降低16.0个百分点。

赣江　Ⅰ~Ⅲ类水质断面比例为86.8%,水质良好。

抚河　Ⅰ~Ⅲ类水质断面比例为86.7%,水质良好。

信江　Ⅰ~Ⅲ类水质断面比例为84.0%,水质良好。

修河　Ⅰ~Ⅲ类水质断面比例为90.0%,水质优。

饶河　Ⅰ~Ⅲ类水质断面比例为82.4%,水质良好。

长江九江段　Ⅰ~Ⅲ类水质断面比例为100%,水质优。

袁水　Ⅰ~Ⅲ类水质断面比例为81.3%,水质良好。

萍水河　Ⅰ~Ⅲ类水质断面比例为88.9%,水质良好。

东江　Ⅰ~Ⅲ类水质断面比例为85.7%,水质良好。

鄱阳湖　Ⅰ~Ⅲ类水质点位比例为17.6%,水质轻度污染,营养化程度为中营养,主要污染物为总磷。

柘林湖、仙女湖　Ⅰ~Ⅲ类水质点位比例均为100%,水质优,营养化程度均为中营养。

31个设区市城区集中式饮用水源地监测水量及监测点次达标率均为100%。与2014年相比,监测水量和监测点次达标率分别上升0.4和0.6个百分点。

【大气环境】　2015年,全省11个设区城市环境空气质量为超二级,全省城市平均达标天数比例为90.1%,11个城市达标天数比例范围为76.4%~97.0%,南昌和九江市达标天数比例分别为86.3%、83.8%,其余9城市中景德镇、新余、赣州、吉安、宜春、抚州和上饶达标天数比例在90%以上。与2014年相比,环境空气质量总体稳定。

二氧化硫　11个设区城市年均值景德镇市达到一级标准,其余10城市均达到二级标准,全省年均值27微克/立方米,同比下降12.9%。

二氧化氮　11个设区城市年均值均达到一级标准,全省年均值25微克/立方米,同比下降7.4%。

可吸入颗粒物　11个设区城市年均值南昌、萍乡、九江和新余4市超二级标准,其余7个城市年均值均达到二级标准,全省年均值68微克/立方米,同比下降10.5%。

细颗粒物　11个设区城市年均值均为超二级,全省年均值45微克/立方米。

一氧化碳　11个设区城市一氧化碳浓度日均95%位数值均达到一级标准,全省及11个城市一氧化碳日均值均未超标。全省城市一氧化碳浓度日均95%位数值为1.5毫克/立方米。

臭氧　11个设区城市臭氧日最大8小时90%位数值新余市达到一级标准,其余10城市达到二级标准,全省臭氧日最大8小时值超标率为0%,11个城市臭氧日最大8小时值超标率范围0~3.6%,全省臭氧日最大8小时值90%位数值为114微克/立方米。

降水　全省降水pH年均值为5.26,酸雨频率为61.0%,酸雨污染仍较严重。11个设区市中,除九江、吉安宜春3市降水pH年均值高于5.60外,其余10个设区市降水pH年均值均低于5.60。与2014年相比,全省降水pH年均值上升0.17,酸雨频率下降4.8个百分点,酸雨污染略有减轻。

【声环境】　2015年,全省区域声环境质量二级,噪声均值54.3分贝,11个设区城市中,10个城市二级,1个城市三级;全省道路交通声环境质量一级,噪声均值67.1分贝,6个设区城市一级,5个城市二级;全省设区城市功能区噪声点位达标率94.7%,11个设区城市点位达标率范围78.1%~100%,昼间声环境质量好于夜间。与2014年相比,设区城市区域和道路交通噪声质量变化不大,功能区声环境质量略有下降,点位达标率下降0.4个百分点。

【生态环境】　2015年,全省生态环境质量为优,生态环境状况指数为78.08;除南昌和新余市生态环境质量为良外,其余9个设区市均为优;62个县(市、区)生态环境质量为优,占全省面积的72.9%,29个县(市、区)生态环境质量为良,占全省面积的27.1%。与2014年相比,全省生态环境质量有所下降。

(省环保厅)

气候状况

【概　况】　受史上最长厄尔尼诺事件背景的影响,2015年全省气候反常,气温偏高,降水偏多,冬季偏暖、该冷不冷,夏季偏凉、该热不热,阶段性、局地性气象灾害多发频发。

全省年平均降水量2106.4毫米,较常年偏多2.6成;年平均气温18.6℃,较常年偏高0.6℃。年内,全省主要的气象灾害有洪涝、风雹、雷电、热带气旋、大雾、霾等,其中暴雨洪涝及其引发的山体滑坡、泥石流等次生灾害最为严重,造成的直接经济损失占全省因灾直接经济损失总量的

90%。年内受厄尔尼诺事件背景的影响,暴雨过程较多,尤其是5—6月暴雨过程频繁,过程间歇短,雨强大,局部洪涝、山洪地质灾害伤亡严重。全年因气象灾害或由气象灾害引发的次生灾害,导致全省661.8万人次受灾,因灾死亡50人,紧急转移安置48.8万人次,农作物受灾面积48.67万公顷,其中绝收面积4.33万公顷,直接经济损失71.9亿元,其中农业损失38.9亿元。

降水　全年全省平均降水量2106.4毫米,较常年偏多2.6成。5、6月降水最多,占全年降水量的34%。与历年平均月降水量相比,全年除1月和4月降水量较常年偏少以外,其余月份降水均偏多。全省11个地市年降水量均偏多,抚州年平均降水量2426.5毫米,较常年偏多3.4成,偏多程度为全省之最,其年平均降水量历史排位第3高位;萍乡年平均降水量1893.1毫米,较常年偏多1.7成,偏多程度为全省最少。各地年降水量在1570.0毫米(信丰)~2998.7毫米(宁都)之间。较常年相比,各地降水均偏多,宁都偏多6.9成为全省之最。全省平均降水日数178.2(日雨量≥0.1毫米)天,较常年平均偏多20.2天,历史排位第10高位。各地降水日数在149天(永修)~235天(井冈山)天之间。全省平均暴雨日数7.7天(日降水量≥50毫米),较常年偏多2.3天,历史排位第4高位。各地暴雨日数2天(井冈山)~17(婺源)天,暴雨日数为10天以上的地区主要分布在赣中东部及赣北东部。较常年相比,全省大部分地区的暴雨日数均偏多,以婺源偏多9.4天为全省之最。

气温　全省全年平均气温18.6℃,较常年(18.0℃)平均偏高0.6℃,历史排位第6高位。会昌、资溪、寻乌、安远、崇义等5个站点创新高。与历年平均气温相比,全年除7—9月平均气温较常年偏低以外,其余月份气温均偏高。全省11个地市平均气温较常年均偏高,偏高幅度为0.2℃(鹰潭、新余)~0.9℃(赣州)。各地年平均气温在17.0℃(九江)~20.8℃(信丰)之间,与常年相比,全省大部分地区气温均偏高,偏高幅度大部在0.5~1.5℃之间,以崇义偏高1.4℃为全省之最。各地年极端最高气温36.1℃(都昌)~39.6℃(永新)。仅1个站出现≥39℃的高温,于6月29日出现在永新。各地年极端最低气温-5.0(婺源)~2.2(安远)℃。其中赣南大部、赣北赣中局部最低气温在0℃以上,其余各地均在0℃以下。

日照　全省全年平均日照时数1338.6小时,较常年(1631.8小时)偏少1.8成,历史排位第1低位。其中42个县(市)创历史新低。全省各地年日照时数1002.7小时(井冈山)~1783.0小时(湖口)。大部分地区日照时数1200~1400小时;较常年相比,全省除湖口与常年持平以外,其他地区均偏少,偏少幅度0~4成。

【主要气象灾害及影响】　2015年,全省主要的气象灾害有洪涝、风雹、雷电、热带气旋、大雾、霾等,其中暴雨洪涝及其引发的山体滑坡、泥石流等次生灾害最为严重,造成的直接经济损失占全省因灾直接经济损失总量的90%,其次为热带气旋。死亡人数列前3位的分别为洪涝(含山体滑坡、泥石流)、雷电、风雹。年内暴雨过程较多,尤其是5—6月暴雨过程频繁,过程间歇短,雨强大,局部洪涝、山洪地质灾害伤亡严重。全年洪涝和雾霾异常指数略偏高,其他灾害异常指数均正常,综合评定2015年江西省气象灾害评估为较好年景。

暴雨洪涝　全省暴雨过程频繁,先后出现19次不同程度的暴雨、强降水过程。其中主汛期(4—6月)出现15次,主要集中在5—6月,暴雨过程多,点多面广,没有出现流域性的洪涝灾害,但局部洪涝灾情严重。受强降雨影响,局部水文站点出现短时超警戒水位,多个城市、乡村发生短时内涝或积涝,农田受淹,局部地方出现山洪暴发、山体滑坡等地质灾害。全年洪涝灾害(含山体崩塌、滑坡、泥石流)共造成全省588万人受灾,死亡26人,紧急转移安置38万人;农作物受灾面积43.7万公顷,绝收面积4万公顷;倒塌房屋1.3万间,损坏房屋4.9万间;因灾直接经济损失64.4亿元。

局地强对流　年内出现局地强对流灾害的时段主要在春夏季节。其中,4月上旬省内中北部遭遇强对流天气导致雷电、大风、冰雹、暴雨多灾并发;5—7月全省暴雨对流性强,雷电灾害频发,雷击伤亡较为集中。全年因雷击死亡23人。

热带气旋　年内先后有台风“莲花”“灿鸿”“苏迪罗”“杜鹃”4个热带气旋影响省内,其中第13号台风“苏迪罗”入赣,致灾严重。受强风暴雨影响,全省旅游景区、铁路交通、电力等受到不同程度影响。灾害共造成全省直接经济损失5.6亿元。

连阴雨　2015年,全省出现了多次连阴雨天气过程,全年阴雨日数为1975年以来最多。主要的连阴雨过程出现在:春节前后、春播期间、早稻收获期和秋冬季。阶段性的连阴雨天气对全省冬季油菜开花结荚,早稻播种育秧、棉花育苗,早稻成熟、收获,二晚收获与晾晒,柑橘采摘存储等均造成较大影响。

高温酷暑　全省年平均高温日数(≥35℃)20.1天,较常年平均偏少8.7天,是2000年以来高温日数最少的一年。盛夏7—8月全省平均气温27.2℃,较常年偏低1.3℃,为历年同期第3低位,仅次于1997年和1999年,全省有13个站创同期新低。全省平均高温日数仅13.4天,较常年同期偏少10天。7月平均气温创历史新低,仲夏不热,出现明显的凉夏。

年内先后出现3次明显的高温天气过程,分别为6月25日—30日、7月12日—16日、7月26日—8月8日。高温范围最广、强度最强的高温日是8月5日,全省除庐山、井冈山、星子等5个站以外,其他地方最高气温均超过35.0℃,其中53个县(市)超过37.0℃,以广丰和弋阳两地38.6℃为最高。

大雾　全年出现23次区域性的大雾或浓雾天气过程,主要出现在秋冬季节,全省性的大雾次数较常年偏少。秋冬季出现的大雾或浓雾天气,导致省内多条高速公路因大雾被迫封闭,给交通带来一定影响。12月25日夜间到26日上午,省内出现2015年范围最广的浓雾天气,境内部分高速公路收费站入口采取管制措施,其中杭瑞、济广、福银、沪昆、大广高速江西境内路段,以及萍洪、樟吉等13条省内高速路全线封闭;昌北机场多个进出港航班出现延误。

【气候影响专题评价】　气候与农业

受2014年5月开始的超强厄尔尼诺事件影响,2015年全省气候反常,但农业生产关键季节和农作物关键生育期降水充足,未发生干旱和大范围严重洪涝灾害,光热条件能满足农作物生长发育需要。综合分析,2015年气象条件对农业的影响有利有弊、利大于弊,全省农业气象条件属平偏丰年份。

气候与交通　年内出现的暴雨、强对流、台风、大雾或浓雾、雨雪冰冻,以及由暴雨引发的次生灾害等,导致全省公路、桥梁、航运、铁路等交通受到不同程度的影响。全年交通运营不利天气(10毫米以上降水、雾、雪、冻雨)全省均在50天以上,以婺源151天为最多。与常年相比,全省交通运营不利天气偏少2.9天。赣北的北部和西部、赣南的西部和南部偏少3~30天;赣北的南部和东部、赣中大部和赣南东北部偏多5~40天,以婺源偏多52.5天为全省之最,其中有6站排名历史同期第一高位。

气候与水资源　江西省平均年降水量为2106.4毫米,根据年降水资源丰枯评定模型计算方法折合降水资源量为3505.1亿立方米,比常年(2725.3亿立方米)偏多779.8亿立方米,属于正常年份。受主汛期强降水影响,全省信江、饶河、修河、赣江及抚河部分支流共19条河、37站53次发生超警戒洪水;秋冬季局部江河支流和水库也出现短时超汛限,出现历史罕见冬汛。全省主要大型水库有多座也因受主汛期降水影响,出现短时超汛限水位,万安、廖坊、江口、斗晏、大塅、小湾、罗湾、返步桥等水库开闸泄洪。

气候与健康　2015年,全省平均舒适日数253.2天,较常年(223.4天)偏多29.8天,排名1961年以来第一位。全省除庐山偏少1.2天外,其他地区均偏多10~45天,南城偏多超过50天。从季节分布来看,全年四季舒适日数均偏多。

气候与能源　降温耗能评估表明:6月,较常年同期(25.8℃)平均偏高1.1℃,降温耗能增幅大,一般在10%~70%之间,崇义、资溪、定南、乐安、龙南和乐安等地降温耗能增加超过1倍。7月,全省气温异常偏低,其中赣东北、赣中东部等地偏低2~3℃,赣南西南部偏低0~1℃,其余大部偏低1~2℃,降温耗能减少20%~50%。8月,全省仍持续气温偏低态势,降温耗能仍以减少为主,减少10%~30%。

(邓晓明)

体制改革

【概　况】　2015年是"十二五"规划收官之年,也是全面深化改革的关键之年。经济生态专项小组各成员单位贯彻落实中共中央总书记习近平"一个希望、三个着力"重要要求,深入实施十六字方针,统筹做好稳增长、调结构、促改革、优生态、惠民生等各项工作,确保已出台改革文件落地生效,又不失时机推出一批重要改革新举措、新亮点,全年经济体制改革共出台各类改革文件210多个,实施各类改革试点65项。

【推进政府自身改革】　简政放权扎实推进。"三单一网建设"成效显著,《人民日报》、新华社、人民网、新华网、手机报等中央媒体予以聚焦报道,得到国务院的肯定和其他省市的关注。全国第四个公布省级部门行政审批权力清单,7月底,省、市、县政府完成权力清单公布,省级行政权力精简率63.6%,行政审批事项精简率达51%。不再保留非行政许可审批类别。制定省级政府责任清单,明确责任事项2.65万项、追责情形3.25万种,10月底,省、市、县三级责任清单全面完成并公布。公布了《行政事业性收费项目目录清单》《涉企行政事业性收费项目目录清单》,省级设立的行政事业性收费项目保留17项,其中涉企的5项,行政事业性收费清单属全国较少的省份之一。省级保留的34个部门354项行政审批全部实现网上办理,45项省级便民服务实现在线办理。在中国社会科学院举办的"互联网+政务"优秀案例评选中获50强,并被评为全国最佳政务服务平台之一。

投融资体制改革深度推进。修订江西省政府核准的投资项目目录(2015年本),省级项目核准权限取消下放比例达64%,项目备案权限则100%直接下放到县级。已建成全省投资项目在线审批监管平台,并与中央平台实现纵向贯通。升级改造原有单体事项审批系统,实现非涉密行政审批事项全流程网上办理。出台创新重点领域投融资机制鼓励社会投资的实施意见、开展政府和社会资本合作的实施意见。建立省PPP项目储备库,现有入库项目388个,总投资2243亿元。截至12月底,全省签约落地PPP项目59个,引入社会资本192亿元。坚持权利和责任同步下放、调控和监管同步强化,实现投资审批全程跟踪监督,做到全程留痕、实时监控、督察督办,通过设立异常信用记录和"黑名单",对投资项目管理形成"一处失信、处处受制"的失信惩戒长效机制。

价格管理改革稳步推进。大幅度缩减政府定价范围,发布江西省定价目录,大项减少3项,缩减19%,子项减少52项,缩减53%。清理省级经营性服务收费目录清单,收费项目缩减73%。降低工商业用电价格、非居民用气价格,商业用电价格每千瓦时降低0.12元,非居民用气价格每立方米下降近0.9元。做到工商用电、用气同价,建立居民生活用气阶梯价格制度。居民用水阶梯价格制度稳步推行,11个设区市基本完成居民阶梯水价改革。

社会信用体系建设纵深推进。夯实基础制度。研究制定全省社会法人守信激励和失信惩戒联动暂行办法,研究起草全省行政许可和行政处罚等信用信息公示工作的实施方案,及运用大数据加强对市场主体服务和监管的实施意见。完善基础设施。启动建设省公共信用信息平台一期项目,制定江西省省级公共信用信息目录(2015年版)。将各类基础信息和其他信息进行整合关联,在"信用江西"网站上提供一站式查询服务。强化基础分工。制定江西省社会信用体系建设规划(2014—2020年)任务分工方案、2015年江西省社会信用体系建设工作要点,明确各地各单位工作任务和时间节点。

商事制度改革有序推进。全面实施营业执照、组织机构代码证、税务登记证"三证合一"登记制度,印发江西省一照一码登记制度改革实施方案,截至12月底,全省共向企业核发一照一码营业执照6.55万户。在全国率先出台工商登记制度改革后事中事后监管的实施意见,南昌市在全国率先探索利用大数据和信息化手段建立企业监管警示系统,在全省统一建设、推广和运用企业信用监管警示系统,实现部门间信息共享、监管联动、执法公开,得到国家工商总局的肯定。

公务用车制度改革实质推进。10月31日,组织召开全省公务用车制度改革工作动员大会,省长鹿心社出席大会并讲话。印发《江西省公务用车制度改革总体方案》《江西省省直机关公务用车制度改革实施方案》及其配套的执法执勤车辆改革办法、取消车辆处置办法、司勤人员安置办法和审计监督办法。各地、各部门按照全省总体方案的要求,都已制定本地区、本部门改革进程表,抓紧研究本地区、本部门的实施方案。部分地方和部门已按要求完成实施方案上报省车改办的审核工作。

【深化国有企业和重点行业改革】 国资国企改革继续深化。深化企业市场化战略重组,完成凤凰光学、昌河汽车、直升机公司、中江地产、江钨有限五大集团的重组改制。推进混合所有制改革,省盐业集团引入4家战略投资者增资扩股,并高票通过改制重组方案和职工安置方案,标志省盐业集团混改取得成功。省旅游集团参照省盐业集团的混改模式,制定改制方案,已获省政府批复同意。健全完善现代企业制度,江铜集团“自主拓展、自主决策、自主经营”改革试点,江中集团完善法人治理结构改革试点,省建材集团深化“内部三项制度”改革试点等五项改革试点取得阶段性成果。完善国资监管体制机制。印发省属国有企业授权监管暂行办法,经营性国有资产集中统一监管工作全面完成,初步构建了国资监管新体系。

电力体制改革试点继续深化。售电侧改革试点启动。成立电改工作小组,建立联络员制度和联席会议制度。结合调研情况和全省实际,上报南昌临空经济区售电侧改革及能源管理体制创新试点方案,争取国家尽快批复。电力直接交易试点进展顺利,制定印发江西省电力用户与发电企业直接交易办法(试行),组织9家电厂与16家企业达成直接交易用电规模25.22亿千瓦时。

【推动财税体制改革】 税收体制改革积极推进。制定深化财税体制改革总体方案、省级财政专项资金管理办法,做好扩大“营改增”试点范围的准备工作,新增试点纳税人2.12万户,累计申报缴纳增值税89.79亿元。制定江西省综合治税工作方案,11个设区市全部建立第三方涉税信息平台。

“信贷通”融资规模逐步扩大。“财园信贷通”政策范围扩大至商贸企业、物流企业、电子商务企业和农业、林业龙头企业,截至12月底,财政投入资金23.3亿元,撬动信贷资金372.4亿元,支持企业9019户。“财政惠农信贷通”政策范围扩大到休闲农业、农业社会化服务组织等新型经营主体,至年底,江西省累计发放“财政惠农信贷通”贷款125.3亿元,受益新型农业经营主体4.26万户。

【推进金融体制改革】 金融改革实现“四个全覆盖”。江西银行、江西金融租赁公司已挂牌开业,省级法人金融机构实现银证保三业全覆盖;新增4家企业在境内外首发上市,51家企业在“新三板”挂牌,江西联合股权交易中心已正式开业,多层次资本市场体系实现四个板块全覆盖;全省农商行(含筹建)数量达到69家,占全省农合机构比重由29.9%上升到80.23%,村镇银行县域覆盖率近70%,在全国率先完成“村村通”工程,全省1.68万个行政村实现基础金融服务100%全覆盖;全年5家股份制银行在4个设区市新设6家分支机构,实现股份制银行省内设区市全覆盖。

金融发展创下“四个新高”。2015年末,全省金融业增加值895.50亿元,新增贷款2863.34亿元,企业直接融资1522.46亿元,共引进保险资金45.3亿元,均创历史新高。

【推进科技体制改革】 大力推进“双创”工作。出台江西省人民政府关于大力推进大众创业万众创新若干政策措施的实施意见,围绕降低准入门槛、激发主体活力、加大资金扶持、提高服务水平4方面提出28条含金量很高的扶持政策措施。制定鼓励省属独立科研院所科技人员创新创业的试点办法,已在53所科研院所和部分高校实施,激发科技人员创新创业的热情,取得良好的经济社会效益。

加快推进科技体制改革。出台加快建立江西省科技报告制度的实施意见、改进加强省级财政科研项目和资金管理的实施意见、江西省技术转移示范机构管理办法(试行);转变财政科技计划投入结构与方式,科技计划体系由原来的7大类调整为5大类。大力促进科技与金融结合,设立8000万元科技成果转化引导基金,安排2000万元科技型中小企业信贷风险补偿资金。

【加快区域发展】 区域发展机制进一步完善。推进“一带一路”建设。印发江西省参与丝绸之路经济带和21世纪海上丝绸之路建设实施方案和工作要点,实施加快融入“一带一路”战略鼓励企业参与国际合作的实施方案。推进长江中游城市群建设。印发实施江西省推进长江中游城市群建设主要任务分工方案,与湖南、湖北分别签署进一步推动赣湘合作框架协议、长江中游城市群战略合作协议,出台依托黄金水道推动长江经济带发展实施意见、支持昌九一体化发展若干政策措施;实施推动赣南苏区加快发展的意见、支持赣南苏区重点平台建设若干政策措施。推进昌九新区申报设立。上报《江西昌九新区总体方案》及5个配套要件,得到国家大力支持。

新型城镇化试点进一步深化。印发江西省新型城镇化发展质量评价指标,指导鹰潭、樟树按照“能操作、可考核”的要求,在试点方案的基础上,细化形成年度工作方案;筛选确定共青城市、永修艾城镇和南昌高新区,分别申报国家新型城镇化综合试点和城市功能区转型试点。

开放型新体制进一步推进。推广自贸区改革试点经验。下发江西省推广自由贸易试验区改革试点经验实施方案,在全省范围内全面推广上海等自由贸易试验区改革试点经验。提升招商引资质量和水平。出台关于促进国家级经济技术区转型升级创新发展的实施意见,创新招商引资方式,促进利用外资稳定增长。融入“一带一路”对外投资合作,推动江西国际赞比亚工业园等7个省级境外经贸合作区建设。通过举办赣港、赣台经贸活动,赴东南亚和大洋洲招商等活动,招大引强取得新成效。深化口岸改革工作。出台省人民政府关于落实“三互”推进大通关建设改革实施意见,加强对抚州、赣州、瑞金等地的指导和推进工作,深入推进江西关检“三个一”通关模式,“一次申报”正式在全省范围内推广,口岸作业区建设取得较大进展。

【完善民生保障体制】 教育体制改革继续深化。深化考试招生制度改革方案已获教育部批准同意并报省政府。出台深化高等学校创新创业教育改革的实施意见和江西省职业教育校企合作促进办法,义务教育学校校长教师交流轮岗试点工作已在全省68个县(市、区)推开,共交流轮岗校长教师6039人,比2014年增加4754人,增幅370%。

医药卫生体制改革步伐加快。县级公立医院综合改革全面推开。出台全面推开县级公立医院综合改革的实施意见,县级公立医院综合改革从22个县(市)扩大到全省所有县(市),全面取消药品加成,补偿机制实现平稳转换。加快建立分级诊疗制度。制定推进分级诊疗制度建设的实施意见,形成“1+11”的政策体系,比国家要求提前1年完善分级诊疗政策体系。

社会保障制度逐步完善。出台机关事业单位养老保险制度改革实施方案和县以下机关建立公务员职务与职级并行制度改革方案,调整机关事业单位基本工资标准并全部兑现到位。研究制定江西省统筹城乡居民基本医疗保险制度的意见,全面实现医疗保险省内异地就医双向互通,全省已全面实现参保人员到昌异地就医即时结算。出台江西省人民政府关于进一步做好为农民工服务工作的实施意见,降低工伤、失业和生育保险费率,减轻企业和个人负担。在全国率先推行公共租赁住房以购以租代建,积极推进全省住房公积金贷款“一体化”,统一全省个人住房公积金贷款流程使住房公积金管理制度逐步规范化、标准化。

【推进生态文明制度建设】 建立健全生态体制。在全国率先实施覆盖全境的流域生态补偿,首期筹集生态补偿资金20.91亿元;建立覆盖“五河一湖”和长江江西段的“河长制”体系,争取到星子县和靖安县列入全国首批河湖管护创新试点县;完善市县综合考评指标,进一步提高生态文明考核权重。

扎实推进生态工程,划定生态、水资源红线;支持25个工业园区污水处理设施建设,新增配套管网288千米;实施重点行业脱硫脱硝、除尘设施升级改造工程;建设一批绿色能源示范项目,光伏、风电建成双百万装机。

大力发展循环经济,争取到5个市、县级市或经开区列入国家级园区循环化改造、“城市矿产”、循环经济示范城市等试点,节能减排全面完成年度任务。

积极开展生态创建,组织召开生态文明现场推进会,评选第一批16个省级生态示范县(市、区),支持昌铜高速生态经济带建设。先行示范区建设实现“一年开好局”。

(李占峰)

国民经济和社会发展状况

【概　况】 2015年,全年实现地区生产总值16723.8亿元,同比增长9.1%。其中,第一产业增加值1773.0亿元,增长3.9%;第二产业增加值8411.6亿元,增长10.9%;第三产业增加值6539.2亿元,增长9.1%。三次产业结构由2014年的10.7:52.5:36.8调整为10.6:50.8:38.6,三次产业对地区生产总值增长的贡献率分别为4.2%、60.7%和35.1%。人均生产总值3.67万元,增长8.5%,按年均汇率折算为5898美元。

【农　业】 全年粮食种植面积370.56万公顷,增长0.2%。蔬菜种植面积58.54万公顷,增长2.3%。棉花种植面积8.11万公顷,下降4.5%。糖料种植面积1.45万公顷,增长1.1%。全年粮食总产量2148.7万吨,增长0.2%,再创历史新高。油料产量124.0万吨,增长1.9%。棉花产量11.5万吨,下降13.8%。烟叶产量5.5万吨,下降7.3%。茶叶产量5.2万吨,增长17.0%。园林水果产量450.3万吨,增长8.8%。蔬菜产量1359.1万吨,增长3.6%。全年肉类总产量355.1万吨,下降0.05%。其中,猪肉产量253.5万吨,下降2.4%;牛肉产量13.6万吨,增长3.7%;羊肉产量1.2万吨,增长2.0%。禽蛋产量49.3万吨,增长3.0%。牛奶产量13.0万吨,增长1.2%。水产品产量264.3万吨,增长4.1%。年末生猪存栏1892.8万头,下降2.6%;生猪出栏3242.5万头,下降2.5%。

【工业和建筑业】 全年规模以上工业增加值7268.9亿元,增长9.2%。高新技术产业增加值1869.7亿元,增长10.4%,占规模以上工业的比重为25.7%,提高0.8个百分点。全年规模以上工业企业实现主营业务收入32459.4亿元,增长6.1%;实现利税总额3543.8亿元,增长3.8%,其中,利润总额2128.0亿元,增长2.4%。主营业务收入超百亿元的企业10户,其中,江铜集团2010.4亿元,居全省首位。全年工业园区实现工业增加值6007.0亿元,增长9.3%;主营业务收入、利税总额、利润总额分别完成25508.3亿元、2973.2亿元和1801.8亿元,增长4.6%、6.6%和5.8%。其中,南昌高新技术产业开发区1530.8亿元,居全省首位。全年建筑业总产值4602.5亿元,增长11.6%;建筑业增加值1500.6亿元,增长11.5%。房屋建筑施工面积2.89亿平方米,增长4.2%;房屋建筑竣工面积1.43亿平方米,增长12.0%。

【固定资产投资】 全年全社会固定资产投资17388.1亿元,增长15.3%。其中,固定资产投资(不含农户)16993.9亿元,增长16.0%。全年房地产开发投资1520.1亿元,增长14.9%。房屋施工面积15293.6万平方米,增长14.7%;房屋新开工面积3704.9万平方米,增长10.6%;房屋竣工面积1907.9万平方米,增长1.9%。商品房销售面积3478.2万平方米,增长13.4%;商品房待售面积

1496.1万平方米,增长26.8%;商品房销售额1863.7亿元,增长14.9%。

【国内贸易】 全年社会消费品零售总额5925.5亿元,增长12.0%。按城乡分,城镇消费品零售额4885.5亿元,增长11.0%。其中城区3118.7亿元,增长12.9%;乡村消费品零售额1010.4亿元,增长13.4%。按消费类型分,餐饮收入631.6亿元,增长10.3%;商品零售4372.5亿元,增长11.5%。与消费升级相关商品快速增长。家具类实现零售额41.2亿元,增长42.3%;通信器材类26.8亿元,增长38.2%;建筑及装潢材料类34.5亿元,增长28.1%。汽车销售继续保持快速增长。汽车类实现零售额663.0亿元,增长19.5%。

【对外经济】 全年进出口总值2641.5亿元,增长0.7%。其中,出口值2060.9亿元,增长4.8%;进口值580.6亿元,下降11.7%。全年新批外商投资企业640家,合同外资金额73.7亿美元,实际使用外资金额94.7亿美元,增长12.1%。引进世界500强投资背景企业3家,年末在赣投资的具有世界500强投资背景企业65家。利用省外项目2158个,增长0.3%;实际进资5232.2亿元,增长15.2%。其中,亿元以上项目1387个,增长4.3%;实际进资4654.0亿元,增长19.8%。全年新签对外承包工程合同项目230个,增长10.0%;合同金额40.4亿美元,增长52.6%;完成营业额35.1亿美元,增长23.1%。

【交通、邮电和旅游】 全年货物运输量16.1亿吨,比2014年增长6.2%。货物运输周转量3753.2亿吨千米,减少2.0%。全年旅客运输量7.0亿人,增长3.0%。旅客运输周转量953.81亿人千米,增长4.9%。机场旅客吞吐量985.0万人,减少1.8%,其中,昌北机场旅客吞吐量749.0万人,增长3.5%。年末公路通车里程15.7万千米,比2014年末增加1110千米,其中,高速公路通车里程5058千米,增加574千米;铁路营运里程3909千米,增加307.5千米。年末民用汽车保有量346.8万辆,增长17.0%;民用轿车保有量187.1万辆,增长21.2%,其中,私人轿车172.4万辆,增长23.8%。全年邮电业务总量619.12亿元,增长38.8%。年末固定电话用户568.4万户,减少9.0万户;移动电话用户3056.2万户,新增117.7万户。年末3G移动电话用户832.1万户,下降27.7%;4G移动电话用户1068.7万户,增长3.5倍。年末互联网宽带接入用户442.0万人,增长1.8%。全年接待国内旅游者3.8亿人次,增长23.3%;接待入境旅游者176.9万人次,增长3.1%。实现旅游总收入3637.7亿元,增长37.3%。其中,国内旅游收入3600.5亿元,增长37.7%;国际旅游外汇收入5.7亿美元,增长2.0%。

【财政、金融和保险业】 全年财政总收入3021.8亿元,增长12.7%。财政总收入占生产总值的比重为18.1%,提高1.0个百分点。其中,一般公共预算收入2165.5亿元,增长15.1%;税收收入2373.0亿元,增长8.9%,占财政总收入的比重为78.5%。年末金融机构各项存款余额24785.1亿元,比年初增加3013.7亿元。金融机构各项贷款余额18348.0亿元,比年初增加2881.0亿元。年末辖区内上市公司35家,其中主板公司22家,中小板公司8家,创业板公司5家。辖区内有证券公司2家,分公司15家,证券营业部260家,证券交易额8.75万亿元;期货公司1家,期货营业部33家,期货成交金额9.13万亿元。全年保险公司保费收入508.4亿元,增长27.0%;支付各类赔款及给付178.1亿元,增长25.3%。

【教育和科学技术】 全年研究生教育招生1.0万人,在校生2.9万人,毕业生0.9万人。普通高等教育招生31.0万人,在校生98.5万人,毕业生23.5万人。学前教育毛入园率77.1%,小学净入学率99.9%,初中毛入学率98.3%。高中阶段教育毛入学率87.0%,普通高考录取率78.8%,高等教育毛入学率36.5%。全年研究与试验发展(R&D)经费支出165.6亿元,比2014年增长8.2%,占地区生产总值的比重为0.99%,提高0.02个百分点。年末共有国家工程(技术)研究中心8个,省工程(技术)研究中心215个;国家级重点实验室4个,省级重点实验室121个。全年获省部级以上科技成果788项,通过省级科技主管部门鉴定的科技成果85项,获国家科学技术进步奖的科技成果10项,获国家科学技术奖的科技成果12项。全年受理专利申请3.69万件,授权专利2.42万件;签订技术合同1136项,技术市场合同成交金额64.8亿元。年末共有产品质量检测机构75个,法定计量技术机构244个,全年强制检定计量器具69.2万台(件),开展产品质量监督抽查5907批次。全年获3C证书的企业669家,获3C证书3993张,发放自愿性产品认证证书3274张,发放工业产品生产许可证254张。测绘部门为经济社会发展提供各种基本比例尺地形图3296张,大地成果2641点,航摄成果18.24万平方千米。

【文化、卫生和体育】 年末共有艺术表演团体85个,文化馆104个,公共图书馆113个,博物馆138个;广播电台8座,中、短波发射台15座,电视台10座;有线广播电视用户677.0万户。全年出版各类报纸11.2亿份,各类图书1.9亿册、期刊7878万册。年末共有各类医疗卫生机构3.86万个(含村卫生室),卫生技术人员21.1万人,医院、卫生院床位数18.4万张。年末共有全民健身中心2个,青少年俱乐部158个,城市社区多功能运动场65个,青少年户外活动营地5个;国家级体育传统项目学校15所,省级体育传统项目学校192所,省级单项体育后备人才基地29个。在国际和国内的重大比赛中共获71枚金牌、49枚银牌和49枚铜牌。

【人口、人民生活和社会保障】 年末总人口4565.6万人,增加23.4万人。其中,城镇人口2356.8万人,占总人口的比重为51.6%,提高1.4个百分点。全年出生人口60.1万人,出生率13.20‰,同比下降0.04个千分点;死亡人口28.4万人,死亡率6.24‰,下降0.02个千分点;自然增长率6.96‰,下降0.02个千分点。全年居民人均可支配收入1.84万元,增长10.2%。其中,城镇居民人均可支配收入2.65万元,增长9.0%;农村居民人均可支配收入1.11万元,增长10.1%。居民人均生活消费支出1.24万元,增长11.9%。其中,城镇居民人均生活消费支出1.67万元,增长10.5%;农村居民人均生活消费支出8486元,增长12.4%。全年就业困难人员实现就业6.9万人。共发放小额担保贷款121.8亿元,扶持个人创业9.4万人次,带动就业47.1万人次。年末参加城镇基本养老保险人数823.1万人,参加城镇职工医疗保险人数585.0万人,参加农村新型合作医疗人数3450.9万人。参加工伤保险人数500.6万人,参加失业保险人数281.5万人,参加生育保险人数251.3万人。全年开工建设保障性安居工程23.26万套,基本建成28.51万套,分别达目标任务的100%和178.2%。完成扶贫移民搬迁10.6万人,减贫72万人。年末共有提供住宿的社会福利机构1689个,床位数15.5万张,收养人数13.4万人,临时救济困难户12.5万人次。社区服务机构3478个,其中社区服务中心360个。全年销售社会福利彩票32.6亿元,筹集福利彩票公益金9.2亿元,直接接受社会捐赠0.2亿元。

【资源、环境与安全生产】 年末地表水Ⅰ~Ⅲ类水质断面(点位)达标率81.0%,城市生活污水集中处理率85%,11个设区市城区空气质量(AQI)优良率90.1%。森林覆盖率稳定在63.1%,居全国第二位。年平均降水量2106.4毫米,较常年偏多26%,位列历史第五位。平均气温18.6℃,较常年偏高0.6℃,位列历史第六位。日照时数1338.6小时,较常年偏少近20%,创历史新低。全年全社会能源消费总量8440.3万吨标准煤,增长4.8%;万元GDP能耗0.544吨标准煤,下降3.9%,超额完成全年下降2%的目标任务。规模以上工业综合能源消费量5104.3万吨标准煤,增长1.9%;万元规模以上工业增加值能耗0.681吨标准煤,下降6.7%,超额完成下降4%的年度目标任务。全年安全生产事故2821起,下降11.8%。安全生产事故死亡人数780人,下降7.7%。亿元生产总值安全生产事故死亡人数0.097人,下降6.7%。 (杨幸丽)

精神文明建设

【概　况】 2015年,全省精神文明战线围绕中心,服务大局,以培育和践行社会主义核心价值观为主线,唱响主旋律,凝聚正能量,助推中国梦,精神文明建设各项工作取得明显成效,全省社会文明程度进一步提高,公民文明素质进一步提升,为推动全省经济社会又好又快发展,建设富裕和谐秀美江西提供强大的思想文化保证和道德支撑。

【开展中国特色社会主义和中国梦主题宣传教育】 组织学习中共中央总书记习近平系列重要讲话精神。各地各部门把学习贯彻习近平系列重要讲话精神作为首要政治任务来抓,围绕"四个全面""三严三实""一个希望,三个着力"和习近平关于精神文明建设的重要论述等重点内容,组织开展党课、专题讲座等各类形式的学习活动,把宣传阐释"四个全面""五大发展理念",纳入干部年度培训计划,带动全省学习讲话精神的持续深入。省文明委各成员单位共组织专题学习会200多次,安排赴基层专题学习调研近50次,发放《习近平谈治国理政》《习近平总书记系列重要讲话读本》《习近平关于党风廉政建设和反腐败斗争论述摘编》等读本近20万册。

开展中国特色社会主义和"中国梦"主题宣传教育系列活动。省文明办联合有关部门举办"唱响中国梦"原创少儿歌曲、童谣、舞蹈、诗歌电视大赛。活动从元宵节启动,经"六一"优秀文艺作品汇演,"七一"网络媒体展播,吸引了100多万青少年学生参加。春节期间组织开展的全省"中国梦"主题教育读书活动、"中国梦·我的梦"讲故事大赛,共收到网络征文5.03万篇,全省近30万中小学生参加。省委宣传部、省文明办、省教育厅等单位主办"中国梦"进校园活动、"人大代表、政协委员与青少年面对面"活动、"红色文化进课堂"活动。省委宣传部、省总工会、省人力资源和社会保障厅等部门联合主办的"敬业·奉献·爱心·价值——践行中国梦"活动,在省直媒体推出了一批劳动模范和"五一劳动奖章"获得者先进事迹宣传报道。

【培育和践行社会主义核心价值观】 开展培育和践行社会主义核心价值观主题宣传教育和实践活动。省委宣传部、省文明办、省妇联以"传承红色基因·弘扬良好家风"为主题,共同主办第二届寻找"最美家庭"活动。江西省推荐的宁宏昌、蒋新东、陈凡经3个家庭当选全国"最美家庭",段华胜等7个家庭当选全国最美家庭提名家庭。

省教育厅制定实施中小学培育和践行社会主义核心价值观的指导意见。全省开展爱国主义教育"百千万"活动,利用全省376个国家、省、市、县级爱国主义教育基地,502处各级各类纪念设施,组织青少年开展参观学习、入党入团入队仪式、祭悼烈士等活动,实现"百个基地联动、举办千场主题活动、百万青少年参加"的活动目标。

开展"讲文明树新风"公益广告宣传活动。省委宣传部、省文明办协调各级各类媒体、通信运营商加大公益广告制作刊播的投入。发动省直各新闻单位,紧扣"社会主义核心价值观"主题,全省公益广告宣传有序推进。全年刊播各类公益广告近10万条,制作发布各类原创公益广告1300余件,转发中央通稿900多件,下载13万多次。

促进遵法学法守法用法。省文明委各成员单位举办专题法律法规培训和讲座,组织《"六五"普法知识读本》学习,通过集中考试检验学法效果。省文明办把法治教育、依法行政、守法经营等纳入文明城市、文明村镇、文明单位创建测评的重要内容。省委宣传部、省司法厅制定《法治江西建设媒体宣传工作方案》,在主流媒体开设"法治江西"建设专题专栏,开展"百万网民学法律""江西十大法治人物"评选和大学生法律知识竞赛、法治文化作品创作等活动。省政府办公厅开展"提高省政府办公厅依法行政水平"学习大讨论活动,邀请专家学者作专题辅导报告。省总工会开展以"依法治国、职工践行"为主题的全省工会干部职工法律知识竞赛活动,组织《依法治国、职工践行》现场拍摄和在线访谈，直接与广大职工网友对话解难释疑，有120余万人在线收看。

推进志愿服务制度化。省文明委各成员单位组织党员干部参与志愿服务。省直机关全年共有3.5万人次党员志愿者到98个文明生态帮建村、106个共建社区、39个志愿服务工作站开展各种形式的学雷锋志愿服务活动。截至年底，在江西志愿服务网登记注册的志愿者近300万人，在全省1830个城市社区设立志愿服务站(点)1614个，志愿服务队近2.3万个，有效记录全省志愿服务时间突破3500万小时。江西志愿服务网重点打造的国内首个志愿服务信息智能记录软件——“江西志愿服务在线二维码考勤客户端”，入选为2015年度中国志愿服务9个全国最具创新性和影响力的举措之一。开展首届江西省优秀志愿服务评选表彰活动，举办“榜样的力量——第四届江西省道德模范暨首届江西省优秀志愿服务先进典型授奖仪式”。经省文明委推荐，江西省有9个组织和个人获全国“最美志愿者”“最佳志愿服务项目”“最佳志愿服务组织”“最美志愿服务社区”称号。

培育和宣传推广先进典型。评出第四届江西省道德模范22人，毛秉华、宁宏昌当选全国道德模范。省文明办组织全省道德模范和“身边好人”先进事迹大型图片展览，共44.6万人次观看展出。“文明江西”微信公众号吸引超过5万人次浏览和889人次转发，直接阅读量达17万人次。2015年，全省有50人荣登“中国好人榜”，在全国占比5.5%。全省城乡社区、乡村、机关、企事业、学校、军警营和窗口单位普遍设立“身边好人榜”。全年各地各单位累计评选、上榜发布和宣传“身边好人”近40万人次。省委宣传部、省文明办帮扶172名生活困难的道德模范和“身边好人”，下拨帮扶资金98万元。省文明办、江西广播电视台联合江西省福利彩票发行中心开展“好人帮好人”爱心接力系列活动，全省有50多万人参与该活动，开展大型公益活动40多场，帮助身边好人解决困难3万多个，募集善款360多万元，救助帮扶各类困难群众1万余人。

推进诚信建设制度化。每季度定期发布省级“诚信红黑榜”，并在近20家省直主要新闻媒体公布。全年有80家企业荣登诚信红榜，81名严重失信被执行人、1家环评黑色单位、15名严重交通违章人员、5家食品药品领域诚信黑名单企业、15家纳税不良记录企业、10家恶意拖欠社保费用企业和9家进出口失信企业名单被列入黑榜。网络新闻转载1000余篇，微博转评5600余条，累计浏览量近390万次，跟帖近11000条。中宣部、中央文明办将江西省列入诚信建设正面典型省份之一，由新华社对江西省诚信制度化工作进行集中报道和重点宣传。《人民日报》、人民网对江西省定期发布“诚信红黑榜”情况进行报道。省发改委牵头推进《江西省社会信用体系建设规划》落实，重点推进信息平台建设和行业信用建设。省工信委推广奉新工业园经验，在全省园区推广企业信用融资，解决企业流动资金近亿元。省食药监局严厉查办食品药品领域失信违法行为，全省立案5000余件，结案4500件，移送司法机关57件。省商务厅推进商业保理试点工作，持续加快商务领域诚信制度建设，初步建成一批覆盖线上网络或线下实体企业的信用信息平台。

开展“我们的节日”主题活动。挖掘传统节日深厚文化内涵，弘扬革命传统和民族文化，重点部署抓好4项活动：清明祭英烈、学习和争做美德少年、童心向党歌咏和向国旗敬礼活动。清明、“七一”等重要节日期间，省文明办联合教育、共青团等部门，在全省青少年中开展《红色摇篮》《红都风范》《红色经典传奇》《江西革命战士故事》等红色经典诵读活动。省文明办组织全省1500个省级、4096个市级文明单位，与全省2070个城市社区结成对子，利用中秋、端午、重阳、春节等重要传统节庆日开展“传承红色基因、学雷锋献爱心”志愿帮扶活动，吸引近80万志愿者参加，有10余万困难群众在活动中受益。4月1日，中央文明办在井冈山市举办全国“我们的节日”主题活动座谈会，省文明办代表江西省作典型经验发言。

开展家风建设系列活动。为贯彻落实中共中央总书记习近平关于家庭家风家教建设的指示，以及省委书记强卫在接见全国全省“最美家庭”代表时的讲话精神，省文明办起草《家风建设实施方案》，在全省开展家风建设系列创建活动、系列评选比赛活动、系列宣传实践活动3个系列12项具体活动，进一步在全省形成家风正、民风淳、政风清、党风端的局面。全省各地推进活动有序开展。南昌市成立“三风”工作领导机构，开展好家风好家训征集，并编印家风家训口袋本；婺源县收集整理《朱子家训》《汪口村志》等具有地域特色的好家风主题书籍，开展“书本教家风、电视播家风、歌曲唱家风、微信劝家风”等形式多样的宣传教育活动；宜丰县以传承好家训、培育好家风、建设好家庭为重点，突出“八个一”示范建设(一个单位、一个社区、一个窗口、一条街道、一个公园、一家企业、一所学校、一个小区)，建设了40多个家风建设示范基地。

【开展群众性精神文明创建活动】 2015年是全省文明城市、文明村镇、文明单位“三大创建”的评选年，共推荐文明城市12个，文明村镇153个，文明单位1600个。为促进文明城市创建日常化、常态化，省文明委制定《关于加强文明城市动态管理的意见》，在各县区开展明察暗访活动，重点对环境卫生、公益广告、公共秩序、志愿服务等文明城市创建重点项目进行监督检查。对一系列群众投诉举报、明察暗访发现的问题线索，认真进行分析，并及时反馈给当地党委、政府，对一些典型问题点名通报曝光。

针对全国文明城市测评的新要求，制定文明城市(城区)、文明村镇、文明单位评选办法和现有文明城市(区)、文明村镇复查办法，变3年一考为年度复查。及时修改、完善测评体系，将“法治江西建设”“农村生活垃圾专项治理”“市容环境专项治理”“生态文明示范区建设”等重点工作纳入全省文明城市、文明单位测评体系，并研究起草设区市和县市区两类文明城市测评体系。

推进全省城乡生活垃圾专项治理，围绕《江西省改善农村人居环境行动计划(2014—2020)》，按照“今年全面铺开、三年提前验收、五年完善巩固”的总体要求，启动城乡生活垃圾专项治理工作，推进农村生活垃圾无害化、减量化、资源化处理，促进全省生态文明先行示范区建设。

抓好重点市县精神文明建设试点工作。4月19日—25日，召开全省精神文明建设试点工作流动现场会，会议行程近2000千米，考察点30多个，学习考察试点市县的特色工作、做法成效。扩大试点范围，新增新建区等7个县区作为第二批试点市县，并抓好常态化的督查、指导和任务落实。

推进农村精神文明建设。打造村史馆建设、文明信用农户创评、“文明生态示范村”帮建等在全国有影响、有特色的“江西经验”。启动第二批共30个国家和省级历史文化名村（镇）建设村史馆项目，把“村史馆”建成广大农村传承历史文化、促进乡风文明的新阵地。文明信用农户创评进一步深挖活动潜力，提升活动覆盖面和影响力。“文明生态示范村”帮建工作已成为一个品牌。全省93个全国文明单位、1500个省级文明单位帮扶累计投入资金近10亿元，援建文化活动中心、少年宫、村史馆等项目2000多个，修筑水泥路200多千米，有效改善基层农村精神文明建设的物质条件。武宁县被确定为全国农村精神文明建设示范点。

推进文明旅游工作。根据《省文明委关于进一步加强文明旅游工作的实施意见》，全省探索逐步建立公民旅游文明信用记录，完善诚信机制，将存在违法、违规行为的旅游服务单位和个人信息纳入征信平台，建立“黑名单”制度。2月6日，省文明办组织召开省文明旅游工作联席会议，牵头对全省各地文明旅游工作情况进行专项调研督查。实地察看出入境办证大厅12处、火车站10处、汽车站12处，抽查旅行社24家、星级宾馆24家、旅游景区12处、高速公路服务区6个，召开小型座谈会8个，与50多位旅客、出入境干警、导游领队、景区工作人员进行个别交流，发现问题，总结经验，提出下一步的工作思路和重点。3月21日，全省旅游厕所建管暨旅游招商项目推进工作会召开。全省3年内改扩建2500座旅游厕所，达到“数量充足、干净无味、实用免费、管理有效”的要求。《江西日报》在重要版面、较大篇幅刊登报道全省文明旅游工作进展，全年刊登相关报道27篇。省旅发委组织成立“红心导游联盟”和“旅行社诚信先锋联盟”，出资500万元成立基金，将江西2.7万名导游，760多家旅行社纳入其中，首批吸纳1200余名导游加入“江西红心导游联盟”。联盟推出“准入”与“退出”联动机制，逐步扩大规模。7月，“江西红心导游联盟”被中宣部、中央文明办列入全国暑期文明旅游工作宣传方案，作为全国3个重大典型之一，在中央媒体进行集中宣传报道。

抓好“百姓满意服务区”创评工作。2015年是省文明办、省交通运输厅在全省范围内连续开展“百姓满意服务区”创建评选活动的第三年，全省有73对服务区参加创评，占已运营服务区的98.6%。该活动有力推进诚信服务和文明窗口创建工作，打造了星级服务区和特色服务品牌，形成一区一品、一路一品、百花齐放的局面。

【推进未成年人思想道德建设】 开展未成年人思想道德教育和实践活动。组织开展“做一个有道德的人”“童心向党”歌咏活动等道德实践活动。利用互联网平台，组织广大青少年在清明、建党等重要节日开展“网上祭英烈”签名寄语活动。春节期间，动员和组织全省112万多人通过中国文明网、江西文明网参与“网上祭英烈”活动，参与人数位列全国第十六位，其中未成年人参与面达到93%。

组织实施农村留守儿童等特殊群体未成年人关爱工程。省妇联继续开展“送温暖、献爱心”“春蕾助学”等活动，并组织“周末妈妈”“党员妈妈”队伍与孤残儿童、留守儿童结成亲情对子。团省委、省残联发动民间公益组织为残疾人青少年筹集物资，并联合南昌大学、江西财经大学、江西师范大学等在昌高校，在新建县特殊儿童学校、南昌市江信花园等社区，开展“跨越障碍，共享阳光”助残行动、“阳光送暖，传递书香”等主题活动。全省筹集爱心资金210余万元，动员逾30万名志愿者参与助残“阳光行动”，建立1075个结对志愿服务队，采取“一对多”“多对一”的结对方式，梯次开展各类帮扶活动400余次。

组织实施乡村学校少年宫项目建设。加强对234所乡村学校少年宫项目建设、运行的管理。中央文明办、财政部、教育部下拨全省乡村学校少年宫项目资金3739万元，历年累计拨款达1.2亿多元。省文明办、省财政厅新增省级建设项目100所。全省建成乡村学校少年宫630所，其中国家级430所，省级200所。

开展净化社会文化环境整治行动。省“扫黄打非”工作领导小组组织9个单位联合开展“扫黄打非·护苗2015”专项行动，开展“三个一百”（向青少年儿童推荐100种赣版优秀出版物、在100所中小学校开展“书香校园 正版生活 绿色阅读”万人签名和作家公益讲座、组织100家新华书店设立优秀少儿出版物专柜）活动、做到“四个到位”（宣传覆盖、活动组织、市场监管和案件查处到位）。

开展青少年心理健康教育辅导活动。启动第三届全省青少年心理导航系列活动。开展“携手互助，共创美好未来”青少年心理健康教育主题活动，举办第三届全省青少年心理健康教育辅导工作方法及技能培训班，培训全省各地青少年心理健康教育辅导骨干200多人，推进省、市、县3级青少年心理健康教育工作网络高效运行。

（章亮华）

本栏编辑　朱岳

中国共产党江西省委员会

综　述

2015年，省委坚持以邓小平理论、“三个代表”重要思想、科学发展观为指导，认真落实中共十八大和十八届三中、四中、五中全会和中共中央总书记习近平系列重要讲话精神，深入贯彻习近平对江西省工作“一个希望，三个着力”的重要要求，始终保持政治定力、战略定力、实干定力，深入实施“发展升级、小康提速、绿色崛起、实干兴赣”十六字方针，推动了全省经济平稳较快发展，开创了各项事业新局面。

深入学习贯彻中共中央总书记习近平系列重要讲话精神，牢牢把握全省工作的正确方向。习近平发表重要讲话后，省委常委会第一时间传达学习，会前请专家作辅导报告，会上进行研讨，结合江西实际部署贯彻落实工作。先后组织11次常委会学习、15次中心组学习、5次专题报告会学习，并积极抓好宣传、研究和阐释工作。全国“两会”期间，总书记习近平亲临江西代表团参加审议，并对江西工作提出“一个希望、三个着力”的重要要求。省委把学习贯彻习近平“一个希望、三个着力”重要要求作为江西工作的主题主线，深入学习领会，广泛宣传宣讲，就贯彻落实习近平重要要求分解成7个方面100项重点任务，制定分工方案，明确责任单位，开展贯彻落实工作专项督查，确保习近平重要要求落到实处、见到实效，确保江西工作始终沿着正确方向前进。

主动适应和把握经济发展新常态，努力开辟发展升级新境界。研究出台《促进经济平稳健康发展的若干措施》，继续落实省、市领导分级挂点帮扶企业机制，建立省重点工程协调推进机制，大力推行PPP模式，促进对外贸易稳定增长。提出“抓点、连线、扩面、健体”的要求，部署加快60个工业重点产业集群发展，实施“互联网+”行动计划，出台《关于大力推进大众创业万众创新若干政策措施的实施意见》，推进农业“百县百园”建设，加快培育旅游、金融、现代物流、文化创意、电子商务等产业。积极支持南昌打造核心增长极，推动昌九一体化向纵深拓展，强化苏区振兴发展，提升赣东北开放合作、赣西转型发展的层次。出台《江西省重要改革举措实施规划(2015—2020年)》，深入推进“三单一网”改革、商事制度改革、农业农村改革、国资国企改革、财税体制改革、文化体制改革、社会体制改革等，省委“1+N”改革文件体系已出台配套实施意见30多个，开展各类改革试点451个。研究出台《关于积极参与“一带一路”战略的措施和意见》，组团赴澳大利亚、俄罗斯、美国等国家和地区开展经贸文化合作，深化与长三角、珠三角、海西经济区的合作，主动对接上海、福建、广东、天津四大自贸区，出台《推广自由贸易试验区改革试点经验实施方案》，与湖北、湖南签订合作框架协议，共同推进长江中游城市群和长江经济带建设，精心组织赣港经贸合作、赣台经贸文化合作、华侨华人赣鄱投资创业洽谈、全国工商联执委会议暨全国知名民营企业助推江西发展升级大会等活动。组织开展发展升级等专项督查，推动中央和省委政令畅通、决策落地。精心编制江西省“十三五”规划建议。

把扶贫攻坚紧紧抓在手上，不断迈出小康提速新步伐。研究出台《关于全力打好精准扶贫攻坚战的决定》，明确对25个贫困县领导班子和党政主要领导专类考核，严格落实责任，特别是落实县级主体责任、党政一把手具体责任、行业专项责任和干部结对帮扶责任。江西省扶贫工作在中央扶贫开发工作会议上作典型发言。集中力量办好50件民生实事，积极推进新型城镇化建设，继续加强棚户区改造，推进城乡一体化发展，实施秀美乡村建设计划，高度重视就业工作，提高社会保障水平，加快教育、卫生事业发展，人民群众得到更多实惠。

围绕打造生态文明建设江西样板，持续取得绿色崛起新成效。研究出台《关于建设生态文明先行示范区的实施意见》，首次以省人民代表大会决议案方式审议通过《关于大力推进生态文明先行示范区建设的决议》。突出抓好生态建设和环境治理，深入开展“净水”“净空”“净土”行动，扎实推进节能减排。突出抓好生态文明体制机制创新，加大生态文明建设考核权重，命名第一批生态文明建设先行示范县(市)，在全国率先实行了全境流域生态补偿，建立县(市、区)级以上三级“河长制”，积极开展“多规合一”试点，落实环境保护“党政同责、一岗双责”，江西的生态优势得到巩固提升。

充分调动各方面积极性，凝聚加快发展、共奔小康强大合力。着力维护和谐稳定的社会大局，举办全省市厅级主要领导干部学习贯彻中共十八届四中全会精神、全面推进依法治国专题研讨班，将法治江西建设重点任务分解为239项，明确责任人和时间表，研究确定“1+6”司法体制改革方案体系，发布“江西诚信红黑榜”。着力夯实团结奋斗的共同思想基础，持续开展中国特色社会主义、中国道路、中国梦宣传教育，加强“四个全面”战略布局的宣传阐释，大力培育和践行社会主义核心价值观，传承红色基因，举办江西省纪念中国人民抗日战争暨世界反法西斯战争胜利70周年活动。加快传统媒体和新媒体融合，提升网上舆论引导能力，邀请海外华文媒体、网络媒体到赣访问，巩固“江西风景独好”的品牌。广泛开展精神文明创建，认真落实意识形态工作责任制，加强和改进全省高校宣传思想工作。着力巩固团结民主的政治局面，出台《关于加强社会主义协商民主建设的实施意见》《关于进一步加强政协工作充分发挥人民政协在发展协商民主中重要作用的意见》，召开省委人大工作会议、省委政协工作会议，制定省委贯彻中国共产党统一战线工作条例实施细则。精心组织“红土地—2015”战时国防动员暨防卫作战指挥演练。加强和改进新形势下的群团工作，更好地发挥群团组织在服务大局中的重要作用。

深化风清气正的政治生态建设，进一步营造实干兴赣新气象。扎实开展“三严三实”专题教育，省委常委带头讲党课、带头学习研讨、带头查摆问题、带头整改提高，组织编印先进典型事迹，制作反腐败警示片、忏悔录，针对省直机关、市县、高校、国企4个领域，梳理列出“不严不实”问题清单并抓好整改，把专题教育与中心工作紧密结合，以专题教育促进中心工作。深入推进“连心、强基、模范”三大工程，夯实江西特色党建品牌。高度重视领导班子和干部队伍建设，全面开展干部人事档案专项审核，抓好选人用人突出问题六项专项整治，尤其是认真清理“裸官”、违规在企业兼职干部；高度重视县委书记队伍建设，推荐3人入选全国优秀县委书记，省委表彰了7名优秀县委书记；深入实施重大人才工程，吸引高端人才“智力入赣”。着力建设风清气正的政治生态，组织学习并在全省宣讲《中国共产党廉洁自律准则》《中国共产党纪律处分条例》《中国共产党巡视工作条例》，出台并在全省组织巡回宣讲《关于加强作风建设营造良好从政环境的意见》，积极开展“把纪律挺在前面”先行先试。继续抓好中央八项规定精神的贯彻落实，持续巩固“红包”专项治理成果，开展领导干部违规插手干预工程项目问题专项治理，深化中央巡视组反馈意见的专项整改。新增2个巡视组，使省委巡视组总数达到8个，有效发挥巡视“利剑”作用。继续保持惩治腐败的高压态势，全省立案查办各级党政及其部门“一把手”违纪案件497人，查处省管干部19人。

重要会议

【省委十三届十一次全体会议】 7月21日—22日，中共江西省委十三届十一次全体会议在南昌举行。会议总结上半年经济工作，分析当前经济形势，安排下半年主要任务，研究深入贯彻“发展升级、小康提速、绿色崛起、实干兴赣”十六字方针特别是全力推进绿色崛起工作。

省委书记强卫主持并讲话。他指出，江西已经进入了可以大有作为的战略机遇期，经济发展新常态、国家战略叠加支撑、建设生态文明先行示范区、风清气正的政治生态和已经形成的强劲发展势能带来了新的重大机遇。要始终坚持以习近平总书记治国理政战略思想为指导，坚决贯彻好中共中央总书记习近平“一个希望、三个着力”重要要求，坚定不移地落实好中央决策部署和省委十六字方针，努力走出一条具有江西特点的绿色崛起新路子。

强卫强调，打造好生态文明建设的江西样板，是中共中央总书记习近平赋予江西的光荣政治责任和发展使命。全省各级领导干部要坚决把思想和行动统一到中央精神和省委部署上来，深刻认识绿色崛起的重要性和紧迫性，始终坚持在保护中发展、在发展中保护，在环境保护、绿色发展、制度建设等方面勇于创新、探索经验、走在前列，使江西真正成为中部地区绿色崛起先行区，成为全国领先的生态文明高地，努力向中共中央和中共中央总书记习近平交出一份合格的答卷。

强卫在讲话中着重对“绿色崛起”进行了部署并系统阐述了绿色崛起的实质和内涵。他指出，中共十八大以来，江西省提出十六字方针，把“绿色崛起”上升为发展战略。2014年，国家批复江西省全境列入生态文明先行示范区，标志着江西省绿色崛起迎来了宝贵的历史机遇。我们要深刻认识到，绿色崛起的本质是生态文明的崛起，建设生态文明并不是不要发展，也不是延缓发展，而是强调换一种思维抓发展，推动发展理念、发展方式、发展模式的提升，追求经济发展与环境保护的双赢。对江西省来说，绿色生态是最大的财富、最大的优势、最大的品牌，只有充分扬己之长，全力推进绿色崛起，才能后来居上，开创美好未来。

省委副书记、省长鹿心社总结上半年经济工作、部署下半年经济工作。他强调，坚持把稳定经济增长放在首要位置，坚定信心、保持定力，稳字当头、进字为重，以稳促进、以进助稳，突出问题导向，狠抓政策落实，以深化改革释放新红利，以开放合作拓展新空间，以创业创新培育新动能，以绿色崛起引领发展升级，着力在扩需求、调结构、增后劲、优生态、惠民生上下功夫，确保完成全年经济社会发展目标任务，实现“十二五”圆满收官，为“十三五”开好局奠定坚实基础。他还就编制好“十三五”规划提出了要求。

省委委员、候补委员出席会议。不是省委委员、候补委员的省级领导，各设区市委书记、市长，省委各部门、省直各单位党组(党委)主要负责人，各县(市、区)委书记、省直管县(市)长和部分基层党代表列席会议。

【省委十三届十二次全体会议】 11月23日—24日，中共江西省委十三届十二次全体会议在南昌举行。会议总结2015年省委常委会工作，研究部署2016年全省各项工作，审议《中共江西省委关于制定全省国民经济和社会发展第十三个五年规划的建议》。

省委书记强卫在开幕大会上代表省委常委会作工作报告。他指出，省委十三届十次全体会议以来，省委常委会坚持以邓小平理论、“三个代表”重要思想、科学发展观为指导，认真落实党的十八大、十八届三中、四中、五中全会和中共中央总书记习近平系列重要讲话精神，始终保持政治定力、战略定力、实干定力，深入实施“发展升级、小康提速、绿色崛起、实干兴赣”十六字方针，推动了全省经济平稳较快发展，开创了各项事业新局面，实现“十二五”收官，为“十三五”良好开局、“五年决战同步全面小康”打下坚实基础。

强卫指出，2015 年全国“两会”期间，中共中央总书记习近平亲临江西代表团参加审议，并对江西省工作提出“一个希望、三个着力”的重要要求。学习贯彻中共中央总书记习近平治国理政战略思想体系，归根到底要把江西的事情办好。实践证明，省委“发展升级、小康提速、绿色崛起、实干兴赣”十六字方针，是总书记习近平治国理政战略思想体系的江西实践，是落实党中央“四个全面”战略布局的江西答卷，必须随着贯彻习近平治国理政战略思想体系的不断深入而加以深化。要进一步坚定方向、保持定力，完善思路、狠抓落实，努力把各项工作做得更好。

省长鹿心社在作省委“十三五”规划建议稿说明时指出，“十三五”时期是江西省与全国同步全面建成小康社会的决胜阶段。制定和实施好江西省“十三五”规划建议，是贯彻落实党的十八届五中全会精神和“四个全面”战略布局的重大任务，是阐明省委战略意图、谋划江西省未来五年发展的重大举措，对于促进全省经济社会持续健康发展，实现“五年决战同步全面小康”，开创“发展升级、小康提速、绿色崛起、实干兴赣”新境界，具有十分重要的意义。

全会审议通过了《中共江西省委关于制定全省国民经济和社会发展第十三个五年规划的建议》。

省委委员、候补委员出席会议。不是省委委员、候补委员的省级领导，各设区市委书记、市长，省委各部门、省直各单位党组（党委）主要负责人，各县（市、区）委书记、省直管县（市）长和部分基层党代表列席会议。

重要决策

【制定《关于加大改革创新力度加快农业现代化发展的实施意见》】 1 月 23 日，省委、省政府印发该意见，以稳粮增收、调整转型、提质增效、改革创新为总要求，围绕“加快发展现代农业”“进一步深化农村改革”“积极推进农村金融体制创新”“促进农民持续较快增收”“深入推进新农村建设”“创新和完善乡村治理机制”六个方面提出 25 条措施，对 2015 年及今后一个时期江西省全面深化农村改革、推动农业农村发展升级进行全面部署。

【制定《江西省党的纪律检查体制改革实施方案》】 2 月 9 日，省委办公厅印发该方案，明确江西省党的纪律检查体制改革的目标任务、基本原则、工作要求，围绕加强和改进对主要领导行使权力的制约和监督、落实党委（党组）党风廉政建设主体责任、落实纪委党风廉政建设监督责任、强化上级纪委对下级纪委的领导、推进纪检监察派驻机构全覆盖、改进巡视制度、健全党风廉政建设法规制度体系七个方面提出 34 条重要改革举措。

【印发《〈关于加强江西特色新型智库建设的意见〉的通知》】 4 月 12 日，省委办公厅、省政府办公厅印发该意见，明确构建江西特色新型智库建设的重大意义、指导思想、基本原则和总体目标，提出构建江西特色新型智库新格局，建立健全省、市、县三级智库组织体系，重点培养 30 ~ 60 个专业化、高质量智库，要求各地各部门制定面向社会公开招标管理办法，探索建立按需购买、以事定费、公开择优、合同管理的购买机制。

【制定《关于加强作风建设营造良好从政环境的意见》】 4 月 24 日，省委印发该意见，围绕严守党的政治纪律和政治规矩、严格规范选人用人行为、严肃查处违纪违法问题、严格教育管理亲属及身边工作人员、加强对党员领导干部的教育监督管理五个方面，明确提出 20 条具体要求，形成全省各级领导班子和领导干部践行“三严三实”的刚性制度和行为规范。

【印发《〈关于深入推进“连心、强基、模范”三大工程形成江西特色党建品牌的实施意见〉的通知》】 4 月 26 日，省委办公厅印发该实施意见，提出全面推行“四进四联”，打造“连心”品牌；全面开展“五星创评”，打造“强基”品牌；全面争当“赣鄱先锋”，打造“模范”品牌，深入推进“三大工程”形成江西特色党建品牌，总结运用江西省党建工作成功经验，切实解决党建工作突出问题，持续推动党建工作创新发展。

【印发《关于全力打好精准扶贫攻坚战的决定》】 5 月 22 日，省委、省政府印发该决定，明确要按“找准原因、精准施策、建立机制、形成合力”的要求，打好产业扶贫、保障扶贫、安居扶贫三大攻坚战，根据中央确定的到 2020 年扶贫开发工作部署，结合江西实际，提出江西省力争提前两年实现精准扶贫攻坚的工作目标，即到 2018 年，力争全省基本消除绝对贫困现象，贫困县脱贫摘帽取得突破性进展；2019—2020 年，进一步巩固发展精准扶贫攻坚成果，稳定实现扶贫对象“两不愁，三保障”（不愁吃、不愁穿，保障其义务教育、基本医疗和住房），贫困县全部退出，确保贫困地区和贫困群众共奔小康不掉队。

【印发《〈关于在全省县处级以上领导干部中开展“三严三实”专题教育实施方案〉的通知》】 5 月 8 日，省委办公厅印发该方案，对在全省县处级以上领导干部中开展“三严三实”专题教育作出安排。方案提出，坚持把深化学习教育放在“三严三实”专题教育的首位，各级党委（党组）中心组和内设机构党组织要在个人自学基础上，重点分 3 个专题搞好学习研讨，大体上每两个月安排 1 个专题。方案要求 2015 年底，江西省机关、企事业单位及其内设机构县处级以上党员领导干部年度民主生活会和组织生活会，要以践行“三严三实”为主题进行。同时强化整改落实，从严立规执纪，把不严不实问题梳理清楚，一项一项整改到位。

【制定《关于加强和改进党的群团工作的实施意见》】 8月3日，省委印发该实施意见，强调“群团事业是党的事业的重要组成部分”“坚定不移走中国特色社会主义群团发展道路”；要求加强基层群团组织建设，推动非公有制经济组织和社会组织建立健全群团组织，支持并推动工业园区依法设立工会组织；提出建立和完善党委研究决定群团工作重大事项制度，完善党建带群建制度机制，建立和健全群团负责人参加或列席党委和政府有关工作会议制度。

【制定《关于加快转变农业发展方式建设现代农业强省的意见》】 9月3日，省委、省政府印发该意见，提出加快构建完善现代农业经营体系、生产体系和产业体系，着力转变农业经营方式、生产方式、资源利用方式和管理方式，进一步巩固粮食主产区地位，努力建设全国知名的绿色有机农产品供应基地，走出一条产出高效、产品安全、资源节约、环境友好的现代农业强省之路，在全国率先实现农业绿色崛起。

【印发《关于制定全省国民经济和社会发展第十三个五年规划的建议》】 11月24日，省委十三届十二次全体会议通过该建议，提出“与全国同步全面建成小康社会”的总目标；对应落实五大发展理念，提出实施创新驱动、全面开放、协调发展、绿色崛起和共享发展五大战略；结合江西现阶段重大任务，提出产业转型升级和基础设施提升两大战略；强化全面深化改革、全面依法治国、全面从严治党三大保障。

【印发《〈江西省属国资国企改革实施方案〉的通知》】 12月1日，省委办公厅、省政府办公厅印发该实施方案，从主要任务、方法步骤、政策措施、工作要求和组织保障5个方面，明确深化国资国企改革的实现路径、具体措施和责任分工；提出到2018年底基本完成“积极稳妥发展混合所有制经济”“优化国有经济布局结构，培育支柱产业和龙头企业”“健全现代企业制度”“完善国资管理体制”“剥离省属国企办社会职能”五大任务，明确省属国企分为商业类和公益类，实行分类管理。

【制定《关于构建和谐劳动关系的实施意见》】 12月4日，省委、省政府印发该实施意见，要求把解决广大职工最关心、最直接、最现实的利益问题、切实维护其根本权益，作为构建和谐劳动关系的根本出发点和落脚点；明确要保障职工取得劳动报酬的权利、休息休假、获得劳动安全卫生保护、享受社会保险和接受职业技能培训等四项权利；提出要全面落实劳动合同制度，大力推行集体协商和集体合同制度，健全协调劳动关系三方机制，推进企业普遍建立职工代表大会制度，完善企业民主管理。争取到2020年，在全省普遍推行集体协商和集体合同制度，全面开展和谐劳动关系创建活动，实现劳动合同制度全面覆盖。

督查工作

【省委领导抓督查落实】 2015年，省委领导认真谋划、精心组织，以学习贯彻中共中央总书记习近平在参加十二届全国人大三次会议江西代表团审议时提出的“一个希望，三个着力”的重要要求作为全省工作的主题主线，全力推动中央和省委重大决策部署贯彻落实。一是省委常委会每季度听取经济工作汇报，不定期听取专项工作汇报，适时研究重大问题，及时解决经济运行突出问题。召开常委专题办公会，专题研究招商项目落地、打造南昌核心增长极等重要工作。部署落实“一个希望，三个着力”重要要求、省委、省政府发展升级重大决策情况专项督查，以上率下，扎实推动中央和省委重大决策部署落地生效。二是强化督查调研，带头打好脱贫攻坚战。年初，省领导结合春节走访慰问，分别到挂点联系的贫困县乡村开展调研并撰写调研报告，以解剖麻雀的形式提出脱贫攻坚的对策建议。三是就加快推进赣南等原中央苏区振兴发展、南昌小蓝经济技术开发区和临空经济区规划建设、抚州市抓住“一带一路”和海西经济区建设战略机遇进一步发展升级等情况深入基层进行调研指导，推动深化区域合作。四是就发挥农业科技示范园的辐射引领带动作用发展现代农业、推动产业聚集及传统产业升级发展、推动传统媒体与新媒体深度融合、积极推进生态文明建设等多项工作深入吉安、新余、南昌、九江等地调研指导。五是围绕制定全省国民经济和社会发展第十三个五年规划建议，省委主要领导先后组织召开11次不同形式的座谈会广泛听取各方面的意见建议，省委常委带头组织开展多种形式的调研，积极指导规划建议起草有关工作。六是就保障和改善民生工作开展调研，省委主要领导关心南昌棚户区改造等民生工程进展，多次深入现场调研指导，实地走访慰问困难群众，推动保障民生各项工作落实。

【配合中央在赣开展督查活动】 1月上旬，中央办公厅、国务院办公厅督查调研组就中央八项规定精神贯彻执行情况到江西省开展实地督查调研。督查调研组赴南昌、九江、赣州等地及部分省直单位进行实地查看，并围绕“中央八项规定执行总体情况”“党员干部直接联系群众”“着力解决干部群众反映突出问题”等多个主题，一对一访谈省、市党员干部和基层群众40余人。

【开展决策督查工作】 2015年，省委办公厅按照“以大督查促真落实”活动要求，完成24项督查任务，开展决策督查18次，以督查倒逼决策落实“最后一公里”打通。一是持续抓好中央八项规定精神和省委若干规定贯彻执行。年初，由省委办公厅牵头，会同省纪委、省政府办公厅等8家单位组成联合督查组，开展全省2014年度贯彻执行中央八项规定精神和省委若干规定情况督查。督查情况向省委常委会专题汇报，并以督查通报的形式印发各设区市和省直各单位。4月至6月，省委办公厅协调省发改委、省财政厅、省住建厅等单位，分别就全省新建楼堂馆所情况、财经纪律执行情况、各地各单位占用公共资源设立私人会所情况开展中央八项规定精神落实情况“回头看”专项督查。二是组织开展省委、省政府发展升级重大决策部署贯彻落实情况督查调研。9月下旬，由省委办公厅、省政府办公厅牵头，会同省发改委、省工信委、省财政厅、省商务厅、省统计局等6家单位组成8个督查调研组，就贯彻落实发展升级有关情况开展实地督查调研。省委常委专题办公会听取了督查调研情况汇报。三是组织开展学习宣传贯彻中共中央总书记习近平“一个希望，三个着力”重要要求情况督查。12月下旬，由省委办公厅牵头，会同省纪委、省政府办公厅等5家单位组成3个专项督查组开展实地督查。四是组织开展区域发展情况督查调研。对赣东北扩大开放合作、赣西经济转型、支持抚州深化区域合作等3个省级区域发展战略工作进展情况开展了督查。五是联合省发改委、省商务厅等单位，就全省2014年以来重大项目建设进展情况、招商引资情况进行摸底汇总专报省委主要领导。六是开展党委办公部门自身建设有关会议文件精神落实情况督查调研。

【开展督查调研工作】 2015年，围绕贯彻原中央苏区振兴发展、全省经济工作会议等中央和省委重大决策部署贯彻落实情况，开展22次督查调研。一是对全省经济工作会议精神贯彻落实情况进行督查调研，并对各地落实旅游强省战略进行专项调研，形成专报向国务院第七督察组反映江西工作的亮点和建议；二是就加强合作创新循环经济发展、加快制定“互联网+”发展战略以及各设区市“一带一路”实施方略等热点问题进行专项调研，提出相关意见建议为省委决策提供参考；三是组织全省党办大调研活动，激发汇聚了全省党办系统的调研合力，收集了120余篇调研文稿。

【开展专项查办工作】 2015年，省委办公厅把专项查办作为强化抓落实基本职能的重要抓手，牵头开展4次专项查办活动。一是2月上旬，牵头开展对省委主要领导2013—2014年10件批件的集中暗访核查；二是3月中下旬，牵头对2014年下半年省委主要领导考察调研有关事项开展回访复核；三是6月上中旬，牵头对省委主要领导挂牌督办的26件信访积案后续情况集中暗访；四是8月下旬，牵头开展江西省纪念抗战系列活动专项督查。

【开展领导批件督办工作】 2015年，省委办公厅共立项督办省委领导批件41件，其中省委主要领导批件28件，确保省委领导指示批示贯彻有力、落实到位、取得实效。先后对10余件省委领导批件进行实地复核督办。开展2014年十大重点批件“回头看”暗访工作。建立健全了“定向抄告—跟踪督办—反馈问效—督办分析”四位一体的链式督办机制。

【开展意见建议办理工作】 2015年，省委办公厅坚持把意见建议办理作为贯彻省委重要会议精神的基础一环，办理了省委十三届十次、十一次、十二次全会与会人员所提的60条、149条、295条意见建议和对省委领导班子所提的45条工作建议、设区市委书记座谈会所提的64条意见建议、省直机关党员干部春节回乡调研所提的14条意见建议，同时办结共青城市、赣州市、上饶市、南昌市及南昌市小蓝经开区、临空经济区、高新区所提共31项恳请支持事项，办理工作均得到意见建议提出人的充分肯定和普遍好评；制定《省委全会与会同志所提意见建议办理规程（试行）》，延伸督查工作服务保障省委中心工作的广度和深度；参与做好县委书记月谈会、企业家月谈会、设区市委书记座谈会和省委全会等重要会议的记录工作和意见建议的整理分解督办工作。

（省委办公厅编辑室）

政策研究

【概　况】 2015年，省委政研室（办）围绕全省改革发展稳定大局，坚持“为民辅政”理念，忠诚履职、务实创新、奋发进取，各项工作取得新的成绩。全年完成省委重要文件起草任务6个、文稿54篇、调研报告85篇，总数达145篇；共获省委、省政府领导批示95人次，比上年增加35人次、增幅达58%。

服务省委全面深化改革。按照省委书记强卫提出的“更加规范、更加扎实、更加注重实际效果”的重要要求，省委政研室（改革办）在抓好重点、统筹协调、推进落实上狠下功夫。一是服务省委重大改革决策部署，起草了一批重要改革文件。服务省委加强改革谋划，研究制定《江西省重要改革举措实施规划（2015—2020年）》，形成全省改革工作的总施工图和总台账，确保江西省改革一张蓝图干到底。围绕年度工作，起草下发省委《全面深化改革领导小组2015年工作要点》和《七个改革专项小组2015年工作计划》。二是紧扣省委改革中心工作，做好重要会议承办、重要活动安排、重要文稿起草工作。先后承办省委全面深化改革领导小组全体会议2次；迎接中央督察活动5次；召开4次改革办例会。先后起草完成9篇省领导改革会议讲话稿和18篇改革工作汇报、报告、总结材料。三是抓住改革重点难点问题，组织开展重大改革调研。形成的《关于省直管县（市）体制改革试点情况的调研报告》《从永丰县看行政审批制度改革落实情况》《丰城、樟树承接行政审批权限下放存在的问题及建议》等，对简政放权、深化行政审批制度改革起到了重要推动作用。四是着力凝聚改革正能量，加强改革宣传引导。在《江西日报》、江西电视台等主流媒体开设专栏、专题对深化改革进行宣传。全年向中央改革办上报《江西改革》24期和7个改革案例。编发《改革情况交流》33期，《改革动态》25期。五是紧盯改革落实落地，扎实开展改革督察工作。参照中央改革办模式，结合江西省情，探索建立一套督察落实机制。对年度改革要点进行台账销号管理。对全省各地各部门重大改革进展情况每月进行量化调度和统计分析。建立重大改革分级督察和落实整改机制。年中，组织开展10个领域的专项督察。年底，联合省委督查室组织4个督察组，开展重大改革试点工作专项督察，有力推动改革举措落实落地。

【服务省委引领经济发展新常态】 2015年，省委政研室（改革办）就贯彻落实中共中央总书记习近平对江西工作提出的“一个希望、三个着力”重要指示，撰写《江西正处于大有作为的机遇期》的学习报告。到共青城就该市金融创新发展有关情况进行调研后，撰写了《共青城私募业发展大有可为》《共青城的资本创新发展值得关注》《传统产业转型升级的范例——共青城市"中包联"创新整合提升全省包装印刷行业》《一个初具全国影响的"双创"孵化器——共青城中青数媒APP产业孵化园的调研》《江西人在本土也能闯出领先大事业——共青城挂职副市长詹政博士推动理念制度创新》5个调研报告。报送的《江西省推进PPP项目的情况及建议》《宁都县电商产业引领经济转型发展》《反映国资国企改革中遇到的一些矛盾和问题》《江西省非公经济发展环境的调查与建议》《"十三五"优化发展环境对策研究》《一家民营企业的创新升级之举和心路》《省属部分科研院所对完善"双创"试点办法的意见建议》等调研报告，引起了省委、省政府的高度重视，推动了问题的有效解决。

【服务省委着力推动老区加快发展】 2015年，省委政研室(改革办)围绕脱贫攻坚开展调研，形成《江西建立健全贫困县退出机制情况》，从机制体制上就加快扶贫攻坚作了总结反映并上报中央改革办和省委。《把健康养老产业培育发展成为经济增长新动力》，江西省"十三五"规划吸纳了这一调研报告提出的对策建议。《推进江西省农产品加工业转型升级调研及建议》，已经转化为有关部门的政策举措。《新技术运用于养老认证广受欢迎》，经省领导推动，全省范围内推介该项新技术在养老认证中的应用。《10万元办1万件便民事项——罗坊镇"村级代办点"延伸便民服务》《三个"落地"让老人安心、子女放心——玉山县有效破解乡村养老难题》等调研报告中的好经验、好做法得到推广。

【服务省委着力推动生态文明建设】 2015年，省委政研室(改革办)围绕打造生态文明建设先行示范区"江西样板"，形成《关于江西省生态文明体制机制建设的几点建议》，被省委十三届十一次全会所采纳。就加强江西省水土保持工作，省委政研室专程赴江西水土保持生态科技园开展调研，形成《蓄住水、保住土，留住江西绿水青山》专题报告，推动全省的水土保持实用技术推广工作。就发展绿色经济写的永丰县《石头产业也能转型升级》，对全省促进传统产业转型升级，加快发展绿色、低碳、可循环经济，提供了可借鉴、可复制、可推广的典型经验做法。积极向外推介江西省生态文明建设成果。向中央改革办报送《江西率先实施覆盖全境的流域生态补偿》《江西全境推行河长制，创新生态文明先行示范区建设制度》等材料。

(谢明明)

组织工作

【概　况】 2015年，全省各级组织部门坚持"深入推进、狠抓落实"的总基调，突出全面从严治党这条主线，统筹推进党的建设和组织工作，各项工作取得新成效。

精心组织开展"三严三实"专题教育。把开展"三严三实"专题教育作为组织部门重大政治任务，突出思想作风建设，聚焦严守党的政治纪律和政治规矩，省委常委会示范带动各级领导干部讲专题党课、开展专题学习研讨、开好专题民主生活会、抓好整改落实和立规执纪，推动专题教育扎实深入开展。专题教育使领导干部在思想、作风、党性上进行了又一次集中"补钙""加油"，基本实现"四个着力解决""三个见实效"的目标，思想政治建设和作风建设不断提升，为协调推进"四个全面"战略布局提供强大力量。

全面从严加强领导班子和干部队伍建设。一是加强干部思想教育。及时组织广大干部学习中共中央总书记习近平在十二届全国人大三次会议江西代表团审议时的重要讲话精神，实现党员干部教育培训全覆盖。举办全省市厅级主要领导干部学习贯彻十八届四中全会精神全面推进依法治国专题研讨班。深入开展井冈山精神和苏区精神教育，举办市厅级党员领导干部党性教育暨学习贯彻《中国共产党廉洁自律准则》《中国共产党纪律处分条例》专题培训班。围绕全省中心工作扎实开展干部能力培训和知识教育，重点开展全面深化改革、加快发展升级、建设生态文明先行示范区等专题培训。全省培训各级各类干部23.6万人次。创办"江西干部网络学院"，全面启动干部网络培训工作。大力推进江西干部学院"转型发展、特色发展、创新发展、安全发展"，进一步加大省内干部特别是组工干部培训力度。二是严格干部选拔任用。严格落实《干部任用条例》，强化党组织领导和把关作用，开展全省地方党政领导班子建设调研，加强领导班子和领导干部综合分析研判，改进考察考核办法，完善民主推荐方式，健全了选拔任用责任追究、全程纪实、实名推荐干部等制度，切实解决"四唯"问题，坚决防止"带病提拔"。完善分类差异化考核机制，突出党建工作责任制和法治建设考核，开展省管领导班子和领导干部2014年度考核。在全省范围内开展干部人事档案专项审核工作，共审核档案22.84万卷，其中省管干部档案1461卷。起草并以省委文件印发《关于调整规范省属国有企业领导人员管理方式的通知》，对20家省属国有企业领导人员任免、管理等工作进行规范。积极推进高校干部"去行政化"工作，加强对江西财经大学、南昌大学改革试点的指导，探索实行高校党委常委制。选派56名"五个一批"年轻干部到经济开发区、基层一线以及巡视组挂职锻炼。推荐3名全国优秀县委书记，表彰7名优秀县委书记、50名优秀乡镇党委书记、100名优秀村党支部书记。三是从严管理监督干部。严格实行"凡提必听、凡提必核、凡提必审、凡提必查"，125人因个人事项漏报瞒报而取消或暂缓提拔。认真贯彻中央《关于推进领导干部能上能下的若干规定(试行)》等文件制度要求，及时问责调整不适宜担任现职干部11人。突出从严强化日常管理监督，进一步加大提醒、函询和诫勉力度。深入推进9个方面专项整治，超职数配备干部问题治理完成阶段性整改消化任务，全面开展跑官要官、说情打招呼问题治理，启动违反干部任用标准和程序问题治理，继续推进领导干部亲属子女违规经商办企业问题整治，始终保持整治选人用人不正之风的高压态势。

统筹推进基层党建工作创新发展。一是在打造“三大工程”特色党建品牌上精准发力。把“三大工程”品牌建设作为推进全省基层党建工作的重要载体和抓手，牵头研究制定《关于深入推进“连心、强基、模范”三大工程形成江西特色党建品牌的实施意见》等“1＋3”文件，组织召开全省深入推进“三大工程”品牌建设工作及调度会议。创造性地开展“四进四联”“五星创评”“争当赣鄱先锋”等活动，组建“连心”小分队4.3万余个，选派村（社区）“第一书记”9411人，全面整顿软弱涣散基层党组织1758个，推选身边先进典型3152个，“三大工程”引领效应进一步显现。二是统筹推进各领域基层党建工作。扎实开展党委书记抓基层党建述职评议考核工作，制定《省直有关单位抓农村基层党建工作责任清单》和《市委书记抓农村基层党建工作责任清单》，省、市、县三级分别建立抓农村基层党建工作联席会议制度。全面整顿软弱涣散村党组织，深入推进村（居）民理事会建设，完善村（社区）民主协商机制，按照“三统筹七同步”的办法抓好村（社区）“两委”换届。三是加强基层党组织带头人和党员干部队伍建设。出台《关于加强乡镇干部队伍建设的实施意见》，全省选派第一书记实现软弱涣散村和贫困村“两个全覆盖”，举办全省5个领域基层党组织书记示范培训班和4期村书记、主任专题示范培训班，在27个县（市、区）开展建立村“两委”干部廉政档案试点工作。从改进选聘规模和名额分配、报名、面试方式等方面完善选聘工作机制，进一步做好大学生村官选聘和管理服务工作。组织开展《中国共产党发展党员工作细则》的学习宣传和贯彻落实工作，编制《发展党员工作实务手册》，推行发展党员“三推两培一票决”，严格把好发展党员“第一关”。着力构建党员教育培训“三分一保障”体系，充分利用红色资源，运用爱国主义教育基地网上展馆、“江西党建移动平台”、《井冈先锋》和《党建好声音》电视栏目等各种手段加强党员教育。出台《关于进一步从严管理党员的若干意见（试行）》，进一步探索疏通党员队伍出口的有效做法。落实和完善党代表任期制，认真做好全省党费收用管工作，扎实做好全省党组清理工作。

不断优化人才工作体制机制。一是积极创新人才工作体制机制。加强对10个省级人才管理改革试验区的分类指导和跟踪管理，出台《“技兴赣鄱”专项行动计划》《高层次人才引进实施办法》《引进高端外国专家和海外工程师暂行办法》等人才改革措施。评选首批25家省级人才工作示范点，积极支持优势科研团队成果转化。二是深入实施重大人才工程。积极对接中央重大人才工程，新入选“千人计划”3人。持续推进“赣鄱英才555工程”，加强监管和指导，推动项目实施并发挥效益。实施“技兴赣鄱”专项行动，加大高技能人才培养力度。选派28名中青年科研骨干参加“西部之光”访学，打造“百人远航工程”品牌，选派98名中青年人才出国研修、学术交流，吸引带动国外高层次科技人才到赣服务。三是着力建好人才工作平台载体。全省新建省级院士工作站26家、首批省级博士后创新实践基地31个，新增博士后科研工作站28个，列全国第六、中部六省第一。争取中组部、团中央支持，新一批博士服务团23名成员到赣服务，选派规模为历年之最。开展海外博士江西创新创业活动、“海外人才江西行”、第二届华侨华赣会等活动。赴清华大学举办引进高层次人才专场招聘洽谈会，组织在赣“千人计划”专家、博士团成员深入高校、企业、市县基层开展调研咨询等服务活动。四是加强对人才工作的宏观统筹。坚持领导联系优秀人才制度，举办首期全省企业经营管理领军人才高级研修班等10多期精品人才培训班。确定30项省级人才课题，纳入省社科规划项目并开展立项研究。

持续深化党的建设制度改革。一是加强谋划指导。召开全省党的建设制度改革工作会议，制定党的建设制度改革专项小组2015年工作要点和工作计划，制定出台《江西省贯彻落实〈2014—2018年全国党政领导班子建设规划纲要〉的实施意见》等党的建设制度改革文件。二是注重调查研究。结合省管领导班子和领导干部2014年度考核，开展“适应新常态、推动新发展”组织工作大调研，全面了解全省组织工作总体情况，进一步找准党的建设制度改革突破口，为扎实推进党的建设制度改革提供决策依据。三是鼓励基层创新。采取“对准焦点、抓住重点、先行试点、突破难点、形成亮点”的“五点合一”方式，启动实施“一市一点”攻坚项目，推动形成“一市一亮点、全省一盘棋，次第开花、整体推进”的生动局面。

【精心组织开展“三严三实”专题教育】

根据党中央统一部署，从2015年5月到2016年1月底，全省4个省级领导班子、11个设区市、100个县（市、区）、138个省直单位（含92个省直部门、29所省属高校、17家省属国企）、1100个市直单位，共24891名县处级以上干部参加“三严三实”专题教育。在省委常委会的示范带动下，各地各单位深入学习贯彻落实中共中央总书记习近平系列重要讲话精神，围绕“三严三实”主题，把握“三个定位”，聚焦对党忠诚、个人干净、敢于担当，坚持以上率下、以知促行，推动专题教育扎实深入开展，取得了明显成效和重要成果。江西省探索的注重传承红色基因、注重提高研讨质量、注重学好身边标杆、注重汲取反面教训、注重分类查找问题、注重整改落实到位、注重向下层层压紧、注重创新教育载体、注重接受群众监督、注重促进中心工作“十个注重”做法，得到中组部认可，并在中央主流媒体集中宣传。12月4日，中央在江西省召开部分省市“三严三实”专题教育工作座谈会，刘云山、赵乐际等中央领导人对江西省专题教育的经验做法给予充分肯定。

【开展定向从北京大学、清华大学选调应届优秀大学毕业生工作】 2015年，为加强干部队伍源头建设，积极引进经济社会发展急需的优秀人才，省委组织部会同省人社厅、省公务员局赴北京大学、清华大学开展定向选调应届优秀大学毕业生工作。通过个人报名、组织推荐、笔试面试、考察体检、公示录用等环节，从两所大学共选调7名应届优秀大学毕业生（其中：北京大学3名、清华大学4名，博士研究生4名、硕士研究生3名）。分配到各市的选调生统一先安排到乡镇挂职锻炼两年（含试用期），博士生挂任乡镇党委副书记，硕士生挂任副乡镇长。一年试用期满考核合格的，办理转正定级和公务员登记手续，同时签订在江西服务五年(不含试用期)的工作协议。挂职锻炼期满后，对表现特别优秀的，博士研究生可安排为副处级领导职务，硕士研究生可安排为正科级领导职务。此次选调，是江西省引进优秀人才与公务员考录相结合的一次有益尝试。

【采取驻村见习方式选聘大学生村官】 2015年，江西省针对以往大学生村官选聘中存在的融入基层难、适应岗位难、基层干部群众不满意等问题，全面推行驻村见习、集中测试和述职测评的做法，把考场设到农村基层一线，从2609名笔试入围考生中择优选聘1203名大学生村官，实现由“一考定人”向“实践选人”的转变。考生驻村见习时间为15天，由各县(市、区)委组织部集中安排在1～5个行政村，熟悉农村情况，参与农村工作；见习期间，由县、乡考核工作组统一管理，党员群众全程监督评价；见习结束后，通过集中考核、述职测评，最终确定选聘人选。通过驻村见习，让考生直接与村民打交道，实现考生与基层的双向选择，进一步提高人岗相适度和群众认可度，达到选好人、用准人的目的，得到了基层干部群众和大学生村官的普遍好评。

【举办全省组工干部“践行‘三严三实’，提高专业化能力”示范班】 6月2日—5日、6月16日—19日，省委组织部在江西交通干部学院分别举办两期全省组工干部“践行‘三严三实’，提高专业化能力”示范班。省、市、县三级组织部门负责人及业务骨干、省委组织部机关部分人员参加培训。示范班紧扣组织工作业务的核心要点，讲明政策要求，讲透程序规则，讲清工作思路，讲活典型案例。广大学员结合本地工作实践，认真听讲、踊跃发言、积极交流，做到听有所获、学有所思、谈有所悟。示范班的举办为全面加强组工干部思想、能力和作风建设提供有益探索，取得良好成效。

(沈常军)

宣传工作

【概　况】 2015年，全省宣传思想文化战线深入学习贯彻中共中央总书记习近平系列重要讲话精神，把握“两个巩固”的根本任务，坚持弘扬主旋律，凝聚正能量，唱响好声音，各项工作实现新发展，取得新突破，为推进“发展升级、小康提速、绿色崛起、实干兴赣”提供了强大的思想保证、精神动力、舆论支持和文化条件。

理论武装不断深化。不断深化对习近平系列重要讲话精神的学习宣传研究，推动各级党委中心组及时学、跟进学、原原本本学，更好地用讲话精神武装头脑、指导实践、推动工作。省委中心组学习抓得紧、学得勤，全年集中学习17次，在中宣部、中组部学习情况通报中位居前列。大力推进理论工作“四大平台”建设，重点建设3所高校的马克思主义学院，《江西省培养青年马克思主义者的重大创新实践研究》被列为中宣部2015年度“马工程”重大实践经验总结课题，“青马工程”被评为全国宣传创新工作案例。广泛开展系列宣讲活动，景德镇珠山区“小巷讲堂”和赣州章贡区朱美玉，分别获中宣部“全国基层理论宣讲先进集体”和“先进个人”称号。深入开展理论研究，以“江西省中国特色社会主义理论体系研究中心”名义，先后在中央“三报一刊”发表重点理论文章13篇，居全国各省市区前列。

正面声音不断壮大。坚持把围绕中心、服务大局作为全省宣传思想文化工作的基本职责，深入宣传贯彻中共十八届三中、四中、五中全会和省委系列全会精神，组织开展系列采访报道活动，在全省上下形成一心一意谋发展、众志成城促崛起的良好氛围。大力实施“头版头条”工程，在全国范围和中央媒体唱响江西好声音。全年在中央大报大台大网上稿3716条，平均每天超过10条；在中宣部《每日要情》上稿39条，在全国排名第八。特别是南昌西汉海昏侯墓重大考古发现的宣传报道，在海内外引发巨大反响。组织开展“行走中国·2015年世界华文媒体江西行”“发现最美江西”等系列对外宣传活动，在全球范围内讲述江西好故事，引起热烈反响。广泛开展新闻战线“走转改”活动，3件作品获第25届中国新闻奖一等奖、1件作品获二等奖。

网络管理不断加强。省、市、县三级网信机构进一步健全，“网格化”管理格局基本形成，走在全国前列。网信工作不仅纳入全省科学发展综合考评体系，而且单列考核、增加权重，大大强化了各级地方党政主要领导的网信意识，成为推动全省网信工作的重要抓手。推动出台《关于加强全省领导干部互联网舆论引导能力建设的意见》《关于大力运用新媒体开展政务信息服务的意见》2个文件，大力推进领导干部网络问政、网络执政。积极推进媒体深度融合，中国江西网跻身“中国地方新闻网站十强”行列，排名全国第六；强化微平台建管用，打造全省政务新媒体综合网络平台，集合全省6000多个政务微博、2300多个政务微信公众号，“两微一端”政务新媒体大格局初步形成。网上正面宣传高潮不断，47篇报道被中央网信办全网推送，是2014年的3倍，全省网络舆论生态整体向好。舆情处置及时稳妥，有效处置“替考事件”等系列影响较大的舆情，涉赣舆情持续呈现正大于负的良好局面。网络管理进一步强化，积极开展了23项专项治理，删除各类不良信息4万多条，查处关闭违规网站22家，网络空间更加健康清朗。

价值引领不断强化。大力培育和弘扬社会主义核心价值观，广泛开展“模范”工程，发布“身边好人榜”，推出一批先进典型，文明礼貌、诚实守信、助人为乐、争做好人日益成为社会主流。2015年，2人获评第五届“全国道德模范”，3个家庭获评全国“最美家庭”，50人入选“中国好人榜”。2008年年底，全国共有8641人荣登“中国好人榜”，江西475人上榜，占5.5%，远高于江西人口占全国3.3%的比重。志愿服务活动广泛开展，截至2015年年底，全省注册志愿者达303万人、志愿服务组织数2万余个，累计登记志愿服务时间达3亿多小时。“诚信红黑榜”的发布引起社会热烈反响，江西被中宣部评为诚信建设正面典型省之一。爱国主义教育成效明显,“互联网+爱国主义教育”模式,在全国“基层工作加强年”会议上作经验介绍。

精品力作不断涌现。深入学习贯彻习近平在文艺工作座谈会上的重要讲话精神,大力实施舞台艺术繁荣工程、纪录片创作工程、文艺人才培养工程、“深入基层扎根人民”工程四大工程,推出一批有筋骨、有道德、有温度的文化精品和德艺双馨文艺人才。电影《洋妞到我家》获第30届中国电影金鸡奖最佳儿童片提名;长篇电视剧《破阵》在央视八套黄金时间播出,并一度名列全国收视冠军;廉政情景诗画剧《为了可爱的中国》,入选文化部“纪念中国人民抗日战争暨世界反法西斯战争胜利70周年优秀剧目巡演名录”;歌剧《回家》在台湾地区巡演;全年出版图书8902种,其中重版重印书4578种,重版重印率高达51.43%,赣版精品图书越来越受市场欢迎。同时,江西省2位艺术家被授予“全国中青年德艺双馨文艺工作者”称号;2位演员荣膺第27届中国戏剧“梅花奖”。

改革活力不断激发。文化体制改革力度加大、进度加快,在重点领域和关键环节取得新进展新成效。文化行政审批制度改革继续深化,权力清单和服务清单制度更加完善,行政审批流程更加规范。基本公共文化服务标准化、均等化试点深入推进,包括省图书馆、省博物馆、省科技馆新馆在内的省级文化中心建设进展顺利;文化惠民活动深入开展,精心组织“我们的中国梦——文化进万家”“百姓大舞台”等公益演出1.3万余场,观众达1000余万人次,受到群众的广泛好评;江西省13家单位获第六届全国“双服务”先进集体称号,位居全国第二。文化产业快速发展,2015年全省文化产业主营收入2350亿元,同比增长15%,文化产业生产力指数居全国第七。国有文化企业进一步做大做强,江西出版集团连续7年入选“中国文化企业30强”,并入选“世界媒体500强”,位列第118位;江西日报社的大江传媒、江西广播电视台的风尚购物在新三板挂牌上市。

体制机制不断健全。以省委名义印发《贯彻〈党委(党组)意识形态工作责任制实施办法〉的实施细则》,推动党委意识形态工作制度化规范化。按照“谁主管谁负责”和属地管理原则,进一步加强对新闻媒体、出版机构、社科研究机构、思想文化类学会协会和哲学社会科学报告会、研讨会、讲座、论坛的建设和管理,特别是通过制定出台《关于进一步加强和改进全省高校宣传思想工作的实施意见》、启动实施与南昌大学共建“江西省大学生思想政治教育协同创新中心”等一系列重大举措,进一步巩固马克思主义在高校意识形态领域的指导地位。

队伍建设不断加强。按照中央和省委的统一部署,扎实开展“三严三实”专题教育,坚持把深化学习教育放在首位,重点围绕党章党规、和“一准则、两条例”等主题,认真组织学习研讨,引导和带动部机关全体党员干部以思想自觉引领行动自觉,真正把“严”和“实”的要求贯彻好、落实好。不断加大干部选拔和教育培训力度,制定下发《省委宣传部2015年干部人才培训工作计划》,围绕加强马克思主义新闻观、文艺观等教育,全年举办各类培训班23期,培训人数达2600多人次。加大人才选拔力度,共选拔出2014年度江西省中青年文化名家人选17名、全省宣传思想文化系统“四个一批”人才37名,推荐全国宣传文化系统人才人选5名。加大人才关怀力度,组织40余名全省人文社科专家和基层一线人才前往井冈山进行暑期研修,营造重视人才、尊重人才、关爱人才的氛围。

【开展“互联网+宣传工作”】 10月10日,全省“互联网+宣传工作”现场推进会在上饶市召开,省委常委、宣传部部长姚亚平出席并讲话。此后,省委宣传部又出台《江西省推进“互联网+宣传工作”的26条措施》,从互联网+理论、互联网+新闻舆论、互联网+精神文明建设、互联网+文艺、互联网+公共文化服务、互联网+文化产业、互联网+教育7个方面提出26条措施,着力改变传统宣传思想文化工作的话语方式,解决宣传思想文化工作存在的不够接地气、吸引力感染力不够强等问题,更好地用互联网思维来做好全省的宣传思想文化工作。

【加强理论工作“四大平台”建设】 2015年,江西加强理论工作“四大平台”建设。重点建设江西师范大学、南昌大学、江西财经大学3所高校的马克思主义学院。加强江西省中国特色社会主义理论体系研究中心建设,制定中国特色社会主义理论体系专项课题向全社会公开招标,建立特约研究员聘请制度,着力培养更多理论名家大家。继续抓好青年马克思主义者理论研究创新工程、社科理论创新工程,发挥好“青马工程”网页作用。实施网上理论传播工程,创建江西理论网,在党报党刊党网公众号、省内主流媒体微博微信和手机客户端上开办理论专栏。鼓励专家学者和编辑记者在网上署名发表文章,着力打造一支优秀理论网络赣军。

【推进“头条头版”工程】 2015年,省委宣传部强化新闻媒体与地方、部门的对接交流,主攻报纸的头版头条,广播、电视台的联播,网站的首页、首屏。坚持定期召开新闻宣传工作例会,先后召开宣传通气会、选题策划会、媒体座谈会等各类协调会40余次,平均每周一次,围绕重要会议、重大活动制定宣传报道方案和宣传提示112个,研究策划新闻报道重点选题超过150余个。围绕省委、省政府重要工作、重大活动和江西经济社会发展突出亮点,对内容、题目、角度、形式进行深度策划,设置新闻选题,及时调度,通过中央媒体面向全国唱响“江西声音”。中央大报大台大网刊播了一批质量高、影响大的正面报道,头条、头版、上提要等重要稿件数量明显增多,新闻舆论呈现向好向上的良好态势。

【实施文艺事业繁荣发展“四大工程”】 2015年,江西省实施文艺事业繁荣发展“四大工程”。一是舞台艺术繁荣工程。每年投入1000万元,面向全省资助8台优秀原创舞台剧目,推动全省舞台艺术精品创作。二是纪录片创作工程。呼应国家“一带一路”发展方略,设立纪录片创作专项资金,精心打造《万里茶道第一镇》《万寿宫》等10部纪录片。三是文艺人才培养工程。举办“舞台表演艺术”“80后青年作家改稿班”等12个培训班次,启动第三届江西优秀文学艺术奖评选活动,提升从业人员专业技能。四是“深入基层扎根人民”工程。建立常态工作机制，组织各级文艺演出团体、研究单位及文化志愿者，深入基层开展慰问演出、艺术采风、体验生活、结对帮扶等系列活动。

【推动传统媒体和新兴媒体深度融合】 2015年，江西省推动传统媒体和新兴媒体深度融合。深耕信息内容，强化技术引领，加快重点项目实施进度，江西广播电视台全媒体高清演播室、《江西日报》全媒体中央编辑室、“华章云”工程等重点建设项目正在有序推进。下发《关于建设江西省政务新媒体综合网络平台的通知》，以省委网信办官方两微一端“江西发布”为龙头，联动全省政务新媒体，全省11个设区市和6个省直管县（市）子矩阵已全面建成，正在向县（市、区）推广。在各项重大宣传报道活动中，各新闻单位已逐步探索形成较为成熟的全媒体报道模式，报网、台网、报台和网网之间的互动更为密切，线上与线下、传统媒体与新媒体同步发声格局初步呈现，主流媒体传播力、公信力、影响力进一步增强。

（段克和）

统战工作

【概　况】 2015年，省委统战部颁布《中共江西省委贯彻〈中国共产党统一战线工作条例（试行）〉实施细则》，为统一战线工作创造极为有利的条件。省委统战部认真贯彻中共十八大和十八届三中、四中、五中全会以及中央统战工作会议精神，全省统一战线把握机遇，同心协力，统筹谋划和推进各领域统战工作。

发挥优势作用，服务全省大局展现新作为。全省统一战线围绕全面推进“四个全面”战略布局和省委“十六字”方针，做好凝聚人心、汇聚力量工作。一是积极建言献策。引导和支持各民主党派、工商联、无党派人士围绕江西省发展升级、深化改革、法治建设等重点任务开展大调研，并做好调研成果转化工作。建立“同心智库”，紧扣制定江西省“十三五”规划，形成《把中医药产业打造成江西省战略性支柱产业研究》的调研报告，得到中共中央统战部、国家卫计委、国家中医药管理局领导以及省委、省人大、省政府、省政协10多位省领导的肯定和批示，有关建议被采纳。二是积极参与脱贫攻坚。继续推动全省统一战线开展“同心·振兴广昌示范区”建设和“千户示范、万人脱贫”行动，截至2015年底，共实施同心项目86个，累计捐赠资金9075万元，协调项目资金2.2亿元，招商引资2.1亿元。新华社《国内动态清样》以《江西发挥统战优势动员社会力量创新精准扶贫》为题介绍江西省统一战线参与脱贫攻坚做法，中共中央政治局委员、中央统战部部长孙春兰批示要求在全国交流江西经验。会同中央统战部开展“港澳台海外知名人士江西行”活动，捐款1095万元；开展“中国光彩事业抚州（广昌）行”活动，捐款2703.80万元。

加强制度建设，推动多党合作效能得到新提升。省委统战部协助九三学社省委会、民进省委会、民建省委会开展逢10周年纪念活动。支持各民主党派、无党派人士开展坚持和发展中国特色社会主义学习实践活动，引导统战成员把思想行动统一到中央和省委的决策部署上来。组织各民主党派省委会、省工商联主要负责人和无党派人士赴贵州省毕节试验区和遵义市考察学习，并开展谈心活动，接受革命传统教育，凝聚思想共识。协助省委制定颁发《关于加强社会主义协商民主建设的实施意见》，制定《关于加强政党协商的实施办法》和《省各民主党派直接向中共江西省委提出建议制度》，实现政党协商有制可依、有规可循。协助省委搞好政党协商的组织和落实，全年省委召开和委托省委统战部召开党外人士座谈会、协商会及情况通报会8次。

围绕“两个健康”，推动非公有制经济发展实现新突破。开展专项督查，协助省委、省政府召开全省促进非公有制经济发展暨表彰大会，形成大力鼓励和支持非公有制经济发展的良好氛围。认真履行省委统战部作为省促进非公有制经济发展领导小组牵头单位的职责，完善重点工作调度机制。继续开展“万名干部进万企活动月”“百媒进千企”等活动，积极推进非公有制经济总部基地建设，促进非公有制经济健康发展。进一步加强对非公有制经济人士的教育引导，以守法诚信为重点开展非公有制经济人士理想信念教育实践活动，举办江西民营企业家高级研修班；出台《关于加快培育“新生代”非公有制经济代表人士的意见》，举办“新生代”民营企业家研修班，筹建“新生代”民营企业家商会，促进非公有制经济人士健康成长。会同省教育厅、省工商联等单位召开校企合作现场推进会，推动大众创业、万众创新。

把握方针政策，推动民族宗教工作取得新成效。省委统战部协助制定出台江西省《关于加强新形势下民族工作的实施意见》，协助召开全省民族工作会议暨省政府第七次全省民族团结进步表彰大会。深入开展民族团结进步创建活动和“同心·民族地区发展示范区”建设活动。成立全省民族工作领导小组，并召开领导小组第一次会议。健全党委宗教工作领导机制和统战部牵头协调工作机制，指导各地妥善处理涉及民族宗教领域的敏感问题。依法处置非法宗教活动，有效抵御境外宗教势力渗透和宗教极端思想传播，切实维护江西省民族宗教领域和谐稳定。举办全省民族宗教工作研讨班，加强政策培训。指导省佛教协会完成换届工作。

积极探索创新，推动党外知识分子工作实现新拓展。推动全省11个设区市、98个县（市、区）和22所省属本科院校成立党外知识分子联谊会，召开省属本科院校统战工作座谈会，建立省属国有企业统战工作联席会议和驻赣央企统战工作联席会议制度。举办全省新的社会阶层人士培训班，加强政治引导。出台《加强新媒体代表人士队伍建设实施意见》，在省内外物色新媒体代表人士，初步建立“百名新媒体代表人士队伍”。联合省司法厅、省律师协会建立江西统一战线“百名律师服务团”，引导广大律师为非公有制企业提供法律服务。推动“欧美同学会·中国留学人员联谊会留学报国江西南昌基地”落户南昌市高新区。

坚持内引外联，推动港澳台海外统战工作得到新加强。开展纪念中国人民抗日战争暨世界反法西斯战争胜利70周年系列活动。组织对外出访交流9批次，积极推介江西。召开江西海外联谊会六届一次常务理事（扩大）会议，就江西参与“一带一路”建设作主题推介。积极参与赣港经贸合作活动，负责邀请100余名客商出席有关活动，引导和协助海外人士在赣考察投资环境，参与社会公益事业。协助举办台胞青年千人夏令营江西分营活动。成功举办赣港澳台职业教育论坛。

着眼持续发展，推动党外代表人士队伍建设取得新进展。省委统战部及时印发党外代表人士队伍建设督查专题通报，与省委组织部联合对全省市、县两级人大、政府、政协及有关部门配备党外领导干部情况进行通报。做好十一届省政协届中人事调整工作，增补常委6名、委员13名，办理3名常委、9名委员辞职，撤销1名涉嫌违纪人员的委员资格。推动党外干部实职安排，先后有8名党外人士得到提拔和重用，其中1名党外干部提拔担任省属本科院校校长，全省高校党外正职达到3名，实现新突破。与省委组织部联合出台《关于规范有关干部管理工作程序的意见》，召开两部年度联席会议，确定每年按10%左右名额选派党外干部参加挂职锻炼。首次举办省、市统战人事工作者培训班，对省直单位组织人事部门负责人开展有关统战业务培训。推动建立全省县处级党外干部实践锻炼基地，将宜春市、抚州市以及部分省直单位作为共建全省党外干部实践锻炼基地。

【召开省委统战工作会议】 9月18日，省委统战工作会议在南昌召开，省委书记强卫出席并讲话，省委副书记、省长鹿心社主持，省委副书记、常务副省长莫建成作总结讲话，省领导黄跃金、赵爱明、洪礼和出席，省委常委、省委统战部部长蔡晓明就《中共江西省委贯彻〈中国共产党统一战线工作条例（试行）〉实施细则》作说明。强卫的讲话，贯穿了中央统战工作会议特别是中共中央总书记习近平重要讲话精神，紧密结合江西实际就统战工作作出全面部署，为做好新形势下江西省统战工作指明方向。

【协助召开全国知名民营企业助推江西发展升级大会】 12月23日，全国知名民营企业助推江西发展升级大会在南昌举行。全国政协副主席、全国工商联主席王钦敏作工作报告，省委书记强卫致辞，中共中央统战部副部长、全国工商联党组书记、常务副主席全哲洙主持。省领导鹿心社、朱虹、蔡晓明以及谢经荣、黄荣、安七一、杨启儒、王志雄等全国工商联（中国民间商会）领导班子成员出席。400余名来自全国各地的工商界人士齐聚江西，共商发展，成效显著。全省“民企入赣”招商引资累计签约项目1999个，投资金额10079.17亿元。

（杨吉星）

政法和综治工作

【概　况】 2015年，全省政法机关围绕省委、省政府的决策部署，把握保障社会公正、促进社会诚信、维护社会秩序三大重点任务，深入推进平安江西、法治江西、过硬队伍建设，忠实履行职责使命，有效防控各类风险，完成全年各项政法工作任务。

综合施策持久发力，确保社会大局稳定。加大重大涉稳问题摸排化解力度，对排查出的15类575件重大不稳定问题，协调督促相关地方和部门抓好化解稳控工作，有效防范重大涉稳事件的发生。扎实推进社会稳定风险评估机制建设，研究制定第三方辅助评估工作细则，开展“打造精品案例”活动，推动稳评工作常态化、规范化，全省对1823件重大项目进行了评估，从源头上有效预防因决策不当引发的涉稳事端。

突出依法打防管控，促进社会治安平稳向好。在“三调联动”基础上，进一步完善矛盾纠纷多元化解体系，全面推开行政调解工作，探索启动铁路工程建设领域民工工资拖欠问题源头治理，努力提升专业化解实效。创建江西省矛盾纠纷排查调处云平台，推动省、市、县、乡4级贯通，初步实现矛盾纠纷网上录入、网上预警、网上化解、网上交账，提升矛盾纠纷化解的整体效能，全年排查各类矛盾纠纷11.17万件，调处10.06万件，成功率90.1%，有超过八成的矛盾纠纷化解在乡镇和城乡社区。全面加大对“黑拐枪”“盗抢骗”“黄赌毒”“食药环”等群众反映强烈的违法犯罪的打击力度，开展缉枪治爆、打黑除恶、反盗窃等专项行动，全省立刑事案件17.28万起，同比上升7.3%；查处治安案件38.7万起，同比下降7.1%；依法排查整治治安乱点，持续推进视频监控“天网”工程建设，突出公共安全监管防控。

深化法治江西建设，维护社会公平正义。精心谋划、认真落实年度工作计划，建立健全责任、推进、督导、考核机制，进一步构建“法治大宣传格局”，实现了法治江西建设良好开局。严格规范执法司法，加强执法司法监督，普遍建立法律顾问制度，扎实开展特赦工作，实施法律援助等，全力保障社会公正。积极参与诚信体系建设，推动建立以公民身份证号码为信任根的公民统一社会信用代码制度，加大生效裁判执行力度，开展集中打击“拒执罪”专项行动，加快建立江西省法院失信黑名单数据库，发布“江西诚信红黑榜”。坚持运用法治思维和法治方式协调社会关系、破解突出问题，维护良好社会秩序。

聚焦体制机制难题，稳妥推进各项改革。积极谋划司法责任制等4项改革试点，省司法体制改革工作小组研究确定的“1+6”改革方案体系，分别由相关部门牵头负责调研论证、形成方案；省委政法委牵头负责的总方案已经省委常委会审议上报，并经中央全面深化改革领导小组第19次会议审议通过，试点各项准备工作基本就绪。认真履行省委社会体制改革专项小组牵头单位相关工作职责，对各项改革任务分别建立台账，明确牵头单位、责任领导、时间进度，按期进行盘点对账，并建立定期报告、进度通报、检查督导等抓落实的长效机制，适时掌握各项改革进度情况。积极推进公安工作改革，深化涉法涉诉信访改革，健全落实国家司法救助工作制度，推动轻微刑事案件快速办理机制改革。

积极创新社会治理，不断激发社会活力。创新流动人口服务管理，开展对流动人口出租房屋专项整治，引导人口合理有序流动，完善居住证制度。加强刑释人员安置帮教，完善社区矫正制度体系，强化肇事肇祸精神病人救治救助，深化重点青少年教育服务管理。夯实社会治理基层基础，网格化管理更加精细，基层综治中心建设更加规范，综治信息化建设更加普及，挂点帮扶工作更加扎实。成立省重大敏感案（事）件协调小组和工作专班，建立涉法涉赣涉稳网络舆情监测、预警、引导机制，对正面、负面舆情热点及分布情况定期进行分析研判，开展舆情导控78起，及时有效应对一批重大热点舆情事件。

【深化稳定风险源头防控】 2015年，省委政法委通过常态化定期调度、组织专项督导，推动《江西省重大决策社会稳定风险评估实施办法（试行）》的落实。加强制度体系建设，研究制定《第三方辅助评估主体开展社会稳定风险评估暂行规定》。深入推进稳评精品案例打造活动，全年对1852件重大决策事项进行评估，其中暂缓实施24件，不予实施16件，从源头上预防因决策不当引发涉稳事端。

【推动维稳工作规范化建设】 2015年，省委政法委认真总结推广抚州市维稳工作规范化建设经验，加强工作协调调度，指导各市制定出台维护稳定工作规范化建设的相关文件，推动维稳工作整体上台阶、创特色。中央维稳办评价江西省维稳工作规范化建设“经验做法可学、易复制、便于操作，具有普遍借鉴意义”，11月在江西省召开全国维稳工作规范化建设经验交流会，推广江西省及抚州市维稳工作规范化建设成果。

【创评江西省平安医院】 2015年，省综治委组织开展首届江西省平安医院创评工作，着力强化医院内部管理，提高医疗质量和医院服务水平，从源头上预防和减少医疗纠纷。省综治办、省卫计委、省公安厅、省司法厅依据《江西省“平安医院”考核标准（实行）》，初评30家江西省平安医院，并经省综治委核准。2015年全省平安建设会议上，省委书记强卫、省长鹿心社为首届平安医院授牌颁奖。

【建立政法综治舆情监测预警引导机制】 2015年，省委政法委宣传处与大江舆情研究中心合作，从9月起编制《江西省政法舆情日报》，对涉赣涉法涉稳的正面、负面舆情热点及分布情况，每日通报给省相关单位及领导。在此基础上，对月度的正面、负面舆情进行整理、数据分析、案例解析，形成月度舆情分析报告，发送给省相关单位和地市政法委及领导。同时，随时编制舆情专报，对突发性的舆情事件，及时统计围绕特定事件的舆情热点、走向、分析，为迅速处理提供决策依据。

【举办“法治大讲堂”】 2015年，省委政法委、省法学会结合江西省政法系统实际，创新举办政法系统“法治大讲堂”，先后邀请中央党校教授卓泽渊、武汉大学教授周叶中等专家学者，为政法系统领导干部开展集体授课培训，增强政法干警特别是政法领导干部的法律素养和法治意识，取得很好效果。

【组织开展法学专题研究】 2015年，省法学会围绕法治江西建设三大重点任务，紧扣江西绿色崛起主题，针对执法司法中的热点难点问题，组织法学专家开展调查研究，撰写研究文章。全年省法学组织会员撰写论文300余篇，报送参加中国法学会“中国法学家论坛”等学术研讨评奖活动，共获得13个奖项。

（文敬峰）

农村工作

【概　况】 2015年，全省上下贯彻落实新发展理念，主动适应经济发展新常态，妥善应对多种困难风险挑战，农业农村发展保持稳中有进良好态势。农业生产稳定发展，农民收入较快增长，农村改革深入推进，农村民生持续改善，农村社会和谐稳定。

农业生产稳定增长。稳定粮食生产，抓好“菜篮子”产品生产，克服各种不利因素，农业生产再获丰收。全年粮食总产量2148.7万吨，同比增长0.2%，再创历史新高。其中：早稻811.9万吨，下降1.0%；中稻及一季晚稻279.1万吨，增长2.4%；二季晚稻936.2万吨，增长0.4%。油料产量124.0万吨，增长1.9%，其中油菜籽73.9万吨，增长2.2%。棉花产量11.5万吨，下降13.8%。烟叶产量5.5万吨，下降7.3%。茶叶产量5.2万吨，增长17%。园林水果产量450.3万吨，增长8.6%。蔬菜产量1359.1万吨，增长3.6%。肉类总产量355.1万吨，下降0.1%。其中猪肉产量253.5万吨，下降2.4%；牛肉产量13.6万吨，增长3.7%；羊肉产量1.2万吨，增长2.0%。禽蛋产量49.3万吨，增长3.0%。牛奶产量13.0万吨，增长1.2%。水产品产量264.2万吨，增长4.2%。年末生猪存栏1693.4万头，下降2.6%；生猪出栏3242.5万头，下降2.5%。

现代农业加快发展。大力实施农业“百县百园”工程建设，创建国家级现代农业示范区11个、省级现代农业示范区66个，建设初具规模的示范核心园89个，核心区建设面积4.84万公顷，吸纳就业人数52万人。着力推动农业产业集群发展，培植初具规模的农业产业集群75个，其中产值超100亿元的集群4个、超50亿元的集群10个。加快推进农业产业化经营，854家省级以上龙头企业销售收入超过3000亿元，增长10%，直接带动农户400万户，户均增收突破3200元；农民合作社4.17万家，经工商行政管理部门注册和农业部门认定的家庭农场达到2.75万家，各类经营性社会化服务组织10万个。积极发展农业新型业态，各类休闲农业规模企业达3550家，规模经营的农家乐超过1.83万家；涉农电子商务交易额超过200亿元，增长195.7%。大力实施“生态鄱阳湖、绿色农产品”品牌发展战略，全年整合资金1亿元对“四绿一红”茶叶品牌进行整合，启动鄱阳湖大闸蟹品牌整合工作。

农业物质技术装备水平稳步提升。大力推进高标准绿色生态农田建设，加快农田水利基本建设，全省整合建设资金51.15亿元，其中省级以上35.81亿元，新建设高标准绿色生态农田22.73万公顷，新增农田有效灌溉面积6万余公顷。继续实施科技兴农战略，农业科技进步贡献率54.8%，农业机械总动力为2200万千瓦，主要农作物耕种收综合机械化水平达到63%，水稻耕种收综合机械化水平达到70%。

农民收入较快增长。落实各项强农惠农富农政策,深挖产业增收潜力,促进农民就业创业,释放农村改革红利,多环节多渠道促进农民增收。全省年末农民外出从业人员842万人,其中省外务工561万人、省内务工281人。全省农村居民人均可支配收入1.11万元,增长10.01%。其中:经营性收入4431元,增长7.9%;工资性收入4393元,增长11.6%;财产性收入185元,增长20.9%;转移性收入2130元,增长11.0%。农村居民收入增幅连续5年超过城镇居民收入增幅,城乡居民可支配收入之比为2.38:1,同比缩小0.02。

农村民生明显改善。全年完成造林14.31万公顷,完成森林抚育37.33万公顷,森林覆盖率稳定在63.1%。建成1057处集中供水工程,解决246万农村人口饮水安全问题。完成搬迁移民扶贫10.6万人,建档贫困人口降至204万人,比上年减少72万人,下降26.1%,贫困发生率下降至5.7%。继续实行义务教育阶段"两免一补"政策,为470万名农村中小学生免除(补助)学杂费、免费提供教科书,为33.7万名农村家庭经济困难寄宿学生补助生活费,补助标准达小学1000元/生、初中1250元/生。参加农村新型合作医疗人数3450.9万人,农民参合率99.2%。大病保险实现城乡全覆盖。农村低保标准和补差水平分别达到每月240元和165元,农村五保集中供养和分散供养标准分别达到每月305元和260元。完成农村危房改造31.2万户,建设改造农村公路1.4万千米。

农村改革纵深推进。坚持用改革破解发展难题,向改革要活力、要动力,省委、省政府出台《关于加大改革创新力度加快农业现代化建设的实施意见》《关于加快转变农业发展方式建设现代农业强省的意见》《关于深化供销合作社综合改革的实施意见》《关于全力打好精准扶贫攻坚战的决定》《关于引导农村综合产权交易市场健康发展的实施意见》《关于深入推进涉农资金整合试点工作实施意见》《关于进一步做好为农民工服务工作的实施意见》等改革文件,省委农业和农村体制改革专项小组研究制定《省委农业和农村体制改革专项小组改革举措实施规划(2015—2020年)》,年初确定的22项重点改革举措扎实推进、成效明显。农村土地承包经营权确权登记颁证工作基本完成,有确权任务的村民小组99%完成调查摸底、调绘勘测,98%签订了承包合同,97.3%建立登记簿,93.5%颁证到户。国有林场改革试点工作通过国有林场改革试点验收组验收。在全国率先启动以促进林地流转为主线的林业产权配套改革,全省林权进场交易累计成交金额40多亿元,累计办理林权抵押贷款100多亿元。在全省范围内推行"河长制",由省委、省政府主要领导担任江西省总河长和副总河长,在全国率先构建市、县、乡、村"四级联动"水生态文明建设格局。水权改革试点积极推进,小型水利工程管理体制改革全面铺开。农垦系统体制机制进一步完善。在9个县级供销合作社开展综合改革试点,为农服务能力和实力不断增强。

【全省农村生活垃圾专项治理全面铺开】 2015年,江西制定全省农村生活垃圾专项治理工作方案,提出"当年全面铺开、三年提前验收、五年完善巩固"的总体要求,投入省级财政资金2亿元,带动各地加大财政投入,落实经费保障。赣州市财政列支奖补资金7300万元,抚州市、吉安市财政列支奖补资金1000万元,宜春市各县(市、区)投入资金1.78亿元。全省农村生活垃圾专项治理呈现出全面推开的良好态势,许多地方交通干道、江河沿线等重点区域的农村人居环境状况得到明显改善。

【全省百强中心镇污水处理设施建设扎实推进】 2015年,省政府出台《江西省百强中心镇污水处理设施建设及工程运行实施方案》,拨付1.92亿元省级财政性专项资金,按照"乡镇主体、市场运作、部门指导、财政补助"原则,扎实推进百强中心镇污水处理设施建设。截至12月底,115个有建设任务的中心镇,有103个已经开工建设,开工率达90%,其中36个已经建成,竣工率达31.3%。新余市4个镇全部竣工并投入运行,宜春市15个镇有13个已经竣工并投入运行。上饶市以市为单位,对16个中心镇污水处理设施采用统一招投标的形式进行采购。

【全省"财政惠农信贷通"工作成效明显】 2015年,省、市、县(市、区)三级财政继续按照2:1:2的比例筹集风险补偿资金,存入合作银行,财政风险补偿金年度规模总数达到10亿元。合作银行按照约定不低于财政风险补偿金的8倍发放"财政惠农信贷通"贷款,向新型农业经营主体提供无抵押无担保贷款。截至12月底,"财政惠农信贷通"累计发放贷款125.3亿元,受益新型农业经营主体4.26万户,户均贷款29.4万元,构筑了财政金融支农的新方式、新平台,助推了各地农业主导产业的发展。

【全省"一村一名大学生"工程取得新成效】 2015年,全省完成"一村一名大学生"工程招生任务7010名,举办两期毕业农民大学生创业培训班,在广丰区组建全省首个农民大学生创业联盟。"一村一名大学生"工程培养的大学生成为全省农村"大众创新、万众创业"的主力军,首批5000多名毕业学员中,有800多人自主创业,400多人发展产业,300多人领办农民合作社,600多人成为致富带头人。

(董兆华)

社会主义新农村建设工作

【概　况】 2015年,全省各地紧扣中央新农村建设总体目标,按照"干干净净、漂漂亮亮、井然有序、和谐宜居"和"培育中心村、整治自然村、提升特色村"的要求,以规划为先导,以中心村建设为重点,采用集镇联中心村、中心村带自然村的"镇村联动"模式,扎实推动新农村建设发展升级。

坚持系统谋划。在充分借鉴外省经验基础上,结合全省实际,提出把中心村建设作为全省新农村建设发展升级的重点和方向,同时兼顾抓好一般自然村点建设。全省各地通过狠抓村庄布局规划、基础设施建设、公共环境建设、公共服务配套、村域经济发展、社会管理创新等工作,努力把中心村建得有质量、显特色、传文脉、提品位。

坚持规划引领。全省抓好654个中心村和2015个一般自然村点新农村建设。新农村建设村点布局做到“三个突出”:突出城乡一体。修编完善以中心村为重点的村庄布点规划,中心村建设数量严格控制在县域行政村总数30%以内。突出重点区域。把105和320国道沿线、5A景区道路沿线作为新农村建设的重点区域,并与镇村联动建设、贫困区域村镇综合整治等工作有机结合。突出竞争立项。通过公示申报条件、竞争程序、实地核审、现场答辩、聘请专家当场打分等办法遴选中心村。

坚持多元筹资。全省各地在保持财政投入的同时,加大涉农项目资金的整合力度。许多市县用足“土地增减挂”政策,引导农民并村并居,原宅基地统一复耕,置换出的用地指标用于城镇建设,由此产生的部分土地收益用来建设新农村。不少景区采取BT、BOT模式筹措资金,实现农民群众得实惠、景区形象大提升、投资客商高回报的“三赢”。全省各级财政投入专项资金20.82亿元,拉动包括农民投资在内的各类资金50多亿元用于新农村建设。

坚持受益于民。在产业发展方面,全省新农村建设村点有5058个完成产业规划,5080个发展一村一品,16.7万农民加入2540个农民合作社。村点新创办企业或服务业1140个,安排就业3.5万人。在人居环境改善方面,改路1.04万千米、修建排水沟4300千米、改水33万户、改厕31.2万户,新建沼气池2.3万个、新增太阳能用户7.9万户,植树350.9万株。在公共设施建设方面,村点新建或改造办公议事、文体休闲、医疗卫生、教育培训、社会治安等设施1.2万个,建设村级信息服务站2500个。在乡风文明提升方面,村点以社区公共服务场所为载体,广泛开展精神文明创建活动,乡风文明明显提升,农村社会更加和谐稳定。

【召开全省城乡生活垃圾专项治理工作现场推进会】 6月17日—18日,全省城乡生活垃圾专项治理工作现场推进会在上饶市召开。省委副书记、常务副省长莫建成出席并讲话,省委常委、副省长李炳军主持会议,省人大常委会副主任冯桃莲出席,副省长郑为文对抓好城市市容环境专项治理作具体部署。会议强调抓好农村生活垃圾治理重点要把握好“四个必须”:必须坚持县级政府为本县域内农村生活垃圾治理的责任主体、必须坚持城乡环卫一体化的治理方向、必须坚持经费保障以公共财政投入为主、必须坚持全面彻底治理存量垃圾。各设区市和县(市、区)党委或政府分管农村工作、城建工作的领导,农工部部长,建设局(建委)局长,城管局局长,省直有关单位主要负责人参加会议。

(马力)

机关党的建设

【概　况】 2015年,全省各级机关党组织认真贯彻省委第100次常委会对机关党建工作提出的要求,以落实全面从严治党要求为主线,以实施连心、强基、模范“三大工程”和“实干兴赣当先锋、为民服务作表率”主题实践活动为抓手,大力实施机关党建工作“六大行动”,推动全省机关党建工作取得新成效。

深入开展学习贯彻中共中央总书记习近平系列重要讲话精神“信用行作表率”系列活动,思想理论武装工作得到新加强。组织开展形式多样的学习培训、主题宣讲、座谈讨论、演讲比赛等宣贯活动,举办全省机关学习中共中央总书记习近平系列重要讲话精神“信用行作表率”演讲比赛,开展纪念抗战暨反法西斯战争胜利70周年主题教育活动。全省各级机关党组(党委)中心组安排专题学习1.6万余次,培训党员干部61万余人次;组织中央和省委重大决策部署学习宣讲3456场(次);开展微型党课活动9590场(次)。

深入推进“三大工程”和主题实践活动,联系群众夯实基础服务大局取得新成效。全省机关共有1.5万余个机关党支部设立1.8万余个基层联系点,下基层机关党员干部25.8万余名,到社区报到17万余人次,开展志愿服务42万余人次,认领群众微心愿5.6万余个,省委书记强卫带头认领微心愿3个。省直机关5653个基层党组织开展“五星创评”,建立67个党支部示范点。推荐全国文明单位24个,第十四届省级文明单位107个,推荐评选全国先进工作者2名,全省劳动模范(先进工作者)14名。召开省直机关纪念建党94周年暨创先争优表彰大会,表彰50个先进基层党组织和100名优秀共产党员、50名优秀党务干部。与财政部专员办联合开展“五年决战同步全面小康、中央驻赣单位在行动”活动。

开展“抓监督、严党纪、正作风”专项“显微镜”行动,推动党风廉政建设“两个责任”落实取得新进展。组织开展“一准则、两条例”和省委作风建设“二十条”学习宣讲。紧盯违反中央八项规定精神和省委若干规定的突出问题,坚持每季度开展一次明查暗访,设立“曝光台”点名曝光。会同省财政厅、省接待办开展严肃财经纪律专项检查,建立约谈制度,对党风廉政建设问题较多的单位进行约谈。省直机关纪工委全年受理信访件36件,办结25件,查办案件9件,已结案4件,审理省直单位案件15件,对15名涉案党员干部给予党纪处分。

组织全省机关党员干部春节回乡调研,群众路线教育活动成果得到进一步巩固。组织全省2.3万余名机关党员干部春节回乡调研,收到调研报告5200多篇,开展“千字文”优秀调研报告评选。省委书记强卫批示:这项活动不仅使干部自身受教育,有收获,对党委政府了解实情,改进工作也有帮助,有启发,并要求将有关意见建议转发各设区市委和省直各部门主要领导,研究改进措施,兑现教育实践活动整改承诺。17个省直相关部门研究提出44条改进措施。

组织开展机关党建追根溯源系列活动,传承红色基因加强理想信念教育取得新成果。推动在瑞金重建中央苏区机关党总支、中央苏区政府机关党总支旧址,确定为中央直属机关、中央国家机关和省直机关爱国主义教育基地。北京等6省(区、市)机关工委书记联合赴瑞金开展机关党建追根溯源活动,并在瑞金挂牌建立党员干部教育培训基地。

大力推进机关党建信息化平台建设，初步走出一条“党建＋互联网”新路子。抓好机关党建信息化平台，“江西机关党建”门户网站、党员信息数据系统、OA 办公系统、网上在线考核系统、党员学习教育平台系统、微信公众号六大系统建设。工委《互联网＋机关党建的实践》案例，获全国贯彻落实《机关基层组织工作条例》最佳案例，全国 10 多个省市区直机关工委到江西学习考察。

切实加强党对群团工作的领导，群众工作水平得到进一步提升。贯彻落实中央和省委党的群团工作会议精神，举办省直机关群团组织负责人培训班，开展新常态下机关群团工作专题调研。各群团组织围绕“强三性、去四化”，积极探索创新组织设置、运行机制、活动载体和工作方式，广泛开展主题鲜明、健康向上的各类活动。

开展机关党建理论和实践研究，研究工作取得丰硕成果。承办全国机关党建理论研讨会，牵头组织全国机关党建专委会重点课题研究，获组织奖；撰写的论文《机关有效落实从严治党责任研究报告》获年度课题特别奖，《关于机关落实管党治党若干问题思考》获一等奖。与《紫光阁》杂志社、省委党史研究室联合举办中央苏区机关党的建设理论研讨会。

【中央苏区机关党总支和中央苏区政府机关党总支旧址揭（授）牌仪式在瑞金举行】 10 月 10 日，中央苏区机关党总支、中央苏区政府机关党总支旧址揭（授）牌仪式在瑞金市举行。中央国家机关工委常务副书记李智勇，中央直属机关工委副书记李勇，中央国家机关工委副书记邵旭军，省委副书记莫建成，省委常委、赣州市委书记李炳军出席仪式。

【全国机关党建理论研讨会在南昌召开】 10 月 9 日，全国机关党建理论研讨会在南昌召开。中纪委常委、中央国家机关工委副书记、纪工委书记俞贵麟出席会议并讲话，省委副书记莫建成出席会议并致词。中央直属机关工委、中央国家机关工委，部分中央和国家机关部委，省、自治区、直辖市、副省级城市机关工（党）委负责人，江西省直（中央驻赣）单位、各设区市、省直管县（市）直机关工（党）委相关负责人共 230 余人参加研讨交流。

（温尊寿）

机构编制工作

【概　况】 2015 年，省编办主动适应“深化改革、简政放权、控编减编、依法行政、从严治办”的机构编制工作新常态，在机构编制改革、管理、法制化、自身建设等方面展现新作为，争创新佳绩，为实现江西省经济平稳运行、稳中有进提供坚实的体制机制支撑。中央编办主任张纪南，副主任王峰、何建中先后到赣进行专题调研，对全省机构编制工作，特别是重点领域改革取得的成绩给予肯定。

权责清单建设有新成果。大力推进省、市、县三级政府权责清单制度建设，比中央要求时限整体提前一年完成，位列“江西省 2015 年十大法治事件”。5 月公布省级行政权力清单，保留直接面向行政相对人的外部权力 2855 项，精简率 63.6%。8 月公布省级行政责任清单，明确责任事项 2.65 万项、追责情形 3.25 万种，引用责任设定依据 2314 部。统筹推进市县审改和中央驻赣单位权力清单等工作，编制可供市县普遍使用的规范指导版本，明确 1845 项市县属地管理事项，并对 1273 项省、市、县均实施的权力事项划定不同层级间履职边界。

行政审批改革有新进展。及时衔接国务院取消下放事项，全年承接审批事项 19 项，省政府分 6 批共取消和下放行政审批等事项 114 项。省本级行政审批事项精简率达 51%。保留的 354 项行政许可事项，95% 以上为中央设定且明确由省级政府实施的事项。对省本级保留的 51 项非行政许可审批事项逐项清理、审核论证，彻底取消非行政许可审批类别。大力规范和改进行政审批行为。出台《江西省行政许可事项目录管理办法》，提请省政府印发《关于规范省政府部门行政审批行为改进行政审批有关工作的通知》，联合转发《关于一律不得将企业经营自主权事项作为企业投资项目核准前置条件的通知》。开展行政审批中介服务事项清理规范，取消没有法定设定依据的强制性中介服务。强化事中事后监督管理。提请省政府印发《关于促进市场公平竞争维护市场正常秩序的实施意见》，印发《关于严肃纪律巩固行政审批制度改革成果的通知》。积极传播简政放权正能量。省编委副主任、省编办主任李春燕接受江西广播电视台“引领法治江西新常态 · 迈向法治江西新征程”——省直单位主要负责人访谈报道活动专栏采访。

重点领域改革有新突破。完成市县政府机构改革。代省政府办公厅起草《关于市县政府尽快将机构改革各项任务落到实处的通知》，并先后派员参加省政府办公厅组织开展的市场监管机构综合设置专项督查和“回头看”。截至年底，全省 11 个设区市和 100 个县（市、区）市场监管机构综合设置改革任务全部完成，乡镇（街道）市场监管分局组建到位。加快推进事业单位分类改革。坚决撤并规模过小（3 人以下）、职能弱化的省直事业单位。加快批复事业单位类别。省直事业单位类别已基本划定，首批 692 个单位的批复工作已经完成。加强事业单位登记管理。按照中央编办统一部署，完成事业单位法人年度报告和开办资金确认制度改革任务。扎实推进事业单位法人统一社会信用代码制度改革。因地制宜，扎实推进市场监管、农林水利、城市管理等领域开展综合行政执法体制改革试点。扎实推进经济发达镇行政管理体制改革试点。完成法治江西建设任务。严格在法治框架内推进工作，坚决做到机构编制管理和深化改革的内容于法有据、程序符合法律规定、成果用法制形式巩固。

机构编制管理有新作为。坚决落实财政供养人员只减不增要求，创新管理思路和办法，按照“控制总量、盘活存量、增减平衡、分级负责”的原则，严格控编减编，强化监督检查，坚决守住总量底线。5 月，成立全省控编减编工作领导小组，召开全省控编减编工作电视电话会议，动员部署全省控编减编工作。深挖潜调机制，科学配置执政资源。遵循“必须和从严”的原则，该做加法做加法，该做减法做减法，着力理顺部门职责关系，发挥乘数效应，保障重点领域合理需求。扎实推进实名制管理。严格执行进人核编制度，严禁超编进人，严控逆向流动。指导督促市县加快机构编制实名制管理网络及数据平台建设，落实机构编制实名制管理信息月报制度。做好党政机关、事业单位网上名称管理工作。持续抓好机构和人员编制核查，坚持把中央巡视反馈问题的整改工作放在突出位置，继续深入开展机关事业单位超编整治。加强与纪检监察、组织、人社、财政、审计等部门密切配合，结合省委巡视和选人用人检查开展机构编制纪律执行情况专项检查。推进机构编制执行情况纳入地方政府领导经济责任审计。充分发挥“12310”举报平台作用，及时处理群众来信来访。认真查处各类机构编制违纪违规问题，约谈有关负责人，督促限期整改。

【省、市、县三级政府推行权责清单制度】 2015 年，江西省将政府权责清单制度建设作为法治江西建设的重要内容，作为深化行政体制改革、加快政府职能转变的重要抓手，纳入江西贯彻党中央四个全面战略布局中落实推进。省政府先后印发《关于全面清理省政府部门行政权力推行权责清单制度实施方案的通知》《关于在全省推进“三单一网”工作的通知》，在省、市、县三级政府全面启动此项工作。5 月，公布省政府部门权力清单，6 月、7 月分别公布市、县政府部门权力清单，8 月公布省政府部门责任清单，9、10 月分别公布市、县政府部门责任清单。以权责清单制度建设为重要内容的简政放权工作，成为 2015 年江西经济发展新常态下稳中向好、创下近十年发展最好位次的关键一招，并入选“江西省 2015 年十大法治事件”。

【中央编办在南昌召开机构编制研讨会】 10 月 21 日—22 日，中央编办在南昌召开机构编制研究工作交流研讨会，围绕中央编办 2016 年重点工作、如何加强新常态下机构编制研究工作、“十三五”时期研究工作思路和重点课题等内容进行研讨，并交流机构编制研究工作的经验做法。中央编办副主任王峰出席会议并讲话。省委副书记、省长鹿心社会见中央编办一行，省委常委、常务副省长毛伟明出席会议并致词。中央编办研究中心主任刘正雷、副主任陈峰、副巡视员董继峰及部分省、市、县编办有关负责人共 50 余人参加研讨会。

（邓剑）

高校党建工作

【概　况】 2015 年，全省高校贯彻落实省委、省政府决策部署，紧扣践行“三严三实”主题，坚持把抓好党建工作作为最大的政绩，以“连心、强基、模范”三大工程为引领，层层落实党建工作责任制，加强党建工作制度建设，统筹推进、上下联动，高校党建工作呈现出加快发展、整体提升的良好态势。一是党建工作“第一责任人”意识进一步强化。各高校党委书记都能较好履行党建工作“第一责任人”的职责，切实把基层党建工作摆到重要位置，进行专题研究部署，带头深入联系点进行调研指导，及时解决工作中出现的新情况、新问题，形成书记抓、抓书记的良好工作格局。二是“三严三实”专题教育平稳有序开展。各高校认真抓好“专题党课、专题学习研讨、专题民主生活会和组织生活会、整改落实和立规执纪”这 4 个关键动作，确保专题教育按照严要求、高质量有序开展，党员干部队伍作风建设取得新成绩。三是“连心、强基、模范”三大工程创建初见成效。各高校充分发挥自身在教育教学、人才汇聚、文化传承等方面的资源集聚优势，以品牌建设为引领，打造一批彰显高校特色的“三大工程”品牌。四是党建引领高校改革发展取得积极进展。各高校积极探索、大胆创新，围绕“党建 + ”理念融入高校工作各领域，进一步拓展抓党建的工作思路，推动事业发展。

【实施“连心、强基、模范”三大工程】 2015 年，全省高校坚持把“连心、强基、模范”三大工程，作为加强高校基层党建工作的重要抓手。实施“连心”工程，指导各高校“连心”小分队深入基层，开展 100 多项帮扶惠民活动，形成一批“送文化下乡”“送科技下乡”等有特色、有亮点的“连心”品牌。实施“强基”工程，坚持以“五星创评”为载体，推动一批软弱涣散基层党组织晋位升级。优化基层组织设置，推进党组织进学生公寓、进学生社区、进学生社团。实施“双严双优”制度，严把党员发展质量关，党员发展数量同比减少 12%。加强大学新生党的基本知识教育，办好“党建好声音”教育电视栏目。实施“模范”工程，积极倡导并大力推动“学习弘扬焦裕禄精神、争做龚全珍式好干部”活动，推出 120 余名焦裕禄式、龚全珍式好党员好干部。主要经验做法在《中国教育报》上刊登。

【加强高校党建工作制度创新】 2015 年，省委教育工委坚持把高校党的制度建设放在突出位置，制定出台《江西省民办高校党委书记（督导专员）选派和管理办法》，起草《关于加强新形势下高校党的建设工作若干意见》（征求意见稿），着力从制度层面进一步加强对高校领导班子和领导干部的监督管理。会同省委组织部等部门召开首次省管高校党委书记抓基层党建工作述职评议会、第二十二次全省高校党建工作会。组织召开全省民办高校党委书记（督导专员）座谈会，委派 13 名刚退居二线或退休的厅级领导干部担任民办高校新一届党委书记（督导专员）。省委教育工委书记黄小华、厅长叶仁荪带头落实“一岗双责”，先后 10 余次深入高校，指导督促各高校严格执行党建工作各项制度。

【做好高校宣传思想和大学生思想政治教育工作】 2015 年，省委教育工委认真做好高校宣传思想和大学生思想政治教育工作。一是创新推动大学生思想政治教育工作。会同省委组织部等部门出台《领导干部上讲台开展思想政治教育的实施意见》，研究制定《关于加强大学生思想政治工作的意见》，推动召开教育宣传信息工作会并作辅导报告，组建 600 多人的宣传信息员队伍。二是推进中国特色社会主义理论教育。组织开展“五进”校园宣讲会、抗战题材影片展等丰富多彩的抗战纪念活动，创新开展“开学第一课”教育。三是加强思想政治理论课建设。开展第 23 次全省高校思想政治理论课教师暑期集体备课活动。举办2期全省高校思想政治理论课骨干教师研修班，培训200多名思政课教学骨干。四是加强辅导员队伍建设。举办8期辅导员研修班，轮训辅导员1000余名。开展第三届全省高校辅导员职业能力大赛。组织开展“2014年全省高校辅导员年度人物”评选，1人获全国辅导员年度人物提名奖。五是加强教育特色新型智库建设。筹建江西教育与经济社会发展智库，聘请建立51名高层次专家学者担任教育发展智库专家。组织召开江西教育与经济社会发展智库成立仪式暨第一次专家咨询会。六是加强校园文化建设。开展“礼敬中华优秀传统文化”评选活动，赣南师院获全国“特色展示项目”。组织开展全省高校廉政文化大赛。七是加强宣传思想与新闻信息工作。制定《关于进一步加强和改进全省高校宣传思想工作的实施意见》，成立江西省高校宣传思想工作领导小组。

（朱易）

党校工作

【概　况】 2015年，中共江西省委党校江西行政学院认真贯彻中央和省委决策部署，落实“两条例一纲要”，持续贯彻实施《2014—2020年校院发展规划》，全面推进从严治校，各项工作取得新的成效，主业升级、内涵发展、整体迁建、实干兴校迈出新的步伐。

抓思想理论武装，服务大局职能有效发挥。始终坚持以深入学习贯彻中共中央总书记习近平系列重要讲话精神为主线，认真学习研究宣传贯彻中央和省委重大部署。深入学习贯彻中央和省委精神。发挥校委理论学习中心组示范引领作用，组织教职工深入学习贯彻习近平系列重要讲话精神，特别是习近平对江西工作新的希望和“三个着力、四个坚持”的总体要求和在全国党校工作会议上的重要讲话精神，持续抓好中共十八大和十八届三中、四中、五中全会精神和省委全会精神的学习贯彻，切实增强看齐自觉，在思想上政治上行动上始终与党中央保持高度一致。全年校委中心组组织集中学习21次，并将参加学习对象扩大到内设机构主要负责人。大力推动理论武装工作。完成全省市厅级主要领导干部学习贯彻中共十八届四中全会精神全面推进依法治国专题研讨班承办任务，培训学员858人。在主体班开设《党的十八届五中全会精神学习辅导》《学习习近平总书记在江西代表团的重要讲话精神》《“四个全面”：新形势下党治国理政的总方略》等系列教学新专题，更新“深化改革与江西发展升级”“依法行政与政府治理”等教学单元内容，积极推动中央和省委精神进专题、进课堂、进学员头脑。加强理论研究和宣传阐释。主动跟进中央和省委重大决策部署，组织撰写理论文章，全年在《光明日报》《学习时报》《理论动态》《江西日报》等重要报刊发表理论文章35篇，比2014年增长11%。教职工发表论文210余篇、出版学术著作13部，获省第十六次社会科学优秀成果二等奖专著1部、论文2篇，三等奖专著1部、论文1篇。编辑出版教材《法治中国——不懈的价值追求》，汇编出版《兴赣策论》(一、二)。举办大型学术研讨活动4次，组织省内外知名专家学者与校内专家学者，解读阐释中央和省委精神。组织骨干教员到省直机关、市县基层开展宣讲400余场，发挥了宣传理论、凝聚共识的重要作用。

抓教学质量提升，主渠道作用更加突出。贯彻实施《关于深化教学科研资政改革的若干意见》和《2014—2015学年教学科研资政改革要点》，着力提升培训质量。完善“一主多辅”培训格局。科学设置主体班学制，将市厅级干部进修班等3个班次学制调整为两个月，中青年干部培训班学制调整为四个半月，形成了长中短学制相配套，促进了党校、行政学院培训功能的均衡发展，全年举办主体班次25期、培训学员2128人。加大推进分级分类培训力度，采取“1+X”方式，与相关部门合作举办应急管理等各类专题培训班11期、培训学员930人。加大红色培训品牌建设力度，举办省内外干部短期红色培训班134期、培训学员6500余人，举办各类公务员培训班次37期、培训学员2600人。江西干部网络学院全线开通，全省共有1845名市厅级干部、2.8万名县处级干部参加了在线学习。改革研究生招生和教育教学工作，年内招录新学员685人(含中央党校江西班38人)。培训质量稳中有升。突出主业主课。把理论教育和党性教育摆在更加突出的位置，相关专题数量达到主体班全部教学专题的62.3%。加强理论教学，设置“马克思主义经典著作与基本理论”教学单元、开设经典原著导读课，专设“中国特色社会主义理论与实践”教学单元，并将中共中央总书记习近平系列重要讲话精神贯穿于全年的专题中。开设《弘扬井冈山精神，锤炼坚强党性》等党性教育专题，加强党章党规党纪教育培训，综合采用互动论坛、警示教育、组织生活会等多种教学形式，提高培训实效。创新教学形式。组织中青班学员开展“驻村入户”“进园入企”体验式教学活动，形成多篇高质量的调研报告。围绕“如何做‘四有’干部”等主题，采用结构化研讨方式，开展深入研讨，提升教学效果。采取项目委托制，组织学员赴上海、浙江、福建、湖南等省、市院校开展异地培训，与省委党校江西行政学院教学内容互补，帮助学员更新理念、拓展视野、指导实践。完善案例式、情景模拟式、现场式等教学形式并提高教学比重，增强了教学的针对性和实效性。健全管理机制。按照“有理论支撑、有问题导向、有实践提炼、有生动表达”要求，探索教学精品课标准。完善教学评估机制，实行一课一评，进一步提高教学评估的科学性。积极推动领导干部上讲台，加大外请报告力度，全年外请28位领导干部和中央党校、国家行政学院等知名专家到校院讲课。加强集体备课和联部备课，完善教学竞争激励机制，鼓励帮助青年教师在主体班站稳脚跟、挑起大梁。健全学员联动管理机制，修订完善了学员管理系列办法，对学员在校表现实行全面量化考核，评选和表彰优秀学员。开发应用学员网上报名系统，基本完成对历年各主体班和研究生各专业学员的学籍登记和材料归档，并建立电子档案，已完成录入17万人次。

抓课题带动，新型智库建设水平稳步提升。聚焦重大理论和现实问题开展深入研究，提高科研资政水平。加大高端课题申报力度。以抓好省部级以上项目申报为重点，注重提高各类课题申报质量,全年组织申报项目12批次、获批省部级以上项目20项,其中国家社科基金项目2项,全国党校系统重点调研课题2项、全国行政学院科研合作基金课题2项,省经济社会发展重大招标课题1项,省哲学社会科学规划项目7项、省中国特色社会主义理论专项课题2项、省人才办课题1项、省应急管理培训基地课题3项。加强智库平台建设。成立省情舆情研究所——“红色基因传承研究基地”,获批省哲学社会科学重点研究基地,11个教研单位与11所设区市校院对口建立调研基地。《领导论坛》全年出刊35期,获省领导批示17次,其中省委、省政府主要领导批示6次。编辑出版《江西省情资料手册(2015年版)》。《求实》获评“RCCSE中国核心学术期刊(A)”,入选人大“复印报刊资料”重要转载来源期刊,入编北京大学《中文核心期刊要目总览》政治学(含马列)类核心期刊。《江西行政学院》改刊《地方治理研究》,创刊号于2016年1月出版。

抓队伍建设,人才强校战略持续推进。坚持以提高教师队伍素质为重点,统筹抓好三支队伍建设。引进优秀人才。面向全国名校,加大宣传力度,改进引进工作,年内引进博士3名、优秀硕士5名,进一步充实教研队伍,博士教研人员达到38名。面向基层公开遴选公务员2名,进一步优化了管理人员队伍结构。提升教研队伍整体素质。围绕加强教研部能力建设,继续实施“六个一批”工程,选送教研人员到省信访局跟班学习4名,到基层挂职锻炼2名,到中央党校、国家行政学院等参加各类培训47名,到主体班担任学习辅导员13名,赴美国、加拿大等访问交流17名。对文史、科技、外语3个教研部进行整合,成立文化与科技教研部、领导力拓展教研部,对部分教研人员实行转型转岗。年内,入选2014年度省宣传文化领域“四个一批”人才工程2名,通过省2014年事业单位专业技术二级岗位资格评审1名。推进干部轮岗。提拔重用处级干部14名、科级干部3名,交流处级干部17名、科级干部8名,激发了干部队伍活力。

抓业务指导,系统整体合力明显提高。坚持系统推进,完善工作机制,加强业务指导。学习贯彻全国党校工作会议精神。召开全省设区市党校校长会议和全校教职工大会,传达贯彻全国党校工作会议精神,听取设区市党校和校内相关处室的意见建议,研究部署全省党校系统学习贯彻工作。抓好贯彻《行政学院工作条例》督查评估整改工作。积极配合国家行政学院做好贯彻落实《行政学院工作条例》督查评估工作。按照以评促建、以评促改、以评促升要求,建立并下发整改清单,明确整改任务分工和责任,并抓好整改落实,推动校院办学功能均衡发展。推进系统协作交流。组织系统首届精品课评选,评出精品课5门。开展系统社会科学研究招标课题、年度课题申报评审工作,设立招标课题13项、一般课题75项,其中市县党校行政院校承担招标课题2项、一般课题53项。举办深入学习贯彻中共中央总书记习近平系列重要讲话精神理论研讨会征文活动,39名设区市党校、省直工委党校作者获奖。加大系统师资培训力度,通过开办师资培训班等,培训教师近300人。建立信息化协作机制,分批推进VPN虚拟网建设,在基层党校行政院校推广应用“江西干部网络学院”在线学习平台,有效促进教育培训资源共享。

【举办全省市厅级主要领导干部专题研讨班】 3月26日—28日,全省市厅级主要领导干部学习贯彻中共十八届四中全会精神全面推进依法治国专题研讨班在省委党校江西行政学院举办。专题研讨班主要任务是以深入学习中共中央总书记习近平参加十二届全国人大三次会议江西代表团审议时的重要讲话精神为动力,推动全省各级领导干部更加自觉地学习贯彻中共十八届四中全会精神特别是习近平系列重要讲话精神,全面推进法治江西建设。省委书记强卫作首场辅导,省长鹿心社作辅导报告,省委副书记、常务副省长莫建成作总结讲话。各设区市和省委各部门、省直各单位、各人民团体、省属各高校主要负责人以及在昌省直单位、省属高校其他厅级干部出席。

【举办法治江西建设专题研讨班】 5月27日—28日,省委党校江西行政学院举办全省政法领导干部推进法治江西建设专题研讨班,省委常委、省委政法委书记周萌作专题报告,省政府副省长、省公安厅厅长郑为文主持开班式并在结业式上讲话,省法院院长张忠厚,省检察院检察长刘铁流出席。研讨班由省委组织部、省委政法委、省委党校联合举办,省委政法委、省政法各单位副厅级以上领导干部,各设区市委政法委书记和政法各单位主要负责人,各县(市、区)委政法委书记参加培训。

【开展落实《行政学院工作条例》督查评估】 10月19日—20日,以中央委员、国家行政学院党委书记陈宝生为组长的国家行政学院督查评估工作组一行11人,到江西行政学院就贯彻落实《行政学院工作条例》情况开展督查评估。在赣期间,省委书记强卫、省长鹿心社分别会见陈宝生一行。省委副书记莫建成,省委常委、常务副省长毛伟明,副省长谢茹分别看望陈宝生一行。19日上午和20日下午分别召开汇报会和通报会,陈宝生和副省长李贻煌出席并讲话。

评估组先后到江西行政学院南校区和新校区建设工地,通过听取工作汇报、实地查看、查阅档案、现场打分等方式,围绕该条例规定,重点对学院设置和领导体制、教学科研咨询等9个方面的工作进行评估,并就江西行政学院在贯彻落实该条例中存在的问题提出希望和要求。

(李良)

信访工作

【概　况】 2015年,全省各级信访部门认真落实中央和省委、省政府关于信访工作的决策部署,特别是省委书记强卫对信访工作“一个希望、三个进一步”的要求和省长鹿心社等省领导重要讲话、重要批示精神,按照“保障社会公正、促进社会诚信、维护社会秩序”的要求,围绕打造“阳光信访”“责任信访”“法治信访”,紧扣“五个提升、排名继续靠后”全年工作目标任务,强化问题导向、改革精神和法治思维,以进京来省非访治理攻坚战“春季行动”和“秋季行动”为抓手，扎实开展“信访怪圈破解年”“网上信访推进年”“基础工作建设年”活动，信访工作成效进一步得到体现和提升。信访形势呈现出“一降、一升和三个没有发生”的平稳向好态势。“一降”，即信访量下降，全省信访总量同比下降22.9%；进京非访同比再下降65.2%，在全国排第23位；来省访下降26.3%，初访下降46.8%，集体访下降35.8%，非访下降18.6%。“一升”，即网上信访占比上升，省级网上信访总量占省级信访总量的56.7%，占比同比上升5个百分点，网上信访逐步成为群众表达诉求的主渠道。“三个没有发生”，即没有发生大规模进京来省集体非访，没有发生因信访问题引发群体性和极端恶性事件，没有发生因信访问题处理不当引发负面炒作。

信访工作在2014年考核进入全国先进基础上，继续创先争优。中央政法工作会议，播放了江西省《破解重点人群重点领域治理难题》视频片，介绍赣州市“多方参与，积极化解信访积案”的做法。信访制度改革、网上信访、分类处理信访投诉请求、依法处置进京非访和办信等工作，分别在全国性会议上作发言或交流。信访积案化解、信访信息录入“百日会战”等工作，得到国家信访局表彰。

【组织开展“三年”活动】 2015年，省信访局组织开展“三年”（“信访怪圈破解年”“网上信访推进年”“基础工作建设年”）活动。破解“信访怪圈”、化解信访积案取得新突破。国家信访局转送给省委书记强卫挂牌督办17件信访积案，全部化解办结，得到上级的通报肯定；省信访局转送各市市委主要领导51件信访积案，化解率94%。全省共排查化解信访积案2257件，化解率达85.7%。网上信访工作水平有新提升。“信、访、网、电”业务实现“一网通”，落实“网上受理、网下办理”要求，“群众少跑路，数据多跑腿”的工作效果进一步体现。加强办信、接访和宣传调研、信息分析研判工作，基础工作建设实现新进步。

【打好“百日会战”】 9月下旬，国家信访局部署开展信访信息录入“百日会战”活动以来，全省各级信访部门紧扣“会战一百天，目标再争先”的总体目标，通过强化布置安排、培训指导、通报督查、考核问责，群众信访事项及时受理率、按期办结率、群众满意率均大幅提升，进入全国前列。国家信访局转交办件，信访部门受理率99%，排全国第4位；责任部门受理率95%，排第3位，办结率98%，排第2位；全系统信访件，信访部门受理率、满意率均为99%，排第1位；责任部门满意率99%，排第3位。

【信访机制改革创新不断深化】 2015年，省信访局积极推动制定和认真贯彻实施省委《关于在化解信访突出问题中发挥信访监督员作用的意见（试行）》。各地建立了监督员队伍，落实工作机制，通过发挥信访监督员作用化解信访突出问题1638个。健全信访事项督查机制，特别是充分发挥信访工作联席会议机制的作用，改由信访部门单独督查为协同职能部门联合督查，增强督查工作的针对性和实效性。积极探索建立科学考评体系，特别是突出变重数字指标考核为重解决信访问题质量考核，引导基层把精力放在及时就地解决问题上，树立正确工作导向。

【推进信访法治建设】 2015年，省信访局进一步抓“诉访分离”工作的落实，涉法涉诉信访的入口和出口比较通畅。同时，在推进通过法定途径分类处理信访投诉请求方面进行积极探索和实践。引导群众依法逐级走访工作进一步巩固。全年进京越级访同比批次下降35.1%，人次下降33.6%，下降幅度分别高于全国12个和近10个百分点。大力实施进京来省非访治理攻坚战“春季行动”和“秋季行动”，各地各有关部门认真做好源头化解、就地稳控、疏导劝返、依法处置等各项工作，江西省进京访特别是非访形势持续好转。

（省委省政府信访局）

老干部工作

【概　况】 2015年，全省老干部工作部门围绕中心、服务大局，积极融入“四个全面”战略布局，贯彻落实全国离退休干部“双先”表彰大会精神，扎实推进“两项建设”，积极协调落实离退休干部各项待遇，深入开展为党和人民事业增添正能量活动，主动适应新常态，不断推动老干部工作科学转型发展。

截至12月31日，全省离退休干部总数为35.74万人，其中：离休干部9700人，退休干部34.77万人。全省离退休干部党员20.50万人，离退休干部党支部5462个。

【协调落实老干部待遇】 2015年，省委老干局建立完善全省特困离休干部动态数据库，收集了1751人；将416位省属企事业单位驻县离休干部按所在设区市津补贴标准提高发放到位，最高每人每月749元，最低124元；为省属企事业单位2255名离休干部发放“和谐平安奖”；协调省财政厅将2015年度解困资金提高到180万元；提高事业单位离休干部抚恤金标准，实现机关、事业和企业离休干部统一政策、统一待遇；提高167名抗战离休干部医疗待遇，为900余名抗战离休干部发放每人5000元一次性补贴；提高慰问慰藉特困离休干部（含遗孀）标准，从每人800元提高到1200元，特别困难的提高到5000元；提高慰问住院老干部慰问金标准，从每人600元提高到800元；将因瘫痪等原因长期生活不能自理离休干部护理费标准从每人每月1000元提高到每人每月3000元；协调省人社部门将科级及以下待遇的抗战离休干部的基本离休费按抗战副处级离休干部标准增加；督促省市相关部门制定完善《南昌地区离休干部医药费单独统筹管理办法》。

【举办离退休干部“长青藤”讲堂】 2015年，省委老干部局共举办4期“长青藤”讲堂。每次讲座都邀请省内知名专家学者为老干部授课，省直单位、中央驻赣单位的在昌离退休干部共计400余人次参加。

3月10日，举办第一期离退休干部“长青藤”讲堂。省委老干部局副巡视员骆驭平应邀作题为《腐败问题的滋生与治理》的讲座。5月18日，举办第二期离退休干部“长青藤”讲堂。省委党校中共党史党建教研部主任吴晓敏应邀作题为《以习近平总书记重要讲话精神为指南协调推进“四个全面”》的讲座。9月25日，举办第三期离退休干部“长青藤”讲堂。省委办公厅副巡视员徐建文应邀作题为《绿色崛起江西梦》的讲座。12月16日，举办第四期离退休干部“长青藤”大讲堂，省委老干部保健协会常务理事兼营养专家谢明言为省委党校和驻地社区党员群众举办知识讲座。

【走访慰问易地安置的老干部】 6月中旬，省委老干部局组织多个慰问组分赴上海、山东等19个省市，开展慰问易地安置离休干部活动，对出省易地安置的182名离休干部也进行逐一走访慰问，每人送慰问金2800元；对外省到赣易地安置离休干部进行了逐一走访慰问，慰问标准与江西省出省易地安置离休干部相同。

【引导离退休干部为党和人民事业增添正能量】 2015年，省委老干部局印发《关于在全省离退休干部中开展为党的事业增添正能量活动的意见》。12月3日，在萍乡召开全省离退休干部思想政治工作暨正能量活动推进会。联合省委办公厅、省委党史研究室等单位在全省老红军、抗战离休干部、省级老干部中开展“口述党史”“老红军老八路的心里话”“红色故事代代传”等红色记忆征集活动。开展“大手牵小手、百老帮百童”百千万关爱帮扶活动。开展“赞江西发展、话身边感动”正能量信息创作和征文活动，组织离退休干部宣传中国故事36次，举办历史图片展23次，组织“五老”作报告8813场。继续推动“龚全珍工作室”建设，全省已建成2360个。继续开展“春苗营养厨房”建设。联合财政、民政等部门新建“农村留守儿童关爱之家”48个。井冈山革命博物馆离休干部毛秉华、抚州市崇仁县退休干部宁宏昌，被中宣部授予“第五届全国道德模范”称号。

【举办纪念抗日战争胜利70周年活动】 8月28日，省委老干部局在南昌举办“纪念中国人民抗日战争胜利70周年”老干部报告会。中央党校党史教研部第一教研室主任、博士生导师、教授卢毅应邀作题为《国共两党与抗日战争》的专题报告。省级老干部彭宏松、卢秀珍、马世昌、胡振鹏、孙用和、张逢雨、陈癸尊、钱梓弘、朱张才、金异、雍忠诚、黄懋衡、梅亦龙、沃祖全、厉志成、戴执中和省直单位、中央驻赣单位以及南昌市的离退休干部代表共400余人参加报告会。同时，全省各级老干部工作部门组织老干部，举办多种形式的纪念活动。

【举办离退休干部先进事迹报告会】 10月26日，省委老干部局在南昌举办全省离退休干部先进事迹报告会。由全国“双先”代表——南昌县检察院离退休干部党支部书记刘盛文、全国“双先”代表——景德镇老年大学校长杨启村、全国信访先进工作者——国网江西省电力公司李峰、全省先进代表——抚州党校教授喻彪等4位老干部组成的报告团，先后从不同侧面讲述他们退休后牢记宗旨、心系群众、服务社会、无私奉献的故事。

【关心下一代工作获表彰】 8月25日—26日，中国关工委、中央文明办在北京召开纪念中国关心下一代工作委员会成立25周年暨全国关心下一代工作表彰大会。南昌市关心下一代工作委员会等15个单位获“全国关心下一代工作先进集体”称号，兰玉华等51人获“全国关心下一代工作先进工作者”称号，王峰获“全国关心下一代工作突出贡献奖”。

（黄向军）

党史工作

【概　况】 2015年，省委党史研究室坚持“一突出”“两跟进”，以构建“大党史”格局为抓手，统筹安排，科学分工，团结协作，开拓进取，提升党史工作影响力。

坚持研究立室，狠抓党史基本著作编写。强力推进一、二、三卷编撰工作：在广泛吸收和利用新资料和新成果的基础上，完成《中国共产党江西历史》第一卷（1921—1949）修订稿；完成《中国共产党江西历史》第二卷（1949—1978）送审稿，并认真审定了有关图片；大力推进《中国共产党江西历史》第三卷（1978—2002）修改工作。在省委党史研究室的带领下，地方党史基本著作编撰工作也强有力开展：《中国共产党南昌历史》第一卷修订已经完成，准备和第二卷同时出版；《中国共产党赣州历史》第一卷正式出版；《中国共产党抚州历史》第一卷即将出版；《中国共产党九江历史》第一卷、二卷已经完成送审稿，准备出版；《中国共产党景德镇历史》《中国共产党萍乡历史》《中国共产党上饶历史》《中国共产党吉安历史》四市的第二卷送审稿已经完成。各县（市、区）党史基本著作编撰也在积极推进：《中国共产党樟树历史》第一、二卷，《中国共产党奉新历史》第一、二卷及《中国共产党信丰历史》第一卷、《中国共产党上犹历史》第一卷已经出版；《中国共产党赣县历史》第一、二、三卷初稿基本完成；《中国共产党瑞金历史》第一卷、《中国共产党永新历史》第一卷已经完成送审稿，准备出版。同时，其他党史著作成果丰硕：编辑出版了《江西红色金融记忆》《江西省革命遗址通览》《中国工农红军第二十二军》《朱开铨专集》《中央革命根据地历史资料文库·军事卷》；编写了《红色基因代代传》（干部读物）《江西党史大事记》；完成《胡耀邦与江西》《血誓：江西抗战纪实》《科学发展 成就辉煌——从党的十七大到十八大》（江西篇）、《闽浙赣苏区史》《方志敏》等书的初稿；启动《湘鄂赣苏区史》撰写工作；向中央党史研究室上报《山江湖工程的实践、成就和经验》《江西林业产权制度改革纪略》《鄱阳湖生态经济区建设》《江西红色旅游的发展及其经验》4个专题；搜集整理《江西百年图册》等。此外，论文《共产国际与红军长征决策》获江西省第十六次社会科学优秀成果奖二等奖，《中国国民党江西省干部训练研究（1932—1949）》获江西省第十六次社会科学优秀成果奖三等奖。

积极开展抗战胜利70周年活动，大力弘扬抗战精神。承办江西省纪念中国人民抗日战争暨世界反法西斯战争胜利70周年党史学习报告会和全省学习贯彻中共中央总书记习近平在纪念大会重要讲话座谈会；围绕“铭记历史、缅怀先烈、珍爱和平、开创未来”的主题，与省教工委、省教育厅、团省委等单位联合开展党史文化进高校主题宣讲活动、歌咏比赛、大型图片展览、网络课堂等；与省档案局合作开展大型档案图片展；与江西日报社合作开展“纪念抗战胜利70周年·故事汇”征文活动；与省体育局自行车联合会共同举办纪念抗战胜利70周年海峡两岸环抗战遗址自行车比赛；与南昌师范学院联合主办纪念抗日战争胜利70周年专场文艺晚会；与省旅发委合作开展追寻中国工农红军北上抗日先遣队红色足迹之“北上穿越之旅”纪念活动；8月31日《江西日报》刊发省委党史研究室负责撰写的纪念文章《铭记历史，开创未来》、8月《经济晚报》连续刊发3篇抗战纪念文章、《党史信息报》镜像历史专栏刊发江西抗战纪念专版。

努力构建“大党史”格局，讲好江西红色故事。分别到井冈山大学、江西中医药高等专科学校、江西旅游商贸职业学院等各大高校开展党史文化进高校的主题调研活动；与江西日报社、江西电视台、江西教育电视台、南昌广播电视台等新闻媒体合作，为构建大党史工作格局打造传播平台；与省高速公路投资集团公司等企业开展合作，扩大红色文化在企业的影响；与中国人民银行南昌中心支行联合主办“红色金融历史展”（南昌）大型展览；与中共宜春市委联合主办“红色之旅”山地自行车赛；应用现代网络媒体大力宣传党史文化，弘扬党史精神，江西党史网站发布消息420篇；开通“红米饭”微信公众号和“南瓜汤”微信订阅号，上线半年来，全国32个省市区百余万人阅读或转发信息，极大地扩大了党史工作的影响力；期刊《党史文苑》始终坚持正确的政治方向和舆论导向，严格遵循学术规范，全年编辑、出版纪实版和学术版共24期，刊登文章500余篇，约300万字。

7月1日，全省纪念中国人民抗日战争暨世界反法西斯战争胜利70周年党史学习报告会在南昌举行

省委党史研究室供稿

广泛征集文献资料，打牢党史研究基础。编印《省委书记强卫江西工作纪事》（2014年3月—2015年3月）；搜集、整理、编辑《省委书记强卫江西工作纪事》（2015年4月—2015年12月）；搜集、整理、编辑《省委副书记莫建成江西工作纪事》；采访省委原书记万绍芬、省委原书记程世清夫人刘秋萍，整理并公开发表《许勤同志口述援非经历》《钱家铭同志口述最美人生在江西》《杨永峰同志口述从辽北到江西》《彭宏松同志口述江西税费改革和林权改革》《知情人口述王震“文革”下放江西二三事》等老干部口述史资料；协调省级老干部李杰庸、王实先家属及洪都飞机制造公司等单位抢救“活资料”；为总参原军训部、南京军区政治部、省军区政治部筹建“江西省军区政治馆”提供党史文献资料和咨询服务；接受江西省检察院原检察长阙贵善向省委党史研究室文献资料处捐赠的三册珍贵党史资料——《回首当年 见证历史 阙庭俊回忆录》；继续建立健全重要党史资料、党史书籍和有关党史档案的管理、查阅、利用，特别是建立健全捐赠、赠阅工作制度。

【举行全省纪念中国人民抗日战争暨世界反法西斯战争胜利70周年报告会】 7月1日，全省纪念中国人民抗日战争暨世界反法西斯战争胜利70周年党史学习报告会在南昌举行。全国政协委员，中央党史研究室原副主任，中央马克思主义理论研究和建设工程咨询委员会委员，中共党史学会常务副会长，教授、博士生导师李忠杰受邀作《从抗战历史中汲取营养和智慧》的主旨报告。省委书记强卫、省长鹿心社出席，省委副书记莫建成主持会议。省委、省人大常委会、省政府、省政协领导班子成员、省法院、省检察院主要负责人，在昌的省委各部门、省直各单位（含中央驻赣单位）、各人民团体副厅以上领导，省委党史研究室和省直机关工委全体机关干部职工共800余人参加会议。

（翁梯敏）

本栏编辑 陈超萍

江西省人民代表大会常务委员会

综　述

2015年,江西省各级人民代表大会1512个,其中:省级人民代表大会1个,设区市级人民代表大会11个,县级人民代表大会100个,乡(镇)人民代表大会1400个。各级人大代表10万多人,其中:全国人大代表75人,省人大代表597人。省十二届人民代表大会常务委员会组成人员实有58人,其中主任1人,副主任6人,秘书长1人,委员50人。省十二届人民代表大会设有内务司法委员会、财政经济委员会、教育科学文化卫生委员会、农业和农村委员会、环境与资源保护委员会、法制委员会等6个专门委员会;省十二届人民代表大会常务委员会下设办公厅、法制工作委员会、选举任免联络工作委员会、外事华侨民族宗教工作委员会、预算工作委员会等5个工作机构。

省人大常委会认真学习贯彻中共十八大和中共中央总书记习近平系列重要讲话精神,牢记总书记在全国"两会"期间,对江西工作"一个希望、三个着力"的嘱托,坚持观大势、谋全局,坚持问题导向和开拓创新,以强烈使命感推进各项工作,进一步开创人大工作新局面。一是全力助推新常态下发展升级。常委会以发展为重,围绕省委决策部署和全省发展大局,加强对加快产业集群发展、工业转型升级、旅游强省建设、计划预算执行、"十二五"纲要实施和"十三五"纲要编制等情况的立法、监督和调查研究,力促加快经济转型升级。着力推动税制、农垦等重点领域深化改革;严格按照新预算法要求,审查批准2015年地方政府债务限额,推动政府首次将国有经营预算分企业编制,与玉山县共建"预算审查监督先行先试实践基地"等。持续关注民生保障,继续采取明察暗访、突击检查、专题询问、工作评议及满意度测评等方式,对群众反映的"舌尖上的安全"、农产品质量安全、教育专项资金使用绩效等方面问题,督促严格整改。二是大力推动生态文明先行示范区建设。常委会强化对省十二届人大四次会议审议通过的《关于大力推进生态文明先行示范区建设的决议》实施的监督,听取审议了检查决议执行情况报告,围绕生态建设重大举措、环境污染治理、执法能力建设、制度创新、责任落实等内容,发现问题,强化整改。首次在省十二届人大五次会议听取审议省政府关于全省生态文明先行示范区建设和生态环境状况报告。以"加强水污染防治,促进生态文明先行示范区建设"为主题,继续开展环保赣江行活动。采取"省人大专委会牵头、省政府有关部门配合、跨流域设区市政府为主"模式,持续开展袁河流域水资源生态补偿试点工作,并建立水量水质相结合的考核机制,促进流域生态补偿制度创新。三是着力推进依法治省和法治江西建设。常委会不断加强和创新立法工作,选择社会关注度高、涉及群众切身利益的学校学生人身伤害事故预防与处理条例,作为2015年重点立法项目,并首次在省内主流媒体推出"人大立法在进行"栏目,引导人民群众有序表达立法诉求,探索"阳光立法"新途径。通过开展规范行政执法行为、推进法治政府建设专题调研,结合听取审议省法院行政审判工作情况报告并首次开展案件评议,开展预防职务犯罪工作情况专题询问,检查审计条例实施情况等,进一步加强对权力运行制约和监督。同时,积极稳妥有序推进设区市行使地方立法权。四是致力与时俱进创新发展人大工作。中共中央关于加强县乡人大工作和建设的若干意见以及省委关于创新发展人大工作的意见,为加强人大建设提供重要遵循。省委书记强卫强调"一定要把文件的督办摆到一个应有的高度"。在常委会领导率领下,由省委办公厅、省委组织部等相关部门和人员组成6个督查小组,深入11个设区市、部分县(市、区)对意见贯彻落实情况开展督查。全国人大召开加强县乡人大工作和建设座谈会后,省领导又组织开展调研,召开协调会,提出贯彻落实的具体措施,常委会代拟《关于加强市县乡人大建设的若干实施意见》,由省委办公厅印发实施,许多过去长期困扰市县乡人大工作的困难和问题得到了突破性的解决,推动市县乡人大建设迈出历史性步伐,对基层民主法治进程产生深远影响。常委会还修订了各级人大常委会讨论、决定重大事项规定,制定了备案审查条例和实施宪法宣誓制度办法等,进一步建立健全人大依法行使职权制度。

重要会议

【省十二届人大四次会议】 1月27日—31日在南昌举行。大会听取和审议省人民政府省长鹿心社作的政府工作报告、省人大常委会副主任洪礼和作的省人大常委会工作报告、省高级人民法院院长张忠厚作的省高级人民法院工作报告、省人民检察院检察长刘铁流作的省人民检察院工作报告，审查和批准关于江西省2014年国民经济和社会发展计划执行情况与2015年国民经济和社会发展计划草案的报告、关于江西省2014年全省和省级预算执行情况和2015年全省和省级预算草案的报告，批准江西省2015年国民经济和社会发展计划、江西省2015年省级预算，通过关于上述6项报告的决议。审议通过《江西省人民代表大会关于大力推进生态文明先行示范区建设的决议》。大会决定接受朱秉发辞去省十二届人大常委会副主任职务；补选史文清、冯桃莲为省十二届人大常委会副主任，张贻奏、段锦来、虞国庆、谭晓林为省十二届人大常委会委员。省十二届人民代表大会内务司法委员会、财政经济委员会、教育科学文化卫生委员会、农业和农村委员会、环境与资源保护委员会、法制委员会分别向会议提交工作报告（书面）。

大会收到代表建议、批评和意见568件，连同代表10人以上联名提出的12件议案改作建议处理的，共计580件。闭会后，由省人大常委会选举任免联络工作委员会交由有关国家机关、组织办理，并答复代表。

【省十二届人大常委会会议】 2015年，举行常委会会议6次，即省十二届人大常委会第十六次会议至第二十一次会议。

省十二届人大常委会第十六次会议于1月22日在南昌举行。会议审议省人大常委会工作报告（讨论稿），决定提请省十二届人大四次会议审议；审议省十二届人大四次会议议程（草案）、省十二届人大四次会议主席团和秘书长名单（草案），决定提请省十二届人大四次会议预备会议审议；审议通过省十二届人大四次会议列席人员范围；审议通过《江西省人民代表大会常务委员会关于调整江西省第十二届人民代表大会第四次会议召开时间的决定》，会议提前到2015年1月27日召开；听取和审议省十二届人大常委会代表资格审查委员会关于代表资格的审查报告、省人大常委会关于省十二届人大三次会议期间代表审议省人大常委会工作报告有关意见建议办理总体情况的报告、省人大常委会选任联工委关于省十二届人大三次会议代表提出的建议、批评和意见办理情况的报告，省人民政府关于2013年度省级预算执行和其他财政收支审计查出问题整改情况的报告；审议《江西省第十二届人民代表大会第四次会议关于大力推进生态文明先行示范区建设的决议（草案）》，省人民政府关于省十二届人大三次会议代表建议办理情况的报告（书面），省高级人民法院关于省十二届人大三次会议代表建议办理情况的报告（书面）和省人民检察院关于省十二届人大三次会议代表建议办理情况的报告（书面）；决定接受周容兴、周健儿辞去江西省人民代表大会常务委员会委员职务的请求，并报江西省第十二届人民代表大会第四次会议备案；决定免去周健儿的江西省人民代表大会教育科学文化卫生委员会副主任委员职务，周容兴的江西省人民代表大会环境与资源保护委员会副主任委员职务；通过其他人事任免有关事项。

省十二届人大常委会第十七次会议于3月25日—26日在南昌举行。会议审议通过《江西省人民代表大会常务委员会关于修改〈江西省实施《中华人民共和国道路交通安全法》办法〉的决定》；审议南昌市人大常委会报请批准的《南昌市水资源条例》《南昌市人民代表大会常务委员会关于修改〈南昌市军山湖保护条例〉的决定》，通过《江西省人民代表大会常务委员会关于批准〈南昌市水资源条例〉的决定》《江西省人民代表大会常务委员会关于批准〈南昌市人民代表大会常务委员会关于修改《南昌市军山湖保护条例》的决定〉的决定》；审议《江西省矿产资源管理条例（草案修改稿）》《江西省非物质文化遗产条例（草案）》；听取和审议省十二届人大常委会代表资格审查委员会关于代表资格的审查报告；决定接受冯桃莲、刘金炎辞去江西省人民代表大会常务委员会委员职务的请求，并报江西省第十二届人民代表大会第五次会议备案；决定免去杨伟东的江西省人大常委会选举任免联络工作委员会主任职务；决定任命龚绍林为江西省人大常委会选举任免联络工作委员会主任；任命陈友锦为江西省人民代表大会内务司法委员会副主任委员，叶敏健为江西省人民代表大会法制委员会副主任委员；决定免去谭晓林的江西省人民政府秘书长职务，虞国庆的江西省教育厅厅长职务，马承祖的江西省司法厅厅长职务，孙晓山的江西省水利厅厅长职务；决定任命张勇为江西省人民政府秘书长，叶仁荪为江西省教育厅厅长，潘东军为江西省监察厅厅长，胡焯为江西省司法厅厅长，罗小云为江西省水利厅厅长；通过其他人事任免有关事项。

省十二届人大常委会第十八次会议于5月26日—28日在南昌举行。会议审议通过《江西省矿产资源管理条例》《江西省非物质文化遗产条例》；审议《江西省旅游条例（修订草案）》；审查批准2015年省级一般公共预算和政府性基金预算调整方案；听取和审议省人大常委会执法检查组关于检查《江西省审计条例》实施情况的报告、省人民政府关于贯彻实施《中华人民共和国体育法》情况的报告；听取和审议省人民检察院关于预防职务犯罪工作情况的报告，并召开联组会议开展专题询问；决定接受李玉英辞去江西省第十二届人民代表大会常务委员会委员、江西省第十二届人民代表大会教育科学文化卫生委员会主任委员职务的请求，并报江西省第十二届人民代表大会第五次会议备案；决定免去杨新民的江西省人民代表大会常务委员会副秘书长和李锐的江西省人民代表大会常务委员会法制工作委员会主任职务；通过其他人事任免有关事项。

省十二届人大常委会第十九次会议于7月28日—30日上午在南昌举行。会议审议通过《江西省人民代表大会常务委员会关于重新确定南昌市东湖区人民代表大会代表名额的决定》；修订通过《江西省旅游条例》；审议《江西省实施〈中华人民共和国消费者权益保护法〉办法（修订草案）》《江西省公路条例（草案）》；听取和审议省十二届人大常委会代表资格审查委员会关于代表资格的审查报告；听取和审议省人民政府关于2015年上半年国民经济和社会发展计划执行情况的报告、关于2014年度省级预算执行和其他财政收支的审计工作报告、关于江西省对外交往和国际友城工作情况的报告;听取和审议省人民政府关于2014年省级决算和2015年上半年预算执行情况的报告,批准《江西省2014年省级决算》;任命刘昌林为江西省人民政府副省长,罗小茶为江西省人民代表大会农业和农村委员会副主任委员;免去林兴富的江西省人民代表大会财政经济委员会副主任委员职务,董立新的江西省人民代表大会常务委员会选举任免联络工作委员会副主任职务;任命丁晓群为江西省旅游发展委员会主任;免去王晓峰的江西省旅游发展委员会主任职务;决定接受李炳军、胡幼桃辞去江西省人民政府副省长职务,林兴富辞去江西省第十二届人民代表大会常务委员会委员职务,并报江西省第十二届人民代表大会第五次会议备案;确认许可对省十二届人大代表杨艳清采取强制措施;通过其他人事任免有关事项。

省十二届人大常委会第二十次会议于9月21日—24日在南昌举行。会议审议通过《江西省公路条例》《江西省人民代表大会常务委员会关于批准〈南昌市养犬管理条例〉的决定》《江西省人民代表大会常务委员会关于批准〈南昌市建筑市场管理规定〉的决定》;修订通过《江西省实施〈中华人民共和国消费者权益保护法〉办法》;审查批准2015年省级一般公共预算和政府性基金预算第二次调整方案;审议《江西省各级人民代表大会常务委员会规范性文件备案审查条例(草案)》《江西省学校学生人身伤害事故预防与处理条例(草案)》;听取和审议省人大常委会执法检查组关于检查《中华人民共和国农产品质量安全法》实施情况的报告,并召开联组会议开展专题询问;听取和审议省人民政府关于江西省有关教育专项资金绩效评价情况的报告,并召开联组会议开展工作评议和满意度测评;听取和审议省十二届人大常委会代表资格审查委员会关于代表资格的审查报告,省人大常委会专题调研组关于全省规范行政执法行为推进法治政府建设工作情况的专题调研报告,省人民政府关于江西省加快产业集群发展、推进工业转型升级情况的报告、关于落实税制改革工作情况的报告、关于全省畜禽规模养殖污染防治情况的报告;决定接受莫建成辞去江西省人民政府副省长职务,沈亚平辞去江西省第十二届人民代表大会常务委员会委员、江西省第十二届人民代表大会法制委员会主任委员职务,宋才火辞去江西省第十二届人民代表大会常务委员会委员职务,并报江西省第十二届人民代表大会第五次会议备案;任命毛伟明为江西省人民政府副省长;免去宋才火的江西省人民代表大会法制委员会副主任委员职务;任命韩军为江西省人民代表大会常务委员会法制工作委员会主任,李元生为江西省人民代表大会常务委员会选举任免联络工作委员会副主任;免去李元生的江西省人民代表大会常务委员会办公厅副主任职务;任命沙闻麟为江西省司法厅厅长;免去胡焯的江西省司法厅厅长职务;通过其他人事任免有关事项。

省十二届人大常委会第二十一次会议于11月18日—20日上午在南昌举行。会议审议通过《江西省各级人民代表大会常务委员会规范性文件备案审查条例》《江西省学校学生人身伤害事故预防与处理条例》《江西省实施宪法宣誓制度办法》《江西省人民代表大会常务委员会关于批准〈南昌市轨道交通条例〉的决定》《江西省人民代表大会常务委员会关于确定九江、景德镇、赣州、宜春、上饶、吉安、抚州市人民代表大会及其常务委员会开始制定地方性法规的时间的决定》;修订通过《江西省各级人民代表大会常务委员会讨论、决定重大事项的规定》;审议《江西武夷山国家级自然保护区条例(草案)》《江西省水资源条例(修订草案)》;审查批准2015年地方政府债务限额;听取和审议省高级人民法院关于2014年以来全省法院行政审判工作情况的报告、省人大内司委关于行政案件审理情况的报告,审议通过《江西省人民代表大会常务委员会关于进一步加强行政审判工作的决议》;听取和审议省人大环资委关于检查《江西省人民代表大会关于大力推进生态文明先行示范区建设的决议》执行情况的报告、关于开展2015年环保赣江行活动情况的报告,省人民政府关于江西省旅游强省建设情况的报告、关于江西省农垦改革发展情况的报告;审议省人大常委会执法检查组关于检查《中华人民共和国献血法》实施情况的报告(书面)、省人大常委会外侨民宗工委关于开展2015年助推旅游强省建设系列活动情况的报告(书面);审议通过《江西省人民代表大会常务委员会关于召开江西省第十二届人民代表大会第五次会议的决定》;决定接受朱虹辞去江西省人民政府副省长职务,李亚平辞去江西省第十二届人民代表大会常务委员会委员职务,并报江西省第十二届人民代表大会第五次会议备案;决定任命尹建业、殷美根为江西省人民政府副省长;免去李亚平的江西省人民代表大会环境与资源保护委员会副主任委员职务;决定免去孙学军的江西省人民代表大会常务委员会外事华侨民族宗教工作委员会副主任职务;通过其他人事任免有关事项。

地方立法工作

【概　况】 2015年,省人大常委会制定地方性法规6件、修改法规4件;批准南昌市人大常委会制定的法规5件。

制定的地方性法规是:《江西省矿产资源管理条例》《江西省非物质文化遗产条例》《江西省公路条例》《江西省各级人民代表大会常务委员会规范性文件备案审查条例》《江西省学校学生人身伤害事故预防与处理条例》《江西省实施宪法宣誓制度办法》。

修改的地方性法规是:《江西省实施〈中华人民共和国道路交通安全法〉办法》《江西省旅游条例》《江西省实施〈中华人民共和国消费者权益保护法〉办法》《江西省各级人民代表大会常务委员会讨论、决定重大事项的规定》。

批准制定的法规是:《南昌市水资源条例》《南昌市养犬管理条例》《南昌市建筑市场管理规定》《南昌市轨道交通条例》;批准修订的法规是:《南昌市军山湖保护条例》。

省人大常委会坚持科学立法、民主立法,充分发挥人大在立法中的主导作用。一是加强立法组织协调。重点把握法规立项、起草、审议3个环节，编制审议法规草案计划时，注重就立法的必要性、可行性、成熟度、拟规范的主要内容等进行科学评估论证；对政府主管部门牵头起草的法规，坚持提前介入；对修改审议中遇到的分歧意见较大又迫切需要解决的难点问题，力求制度设计科学、合理、可行，在开展非物质文化遗产条例调研时，对委员和基层普遍反映的问题，专门组织召开立法协调会。二是坚持立法公开。发挥人大代表在立法中的主体作用，认真研究采纳人大代表提出的立法建议意见，坚持邀请人大代表参加立法调研、立法听证或立法论证等活动；坚持将每件法规草案及时向社会公开征求意见；对关系群众切身利益、社会普遍关切的法规，着重听取行政相对人和利益关系人特别是基层群众的意见；就矿产资源管理条例草案中的有关问题，首次与省政协委员进行立法协商；全年邀请专家、顾问和省法律顾问团成员参与立法活动50余人次。三是改进立法调研方式。既通过召开座谈会、征求立法联系点意见等常规渠道，又结合特殊立法项目，创新运用体验式调研、跟踪典型案例、“暗访”、随机访谈、问卷调查等多种方式，掌握第一手资料，为立法决策提供参考依据。

【推出“人大立法在进行”栏目】 2015年，省人大常委会坚持民主立法，注重民意为先，借鉴制订实施医疗纠纷预防与处理条例的经验，选择社会关注度高、涉及群众切身利益的学校学生人身伤害事故预防与处理条例，首次在省内主流媒体推出“人大立法在进行”栏目。通过报纸、电视、广播、微信、微博、手机等全覆盖宣传、全景式追踪报道、全方位征求意见，把立法公开贯穿于法规制定全过程。期间发放调查问卷万余份，举行各类座谈会、立法听证会、专题论证会，多渠道收集意见建议共19万多条。“人大立法在进行”活动与学校学生人身伤害事故预防与处理条例入选2015年度“江西十大法治事件”。

【推进设区市行使地方立法权】 2015年，省人大常委会多次赴省内外调研，就确定设区市行使立法权的条件、时间和步骤，向省委提出建议；部署申报行使立法权筹备工作，指导和支持设区市人大设立立法机构，对申报行使立法权的设区市组织评估。经省人大常委会会议决定，九江、景德镇、赣州、宜春、上饶、吉安、抚州等7个省辖市为江西省首批行使立法权的设区市。

监督工作

【概　况】 2015年，省人大常委会听取和审议专项工作报告11项，包括：省人民政府关于贯彻实施《中华人民共和国体育法》情况的报告，关于江西省对外交往和国际友城工作情况的报告，关于江西省加快产业集群发展、推进工业转型升级情况的报告，关于江西省有关教育专项资金绩效评价情况的报告，关于落实税制改革工作情况的报告，关于全省畜禽规模养殖污染防治情况的报告，关于江西省旅游强省建设情况的报告，关于江西省农垦改革发展情况的报告；省高级人民法院关于2014年以来全省法院行政审判工作情况的报告；省人民检察院关于预防职务犯罪工作情况的报告。

审查和批准决算，听取和审议计划、预算执行情况和审计工作等报告。省人大常委会听取和审议省人民政府关于2015年上半年国民经济和社会发展计划执行情况的报告、关于2014年省级决算和2015年上半年预算执行情况的报告、关于2014年度省级预算执行和其他财政收支的审计工作报告、关于2013年度省级预算执行和其他财政收支审计查出问题整改情况的报告，审查批准2015年省级一般公共预算和政府性基金预算两次调整方案、2015年地方政府债务限额，批准江西省2014年省级决算。对省林业厅、省国土资源厅2014年部门决算草案进行重点审查。

开展法律法规实施情况检查。省人大常委会检查《江西省审计条例》《中华人民共和国农产品质量安全法》《中华人民共和国献血法》实施情况。省人大常委会配合全国人大常委会检查《中华人民共和国老年人权益保障法》《中华人民共和国农业法》《中华人民共和国水污染防治法》实施情况。

开展经常性监督项目检查。以“加强水污染防治，促进生态文明先行示范区建设”为主题，继续开展环保赣江行活动。围绕推动新环保法和水污染防治法的实施，依法监督，“重拳”出击，“铁腕”治污，敢啃环境污染治理的“硬骨头”。重点检查畜禽规模养殖污染防治，督促南昌等地关停搬迁一批禁养区内的养殖场，督促4家养殖废水超标企业建设污水处理设施；对11家工业污染企业整改进行督办，促其达标排放；对危害江西省生态的入侵物种“加拿大一枝黄花”，组织专题调研，开展综合施治。以优化旅游发展环境为主题，开展助推旅游强省建设系列活动，采取专题调研、重点检查、代表视察、跟踪督办等方式，重点推进旅游市场秩序依法治理，强化旅游市场监管。

开展规范性文件备案审查。省人大常委会制定《江西省各级人民代表大会常务委员会规范性文件备案审查条例》，规范备案审查范围，明确机构及职责，完善审查标准和程序，推动备案审查工作步入法治化轨道。全年共收到报备规范性文件168件，依法对《江西省教育督导规定》等规范性文件主动进行审查，就《江西省行政许可事项目录管理办法》等规范性文件中存在的有关问题提出审查意见，及时转请制定机关依法妥善处理，就《江西省民用建筑节能和绿色建筑管理办法（草案）》等5件规章草案进行研究，针对草案中存在的与上位法不一致或增加公民、法人和其他组织义务等问题，通过口头或书面方式及时督促政府有关部门予以关注或改正。通过印发规范性文件备案情况通报和编印《法制工作参考（备案审查工作专辑）》，促进市县区人大常委会备案审查工作有序开展。

【开展专题监督】 2015年，省人大常委会结合听取和审议省人大常委会执法检查组关于检查《中华人民共和国农产品质量安全法》实施情况的报告，依法开展专题询问，直面农产品质量安全问题，对群众反映的不法生产经营行为，督促严格整改。更加注重促进教育公平和教育事业健康发展，连续多年关注教育专项资金使用绩效,2015年重点就农村义务教育标准化建设工程和普通高校“2011协同创新计划”,听取审议省政府工作报告,开展工作评议和满意度测评,督促政府有关部门继续提升农村中小学教学水平和教师队伍素质,解决城镇学校“大班额”问题,对高校创新专项资金使用效率低的问题加强督促整改。结合听取审议省法院行政审判工作情况报告,查阅省法院和11个中院、2个基层院73件行政案件,首次开展案件评议,作出进一步加强行政审判工作决议。要求审判机关全面加强和改进行政审判工作,切实解决行政诉讼立案难、审理难、执行难问题;要求行政机关切实做到依法行政,从源头上防止和减少行政违法行为,积极履行应诉职责,依法履行诉讼义务。听取审议省检察院预防职务犯罪工作情况报告,并对省检察院及7个省直单位进行专题询问,深入推进系统预防和专项预防,促进完善单位各负其责、检察机关依法指导监督、社会各界共同参与的社会化预防工作机制。

决定重大事项

【关于批准2015年省级一般公共预算和政府性基金预算调整方案的决议】 省十二届人大常委会第十八次会议审查省人民政府提交的2015年江西省省级一般公共预算和政府性基金预算调整方案(草案)。会议同意省人大财经委提出的《关于2015年省级一般公共预算和政府性基金预算调整方案(草案)的审查报告》,决定批准2015年江西省省级一般公共预算和政府性基金预算调整方案。

【关于重新确定南昌市东湖区人民代表大会代表名额的决定】 省十二届人大常委会第十九次会议重新确定南昌市东湖区人民代表大会代表名额为258名。

【关于批准2014年省级决算的决议】 省十二届人大常委会第十九次会议听取省人民政府关于2014年省级决算和2015年上半年预算执行情况的报告、关于2014年度省级预算执行和其他财政收支的审计工作报告。会议结合审议审计工作报告,对《江西省2014年省级决算(草案)》和省级决算的报告进行审查,同意省人大财经委提出的《关于2014年省级决算的审查报告》,决定批准《江西省2014年省级决算》。

【关于批准2015年江西省省级一般公共预算和政府性基金预算第二次调整方案的决议】 省十二届人大常委会第二十次会议审查省人民政府提交的2015年江西省省级一般公共预算和政府性基金预算第二次调整方案(草案)。会议同意省人大财经委提出的《关于2015年省级一般公共预算和政府性基金预算第二次调整方案(草案)的审查报告》,决定批准2015年江西省省级一般公共预算和政府性基金预算第二次调整方案。

【关于确定九江、景德镇、赣州、宜春、上饶、吉安、抚州市人民代表大会及其常务委员会开始制定地方性法规的时间的决定】 省十二届人大常委会第二十一次会议决定,九江、景德镇、赣州、宜春、上饶、吉安、抚州市人民代表大会及其常务委员会自决定公布之日起,可以开始制定地方性法规。

【关于同意批准2015年地方政府债务限额的决议】 省十二届人大常委会第二十一次会议听取省人民政府关于提请审议批准2015年地方政府债务限额的议案的说明,并对议案进行了审议。会议同意省人大财经委提出的《关于批准2015年地方政府债务限额的审查报告》,决定同意批准2015年地方政府债务限额为3905.2亿元。

【关于进一步加强行政审判工作的决议】 省十二届人大常委会第二十一次会议在听取和审议关于2014以来全省法院行政审判工作情况的报告基础上,作出关于进一步加强行政审判工作的决议。决议要求,充分认识加强行政审判工作的重要性,全省审判机关要全面加强和改进行政审判工作,全省行政机关要依法行政,支持和配合行政审判工作,全省各级人大常委会、全省检察机关以及社会各界要依法监督和推动行政审判工作。

选举和任免

【概　况】 2015年,省人大常委会坚持把党管干部与人大依法任免相结合,严格程序,依法做好选举、任免工作。全年依法任免国家机关工作人员143人次。

省十二届人大四次会议,决定接受朱秉发辞去江西省第十二届人民代表大会常务委员会副主任职务;补选史文清、冯桃莲为江西省人民代表大会常务委员会副主任;选举张贻奏、段景来、虞国庆、谭晓林为江西省人民代表大会常务委员会委员;大会采用无记名按移动电子表决器方式表决通过刘和平、段景来为江西省人民代表大会内务司法委员会副主任委员,张贻奏为江西省人民代表大会财政经济委员会副主任委员,谭晓林为江西省人民代表大会教育科学文化卫生委员会副主任委员,虞国庆为江西省人民代表大会环境与资源保护委员会副主任委员。

省十二届人大常委会第十六次会议,免去周健儿的江西省人民代表大会教育科学文化卫生委员会副主任委员职务,周容兴的江西省人民代表大会环境与资源保护委员会副主任委员职务;任命邱利为江西省人民检察院副检察长;免去肖庚云、李丽君的江西省高级人民法院审判委员会委员、审判员职务。

省十二届人大常委会第十七次会议,决定任命龚绍林为江西省人民代表大会常务委员会选举任免联络工作委员会主任;决定免去杨伟东的江西省人民代表大会常务委员会选举任免联络工作委员会主任职务;任命陈友锦为江西省人民代表大会内务司法委员会副主任委员,叶敏健为江西省人民代表大会法制委员会副主任委员;决定任命张勇为江西省人民政府秘书长,叶仁荪为江西省教育厅厅长,潘东军为江西省监察厅厅长,胡焯为江西省司法厅厅长,罗小云为江西省水利厅厅长;决定免去谭晓林的江西省人民政府秘书长职务,虞国庆的江西省教育厅厅长职务,马承祖的江西省司法厅厅长职务，孙晓山的江西省水利厅厅长职务；批准任命宋智勇为抚州市人民检察院检察长；免去段景来的江西省人民检察院副检察长、检察委员会委员职务；任命勒世标为江西省高级人民法院审判委员会委员、审判员，张宏为南昌铁路运输中级法院刑事审判第二庭庭长、审判员，胡少林为南昌铁路运输中级法院审判监督庭庭长，储军为南昌铁路运输法院副院长，刘长春为南昌铁路运输法院审判委员会委员；免去陶远鸣的江西省高级人民法院审判委员会委员、审判员职务，刘莉的江西省高级人民法院审判员职务，蔡新玉的南昌铁路运输中级法院审判委员会委员、审判员职务，胡少林的南昌铁路运输中级法院民事审判第二庭副庭长职务，张宏的南昌铁路运输法院刑事审判庭庭长、审判员职务，徐民权、伏方平的南昌铁路运输法院审判员职务，雷建青的江西省人民检察院检察员职务，冯新建的南昌铁路运输检察院检察委员会委员、检察员职务。

省十二届人大常委会第十八次会议，决定接受李玉英辞去江西省第十二届人民代表大会常务委员会委员、江西省第十二届人民代表大会教育科学文化卫生委员会主任委员职务的请求，并报江西省第十二届人民代表大会第五次会议备案；决定免去杨新民的江西省人民代表大会常务委员会副秘书长职务，李锐的江西省人民代表大会常务委员会法制工作委员会主任职务；任命刘洪芳为江西省高级人民法院审判委员会委员、审判员，黄训荣、董令军为江西省高级人民法院审判委员会委员，刘晓云为江西省高级人民法院刑事审判第一庭庭长，陈建平为江西省高级人民法院刑事审判第二庭庭长，黎章辉为江西省高级人民法院民事审判第二庭庭长，喻德红为江西省高级人民法院审判监督庭庭长，周小军为江西省高级人民法院刑事审判第三庭庭长，胡俊涛为江西省高级人民法院民事审判第四庭庭长，黄建文为江西省高级人民法院立案二庭庭长，杜玉东为江西省高级人民法院民事审判第三庭庭长；免去张雪群的江西省高级人民法院审判委员会委员、民事审判第二庭庭长、审判员职务，楼建群的江西省高级人民法院刑事审判第二庭庭长职务，杨国安的江西省高级人民法院民事审判第三庭庭长职务，刘晓云的江西省高级人民法院刑事审判第三庭庭长职务，陈建平的江西省高级人民法院民事审判第四庭庭长职务，黎章辉的江西省高级人民法院审判监督庭庭长职务，喻德红的江西省高级人民法院立案二庭庭长职务，黄建文的江西省高级人民法院立案二庭副庭长职务，杜玉东的江西省高级人民法院民事审判第二庭副庭长职务，罗志坚的江西省高级人民法院审判监督庭副庭长职务，胡嘉金的江西省高级人民法院刑事审判第二庭副庭长职务，王少昌、方进进的江西省高级人民法院审判员职务；任命龚林华、周立平、宋尚华、毛红、郭红、陈小平为江西省人民检察院检察员，唐水滨、刘斌、成亮、刘军、徐健为南昌铁路运输检察院检察委员会委员；免去蔡田的江西省人民检察院检察委员会委员、检察员职务，郑强丕、吴勤汉的江西省人民检察院检察员职务。

省十二届人大常委会第十九次会议，决定任命刘昌林为江西省人民政府副省长，罗小茶为江西省人民代表大会农业和农村委员会副主任委员；免去林兴富的江西省人民代表大会财政经济委员会副主任委员职务，董立新的江西省人民代表大会常务委员会选举任免联络工作委员会副主任职务；决定任命丁晓群为江西省旅游发展委员会主任；决定免去王晓峰的江西省旅游发展委员会主任职务；任命周小军为江西省高级人民法院审判委员会委员，熊杰为江西省高级人民法院立案二庭副庭长，李方平为江西省高级人民法院刑事审判第二庭副庭长、审判员，邓相红为江西省高级人民法院民事审判第二庭副庭长、审判员，龚雪林为江西省高级人民法院审判监督庭副庭长、审判员，汤媛媛为江西省高级人民法院审判员，吴艳清为南昌铁路运输法院刑事审判庭庭长，李卫国为南昌铁路运输法院民事审判庭庭长，吕中秋为南昌铁路运输法院审判监督庭庭长；免去万绍周的南昌铁路运输中级法院审判员职务，吕中秋的南昌铁路运输法院民事审判庭庭长职务，李卫国的南昌铁路运输法院审判监督庭庭长职务，黄诚的南昌铁路运输法院刑事审判庭副庭长职务；任命陈淑琴、蔡赣农、李维栋为江西省人民检察院检察员，朱亚南、姜莉为江西省南昌长埈地区人民检察院检察员，陶伟、余雄伟为江西省上饶珠湖地区人民检察院检察员；免去严正荣的江西省上饶珠湖地区人民检察院检察委员会委员、检察员职务；决定接受李炳军、胡幼桃辞去江西省人民政府副省长职务的请求，林兴富辞去江西省第十二届人民代表大会常务委员会委员职务的请求，并报江西省第十二届人民代表大会第五次会议备案。

省十二届人大常委会第二十次会议，决定接受莫建成辞去江西省人民政府副省长职务的请求，沈亚平辞去江西省第十二届人民代表大会常务委员会委员、江西省第十二届人民代表大会法制委员会主任委员职务的请求，宋才火辞去江西省第十二届人民代表大会常务委员会委员职务的请求，并报江西省第十二届人民代表大会第五次会议备案；决定任命毛伟明为江西省人民政府副省长；免去宋才火的江西省人民代表大会法制委员会副主任委员职务；决定任命韩军为江西省人民代表大会常务委员会法制工作委员会主任，李元生为江西省人民代表大会常务委员会选举任免联络工作委员会副主任；决定免去李元生的江西省人民代表大会常务委员会办公厅副主任职务；决定任命沙闻麟为江西省司法厅厅长；决定免去胡焯的江西省司法厅厅长职务；任命曹正启为江西省高级人民法院审判员，肖康为南昌铁路运输中级法院审判委员会委员；免去王建新的江西省高级人民法院审判委员会委员、审判员职务，李国全的江西省高级人民法院审判员职务，程锦瑄、熊文军的江西省人民检察院检察员职务。

省十二届人大常委会第二十一次会议，决定接受朱虹辞去江西省人民政府副省长职务的请求，李亚平辞去江西省第十二届人民代表大会常务委员会委员职务的请求，并报江西省第十二届人民代表大会第五次会议备案；决定任命尹建业、殷美根为江西省人民政府副省长；免去李亚平的江西省人民代表大会环境与资源保护委员会副主任委员职务；决定免去孙学军的江西省人民代表大会常务委员会外事华侨民族宗教工作委员会副主任职务;任命徐英荣为南昌铁路运输中级法院副院长、审判委员会委员、审判员;免去曾华的江西省高级人民法院刑事审判第二庭副庭长职务,邱爱珍的江西省高级人民法院刑事审判第三庭副庭长职务,胡卫萍的江西省高级人民法院民事审判第三庭副庭长、审判员职务,徐英荣、俞小林的江西省高级人民法院审判员职务;任命吴海丽、谌红、刘鸿斌、罗军为江西省人民检察院检察委员会委员,方干兴为江西省人民检察院南昌铁路运输分院检察委员会委员、检察员,刘向阳为江西省上饶珠湖地区人民检察院检察长;免去彭敏的江西省人民检察院检察员职务,沈宏远的江西省人民检察院南昌铁路运输分院副检察长、检察委员会委员、检察员职务,方干兴的南昌铁路运输检察院检察委员会委员、检察员职务,吴建新的江西省上饶珠湖地区人民检察院检察长职务。

【制定宪法宣誓制度】 2015年,制定宪法宣誓制度,是对人大及其常委会选举和人事任免制度的重要补充和完善,也是对被选举和任命的国家机关工作人员以及全体公民进行宪法教育的过程,对全面推进依法治国意义重大。7月1日,十二届全国人大常委会第十五次会议通过了《全国人民代表大会常务委员会关于实行宪法宣誓制度的决定》。根据全国人大常委会的决定,省人大常委会审议通过《江西省实施宪法宣誓制度办法》,并于2016年1月1日施行,以确保宪法宣誓制度在江西省全面规范和有效实施。

代表工作

【概　况】 2015年,省十二届人大四次会议期间,共收到代表建议、批评和意见580件。其中:涉及政法综合方面165件,工业交通方面167件,财经农林方面143件,教科文卫方面105件。会后,省人大常委会及时将建议交有关国家机关、组织办理。其中:交省直党群系统各单位办理18件,交省人大常委会有关部门办理4件,交省政府各部门及有关单位办理552件,交省高级人民法院办理5件,交省人民检察院办理1件。建议办理工作涉及61个单位和11个设区市政府。从办理结果看,代表所提问题已获解决或基本解决的(A类)300件,占51.72%;代表所提问题正在解决或有关工作已经启动的(B类)241件,占41.55%;因条件所限暂时难以解决或留作参考的39件(C类),占6.73%。从代表反馈意见看,绝大多数代表对办理工作表示满意或基本满意。

坚持全面督办、重点督办和经常性督办相结合,做好代表建议督办工作。一是及时交办建议。省十二届人大四次会议期间,大会议案组及时对收到的代表建议进行复查、审核、分类、登记,并通过省人大代表建议网上办理系统第一时间交各有关承办单位。大会一闭幕,即与省政府办公厅联合召开代表建议交办会,省人大常委会、省政府有关领导出席会议并讲话。之后,又召开省直党群系统各单位建议交办会。二是抓好经常性督办。通过网上查看、电话联系沟通、与代表面商等多种方式,做好经常性督办工作,及时掌握办理进度,认真了解答复内容,随时发现问题督促改进。先后对4件代表表示不满意的建议进行了协调督办。三是做好重点督办。确定《关于提高全省未成年居民城镇基本医疗保险保障标准的建议》等9件建议作为省人大常委会重点督办建议,由省人大常委会领导领衔督办,省人大各专工委负责具体督办。此外,协助全国人大常委会办公厅在南昌召开全国人大代表建议办理工作座谈会。

【组织代表开展专题调研活动】 2015年,省人大常委会围绕全省工作大局和人民群众普遍关心的社会热点难点问题,先后集中组织江西省选举的全国人大代表、省人大代表围绕把握精准扶贫导向、创新扶贫攻坚模式等主题开展专题调研;围绕法院诉讼服务中心建设和信息化建设以及检察院查办和预防职务犯罪、规范司法行为专项整治、检务公开和未成年人检察工作等开展专项视察。重视发挥代表小组作用,指导、协助江西省选举的全国人大代表小组和代表围绕互联网与信息惠民、油茶产业面临的难题与建议等开展专题调研,形成多篇调研报告。全年两级代表通过视察和调研,向有关单位和部门提出建议30条。配合全国人大常委会办公厅组织香港特别行政区第十二届全国人大代表考察团一行18人,到江西省就供港水源——东江水源头水资源环境保护、生态补偿机制等进行专题调研。

【支持和保证代表依法履职】 2015年,省人大常委会出台《关于加强省人大代表与人民群众联系的意见》,进一步规范和促进省人大代表与原选举单位和人民群众的联系。在全省4个设区市5个县(市、区)开展人大代表联系村和社区制度试点工作,推动基层人大广泛开展代表联系选民、向选民述职活动,进一步畅通群众与代表双向联系渠道。为切实提高代表履职能力,加大培训工作力度,先后在深圳、厦门、北戴河举办3期省人大代表培训班,培训代表360余人次。继续组织全国人大代表将事关全省改革发展的重大问题,以江西代表团名义向全国人民代表大会提出建议,其中鄱阳湖水利枢纽建设等4件建议列为全国人大重点督办件。

·资　料·

2015年江西省地方性法规目录

法规名称	通过日期
1. 江西省实施《中华人民共和国道路交通安全法》办法	2015年3月26日省十二届人大常委会第十七次会议修正
2. 江西省人民代表大会常务委员会关于批准《南昌市水资源条例》的决定	2015年3月26日省十二届人大常委会第十七次会议通过
3. 江西省人民代表大会常务委员会《南昌市人民代表大会常务委员会关于修改〈南昌市军山湖保护条例〉的决定》的决定	2015年3月26日省十二届人大常委会第十七次会议通过
4.《江西省矿产资源管理条例》	2015年5月28日省十二届人大常委会第十八次会议通过
5.《江西省非物质文化遗产条例》	2015年5月28日省十二届人大常委会第十八次会议通过
6.《江西省旅游条例》	2015年7月30日省十二届人大常委会第十九次会议修订
7.《江西省公路条例》	2015年9月24日省十二届人大常委会第二十次会议通过
8.《江西省实施〈中华人民共和国消费者权益保护法〉办法》	2015年9月24日省十二届人大常委会第二十次会议修订
9. 江西省人民代表大会常务委员会关于批准《南昌市养犬管理条例》的决定	2015年9月24日省十二届人大常委会第二十次会议通过
10. 江西省人民代表大会常务委员会关于批准《南昌市建筑市场管理规定》的决定	2015年9月24日省十二届人大常委会第二十次会议通过
11.《江西省各级人民代表大会常务委员会规范性文件备案审查条例》	2015年11月20日省十二届人大常委会第二十一次会议通过
12.《江西省学校学生人身伤害事故预防与处理条例》	2015年11月20日省十二届人大常委会第二十一次会议通过
13.《江西省各级人民代表大会常务委员会讨论、决定重大事项的规定》	2015年11月20日省十二届人大常委会第二十一次会议修订
14.《江西省实施宪法宣誓制度办法》	2015年11月20日省十二届人大常委会第二十一次会议通过
15. 江西省人民代表大会常务委员会关于批准《南昌市轨道交通条例》的决定	2015年11月20日省十二届人大常委会第二十一次会议通过

（省人大常委会办公厅）

本栏编辑　陈超萍

江西省人民政府

综　　述

2015年，全省上下认真贯彻落实中共十八大和十八届三中、四中、五中全会和中共中央总书记习近平系列重要讲话，特别是对江西工作"一个希望、三个着力"重要指示精神，深入实施省委"发展升级、小康提速、绿色崛起、实干兴赣"十六字方针，统筹做好稳增长、促改革、调结构、优生态、惠民生各项工作，经济发展总体平稳、稳中有进，社会事业全面进步。全省实现生产总值16723.8亿元，增长9.1%；财政总收入3021.5亿元，增长12.7%；500万元以上项目固定资产投资16993.9亿元，增长16%；规模以上工业增加值7268.9亿元，增长9.2%；外贸出口332.7亿美元，增长3.9%；社会消费品零售总额5896亿元，增长11.4%；城镇居民人均可支配收入2.65万元，增长9%；农村居民人均可支配收入1.11万元，增长10.1%；居民消费价格总水平上升1.5%；城镇登记失业率3.4%，低于控制目标1.1个百分点，较好完成省十二届人大四次会议确定的主要目标任务。

综合施策精准发力，经济保持平稳较快发展。出台"促进经济平稳健康发展22条""推进大众创业万众创新28条"等政策措施应对困难，打出稳增长"组合拳"。加强领导分级挂点帮扶，帮助企业稳定发展。大力推进重大项目建设，向社会发布102个PPP项目，鼓励引导民间资本进入基础设施、公共服务等领域。提升传统消费，拓展新兴消费，健康养老、信息、旅游等消费发展迅速，服务业占地区生产总值比重38.6%，提高1.8个百分点。加强重点出口企业帮扶，发展跨境电子商务，推进贸易便利化。外贸出口企稳回升，出口结构进一步优化。

深化改革扩大开放，发展动力不断增强。深化行政管理体制改革，省本级行政权力事项精简63.6%，行政审批事项精简51%，全部取消非行政许可审批类别。深入推进国资国企改革，凤凰光学、昌河汽车等五大集团重组顺利推进，省直单位所属企业脱钩移交工作按期完成，省盐业集团等混合所有制改革试点有序推进。稳步推进农村集体产权制度改革试点，农村土地承包经营权确权登记颁证到户率93.5%，农村土地流转率33.7%。扎实推进投融资体制、财税体制等改革，资本市场活力增强。坚持对内对外双向开放，全年实际利用外资94.7亿美元，增长12.1%；引进省外2000万元以上项目资金5232.2亿元，增长15.2%，开放合作水平进一步提升。

突出创新优化结构，转型升级步伐加快。密切科研与产业的对接，新增企业国家级重点实验室2个、博士后科研工作站28家，新组建产业创新战略联盟10个、协同创新体15个，新增抚州、赣州、吉安3个国家高新技术产业开发区。发明专利授权增长59%，"硅衬底蓝色发光二极管"技术获国家技术发明一等奖，"热敏灸"技术获国家科技进步二等奖。电子信息、生物医药等战略性新兴产业发展壮大，传统产业转型升级加快，过千亿产业达到10个。全省旅游接待总人数和总收入分别增长23.2%、37.3%。全省新增本外币各项贷款2863亿元，4家企业在境内外上市，新增49家企业在"新三板"挂牌，企业直接融资1522亿元。大力发展现代农业，农产品加工率达到53%。粮食生产能力进一步巩固，全年粮食总产214.85亿千克，实现"十二连丰"。

统筹布局协同发展，区域经济展现新活力。昌九一体化取得新进展，龙头昂起之势更显强劲。昌抚通信实现同城化，金融同城化取得实质性进展。苏区振兴取得阶段性重大成效，中央国家机关对口支援工作扎实推进，苏区振兴发展的产业支撑进一步夯实。吉泰走廊发展活跃。赣东北深化区域开放合作加快，赣西经济转型发展取得新成效。积极推进新型城镇化，全省城镇化率51.6%，提高1.4个百分点。扎实开展秀美乡村建设，完成农村危房改造31.2万户，建设改造农村公路1.4万千米，农村面貌进一步改善。

保护生态强化治理，生态文明先行示范区建设稳步推进。全面启动生态文明先行示范区建设，完成生态红线、水资源红线划定。强化以工业废气、机动车尾气和城市扬尘污染治理为重点的"净空"行动，实现PM2.5监测设区市城区全覆盖，全省空气环境质量优良率90.1%；强化以"五河一湖"及东江源头保护、工业及生活污水排放治理为重点的"净水"行动，全省地表水监测断面水质达标率81%；强化以城乡生活垃圾、农村面源污染、重金属污染和矿区污染治理为重点的"净土"行动，土壤污染得到控制。完成植树造林14.31万公顷、森林抚育37.33万公顷。南昌、宜春成功创建国家森林城市，吉安获批全国生态保护与建设示范区。在全国率先实行全境流域生态补偿,首期筹集补偿资金 20.91 亿元。创新河湖管理与保护制度,建立省、市、县三级"河长制"。

以人为本保障民生,社会事业全面进步。大力保障改善民生,50 件民生实事全面完成。完成扶贫移民搬迁 10.6 万人,全年减贫 72 万人。全省城镇新增就业人数 55.26 万人,就业形势保持稳定。机关事业单位养老保险制度改革正式实施。全年棚改开工 16.54 万套,基本建成 12.45 万套。教育、文化、卫生等各项社会事业全面发展,社会保持和谐稳定。

(省政府研究室)

重要会议

【省政府全体会议】 1 月 21 日,省政府召开全体会议,讨论《政府工作报告(讨论稿)》,部署下一步工作。省长鹿心社出席并讲话,副省长莫建成主持。副省长李炳军、谢茹、胡幼桃、朱虹、李贻煌,省政府秘书长谭晓林出席。鹿心社说,2015 年面对错综复杂的国内外发展环境,全省上下按照"发展升级、小康提速、绿色崛起、实干兴赣"十六字方针,坚持稳中求进、改革创新,统筹做好稳增长、促改革、调结构、惠民生各项工作,较好地完成省十二届人大三次会议确定的主要目标任务,主要经济指标增幅位居全国前列。鹿心社指出,各地各部门要统筹安排好当前各项工作,努力为全年经济社会发展打下良好基础。一要抓好项目建设和工农业生产。二要妥善安排好群众生产生活,确保全省平安和谐,确保人民群众过上安乐祥和的节日。三要认真做好省"两会"筹办的相关工作,齐心协力把省"两会"开好。四要坚持节俭清廉文明过节,坚决杜绝"四风"问题反弹回潮。

【省政府常务会议】 2015 年,省政府共召开常务会议 19 次。

1 月 7 日下午,省长鹿心社主持召开第 36 次省政府常务会议,副省长莫建成、李炳军、谢茹、朱虹、李贻煌、郑为文,省政府秘书长谭晓林出席。会议通过《江西省人民政府 2015 年立法工作计划》《江西省行政许可事项目录管理办法》《景德镇市城市总体规划(2012—2030 年)》《井冈山市城市总体规划(2012—2030 年)》;听取关于全国政府秘书长和办公厅主任会议精神及江西省贯彻意见的汇报。

1 月 19 日,省长鹿心社主持召开第 37 次省政府常务会议。副省长莫建成、李炳军、谢茹、胡幼桃、李贻煌,省政府秘书长谭晓林出席。会议通过《江西省属国有企业负责人履职待遇业务支出管理实施意见》;原则通过《江西省属国资国企改革实施方案》《江西省实施〈中华人民共和国道路交通安全法〉办法(修正案草案)》。

2 月 13 日,省长鹿心社主持召开第 38 次省政府常务会议。副省长莫建成、李炳军、谢茹、胡幼桃、朱虹、李贻煌、郑为文,省政府秘书长谭晓林出席。会议听取关于推动长江经济带发展工作会议暨推动长江经济带发展领导小组第一次会议精神的汇报;通过《关于加快发展生产性服务业促进产业结构调整升级的实施意见》《关于进一步强化质量工作的若干意见》;原则通过《关于鼓励省属独立科研院所科技人员创新创业的试点办法》。

3 月 18 日,省长鹿心社主持召开第 39 次省政府常务会议。副省长莫建成、李炳军、谢茹、胡幼桃、李贻煌、郑为文,省政府秘书长谭晓林出席。会议通过《江西省深化财税体制改革总体方案》《江西省服务业发展提速三年行动计划(2015—2017)》《江西省粮食生产发展规划(2015—2020 年)》;原则通过《江西省非物质文化遗产条例(草案)》。

3 月 31 日,省长鹿心社主持召开第 40 次省政府常务会议。副省长谢茹、胡幼桃、李贻煌、郑为文,省政府秘书长张勇出席。会议通过《关于创新重点领域投融资机制鼓励社会投资的实施意见》《景德镇市历史文化名城保护规划(2013—2030 年)》;原则通过《贯彻国务院关于依托黄金水道推动长江经济带发展的指导意见的实施意见》和《江西省 2015 年参与长江经济带发展工作要点》。

4 月 14 日,省长鹿心社主持召开第 41 次省政府常务会议。副省长莫建成、李炳军、谢茹、胡幼桃、李贻煌、郑为文,省政府秘书长张勇出席。会议分析一季度全省经济形势,部署下一阶段经济工作。省发改委、省工信委、省财政厅、省农业厅、省商务厅、省政府金融办、省统计局负责人汇报一季度经济运行情况,省政府领导分析形势,提出要求。

5 月 4 日,省长鹿心社主持召开第 42 次省政府常务会议。副省长莫建成、李炳军、谢茹、胡幼桃、朱虹、李贻煌,省政府秘书长张勇出席。省政府党组成员潘东军列席。会议传达学习国务院总理李克强关于应对经济下行压力做好当前经济工作的讲话,部署当前江西省经济工作;原则通过《江西省参与"一带一路"战略实施方案》和《2015 年江西省参与"一带一路"战略工作要点》《江西省旅游条例(修订草案)》;通过《关于开展政府和社会资本合作的实施意见》;听取关于全省扶贫开发工作情况的汇报、关于首届江西省井冈质量奖评选情况的汇报。

5 月 25 日,省长鹿心社主持召开第 43 次省政府常务会议。副省长莫建成、李炳军、谢茹、胡幼桃、朱虹、郑为文,省政府秘书长张勇出席。会议听取关于省政府部门行政权力清理工作情况汇报、关于 2015 年度江西省主要学科学术和技术带头人培养计划评审情况的汇报、关于 2014 年度江西省科学技术奖评审工作的汇报、关于建立健全安全生产责任体系有关情况的汇报;通过《江西省 2015 年第一批新增地方政府债券资金安排意见》;原则通过《江西省公务用车制度改革总体方案和省直公务用车制度改革实施方案及配套办法》。

6 月 16 日,省长鹿心社主持召开第 44 次省政府常务会议。副省长莫建成、李炳军、谢茹、郑为文,省政府秘书长张勇出席。会议通报国务院第七督查组对江西省贯彻落实国务院重大政策措施的督查情况;原则通过《关于建设现代农业强省的意见》《江西省公路条例(草案)》《江西省实施〈中华人民共和国消费者权益保护法〉办法(修订草案)》;通过《关于深化全省农业行政执法体制改革的意见》《关于优化创业创新环境推动创业带动就业的实施意见》。

7 月 13 日,省长鹿心社主持召开第 45 次省政府常务会议。副省长莫建成、谢茹、胡幼桃、朱虹、郑为文,省政府秘书长张勇出席。省政府党组成员潘东军列席。会议原则通过《鹿心社同志在省委十三届十一次全会上的讲话》《关于全省上半年经济运行情况和做好下半年经济工作建议》。

7月27日，省长鹿心社主持召开第46次省政府常务会议。副省长莫建成、谢茹、李贻煌、郑为文，省政府秘书长张勇出席。省政府党组成员潘东军列席。会议原则通过《2014年度市县科学发展综合考评结果》《关于贯彻落实〈国务院关于机关事业单位工作人员养老保险制度改革的决定〉的实施办法》；通过《江西省经营服务性收费项目清理意见》《关于加快发展体育产业促进体育消费的实施意见》《关于加强审计工作的实施意见》《江西省教育督导规定》。

8月17日，省长鹿心社主持召开第47次省政府常务会议。副省长莫建成，省政府党组副书记毛伟明，副省长谢茹、朱虹、李贻煌、郑为文、刘昌林，省政府秘书长张勇出席。省政府党组成员潘东军列席。会议通报2015年1月—7月全省经济运行情况，对下一步工作作出部署；传达学习中共中央总书记习近平、国务院总理李克强关于安全生产工作重要批示；听取关于全国安全生产电视电话会议精神及贯彻意见的汇报；通过《关于省政府部门责任清单》《关于加快推进"互联网+"行动的实施方案》；原则通过《2014年度政府绩效管理考核结果》。

8月31日，省长鹿心社主持召开第48次省政府常务会议。省政府党组副书记毛伟明，副省长谢茹、朱虹、李贻煌、郑为文、刘昌林，省政府秘书长张勇出席。省政府党组成员潘东军列席。会议对落实省委省政府重大政策、促进全省经济平稳较快发展进行部署；原则通过《江西省学校学生人身伤害事故预防与处理条例(草案)》《江西省水资源条例(修订草案)》。

9月14日，省长鹿心社主持召开第49次省政府常务会议。副省长莫建成，省政府党组副书记毛伟明，副省长谢茹、朱虹、李贻煌、刘昌林，省政府秘书长张勇出席。省政府党组成员潘东军列席。会议通报2015年1月—8月全省经济运行情况，对下一步工作作出部署；通过《江西银行股份有限公司组建方案》；原则通过《2015年度市县科学发展综合考核评价实施意见》《关于加快融入"一带一路"战略鼓励我省企业参与国际合作的工作方案》《2015年第二批新增地方政府债券资金安排意见》。

9月29日，省长鹿心社主持召开第50次省政府常务会议。副省长毛伟明、谢茹、朱虹、李贻煌、郑为文、刘昌林，省政府秘书长张勇出席。省政府党组成员潘东军列席。会议听取关于全省综合立体交通运输体系建设及对接融入国家战略情况的汇报；通过《第二届"江西省专利奖"名单》《九江市部分行政区划调整有关事项》；对"十三五"规划编制工作进行部署。

10月14日，省长鹿心社主持召开第51次省政府常务会议。副省长朱虹、毛伟明、李贻煌、刘昌林出席。省政府党组成员潘东军列席。会议分析研究前三季度全省经济形势，对下一步工作作出部署。省发改委、省工信委、省财政厅、省农业厅、省商务厅、省政府金融办、省统计局负责人汇报前三季度经济运行情况，省政府领导分析形势，提出要求。

10月22日，省长鹿心社主持召开第52次省政府常务会议。副省长毛伟明、李贻煌、尹建业，省政府秘书长张勇出席。会议原则通过《关于深化供销合作社综合改革的实施意见》和《深化供销合作社综合改革试点实施方案》《江西省流域生态补偿办法(试行)》《江西武夷山国家级自然保护区条例(草案)》；通过《江西省社会法人联合守信激励和失信惩戒暂行办法》《关于加快旅游业改革促进旅游投资和消费的实施意见》；听取关于省委党校借款用于新校区建设有关情况的汇报。

11月30日，省长鹿心社主持召开第53次省政府常务会议。副省长谢茹、李贻煌、尹建业、郑为文、刘昌林、殷美根，省政府秘书长张勇出席。省政府党组成员潘东军列席。会议通过《关于打造南昌光谷建设江西LED产业基地的实施方案》《省属国资国企改革情况报告》，原则通过《江西省民用建筑节能和绿色建筑发展办法(草案)》《江西省行政执法证件管理办法(修订草案)》；听取关于省政府规章清理工作情况的报告；研究部署经济工作，对做好岁末年初重点工作提出要求。

12月24日，省长鹿心社主持召开第54次省政府常务会议。副省长毛伟明、李贻煌、郑为文、刘昌林、殷美根，省政府秘书长张勇出席。省政府党组成员潘东军列席。会议原则通过《鹿心社同志在全省经济工作会议上的讲话》《关于2015年全省计划执行情况和2016年经济工作的建议》《关于2016年民生工程安排的意见》《关于2016年财政预算安排的意见》。

【省政府党组会议】 1月6日，省政府党组书记鹿心社召开教育实践活动专题民主生活会。省政府党组副书记莫建成，党组成员李炳军、胡幼桃、朱虹、李贻煌、郑为文、谭晓林出席会议。副省长谢茹列席会议。会议对省政府班子作风建设情况进行对照检查，检查出省政府班子"四风"方面主要存在16个突出问题，要求深入开展8项专项整治，重点进行6项制度建设，并切实办理好群众提出的意见建议。

3月18日，省政府党组书记鹿心社主持召开省政府党组会议。党组副书记莫建成，党组成员李炳军、胡幼桃、李贻煌、郑为文、张勇出席。副省长谢茹列席。会议学习中共中央总书记习近平在参加十二届全国人大三次会议江西代表团审议时的重要讲话精神，结合工作实际提出贯彻落实的具体措施和建议。

10月22日，省政府党组书记鹿心社主持召开省政府党组会议。党组副书记毛伟明，党组成员李贻煌、尹建业、张勇出席。会议专题学习《中国共产党巡视工作条例》，部署贯彻落实条例工作。

（省政府办公厅会议处）

重要活动

【省政府与中国工商银行股份有限公司签署"走出去"战略合作协议】 3月10日。省长鹿心社、中国工商银行董事长姜建清出席仪式并共同见证签约。副省长李炳军与中国工商银行行长易会满签署战略合作协议。中国工商银行副行长张红力主持。

【江西·湖南两省合作交流座谈会在南昌举行】 4月15日,江西·湖南两省合作交流座谈会在南昌举行,并签署《进一步推动赣湘合作框架协议》《共建赣湘开放合作试验区战略合作框架协议》等合作文件。省委书记强卫、湖南省委书记徐守盛出席座谈会并讲话。省长鹿心社、湖南省省长杜家毫分别介绍本省经济社会发展情况并签署合作文件。省领导莫建成、龚建华、冯桃莲、钟利贵,湖南省领导陈肇雄、韩永文出席。随后,湖南省党政代表团对江西省开启为期3天的考察交流。

【省政府与国家测绘地理信息局在南昌举行“深化战略合作框架协议”签字仪式】 4月22日,省政府与国家测绘地理信息局深化战略合作框架协议签字仪式在南昌举行。国土资源部副部长、国家测绘地理信息局局长库热西·买合苏提,副省长李炳军出席并致辞。

【江西与福建两省在福州举行合作发展交流会】 4月27日,省委书记强卫、福建省委书记尤权出席并讲话,省长鹿心社、福建省省长苏树林分别介绍本省经济社会发展情况,省领导蔡晓明、龚建华、冯桃莲、李炳军、谢茹、刘晓庄,福建省领导杨岳、叶双瑜、雷春美、徐谦、郑栅洁、刘可清出席。随后,江西省党政代表团开始对福建省进行为期3天的学习考察活动。

【江西与湖北两省在南昌举行合作交流座谈会】 5月5日,江西与湖北两省在南昌举行合作交流座谈会,并签署《长江中游城市群战略合作协议》。省委书记强卫、湖北省委书记李鸿忠出席并讲话。省长鹿心社介绍江西经济社会发展及环鄱阳湖城市群建设情况。湖北省省长王国生介绍湖北经济社会发展及武汉城市圈建设情况。省领导莫建成、黄跃金、周泽民、龚建华、马志武、李炳军、朱虹、李贻煌,湖北省领导王晓东、侯长安、傅德辉、黄楚平、王君正出席。随后,湖北省党政代表团对江西省开始为期两天的考察交流。

【江西省与中国航天科工集团在南昌签署合作框架协议】 5月11日,江西省与中国航天科工集团在南昌签署合作框架协议。省委书记强卫、省长鹿心社、副省长李贻煌出席签字仪式并会见中国航天科工集团董事长高红卫一行。

【智慧城市建设专题研究班在南昌开班】 5月11日,由中组部和国家测绘地理信息局联合举办的智慧城市建设专题研究班在南昌开班。省委副书记、常务副省长莫建成出席开班式并致辞。国家测绘地理信息局党组书记、局长库热西·买合苏提出席开班式并讲话,中组部有关部门负责人对办好专题研究班提出要求。

【第九届中国中部投资贸易博览会在武汉开幕】 5月18日,第九届中国中部投资贸易博览会在武汉开幕。中共中央政治局委员、国务院副总理汪洋出席开幕式并宣布开幕。省长鹿心社、副省长胡幼桃出席开幕式和主旨论坛。开幕式前,汪洋与国家有关部委领导在省长鹿心社的陪同下,巡视江西展区。

【江西省与旅交网宣布建立战略合作关系】 5月19日,江西省与旅交网宣布建立战略合作关系,并举行旅游招商、项目建设与投融资战略合作签约仪式和新闻发布会。副省长朱虹出席。

【省领导迎接江西省搜救队全体队员归来】 6月5日,江西省搜救队结束“东方之星”号客轮翻沉事件现场搜救工作返回南昌。省领导强卫、鹿心社、莫建成在省水上搜救中心迎接江西省搜救队全体队员归来,代表省委、省政府向大家表示慰问、致以敬意。

【江西省与纳米比亚共和国奥沙纳省在南昌签署建立友好省关系意向书】 9月8日,江西省与纳米比亚共和国奥沙纳省在南昌签署建立友好省关系意向书。省长鹿心社会见奥沙纳省省长卡舒普瓦并共同签署意向书。

【省政府与中国建筑股份有限公司在南昌签署“十三五”战略合作框架协议】 10月8日,省政府与中国建筑股份有限公司在南昌签署“十三五”战略合作框架协议。省长鹿心社会见中国建筑工程总公司董事长、党组书记,中国建筑股份有限公司董事长官庆,并共同见证签约。省委常委、常务副省长毛伟明,中国建筑股份有限公司副总裁马泽平参加会见,并分别代表省政府和中国建筑股份有限公司签约。

【江西省与国家国防科技工业局在北京签署战略合作协议】 10月25日,江西省与国家国防科技工业局在北京签署战略合作协议。省委书记强卫、省长鹿心社会见工信部副部长、国家国防科技工业局局长许达哲等,并共同见证签约。副省长李贻煌与国家国防科技工业局副局长徐占斌代表双方签约。

【江西省—俄罗斯乌法市经贸文化周在乌法市开幕】 当地时间11月5日,江西省—俄罗斯乌法市经贸文化周在乌法市开幕。省长鹿心社和巴什科尔托斯坦共和国总统哈米托夫作主旨演讲。同日上午,省长鹿心社与巴什科尔托斯坦共和国总统哈米托夫举行会谈,并共同签署正式合作协议书。巴什科尔托斯坦共和国第一副总理马尔丹诺夫,中国驻俄罗斯大使馆有关负责人出席开幕式并参加相关活动。

【举行追授余珍朗全国公安系统二级英模荣誉称号命名大会】 11月20日,追授余珍朗全国公安系统二级英模荣誉称号命名大会在共青城市举行。公安部党委委员、部长助理、装备财务局局长王俭出席,副省长、省公安厅厅长郑为文出席并讲话。

【泛珠三角区域合作行政首长联席会议在福州召开】 12月11日,2015年泛珠三角区域合作行政首长联席会议在福州召开。省长鹿心社与泛珠区域“9+2”各方行政首长出席会议。省委常委、常务副省长毛伟明等出席会议。

【赣闽粤三省和中国电信集团公司、广东新岸线计算机系统芯片有限公司在北京签署框架协议】 12月18日，赣闽粤三省和中国电信集团公司、广东新岸线计算机系统芯片有限公司在北京签署框架协议。省长鹿心社、广东省省长朱小丹、福建省代省长于伟国、财政部副部长刘昆等出席签约仪式。

（省政府应急办）

督查工作

【概　况】 2015年，省政府办公厅围绕中央和省委、省政府重大决策部署，组织开展"发展升级"重大决策部署贯彻落实情况、学习宣传贯彻中共中央总书记习近平提出的"一个希望、三个着力"重要要求情况、市县市场监管机构综合设置改革工作情况、中小学代课教师问题政策落实情况、政协提案办理情况5次专项督查；做好迎接国务院及中办、国办关于国务院重大决策部署贯彻落实情况、民生领域政策措施落实情况、机关事业单位调整工资到位落实情况、进出口环节收费清理规范工作情况、《中共中央、国务院关于调整完善生育政策的意见》贯彻落实情况、中央八项规定贯彻落实情况6次专项督查的组织协调和自查工作；督促办理国务院总理李克强在《互联网信息择要》上的重要批示事项，抓好省委、省政府领导关于民生工程各地发展不均问题、南昌师范学院校区空气污染问题、彭泽矶山工业园区环保问题、农村低保与扶贫标准"两线合一"等重要批示事项的督查督办。为推动中央和省委、省政府重大决策部署落地生效发挥重要作用。

【组织开展专项督查】 2015年，根据省政府领导指示，省政府办公厅围绕省委、省政府重大决策部署，组织开展各类专项督查活动5次。

组织开展"发展升级"重大决策部署贯彻落实情况专项督查。9月，省委办公厅、省政府办公厅会同省发改委、省工信委、省财政厅、省审计厅、省商务厅、省统计局等部门组成8个督查组，对全省11个设区市和17个省直有关部门贯彻落实稳增长决策部署、推进重大招商项目建设、优化发展环境等情况进行实地督查。

组织开展学习宣传贯彻中共中央总书记习近平提出的"一个希望、三个着力"重要要求情况专项督查。12月，省委办公厅、省政府办公厅会同省纪委、省发改委、省环保厅、省扶贫和移民办等部门，对全省11个设区市和6个省直有关部门学习宣传贯彻中共中央总书记习近平提出的"一个希望、三个着力"重要要求情况进行实地督查。

组织开展市县市场监管机构综合设置改革工作情况专项督查。8月，省政府办公厅会同省编办、省人社厅、省工商局、省质监局、省食药监局等部门组成6个督查组，对全省11个设区市和部分县（区）市场监管机构综合设置改革情况进行实地督查。10月，省政府办公厅再次会同省编办、省人社厅、省工商局、省质监局、省食药监局等部门组成6个督查组，对8月中下旬省政府开展专项督查时未完成市场监管机构综合设置改革的8个设区市和69个县（市、区）进行督查工作"回头看"。

组织开展中小学代课教师问题政策落实情况专项督查。12月，省政府督查室会同省教育厅、省人社厅、省财政厅、省编办、省信访局、省委维稳办等部门组成3个督查组，对各地中小学代课教师问题政策落实情况进行专项督查，对南昌市、九江市、上饶市进行重点实地督查。

组织开展政协提案办理情况专项督查。11月，省委办公厅、省政府办公厅、省政协办公厅联合对省编办、省科技厅、省住建厅、省交通运输厅、省水利厅、省商务厅、省政府金融办、江西证监局、九江市政府、抚州市政府办理省政协十一届三次会议提案情况进行督查。

【配合中办、国办开展督查】 2015年，根据国务院通知要求，省政府办公厅牵头或配合做好迎接国务院对江西省关于国务院重大决策部署贯彻落实情况实地督查的组织协调工作，为督查组在江西省开展督查工作创造条件。组织对国务院大督查及跟踪审计发现的四批共15个问题进行整改落实和核查问责，问责处理34人。武宁县获国务院办公厅督查表扬，并获国家6个方面的激励政策支持。根据中办、国办通知要求，做好中办、国办对江西省民生领域政策措施落实情况、机关事业单位调整工资到位落实情况、进出口环节收费清理规范工作情况、《中共中央、国务院关于调整完善生育政策的意见》贯彻落实情况、中央八项规定贯彻落实情况5次书面督查的自查和材料报送工作。

【抓好省政府领导批示件和交办事项督办落实】 2015年，根据省政府领导批示要求，督促有关地方和部门办理国务院总理李克强和秘书长杨晶在《互联网信息择要》上的重要批示事项，以及省委、省政府领导关于民生工程各地发展不均问题、南昌师范学院校区空气污染问题、彭泽矶山工业园区环保问题、农村低保与扶贫标准"两线合一"等重要批示事项，并及时将办理情况向省政府领导报告。

【抓好国务院和省政府《政府工作报告》重点工作任务督办】 2015年，省政府办公厅将国务院《政府工作报告》涉及江西省的工作任务逐项分解细化、落实责任、跟踪调度、加强督办；专门召开交办会，将省《政府工作报告》细化分解为9个方面181项具体任务，分别交办到67个单位、11个设区市政府。加大对工作任务落实情况督促检查力度，有力推动各项目标任务的完成。

【抓好重要文件跟踪督办工作】 2015年，省政府办公厅建立国务院重要文件跟踪督办机制，对国务院及国办2014年以来258件国务院及国办文件的落实情况每月进行跟踪督办，截至2015年年底已办结206件，其中149件已出台贯彻意见；对2014年以来省政府上报国务院和国家部委争取重大政策、资金、项目支持的108件文件进行每季跟踪调度，截至2015年年底已落实55件。

（省政府办公厅督查处）

办理人大代表建议和政协委员提案

【概　况】　2015年,省十二届人大四次会议和省政协十一届三次会议期间,交由省政府系统办理的省人大代表建议共552件,占总数的95.2%;交由省政府系统办理的省政协委员、政协各参加单位和各专门委员会提交的提案共502件,占全部提案的92%。省政府高度重视建议提案办理工作,坚持把办理建议提案作为政府接受人大政协监督、改进政府工作、密切联系群众的重要途径,要求并督促各承办单位办理好每件建议提案。经各承办单位共同努力,所有建议提案均在规定时间内办理完毕,办复率达100%。

精心组织,切实抓好建议提案办理工作的落实。为切实抓好办理工作,省政府强化组织领导,明确任务责任,坚持真督实查。一是高位推动。省长鹿心社经常关心过问建议提案办理工作,多次作出批示,要求各承办单位落实责任,细化措施,积极主动与代表委员协商,优质高效办理建议提案,着力在建议提案办理中解决突出问题,改进作风,推进工作。常务副省长出席建议提案交办会,对办理工作进行具体部署。二是强化责任。政府系统各承办单位严格落实办理工作责任制,及时召开党组会或办公会进行研究部署,坚持主要领导负总责,分管领导具体负责,办公室协调督办,承办处室抓好办理落实。多数承办单位把建议提案办理工作纳入单位年度工作目标管理考核体系,与业务工作同部署、同考核、同奖惩。三是加强督查。全年,省政府将政府系统办理建议提案工作情况纳入年度督查计划。省政府办公厅与省人大选任联、省政协提案委一道,对一些涉及多方、办理难度大、进度滞后的建议提案的办理进行了督查督办。各承办单位也对本单位办理进展情况开展了督查,及时协调解决办理中遇到的困难和问题,确保办理工作完成。

健全制度,着力提升办理工作规范化水平。为确保办理工作规范运行,政府系统各承办单位不断完善办理工作制度,以制度来保障办理工作的质量,不断提升办理工作规范化水平。一是健全分办制度。交办会前,省政府与省人大、省政协联合抽调省直有关单位人员,根据部门职能对建议提案进行初步审核分办,并将交办建议提案通过网上征求相关承办单位意见,对部分办理分工有异议的建议提案,及时召集有关单位开会集中协调,进行重新调整,有效减少分办后办理工作中的推诿、扯皮现象。二是健全办理制度。进一步完善登记、承办、催办、审签、答复、沟通、归档等方面的办理工作制度,着重强调建议提案答复必须数据真实,内容详尽,措施可行。对答复内容简单、语言模糊、措施不力、格式不规范的建议提案答复函退回承办处室重新办理,直至符合规范要求。三是健全会办制度。对涉及多个单位的建议提案,要求各承办单位之间相互配合,主办单位积极牵头处理,会办单位主动配合、深度参与,及时提出书面会办意见,合力做好办理工作。

【创新工作方法】　2015年,在建议提案办理工作中,政府系统各承办单位注重创新工作方法,以代表委员满意度作为办理的重要标准,加强与代表委员联系沟通,确保办理工作质量。一是注重调查研究。对于涉及面广、事关群众切身利益,以及短期难以解决的建议提案,各承办单位都能加强调查研究,组织力量深入实际、深入现场、深入群众,把情况弄清、把问题找准,有针对性地制定解决方案,提出切实可行的办理措施,为办理工作顺利进行打下扎实的基础。二是注重亲身参与。各承办部门在办理建议提案时,通过邀请代表委员参加专题调研、召开专题协商会议、主动上门征求意见等方式,加强与代表委员面对面的沟通,提高见面答复率,使代表委员亲身参与办理。对一些代表委员出差或不便上门答复的,通过电话、信函等方式保持联系,切实变"文来文往"为"人来人往",受到代表委员好评。三是注重跟踪问效。建议提案办理答复工作基本结束后,各承办单位都能够组织开展"回头看"活动,对建议提案答复不满意件认真研究分析,努力查找原因,切实采取措施,让代表委员们满意。

【增强办理工作实效】　2015年,省政府系统坚持把建议提案办理融入全局工作,既高度重视解决建议提案反映的具体问题,又注重"举一反三",以点促面,将建议提案办理扩展为对本地、本部门、本系统面上工作的研究谋划,将建议提案办理转化为推动江西省经济社会发展、增进民生福祉的政策措施和具体行动,切实增强办理工作的实效。一是突出重大决策部署的贯彻落实。积极策应省政府重大决策部署的贯彻落实,使建议提案办理和省政府重点工作推进达到"双赢"效果,有力推动全省经济平稳健康发展。二是突出民生类建议提案的落实。省政府系统各承办单位结合办理工作,着力落实省政府确定的保障和改善民生的一系列政策措施,扎实推进民生工程,让人民群众共享发展成果。三是突出重点建议提案办理。为推动办理工作,省政府办公厅对一些涉及经济社会发展全局和人民群众切身利益、代表委员反映比较集中的建议提案进行重点跟踪督办,要求各承办单位在办理重点建议提案的过程中,认真制定方案,加强与代表委员的沟通,确保办理实效。

（省政府办公厅督查处）

法制建设

【概　况】　2015年,全省各级政府法制机构围绕中心、服务大局,以开展"三严三实"专题学习教育为牵引,全面推进政府法制工作。

政府立法引领和推动经济社会发展成效明显。组织起草和审查修改地方性法规、政府规章13件,组织省直有关部门对省政府现行有效的规章进行全面清理,办理法律论证及涉法征求意见稿210件,经办人大代表建议和政协委员提案15件。注重突出重点领域立法。为适应改革发展和民生需要,重点加强经济、民生、生态环境、社会治理等领域立法。先后审查修改《江西省公路条例》《江西省旅游条例

(修订)》《江西省实施〈中华人民共和国消费者权益保护法〉办法》《江西省武夷山国家级自然保护区条例》《江西省学校学生人身伤害事故预防与处理条例》和《江西省教育督导办法》等法规规章,从制度层面有力促进江西省经济社会发展。《江西省实施〈中华人民共和国消费者权益保护法〉办法》得到国家工商总局肯定。《江西省学校学生人身伤害事故预防与处理条例》入选江西省2015年十大法治事件。积极开展政府立法创新。建立立法基层联系点制度,探索实行重要地方性法规由第三方组织起草,在全国率先研究制定《江西省县级以上人民政府重大行政决策合法性审查规定》《江西省地方性法规和省政府规章草案公开征求意见及公众意见采纳情况反馈办法》《江西省人民政府规章草案会审办法》《江西省地方性法规和省政府规章草案第三方评估办法》等一系列制度机制,得到各界好评,政府立法工作科学化、民主化水平得到有效提升。扎实做好合法性审查工作。先后对省政府45个部门8972项权力清单、责任清单进行审查,共审查出不合法行政权力、行政责任381项,不规范行政权力、行政责任1088项,均提出处理意见。对省编办共13批次集中转来省政府部门的2318项行政审批进行依法规范,组织相关部门编制审批服务指南,加强审批监督。对九江市请求省政府支持该市发行16亿保障性住房债券融资、《江西省企业信用行为联合激励与惩戒暂行办法》等关系到江西省改革发展的重大决策进行合法性审查,特别是省政府法制办对《江西省企业信用行为联合激励与惩戒暂行办法》的审查修改意见得到省政府领导肯定。

以严格规范公正文明执法为核心,加大行政执法监督力度。建立行政执法和刑事司法衔接工作机制。研究制定《江西省行政执法与刑事司法衔接工作办法》,对行政执法机关、公安机关和检察监督机关的职责、案件移送、监督程序进行规范,解决行政执法中出现的有案不移、有案难移、以罚代刑等问题,推动行政处罚与刑事司法有效对接提供有力的机制保障。创新行政执法监督方式方法。制定行政执法特邀监督员制度,聘请60名社会各界人士为省政府行政执法特邀监督员,通过以会代训、颁发聘书、媒体宣传、分组管理等方法加强对行政执法特邀监督员的培训管理,丰富行政执法监督的手段。在本办门户网站开设"行政执法投诉窗口",依托省党风政风热线,组织开展投诉举报实地调查核实,进一步创新监督方式,拓宽监督渠道。与省检察院联合建立加强行政执法监督工作协作配合机制,出台《关于建立加强行政执法监督协作配合联动机制的通知》,在全国省级法制机构属首创,有力推动行政执法规范化。实行行政执法人员持证上岗和资格管理制度。修订《江西省行政执法证件管理办法》,组织编写《江西省行政执法人员培训及考试大纲(2015年)》和行政执法证件核发工作规则和技术规范,进一步明确全省执法证件核发的范围、主体和程序要求。开发行政执法证件管理信息系统,2015年在网上组织执法人员学习考试6万余人次。有效推行行政自由裁量权基准制度。督促指导省直有关行政执法部门对2014年12月31日前新制定或新修订(正)的法律、法规、规章中涉及的行政处罚事项,制订细化标准,编辑《江西省行政处罚裁量权执行标准汇编》印发执行,解决"议价执法"等问题。

2015年,群众向省政府提出的行政复议申请共131件,比上年翻了两番,其中受理116件,办结101件。全省行政复议案件数量也大幅上升,全省受理行政复议申请4122件,比上年增长20%。针对行政复议案件数量急骤上升、居高不下的态势,省政府法制办坚持把"定纷止争、案结了事"放在突出位置,有效化解一大批社会矛盾纠纷。深入推进行政复议体制改革和复议能力建设。全面推行行政复议委员会制度,对6个未推行行政复议委员会的设区市政府,通过召开会议、下发经验材料汇编、每月通报、现场督导等办法推动落实。行政复议委员会实现设区市政府一级全覆盖。与省司法厅、省编办、省财政厅联合下发《关于建立政府法律顾问制度的指导意见》,推动建立法律顾问制度。到年底,市、县两级政府法制顾问制度全部建立。从全省各地市征选130多个行政复议案件,精心编写行政复议典型案例汇编,供各级学习借鉴,提高各级领导干部法治意识和化解各类行政争议的能力。积极做好行政应诉工作。认真贯彻实施新的《中华人民共和国行政诉讼法》,举办全省领导干部行政诉讼法专题培训班,对180多名相关领导干部进行培训,各级领导干部的应诉意识和能力得到提高,取得较好的社会效果和社会反响。代省政府起草印发《江西省人民政府行政应诉工作规则》,促进各级政府和工作部门应诉工作规范有序开展。切实加强行政复议与行政审判工作良性互动,支持、尊重人民法院行政判决,积极推行行政机关负责人行政案件出庭应诉制度,督促落实行政机关负责人行政案件出庭应诉。20起以省人民政府为被告的行政诉讼案件,省政府法制办均按照相关程序规定进行依法应诉。深入推进行政调解。积极构建多元化社会矛盾化解机制,在抚州市开展房屋征收纠纷调解机制创新试点。在行业领域搭建纠纷调解中心的基础上,稳步推进专业性、行业性调解平台建设。印发《推动专业性、行业性调解平台建设指导意见》,提出4种平台建设模式,并将该项工作纳入社会治安综合治理考核,推动落实。抚州市房屋(土地)征收纠纷调处中心正式挂牌成立,并取得积极成效;省级八大调解平台建设工作初步完成。全省各级行政机关调解各类纠纷24.1万起,维护社会和谐稳定。此外,省政府法制办与省司法厅、省法院联合印发《江西省人民调解组织、行政调解机构作出的调解协议予以司法确认的程序规定》,进一步明确和规范行政调解协议的司法确认程序,增强行政调解协议的法律效力。

坚持把深入推进依法行政、加快建设法治政府放在经济社会发展的全局和全面深化改革的总体部署中谋划和推动。抓好谋划部署。以省政府办公厅名义印发《江西省2015年法治政府建设工作要点》,对行政执法体制改革、推进行政复议委员会试点等年度重点工作进行专门部署,为法治政府建设打下坚实基础。3月中旬分别召开设区市法制办主任会议,省直部门法规处长会议,对《工作要点》进行解读,明确工作任务,有力推动全省行政机关依法行政工作有序展开。积极推进政府法制工作各项改革任务。对省委、省政府确定，由省政府法制办牵头负责的47项重要改革举措和年度重点工作，逐一落实职责分工。对2015年牵头的5项重要改革举措，制定具体措施，明确时序进度，建立统一领导的推进机制和重点任务督导检查台账制度。省政府法制办牵头和参与的2015年法治江西建设重点改革任务全部完成，省法建工作考核获优秀。认真落实省领导指示，积极借鉴四川依法行政经验做法，起草《关于对照四川十个新规梳理、完善江西省相关规定的情况报告》，完善江西省相关制度。加大领导干部依法行政培训工作力度。制订《关于进一步完善政府常务会议学法制度的意见》，明确政府常务会议学法重点和内容，有力推动领导干部学法、用法。大力推进法规规章有效实施。加大对新出台的地方立法项目的宣传和实施指导，出台《关于地方性法规、省政府规章贯彻实施的指导意见》，明确地方性法规、省政府规章贯彻实施的6个基本程序，督促相关部门按照实施程序要求制定具体方案。重点跟踪指导《江西省国有土地上房屋征收与补偿实施办法》《江西省实施〈中华人民共和国消费者权益保护法〉办法》等项目的实施，取得较好效果。

【**开展委托第三方起草地方性法规、政府规章工作试点**】　2015年，省政府法制办积极探索重要行政管理地方性法规由政府法制机构组织起草，开展委托第三方起草地方性法规、政府规章工作试点，采取"一个项目·一个基地"+"一个项目·一个学院"等办法，确定业务研究机构和大学学院进行第三方评估和参与起草工作。《江西省学校学生人身伤害事故预防与处理条例》由省政府法制办组织南昌大学立法研究中心共同起草，成效较好，入选"2015年度江西十大法治事件"。

【**全面推行法律顾问制度**】　2015年，省政府法制办与省司法厅、省编办、省财政厅联合下发《关于建立政府法律顾问制度的指导意见》，进一步加强江西省法律顾问制度建设的顶层设计，完善以政府法制机构人员为主体，吸收专家和律师参加的政府法律顾问队伍工作机制。充实完善政府立法专家库，全年新聘请专家10人，年内组织立法专家论证会9次，组织政府法律顾问对省政府有关重点事项进行法律论证7次。市、县两级政府法制顾问制度均已建立，部门和乡镇一级法律顾问工作制度基本建立。

4月28日，举办全省领导干部行政诉讼法专题培训班

省法制办供稿

【**举办全省领导干部行政诉讼法专题培训班**】　4月28日，全省领导干部行政诉讼法专题培训班在省委党校开班。省委常委、省委政法委书记周萌作开班动员讲话并就法治江西建设作首场专题讲课，省法院院长张忠厚和国务院法制办行政复议司副司长田昕分别就行政诉讼、行政复议制度及实务进行授课。此次培训班为期两天，参加培训的有全省各设区市、县（市、区）政府和省政府有关部门分管法制工作的领导共180余人。

（王县银　童鹏）

政策研究

【**概　况**】　2015年，省政府研究室认真履行以文辅政、调查研究和决策咨询三大核心职能，完成年度各项任务，为推进全省经济社会发展提供有力的智力支撑。

抓机构组建，突出职能转变。一是抓职能整合，调整三定方案。9月调整研究室职能，在原来的基础上增加组织起草《政府工作报告》和省政府主要领导人的综合性讲话、文章和报告等文稿，起草省政府向党中央、国务院的重要汇报材料，起草省委、省政府有关重要会议的文件等方面的职能。二是抓制度建设，完善内部管理。陆续出台研究室工作规则、政治理论学习制度、公文和文稿处理实施细则、财务管理制度等10项制度。三是抓定岗定员，强化责任意识。按照"三定方案"，明确岗位职能、工作职责，重新定员定岗，确保每位干部尽快熟悉工作、进入角色。四是抓学习培训，提升业务能力。及时组织全体人员集中学习中共中央总书记习近平系列重要讲话、中共十八大和十八届三中、四中、五中全会、中央经济工作会和省委十三届十一次全会、十二次全会精神，把思想和行动统一到中央、省委的决策部署上来。集中一周时间开展"每人一堂课"活动，每位干部结合自己的专业背景和研究兴趣，自拟题目讲课，交流研究成果，激发大家的学习热情。

抓文稿起草，突出以文辅政。完成各类文稿的起草工作，共撰写各类文稿200余篇。一是起草综合性重大文稿。起草省长在中央和国家重要会议上的发言提纲、相关素材和传达提纲，包括在中共十八届五中全会、中央经济工作会、中央扶贫开发工作会以及全国"两会"上的发言等。起草涉及全省经济社会发展全局性工作部署的讲话，包括政府工作报告、在省委十三届十一次及十二次全体会议上的讲话、在全省经济工作会议上的讲话、季度经济形势分析等。二是起草专题工作部署文稿。涵盖产业、改革、创新、生态等领域。其中:产业类50余篇,主要包括在支持南昌打造核心增长极现场办公会上的讲话、在全省发展升级视频现场会上的讲话、在全省农村工作会议上的讲话、在全省旅游产业发展大会上的讲话、在全省服务业发展提速推进大会上的讲话、在省战略性新兴产业调研座谈会上的讲话、在全省电子商务推进大会上的讲话等;改革类40余篇,主要包括在省委全面深化改革领导小组第四次和第五次全体会议上的讲话、在全省推进简政放权放管结合职能转变工作电视电话会议上的讲话、在推进国资监管工作会上的讲话、在省直管县改革试点工作座谈会上的讲话、在"三单一网"建设和政府职能转变工作推进会上的讲话、在全省公务车改革领导小组会议上的讲话等;创新类30余篇,主要包括在民营经济调研座谈会上的讲话、在全省科技奖励大会上的讲话、在实施创新驱动发展战略推动产业升级座谈会上的讲话等;生态类20余篇,主要包括在鄱阳湖生态经济区建设(昌九一体化发展)第四次领导小组会议上的讲话、在省生态文明先行示范区建设领导小组第一次会议上的讲话、在全省生态文明先行示范区建设推进会上的讲话等。三是起草致辞、演讲、省情介绍和会见谈话要点。其中:致辞20余篇,主要包括在全国知名民营企业助推江西发展升级大会上的致辞、赴俄罗斯土耳其以色列等国访问系列材料、赣港招商活动系列材料、在2015年泛珠三角区域合作行政首长联席会议上的致辞、在2015中国景德镇国际陶瓷博览会开幕式上的致辞、在第二届"华赣会"开幕式上的致辞、在航空产业合作推进会上的致辞、在江西银行江西金融租赁公司揭牌仪式上的致辞、在2015年度"庐山友谊奖"颁奖仪式上的致辞等。演讲稿近10篇,主要包括在第九届中博会高峰论坛上的演讲、在赣台(宜春)经贸文化合作交流大会上的演讲等。省情介绍近10篇,主要包括江西党政代表团赴上海、江苏、安徽、湖北等省市考察,广东、湖北省党政代表团到赣考察时的省情介绍等。会见谈话要点20余篇,主要包括在会见韩国全罗南道知事、国家质量监督检验检疫总局、国土资源部、全国工商联领导班子成员、到赣出席江西省侨商会第二次会员代表大会暨省侨联青委会第三次代表大会的中国侨联领导及重要侨商侨领、深圳市江西商会代表等来宾的谈话要点。四是起草重要理论文章。先后协助省政府主要领导在《人民日报》《求是》、新华网、《学习与研究》《国防》等报刊、网站上发表《精准扶贫是全面建成小康社会的重要抓手》《把牢法治方向,坚强政治保证》《全面推进行政权力运行法治化》《全面推进依法行政,加快建设法治政府》《开拓江西旅游强省建设新境界》《融入长江经济带,拓展江西崛起路》《做好新一轮国资国企改革工作》《激发县域经济发展新活力》等文章。

省政府研究室围绕省长关注的重大问题,全省经济社会发展的宏观性、战略性、综合性问题和跨部门、跨地区的政策问题,以及经济社会发展的热点难点问题积极开展调查研究,深入基层调查了解实际情况,完成《关于瑞金市扶贫工作的调研报告》《关于我省发展健康休闲养生产业的调研报告》《我省"三单一网"建设推进情况及下一步工作建议》《以产业创新发展为目标的重点创新问题研究》《激发大众创业万众创新活力,打造江西绿色崛起新引擎》《关于推进昌九一体化深度参与长江经济带和长江中游城市群建设的调研与建议》《关于"十三五"时期九江加快发展的报告》《浙、皖两省培育发展科技型中小企业及对我省的启示》等调研报告20余篇。其中《关于庐山、武功山、庐山西海体制问题的调研思考》《关于庐山风景区体制创新的调研思考》《武功山风景名胜区管理体制创新研究》《关于庐山西海景区体制创新的调研报告》系列调研报告,获省委书记强卫等领导肯定性批示,并直接推进庐山管理体制改革进程。

【加强智库建设】 2015年,省政府研究室充分发挥自身优势,切实履行工作职能,努力创新工作方式,在加强政府智库建设、服务决策咨询、促进服务型政府建设方面发挥重要作用。一是配合国务院发展研究中心开展第三方评估工作。积极配合国务院发展研究中心对江西省"投资及公共产品供给"和"城市综合改革与'三块地'改革试点"等措施落实情况的第三方评估。二是组织专家对省直部门职能转变工作进行评估。受省政府推进职能转变协调小组委托,省政府研究室承担省政府推进职能转变协调小组专家组职责,组织开展省政府推进"简政放权、放管结合、转变政府职能"的落实情况的专家评估工作。三是积极建言献策。围绕重点领域和关键环节改革和全面扩大开放,在省生态文明先行示范区建设、对接"一带一路"、长江中游城市群建设等重大战略问题上建言献策,形成一批高质量的调研成果,为省政府领导、省直相关部门和地市提供参考。

(王苑霞)

本栏编辑　陈超萍

中国人民政治协商会议江西省委员会

综　述

2015年,省政协坚持团结和民主两大主题,围绕中心、服务大局,认真履行职能,充分发挥协商民主重要渠道和专门协商机构的作用,创新务实,主动作为,为“发展升级、小康提速、绿色崛起、实干兴赣”作出了积极贡献。

强化政治理论学习,夯实团结奋斗的共同思想基础。深入学习贯彻中共十八大、十八届三中、四中、五中全会和中共中央总书记习近平系列重要讲话精神,尤其是习近平在庆祝人民政协成立65周年大会上的重要讲话精神和对江西工作提出的“一个希望、三个着力”重要要求,准确把握“四个全面”战略布局的深刻内涵,不断增强道路自信、理论自信和制度自信。认真学习贯彻全国政协十二届三次会议、全国地方政协工作经验交流会精神,把握新形势对政协工作提出的新要求、新任务。结合政协工作实际,学习贯彻中共江西省委十三届十次、十一次、十二次全会和省委政协工作会议等会议精神,确保省委的决策部署在政协工作中得到贯彻落实。认真学习贯彻中央和省委关于推进协商民主建设的一系列重要精神,重点组织学习《中共中央关于加强社会主义协商民主建设的意见》《中共中央办公厅关于加强人民政协协商民主建设的实施意见》以及《中共江西省委关于加强社会主义协商民主建设的实施意见》《中共江西省委关于进一步加强政协工作 充分发挥人民政协在发展协商民主中重要作用的意见》等重要文件,把握科学内涵,领会精神实质,进一步明确协商民主的机制、方法和载体,不断提高政协工作的制度化、规范化、程序化水平。

围绕省委十六字方针建言献策,助推经济社会平稳健康较快发展。紧扣发展升级建睿智之言。省政协十一届十三次常委会议就江西省“十三五”规划编制工作开展专题协商,形成《关于我省编制“十三五”规划的几点建议》和7份专题调研报告,得到省委的高度重视,有关建议被及时吸纳进《中共江西省委关于制定国民经济和社会发展第十三个五年规划的建议》。组织住赣全国政协委员赴上饶、景德镇两市就江西省铁路通道建设“十三五”规划情况进行视察,得到省委、省政府主要领导肯定,加大了铁路项目的推进力度。组织委员赴宜春、萍乡、新余三市,就《江西省人民政府关于支持赣西经济转型加快发展的若干意见》贯彻落实情况开展专题视察,提出17条意见和建议,省委主要领导批示有关部门认真研究办理,赣西三市积极吸纳落实有关建议。围绕“加强农业品牌建设”开展对口协商,从市场导向、经营管理、基地创建、品牌塑造、营销模式、政策扶持6个方面提出建议,省领导作重要批示,省农业厅等有关部门及时召开专题会议认真吸纳、研究办理。组织委员就南昌市重大项目建设情况进行视察,助推南昌进一步夯实城市发展支撑、打造核心增长极。同时,围绕教育领域科技创新、新能源产业发展、优化财政支出结构等方面开展视察或调研活动,提出许多高质量、有价值的建议。

聚焦小康提速献务实之策。省政协十一届十二次常委会议就“构建社会诚信体系、推进法治江西建设”开展协商,从加强诚信教育、完善平台建设、培育征信市场、健全监督体系等4个方面提出12条建议,法治江西建设领导小组及相关部门认真研究办理落实。在全国政协十二届十二次常委会议上省政协副主席郑小燕作“以政府诚信带动社会诚信 共同践行社会主义核心价值观”的发言,得到中央领导的重视和肯定,中央政治局常委、国务院总理李克强,中央书记处书记、国务委员、国务院秘书长杨晶分别作批示,要求国家发改委、中国人民银行在社会信用体系建设部际联席会议机制下对有关建议进行研究,提出有效措施。组织委员与省人大法工委、省国土资源厅就《江西省矿产资源管理条例(草案)》开展协商,推进了科学立法、民主立法。就“弘扬优秀传统文化,加强书院文化研究、保护和利用”开展专题协商,提出的建议得到省委、省政府领导的关注,有关部门认真研究吸纳。就“我省乡镇学前教育情况”开展专题调研,提出8条建议,得到省委主要领导的肯定,省教育厅认真研究采纳,形成“八项十三条”实施办法。就“推进我省养老服务体系建设”开展专题协商,提出8个方面建议,促进江西省养老服务事业加快发展。召开“加强我省宗教文化旅游资源保护与开发”对口协商座谈会,推动江西省景区建设、宗教文化保护和旅游经济协调互动发展。同时,围绕江西省宪法实施与监督情况、文化与旅游融合发展、预防青少年违法犯罪工作、文物古建筑消防安全情况、贯彻落实《宗教事务条例》情况、少数民族地区同步全面建成小康社会、部分宗教活动场所管理等方面开展视察或调研活动，推动相关工作有效开展。

*围绕绿色崛起谋长远之计。*十一届十四次省政协常委会议围绕“加强水环境保护，推进生态文明先行示范区建设”协商建言，提出推进生态文明法治建设、建立考核评价体系、推进“河长制”、建立流域生态补偿机制等10条意见建议，并对《“河长制”工作方案》提出建设性的意见建议，得到省政府主要领导的批示和肯定。为进一步推进污水处理工作，就江西省工业园区和生活污水处理设施建设及运行情况开展跟踪调研，提出10条建议，省环保厅、省住建厅等部门及时研究采纳。省政协十一届三次会议围绕“改善南昌市空气质量”议题举行会中提案办理协商，省环保厅、省住建厅、省公安厅、省政府法制办和南昌市政府认真吸纳相关建议，加强南昌空气环境保护与治理工作。同时，围绕长江经济带开发中的湿地保护、森林公园建设等方面开展视察或调研活动，助推江西省生态文明建设。

*着眼实干兴赣尽精诚之力。*深入开展“三严三实”专题教育，坚持问题导向，边学边查边改，梳理明确调查研究、民主监督、委员联络和界别工作、干部队伍建设4个方面的问题，落实了21项具体整改措施。围绕“优化我省企业发展环境”开展民主监督，提出12条意见建议，得到省委、省政府的重视，并明确开展专项治理行动。认真贯彻落实中央八项规定和省委具体规定精神，持续关注作风建设，为省委出台完善相关制度文件积极建言。

*扎实推进政协协商民主建设，促进协商民主广泛多层制度化发展。*协助省委召开政协工作会议，省委、省政府主要领导作重要讲话，充分肯定江西省政协事业取得的新成绩，深刻阐述加强人民政协工作的重要意义，并就更好发挥人民政协凝心聚力重要作用、加强和改善党对政协工作的领导、创造政协履行职能良好条件，提出明确要求、作出全面部署，对于推动江西省政协工作在继承中发展、在发展中创新、在开拓中前进，具有重要作用和深远意义。深入开展政协协商民主建设专题调研，切实研究政协协商民主重大理论和实践问题，为省委出台《关于进一步加强政协工作，充分发挥人民政协在发展协商民主中重要作用的意见》提供决策参考。省委《意见》对政协协商内容、协商形式、协商程序、协商机制等作明确规定和具体部署，使政协协商民主建设有了“江西样本”。省委办公厅、省政府办公厅、省政协办公厅首次联合印发年度协商工作计划，推动政协协商更加活跃有效开展。全年共开展各类协商活动16次，进一步增加了协商密度、提高了协商成效。加强跟踪问效，推动协商成果转化。对《关于进一步加强我省食品安全监管的建议》进行跟踪督办，提出的“省财政应加大对食品安全检验检测等相关经费的投入”等建议得到采纳，省财政厅在上年已安排8000万元的基础上追加专项资金4000万元。对《关于加大我省住房公积金归集力度提高使用率的建议》进行跟踪问效，省住建厅出台的《关于提高江西省住房公积金使用效率促进住房消费的指导意见》充分吸纳相关建议，在公积金贷款额度、贷款期限、异地贷款和公积金提取等方面进一步放宽政策。

*推动经常性工作改革创新，始终保持政协工作的生机与活力。*创新全会联组讨论形式。省政协十一届三次会议联组讨论首次以专题的形式开展，六个大组分别围绕发展升级、小康提速、法治建设、社会建设、文化建设、生态文明先行示范区建设等专题建言献策，各专题既紧扣党政中心工作，又与民生实际紧密结合，进一步突出联组讨论的针对性、实效性。激发委员履职新活力。出台《江西省政协委员履职情况登记反馈办法（试行）》和《江西省政协优秀建言献策成果评选办法》，加强委员履职统计、反馈工作，建立完善委员履职反馈和激励机制。彰显政协智库新特色。出台《江西省政协关于在专门委员会成立专家组的意见》，形成由各领域、各专业中有影响的专家学者及各类人才组成的专家组队伍，积极邀请他们参与重大调研及协商活动，提高建言献策的质量和水平。文史资料工作有新成效。出版发行《鄱阳湖文化志》《燃烧的红土地——抗日战争的江西战场实录》；创新《学习参考资料》编缉工作，由原来的季刊改为双月刊，重点突出常委会议及协商座谈会的主要内容；改版《文史大观》，新辟专栏，丰富了内容，提高了可读性。团结联谊工作有新进展。组织港澳委员和特邀代表围绕江西省现代农业发展情况开展返赣视察；反映社情民意有新突破。收集社情民意信息1320条，一批信息被中共中央办公厅、全国政协办公厅采用，其中《基层反映林权制度改革渐现四大弊端》被中共中央办公厅评为优秀稿件，并得到国务院领导的重要批示；向省委、省政府反映社情民意信息和重要意见建议170篇，其中《建议给便民服务中心工作人员适度“松绑”》等4篇获省委主要领导肯定。新闻宣传工作有新提升。光华时报全年出报102期，发行量创历史新高，实现全省各级党政领导、政协委员、政协机关全覆盖；163篇政协新闻稿件在中央级媒体刊登；报网融合步伐加快，与中国江西网共同建设开通省政协“委员在线”议政平台，为政协事业发展营造了良好氛围。政协理论研究有新成果。组织开展“人民政协与群众工作”“人民政协的界别组织活动”“加强和创新人民政协民主监督”等方面的理论研究，取得一批重要成果，其中“加强和创新人民政协民主监督”课题实现“双立项”，既申报立项省级重点社会科学规划项目，又首次在全国政协理论研究会组织的重大课题招标活动中获得中标立项。

*坚持以政协思维引领自身建设，不断夯实政协事业发展基础。*树立全局、战略、协商、法治、辩证、创新“六大思维”，以政协思维引领和推进政协自身建设，为政协事业发展奠定坚实基础。发挥各民主党派、工商联、无党派人士和人民团体的重要作用，邀请他们参加政协各项活动，促进党派团结合作，巩固和壮大最广泛的爱国统一战线。注重加强专委会建设，健全专委会工作机制，使专委会调研、视察等各项工作更加科学合理、有序高效，特别是以专委会为依托组织开展的界别活动取得明显成效。就“推进我省现代职业教育体系建设和贯彻落实《中华人民共和国职业教育法》”开展界别协商，为江西省现代职业教育事业发展建言献策；就国务院《全民健身条例》贯彻落实情况开展界别视察，得到省委、省政府的重视。加强委员联络和服务工作，密切与委员的经常性联系，召开新任委员座谈会，坚持走访和

慰问委员,加强委员活动经费保障,服务委员的质量和水平不断提高。

重要会议

【省委政协工作会议】 9月22日,省委召开政协工作会议,省委书记强卫,省委副书记、省长鹿心社,省委副书记、常务副省长莫建成,省政协主席黄跃金出席会议并讲话,省委、省人大、省政府、省政协有关领导及省法院、省检察院主要负责人出席会议。会议指出,省委历来高度重视人民政协事业发展,把政协工作纳入全局工作一起研究、一起部署、一起落实,积极支持政协加强自身建设,切实研究解决重大问题,推动形成了党委重视、政府支持、政协主动、各方配合、社会关注的良好局面;全省各级政协组织高举爱国主义、社会主义旗帜,坚持团结和民主两大主题,始终围绕中心、服务大局,积极履行政治协商、民主监督、参政议政职能,不断巩固团结奋斗的共同思想政治基础,为推动江西省经济社会发展作出重要贡献。会议要求,深入贯彻落实中共中央总书记习近平在庆祝人民政协成立65周年大会上重要讲话,以及《中共中央关于加强社会主义协商民主建设的意见》《中共中央办公厅关于加强人民政协协商民主建设的实施意见》《中共江西省委关于进一步加强政协工作,充分发挥人民政协在发展协商民主中重要作用的意见》等重要文件精神,不断深化对人民政协本质特征和地位意义的认识,进一步增强做好新形势下政协工作的自觉性和坚定性,切实发挥政协作为协商民主重要渠道和专门协商机构作用,不断谱写人民政协事业发展新篇章。会议强调,各级党委要按照总揽全局、协调各方的原则,统筹政协领导班子和同级党政领导班子配备,充分发挥政协党组的领导核心作用,支持人民政协履行民主监督职能,推动人民政协参政议政,积极支持政协推进自身建设,着力营造政协履行职能的良好环境。全省各级政协要把坚持正确的政治方向贯穿于人民政协履职尽责的各个方面,在思想上、行动上始终与党中央保持高度一致;要始终服务发展大局,围绕贯彻落实省委十六字方针,深入调查研究,广泛讨论协商;要贯彻落实省委《关于进一步加强政协工作,充分发挥人民政协在发展协商民主中重要作用的意见》,找准结合点、加强制度建设,加强衔接配合,大力推进社会主义协商民主;要认真贯彻党的民族宗教政策,深入做好群众工作,加强同各方面人士包括新的社会阶层人士的联系沟通,不断凝聚大团结大联合的力量。

【省政协十一届三次会议】 1月26日—29日在南昌举行。省委书记强卫,省委副书记、省长鹿心社,省委副书记、常务副省长莫建成等领导出席开、闭幕会,并参加联组讨论和小组讨论,听取大会发言。省政协主席黄跃金主持闭幕大会并讲话,省政协副主席钟利贵主持开幕大会。会议审议通过黄跃金代表省政协十一届委员会常务委员会所作的工作报告,以及汤建人代表省政协十一届委员会常务委员会关于提案工作情况的报告。会议期间,委员们通过大会发言、参加小组和联组讨论、提交提案、反映社情民意信息等形式积极协商议政,特别是联组讨论首次以专题的形式开展,6个大组分别围绕发展升级、小康提速、法治建设、社会建设、文化建设、生态文明先行示范区建设等专题建言献策,突出针对性、实效性。会议举行选举大会,增选胡幼桃为十一届省政协副主席,增选史蓉蓉(女)、刘鹰、孙晓山、张传发、姚电、谢斌为十一届省政协常务委员。会议审议通过省政协十一届三次会议决议和提案初步审查情况的报告。

【省政协十一届八次常委会议】 1月19日在南昌召开。省政协主席黄跃金出席会议并讲话,省委常委、省委统战部部长蔡晓明作有关人事事项的说明,省政协副主席钟利贵、李华栋、汤建人、刘晓庄、郑小燕、肖光明、刘礼祖、许爱民、孙菊生,秘书长肖为群出席会议。会议学习十八届中央纪委五次全会精神;审议通过政协江西省第十一届委员会常务委员会工作报告(审议稿)和提案工作情况的报告(审议稿);通过有关人事事项;听取省政协各专门委员会工作报告;听取本次常委会议审议和协商讨论有关情况的综合汇报;审议通过关于召开省政协十一届三次会议的决定以及会议议程(草案)和日程。

【省政协十一届九次常委会议】 1月26日在南昌举行。省政协主席黄跃金主持会议,省委常委、省委统战部部长蔡晓明作有关人事事项说明,省政协副主席钟利贵、李华栋、汤建人、刘晓庄、郑小燕、肖光明、许爱民、孙菊生,秘书长肖为群出席会议。会议审议通过《政协江西省第十一届委员会增补副主席建议人选名单(草案)》;审议通过《政协江西省第十一届委员会增补常务委员建议人选名单(草案)》;审议通过《省政协十一届三次会议选举办法(草案)》;审议通过《省政协十一届三次会议选举大会总监票人、监票人名单(草案)》。

【省政协十一届十次常委会议】 1月28日在南昌召开。省政协主席黄跃金主持会议,省政协副主席钟利贵、李华栋、汤建人、刘晓庄、郑小燕、肖光明、刘礼祖、许爱民、孙菊生,秘书长肖为群出席会议。会议听取委员分组审议有关人事事项的情况;通过政协江西省第十一届委员会增补副主席候选人名单(草案);通过政协江西省第十一届委员会增补常务委员候选人名单(草案);审议通过《政协江西省第十一届委员会第三次会议决议(草案)》;通过《省政协十一届三次会议关于提案初步审查情况的报告(草稿)》。

【省政协十一届十一次常委会议】 3月18日在南昌召开。省政协主席黄跃金主持会议,省政协副主席钟利贵、李华栋、汤建人、刘晓庄、郑小燕、肖光明、刘礼祖、孙菊生,秘书长肖为群出席会议。会议学习传达全国政协十二届三次会议精神;审议通过《关于免去许爱民政协江西省第十一届委员会副主席职务、撤销其省政协委员资格的决定》。

【省政协十一届十二次常委会议】 6月25日—26日在南昌召开,会议围绕"构建社会诚信体系、推进法治江西建设"建言献策。省政协主席黄跃金主持开幕会议并在闭幕会议上讲话，省委常委、副省长李炳军到会介绍江西省构建社会诚信体系、推进法治江西建设情况，省政协副主席钟利贵、李华栋、汤建人、刘晓庄、郑小燕、胡幼桃、肖光明、刘礼祖、孙菊生，秘书长肖为群出席会议，汤建人主持闭幕会议。会上，省政协副主席郑小燕就《关于构建社会诚信体系、推进法治江西建设情况的调研报告》作了说明；7位政协常委、委员作发言。会后根据调研协商情况，起草《构建社会诚信体系、推进法治江西建设的建议案》报送省委、省政府供决策参考。会议审议通过有关人事事项。

【省政协十一届十三次常委会议】 9月23日在南昌召开。会议学习贯彻省委政协工作会议精神，并围绕江西省编制"十三五"规划建言献策。省政协主席黄跃金主持上午会议并讲话，副省长李贻煌到会听取委员发言并介绍江西省编制"十三五"规划的情况，省政协副主席钟利贵作《关于我省编制"十三五"规划的几点建议（草案）》起草情况的说明，省政协副主席李华栋、汤建人、刘晓庄、郑小燕、胡幼桃、肖光明、刘礼祖、孙菊生，秘书长肖为群出席会议，省政协副主席郑小燕主持下午会议。会上，7位常委、委员作了大会发言。会议审议通过《关于我省编制"十三五"规划的几点建议（草案）》；审议通过有关人事事项。

【省政协十一届十四次常委会议】 11月11日在南昌召开。会议学习传达中共十八届五中全会、全国政协十二届十三次常委会议和全省领导干部会议精神，并围绕"加强水环境保护、推进生态文明先行示范区建设"建言献策。省政协主席黄跃金主持上午会议并讲话，副省长郑为文应邀到会听取委员发言并介绍江西省加强水环境保护和推进生态文明示范区建设的有关情况，省政协副主席钟利贵、李华栋、汤建人、刘晓庄、郑小燕、胡幼桃、孙菊生，秘书长肖为群出席会议，胡幼桃主持下午会议。会上，孙菊生就《关于加强水环境保护、推进生态文明先行示范区建设的调研报告》做情况说明；6位常委、委员和专家学者做大会发言。会后，协商成果以省政协建议案形式报省委、省政府供决策参考。

重要活动

【省政协成立海外扶贫基金会】 1月27日，江西省政协海外扶贫基金会在南昌召开成立大会。省政协主席黄跃金出席会议并讲话，省政协秘书长肖为群出席会议。江西省政协海外扶贫基金会把港澳台侨界人士开展慈善事业与政协工作相结合，进一步组织和动员港澳委员和港澳台侨同胞为江西省扶贫开发贡献力量。基金会由省政协作为业务主管部门。截至1月26日，基金会共有25名理事，募集各类善款2909万元。

【省政协委员视察团在赣西视察】 5月11日—14日，省政协主席黄跃金，副主席钟利贵、刘晓庄、郑小燕分别率省政协委员视察团在宜春、萍乡和新余市，就《江西省人民政府关于支持赣西经济转型加快发展的若干意见》贯彻落实情况进行专题视察。委员们深入宜春、萍乡、新余市的城区、企业、乡村等实地视察，对赣西三市贯彻省政府若干意见的成效给予肯定。委员们建议，赣西地区要主动对接国家"一带一路"、长江经济带、鄱阳湖生态经济区等重大战略的实施，强化与南昌大都市区、长株潭城市群的合作；着力推动传统产业向中高端迈进，不断增强战略性新兴产业和服务业的支撑作用；坚持整体规划、突出特色，推动主城区、县城、中心镇和小城镇协调发展。

【住赣全国政协委员视察江西省铁路通道建设】 6月10日—11日，住赣全国政协委员召集人、省政协主席黄跃金率领住赣全国政协委员视察团在上饶市、景德镇市，就江西省高铁建设及"十三五"铁路规划情况进行视察，并与南昌铁路局、省发改委、上饶市、景德镇市相关负责人进行座谈，全国政协常委、省政协副主席孙菊生主持座谈会，全国政协委员、省政协原副主席刘上洋，全国政协常委、民革中央监督委员会副主任陈清华，省政协秘书长肖为群等参加视察活动。视察团一行先后赴南昌西客站、上饶站、婺源站、景德镇北站实地察看沪昆、合福、九景衢铁路建设运行情况。大家肯定江西省铁路发展特别是高铁建设的显著成绩，并就"十三五"时期江西省铁路特别是高铁规划及南北高铁大通道建设、加快发展高铁经济等提出意见建议。

【省政协视察组在南昌视察】 8月3日，省政协主席黄跃金率省政协视察组在南昌视察重大项目建设情况。省委常委、南昌市委书记龚建华陪同视察。省政协副主席钟利贵、李华栋、汤建人、刘晓庄、郑小燕、胡幼桃、肖光明、孙菊生等参加视察。视察组先后考察南昌航空工业城大飞机项目、瑶湖郊野森林公园、南昌轨道交通1号线、南昌临空经济区等。视察组对南昌市在产业发展、城市建设管理、生态建设、辐射带动、作风建设等方面取得的成就给予肯定。视察组指出，有质量、有效益、有市场的项目是打造核心增长极的支撑，南昌市要扭住"打造核心增长极"这个战略目标，继续以大项目建设带动城市大发展。

【举行纪念抗战胜利70周年活动】 8月20日，省政协在南昌举行纪念中国人民抗日战争暨世界反法西斯战争胜利70周年活动。省政协主席黄跃金出席并在《燃烧的红土地——抗日战争的江西战场实录》新书首发式上讲话，省政协副主席钟利贵、李华栋、郑小燕、刘礼祖、孙菊生等出席。部分省政协常委、委员，省政协办公厅、各民主党派省委会、省工商联、黄埔军校同学会的代表及省政协机关各处室负责人参加新书首发仪式。首发式前，大家前往南昌八一起义纪念馆，参观《伟大贡献——中国与世界反法西斯战争》图片展。

调查研究

【关于"为制定'十三五'规划建言献策"的调研】 3—7月，由省政协副主席钟利贵、胡幼桃、孙菊生分别领衔，省政协经济委员会、省政协办公厅具体组织实施，相关专委会参与，组成

3个调研组,围绕江西省“十三五”时期面临的形势、发展目标、总体思路、战略重点、发展布局、主要任务和政策措施,紧扣“基础设施建设、新型工业化、农业现代化、发展旅游服务业、城乡一体化、绿色化发展、精准扶贫”等7个重点课题,先后赴省发改委、省住建厅、省工信委、省农业厅、省扶贫办等省直单位以及各设区市实地调研,认真了解情况,发现问题,提出合理化建议。调研组形成《关于我省编制“十三五”规划的几点建议》及加强基础设施建设、推进新型工业化、推进农业现代化7个子报告,从基础建设、城乡一体、同步小康、绿色发展等方面提出意见建议,经省政协十一届十三次常委会议审议通过后,报省委、省政府供决策参考。

【关于“构建社会诚信体系,推进法治江西建设”的调研】 4—5月,省政协副主席刘晓庄、郑小燕分别率领民族和宗教委员会、社会和法制委员会组成的调研组,开展“构建社会诚信体系、推进法治江西建设”专题调研。调研组先后赴赣州、抚州、宜春、吉安4个设区市和所属的8个县(市)进行调研,掌握全面、详实的第一手资料,起草《关于“构建社会诚信体系,推进法治江西建设”情况的调研报告》,从“加强诚信教育、弘扬诚信文化,法规制度先行、完善平台建设,强化政府诚信、培育征信市场,奖惩双措并举、健全监督体系”四大方面提出意见建议,经省政协十一届十二次常委会议审议通过后,形成《构建社会诚信体系,推进法治江西建设的建议案》,报送省委、省政府供决策参考。

【关于“为加强水环境保护、推进生态文明先行示范区建设建言献策”的调研】 4—7月,由省政协副主席孙菊生牵头负责,省政协人口资源环境委员会具体承办,组织4个调研小组分赴南昌、九江、宜春、新余、赣州、上饶、吉安、抚州8个设区市及20个县(市、区)开展专题调研,景德镇、鹰潭、萍乡等3个设区市开展协作调研。调研组深入河湖水库、田间地头、公司企业、村庄农户,与基层干部群众交流、座谈,分析研究,找准问题,征集建议。调研结束后,起草《关于加强水环境保护、推进生态文明先行示范区建设的调研报告》,提出“加强组织领导、强化媒体宣传,推进生态文明法治建设,建立水生态文明科学考核评价体系、强化责任追究,扎实推进‘河长制’,拓宽市场化融资渠道”等10条建议,经省政协十一届十四次常委会议审议通过后,形成相关建议案报送省委、省政府供决策参考。

【关于“弘扬传统文化,加强书院文化研究、保护和利用”的调研】 4—6月,由省政协副主席李华栋率队,省政协文史和学习委员会组织专题调研组,先后赴九江、吉安、上饶3个设区市及部分县(市、区)实地调研,与部分专家学者进行座谈,了解江西省书院文化研究、保护和利用方面存在的问题,以及加强和改进工作的意见建议。7月23日,召开“弘扬优秀传统文化,加强书院文化研究、保护和利用”专题协商座谈会,协商后形成《关于加强书院文化研究、保护和利用的建议》,从“加大舆论宣传力度、不断提高认知水平,加大人才培养力度、出版影响广泛的专著,抓紧古代书院普查、科学制定保护规划”等6个方面提出12条建议,报送省委、省政府供决策参考。

【关于“加快养老服务体系建设”的调研】 5—6月,省政协港澳台侨和外事委员会牵头组织部分省政协常委、委员和省民政厅、省卫计委、省红十字会等相关部门负责人及相关专家学者,赴南昌、新余等地开展实地调研和座谈,并利用赴港、澳、台参加活动的机会考察借鉴相关做法和经验。同时,协调11个设区市政协开展同题调研,提供相关情况和建议。6月18日,召开“推进我省养老服务体系建设”专题协商座谈会,协商提出“把养老产业作为重要经济增长点、依托我省生态资源优势着力引进一批中高档养老机构、创新土地供应模式、完善金融财税支持政策”等8个方面建议,报送省委、省政府供决策参考。

【关于“加强宗教文化旅游资源保护与开发”的调研】 为推进形成宗教文化旅游资源保护与开发双赢的良性循环,5—6月,在省政协副主席刘晓庄的带领下,省政协民族和宗教委员会组织部分委员赴吉安、上饶两市及部分县(市、区),就“宗教文化旅游资源保护与开发”课题进行调研。在此基础上,9月15日召开“加强宗教文化旅游资源保护与开发”对口协商座谈会。会后,形成《关于江西省宗教文化旅游资源保护与开发的建议》,从“整合宗教文化旅游利益格局、创新管理模式,整合我省宗教文化旅游资源、提升我省宗教文化旅游品牌的影响力,立足江西旅游发展全局、科学编制我省宗教文化旅游‘十三五’规划”等六大方面提出建议,报送省委、省政府供决策参考。

【关于“推进我省现代职业教育体系建设暨《职业教育法》实施”的调研】 5—9月,由省政协副主席汤建人率队,省政协教科文卫体委员会组织部分委员和长期从事职业教育的专家学者组成调研组,先后深入新余学院、新余市职教中心、江西工程学院、赣西科技职业学院、萍乡学院、萍乡市工业学校、萍乡卫校等职业院校实地调研,先后召开3场专题座谈会,对江西省职业教育发展大计进行深入研究讨论。11月17日,召开“推进我省现代职业教育体系建设暨《中华人民共和国职业教育法》实施情况”界别协商座谈会。会后,形成《关于推进我省现代职业教育体系建设的若干建议》,从“整合教育资源、优化布局结构,密切校企联系合作、深化办学模式改革,加强师资队伍建设、稳定经费投入保障”等六大方面提出建议,报送省委、省政府供决策参考。

专门委员会工作

【提案委员会】 2015年,省政协提案委员会提案办理质量明显提高,全年立案572件,办复率100%。其中:A类352件,占提案总数62%;B类206件,占提案总数36%。围绕“改善南昌市空气质量”这一委员关注度高、提案比较集中的问题,举行提案办理协商会,省委副书记、常务副省长莫建成到会听取意见,并就办理好提案提出明确要求。扎实开展“优化企业发展环境”专题民主监督活动，向省委、省政府报送《关于我省企业发展环境存在的问题及相关建议》，省委书记强卫在作出200多字重要批示的基础上，分别在省委全会、全省经济工作会议和全省领导干部会议上给予肯定，省委还由此确定2016年开展“优化企业发展环境”专项行动。开展重点督办提案和跟踪问效活动，确定22件重点督办提案，召开提案办理协商会8次，开展调研10次，听取情况汇报15次，与提案者和承办单位联系沟通118人次。编辑《重要提案摘报》43期，其中省领导批示12期。举办设区市政协提案工作座谈会暨提案专职干部培训班。进一步完善提案办理工作联络员制度，推动办理工作高效规范运行。

【经济委员会】 2015年，省政协经济委员会组织“为制定‘十三五’规划建言献策”专题调研协商活动，重点围绕基础设施建设、新型工业化、农业现代化、发展旅游服务业、城乡一体化、绿色发展和精准扶贫等专题深入调研，形成1份建议案和7份专题调研报告，经省政协十一届十三次常委会议审议通过后报送省委、省政府，有关建议被及时吸纳进《中共江西省委关于制定国民经济和社会发展第十三个五年规划的建议》。围绕“加强农业品牌建设”组织开展专题调研，并邀请省发改委、省农业厅等省直单位负责与部分常委、委员进行对口协商，形成《关于加强我省农业品牌建设的建议》报送省委、省政府。围绕向省委、省政府提出的“做大做强旅游业、金融业”等建议开展跟踪问效，努力推动协商成果转化运用。发挥界别委员智力资源优势，积极开展视察、调研等界别活动。着力推动年度视察调研成果转化，以委员会名义向全会提交《关于设立上饶高铁经济试验区的建议》等9篇提案。

【人口资源环境委员会】 2015年，省政协人口资源环境委员会围绕省政协常委会议协商议题“关于加强水环境保护、推进生态文明先行示范区建设”开展专题调研，调研报告共提出5个方面10条建议，经省政协常委会议审议通过后以建议案形式报省委、省政府。根据《省政协“十三五”规划专题协商调研工作方案》，围绕生态环境保护和旅游服务业发展开展调研，形成的调研报告经省政协常委会议审议通过后作为子报告一并报省委、省政府。受全国政协人资环委委托，开展“关于加大湿地保护力度、推进长江经济带健康发展”专题调研，调研报告的意见建议被充分吸纳到全国政协的建议中。开展《关于推进全省市县生活污水处理设施建设及运行情况的民主监督建议案》跟踪问效专题调研，省政府要求切实抓好48个县、25个工业园区污水管网配套项目建设，确保污水处理实现达标排放。积极组织开展“发展青少年事务社工、助力预防青少年违法犯罪工作”“养老服务体系建设”等界别视察、调研活动。组织《人民政协报》及省内主要媒体记者、知名作家、摄影家、书法家、美术家及部分委员赴武宁县开展“生态采风”活动，积极宣传江西省美好生态资源和人文景观，进一步推进江西省生态文明建设。

【教科文卫体委员会】 2015年，省政协教科文卫体委员会认真开展“关于我省乡镇学前教育”“以企业为主体的技术创新体系建设”“我省贯彻执行《非物质文化遗产法》实施情况”等专题调研，调研报告对存在的问题做深入阐述，并提出针对性意见建议，得到领导肯定和部门采纳。精心组织“推进我省现代职业教育体系建设暨《职业教育法》实施情况”专题协商会，参会委员从10个课题的不同方面对发展职业教育建言献策，得到参会省领导的高度评价，当场指示参加协商座谈会的省直部门要将委员们的建议体现到“十三五”规划中。举办“以企业为主体的技术创新体系建设”专题研讨会暨省科技创新与进步促进会第二次全体会议，吸引了更多科技界专家学者参与到委员会履职工作中，有效拓展专委会工作领域，增强专委会履职力量。充分发挥界别优势，开展“加强我省卫生应急体系建设”“全民健身条例贯彻落实情况”“民营医院发展”等界别视察、调研活动，为全省社会事业发展建言献策。召开全省政协教科文卫体委员会工作交流会。

【社会和法制委员会】 2015年，省政协社会和法制委员会牵头组织“构建社会诚信体系、推进法治江西建设”专题调研协商活动，发挥专家组智囊作用，整合资源力量，先后赴赣州、抚州、宜春、吉安等市调研，形成的调研报告经省政协十一届十二次常委会议审议通过后，以省政协建议案形式报送省委、省政府。组织委员与省人大法工委、省国土资源厅就《江西省矿产资源管理条例(草案)》开展协商，是省人大首次到省政协开展立法协商，推进了科学立法、民主立法。开展“文物古建筑消防安全情况”专题调研，形成《关于加强我省文物古建筑消防安全工作的建议》，以建言献策形式报送省委、省政府。开展“检察机关开展减刑、假释、暂予监外执行法律监督工作”“南昌市餐厨垃圾集中处理情况”等视察活动，视察成果以集体提案形式提交政协全会。做好界别活动的服务保障工作，根据活动计划开展工会、社会福利与社会保障界别的界别活动。对以往报送的《关于加大我省住房公积金归集力度提高使用率的建议》等调研协商成果加强跟踪问效，推动相关意见和建议的落实。

【民族和宗教委员会】 2015年，省政协民族和宗教委员会配合开展二季度省政协常委会议协商议题“构建社会诚信体系、推进法治江西建设”专题调研工作，提出加强诚信教育、弘扬诚信文化等12条建议，为省政协常委会议开展协商提供重要基础。组织开展“我省贯彻落实《宗教事务条例》情况”的专题调研，针对江西省贯彻落实《宗教事务条例》过程中存在的问题和不足，提出不断健全完善宗教政策法规等6条建议上报全国政协。做好“加强我省宗教文化旅游资源保护与开发”对口协商座谈会组织协调工作，委员们提出科学编制江西省宗教文化旅游“十三五”规划、整合宗教文化旅游利益格局等建议，引起省政府有关部门的重视。组织委员开展“我省少数民族地区同步建成小康社会”的专题调研，根据江西省少数民族地区存在的突出问题，提出有针对性的对策建议，供省委、省政府决策参考。组织民族和宗教界委员开展“宗教活动场所管理情况”“少数民族地区同步建成小康社会”等界别视察、调研活动，更好发挥委员主体作用，促进委员知情明政、建言献策。召开全省政协民族和宗教工作座谈会，总结各级政协开展民族和宗教工作的经验做法，提出新形势下政协民族宗教工作的新思路和新举措。

【港澳台侨和外事委员会】　2015年，省政协港澳台侨和外事委员会着力抓好“加快养老服务体系建设”专题调研和协商工作，提出“把养老产业作为重要经济增长点、依托生态资源优势着力引进一批中高档养老机构、创新土地供应模式、完善金融财税支持政策”等8个方面意见建议，形成主席会议建议案报送省委、省政府。组织港澳委员、海外特邀代表，赴万载、靖安两县开展以“推动江西现代农业发展”为主题的视察活动，在视察报告中向省政府及相关部门提出科学制定有机农业发展的“十三五”规划、加大土地普查和整理力度、加强有机农业宣传推介等六方面意见建议。整合委员（代表）扶贫资源，成立省政协海外扶贫基金会，接收各类善款2339.9万元，资助扶贫项目15个，项目资金330万元；积极开展助学、助贫、助残等公益活动，向全省首批12个县的1200名品学兼优的贫困高中生捐助240万元，向孤寡老人捐赠棉衣和老花眼镜各1000件，向听障患者捐赠助听器2768台。协助省政府做好2015赣港经贸合作活动等外联内引工作，邀请10多名重要客商参加江西省重点产业集群投资合作推介会等专题活动。扩大赣港澳台青年交流，在组织形式上首次尝试与香港中联办及香港北区青年协会联合开展，促进赣港青年学生感情沟通，增强香港青年学生对祖国的认同感、归属感。

【文史和学习委员会】　2015年，省政协文史和学习委员会开展“弘扬传统文化，加强书院文化研究、保护和利用”专题调研协商工作，形成书院文化专题调研报告作为专题协商座谈会上的发言材料，在此基础上汇集整理协商座谈会议交流情况，形成《关于加强书院文化研究、保护和利用的建议》报省委、省政府。开展“宪法监督与实施情况”专题调研，形成《关于我省宪法实施和监督情况的调研报告》报送省委、省政府，助推法治江西建设进程。开展“我省文化与旅游的融合发展”专题调研，形成《江西省文化与旅游产业融合发展的调研报告》报送省委、省政府，促进文化旅游产业发展。为推动江西省生态文明先行示范区建设，出版发行《鄱阳湖文化志》；为纪念抗日战争暨反法西斯战争胜利70周年，出版发行《燃烧的红土地——抗日战争的江西战场实录》。

（骆名坤）

1月26日，政协江西省十一届三次会议在南昌举行

省政协办公厅供稿

本栏编辑　陈超萍

中国共产党江西省纪律检查委员会

综　述

2015 年，江西省各级纪检监察机关按照十八届中央纪委五次全会和省纪委十三届五次全会的部署，紧跟中央改革步伐，坚持把纪律挺在前面，聚焦中心任务，强化监督执纪问责，持之以恒纠正“四风”问题，重拳出击惩治腐败，全省党风廉政建设和反腐败工作取得新的成效。

推动“两个责任”落地生根。省委将落实党风廉政建设主体责任作为“牛鼻子”高位推进，省委书记强卫亲自约谈 3 个设区市党委主要领导，省纪委就落实主体责任专题约谈 5 个设区市和 6 个省直单位党委（党组）书记，就“红包”治理约谈 5 个部门党组书记。组织 5 个设区市和 6 个省直单位的党委（党组）书记在省纪委全会述责述廉并接受民主测评。省委组织督查组对各地和省直有关单位落实“两个责任”、作风建设等情况进行督查。省纪委对 11 个设区市和 134 个省直单位落实责任制情况进行了检查考核，推动责任落实。

保持查办案件高压态势。坚持“老虎”“苍蝇”一起打。重点查处中共十八大后不收敛不收手，问题线索反映集中、群众反映强烈，现处在重要岗位且可能还要提拔使用的领导干部。坚决查处严重违反党的政治纪律、组织纪律、保密纪律的行为；重点查办发生在领导机关和重要岗位领导干部中插手工程建设、土地出让、矿产资源开发、侵吞国有资产、买官卖官、以权谋私、腐化堕落、失职渎职案件。坚持快查快结，把违反政治纪律和政治规矩、组织纪律作为重点，发现问题线索迅速查处。

推进形成作风建设新常态。紧盯重要时间节点，抓住群众反映突出问题，强化对违反中央八项规定精神问题的监督，加大对违纪问题的查处和通报曝光力度。结合群众路线教育实践活动专项整改任务，抓好群众反映强烈的突出问题治理，着力解决体制和制度问题。紧盯“四风”新形式、新动向，警惕穿上隐身衣的享乐主义、奢靡之风，坚决纠正“为官不为”现象，坚决查处公款吃喝、公款旅游、公款送礼、利用婚丧喜庆敛财等问题。推进“红包”问题治理常态化，重点整治与百姓利益密切相关的教育、医疗、殡葬、税收等行业“红包”问题。

巡视“利剑”作用进一步发挥。认真落实中央巡视工作方针，加强和改进巡视工作，健全完善省委常委会定期研究巡视工作、省委“五人小组”听取巡视情况汇报制度。深化巡视定位，全面履行党章赋予的职责，聚焦全面从严治党，突出党风廉政建设和反腐败斗争，坚持纪在法前、纪严于法、纪法分开，紧扣“六大纪律”和“四个着力”，盯住“三个重点”，发现问题、形成震慑。组建巡视巡察工作专业人才库。积极推进市、县巡察工作。

积极开展把纪律挺在前面先行先试。在省纪委机关和 13 个试点单位开展进一步深化“三转”、把纪律挺在前面试行工作，取得可全面推进的工作经验，得到中央纪委领导批示肯定，被纳入中央电视台摄制的专题片《永远在路上》宣传。省委在总结提炼试行工作成果基础上，研究制定《关于落实把纪律挺在前面要求的意见》，省纪委确定本级机关对接落实的任务书、时间表，为在全省铺开作出示范。在线索处置、纪律审查和巡视工作中转变工作理念和方式，从“盯违法犯罪”向“盯违纪违规”转变，从管极少数向管大多数转变。全省纪检监察机关已办结案件中，单纯违纪未移送司法机关的案件占总数的 95.8%。

深化纪律检查体制改革。认真实施《江西省党的纪律检查体制改革实施方案》，完善反腐败体制机制和制度体系。落实查办腐败案件以上级纪委领导为主的改革部署，线索处置和案件查办同时向上级纪委和同级党委报告。贯彻落实纪委书记、副书记提名考察以上级纪委会同组织部门为主，省委印发设区市纪委书记、副书记，省纪委派驻纪检组组长、副组长，省管企业纪委书记、副书记，省管高校纪委书记、副书记等 4 个提名考察办法。巩固深化“三转”成果，推进省纪委派驻机构全覆盖，制定下发《关于加强省纪委派驻机构建设的实施意见》，新设立的 7 家省纪委派驻机构全部进驻开展工作。县级纪委内设机构调整工作完成。

重要会议

【召开省纪委十三届五次全体会议】 1 月 23 日—24 日，中国共产党江西省第十三届纪律检查委员会第五次全体会议在南昌举行。出席会议的省纪委委员 43 人，列席 378 人。

省纪律检查委员会常务委员会主持会议。全会传达学习中共中央总书记习近平在十八届中央纪委第五次全体会议上的重要讲话和中央纪律检查委员会书记王岐山所作的工作报告。省委书记强卫出席全会并作重要讲话。省领导鹿心社、莫建成、黄跃金、史文清、周泽民、王文涛、周萌、蔡晓明、赵爱明、马家利、龚建华等出席会议。全会审议通过省委常委、省纪委书记周泽民代表省纪委常委会所作的《适应全面从严治党新常态，深入推进党风廉政建设和反腐败斗争》的工作报告。省委各部门、省直各单位主要负责人参加会议。九江、景德镇、新余、宜春、上饶市和省住建厅、省林业厅、省科技厅、省教育厅、省卫计委、省文化厅党委（党组）主要负责人在会上述责述廉并接受民主测评。

全会认为，2014 年，在党中央坚强领导下，省委和各级党组织坚决贯彻党中央、中央纪委决策部署，以落实“两个责任”统筹推进党风廉政建设和反腐败各项工作。全省各级纪检监察机关紧跟中央改革步伐，聚焦中心任务，强化监督执纪问责，党风廉政建设和反腐败工作取得明显成效。

全会指出，2015 年工作的总体要求是：保持坚强政治定力，把严明政治纪律和政治规矩、加强纪律建设摆在首位，坚持依纪依规从严管党治党；以落实“两个责任”为核心，强化监督执纪问责，持之以恒落实中央八项规定精神，充分发挥巡视“利剑”作用，坚决遏制腐败蔓延势头；改革创新纪检监察体制机制，巩固深化“三转”成果，加强纪检监察队伍建设，为建设江西风清气正政治生态，实现省委“决战五年同步实现小康”目标提供有力保证。

【召开落实“把纪律挺在前面”要求先行先试工作动员部署暨纪检监察工作半年调度会】　7 月 2 日，省纪委召开落实“把纪律挺在前面”要求先行先试工作动员部署暨纪检监察工作半年调度会。省委常委、省纪委书记周泽民出席会议并讲话。会议指出，要深刻领会“把纪律和规矩挺在前面”要求的精神实质和方向性、原则性要求，坚持因地制宜，探索有效机制和可行办法，重点在推进思想观念变革、实施业务流程再造、转变监督执纪方式、加强执纪能力建设等方面来谋划和落实，真正让纪律有力量，让规矩起作用，为深入建设风清气正政治生态提供坚强纪律保证。相关单位党委（党组）要加强对先行先试工作的领导，落实工作责任，大胆实践，搞好统筹指导和总结提炼，为 2016 年全省纪检监察系统全面推行提供有益经验。要保持政治定力，强化完成纪委全会任务意识，突出重点，以“钉钉子”精神持续发力，确保省纪委五次全会部署的工作任务全面完成。

【召开全省领导干部违规插手工程项目问题专项治理电视电话会】　9 月 14 日，省委召开全省开展领导干部违规插手干预工程项目问题专项治理电视电话会议。省委书记强卫出席并讲话。省长鹿心社主持会议。省领导莫建成、黄跃金、周泽民、赵爱明、谢亦森出席会议。强卫强调，要深刻认识开展专项治理工作的重要性和紧迫性，按照省委统一部署，切实增强大局意识、责任意识，扎实做好专项治理各项工作。要聚焦重点对象和重点内容，抓住关键少数，及时发现和惩治他们当中存在的违规插手干预工程项目的问题，对今后仍不收敛、不收手，群众反映强烈的问题，重点核查，发现一起，查处一起。各地各部门要对重点对象和重点项目进行专项巡查、全面排查、重点抽查、线索核查，确保查得彻底、纠得彻底。要坚持惩防并举、标本兼治，下大力气构建领导干部不敢不能不想违规插手干预工程项目的长效机制，彻底铲除工程建设领域滋生腐败的土壤和条件。

鹿心社在主持时要求各地各部门切实把思想和行动统一到省委决策部署上来，结合实际抓好贯彻落实，确保专项治理各项工作任务落到实处。

廉政建设

【概　况】　2015 年，全省各级纪检监察机关进一步加强作风建设。认真贯彻中央八项规定精神，紧紧扭住“四风”问题不放，坚决查处公款吃喝、公款旅游、公款送礼和奢侈浪费，以及乱作为、慢作为、不作为等突出问题。全省查处违反中央八项规定精神和“四风”问题 1211 起，处理 1776 人，给予党纪政纪处分 1065 人。省、市两级纪委公开通报 91 次，曝光典型案例 297 起。巩固深化“红包”问题治理成果，重点治理教育、医疗、殡葬、税收等行业“红包”问题。2013 年 9 月开展治理以来，省、市、县三级廉政账户收到“红包”等违纪款累计 2.09 亿元，其中 2015 年达 7622.19 万元。省纪委先后 4 次通报 13 起顶风收受“红包”的典型案例。扎实开展领导干部违规插手干预工程项目问题专项治理，全省纪检监察机关收到举报件 941 件，查实 276 件，党纪政纪处分 173 人，组织处理 55 人，移送司法机关 45 人；各级廉政账户共收到主动上交违纪款 2819.22 万元。严肃查处一批在民生资金、“三资”管理、征收补偿、为民服务等领域，基层党员干部吃拿卡要、办事不公、优亲厚友、侵占挪用、贪污受贿等群众身边的违纪违法问题。全省立案查办基层党员违纪违法案件 6566 件，处分 7450 人。协助中央纪委查处 3 起典型案件。

加大查办案件工作力度。全省纪检监察机关接受信访举报 48863 件次，同比下降 9.4%；处置问题线索 16843 件、立案 8770 件、结案 8750 件、党纪政纪处分 9829 人，同比分别增长 30%、20.4%、24.2%、27.3%。省纪委共立案 28 件 28 人，其中厅级干部 24 人、县处级干部 4 人。转变纪律审查的思路和方式，抓早抓小。全省纪检监察机关谈话函询 2525 件（次），其中厅级干部 700 件（次）、县处级干部 1110 件（次）、乡科级干部 492 件（次），分别占各级别干部问题线索处置方式总量的 42.1%、24.8%、6.8%；作出党纪轻处分和组织处理 7510 人，重处分和重大职务调整 2860 人；移送司法机关 444 人。完善问题线索排查机制，提高处置效率。加大追逃追赃力度，中央追逃办确定的江西省 7 名外逃党员或国家工作人员已成功追回 4 名，缉捕、劝返在逃境外经济犯罪嫌疑人 31 名，缉捕率 70%，位居全国第一。

加强和改进巡视工作。省委不断加强对巡视工作的领导，省委巡视办升格为省委正厅级工作部门，组建省委第七、第八巡视组，增加人员编制，建立百人巡视人才库和千人巡察人员库。省委常委会 6 次、省委“五人小组”5次、省委巡视工作领导小组9次听取巡视情况汇报，研究问题线索处置整改意见。巡视发现问题的功能进一步彰显。采取“一托N”巡视模式，对全省44个县（市、区）和17个省属国有企业、29个省直单位及环保、扶贫两个领域进行专项巡视，对56个县（市、区）开展了巡视“回头看”。2015年四轮巡视，共发现问题线索2893件，其中涉及厅级干部240人、县处级干部751人、乡科级及以下干部1678人。巡视发现有严重违纪问题线索的省质监局原局长王詠、西湖区委原书记周林等人被省纪委立案调查，巡视震慑遏制作用进一步增强。初步构建起省、市、县巡视巡察监督体系，市、县两级党委共派出535个巡察组，对1205个地方（单位）开展巡察，发现问题线索7561件，立案1041件，党纪政纪处分827人，移送司法机关104人。

加强党风廉政教育。把学习贯彻中共中央总书记习近平系列重要讲话精神作为重大政治任务，及时组织广大纪检监察干部认真学习《习近平关于党风廉政建设和反腐败斗争论述摘编》，学习贯彻习近平在中央纪委五次全会上的重要讲话精神，着力学深悟透中央精神，增强贯彻执行的自觉性和坚定性。加强纪律教育，开展《关于加强作风建设营造良好从政环境的意见》、廉洁自律准则、党纪处分条例、巡视工作条例专题宣讲，拍摄并组织观看电视专题片《正风肃纪在江西》《反腐警示录》。对378名新提任的省管领导干部进行任前廉政教育和廉政法规测试。整合利用网站、微博、微信等有效资源，提升廉政文化建设水平，拓展纪律宣传教育效果。

1月23日，省纪委十三届五次全会在南昌召开

省纪委供稿

制度建设

【制定《设区市纪委书记、副书记提名考察办法（试行）》等四个提名考察办法】 为贯彻落实中共十八届三中全会关于“各级纪委书记、副书记提名和考察以上级纪委会同组织部门为主”的精神，规范设区市、省纪委派驻纪检组、省管企业、省管高校纪委书记（纪检组组长）、副书记（副组长）的提名和考察工作，根据中央和省有关规定，5月15日，省委办公厅印发《设区市纪委书记、副书记提名考察办法（试行）》《省纪委派驻纪检组组长、副组长提名考察办法（试行）》《省管企业纪委书记、副书记提名考察办法（试行）》《省管高校纪委书记、副书记提名考察办法（试行）》。4个提名考察办法分别就设区市、省纪委派驻纪检组、省管企业、省管高校纪委书记（纪检组长）、副书记（副组长）的提名和考察工作作出规定。

【印发《关于加强省纪委派驻机构建设的实施意见》】 为贯彻中共十八大和十八届三中、四中全会精神，落实省委关于党的纪律检查体制改革部署，根据中央和省委有关文件精神，8月14日，省委办公厅印发《关于加强省纪委派驻机构建设的实施意见》。该实施意见就派驻机构建设的总体要求、机构设置、职责权限、工作关系、管理保障、组织领导等作出规定，明确了在省直机关新设7家省纪委派驻机构的工作方案。

【印发《关于建立完善省委巡视工作机制的意见》】 为深入贯彻中央关于巡视工作的一系列新精神、新要求，聚焦党风廉政建设和反腐败工作这个中心，围绕“四个着力”，发现问题、形成震慑，提高省委巡视工作质量和水平，8月5日，省委办公厅印发《关于建立完善省委巡视工作机制的意见》。该意见规范信息收集机制、巡查联动机制、交办交查机制、信访应急处置机制、整改督办机制、宣传通报机制、管理监督机制等七项工作机制。

【印发《江西省纪律检查机关办案场所管理办法》】 为规范全省纪律检查机关办案场所的管理，促进依纪依法、安全文明办案，根据中央和省有关规定，5月19日，省纪委办公厅印发《江西省纪律检查机关办案场所管理办法》。该办法就有关部门职责分工、安全管理、相关要求、突发事件处置、办案督查、后勤保障、责任追究等事项进行了明确。

【印发《关于建立领导干部违规插手干预工程项目问题专项治理有关工作制度的通知》】 为深入贯彻落实全省开展领导干部违规插手干预工程项目问题专项治理动员部署会议精神，确保专项治理工作取得实效，10月13日，省纪委办公厅印发《关于建立领导干部违规插手干预工程项目问题专项治理有关工作制度的通知》。该通知就领导干部违规插手干预工程项目问题专项治理明确提出建立工作定期报告制度、日常督查制度、会议调度制度、工作联动制度、问题线索移送制度。

（省纪委办公厅编辑室）

本栏编辑　陈超萍

民主党派

中国国民党革命委员会江西省委员会

【概　况】　2015年年底,民革江西省委会共有地方组织12个,其中省级组织1个、设区市组织11个;基层组织260个,其中基层委员会6个、总支委员会32个、支部222个、小组1个;党员总数4501人。全年新发展党员154人,平均年龄37.3岁,其中本科以上学历占85.7%,具有中高级职称的占44.8%。党员中担任各级人大代表、政协委员的共857人,占党员总数的19%,其中全国人大常委会委员1人、全国政协委员2人(其中常委1人)、省人大代表12人(其中省人大常委会副主任1人、省人大常委会委员2人)、省政协委员44人(其中常委9人);担任副处级以上领导干部的共184人,其中省部级2人、厅局级11人、县处级171人。

议政协商主动有为。民革省委会领导参加中共江西省委、省政府、省政协和有关部门召开的党外人士协商会、座谈会、情况通报会10余次,围绕中共江西省委"十三五"规划建议、贯彻落实中共中央统战工作会议、政府工作、省政协工作以及重大人事事项等发表意见。民革省委会主委、驻会副主委8月参加中共江西省委书记强卫与各民主党派主委个别谈心活动,就贯彻落实中央统战工作会议精神、编制好江西省"十三五"规划提出意见建议;同月省委会主委参加中共江西省委常委、省委统战部部长蔡晓明率队的江西统一战线贵州毕节行活动,就精准扶贫等提出意见建议;11月民革省委会领导参加中共江西省委党外人士座谈会,就江西省"十三五"规划建议做发言。

建言献策成效显著。一是创新调研方式。在有关部门的支持下,组织专家深入调查,多次研讨,完成《大力推进土壤污染防治,建设生态文明江西》调研报告,并在中共江西省委组织的大调研政党协商会上作了成果汇报。二是重视大调研成果的转化工作。7月,中共江西省委书记强卫对省委会关于《加强赣台农业合作,推动江西省农业产业升级》调研报告的成果转化情况作出重要批示:"民革省委会不仅重视调查研究、建言献策,而且重视调研成果转化,这种务实作风值得肯定和提倡。"此前,中共江西省委常委、省委统战部部长蔡晓明也作批示:"调研成果转化落地初见成效,望持续发力。"三是围绕民革特色参政议政亮点纷呈。6月,全国政协副主席、民革中央常务副主席齐续春率调研组到赣就农村土地确权登记中的法律问题及对策进行调研。与省水利厅、省水务集团合作完成《江西城乡供水一体化》调研。各专委会完成《创新体制机制,助推江西农垦发展》《强制医疗程序试用情况调研报告》《律师代理申诉案件办法》《关于完善江西省劳动监察机制的建议》等调研。省委会《关于推动"双师型"教师队伍建设的建议》获民革中央优秀省级组织参政议政成果二等奖。2015年省"两会"期间,民革省委会共向省政协十一届三次会议提交大会发言11件,集体提案15件。黄统征代表民革江西省委会作题为《立足"三个层面"强力推进江西新型工业化发展》的大会发言;省政协十一届三次会议第二次全体会议上民革党员徐景坤、刘忠华、潘华、朱星河分别作大会发言。在联组讨论会上,包礼祥、陈文华、熊彤、魏洪义、贾益纲、陈根荣等委员发言。7月,省委会副主委胡汉平在全国政协召开的以"农村土地确权登记和相关法律问题与对策"的双周协商座谈会上,就《完善修订农村土地确权登记工作相关法律法规》作发言,该建议被民革中央作为素材采用,民革中央还专门下文,通报表扬,他本人也被评为2015年度为民革中央参政议政工作作出突出贡献先进个人。四是社情民意报送质量稳步提升。省委会向民革中央报送社情民意50篇,其中《关于建立地市公安监管医院的建议》《国家杰出青年基金项目资助名额向中西部倾斜的建议》2篇信息被民革中央采用;向省政协报送社情民意63篇,采用37篇,其中徐江明撰写的《关于提请省领导重视江南茶仓项目的建议》得到省领导鹿心社、莫建成、李炳军批示,李家祥撰写的《关于加快江西省竹产业发展的建议》得到省领导李炳军批示,许小欢写的《关于适龄儿童入学年龄应予以弹性调整的建议》《尽快建立城市地下管线统一规划建设和管理的长效机制》分别得到省领导朱虹、郑为文批示。

思想建设全面推进。以继续开展坚持和发展中国特色社会主义学习实践活动为主线,以纪念中国人民抗日战争暨世界反法西斯战争胜利70周年为契机,学习贯彻中央统战工作会议精神和《中国共产党统一战线工作条例(试行)》,推进坚持和发展中国特色社会主义学习实践活动,组织民革全省各级领导带头学、带头宣传，共赴基层宣讲30余次，受众2000余人次。按照民革中央“观故居——走多党合作之路”活动要求，南昌、景德镇、吉安、萍乡市委会及江西农大委员会分别组织机关干部和党员共328人次赴民革前辈故居开展党史教育。在11月召开的民革全国宣传思想理论工作会议上，民革省委会等5个集体被评为民革全国思想理论宣传工作先进集体，4人被评为民革全国宣传思想理论工作先进个人。

社会服务工作卓有成效。一是继续开展“博爱·牵手”活动。全省各级组织累计投入资金80余万元，直接受益群众近1300人。6月，由民革党员谭曼秋创办的九江市浔阳区“禁毒志愿者协会”在全国禁毒工作先进集体和先进个人表彰大会上获全国禁毒工作先进集体称号。二是法律援助工作深入推行。在省委会推动下，2015年，南昌、宜春、抚州3个市级组织成立了法律援助中心(工作站)，全省成立8个，提供法律咨询服务700余人次。萍乡民革党员叶琼穗获省司法厅颁发的“全省最美律师”称号。三是精准扶贫工作成绩显著。7月，省委会还到挂点联系村新安村开展了义诊活动，接待就诊咨询群众200多人次，开出处方近百张。12月，省委会负责人率调研组赴广昌县就对口帮扶精准扶贫工作开展调研并走访慰问困难群众。对口帮扶新安村两年以来，省委会共协调各类资金120余万元用于新安村基础设施建设和产业项目发展，帮助新安村脱贫49户202人，农民人均可支配收入提高200余元。

祖统工作再上台阶。6月，民革省委会与省台办、省农业厅、吉安市政府联合在吉安主办海峡两岸(江西吉安)首届现代农业产业合作暨第五届赣台基层农会交流恳谈会，全国政协副主席、民革中央常务副主席齐续春，全国政协常委、民革中央副主席郑建邦出席，百余位台湾客商参加。会上，吉安市还与省台办、省农业厅签订推进吉安海峡两岸农业产业合作示范基地建设合作协议。签约项目28个，合同总金额35.3亿元。8月，省委会与省台办、省教育厅联合主办2015海峡两岸(南昌)青年学生夏令营，来自台湾13所高校的40余位青年学生通过一周时间的参观、游览、座谈等多种形式，深化了赣台两地青年互动交流。

【开展纪念中国人民抗日战争暨世界反法西斯战争胜利70周年系列活动】 2015年，在抗战老兵口述历史和民革前辈史料采集工作中，民革省委会积极组织力量赴南昌、九江、景德镇、萍乡四地对2名民革前辈、5名抗战老兵进行了口述历史的影像采集和史料复审工作，10月召开的全国民革前辈史料采集工作表彰会，民革省委会被评为民革前辈史料采集工作优秀单位。

7月，民革省委会与青海省委会分别在西宁和南昌共同举办纪念抗战胜利70周年书画展。8月，省委会举办“弘扬老一辈优良传统，从我做起”主题演讲比赛决赛，通过自下而上演讲比赛的方式宣传抗战精神、弘扬民革优良传统。9月，民革省委会、省侨联、省黄埔军校同学会联合在南昌举办纪念中国人民抗日战争暨世界反法西斯战争胜利70周年座谈会暨文艺演出，社会反响较大，多家主流媒体进行宣传报道；民革省委会与民革中央在南昌联合主办的“民族魂——纪念中国人民抗日战争暨世界反法西斯战争胜利70周年美术作品联展”获民革中央领导的好评。

【完成市级组织换届工作】 2015年，民革省委会对市级组织换届工作具体指导，严格规范换届文件材料和有关工作程序，完成民革全省11个市委会换届工作。换届后市级组织领导班子层次高、质量高、有突破。各市委会现任主任委员、副主任委员共52人，平均年龄47.05岁，中高级职称以上36人，大学学历以上48人，含两次届中调整在内共提拔正处2人、副处4人。新提名主委5人中，有一位市科技局局长，是民革党员担任市级政府组成部门正职的突破；新班子中担任市、区政府及政府组成部门实职17人，占新班子总数的三分之一。

（徐文华）

中国民主同盟江西省委员会

【概　况】 2015年，全省有盟员7465人。其中：中上层人士6372人，占85.4%；中高级职称5848人，占78.3%。省政协副主席1人；副厅长1人，设区市副市长1人；设区市人大常委会副主任1人，设区市政协副主席5人；大学副校长2人。各级人大代表、政协委员856人，占盟员总数的11.5%。其中：全国人大代表1人，全国政协委员2人(常委1人)；省人大代表8人(常委会委员2人)，省政协委员53人(常委10人)；市人大代表53人(常委会委员10人)，市政协委员278人(常委46人)。担任副处级以上行政职务264人，其中政府及司法部门36人。15人担任省级特约监督员，2人担任省政府参事，7人担任省文史馆馆员。

推进思想宣传和理论研究工作。通过组织参观“伟大贡献——中国与世界反法西斯战争”大型展览、举办纪念抗日战争暨世界反法西斯战争胜利70周年讲座和开展“三严三实”专题教育等系列活动，继续深入开展坚持和发展中国特色社会主义学习实践活动。以报道重大盟务活动和优秀盟员事迹为重点，在省级以上媒体刊登稿件(图片)超过200篇(幅)。理论研究课题《协商民主在中国的演进与发展》被民盟中央评为一等奖。

认真参加民主协商。积极参加中共江西省委及省委统战部举行的民主协商会、情况通报会、征求意见座谈会，积极参加省政协组织的各种视察调研活动。省政协副主席、民盟省委会主委刘晓庄在中共江西省委召开的征求意见会上发言，提出“我省十三五规划应重视发展现代种业”等建议，受到重视和吸纳。年度大调研课题《进一步改善政务环境，促进非公经济健康发展》完成，在全省各民主党派、工商联、无党派人士大调研成果汇报协商会上受到中共江西省委、省政府主要领导的肯定。

在省政协十一届三次会议上积极

议政建言。向大会提交发言材料9篇,集体提案15件。民盟省委会副主委任江南代表民盟省委会作《加快构建农业社会化服务体系,夯实我省现代农业发展基础》的大会发言。联组讨论会上,黄菊花、陶春元、王映龙、范淑英、李旭荣等委员分别就校企合作、昌九一体化、农业物联网、生态环境、企业融资等专题发言,受到省长鹿心社的重视。集体提案《大力发展江西省富硒特色农业的建议》《关于改善民办医院生存与发展环境的建议》,被定为省政协重点督办提案。

积极反映社情民意、参加论坛研讨。向民盟中央、省政协、中共江西省委统战部共报送信息360篇(次),有3篇得到省领导的批示,《建议给便民服务中心工作人员适度"松绑"》获省委书记强卫肯定。向民盟第三届教育论坛、第六届民生论坛分别提交论文7篇和2篇,向中国生态经济学会主办的区域产业与生态文明学术研讨会提交论文3篇。

组织建设规范有序。举办民盟全省盟务骨干培训班和民盟全省思想宣传工作骨干培训班,共培训盟员100人。制订出台《民盟江西省委会关于加强基层组织建设的实施意见》《省直基层组织考评办法》等规范性文件。调整理顺江西科技师范大学、东华理工大学的民盟组织隶属关系。

开展"黄丝带"帮教和社区共建等工作。在省女子监狱举办送文艺、送健康等活动。协助盟员企业"静心社"以"江西省女子监狱黄丝带帮教计划试点项目"申报省民政厅公益创投项目,获立项并得到政策、资金支持。与省女子监狱、红谷滩商会联合开展"黄丝带"帮教"三对一"活动。联合民盟南昌市委会、青云谱区总支在三家店社区举办"重阳节健康老龄知·信·行"活动。联合民盟赣州市委会在对口帮扶文明村——信丰县月岭村开展慰问贫困户以及送教、送电脑、送科技下乡活动。

【召开民盟省委会参政党理论研究会成立大会】 3月22日,民盟省委会在南昌召开参政党理论研究会成立大会,省政协副主席、民盟省委会主委刘晓庄出席会议并讲话。民盟省委会副主委罗慧芬、任江南、王东林、何建洋、黄菊花和秘书长刘新农以及在昌的民盟省委会常委出席会议。会议决定聘请刘晓庄任民盟省委会参政党理论研究会第一届理事会名誉会长。任江南当选为第一届理事会会长。

【浙赣两省民盟联合调研民办高等教育内涵发展】 4月23日—24日,由全国政协委员、浙江省政协常委、副秘书长、民盟浙江省委会副主委徐向东率领的调研组一行,就民办教育内涵发展课题与民盟江西省委会开展联合调研。省政协副主席、民盟省委会主委刘晓庄会见民盟浙江省委会调研组一行。省政协副秘书长、民盟省委会副主委任江南,新余市政协副主席、民盟新余市委会主委陈文华,民盟省委会秘书长刘新农等陪同调研。调研组先后到省教育厅和南昌理工学院、江西工程学院、赣西学院调研和座谈。

【推进"同心·振兴广昌示范区"工作】 2015年,民盟省委会继续协助支持盟员企业——江西安正利康有限公司的项目建设;民盟组织援建的大禾村完小"烛光行动教学楼"竣工后,帮助学校建立微机室;走访慰问大禾村贫困户;组织大禾村完小20名贫困学生参加上海"烛光照亮未来——民盟·建桥暑期烛光行动"夏令营;组织省赣剧院盟员艺术家赴大禾村举行"同心·民盟情系广昌文艺演出";组织医疗专家到大禾村开展医疗义诊活动。

【为"十三五"规划建言献策】 2015年,民盟省委会领导率队就"十三五"时期加强江西省林业生态建设开展专题调研,形成的政策建议得到中共江西省委书记强卫和省委副书记、省政府常务副省长莫建成的重要批示。开展"我为江西'十三五'规划献一策"活动,在全省各级民盟组织和广大盟员中收集各类意见建议200余条。在省发改委公布的江西省"十三五"规划建言献策评选结果中,民盟省委会提交的建议获一等奖1条,二等奖2条,机关干部个人的建议获二等奖3条。

(刘文萍)

中国民主建国会江西省委员会

【概　况】 截至2015年12月底,民建江西省委员会共有地方组织12个,其中:省级组织1个,省辖市级组织11个;基层组织224个,其中:基层委员会4个,总支委员会30个,支部190个,另有小组3个。会员总数4124人,其中:担任各级人大代表、政协委员的有737人,担任政府及司法机关县(处)级以上职务的有39人,担任市级以上部门特邀(约)职务的有92人。全年新发展会员172人,发展率为4.3%,净增率为3.98%。新发展的会员,平均年龄36.6岁;其中:具有大专以上学历的占96%、大学本科以上学历的占70.3%、硕士研究生以上学历的占8.7%,具有中、高级职称的占24.4%。

专题调研"质""量"并举。参与由全国人大常委会副委员长、民建中央主席陈昌智领衔的"加强经济合作,推动长江经济带健康发展"的专题调研活动,完成其中部分调研工作任务,调研成果得到中共中央领导李克强、俞正声、张高丽的重要批示。参加2015年度全省统一战线大调研活动,把"融资租赁产业发展"作为参加统战大调研的课题方向,并确定3个年度重点调研课题,组织专题调研组赴天津、上海、浙江等地进行调研,形成《大力发展融资租赁业,带动产业升级,服务实体经济》的调研报告并向中共江西省委、省政府主要领导汇报。围绕江西省"十三五"规划的制订开展重点调研,在中共江西省委召开的"十三五"规划征求意见协商会上,省政协副主席、民建省委会主委孙菊生所提建议得到采纳。完成生态长廊建设等3个年度重点课题调研任务,同时在全省民建组织中开展调研课题征选活动。收集各类调研成果40余篇,数量为历年之最。

大会发言和提案反响热烈。在省政协十一届三次会议上,共提交大会发言15篇,集体提案16件,个人提案50多件。围绕法治江西、美丽江西、创业江西建设建言献策。副主委胡淑珠代表省委会作题为《用法治为民营经济营造公平与安全的发展环境》的大会发言，就进一步明确民营经济平等的主体地位和规范政府权力运行机制等方面提出建议；会员宋发庆、李秀香等在政协联组会议上分别围绕美丽乡村建设和大气污染治理发言；向大会提交《关于建立金融大数据破解小微企业融资困局的建议》的提案，受到副省长李炳军的高度重视并作批示。副主委赵波向中共江西省委、省政府报送的调研成果，有5件分别得到中共江西省委书记强卫和副省长朱虹批示。

反映社情民意工作再创佳绩。全年收集社情民意信息180多件，向民建中央、省政协编辑报送70余件，其中1件被全国政协采用、4件获省领导批示。会员李秀香报送的《我国湿地生态系统面临四大危机亟待国家加大保护力度》的社情民意信息得到中共中央政治局常委、国务院副总理张高丽，中共中央政治局委员、国务院副总理汪洋，中共江西省委书记强卫、省长鹿心社的重要批示。

社会服务工作帮扶更精准。一是参与“同心·振兴赣南等原中央苏区广昌示范区”活动。深入开展“一对一帮扶结对”活动，帮扶贫困家庭12户，助力广昌精准扶贫；向中华思源工程扶贫基金会申请400万元，帮助重建广昌县水南圩乡敬老院；协调深圳市腾帮集团捐资500万元，在广昌新建一所敬老院；会员企业、朝晖城市建设工程有限公司为广昌县赤水镇中心小学教学楼建设工程捐资20万元；助力广昌推进省级生态示范县建设工作，截至年底，全县11个乡镇已有7个被省环保厅命名省级生态乡镇。二是依托“思源”基金，助推老区教育卫生事业发展。申请中华思源工程扶贫基金会继续在广昌、黎川两地实施“思源·教育移民计划”，2015年毕业1个班，在校3个班；“思源救护”公益项目全年共向于都、会昌、万安、莲花、乐安等地捐赠救护车10辆，受到社会各界高度评价；通过思源工程平台，引进“爱德基金会e万行动项目”，在全南县实施百名孤儿扶助公益活动，对农村贫困孤儿在生活、教育方面提供必要资助。全省民建组织为“三农”办实事56件(次)；捐资建校2所；资助学1.2万人；建村卫生室1个；会员办校10所，在校生2万多人；举办各类培训班20余期，为社会培养各类人才800人；协助党和政府安置下岗职工2.6万人；慈善公益事业捐款捐物780万元。

【**民建中央到赣调研**】 3月26日，全国政协副主席、民建中央常务副主席马培华一行在省政协副主席、省委会主委孙菊生的陪同下，到鹰潭调研民建基层组织建设工作。马培华看望鹰潭市民建会员，并与鹰潭市委会领导班子及部分支部主委就基层组织建设进行座谈。他指出，民建组织70年发展关键在于坚定正确的政治方向，要求民建各级组织和会员要始终坚持制度自信，认真学习贯彻中共中央“四个全面”决策部署，为鹰潭未来发展作出更大的贡献。孙菊生在会上要求鹰潭市委会班子成员和广大会员要认真学习贯彻马培华在基层组织建设座谈会上的讲话精神，继续推进基层组织建设，坚定信念，勇于创新，为民建组织发展和鹰潭经济社会发展作贡献。中共鹰潭市委书记陈兴超，鹰潭市政协主席潘赞海，鹰潭市委常委、统战部长戴春英，鹰潭市委秘书长胡高堂等陪同调研。

3月27日，马培华在昌出席民建省委会领导班子谈心会并讲话。省政协副主席、省委会主委孙菊生主持会议，省委会副主委唐玉英、杨文龙、赵波参加会议。会上，孙菊生回顾总结民建江西省委会换届以来领导班子和他个人履职的情况，并诚恳地指出自身存在的不足和努力方向，唐玉英、杨文龙、赵波分别结合本职工作和各自分管的会务工作作发言。马培华认真听取班子成员的汇报发言，以及省委会常委的意见建议，并不时与他们互动交流。他对江西民建的各项工作表示肯定，并对于下一阶段工作提出两点要求：一是要高度重视省委会在自身建设中的关键作用，始终不懈地加强领导班子建设。二是要与时俱进，深入学习贯彻中共十八大和十八届三中、四中全会精神，以及中共中央总书记习近平系列重要讲话精神，深刻领会中央“四个全面”战略布局和习近平总书记治国理政思想；要认真学习贯彻《关于加强社会主义协商民主建设的意见》，联系民建70年发展历程，认真思考研究民建在“四个全面”战略实施中的发展方向，加强自身建设，深入调查研究，把工作任务落实到参政议政之中去。

【**召开江西省民建企业家协会成立大会**】 11月30日，江西省民建企业家协会成立大会在南昌市滨江宾馆大会堂召开。省政协副主席、省委会主委孙菊生出席并讲话，省委会副主委杨文龙、左继生、赵波，省工商联巡视员于也明，省工商联副主席、省委会企业工作委员会主任徐桂芬等出席大会。民建浙江省委会巡视员、专职副主委、浙江省民建企业家协会常务副会长郭吉丰，省民政厅社会组织党工委副书记王永莅临大会并致贺词。大会审议通过协会章程、选举办法、会费收缴标准及管理办法；选举李光荣、胡恩雪、熊明东、熊春林、唐进波为轮值会长，刘红林等20位民建企业家为副会长，焦长恩等52位民建企业家为常务理事。协会聘请江西省知名企业家杨文龙、徐桂芬为名誉会长，聘任熊光强为秘书长、刘谨为执行副秘书长。各市委会主委及浙江民建省委会、省民间组织管理局等有关领导，以及江西民建企业家共160多人参加大会。

【**开展中国民主建国会成立70周年暨江西民建组织建立60周年纪念活动**】 2015年，民建省委会开展一系列的纪念活动。一是开展理想信念主题教育活动。5月25日—29日，省政协副主席、民建省委会主委孙菊生带领会员代表到重庆统一战线革命传统教育基地和民建爱国爱会教育基地接受传统教育。省政协副主席、民建省委会主委孙菊生深入南昌、鹰潭等地就中共中央总书记习近平系列重要讲话精神、中国梦等主题召开专题报告会进行宣讲，民建省委会派员深入景德镇、新余等市级组织以及省直基层组织宣讲会史，进行民建优良传统教育。二是开展“我与民建共成长”活动。征集纪念文章和会员感人事迹，在民建省委会网站和《诤友之声》刊载；走访慰问老会员，并为会龄在50年以上的会员和在民建机关工作20年以上的在职干部职工颁发纪念证书。三是开展系列纪念宣传活动。出版纪念专刊;举办"江西民建风雨同舟60年历程展";开展"读会史颂伟业,学会章树新风"主题征文活动;对全省121名优秀会员和38个先进集体进行表彰。四是召开纪念大会。12月1日,中国民主建国会成立70周年暨江西民建组织建立60周年纪念大会在南昌召开。全国政协副主席、民建中央常务副主席马培华出席大会并讲话,中共江西省委副书记莫建成到会讲话,省政协主席黄跃金,省政协副主席、民进省委会主委汤建人,省人大常委会原副主任、民建省委会原主委胡振鹏,省政协副主席、民建省委会主委孙菊生,省政协原副主席厉志成出席会议。会上,马培华代表民建中央对大会召开表示热烈祝贺;莫建成代表中共江西省委充分肯定江西民建组织60年来取得的成绩;汤建人代表各民主党派民建江西省委会、省工商联致辞;孙菊生在致辞中回顾民建的发展历史和江西民建组织发展历程;刘金炎代表中共江西省委统战部致辞。大会对民建全省优秀会员和先进基层组织进行表彰,举行"江西省民建企业家协会"成立揭牌仪式。会议期间,与会人员参观江西省民建组织成立60周年图片展,并观看由会员表演的"同心颂"纪念演出。五是组织各市委会和省直基层组织根据实际情况开展形式多样的纪念活动。

(汲传余)

中国民主促进会江西省委员会

【概　况】　2015年,民进江西省委会有市级委员会9个,市级工作委员会2个,省直工作委员会1个;基层组织240个,其中基层委员会11个、总支委员会18个、支部208个、小组3个。全年发展新会员150人,平均年龄36.5岁,其中具有高中级职称的83人。至年底,全省民进会员3708人,平均年龄50.6岁,高中级职称和中上层人士会员分别占总数的78.6%和90.3%,教育文化出版等主界别会员占总数的72.2%。担任政府和司法机关县(处)级以上职务的30人,担任全国人大代表、全国政协委员5人,担任省人大代表、省政协委员48人,担任市人大代表、市政协委员248人,担任县(市、区)人大代表、县(市、区)政协委员273人。2015年,南昌、赣州、景德镇、上饶、新余、宜春、鹰潭、抚州、萍乡9个市级组织完成换届工作。

深入开展坚持和发展中国特色社会主义学习实践活动。省委会研究制定《民进江西省委会2015年学习实践活动有关工作安排》,确定学习实践活动联系点。组织全省民进会员认真学习贯彻中共十八届四中、五中全会,中央统战工作会议精神,举办各类培训班专题学习中共中央总书记习近平系列重要讲话精神。民进省委会领导班子成员带头学习,带头实践,积极发表理论文章、学习体会40篇次,撰写的《强定力建诤言做实功——学习中央统战工作会议精神》《渴望幸福,感恩生活——学习"三严三实"心得》等文章先后在《江西日报》登载。深入市级组织、基层组织开展调研数10次,召开形式多样的报告会、座谈会。通过学习培训,增强广大会员对中国特色社会主义的理论认知和政治共识。

2015年,江西民进网上传稿件467篇,《江西民进》杂志共刊载稿件314篇,刊登基层组织稿件222篇,占总篇数的70.7%,体现"三贴近"原则。民进江西省委会被民进中央评为2015年"会刊(报)工作先进单位"。江西民进全年有144篇(次)稿件在省级以上媒体发表,其中33篇(次)在中央电视台、《人民日报》《人民政协报》《团结报》《民主》等中央级媒体刊登(播放)。民进省委会领导汤建人、梅国平、卢天锡等在全国"两会"的履职情况,在《人民日报》、中央电视台等媒体刊播,江西民进高素质参政党地方组织的影响力进一步扩大。

省委会共向中共江西省委、省政府报送6篇调研报告,获得省领导强卫、毛伟明、谢茹、李贻煌、刘昌林等10次批示。围绕"发展农业电子商务"课题开展助推改革大调研,得出"种植蔬菜是农村脱贫致富的好项目""发展农业电子商务应该优先于农村电子商务发展""农村产业脱贫关键在一、二、三产的融合"的结论,由此形成《关于发展农业电子商务促进现代农业新发展的调研报告》,在大调研成果汇报会上得到中共江西省委书记强卫、省长鹿心社的肯定,根据调研报告形成的提案被选为省政协主席重点督办提案。同时,民进省委会以课题立项的形式组织各市级组织、省直工委、各专委会形成27篇调研成果,其中《关于合理利用长江岸线资源大力推进沿江开放开发的调研报告》《关于促进民间融资规范发展的调研报告》得到中共江西省委书记强卫等省委、省政府领导的批示。

在政协江西省十一届三次会议上,民进省委会以《把省体育馆打造成全民健身活动中心》为题作大会发言,中共江西省委常委、南昌市委书记王文涛批示督办落实。同时,提交书面发言材料9篇,集体提案14件。其中《关于在我省司法机关探索开展公益诉讼试点的建议》受到中共江西省委、省政府的重视,省委法治江西建设领导小组将提案的办理列入《法治江西建设2015年工作计划》。《关于改善乡镇综合文化站发展现状的建议》受到重视,《江西省关于加快构建现代公共文化服务体系的实施意见》(2015年—2020年),对提案的建议进行吸收借鉴,乡镇综合文化站的建设得到全面加强。《关于加强南昌港岸线资源保护管理利用的建议》得到南昌市政府的高度重视,已启动《南昌港总体规划》修编工作。

全年向民进中央、省政协报送信息45篇,其中《建议将鄱阳湖全湖列入国家湿地生态补偿试点范围》《关于加快我国养老服务立法的建议》被全国政协采用,《建议进一步加大土壤污染防治力度》等4篇被民进中央采用,《关于加强保障性住房分配和监管有效避免空置率过高的建议》等20余篇被省政协采用,其中《关于加快推进我省居家养老服务信息化的建议》《关于提高农村五保供养对象生活水平的建议》《关于改善乡镇综合文化站发展现状的建议》获省领导批示。

2015年"1%工程"共募集爱心款131.75万元,发放爱心助学助困资金157.55万元,共资助贫困学生或困难家庭876人(户)。其中向南昌大学、江西师范大学、江西财经大学等24所公办高校及江西科技学院等3所民办高校发放助学金27.1万元,共资助贫困大学生288人。截至年底,"1%工程"已累计募集爱心款、慈善捐助物品、服务项目价值2889.3万元(其中爱心款661.47万元),发放资助款564.35万元,资助学生人数4501人,惠及数十万困难群体。

积极参加"同心·振兴赣南等原中央苏区广昌示范区"扶贫工作。民进中央副主席王佐书出席广昌县驿前镇南坊小学"1%工程助学百名广昌贫困学子活动"助学金发放仪式;春节前夕,省政协副主席、省委会主委汤建人等前往广昌县驿前镇南坊村,走访慰问部分五保户和低保户;教师节前夕,组织会内教育、医疗界的优秀教师、专家分别前往广昌县驿前镇、头陂镇开展送教、送医下乡活动。致力于广昌县"致富带头人工程",举办电子商务培训班,为当地近百名农村致富能手提供免费培训。

【举行"我身边的先进"宣讲报告会】 7月4日,民进省委会在南昌举行"我身边的先进"宣讲报告会。民进中央副主席王佐书出席并讲话,省政协副主席、省委会主委汤建人主持。报告会上,鹰潭市特殊需要儿童康复中心创办人曹有红、江西民进同心合唱团团长彭江雁、上饶市第五小学副校长李丽3名先进民进会员,分别从不同的角度讲述自己在工作岗位和民进工作中学习践行社会主义核心价值观的事迹。报告会上播放3位会员的生动事迹电视宣传片,收到良好的宣传效果。

【举办庆祝中国民主促进会成立70周年系列活动】 2015年是中国民主促进会成立70周年和民进江西省委会成立30周年。11月18日,民进省委会召开600多人的纪念大会,全国政协副主席、民进中央常务副主席罗富和,省领导黄跃金、周泽民、汤建人、孙菊生,老干部刘运来和10多个厅局主要领导莅临大会。会后举办民进会员自编、自导、自演的专场文艺演出,黄训国等省内外著名艺术家表演了10多个节目。举办纪念中国民主促进会成立70周年暨民进江西省委会成立30周年江西民进美术摄影作品展,共展出全省民进艺术家提供的作品100余件。活动期间,民进省委会编印出版《江西民进(2006—2014)》会史、《江西民进(2007—2014)》画册、《大歌岁月——刘运来江西民进工作文选》《大道中行——特级教师刘运来的教育人生》等会史资料。

【举行"1%工程"志愿服务站揭牌仪式】 11月18日,"1%工程"纵横志愿服务站在南昌举行揭牌仪式。全国政协副主席、民进中央常务副主席罗富和,省领导黄跃金、周泽民、汤建人等和10多个厅局主要领导出席仪式。罗富和、黄跃金、周泽民、汤建人等共同为"1%工程"纵横志愿服务站揭幕,拉开"1%工程"在全省搭建志愿服务站的序幕。即日起,只要认同"1%工程"公益理念,严格按照服务站管理条例进行日常管理的个人或企事业单位(机构)都可以申请建站。

(余桂林)

中国农工民主党江西省委员会

【概　况】 2015年,农工党全省组织有省级委员会1个,设区市委会11个,县级市委会1个,县级基层委员会1个,基层组织312个;全年发展新党员159人,平均年龄35.2岁。其中:高级职称29人,中级职称66人;研究生8人,硕士研究生15人,博士研究生2人。截至年底,全省党员总数4932人。其中:医药卫生界占50.8%,人口资源生态环境界占2%,文化教育和经济科技界占27.5%,政府机关占7.7%;担任各级人大代表141人,各级政协委员719人,公安部特邀监督人员1人,省政府有关部门特约人员11人,省高级人民法院、省高级人民检察院特约人员5人,在职副省级领导干部1人,厅级领导干部16人,县处级领导干部148人。

农工党省委会围绕中心、服务大局,积极参加中共江西省委召开的民主协商会、情况通报会和学习座谈会,就江西省经济社会发展中的重大问题提出意见和建议,切实履行职能。担任各级人大代表、政协委员的农工党员认真参加全国、全省"两会",积极提出议案、提案和建议。在全国政协十二届三次会议上,全国政协常委、省委会主委郑小燕作《从慢性病分级诊疗入手,缓解城市大医院"战时状态"》的大会发言,受到与会委员的高度评价和社会各界的广泛关注;全国政协委员、省委会常委管飞《关于大力发展志愿消防队伍》的提案,得到中共中央政治局常委、全国政协主席俞正声的批示。在省政协十一届三次会议期间,省委会共提交大会口头发言材料2件,大会书面发言材料12件,提交集体提案16件,其中以第一提案人身份向会议提交的农工党政协委员个人提案达67件。

农工党省委会积极开展专项调研工作,就推进社会诚信体系建设、促进江西融入"一带一路"等深入调研,形成《以政府诚信带动社会诚信,共同践行社会主义核心价值观》《以〈岛夷志略〉发掘为抓手,促进我省融入"一带一路"》等调研成果,得到国务院总理李克强、国务委员杨晶、省长鹿心社等领导的充分肯定和批示。省委会积极参加全省统一战线课题大调研活动,认真做好社情民意信息报送工作,全年有3篇社情民意信息被全国政协采用、10篇被农工中央采用、44篇被省政协采用,获农工党中央"2014—2015年反映社情民意信息工作先进集体"称号,郑小燕、聂玲娜、许秀柏、罗赟等5人被授予"先进个人"荣誉称号;在农工党中央2014年度优秀调研报告评选中,省委会报送的《大力发展家庭农场,深化三农领域改革》获"优秀调研报告"二等奖,《基于现代学徒制的职业教育制度和政策保障研究的调研报告》《关于江西省大病保障工作试点的调研》及《关于加快传统医药产业发展的调研报告》获"优秀调研报告"三等奖。

农工党省委会切实加强思想建设,在全省组织和广大党员中深入开展"增进政治共识,牢记责任使命"主题教育活动,组织党员学习中共中央总书记习近平关于"三严三实"专题教育的重要讲话精神、江西省"三严三实"专题教育情况通报精神。同时,省委会还以纪念中国人民抗日战争暨世界反法西斯战争胜利70周年、农工党成立85周年为契机,深入推动坚持和发展中国特色社会主义学习实践活动,深入开展爱国主义教育,组织机关干部职工和党员参观“伟大贡献——中国与世界反法西斯战争”主题展、“江西(南昌)人民抗日战争史迹”展,并在省委会机关刊物《学习与工作》上举办“纪念中国人民抗日战争暨世界反法西斯战争胜利70周年”“纪念农工党成立85周年”主题征文活动,引领广大党员重温历史,缅怀先烈,牢记使命,不断增强中国特色社会主义的道路自信、理论自信、制度自信。

农工党省委会坚持理论联系实际,围绕中国共产党领导的多党合作和政治协商制度,积极开展参政党理论研究工作,被农工党中央授予“2013年至2015年度理论研究工作先进集体”称号。省委会报送的《民主党派组织发展问题研究》《依法治国视阈下参政党民主监督之管见》2篇理论研究论文分别荣获农工党中央“2014年理论研究优秀论文”二等奖、三等奖。《新形势下强化民主党派民主监督的思考》和《基层组织民主党派协商民主建设探索》等2篇论文分别获农工党中央“2015年理论研究优秀论文”二等奖、三等奖。

农工党省委会着力推进各级组织建设,积极做好党员政治安排和实职安排推荐工作。省委会主要领导积极推荐干部,省委会副主委罗胜联任——南昌航空大学校长。积极实施人才强党战略,创新基层组织活动形式,开展省直基层组织星级评定工作。在农工党中央开展的“全国优秀地市级组织、县级组织和先进基层组织”评选中,省委会共有3个市级委员会被农工党中央授予全国“优秀地市级组织”称号、1个县级委员会被授予“优秀县级组织”称号、31个基层组织被授予“先进基层组织”称号。

农工党省委会积极发挥参政党作用,以“健康中国”“美丽中国”和实施精准扶贫工程为抓手,着眼经济发展、民生改善、社会进步,举办医疗义诊咨询、捐资助学、扶贫帮困活动,先后获2011——2014年省直(属)单位定点帮扶贫困村工作先进单位和第二十六届中国“国际科学与和平周”活动“贡献奖”。

【围绕“十三五”规划建言献策】 2015年,农工党省委会发挥农工党界别特色和自身优势,围绕制定和实施全国、全省“十三五”规划建言献策。在6月召开的全国政协十二届常委会第十一次会议上,全国政协常委、省委会主委郑小燕就全国“十三五”规划编制中涉及的生态文明建设问题,作题为《加快实施生态补偿机制的相关建议》的会议发言;在参加中共江西省委组织召开的关于江西省“十三五”规划建议的意见建议的党外人士座谈会上,省委会就江西省“十三五”时期要开创“十六字”方针新境界的建议以及建设“健康江西”“美丽江西”的建议,直接转化为中共江西省委的重大决策,受到与会的中共江西省委、省政府领导的充分肯定。

【积极开展全省统一战线大调研活动】 2015年,农工党省委会积极参加全省统一战线课题大调研活动,就“关于同步推进江西省血吸虫病防治工作中的持久性污染物防控措施的建议”开展专题调研。6月,省委会召开统战大调研课题调研组会议;7月,省政协副主席、省委会主委郑小燕率调研组分别赴九江市瑞昌、星子,上饶市余干、玉山等地开展实地调研,深入了解江西省血防工作的现状和存在的问题,为建设“美丽江西、健康江西”建言献策。在2015年江西各民主党派、工商联和无党派人士大调研成果汇报会上,省委会向中共江西省委、省政府专题汇报课题调研成果,得到省委书记强卫、省长鹿心社的充分肯定和高度评价。

【支持“同心·振兴广昌示范区”建设工作】 2015年,农工党省委会不断加大支持“同心·振兴广昌示范区”建设工作力度。一是积极争取农工党上海市委会支持,协调农工党中央副主席、上海市政协副主席、农工党上海市委会主委蔡威率考察团专程到赣考察调研赣南原中央苏区广昌示范区建设,争取到农工党上海市委会捐资20万元支持广昌县驿前镇田西小学改扩建工程,并争取到上海交通大学医学院附属新华医院“第四届中西部儿科专科医师”培训项目,安排广昌、于都、金溪等原中央苏区县的5名儿科医生,分两批赴上海接受为期半年的免费培训。二是协调省发改委落实150万元项目资金,支持驿前镇中心卫生院搬迁重建工程建设。三是帮助驿前镇田西村开展硬化村道、修建农田水陂灌溉工程等,并与江西中医药大学联合,协调广昌县向省科技厅申报新资源食品泽泻苔项目,强化产业扶贫力度。

【开展江西省“2015(第八届)中国环境与健康宣传周”活动】 6月2日,农工党江西省委会与江西省“中国环境与健康宣传周”活动成员单位,在南昌市安义县长均乡观察村共同举办江西省“2015(第八届)中国环境与健康宣传周”活动。来自省直各大医院的农工党员医疗专家为当地群众提供义诊咨询服务达100余人次;文艺界党员举行“环境与健康”戏剧演出,各成员单位展出宣传生态环境与健康科学方面的知识宣传展板,发放宣传册200份和环保袋150个。

【举行第27届中国“国际科学与和平周”活动】 11月20日—21日,农工党江西省委会、江西中医药大学在广昌县联合开展第27届中国“国际科学与和平周”捐资助学、医疗义诊活动,为广昌县驿前镇田西小学赠送了价值8000余元的图书、学习及文娱用品,为该校困难学生捐赠5000元爱心助学金。来自江西省中医院等省内各大医院的医疗专家为广昌县群众提供了义诊咨询服务。

【开展扶贫帮困、捐资助学等活动】 2015年,农工党省委会积极做好联系群众工作,开展走访慰问活动。2月4日—6日,省政协副主席、省委会主委郑小燕分别赴广昌县驿前镇、南昌市东湖区、西湖区,走访慰问农村困难群众及省、市困难劳动模范。9月15日和19日,由省委会常委、锦绣控股集团董事局主席管飞出资设立的中国初级卫生保健基金会“锦绣公益基金”,为江西洪州职业学院、新建县大塘地区奖励中考基金会捐资200万元助学金,鼓励促进贫苦家庭学生求学及学生高层次就业。

(俞晗)

九三学社江西省委员会

【概 况】 2015 年,九三学社在江西的组织有:省级委员会 1 个,市级委员会 9 个,市级工作委员会 2 个,省直基层组织 24 个。社员总数 3108 人,主体界别占 86.5%,高中级职称占 98.66%,体现了以科技界高中级知识分子为主体的特色。社员中,有全国人大代表 1 人,全国政协委员 2 人,省、市、县(区)三级人大代表、政协委员分别为 324 人和 55 人。

思想建设不断深化。抓好时政理论学习,召开 7 次主委会、6 次常委会及常委扩大会、1 次全委会,深入学习中共中央总书记习近平在中纪委十八届五次全会上、在全国人大会议期间参加江西代表团审议时、在中央统战工作会议上、在中共十八届五中全会上的重要讲话精神,切实贯彻中共中央、中共江西省委和社中央系列重要会议精神。筑牢思想宣传阵地,承办同心大讲堂,邀请九三学社中央常务副主席邵鸿为省统战成员单位干部职工授课;办好《江西民主与科学》刊物和网站,融政治性、时效性和九三学社特色为一体。

加强组织建设。一是完成市级组织换届。社省委领导围绕换届工作多次到地市调研,了解情况,为换届班子人选"三方"协商摸清底数。为严肃换届纪律,社省委监委会印发《关于严肃市级组织换届纪律的通知》。11 个市级组织全部换届。二是搞好骨干社员教育培训。开展"全省基层骨干培训班"工作。选派多名代表人士参加中央社院和省社院学习班学习。三是抓好组织发展工作。全年发展新社员 156 名。其中:硕士 43 名,博士 23 名,平均年龄 36.7 岁;中级职称 60 人,副高级以上职称 45 人。

建言质量不断提升。一是参加政党协商,提出意见建议。社省委领导参加中共江西省委、省政府、省委统战部召开的专题协商会、征求意见座谈会、人事协商座谈会、大调研协商座谈会、情况通报会近 40 人次,参加约谈协商 5 人次,就省委、省政府中心工作和重大事项协商建言。在《中共江西省委关于制定江西省国民经济和社会发展第十三个五年规划的建议》专题协商会上,社省委从宏观上提出"加快完善科技创新评价体系""推进建筑节能,发展绿色建筑"两方面意见,从微观上提出 16 条建议,大多数得到采纳或吸收。二是社内社外聚力,搞好重点调研。参与九三学社中央"长江中上游水利水电工程对全流域生态环境的影响"重点课题调研,提交《长江中上游水利水电工程对鄱阳湖生态环境影响》的调研报告,为九三学社中央形成综合报告并获国务院总理李克强、副总理张高丽批示,出了力。就江西省企业科技创新能力开展专题调研,形成《关于提升我省企业科技创新能力的建议》,得到省委、省政府领导的肯定。就农村地区面源污染问题开展专题调研,形成《关于解决农村地区面源污染的建议》被选作省政协十一届四次全会大会口头发言材料,后形成社省委《议政建言》专报,获省政协主席黄跃金批示,并转请省政府分管领导阅批。三是聚焦社会热点,优化提案信息。报送的《探索建立环保巡视工作机制,推动基层环保严格执法》《关于推动义务教育教师交流轮岗的建议》被社中央选为九三学社界别提案,《关于改进和完善保护性开采特定矿种管理的建议》被社中央选为集体提案,向全国政协十二届三次会议提交。在省政协十一届三次全会上,《做大做强我省绿色食品产业的建议》被选为大会口头发言。4 件提案被选为联组发言,其中《关于推动"三规合一"规划修编的几点建议》得到省委书记强卫的赞许。10 件提案被选为大会书面发言,其中《探索建立环保巡视工作机制,推动基层环保严格执法》被《信息日报》全文刊载。报送社情民意信息 50 余篇,全国政协采用 4 篇、九三学社中央采用 2 篇、省政协采用 22 篇,3 篇获省政府领导批示。

【举办社庆纪念活动】 7 月 28 日,九三学社省委会在南昌召开社庆 30 周年纪念大会。九三学社中央常务副主席邵鸿,中共江西省委常委、南昌市委书记到会祝贺并讲话。开展社庆征文活动,将优秀征文编印成《江西民主与科学》专刊。编辑出版社庆 30 周年《纪念画册》和《议政建言精选 100 篇》。

【支持广昌示范区建设】 2015 年,九三学社省委会争取中国流动科技馆在广昌巡展两个月,使近万名青少年受益。引进科协资金,支持青龙湖生态苗木花卉科普示范基地建设。组织南昌大学第一附属医院 20 余位专家赴广昌开展医疗义诊,并捐赠价值 2 万元的药品。为 60 多位农民开办茶树菇种植技术培训班。争取九三学社中央新农村建设项目资金 7.5 万元,支持两户贫困户种植茶树菇。开展春节走访慰问小港村困难群众活动。

【开展送科普送温暖活动】 2015 年,九三学社省委会联合社宜春市委会到铜鼓县开展科普进校园暨图书捐赠活动。该县 2000 多名中小学生听取《航空航天知识》《神奇奥妙的海洋》两场科普报告。活动期间,社省委、社宜春市委会分别向铜鼓二小、三都镇中学捐赠图书购置款 2 万元。争取王选关怀基金对困难社员的资助,吉安市社员刘传术获资助款 3 万元。

(闵国华)

本栏编辑 陈超萍

人民团体

江西省总工会

【概　况】 2015年,全省各级工会坚持改革创新,狠抓工作落实,大力弘扬劳模精神,加强工会基层基础建设,突出农民工入会和服务工作,切实维护职工合法权益,不断强化工会自身建设,完成各项工作任务。

各级党委政府高度重视工会工作。元旦春节和"五一"期间,省委书记强卫、省长鹿心社分别走访慰问一线职工和劳模;强卫书记就进一步加强和改进全省党的群团工作进行专题调研,并在省总工会机关召开群团工作座谈会;省政府与省总工会召开第13次联席座谈会,协调解决工会困难帮扶资金、基层组织建设等多个重点难点问题。在贯彻《中共中央关于加强和改进党的群团工作的意见》基础上,省总工会积极参与《中共江西省委关于加强和改进党的群团工作的实施意见》的调研和起草工作,推动省委及时出台《中共江西省委关于加强和改进党的群团工作的实施意见》,并将工会的主张和职工的意见最大限度地写入文件。

不断深化"中国梦·劳动美"教育实践活动。举办"中国梦·劳动美"五一国际劳动节慰问演出晚会,当天网络点击量达324万次。举办全省职工"核心价值观工间操"培训班和大赛,"工间操"已在全省100多个工业园区落地生根。开展第十四届全省职工职业道德建设评选表彰活动,表彰标兵单位和个人各20个(名)。举办第二届全省职工网球大赛。大力推进微博、微信平台建设,全省已开通官方微博177个,"草根谈"微信平台影响力逐步扩大,获"全国最具影响力工会新媒体""全国工会宣传十佳新媒体"称号。省总工会连续四次在全国性的工会会议上介绍"中国梦·劳动美"教育实践活动和运用新媒体普法工作经验。

大力弘扬劳模精神。省委、省政府高规格召开全省劳动模范和先进工作者表彰大会,省委书记强卫在会上作重要讲话,强调要大力弘扬劳模精神、劳动精神,鼓励全省广大职工群众争当创先的楷模、创新的先锋、创业的精英。完成全国、省劳动模范和先进工作者推荐评选表彰工作,共推荐全国劳动模范和先进工作者77名,评选表彰省劳动模范和先进工作者836名。紧密结合劳模评选表彰工作,开展"劳模宣传月"系列活动,在主流媒体上开辟专题专栏,运用微博、微信、微视频、微电影等新载体,大力宣传劳模创新创业先进事迹。举办全省职工(劳模)创新成果展,在省劳模表彰大会现场布展并前往各设区市和高校巡展,吸引大批职工群众观展及众多主流媒体跟踪报道,中工网和中国江西网累计点击量超过1000万次。共发放全国和省劳模专项补助资金2544万元、奖金913万元,全省各级工会组织2600余名劳模进行疗休养活动。

开展劳动竞赛活动。全省有597名。组织开展全省"振兴杯"职业技能竞赛,涉及竞赛职业(工种)上百个,直接参赛职工2万余人,带动岗位练兵30余万人。联合有关部门开展"铁路职业技能竞赛""卫生计生监督技能竞赛""气象行业天气预报技能竞赛""地理国情普查劳动竞赛""九景衢铁路重点工程劳动竞赛""女职工厨艺、酒店服务及美容大赛""中小学班主任育人风采展示"等多项竞赛活动,进一步提升职工技术水平,加快了人才队伍建设步伐。

推动群众性技术创新。全省有6万家企事业单位开展群众性经济技术创新活动。全省各级工会以劳模创新工作室创建为抓手,带动更多职工参与技术创新、提升技能素质。已建成全国示范型工作室3家,省级工作室55家,市级工作室236家,县级工作室134家,实现了重点行业、重点企业、重点县的全覆盖。积极选送职工创新成果参加"6·18海峡两岸职工创新成果展"。围绕助推发展升级,深入开展"五小"活动,职工合理化建议实施率不断提升。

全面提高职工队伍素质。扎实开展技能培训促就业工作,对3.85万人开展职业技能培训,共有2.26万人获劳动部门颁发的职业技能证书。大力推进"职工书屋"示范点建设,新申报全国职工书屋示范点26家,创建省级职工书屋示范点300家。深入开展"争当学习型职工"读书活动以及"健康女性·幸福中国"读书征文活动。组织开展2015年度"安康杯"竞赛活动,参赛单位、班组和职工数均较上年实现大幅增长。

提升工会维权法治化水平。建立省总工会法律顾问制度。做好《江西省工会劳动法律监督条例(草案)》立法前期各项准备工作。推动《江西省女职工劳动保护实施办法(修订)》列入省政府2016年立法计划。与有关部门联合下发《江西省建筑业参加工伤保险实施方案》。围绕"依法治国、职工践行"主题,在"大江直播室"举行全媒体访谈直播，职工累计点击率达120万次。在第二个“宪法日”首次采取“双线融合”的方式开展全省百万职工法律知识答题竞赛，线上、线下参赛总人数超过120万人。开展“三师”（律师、集体协商指导师、健康工程师）进园区活动，将工会法律援助中心转移到园区内，为职工零距离普及法律知识、提供法律服务、调解劳资纠纷。省总工会公职律师群体获“江西十大法治人物”称号，万小荣当选第五届“全国维护职工权益杰出律师”。进一步密切劳动关系三方合作机制，加大劳动争议预防预警和调处力度，及时核查、妥善处置腾达电器重组员工要求经济补偿、萍钢劳动合同到期员工要求续签等17起重大舆情。省、市两级工会共受理职工信访5091件次，涉及职工人数5983人次，信访结案率达93.5%。

企业民主管理水平不断提升。深入推进“公开解难题、民主促发展”主题活动，开展“劳动实现中国梦，民主促使企业兴”“优秀提案征集”“职工代表大会规范化建设达标”，“职工代表民主素质提升”四大专题活动，积极引导广大职工为促进企业改革发展、构建和谐劳动关系贡献力量。对全省非公企业厂务公开民主管理工作开展专题调研，并召开全省经验交流会。委托各设区市对辖区内非公企业职工代表开展培训，举办10期培训班，共培训职工代表676人。

开展困难帮扶工作。做强“春送岗位、夏送清凉、金秋助学、冬送温暖”四大品牌帮扶活动。全省各级工会组织招聘会1400余场次，190余万人次参加，达成就业意向30余万人。筹集“送清凉”资金785万元，走访工地一线职工10.2万人次。筹集“金秋助学”资金4694.16万元，资助困难职工子女2.1万人。筹集“送温暖”款物1.6亿元，慰问困难职工家庭19.6万户。职工互助保障工作扎实推进，共赔付、慰问职工1.08万人次，赔付总额5110.4万元。

【全面推进农民工入会和服务工作】 2015年，将农民工入会和服务工作作为全年工作重点，开展农民工入会集中行动。全省各级工会成立以主要领导为组长的农民工入会和服务工作领导小组，以工业园区和建筑、快递、农业合作、家政服务行业为重点领域，通过召开专题会议、开展专项调研、深入宣传发动、赴外学习考察、召开流动现场会、推进普惠服务等举措，在全省工会上下形成抓建会、保入会、促服务的氛围，激发农民工自觉自愿入会热情，农民工组织化程度明显提升。全省工会农民工会员193.1万人，净增30.7万人，增幅19%，农民工入会率89.2%，提前超额完成目标任务。联合有关部门开展全省农民工工资支付专项检查工作，为农民工追讨工资及赔偿金2.1亿元。开展“情满旅途”活动，帮助2.8万人次农民工平安返乡。通过技能培训促就业行动培训农民工1.26万人，介绍2.86万农民工就业。

【召开全省劳动模范和先进工作者表彰大会】 9月29日，全省劳动模范和先进工作者表彰大会在南昌召开。省委书记强卫出席并讲话。省长鹿心社主持会议，省委副书记莫建成宣读表彰决定。省领导周泽民、周萌、赵爱明、毛伟明、张晓明、洪礼和、谢亦森、李贻煌、肖光明、张忠厚、刘铁流出席会议。强卫强调，要大力弘扬劳模精神、劳动精神，要争当创先的楷模。各级党委、政府要做好劳模管理、服务工作，宣传他们的先进事迹、优秀品质和崇高精神，为他们施展才华、贡献智慧、发挥作用搭建平台、创造条件，在全社会营造学习劳模、关爱劳模、争当劳模的良好氛围。会议对全省836名劳模和先进工作者进行颁奖。

【召开全省工会基层组织建设暨农民工入会和服务工作现场会】 10月27日—28日，全省工会加强基层组织建设暨农民工入会和服务工作现场会在上饶、鹰潭、南昌、九江举行。29日，全省工会加强基层组织建设暨农民工入会和服务工作会议进行总结，省人大常委会副主任、省总工会主席谢亦森出席并讲话。谢亦森强调，要聚焦基层、攻坚克难，千方百计让基层工作“实”起来、“活”起来、“强”起来；要巩固成果、开拓创新，再接再厉推进农民工入会和服务工作；要精细操作、狠抓落实，确保2015年各项工作任务全面完成。

【开展金秋助学活动】 8月22日，省总工会在赣州举行“2015江西工会金秋助学启动仪式”。仪式现场为160名困难职工和困难农民工家庭子女发放助学金77万元。全省其他11个设区市工会同步举办“金秋助学”资金发放仪式。各级工会组织共筹集资金4694余万元，资助2.12万名困难职工子女上学，与377家单位联系，为在读困难职工子女提供勤工俭学社会实践岗位2612个。全省各级工会通过不断创新助学模式，丰富助学形式，扩充帮扶内容，积极探索单位和个人与贫困学生结对帮扶、精神帮扶、跟踪帮扶等新形式，将“扶贫”与“扶志”相结合、“助学”与“助业”相结合，将单一的“经济救助”转变为覆盖心理、就业、生活的“全方位救助”。全省各级工会为困难职工家庭高校毕业生提供就业和技能培训2601人次，提供创业培训1540人次，提供适合高校毕业生的就业岗位4.2万个，推动全省困难职工高校毕业生实现就业。

【举办全省第二届职工网球大赛】 11月6日—10日，全省第二届职工网球大赛在南昌举行。省政府原副省长熊盛文宣布大赛开幕。省体育局局长晏驹腾致辞。省总工会党组书记、常务副主席傅卓成讲话。华东交通大学党委书记万明致辞。大赛由省总工会、省体育局联合主办，省总工会宣教部、江西省网球管理中心、江西省职工网球协会共同承办，共有38支代表队，447名运动员参赛。

【举办全省职工核心价值观工间操大赛】 4月21日—22日，全省职工核心价值观工间操大赛在南昌举办。省总工会党组书记、常务副主席傅卓成宣布大赛开幕。全省11个设区市工会和各产业工会组成21支代表队，633名运动员按工间操、排舞、自创健身操3个类别参加大赛。南昌铁路局工会、江西交通工会、赣州市总工会获一等奖；吉安市总工会、江西电信工会、萍乡市总工会、新余市总工会、上饶市总工会、宜春市总工会获二等奖；省直机关工会、景德镇市总工会、江铜工会、安福县总工会、南昌市总工会、江西电力工会、抚州市总工会、中航工业洪都工会、鹰潭市总工会、鄱阳县总工会、九江市总工会、丰城市总工会获三等奖。

（胡靓怡）

共青团江西省委员会

【概　况】 2015年，团省委按照中央、省委和团中央的重要部署，坚持“紧扣大局、聚焦重点，保持定力、虚功实做，深化创新、示范带动”的工作要求，推动全省共青团工作取得新成绩，实现新发展。

青少年思想政治引领得到新加强。牢固树立主业主责意识，始终把思想政治引领作为首要任务，广泛开展“我的中国梦”、学习中共中央总书记习近平系列重要讲话精神、社会主义核心价值观等学习教育活动。持续推进“红色基因代代传工程”，组织各类优秀青年走进社区、学校、企业和机关讲述青春故事1300余场，并在3年内持续将全省“红色班级”由12个增加到139个，雷锋班级由100个增加到220个，红领巾小小讲解员由2000余人发展到1万多人，“希望之星”由36人增加到51人，激活青少年红色基因，唱响青少年红色文化教育品牌。推动全省高校“四进四信”活动广泛开展，共组织开展活动4.2万余场次，覆盖大学生185万余人次。积极开展青年马克思主义者培养工程“井冈之星——大学生骨干培训班”，完成第八期“井冈之星”江西省大学生骨干培养学校培养任务，来自全省76所高校的183名大学生骨干结业。

共青团网宣工作形成新合力。在打造队伍方面，成立一支由全省网评员、网宣员、网络文明志愿者组成的职责分工、通力合作的赣青网宣力量，并在“加多宝与‘@作业本’互动营销事件”网络舆论斗争中，敢于亮剑发声，得到中央、省委和团中央的充分肯定。与省委网信办联合召开全省共青团新媒体网宣工作推进会，共同举办全省共青团网宣培训班，一起推动全省共青团网宣工作大步发展。在产品创作方面，围绕讲好江西故事，创作原创文章《今天的阅兵仪式上，这些“江西元素”让世界瞩目!》，单篇转发和阅读数达到46万人次。在“2015中国好网民”网络作品征集评选活动中，江西财经大学的《DUANG！上当了!》和江西理工大学的《囚》2件网络作品，分别获二、三等奖。团省委自主设计的《战斗吧！菠菜侠》网络小游戏，以扬善惩恶、弘扬正气为传播理念，在春节期间吸引超过10万余人次参与，有效传播了网络正能量。在阵地建设方面，积极探索网宣工作常态化合作模式，与省委网信办合作共建江西青年互联网信息中心。在提升影响力方面，“江西共青团”“江西红领巾”等主要团属新媒体平台关注总量突破77.5万人次，综合影响力分别居全团前十、前二。在“今日头条”“网络传播”组织的评选中，团省委荣获2015年度“最具影响力共青团头条号”（全团10个），以及“2015中国好网民”网络作品征集评选活动最佳组织奖。

服务区域经济发展实现新作为。把支持共青城发展作为共青团服务区域经济发展的主平台，连续7年举全力推进，大大提升了共青城影响力，有效促进了共青城融资融智融合发展。举办第二届中国青年企业家（共青城）发展峰会，现场签约25个项目共167亿元，已开工项目18个；举办首届中国青年APP大赛，吸引5562个项目参赛，80个项目现场获投资意向金额1.12亿元，25个项目就地孵化后注册经营；以全新模式打造的共青城中青数媒APP产业孵化园，5个月内完成主营业务收入近2000万元，实现利润1270万元，为地方创造税收近200万元。

服务青年创新创业渐成新气候。把服务青年创新创业作为共青团服务大局的着力点和主攻点，构建起团组织牵引的“五位一体”服务青年创业体系和“一站式”服务链条。在政策供给上，牵头草拟以省政府办公厅名义出台的江西省首个《关于促进青年创业的若干措施》。在赛事引领上，举办第三届“赢在江西”绿地杯青年创新创业大赛、“邮储银行杯”江西青年涉农产业创新创业创富大赛、第十四届“挑战杯”大学生课外学术科技竞赛、首届“及众杯”江西青年互联网创业大赛等“创”字号系列赛事152场次，吸引9200余个项目参赛。在平台拓展上，建立200人规模的青年创业就业服务联盟导师团，打造15个省级青年（大学生）创业孵化示范基地，其中2个基地还被团中央命名为第二批“全国青年创业示范园区”。到年底，全省共建各级青年创业孵化基地159家，孵化项目1.57万个。在金融扶持上，充实设立1000万元的江西青年创业就业基金，为青年创业提供免息贷款担保。汇聚97家国内风投机构发起成立江西青创投资联盟，举办首场全省青年创业投融资对接会，签约17个项目，金额达5800万元。

助推绿色崛起得到新深化。以实施“绿动赣鄱”行动为统揽，积极参与生态文明先行示范区建设助推绿色崛起。大力倡导绿色理念。以“青春助推绿色崛起”为主题，广泛开展“绿色长征”公益健走、节能宣传周、绿色环保文化产品征集等活动，引导青少年传播绿色理念。广泛开展绿色实践。深入实施保护母亲河行动，广泛开展青少年植绿护绿等生态环保实践活动，筹集资金1736.32万元，建设县域青年林326.98公顷，2.83万名青年参与。扎实推进共青团生态文明示范村创建。按照“生态+文明+团建”的要求，建成100个省级共青团生态文明示范村，并争取到将创建工作纳入全省生态文明示范县（市、区）创建工作考核体系。

参与社会治理取得新成效。把有不良行为青少年群体专门教育作为参与社会综合治理创新的突破口，深化专门教育“江西品牌”，在35个县（市、区）建立“阳光班级（学校）”，招生2700多人，转化2320人，构建“临时班级—阳光班级—专门学校—观护基地”的一体化、链条式教育矫治工作体系，江西的经验在中央综治委预防青少年违法犯罪专项组重点工作推进电视电话会议上以专题片形式作典型推广。创新法治教育。认真落实法治江西建设相关部署，建立50个青少年法治教育基地，加强法治志愿者和法治副校长队伍建设，深入实施“暑期前最后一课”和“开学第一课”青少年法治教育“两课”品牌。凝聚青年组织。大力实施“青亲伙伴计划”，建立省、市、县三级青年社会组织服务中心56家，组织各类青年社会组织开展主题活动300余场，募集善款500余万元。自主筹集100万元，组织青年社会组织开展购买社会服务试点工作，通过招标选定9个社会组织入驻青年空间开展社会服务。

服务青年需求实现新突破。坚持以“青年之声”和青年空间为主阵地，深化服务青年工作，通过线上与线下联动，努力做到精准服务、供需对路。“线上”，大力推进“青年之声”互动社交平台建设，实现省、市两级全覆盖，省级还示范组建九大服务联盟，全面了解和回应青年需求，仅省级平台开通以来就吸引青年提问及留言1.07万条，回答1.57万条，专家回复率达73.1%。“线下”，建成各级青年空间357个，其中省、市示范性青年空间185个，针对青少年需求，设计开展青少年喜闻乐见的“菜单式”活动。深化希望工程、1%工程等公益品牌，募集3900万元援建希望小学26所，资助贫困学生5401人。动员30万名青年志愿者开展助残“阳光行动”，帮扶17万余名残疾青少年。

服务援疆、援藏工作取得新进展。推动省内2.74万名少先队员与新疆阿克陶县少先队员结对子、传书信，组织89名新疆青少年到赣参加“手拉手”融情实践夏令营，募集45万元社会资金援建阿克陶县农村“青年之家”。选派48名“西部计划”志愿者到新疆、西藏基层建功立业。

全省少先队工作获得新气象。一是组织完成参加第七次全国少代会工作，充分展示江西少先队员和少先队辅导员的精神风貌。二是联合省教育厅举办首届全省少先队活动课说课大赛活动，吸引1000多名少先队辅导员参赛。三是辅导员培训工作取得新进展。仅省级层面举办辅导员培训班5期，培训总人数达739人，为历史最高。四是少先队活动职称评定工作取得突破性进展。全省6名少先队辅导员获评“少先队活动”小学特高职称。五是推出“少年演说家”大型电视大赛活动。活动历时182天，覆盖少年儿童近50万人。六是抓好“江西红领巾”微信公众号建设。关注数突破8万人次，周平均阅读数达20余万人次，全年综合影响力在全团全队微信公众号中排名第二，成为少先队展示自我的重要窗口、联系家庭和社会的重要桥梁。

基层团组织建设获得新活力。在城市，新建区域青年工作共建委员会54个、直属团组织702个；在农村，推进农村专业合作组织建团，新建县域农村合作组织团工委92个；在机关事业单位，创新推进“团组织＋青年工作委员会”工作模式。扎实推进团组织向非公企业、新社会组织、驻外组织、行业协会、网络新媒体等新兴领域覆盖延伸，在全团建立首个以不同高校同一生源地学子为主要对象的团组织——江西省外高校赣籍学子团工委，新建非公企业团组织508个、行业团工委3个，网络新媒体团组织120个，实现对县（市、区）主要网络论坛的全覆盖。基层保障不断夯实。争取省委组织部支持，成为首个将党建带团建纳入市县乡党组织书记抓基层党建工作述职的省份；推动县（市、区）、乡镇（街道）团委主要负责人列席同级党委会（常委会）比例分别达91%、97%，居全团第一；抓住村（社区）“两委”换届契机，推动符合条件的1.83万个村（社区）团组织100%集中同步换届，得到团中央主要领导的批示肯定，江西经验在全团推广。招募176名大学生西部计划志愿者到县级团委帮助工作，选拔50名金融领域干部到县级团委挂职锻炼，省财政连续四年下拨基层工作经费，积极推动市县财政配套。基层活力不断激发。一方面强化考核指导，改进考核评议办法，增加青年评价权重，一年两次开展全省巡回拉练，形成倒逼机制。另一方面强化业务培训，全年累计举办培训班360余场次，培训专兼职团干部3.13万人次，全省新任职村（社区）团组织书记实现全员轮训。

【开展赣新两地青少年“手拉手”冬、夏令营活动】 2015年，为进一步促进江西省与少数民族地区青少年交流，团省委利用寒暑假分别在江西、新疆克州阿克陶县举行青少年“手拉手”融情实践冬、夏令营活动。1月，阿克陶县实验小学阿尔祖古丽·艾力木一行8人到赣参加为期6天的冬令营活动；7月，阿克陶县80余名青少年到赣参加为期7天的夏令营活动，省政协副主席刘晓庄出席启动仪式并宣布开营；8月，江西省16名青少年赴阿克陶县参加为期7天的夏令营活动。活动内容丰富多彩，深受赣新两地青少年的喜爱，加深了赣新两地青少年之间的了解，增进了友谊和感情。

【第二届中国青年企业家（共青城）发展峰会在共青城举行】 5月21日，以“新常态，新青年，新作为”为主题的第二届中国青年企业家（共青城）发展峰会在共青城举行。省委副书记、省政府常务副省长莫建成、团中央书记处书记汪鸿雁出席开幕式并讲话，省政协党组副书记、省政协副主席钟利贵主持开幕式，团省委书记曾萍、副书记孙鑫出席。会上，中青企协副会长、东方财富网董事长其实，中青企协副会长、北京维信诺科技有限公司总经理高裕弟，中航国际董事长吴权光分别作主题发言。共青城市委、市政府现场与部分参会企业签约项目25个，金额达160余亿元，项目涵盖纺织服装、版权贸易、电子电器等行业。峰会期间还举办“青年企业家与社会治理创新”“服装产业”“智能制造及增材技术产业”“电子商务产业”4个分论坛。

【首届中国青年APP大赛总决赛暨颁奖仪式在共青城市举行】 7月30日，由共青团中央、江西省人民政府主办的首届中国青年APP大赛总决赛暨颁奖仪式在共青城市举行，来自全国120个APP项目进入总决赛。经过两轮晋级赛，共有10个项目分获APP应用类别一、二、三等奖，4个项目分获APP创意类别一、二、三等奖。大赛组委会为120个参赛项目颁发了200余万元的奖励资金和价值1600余万元的青年创业“超级装备”礼包。60多家风投机构与80多个参赛项目达成投资意向近8000万元。省委书记强卫出席并为一等奖获奖项目选手颁奖，团中央书记处书记汪鸿雁、省政协副主席胡幼桃出席仪式并讲话，赛后考察了共青城市APP产业孵化园的建设情况。团省委书记曾萍、副书记孙鑫参加并陪同考察。

【希望工程1100万善款助3001名贫困学子圆梦大学】 7月开始，团省委、省青少年发展基金会启动实施第十三个“江西希望工程圆梦行动”。圆梦助学行动以“微爱一元捐，共圆大学梦”为主题，以寻访爱心故事、励志故事为主线，以结对资助、捐岗助学等项目为载体,动员社会各界广泛参与,大力倡导助人自助的新型公益理念,实现圆梦行动的新突破。在短短两个月时间内共募集善款1100万元,按照每人3000~8000元不等的标准,资助大学贫困新生3001名。

【省预防青少年违法犯罪工作获全国第一】 2015年,在中央综治工作考评中,江西省预防青少年违法犯罪工作连续3年获得全国第一。全省建设了对有严重不良行为青少年进行教育矫治的专门学校2所,招生500余人,转化100余人;在35个县(市、区)建立对有一般不良行为青少年进行教育矫治的"阳光班级(学校)"共招生2700余人,转化成功率达85%以上,中央电视台新闻频道播出45分钟的纪录片《假面下的叛逆》专题报道江西"阳光班级"工作做法。针对有不良行为青少年的专门教育工作,有效降低了青少年违法犯罪行为的发生,在全国形成"江西品牌"。

(李婷)

江西省妇女联合会

【概　况】 2015年,省妇联认真学习贯彻中共中央总书记习近平系列重要讲话精神和省委十三届十一次、十二次会议精神,深入学习贯彻中央和省委党的群团工作会议精神,圆满完成各项工作任务,推动妇联工作取得新成效。

传播正能量,认真学习贯彻中央和省委关于加强和改进党的群团工作的一系列重要决策部署。把学习贯彻中央和省委党的群团工作会议精神作为妇联工作的首要政治任务,融入省妇联"三严三实"专题教育,在认真查摆机关化、行政化、贵族化、娱乐化问题上下功夫,在保持和增强政治性、先进性、群众性优势上求实效,在推进自身改革上出实招。《中国妇女报》《东方女报》等媒体全程跟进宣传,微信、微博开通,形成学习贯彻热潮。将学习贯彻中央和省委关于改进和加强群团工作的意见与制定省妇联实施方案相结合,确定七大重点调研课题,从7月开始历时3个月,由省妇联党组成员带队分赴全省11个设区市,深入农村、社区、社会组织广泛调研,广泛宣传,广泛征求意见,形成省妇联贯彻落实省委加强和改进群团工作意见的实施方案初稿。9月,举办省区市妇联主席学习贯彻省委党的群团工作会议精神专题研讨班,围绕防止和克服"四化",保持和增强"三性",引导妇联干部认清形势,探索改革。全年派出10多支"连心小分队"下基层、访妇情、办实事,突出围绕宣传中央、省委加强和改进群团工作会议精神,充分发挥妇联组织联系和服务妇女的桥梁纽带作用,引导广大妇女听党话、跟党走。

突出产业引领,促进妇女在发展升级中创业就业。紧跟省委省政府发展升级全局,以家政业、手工业为主体,着力通过政策引导、技术指导、项目扶持,加大对妇女创业就业的支持服务力度。"红杜鹃"品牌效应进一步扩大。红杜鹃家政服务公司晋升为2015年度全国千户家庭服务企业,新增省级直营门店2家,发展县级加盟店4家,开发"互联网+家政",服务家庭8万多户次。红杜鹃职业培训学校被列为全国巾帼家政培训示范基地,培训学员2640人,培训人数较上年增长63%。举办红杜鹃家政服务师资培训班和第四届"振兴杯"家庭服务技能大赛,家政人员素质明显提高。妇女手工业持续出新创优。各级妇联组织培育、引导,通过举办女红节、参加博览会,催生一批有活力、有竞争力的妇女手工业品牌。万安县打造出妇女农民画创业基地,乐安县打造出妇女传统民间刺绣创业基地,渝州绣坊在全国妇联主办的中国妇女手工制品博览会上荣获金奖。妇女网上创业蓬勃发展。顺应"互联网+"新形势,组织开展"创新创业——江西巾帼精品网上行"活动,展示、展销妇女手工产品,引导城乡妇女充分利用互联网技术拓展创业空间,实现自主创业、就近就地灵活就业。"春风送岗位"活动助推妇女就业。联合相关部门举办各类招聘会1085场次,跨地区组织劳务输出64.3万妇女,为82.4万妇女提供免费服务,其中1.33万妇女接受创业服务,3.74万妇女参加职业技能培训。

突出融入法治江西建设,在维稳大局中维护妇女儿童合法权益。抓住法治江西建设提出的社会公正、社会诚信、社会秩序3个关键环节,在融入大局、服务全局中为妇女维权,给妇女撑腰、当好妇女群众的"娘家人"。以积极有为的源头维权促进妇女共享社会公正。建立省级法规政策性别平等咨询评估机制,积极参与涉及妇女儿童法律政策的制定和实施。积极参与推动出台《中华人民共和国反家庭暴力法》,支持取消"嫖宿幼女罪"。在出台反家庭暴力法和取消"嫖宿幼女罪"的大讨论中,召开座谈会、研讨会73场次,通过维权工作QQ群、致电、致函等方式向全国人大代表、全国政协委员、妇联系统维权干部重点宣传并征集意见建议3000余条。以生动务实的法治宣传提升妇女法律意识。依托"妇女之家"开展"建设法治中国·巾帼在行动",持之以恒进行法治宣传,引导广大妇女尊法学法、树立法治思维,建立守法诚信的价值追求。全省9060个"妇女之家",536万人次妇女群众参与活动。以重点实事维权切实服务基层妇女。联合省公安厅出台首个关于加强公安派出所妇女维权投诉站工作的省级指导意见,在全省224个公安派出所统一命名挂牌。推动在农村土地确权登记颁证工作中落实妇女土地权益。协调司法机关发挥人民调解、法律援助、安置帮教、社区矫正等职能作用。探索妇联信访工作创新,建立"百姓心语坊""姐妹谈心室"等信访服务机构,倾听诉求,化解矛盾,调解纠纷,维护社会秩序。

突出注重家庭、注重家教、注重家风,将社会主义核心价值观转化为城乡妇女生动活泼的群众性实践。寻找"最美家庭"活动出经验。将寻找"最美家庭"活动纳入江西省第五届文明城市测评体系,覆盖面从城乡"妇女之家"拓展到机关、部队、企业等行业系统,同时注重领导干部廉洁家庭建设。创建"周周有寻找、月月有活动、季季有上榜、年年有展示"的常态化模式。及时在"寻找江西最美家庭"活动官网、大江网、中华女性网等网站传播最美家庭事迹,深入引导妇女群众弘扬传统美德,以好的家风支撑好的社会风气。

突出让妇女儿童得实惠,明显提升民生项目服务实效。将实施项目与精准扶贫相结合,细分目标人群,钉牢妇女儿童所急,面向有不同需求的困境妇女、留守儿童、创业妇女、一般妇女儿童、新疆妇女儿童等目标人群,因需立项,因人施策,精准回应妇女儿童最直接、最现实的利益需求,有效提升项目产出,切实让妇女儿童得实惠。面向困境妇女,实施“两癌”救助、“妇女儿童维权救助”“温暖母亲”“三八红旗手救助”“母亲健康快车”“母亲邮包”“母亲水窖·校园安全饮水”等品牌项目,锁定贫困母亲的生命健康需求,予以及时回应。面向创业妇女,实施小额担保贷款项目。全年发放妇女小额贷款29亿元,带动3.2万人次妇女创业就业。

突出“三严三实”,从严从实推进妇联组织自身建设。从严从实开展“三严三实”专题教育,并根据收集的意见建议列出妇联组织“不严不实”的问题清单,落实整改措施,强化妇联组织自身建设。省级严作风,全面推行“四进四联”活动,打造“连心”品牌。开设“省妇联连心接访室”,无节假每日派出两名妇联干部接访,常态化建立机关干部联系服务妇女群众的渠道,推动妇联干部用自己的耳朵听妇女的声音。市县实担当,首次探索将省委领导批示的年度10项重要工作进行任务分解,直接将市、县妇联列为责任单位,推动市、县妇联充分发挥承上启下的重要作用,结合当地实际扎实创新,在妇女创业就业、妇女维权救助、妇联基层组织建设等多方面创造出行之有效的经验做法。基层创实绩,在宜春市开展乡镇妇联组织建设试点,得到宜春市委、市政府的重视和支持,先后下发两个文件指导全市乡镇妇联组织建设工作,对乡镇妇联领导班子配备、乡镇妇女之家建设、乡镇妇女人均“一元钱”经费进行明确要求,强力创新乡镇妇联组织有人干事、有阵地做事、有钱办事的“三有”局面。探索建立“妇工+社工+义工”模式,推动将村级妇女干部队伍建设纳入全省村(居)“两委”换届工作的整体部署,全面完成村妇代会换届,同步推进在11个设区市试点建立村级妇联组织。加强对女性社会组织的培育和引导,在全省妇联系统开展女性社会组织情况调查,摸清女性社会组织底数,联合省民政厅起草《关于加强江西省女性社会组织建设的意见》,吸引女性社会组织多元化参与妇联重点工作和服务项目,进一步延伸妇联工作手臂。

【举办全省妇女两癌小贷工作培训班】 4月27日—29日,为做好“贫困母亲两癌救助专项基金”申报发放和妇女小额贷款工作,省妇联在南昌举办全省“两癌”“小贷”工作培训班。省妇联副主席肖晓兰出席开班式并讲话。全省各设区市妇联妇女发展部部长、各县(市、区)妇联负责人共120余人参加培训。培训班专程邀请全国妇联专家系统讲解全国妇联“两癌”数据系统和全国妇女“小贷”统计系统软件操作;省人社厅小额担保贷款中心、省卫计委妇幼处专家分别对妇女小额担保贷款、农村妇女“两癌”免费检查救助的政策进行专题解读。

【举办“红杜鹃”家政服务师资培训班】 5月29日,为期3天的江西省家政服务业“红杜鹃”家政服务员师资培训班在赣州结束。为加强江西省家政服务培训师资队伍建设,提升江西省家政服务员培训质量,推动“红杜鹃”家政服务品牌建设,省妇联与省家庭服务业协会联合举办此次培训班。省妇联副主席肖晓兰出席开班仪式并讲话。来自全省的110余名从事家政服务培训工作的专业人士、家政服务企业管理人员、优秀家政服务员以及负责相关工作的妇联干部参加培训班。培训课程内容包括家庭服务行业标准解读、家政行业法律法规及风险控制、家政服务授课技巧和日常礼仪、日常烹饪及家庭营养保健、婴幼儿及孕产妇护理、催乳知识、老人及病人护理、居家安全与居家保洁等。参训学员在完成全部培训课程、经考试合格后,获得省人力资源和社会保障厅、省家庭服务业协会共同颁发的《江西省家庭服务业师资培训合格证书》。

【启动“邻里守望,姐妹相助”巾帼主题志愿服务活动】 12月5日,在第30个“国际志愿者日”,根据全国妇联的统一部署,省妇联与南昌市妇联联合启动“邻里守望·姐妹相助”巾帼主题志愿服务活动。省妇联巾帼志愿服务队、南昌市巾帼志愿服务队、章金媛爱心奉献团、邹德凤巾帼志愿服务队、红杜鹃家政巾帼志愿服务队、“心语”巾帼志愿服务队、青山湖“红帽子”巾帼志愿服务队参加现场活动。同时,全省各级妇联也立足本地实际,组织干部走进城乡社区开展志愿服务活动,形成上下联动的局面和声势。巾帼志愿服务活动在各地蓬勃开展,全省建立了巾帼志愿服务队伍4300支,拥有巾帼志愿者21万多名。经省民政厅民间组织管理局批准,江西省妇联正式成立省巾帼志愿服务协会,协会法人、会长职务由南丁格尔奖获得者邹德凤担任。

【开展“建设法治中国巾帼在行动”活动】 年初,省妇联联合省综治办、省司法厅印发活动通知,要求各地动员组织基层“妇女之家”行动起来。3月8日,省妇联在省级示范“妇女之家”——南昌市西湖区皇冠国际社区举行“建设法治中国巾帼在行动”暨江西省2015年“三八”妇女维权周活动启动仪式。省妇联主席潘玉兰、副主席饶冬梅出席启动仪式。活动现场,北京市大成(南昌)律师事务所律师为社区居民上法律课,通过以案说法、游戏互动的方式对婚姻法及相关司法解释作详细解读。活动设法律咨询台,律师们耐心细致地对前来咨询的居民进行解答。

3月底,省女法律工作者联谊会组织专家、律师走进宜春奉新县澡溪乡“妇女之家”,通过互动讲座的形式,向当地妇女群众宣传讲解妇女权益保障、婚后财产分配以及如何应对家庭暴力等法律问题。全省各级妇联积极响应,在城乡“妇女之家”精心组织安排贴近基层妇女群众生活的讲座,并采用设咨询台、图片展板、发放宣传资料、流动宣传队伍、有奖答题等多种形式在村、社区“妇女之家”及人口集中地段开展妇女法治宣传咨询活动。至年底,全省开展“建设法治中国·巾帼在行动”活动的“妇女之家”数达9060个,参加活动的妇女群众达536万余人次。

(凌云　石爱忠)

江西省科学技术协会

【概　况】 2015年,江西省科学技术协会(以下简称省科协)提出"五四三二一"重点工作部署:当好党管人才助手亮起"五面红旗",实施助力创新驱动"四大工程",推进科协工作"三个转变",突出品牌建设"两个重点",强化建好科技工作者之家"一个目标"。12月,经省政府批准,省科技馆从省科技厅成建制划转至省科协管理。组织开展学会专家库建设,推进"互联网+学会""互联网+科普""互联网+院士工作站""互联网+农函大"等一系列"互联网+科协"建设。新成立26家省级院士工作站,启动"银会合作",面向农业产业、城市社区实施基层科普行动计划。搭建协同创新平台,与中国科协、北京市科技成果转化平台对接。引入"女科学家走基层——江西行",引入全国学会进江西。大力开展服务县域经济发展的"江西科协学术沙龙",举办学术沙龙15期,其中直接服务县域经济发展的13期,实施"百会千名专家下基层"活动。

参与国务院办公厅委托中国科协的"双创"政策措施落实情况第三方评估工作,得到中国科协的表彰奖励。与九三学社省委会联合围绕"推进江西科技创新与成果转化""促进农业可持续发展"开展专题研讨和调研,形成《关于提升我省企业科技创新能力的建议》,得到省委、省政府主要领导肯定;形成《关于加快解决农村地区面源污染的建议》,在省政协作大会发言。编辑8期《决策咨询专报》呈送省委省政府,其中"关于铀矿大基地建设的建议"获省政府副省长李贻煌、郑为文批示,省国防工办将相关内容列入部门"十三五"规划。

围绕发展升级开展国内外学术交流。发挥学会作为服务创新驱动发展战略生力军作用,聚焦大数据时代下新型工业化发展、重金属污染土壤修复、肿瘤精准医疗等举办一系列国内外重点科技交流活动。两院院士200余人次到赣讲学和技术指导。

完成"十二五"公民科学素质建设目标,全省具备基本科学素质的公民比例达到5.1%。推进"互联网+科普",搭建科普云平台。实施科普信息化"四大工程"。创办公益科普微信——"科普江西""江西省科协微讯"。建立江西科普云平台系统,开通江西手机报"科协微科普"栏目。

继续开展系列青少年科技教育活动。省科技馆全年科普受众16.1万人次,较上年增长23%。中国流动科技馆(江西)巡展重点面向贫困偏远地区,覆盖28个县(区、市),受益群众135万余人次。开展科普大篷车进农村、进社区、进学校活动,行程6000余千米。农函大培训强化互联网+模式与现场教学相结合,培训农民38.5万人次。

"百人远航工程"覆盖面与资助力度创历史新高,资助对象97人,资助金额460万元。"海智工作站"纳入全省"十三五"规划。首次开展中国工程院院士候选人推荐工作。推荐江西农业大学副教授曾勇军获第十八届中国科协"求是杰出青年奖成果转化奖"。推荐吴永忠等3人入选中国科协开展的"创新力量"为主题的优秀企业基层科技工作者。推荐第六届全国优秀科技工作者省农科院陈大洲为科技界"六个表率"重大典型。率先出台贯彻中央和省委关于群团工作的实施意见。全省开展"讲、比"活动企业、园区科协106家,参与活动科技工作者约1.55万人,"讲、比"活动立项约2200项,提合理化建议3100条,被采纳建议2200条。全年新建立13个高校科协、国家级园区科协2家、省级园区科协12家。

引导和支持省级学会开展学术交流。全年省科协指导、支持全省各级学会开展各类学术活动200余次,先后邀请中国工程院、中国科学院两院院士陈毓川、孙钧、孙鸿烈、赵其国、陈鲸以及加拿大两院院士吴柯、陈志璋等40余位院士和50余位国内外知名专家到赣进行学术、技术指导和讲学。省电子学会承办的全国天线年会邀请中国工程院、加拿大两院的3位院士出席并作专题报告。省研究型医院学会承办的中国研究型医院高峰论坛以"新常态、新思路、新模式——探讨研究型医院快速发展之路"为主题,邀请中国科学院中国工程院的3位院士及协和、湘雅、西京、华西、鼓楼等国内一线医院的院长以及来自全国各地的医学界专家等1300余人、400余家医院参加会议。省口腔医学会承办的全国口腔正畸学术会议,有来自全国33个省市自治区、欧美国家及港台地区2000余名口腔正畸医生、护士、技师和公司、厂商代表到南昌,展示国内外口腔正畸领域的最新临床技术和研究成果。此外,支持井冈山大学科协举办"蛛形学研究发展与生物科技创新高端论坛"。省植物营养与肥料学会承办"红壤区域生态高值农业的理论、实践及展望"学术研讨会。省生态学会举办"中国红壤农业生态文明建设发展战略研讨会"。省护理学会举办"华东六省一市护理学术交流大会暨第六届海峡护理论坛"。省遥感应用协会举办"第六届赣闽桂遥感科技论坛"。省医学会举办"2015年全国小儿麻醉学术年会"等。

【全国文化科技卫生"三下乡"集中服务活动在寻乌县举行】 1月24日,由中宣部、中国科协等9部门和江西省委、省政府联合主办的全国文化科技卫生"三下乡"集中服务活动在寻乌县举行。中宣部副部长王世明出席活动并讲话,省委常委、省委宣传部部长姚亚平致辞。中国科协副主席、书记处书记陈章良等中央部委领导出席并巡视活动现场。中国科协科普部副部长刘亚东,省科协党组成员、副主席孙卫民等参加。

中国科协、江西省科协、赣州市科协、寻乌县科协四级联动,在全国文化科技卫生"三下乡"集中服务活动现场开展农业、果业科技咨询,科普志愿服务,流动科技馆和科普大篷车参观体验活动。

全国政协原委员、中国科技馆原馆长、教授王渝生为寻乌中学400余名学生作一场名为"中国梦科技梦"的青少年科普报告会。

陈章良一行到寻乌中学参观,并为中国科协专项捐赠的农村中学科技馆进行揭牌。在寻乌中学,陈章良与同学们互动交流,一同探讨展品工作原理,引导同学们树立讲科学、爱科学、学科学、用科学的意识,勉励同学们立志成为一名出色的科学家。中国科协、江西省科协和赣州市科协在这次"三下乡"活动中,为寻乌县捐赠1

个农村中学科技馆、2个图书室、2个农村网络科普书屋，支持其实施农村科普项目等，共为寻乌县捐赠物资及资金约80万元。

【中国新型工业化和城镇化发展年会在南昌召开】 3月14日，由省科协和华东交通大学联合主办的中国新型工业化和城镇化发展年会——大数据时代下新型工业化发展论坛在南昌召开。副省长李贻煌出席并讲话。中国工程院院士、合肥工业大学教授杨善林，国家自然科学基金委、长江学者、教授李一军，中国科学院教授蒋太交应邀作学术报告。华东交通大学党委书记、省软科学研究会理事长万明，省科技厅副厅长卢福财，省工信委副主任江明成分别致辞，省科协副主席孙卫民作总结发言。华东交通大学校长、教授雷晓燕，副校长、教授刘海文分别主持论坛开幕式和专家学术报告。

杨善林、蒋太交、李一军分别作题为《智能互联时代制造业发展思维》《流感基因大数据分析与挖掘》《大数据与管理研究—机遇与挑战》的学术报告。年会征集到学术论文100余篇，内容涉及大数据时代新型工业化发展战略，产业发展研究与升级转型，数据处理，科技创新等方面。来自省委党校青干班、企业界、华东交通大学师生近300名专家学者参加会议。

【中国科协“女科学家走基层——江西行”活动在吉安举行】 4月14日至17日，由中国科协常委会女科技工作者专门委员会主办，江西省科协承办，吉安市科协协办的中国科协“女科学家走基层——江西行”活动在江西省吉安市举行。4月14日至15日，在十一届全国政协副主席、中国女科技工作者协会会长王志珍，中国科协副主席、中国科协常委会女科技工作者专委会主任程东红和中国科协党组成员、办公厅主任、中国科协常委会女科技工作者专委会委员吴海鹰带领下，来自农业部、中国科学院、中国工程院、中国农业科学院、中国兵器科学研究院、中国电子信息产业发展研究院、北京大学、兰州大学、上海针灸经络研究所、时代集团、肇庆大华农公司等单位的20余名优秀女科学家代表和一批特邀专家，在井冈山革命老区开展系列科普报告、实用技术讲座、学习调研等考察学习与服务实践活动。

【促进农业可持续发展学术研讨会在江西农大举行】 6月3日，由省科协、九三学社江西省委会主办，江西农业大学科协承办的主题“念好‘减、退、转、改、治、保’六字诀”的促进农业可持续发展学术研讨会在江西农业大学举行。全国政协常委、九三学社中央副主席、中国科学院院士、中国农业大学植物生理与生化国家重点实验室主任武维华应邀出席并作主旨报告，全国政协常委、省政协副主席、省科协主席、九三学社江西省委主委李华栋出席并讲话，江西农业大学党委书记曹国庆致辞，省科协党组书记、常务副主席罗莹主持研讨会。省科协、九三学社省委会、江西农业大学、省农业厅、省水利厅、省农科院、省社科院等单位和部门的领导、专家学者30余人参加研讨会。武维华院士作题为“农业生态建设的问题与挑战”的报告，就粮食安全、北粮南运、农业节水、农村垃圾等方面问题用详实的数据进行科学阐述和深入分析。与会专家围绕研讨会主题，就农业非点源污染、农业病虫害防治、农业废弃物处理、水土保持、精准农业、高标准农田创建以及如何提高对农业发展新认识，处理人口与资源、发展与环境之间的矛盾等方面，谈看法，提建议。

【举办“推进江西科技创新与成果转化”座谈会】 6月26日，由省科协、九三学社江西省委会主办，省科学院承办的“推进江西科技创新与成果转化”座谈会在省科学院举行。全国政协常委、省政协副主席、省科协主席、九三学社江西省委主委会李华栋主持座谈会并讲话，省科协党组书记、常务副主席罗莹，省科学院院长、党组副书记王晓鸿，省科协副主席梁纯平出席并讲话。省科协、九三学社省委会、省科学院、南昌大学、南昌工程学院、东华理工大学、南昌航空大学、江中药业股份有限公司、汇仁集团单位和部门领导、专家学者和企业代表30余人参加座谈会。与会专家重点围绕江西“协同创新”、科技成果转化、企业自主创新和大众创新议题，就如何建立科研院所、高等院校科研成果转化绩效考核的长效机制，如何帮助小微企业及创业团队加强与高校科研院所之间的“产学研用”合作等问题进行广泛交流和讨论，提出许多建设性意见和建议。

【2015年全国天线年会在南昌召开】 10月18日—21日，由中国电子学会主办、中国电子学会天线分会和华东交通大学联合承办的2015年全国天线年会在南昌召开。江西省政协副主席、省科协主席李华栋出席并讲话，华东交通大学校长雷晓燕，大会主席、电子科技大学原副校长聂在平，大会执行主席、华东交大副校长刘海文，中国电子学会天线分会主任委员、中国电科集团第39所原所长孙东森分别致辞。中国工程院院士、教授陈鲸，加拿大两院院士、教授吴柯，加拿大工程院院士、教授陈志璋应邀出席并作专题报告。省科协副主席孙卫民，中组部“千人计划”专家、教育部“长江学者”讲座教授、教育部“长江学者”特聘教授、国家基金委“杰青”获得者以及来自国内外的600余位专家、学者参加年会。此次年会主要是展示、检阅天线专业理论研究、技术创新的成果以及相互交流，增进友谊，为开展更深度以及更广泛的合作创造条件。年会共收到论文497篇，录用论文465篇，内容涉及天线理论、微带天线与印刷天线、自适应阵列天线和智能天线、可重构天线相控阵天线、多频段天线、宽带和超宽带天线、波束形成与波束赋形、频率选择表面、计算电磁学、电磁散射、逆散射与成像等32个类别。

【第十八次全国动物遗传育种学术讨论会在南昌举行】 11月13日至16日，第十八次全国动物遗传育种学术讨论会在江西南昌举行。江西省政协副主席、省科协主席李华栋，江西农业大学党委书记曹国庆、中国畜牧兽医学会常务副理事长阎汉平、农业部畜牧业司副司长王俊勋等分别致辞。中国科学院院士、教授吴常信，中国科学院副院长、中国科学院院士、研究员张亚平，中国科学院院士、教授黄路生等出席讨论会。来自全国31省（市、区）121家高等农业院校、科研院所和生产科研推广单位共1700余名专家学者、在校研究生和科技推广人员参加大会。

会议围绕“大数据时代动物遗传育种研究的新思路、新方法”主题，邀请中国科学院院士、美国科学院院士、德国科学院院士、澳大利亚科学院院士等7名院士在内的国内外知名专家作大会特邀报告24场。大会设置了猪遗传育种、牛羊遗传育种、禽遗传育种、马犬及特种经经济动物遗传育种4个分会场，来自国内30余所高等院校或科研院所专家作分会学术报告60余场，分别从数量遗传学、群体遗传学、分子遗传学、基因组学、动物遗传改良、动物遗传进化、遗传资源的保护和利用、生物信息与系统生物学、动物基因组编辑等新技术及其在动物遗传育种中的应用等方面介绍最新研究进展。大会共收到全国科研高校研究论文677篇。大会为优秀论文、优秀墙报和第三届吴常信动物遗传育种奖获得者中国农业大学、西北农林科技大学等4个单位代表颁发获奖证书。

【“稀土磁性材料及产业化同舟论坛”暨第三届清江论坛在赣州市举行】 11月，由省科协、江西理工大学联合主办的2015年“稀土磁性材料及产业化同舟论坛”暨第三届清江论坛在赣州市举行。中国科学院院士都有为、沈保根应邀出席并作专题报告。来自北京大学、中国计量科学研究院、北京工业大学、华南理工大学、中科院宁波材料技术与工程研究所等高校、科研院所及企业界人士200余人出席。此次论坛集聚专家学者研讨稀土磁性材料及产业化发展大计，对提高赣州稀土磁性材料制造水平、做大做强赣州稀土磁材产业具有深远的影响。

【举办“红壤区域生态高值农业的理论、实践及展望”学术研讨会】 12月25日，由国家红壤改良工程技术研究中心、江西省科协联合举办的“红壤区域生态高值农业的理论、实践及展望”学术研讨会在南昌举行。省科协党组书记、常务副主席罗莹，省农科院院长马岩波出席并致辞。中国科学院院士赵其国，中国农业政策研究中心研究员、发展中国家科学院院士黄季焜，中国农科院资源区划所研究员徐明岗，中国农科院农业环境和可持续发展研究所研究员曾希柏、江西农业大学副校长赵小敏等专家、领导出席并作专题报告

研讨会围绕“红壤区域生态高值农业的理论、实践及展望”主题，邀请赵其国、黄季焜、徐明岗、曾希柏、赵小敏等专家分别作“南方红壤区低碳农业发展模式探析”“新时期农业发展：面临主要挑战和生态农业展望”“我国红壤酸化特征及生态高值利用技术”“红壤改良技术发展的若干思考”“江西省水稻肥料利用率空间变异及其影响研究”的专题报告。参加研讨会的有省科技厅、省农科院的相关领导，全国相关科研院所、高等学校、农业管理技术推广站的专家、学者170余人。大会共收到全国科研高校研究论文40余篇。

【实施百人远航工程】 “百人远航工程”为原“远航工程”项目，经过10余年的实施，已经成为江西省重点、有影响力的人才培养项目之一。省委组织部、省科协计划每年评选100名左右中青年科技工作者赴国（境）外交流。为此，“远航工程”更名为“百人远航工程”。2015年，有97位中青年科技工作者入选“百人远航工程”，资助金额460万元，是历年最多的一次。

【多举措打造江西“海智计划”】 2015年，省科协多举措打造江西“海智计划”。一是新建7家江西“海智计划”工作站。重点在具备条件的高校、科研院所、企业等单位建站。经评审，由省科协与省委组织部、省人社厅联合批复同意在南昌大学第一附属医院、江西省肿瘤医院、江西永修云山经济开发区管委会、宜春经济技术开发区管委会、上犹京禾纳米科技有限公司、江西冠能光电材料有限公司、江西格雷斯科技股份有限公司7个单位设立江西“海智计划”工作站，柔性引进海外人才。二是确保经费。省科协拿出70万元作为专项经费，一次性给予每个建站单位10万元经费支持，主要用于项目启动和开展活动。截至2015年，全省3年时间已建立14个海智工作站，资助建站经费达140万元。各海智工作站在获批并得到建站经费后，逐步建立健全组织机构和工作机制，完善各项管理制度，开展各具特色的招才引智工作。三是通过授牌、揭牌仪式推动海智工作的开展。省科协主要领导先后为江西“海智计划”晶能工作站揭牌、为江西“海智计划”特色资源开发利用与新材料研究工作站授牌。在揭、授牌期间，与各站相关人员召开座谈会、交流会，听取汇报，并参观他们的工作车间和实验室等，关心问候海智专家、科技人员在赣的生活情况。同时，也对各海智工作站提出新的要求。四是开展海智项目人才需求调研，做好全方位服务。为进一步开展好海智计划的各项工作，了解一线企事业单位对海外人才的需求，省科协领导加大调研力度，先后赴宜春、九江、萍乡、赣州、南昌等地考察调研，了解当地企业、园区对海智项目和人才方面需求情况。经过调研发现江西高层次创新人才匮乏，优秀人才团队明显不足。五是组织2个团组分别赴巴西、古巴执行建立海外引智工作联络点的任务和赴澳大利亚、新西兰开展交流，签订合作协议，确定合作具体事宜。

·资 料·

2015年省级院士工作站引进院士情况

序号	院士工作站名称	引进院士		
		人数	工程院	中科院
1	江西成新实业有限公司	1	袁隆平	
2	江西省交通科学研究院	1		孙钧
3	江西省肿瘤医院	1	詹启敏	
4	江西省农业科学院	1	傅廷栋	
5	南昌大学第一附属医院	1	樊代明	
6	江西西林科新材料有限公司	1	舒兴田	
7	中恒建设集团有限公司	1	叶可明	
8	江西佳时特数控技术有限公司	1	段正澄	
9	江西三鑫医疗科技股份有限公司	1	蹇锡高	
10	江西远成汽车技术股份有限公司	1	郭孔辉	
11	九江中科鑫星新材料有限公司	1		戴立信
12	江西江州联合造船有限责任公司	1		潘际銮
13	景德镇市宏柏化学科技有限公司	1	杜善义	
14	江西金葵能源科技有限公司	1	姜德生	
15	格丰科技材料有限公司	1	魏复盛	
16	江西赣锋锂业股份有限公司	1	戴永年	
17	江西恩达麻世纪科技股份有限公司	1	姚穆	
18	江西青峰药业有限公司	1		裴钢
19	赣州鑫磊稀土新材料有限公司	1		都有为
20	江西天稻粮安种业有限公司	1	颜龙安	
21	广丰县方正非矿开发有限公司	1		叶大年
22	江西省江天农业科技有限公司	1		谢华安
23	江西省鄱阳湖壹号渔业集团	1		桂建芳
24	江西一元再生资源有限公司	2	孙传尧	闻邦椿
25	江西杰克机床有限公司	1	周勤之	
26	普正药业股份有限公司	1	丁健	
合计		27	18	9

（杜春发）

江西省归国华侨联合会

【概　况】 2015年，全省各级侨联认真贯彻中共十八届四中、五中全会精神，牢牢把握侨联工作正确政治方向，团结动员广大侨界群众，凝心聚力，善谋实干，推动侨联工作创新发展，保障侨联事业稳步推进。

搭建平台服务地方经济发展。邀请侨商积极参加江西省重点产业集群投资合作（香港）推介会以及第二届华侨华人赣鄱投资创业洽谈会开幕式暨重点项目签约仪式等活动，完成邀商工作任务。做好对2014年举办的海内外侨商上饶行活动成果的服务跟踪，已落实开工项目5个，投入资金近5亿元，其中干细胞产业园投入资金1亿多元，企业发展态势良好。与南昌高新就开拓侨务资源、支持侨商在高新区做大做强进行座谈，与中新社合作举办“江西最具吸引力投资目的地”授牌仪式。省侨联连续6年被江西省人民政府授予全省服务开放型经济工作先进单位。

开展精准扶贫工作。江西省侨联积极参与省委统战部“同心·振兴赣南等原中央苏区广昌示范区”活动，派出侨联干部驻扶贫点乡镇挂职副镇长，为广昌县驿前镇庄下村捐建村文化工作室，邀请南昌大学附属口腔医院口腔医疗专家为村民开展“爱牙护齿宣传义诊广昌行”活动，邀请江西农业大学教授进行水稻新品种种植技术培训。争取省教育厅、省交通厅、慈善书画院及侨界爱心人士支持，筹集96.28万元解决该村教育、交通、水利、医疗等多项实际困难。引荐澳门爱心人士赴省直扶贫点——余干县洪家嘴乡双港村爱心捐赠、扶贫连心，派出干部挂职村党支部第一书记，为龙津村、双港村贫困户家庭送上慰问金和物资，并向村中小学校优秀师生发放奖励。组织省侨联特聘专家、法律顾问赴上高敖山华侨农场开展“送科技、送法律进农场”活动，实地调研皇菊、果树等种植情况，赠送法律和农业知识书籍，指导农场创新发展。省侨联始终坚守以人为本、为侨服务工作宗旨，倾心竭力维护侨益，获评“全国侨联系统维权工作先进单位”。

策应国家“一带一路”重大战略决策。省侨联接待“一带一路”相关的马来西亚、阿联酋、法国、荷兰、美国、南非等10多个侨团（企）到昌访问，围绕拓展经贸合作开展交流。出席全国侨联联络、维权工作会议、长江经济带相关侨联工作沟通会，学习借鉴兄弟省区侨联工作经验；参加省四侨2015年第二次联席会议，研究外向型企业策应“一带一路”政策，积极“走出去”开拓国际市场的服务举措。邀请并接待香港瓷画会会长张徐菊霞带领的美国德国澳大利亚等国艺术家访问团20余人到赣与景德镇艺术家开展艺术交流活动，宣传中华陶瓷精品文化。接待世界30多个国家和地区的40多个侨团100余人次到赣联谊，达成密切经贸文化交流、建设慈善事业、引进高新技术等多项成果，进一步丰富江西侨务资源。

助推万众创新创业。省侨联组织4家高新科技侨资企业参加第十八届中国北京国际科技产业博览会，省侨联推荐的科技项目被组委会授予“优秀创新项目奖”和“最佳展示奖”。引荐侨企上海光频网科技股份有限公司与省工信委、省科技厅、省交通厅洽谈江西省高速公路和轨道交通建设中无线通信等技术合作。促成易佰家集团有限公司与日本东芝公司商贸合作。省侨联副主席于集华应邀赴印度尼西亚参加第二届中国—东南亚民间高端对话会。组织侨商分别参加“创业中华2015世界知名侨商辽宁行”“创业中华2015侨资侨智（江苏南通）对接会”等活动。

【随江西省友好交流访问团赴英国、荷兰访问】 2014年12月31日至2015年1月7日，省委常委、省委统战部部长蔡晓明率领江西省友好交流访问团一行6人赴英国、荷兰进行为期8天的友好访问。省侨联党组书记张知明随团出访并全程陪同拜访及参加座谈等活动。活动期间，代表团分别拜访两地知名商会、侨界社团、侨商侨领，并就加强海外联谊、搭建经贸文化合作平台、推介江西投资环境和相关投资项目，加强海外高层次人才引进、促进海外留学生回国创业等进行座谈交流，并调研有关侨情。

【江西省侨联侨务和文化交流访问团出访加拿大、美国】 12月2日—9日，应加拿大温哥华江西同乡会和美东华人社团联合总会邀请，以省侨联副主席王强为团长的江西省侨联侨务及文化交流访问团，出访加拿大和美国。省政协副秘书长、港澳台侨和外事委员会主任冷芬俊，上饶市侨联主席周卫东参加访问考察。这次对加拿大、美国的访问，进一步拓宽海外联谊渠道，吸收他们中优秀的侨胞8人成为省侨联海外委员或顾问或青委会委员候选人，促成景德镇陶瓷工艺大师的精品项目与美国加州艺术品公司的合作。

【组织开展“2015年侨商靖安行”活动】 5月8日，省侨联党组书记张知明率部分侨资企业家赴靖安县开展“2015年侨商寻商机谋发展靖安行”活动。张知明及侨资企业家一行考察当地部分投资项目并出席“寻商机谋发展”招商推介会。靖安县委书记田辉看望与会侨商。县委副书记、县长江伟斌致欢迎词。会上，县旅游局、县城建局等分别作招商项目推介，侨资企业家们就有关招商项目与相关部门进行交流互动。省侨联秘书长罗丽都，县委常委、纪委书记徐云珍，县委常委、副县长熊敏剑等参加活动。

（叶文娟）

江西省台湾同胞联谊会

【概　况】 2015年，省台联围绕深化两岸交流合作、促进两岸关系和平发展这一主题，继续发挥人民团体作用和乡情亲情优势，深入做好团结、联谊、服务台胞工作，创新开展民间交流交往，有力推进赣台各项合作和交流，搭建新的工作平台，开展精准服务活动，扩大联谊交往领域，继续加强与岛内、海外台胞人士和在赣台胞台商的联系，注重与台湾社团和基层人士的联络交往。接待台湾中国统一联盟、夏潮联谊会、台湾退休教师联盟、台湾志阳科技股份有限公司、世界华商经贸联合会、台湾工商建研会两岸艺术文化交流委员会、台湾崇晋书道学会和台湾拾窗国际有限公司等岛内社团和企业到赣考察和交流。组织景德镇陶瓷艺术家赴台与苗栗县陶艺协会、台湾教师工会等有关文化创意团体进行广泛交流。组织广丰区横山镇有关代表出席在重庆市横山镇举办的“两岸同名乡镇——横山互动协作会议”,与台湾新竹县横山乡基层代表沟通联络。邀请台湾大学教授到赣讲课,介绍台湾教科书课纲微调情况。一年来,接待台湾各阶层人士达500余人次。

【接待台湾中国统一联盟妇女部大陆参访团】 5月20日,台湾中国统一联盟妇女部大陆参访团一行32人到江西,台湾统盟妇女部首次组织其女盟员到南昌市、赣州市、瑞金市、井冈山市等地参观访问,了解江西革命老区经济建设和各项事业发展成就,感受江西绿色崛起。在井冈山,参访团一行参观井冈山博物馆、茨坪毛泽东旧居,游览黄洋界、龙潭瀑布、百竹园等景点。通过参观和讲座,参访团一行加深对当年井冈山革命斗争历史的了解,感受革命根据地的发展变化。

【举行第九届海峡两岸企业管理学术研讨会】 10月17日,省台联与华东交大合办的第九届海峡两岸企业管理学术研讨会在南昌举行。台湾大学、中山大学、淡江大学 、亚洲大学等台湾5所大学30名专家学者与华东交大等大陆高校500位师生出席研讨会。研讨会议主旨是通过新闻媒体的广泛宣传,扩大海峡两岸企业管理学术研讨会的影响力,以达到繁荣管理学科,交流学者感情,彰显组织形象的美好愿景,为促进海峡两岸及地方社会经济发展搭建共促发展的交流平台。

【开展两岸医师医疗咨询义诊公益活动】 4月24日,省台联响应省委统战部在全省统一战线开展的“同心振兴赣南等原中央苏区广昌示范区”活动,台盟中央社会服务部、台盟中央联络部、台盟中央科教医药交流委员会和台盟江西支部共同在江西省广昌县开展“两岸医师医疗咨询义诊公益活动”。来自台湾台南、北京和上海的21名知名医生分别在广昌县医院、中医院和广昌县高虎脑红军医院接诊1000多人次,受到当地政府和老百姓的欢迎。

【台联界省政协委员积极献言献策】 2015年,台联界省政协委员在省政协十一届三次会议期间,积极参加联组讨论发言,就促进赣台交流合作和江西经济社会发展等议题建言献计,并提交7份建议和提案。完成台盟中央下达的多项课题调研任务,其中《关注台湾赣籍大陆新娘,凝聚促进祖国统一新力量》《不断提高我省人民健康水平,试行体育健康医保买单》和《两岸文化交流的机遇与思考》等调研课题受到有关部门的重视。

（俞红光）

江西省工商业联合会

【概　况】 2015年,全省各级工商联坚持解放思想、务实创新,深化认识新常态、主动适应新常态、积极引领新常态,奋力促进江西非公经济更好更快发展,扎实推进服务型工商联建设取得明显成效。

全省工商联系统共参与开展各类经贸活动468场,邀请客商1.26万人次,走访商协会974家,走访企业2497户,签约投资项目1207个,投资金额6759亿元,活动覆盖全国23个省49个市区。

发挥自身优势,扎实服务非公经济健康发展。一是着力优化发展环境。围绕江西省非公经济法治环境问题多个专门调查研究,形成《江西省非公企业法治环境评估报告》《江西省非公企业法治环境问卷数据评估分析》《关于解决我省民营中小企业融资难融资贵的建议》《关于优化非公有制经济发展环境的建议》等调研报告或提案。联合组建“百名律师服务团”,激活省工商联维权中心,推动解决某市对民企摊派收费问题,维护汇丰光电集团等企业合法权益。二是培训非公经济人士。创新培训理念和思维,开展“万企培训”工作,自主举办江西省工商联民营企业家(北京大学汇丰商学院)高级研修班、新任执(常)委培训班、新生代民营企业家研修班;联合举办全省非公有制经济企业转型升级培训会,与财智名家合作开设大讲坛11期。全年培训企业家达1.25万人次。三是缓解融资中小企业融资难题。联合下发《非公有制企业融资培训工作方案》,举办解读《公司债发行与交易管理办法》暨企业上市培训会。与银行建立战略合作关系,省交通银行授信省内民营企业100亿元,年内向中小企业发放贷款6.3亿元。积极调研,配合省金融办代省政府出台《关于促进全省互联网金融业发展的若干意见》。

当好参谋助手,积极构建非公经济研究体系。着眼填补历史空白,组织编写《改革开放以来民营经济发展蓝皮书》。启动编写《2014、2015年民营经济年鉴》,重点研究宏微观经济、政策问题等28个课题并结集出版《新常态下民营经济发展探寻》。着眼化解民营企业发展的实际困难和问题,省民营经济研究会编报《江西省商会组织经济职能引导发挥》《江西省新型农机市场创建》《江西省互联网金融发展》《民企参与视角下的国企混合所有制改革》四期专报,得到省委、省政府领导的批示肯定并转化为相关政策。创办《管理顾问》,持续办好《民营经济内参》《非公经济运行动态》等刊物。

加强教育引导,促进非公经济人士健康成长。开展以守法诚信为重点的非公有制经济人士理想信念教育实践活动,强化非公有制经济人士学法遵法守法用法理念。组织江西省民营企业参与中国光彩事业黄冈(红安)行、抚州(广昌)行活动。开展2014年度民营企业参与光彩事业调查工作。协办江西省促进非公有制经济发展表彰电视电话会议,表彰先进非公有制企业100户、江西省优秀中国特色社会主义实业建设者30名、江西省优秀创业者100名。推荐10户民营企业申报全国光彩事业重点项目,推荐2户企业入选军民两用高新技术产品目录、国家火炬计划项目,推荐8位民营企业家为“全国优秀社会主义建设者”候选人和全国第六届“光彩事业国土绿化贡献奖”候选人。

加强自身建设,提升全省工商联履职能力。坚持目标引导、率先作为、激励推动工作思路,推动服务型工商联建设各项任务完成。截至12月,全省工商联系统共有会员12.30万个，比2014年度增加1.24万个，增幅11.2%。其中：企业会员7.34万个，增加5793个，增幅8.5%；团体会员2084个，增加110个，增幅5.6%。“同心谷赣商之家”建设进展顺利，2个设区市、3个县区建成投入使用，2个设区市、5个县区在建，17个正在筹建。吉安立足“同心谷赣商之家”，迈出拓展服务经济发展能力和水平的重要步子。

【召开江西省文化产业招商工作会议】 3月19日，省文化厅、省新闻出版广电局、省商务厅、省工商联在南昌联合召开全省文化产业招商工作会议。会议提出，2015年度江西省文化产业招商工作目标为签约项目投资达到200亿元，力争300亿元，冲刺400亿元。

【开展系列经贸交流活动】 4月22日，在北京召开江西省与全国知名民营企业合作推介会，全国工商联副主席黄安，省委常委、省委统战部部长蔡晓明出席推介会并讲话，副省长胡幼桃主持推介会。全国工商联直属商会和直属会员企业、国内民营企业500强、京津冀地区知名民营企业和在京赣商代表等近400人参加会议。活动签约项目73个、签约金额1500亿元。

5月18日，在重庆召开江西发展升级合作推介会。会议由省政府主办，省商务厅、省工商联承办，新余市、鹰潭市政府协办。省政协副主席孙菊生出席会议并致辞。100余名川渝知名民营企业家和在川渝赣商代表参加会议。会议现场签约项目12个、签约金额91.5亿元。

6月25日，在南京召开江西省文化产业合作推介会。会议由省政府主办，省文化办、省商务厅、省工商联承办。会议现场签约项目47个、签约金额超300亿元。

7月28日，在杭州召开江西省国有企业与长三角地区知名企业合作洽谈会。会议由省政府主办，省国资委、省商务厅、省工商联承办，萍乡市人民政府、鹰潭市人民政府、上饶市人民政府、省政府驻沪办事处协办。会议现场签约项目40个，签约金额267.9亿元。

9月8日，在南昌举办江西企业英国经贸洽谈会暨企业投资项目推介会。英国谢菲尔德市政府访华团及江西民营企业家等30余人参加会议。

9月25日，在上海召开江西省产业和资本合作推介会。会议共推介产业合作项目610个，总投资6290亿元，融资需求3500亿元，现场签约金额586亿元。

【举办民营企业家高级研修班】 6月8日，江西省工商联民营企业家（北京大学汇丰商学院）高级研修班在深圳举办开班仪式，省委常委、省委统战部部长蔡晓明出席并授课。省工商联（省总商会）专职副主席及兼职企业家副主席、副会长，慧联公司股东共80余人参加。

【成立赣商文化企业联合会】 7月18日，江西省赣商文化企业联合会召开第一次会员代表大会暨成立大会。江西省赣商文化企业联合会是由江西省文化企业家和文化名家组成的社团组织，以推动江西省文化产业全面发展和共同进步为办会宗旨。

【举行中国光彩事业抚州（广昌）行活动】 11月28日，省工商联在抚州市举行以“弘扬光彩精神，建设幸福抚州”为主题的中国光彩事业抚州（广昌）行活动。省委常委、省委统战部部长蔡晓明出席并讲话，副省长刘昌林、省政协副主席孙菊生出席活动。活动现场签约投资项目14个，投资金额194.3亿元。抚州市广昌县现场接受公益捐赠总额2703.8万元。

（杨铭铭）

江西省文学艺术界联合会

【概　况】 2015年，省文联贯彻落实《中共中央关于繁荣发展社会主义文艺的意见》，坚持以人民为中心的工作导向，大力弘扬社会主义核心价值观，团结带领广大文艺工作者，服务大局、服务人民，为繁荣发展江西文艺事业作出新的贡献。

围绕服务大局，举办一系列有主题有影响有特色的文艺活动。以“中国梦”为主题，组织策划“羊”春三月谷雨诗会、“中国梦高速美”第六届赣粤高速杯摄影艺术展、“我的中国梦、劳动绽放美”全省企业职工书法美术作品展、“逐梦人生”江西工艺美术大师作品巡展等。围绕重要节庆日和重大纪念日，举办“万山红遍”江西省文艺界春节大联欢、“纪念习近平总书记文艺工作座谈会重要讲话一周年”汇报演出、“纪念中国人民抗日战争暨世界反法西斯战争胜利70周年”全省楹联、诗词、绘画征集展示活动等。在省文联和各协会的组织下，各艺术门类文艺活动持续不断、精彩纷呈，举办了景德镇题材文艺创作研讨会、首届“黄庭坚奖”书法大赛、“拟古出新——汪天行山水画新作展”、首届高校舞蹈比赛、第八届青年摄影艺术展、21世纪中国画名家学术展、“江西风景独好”大幅中国画作品展等60余项。

2015年是省文联举办（承办）全国性文艺活动较为集中的一年，承办中国作协纪念建党95周年、红军长征胜利80周年系列文学主题活动启动仪式，中国作协主席铁凝参加活动并在南昌、赣州、上饶、景德镇等地走访调研，与基层作协负责人、作家、文学爱好者座谈，对江西文学工作坚实的基础和蓬勃的发展势头充分肯定。还举办“中国精神·中国梦”全国农民画展、赣东北古村镇考察及民间文化研讨会、全国首届“互联网+中华戏剧传承发展研讨会”“纯美三清山”全国摄影大展，以及全国文联系统理论研究暨文艺评论业务培训班、中国文艺志愿者注册管理平台工作培训班暨文艺志愿服务项目工作研讨班等。这些展览、比赛和活动，展示江西省文艺创作的最新成果，加强了对外艺术交流，扩大了江西文艺的影响力。

坚持正确导向，广泛开展“深入生活、扎根人民”主题实践活动和文艺志愿服务。省文联贯彻落实中宣部等五部门《关于在文艺界广泛开展“深入生活、扎根人民”主题实践活动意见》，以“到人民中去——沿着母亲河行走”为主题，组织文艺工作者走进生活，走进人民群众，广泛开展采风、创作、展演、志愿服务系列活动，自觉为人民抒情、为人民讴歌。省作协赴吉安开展“我们的传统”诗歌论坛及诗歌采风活动；省摄协组织十余批次摄影家分赴上高、石城等地采风，与基层摄影工作者联谊、座谈；省音协组织江西省中青年词曲作家深入鄱阳县渔村、湖区、田间地头感受生活，挖掘创作素材，赴安徽小岗村开展主题为“田野寻梦”系列采风创作活动，联合安徽知名音乐家召开“新时代农村题材歌曲创作”研讨会；省文艺志愿服务团先后赴南昌华南城、省图书馆、江西财经大学等地开展“送欢乐 下基层”惠民、乐民活动10多场次，参与艺术家300多人次，受惠群众3万余人次。文艺志愿服务机制建设不断加强，打造“万名书法家送万‘福’进万家”“到人民中去”摄影公益服务等品牌服务项目，省书协组织开展的“书法公益行”项目入选全国优秀文艺志愿服务项目典型案例，并被推选为中央文明办评选的全国最佳志愿服务项目。

立足精品生产，加强对文艺创作的组织和引导，推出一大批优秀文艺成果。“八一起艺”工程项目长篇电视剧《破阵》完成，于11月4日登陆央视八套黄金档，收视率位居前三。这是江西故事、江西制作长篇电视剧在央视八套黄金档首播并获较高收视率的作品。以纪念长征80周年为主题创作的80米国画长卷《万里长征新画卷》在南昌展出，受到省委书记强卫、省长鹿心社、中国作协主席铁凝等领导，以及全省美术界的高度评价。按照省委宣传部部长姚亚平的要求，省文联还启动“江西风景独好——赣鄱山水入画来”主题创作活动，组织20余位著名美术家深入江西省具有价值，但不广为人知的灵山秀水进行采风写生，挖掘、宣传江西省丰富的旅游资源。加强文艺创作与繁荣工程建设，注重项目申报的调研和论证，并召开年度推进会，建立健全协调推进和绩效管理工作机制，促进项目的开展。为推动文学创作，省文联确定2015年为江西文学加强年，从人、财、物等多方面加大对文学的投入，开展了江西文学创作重点选题和定点深入生活专项活动。还争取到中国作协130万元、省委宣传部100多万元文学创作扶持资金。10月11日，中国作协在南昌举行“江西长篇小说重点扶持工程”签约仪式。

加强人才培养，加大宣传、推介和扶持力度，文艺赣军影响力大幅提升。举办企业微电影创作人才培训班、滕王阁文学院特聘作家创作论坛、基层文化界干部群众音乐创作培训班、首届文艺评论骨干高级研修班、青年作家改稿会等培训、研讨活动。还与中国作协在北京举办江西新散文作家群研讨会、李伯勇作品研讨会。此外，省书协、省作协、省摄协等协会还举办多层次、多梯次的各类培训班、交流会。在抓好培训的同时，省文联努力为文艺工作者在采风创作、作品出版、展览演出等方面提供有力的支持和帮助，积极推荐文艺人才参加全国各个艺术门类的学习培训，向各类人才工程举贤荐能。

2015年，江西文艺创作成果丰硕，人才辈出，《万山红遍》江西优秀歌曲专辑由人民音乐出版社出版发行，文艺创作与繁荣工程资助项目《江西山水入梦来》主题散文集、“锐力·文学江西”、江西文学精品丛书第三辑、“魅力古村落”等丛书创作完成。省各文艺家协会会员作品在国内外文艺评奖、大赛中屡屡获奖，6部微电影作品在第三届亚洲微电影艺术节获奖，3件舞蹈作品获“小荷之星”，摄影作品获国际金银铜奖160多个，书法创作20余人次入选全国书法展，2件作品获第十二届中国民间文艺“山花奖”，省文联被中国文联授予全国首批“中国文艺评论基地”，戏剧、音乐、曲艺等艺术门类也推出大量优秀作品。

【中国作协主席铁凝到江西走访调研】 12月11日，中国作协“纪念中国共产党成立95周年、红军长征胜利80周年”系列文学主题活动在于都中央红军长征出发地纪念园启动。中共中央委员、中国作家协会主席铁凝出席活动并向参加重走长征路的作家代表授旗。12月12日—16日，铁凝先后到瑞金、南昌、婺源、鄱阳、景德镇等地进行走访调研。省委书记强卫，省长鹿心社，省委常委、省委宣传部部长姚亚平等领导会见铁凝一行，并就江西省文学持续繁荣发展的具体措施进行探讨交流。在江西调研期间，铁凝一行先后5次与基层作协负责人、作家、文学爱好者进行座谈，广泛听取大家的意见和建议，登门拜访老作家杨佩瑾、胡辛。铁凝在座谈时说，通过在江西革命老区与基层作家面对面交谈和真心交流，看到了基层文学大地的广博厚实和文学土壤的肥沃纯净，看到文学的蓬勃生机和生命，同时也看到了基层作家积极的精神面貌。基层作家们对文学的痴迷、热情和热爱，对文学的坚守、坚持和奉献，令人敬佩和感动。中国作协办公厅主任胡殷红、中国作协创作联络部主任彭学明、省文联党组书记汪天行、主席叶青随行调研。

【人才队伍建设成绩斐然】 2015年，江西省文艺人才队伍建设取得突破，音乐家熊纬、书法家毛国典获“全国中青年德艺双馨文艺工作者”称号，两位艺术家同时获奖，在江西文艺史上尚属首次，毛国典还当选中国书协副主席。歌剧演员杜欢、赣南采茶戏演员杨俊获中国戏剧梅花奖，这是时隔18年后“梅花”再次在江西绽放，同时填补了江西梅花奖没有男演员的空白，也是江西省歌剧演员首次获奖。省委书记强卫，省长鹿心社，省委常委、宣传部部长姚亚平，省委常委、副省长朱虹分别对以上艺术家获得殊荣、为江西争得荣誉，作出批示表示祝贺。此外，省文艺评论家协会驻会副主席王晓莉、江西星火文学杂志社编辑部主任朱传辉分别入选江西省中青文化名家、全省宣传思想文化系统“四个一批”人才，《创作评谭》文学杂志社副主编陈蔚文被评为“百千万人才工程”省级人选。

【举行江西长篇小说重点扶持工程签约仪式】 10月11日，由中国作家出版集团、作家出版社、省作协合作推动的江西长篇小说重点扶持工程签约仪式在省文联举行。仪式上，中国作协副主席何建明讲话，省文联党组书记汪天行致辞，中国作家出版集团综合办主任黄国辉、省作协驻会副主席曾清生在合作协议上签字，曾清生汇报江西长篇小说重点扶持工程工作安排。仪式由省文联主席叶青主持。江西长篇小说重点扶持工程从2015年开始由省作协组织江西作家创作10

部长篇小说，中国作家出版集团（作家出版社）出资130万元，进行出版和推介。中国作协对一个省的一种专门的文体创作、出版进行如此大力度的扶持，尚属首次。

【省文联被授予首批“中国文艺评论基地”】 4月，经中国文联研究、批准，北京大学、清华大学、江西省文联等22家单位成为首批“中国文艺评论基地”。9月23日，首批“中国文艺评论基地”授牌仪式在中国文艺家之家举行。省文艺评论家协会努力与全国文艺评论工作对接，致力于阵地建设、人才队伍培养和机构建设，调整、充实省评协机构，加强了文艺评论刊物阵地建设，启动了文艺评论评奖，举办首届文艺评论骨干人才高级研修班。在中国文艺评论家协会和中国文联文艺评论中心的支持、指导下，还主办、承办一系列全国性文艺评论研讨会。中国文艺评论基地授牌江西，对于促进江西文艺评论队伍建设和阵地建设，振兴文艺评论事业，具有重要意义。

【举办“万山红遍——省文学艺术界春节大联欢”】 2月8日晚，由省文联主办的“万山红遍——2015江西省文学艺术界春节大联欢”在江西艺术中心举行。晚会以微信平台发布文联主要大事、喜事为主线，篇章式地展示2014年江西各艺术门类的最高成就。整场晚会汇集江西省各个艺术门类的优秀人才，洋溢着浓郁的赣鄱风情。晚会节目形式多样，内容精彩丰富。声乐节目方面，江西省青年男高音歌唱家邹志刚深情演唱《我的太阳》，红歌手、第九届中国音乐“金钟奖”民族唱法金奖得主黄训国演唱了独具江西特色的《鄱阳湖》。在舞蹈节目方面，获中国舞蹈艺术最高荣誉“荷花奖”的现代群舞《生如夏花》，曾获“小白鹭”少儿舞蹈比赛“白鹭之星奖”的《算盘哒哒响》，获2014年中国体育舞蹈公开赛总决赛冠军的《舞出活力》等体现江西省各舞种顶尖水平的节目都登上联欢舞台。萍乡渔鼓说唱《老阿姨》、赣南采茶歌舞小戏、抚州采茶戏等剧目则让喜爱地方曲艺、戏剧的观众们大饱眼福。江西音乐“映山红奖”器乐合奏比赛获奖作品演奏，“红云舞蹈团”说唱表演，以及书画家现场挥毫泼墨等也穿插联欢中，成为晚会的又一大亮点。

【举办“纪念习近平总书记文艺座谈会一周年汇报演出”】 10月14日晚，省文联纪念习近平总书记文艺座谈会重要讲话一周年文艺汇报演出在省文联多功能厅举行。省委常委、宣传部部长姚亚平观看13日的节目彩排；省委常委、省纪委书记周泽民，省委常委、副省长朱虹，省人大常委会副主任谢亦森，省政协副主席汤建人等观看演出。演出在歌舞《好日子》中拉开帷幕。梅花奖获得者杜欢、杨俊分别表演的原创民族歌剧《回家》选段、赣南采茶传统折子戏《刘二上路》选段，男声独唱《共筑中国梦》《把一切献给党》，唱响江西文艺人追梦、筑梦的高亢情怀。“八一起艺”重大文艺创作工程《锦绣赣鄱》《秀美江西》《千里赣鄱锦绣图》等大型书画摄影长卷也在演出现场展示。当晚，省领导为江西省荣获全国中青年德艺双馨文艺工作者称号的文艺家、中国戏剧梅花奖获得者、中国文联“到人民中去”优秀文艺志愿者颁奖。

【召开景德镇题材文艺创作研讨会】 5月20日，中国文联理论研究室、中国文艺评论家协会、江西省文联在瓷都景德镇共同举办“讲好中国故事：景德镇题材文艺创作研讨会”。中国文联理论研究室主任、中国文艺评论家协会副主席兼秘书长、中国文联文艺评论中心主任庞井君等领导在研讨会上致辞，省文联主席叶青主持研讨会。研讨会上，来自省内外的著名学者、文艺评论家李砚祖、张德祥、高小立、李朝全等，就景德镇题材文艺作品创作的得失，当代地域文化题材文艺作品创作的现状以及如何面向世界讲好中国故事等话题进行了充分研讨，对如何进一步推进景德镇题材文艺创作繁荣发表各自的观点。

【赴京举办江西新散文作家群研讨会】 6月9日，由中国作协创研部、人民文学出版社、省作协联合举办的“江西新散文作家群研讨会”在京举行。中国作协副主席李敬泽致辞，人民文学出版社社长管士光、省文联主席叶青出席会议并讲话。与会专家对王晓莉、李晓君、范晓波、江子、陈蔚文、傅菲、夏磊、安然、朱强9位江西散文家分别给予点评。会后，全国文坛密集关注江西新散文创作现象。6月10日，《文艺报》头版刊登通讯文章《时代语境下的斑斓与丰饶——江西新散文作家群研讨会在京举行》。7月1日，《中国艺术报》刊发文艺评论文章《呼唤作为流派的江西散文》。7月27日，《光明日报》刊登文艺评论文章《时间的距离更长——我看江西新散文现象兼评〈江右新散文丛书〉》。7月29日，《文艺报》又辟两整版，以“崛起的江西新散文创作群”为题，集结著名评论家雷达、《光明日报》文艺部主任彭程、《人民日报》文艺部副主任李舫、《散文》杂志主编汪惠仁、《散文》海外版主编刘洁等15位文坛著名编辑和评论家著文，密集推介江西新散文创作。

【举办纪念抗战胜利暨反法西斯战胜利70周年楹联、诗词、绘画征集活动】 6月，省文联联合有关单位以“铭记历史、缅怀先烈、珍爱和平、开创未来”为主题，共同举办“江西省纪念中国人民抗日战争暨世界反法西斯战争胜利70周年楹联、诗词、书画的征集展示活动”。活动得到广大文艺爱好者的积极响应和广泛参与，共收到征集作品千余件。经过认真审核，评出入选作品357件，《江西日报》、中国江西网、江西网络广播电视台等媒体陆续刊发部分作品。此外，省文联还与江西省政府文史研究馆共同举办纪念中国人民抗日战争暨世界反法西斯战争胜利70周年楹联、诗词、书画创作交流活动。

【组织“江西风景独好”——赣鄱山水入画来采风写生活动】 为浓墨重彩描绘江西的大好河山，讲好江西故事、唱响江西声音。省文联、江西美术院从全省抽调30位画家，分成5个小组，于12月组织“江西风景独好”——赣鄱山水入画来采风写生活动。活动历时一个月，省文联领导带队，画家们深入赣州大余梅关、宁都翠微峰、上饶灵山、铜钹山等近年发现、开发且有待宣传推介和尚未开发但有价值、有潜力、有前景的山水风光进行采风写生。汪天行、游新民、刘杨、詹艺等省内30位著名画家参与创作。

（徐健）

江西省残疾人联合会

【概　况】 2015年,全省有11.87万名城镇残疾人、28.09万名农村残疾人纳入最低生活保障范围,基本生活逐步改善。59.25万名残疾人参加城镇居民养老保险,24.55万名残疾人参加城镇居民医疗保险,72.59万名残疾人参加新型农村医疗保险。全省有1000余名精神、智力和重度残疾人长期在托养机构集中托养。下拨"阳光家园计划"专项资金745万元,对全省1.47万名精神、智力和重度残疾人给予补助。通过实施省政府民生工程项目,为全省城乡13.58万名残疾人提供康复服务与救助,完成率102.6%;为7240名城乡残疾人提供职业技能培训,完成率103%;为残疾人购买公益性岗位3545个,完成率101%;为1.22万名残疾人购买"农家书屋"管理员岗位,完成率102%;为全省1000户残疾人贫困家庭进行无障碍改造,完成率100%。

通过实施国家"十二五"年度任务、"七彩梦行动计划"、彩票公益金等项目,为14.78万名残疾人提供康复救助与服务;社区康复工作取得新突破,与省卫计委共同出台工作方案,在全省选定6个县作为试点,在社区组织稳定期精神障碍患者开展工疗、娱疗、农疗、心理支持和日间照料等活动,为居家的精神障碍患者提供康复服务和人文关怀;加强了康复人才培养和康复机构建设,安排专项经费150余万元,培训康复技术人员600余名;安排资金162万元,对25家机构进行康复设施扶持。继续做好未入学残疾儿童少年统计工作,统计上报2014年未入学适龄残疾儿童少年2847人,通过多种形式逐一安排实名登记的未入学残疾儿童少年就近入学。经努力争取,确保全省287名上线残疾人考生全部被录取,录取率100%。下拨国家彩票公益金学前教育项目资金90万元,资助300名贫困残疾学生。出台盲人按摩优惠政策,安置900余名盲人就业。通过开展残疾人就业服务系列活动、集中安置残疾人、分散按比例就业、自谋职业和组织劳务输出等形式,新增残疾人就业1.03万人。全省有55.32万名农村残疾人实现就业,有15.46名城镇残疾人实现稳定就业。城镇残疾人就业率稳定在66%以上。扎实开展贫困残疾人建档立卡精准识别工作,对20万余名残疾人进行精准识别。向财政积极争取扶持资金,将省级扶贫基地扶持资金提高至600万元,扶持15家省级示范基地,30家扶贫基地和60家种养业大户。依托种养基地组织开展农村实用技术培训4812人次,直接安置3161名残疾人集中就业,辐射带动周边近7000余户贫困残疾人家庭发展生产增加收入。完成2031户贫困残疾人家庭危房改造任务。

通过新闻、纪录片等多种形式宣传江西"十二五"残疾人事业所取得的成就,制作纪录片《你我都一样,同步奔小康——"十二五"江西省残疾人事业发展纪实》,编撰书籍《自强不息,真情关爱》,积极组织参加《党风政风热线》节目,提升省残联社会声誉。残疾人瓷板画、陶瓷手工彩绘两个项目被评为中国残疾人特殊艺术挖掘与推介项目。组织开展第七届全省特教学校艺术汇演的评选工作。组织参加厦门"同胞携手,大爱无疆"两岸残障人士交流嘉年华活动,展示江西残疾人的良好精神风貌。组织参加国内外各项残疾人体育赛事,获得金牌83枚、银牌60枚、铜牌34枚,2人破3次世界纪录,4人破5次全国纪录。为国家、为江西争得荣誉,一批残疾人运动员、教练员、工作人员和设区市残联受到省政府的记功奖励和表彰。举办4个单项全省残疾人体育赛事,掀起全省残疾人"自强健身"新高潮。全面加强全省各级残联干部队伍建设,新调整县级残联理事长46人,22个县级残联配备了残疾人领导干部,52个县级残联配备了残疾人干部。继续巩固建章立制成果,开展"基础管理提升年"活动,全面完成全国残疾人基本服务状况和需求专项调查,完成调查录入的持证残疾人共84万人。积极开展残疾人法律救助和法律援助服务,为残疾人提供法律救助服务900余人次,为残疾人挽回经济损失300多万元。为2.16万辆残疾人机动轮椅车发放燃油补贴资金561.2万元。做好残疾人信访信息化系统建设,推动12385残疾人服务热线在南昌市、鹰潭市试点开通运行。

【实施重度残疾人护理补贴发放工作】 2015年,省残联继续实施低保对象重度残疾人护理补贴发放工作。协调省财政安排1.1亿元资金,按照每人每月50元的标准向18.2万名低保对象中的重度残疾人发放护理补贴。

【推进政府购买服务】 2015年,江西省智力残疾儿童康复救助项目和精神、智力及重度残疾人日间照料项目纳入政府采购范围。为扎实做好这项工作,省残联与省财政厅联合出台两个试点工作方案,明确工作流程、标准与实施要求,为以后政府购买残疾人服务常态化提供有益探索。南昌市等6个试点设区市9个城区开展政府购买残疾人日间照料服务工作,通过政府购买残疾人康复服务,享受项目救助的智力残疾儿童共2100名,提供项目服务的机构达到49家。

（邱雨）

江西省红十字会

【概　况】 2015年,全省红十字会接受捐赠款物3819万元,累计发放3598万元,救助受益人口16万余人次;培训应急救护师资712人、应急救护员3.67万人;完成7000人份造血干细胞捐献志愿者血样采集、录入工作,实现造血干细胞捐献11例;实现遗体捐献105例;普及无偿献血知识达79万余人次。省红十字会被评为"省直机关党的工作优秀奖""省直(属)定点扶贫贫困村工作先进单位"。

"三救"工作成果显著。一是开展红十字救援工作。派出2名救援队员赴尼泊尔、西藏地震灾区参与现场救援,7名救援队员参与"东方之星"翻沉救援。向地震灾区募捐救灾款22.56亿元,向赣州、抚州、吉安、景德镇、瑞金等灾区,紧急下拨家庭包、棉被、衣服等救灾物资和救灾大米采购款64.18万元,调拨消毒液130箱

(5200瓶)。加强心理、水上应急救援队伍的建设,指导心理、水上应急救援队,完善组织、制度建设,开展规范化、专业化训练,组织29名红十字志愿者参加海峡两岸红十字水上救援培训。二是开展红十字救助工作。开展“博爱送万家”活动,走访慰问困难捐献者、困难家庭、百岁老人、先心病、白血病、孤寡残障人员等8792户,发放慰问款物613.61万元。在6个设区市19县20个边远乡镇,开展体育设施建设、危房改造、公共基础设施改善等建设项目31个。在7个设区市,12个县(区)开展“博爱家园”项目。全省通过“博爱送万家”“扶贫日”“红十字天使计划”“生命光彩基金”等活动或基金救助困难群众款物2275万元。与江西珍视明药业有限公司共同策划筹资项目,筹集款物近300万元。争取2015年省级财政支持专项经费及彩票公益金项目资金589万元。筹措医疗机构捐赠支持遗体器官捐献工作资金305万元。三是开展红十字救护工作。联合省减灾委、省减灾办、省民政厅在八一广场举办“科学减灾、依法应对”主题大型防灾减灾知识宣传普及活动。联合10所高校,开展“珍爱生命、关注健康”主题活动。开展应急救护进学校、进机关、进社区、进企事业单位活动和救护师资培训,培训救护师资712人、救护员3.67万687人、普及人数达1.95万人。制作和发放《红十字应急救护手册》1.5万本。选送20名师资参加中国红十字会总会2015年度“十二五国彩”生命健康教育师资培训,建立生命健康安全教育体验教室1个。

“三献”工作稳中有升。经省编办批准成立“江西省人体器官捐献管理中心”,为全额拨款正处级事业单位,核定编制5人。承办“2015年全国人体器官捐献清明缅怀纪念暨宣传普及活动”,举办清明追思会,开展协调员培训3期,培训820人。全年发展遗体捐献志愿者372人,实现捐献106例,其中器官捐献69例。聘请全国道德模范龚全珍担任省红十字志愿捐献者之友协会名誉会长。造血干细胞捐献取得新进展,全年完成造血干细胞捐献志愿者血样入库7000人份,在全国排第8位。实现造血干细胞捐献11例,同比增长120%,库容使用率在全国提升到第16位。实施小天使基金彩票公益金项目,资助白血病患儿31人,资助总额102万元。争取省级彩票公益金70万元支持造血干细胞捐献工作。召开全省红十字造血干细胞捐献工作会议暨业务培训班,对优秀工作站进行表彰,培训业务骨干120人。普及无偿献血知识79万人次。老年介护服务取得新成效。持续开展老人介护服务“五进”活动,省红十字会被纳入“全省养老服务体系建设”成员单位,获批省级养老护理员培训基地。

【召开省红十字会第七次会员代表大会】 11月19日,江西省红十字会第七次会员代表大会在南昌召开。全国人大常委会副委员长、中国红十字会会长陈竺,省委书记强卫,中国红十字会党组书记、常务副会长徐科,省长鹿心社,省人大常委会副主任谢亦森,省政协副主席汤建人出席开幕大会;副省长谢茹主持开幕大会。全省理事、常务理事、会员单位、志愿者代表近500余人出席开幕式。大会全面回顾红十字会工作,审议通过发展规划,聘请省委书记强卫、省长鹿心社为省红十字会名誉会长,省委副书记莫建成、省人大常委会副主任谢亦森、省政协副主任汤建人为名誉副会长,选举谢茹为会长,周海涛为常务副会长、袁才华和刘安娜为专职副会长,李雨强、邹德凤等8人为兼职副会长。大会选举产生由124人构成的第七届理事会和由26人组成的常务理事会。

【开展防灾减灾宣传活动】 5月12日,由江西省减灾委员会主办,江西省减灾办和江西省红十字会承办的大型防灾减灾知识宣传咨询普及活动在南昌八一广场举行,主题是“科学减灾,依法应对”。省民政厅、省红十字相关领导到现场参加活动。江西省红十字会组织80余名工作人员和志愿者参加活动。

省红十字会在活动现场设置宣传咨询台,向广大群众宣传红十字应急救援知识,开展应急救护知识、心理危机干预、婚姻家庭、亲子关系、职业生涯规划、情感等问题的咨询,发放救护宣传、水上安全培训之基本救生等宣传手册。应急救护培训老师向现场群众讲授急救知识,并手把手的教群众学习心肺复苏术;心理救援队组织志愿者和学生参与大型心理游戏,并表演了手语舞——一个干净的地球。红十字应急救援志愿队在现场展示了部分山地、水上救援装备,表演了小型无人机参与水上救援的情景。通过宣传、示教和演练等活动,向群众普及推广防灾减灾知识和避灾自救技能,吸引了大量群众驻足观看,有些群众主动在人体模型上练习心肺复苏术,不少群众在救护师资指导下,现场练习救护知识,表示要好好学习应急救护知识,为生命健康保驾护航。

【举行2015年人体器官捐献清明缅怀系列纪念活动】 3月30日—31日,2015年人体器官捐献清明缅怀纪念暨清明追思会活动在江西南昌举行。该活动旨在缅怀纪念平凡而伟大的遗体器官无偿捐献者,倡议更多的人关注、支持、参与遗体器官捐献事业。

30日,在青山墓园捐献者纪念园纪念碑下,捐献者家属、捐友、遗体接收单位代表和省内红十字工作者集体默哀,为遗体捐献者献花,缅怀那些为了人类医学事业发展捐献出遗体及器官的英雄们。捐献者熊国琦和吴勇福的家人也参加了活动。

31日,由中国人体器官捐献管理中心主办,江西省红十字会、江西省卫计委承办的2015年全国人体器官捐献清明缅怀纪念暨宣传普及活动在南昌滨江宾馆召开。活动介绍全国人体器官捐献的情况和未来发展的方向。捐献者家属、移植医生、协调员等器官捐献工作的各方代表发言,并交流工作经验和遇见的问题。省政府副省长、省红十字会会长谢茹和中国红十字会专职副会长郝林娜为中国人体器官捐献服务队授旗。中国红十字会、国家卫计委等部委领导、中国人体器官捐献和移植委员会专家、各省(自治区、直辖市)红十字会同仁、中国人体器官捐献爱心大使温兆伦和部分爱心企业代表、全国道德模范龚全珍,第39届南丁格尔奖章获得者、全国三八红旗手、红十字志愿者章金媛;第44届南丁格尔奖章获得者、江西红十字志愿捐献者之友协会会长邹德凤以及部分器官捐献者家属、志愿者代表、医学院校学生200余人参加活动。(张锦煌)

江西省社会科学界联合会

【概　况】 2015年，省社联团结带领全省广大社科工作者，以深入开展“三严三实”专题教育活动为契机，进一步解放思想、开拓创新、团结奋进、奋发有为，开展了大量富有成效的工作。

新型智库建设成效显著。省委、省政府高度重视新型智库建设，出台《关于加强江西特色新型智库建设的意见》，明确指出社联在建设江西省新型智库建设中的地位与作用。省社联围绕省委、省政府中心工作，大力加强新型智库建设并取得丰硕成果。由省社联组织撰写的《基层理论宣讲工作的生动实践——泰和“民嘴讲堂”的调查与思考》等一大批研究成果获省领导高度评价；《内部论坛》刊载的文章，全年获省领导肯定性批示40篇(次)。其中：省委书记强卫批示13篇(次)，省长鹿心社批示5篇(次)，为省委、省政府科学决策提供强有力的理论依据与智力支持。

全年全省获国家社科基金年度立项114项，重大招标项目2项，重大招标转重点项目2项，后期资助项目3项，立项数在全国各省市区排名稳定在前10位左右，连续4年稳居第一方阵，获资助经费达2345万元；与省委宣传部共同评出全省经济社会发展重大招标课题6项，中国特色社会主义专项课题42项，文物保护、博物馆建设研究课题20项，“青马工程”资助项目104项；“青马工程”得到中宣部和省委书记强卫的肯定，被中宣部列为全国重大实践经验总结课题；完成省社科规划年度项目评审活动，不断加强与社会各界合作，受到社会各界广泛好评。

采取省、市、县三级联动，举办江西省社会科学普及宣传周和学术活动周。全省400多家单位围绕“繁荣社会科学，服务绿色崛起，推进全面小康”这一主题，精心组织开展形式多样的活动，共安排各种活动300多场次，发放图书、资料数十万份；全年开展社科大讲堂34场次，听众逾1万人，汪玉凯、房兵等一大批知名学者应邀作辅导报告，取得广泛的社会反响。社科普及“四项评优活动”共评出江西省优秀社科普及专家8名、江西省优秀社科普及工作者10名、江西省优秀社科知识普及宣传基地9个、江西省优秀社科普及读物11部。

进一步加快推进社联组织建设，全省县级社联组织增加到95个，全省社联组织建设基本实现全覆盖；组织召开省社联第八届理事会第二次会议、全省社联系统工作交流会暨基层社联主席培训班，充分发挥先进典型的示范带动作用，在全省社联系统形成了积极向上、争先创优的工作格局；加大对省属各级学会的指导、管理与服务力度，组织召开省属学会秘书长会议。继续深化省社联品牌学会建设工程，推荐江西省图书馆学会等3个学会获“全国社联先进学会”称号。

《苏区研究》创刊首发，举办“新时代多视角中的苏区研究暨《苏区研究》创刊”学术座谈会，邀请金冲及、石仲泉、李忠杰、李捷等国内顶尖专家担任学术顾问，发表一大批知名专家学者的精品力作，《新华文摘》、人大书报资料中心等权威刊物转载《苏区研究》文章6篇，求是网转载《苏区研究》文章20篇。

【召开青年马克思主义者理论研究创新工程推进工作会】 9月25日，省委宣传部、省委教育工委、省教育厅、省社联在南昌联合召开江西省青年马克思主义者理论研究创新工程推进工作会，省委常委、省委宣传部部长姚亚平出席并讲话，省委教育工委书记黄小华主持。姚亚平指出，实施青年马克思主义者理论研究创新工程，是在全省在读的硕士、博士研究生中，通过发布课题指南、经费资助、举办论坛和优秀论文结集出版等形式，有针对性地引导青年学生运用马克思主义立场观点方法，运用当代中国化马克思主义特别是中共中央总书记习近平系列重要讲话精神，观察问题、分析问题、提出问题、解决问题，帮助他们掌握强大的思想武器，扣好学术研究“第一粒纽扣”、铺就人生道路“第一级台阶”。会上，省社联党组书记、主席祝黄河介绍“青马工程”实施的相关情况，南昌大学、江西师范大学、江西财经大学、井冈山大学、华东交通大学分别作交流发言，省教育厅副巡视员吕玉琪对“青马工程”工作进行动员部署。

【开展江西省第六届社科普及宣传周暨2015年学术活动周活动】 10月31日，江西省第六届社科普及宣传周暨2015年学术活动周在南昌启动。省委宣传部副部长罗勇兵出席并宣布活动启动，省社联党组成员、副主席胡春晓主持启动仪式。中国行政体制改革研究会副会长、国家行政学院教授汪玉凯以“习近平治国理念和政府治理现代化”为题，作首场主题报告。

10月31日至11月8日，江西省第六届社科普及宣传周暨2015年学术活动周以“繁荣社会科学，服务绿色崛起，推进全面小康”为主题，在全省开展形式多样的社科普及和学术活动，重点是深入学习宣传中共十八届五中全会精神，聚焦“十三五”发展，宣传党的方针政策，传播社会科学优秀成果，推进社会科学更好地贴近生活、服务群众、走向社会。此届活动周共安排主导型学术讲座43场，在各高等院校、机关、军营、学会和部分市、县举行。主讲嘉宾，有来自清华大学、北京大学、中国人民大学、国家行政学院、国防大学等省内外专家学者。活动周期间，全省有400多个各级党委宣传部门、社联、学会和高等院校、社科普及宣传基地及新闻媒体、民主党派、军队、乡镇、企业、社区等相关单位参与活动，共安排学术报告、展板宣传、现场咨询、知识讲座、媒体访谈等300多场次，发放图书、资料10万份，直接受众逾30万人次。

(刘志飞)

本栏编辑　陈超萍

军　事

江西省军区

【概　况】 2015年，省军区坚持以强军目标为统领，铸军魂，抓备战，改作风，呈现出红色品牌更亮、作战准备更实、发展基础更牢、军民团结更好的局面。

举旗铸魂坚定自觉。加强理论武装，落实理论学习制度，分两期组织师团干部进行集中轮训，深入学习贯彻中央军委主席习近平接见驻赣部队领导干部时的重要讲话。按照“体系化设计、精细化搭建、工程化推进”的思路打造红色教育“路线图”，抓实主题教育、推进“三红”工程，广泛开展纪念抗战胜利70周年活动，省军区部门以上领导带领新任团主官、新交流干部到井冈山进行寻根铸魂之旅，《解放军报》头版头条加评论进行报道。建好用好网络阵地和民兵“网军”，召开军地隐蔽斗争协作、安全预防工作会议，组织涉军维权骨干集训，打好意识形态领域主动仗。

练兵备战扎实推进。召开“丰城会议”规范力量编组和运用，编实建强“五支力量”、区分“三种模式”组建应急队伍。组织“四会”教练员考核，完成参加军区“联合行动—2015B”战役演习、“红土地—2015”战时国防动员暨防卫作战指挥演练，防空兵实弹战术演练开创省内组训历史，预备役工兵团、炮兵旅参加南京军区检验性考核分获总评成绩第一和第三名。深化信息通信军民深度融合，实现军到师千兆、师到团百兆高速传输，经验做法在战区五省一市推广，新余“智慧动员”建设试点取得实质性成果。大学生士兵征集比例实现“三连增”，余江县被省政府授予“征兵工作模范县”称号。

后勤保障集约高效。推进后勤综合保障群队和“三室一库一中心”建设，组织全区后勤部（科、处）长集训考核，完成“3358”工程，总结推广人武部营院“5＋1”模式规范化建设成果，加强干休所营院综合整治和改造，用好管好职工队伍，综合保障能力逐步提升。依法依规、群策群力，“三经五纬”租赁项目整改稳步推进。

部队基础更加牢固。贯彻“四个坚持扭住”抓建基层，军师两级直属队规范化建设水平明显提高，民兵预备役基层稳步发展。会同省委在永新召开座谈推进会，在全国率先出台《关于加强民兵预备役基层党组织建设的意见》，确保了党对军队绝对领导落地生根。办好“六件实事”，开展“送服务敬老月”活动，老干部服务保障质量有新提升。加强部队安全管理，严密组织武器装备专项教育整顿和安全隐患排查，完成武器弹药清查核对和轻武器封存。

党管武装坚强有力。扭住关键、创新制度、强化责任，先后召开全省党管武装工作会议、省委常委议军会、省武委会，组织师旅单位党委第一书记述职，针对军事斗争准备重难点问题研究对策措施，有效推动党管武装向服务保障练兵备战聚焦用劲。地方各级党委、政府积极为部队解难题、办实事，大项工程建设和重大军事活动保障到位，首次组织全军和武警部队在赣安置的师团职干部到井冈山集训，完成军转干部安置任务，随军家属就业工作取得新进展。

【省军区党委召开十届二次全体（扩大）会议】 8月8日，省军区党委召开十届二次全体（扩大）会议，组织专题议战议训。会议传达贯彻南京军区党委扩大会议精神，分析总结上半年部队建设形势，检讨剖析军事斗争准备和实战化训练情况，部署下半年工作任务。会上，省军区党委书记、政委杨笑祥，党委副书记、司令员张晓明，分别以“聚焦练兵备战，实现四个确保，推动作战准备和全面建设提速升级”“树立高标准，完成硬指标，积极为形成大规模作战能力作贡献”为题，作重要讲话；参谋长陈平对省军区部队军事斗争准备和实战化训练情况进行检讨式分析总结，政治部主任李晓亮传达南京军区党委扩大会议精神，各师旅单位主官就本单位军事斗争准备和实战化训练情况作检讨式分析汇报。

【召开驻赣部队警备工作联席电视电话会议】 1月30日，驻赣部队警备工作联席电视电话会议在南昌召开，驻赣35个团以上部队分管领导及业务负责人，省、市两级公安交管部门领导，省军区师单位分管领导、驾驶员和警备司令部官兵等360余人参加会议。省军区参谋长陈平出席会议并讲话。会议传达学习南京军区警备工作会议精神，通报讲评2014年驻赣部队外出军人军车违章违纪情况，并对加强2015年工作提出要求。江西电视台、军区政工网、江西新闻网、《江南都市报》等媒体对会议作了报道，并向社会公布举报电话。

【组织全区团以上领导干部理论集训】 3月下旬和4月上旬，省军区在南昌警备区教导队，分两批组织全区团以上领导干部理论集训。省军区党委机关第一季度理论学习、“三严三实”专题教育整顿集中学习、践行强军目标主题教育与集训结合起来，同步展开。集训采取封闭式管理、连队化生活，通过理论研读、辅导授课、传统熏陶、专题讨论、大会交流等形式，加深集训学员对中央军委主席习近平重要讲话精神和部队建设发展矛盾问题的认识。

【举办2015年全军和武警部队在赣安置师团职转业干部教育培训活动】 9月7日—12日，省军区政治部会同省委组织部、省人社厅，在井冈山举办2015年全军和武警部队在赣安置师团职转业干部教育培训活动，188名待转业安置师团职干部参加培训。培训以井冈山红色资源为课堂，教育引导转业干部永葆政治本色、发扬优良传统、掌握安置政策、找准自身定位、理智面对转折，紧扣军转安置涉及的热点问题、转业干部关注的择业选岗等难点问题，先后安排5次授课辅导，3次参观见学，2次讨论交流及1次情景教学、1场典型报告。省军区政委杨笑祥出席开班仪式，带领培训班全体学员祭拜革命先烈、重温入党誓词并讲话。省委组织部常务副部长赵力平出席开班仪式并致辞，国务院军转办、全军转业办、南京军区干部部领导专程到会指导。省军区政治部主任李晓亮全程参训并作培训总结讲话。

【全省涉军维权工作骨干集训在宜春举行】 8月31日至9月1日，省军区、省委政法委在宜春举行全省涉军维权工作骨干集训，省、市、县三级涉军维权工作骨干300余人参加集训。省军区副政委罗晓东作集训动员，政治部主任李晓亮、副主任黄恩华分别主持并讲话，省委政法委副书记沙闻麟作集训总结。南京军区军事法院庭长郑跃峰、省法院副院长郭兵、省司法厅副厅长肖良作辅导授课，宜春市政法委、军分区政治部领导介绍涉军维权工作经验。通过授课辅导、观看录像、交流经验等方式，达到深化认识、认清形势、提高素质、推动工作的目的。

【开展全省青少年学生国防教育主题活动】 9—11月，省军区政治部会同省委宣传部、省教育厅、团省委开展全省青少年学生国防教育主题活动。活动以“弘扬伟大抗战精神、同心共筑强大国防”为主题，分为“开展大学生国防征文活动”“开展中小学生国防知识竞赛”和“开展军营参观教育活动”3项内容。通过开发互联网参与平台、邀请江西卫视知名主持人担任活动推广人、整合利用主办单位宣传渠道等手段，发动103.7万名学生、9.8万名群众参加活动，基本实现“城市与农村、大学生与中小学生、互联网线上与线下”3个全覆盖。

【邢戎获全民国防知识电视竞赛总决赛冠军】 8月31日，《我爱国防》(第2季)全民国防知识电视竞赛全国总决赛在北京举行，江西省军区推荐的选手邢戎通过5轮晋级淘汰赛，夺得冠军，获全民“国防之星”称号。此次比赛，由国家国防教育办公室、中央电视台军事频道联合举办，以纪念抗日战争暨世界反法西斯战争胜利70周年为主题，按照“全国海选、全民参与”的原则，从各省市区国防教育办公室推荐和网络海选中遴选出50名选手赴北京参赛，通过自我介绍、主题演讲、才艺展示、知识摸底4个环节考察选手综合素质，产生全国10强。省军区推荐的邢戎、徐妙、刘昊3名选手均进入前20名，其中邢戎进入总决赛并获冠军。

【组织干休所医务人员岗位技能考核】 6月25日和27日，省军区后勤部分两批组织全区12个干休所(点)50名医务人员，进行老年疾病防治基础理论、心电图技能操作、专业知识答辩3项考核。经现场打分和综合评卷，医生组平均分96.38分，优秀率86.7%；护士组平均分97.22分，优秀率95%。

(周旭东 程景伟 黄冬冬)

武警江西省总队

【概 况】 2015年，武警江西省总队坚持稳中求进和整风整改总基调，深入纠治“四风”，持续练兵强能，依法从严治军，大抓基层基础，完成以执勤处突为中心的各项任务。

思想政治建设扎实有效。牢固确立中央军委主席习近平系列重要讲话在部队建设中的根本指导地位，采取党委中心组学习、课题研究、理论轮训、宣讲辅导等形式，习近平治国理政特别是国防和军队建设战略思想更加深入人心，官兵听党话、跟党走的信念更加坚定、行动更加自觉。深入贯彻落实古田政工会议精神，通过作出继承和发扬优良传统的决定，召开专题推进会，部队上下传承红色基因、争做红军传人的氛围日益浓厚。政治部编印的《不朽的诗篇》《峥嵘岁月》两本红色书籍，为深入搞好革命传统教育提供了教材。广泛开展“学习践行强军目标，做新一代革命军人”主题教育，组织革命军人好样子大讨论，开设赣鄱卫士风采专栏，逐人定制培育计划，官兵思想更加纯洁。二支队指导员刘忻获全军优秀“四会”政治教员。

中心任务顺利完成。贯彻训练“八落实”要求，严密组织遂行任务能力检验评估、“卫士—15”演习、特战分队对抗竞赛和各类集训，部队训练水平有新提升。一支队王雷被评为“全军爱军精武标兵”，赣州支队蔡宇鹏被评为武警部队“十大军事训练标兵”。深入贯彻总部规范各类勤务会议精神，协调召开全省看守所AB门、执勤哨位阵地建设试点推进会和监狱安全工作会议，严密组织勤务检查鉴定和联合督导，整治执勤隐患115处，处置执勤险情14起，总队连续16年无执勤事故，被武警总部、司法部表彰为“三共”活动先进单位。大力加强“三化”战备建设，研究制订《加强反恐力量建设意见》《“一句话命令加补充指示”行动规范》，调整一、二支队基本部署，优化兵力结构，部队战备水平大幅提升。全年完成各类临时勤务277起。

基层建设进一步巩固。深入抓好新纲要的学习贯彻，在组织官兵原原本本学习、掌握基本内容和要求的基础上，总队采取网上集训和集中培训相结合的方式，以增强党支部凝聚力、感召力、战斗力为主题，对基层党支部正副书记进行集中培训。培训贴近实际，方法灵活，注重实效，尤其是总队、支队领导辅导授课和重难点问题研讨交流针对性强，实在管用。为进一步引领官兵在抓基层打基础上聚焦用力，下半年集中3个月时间，把党支部考察帮建、“四有”新人培育、防事故保安全三项工作捆在一起抓，采取全程“六跟”、安全排查、因人施教等方法，将每个中队、每名官兵普遍过一遍，有效掌控官兵思想，提高抓建成效和部队安全系数。扭住依法从严治军不放松，以落实安全工作“八个规范”为重点，广泛开展“学法规、用法规、守法规”活动，加大经常性基础性工作督查力度，严密组织“百日安全无事故”竞赛，部队安全基础进一步牢固，萍乡等9个支队被总部表彰为连续5年以上“三无”单位。综合衡量各单位基层建设现状，二支队和南昌、九江、萍乡支队被总队表彰为基层建设先进支队。

综合保障效益不断提升。加强应急力量建设，优化“一组五队”保障功能，组织开展岗位练兵和应急保障实战化训练，后勤综合保障能力进一步增强。扎实开展经济适用住房、工程建设项目和房地产资源管理“三项”整治，严密组织武器库、油库（站）、危险品库“三库”清理，大力推进营区武化、绿化、正规化“三化”建设，后勤规范化水平进一步提高。稳步推进干部士官公寓，训练基地配套建设，一、二支队营房部署调整等54项营建工程，部队基础设施进一步改善。大力解决官兵喝水、洗澡、看病等难题，深入开展“伙食管理规范年”活动，严格落实“六菜一汤”等要求，官兵生活质量明显提升。广泛与驻地医院签订警地医疗合作协议，将干部士官随军家属住房纳入省公共租赁住房保障计划，探索警民融合发展新路子。

【组织特战干部骨干集训竞赛】 2月28日至4月3日，武警江西省总队组织105名特战干部骨干进行集训竞赛。集训竞赛按照共同、专业、小组3个层面，区分突击、狙击、侦察3个专业，共完成25个特战科目的教学训练和12个科目的比武竞赛，有效提高参训人员反恐技能和教学组训能力。

【组织团以上领导干部理论轮训】 3月17日—30日，武警江西省总队分2期，组织184名团以上领导干部学习贯彻中央军委主席习近平重要讲话精神轮训。轮训围绕“学习贯彻全军政治工作会议特别是习近平重要讲话精神，在整风整改中大力推动武警部队现代化建设”，坚持把整风整改纠治问题积弊贯穿全过程，采取首长授课、专家辅导、研讨交流、瞻仰烈士陵园、观看警示片等方式，完成教学任务。

3月17日—30日，武警江西省总队举行团以上领导干部理论轮训。图为理论轮训现场

武警江西省总队供稿

【开展正规化执勤等级评定交叉检查工作】 4月8日—13日，武警江西省总队组成3个考评组，对7个执勤支队、17个执勤中队进行正规化执勤交叉检查。各考评组依据《正规化执勤等级评定实施办法》，严格按照“七步六法”组织实施，做到内容不少、步骤不漏、程序不乱、标准不降。通过检查，进一步摸清基层执勤工作底数，强化各级中心居中意识，提升正规化执勤质量。

【机动中队分片区实兵拉动对抗检验】 10月12日—20日，武警江西省总队以捕歼战斗为背景，分赣东北、赣西南和赣中3个片区组织各支队前指率机动中队实兵拉动对抗检验。检验考核中，总队首长全程督导、一线指挥；评判人员严格标准，认真评判；受考支队前指和各部分队反应迅捷、携装齐全、作风顽强，展示过硬的素质和精湛的技能。通过实兵拉动对抗，检验和提高首长机关谋划决策、组织指挥、协调控制和部队快速反应、远程机动、战法运用、反恐实战整体能力。

【开展执勤“百日创安”活动】 10月12日至12月31日，武警江西省总队组织执勤部（分）队开展以执勤“隐患大排查、岗位大练兵”为主要内容的“百日创安”活动。活动采取中队自查、大队普查、支队督查、协同目标单位联查等方法，进行“地毯式”排查，及时梳理建档，研究对策措施，限时抓好整改。同时会同目标单位开展“三圈”防逃制逃联合演练，设置“假想敌”，组织红蓝对抗，确保一旦遇有情况，各方力量能整体联动、稳妥处置。

【参与“11·22”捕歼战斗】 11月2日22时45分，上饶市信州区吉阳路发生一起恶性持枪杀人案件，致1死3重伤。公安机关立即成立专案组，对主犯应露军（男，34岁，绰号“山猫”，上饶县茶亭镇湖墩村人）等犯罪团伙成员实施搜捕，侦察到案犯应露军团伙4人藏匿在上饶县清凉湾水上乐园宿舍楼内。11月22日，武警江西省总队派出上饶支队42名兵力，参与对该犯罪团伙的捕歼战斗。战斗历经约70分钟，击毙主犯应露军，抓获案犯3人（2男1女），缴获短柄5连发霰弹枪1支、仿64式手枪1支、爆炸物若干。

（杨俊）

消防部队

【概 况】 2015年，全省公安消防部队大力推进“四项建设”，坚持在稳定中发力、在积聚中兑现，完成各项工作任务，创造消防安全环境。

立足源头治理，坚持上下联动，抗御火灾能力明显增强。通过国务院消防工作考核并首次获评“优秀”。充分依托消防安全委员会平台，先后部署开展劳动密集型企业、合用场所、棚户区、电动自行车以及夏季消防检查等10多项排查整治，全年检查社会单位16.9万家、督促整改火灾隐患12.4万处，督办重大隐患单位140家、销案79家，火灾四项指数同比均有较大幅度下降，省公安消防总队被公安部评为全国夏季消防检查“优秀”单位。加强行业系统消防监管，联合省民政厅、省卫计委、省教育厅率先在全国出台学校、医院、养老机构消防安全管理规范三部地方标准，并分别召开现场会。总队作为全国公安消防部队唯一代表在全国民政服务机构消防安全管理工作会议上介绍经验。强化消防宣传，协调省委宣传部出台加强消防宣传工作意见，与中央电视台、新华社等中央媒体签订战略合作协议，部署开展消防宣传教育“春风行动”。《人民日报·内参》和《新华社·内参“国内动态清样”》先后以“江西消防总队围绕服务民生增效提速”“江西创新探索破解养老机构消防安全难题”为题，大篇幅报道江西省消防工作经验。

立足实战实训，坚持敢打必胜，攻坚能力稳步提升。着眼实战训练改革，持续开展岗位练兵，不断强化“六熟悉”基础训练、整建制中队合成训练和跨区域无预案拉动演练，举办全省军体业务竞赛和首届搜救犬技术比武，分期轮训基层指挥员和攻坚组队员811人，开展熟悉演练9100余次、跨区域演练92次。制定《灭火救援作战行动“十五条”规定》《执勤训练和灭火救援现场秩序规定》等文件，编发《灭火救援作战行动手册》1000册。着重加强信息化建设应用，召开全省部队“基础信息化”建设试点现场会，购置“动中通”卫星通信指挥车，自主研发消防无人侦察机、3D模拟训练系统，为所有执勤中队和全勤指挥部配发决策指挥平板电脑155台，部队作战信息化支撑能力大幅跃升；强力构建多元消防力量体系，召开全省流动现场会推广南昌等4地政府专职队建设经验，提请省政府对11个设区市落实应急救援《三年规划》任务进行考核验收，启动编制《全省“十三五”期间综合性应急救援队伍建设指导意见》，应急救援工作持续健康深入推进。年内，新建政府专职消防队49支、征招合同制消防员1550人，基本构筑了专兼结合、覆盖城乡的灭火救援力量网络。全年接警1.49万余起，出动警力13.7万余人次、消防车2.08万余辆次，抢救和疏散遇险群众4万余人，抢救财产价值8.35亿元，打赢了九江“1·24”永修星火有机硅厂合成装置爆炸火灾、赣州“7·13”南康宏进宝家具厂火灾、“9·24”江西西林科股份有限公司爆炸火灾等大火扑救和井冈山“7·21”客车坠崖救援硬仗，完成抗战胜利70周年、第八届中国绿色食品博览会等重大安保任务。

立足服务大局，坚持固本强基，综合保障持续夯实。强力协调《江西省地方消防经费管理实施办法》和县级应急救援装备建设配套经费落实，全年争取地方消防经费14.2亿元，其中总队本级突破1亿元大关，并将消防员高危补贴纳入年度经费预算，年均增幅保持在35%以上；制定《总队机关进一步为基层减负增效五项规定》，减轻基层负担，提升服务效能；完善装备配备模式，出台《全省消防部队灭火救援装备采购计划编制指导意见》，全面实施装备建设增量提质工程，新购置各类灭火和应急救援车辆281台、器材13.39万件（套）。坚持保障向质效聚焦，全年新增土地79.59公顷，投入经费4.39亿元，完成基建项目38个，总建筑面积30.66万平方米。其中，新建、迁建和改造消防队（站）14个，开工建设支队级公寓房111套，建成11个市级、83个县级综合应急救援指挥平台，基本完成应急救援训练和物资装备保障“两个基地”建设任务。

【“1·24”永修县星火有机硅厂火灾扑救】 1月24日19时51分，永修县星火有机硅厂合成装置发生爆炸起火。永修大队接警后，调集3辆消防车、20余名官兵和星火化工厂专职消防队赶赴现场实施处置。九江支队接报后，调派8个大（中）队、12辆消防车和100余名官兵前往增援。经过5个小时奋战，大火被扑灭，保护了化工装置主体设备、邻近储罐和生产区的安全。此次火灾未造成人员伤亡。

【“3·17”上饶市经开区晶科能源有限公司三厂硅料火灾扑救】 3月17日6时16分，上饶市经开区晶科能源有限公司三厂硅料处理车间发生火灾，车间内硝酸、盐酸、氢氟酸泄漏。开发区大队接警后，调派2辆消防车、15名指战员赶赴现场扑救。上饶支队接报后，调派3个中队、9辆消防车和60余名官兵赶赴现场增援。10时20分，大火扑灭。此次火灾过火面积约2700平方米，无人员伤亡。

【“9·24”南昌市昌北经开区西林科股份有限公司火灾扑救】 9月24日20时23分，南昌市昌北经开区玉屏西大街江西西林科股份有限公司甲基环戊二烯基三羰基锰生产线中的一氧化碳生产装置发生爆炸起火。火灾发生后，南昌支队调集辖区6个中队、20辆消防车和140余名官兵赶赴现场处置。省公安消防总队总队长房凌春、参谋长刘辉第一时间带领总队全勤指挥部人员赶赴现场指挥，政委洪炳辉坐镇总队指挥中心远程调度。经过4个多小时奋战，大火被扑灭，未造成人员伤亡。

（省公安消防总队）

人民防空

【概 况】 2015年，全省人防部门坚持“依法依规、公正公开、开明开放、自信自律、创新创业”的发展理念，谋事创业，各项工作取得新成效。

新建人防工程面积有新增长。面临房地产市场下行压力，各地人防工程建设仍实现逆势增长。此外，南昌市轨道交通一号线建设兼顾了人防防护需求，为南昌市提供有效防护场所。

人防信息化实战能力有新提高。

组织国防动员支前方案编制和防空袭方案修订，组建新型专业队伍和人防志愿者队伍，开展重要经济目标防护和战时群众心理防护建设试点。完成省人防应急救援指挥中心指挥信息系统升级改造、全省人防战备数据工程和省直管县人防机动通信指挥系统建设，开展人防短波通信、多媒体警报系统建设和人防机动救援指挥系统集成配套建设试点，与省应急办建立常态化的联调联训机制。省和8个设区市人防办参加了省国动委“红土地—2015”指挥演练。

重大项目与试点建设有新进展。全国人防群众防空防灾宣传教育和技能训练井冈山基地即将投入使用，国家人防办赋予的重要试点任务扎实推进，南昌、九江两市各抓1个重要经济目标单位开展防护建设实践探索，赣州市开展战时群众心理防护实践探索等都取得进展。全省各级人防大型建设项目开工建设。

人防市场化改革有新突破。至年底，全省人防施工图审图机构由1个发展到8个，检测机构由2个发展到6个，防护设备生产安装企业由15家发展到31家，防化设备生产安装企业由4家发展到13家，甲、乙级监理单位由2家、6家发展到4家、45家。为规范社会中介机构合理、有序竞争，省人防办于5月对全省人防工程施工图审查企业开展专项检查，10月对人防检测企业开展市场专项整治，市县人防部门也加大人防工程设计、监理、防护防化设备、检测、施工图设计审查等人防行业从业企业行为监管力度，初步形成各级人防主管部门、其他有关部门和社会团体、社会中介机构、专业技术单位协同监督、检查、评估、评价的联合治理体系。

人防执法检查有新举措。省人防办在全省范围内对领导干部违规插手干预人防工程项目问题开展专项治理排查工作，与省财政厅组成联合调查组，对南昌市、宜春市本级及部分县级人防2013—2014年防空地下室审批及易地建设费征收使用管理情况进行专项调查。萍乡市人防办配合市人大常委会开展执法检查工作，对违规减免和少交、欠缴易地建设费问题进行追缴，对其中未追回的资金已申请法院强制执行。吉安市人防办配合市审计局对市县两级人防易地建设费开展专项审计，通过诉讼追缴易地建设费604万元。鹰潭市人防办开展“人防执法月”活动，向11家违规建设单位下发催建催缴通知书。南昌市人防办严厉查处未批先建人防结建项目等违法行为。新余市人防办对不能如期建设人防工程项目逐个发送人防工程催建通知单，采取优质资产质押、补缴易地建设费等方法解决。抚州市人防办对各县（区）2013—2014年度人防工程行政审批工作进行交叉督查。在执法检查过程中，不少地方同时完善了一些相关规定，新余市人防办在执法过程中争取房管部门支持，率先在全省把防空地下室建设情况作为商品房预售许可前置条件之一。吉安市人防办争取政府出台文件明确了中心城市外、城市规划区内人防审批主体问题，解决多年来该区域人防审批空白难题。

人防宣传教育有新平台。省人防办和南昌市人防办开通人防公众微信号。上饶市人防办与市电视台共同推出“人防365”专栏，在腾讯网开通“人防365”微信平台，全面系统普及人防知识，并在每期节目后面开设有奖问答环节。鹰潭市人防办加强与市属新闻媒体合作，与鹰潭日报社、鹰潭广播电视报签订为期一年的战略合作协议，刊登人防知识专版40期；与鹰潭广播电视台签订为期一年的合作协议，共同开办电视栏目《人防在我身边》，播出节目100期。九江、上饶等市人防办领导参加市政府“党风政风热线”“一把手在线访谈”电视节目，通过电视平台，宣传人防政策法规和基本知识，现场解答观众咨询。

【推进融入政府应急管理工作】　5月7日，省政府应急办与省人防办联合下发《关于进一步明确人防指挥信息系统参与政府应急救援指挥保障行动的通知》，积极推进人民防空建设与经济社会融合式发展，利用人防战备资源为应对和处置突发公共事件、抢险救灾和应急救援提供支援保障，实现人防指挥体制与政府处置突发公共事件体制的有机衔接。

【召开全省贯彻中央深入推进人民防空改革发展决定集训会】　6月19日，省国防动员委员会召开全省贯彻落实《中共中央、国务院、中央军委关于深入推进人民防空改革发展若干问题的决定》集训会议。省政府副省长郑为文到会作重要讲话，省军区副司令员方建华作动员讲话，国家人防办副主任柳庆森作讲解辅导，会议特邀国防大学战略研究所教授王宝付就国家安全环境和形势进行辅导授课。各设区市政府、军分区分管人防工作的领导，市人防办主任、部分县（市、区）人防办主任、省直有关部门负责人参加会议。

【出台《关于深入推进人民防空改革发展的意见》】　12月31日，省委、省政府、省军区出台《关于深入推进人民防空改革发展的意见》（简称《意见》）。《意见》提出：一要坚持以人民防空使命任务为牵引，准确把握人民防空改革发展基本原则；二要适应信息化战争要求，切实加强城市和重要经济目标综合防护能力建设；三要强化基于信息系统的人民防空体系建设，加快形成人民防空新质战斗力；四要转变人民防空发展方式，积极推动人民防空与经济社会融合发展；五要健全完善人民防空政策法规制度，全面推进法治人民防空建设；六是发挥军政共同领导优势，营造人民防空改革发展良好环境。

【组织第十一次全省防空警报统一试鸣】　为有效检验全省防空警报系统及人民防空预警能力，达到提高城市防空组织指挥水平的目的。9月18日上午10时整，全省11个设区市和100个县（市、区）城区同时进行防空警报试鸣。这是江西省第十一次依法统一组织防空警报试鸣。省委常委、省政府党组副书记毛伟明下达试鸣命令，省军区参谋长陈平参加活动。活动当天，全省各地广播、电视、网络、手机等媒体发布防空警报信息，部分地方举行群众疏散隐蔽演练。

（林承杰　张国凤）

本栏编辑　詹跃华

法　治

公　安

【概　况】 2015年，全省公安机关把握平安江西、法治江西建设的新任务新要求，以保障社会公正、促进社会诚信、维护社会秩序为重点，以全面深化公安改革为动力，以深入推进"四项建设"为载体，超前部署、强化落实，完成各项公安保卫工作任务。

聚焦实现"社会面不出事"工作目标，确保社会大局持续稳定。着力防控政治安全风险。坚持主动进攻战略，不断提升情报、防范、控制和处置工作水平，侦办了一批大案要案，有效防范了各类捣乱破坏活动，维护了国家安全和社会政治稳定。着力防控恐怖安全风险。推动出台加强全省反恐怖工作意见，明确反恐工作领导小组成员单位，全面落实各项反恐怖工作措施，组织开展严打专项行动，核查一批涉恐线索，查获一批涉恐音像书籍，加大危险品的清查力度，确定66个省级反恐怖防范重要目标单位，组织南昌地铁反恐演练等实战演练，切实防止暴力恐怖活动在省内发生。着力防控社会安全风险。依法排查化解社会矛盾，密切关注征地拆迁、环境污染、企业改制、劳资纠纷等重点领域，充分运用"三调联动"机制排查化解各类矛盾纠纷数万余起。深入推进涉法涉诉信访改革，引导群众依法理性表达诉求，对涉及公安的信访，坚持一手抓初信初访问题就地化解，一手抓重点疑难信访案件攻坚。强化群体性事件应急处置工作，妥善应对处置一批突发性事件，维护了全省社会安全稳定。着力防控治安安全风险。全面加大犯罪打击力度，侦破了"6·7"高考替考案等大要案件。全省共立各类刑事案件同比上升7.3%，命案破案率达98.48%；破获一大批经济犯罪案件，挽回经济损失4.94亿元；破获一大批涉毒犯罪案件，缴获毒品数、查获吸毒人员数、强制隔离戒毒人员数分别增长120.74%、22.91%、30%。全面加大社会治安整治力度，严查一大批治安案件，同比下降7.1%，大力推进地网巡逻防控和天网视频监控网络建设，全年出动各种巡逻警力91.2万余人次，盘查可疑人员12万余人次、可疑车辆5.3万余台次，抓获现行违法犯罪嫌疑人8600余名；年内推动5300余套单位内部视频监控系统联网，通过"天网"抓获违法犯罪嫌疑人6300名。加强水域治安管理，全省水域治安隐患下降21.3%。着力防控公共安全风险。吸取天津"8·12"特大爆炸事故经验教训，排查涉危涉爆从业单位1.3万余家，发现并整改安全隐患4700余处，强化寄递物流安全监管，推动寄递物流企业落实"三个100%"制度。加强道路交通安全管理，查纠各类交通违法行为1382万余件，全省一次死亡3人以上交通事故起数和死、伤人数分别下降39.58%、25.64%、32.53%。加强消防安全监督管理，整改火灾隐患12.7万余处，确保全省没有发生重特大和有影响的火灾事故。严格大型活动审批把关，全年组织安保力量8.6万余人次，完成各类大型活动安保487场次，有效防止了群死群伤事故的发生。着力防控网络安全风险。加强互联网公开管理，及时发现、处置网上违法信息。全面推动重要信息系统安全等级保护工作，检查869家单位的2676个信息系统和850个重点网站。严厉打击网上违法犯罪活动，侦破一批涉网案件，利用网上信息抓获在逃人员2916名。加大网上舆情导控力度，着力提高敏感案事件舆情监测、分析研判、风险评估和引导水平，及时有效应对重大热点舆情事件，防止网上恶意炒作形成规模、造成严重社会影响。

【落实法治江西建设重点任务】 制定出台《全省公安机关贯彻落实全面推进法治江西建设三大重点任务的实施意见》，严格公正文明规范执法，提升公安执法公信力。制定一系列执法制度规定，为民警执法活动提供指引和遵循。抓住容易产生执法问题的关键环节，分类采取措施，从源头上堵塞执法漏洞。全年积极录入有效警情，从"三台合一"系统推送案事件总数上升156.03%，并通过执法记录仪、同步录音录像设备等规范使用管理，保障执法活动规范有序开展。进一步公开立案、强制措施和起诉等环节的法律文书，实现以公开促公正。加大执法监督力度，有效防止执法不严、不公等问题发生。全面实行公安机关政务公开，提高公安工作透明度。推动建立以公民身份号码为信任根的公民统一社会信用代码制度，纠正户口登记项目差错2.8万余个，纠正身份号码重号问题750个。推进社会信用信息共享应用，将公民身份、车辆、出入境、交通违法等信息纳入全省统一的公共信用信息系统平台。加强"平安医院""平安校园"等平安创建工作，开展严打"医闹""护校安园"等专项行动，加强互联网依法公开管理，法律效果和社会效果良好。

【推进公安改革和"四项建设"】 在全国率先推动以省委办公厅、省政府办公厅名义出台具体的公安改革实施意见，研究制定全省公安机关改革任务分工方案、推进"四项建设"（基础信息化、警务实战化、执法规范化、队伍正规化）总体工作方案，梳理确定2015年度公安改革、"四项建设"重点任务分工，试点先行、以点带面，在一些重点领域和关键环节取得突破，促进了全省公安工作向现代警务转型升级。围绕实战改革警务运行机制，加强县以上公安机关指挥中心建设，实行多部门联勤调度，把日分析、周研判、月调度的情报信息会商研判工作机制延伸至基层派出所。围绕服务改进公安行政管理，清理行政职权51项，并在治安、交通、消防等行政管理方面为群众提供办事项目一次性告知、车驾管业务自助办理等服务；大力推进户籍制度改革，在省内全面推行户口迁移一站式办理，完成222万农业人口和其他常住人口转户任务，全省户籍人口城镇化率增长4.55%，62万余名新生儿落户。继续深化"江西公安网上办事大厅"建设，全省网上查询、行政审批、便民事项办理132万件。围绕强基提升科技信息化水平，依托警综平台建立统一的信息采集工作平台，采集整合丰富的公安内部信息数据。结合信息化基础设施和公共基础平台升级改造，整合主要平台系统，实现"一次采集、全网通用""一次变更、全网更新"，为公安实战提供坚强支撑。加大基础工作保障力度，配齐装备器械，满足公安实战需求。围绕活力完善队伍管理措施，完善干部选拔任用制度，全面推行执法资格考试与提拔使用挂钩制度，出台激励政策鼓励民警参加国家司法考试，建立专业警种干部单独考核推荐办法，让更多专注做好本职工作的专业干部能够脱颖而出。继续加大从优待警措施落实力度，积极落实团圆机制、"长城守护神关爱"计划和民警休假、体检、医保、意外伤害保险、因公负伤救治"绿色通道"等措施，发放各类慰问金、补助金、救助金730余万元。

（胡斌 刘立柱）

检 察

【概 况】 2015年，全省检察机关忠实履行法律监督职责，各项检察工作取得新进展。

主动融入全省工作大局，服务经济社会发展。保障经济平稳健康发展。依法惩治各类经济犯罪，突出打击非法吸收公众存款、集资诈骗、传销等涉众型经济犯罪，批准逮捕破坏市场经济秩序犯罪嫌疑人1198人，起诉1862人。依法惩治侵犯知识产权和制售假冒伪劣商品犯罪，批准逮捕42人，起诉126人。依法查办借国有企业改革之机贪污受贿或失职渎职造成国有资产重大损失的职务犯罪123人。加强生态环境司法保护。开展"加强生态检察，服务绿色崛起"专项监督活动。依法批准逮捕盗伐滥伐林木、非法采矿、非法占用农用地等破坏环境资源犯罪嫌疑人263人，起诉1353人。立案侦查发生在资源开发利用、生态工程建设、环境监管执法等领域的职务犯罪288人。开展破坏环境资源犯罪专项立案监督，监督行政执法机关移送案件65件，监督公安机关立案24件，省检察院挂牌督办10起重大案件。打击危害民生民利犯罪。开展危害食品药品安全犯罪专项立案监督，依法严惩制售有毒有害食品、假药劣药等犯罪，严肃查办食品药品生产流通和监管执法等领域职务犯罪，保障人民群众"舌尖上的安全"。开展查办发生在群众身边、损害群众利益职务犯罪专项工作，查办发生在社会保障、征地拆迁、医疗卫生、教育就业等民生领域职务犯罪，立案侦查农村基层组织人员职务犯罪652人，同比上升37.3%。

积极投入平安江西建设，维护社会和谐稳定。依法严惩严重刑事犯罪。全年批准逮捕各类刑事犯罪嫌疑人2.36万人，上升16.1%；提起公诉3.43万人，上升15.4%。深入开展打黑除恶、反邪教等专项斗争，突出打击"黑拐枪""盗抢骗""黄赌毒"等犯罪，批准逮捕故意杀人、抢劫、绑架、强奸等严重暴力犯罪和盗窃、诈骗、毒品等多发性犯罪9613人，起诉1.13万人。依法从宽处理轻微犯罪。对涉嫌犯罪但无逮捕必要的，决定不批捕2101人。对犯罪情节轻微、依法不需要判处刑罚的，决定不起诉2442人。对不需要继续羁押的792名犯罪嫌疑人建议释放或变更强制措施。对807名真诚悔罪、积极赔偿，与被害人达成刑事和解的犯罪嫌疑人，决定不起诉。加强未成年人检察工作，落实专人办理、社会调查、犯罪记录封存等制度，对127名涉嫌轻微犯罪但有悔罪表现的未成年人，决定附条件不起诉；建立涉罪未成年人观护基地30个，加强帮教考察。依法妥善办理群众信访案件。推进涉法涉诉信访工作机制改革，对导入法律程序的控告申诉案件及时审查办理，引导当事人依法维权。坚持检察长接访和下访巡访制度，建成省、市、县三级检察院联通的远程视频接访系统，方便群众就地反映诉求。全年办理群众来信来访8808件次，办理刑事申诉、刑事赔偿案件270件。

12月7日—8日，召开全省检察机关规范司法行为专项整治工作现场会暨加强生态检察专项监督活动推进会。图为会议现场

省检察院供稿

对14件重大疑难复杂申诉案件进行公开审查，在赣州等4个市开展律师参与化解和代理涉法涉诉信访案件试点工作，促进当事人息诉罢访。完善检察环节司法救助制度，为175名生活确有困难的刑事被害人和信访群众提供救助。

加大惩防职务犯罪力度，促进反腐倡廉建设。集中力量查办大案要案。全年查办各类职务犯罪案件1112件1688人。立案侦查贪污、贿赂、挪用公款大案793件，其中100万元以上大案130件。查办县处级以上领导干部108人，上升6.9%，其中省部级2人、厅级16人。根据最高人民检察院指定管辖，依法办理四川省政协原主席李崇禧受贿案，这是江西省检察机关办理的第一起外省原正部级干部职务犯罪案件。查办重点领域职务犯罪案件。深入推进国土资源、工程建设等领域专项治理，查办发生在土地和项目审批、规划设计、招标投标、资金拨付等环节的职务犯罪360人。坚决查办执法不严、司法不公背后的职务犯罪，立案侦查行政执法和司法工作人员396人。加大惩治行贿犯罪和追逃追赃力度。开展打击行贿犯罪专项行动，查办行贿犯罪138人，上升10.4%。抓获、劝返18名在逃职务犯罪嫌疑人。依法追缴赃款赃物和违法所得，通过办案为国家挽回经济损失2.4亿余元。结合办案深化职务犯罪预防。向党委、人大、政府报送惩治和预防职务犯罪年度报告、专题报告163份，向发案单位及其主管部门提出防控风险、堵塞漏洞的检察建议755份。在南昌轨道交通建设等311个重大项目中开展职务犯罪专项预防。创新工作机制，探索开展预防职务犯罪诫告工作，实现监督关口前移。

依法履行诉讼监督职责，维护社会公平正义。加强刑事立案和侦查监督。依法监督侦查机关立案214件，监督撤案204件；追加逮捕603人，追加起诉1226人，对侦查活动中的违法情形提出纠正意见358件次。健全非法证据排除制度，因排除非法证据不批准逮捕6人，不起诉17人。加强刑事审判和执行监督。对认为确有错误的刑事裁判提出抗诉208件，对刑事审判中违反法定诉讼程序的情形提出纠正意见21件。监督纠正减刑、假释、暂予监外执行不当809人。开展社区服刑人员脱管、漏管专项检察活动，监督纠正186人。开展特赦检察监督，确保特赦工作依法进行。加强民事行政诉讼监督。会同省法院出台加强监督工作配合的意见。对认为确有错误的民事行政生效裁判、调解书提出抗诉和再审检察建议138件，对民事行政审判和执行活动中的违法情形提出检察建议712件。继续开展民事行政虚假诉讼专项监督，调查核实虚假诉讼29件，有14名司法人员和诉讼参与人被立案查处。

自觉接受人民监督，提升司法公信力。主动接受人大监督。5月，向省人大常委会报告预防职务犯罪工作，并与7个省直单位共同接受专题询问。办结人大代表建议124件。邀请部分在赣人大代表就规范司法行为、生态环境检察、未成年人司法保护等工作进行专题视察。主动接受民主监督。及时向政协通报检察工作情况，邀请政协委员参加重要会议活动、开展专题视察调研，办理政协委员提案9件。主动接受社会监督。加强人民监督员、特约检察员工作。开展检察开放日、举报宣传周、新闻发布会等活动，邀请社会各界人士走进检察机关，近距离接触了解检察工作。加强微博、微信等新媒体建设，全省检察机关官方微博实现全覆盖，88个检察院开通官方微信。

稳步推进检察改革，为维护司法公正提供制度保障。在司法体制改革方面，深入开展调研，参与制定《江西省司法体制改革试点方案》，牵头起草检察人员分类管理、检察官遴选（惩戒）委员会、司法责任制等配套方案。召开司法体制改革试点工作调度会，指导九江、上饶两市6个检察院做好试点准备工作。在检察工作机制改革方面，完善检察委员会决策机制，建立专家咨询和专业研究小组制度，提升科学决策水平。与省法院就职务犯罪案件依职权启动再审监督出台指导意见，与省政府法制办就加强行政执法监督工作协作配合出台实施意见。在深化检务公开方面，在互联网上建立案件程序性信息查询、法律文书公开、重要案件信息发布、辩护与代理预约申请“四大平台”，发布重要案件信息1014条，公开法律文书1.44万份。

【出台《贯彻“四个全面”战略布局推动江西检察工作全面健康发展的意见》】 4月30日，省检察院出台《关于贯彻“四个全面”战略布局推动江西检察工作全面健康发展的意见》。意见共20条，围绕“四个全面”战略布局，结合检察机关的职责任务进行具体部署，提出五项贯彻“四个全面”战略布局的创新性工作举措：探索提起生态保护公益诉讼，探索设立生态环境保护检察机构，在生态环境保护领域探索恢复性司法理念的实际应用，探索建立督促纠正违法行政行为的法律监督制度，探索建立行贿犯罪人曝光机制。

【李华波追逃案】 鄱阳县财政局经济建设股原股长李华波贪污公款9400余万元，于2011年1月出逃新加坡。2011年2月13日，鄱阳县检察院以涉嫌贪污罪对李华波依法立案侦查。在中央反腐败协调小组和最高人民检察院组织指挥和协调下，江西省、市、县三级检察院做了大量工作，2015年5月9日，李华波经劝返归国投案自首。该案是中新双方依据《联合国反腐败公约》《北京反腐败宣言》开展追逃追赃合作的成功案例，是中央反腐败国际追逃“天网”行动中首个成功的国际执法合作案例，也是中国检察机关侦查人员在境外刑事法庭出庭作证，以及运用修改后刑事诉讼法违法所得没收程序追缴潜逃境外腐败分子涉案赃款的第一起案例。

【立案侦查原厅级领导干部16人】 全省检察机关集中力量查办大案要案，省检察院立案侦查了萍乡市委原书记陈卫民涉嫌受贿案、省发改委原主任李安泽涉嫌受贿案、省地税局原局长王平涉嫌受贿案、新余市政府原市长丛文景涉嫌受贿案、省政协经济委员会原副主任李天鸥涉嫌滥用职权案；萍乡市检察院立案侦查了省质监局原局长王詠涉嫌受贿、贪污案；宜春市检察院立案侦查了省地质矿产勘查开发局原局长彭泽洲涉嫌受贿案；九江市检察院立案侦查了萍乡市政协原主席贺维林涉嫌受贿、滥用职权案；上饶市检察院立案侦查了景德镇陶瓷学院原党委书记冯林华涉嫌受贿案；抚州市检察院立案侦查了省畜牧兽医局原局长黄峰岩涉嫌受贿案；景德镇市检察院立案侦查了九江市人大常委会原副主任兼九江技术开发区党工委原书记、副主任李光荣涉嫌受贿案；吉安市检察院立案侦查了新余市人大常委会原副巡视员李逢春涉嫌受贿案；鹰潭市检察院立案侦查了抚州市政府原副巡视员、抚州市发改委原主任熊世平涉嫌滥用职权、受贿案；福州铁路运输检察院立案侦查了中国铁路总公司设计鉴定中心原副主任赵奕涉嫌受贿案；宜春市检察院立案侦查了江西大成国有资产经营管理有限责任公司原副总经理范小雄涉嫌受贿案；经最高人民检察院指定管辖，新余市检察院立案侦查了西藏自治区政府原副秘书长、藏青工业园管委会原主任郭瑞祥涉嫌受贿案。

【陈武华环境监管失职案】 5月14日，永丰县检察院以涉嫌环境监管失职罪对陈武华立案侦查。经查，陈武华在担任永丰县环保局环境监察大队副大队长并主持全面工作期间，负责该县环境监管、审批、行政执法、应急处置和现场管理等工作。2005—2011年，陈武华对该县藤田严坊煤矸石砖厂等4家砖厂既未按规定进行现场监察巡查，也未安排环境监察大队其他工作人员按规定进行现场监察巡查。永丰县环保局责令4家砖厂停产、补办环评审批手续后，陈武华仍未按规定要求，由本人或安排大队其他工作人员现场督促落实检查，导致4家砖厂长时间超标排放的工业废气造成官山林场国有森林资源70.2公顷受损，直接经济损失231万余元。2015年12月9日，永丰县检察院以涉嫌环境监管失职罪，依法对陈武华提起公诉。根据检察建议，当地环保部门已对4家砖厂进行停业整顿，4家砖厂法定代表人也因涉嫌污染环境罪被查处。

【高安"病死猪肉"事件所涉渎职案】 中央电视台于2014年12月27日播出《追踪病死猪肉》的新闻，新闻中报道，高安市不少病死猪被长期收购，销往广东等7个省市。报道发出后，省检察院要求宜春市检察机关依法严肃查处事件背后的渎职犯罪。丰城市检察院、高安市检察院及时介入，依法立案侦查丰城市商务局、畜牧水产局和高安市畜牧水产局、人保财险公司等18名工作人员玩忽职守案。

【南昌"高考替考"事件所涉渎职案】 6月7日，网上出现"南都记者卧底替考组织在南昌参加高考"报道后，引发社会广泛关注。南昌市检察机关迅速介入调查发现，外省替考组织在网上招揽高校在校学生或已毕业学生，通过请托省高校教师和社会中介人员，串通南昌市部分辖区招考办及医院有关工作人员，弄虚作假，为外省籍考生在江西违规报名、体检，从而实施替考的有组织、有预谋的高考舞弊案件。有关区（县）检察院依法立案侦查涉嫌招收学生徇私舞弊、玩忽职守、受贿、行贿等犯罪23人。

（曾超）

审　判

【概　况】 2015年，省法院忠实履行宪法和法律赋予的职责，全面加强自身建设，各项工作取得新进展。

认真履行审判职责，保障社会公平正义。全省法院受理案件36.20万件，审结30.10万件，同比分别上升32.12%和16.89%。一是发挥刑事审判职能，全力维护社会稳定。全省法院审结一、二审刑事案件2.80万件，上升17.21%，判决发生法律效力2.93万人。严厉打击严重刑事犯罪，刘君春（故意杀死5人）、邓统文（组织领导黑社会性质组织）、管黎明（贩卖、运输毒品33千克）等犯罪分子被依法严惩。依法惩治破坏市场经济秩序犯罪，邵明（集资诈骗3亿元）、金晓军（虚开增值税专用发票价税额7.2亿元）等罪犯受到惩处。严惩腐败渎职犯罪，审结李崇禧受贿、周文斌受贿挪用公款、"6·7"高考替考渎职等案件680件1078人，判处原县处级以上干部28人。注重财产刑的运用，加大赃款赃物追缴力度，为国家挽回损失2.74亿元。二是发挥民商事审判职能，平等保护民事权利。全省法院审结一、二审民商案件18.76万件，标的额477.71亿元，分别上升15.11%和63.04%。依法审理民事案件，审结婚姻家庭、劳动争议、教育、医疗等案件6.95万件。强化商事审判，审结买卖、租赁、保险等合同案件4.46万件。加强对借款纠纷激增的应对，审结借款合同纠纷5.35万件（上升27.97%），标的额242.48亿元（上升96.99%）。审结涉房地产合同纠纷5288件，促进房地产市场健康发展。强化涉军审判工作，审结案件94件。三是加大知识产权保护力度，审理了假冒"LV""五粮液"商标、仿冒"猴姑"包装等案件，审结专利权、著作权、商标权等案件424件。平等保护中外当事人合法权益，审结涉外、涉港澳台民商案件58件，办理涉外、涉港台司法协助313件。四是发挥行政审判职能，有效化解行政争议。全省法院审结一、二审行政案件3099件，审查非诉行政执行案件9850件，分别上升5.88%和38.95%。充分发挥国家赔偿的救济功能，审结案件30件，决定赔偿金额106.82万元。五是进一步加大执行力度，着力兑现胜诉权益。全省法院执结案件6.07万件，标的额193.11亿元，上升26.2%和57.56%。加大强制执行力度，最高人民法院通报的涉及党政机关的30件案件全部执结；集中打击拒执犯罪，审结全国首例拒不执行判决刑事自诉案件，司法拘留1114人，追究刑事责任47人。大力推进执行指挥中心建设，完成网络查控、信用惩戒、执行公开等5个信息系统建设，深化"点对点"网络查控系统建设，实现存款、车辆、股权等被执行人财产在网上查控。建成失信被执行人名单数据库，发布失信名单8.69万人次，与相关部门联动，依法限制其高消费、融资信贷、投标招标以及高管任职，促使8088人自动履行债务。在全国率先建成法媒银"失信被执行人曝光台"，入选2015年度"江西十大新闻"。将73人列入"江西诚信黑榜"，入选2015年度"江西十大法治事件"。

积极回应群众需求，践行司法为民宗旨。建设"三位一体"诉讼服务综合平台。在完成诉讼服务中心建设的基础上，着力推进"网上网下、线上线下、虚拟实体"相融合的诉讼服务综合平台建设。完善司法便民利民措施。落实5月1日施行的立案登记制改革，坚持有案必立、有诉必理，推行预约立案、网上立案，5—12月立案25.98万件，上升35.93%，当场立案率97.69%。加大司法救助力度，缓减免诉讼费2078.25万元，发放国家司法救助款4165.9万元。加强法律援助工作，为1934名当事人指定援助律师。加强人民法庭建设，开展巡回审判1.21万次。健全多元化纠纷解决机制。充分发挥"三调联动"、司法协理机制作用，形成合力化解社会矛盾。加大对人民调解的指导力度，对7541件人民调解协议予以司法确认。加强诉讼调解，促进案结事了，调撤结案8.73万件。

稳妥推进改革创新，完善司法体制机制。统筹谋划司法体制改革。落实《人民法院第四个五年改革纲要(2014—2018)》，部署8个方面63项改革子任务。积极建言献策，配合起草《江西省司法体制改革试点方案》，草拟法院人员分类管理、法官遴选委员会、法官惩戒委员会和司法责任制4个司法改革试点配套方案。确定6个法院试点，加强工作指导，做好试点准备。认真落实改革任务。完善案件繁简分流机制，推进轻微刑事案件快速办理和简易程序、小额诉讼程序适用，审结案件11.63万件，当庭宣判9509件。实施量刑规范化，建立院、庭长办案制度，实现院、庭长办案常态化，院、庭长办案7.22万件。深化抚州行政诉讼案件集中管辖改革，实现群众满意度和政府公信力"双提升"。深化涉诉信访改革，出台诉访分离、依法处理办法，建立律师参与化解涉诉信访案件和代理申诉制度，引导涉诉信访步入法制轨道，办理来信来访2.48万件(人)次。开展以庭审为中心的诉讼制度改革。强化证据裁判意识，贯彻直接言词原则，落实证人、鉴定人出庭制度，推行庭审全程同步录音录像，保证庭审在查明事实、认定证据、保护诉权、公正裁判中发挥决定作用。严把死刑案件事实关、证据关和法律关，确保把死刑案件办成铁案。坚持罪刑法定和疑罪从无原则，探索完善非法证据认定标准、排除程序，健全冤假错案防范机制，确保无罪的人不受刑事追究，依法宣告39名被告人无罪。强化审判监督管理。强化审级和再审监督，严把二审、申请再审审查和再审案件质量，审结案件2.40万件，改判、发回重审案件3381件，依法纠正错误裁判。按照"让审理者裁判，由裁判者负责"的要求，探索下放裁判文书签发权、建立专业法官会议制度、规范院庭长审判管理方式。推进审委会制度改革，强化其总结指导审判工作、统一裁判标准、讨论决定重大疑难复杂案件法律适用的职能。强化审判质效管理，全面推行网上办案，开展案件质量评查，评查案件1.66万件。

【第二次全国法院案例指导工作会议在南昌召开】 9月16日—17日，第二次全国法院案例指导工作会议在南昌召开。最高人民法院院长周强对会议作出重要批示，最高人民法院常务副院长沈德咏出席会议并作讲话，省委常委、省委政法委书记周萌致辞，省法院院长张忠厚、内蒙古自治区法院院长胡毅峰、江苏省法院院长许前飞、解放军军事法院副院长刘立根及最高人民法院有关部门负责人，各高级法院、部分中级法院分管案例指导工作的副院长、研究室和审管办负责人参加了会议。会上，全国人大代表、最高人民法院案例指导工作专家委员会委员围绕相关主题作了发言。沈德咏向部分案例入选法院颁发指导案例入选标牌。

【最高法院司法巡查组对省法院进行司法巡查】 8月下旬至9月下旬，最高人民法院咨询委员会委员周玉华率最高人民法院司法巡查组，对省法院进行司法巡查。巡查分为两个阶段：第一阶段，听取省法院工作汇报、召开动员部署大会，开展民主测评、问卷调查、约见谈话，查看相关资料等，并走访了省人大、省政协、省纪委、省委组织部、省委政法委、省检察院等相关单位，听取各单位对省法院的意见和建议；第二阶段，对辖区法院进行明察暗访，先后对南昌、鹰潭、萍乡、吉安、赣州等地法院进行检查，并组织人大代表、政协委员、律师等召开座谈会，听取意见和建议。为确保巡查的针对性、有效性和广泛性，巡查组还在省法院设立临时办公室，对外公开举报电话和举报信箱，随时接受干部群众对法院工作的监督。

【全省首家环境资源审判庭成立】 1月，九江市中级人民法院环境资源审判庭成立，这是全省首家环境资源审判庭。该审判庭受案范围是审理一、二审涉及自然环境污染侵权纠纷民事案件，涉及地质矿产资源保护、开发有关权属争议纠纷民事案件，涉及森林、内河、湖泊、滩涂、湿地等自然资源环境保护、开发、利用等环境资源民事纠纷案件；审理修水、武宁、永修三县的民事二审案件；探索审理涉及破坏生态环境的刑事案件以及涉及林业、环保等行政案件，实现三审合一。

【"江西失信被执行人曝光台"正式上线】 12月4日，由省法院联合江西日报社主办的"江西失信被执行人曝光台"在中国江西网正式上线，标志江西法院打击"老赖"步入"互联网+"时代，在全国开创了"法(院)、媒(体)、银(行)"联手共筑诚信的先河。"江西失信被执行人曝光台"是由省法院推动、江西主要媒体、金融机构共同参与建设的平台，旨在通过向全社会常态化、持续性地公示失信被执行人情况，形成社会压力，促使他们自动履行法律义务。平台借助"中国江西网"，发布江西失信被执行人名单，并向社会公众提供查询功能。用户注册后，输入对方身份证号码或者组织机构代码，即可查询到相关人员、企业是否为失信被执行人及相关信息。平台还设置"新闻快报""执行动态""典型案例""专家访谈""辣评"等子栏目。

【刘君春故意杀人案】 刘君春(男，1981年生，江西会昌人)与同村刘某某、高某某夫妇因在相邻承包地地坎上种植石竹产生矛盾。2014年6月2日上午，刘君春携带柴刀和电锯砍伐刘某某种植的石竹，并用柴刀砍死前来阻止的高某某、刘某某。随后，又携带柴刀到刘某某家中砍死其年仅5岁半的双胞胎孙子和年仅4岁的孙女，事后逃跑。同年6月4日，公安人员在广东省将刘君春抓获归案。该案经赣州市中级法院一审，省法院于2015年8月17日作出二审判决，以故意杀人罪判处刘君春死刑立即执行，剥夺政治权利终身。

【李崇禧受贿案】 李崇禧在2007年

3月至2012年2月担任中共四川省委副书记,省纪委书记,省人大常委会副主任、党组书记,四川省“5·12”特大地震灾后恢复重建委员会副主任期间,利用职务上的便利,为他人谋取利益。2006年5月至2012年8月,李崇禧本人或通过其亲属非法收受单位和个人给予的财物共计折合人民币1109.63万元。2015年11月3日,南昌市中级法院一审以受贿罪判处李崇禧有期徒刑12年,并处没收个人财产人民币100万元。因李崇禧未提出上诉,该判决已发生法律效力。

【李华波逃匿没收违法所得案】 鄱阳县财政局经济建设股原股长李华波贪污9400万元国家专项扶贫资金,逃往境外。上饶市中级法院根据上饶市检察院申请,审理了没收李华波违法所得一案,利害关系人李华波的父母委托2名诉讼代理人到庭参加诉讼,于2015年3月3日作出一审裁定,没收李华波转移到新加坡的2900余万元违法所得。因李华波未提出上诉,该裁定已发生法律效力。申请没收李华波逃匿违法所得一案系新《中华人民共和国刑事诉讼法》实施后全国适用该特别程序的首个案例。

【假冒“LV”案】 从2012年1月开始,未经权利人路易威登马利蒂许可,宁都县潮盛皮具厂和宁都县凯特尔皮具厂生产假冒“LV”注册商标的皮具,再通过他人销往广州、深圳、东莞等地,直至2013年6月6日被公安机关查处。在相应人员承担刑事责任后,路易威登马利蒂起诉至法院,请求判令两皮具厂及其开办人赔偿经济损失。2015年6月9日,经赣州市中级法院调解,各方当事人达成和解,由两皮具厂及相应开办人分别赔偿16万元和20万元,并承担诉讼费用。

【全国首例拒不执行判决刑事自诉案件】 宜春市袁州区法院于2013年8月19日对王某与张某民间借贷纠纷作出判决,判令张某偿还王某借款本金26万元及利息。判决生效后,张某未履行还款义务,王某于10月8日向该院申请强制执行。在执行阶段,张某不按和解协议履行还款义务,并擅自处置执行财产,致使尚有14万余元欠款未执行到位。2015年7月22日,最高人民法院《关于审理拒不执行判决、裁定刑事案件适用法律若干问题的解释》正式实施。同日,王某根据该解释第三条规定,向该院提起刑事自诉,要求追究被告人张某拒不执行判决的刑事责任。案件审理过程中,张某积极与王某达成和解协议,并偿还王某借款7万元。9月21日,该院以拒不执行判决罪判处被告人张某有期徒刑一年,缓刑二年。

(黄亨爱)

司法行政

【概　况】 2015年,全省司法行政机关围绕平安江西、法治江西建设,求真务实,开拓创新,实现“十二五”圆满收官。

围绕“三大重点任务”,推动法治江西建设实现良好开局。健全工作机制。健全责任机制、推进机制、督导机制和考核机制,开展法治江西建设专项督察调研,出台《法治江西建设考核评价办法(试行)》和考核指标,年度计划确定的198项任务,除18项待中央出台政策后启动外,其余全部销号。营造法治氛围。开通“法治江西网”和法治江西微博、微信号,推出市委书记、省直单位主要负责人系列“法治访谈”,出台《关于实行国家机关“谁执法谁普法”责任制的实施意见》,开展“百万网民学法律”知识竞赛和“十大法治人物(事件)”评选活动。推进普遍建立法律顾问制度。分类推进省党群部门、学校、民主党派、省出资监管企业、政府部门普遍建立法律顾问制度,实现省、市、县党政部门和国有企事业单位全覆盖。

着眼平安江西建设,有效预防和减少重新违法犯罪。维护监所安全稳定。开展“五好监所”竞赛活动,提请减刑、假释1.07件,决定暂予监外执行50件,无差错。开展专项清查和治理活动,查获违禁物品3063件,侦破狱(所)内预谋案(事)件36起。探索“1341”戒毒模式,创新教育矫治方法。全省监所实现连续8年零9个月无脱逃、无重大案件、无重大安全生产事故、无重大疫情。加强特殊人群管理。开展社区矫正规范执法推进年活动,撤销缓刑72人、假释4人,收监25人,警告处分831人、治安处罚11人,社区矫正人员重新违法犯罪率0.08%。落实必接必送制度,省内监狱刑释9634人,接送率99.9%,安置率97.14%,帮教率97.96%,重新犯罪率1.47%。依法特赦部分服刑罪犯。特赦罪犯846人,其中监狱押犯219人,社区服刑人员627人,无一错漏。

突出创新引领,全面深化司法行政工作改革。推进律师制度改革。深化公职公司律师试点,召开省第六次律师代表大会,建成律师管理信息化平台,与省检察院联合开展律师执业权利保障情况检查。全省律师办理诉讼案件6.24万件、非诉讼法律事务1.31万件。完善法律援助制度。与省公检法部门联合出台《关于加强和规范刑事法律援助工作的若干规定》,建立刑事法律援助案件分级指派模式和联系会议制度,办理刑事法律援助案件6606件。加强涉军法律援助,建立涉军法律援助工作站200余个。推进司法救助与法律援助无缝衔接,各级法院普遍设立法律援助工作站。推动政府责任落实,全年办理法律援助案件3.1万余件,惠及3.5万余人。推进其他工作改革。完善司法鉴定管理与使用相衔接的运行机制,推动解决建筑工程、环境监测、医疗损害等准入管理、技术规范和标准、鉴定实施难题。公证机构体制改革取得新进展,南昌市豫章、洪城公证处改制为自收自支事业单位。启动人民监督员制度改革,首次实行仲裁机构和仲裁员集中公告。

坚持法治惠民,努力提高法律服务质量水平。夯实基层基础。推进监狱布局调整,建设全省公证网上办证和司法鉴定网上管理系统,加强司法行政业务用房建设,江西司法警官职业学院毕业生就业率87.66%。加强行业监管。开展公证质量大检查,全省公证机构办理公证事项16.5万件,审核两岸往来相关公证材料4654件。开展司法鉴定机构认证认可、能力验证,68家机构通过国家级和省级资质认定,61家机构参加能力测评,通过率57.8%,注销和暂缓执业登记鉴定机构4家、鉴定人94名。全省司法鉴定机构办理案件10.39万件，鉴定结论采信率90%以上。推进依法行政。建成“网上办事服务大厅”系统，依法办理行政复议、行政处罚案件3件。首次推行“裸考”制度，国家司法考试连续11年实现无试卷泄密、无答题卡丢失，颁发法律职业资格证书1669件。化解矛盾纠纷。推进劳动争议、交通事故、医疗保险、征地拆迁、物业管理等特定行业、领域人民调解工作，落实人民调解“以奖代补”经费，全年调解矛盾纠纷17.1万件。

【2014年度“江西十大法治人物”颁奖礼举行】　1月31日，2014年度“江西十大法治人物”颁奖礼在江西电视台演播厅举行。省委常委、省委政法委书记周萌，省人大常委会副主任魏小琴，副省长、省公安厅厅长郑为文，省政协副主席郑小燕，省法院院长张忠厚，省检察院检察长刘铁流等出席并为获奖者颁奖。王勇、刘文成、许建国、朱勇、张少明、胡光斌、段华胜、熊少波、廖建强、魏锋10人当选2014年度“江西十大法治人物”，夺刀少年柳艳兵和易政勇获2014年度“江西十大法治人物”特别奖。

【法治江西网开通上线】　3月25日，省委书记、省法治江西建设领导小组组长强卫，省委常委、省委政法委书记、省法治江西建设领导小组副组长兼办公室主任周萌共同按下启动按钮，正式开通上线法治江西网。法治江西网设法治建设动态、法治新闻、法律服务、法治文化四大板块，30多个一级栏目。

【召开江西省第六次律师代表大会】　6月2日—3日，江西省第六次律师代表大会召开。会议选举产生新一届理事会理事、常务理事、会长、副会长，监事、监事长、副监事长。张工当选为会长，周姝当选监事长。省委常委、省委政法委书记周萌，中华全国律师协会副会长吕红兵出席开幕式并讲话，省人大常委会副主任谢亦森、省政协副主席郑小燕、省法院院长张忠厚、省检察院检察长刘铁流等出席。

6月2日—3日，江西省第六次律师代表大会在南昌召开。图为会议现场

省司法厅供稿

【司法部在南昌举办法律援助宣传专题培训班】　9月7日—11日，司法部在南昌举办法律援助宣传专题培训班，全国各省法律援助中心负责宣传工作人员共130余人参加培训。江西省司法厅法律援助工作处被评为全国法律援助宣传工作先进集体，并作大会经验交流发言，魏淑燕被评为全国法律援助宣传工作先进个人。

【江西省律师协会厅直律师事务所工作委员会成立】　9月29日，江西省律师协会厅直律师事务所工作委员会成立大会仪式在江西财经大学举行。厅直律师事务所工作委员会是省律协下设的工作机构，下设综合事务工作部、培训考核工作部、党群文宣工作部、奖惩维权工作部。其主要职责是：支持和保障厅直会员依法执业，维护厅直会员的合法权益；制定厅直律师工作的发展规划、方针，制定及完善厅直律师执业规范、准则和律师行业管理制度；总结、交流厅直所律师工作经验，提高整体执业水准和社会形象；组织律师和律师事务所开展对外交流，参加社会公益活动；开展律师福利事业；省司法厅及省律师协会委托行使的其他职责。

【召开江西省公证协会第四次代表大会】　12月7日—8日，江西省公证协会第四次代表大会召开。会议听取、审议了省公证协会第三届理事会工作报告、财务工作报告，审议修订了《江西省公证协会章程》，选举产生第四届省公证协会理事、常务理事、会长、副会长和正副秘书长，张中澜当选为会长。

（胡大德）

本栏编辑　詹跃华

民族宗教事务

综　述

2015年，全省民族宗教部门围绕中心，稳中求进，扎实推进各项民族宗教事务管理工作，维护民族宗教领域和谐稳定。

民族工作取得新成效。贯彻落实中央民族工作会议精神，进一步加强和改进新形势下民族工作。召开全省民族工作会议暨省政府第七次民族团结进步表彰大会；以省少数民族地区建设工作领导小组为基础，成立省民族工作领导小组；出台《中共江西省委、江西省人民政府关于加强和改进新形势下民族工作的实施意见》和《〈关于加强和改进新形势下民族工作的实施意见〉主要任务分工方案》等文件。上下联动，内生驱动，加快民族地区小康进程。通过进一步扩大财政资金投入，强化部门对口支援，突出扶贫攻坚和改善民生，促使民族地区经济社会事业长足发展。加强少数民族流动人口服务和管理。以开展民族团结进步创建活动为载体，探索新思路、新途径和新方法，丰富城市和社区民族工作内涵，有效促进各民族交往交流交融。突出重点，精心筹备，推动少数民族文化与体育事业迈上新台阶。举办江西省第二届畲族文化艺术节，组团参加第十届全国少数民族传统体育运动会，均取得良好成效。

宗教工作进一步强化。强化依法管理，不断探索宗教事务管理新路径。推进宗教活动场所、宗教院校单位银行结算账户开设和组织机构代码证申领工作，完成1425个宗教活动场所的主要教职任职备案，组织开展违法违规设立功德箱、乱建大型露天宗教造像工作和违规私人会所等专项整治工作。集中发力，解决宗教方面重、难点问题。推进民间信仰事务管理试点工作；开展网络宗教事务管理；开展城市基督教全省高校、工商团契和五教之外宗教情况调研，协调解决宗教领域突出矛盾纠纷，强化抵御境外渗透工作。建立健全制度，宗教团体思想建设和队伍建设得到加强。建立完善宗教团体联席会议、主要教职人员外出报告和负责人定期谈话交流等制度，进一步强化宗教教风建设，开展省佛协、省道协讲经活动，开办道教《道源教宗》刊物，向基层教会推广基督教中国化研讨成果。完成省佛教协会换届，成立中央民族大学宗教研究所江西分所，举办省天主教爱国主义培训班和基督教爱国主义培训班。发挥宗教界作用，引导宗教界与社会主义相适应。积极引导宗教界开展公益慈善活动，引导成立宗教界慈善基金会等工作平台，促进宗教公益慈善活动向专业化、制度化和规范化发展，不断提高宗教界参与社会主义建设的能力。“宗教慈善周”期间，全省宗教界募捐善款及物资折合人民币2200万元。

其他工作有序推进。2月10日，召开全省民宗局局长会议，传达学习中共中央总书记习近平系列讲话精神和国家相关工作会议精神，总结部署全省民宗工作。11月23日—27日，举办全省民族宗教领域平安建设工作培训班，省综治维稳部门有关负责人就综治维稳工作形势和任务、社会治安防控体系建设、化解群体性矛盾、处置群体性事件以及基层基础建设和社会治理创新等方面进行授课，省民宗局巡视员肖争鸣作题为《提高认识，明确责任，扎实做好民族宗教领域平安建设工作》的讲座，各设区市和县(市、区)以及省民宗局机关各处室综治工作干部共120余人参加培训。根据省政府“三单一网”工作统一部署，省民宗局全面完成责权清单编制工作，梳理行政审批以外的权力事项38项，其中省民宗局保留31项、市县区属地管理7项。

（省民宗局）

民族事务

【召开全省民族工作会议暨省政府第七次全省民族团结进步表彰大会】 3月30日，全省民族工作会议暨省政府第七次全省民族团结进步表彰大会在南昌召开。省委书记强卫出席并讲话，省长鹿心社主持会议。会上，学习中央民族工作会议精神，总结部署全省民族工作，对60个全省民族团结进步模范集体和模范个人进行表彰，省交通运输厅、省教育厅、南昌市政府和会昌县政府等负责人作大会发言。各设区市、省直管县分管民族工作负责人、统战部部长、民宗局局长，部分县(市、区)政府分管民族工作负责人，8个民族乡党委或政府主要负责人，省少数民族地区建设领导小组成员单位负责人，以及受表彰的模范集体和模范个人代表等200余人参加会议。

【江西省第二届畲族文化艺术节在吉安举行】 4月20日—21日，由省民宗局、省文化厅、省旅发委、吉安市政府主办的江西省第二届畲族文化艺术节在吉安举行。此届艺术节以“中华民族一家亲，携手共筑中国梦”为主题，开展了新闻发布会、开幕式、民族歌舞晚会、民族乡村体验采风、民俗文化展览、赛歌会、篝火晚会等活动。各设区市和省直有关部门代表，受国务院表彰的民族团结进步模范集体、模范个人代表，有关专家学者，媒体、文化界、企业界及其他界别代表共400余人参加活动。

【组团参加第十届全国少数民族传统体育运动会】 8月9日—17日，第十届全国少数民族传统体育运动会在内蒙古举行，全国34个代表团共6240名运动员参加比赛。江西代表团由畲族、回族和维吾尔族等13个民族91人组成，参加了蹴球、射弩、高脚、板鞋4个竞赛项目和驻停表演、圈圈舞、健身操及民族大联欢等表演节目，获民族标准弩混合团体赛三等奖、蹴球男双三等奖和体育道德风尚奖。

【召开全省少数民族特色村寨保护与发展工作现场交流会】 11月24日，全省少数民族特色村寨保护与发展工作现场交流会在赣州市南康区赤土畲族乡召开。国家民委经济发展司副巡视员胡学竞、省民宗局副局长王希贤讲话，赣州市副市长邓忠平致辞，省民宗局副巡视员宋亚平主持会议。会议总结部署全省少数民族特色村寨保护与发展工作，赣州市、南康区、会昌县、信丰县、峡江县、铅山县6个单位作经验交流。各设区市民宗局分管民族工作的副局长、民族科科长，各民族乡党委书记和全省26个涉及少数民族特色村寨建设的县民宗局局长共70余人参加会议。

（省民宗局）

宗教事务

【召开江西省佛教协会第五次代表会议】 8月31日，江西省佛教协会第五次代表会议在南昌召开。会议审议通过《江西省佛教协会第四届理事会工作报告》，修改通过《江西省佛教协会章程》；选举产生新一届理事会，释纯一当选为省佛教协会第五届理事会会长。11个设区市、6个省直管县，包括汉、满、彝、布依、土家5个民族的佛教代表191人、特邀代表22人参加会议。

【2015(乙未)年对台千人专场授箓活动在鹰潭举行】 9月19日，由中国道教协会主办、龙虎山嗣汉天师府承办的2015(乙未)年对台千人专场授箓活动在鹰潭龙虎山嗣汉天师府举行，台湾地区的17个箓生分团近千人参加。这是嗣汉天师府首次大规模对台湾地区道教信徒进行专场授箓。省委书记强卫出席2015(乙未)年对台千人专场授箓活动见面会，国家宗教事务局局长、中华宗教文化交流协会会长王作安，省委常委、省委统战部部长蔡晓明，台湾海基会董事长林中森等致辞，副省长谢茹出席。

（省民宗局）

4月20日—21日，江西省第二届畲族文化艺术节在吉安举行。图为文化艺术节开幕式

省民宗局供稿

本栏编辑 詹跃华

港澳台事务

港澳事务

【概　况】　2015年，江西港澳事务部门发挥职能优势，主动开展工作，推动高层会晤与交流，广泛联系港澳地区人士，增进赣港澳交流，助推地区间合作，为全省经济社会发展服务。

推动赣港、赣澳交流，促进双方务实合作。省港澳办出台《港澳工作沟通协调机制方案》，强化港澳工作统筹协调、归口管理作用。7月6日—10日，省港澳办首次在香港举办全省港澳事务工作研讨班和涉港澳领导干部、工作人员港澳工作培训班。做好江西代表团参加赣港经贸合作活动、澳门环保论坛的联络和礼宾工作。赣澳两地专家、学者及政府职能部门通过澳门环保论坛沟通交流，进一步探索合作发展的思路。助推与港、澳民间交流，协助澳门举办“活力澳门推广周”及葡语国家江西投资对接会、青年创业洽谈会、澳门及葡语国家江西旅游对接会等活动。

服务港澳资企业。立足本职，发挥桥梁纽带和协调作用，做好企业服务。走访调研港澳资企业，全面了解港澳资企业发展状况，协调有关部门解决港澳资企业特别是中小企业在融入当地、转型升级等方面遇到的问题和困难，为港澳企业提供政策支持和信息服务。

做好港澳捐赠项目的落实。对接香港应善良、晨光基金会等组织实施捐赠项目，全年争取港澳捐赠项目6个，共170余万元。建立全省侨务港澳捐赠、待捐赠项目库，收集汇总全省11个设区市6个直管县40余个待捐赠项目。

做好港澳青年交流工作。接待“情系祖国”香港青年学生访赣团，加强与港澳青年的交流；利用国务院港澳办举办论坛、夏令营等活动，积极宣介江西，增进港澳青年对江西的了解，吸引港澳青年到赣访学、创业。

【2015年赣港经贸合作活动在香港举行】　5月27日—29日，2015年赣港经贸合作活动在香港举行。5月27日，省长鹿心社在香港礼宾府会见香港特区行政长官梁振英，双方就赣港在重点区域合作、产业协同发展、跨境设施建设等方面达成多项共识。活动期间，省级层面举办了“1＋5”活动，即江西省重点产业集群投资合作推介会，江西省与港澳地区全国工商联会员企业合作餐叙会、江西—香港政府和社会资本合作项目推介会、赣港金融业发展合作暨工商银行支持赣企“走出去”恳谈会、江西省大型国有企业引进战略投资者推介会和“江西风景独好”高端自驾旅游线路分享说明会5场专题对接活动。各市县（区）也举办了小规模专题对接活动60场，其中设区市层面11场，县（市、区）活动小型对接座谈活动49场。推介会现场签约项目100个，投资总额98.9亿美元。

【“活力澳门推广周·江西南昌”举行】　9月18日—20日，由澳门会议展览业协会主办的“活力澳门推广周·江西南昌”在南昌举行。其间，举办了“活力澳门名品展销会”“江西—澳门—葡语国家投资对接会”“江西—澳门青创企业对接洽谈会”“赣澳旅游推介会”等项活动。推广周以在内地巡回展览的形式，介绍澳门回归以来经济发展的成就和变化，推介具有澳门及葡语国家特色的产品和服务。

【2015年江西省港澳事务工作研讨班在香港举行】　为加强江西省港澳工作队伍建设，促进江西省与香港的交流合作。7月6日—10日，省港澳办在香港举办2015年全省港澳事务工作研讨班，来自省直和设区市18个单位的20名涉港澳工作基层干部参加了研讨班。研讨班学习香港经济特点和礼宾礼仪知识，考察香港金融事务管理局、贸易发展局、入境事务处等部门，参观香港城市展览馆和历史博物馆，并与香港中华厂商联合会举行座谈，相互介绍情况和推介项目。

（涂文俊）

台湾事务

【概　况】　2015年，全省台办部门围绕中央对台工作部署和省委“十六字”方针，全面推进赣台经贸文化等领域的交流合作，对台工作取得新成绩。

经贸合作再创佳绩。全年新增注册台资企业108家，同比增长9.09%，实际进资8.98亿美元。至年底，全省累计引进台资合同项目3262个，实际进资111.02亿美元，在中部地区名列前茅。并呈现出大项目多、增资扩股多、抱团投资多、技术含量不断提升和产业集群不断壮大的特点。全年赴台经贸交流182批1122人次，分别增长8%和13%。全年接待到赣考察的台商379批3722人次，分别增长1.1%和27.68%。1月13日，省台办与赣州市承办了全国台企联第三届常务理事会第四次会议。协助全国台企联捐赠400余万元支持建设定南县富田小学项目。6月26日，省台办与全国台企联签订合作备忘录，建立联系合作机制。经报请国台办批准，景德镇市和抚州市成立了台资企业协会（全省已达8家）。下发《省委台办关于支持赣南等原中央苏区振兴发展工作方案》。10月12日—17日，在台湾台中市举办"赣台农业产业发展洽谈推介会"，这是江西省首次在岛内举办大型农业专场推介活动。

联络交流再谱新篇。先后接待台湾海基会董事长林中森、台湾"考试院"前院长关中等岛内知名人士及台湾重要团组41批382人次。全年赴台交流211批1495人次。相继举办海峡两岸（南昌）青年学生夏令营、第七届两岸青年学生中华传统文化（吉安）研习营、走进龙虎山——海峡两岸（鹰潭）青少年文化之旅、全国台联台胞青年千人夏令营江西分营等两地青年交流活动。开展台南里长江西行、第五届赣台（吉安）基层农会交流、台北市公务人员协会江西参访、赣台基层社区交流、台湾中南部乡里长鹰潭参访周等基层交流互动。举办赣台禅宗文化高峰论坛、第三届两岸茶文化论坛、第五届海峡两岸清明文化论坛、两岸高僧书画作品展、海峡两岸陶瓷艺术家交流活动和赣台（两岸）书法家交流笔会及赴台举办"珠山八友"后裔陶瓷艺术大师作品展。邀请台湾著名导演赖声川携话剧《十三角关系》到家乡赣州会昌首演。江西师范大学与台湾中正大学开展全面对口交流。经向国台办争取，将南昌列入开放大陆居民经台湾桃园机场中转业务的首批3个试点城市之一。同时，充分发挥海峡两岸交流基地（鹰潭·龙虎山）平台功能，举办2015年（乙未）对台千人专场授箓活动、第八届海峡两岸（台北）道文化艺术交流论坛活动。

宣传调研再出亮点。举办绿色崛起看江西——台湾媒体江西参访活动，邀请《台湾导报》《中国时报》和嘉义电台等媒体组团到南昌、九江、景德镇和上饶等地参访交流。邀请台湾联合报系到南昌市、赣州市进行"大陆新发现"专题采访报道，台湾旺旺中时媒体集团到抚州市进行"大陆魅力城市"专题采访报道，台湾东森电视台、TVBS电视台、人间卫视到婺源、宜春等地采访。"赣台心桥"和"江西台办视窗"两个网页发稿量和点击率保持名列前茅。拍摄《情系两岸的抗癌斗士——李永红》《赣台青年交流的忠实推手——章跃进》和《绿色崛起看江西》专题片，制作《回家》画册。在《台湾导报》制作了15个专版，全面宣传介绍江西的经济发展和文化资源。在《两岸关系》杂志第八期，开辟《历届赣台会精彩回眸》专题，用52个页面，全面展示历届赣台会的盛况和成果，是《两岸关系》杂志首次大篇幅宣传推介地方重要涉台活动。

【第十三届赣台经贸文化合作交流大会在宜春举行】 8月18日—21日，第十三届赣台（宜春）经贸文化合作交流大会在宜春举行。此届赣台会主题为"发展升级、深化合作、突出青年、融洽亲情"，内容包括赣台战略新兴产业合作洽谈会、赣台现代农业产业合作洽谈会、赣台旅游产业合作洽谈会、赣台现代服务业产业洽谈会、赣台禅文化高峰论坛、第三届两岸茶文化论坛、赣台纺织与新材料产业合作论坛、赣台大学生青年座谈会、"青年手拉手·两岸一家亲"晚会等项活动。8月19日，第十三届赣台（宜春）经贸文化合作交流大会在宜春开幕。全国政协副主席、台盟中央主席林文漪，省委书记强卫出席大会。省长鹿心社，国民党荣誉副主席蒋孝严，中共中央台办、国务院台办副主任李亚飞致辞。台湾工业总会、商业总会、工商协进会及台湾农会、青创会等知名协会和25家台湾百大集团、上市公司的负责人等近千人参加会议。会上，省委、省政府授予宜春为江西省首个台湾青年创业基地，签约台资入赣项目72个，签约金额36.2亿美元。

【全国台企联第三届常务理事会第四次会议在赣州召开】 1月13日—14日，全国台企联第三届常务理事会第四次会议在赣州召开，全国台企联会长郭山辉、监事长张文潭、荣誉会长丁鲲华等80余位重要台商参会。会议期间，台商考察了赣州工业园区、定南油茶和竹产业基地及基础教育情况，达成了一批合作意向。

【开展"精准服务台企月"活动】 11月6日至12月16日，省台办在全省开展"精准服务台企月"活动。活动坚持示范导向、问题导向、需求导向、舆论导向，为台资企业提供定制服务、"保姆式"服务，集中解决实际问题，推动新签约项目加速落地。活动月期间，共收到台商反馈意见180项，其中162项得到解决，占90%；推动赣台会签约项目274个，资金到位率53.80%，项目开工率56.07%，投产率43.36%。

（夏鸿斌）

本栏编辑　詹跃华

外事侨务

外事工作

【概　况】　2015年，江西外事部门加强外事归口管理和外事服务，积极推动对外交流合作，着力构建"大外事""大友城""大服务"工作格局，进一步推动全省外事工作科学、协调、可持续发展。

完善机制，强化外事工作归口管理。省委书记强卫主持召开省委外事工作领导小组会议，研究部署外事工作。全省11个设区市相继调整或建立市委外事工作领导小组，进一步完善领导小组办公室联席会议机制、出访工作联席机制、领保工作联席会议机制和友城工作联席会议机制等，构建横向联系省直、企业及高校，纵向联系省、市、县三级外事部门的立体工作网络。省外事侨务办对11个设区市外侨办、10所省属高校、3家外向型企业执行中央规定和外事管理等情况开展巡查巡访和专项检查。

把好关口，严格审批因公出访。落实中共中央八项规定和《外交部、中央外办、中央组织部、财政部关于进一步规范省部级以下国家工作人员因公临时出国的意见》要求，实行计划报批、经费预算控制、出访公示、意见反馈、出访报告等制度，完善全省因公出国(境)管理工作体系。全省审批办理因公出国(境)团组893批4360人次；劝退团组180批637人次，核减团组境外天数480天。

统筹资源，做好国际友城发展工作。开展全省"十三五"国际交流合作和国际友城规划调研，代表省政府向省人大常委会作了全省对外交往和国际友城工作情况报告。全年报批15对友城，获批6对。截至年底，全省国际友城共80对(其中省级20对、市级60对)，列全国14位；全省在"一带一路"沿线国家建立正式友好关系的友城32对。

强化服务，拓展对外交流的深度与广度。一是做好牵线搭桥，增加友好交流对象，拓宽对外交流领域，不断"请进来"。全年邀请和接待外宾262批2056人次，重要国宾有新加坡副总理张志贤、国际奥委会主席巴赫、柬埔寨国王西哈莫尼、斯洛文尼亚副总理日丹等，重要党宾团组有伊朗确定国家利益委员会考察团等。二是与外方对接项目，与相关单位快速协调，做好高规格团组的出访保障，服务"走出去"。促成省、市领导率党委、人大、政府、政协团组访问美国、加拿大、俄罗斯、英国、法国、德国、意大利、瑞士、澳大利亚、新西兰、以色列、新加坡、土耳其、斯里兰卡、印度、马来西亚、印度尼西亚、尼泊尔、埃及等国家，全年保障省级领导出访10批次，厅级干部出访570人次。

加强舆论引导，做好外国记者管理工作。协调和处置7批45人次外国记者到赣采访，举办3场"外媒看江西"活动，增进外国对江西经济社会发展了解，提高江西海外知名度和影响力，促成哈萨克斯坦企业、高校与江西省相关单位的交流与合作。

举办2期"开放江西讲堂"，促进全省涉外系统外事理念持续升级。邀请外交部原副部长吉佩定，以及外交部外管司领导到赣授课，讲堂结合江西实际，围绕更新外事理念、服务全省"一带一路"建设等展开阐述，促进江西企业更好参与国际产能合作，开拓国际市场。

加强领事保护，为江西公民和机构走出去提供境外保障。全省全年处置涉外案(事)件47起，领保事件22起，妥善处置泰国爆炸案和赞比亚劳资纠纷等案件。建立江西省"一带一路"安全保障协调小组，研究制定《江西省参与丝绸之路经济带和21世纪海上丝绸之路建设工作方案》以及专项涉外工作方案、境外安全保障实施方案。开展预防性领事保护和宣传，深入工厂、园区向省内重点外向型企业进行海外领事保护宣介。

【中共江西代表团访问澳大利亚、新西兰和新加坡】　6月17日—27日，省委书记强卫率中共江西代表团访问澳大利亚、新西兰和新加坡，推进江西重大项目对接，加强江西同大洋洲和东盟国家的地方交往和各领域合作。此次访问共推动经贸合作、友好交流项目18个，合同金额34.02亿美元。其中，投资合作项目16个，投资总额30.87亿美元。

【江西省经贸文化周在俄罗斯举行】　11月5日—7日，江西省经贸文化周在俄罗斯联邦巴什科尔托斯坦共和国首府乌法市举行。经贸文化周期间，签署江西和巴什科尔托斯坦共和国缔结两地友好省际关系协议，旅游合作协议；江西中格集团、正邦集团、江西直方数控、中国瑞林公司等企业签订项目合同或意向协议18个，金额10.68亿美元；展出景德镇瓷器、抚州丝绸、新余麻纺、江西茶业等300多种江西特色商品，现场成交额580万元。

【斯洛文尼亚代表团访问江西】 11月5日—6日,斯洛文尼亚副总理戴扬·日丹率代表团访问江西,并在南昌举办斯洛文尼亚经贸推介会。推介会上,举行了马里博尔市与南昌市备忘录、中国恒天百路佳公司在马里博尔建立BLK欧洲新能源客车组装厂备忘录、南昌普硕与马里博尔市合作备忘录的签约仪式。省委常委、南昌市委书记龚建华,副省长谢茹分别会见代表团。

【举办“2015驻穗总领事江西行”活动】 5月27日—30日,省外事侨务办与广东省外事办联合举办“2015驻穗总领事江西行”活动,邀请埃塞俄比亚、科特迪瓦、俄罗斯、加拿大、英国、马来西亚等国家驻穗总领事馆总领事及领馆官员一行15人访问江西,考察了南昌市经济技术开发区,并赴婺源县参观,促进了江西与国外在经济、旅游、教育等领域的交流合作。

【举办“2015驻厦门总领事江西行”活动】 9月16日—19日,省外事侨务办与福建省外事办联合举办“2015驻厦门总领事江西行”活动,邀请菲律宾驻厦门总领事付昕伟、新加坡驻厦门总领事池兆森和泰国驻厦门副总领事孟坤等总领馆官员及3国在华企业家代表一行18人访问江西,深入南昌、萍乡、宜春经济技术开发区,与企业面对面交流,促进3国与江西省在经济、旅游、教育、文化等领域的合作。

【第十四届非洲国家驻华大使巡讲在南昌举行】 6月16日,第十四届非洲五国驻华大使巡讲在南昌举行。此次论坛以合作·共赢论坛为主题,邀请肯尼亚驻华大使迈克·金杨久伊、纳米比亚驻华大使林格·阿贝德、赞比亚驻华大使格特鲁德·姆瓦佩、加纳驻华副大使安克拉哈、埃塞俄比亚驻华公参阿弗沃克·雷格斯分别介绍其国家概况及投资政策。全国友协亚非部主任袁敏道、外交部非洲司副司长周平剑出席并致辞,江西省外事侨务办副主任陈绪峰主持。 (涂文俊)

华侨事务

【概 况】 2015年,江西侨务部门围绕为大局服务和为侨服务的主线,发挥工作优势,涵养和调度侨务资源,主动谋划、积极作为,为全省经济社会发展提供助力。

依法维护侨益,促进侨界建设。做好侨务信访工作,维护侨胞合法权益。全年受理侨务信访件1314件,办结1272件,结案率96.8%。实施“关爱工程”和“侨爱工程”,实现散居社会贫困离退休归侨生活补贴发放范围全覆盖。着力推动华侨农场“体制融入地方、管理融入社会、经济融入市场”。全面推进社区侨务工作,开展“明星社区”“示范单位”创建活动,共创全国社区侨务工作明星社区1个、示范单位2个,全省社区侨务工作示范单位9个,侨法宣传角9个。

搭建活动平台,扩大江西在外影响。全年邀请和接待华侨华人327批3685人次,承办“世界华裔杰出青年华夏行”“海外华裔青少年中国寻根之旅——江西营”等活动,吸引一大批在海外有实力、有影响力的青年侨领和侨商到赣考察,组织多批华裔青少年到赣考察交流。传播中华文化,举办“中国文化海外行”“亚洲名师巡讲”等活动,6名专家及优秀教师赴马来西亚、柬埔寨、菲律宾等地开展师资培训。选派23名华文教师赴海外华文学校任教。

打造交流品牌,提高引资引智实效。积极联络和调动侨务资源,开展全省基本侨情调查工作,掌握重点人士、重点侨团和侨资企业情况,着力在涵养侨务资源上下功夫。举办第二届华侨华人赣鄱投资创业洽谈会、世界江西同乡联谊会第二次全体大会等大型活动,推动“侨梦苑”建设,做好海外侨商的邀请、服务和项目推介工作。

【召开第二届华侨华人赣鄱投资创业洽谈会】 11月16日—19日,第二届华侨华人赣鄱投资创业洽谈会(简称华赣会)在南昌召开。此届华赣会由国务院侨务办和省政府共同举办,内容包括世界江西同乡联谊会第二届全体大会、华赣会开幕式暨重点项目签约仪式和“侨梦苑”揭牌仪式、海外高层次人才创新创业论坛、“绿色化:江西崛起新追求——2015南昌高峰论坛”、战略性新兴产业推介会五项主体活动。41个国家和地区的470名华侨华人参会。大会期间,签约重大项目73个,合同总金额36.83亿美元。

【全国第四家“侨梦苑”落户南昌红谷滩】 11月17日,在第二届华赣会开幕式暨签约仪式上,国务院侨务办主任裘援平、省委书记强卫共同为“侨梦苑”揭牌,标志着“侨梦苑”正式落户红谷滩。“侨梦苑”是国务院侨办重点支持的全国第四家侨商产业聚集区,涵盖南昌红谷滩新区全域,总面积约175平方千米。“侨梦苑”遵循绿色低碳环保原则,突出现代服务业主题,着力打造“华人华侨旅游休闲区”“侨资金融集聚区”以及“海归人才众创空间”,形成以九龙湖核心起步区、全省金融商务区、华南城电商产业园、江西慧谷·创意产业园、用友(南昌)产业园组成的“两区三园”为核心区的格局。

【世界华裔杰出青年华夏行代表团到赣考察】 5月24日—27日,由国务院侨务办主办的第十届世界华裔杰出青年华夏行活动在江西拉开序幕,来自美国、英国、德国、马来西亚、南非等20多个国家和地区的38名海外华裔杰出青年,到赣进行为期4天的参观考察。省长鹿心社在南昌会见代表团。代表团赴婺源、景德镇等地,感受中国最美乡村生活,访问著名侨乡婺源县浙源乡,参观瓷都景德镇陶瓷文化、体验手工制瓷技艺,加深了海外华裔对江西的认识与了解。

(涂文俊)

本栏编辑 詹跃华

国家区域发展战略

生态文明先行示范区建设

【概　况】　2014年11月，经国家发改委等6部委批复，江西列入全国首批生态文明先行示范区。江西省按照习近平总书记关于打造生态文明建设“江西样板”的要求，真抓实干，实现“一年开好局”目标。全年设区市城区空气质量优良率90.1%、地表水质断面达标率81%，森林覆盖率稳定在63.1%，生态环境质量位居全国前列，初步探索出一条经济发展与生态环境相协调的发展新路。

【形成生态文明建设合力】　建立高规格领导机构。省级成立省委书记任组长、省长任第一副组长的领导小组，市、县成立由党政主要领导组成的领导小组，组织机构体系实现全覆盖，把生态文明建设与经济建设、政治建设、文化建设、社会建设同部署、同推进、同考核，建立纵横联动、齐抓共管的工作机制。强力推进工作落实。省委、省政府印发《关于建设生态文明先行示范区的实施意见》，确定6大体系、10大工程、60个项目包和208项建设任务，召开省委全会、启动大会、领导小组会、现场推进会等一系列会议进行专门部署，推进落实。主动接受监督。在全国首次以省人大决议案方式推动生态文明先行示范区建设，省人大会议首次审议“生态报告”，向全省人民作出庄严承诺，主动接受人大代表监督。

【突出生态建设重点】　突出水生态建设的重点。编制全省水生态文明建设规划，构建四级联动水生态文明建设体系，国家重要水功能区达标率90%。突出森林生态建设的重点。在全国率先出台实施低产低效林改造提升森林质量的意见，加大“五河”中上游特别是源头地区生态公益林保护力度，提高生态公益林补偿标准。突出湿地生态建设的重点。编制湿地保护工程规划，将8公顷以上城区湿地纳入省重要湿地管理，全省湿地保有量占国土面积比重的5.45%。

【实施“净空”“净水”“净土”行动】　抓住重点行业脱硫脱硝、除尘设施改造升级、机动车尾气污染防治等3个关键，完成国家目标任务要求。实施“五河一湖”环保整治行动，对鄱阳湖周边及上游7个重点工业园区142家企业开展排查整治。加大污水处理设施配套管网建设力度，城市生活污水集中处理率达85%。启动农村生活垃圾5年专项整治行动，推进农业面源污染治理、重金属污染防治，取得明显成效。

【加快绿色循环低碳发展步伐】　实施万家企业节能低碳行动，创建能效“领跑者”制度，规模以上工业单位增加值能耗下降6%。发展绿色工业，全省高新技术产业增加值增长10.2%。启动实施服务业发展提速3年行动计划，全省服务业增加值占地区生产总值比重提高1.8个百分点。实施现代农业“百县百园”工程，“生态鄱阳湖、绿色农产品”品牌进一步打响。打造一批循环经济发展平台，主要再生资源回收利用率达65%。

【生态文明建设体制机制建设取得突破性进展】　一是划定三条红线。编制《江西省生态空间保护红线区划》《江西省生态空间保护红线管理办法》，明确生态空间保护红线的划定原则、区域范围、管理主体、保护措施等；建立覆盖省、市、县的水资源管理“三条红线”，将水资源管理纳入市县科学发展考核体系，连续2年开展考核；启动永久基本农田红线划定工作。二是建立覆盖全境的流域生态补偿机制。在全国率先实行覆盖全境的流域生态补偿机制，涉及全省100个县（市、区），首期筹集流域生态补偿资金20.91亿元，成为贫困地区生态补偿资金筹集力度最大的省份，并按照“保护者受益、受益者补偿”的原则，对“五河”源头、环鄱阳湖地区及东江源头保护区等重点生态功能区进行重点补偿。三是创新河湖管理与保护制度。出台《江西省实施“河长制”工作方案》，建立由省委书记担任省级“总河长”、省长担任省级“副总河长”，党政四套班子7位省领导分别担任省级“河长”的领导小组，构建省、市、县、乡、村五级“河长制”组织体系，全面加强河湖管理与保护。四是完善考核评价体系。修改完善市县科学发展综合考核评价方案，突出生态文明建设导向，进一步提高生态文明类考核评价指标权重。五是探索打造全省“生态云”综合信息管理平台，选择有条件的市县开展试点。六推进水土保持生态环境建设。依据江西省实施《中华人民共和国水土保持法》办法，探索市场机制和政府作用相补充的水土保持运行机制，进一步强化水土保持审批事中、事后监督管理和水土保持监测、技术评估能力建设。加快水土保持示范建设，确定2个国家级水土保持生态文明县，6个国家级水土保持科技示范园区，推进赣州市全国水土保持改革试验区建设。

【开展生态补偿脱贫工作】 按照“生态补偿脱贫一批”的思路，坚持“两个倾斜、一个提高”的原则（即全省生态补偿资金在体现生态地位的同时，尽可能向贫困地区倾斜，尽可能向贫困人口倾斜，提高贫困人口参与度和受益水平），对生存条件差但生态系统重要、需要保护修复的贫困地区，结合生态环境保护和治理，探索出一条符合江西实际、体现江西特色的生态脱贫新路。同时，开展光伏扶贫工程，因地制宜建设乡村级、县级光伏电站，使贫困人口获得资产性收入；发展油茶精准扶贫，打造全国知名茶油品牌。开展生态移民。将生态移民与城镇化相结合，出台一系列扶助政策，整合移民扶贫、新农村建设、土地增减挂、农村危房改造、交通、水利、教育、民政、农业、林业等涉农及社会资金，统筹用于整体移民搬迁扶贫。“十二五”全省累计生态移民20.9万人。

【推进农村产权制度改革】 完成农村土地承包经营权确权登记颁证工作，被列为2015年全国9个整体推进试点省之一，并由农业部将“江西工作法”向全国推广。省、市、县三级启动农村集体产权制度改革试点工作，余江县被确定为全国农村集体产权制度改革试点县。推动安义县等已获批的10县（市）农村承包土地经营权抵押贷款试点，推动全省农村土地承包经营权抵押贷款试点。深化林业改革。在全国率先启动以促进林地流转为主线的改革，探索推行实施林地经营权流转证制度，新增20个县（市）开展林地流转试点，在全国率先建立省、市、试点县、乡、村五级林权流转管理服务体系，推进崇义等6县商品林采伐改革试点工作。在全国率先完成国有林场改革试点并高分通过国家验收。江西国有林场改革得到国家部委的充分肯定和高度评价。

【推进生态文明建设】 开展节能宣传周、“6·15全国低碳日”“世界水日”“中国水周”等活动，推进生态文明教育进机关、进企业、进社区、进农村、进学校，营造崇尚生态文明的社会风尚。创建5个国家级生态县、228个国家级生态乡镇、11个国家级循环经济类试点和131个省级试点；推进昌铜高速生态经济带等建设；创建全省第一批16个生态文明先行示范县。利用各类媒体、活动中心、专题画刊、巡回宣讲等多种形式，开展生态文明先行示范区建设系列宣传活动，推介“江西生态名片”，树立“生态示范，江西先行”良好形象，凝聚建设生态文明、促进绿色发展的共识。

（王锐）

鄱阳湖生态经济区建设

【概　况】 2015年，鄱阳湖生态经济区建设和昌九一体化发展实现阶段性目标，鄱阳湖生态经济区规划确定的13项主要指标基本实现预期目标。环鄱阳湖生态林带基本建成，全省Ⅰ～Ⅲ类水质断面达标率81%，区域生态环境质量继续位居全国前列，初步形成生态与经济协调发展的新模式。昌九一体化的集合效应更加显现，初步核算，2015年昌九地区生产总值5950亿元，占全省的35.4%，比上年提高0.7个百分点；昌九地区财政总收入占全省的35.7%，提高1个百分点；固定资产投资占全省的36%，规模以上工业增加值占全省的34.2%，同比均提高0.2个百分点，昌九地区引领带动全省区域经济发展升级的动力持续增强。

【增强昌九一体化引领带动作用】 交通互联互通取得突破性进展。昌九大道一期工程（南昌上天岭至星子县关帝庙）建成通车；昌九高速“四改八”扩建工程开工建设，通远试验段完工。在开通南昌至永修139路公交的基础上，在九江设立南昌机场异地城市候机楼，每天开通九江至昌北机场间专线大巴30个往返，衔接昌北机场90%以上航班，使机场各项运输业务延伸至九江，实现航空运输与公路运输中转的有机衔接。水运方面，全长175千米的赣江南昌至湖口三级航道升级为二级航道标准，巩固和加密南昌水运港至九江港、外高桥货运班轮，其中南昌港与九江港每周4班接驳，初步形成昌九水运联动。加快南昌港和九江港建设，促进昌九港口一体化发展，九江港2015年完成货物吞吐量1.04亿吨，迈入亿吨大港行列；南昌港集装箱吞吐量首次突破10万标准集装箱，建成南昌龙头岗综合码头一期工程。航空方面，江西航空有限公司组建成立，12月14日首架飞机落户昌北机场主营运基地，完成首次验证飞行。公共服务同城化深入推进。在基本实现通信同城化、金融同城化的基础上，科技、教育、社保、文卫、社会管理等公共服务同城化有序推进。实现两市大型科学仪器相互开放共享，两地企业和高校成立无人机产业、船舶装备产业等17家产业技术创新战略联盟。建立开放性学籍管理协调机制，两市流动人员子女接受义务教育享受本地居民子女入学的同等待遇，部分示范（骨干）高职院校与普通本科高校开展联合培养应用技术型本科人才试点工作。基本实现城镇医疗保险、新农合保险异地就医双向互通，全省统一的“多险合一”信息系统在九江等市加紧推广应用，昌九一体化就业公共服务平台共提供就业岗位近30万个。签订《昌九卫生一体化医学检验、检查结果互认服务协议书》，实现就医检验结果互认。依托“赣图大讲堂”和“赣图展览”资源，共享讲座联盟资源。两地迁移户口实行“一站式”办理，住房公积金贷款一体化已办理对方城市买房200余笔。产业协同发展取得新进展。两市依托比较优势，加强互补合作，在错位发展、协同发展上迈出新步伐。2015年，南昌市规模以上工业增加值1451.84亿元，服务业对全市经济增长贡献率达51.8%，红谷滩全省金融商务区新增入驻各类金融机构和服务企业41家。九江市规模以上工业增加值增速居全省第一，石油化工、钢铁有色冶金、现代轻纺、电力新能源四大千亿产业主营业务收入突破2500亿元。重大平台建设取得明显成效。南昌临空经济区启动临空经济综合立体交通枢纽规划编制工作，临空经济区金山大道和金水大道通车。引进深圳欧菲光、海派通讯智能手机、鸿利光电等一批高端产业项目，集成化引进顺丰、圆通、中通等国内快递物流业龙头企业，签约落户亿元以上项目总投资近200亿元，临空型产业体系加快集聚。南昌综合保税区获批设立，同步完成地块征地拆迁工作。共青先导区引进汉能光伏、江中食疗等项目65个、总投资500多亿元，全部建成达标。先导区纺织服装企业达270多家，国家级品牌5个，自主品牌数量占江西省70%以上。打响全国私募基金创新论坛品牌，私募基金园区入园企业660家，认缴规模超260亿元。赣江新区建设总体方案和5个配套要件已经上报，国家发改委会同江西省对总体方案进行修改完善。

【产业板块初步形成竞相发展格局】 一是南昌打造核心增长极持续发力。高新技术产业和战略性新兴产业快速壮大，C919大型客机前机身大部段下线，南昌欧菲光光电子产品生产项目、江西五十铃十万辆整车项目（一期）运营投产，中国北车江西轨道交通产业基地填补江西省轨道交通装备产业发展空白。全省电子商务相关交易额1080亿元，新增省级文化产业基地2个。入围全国首批小微企业创业创新基地城市示范。二是九江沿江开放开发步伐加快。沿江区域实施重大产业项目161个，总投资超1310亿元，累计完成投资605亿元。九江石化油品质量升级、瑞智机电等竣工投产。九江石化智能工厂列入全国试点，永修云硅创建全国首家有机硅产品电商平台。九江市规模以上工业增加值增长9.9%。中心城区实施城建项目187个，完成投资158亿元。九江港口岸扩大开放城西港区通过国家验收，城西港纳入全国启运港退税政策试点；获批进口粮食指定口岸，进境木材监管区建成运营。瑞昌获批国家知识产权试点城市，恒盛科技园获批国家知识产权试点园区，津晶城科技园获评国家级科技企业孵化器。三是其他区域产业板块都有新突破。景德镇的昌飞直升机总装园主体工程完工，陶瓷名坊园一期开园，华意压缩新建年产600万台压缩机项目一期竣工投产，成为全球最大家用压缩机制造商。新余在推动钢铁、光伏等产业改造提升的同时，发展光电信息、装备制造等新兴产业，聚集光电信息企业88家、装备制造企业59家。鹰潭铜产业有新突破，红旗铜业12万吨高性能铜产品精深加工等10个项目建成投产，新开工建设胜华集团22万吨铜杆等8个项目，内陆首家铜期货交割仓库开库运营。昌抚合作示范区总体规划发布实施，昌抚通信同城化于1月1日起实施。丰城市、樟树市列入全国“循环经济示范县”，高安市陶瓷企业全面建设尾气除尘脱硫设施，新干县盐化工业城循环经济试点稳步推进。鄱余万加快建设现代农业示范区，鄱阳湖生态水产品大市场、鄱阳湖生态旅游产业园、赣东北（余干）现代物流园等项目建设快速推进。

【推进重大基础设施建设项目】 一是重大交通项目快速推进。武九客专、九景衢铁路、昌吉赣客专分别完成总投资50%、48%和5%，昌九客专、昌景黄铁路初步纳入国家规划。建成南昌至樟树高速公路改扩建、南昌至九江高速公路改扩建工程通远段、南昌至宁都、金溪至抚州、南昌至上栗等5条高速公路。续建都昌至九江高速都昌至星子段、南昌至宁都高速南昌连接线、南昌南外环、上饶至万年、东乡至昌傅高速公路等5个项目。建成南昌、南昌西等2个综合客运枢纽项目，续建抚州客运综合枢纽。二是重点水利工程稳步建设。浯溪口水利枢纽工程累计完成投资16亿元，赣江新干航电枢纽开工建设。廖坊灌区二期工程、鄱阳湖蓄滞洪区安全建设、鄱阳湖五河尾闾疏浚、鄱阳湖单退圩堤加固整治、鄱阳湖重要堤防除险加固、赣抚下游尾闾综合整治等重大项目前期工作加快推进。三是能源保障能力增强。抚州大唐电厂机组首次并网成功，进入带负荷试运行；江西煤炭储备中心码头建成投运，湖口LNG储备调峰项目一期储罐主体建设完成，抚州—南城—黎川段天然气管网支线工程建成通气，500千伏大唐抚州电厂送出线路工程竣工投产。神华九江电厂、汉能太阳能光伏年产600兆瓦柔性铜铟镓硒项目、中电投新干风电项目、中电建五老峰风电项目等开工建设。四是信息基础设施建设大幅推进。南昌等国家智慧城市试点和鹰潭等国家信息惠民试点城市建设深入推进，“智慧昌九”、无线城市、宽带城市、下一代互联网示范城市、通信4G工程取得重大进展。建成昌九电子口岸平台，实现昌九各口岸（作业区）、出口加工区、保税物流中心之间卡口物流监管数据交换和共享。

【加强生态环境保护】 环鄱阳湖生态林带建设扎实推进。鄱阳湖生态经济区完成植树造林10万公顷、森林抚育26.67万公顷，出台《关于实施低产低效林改造提升森林资源质量的意见》，推进低产低效林改造。南昌、宜春创建“国家森林城市”。编制《江西省湿地保护工程规划》，湿地保护纳入对各市县的考核考评。鄱阳湖国家湿地公园被授予国家“生态旅游示范区”，创建德安隆平、星子星湖湾、都昌北鄱阳湖、湖口洋港等6个省级湿地公园，总面积1.3万公顷。编制江西省水生态文明建设规划，构建四级联动水生态文明建设体系，推进南昌、新余等全国水生态文明城市试点工作，开展水生态文明县、乡（镇）、村建设。制定《江西省入河排污口监督管理实施细则》，组织对重点入河排污口进行复核，在上饶、鹰潭、瑞昌等市、县开展入河排污口设置审批。开展入河排污口信息统计试点，对首批50个重点入河排污口信息进行登记。实施昌九大气污染联防联控。昌九地区7个国家减排目标责任书项目均已完成；21个国家大气污染限期治理脱硫除尘改造项目完成19个，其余2个项目（九江赛得利化纤1#、2#锅炉烟气脱硫项目）正在进行设备安装，且企业已承诺在脱硫项目建成投运前锅炉绝不启用。节能降耗完成目标任务。全省六大高耗能行业增加值占全省工业比重的38%左右，下降1个百分点以上。

【拓展区域发展空间】 一是初步建立对接合作机制。推动国家发改委与江西省签署全国第二个委省协同机制合作框架协议，推动与湖南、湖北签订长江中游城市群战略合作框架协议。加入长三角区域市场一体化机制，在检验检疫、打击侵权、住房公积金及医保互认等方面开展合作。南昌市与武汉、长沙、合肥等长江中游省会城市签署《武汉共识》《长沙宣言》《合肥纲要》，共同打造“中三角”。九江市与湖北省黄冈市、安徽省安庆市合作，谋划建设赣鄂皖沿江协作区，研究制定《赣鄂皖沿江协作区框架协议》。莆抚口岸大通关和现代物流业发展达成框架协议，抚州与向莆沿线间旅游合作、经贸交流合作日益密切。修水县纳入到赣湘边开放合作试验区范围，修水县与赣湘边9县（市）签署《湘赣边区域开放合作"畅行秋收起义路融入长江经济带"备忘录》，就加强交通基础设施对接达成共识；与湖北省通城县、湖南省平江县达成"通平修合作示范区建设共识"。二是项目建设和经贸合作取得进展。优先推进融入长江经济带综合立体交通建设重大项目19项，参与"一带一路"建设重大项目26项，参与长江中游城市群建设重大项目和事项83项。制定对接融入"一带一路"战略鼓励江西省企业参与国际合作的工作方案，鼓励引导昌九地区企业参与对外农业合作、海外能源资源勘探开发、海外基础设施建设。安排38个"一带一路"沿线国家展会，组织300多家企业赴沿线国家开展经贸合作、开拓国际市场。组织区内工业园区参加上海举办的"长江流域园区与产业合作对接会"推动南昌国家高新技术产业开发区和九江赤湖工业园区加入长江流域园区合作联盟，成为首批会员。

【重点领域改革取得突破】 一是先导区体制机制改革快速推进。南昌临空经济区率先在全省全面推行人事制度改革，人事管理由"身份管理"向"岗位管理"转变。推进PPP投融资模式，发起设立首期规模5亿元的临空创新股权投资基金。共青先导区全面落实省直管县改革试点政策，推进"大部制"、金融创新、城乡统筹、扩权强镇等改革试点，不动产统一登记试点由省级试点上升为国家级试点，成为全国实施不动产统一登记制度的19个县（市）之一，全国综合行政执法体制改革试点任务基本完成。二是生态文明制度创新快速推进。编制《江西省生态空间保护红线区划》和《江西省生态空间保护红线管理办法》，明确生态空间保护红线的划定原则、区域范围、管理主体、保护措施等。出台《江西省流域生态补偿办法》，在全国率先实现全境流域生态补偿。加大生态功能区的转移支付力度，对省级自然保护区实施奖励政策，建立"五河"和东江源头生态保护区奖励机制。创新河湖管理与保护机制。出台《江西省实施"河长制"工作方案》，构建省、市、县三级"河长"组织体系，星子县和靖安县列入全国首批河湖管理与保护体制机制创新试点县。鄱阳湖自然保护区列入国家湿生态补偿政策试点，新余市资源枯竭型城市转型试点政策顺利延期，鹰潭市、南昌市纳入国家环境污染第三方治理试点等。三是推广上海自贸区制度创新经验。参与长江大通关体制建设，实现与长江经济带通关一体化的互联互通。长江经济带检验检疫一体化优惠政策在九江口岸实施，九江出口货物在江苏、浙江、上海口岸出境可直接放行和无纸化通关。深化落实商事制度改革，探索实施营业执照、组织机构代码和税务登记证"一表登记、三证合一"的登记制度。放宽企业住所（经营场所）登记条件，放宽企业经营范围核定条件，优化登记方式、简化登记程度，构建"宽进严管"的市场环境。实施关检"一次申报、一次查验、一次放行"。

（付桂生　王晶　盛小平）

赣南等原中央苏区振兴发展

【概　况】 2015年，赣南等原中央苏区加快振兴发展，基本实现阶段性目标。国家发改委牵头召开部际联席会第三次会议，省委、省政府召开领导小组会第四次会议、对口支援工作座谈会。3次组织赴京对接"十三五"规划。省委、省政府出台《关于着力推动赣南等原中央苏区加快发展的意见》等3个文件。开展《国务院关于支持赣南等原中央苏区振兴发展的若干意见》实施情况评估。强化对议定事项的跟踪问效，定期调度苏区产业集群、重点企业、重点平台、重大产业项目，及时发现问题、及时解决问题。组织国内各大媒体走进赣州集中宣传、专题采访。推进农村承包土地经营权和农民住房财产权抵押贷款试点，赣州市率先开展农民住房财产权抵押贷款试点，发放全国第一本林权类不动产权证，组建全省首家金融资产交易中心、首家金融智库、首家网络小额贷款公司和首家商业保理外资金融服务机构。加快推进国家批复的35项试点示范事项，低丘缓坡荒滩等未利用地开发利用和工矿废弃地复垦利用试点、部省共建教育改革发展试验区、国家公共文化服务体系示范区等一批示范试验事项取得较好成效。赣州市引进深圳前海股权交易中心在广东省外设立首家办事处，并设立南康区服务基地，支持家具产业直接融资。

【突出民生问题基本解决】 实施农村危房改造22.65万户，赣州、吉安、抚州、鹰潭、新余等规划内农村人口安全饮水问题基本解决。完成农网升级改造投资24.7亿元，新建和改造农村公路8000千米，改造农村公路危桥146座。赣州市3.2万名年满60周岁的烈士子女享受国家定期生活补助政策，1.9万名年满60周岁农村籍退役士兵享受国家定期生活补助政策。赣州、吉安、抚州等3市累计改造校舍4.9万平方米、完成农村村小和教学点改造591所。赣州市每个乡镇新建公办中心幼儿园，单独面向赣州降分录取定向培养大学生600名。赣州、吉安市食品药品检验检测中心和龙南、瑞金区域性食品药品检验检测中心开工建设，基本实现每个乡镇卫生院都有1名全科医生的目标。推进产业扶贫、就业扶贫、搬迁扶贫、教育扶贫、保障扶贫、基础设施扶贫，苏区贫困人口由2011年的312.87万人减少到2015年的120万以下，累计减少60%以上。搬迁移民8.36万人，占全省的78.86%。

【做大做强特色农业】 6个国家级现代农业示范区加快建设，省级现代农业示范区达32个，赣南脐橙品牌价值位居全国农产品品牌价值榜首，吉安蜜柚跻身全省三大果业品牌。吉安全市形成"1+13"农业科技园体系，县县均规划建设1个核心区面积133.33公顷以上的农业科技示范园。

【先进制造业加快发展】 赣州市国家离子型稀土资源高效开发利用工程

技术研究中心建成运行,中国南方稀土集团成立运营,国家钨和稀土新材料高新技术产业化基地获批,钨和稀土产业主营业务收入迈入千亿元行列。吉安市电子信息产业主营业务收入突破600亿元。抚州市有色金属、化工建材、机电汽车等产业主营业务收入均超过200亿元。

【发展现代服务业】 赣州市成为全国12大重点红色旅游区之一,聚集各类金融机构172家,成为赣粤闽湘4省周边9市中金融机构最多的设区市。吉安市率先启动民间资本管理创新试点,实现村镇银行和农信社改制农商行县域全覆盖。赣州南康家具市场、新余高新区电子商务产业园获批第二批"国家电子商务示范基地"。

【推进重大平台建设】 抚州、赣州、吉安3个高新技术产业园区升级为国家级高新区;《瑞兴于经济振兴发展试验区建设规划》《吉泰走廊"四化"转型发展示范区规划》和《上饶高铁经济试验区发展规划》批复印发。赣州综合保税区一期建设通过国家联合验收组验收。全国内陆首个进境木材国检监管区——赣州进境木材国检监管区建成运营。省政府出台政策,在融资、土地、纳税、创新、试点等方面对30个重点平台予以专门扶持。总规模300亿元的赣南苏区振兴发展产业投资基金成立,引进首期基金30亿元投入产业和平台设施建设。举办赣南等原中央苏区产业平台投融资培训班和项目洽谈对接会,洽谈对接项目196个,现场签约资金14.55亿元。赣州经济技术开发区、龙南经济技术开发区、瑞金经济技术开发区、井冈山经济技术开发区共新增开发面积386.67公顷,规模以上工业增加值301亿元,主营业务收入增速平均达10.35%以上。赣州、吉安、抚州3个高新技术产业开发区新增高新技术企业17家,赣州综合保税区落户企业13家。吉泰走廊新引进亿元项目137个。赣州、吉安旅游扶贫试验区建设规划批复实施,赣州大余丫山乡村生态园创评江西省首个5A级乡村旅游点。

【强化基础设施建设】 赣龙铁路扩能改造工程建成运营,昌吉赣客专和蒙华煤运通道开工建设,赣深客专和吉永泉铁路完成预可研审查。江西省首个公路口岸作业区——定南公路口岸作业区建成运营,赣州(吉安)至厦门海铁联运"五定班轮"开行。建成南昌至宁都、金溪至抚州、寻乌至全南、昌樟高速改扩建等4个高速项目,原中央苏区实现县县通高速。赣州黄金机场、井冈山机场改扩建工程开工建设,瑞金机场选址获批复。赣州东(红都)500千伏输变电工程投入运营。樟树—吉安—赣州成品油管道建成投产,西气东输三线东段(吉安—福州)工程江西境内管线基本建成。大唐抚州电厂一期工程1×100万千瓦机组投产发电,500千伏抚州电厂送出线路工程、500千伏抚州2号主变扩建工程竣工投产。峡江水利枢纽工程9台机组并网发电。赣州市209个小(2)型病险水库加固完工;莲花寒山、寻乌太湖水库开工建设。完成65个中小河流治理项目。

【加强生态文明建设】 安排中央预算内苏区造林计划3.12万公顷。赣州市综合治理稀土矿山8.78平方千米,完成矿山复绿523公顷。赣南危险废弃物处置中心获批建设。完成水土流失综合治理1176平方千米。赣州经济技术开发区国家循环化改造示范建成示范项目19个。大余、崇义、章贡区、赣县等县(区)2015—2017年度重金属污染防治项目获中央专项资金4亿元。井冈山经济技术开发区获批国家园区循环化改造示范试点。推进东江源国家生态补偿试点工作,执行《江西省流域生态补偿办法(试行)》,落实境内河流湖泊"河长制"。继续推进赣州水土保持改革。

【52个中央国家机关及有关单位对口帮扶成效明显】 52个中央国家机关及有关单位相继出台68个对口支援工作实施方案或意见,构建人才、技术、政策、项目相结合的对口支援工作格局。明确或落实到位的各类援助政策412项、项目165个,筹集产业项目和民生保障资金60多亿元。共接受受援地75名干部到部委挂职锻炼,举办各类培训班153批次、培训9800多人。第一批52名对口支援挂职干部扎根基层,开展了大量卓有成效的工作,帮扶格局基本形成。

(江东灿　吕瑞林)

罗霄山片区区域发展与扶贫攻坚

【概　况】 2015年,罗霄山片区将脱贫攻坚作为"第一民生工程",按照扶持对象精准、项目安排精准、资金使用精准、措施到户精准、因村派人精准、脱贫成效精准的要求,建立精准扶贫台账,继续发挥好中央国家机关及有关单位对口支援、省级领导"四个一"组合式扶贫等机制,实施发展生产脱贫一批、易地搬迁脱贫一批、生态补偿脱贫一批、发展教育脱贫一批、社会保障兜底一批"五个一批"工程,取得良好成效。至年底,全省片区县贫困人口由2010年的208万人减少到86万人;贫困发生率由2010年的28.57%,下降到10.8%。

【完善基础设施建设】 交通基础设施。赣龙铁路复线竣工通车,昌赣客专全线开工,赣深客专完成可研审查,吉永泉铁路完成前期工作。2015年,共安排47.7亿元补助资金(中央资金32.2亿元,省级资金15.5亿元),用于罗霄山片区公路交通基础设施建设,行政村公路硬化率100%,自然村通路、通电率均100%。投入11.73亿元用于片区兴国至赣县、南昌至宁都等高速公路建设,建成寻乌至安远段、南昌至宁都高速公路,大广、济广和寻全高速公路等出省"断头路"全部打通。投入10.1亿元资金用于罗霄山片区普通国省道升级、路面改造建设和灾毁恢复重建。其中,升级和路面改造建设413.6千米,灾毁恢复重建140.7千米。投入10.7亿元资金用于片区农村公路建设。其中,安排约3.36亿元用于建设片区25户以上自然村水泥路3370千米;安排3.54亿元用于片区县道升级改造建设,安排3.1亿元用于片区国有农林场、客运网络化联通工程等其他农村公路建设;继续争取到国家2亿元专项资金用于支持安远县交通建设。能源项目建设。华能瑞金电厂二期扩建工程开工建设，瑞金红都500千伏、宁都至瑞金220千伏输变电线路、上犹黄埠220千伏及赣县双龙等5项110千伏输变电新建工程投运，会昌磊鑫20兆瓦农光互补光伏发电项目建成并网，赣州西500千伏输变电工程列入国网省电网规划。水利项目建设。安排省级以上投资3.74亿元，用于莲花寒山水库、寻乌县太湖水库等2座中型水库建设及万安县枫树坪等8座抗旱小型水库建设；安排0.81亿元用于片区202座病险水库和1座大型病险水闸除险加固；安排0.58亿元用于瑞金城市防洪等6个五河治理防洪工程新建(加固)堤防16千米建设；安排1.67亿元，用于片区39个中小河流治理项目294.3千米河长治理。

【推进产业发展】 安排产业扶贫专项资金5.21亿元(中央1.61亿元、省级财政3.6亿元)，用于片区主导产业加快发展；拨付新农村建设资金2.68亿元，用于片区贫困村村庄整治；拨付省级扶贫资金0.8亿元，用于扶贫移民搬迁；拨付就业扶贫资金0.68亿元，用于“雨露计划”就业培训。安排落实各类农业项目及补贴资金15.1亿元(中央资金13.5亿元、省级资金1.6亿元)，推进罗霄山片区现代农业发展。区域内粮食总产量365.5万吨，占全省17%，增长4.4%；平均每亩单产400.2千克，超全省平均数14.6千克，增长7.1%。蔬菜产量271.9万吨，增长32.6%；果业总产109.3万吨；肉类总产73.1万吨；水产品产量27.4万吨。建设蔬菜、果业、水产、畜牧等标准化示范园114个。省级以上龙头企业105家，年销售收入120.3亿元，增长7.5%，直接带动农户近65万户，“三品一标”农产品204个，增长25.6%。建立省级以上现代农业示范区8个，其中国家级1个，省级7个，初步建成现代农业示范园区24个，建设面积7.13万公顷，累计投入34.6亿元，入园企业415家，吸纳就业人数5万余人。《吉安市国家旅游扶贫试验区规划》获批。帮助指导赣州市创建国家5A级旅游景区1处、国家4A级旅游景区2处。井冈山—北武夷山列入世界遗产预备清单。井冈山被列为首批“国家全域旅游示范区”，同时被授予“中国研学旅游目的地”称号，成为全国首批、江西省唯一的“中国研学旅游目的地”城市。

【加大民生工程投入】 2015年，片区县投入专项扶贫资金11.68亿元(中央7.06亿元，省级4.62亿元)，增长35.66%。改造农村危旧土坯房14.75万户(国家计划9.67万户、省提前实施计划5.07万户)，为2014年改造任务7.23万户的2.03倍；安排补助资金19.15亿元(中央7.97亿元、省级9.7亿元、县级1.47亿元)，增加9.62亿元。安排国家以工代赈1.38亿元，建设农村贫困地区乡村道路、农田水利、人畜饮水、小流域治理等中小型基础设施项目，其中以工代赈示范工程36个、支持新农村点建设217个。安排罗霄山片区28个县(市、区)省级以上水利投资17.29亿元(中央投资12.75亿元、省级投资4.54亿元)。省级以上水利投入增加2.22亿元，增幅15%。安排省级以上投资1.32亿元，解决21.9万农村居民和7.18万学校师生的饮水安全问题；安排农饮水质检测中心建设省级以上投资0.15亿元，解决农村供水水质达标检测，确保饮水供水安全。安排中央投资3.34亿元，新增治理水土流失面积372.1平方千米；安排0.85亿元，用于山洪灾害防治、防汛、农村水电建设项目建设。

【发展公共服务事业】 教育事业方面，投入资金18.1亿元，组织实施学前教育3年行动计划、农村义务教育薄弱学校改造计划、农村义务教育学校标准化建设工程、特岗教师计划等一批教育项目。安排2.30亿元，用于实施学前教育资助、义务教育寄宿生补助、普通高中国家助学金、高考入学政府资助金、中职国家助学金和免学费等政策，其中受助幼儿1.66万人，家庭经济困难学生7.10万名，普通高中学生3.33万人，贫困家庭大学生4751名，中职学生3.90万人。实施“特岗”计划，为片区县招聘补充特岗教师2036人；实施“三区”人才支持计划，选派802人次教师赴当地农村中小学支教；实施农村中小学教师培训计划，为片区培训中小学教师2.66万人次。安排中央资金6.96亿元，使86万名农村义务教育学生按每人每天4元标准享受营养膳食。医疗卫生事业方面，下达各类资金33.11亿元(中央23.05亿元，省级10.06亿元)。其中基本药物制度、乡医补助、乡医养老生活补贴、艾滋病防治、中医专项等卫生专项资金6.91亿元，新农合资金25.47亿元，“失独家庭”扶助、农村二女家庭奖励扶助等计划生育专项资金0.73亿元。下达投资4.06亿元，扶持片区卫生计生项目建设246个。民政事业方面。投入各类民政服务对象生活保障资金26.9亿元。全年累计救助困难群众21.7万人次，其中，住院救助5.8万人次。下拨救灾资金1.71亿元，实施灾后民房恢复重建9840套。投入各类民政公共服务项目建设资金1.8亿元，实施“三院”、居家养老服务中心、幸福院、农村老年颐养之家、社区服务中心、救助管理站、婚姻登记场所等项目540余个，吉安市社会福利中心、安远县社会福利中心等项目投入使用，赣州市社会福利中心等项目通过公开招标实现公建民营。

【加强生态环境保护】 落实中央和省财政环保专项资金5.3亿元，主要用于江河湖泊治理与保护、“五河”及东江源头保护区生态环境保护、农村节能减排、传统村落保护等。帮扶片区农村生活污水、生活垃圾等6个重点方面开展环境治理，争取到中央下达赣州陡水湖水污染防治专项资金2000万元，井冈山大鲵成功申报省级自然保护区，开展罗霄山区域环境监测站能力建设。

(王炜)

本栏编辑 游桃琴

农　业

综　述

2015年，全省各级农业部门完成各项工作既定目标任务，全省农业农村经济延续持续向好的态势，成为全省经济社会发展的突出亮点。

主要农产品获得好收成。全省粮食总产2148.7万吨，增加5.2万吨，增长0.2%，再创历史新高。肉类355.1万吨，基本持平；禽蛋59.6万吨，增长3.1%；蔬菜1359.1万吨，增长3.6%；水果450.3万吨，增长8.6%；水产品450.3万吨，增长8.6%；茶叶5.2万吨，增长10%。

农村改革走在全国前列。开展确权登记颁证"百日大会战"活动，基本完成确权登记颁证任务。全省颁证到户率93.5%，颁证面积228.35万公顷。农业部把江西省列为全国9个整省推进试点省之一，新华社发表3篇长篇通讯介绍和推广"江西经验"。

现代农业园区建设创造新模式。实施"百县百园"工程，创新提出"四区四型"（四区：农业种养区、农产品精深加工区、商贸物流区和综合服务区，四型：绿色生态农业、设施农业、智慧农业和休闲观光农业）建设新路径，重点打造凤凰沟、青原区、丰城市、乐平市、永修县等5个重点园区。全省已创建国家级现代农业示范区11个、省级现代农业示范区66个，建设初具规模的示范核心园105个，带动全省75个集群发展，其中产值超100亿元的集群4个、超50亿元的集群10个。

农业品牌创建取得新突破。启动茶叶品牌整合工作，整合资金1亿元，重点支持"四绿一红"品牌建设（"四绿一红"：狗牯脑、婺源绿茶、庐山云雾、浮梁茶、宁红茶）。12月16日开始，在央视一套、央视十三套，江西卫视开播"江西茶 香天下"的茶叶广告。

智慧农业建设领跑全国。创新提出"123＋N"的江西智慧农业建设路径，在全国率先整省推进智慧农业建设。江西农业数据云、农业指挥中心、农业咨询中心、电子商务平台、农业物联网云平台、农产品可追溯平台等均已上线试运行。加快推动农产品电子商务发展，农产品电子商务交易额190亿元，增长180%。

农业金融创出"江西经验"。会同省委农工部、省财政厅等部门，创新开展"财政惠农信贷通"融资试点，累计批复信贷计划125.3亿元，受益主体4.26万户；扩大农业政策性保险险种，承保险种10个，基本涵盖农业主要生产领域；做大做强省农业产业化龙头企业担保责任有限公司，累计担保总额46.4亿元；推进省农业产业化龙头企业在"新三板"挂牌上市，新增上市企业7家，总数达15家。

农业对外开放步伐强劲。加快融入"一带一路"发展战略，在境内外举办5场现代农业专题招商活动，全年农业招商合同引资539亿元、增长33%，实际进资176亿元、增长12%；推动江西农业走出去，在境外投资农业企业28家，投资额10亿美元。全省农产品出口额9.3亿美元，远销140多个国家和地区。

绿色生态农业发展取得新成效。推广绿色植保和统防统治面积277.33万公顷、增加85.33万公顷，农药用量减少20%以上；推广测土配方施肥技术面积454.95万公顷、增加20.53万公顷，减少不合理化肥用量9.7万吨。新制定各类农业标准48项、增长10%，发展"三品一标"产品2902个、增长20.1%；主要农产品监测合格率98.5%，全省未发生一起重大农产品质量安全事件和区域性重大动植物疫情。

农民收入迈上新台阶。农民增收渠道拓宽，经营性收入不断增长，工资性和转移性收入比重大幅上升，在连续迈上9000元、1万元台阶基础上，2015年达1.11万元，增长10.1%，连续6年高于城镇居民收入增幅，增幅位居中部之首，全国第六位。

（黄大山）

种植业

【概　况】　2015年，全省种植业获得全面丰收，粮食总产创历史新高并实现历史性"十二连丰"。全省粮食播种面积370.56万公顷，增加8300公顷，增长0.2%；单产386.6千克/亩，增加0.1千克，增长0.02%。其中：水稻播种面积334.24万公顷，增加2866.67公顷，增长0.09%；产量2027.2万吨，增加1.8万吨，增长0.09%。全省经济作物播种面积142.64万公顷，增加8.74万公顷；总产2226万吨，增加211万吨；产值780亿元，增加30亿元。其中蔬菜播种面积（含西甜瓜、食用菌）67.5万公顷，产量1640万吨；水果总面积41.5万公顷，总产量450.3万吨；茶园面积9.3万公顷，茶叶产量5.2万吨；花卉苗木种植面积7万公顷，产值63亿元；中药材面积4.1万公顷，产值

15.6亿元。全省油料单产、总产连创历史新高,播种面积73.99万公顷,减少1540公顷,减少0.21%;油料单产111.69千克/亩,增加2.26千克/亩,增长2.07%;油料总产123.96万吨,增加2.25万吨,增长1.85%。其中:油菜籽播种面积54.50万公顷,产量73.94万吨;花生播种面积16.42万公顷,产量46.41万吨;芝麻播种面积3.07万公顷,产量3.61万吨。苎麻、蚕桑、糖料、烟叶等4个小宗经济作物保持基本稳定。其中,苎麻种植面积0.39万公顷,蚕桑种植面积1.46万公顷,烟叶种植面积2.68万公顷,糖料1.23万公顷。受棉价持续走低、植棉成本居高不下、效益持续下降等因素影响,棉花种植面积明显缩减。全省植棉面积8.11万公顷,减少3.3万公顷,减幅38.92%;棉产量11.52万吨,减少5.59万吨,减幅41.81%。

2015年,省级下达各类政策补贴资金44.5亿元。其中,种粮大户补贴试点资金1.5亿元,种植补贴类资金43亿元,包括水稻良种补贴资金7.75亿元,粮食直补和农资综合补贴资金35.05亿元,玉米良种补贴资金425.92万元,小麦良种补贴资金112.58万元,花生良种补贴资金1342.82万元。全省整合涉农基本建设资金40亿元左右,建设高标准农田24.67万公顷。

【推进高产创建和增产模式攻关】 2015年,全省落实粮油高产创建万亩示范片475个,其中水稻高产创建万亩示范片436个、油菜35个、花生4个;落实百亩绿色增产模式攻关示范片471个,落实"四控一减"(即:控土壤酸化、控地力下降、控化肥用量、控病虫损失、减农药用量)示范县15个。落实棉花高产创建万亩示范片10个,继续实施棉花轻简育苗移栽技术示范项目,示范面积606.7公顷。

【推进配套增产增效技术】 2015年,全省早稻集中育秧1.02万公顷,供应大田栽插26.67万公顷,有效解决早稻"倒春寒"和"烂种烂芽"等不利影响。示范推广"三控"绿色节本增效技术(即控肥、控苗、控病虫),开展农药化肥减量增产行动,实现化肥、农药用量"两个零增长"。因地制宜推广"早籼晚粳""双季双机插""双季双抛秧""双季双直播""一季稻+再生稻+油菜""双季稻+油菜"等高产高效耕作模式。

【开展农业防灾减灾工作】 省农业厅深入开展气象为农服务合作,实施面向新型农业经营主体的直通式气象服务。强化灾情预警预报,联合气象部门发布气象为农服务信息24期,下发农业防灾减灾紧急通知11个,指导采取有效防范措施。根据抗灾救灾需要,分2批下拨水稻救灾种子12万千克,下拨中央财政农业生产救灾资金6000万元。

【联合首创良种推介平台和微信服务平台】 首创良种联合推介平台,由省农业厅、省粮食局共同推介17个生产优势好、市场销路好的水稻优良品种。首创微信服务平台,由省农业厅、省气象局联合创建"江西微农"微信公共服务平台,及时向农户发布天气预报、灾害预警、病虫情报、农事指南等信息,着重解决农业气象服务"最后一公里"的问题。

【建设蔬菜产业集群】 全年共新建蔬菜标准化基地3100公顷,新增年产量200吨以上的食用菌生产基地2个,新增设施栽培面积666.67公顷,新建年出苗量1000万株的蔬菜集约化育苗中心15个。初步形成环南昌、乐平、永丰3个蔬菜产业集群,其中环南昌蔬菜产业集群有蔬菜基地面积2万公顷,乐平蔬菜产业集群有蔬菜基地面积1.33万公顷,永丰县蔬菜产业集群有蔬菜基地面积3万公顷。同时其他特色蔬菜也得到快速发展,黎川茶树菇4000吨,广昌白莲1.27万公顷,瑞昌山药666.67公顷,初步形成黎川茶树菇、广昌白莲、瑞昌山药等特色蔬菜产业集群。

【提升果品标准化】 全年新开发标准橘园3460公顷,提升柑橘园0.51公顷,新建(改建)柑橘无病毒良种繁育场及良繁推一体化基地3个,新建柑橘采后商品化处理生产线13条、贮藏能力12万吨。全年共有梨园4.13万公顷,52.6万吨;葡萄园1.25万公顷,21.4万吨;猕猴桃园5200公顷,5.9万吨。"赣南早脐橙"和"龙回红脐橙"2个脐橙品种和"赣猕6号"猕猴桃品种通过品种认定。

(李明　邹剑)

茶产业

【概　况】 2015年,全省茶产业规模、产量和效益同步增长。全省茶园面积9.3万公顷,增长10.9%;全年干毛茶总产量5.2万吨,增长10%;全年干毛茶总产值42亿元,增长6.1%。通过标准生态茶园建设,无性系茶园面积增加1万公顷,占比由62.6%上升到67.3%;有机茶面积增加3933公顷,占比由24.6%上升到26.4%。无公害茶叶产品27个,茶叶类绿色食品产品数9个。茶叶类有机食品产品68个。

【推进茶叶品牌整合工作】 5月,省政府办公厅印发《关于推进全省茶叶品牌整合的实施意见》,提出以"品牌核心、政府推动、市场运作、企业主体、优胜劣汰"为原则,以区域品牌整合为基础,集中力量扶持引导,自下而上开展整合,力争通过5年努力,打造1~3个全国茶叶知名品牌。6月,省农业厅组织召开江西茶叶省级重点整合品牌评审会,精选"四绿一红"(狗牯脑、婺源绿茶、庐山云雾茶、浮梁茶、宁红茶)5个茶叶品牌,纳入江西茶叶省级重点整合品牌。省农业厅牵头成立江西茶叶品牌整合工作协调小组,统筹协调全省茶叶品牌整合工作。协调小组由省农业厅、省发改委、省财政厅、省工信委、省国土厅、省林业厅、省商务厅、省金融办、省工商局、省质监局、省食药监局、省电力公司等12家省直相关单位组成。8月,组织召开全省茶叶品牌整合工作动员会,对5个重点品牌下一步工作作具体部署。省级财政统筹整合相关涉农资金1亿元,专项支持茶叶品牌整合。省级专项资金主要从品牌主体建设、宣传营销两方面对省级重点整合品牌进行扶持。品牌主体建设主要扶持品牌主体创新研发、标准制定和质量监管、标准生态茶园新建、低产茶园改造、加工设备升级等。宣传营销主要是统一组织省茶叶重点品牌宣传营销推介工作，包括媒体广告、茶事活动、电子商务等活动。

【多渠道宣传“江西茶 香天下”】 2015年，省农业厅以“江西茶 香天下”为主题开展茶叶品牌宣传推介活动。7—8月，通过在搜狐网、江西卫视、《江西日报》《江西手机报》、江西农业信息网等多种媒体发布征集公告，征集2000多条江西茶叶总广告语和各品牌分广告语。分别评选出江西茶叶总广告语及各品牌分广告语一等奖各1条，二等奖各2条，三等奖各3条。确定“江西茶 香天下”为省茶叶宣传总广告语。统一策划拍摄“江西茶 香天下”主题广告，自12月16日开始在央视一套和十三套的《朝闻天下》广告时段（每天约6:30和7:35）同时播出，并在江西卫视《江西新闻联播》前广告时段（每天约18:28）播出。10月，在九江举办“一带一路”与中国茶业发展高峰论坛，同时组织省茶叶企业参加石家庄茶博会、江西卫视观众节、福州农交会、第十一届江西鄱阳湖绿色农产品（上海）展销会等多场茶博会。

（车洪杰）

林 业

【概 况】 2015年，全省完成造林和人工更新面积14.69万公顷，森林蓄积量增至4.95亿立方米。全年林业总产值3063.02亿元，增长15.4%。其中，第一产业980.15亿元、第二产业1460.86亿元、第三产业622.01亿元，分别增长13.9%、13.0%和24.0%，产值比重由上年的32:49:19调整到32:48:20，产业结构不断优化。全省生产商品材232.16万立方米、大径竹1.86亿根、小杂竹15.37万吨，生产木竹加工产品6931.16万立方米、林产化工产品32.66万吨、各类经济林产品532.54万吨。

全省有省级林业龙头企业355家，其中江西仙客来生物新科技有限公司等9家企业为首批国家林业重点龙头企业。形成以南康、广丰、瑞昌为代表的家具产业集群，以奉新、宜丰、铜鼓为代表的竹产业集群，以金溪、吉水为代表的香精香料产业集群。新认定江西绿源油脂实业有限公司等25个基地为江西省2015年森林食品基地，总面积3726.73公顷，增加2399.87公顷。举办中国（赣州）第二届家具产业博览会和首届南康家具网上博览会，成交额15.2亿元，比首届家具产业博览会增长50.2%；南康家具产业产值突破900亿元，成为国内四大家具产业集群地之一。举办第二届中国中部（九江）红木家具博览会。组团参展2015年中国森林食品交易博览会、第十一届中国林产品交易会、第八届中国义乌国际森林产品博览会。全国内陆首个进境木材国检监管区——赣州进口木材国检监管区直通运营建成并投入使用；瑞昌市九江进境木材监管区投资1.5亿元，建成并通关运行。江西远泉林业股份有限公司、抚州苍源中药材种植股份有限公司、江西康替龙竹业有限公司获准挂牌上市。江西山村油脂食品有限公司入选“2015年度全国食品安全管理创新二十家案例”，获2015年度“中国食品安全年会突出贡献奖”和“全国科普惠农兴村先进单位”称号。“得尔乐山茶油”品牌被评为中国林业产业诚信企业品牌。江西省林产工业协会更名为江西省林业产业联合会。

全省竹产业产值322.31亿元，增长9.6%。全省竹林面积98.6万公顷，竹林资源总量居全国第二位。全年完成毛竹低产林改造9.73万公顷。全省有省级竹业龙头企业59家，其中26家进入中国竹业龙头企业百强，5家获评全国竹胶板名牌企业。省财政下达竹类特色产业项目资金1亿元，扶持崇义等26个毛竹重点县完成毛竹低产林改造6.55万公顷、笋材两用林基地建设2507公顷，竹林经营道路建设2754千米。

全省林木育种育苗产值69.76亿元，增长5.9%。全省林木育苗面积8.89万公顷，采集种子237吨，生产苗木14.70亿株。全年林木种苗投资5152万元（含中央和省级良种补贴4518万元）。建设国家级重点林木良种基地10个，省级重点林木良种（采种）基地13个。开展林木种子生产经营许可证专项清理行动，清理生产经营许可证5356份，办理（含延续）林木良种生产、经营许可证各169份，注销林木良种生产、经营许可证各20份。全省花卉及其他观赏植物种植产值173.48亿元，增长22.0%。花卉种植面积5.17万公顷，生产切花切叶2.07亿支、盆栽植物8295.47万盆、观赏苗木3.19亿株、草坪1012.87平方米。全省有花卉市场415家、花卉企业1543家。

全省有陆生野生动物驯养繁殖或经营利用企业1103家，野生动物繁育与利用产值11.01亿元，增长25.7%。人工驯养繁殖雁鸭、雉鸡类野生动物列入国家标识化管理。出台《野生动物狩猎试点规定》，在武宁县等4县开展野生动物狩猎试点。全年办理野生动植物行政许可事项489起。其中，野生动物类行政许可232起，野生植物类行政许可257起。

全省森林公园接待游客6226.6万人次，森林旅游与休闲服务产业产值477.17亿元、增长26.2%，直接带动其他产业产值1326.67亿元。赣州市获“全国森林旅游示范市”称号，成为首批2个“全国森林旅游示范市”之一。庐山西海风景名胜区获评“全国十佳生态旅游示范景区”，明月山、三爪仑等8处国家森林公园创建为国家4A级旅游景区，陡水湖、铜钹山等7处国家森林公园创建为国家3A级旅游景区；江西环境工程职业学院获批国家3A级旅游景区，成为江西首家国家旅游景区高校校园。开展“2015年全省森林旅游宣传年”活动，发行2015年“江西风景独好 · 森林旅游”年票1万册，开展全省示范森林公园创建评选、森林旅游媒体采风、旅游精品特色线路推介和森林旅游专项主题活动。梅岭国家森林公园“中国（梅岭）国际都市森林休闲节”、三百山国家森林公园“生态旅游节”、陡水湖国家森林公园“赏枫节”、明月山国家森林公园“月亮文化节”、三爪仑国家森林公园“漂流文化节”等，成为江西森林旅游品牌。在《航空旅游》杂志开辟“江西森林旅游”专栏，举办中国福山——安福羊狮慕景区全国摄影大赛。征集江西森林旅游资源图片839幅，精选131幅参加2015年中国森林旅游节，获组委会通报表扬。

全省林下经济总产值179.14亿元，增长6.9%。全年生产森林食品

11.69万吨、产值46.98亿元,森林药材3.45万吨、产值20.89亿元。省财政厅下达林下经济发展专项资金1000万元,对全南、崇义等10个新一批省级林下经济发展重点县(市、区)各奖补100万元。

省林业厅围绕"创新创业科技惠民"主题,组建油茶咨询专家、科技服务特派员和市县科技服务指导员3支队伍,分别对接37个省级油茶示范基地和117个企业(大户),签订技术服务协议97份。组织开展送科技下乡、油茶技术指导服务月活动,举办油茶技术培训班76期,培训人员5487人次。林业科技推广站帮扶特色示范基地67个,面积2333公顷;培养245个林业科技示范户(企业、合作社),面积1667公顷。新增批建江西神州通、江西正邦2个油茶产业科技园。完成全省油茶遗传资源调查编目工作,收集野生或引种特种资源、农家品种、良种、优良品系、特异个体资源350份,制作保存遗传资源标本1000余份,建成江西省油茶遗传资源信息数据库。国家林业局经济林产品质量检测检验中心(南昌)获国家林业局行政许可授权,完成森林食品、茶油与产地环境共1000多份样品的检测检验任务。成立国家油茶科学中心赣南试验站。创建全省第二批"良种良法"示范基地。林业省级地方标准新制订6个、修订11个。争取国家和省级林业科研项目27项,项目经费1977万元。省林业科技推广总站参与的"四倍体泡桐种质创新与新品种培育"获国家科技进步二等奖。森林防火宣传装置和太阳能固定防火宣传警示灯以及天然右旋龙脑提取设备获国家发明专利。植物"千叶香"被国家林业局授予植物新品种权。全省林业科技成果转化率70%,林业科技贡献率50%。九连山国家级自然保护区发现中国大陆蛾类新纪录种——叉纹砌石夜蛾。井冈山国家级自然保护区等3个涉林单位被认定为2015—2019年度全国科普教育基地。全省11个设区市和22个县(市、区)推广站获省财政基层林业科技推广站能力建设项目支持,7个县级推广站获中央财政基本建设项目支持。组织实施信丰杉木良种推广与示范项目等6个中央财政林业科技推广示范资金项目。

全年林业完成投资72.75亿元,实际到位资金58.25亿元。到位资金包括国家预算资金33.12亿元、国内贷款2.71亿元、利用外资2.21亿元、自筹资金7.40亿元。全年林业固定资产投资4.11亿元。全年争取林业项目资金38.9亿元(中央财政26.9亿元、省级财政12亿元),同比持平。实施林业利用外资项目29个,协议利用外资2566万美元,实际利用外资3478万美元。全年拨付中央贴息资金1.08亿元。拨付2015年度基本建设贷款贴息资金149万元。2015年度贴息补助资金中,支持近1.4亿元林业小额贷款贴息405.42万元,占59%,惠及1100余户林农和林业职工;支持赣南原中央苏区贷款贴息426.32万元,占62.5%。落实油茶示范林建设资金4000万元,占全国总量的40%;中央财政现代农业油茶项目每亩造林补助由300元增加到500元。全省征收林业规费6.41亿元。其中,森林植被恢复费4.62亿元,下降37%;育林基金1.79亿元,下降23%。全省林业招商引资签约项目153个,签约内资206.16亿元、外资251万美元,其中实际引进内资52.37亿元、外资251万美元。

【全面推进林业改革】 启动以林地流转为主线的林权制度改革,率先建立覆盖全省的五级林权流转信息化管理服务平台,创新推出面向广大林农的"惠林绿桥"移动端APP,形成为林地流转牵线搭桥的重要展示平台。省林业厅成立5个林权流转改革试点工作组,对武宁等11个试点县(市)分片进行调研督导。试点县(市)所涉166个林区乡镇有146个设立林地流转服务窗口,1746个行政村有957个设立信息员;试点县挂牌林权交易项目793宗,成交592宗,成交面积1.05万公顷,成交金额3.58亿元。武宁、贵溪等5个试点县(市)政府在全省率先出台《林地经营权流转证管理办法》,启动林地经营权流转证发证工作。省林业厅印发《江西省集体林权流转管理办法(试行)》,全省累计流转山林137.07万公顷,占集体山林总面积15.1%。新增林权抵押贷款17.45亿元,贷款余额48.21亿元。扶持新型林业经营主体,培育形成专业大户3364户、家庭林场1362个、民营林场644个、专业合作社2208个、股份合作社374个。创建省级示范合作社50家,其中14家被认定为国家级示范社。赣州市列为全国集体林业综合改革试验示范区,崇义县发放全国第一本林权类不动产权证。丰城市欧铭获全国"奋斗在林改一线的十佳大学生村官"称号,湖口县殷勇波等6人获全国"奋斗在林改一线的优秀大学生村官"称号。总结推广通过设立县、乡调处中心(站),以"庭式调解"为主化解林权纠纷的"上犹模式";全省共调处林权争议635起、面积4200公顷,其中跨市、县争议20起,未因林权争议引发重大群体性事件。江西国有林场改革试点任务全面完成,并高分通过国家验收,试点工作经验在全国推广。省林业厅印发《江西省商品林采伐管理改革试点实施方案》,选择在崇义等6个县(市)试点。省林业厅精简行政权力116项,精简率62.9%。落实省政府办公厅《关于妥善解决全省通道绿化租田种树有关问题的通知》,租田种树遗留问题全部整改到位。

【推进油茶产业精准扶贫】 3月6日,中共中央总书记习近平在参加全国"两会"江西代表团审议时,对赣南原中央苏区油茶等扶贫产业作出重要指示,并就油茶种植补贴问题指示有关部门进行专题调研。随后,为有效推进油茶产业精准扶贫,江西先后召开全省林业重点工作暨油茶产业发展现场会、全省油茶产业精准扶贫工作现场会、全省油茶产业科技(示范)园建设现场会;出台《关于进一步加快油茶产业发展的意见》《江西省油茶产业发展规划(2015—2020年)》《江西省油茶产业扶贫机制创新试点实施方案》《赣州市油茶产业精准扶贫试点实施方案》;启动江西油茶产业科技(示范)园暨现代农业示范园区建设。全省累计有油茶企业314家,油茶产业总产值206.63亿元,增长25.3%。全省油茶林面积89.15万公顷。其中:高产油茶林24.27万公顷;油茶籽产量42.44万吨。各地通过"五统一分"(统一规划、整地、购苗、栽植、抚育,分户管理和受益)举措,破解油茶产业发展瓶颈,打造出直接补助、投劳增收、林地和劳力入股、政府收购已挂果油茶林返租、统一经营5种“江西模式”。全年完成油茶新造2.27万公顷、低改2.77万公顷。现代农业油茶示范项目省级核查样本合格率95.9%,提高3.7个百分点。全年油茶产业投入资金超27亿元,其中国家和省级财政补助2亿元;金融机构放款17亿元以上,仅中国农行江西省分行设立的“金穗油茶贷”项目发放贷款15亿元。

【首次开展油茶籽及其产地土壤检测】 10—12月,省林业厅制定《食用林产品质量安全监测方案》,委托国家林业局经济林检测中心(杭州)和江西省林业科学院林产品质量检测中心,组织对全省11个设区市的33个产油茶县(市、区)73批次的油茶籽及油茶产地土壤进行质量安全检测,主要检测倍硫磷、杀螟硫磷、毒死蜱、乐果、总砷、总汞、铅、镉、铬等农药残留及重金属含量超标情况。经检测,江西省油茶籽及其产地土壤质量安全合格率为100%。

【江西林业云数据中心投入使用】 12月,江西林业云数据中心建成并投入使用。省林业厅计算机机房扩建至120平方米,实现内外网2个机房物理隔离并存运行,利用虚拟化技术建立林业云计算平台,拓展全省四级林业政务内网覆盖范围。应用全省数字林业公共基础平台、全省森林资源管理信息系统、全省林权流转管理信息系统、省林业厅办公自动化系统等“一平台三系统”,施行统一用户单点登录,整合各类林业资源数据,支撑全省森林资源管理、林权流转管理等核心业务开展,实现移动和无纸化政务办公。

(黄柏祯)

畜牧业

【概 况】 2015年,江西畜牧业以“调结构、转方式”为主线,加快畜牧业发展方式转变,畜牧业结构调整步伐加快,病死畜禽无害化处理机制基本建立,畜禽屠宰职能调整全面完成,畜禽养殖污染防治取得初步成效,畜牧业经济运行总体平稳。全省肉类总产355.1万吨,同比持平;禽蛋产量59.6万吨,增长3.1%;鲜奶产量11.5万吨,下降10.4%。生猪出栏3242.5万头,下降2.5%;生猪存栏1892.8万头,下降2.6%,其中能繁母猪存栏186.4万头,下降6.3%。家禽出栏4.77亿只,增长3.9%;家禽存栏2.18亿只,增长3.2%。牛出栏154.8万头,羊出栏96.5万头,分别增长3.5%和3.2%;奶牛存栏3.14万头,下降12%。

发挥资源优势和区位优势,产业集中度进一步提高,高安、南昌、东乡等30个生猪重点县生猪出栏占全省65.5%,崇仁、宁都、泰和等10个家禽重点县家禽出栏占全省52.7%。实施基础母牛扩群增量、南方现代草地畜牧业发展和现代农业水禽产业等项目,加快牛羊生产和水禽产业发展。畜禽结构不断优化,牛羊肉和禽肉产量比重进一步提高,猪肉产量比重进一步下降。

【推进标准化规模养殖】 畜禽规模养殖稳步推进,年出栏500头以上的生猪规模养殖场1.3万个,出栏量占比68%,提高3个百分点;年出栏1万只以上肉鸡规模养殖场7516个,出栏量占比68%,提高1个百分点;存栏2000只以上蛋鸡规模养殖场2612个,存栏量占比65%,提高3个百分点。继续推行畜禽清洁生产,落实“三区”划定,实施畜禽养殖污染治理改造,开展标准化示范创建,标准化规模养殖水平明显提升。新增1000家养殖场开展标准化改造,累计7000家,其中新增畜禽标准化示范场71家,累计544家。

【健全动物疫病防控机制】 强化免疫消毒、疫病监测、疫病净化、检疫监督等防控措施,建立健全动物防疫工作机制。采取“政府组织领导、生产者为责任主体、兽医部门监督”的方式,实行规模养殖场户自主程序化免疫,散养畜禽集中免疫、整村推进的做法,推进春秋两季防疫集中行动,高致病性禽流感、口蹄疫、猪瘟、高致病性猪蓝耳病免疫抗体合格率保持在80%以上。针对年初共青城市发生的高致病性禽流感疫情,及时启动应急预案,组织开展扑杀、消毒灭源、无害化处理、紧急免疫、关闭交易市场等应急处置工作,果断扑灭疫情,有效控制疫情蔓延扩散。

【加强畜禽产品质量安全监管】 做好畜禽屠宰监管职能承接工作,省、市、县三级职能移交全面完成,机构、编制、人员、经费基本落实到位。实施生猪屠宰专项整治,联合开展“百日严打”行动,落实屠宰监管责任。推动病死畜禽无害化处理长效机制建设,出台规划和实施意见,建立举报核查、联席会议、保险联动、政策支持等工作机制,病死畜禽无害化集中处理体系建设加快推进。樟树、新干等6个县(市、区)集中处理中心建成投入运行,日处理能力40吨。全面落实官方兽医监督巡查制度,强化饲料兽药生产、经营、使用等各环节监督检查,加大质量抽检和监督执法力度。养殖、屠宰环节“瘦肉精”监测合格率99.9%,饲料产品抽检合格率96.1%,兽药产品抽检合格率95.1%,畜产品兽药残留抽检合格率100%,生鲜乳“三聚氰胺”抽检合格率保持100%。

【加强培育畜禽产品品牌】 加强畜产品品牌培育,推进无公害、绿色、有机认证和地理标志产品认证,畜产品品牌影响力和市场竞争力增强。全省畜产品通过“三品一标”认证产品458个,其中无公害386个、绿色32个、有机25个、地理标志产品15个;拥有中国驰名商标8个、省著名商标60个。全省生猪外销1400万头,供沪活猪居全国第一位,外销家禽5000多万只,外销禽蛋及其制品10万吨以上,外销肉牛40万头。畜产品出口形势良好,供港生猪45万头,位居全国第二位。全省畜产品出口总额1.6亿美元。

(徐轩郴)

水产业

【概 况】 2015年,全省渔业继续保持良好发展态势。水产品产量264.25万吨,增长4.17%。其中特种水产品产量87.6万吨,增长6%。渔业经济总产值925.41亿元,增长6.11%。其中一产产值453.46亿元,增幅4.73%。渔民可支配性收入1.17万元,增长6.2%。水产品市场供应充足、价格稳定,全年水产品价格综合指数98.46,消费者选择性的消费需求愈趋明显。水产品出口体系逐步完善,出口市场基本稳定,出口量1.13万吨,出口额3.12亿美元。

2015年,江西省制定并印发《江西省现代渔业建设规范》,涵盖大宗淡水鱼、甲鱼、河蟹、大鲵、棘胸蛙、泥鳅、小龙虾及鳗鱼等8个品种16个养殖基础设施建设规范,建设内容由单一池塘改造扩大到工厂化养殖设施改造、建设标准由1500元/亩提高到2000元/亩。全年累计投入1.85亿元,改造标准化池塘2983.33公顷,其中工厂化面积68公顷,改扩建规模化良种繁殖场7个。全省新增省级龙头企业4家,总数达60家,年销售额80多亿元,带动农户近8万余户;新增渔业专业合作社180家,总数达1500余家,新增社员1000多人;新增休闲渔业基地近90家,总数达610家,产值超26亿元;全年渔业项目招商引资近1亿元。拆除销毁禁用渔具2055部,收缴放生螺蛳等非法渔获物5775吨,查处非法捕捞案件389起;新建3个国家级种质资源保护区和1个省级自然保护区,有效保障江西省渔业生态安全。全年预防化解涉渔矛盾15起,调处跨设区市纠纷3起,有效保障渔业生产安全;全省完善1200个养殖单位抽检的数据库,完成566批次水产品质量安全抽检,合格率99.8%,有效保障了水产品质量安全。

【"鄱阳湖"品牌建设取得系列成果】 2015年,"鄱阳湖"品牌建设取得一系列成果。发布《"鄱阳湖"注册商标授权管理办法》,明确、规范品牌授权使用;整合"鄱阳湖"水产品基地,新增品牌供应基地10家,产品涉及大闸蟹、草鱼、甲鱼、鳙鱼、小龙虾、酒糟鱼等;建设52家"鄱阳湖大闸蟹"品牌专卖店,截至年底,品牌专卖店已销售河蟹3120吨,销售额4.8亿元。

【探索渔业发展新理念】 2015年,全省渔业部门积极探索渔业新理念,调整发展思路。抚州创建全省首个渔业数字化智能管理系统,开启"智慧渔业"新模式;南昌推广循环养殖模式,建设66.67公顷池塘自流水循环系统、200公顷稻渔(虾)连作示范基地;鹰潭、吉安、宜春等地发展泥鳅、胭脂鱼、澳洲龙虾、棘胸蛙、观赏鱼等特种养殖,新增产值近3亿元。

【推广健康环保养殖模式】 2015年,全省大力推广健康环保的养殖模式,在健康养殖示范场建设、鱼菜共生试点、碳汇渔业等都取得明显成效:创建部级水产健康养殖示范场33家,示范面积1246.67公顷,改造18家示范场。依靠院士工作站开展碳汇渔业试点,监测水质和浮游生物变化,测算大水面初级生产力,基本确定养殖容量,为水库有效利用和合理放养提供科学依据。开展鱼菜共生试验,经对比分析,达到池塘亩均增产草鱼70千克,生产蔬菜75千克,少换水2次,发病率降低15%,亩均综合增收节支800元左右。

(陈诗伟)

农　垦

【概　况】 2015年,全省农垦部门实现生产总值210.62亿元,增长5.63%。其中:第一产业增加值26.04亿元,增长2.61%;第二产业增加值138.4亿元,增长6.62%;第三产业增加值46.18亿元,增长4.45%。工农业总产值717.41亿元,增长8.38%。固定资产总投入253.41亿元,增长15.33%;利润5.76亿元,下降4.5%。163个独立核算单位中,盈利111个,盈利面68.1%,盈利总额6.48亿元;亏损52个,亏损面31.9%,亏损总额7271万元。全年农业产值53.65亿元,增长4.85%,占工农业总产值的7.48%。其中,种植业产值27.3亿元,占农业总产值的50.86%;林业产值4.12亿元,占7.68%;牧业产值14.07亿元,占26.23%;渔业产值5.0亿元,占9.36%,服务业产值3.15亿元,占农业产值的5.87%。农作物方面,农作物总播种面积13.9万公顷,减少1.03%。其中:粮豆播种面积10.60万公顷,增长0.62%;油料播种面积1.47万公顷,减少5.24%;棉花播种面积1984.95公顷,减少31.91%;茶叶种植面积5953.13公顷,减少0.48%;水果种植面积8954公顷,减少3.79%。粮豆产量72.98万吨,增长1.27%;油料产量2.97万吨,减少4.8%;棉花产量4252.65吨,减少52.49%;茶叶产量4346吨,增加2.79%;水果产量7.97万吨,增加0.33%。畜牧业方面,大牲畜年末存栏4.01万头,减少0.5%;生猪出栏89.57万头,减少1.92%;牛奶产量1.24万吨,减少9.44%;肉类总产量8.99万吨,减少0.48%。水产业方面,水产品产量4.82万吨,增长7.83%。其中,养殖产量3.53吨,占水产品总产量的73.3%。全年工业产值663.76亿元,增长8.67%。轻工业仍是农垦工业的主体,轻工业产值546.88亿元,占工业总产值的82.39%。5亿元以上规模的行业20个,累计完成工业产值637.61亿元,占工业总产值的96.06%。全年非国有经济经营单位1.40万个。其中,集体经济单位39个,个体经济单位1.17万个,私有经济单位2290个,港澳台经济单位10个;拥有从业人员14.35万人,从业人员总收入28.04亿元,年平均收入1.95万元;实现生产总值108.01亿元,税金3.79亿元。

【探索组建区域性农垦集团公司】 全省农垦部门按照《中共中央国务院关于进一步推进农垦改革发展的意见》要求,引导共青城、东乡、广丰、永修、余干、乐平、浮梁等一批有基础、有条件的县(市、区)以整合资源、抱团发展的方式组建区域性农垦集团公司。共青城市和广丰区已组建农垦集团公司并开始运转。

【近68万农垦人圆安居梦】 2015年,全省农垦系统累计实施危房改造任务23.05万户,落实国家财政补助资金56.21亿元,拆除危旧房面积1096万平方米,新建住宅面积1164万平方米,带动各类社会资本400亿元,近68万农垦人喜圆安居梦。全系统城镇化率70%。华林山场(镇)及华山场洲湖村还入选全国第三批美丽宜居小镇、美丽宜居村庄示范名单。全年累计完成垦区公路改造建设总里程2235.1千米。

【发展农垦场文化旅游】 在进一步"修旧如旧"的推动下,红星垦殖场的王震故居,五里垦殖场的中共中央办公厅原"五七干校",五星垦殖场的北京大学和清华大学原江西分校,桑海集团的北大医学部原江西分部,云山集团的原农垦部、原卫生部"五七干校"和中国医学科学院整形外科医院原江西分院,武山垦殖场的原六机部"五七干校"、刘家站垦殖场的中国人民大学原江西分校、金坪华侨农场的中国人民解放军原防化部"五七干校"、介桥垦殖场的原二轻部"五七干校"等旧址,迎来一批又一批情系农垦的游客,特别是曾经下放在农垦的知青故地重游,展现农垦旅游产业蕴含的深厚文化底蕴。

【农垦农产品质量追溯体系建设走在全国前列】 2015年,经农业部批准,全省农垦农产品质量追溯体系项目建设单位34家,其中国家级农业产业化龙头企业3家、省级农业产业化龙头企业19家,质量追溯基地面积7.37万公顷,质量追溯产品产量13.33万吨,建设项目总数位居全国前列。

【农垦双季稻机插亩产再创全省新高】 2015年,经专家测定,鄱阳县鸦鹊湖垦殖场百亩综合示范区早稻平均亩产607.1千克,晚稻田平均亩产728.1千克,双季稻机插亩产1335.2千克,再创全省新高。

(徐协强)

绿色食品

【概　况】 2015年,全省保持"三品一标"产品数量稳步增长和获证产品质量稳定可靠,"三品一标"产品总数2902个。其中,无公害农产品1585个、绿色食品595个、有机食品653个、农产品地理标志69个。年内,江西省启动绿色有机农产品示范县创建,对全省5个示范县(抚州市资溪县、上饶市德兴市、赣州市兴国县、吉安市永新县、宜春市万载县)进行奖励,每个县100万元。对全省5个省级重点现代农业示范园所在县(市、区)(南昌县、永修县、乐平市、吉安市青原区、丰城市)的新认证绿色有机企业进行补助,共计补助40万元。

【"三品一标"工作队伍壮大】 2015年,省农业厅举办无公害农产品内检员、检查员培训班2期,绿色食品内检员、检查员及标志监管员培训班1期,共培训工作机构及企业人员1070人次;在培训合格的基础上,经过现场检查实习实践,新注册54名绿色食品检查员,另有18名绿色食品检查员重新注册。截至年底,全省共注册无公害农产品检查员615人次、绿色食品检查员120人、绿色食品标志监管员200人、有机产品检查员8人、农产品地理标志核查员7人,共有无公害农产品内检员2597人、绿色食品内检员300人。

【打响"生态鄱阳湖 绿色农产品"品牌】 5月28日—30日,组织15家有机食品企业参加在上海举办的第九届中国国际有机食品博览会(BioFach China 2015)。江西展团获最佳组织奖,4家企业获产品金奖,5家企业获产品优秀奖,新余市渝水区百丈峰农业投资股份有限公司在"有机大米食味金奖品评竞赛"上获味佳奖(籼米中部稻区)。10月29日至11月1日,组织23家企业和10个全国绿色食品原料标准化生产基地产品参加在西安市举办的第十六届中国绿色食品博览会。江西展团获优秀组织奖,8家绿色食品企业获产品金奖。11月7日—10日,组织11个地理标志农产品参加农业部在福州举办的"第十三届中国国际农产品交易会"地理标志农产品专展。这是农交会首次设立地理标志农产品专展,临川金银花获金奖。

【启动"三品一标"对外交流和宣传推介】 通过参加专业展会、参展米兰世博会等方式,宣传展示赣产安全优质农产品。联合省农村社会事业发展局举办1期赴台绿色生态农业专题研修班。参加研修班的学员有全省各级农产品质量安全监管部门、"三品一标"工作机构、农产品检测机构等的人员15人和省绿色有机食品相关企业的代表12人。研修班通过邀请专家授课、参观考察、互动交流等形式,学习借鉴台湾先进农业发展经验。组织2家绿色有机食品企业参加意大利米兰世博会。精选浮梁县浮瑶仙芝茶业有限公司、抚州苍源中药材种植股份有限公司2家绿色有机食品企业,参加农业部世博会中意农业食品经贸合作论坛和农产品推介团,重点宣传推介浮瑶仙芝、临川金银花等江西特色农产品。

【"三品一标"网上展示查询】 利用江西农业信息网、江西"三品一标"网等网络资源,开辟专栏公开展示绿色有机认证产品和查询"三品一标"认证信息。开设"绿色有机农产品展示"栏目。在江西"三品一标"网上开设专栏,通过文字、图片等方式,集中展示全省获证的绿色有机农产品。开辟"绿色有机农产品展示查询"专栏。在江西农业信息网开辟专栏,与农业部农产品质量安全中心、中国绿色食品发展中心、国家认监委相关网站链接,实现可实时查询江西省获证"三品一标"产品信息。

(康升云)

花卉业

【概　况】 2015年,全省花卉苗木种植面积4.72万公顷(不含广义食用花卉),花卉销售收入44.25亿元,出口创汇约42万美元。全省有花卉苗木企业1398家(其中大中型企业275家),花卉苗木种植专业户5.72万户,花卉苗木产业从业人员15.27万人,均较上年有一定幅度增长。花卉生产逐步由零星、分散、粗放经营向专业化、规模化、集约化转变,一批较高层次的花卉生产经营户形成。如南昌市的南昌喜阳阳园艺花艺中心仙客徕现代生产大棚,赣州市的赣州程辉花卉有限公司非洲菊、玫瑰花现代生产设施大棚,均已具备较大规模的生产能力,生产销售也比较顺畅。在园林工程总量萎缩的形势下,一些企业将基地建设与生态旅游相结合,发展以生态休闲旅游为主的苗木产业，打造一批集休闲、观光、旅游、科普为一体的生态综合项目，成为全省生态旅游产业发展的新引擎。如南昌市黄马乡的金乔花卉苗木基地转型为四星级的凤凰沟旅游景区、九江市的欧阳苗木基地转为欧家小园旅游基地等。一大批花卉苗木基地结合江西省旅游休闲驿站的建设，打造出一批旅游休闲景区。在发挥花卉、苗木生产功能的同时，获得较好的旅游收入。

【花卉企业壮大】 随着政府花卉、苗木产业带规划的编制完成及扶持政策的陆续出台，江西省通过招商引资等手段，承接周边发达省份的产业梯度转移，形成聚集效应。一批规模大的生产基地安家落户，带动当地花卉、苗木的生产。如抚州市金溪县的江西新塔园艺观光园计划开发面积666.7公顷，投资7.2亿元，完成首期253.3公顷的开发，投入2.1亿元。新余市景笙公司成功打造万亩丹桂基地、绿阳公司建造万亩珍稀苗木等一批有规模有特色的苗木基地等。

【花卉协会迸发活力】 省花卉协会选举成立第五届理事会，并于8月17日召开江西省花卉协会第五届第二次会议，明确创新服务、共享信息、助力营销的发展方向。省花卉协会是全国花卉协会中落实中央协会与行政机构脱钩最快的一个，也是江西省农业有关协会中完成脱钩改革的第一个。2015年，省花卉协会组织省花卉宣传片拍摄，开展花卉产业行业调查，组织江西省第四届花博会的园艺展区布展，举办一系列花事相关活动。

（王晨）

农业机械化

【概　况】 2015年，省农业机械化管理局完成年度和“十二五”规划各项目标任务。全省农机总动力2265.8万千瓦，水稻机耕、机插、机收水平分别为94.36%、20.75%和91.24%，机械烘干水平突破20%；全年主要农作物耕种收综合机械化水平66.52%，其中水稻耕种收综合机械化水平71.3%。

【优化农机装备结构】 全省农机购置补贴资金7亿元基本完成（含完成报废更新补贴资金1818万元）。共补贴各类机具13.5万台套，包括大中拖拉机7232台、收割机1.36万台、手扶拖拉机3.65万台、粮食烘干机1331台，受益农户12.96万户，拉动农民直接投入17.17亿元。大中型与小型机具的比例由上年的1:14.67提高到1:5，农机装备结构进一步调整优化。

【增强农机化发展凝聚力】 省农业机械化管理局先后组织举办“2015首届南方农机发展论坛”“首届江西农机手大赛”和“全国农业职业技能竞赛农机修理工竞赛江西赛区选拔赛”等大型活动，进一步增强农机化发展凝聚力。《南方农机》杂志重新定位为南方区域性科研期刊，实现编委会成员重组升格、双月刊改为月刊，并由中国工程院院士汪懋华担任编委会名誉主席，成为全国农机行业首家和省内第二家由院士领衔的杂志刊物。9月，省农业机械研究所省农业机械产品质量检测中心建制划转省农业厅管理，进一步整合农机管理、科研力量资源，农机化发展凝聚力明显增强。

【提升农机化作业服务水平】 全省共有127.6万台套耕、种、收、烘、排灌等机具投入生产；分别完成水稻机耕、机插、机收面积330.76万公顷、72.78万公顷和319.61万公顷。全省新增农机合作社90余个，农机专业合作社近900个；连续3年共投入6000万元，开展农机维修“以奖代补”项目建设，扶持建设农机维修服务中心359个、机维修流动服务站96个，进一步优化网络布局，提升农机维修服务水平。全省联合收割机、拖拉机新机注册率100%。

（陈绪红）

9月16日—17日，首届江西农机手大赛在丰城市举行

省农业厅供稿

农业综合开发

【概　况】 2015年，全省农业综合开发工作完成年度任务。国家农业综合开发项目总投资28.71亿元。其中，中央财政投资14.39亿元，地方财政配套资金5.78亿元，银行贷款及农民和企业自筹资金8.54亿元。项目投资中，土地治理项目13.3亿元，产业化经营项目3.49亿元，世行项目0.7亿元，农林水等部门项目2.68亿元。

按照“统筹规划、集中连片、规模开发”的要求，根据地形地貌的不同，在平原、丘陵山区分别推行不同的高标准基本农田的治理模式，解决农田灌排、机械耕作，田块分散、零乱等问题。重点支持鄱阳湖平原、赣抚平原、吉泰盆地和赣西高产示范片“三区一片”的46个粮食主产区，集中打造一批高标准农田建设示范工程，实现“藏粮于地”。新增农业开发资金在项目安排上，集中资金重点用于扶持赣南原中央苏区建设和支持南昌打造现代农业核心增长极等项目，利用农业开发项目管理优势，集中力量打造一批可复制、可推广的示范园区，引领现代农业发展，带动农民增收致富。全年全省共建设高标准农田面积5.21万公顷，生态治理项目面积7346.67公顷。通过项目实施，新增和改善灌溉面积4.45万公顷，新增和改善除涝面积1.58万公顷，增加林网防护面积7053.33公顷，新增节水灌溉面积1.45万公顷，扩大良种种植面积7333.33公顷，新增机耕面积7046.67公顷。共新增粮食生产能力12.12万吨、棉花989.2吨、油料1.06万吨。

立足各地资源特色和开发条件，以"保、调、转、退、减、进"6字方针为统领，以发展生态农业、建设绿色产业作为战略重点，发挥农业综合开发横向开发覆盖"山、水、田、林、路"，纵向开发连接一、二、三产业的优势，把加强农业基础设施建设与建立新型农业经营体系结合起来，把提高农业综合生产能力与增加农民收入结合起来，把改善农业生态环境与发展绿色、特色产业结合起来。对重点开发区、保护性开发区、限制性开发区制定不同的开发政策，实施不同的开发方式和扶持措施。集中生态综合治理资金，重点向生态脆弱地区或丘陵山区倾斜。加大对小流域、土地沙化和水土流失地区治理力度，加强农田林网建设，保护和改善项目区的生态环境，促进农业可持续发展。全年共栽种农田防护林、水土保持林和水源涵养林5800公顷，建立一大批生态开发、立体开发示范点。通过综合治理，全省控制水土流失面积37.67平方千米，为项目区农业可持续发展奠定良好的基础。

【打造区域优势特色产业】 坚持以区域选产业，以产业定项目，以项目建基地，以基地创品牌，集中打造区域优势特色产业。打造以赣南山区为重点的脐橙产业；以环鄱阳湖地区为主的水禽产业，以浮梁、婺源为主的茶叶产业，以南昌城区周边为主的农产品加工和休闲观光农业产业。扶持和培育一批自主创新能力强、加工水平高的龙头企业和农民合作社，全年安排扶持优势产业项目财政资金3.49亿元，直接带动农户和企业及社会各方面投入4.06亿元，立项扶持龙头企业124家，扶持农民专业合作社146个，共建设优质水稻、赣南脐橙、南丰蜜橘、中药材、有机蔬菜等优势农产品基地4万多公顷，成为江西省农业和农村经济发展的亮点。

【省农业综合开发办划归省财政厅管理】 2月，省委常委会研究批准省农业综合开发办机构管理调整事宜。江西省机构编制委员会办公室下发《江西省机构编制委员会办公室关于省农业综合开发办管理体制调整的通知》，明确省农业综合开发办由省政府直属调整为省财政厅管理，进一步理顺机构管理体制。

（赖正峰）

科教兴农

【概 况】 2015年，全省农业科教部门开展"万名农技人员送科技下乡""百万农机闹春耕"等活动。全年共举办各类讲座和培训693场，赠送种子、化肥、农药等物资近416.95万元，为农民解答各类农业生产技术问题1400余个，辐射农民超过100万人。现代农业产业技术体系与各地开展对接帮扶，聚焦各地产业发展的技术性难题开展服务指导，取得较好成效。开展农业科技服务云平台建设试点，畅通农业科技服务的智能化渠道，研究探索"信息到村、服务到人、技术到田"的农技推广新路径。农业科技服务云平台建设试点覆盖农民14.6万户，建设农业科技网络书屋21478个，覆盖全省95个县(市、区)。开展超级稻示范推广工作，全年全省超级稻应用面积超过83.33万公顷，超出计划10万公顷，实现超级稻大面积推广和均衡增产。

【开展新型职业农民培育工程】 实施新型职业农民培育工程，在培训方式和培育理念上大胆创新，探索集中培训和分散办班相结合、中长期培训和短期培训相结合的培训方式，把拓展农民的创业理念和创业愿望结合起来，把提高农民的实际操作技能与农民渴求的创业知识结合起来，注重对农业经营主体和社会化服务组织的遴选培育。开展现代青年农场主培育，重点打造一支创业能力强、技能水平高、带动作用大的青年农场主队伍，激发青年农场主的创业热情。新型职业农民培育工程覆盖全省86个县(市、区)，累计培育新型职业农民5.3万人，涌现出一批以80后、90后返乡农民工、退伍军人、创业大学生为代表的新生代职业农民，培植了一批以"全国十佳农民"雷应国为代表的新型职业农民。通过开展新型职业农民培育工程，有力地推动农民的知识化和职业化，进一步加快"身份农民"向"职业农民"转变的步伐。

【农业科技协同创新取得重大成绩】 在建成水稻、茶叶、生猪、大宗淡水鱼四大产业技术体系的基础上，新增建设猕猴桃产业技术体系，全省共建立产业技术研发中心5个，综合试验推广站19个，参与单位28家，团队成员800余人。初步形成农科教结合、产学研一体、省市县贯通的协同创新体系。五大体系通过协同攻关，共获国际先进成果4项，省科技进步二等奖4项、三等奖2项，申请专利28项、授权17项，发表产业发展报告4篇，论文66篇(其中SCI收录22篇)，出版书籍12本，建立示范点(区)62个，建立基础数据平台26个。五大现代农业产业技术体系的建立，培育了一批优秀的农业科技人才。其中，水稻体系栽培岗位专家曾勇军获第十八届"中国科协求是杰出青年成果转化奖"。生猪体系1人入选国家"万人计划"首批科技创新领军人才、1人入选国家"杰出青年基金"，培养博士、硕士研究生40余人，动物遗传育种与繁殖创新团队获全国杰出专业技术人才先进集体。大宗淡水鱼体系首席专家涂宗财教授被评为"全国优秀科技工作者"，培养博士、硕士、高级技术人员和青年骨干等500多人。

（樊首品）

扶贫开发和水库移民

【概 况】 2015年，江西省委、省政府把精准扶贫攻坚作为提高贫困群众获得感和幸福感的"第一民生工程",推进以罗霄山片区和贫困县为重点的扶贫开发,实施一系列扶贫重大工程。全年全省减贫人数72万人,贫困人口下降至200万人,贫困发生率下降至5.7%。贫困地区农民支可配收入增长13.6%,高于全省平均水平3.5个百分点。通过整合新农村建设、村组公路建设、人畜安全饮水、农村危房改造、农网升级改造等项目和资金,完成3000个贫困村村民小组村庄整治建设任务,贫困村由3400个调减至2900个。对居住在深山区、库区、地质灾害区等生存条件恶劣的贫困群众实施搬迁移民扶贫,全省搬迁移民扶贫10.6万人。全年全省雨露计划培训工作集中资金用于职业教育和转移就业技能培训,提高贫困群众职业技能和转移就业能力;雨露计划培训对象严格精准瞄准建档立卡贫困对象。省扶贫和移民办公室与中国联通江西分公司签订战略合作协议,推动雨露计划培训工作信息管理科学化、规范化。

库区和移民安置区社会和谐稳定发展。对全省大中型水库移民160余万人,按照"精心操作、稳步推进、政策兑现、资金安全"的原则,建立健全各项配套政策,完善资金和项目管理制度,后扶政策全面得到落实。全面完成接收安置三峡移民的验收,标志着历经十多年的"国家行动"在江西收官。三峡后续工作项目管理有序推进。规范做好小型水库移民解困工作。加强移民安置的依法审查,维护移民的合法权益。

【召开全省精准扶贫攻坚现场推进会】 6月9日,省委、省政府在吉安县召开全省精准扶贫攻坚现场推进会。省委书记强卫、省长鹿心社出席并讲话,省委常委、常务副省长莫建成主持。省直有关部门,各设区市、县(市、区)主要负责人出席会议。与会人员观摩学习了吉安县精准扶贫工作的经验做法。吉安县、瑞金市、修水县、广昌县主要负责人作交流发言。会议要求按照《关于全力打好精准扶贫攻坚战的决定》要求,努力推动全省扶贫攻坚取得更大成效,确保老区人民与全国人民一起进入全面小康社会。

【构建"1+5+23"扶贫攻坚政策体系】 2015年,江西省强化推进全省精准扶贫攻坚力度,构建全省"1+5+23"扶贫攻坚政策体系。即:1个纲领性文件,省委、省政府出台《关于全力打好精准扶贫攻坚战的决定》;5个配套文件,省委办公厅、省政府办公厅印发《江西省贫困县党政领导班子和领导干部经济社会发展实绩考核办法(试行)的通知》,省政府办公厅《关于做好"十三五"规划扶持贫困村工作的通知》,省扶贫开发领导小组关于印发《各行业落实精准扶贫攻坚实施方案的通知》,省扶贫开发领导小组关于印发《新一轮定点帮扶贫困村工作安排的通知》,省扶贫开发领导小组转发《〈中共吉安县委吉安县人民政府关于全面加强精准扶贫攻坚组织保障体系建设的决定〉的通知》;23个行业实施工作方案,省直23个有关部门和单位出台精准扶贫实施工作方案。同时,全省11个设区市和25个贫困县按照省级做法,其他县参照省级做法,建立完整的扶贫攻坚政策体系。

【召开全省扶贫开发工作动员部署会议】 12月29日,全省经济工作会议套开扶贫开发工作动员部署会议。省委书记强卫主持会议并讲话,省长鹿心社作工作部署。会上,各设区市、省直管县(市)和国家扶贫开发工作重点县主要负责人签署脱贫攻坚责任书。会议要求,举全省之力打赢产业扶贫、安居扶贫、保障扶贫三大攻坚战,确保到2018年,全省基本消除绝对贫困现象,井冈山市等有条件的革命老区贫困县率先实现脱贫摘帽;确保到2020年,现行扶贫标准下贫困人口全部脱贫,贫困县全部摘帽。

【建立贫困县单独考核机制】 9月14日,省委、省政府印发《江西省贫困县党政领导班子和领导干部经济社会发展实绩考核办法(试行)》。对特困片区县、国定贫困县和省定贫困县共25个贫困县党委、政府领导班子和党政主要领导考核情况进行单独评比,其中扶贫开发考核成绩占总权重的60%。25个贫困县的考核总分值300分,共分经济社会科学发展和扶贫开发两部分,其中经济社会科学发展占40%权重,按照当年的《市县科学发展综合考核评价实施意见》进行考核;扶贫开发方面的考核内容180分,包括减贫成效、专业扶贫工作成效、基本生产生活条件改善、扶贫工作组织领导等内容以及扶贫经验推广、约束机制要求等加减分指标,主要考核贫困县农村贫困人口减少和贫困地区农村常住居民人均可支配收入增长情况,以及专业扶贫工程实施成效,县级财政扶贫投入机制建设,贫困县加强农村基础设施建设和促进民生改善等方面的情况。

【对贫困人口精准识别建档立卡】 根据全国统一部署,2015年年初,按照"县为单位、规模控制、分级负责、精准识别、动态管理"的原则,以2013年年底为基期,以2013年年底的数据为基数,完成25个贫困县、3400个贫困村、119万贫困户和342万贫困人口的精准识别和建档立卡,全省贫困农户全面达到"户有卡、村有册、乡有簿、县有电子档案"。根据数据分析,按贫困程度分为轻度、中度、重度贫困人口。其中:轻度贫困人口,即具备劳动能力的一般贫困人口,共有201.8万人,占建档立卡贫困人口总数的58.4%;中度贫困人口,即具有部分劳动能力的扶贫低保人口,共有52.7万人,占建档立卡贫困人口总数的15.2%;重度贫困人口,即完全丧失劳动能力的纯低保户和五保户,共有91.3万人,占建档立卡贫困人口总数的26.4%。全省建档立卡贫困农户的致贫原因,包括因病、因残、因学、因灾等错综复杂致贫原因,其中因病因残致贫最为突出,患长期慢性病、患大病和残疾人的共有108.7万人,占到建档立卡贫困人口的31.4%。

(龚亮保)

本栏编辑 游桃琴

工　业

综　述

2015年，全省工业经济运行总体平稳、稳中有进、稳中有好。全省规模以上工业企业增加值7268.9亿元，增长9.2%，高于全国平均水平3.1个百分点，列全国第五位、中部第一位；主营业务收入3.25万亿元，增长6.1%，高于全国平均水平3.5个百分点；工业品销售率99%，高出全国1.4个百分点，列全国第三位，同比提高0.1个百分点，产销衔接平稳。全省工业用电量729.9亿千瓦时，增长4.8%，高出全国平均水平6.2个百分点，列全国第四位、中部第一位。

*优势产业实力不断增强。*全年新增光伏产业主营业务收入过千亿元，达1008.1亿元，增长3.1%。全省过千亿元产业11个。医药、食品、石化、电子信息、电气机械及器材制造业等产业保持较快增长，其中医药产业1258.7亿元，增长9.6%；石化产业2900.5亿元，增长6.4%；食品产业2803.4亿元，增长9.2%；纺织产业2597.2亿元，增长7.2%；建材产业2884.3亿元，增长6.3%；电气机械及器材制造业2073.1亿元，增长7.7%；电子信息制造业1350.8亿元，增长15.5%；汽车制造业1191.7亿元，增长8.7%。有色、钢铁等行业受主要产品市场价格波动影响，主营收入有所下降。其中：有色产业6473.3亿元，下降2.2%；钢铁产业2221.6亿元，下降6.9%。

*工业结构进一步优化。*全省高新技术产业实现增加值1869.7亿元，增长10.4%，高出全省工业1.2个百分点，占全省工业比重的25.7%，提高0.8个百分点。新兴产业成为集群增长主动力，电子信息、生物医药、航空、新能源、新材料、先进装备制造等26个新兴产业集群主营业务收入4025.4亿元，增长16.1%；利税367.2亿元，增长14%；对全省重点产业集群贡献率分别为50.7%和34.9%。全省六大高耗能行业实现增加值2747.9亿元，占全省工业比重37.8%，降低1.7个百分点。非公工业增加值6096.2亿元，增长10.3%，高出全省平均水平1.1个百分点，对全省工业增长的贡献率91.7%，占全省工业比重的83.9%，提高1.4个百分点。

*园区实力进一步壮大。*全省工业园区主营业务收入2.55万亿元，增长4.6%；工业增加值6007亿元，增长9.3%；利税2973.2亿元，增长6.6%；招商引资实际到位资金3902.6亿元，增长4.1%。12月末，园区内在建工业企业3206家；投产企业9645家，增加679家。新增进贤开发区、峡江工业园2个主营业务收入过百亿元园区，总数达75个。新增鹰潭高新技术产业开发区、贵溪工业园、井冈山经济技术开发区、新建长埈工业园、上高工业园、樟树工业园6个过500亿元园区，总数达16个。南昌经济技术开发区、小蓝经济技术开发区突破千亿元大关，全省千亿园区增加到4个。

*重点产业集群发展质量进一步提升。*全省60个工业重点产业集群主营业务收入突破1万亿元，达1.03万亿元，增长10.5%，利税984亿元，增长10.8%。年末，集群内拥有相关企业1.30万家，其中投产企业1.22万家，从业人员110.9万人，对全省工业增长的贡献率达70.9%。22个产业集群实现20%以上的增长，5个超过30%，过百亿元产业集群新增6个，总数达41个。其中，上饶经济技术开发区光伏、贵溪铜及铜加工等18个产业集群主营业务收入过200亿元，南康家具830亿元。

*工业投资项目稳步推进。*全省工业投资8918.3亿元，增长12.8%，占全省固定资产投资的52.5%。全年共推进实施投资亿元以上工业项目2035项，年内完成投资2369.4亿元，占年度计划投资的93.8%。全年共有843项开工建设，731项完工投产。重点推进的120项投资10亿元以上重大工业项目年内完成投资448亿元。其中，汉腾汽车年产100万台整机汽车发动机、恒嘉科技年产8万台环保设备及400套救援指挥设备、祥太制药年产500吨心血管类和抗生素类原料药等29个重大项目如期开工，南昌北车轨道年产500辆城轨车辆和现代有轨电车等轨道交通设备、九江石化800万吨油品升级、蓝途汉腾汽车产业园一期年产10万辆乘用车等36个项目已完工或部分投产。

*骨干企业发展态势良好。*全省519家龙头企业和重点配套企业主营业务收入5212亿元，占60个重点产业集群的50.3%。其中，主营业务收入过100亿元企业5家，过50亿元10家，过10亿元89家。新增"新三板"挂牌企业15家，占全省新增挂牌企业的30.6%。全省规模以上工业企业实现利税3543.8亿元，增长3.8%，高出全国平均水平3.8个百分点。其中，利润总额2128亿元，增长2.4%，高出全国平均水平4.7个百分点。39

个工业行业大类中,26个实现利润总额全年同比增长。

技术创新进一步加强。年内新增省级企业技术中心47家,总计253家。江中集团、青峰药业获批国家重点实验室建设。晶科能源、赣锋锂业入选国家技术创新示范企业。加快推进新产品开发,列入省级开发和试产计划的新产品超过300项,遴选105家企业开展对标管理试点,晶科能源、仁和药业入选国家工业品牌培育示范企业,昌河汽车等21家企业纳入国家试点。昌河航空被授予"全国质量标杆"称号。九江石化和昌飞公司的智能工厂(车间)入选国家智能制造试点示范项目。

两化融合取得新成效。制定出台《关于大力推进两化深度融合加快制造业转型升级的实施意见》。在全国率先出台智慧产业园区建设指导意见。协同有关部门制定出台《关于加快推进"互联网+"行动的实施方案》,开展60个校企信息化对接活动。推进"江西航天云网"上线试运行,促成中华工业云项目落户,协调做好中国电信中部云计算基地建设。推动与北航10kN推力航空发动机项目研发。组织开展各类无线电专项整治活动,清理"伪基站"等非法电台1600余台套。做好重点工程建设频率资源保障。完成11个电子政务平台省级试点评估验收。政府网站普查和整改取得阶段性成效,全省政府网站抽查合格率达92.6%。开展重点领域网络、重要网站的信息安全检查和监测工作。

(万镇铭)

煤炭工业

【概　况】　2015年,江西省原煤产量2090.22万吨,减少931.5万吨,降幅7.6%。其中,省能源集团公司原煤产量607.97万吨,市县属和乡镇煤矿原煤产量761.2万吨。商品煤销量1307.1万吨,减少950.3万吨,降幅42.1%。商品煤价格以省能源集团公司为例,全年平均价格337.3元/吨(不含税价),下降72.5元/吨,降幅17.7%。全省煤矿发生各类死亡事故21起、死亡35人,分别下降36.4%、12.5%,九江、吉安、萍乡、新余、景德镇等5个设区市的市县属和乡镇煤矿实现"零死亡"。全年关闭煤矿50处。截至年底,全省共有煤矿500处,核定能力2891万吨,其中省能源集团公司所属煤矿35处,核定能力989万吨,市县属和乡镇煤矿465处,核定能力1902万吨。争取到煤矿安全改造中央预算内投资项目5个,计划总投资1.53亿元(其中中央预算内投资4563万元),促进煤矿安全生产基础持续改善。全年有50处规划能力由3万吨以下改造提升至6万吨以上煤矿完成改造工程,取得竣工验收批复,共淘汰落后产能127万吨。

【开展治理煤矿违法违规建设生产工作】　2014年年底至2015年年初,江西组织开展清查和制止煤矿违法违规建设生产工作,对全省煤矿建设项目进行全面清查,查处38处违法违规建设生产煤矿,做到违法违规行为发现一起,查处一起。2015年4月,江西按照全覆盖、零容忍、真治理要求,组织开展全省煤矿违法违规建设生产情况核查工作,依法责令违法违规建设煤矿停产停建,采取严格民用爆炸物品购买审批、限制电力供应、审慎办理铁路运输、审慎办理融资授信、限制企业债券发行等措施,对违法违规建设生产煤矿实施联合惩戒;通过实施电煤合同执行与发电量奖惩挂钩制度,督促发电企业不予采购违法违规煤矿生产的煤炭,从采购环节限制违法违规煤矿建设生产。同时,按照"全面覆盖、不留盲区、查大系统、治大隐患、防大事故、注重实效"原则,开展煤矿隐患排查治理专项行动,组织企业自查隐患4378条,政府部门排查隐患2273条,督促企业及时整改隐患,依法查处违法违规行为。5月11日—17日,国家煤矿违法违规建设生产广西交叉检查组对江西进行交叉检查,并到新余市、萍乡市的17处矿井进行现场检查。检查组对江西省治理煤矿违法违规建设生产工作给予了肯定。

【推进煤矿安全基础建设】　组织开展以强化安全生产红线意识、严格依法生产、落实《煤矿矿长保护矿工生命安全七条规定》等为主要内容的"千名干部与万名矿长谈心对话"活动。通过谈心对话,帮助煤矿矿长准确把握《煤矿矿长保护矿工生命安全七条规定》等的核心内容,增强安全生产"红线"意识,明确全面正确履行矿长安全生产职责要求,激发矿长保护矿工生命的责任感和使命感。开展煤矿瓦斯综合治理体系建设,重点强化瓦斯监测检查和矿井通风管理,严格治理瓦斯超限,提升瓦斯防治能力。开展煤矿安全质量标准化建设,提升煤矿装备水平、提升井下工程施工质量、提升岗位工作标准,夯实煤矿安全生产基础。全省共有152处煤矿达到安全质量标准化三级标准,8处煤矿达到二级标准。开展煤矿矿长和特种作业人员安全考核工作,全年考核煤矿企业主要负责人508人、特种作业人员4546人。

【开展煤矿安全科技进江西活动】　5月19日,由国家煤矿安监局主办、江西煤矿安监局协办的"煤矿安全科技进江西"活动启动仪式在南昌举行。中国矿业大学、湖南科技大学、中煤科工集团及下属院所等10所科研院校近40名专家,及监管监察部门和煤矿负责人等近300人,共同研讨煤矿安全科技应用、煤矿安全治本之策。活动首个项目——ZLJ2000D型与ZLJ2000DL型履带式立轴钻机被丰城矿务局曲江公司引进,分别于9月2日与11月8日投入使用。两款型号的钻机分别可以一次性打瓦斯抽采钻孔成孔70米、80米以上,减轻矿工劳动强度,提高现场安全系数,解决曲江公司矿井打钻难的问题。

【建立健全推进煤炭洗选加工工作机制】　12月2日,省发展改革委、省环保厅、省质监局、省工商局、江西出入境检验检疫局等6部门联合印发《关于进一步推进煤炭洗选加工工作的通知》,建立健全推进煤炭洗选加工工作机制,并围绕煤炭的生产、加工、销售、使用等各环节,对推进煤炭洗选加工作出进一步规范,要求新建煤矿同步建设配套的选煤厂或煤炭洗选设施,现有煤矿除所采煤炭属于低硫分、低灰分或者根据已达标排放的燃煤电厂要求不需要洗选的以外,要限期建成配套的煤炭洗选设施,禁止销售、燃用不符合质量标准的煤炭，限制从省外购入高灰分、高硫分的劣质煤炭，禁止运输运距超过600千米，且灰分>30%、硫分>2%（褐煤灰分>20%、硫分>1%）的煤炭，禁止进口不符合质量标准的煤炭。推进煤炭洗选加工项目建设。全省建成选煤厂项目1个，新增煤炭洗选能力150万吨/年；在建选煤厂项目有5个，煤炭洗选能力合计334万吨/年。

【江西省煤炭交易中心揭牌运营】 1月16日，江西省煤炭交易中心有限公司在南昌揭牌运营。4月28日，江西省煤炭交易中心有限公司“煤炭交易及互联网金融平台”（委托受托）上线，开辟互联网金融+煤炭产业的新模式。9月17日，江西省煤炭交易中心有限公司电子商务及互联网金融平台被评为全国煤炭工业“两化”融合示范项目，成为江西省首家获全国“两化”融合的煤炭电子商务及互联网金融平台企业。

（陈小飞）

电力工业

【概 况】 2015年，受煤价持续处于低谷和发电利用小时数保持高水平等因素影响，江西火电行业经营情况持续向好，各火电厂实现全面盈利。全口径发电总装机容量约2482万千瓦，增加361万千瓦。其中：火电1788万千瓦，增加251万千瓦；水电490万千瓦，增加6万千瓦；风电102万千瓦，增加58万千瓦；太阳能102万千瓦，增加46万千瓦。统调装机容量1886万千瓦。其中：火电1594万千瓦，新增232万千瓦；水电177万千瓦，新增8万千瓦；风电79万千瓦，新增48万千瓦；太阳能装机36万千瓦，新增34万千瓦。共有500千伏变电站19座，主变30台，总容量2400万千伏安；线路47条，总长度3757千米。220千伏变电站138座，总容量3600万千伏安；线路448条，总长度1.15千米。投产石钟山—洪源线路、新余Ⅱ输变电、红都输变电、锦江输变电、抚州电厂送出5项500千伏电网项目，变电容量275万千伏安，线路长度278.1千米；投产南昌锦绣等25项220千伏项目，变电容量234万千伏安，线路长度755.2千米。全口径发电量982.1亿千瓦时，增长12.1%。统调发电量751.3亿千瓦时，增长8.0%。其中：火电发电量691.2亿千瓦时，增长5.6%；水电发电量49.1亿千瓦时，增长35.8%；风电发电量10.4亿千瓦时，增长111.8%；太阳能发电量0.6亿千瓦时，增长190.3%。购入电量105.4亿千瓦时，增长34.8%。外购电量中，三峡电量71.91亿千瓦时，增长26.93%；葛洲坝电量5.9亿千瓦时，下降10.44%；华北电量22.51亿千瓦时，与上年持平；西北电量28.78亿千瓦时，增长187.65%；临时购河南、湖北、重庆等省电量12.6亿千瓦时，增长755%。全社会用电量1087.3亿千瓦时，增长6.7%，用电增幅列全国第三位，中部第一位。其中：第一产业用电量10.5亿千瓦时，下降1.4%；第二产业用电量747.7亿千瓦时，增长5.0%；第三产业用电量144.6亿千瓦时，增长14.1%；城乡居民生活用电量184.4亿千瓦时，增长9.1%。丰城一期电厂4号机组、新余电厂1号机组、分宜电厂8号机组完成脱硝改造，全省统调火电厂脱硝和脱硫设施全覆盖。

【中国首座超超临界二次再热发电厂建成投产】 6月27日，华能安源电厂第一台二次再热66万千瓦机组通过168小时试运行并网投产；8月24日，2号机组通过168小时试运行，同步投入超净排放环保设施，机组随即进入商业运行。标志着中国第一座超超临界二次再热发电厂建成投产。华能安源电厂“上大压小”发电项目是中国首个采用世界领先二次再热技术的发电工程。该项目从2012年12月30日开工建设。其顺利投运为二次再热技术在国内推广应用发挥重要的示范引领作用，有效提升江西省电力生产供应能力，为全省“迎峰度夏”和经济社会发展提供保障。

【江西省首台百万千瓦级发电机组投产发电】 12月29日，大唐抚州电厂1号发电机组通过168小时满负荷试运，投产发电，这是江西省首台百万千瓦级发电机组。该项目从2014年2月23日开工，从开工建设到竣工共22个月，比计划缩短工期4个月，创下国内单台百万机组建设最短纪录。实现单位投资3305元/千瓦，创下单位千瓦造价全国最低纪录。同时，还实现“零事故”“环保型”目标，是全国率先实现超低排放的火电项目。脱硫、脱硝、电除尘等环保系统同步投运，保护、自动、仪表投入率均100%，机组平均负荷率100%，汽水品质优良，机组各项性能指标和环保指标均达到或优于设计值。抚州电厂1号机

9月8日，航拍华能安源电厂侧景

郑欢供稿

组的投产发电，结束了抚州市无统调火电厂的历史。

（刘炳均）

钢铁工业

【概　况】　2015年，受经济增长放缓、整体市场环境变化等新常态的影响，钢材消费下降明显，供求矛盾异常突出，钢材价格持续创出新低，行业经济效益大幅下降。江西省钢铁行业通过调整产品结构，开展对标挖潜，狠抓节能降耗等一系列有力措施，保持钢铁行业相对平稳的运行态势。截至年底，全行业有234家企业，其中铁矿采选企业88家、铁合金企业6家、焦化企业7家、废钢加工企业13家、钢铁冶炼企业18家、压延加工企业102家，形成门类齐全、比较完备的上下游产业链。

全行业主营业务收入2297.07亿元，下降5.89%；工业增加值304.21亿元，下降10.61%。利税174.08亿元，下降13.73%。利润89.5亿元，下降19.15%，销售利润率3.9%，下降0.64个百分点。其中重点钢铁企业亏损近6亿元，而上年同期则为盈利13.64亿元，减利增亏接近20亿元。

全省生铁产量2083.2万吨，增长0.4%；粗钢产量2210.95万吨，下降1.1%；钢材产量2577.6万吨，下降1.5%。重点钢企生铁、粗钢、钢材产量分别为2083.2万吨、2185.85万吨、2146.14万吨，分别增长0.4%，下降1.07%，下降1.02%。钢材出口量149.49万吨，下降6.82%；出口值55.59亿元，下降9.69%。铁合金出口量2636吨，下降18.96%；出口值5.51亿元，下降12.41%。

1月1日起，新环保法和新的钢铁行业系列标准实施，不仅增加考核指标，更大幅收紧排放量，环保治理高压态势进一步增强。为此，钢铁企业一方面会大幅增加环保投资，开展新一轮环保项目建设，另一方面运行成本也会大幅提高，仅烧结机脱硫一项全省钢铁企业就提高吨钢成本20元左右。面对严峻环保要求，钢铁企业生产经营压力进一步加大。

【重点钢企循环经济有成效】　2015年，重点钢企自发电量32.35亿千瓦时，增长6.72%，占重点钢企总用电量的40.79%，为企业创效约达16.18亿元，可节约标准煤398万吨，减少温室气体二氧化碳排放量426万吨。

【优势产品市场占有率高】　2015年，江西省优势产品继续保持市场占有率位居全国前列，方大特钢的弹簧扁钢、新钢公司钢绞线市场占有率分别为51.21%、10%，均位居全国第一，新钢船用钢板、锅炉容器、核电板以及方大特钢汽车板簧、易切削钢等在全国的市场份额均位居前列。

【钢材价格屡创新低】　2015年，全国钢材综合价格指数从年初83.09点跌到12月末的56.37点，下降32.16%，降幅达到上年全年降幅的2倍，并持续突破有指数记录以来的低点。年末江西省Φ6.5 mm（直径6.5毫米）高线2070元/吨，比年初2840元/吨下跌27.11%；Φ6.5～25 mm三级螺纹钢1950元/吨，比年初2840元/吨下跌31.34%。

【铁矿石价格起伏震荡】　2015年，铁矿石价格起伏波动较大，给企业的生产经营增加风险。12月末中国铁矿石价格指数（CIOPI）为160.47点，比年初的253.93点下降93.46点，降幅为36.80%。同时，铁矿石价格呈现出一个突出特点，即进口铁矿石价格低于国产铁矿石价格。品位高、质量好的进口铁矿石价格反而低于国产铁矿石，对于国内铁矿企业产生较大冲击。2015年，全省黑色金属矿采选业实现利润总额15亿元，下降17%。

【用钢行业增速回落】　2015年，传统用钢行业增加值增速普遍回落，其中采矿业增加值增长2.7%，金属制品业增长7.4%，通用设备制造业增长2.9%，专用设备制造业增长3.4%，汽车制造业增长6.7%，增速分别回落1.8、4.2、6.2、3.5和5.1个百分点。

（董琳琳）

有色金属工业

【概　况】　有色金属是江西的传统优势产业。江西被称为“世界铜都”“世界钨都”，已成为全国重要的铜冶炼、铜加工、钨原料、稀土功能材料生产基地。建成贵溪铜及铜加工、鹰潭铜合金材料、赣州稀土磁性材料及永磁电机、龙南稀土精深加工、丰城再生铝、宜春锂电新能源、横峰有色金属综合回收利用等7个重点集群，形成采选、分离、冶炼、加工和地质勘查、工程设计、科学研究等比较完整的工业体系和产业链。委托省机械院编制《江西省有色金属行业“十三五”发展规划》，年底已完成初稿。

全年全省有色产业主营业务收入6283.6亿元，下降3.9%；利润263.5亿元，下降13.7%；利税500.6亿元，下降10.4%。全年工业增加值1027.2亿元，增长12.1%，为历史首次迈入千亿元行列，也成为全省首个增加值千亿元的工业行业。

铜产业方面，铜价持续下跌，已创近年新低3.5万元/吨，接近江铜自产铜成本，全年主营业务收入4355.2亿元，利润140.5亿元，利税292.4亿元，分别下降3.8%、17.9%、13.2%。钨产业方面，钨价最低4.85万元，跌幅接近40%，2015年年底，价格回升至6.3万元，全年主营业务收入479.5亿元，利润29亿元，利税52.3亿元，分别下降5.9%、20.8%、15%。稀土产业方面，面临的最大问题就是产能严重过剩和下游需求萎缩，全年主营业务收入383亿元，利润32亿元，利税48.5亿元，分别下降2.2%、2.6%、4.9%。

【组建中国南方稀土集团】　依据《江西稀土集团组建工作指南》，3月13日中国南方稀土集团有限公司完成工商注册登记；4月16日，完成集团的挂牌工作，集团开始运营；12月29日，中国南方稀土集团与各股东签订《中国南方稀土集团有限公司增资及股权收购协议》，组建工作取得重大突破。

【启动金山金矿田资源整合工作】委托中国瑞林工程技术有限公司编制《金山金矿田资源整合分步开发研究报告》,并根据报告向省政府提出建议,按照"一个矿权,整体开发,分步实施"新思路启动金山金矿田整合工作。4月30日,江西黄金股份有限公司注册成立。12月25日,《江西省德兴市石坞金矿详查探矿权转让合同》签署,金山金矿田石坞金矿详查探矿权问题得到解决,江西黄金公司步入生产运营阶段。

【开展打击稀土违法违规行为专项行动】　2014年11月起,省工信委会同省公安厅等9厅局制定打击稀土违法违规行为专项行动实施方案。在该专项行动中,查处2起商贸企业涉税案;根据工信部转来线索查处1起非法加工稀土原矿案,一企业以稀土废料综合利用为名,开展稀土矿的冶炼分离业务,从2012年1月至2013年5月共违规收购稀土原矿及富集物903吨进行冶炼分离,有关部门依法追缴90.6万元资源税,拆除稀土分离槽体,处以罚款,并在《江西日报》予以曝光。年底工信部开展整顿以"资源综合利用"名义加工稀土矿产品违法违规行为,省工信委配合工信部核查小组对省内62家稀土综合利用企业进行实地核查,取样并送有关检查机构检测。

(何磊)

机械工业

【概　况】　全省机械工业经济总量约占全省工业的16%左右,规模以上企业1431家,从业人员约45万人,机械产品品种数8000余种。

2015年,全省机械工业克服各种不利因素的影响,内调结构外拓市场,主要经济指标好于全省工业平均水平。全年机械工业主营业务收入5172.9亿元,约占全国的2.3%,增长5.2%,高出全省工业平均水平0.9个百分点;利税573.6亿元,增长7.8%,高出全省工业平均水平4.0个百分点;利润381.1亿元,增长8.0%。

汽车行业、电气机械和器材制造行业是两大重点行业,是全行业的重要支柱,主营业务收入在全省机械工业中占比64.8%。其中,电气机械和器材制造业主营业务收入2233.4亿元,约占全国同行业的4%,拉动全省机械工业增长2.1个百分点,贡献率39.2%,利润增长10.1个百分点,高于全省工业平均水平2.1个百分点,行业产业结构调整初见成效。汽车产业主营业务收入1171.7亿元,增长6.9%,拉动全省机械工业增长1.5个百分点,贡献率28.9%,但利润增长仅4.5个百分点,低于全省工业平均水平3.5个百分点,下降近20个百分点,降幅较为明显,产业结构调整任务繁重。

【推进重大项目建设】　全省机械工业列入全省百项重大项目的有15个,计划投资86.55亿元,实际投资90.43亿元,占当年计划完成投资的104.5%,超额完成全年投资计划,总体进展顺利。机械工业一批科技含量高、带动作用强、市场前景好的重大项目相继竣工投产和开工建设,江铃股份与福特合作建设的20万台汽油发动机项目、汉腾汽车年产10万辆乘用车项目投产,江西五十铃汽车有限公司年产10万辆皮卡及SUV整车建设项目一期工程建成投产,江西昌河汽车有限责任公司年产24万辆整车和24万台发动机技术改造项目、江铃股份小蓝分公司年产30万辆整车零部件扩能生产项目等顺利推进,进一步增强全省机械工业发展后劲。

【新能源汽车行业发展态势良好】2015年,全省有江铃集团、昌河汽车等9家企业取得国家新能源汽车生产资质,全省有51款车型进入国家节能与新能源汽车推荐目录,总数达101款。全省新能源汽车爆发式增长,产销量达7503辆和7041辆,分别增长13.6倍和12.8倍,远高于全国新能源汽车增长平均水平。全年新能源汽车产业产值21亿元,增长近6倍,实现跳跃式发展。新能源汽车产业体系进一步完善。初步形成从动力锂电池、驱动电机、整车控制系统等关键零部件到整车的完整产业链。动力电池形成磷酸铁锂、三元材料、钛酸锂3种技术路线共同推进的发展格局。江铃新能源汽车有限公司研发的乘用车整车控制器和江西捷控新能源科技有限公司研发的客车整车控制器,填补了江西省整车控制系统空白。新能源整车种类从单一的混合动力客车扩展到纯电动客车、轿车、专用车等系列化产品,纯电动轿车成为新能源汽车主打产品。福斯特新能源有限公司建立院士工作站,在锂电池方面获得9项发明专利,百路佳客车、博能上饶客车在新能源客车方面获30多项核心专利。

【推广应用智能制造】　2015年,按照《中国制造2025》的要求,江西省出台了《贯彻落实〈中国制造2025〉的实施意见》。江西省在智能制造推广应用上再上新台阶。九江石化智能工厂、昌飞直升机旋翼系统制造智能车间2个项目入选国家工业和信息化部智能制造试点示范项目,并在第十七届(上海)中国国际工业博览会进行展示。九江石化公司通过实施智能工厂项目,率先在国内同行建成智能工厂(1.0版);昌飞公司通过实施直升机旋翼系统智能工厂项目,缩短产品研制周期20%,提高生产效率20%,实现由单件小批量生产模式向柔性化批量生产模式转变。以机器人为主的自动化生产线在全省重点行业应用的数量增多,佳时特中高档数控机床、三丰自动化机器人焊接设备广泛应用到江铃集团、华意压缩、华伍股份等上市公司,三丰自动化公司机器人焊接设备还远销到加西贝拉、海立、格力等国内外知名空调、冰箱企业。11月举办"智能制造技术展览"和"智能制造探索与实践交流会",共招展24家省内外企业参加"智能制造技术展",邀请演讲嘉宾、相关专家和企业代表300余人出席"智能制造探索与实践交流会",取得良好效果。

【培育一批机械类名牌产品和知名品牌】　江铃集团轻型客车在全国销量排名居第一位,轻型货车全国销量排前三位,昌河汽车股份公司K14B发动机居全国节能发动机前十,江西华伍制动器股份有限公司的港口装卸机械用制动器、江西特种电机股份有限公司的起重冶金电机、华意压缩机股份有限公司的无氟压缩机制冷设备、赣州金环磁选设备有限公司的强磁机等产品占有率居全国同行业第一。全行业26种产品被评定为省名牌产品，7种产品被认定为省著名商标，33种产品被延续认定为省著名商标。

（省工信委装备工业处）

国防工业

【概　况】 2015年，全省国防科技工业行业亮点纷呈，取得令人瞩目的成绩。军工经济逆势上扬，军品任务圆满完成，科技创新硕果累累，军民融合态势喜人，对外开放成绩斐然，全行业营业收入首破千亿元大关，达1003.4亿元，增长25.2%；工业增加值217.9亿元，增长26.9%；利润48.4亿元，增长17.1%。江西省国防科技工业在全国排名实现大幅跃升，军品产值规模位居全国第七位。

【“9·3”阅兵空中受阅梯队飞机逾半由江西设计和制造】 9月3日，在纪念中国人民抗日战争暨世界反法西斯战争胜利70周年阅兵式上，由20多种机型近200架飞机编成10个空中梯队接受党和国家领导人及全国人民的检阅，成为阅兵仪式上的焦点。其中，由中航工业洪都制造的初教六、直升机所设计昌飞公司生产制造的直8B型直升机、直10型直升机和直升机所设计的直9型直升机等机型共139架飞机参加了此次大阅兵。江西造占受阅飞机总数一半以上。另江西国科军工集团21个定型产品和在研项目武器系统也参加了“9·3”阅兵，为江西造增光添彩。

“9·3”阅兵式上，接受检阅的昌飞公司生产制造的武直10机群图

杨章跃供稿

【江西省与国家国防科工局签署战略合作协议】 10月25日，国家国防科技工业局与江西省在北京举行工作会谈，就加强战略合作、推动军民融合发展深入交换意见，并签署关于共同推进军民融合的战略合作协议。副省长李贻煌和国防科工局副局长徐占斌分别代表省局双方签约。双方协商，在加强军工核心能力建设、推动军民融合深度发展、加快涉赣国家战略实施、巩固深化高校局省共建、推动军工单位改革重组、推进科技创新和人才建设等6个方面开展合作。

【举行2015年江西航空产业合作推进会】 11月25日，2015年江西航空产业合作推进会在南昌召开。省委书记强卫、省长鹿心社等省领导出席会议，国家国防科工局、中国商飞公司、中航工业集团、海航集团、北汽集团和国内外知名航空企业负责人、战略投资商及相关客商200余人参加会议。会议共签约项目15个，合同金额215亿元。其中大洋通航项目投资100亿元，幸福航空控股公司项目投资20亿元。会上，江西省政府与中国商用飞机有限责任公司签订战略合作框架协议。双方将秉承“项目牵引、企业主导、政府推动、互惠互利”的原则，围绕产品配套建设、重点型号研制、试飞基地布局和产业带动等方面，推动实施一批重点合作项目，支持国产大飞机项目推进，做大做强中国商飞公司，带动江西航空产业跨越发展。

【江西省军民结合产业发展推进大会在南昌召开】 7月23日，江西省军民结合产业发展推进大会在南昌召开。会上以省政府名义发布《关于深化军民融合加速推进军民结合产业发展的意见》，会议对国家“民参军”系列政策进行深入解读，使参会企事业单位全面了解武器装备科研生产方面的需求信息，找准“民参军”的方法和途径，为各地方政府及有关部门更好地履行“民参军”服务职能指明方向，对促进军民结合产业超常规发展起到积极作用。省政府及省直有关部门领导，总装南京军代局，总装、总参、工信部相关部门负责人，部分设区市工信委负责人及全省国防科技工业行业企事业单位领导和省国防科工办机关处室负责人共170余人出席会议。

【昌河汽车景德镇洪源工厂一期工程竣工暨昌河Q25下线】 12月27日，昌河汽车景德镇洪源工厂一期工程竣工暨首款SUV车型昌河Q25车型下线，同天，昌河汽车九江产业园基地举行奠基仪式，标志着北汽双品牌战略成果初显。北汽昌河景德镇洪源工厂位于景德镇市，占地面积约240公顷。一期一阶段工程包括冲压车间、焊装车间、涂装车间和总装车间。昌河Q25车身整体轮廓与绅宝X25基本一致，只是对前脸和尾部进行重新设计。全系标配ABS+EBD、前排双安全气囊、ISOFIX儿童安全座椅接口、外后视镜电动调节、电动空调等配置。分别搭载1.3L和1.5L两款自然吸气发动机，1.5L发动机最大功率为85 kW/6000rpm，最大扭矩为148 Nm/3800 rpm，1.3L发动机的最大功率为75 kW/6000rpm，最大扭矩为126 Nm/3800 rpm。与发动机匹配的是5速手动及4速自动变速箱。

【东华理工大学“铀矿与环境核辐射探测技术及应用”达国际先进水平】 11月中旬，东华理工大学“面向铀矿与环境的核辐射探测关键技术、设备及其应用”项目在北京通过国家核技术领域专家组鉴定。鉴定结果表明，该项成果总体上达到国际先进水平，其中铀矿定量γ测井反褶积分层解释方法等方面具有国际领先水平。自1991年以来，中国铀矿勘探行业大力推广和应用该方法，已在中国新增铀资源储量估算中发挥重要作用。

【洪都故事走进新加坡】 6月18日，省委书记强卫在新加坡出席中国（江西）—新加坡经贸合作推介会并发表主题演讲，重点推介关于洪都的故事。推介洪都公司承担的C919大飞机项目和以此为依托而规划建设的航空城，“我们的目标是建设以航空产业为主体、以高端装备制造业为配套的中国大型航空工业基地。”强卫指出，洪都公司的成长历程，就是江西经济发展和对外开放的一个缩影。

【中船九江科技研发中心助力“长征六号”运载火箭发射】 9月20日，中国在太原卫星发射中心用全新研制的“长征六号”运载火箭，成功将20颗卫星发射升空，卫星顺利进入预定轨道。中船九江科技研发中心为“长征六号”运载火箭发射提供5台三轴转台和近20台单轴转台的配套设备，同时派出专业技术服务队伍进行现场技术服务保障，确保“长征六号”运载火箭控制系统的精准控制，得到总体单位一致好评。

【成立北京通用航空江西直升机有限公司】 1月15日下午，北京通用航空江西直升机有限公司揭牌仪式在景德镇市举行，标志着北京汽车集团公司旗下北京通用航空有限公司通航产业“南方基地”启动。北京通用航空江西直升机公司的成立，是北汽集团与江西省拓展合作领域、深化合作内涵的又一个重要里程碑，是江西通用航空产业发展的又一个重大的标志性事件。2015年，江西省政府与北京汽车集团签署了通航产业战略合作协议，明确由北京汽车集团以增资扩股形式对江西直升机投资有限公司进行重组，组建成立北京通航江西直升机有限公司。北汽集团规划投资60亿元，引入先进技术和先进产品，形成轻小型到大中型直升机产业产品体系，覆盖制造、运营全产业链，把北京通航江西直升机公司打造成北京通航南方基地，形成通用航空、汽车行业并驾齐驱的新格局。

【发布《江西省通用航空产业发展规划（2015—2020年）》】 10月13日，省国防科工办发布《江西省通用航空产业发展规划（2015—2020年）》。规划提出，到2020年全省通航制造和运营服务企业总数达到15家以上，新建通用机场15个，通航产业总收入达到400亿元、利税80亿元。规划指出，“十三五”期间要进一步完善通航产业发展的基础设施建设，组成覆盖省内各主要人流物流集中地区、偏远山区并能与周边省份联通的通航营运网络，形成配套齐全、高效规范的现代通航产业体系，成为中国通航研发制造、运营服务、培训教育基地和通航运营网络枢纽。

【江西省政府发布《关于促进北斗卫星导航应用产业发展的意见》】 6月24日，省政府发布《关于促进北斗卫星导航应用产业发展的意见》。规划到2020年，全省北斗产业主营业务收入达到400亿元以上，培育若干个实力雄厚、国内领先的龙头企业和一批充满活力的中小企业，形成一批关键核心技术和自主创新成果，使北斗产业成为中省战略性新兴产业发展的新亮点。

【中船九江海洋装备配套产品产业区开工奠基】 1月20日，中船九江海洋装备配套产品产业区1号联合厂房开工奠基仪式在九江开发区城西港区举行。中船九江海洋装备配套产业区是中船集团公司批复在九江建设的高端船舶与海洋工程配套产品产业化基地，是中船九江公司实施“1236”（1个中心，2个产业区、3个业务板块、6个产业方向）战略的关键举措。产业区规划用地66.67公顷，概算投资20亿元，建成后将实现产值15亿元/年、利税3亿元/年。

（杨章跃）

轻工业

【概 况】 2015年，全省轻工行业规模以上工业企业完成工业增加值1312亿元，增长9.7%，高于全国轻工3.1个百分点；主营业务收入4997亿元，增长9.2%，高于全国轻工行业4.6个百分点，总量在全国排第十二名，比上年提升1位，在中部6省排第五名；利税总额766.5亿元，增长6.9%；利润总额448.5亿元，增长5.4%。

轻工重点行业生产和效益稳步增长。烟草制品业工业增加值143.3亿元，减少4.8%；主营业务收入197亿元，增长10.3%；利税总额138.6亿元，增长5%；利润总额27.2亿元，减少10.7%。皮革、毛皮、羽毛（绒）及其制品业工业增加值171.1亿元，增长8.5%；主营业务收入555.2亿元，增长6.7%；利税总额76.8亿元，增长1.9%；利润总额53.2亿元，增长2%。家具制造业工业增加值54.8亿元，增长26.4%；主营业务收入231.7亿元，增长25.2%；利税总额24.1亿元，增长13.6%；利润总额16.6亿元，增长17.3%。造纸及纸制品业工业增加值87.8亿元，增长10.7%；主营业务收入336.3亿元，增长7.1%；利税总额36.9亿元，增长15%；利润总额23.9亿元，增长13.6%。工艺美术品制造业工业增加值86.3亿元，增长10.5%；主营业务收入318亿元，增长10.2%；利税总额42.7亿元，增长4%；利润总额28亿元，增长5.3%。塑料制品业工业增加值123.6亿元，增长10.3%；主营业务收入504亿元，增长10.4%；利税总额51.4亿元，增长8.9%；利润总额34.7亿元，增长7.1%。陶瓷制品制造业工业增加值189.5亿元，增长6.4%；主营业务收入739.7亿元，增长5.4%；利税总额115.9亿元，增长3.9%；利润总额85.4亿元，增长3.2%。金属工具及金属制轻工制品制造业工业增加值60.9亿元，增长11.3%；主营业务收入273.4亿元，增长10.4%；利税总额30.3亿元，增长8.4%；利润总额18.2亿元，增长3.9%。电池制造业工业增加值89亿元,增长10.2%;主营业务收入379.2亿元,增长7.1%;利税总额46.4亿元,增长4.8%;利润总额30.1亿元,增长3.7%。家用电力器具制造业工业增加值32.1亿元,增长1.3%;主营业务收入152.2亿元,增长8.6%;利税总额14.2亿元,增长0.4%;利润总额9.2亿元,增长3.1%。照明器具制造业工业增加值74.1亿元,增长19.3%;主营业务收入281.2亿元,增长19.1%;利税总额32.8亿元,增长18.9%;利润总额22.7亿元,增长19.9%。

轻工主要产品产量有增有减。卷烟产量678亿支,增长0.2%;轻革产量4036.4万平方米,减少4.2%;家具产量1422.2万件,减少1.3%;纸浆产量33.1万吨,增长2.6%;机制纸及纸板产量173.6万吨,增长7.9%;塑料制品产量132.6万吨,增长45.2%;卫生陶瓷制品产量392.3万件,增长10%;铅酸蓄电池产量658.3万千伏安时,增长5.8%;房间空气调节器产量372.9万台,增长13.5%;灯具及照明装置产量6215万套,增长142.9%;眼镜成镜产量6080万副,增长6%。

【加强轻工行业调度管理】 建立烟草产业定期调度机制,初步建立省直各单位协调烟草行业发展机制。会同省烟草专卖局、江西中烟工业公司制定《加强省产烟培育三年发展规划》,会同省财政厅制定出台《关于加强省产金圣烟培育工作的实施方案》。赴景德镇开展陶瓷产业调研,就工业领域如何推动落实景德镇陶瓷产业发展升级进行专题研究,并形成相关意见报省政府办公厅,供省委、省政府领导决策。为落实“一带一路”国家战略、推动江西陶瓷产业走向全球,召集中国银行江西省分行、华江文化公司、中国银行景德镇分行等有关单位召开座谈会,实地走访部分陶瓷企业、科研院所和学校,征求景德镇市瓷局的意见和建议,形成专题报告。

【开展轻工行业专项调研和评估工作】 3月下旬,开展全省烟花爆竹行业调研,形成《关于促进烟花爆竹产业转型升级的意见》(征求意见稿),征求省直各相关单位和有关设区市政府的意见和建议,报省政府办公厅。5月8日,省政府办公厅下发《江西省人民政府办公厅关于促进烟花爆竹产业转型升级的意见》。先后赴吉安、赣州、新余、九江等地,对全省细木工板项目进行产业政策评估。11月中旬,对南昌经济技术开发区申报“江西省家电产业基地”进行评估,经专家评审,授予其“江西省家电产业基地”称号。为景德镇市主导产业规划出具评估咨询意见,为九江县、峡江县、万载县、赣州市南康区、萍乡市湘东区5个县(市、区)首位产业出具评估咨询意见。

【开展第四届工艺美术“杜鹃奖”评比工作】 11月上旬,会同省人社厅、新余市政府,开展江西省第四届工艺美术“杜鹃奖”评比工作。从485件参评作品中共评出金奖37件、银奖72件、铜奖69件(其中,大师、教授类金奖12件、银奖22件,陶瓷类金奖14件、银奖27件、铜奖37件,非陶瓷类金奖11件、银奖23件、铜奖32件),扩大工艺美术行业的影响力。

(王茜)

陶瓷工业

【概 况】 2015年,江西省陶瓷工业生产继续保持增长势头,全省规模以上陶瓷工业企业累计完成工业增加值189.5亿元,增长6.4%;主营业务收入739.7亿元,增长5.4%;利税总额115.9亿元,增长3.9%;利润总额85.4亿元,增长3.2%。其中,日用陶瓷制品制造业累计完成工业增加值40.1亿元,增长9.4%;主营业务收入154亿元,增长7.1%;利税总额19.9亿元,增长9.5%;利润总额12.6亿元,增长10.7%。特种陶瓷制品制造业累计完成工业增加值131.8亿元,增长3.9%;主营业务收入516.8亿元,增长3.4%;利税总额89.5亿元,增长2.3%;利润总额69.7亿元,增长1.8%。园林、陈设艺术及其他陶瓷制品制造业累计完成工业增加值17.1亿元,增长19.9%;主营业务收入66.5亿元,增长17.3%;利税总额6.5亿元,增长14.8%;利润总额3.2亿元,增长15.7%。

【景德镇国际陶瓷博览会影响扩大】 10月18日—22日,2015年中国景德镇国际陶瓷博览会在景德镇国际会展中心举行。6大展馆共有2000多个标准展位,参展企业910多家,分别来自广东、河北、湖南等国内主要产瓷区企业及韩国、日本、英国等10多个国家和地区的28家品牌企业。德国麦森陶瓷、英国梦歌赋陶瓷、日本香兰社等世界陶瓷名企首次参会。现场交易额6718.18万元(含拍卖4582.18万元),增长29.4%;内外贸订货额分别达10.46亿元和1.7亿美元,增长4.02%和4.16%。本届瓷博会“一带一路”元素丰富,期间举办“一带一路”王室纹章瓷复原回归暨中国外销瓷数据库上线启动仪式、景德镇陶瓷与“一带一路”战略国际学术研讨会以及“丝路·瓷路”——景德镇陶瓷藏品展。进一步增强“一带一路”沿线国家和地区间的文化、商贸交流。

【景德镇市陶瓷产业加快发展】 2015年,景德镇市陶瓷工业总产值突破300亿元大关,达335亿元,增长14.9%。其中,规模以上陶瓷工业总产值218.79亿元,增长14.8%;规模以下陶瓷企业及个体作坊工业总产值116.21亿元,增长15%。

【陶瓷文化创意产业潜力强】 2015年,一批陶瓷文化创意产业园(基地)分别投入使用(开园)。景德镇陶溪川国际陶瓷文化产业园高起点、高品位、高质量规模设计,打造集“吃、喝、玩、乐”等四大要素为一体的强体验式文化创意园。9月开园的景德镇皇窑陶瓷文化创意产业园,是一个全手工制瓷的园林式国家级非遗生产性保护和研究示范单位,也是文化创意产业示范基地,还是江西省战略新兴产业重大项目。该园占地面积14公顷,总建筑面积5.36万平方米,年接待游客可达10万人次。

【陶瓷作品在第四届江西省工艺美术“杜鹃奖”评选中取得好成绩】 11月上旬,省工信委、省人社厅、新余市政府,开展江西省第四届工艺美术“杜鹃奖”评比工作。共有178件作品获第四届江西省工艺美术“杜鹃奖”,其中,陶瓷作品共获金奖26件、银奖48件、铜奖37件,分别占获奖总数的70.3%、66.7%和53.6%。

【省陶瓷研究所加强科研和新品开发工作】 2015年,省陶瓷研究所狠抓科研和新品开发工作,全年开展省级科研课题5项,发表专业论文8篇,研发、设计推出新产品21种。其中,花瓶类5种:150件福运满堂瓷尊、150件好运年年天球瓶、100件春秋英雄图四方瓶、150件老北京风情玉壶春瓶、150件十二花神玉壶春瓶。彩盘类2种:灵猴送福生肖纪念尺二盘、灵猴献寿中国结夜光盘。日用瓷类12种:不同花卉的茶杯12种。瓷雕类2种:12寸金猴献寿瓷雕、12寸神猴瓷。省陶瓷研究所共投放市场品种累计370多种,对景德镇创意陶瓷研发、设计、生产销售起到引领作用。

(王茜)

石化工业

【概 况】 2015年,全省石化行业经济总体保持平稳运行的发展态势,主营业务收入及利税均保持平稳增长。工业增加值719亿元,增长6.9%;主营业务收入3006亿元,增长6.6%;利税290亿元,增长7.3%。

重点子产业平稳发展,石油化工产业主营业务收入380亿元,下降7.2%(主要是成品油价格下降所致);利税88亿元,增长38%。有机硅产业主营业务收入210亿元,增长18%;利税23.6亿元,增长16.2%。盐化工产业主营业务收入490亿元,增长5.9%;利税92亿元,增长6.7%。氟化工产业主营业务收入120亿元,增长8.3%;利税12.3亿元,增长7.2%。重点产业集群主营业务收入和利税均保持增长。其中,永修有机硅产业集群主营业务收入206亿元,增长18%;利税23.2亿元,增长16.3%;乐平精细化工产业集群主营业务收入330亿元,增长14.3%;利税31.2亿元,增长15%。

重点子行业平稳增长。增长较快的子行业主要有:化学试剂和助剂制造业主营业务收入209亿元,增长19%;合成材料制造业主营业务收入42亿元,增长17%;化学农药制造业主营业务收入54.6亿元,增长16.2%;基础化学原料制造业主营业务收入542亿元,增长15.5%。

【重点产品优势突出】 2015年,全省石化产品品种增多,高新技术产品比重加大,落后产品加快淘汰,产品结构进一步优化。江西蓝星星火有机硅有限公司有机硅单体产能50万吨/年,国内市场占有率30%;江西世龙实业股份有限公司氯化亚砜产能5万吨/年,国内市场占有率20%;黑猫股份炭黑产能98万吨/年,国内市场占有率14%;昌九农科丙烯酰胺产能6.5万吨/年,国内市场占有率30%;江西天人生态有限公司真菌杀虫剂产能1800吨/年,产能居全球第一,国内市场占有率80%以上;景德镇宏柏化学有限公司硅烷偶联剂产能3.6万吨/年,世界最大,约占全球产能的30%;江西西林科股份有限公司高性能汽油抗爆剂1000吨/年,国内市场占有率50%。

【一批重大项目投产】 2015年,石化行业引进和建设一批重大项目,项目科技含量高,带动作用强,对行业的平稳发展起到重要支撑作用。中石化股份九江分公司800万吨/年油品质量升级改造工程10月全流程竣工投产,60万吨/年芳烃项目已核准。江西星火有机硅厂40万吨/年有机硅单体及24万吨/年下游深加工产品一体化项目一期工程投产。江西晶昊盐化有限公司盐碱钙一体化项目一期工程60万吨真空制盐项目投产。江西天宇化工氯碱及下游深加工一体化项目一期工程竣工投产。

【危化品企业搬迁有序进行】 2015年,根据工信部《关于做好危险化学品企业搬迁改造专项建设项目申报工作的通知》要求,省工信委调查摸清全省城市中心区危险化学品企业情况,指导危化品生产企业准备项目申报材料,收集整理危险化学品搬迁项目上报工信部。海利贵溪化工农药有限公司新区生产装置项目、江西麒麟化工有限公司年产1万吨间羟基苯甲酸系列产品搬迁项目、江西樟丰化工有限公司年产5万吨离子膜氢氧化钾生产线及年产2万吨氟化钾生产线搬迁工程项目、江西赣州国泰特种化工有限责任公司异地搬迁技术改造项目及江西金泰化工股份有限公司危化品异地搬迁改造项目等11个危险化学品企业搬迁改造项目被列入国家危险化学品企业搬迁改造专项建设基金项目,总投资38.91亿元,可获3.89亿元建设资金支持。

【举办中国化工新材料产业投融资交流会】 5月12日,省工信委联合中国石化联合会、九江市政府举办中国化工新材料产业发展论坛暨投融资交流会。美国道康宁、韩国LG等跨国公司,中石化、中石油等国内外龙头企业代表共260余人参加会议,取得良好成效。通过会议前期组建专业招商小分队上门对接、制作宣传展板、发放招商宣传手册及招商项目手册等多种方式,让参会客商了解江西石化产业的特色和优势,增加项目签约成功率。大会签约项目17个,签约金额83.6亿元,其中亿元以上项目12个,10亿元

11月13日,工业和信息化部在中国石化九江分公司召开石化行业智能制造现场交流会

万镇铭供稿

以上项目3个。

【推进石化行业两化融合建设】 2015年,石化行业推进两化融合建设。帮助中石化股份九江分公司率先建成投用智能工厂,成为全国石化行业第一家智能工厂试点示范企业。组织中石化股份九江分公司、江西晶科能源有限公司等企业参加江西省两化融合推进会智能工厂展览。展示智能工厂"自动化、数字化、可视化、模型化、集成化"的"五化"特征。

(王上文)

纺织工业

【概　况】 2015年,江西纺织行业主要经济指标实现平稳增长,全行业规模以上企业工业增加值616亿元,增长3.8%;主营业务收入2572亿元,增长7.2%;利税总额284亿元,增长7.9%,其中利润190亿元,增长8.8%;分别是"十一五"末的1.93倍、2.03倍、3.58倍和4.11倍。

新开工项目932个,增长19%;竣工项目877个,增长4.9%;实际完成固定资产投资779.1亿元,增长26.5%,占全国纺织行业固定资产投资额的6.54%,占全省工业固定资产投资额的8.74%。

全省纺织服装内销市场保持较快增长,全省限额以上服装鞋帽、针织品类商品零售额127亿元,增长11.4%。以蓝天宇家纺、铭日集团、康意服装为代表的一批品牌内销型企业快速发展,其中蓝天宇家纺主营业务收入增幅25.6%,铭日集团和康意服装增幅分别为19.3%和12.7%。全省纺织品服装实际出口53亿美元,下降10.2%,其中服装出口40亿美元,下降14.3%。

全省纺织行业有9个省级产业基地,规模以上企业均实现产销平稳增长。其中,共青城市羽绒服装产业规模以上企业主营业务收入262亿元,增长15.7%;南昌市青山湖区、奉新县、瑞昌市、德安县分别为195亿元、152亿元、143亿元和126亿元,分别增长8.2%、13.4%、3.2%和10.7%;分宜县、赣州市南康区、上饶市信州区、于都县等产业基地也实现10%以上的增长。

全省共有自主品牌200余个,培育"鸭鸭""回圆""深傲""绿冬丝科""恩达""井竹"6个国字号品牌及"洋男世家""康意""明恒"等45个省级知名品牌。其中,新增"富贵丝"等13个江西名牌(江西著名商标)。江西恩达麻世纪、江西回圆服饰、鸭鸭股份等3家企业被列为2015年工信部重点跟踪培育的服装家纺自主品牌企业。

【举办2015年中国(江西)国际麻纺博览会】 11月6日—8日,由省工信委、中国国际贸促会纺织行业分会、中国麻纺行业协会、江西省贸促会、新余市政府联合主办的2015年中国(江西)国际麻纺博览会在新余市举行。主题为"生态江西、时尚麻艺",国内外70多家品牌麻纺企业1000多名客商参展,展品涵盖麻纺产业链各环节,全方位展示国内外麻纺产业发展成果。博览会期间,还安排2016年中国麻纺织产品流行趋势发布、江西麻纺产业推介会暨项目签约仪式等多项活动,共签约项目12个,签约金额32.4亿元。

【完成纺织服装行业"十三五"规划调查摸底及初稿编制工作】 6月下旬印发《关于开展全省纺织行业"十二五"发展情况及"十三五"发展目标摸底调查的通知》,8月中旬前收集各设区市、省直管县(市)、省级纺织产业基地及重点企业的"十三五"发展目标及打算,12月份完成《全省纺织服装行业"十三五"发展规划》(初稿)编制及《江西省麻纺产业"十三五"发展规划》修改定稿工作。

【棉纺行业发展困难】 国家实施棉花临时收储政策的3年时间里,收储重数量不重质量,存放1000多万吨品质不高的国储棉。为消化这些棉花,2013年以来国家大幅缩减棉花进口配额,导致企业无法大量进口满足生产需要的高质棉,供需矛盾突出。印度、巴基斯坦等国家,依靠棉花原料、劳动力等方面成本低的优势,发展迅速,大量低价棉纱涌入国内市场,部分棉纱甚至比国内棉花还便宜。受此影响,全省棉纺企业生存空间进一步压缩,重点调度的20家棉纺企业中,有40%的企业主营业务收入有所下降,如明恒纺织、凤竹纺织、远东纺织等。

(郑宜涛)

建材工业

【概　况】 2015年,建材行业主要产品产量有水泥9438.0万吨,下降3.7%,居全国第十二位;熟料5510.3万吨,下降1.0%,居全国第十位;建筑陶瓷瓷质砖11.9亿平方米,增长3.8%,居全国第三位;玻璃纤维纱83.1万吨,增长71.3%,居全国第三位;平板玻璃1408.4万重量箱,下降5.9%,居全国第十三位。

全年全省建材行业主营业务收入2884亿元,增长8.9%;工业增加值845亿元,增长8.3%;利税379.7亿

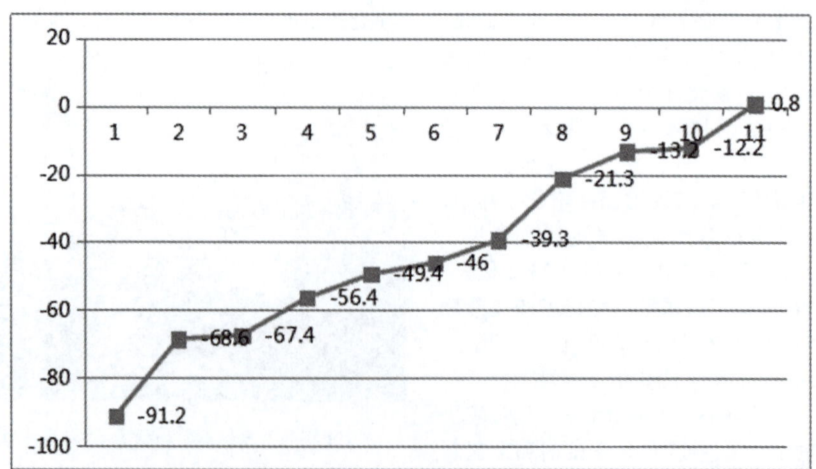

2015年,水泥行业固定资产投资增幅变化图

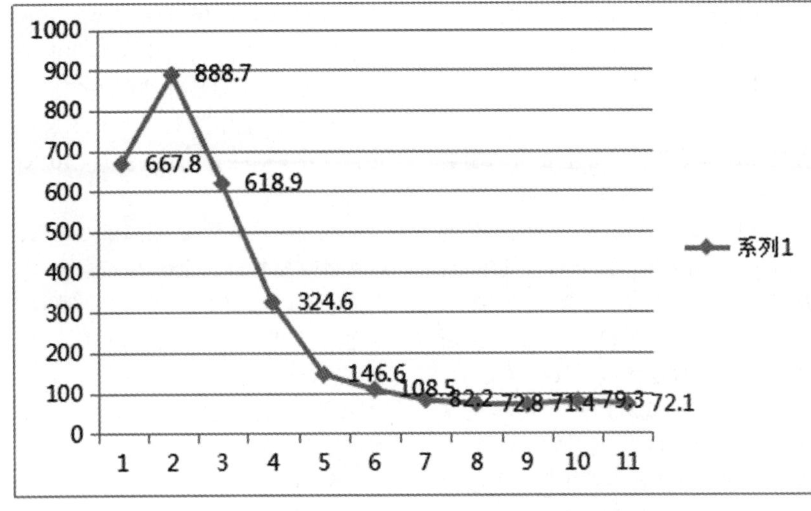

2015 年,技术玻璃制造行业固定资产投资增幅变化图

元,增长 5.9%;利润 260 亿元,同比持平。其中,建筑陶瓷行业主营业务收入 448.3 亿元。增长 11.1%;利润 35.0 亿元。增长 7.7%。混凝土与水泥制品业主营业务收入 422.6 亿元、增长 10.6%;利润 28.0 亿元。增长 12.3%。水泥制造行业主营业务收入 394.8 亿元。下降 6.9%;利润 33 亿元。下降 31.0%。玻璃纤维纱行业主营业务收入 104.0 亿元。增长 15.1%。利润 8.3 亿元。增长 15.8%。建筑与技术玻璃制造业主营业务收入 64.6 亿元。增长 6.6%。利润 7.4 亿元、下降 4.1%。

全省建材行业完成投资 776.6 亿元,增长 10.4%,高于全国平均水平 4.4 个百分点。其中:水泥行业投资 42.3 亿元,增长 0.8%;水泥制品制造行业投资 69.0 亿元,增长 12.6%;建筑陶瓷行业投资 84.5 亿元,增长 15.0%;玻璃纤维纱行业投资 13.5 亿元,增长 76.3%;平板玻璃制造行业投资 10.1 亿元,下降 34.1%;技术玻璃制造行业投资 22.2 亿元,增长 72.1%。

【调整建材行业投资结构】 2015 年,建材行业投资居全国第十位,与上年持平,投资增幅呈现“中间高,两头低”的走势。行业内部投资情况出现分化,高耗能行业如以水泥和平板玻璃为代表的传统建材行业投资增速有所放缓,低排放加工行业如以玻璃纤维纱和技术玻璃制造为代表的加工产业投资加速,成为拉动建材行业发展新的生力军。其中,水泥行业固定资产投资下降,但降幅不断收窄,从 2 月份的 -91.2% 不断下降到 12 月份的 0.8%;技术玻璃制造行业固定资产投资增幅始终保持在 70% 以上,最大增幅为 888.7%。

【产业结构优化】 2014 年建材行业 3 个子行业(以主营业务收入排序)依次是水泥、建筑陶瓷、混凝土与水泥制品业。2015 年受宏观经济影响,水泥行业主营业务收入下降,而建筑陶瓷和混凝土与水泥制品业继续保持两位数的增长,建筑陶瓷、混凝土与水泥制品超过水泥制造成为排名前两位的子行业,水泥制造行业位居第三。建材行业形成实力相当的 3 个子行业,共同推动全行业的发展,彻底改变过去以水泥行业为主的产业结构,3 个子行业的主营业务收入总和占全行业的 57.0%,利润总额占全行业的 53.3%。

【5 家重点企业业务收入和利润下降】 以江西万年青水泥股份有限公司为代表的 5 家大型水泥(集团)企业水泥总产量 6863 万吨,增长 4.2%;占全省总产量的 72.7%,提高 5.5 个百分点;熟料总产量 5331 万吨,增长 6.9%;占全省总产量的 96.8%,提高 7.2 个百分点;主营业务收入总额 207.4 亿元,下降 10.5%;占全省水泥行业主营业务收入的 52.5%,下降 2.3 个百分点;利润总额 15.7 亿元,下降 49.4%;占全省水泥行业利润总额的 47.6%,下降 19.4 个百分点。5 家水泥企业总产量增长,但主营业务收入和利润均下降,且降幅大于全省平均水平。

全省主要大型水泥(集团)企业主要指标图

企业名称	产量(万吨)	增幅(%)	主营业务收入(亿元)	增幅(%)	利润(亿元)	增幅(%)
江西万年青水泥股份有限公司	2130	4.5	55.1	-17.6	4.7	-57.1
江西南方水泥有限公司	1462	-6.5	61.6	-14.6	3.5	-43.9
海螺水泥(江西区域)	1565	19.0	36	9.2	4.8	-26.7
江西亚东水泥有限公司	860	0.0	35.2	-3.0	0.8	-80.4
红狮水泥(江西区域)	846	-11.7	19.5	-23.9	1.9	-53.1
巨石集团(九江公司)	17.9	4.3	9.5	-9.1	1.7	44.8
宏宇能源有限公司	1063 (万重量箱)	6.7	5.6	-6.7	0.54	-43.8

【水泥行业盈利水平好于全国】 2015年,全省水泥产量占全国总产量的4.0%,与上年持平;利润占全国总额的10.0%,提高3.9个百分点,水泥行业盈利水平高于全国平均水平。主要得益于两方面:一是持续推进行业的联合重组,不断提高产业集中度。2015年,海螺水泥成功收购圣塔集团,该项收购涉及水泥熟料产能470万吨。全省前5家大型水泥企业的水泥熟料总产能5454万吨,产能集中度达86.6%,远高于全国前10家水泥企业52%的产业集中度。二是提前发力供给侧改革,严格控制新增产能。全年全省无新增水泥熟料产能,对于在市场需求不旺的时候,稳定市场供给,熨平市场波动,维护市场秩序,起到重要作用。

【产业基地稳步发展】 2015年,高安建筑陶瓷产业基地获批"国家新型工业化示范基地",上犹县产业基地被中国建筑材料联合会授予"中国玻纤新型复合材料产业集群发展示范基地"。高安建筑陶瓷产业基地、江西铝合金塑料型材及制品产业基地和萍乡市工业陶瓷产业基地主营业务收入均过百亿元;庐山区玻璃纤维和复合材料基地与上犹县玻纤及新型复合材料产业基地主营业务收入均过50亿元。8家产业基地主营业务收入总和为791.8亿元,增长8.3%,占全省建材行业主营业务收入的35.7%,下降0.2个百分点;利润总额57.5亿元,增长5.5%,占全省建材行业利润总额的31.9%,提高1.6个百分点。

(毛敦)

医药工业

【概　况】 2015年,全省医药产业克服政策环境复杂多变、行业整体换挡减速等因素的影响和制约,总体保持稳定增长,但增长幅度进一步回落。全年工业增加值278.8亿元,增长10.4%、增幅回落0.7个百分点;主营业务收入1258.72亿元,增长9.6%,增幅回落3.6个百分点,占全国总量的4.4%,在全国同行业中位居第七位;利税160.92亿元,增长11.9%,在全国同行业中位居第十位;利润102.27亿元,增长14.1%,在全国同行业中位居第十位。

主要产业集群增长较快,优化服务推动产业聚集。4个主要医药制造业产业集群主营业务收入492.15亿元,增长26.3%,占全行业比重的39.1%、提高4.8个百分点。其中,袁州医药产业集群主营业务收入149.18亿元,增长29.2%;樟树医药产业集群主营业务收入124.7亿元,增长9.3%;小蓝医药产业集群主营业务收入116.11亿元,增长27.3%;进贤医疗器械产业集群主营业务收入101.54亿元,增长21.85%。各产业集群在加大产业招商力度、促进更多企业和项目落户的同时,强化产业集群的服务平台建设,为企业提供更优质服务和营造富商安商环境,促进集群加速发展。

子行业增长平稳,化学原料药增长一枝独秀。中药行业主营业务收入514.66亿元、增长7.2%。其中:中成药主营业务收入442.39亿元,增长7.5%,在全国同行业中位居第三位,占全国同行业总量的7.5%;中药饮片主营业务收入72.27亿元,增长5.6%;化学药行业主营业务收入462.59亿元,增长13.9%(其中化学原料药主营业务收入191.59亿元,增长20.4%,增幅明显高于全省医药、全国化学原料药增长水平);医疗设备行业主营业务收入214.32亿元,增长8.6%;生物药品行业业务收入66.68亿元,增长3.6%。

企业总体产销水平有所提升,重点企业增长趋缓。2015年,全省医药行业规模以上企业340家(含兽药企业29家);主营业务收入过亿元企业58家,增加3家。列全省医药行业前20位企业(集团)的主营业务收入383.03亿元、利润33.99亿元、利税59.16亿元,分别占全省医药产业的30.4%、33.2%和36.8%,分别下降3.1、3.4和1.5个百分点,集中度有所下降。

过亿元优势品种数量增加,核心品种销售情况较好。全年全省医药行业共有48个年销售额过亿元的优势品种、增加6个。其中,年销售额超过十亿元的核心品种6个、增加2个,分别是青峰医药集团的喜炎平注射液(34.49亿元),济民可信集团的金水宝胶囊(31.12亿元)、康莱特注射液(19.25亿元)、醒脑静注射液(18.08亿元),汇仁集团的肾宝片(13.5亿元),江中药业的健胃消食片(10.82亿元)。

重大项目数量减少,新版GMP改造项目收尾加速。全省共实施86个投资亿元以上的生物医药工业项目,续建项目58个,新开项目28个,部分投产项目4个,未开工项目16个。其中,投资10亿元以上的重大医药工业项目8个,总投资140.35亿元,完成投资37.48亿元。完工和部分完工项目2个,在建项目1个,新开工项目5个。从实施情况看,新版GMP改造的续建项目完成情况较好,一批新建项目则由于行业前景的不明朗以及建设过程中的土地、拆迁等问题,企业放缓项目实施进度。

【江中集团和青峰药业获批建设国家重点实验室】 2015年,江中集团的"创新药物与高效节能降耗制药设备国家重点实验室"和江西青峰药业的"创新天然药物与中药注射剂国家重点实验室"获科技部批准建设,实现江西企业国家重点实验室建设"零"的突破。全省医药行业初步构建较为完整的科研、开发和产业化技术支撑体系,设立4个博士后流动(工作)站,建成国家工程中心2个,省部级重点实验室8个,省部级工程中心7个,GAP中药材种植基地21个,在建国家级创新实验室2个,为新药创制和新型医疗设备研发奠定较为扎实的基础。

【涉药政策密集出台】 2015年,是国家涉药政策密集出台的一年,主要包括:药品取消政府定价,国家发改委发布《关于印发推进药品价格改革意见的通知》,自2015年6月1日起,除麻醉药品和第一类精神药品外,取消原政府制定的药品价格;药品集采顶层设计出台,国务院办公厅印发《关于改善公立医院药品集中采购工作的指导意见》,明确提出以省(区、市)为单位的网上药品集中采购方向,实行一个平台、上下联动、公开透明、分类采购,采取招生产企业、招采合一、量价挂钩、双信封制、全程监控等措施。

国家卫计委公布《关于落实完善公立医院药品集中采购工作指导意见的通知》,对药品分类采购措施做进一步细化。国务院办公厅发布《国务院关于改革药品医疗器械审评审批制度的意见》。国家食药监总局先后发布《关于开展药物临床实验数据自查核查工作的公告》《关于征求加快解决药品注册申请积压问题的若干政策意见的公告》《关于药品注册审评审批若干政策的公告》《关于开展仿制药质量和疗效一致性评价的意见》《关于化学药生物等效性试验实行备案管理的公告》等,从提高新上市药品审批标准、推进仿制药质量一致性评价、鼓励创制新药、解决注册申请积压、加强药品技术审评能力等多方面明确药审改革重点工作。

(易红)

食品工业

【概　况】 2015年,全省规模以上食品工业企业730家,净增85家,增长13.2%。全行业从业人员平均人数17万人,增长3.4%。资产合计1437.9亿元,增长25.1%。全省规模以上食品工业总产值2991.75亿元,增长9.1%,产品销售率99.9%。工业增加值787.78亿元,增长6.8%。主营业务收入3000.40亿元,跃居全国第十五位,比上年前进一位,增长9.3%,增速高出全国食品工业平均水平4.7个百分点。利税总额417.21亿元,增长7.7%。利润总额215.55亿元,增长7.3%。

全省12种主要食品工业产品中11种不同程度的增长,其中包装饮用水195.04万吨,增长51.1%;软饮料405.93万吨,增长23.6%;精制食用油231.29万吨,增长21.8%;白酒18.24万千升,增长11.1%;冷冻饮品9.09万吨,增长9.4%;大米750.11万吨,增长8.1%;液体乳29.68万吨,增长1.8%;罐头14.81万吨,增长0.5%;卷烟678亿支,增长0.2%;乳制品33.24万吨,增长0.2%;啤酒134.00万千升,增长0.0%。

全省10个食品产业基地(集群)累计实现主营业务收入1015.3亿元,增长14.3%,占全省食品工业34.0%;利税总额84.4亿元,增长12.1%。其中:5个产业集群主营业务收入过百亿元,新建长埈食品产业基地主营业收入171.0亿元、增长.14.4%,利税10.8亿、增长0.2%;庐山区绿色食品产业集群主营业务收入163.6亿元、增长10.8%,利税总额11.2亿元、增长21.2%;小蓝食品产业基地主营业务收入138.5亿元、增长13.8%,利税总额12.4亿元、增长10.7%;上高绿色食品产业集群主营业务收入131.0亿元、增长19.5%,利税总额18.2亿元、增长13.4%;吉水粮油产业集群主营业务收入105.0亿元、增长31.2%,利税总额9.4亿元、增长22.7%。

全省规模以上食品工业累计完成固定资产投资719.3亿元,增长5.4%。其中,农副食品加工业增长14.6%,食品制造业增长1.1%,酒、饮料和精制茶制造业下降14.9%。

全省规模以上食品工业完成出口交货值152.99亿元,增长13.6%。其中农副食品加工业68.89亿元,增长14.1%,总量占全省食品工业的45.0%。

上高县、万载县、泰和县、永丰县和南丰县被授予"全国食品工业强县"称号,江西省绿滋肴实业有限公司、江西汪氏蜜蜂园有限公司等29家企业被授予"全国食品工业优秀龙头食品企业"称号。

【重点项目建设进展顺利】 2015年,江西百威英博啤酒有限公司年产100万吨啤酒生产线项目一期,江西鹰潭养元智汇饮品有限公司年产24万吨植物蛋白饮料及其配套包装项目2个项目竣工投产。江西恒辉大农业科技有限公司年加工6250吨有机蔬菜项目,江西燕京啤酒有限责任公司年产45万吨啤酒生产线,江中集团年产1.2万吨蓝枸、猴菇饮料、猴菇饼干、枸杞酿造的白酒项目等项目进展顺利。

【重点企业成为推动食品工业发展的支撑点】 重点企业进一步做强做大,成为推进全省食品工业发展的重要支撑点。其中:正邦集团工业总产值521.0亿元,增长21.2%;利税总额7.3亿元,增长55.6%。双胞胎集团工业总产值375亿元,增长1.0%;利税总额12.0亿元,下降35.0%。四特酒有限责任公司主营业务收入28.0亿元,下降10.1%;利税总额17.7亿元,增长29.9%。

【搭建融资合作平台】 为缓解中小食品企业融资难问题,省工信委主动搭建融资合作平台,与光大银行南昌分行、北京银行南昌分行、中国进出口银行江西分行等金融机构建立合作,争取光大银行南昌分行5亿元综合授信额度(已向17家食品企业发放贷款2980万元)。组织省内有资金需求的食品行业企业与兴铁资本、中信逸百年、润恩资产等5家产业基金进行对接,共梳理出26家企业、资金总需求额度近13.44亿元。

【做好食品行业服务】 一是加强对省领导联点企业服务工作。帮助正邦集团下属江西汇和化工有限公司4000吨咪鲜胺原药项目的制剂定点升级获得工信部原材料司的批复。推荐双胞胎集团和四特酒有限责任公司参加工信部两化融合的相关会议。定期调度3家省领导联点企业的发展情况,及时了解并反映企业面临的困难问题,推动问题尽快协调解决。二是抓好重大项目调度和产业政策认定。帮助南昌宝迪食品有限公司年产2万吨熟肉制品质量安全检测能力建设项目获得2015年国家产业振兴和技术改造项目支持。对江西人之初乳品营养有限公司配方乳粉生产项目,江西五谷村酒业等6家企业白酒生产项目开展产业政策认定和行业准入。三是抓好行业培训。9月21日—24日,在婺源县举办江西省第十届果露黄酒评委换届选聘活动。全省20多家果酒、露酒和黄酒生产企业的40多名国家和省果露黄酒评委及从事果露黄酒生产、技术和质量管理的有关人员参加培训。培训班由果露黄酒专家给学员们传经授艺,采取理论与实际品评相结合,学员与专家互动的灵活培训方式,增强培训效果,提高学员品评技术。

·资 料·

2015 年江西省规模以上食品工业增加值

分 类	增加值(万元)	同比增长(%)
食品工业合计	7877825	6.8
农副食品加工业	4047783	11.5
食品制造业	1495763	8.3
酒、饮料和精制茶制造业	940491	4.1
烟草制品业	1393789	-4.8

2015 年江西省规模以上食品工业产值

分 类	产值(万元)	同比增长(%)
食品工业合计	29917538	9.1
农副食品加工业	19504323	11.8
食品制造业	5309180	7.7
酒、饮料和精制茶制造业	3268035	4.9
烟草制品业	1836000	-4.6

2015 年江西省食品工业主要产品产量

产品名称	单位	产量	同比增长(%)
包装饮用水	吨	1950370	51.1
软饮料	吨	4059266	23.6
精制食用油	吨	2312860	21.8
白酒	千升	182355	11.1
冷冻饮品	吨	90875	9.4
大米	吨	7501118	8.1
液体乳	吨	296842	1.8
罐头	吨	148060	0.6
乳制品	吨	332420	0.2
卷烟	万支	6780000	0.2
啤酒	千升	1340044	0.0
精制茶	吨	66330	-8.7

(陈叔然)

烟草业

【概 况】 2015 年,江西烟草行业克服提税顺价和史上最严控烟外部环境的影响,以及社会库存畸高、零售价格低迷、供需矛盾突出、营销队伍不稳的问题和困难,抓住税利、总销量、省产烟占比和"金圣"烟增长等核心指标,保持经济运行总体平稳。全省烟草行业实现税利 241.87 亿元,增长 14.68%;上缴税金 186.89 亿元,增长 18.56%。其中:商业税利 116.76 亿元,增长 24.72%;缴纳税金 73.49 亿元,增长 37%。工业税利 125.11 亿元,增长 6.87%;缴纳税金 113.4 亿元,增长 8.89%。种植烟叶 2.68 万公顷,收购烟叶 95.19 万担,烟农总收入 11.45 亿元,户均收入 6.2 万元,烟叶税收2.29亿元,烟农收入等主要指标在大灾之年与上年基本持平。江西中烟生产卷烟135.6万箱,增长0.22%。其中合作生产54.96万箱,增长13.95%。"金圣"品牌销售42.07万箱,与上年基本持平,其中省内"金圣"销售34.3万箱,增长4.37%。全省烟草商业全年销售卷烟144.69万箱。查处各类涉烟案件2.26万起。其中假烟案件1944起,增长26.64%,查处假烟2192万支,增长262.28%。查办5万元以上大要案763起,创历史新高,增长21.3%。

精益管理补短板实现降本增效。江西烟草商业企业部分对标指标继续保持行业先进水平,其中单箱物流费用、单箱配送费用、物流费用率等3个指标排名行业第一,被列为行业标杆。持续加强成本费用控制,3项费用率5.12%,下降0.48个百分点;业务招待费下降9.96%,会议费下降27.46%,车辆运行费下降8.44%,降本增效成效明显。资金收益4.1亿元,超出任务的8.4%。财务资金监管系统优化课题获得国家版权局颁发的8项知识产权证书。公开招标项目451个,占88.95%;金额5.96亿元,占98.22%。完成项目投资2.66亿元,计划执行率大幅提升。多元化投资取得重大进展,投资7.83亿元参股江西银行,成为第3大股东。科技项目立项23个,结题9个。中烟江西公司降低单箱耗烟叶、嘴棒、综合能耗等生产成本,控制各项费用,其中业务招待费下降36%,财务费用较预算额度下降30%。全年公开招标项目金额比例达97.5%,提高1.63个百分比。

稳定烟叶种植规模。安排行业救灾资金5623万元,弥补烟农部分灾害损失,保持烟区稳定。明确江西烟叶"生态浓香、甘甜低焦"的风格特征;市、县两级政府都成立烟办,形成全国烟草系统和全省各级党政支持江西烟叶产业发展的浓厚氛围。加强收购质量管理,烟叶商品质量明显提升,国家烟草专卖局收购检查等级合格率提高0.5个百分点,做到大灾之年减产不减质。赣南烟叶复烤公司复烤加工质量稳步提升,主要生产指标达到行业对标水平或先进水平,综合出片率65.48%,成品抽检合格率100%。

保持专卖管理高压态势。坚持"端窝点、断源头、破网络、抓主犯"的工作重点,以大要案查办为突破口,深入开展卷烟打假行动。推行市场日常精准监管工作方法,试点推行"3+2"工作制,即:3天集中查处,2天分散走访、错时检查、错位检查、交叉检查、重点检查,增强市场检查的针对性和实效性,提高监管的针对性和实效性。开展卷烟零售许可证管理专项自查整改工作,重点清理中小学周围销售卷烟和无证经营卷烟行为。清理省烟草专卖局行政审批项目和行政权力事项4类33项,清理市烟草专卖局4类27项。

支持赣南等原中央苏区振兴发展和对口支援兴国县。投入8.37亿元继续加大常规基础设施建设,基本烟田综合生产能力明显提升。推进水源工程建设,在建、拟建水源工程项目13个,资金概算8.7亿元。完善提升新农村建设水平,自2013年以来,国家局和省局共投入资金6亿元、援建项目429个,以兴国埠头枫林、安远长沙、黎川潭溪为代表的一批新农村点建成投入使用。

【打造"金圣"特色品牌】 2015年,"金圣"品牌以"金叶自然香、圣地中国红"为品牌文化传播方向,以打造"好看、好抽、好卖"的"三好产品"为品牌发展核心理念,通过充分挖掘江西独有且广为人知的滕王阁、瑞香和瓷文化元素,抓住真情、境界、才志"三块丰碑",重点打造以"滕王阁""瑞香"和"智圣出山"3个系列为主体的全新产品体系,提升品牌和价值形象,逐步构建"金圣"品牌完整的产品体系。新上市规格有"金圣"(本草瑞香)、"金圣"(软瑞香)、"金圣"(硬滕王阁)、"金圣"(软滕王阁)、"金圣"(滕王阁细支)等5个规格。

【创新卷烟研制开发技术】 开展中高档"金圣"卷烟研制开发,全年完成16支装"金圣"(智圣出山)、"金圣"(硬滕王阁)等11款新产品的研发和"金圣"(原生工坊)、"金圣"(本草瑞香)等11个老产品的维护提质。完成"金圣"(华天下)高档卷烟新产品的修改和上市工作。做好150元/条的"金圣"(硬滕王阁)、500元/条的"金圣"(红瑞香)、600元/条的"金圣"(瑞香典藏)、1000元/条的"金圣"(滕王阁金叶天香)和"金圣"(扁盒智圣出山)等5款新产品的上市准备。开展多个规格新型卷烟纸在卷烟产品上的应用研究,以及葛根、沙棘等10余种天然植物提取物在滤棒上的应用研究,多项研究成果已经在"金圣"(滕王阁系列)、"金圣"(原生工坊)、"金圣"(智圣出山)等产品上得到运用。开展微波膨胀烟梗的试验研发工作,推进金圣"本草香"品类特色工艺技术研究,完成气流干燥模块烟叶替换、料液选择的感官评价及滚筒烘丝模块的料液选择感官评价。推进烟叶原料配方打叶工作。开展微胶囊、本草香珠、减害增香颗粒等研究。共开展项目研究24项,其中国家烟草专卖局重大专项课题1项、重点项目1项,取得科技成果10项;获得专利授权4项。同时,加强产品降焦研究,"金圣"焦油含量加权平均值从10.56毫克/支下降到10.33毫克/支。

【推进3卷烟厂易地技改项目】 2015年,继续推进赣州卷烟厂易地技改项目,重点推进井冈山卷烟厂、广丰卷烟厂易地技改项目。赣州卷烟厂易地技改项目通过省环保厅环评验收和赣州市城建馆档案管理验收,完成联合工房等9栋建筑单体验收。井冈山卷烟厂易地技改项目于8月完成联合工房及动力中心主体封顶,12月实现所有单体建筑封顶,12月底制丝线主机设备和通用主要设备安装到位。8月,广丰卷烟厂易地技改项目获得国家局批复,9月启动项目总体规划设计招标,11月列入2015年江西省第二批重点项目计划。

(王萱 刘宇聪)

本栏编辑 游桃琴

非公有制经济

综　述

2015年，全省非公有制经济增加值9733.28亿元，增长9.3%，增幅高于国内生产总值同期增速0.2个百分点，占全省生产总值的58.2%；上缴税收1739.49亿元，增长8.8%，占全省税收总额的70.0%；固定资产投资1.30万亿元，增长16.7%，占全省固定资产投资的76.7%；出口创汇316.47亿美元，增长6.9%，占全省出口总额的95.1%；全省私营企业总数40.43万户，增长22.9%；注册资本总额1.67万亿元，增长42.4%；全省个体工商户165.94万户，增长7.5%；登记资金总额1664.26亿元，增长23.5%。全省新登记私营企业8.85万户，增长19.1%，占新登记企业比重94.1%；全省新登记个体工商户24.1万户，增长15.4%。开展“民企入赣”招商引资活动，累计新签项目1999个(包括世界500强或其子公司投资项目3个，中国500强企业投资项目14个，中国民营企业500强投资项目8个，全联执委企业投资项目4个)，签约投资总额1.01万亿元，完成全年签约金额冲刺1万亿元的目标。其中，二产项目1373个，占全年新签约项目比重的68.7%。签约投资额6002.25亿元，占签约投资总额比重的59.6%。一产项目128个，占比6.4%。签约投资额305.34亿元，占比3%。三产项目498个，占比24.9%。签约投资额3771.58亿元，占比37.4%。大会现场集中签约121个项目，投资总额2190.14亿元。

全年非公有制经济工作落实责任分工，加强政企联动，优化发展环境，释放市场主体活力，较好完成各项工作目标。

*完善考核体系，开展2011—2014年度全省服务非公有制经济发展考评。*完善全省非公有制经济发展考核评价指标体系，制定发展非公有制经济工作表彰办法，开展促进非公有制经济发展考核表彰活动。共评选出23个非公有制经济发展先进市县(区)，30个服务非公有制经济发展先进单位，100户先进非公有制企业，30名优秀中国特色社会主义建设者和100名优秀创业者。

*服务创新创业，举办创业大赛激发全民创业热情。*江西省积极整合省直部门资源，开展“赢在江西”青年创业大赛。11月29日，总决赛在江西电视台演播大厅举行，创业青年代表、省内外风投机构专家、大赛108强优秀代表选手以及中央驻赣和省内20余家媒体近200余人参加。

*实施务实举措，开展“万名干部进万企”活动。*省、市、县三级四套班子相关领导和各级促进非公有制经济发展领导小组成员单位到非公有制企业开展政策宣讲、调查研究和务实帮扶，进一步增强各级干部的群众观念和服务意识，加强党和政府与非公有制企业的联系。全省参加走访活动的各级干部人数1.77万人，走访企业1.20万家，宣传讲解政策8461次，收集意见建议1.0万条，解决企业困难1.20万个，待跟踪落实问题4578个。以后每年都将集中1个月组织开展“万名干部进万企活动月”活动，将帮扶与对接工作常态化，加强政企联动，优化发展环境。

*找准着力方向，引导非公企业做大做强。*以引导民营企业上市上板，做大做强为目标，开展私营企业建立

5月7日，全省促进非公有制经济发展表彰电视电话会议在南昌召开

韩坤摄

5月7日，全省促进非公经济电视电话会上，省委书记强卫（左一）为受表彰单位颁奖

韩坤摄

现代企业制度试点工作。通过专题讲座、实地考察、案例分析、项目路演、基金推介等多样化集训方式，打造一条民营企业、证券机构多方认同的上市价值链。省工信委、省金融办、江西证监局联合下发《关于开展民营企业建立现代企业制度试点暨集中上市辅导活动的通知》，吸引130余户民营企业报名参训，30余家律师事务所、会计师事务所、券商、基金公司、管理咨询公司、培训机构提供服务。江西的做法，在全国部分省市促进非公有制经济发展工作座谈会上得到重点介绍。

营造氛围，开展"百媒进千企"活动。省非公办联合省委宣传部、省工商联共同开展"百媒进千企"活动，通过组织中央驻赣、省内各级主流媒体走进非公有制企业，以文字、图片、音频、视频、专题等形式，加强对促进江西省非公有制经济发展的政策宣传、成就宣传、典型宣传和主题宣传。4月29日，2015"百媒进千企"活动在南昌启动。活动开展以来，省、市、县三级促进非公有制经济发展领导小组、宣传部、工商联组织各主流媒体到非公有制企业、商会等进行系列采访宣传活动，展示江西省非公有制经济发展成就，并挖掘一批先进典型企业案例汇编成册。

（韩坤）

外商、中国港澳台商投资企业

【概　况】 4月10日起，新《外商投资产业指导目录》施行，进一步拓宽外资准入行业范围；税法逐步实现内外资统一，外商投资企业与内资企业税负趋于均等。全国外商投资企业数量进入缓慢发展的"新常态"时期。江西省外商投资企业呈现同样的发展特征，但外商投资企业仍保有较大户数存量和资本规模，是具有较强竞争力的市场主体。

2015年，全省新登记外商投资企业户数同比略降，注销户数略增，年末存量户数基本持平。

全省新登记外商投资企业574户，下降7.27%。新登记外商投资企业注册资本55.56亿美元，增长0.54%。从行业分布看，制造业新登记282户，占新登记总数的49.13%，增加5.03%；批发和零售业91户，占15.85%，减少1.59%；租赁和商务服务业67户，占11.67%，增长5.05%；农林牧渔业29户，占5.05%，减少0.93%；住宿和餐饮业26户，占4.53%，减少0.32%；金融业17户，占2.96%，增长0.38%。从产业分布看，第一产业新登记29户，减少0.76%；第二产业292户，增加4.67%；第三产业253户，减少3.9%。从区域分布看，赣州市新登记130户，占全省同期新登记数的22.65%；南昌市120户，占20.91%；吉安市112户，占19.51%；九江市89户，占15.51%；上饶市28户，占4.88%。从增长速度看，吉安市新登记外商投资企业增长51.35%，居全省第一位；赣州市增长25%，居第二位；上饶市增长16.67%，居第三位。

全省共办理外商投资企业注销登记247户，增加26.67%。注销企业集中分布在制造业（103户）、批发和零售业（76户）、农林牧渔业（20户），这三行业占注销总数的80.57%。注销企业（不含分支机构）投资方集中在亚洲，共125户。

全省实有登记外商投资企业7094户，增长1.05%，外商投资企业注册资本480.95亿美元，增长9.88%。从行业分布看，外商投资企业从事制造业3413户，占总数的48.11%，下降0.12%；批发和零售业990户，占13.96%，下降0.2%；农林牧渔业519户，占7.32%，下降2.81%；信息传输、软件和信息技术服务业415户，占5.85%，增长1.22%；房地产业370户，占5.22%，下降1.07%；租赁和商务服务业364户，占5.13%，增长17.8%。从产业分布看，第一产业487户，下降2.4%；第二产业3666户，下降0.14%；第三产业2941户，增长3.19%。从企业户数所占比重看，第一产业为6.86%，第二产业为51.68%，第三产业为41.46%。从地区分布看，南昌市有1974户，占全省外商投资企业总户数的27.83%；赣州市1418户，占19.99%；九江市974户，占13.73%，吉安市654户，占9.22%，上饶市405户，占5.71%。从增长速度看，吉安市实有外商投资企业户数增长7.04%，居全省第一位；新余市增长6.27%，居第二位；鹰潭市增长4.73%，居第三位。从投资来源看，外商投资企业（法人企业）投资方有近30个国家（地区），主要集中在亚洲，占86.67%。

从企业类型看，以外商独资企业为主。全省共有外商独资企业4461户，占总数的62.88%。

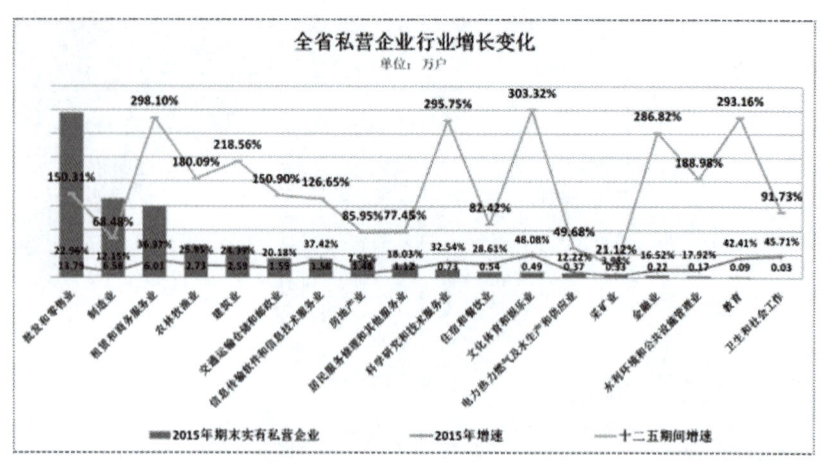

2015年全省私营企业行业增长变化情况

【外商投资企业注册便利化】 2015年，全省各级工商登记机关继续落实商事制度改革各项举措，推进外商投资企业注册便利化。根据国家工商总局机构调整情况，相应调整注册登记机构，实现内、外资企业注册登记机构合一；推进外商投资企业授权登记，全省各设区市、6个省直管试点县(市)以及宁都县都经工商总局批准取得外商投资企业登记权限；实现外商投资企业远程登记和名称网上核准，使投资者在各县(市、区)都可提交外商投资企业申请材料、领取营业执照；省工商局、省商务厅紧密配合，做好取消全面审批制、实行准入前国民待遇加负面清单管理模式的工作准备。

(曹波涛)

个体私营经济

【概　况】 2015年，江西省工商行政管理部门推进商事登记制度改革，全省个体私营经济呈现强劲增长势头，总量提升、规模扩大、活力迸发。

全省私营企业突破40万户大关，达40.43万户。自2008年破10万户关口以来，20万户关口用了4年，30万户关口用了2年，而40万户关口只用了1年。私营企业注册资本总额1.6万亿元，净增近5000亿元。新登记企业中九成以上是私营企业，民间资本占新增投资的比重也接近八成。“十二五”期间，私营企业的比重提高16个百分点，民间资本占企业投资的比重提高15个百分点，成为全省最有活力、最具潜力、最富创造力的市场主体。全省个体工商户总数165.94万户，增长7.58%；登记资金额1664.26亿元，增长23.50%。新登记个体工商户24.05万户，增长15.39%；新登记资金额404.33亿元，增长16.83%，户均投入资金16.81万元。

全年有16万人成为新创客，全省有近80万人创办私营企业。私营企业吸纳社会就业379万人，成为全省最大的就业群体，发挥就业主渠道的作用。截至年底，全省私营企业从业人数实有459.02万人，增长15.17%，比“十一五”末增长76.07%。其中：投资者79.14万人，增长19.27%，比“十一五”末增长104.32%；雇工人数379.88万人，增长14.35%，比“十一五”末增长71.14%。私营企业城镇从业人员261.52万人，占城镇就业比重的56.97%，比上年提高2.26个百分点，比“十一五”末提高11.44个百分点。全省个体工商户从业人员405.78万人，增长7.37%；新登记从业人员59.84万人，增长16.69%，户均从业人员2.49人。

“一村一社”指标接近3户，在农村的覆盖面迅速提高，合作社联合社增幅迅猛。全省合作社户数4.40万户，增长24.34%，“一村一社”指标(指每个行政村平均拥有合作社数量)2.97户；出资总额1012.86亿元，增长31.91%；成员总数76.30万个，增长18.58%。全省共有农民专业合作社联合社120户，增长62.16%。

农民专业合作社出资方式仍以货币出资为主，户均出资规模230.58万元，扩大6.09%。2015年，实有出资总额100万元以下的合作社(不含分支机构)1.73万户，占全省合作社总数比重的39.29%，增长13.88%；100万～500万元的合作社2.04万户，占比46.52%，增长31.23%；500万～1000万元的合作社0.46万户，占比10.42%，增长36.14%；1000万元～1亿元的合作社0.17万户，占比3.77%，增长34.04%；1亿元以上的合作社4户。出资规模在500万元以上的合作社6234户，增长35.52%，大大高于平均增幅。

【产业结构优化调整】 民间资本加速投向一、三产业，其中民间资本在第三产业累计投资超过万亿。民间资本在批发和零售业、租赁和商务服务业、制造业三大行业集中度接近六成，“十二五”期间，批发和零售业超过制造业成为第一大行业，租赁和商务服务业成为第二大行业。同时民间资本在金融业，科学研究、技术服务和地质勘查业，水利、环境和公共设施管理业，文化体育和娱乐业等现代服务领域的投资非常活跃，增速大大高于行业平均水平。

【土地流转合作社萌芽】 从农民专业合作社中衍生出的土地流转合作社，既能保障土地的规模化经营，又能保证农民长期的土地收益权，是解决“谁来种粮”“怎么种粮”的有益探索。这些新型农业经营主体的快速崛起，成为江西省改革农业生产组织形式和经营方式、解放和发展农村生产力的主导力量。近年来，全省农户采取转包、出租、互换、转让及入股等方式流转承包地。部分县区工商局根据当地实际，探索土地流转合作社登记注册工作。截至年底，全省登记土地流转合作社138户，占合作社总数的0.31%，处于萌芽状态。其中南昌市共登记土地流转合作社104户、九江18户、抚州9户、赣州4户、宜春2户、吉安1户，分别占全省土地流转合作社总数的75.36%、13.04%、6.52%、2.90%、1.45%、0.72%。

(彭文洲)

本栏编辑　游桃琴

信息化建设

综　述

2015年,江西加快推进全省信息化建设,信息通信基础设施建设逐步完善,社会各领域信息技术应用进一步拓展,公共信息服务领域进一步深化,信息化助推经济发展的能力进一步提高。

宽带基础设施建设发展加快。全面实施《省政府办公厅关于加快高速宽带网络建设推进网络提速降费的实施意见》,推进宽带网络普及提速,推进电信普遍服务机制,实施信息惠民工程,加快城市光纤入户和光纤网络向乡镇与农村延伸,扩大4G网络在全省的覆盖范围。新余市、赣州市被列为国家"宽带中国"建设示范城市。三网融合全面推广。全面落实省政府办公厅出台的《三网融合推广实施方案》,在前期推广南昌市三网融合试点经验的基础上,将广电、电信业务双向进入扩大到全省各地,促进广电与电信网络的对等互联、深度融合,加快发展融合业务和网络产业,鼓励相关产业发展。

两化融合工作有声有色。出台《关于大力推进两化深度融合加快制造业转型升级的意见》,通过加强政策引导,以典型示范带动、重点项目推进、发展水平评估为抓手,从区域、行业、企业3个层面,因地制宜推进两化融合。组织开展两化融合"个十百千万"工程,扶持3个示范园区、48个示范企业。支持企业积极参与两化融合管理体系贯标,12家企业列入全国两化融合贯标试点,3家企业通过两化融合管理体系认证。开展全省各设区市两化融合发展水平评估,对11个设区市两化融合发展情况进行排名,摸清各地两化融合发展水平、挖掘两化融合薄弱环节,实现以"评"促"推"。开通江西省两化融合咨询服务平台,在各设区市和县开设分平台,不定期组织企业上平台参加评估诊断,开展两化融合发展水平自评估,定量摸清企业信息化情况,让企业查找在全国、同行业的差距和潜力。

智慧城市建设取得阶段性成果。以省信息化工作领导小组办公室名义向省直各单位及设区市,印发《江西省智慧城市建设指南》,制定《江西省智慧城市建设基本指导目录(试行)》引导规范合理开展智慧城市建设。出台《江西省智慧产业园区建设的指导意见》,指导全省工业园区开展智慧园区建设。

校企合作有序开展。完成《开展校企合作促进中小企业信息化的工作方案》的制定工作,并开展多轮省直相关部门之间的征集意见和工作协调,向省政府呈报《关于开展校企合作促进中小企业信息化工作方案的请示》,工作方案已得到批复,落实校企合作项目的相关资金,与省发改委、省科技厅、省教育厅联合印发《开展校企合作促进中小企业信息化建设活动的通知》,全面开展校企合作项目申报工作。

信息化重大项目扎实推进。对接中国航天科工集团的具体工作,牵头与省直有关单位成立推进江西航天云网联系会议,共同对接推进该项工作。完成省政府与航天科工集团签约的大量前期工作,举办签约仪式。协助航天科工集团在全省开展多次调研活动,参与制定"江西航天云网"实施方案。同时,指导和配合航天科工集团针对南康家具、食品等行业开展对接,促成"江西航天云网"取得为企业服务的成功案例。协调推进航天云网在江西组建公司,落实省投资集团公司参股,确保"江西航天云网"的如期开通。与中华通信系统有限责任公司签订央企入赣协议后,与中华通信公司对接,参与其在江西的调研和可行性报告的制定,促成中华工业云项目在赣州市落户,指导和协助中华通信公司制定工作方案,完成项目实施具体的落户流程,建设中华工业云的首期项目——互联网+新能源。中国电信中部云计算基地建设取得进展,协调中国电信中部云计算基地建设存在用地、用电、有关支持政策等问题,制定工作方案,召开相关部门的协调会,向省委、省政府领导呈报《关于中国电信集团中部云计算基地建设有关事项的请示》,完成《关于中国电信集团中部云基地建设情况报告》和相关会议纪要,并将相关措施逐项落实到位。

信息安全保障体系逐步完善。2015年,重点开展信息安全政策法规、网络安全宣传周、信息安全基础设施建设,以及重点领域网络与信息安全检查、政府网站安全监测等。继续推进以身份认证及密码技术、电子认证为基础的网络信任体系建设,推广数字证书在电子政务、电子商务等领域的应用,探索重要基础数据和个人信息保护的新手段、新方法,以安全促进信息消费。截至年底,全省有效电子认证证书持有量近30万张。

电子政务应用持续深化。全省电子政务工作围绕政府职能转变和公共服务需求,提升对政府治理的支撑作用和服务群众的应用效能。各地各部门加强电子政务应用，在经济和社会管理的不同领域取得显著成效。

电子信息三大主导产业保持较快增长。全省半导体照明、通信设备和数字视听三大主导产业累计完成主营业务收入1014.9亿元，增长8.1%。其中：半导体照明产业主营业务收入232.8亿元，增长11.8%；通信设备产业主营业务收入471.9亿元，增长10.3%；数字视听产业主营业务收入310.2亿元，增长7.1%。产业集群集约发展效应增强，南昌高新区光电及通信、南昌经开区光电、共青城手机产业集群、井冈山经济技术开发区通信终端设备、吉安县数字视听、吉安市吉州区通信传输系统产业集群等六大产业集群主营业务收入过百亿元。

（申甲林）

信息基础设施

【概　况】　2015年，通信行业深入实施“宽带中国”江西工程和宽带提速降费，积极落实电信普遍服务补偿机制试点，做好光纤到户和共建共享工作，在加强信息基础设施建设、服务社会民生、保障网络信息安全等方面做了大量工作。特别是实施“宽带中国”江西工程和4G工程，进一步提高信息化服务水平，增强支撑保障能力。

全省电信业务总量529.7亿元，增长34.3%；电信业务收入255.9亿元，增长1.8%。全省光缆线路长度63.8万千米，其中长途光缆线路长度2.0万千米，本地网中继光缆线路长度49.1万千米，全省3G基站4.5万个，4G基站5.2万个。全省累计共建基站568个（其中铁塔435个）、共建杆路335.44线路千米、共建管道32.1线路千米、共建室内分布系统87个；累计共享基站4284个（其中铁塔3663个）、共享杆路1623.7线路千米、共享管道57.99线路千米，共享室内分布系统5个，节省建设投资约8.9亿元。

全省互联网宽带接入端口数1376万个，全省固定互联网宽带用户数442万户。其中光纤到户（FTTH）用户数248万户，占比56.1%。固定互联网宽带用户中，接入速率在8兆比特/秒及以上用户占比69.6%，在20兆比特/秒及以上用户占比49.2%。电话用户总数3624.6万户，净增108.7万户。其中移动电话用户3056.2万户，净增117.7万户。全省3G移动电话用户数832.1万户，4G移动电话用户数1068.7万户，3G/4G用户普及率41.8部/百人，其中4G用户普及率23.5部/百人。全省城市影院总数268家，银幕总数1182块，3D影厅240个。

【中国铁塔公司与江西省政府签署战略合作框架协议】　8月20日，中国铁塔公司与江西省政府在南昌签署战略合作框架协议。中国铁塔加大在江西的投资力度，加快铁塔、基站和室内分布系统等信息基础设施建设，提高资源利用效率和投资效益。2015年，中国铁塔在江西新建铁塔超过1.5万座，完成3家电信企业在江西的存量铁塔资产注入和收购。

【广播电视网络覆盖能力提高】　2015年，全省广播综合人口覆盖率97.61%，电视综合人口覆盖率98.64%。全省骨干广播电视发射台和转播台215座，有线广播电视传输干线总长8600千米。村村通工程采用直播卫星接收方式，全省完成2.65万个村（场）的村村通设施建设，项目总投资6978万元，共采购16.87万套直播卫星接收设备。

【有线电视加快数字化整体转换】　2015年，全省有线电视数字化整体转换继续推进，有线广播电视用户数703.69万户，入户率55.98%，其中农村广播电视用户数290万户。数字电视用户数605.89万户，数字电视入户率48.4%，全省有线电视数字化整转率91.56%。全省高清互动机顶盒30万台，网内传输的高清频道数量增加到50套以上，数字电视节目频道达到200余套以上。全省有线电视双向覆盖用户100万户，其中CMTS（线缆调制解调器终端系统）覆盖用户40万户，EOC（以太数据通过同轴电缆传输）覆盖用户40万户，LAN（局域网）覆盖用户20万户。

（申甲林）

信息技术应用

【入选国家第二批信息消费试点城市】　1月，工信部公示第二批36个国家信息消费试点城市名单，新余市和婺源县入选。加上上年成为首批信息消费试点城市的赣州市章贡区和南昌市，江西国家信息消费试点城市增至4个。

【全民阅读数字平台和版权公共服务平台开通】　4月18日，“书香赣鄱”全民阅读数字平台和版权公共服务平台开通。该平台是一款以全民阅读为主题的手机客户端，提供新书动态等新闻资讯和丰富的正版出版物，为读者营造良好的新时代读书氛围。版权公共服务平台，是集版权登记、合同备案、版权交易、版权监管、证据保全等功能于一体的大型综合性版权公共服务平台。版权人通过电脑或移动客户端，足不出户即可完成作品登记全部过程，登记认证后直接取得著作权登记证书，标志着江西省版权登记工作彻底摆脱以往现场申请的繁琐程序，实现方便快捷的远程在线登记和审核流程。

【网上审批系统试运行】　江西省启动网上审批系统上线试运行，在改造升级原有网上审批系统基础上，启动全省网上审批系统建设工作。建设全省统一的集信息公开、网上办理、便民服务、电子监察于一体的网上审批系统，实现非涉密行政审批事项全流程网上办理、并联审批、信息共享、业务协同和即时电子监察。将实现37个省直部门398项行政审批事项的全流程网上办理，并通过流程再造，实现并联行政审批。

【江西工商“创业咨询一点通”网上服务平台开通】　8月11日，江西工商“创业咨询一点通”网上服务平台开通。该平台汇集各类市场主体的办照流程及分散的创业政策、优惠措施，为创业提供一站式全程咨询服务，成为江西省激发市场主体活力、维护市场正常秩序、扶持市场新生力量的特色品牌。

【江西政务服务网上线运行】 9月17日，江西政务服务网开通运行。该网是全省“三单一网”改革工作的重要内容，在全省11个设区市、100个县(市、区)政府设立服务平台、49个省级部门设立服务窗口。通过“网上行权”，让法人和公民知道找谁办事，怎么办事；通过“网上便民”，让法人和公民足不出户就能办成过去想办而很难办成的事，实现“信息多跑腿、百姓少走路”的目标；通过“网上晒权”，让法人和公民对政府有什么权、担什么责一目了然，打造集“行政审批、便民服务、阳光政务、互动交流、效能监察”等功能于一体的“全天候网上政务大厅”，实现全省政府部门“办事一张网、服务零距离”。该网获“2015中国‘互联网+政务’优秀实践案例50强”。

【江西口岸物流信息平台运行】 该系统主要以海关、口岸功能区等部门通关物流状态信息为基础，整合运输工具动态信息、集装箱信息、货物进出港和装卸、堆场等作业信息，实现海关查验、放行指令的电子化，为外贸企业提供全程状态查询服务，为口岸管理和政策制订提供量化指标，方便企业掌握通关申报各环节状态，合理安排物流作业。

【江西航天云网开通】 11月12日，在2015年江西信息化与工业化深度融合推进会上，江西航天云网正式上线。这是航天云网首个省级落地项目，年内已完成5万多家企业上线，云端各类制造资源和能力将为全省企业提供广泛应用。

【启动建设“失信被执行人曝光台”】 江西省高级人民法院、江西日报社、银行等联手打造的江西“失信被执行人曝光台”全面启动，旨在维护江西金融执行稳定，提高银行、保险、期货、证券等单位系统的风险管控能力，重点发布江西省失信被执行人名单，并向社会公众提供查询功能。用户免费注册后，输入对方身份证号码或组织机构代码，即可查询到该人、企业(公司)是否为失信被执行人(企业)及其详细信息，是一个银行自主推送、法院监督管理、网站信息发布的三方平台。全省法院失信被执行人名单数据库上线后，相关省直协办单位可直接查询全省三级法院发布的失信被执行人名单信息。

【完成与29省市区ETC联网工作】 2015年，江西省深入开展“ETC全覆盖”(ETC即不停车电子收费系统)便民工程，新增各类服务终端700多个，是之前用户总数的3倍。江西高速公路赣通卡用户累计突破100万，新增赣通卡用户75万，ETC用户占全省汽车保有量的30%。高速通行非现金交易额大幅增加，增长112.3%。新增ETC车道209条，累计建成ETC车道613条，实现主线收费站全覆盖，全部打通与邻省的省界收费站ETC车道，完成与全国29省(市、区)ETC联网工作。

(申甲林)

电子信息制造业

【概　况】 2015年，全省电子信息行业大力培育优势产业，着力推进转型升级，克服经济发展新常态下经济下行压力、消费电子市场低迷等多种不利因素影响，完成年初预定目标任务。规模以上企业累计完成主营业务收入1350.8亿元，增长15.5%，高于全国电子信息制造业增速7.9个百分点，高于全省工业增速11.2个百分点；实现利税总额118.1亿元，增长5.0%。一是地区发展布局进一步优化。全省电子信息制造业地区发展不平衡现象得到初步改善。抚州、宜春等原来一些产业规模较为弱小的地区发展形势喜人，主营业务收入保持15%以上的增长速度，规模不断扩大。南昌、赣州地区主营业务收入占全省比例分别为23.9%和16.6%，分别提高1.5和1.8个百分点，吉安地区主营业务收入占比35.5%，下降7.3个百分点。二是产业集群集约发展效应增强。全省九大重点电子信息类产业集群实现较好增长，累计完成主营业务收入1245.60亿元，增长20.70%，占全省60个工业重点产业集群总量的12%；实现利税100.53亿元，增长16.10%，占全省总量的10.2%。三是主要产品结构升级初显成效。手机整机生产正在向智能手机转型，全省手机累计生产4633.9万部，增长0.25%；触控屏向高附加值提升，结构优化取得明显效果。江西省最大的触控屏生产企业欧菲光处在小尺寸触控屏生产向大尺寸转型阶段，小尺寸触控屏产量下降明显。全省累计生产小尺寸触控屏2.14亿片，下降7.1%；大尺寸触控屏累计生产3572.7万片，增长115.1%。江西联创电子有限公司累计生产触控屏5072万片，增长25.6%。中大功率LED芯片生产成为主流。全省中大功率LED芯片累计生产109.7亿粒，增长3.7%，占全省LED芯片总产量的36.2%，占全省LED芯片产品产值的58%。其中硅衬底LED芯片累计生产88亿粒，增长45%。各类LED灯具累计生产1.14亿盏，增长10.1%。其中路灯219万盏，增长17.1%。路灯中使用硅衬底LED芯片生产的110万盏，增长30%。四是重点企业不断壮大。联创电子有限公司技改项目见成效，电容式触摸屏、光学镜头等元件产品产能不断扩大，全年主营业务收入增长11.6%；智慧海派科技有限公司投产见效快，已经发展为南昌规模最大的手机整机生产企业，全年主营业务收入增长100%，利税增长100%；赛龙通信与北京猎龙科技重组进展顺利，有望扭转下降趋势；合力泰进一步巩固触控屏骨干企业的优势，主营业务收入增长42.7%；航盛电子虽然受车载视听产品出口下降的影响，但国内配套市场开拓见成效，主营业务收入增长33.6%。

【赣台战略性新兴产业合作洽谈会在宜春举行】 8月19日，由江西省工业和信息化委员会主办，各设区市政府、台湾区电机电子工业同业公会共同承办的第十三届赣台经贸文化合作交流大会——赣台战略性新兴产业合作洽谈会，在宜春举行。各设区市政府领导，省工信委、省台办宜春市工信委及台商代表共180多人参加论坛。会议重点推介节能环保、新能源、新材料、生物和新医药、新一代信息技术、航空、先进装备制造、锂电及电动汽车、文化暨创意、绿色食品等十大战略性新兴产业项目954个,总投资8572亿元。会上,江西省电子学会与台湾区电机电子工业同业公会签订双方合作备忘录。

【组团参加第三届中国电子信息博览会】 4月9日—11日,省工信委组织全省电子信息骨干企业参加由工信部和深圳市政府联合主办的第三届中国电子信息博览会,集中展示全省硅衬底LED技术获得国家技术发明一等奖及产业化等方面取得的发展成果,睿宁半导体材料、派路特车载平视显示系统等新产品新亮点,获得高度评价和良好效果。

【上饶光电高科有限公司入围全国电子信息百强企业】 根据国家统计局和工业和信息化部联合统计的2014年电子信息产业年报数据,经江西省工信委初审和推荐,工业和信息化部最终审定,依据企业的规模、效益和研发创新等方面综合竞争力排名,上饶光电高科有限公司入围2015年(第29届)中国电子信息百强企业,列第57位。上饶光电高科技有限公司位于上饶经济技术开发区,成立于2010年11月,专业致力于光伏产业,是一家集研发、设计、生产、销售、服务于一体的高科技企业。

(万长霞)

软件和信息服务业

【概　况】 2015年,全省软件和信息服务业总体保持平稳较快发展,企业数量稳步增加,产业规模继续壮大。全行业实现主营业务收入141亿元,增长16.5%;软件业务收入86.4亿元,增长13.5%;软件业务出口1.07亿美元,增长33%。全省90%的软件企业集中在南昌。全省有14个省级服务外包示范园区,其中9个在南昌。年营业收入超亿元企业28家,国家规划布局内软件企业4家,全国百强企业1家。逐步形成以高等院校信息工程学院、软件学院及软件职业技术学院为主,民间培训机构和社会团体、企业认证培训等为辅的软件及信息技术服务人才培训体系。

全省主营业务收入超亿元的软件和信息服务企业28家,累计超过百亿元,占全省软件服务业主营业务收入80%以上。其中,先锋软件、捷德(中国)信息、北方联创等3家企业营业收入超过10亿元,思创数码、方兴科技、同方科技、泰豪软件、江西通信产业服务公司等5家企业营业收入超过5亿元。

指导监督江西通服、江西金恒生等17家企业成功申报计算机信息系统集成资质,汇天科技、江西方欣等20家企业的计算机信息系统集成企业资质成功换证。

先后举办2期全省ITSS服务工程师和IT服务项目经理培训,108位学员参与培训并获得证书。指导帮助时励数码、金科交通等企业开展ITSS信息技术服务标准通用符合性评估。

【召开2015年江西信息化与工业化深度融合推进会及现场对接会】 11月,组织省内40余家软件企业召开2015年江西信息化与工业化深度融合推进会及现场对接会,接待来访观众超万人次。会议期间,一批两化融合服务平台项目、重点园区工业云项目、校企合作项目,如航天云网公司与南昌高新区管委会关于江西航天云网项目投资协议、航天云网公司与江西赣能股份有限公司关于江西航天云网科技有限公司出资协议、正邦集团下属正邦科技有限公司"互联网+智能制造"战略合作协议、航天科工深圳(集团)与东华理工大学合作协议等在推进会上完成。推进会期间,还举办了航天云网论坛。

【组织参加第十九届中国国际软件博览会】 组织泰豪、思创等9家知名软件企业及各设区市工信委参加第十九届中国国际软件博览会。为落实赣南苏区政策的落实,赣州市单独组织7家软件企业参与展览展示。展会期间,江西省企业软件产品参与评奖,思创数码公司的思创Thinvent智能管控系统V2.0、泰豪TH3000—电网生产实时管控系统V1.0等公司产品获得5项金奖、泰豪软件公司的泰豪TH5000智能化电力需求侧V1.0、思创智慧民政殡仪服务核心业务平台软件V2.0等软件产品获得管理系统5项创新奖。

(饶建平)

电子政务

【概　况】 2015年,全省电子政务工作围绕政府职能转变和公共服务需求,提升对政府治理的支撑作用和服务群众的应用效能,推动基础设施建设和信息资源整合,促进电子政务集约发展。

电子政务环境不断优化。出台《关于促进电子政务协调发展的实施意见》,要求坚持需求导向、统筹整合、创新驱动、协调发展、安全可控的原则,用5年左右时间,全面建成统一规范的电子政务网络体系,有效提升信息共享、业务协同和数据开放水平,全面普及政府公共服务网上运行,显著增强网络信息安全保障能力,夯实全省电子政务发展基础。各地各部门着力健全体制机制,制定一批有关信息公开、网站管理、网络安全等政务信息化的配套制度和措施,进一步夯实规范全省电子政务和政府网站建设的基础。

网络平台建设取得实效。全省电子政务网络支撑能力不断加强,外网覆盖全部乡镇,重要业务系统实现从省到乡的联网运行。江西政务服务网开通,按照"统一导航、统一认证、统一申报、统一办理、统一查询、统一互动、统一评价"的要求,在省级部门、市、县(区)政府设服务窗口和平台,设立近400个重点服务项目,并对各类服务事项要素进行规范完善,能够为社会公众提供"一站式"服务。南昌市等设区市逐步启动电子政务云平台建设,有的已具雏形,可按需提供包括基础设施、信息资源、支撑软件、应用部署、信息安全、运行保障等七大类服务。依托电子政务平台加强县级政府政务公开和政务服务省级试点工作全面完成,赣州大余县、吉安安福县、新余渝水区、宜春上高县、九江修水县、南昌西湖区、景德镇乐平市、鹰潭贵溪市和抚州黎川县等试点县(市、区),目录内政务公开事项全部公开,目录内政务服务事项全部上线,行政处罚事项梳理公布全部开展,80%以上的省级试点电子政务统一平台建设和应用取得实效,100%乡(镇、街道)和40%村(社区)实现窗口服务延伸,县、乡、村三级互联互通的政务公开和政务服务体系初步形成。

政务服务范围逐步拓展。引导县级政府通过统一的电子政务平台受理和办理行政职权事项,逐步解决办事程序繁、成本高、效率低等问题。通过电子化手段大幅改造和优化传统政务工作流程,打破层级、并联审批、向下兼容,县、乡、村三级共享信息数据,实现跨部门、跨区域、跨系统的全流程互联网办理。鹰潭市、吉安市、抚州南丰县、南昌东湖区、南昌高新区等入选国家智慧城市试点,上饶和鹰潭2市入围全国信息惠民国家试点奖励城市并获专项资金支持,为提高社会管理和政务服务水平积累经验,引领和促进全省城镇化发展质量全面提升。各级政务部门在网站建设中更注重体现为民服务,并围绕省委、省政府决策部署和经济社会发展开展在线访谈等政民互动,民生领域热点问题得到特别关注。据不完全统计,全年全省政府网站开展在线访谈453期,收到提问8115个,现场回复5397个,访问量近52万人次。

【深化电子政务应用】 探索实行营业执照、组织机构代码证和税务登记证"一表登记、三证合一"的登记制度,省工商局、省国税局、省地税局、省质监局、省政府法制办、省编办等职能部门联手,加强登记管理信息平台的信息采集、共享和查询功能建设,加大对行政服务窗口软硬件投入;省农业厅依托"互联网+现代农业"启动智慧农业建设,包括涉及农业生产、项目管理、资金监管、综合执法、行政审批、市场信息、农技服务、政务办公等近50个子系统,布点建设益农信息社100家,"百县百园"农业物联网和系统搭建工作顺利推进;省新闻出版广电局试运行版权公共服务平台,带动版权作品登记数量翻番;鹰潭市举办"互联网+创新"峰会,力求将"建设智慧鹰潭,实现信息惠民"落到实处。

【政府网站抽查合格率92.68%】 在国务院办公厅2015年的普查情况通报中,江西省政府网站抽查合格率92.68%,列全国各省(区、市)第九位。3月,省、市、县三级上下联动、形成合力,聚焦政府网站存在的"信息更新不及时、信息发布不准确、互动情况不回应、办事服务不实用"等突出问题,分阶段、按步骤协调推进政府网站普查工作。对省直部门、设区市及县区的政府网站逐一进行全程跟踪督导。经过整合,政府网站从2265家减少到1694家,基本消除"僵尸"和"睡眠"网站,整体面貌焕然一新。

(吴浔萍)

无线电管理

【概　况】 2015年,全省无线电管理部门科学规划频谱资源,从严规范台站管理,加大行政执法力度,加强监测检测工作,创新无线电宣传模式,无线电管理工作稳中有进。

全年各级无线电管理机构受理行政许可申请129件,指配频率66个,审批无线电台站3.45万个,撤销无线电台站5266台部,收回频率38个。

全省录入数据库的各类无线电台站15.15万台部。其中,广播电视台322座,数传电台290部,短波电台20部,超短波电台2.49万部,船舶电台45部,蜂窝无线电通信基站12.49万个,集群通信及无线接入固定站11个,卫星地球站146座,微波站361座,业余电台524台。

【保障重要业务用频需求】 2015年,南昌地铁公司申请800兆赫频率、上饶横峰交警和赣州会昌光伏电站申请设置1.8G赫无线通信专网频率的需求。经过论证,为南昌地铁一期工程指配7对800兆赫集群调度频率,为南昌地铁如期开通运行提供强有力的支持;上饶、赣州分别为横峰交警和会昌光伏电站指配1.8G赫频率用于专网建设,为全省重点工程提供可靠的频率资源保障。

【完善无线电管理手段】 一是完善台站数据库。各无线电管理局利用纠错软件不断修正台站数据技术参数,查找纠正问题数据,台站数据质量明显提高。二是主动协调三大电信运营公司,督促其申报4G基站资料。三是各级无线电管理机构对已审批的无线电台站定期进行监督检查和设备检测,对不符合国家规定的要求限期整改,对整改不到位的责令停用。抚州局将市基站检测结果在《抚州日报》进行公示,进一步规范蜂窝基站的设置使用;新余局在日常监管中发现分宜县广播电台99.1兆赫在市区非法设台,依据规定依法取缔该非法发射点。

【开展频率核查专项活动】 2015年,组织开展全省无线电频率使用情况核查专项活动。各设区市无线电管理机构相继开展频率批文梳理工作,对属地频率使用情况进行核查,同时对部分国家、省转发的频率批文进行整理核对,特别是对卫星地球站、MMDS(无线多路微波分配系统)、校园广播、无线寻呼等历史上省管的频率批文进行梳理和核对,还原频率使用的历史过程。活动期间,全省共核查无线电频率3000余个,翻阅查找频率批文5万余册,指配频率66个,收回频率38个,新入库台站3.17万台部,台站总量达15.15万台部,增长20.19%。通过专项活动,全省基本掌握辖区内各类无线电频率使用存量,摸清各类无线电频率使用现状,查处非法用频行为,增强依法设台、合法用频意识。

【开展打击违法使用无线电发射设备活动】 开展无线电发射设备专项整治活动。7月开始,全省开展打击生产和销售未经型号核准的无线电发射设备专项整治活动,先后共清理核查120余家从事无线电生产企业,检查商家280余户,下达责令整改通知书36份,现场登记保存未经型号核准的无线电发射设备1300余部,无线电发射设备生产销售市场秩序好转。严厉打击各类无线电违法行为。全年共开展执法活动209起,没收非法设备1800余台套。全年共查处卫星电视干扰器、手机屏蔽器、上网放大器等影响群众生产生活的案件56起。全年共保障各类考试24场次,保障考场3.6万余个,查获作弊案件26起,较好地维护了考试的公平公正。加强节假日和重要活动重要时期的值班值勤和无线电安全保障工作，重点保障9月3日抗日战争胜利日阅兵活动及省内各项重大活动期间的无线电安全。全年共排查民航、高铁等各类无线电干扰160余起。

【制订和修订一系列无线电管理规范性文件】　制定《无线电专项资金管理办法》，对全省无线电专项资金使用单位的资金申请、拨付、使用环节，以及基础和技术设施建设规划工作提出具体要求。建立关于省无线电机动大队和11个设区市机动分队，增加无线电应急机动能力。修订《江西省无线电管理行政处罚自由裁量权细化标准》，完成无线电行政权力"三单一网"工作，进一步规范政府部门职责权限；修订《江西省无线电应急预案》，分别对各级无线电管理机构开展无线电应急工作，明确工作流程、处置方法等，进一步推动全省无线电应急工作向制度化、规范化迈进。

（赵耀）

信息安全

【概　况】　2015年，全省信息安全工作以信息安全保障体系建设为中心，重点开展信息安全宣传培训、重点领域网络与信息安全检查、重要网站安全监测预警等。并根据全省信息安全态势感知及测评需要，加强信息安全基础设施建设，配置网站后门及僵尸网络检测系统及渗透自动化测试工具，完成江西省网络安全攻防及监测一体化平台可行性研究报告的编制和项目立项工作。从整体上看，全省各地、各部门信息安全意识、从业人员队伍水平及安全保障能力有所提升，但还存在信息安全法规和标准不健全、安全经费投入不足等问题，部分关键信息基础设施及党政机关、事业单位网站等还存在高危漏洞，全省信息安全态势较为严峻复杂。

【开展全省重点领域网络与信息安全检查】　省工信委组织开展全省重点领域网络与信息安全检查，以查促改，保障重要信息系统安全。6—10月，组织专业测评机构先后对江西省福利彩票管理系统、萍乡市公共资源交易系统等16个重要业务系统进行安全抽查。从抽查结果看，部分被抽查系统存在权限绕过、文件上传、明文传输等高危漏洞，黑客利用这些漏洞可远程控制系统或篡改资金等敏感数据，安全风险较大。针对存在的安全隐患，省工信委及时向有关单位发出整改通知并指导和督促从规范安全设计、完善防护措施、加强安全管理等方面进行整改，适时进行复查，消除安全隐患。

【开展全省党政机关和事业单位网站安全监测】　2015年，省工信委对全省500余家党政机关和事业单位网站开展安全监测，先后发现多家政府网站存在高危安全漏洞或被入侵篡改等安全事件，并采取多种手段指导和督促相关单位进行整改，整改率89.2%，保障全省党政机关、事业单位网站安全稳定运行。

【联合举办第二届江西省"国家网络安全宣传周"】　6月上旬，省委网信办、省工信委等部门在南昌联合举办第二届江西省"国家网络安全宣传周"活动，活动主题为"共建网络安全，共享网络文明"。围绕电子政务、电子商务等重点领域和社会公众关注的网络安全热点问题，先后开展网络安全现场咨询、专家在线访谈、网络安全知识图片展等主题宣传活动；向全社会推送网络安全知识短信，向机关工作人员、社区居民和大中小学生发放《网络安全基础知识手册》，宣传和普及网络安全知识，提高全社会网络安全意识和防护技能。

（张洁）

邮　政

【概　况】　2015年，完成邮政业务总量67.89亿元，增长32%；业务收入58.42亿元，增长30%。其中，快递业务量2.3亿件，增长44%，最高日处理量超过400万件；快递业务收入27.15亿元，增长49%。邮政普遍服务寄递时限达到国家规定标准，服务满意度保持稳定。快递服务满意度稳步提升。

按照国家邮政局部署，将邮政普遍服务2项行政审批权限、许可变更审核工作材料接收、初审管理权限、许可证延续和换发申请工作下放给市邮政管理局。采取优化许可审批程序、"一建两结合"等系列举措，提高快递业务经营许可和备案工作效率。对企业申请快递业务经营许可证，处理时限从45日优化为25日。涉及许可证变更事项的，从35日优化为15日。对符合条件进入"绿色通道"的企业，办理时限为5日。全年开展执法检查3820次，下达整改393起，行政执法立案227件，增长19%，处罚金额达62.13万元。全省快递服务公众满意度得分80.34分，提高2.21%；快递寄递监测得分80.22分，提高8.68%。全年受理申诉1.73万件，为消费者挽回经济损失50余万元。建立申诉与市场监管联动协调机制，全年共受理移交举报案21件，全部妥善处理。

截至6月底，完成全省214个空白乡镇邮政局所补建和运营工作，补建局所竣工率100%、运营率100%的"双百"目标。截至年底，2013—2015年3年445个农村普遍服务设施建设项目竣工417个；91个机要设施建设项目竣工90个。3年计划购置邮政车辆56辆，购置到位37辆；计划购置邮政机要车辆106辆，购置到位69辆。全省共有8个设区市快递物流产业园区建设取得初步成效，其中，已建或部分建成3个，在建2个，立项3个。吉安、赣州和上饶的快递物流产业园日处理能力合计可达百万件。南昌、萍乡快递（电商）物流园项目建设已进入实施阶段。九江、鹰潭、新余快递园正进行可行性研究，已列入当地政府用地规划。联合省商务厅出台"快递下乡"服务拓展工程指导意见，支持推动全省快递下乡工程。全省已设立快递网点的乡镇1113个，覆盖率79%，超过年初70%的目标，也超过全国平均水平。全省达标网点192家，达标率14%，超额完成年初10%的目标。积极解决城市快递末端配送难题。南昌建成开业4个校区、社区快递末端公共配送示范站点。九江、新余、吉安、宜春、抚州推动校园综合快递服务中心建设。邮政、快递企业在新建、改造分拨中心、流水线、购置自动化分拣设备和安检设备上加大投入,企业科技装备水平明显提高。南昌引导快递企业与江铃集团合作研发邮政行业专用新能源汽车,利用新能源汽车不限行、不限号、运输成本低等优势,解决快递企业的城区通行难题。由省快递行业协会牵头推动江西邮政和8家快递企业签订农村快递服务体系建设战略合作协议;省、市快递行业协会协调解决车辆通行难题;省局和省快递行业协会联合组织"最美快递员"评选活动,开展先进事迹宣传活动。

【多举措推动快递行业发展】 2015年,陆续出台《省委、省政府关于加大改革创新力度加快农业现代化建设的实施意见》《江西省人民政府印发江西省贯彻落实国务院关于大力发展电子商务加快培育经济新动力意见的若干措施的通知》《关于加快我省农村电子商务发展的意见》等推动电商和快递发展的文件,明确农村快递运输成本补贴1元/千米等重大利好。各设区市政府也先后出台落实省发改委和省邮政管理局《关于促进快递业健康发展的意见》的实施意见,明确具体支持措施,有效改善行业发展环境。

【解决快递最后"100米"问题】 九江市邮政管理局加强与市交警支队、市交管局联系,审核发放2015年度快递机动车辆和电动三轮车便捷通行证。萍乡市协调赣湘物流园内开辟快递区域,对进驻的快递企业实行3年免租优惠。上饶以市政府创建"信息惠民国家试点城市"和"国家电子商务示范城市"打造"智慧上饶"为契机,推动智能快递政务一体机项目落地实施,推动快递"进社区、进校园、进小区、进政区、进商区",解决快递"最后100米"问题。

【举行世界邮政日主题宣传活动】 10月9日是第46届世界邮政日,江西各市邮政管理局组织开展多项主题宣传活动,普及邮政法律知识,展现邮政业改革发展取得的成就和未来发展前景。吉安市邮政管理局与市邮政分公司以此为契机,采取悬挂横幅、制作展板、设置咨询台、发放宣传单等多种形式,联袂开展主题宣传活动。活动以"四进"即进机关、进商区、进街道、进网点相容并济的方式进行。共发放宣传单(折页)、海报15万份,环保袋4000个,接待咨询1万余人次。抚州市邮政管理局联合市邮政分公司在汤显祖邮局门前设立咨询服务台,向群众介绍抚州市邮政业的发展状况、邮政业消费者申诉流程以及邮政业相关法律法规,现场解答群众提出的问题,并发放最新修正版《中华人民共和国邮政法》、收寄验视制度宣传画报、禁寄物品名录等宣传资料。

【实施全国首例省级农村快递服务体系建设战略合作协议】 9月9日上午,全国首例省级农村快递服务体系建设战略合作协议在江西实施。中国邮政集团公司江西省分公司和江西顺丰、申通、圆通、中通、汇通、韵达、天天、优速等8家省内主要民营品牌快递企业就共同推进全省"快递下乡"达成共识,正式签订战略合作协议。邮政公司将为民营快递企业全面开放其农村服务平台,为其提供快件转运、收寄投递等服务,双方将在信息接口、宣传渠道、信息安全保密、费用结算及支付机制、质量服务管控机制等方面密切合作,力争2年内实现快递服务全面覆盖全省农村地区。

【保障抗战胜利70周年纪念活动寄递渠道安全畅通】 为做好抗战胜利70周年纪念活动寄递渠道安保工作,江西省邮政管理局组织有关机关处室负责人和全省主要品牌快递企业共50余人,参加国家邮政局召开的关于中国人民抗日战争暨世界反法西斯战争胜利70周年纪念活动期间寄递渠道安全保障工作动员部署电视电话会议,听取国家邮政局副局长刘君重要讲话和《抗战胜利70周年纪念活动寄递渠道安全保障工作实施方案》解读情况。会后,江西省邮政管理局召集全省主要品牌快递企业负责人,对做好抗战胜利70周年纪念活动寄递渠道安保工作进行再动员再部署。落实好3个100%,确保绝对安全,即100%收寄验视、进京邮件快件100%实名制、进京邮件快件100%过机安检;加强员工教育,提高思想认识;加强自查整改,做好应急值守。做好督促检查,全省邮政管理部门会同公安、国安等部门对各企业贯彻落实寄递安全保障工作各项要求的情况进行不定期监督检查。

(刘小丹)

通　信

【概　况】 2015年,全省电话用户3624.6万户,新增108.7万户,电话普及率79.8部/百人。固定电话用户568.4万户,减少9.0万户,固定电话普及率12.5部/百人。移动电话用户3056.2万户,新增117.7万户,其中3G用户832.1万户,4G用户1068.7

10月9日,抚州市邮政管理局工作人员现场解答群众提问

刘小丹摄

万户,移动电话普及率 67.3 部/百人。固定互联网宽带用户 442.0 万户,新增 7.8 万户,固定宽带家庭普及率 35.3%,其中接入速率大于 8 兆的用户 307.6 万户,占所有用户的 69.6%。电信业务总量 529.7 亿元,增长 34.3%;电信业务收入 255.9 亿元,增长 1.8%。电信固定资产投资 102.9 亿元,增长 10.3%。光缆线路长度 63.8 万千米,新增 5.4 万千米。移动电话交换机容量 4129.9 万户,新增 44.0 万户。移动电话基站数 14.3 万个,新增 3.6 万个,其中 3G 基站 4.5 万个,新增 0.3 万个,4G 基站 5.2 万个,新增 2.7 万个。互联网省级出口带宽 397 万兆,移动互联网接入流量 1.02 亿 G,互联网宽带接入端口 1376 万个。

【全省电信基础设施共建共享和光纤到户现场会在九江召开】 2 月 9 日,全省电信基础设施共建共享和光纤到户现场会在九江召开。各通信运营企业,铁塔公司省、市公司分管领导、部门负责人,各地市共建共享办负责人参会。会议指出,2014 年,在各地共建办的组织和各企业参与下,全省电信基础设施共建共享和光纤到户工作成效显著,在量和质上都有较大提升。会议强调,2015 年,全省共建共享和光纤到户工作要围绕当地经济和通信业持续健康发展加速推进,按照工信部要求,继续实施转型升级"6+1"专项行动,加快建设宽带网络基础设施,落实宽带中国 2015 专项行动,抓好光纤到户国标落地实施,加强城市通信基础设施规划建设管理,深化共建共享工作。

【联合开展电话"黑卡"治理专项行动】 根据工业和信息化部、公安部、国家工商总局统一部署,省通信管理局、省公安厅、省工商局联合印发《江西省电话"黑卡"治理专项行动实施方案》,决定自 2015 年 1 月 1 日起,在全省范围内联合开展为期 1 年的电话"黑卡"治理专项行动。电话"黑卡"是指未进行实名登记并被不法分子利用进行传播淫秽色情信息、实施通讯信息诈骗、组织实施恐怖活动等违法犯罪活动的移动电话卡(含无线上网卡)。召开电话实名制工作专题会议,督促企业在落实电话实名制工作的基础上,保证 9 月 1 日前电信企业的各类实体营销渠道全面配备和使用二代身份证识别设备。加强监督检查,严厉打击违法违规行为。全年组织多次赴 11 个设区市检查,重点检查电信企业各实体营销渠道是否张贴二维码标识、是否配备二代身份证识别设备、为用户办理电话卡时是否进行人证比对、是否实现设备自动录入功能等情况。秋季开学期间,对校园市场的电话实名登记情况跟踪检查,对检查中发现的不规范行为及时叫停,限时整改。全年共检查各类营销渠道网点 600 余个,配合有关部门关停电话"黑卡"250 个。通过电视、报纸、网络等媒体等向公众宣传电话实名制和未实名老用户补登记工作等相关知识。

【出台措施打击人为阻碍移动用户办理号码携带业务的违规行为】 针对媒体反映江西省部分通信运营企业在移动用户办理号码携带过程中的违规行为,省通信管理局出台措施,严厉打击人为阻碍移动用户办理号码携带业务的违法违规行为,维护用户合法权益。要求各通信运营企业全面自查人为阻碍移动用户办理号码携带业务的违法违规行为,查清相关违规事实,追究人员责任,并向社会公布。省通信管理局邀请相关部门组成联合检查组,采取明察暗访的形式对侵害电话用户合法权益的行为进行全面检查,发现一起,查处一起,公布一起。在营业网点、企业门户网站等明显位置告知移动电话用户办理号码携带业务的条件和流程,方便用户办理业务,对不符合办理条件的用户做好解释工作,并帮助用户寻求符合办理的方式和途径。进一步做好用户申诉受理。按照规定的流程和时限,及时解决用户反映的问题,维护用户合法权益。

【出台通信行业行风建设暨纠风工作实施方案】 5 月 29 日,省通信管理局出台通信行业行风建设暨纠风工作实施方案,整治社会关注的电信服务的热点、难点问题,提高通信行业服务质量,维护公平有序的电信市场秩序。整治不明扣费。完善计费检测标准制度体系,加强计费系统检测,确保计费准确可靠,严肃查处擅自扩大计费单元、变相提高收费标准等行为。加强增值业务收费管理,不得利用外呼、短信等方式直接进行增值电信业务定制,严格执行业务订制二次确认。严格履行电信服务协议,进一步提高移动网流量计费收费透明度,对违反协议乱收费、伪造订购记录等违规行为进行严厉查处。遏制校园电信市场恶性竞争。进一步规范校园电信业务经营行为,倡导理性竞争,加强基层通信运营企业和代理商管理,不得与学校签订排他性电信服务协议;不得在入学通知书中夹寄移动电话用户身份识别卡和业务宣传资料;不得将办理、开通移动电话用户身份识别卡嵌入报道程序,规范宣传用语,严禁散布虚假信息、恶意炒作误导学生,不得诋毁竞争对手。综合治理不良网络信息。针对垃圾短信、骚扰电话、不良 APP 等突出问题,落实企业责任,加快技术手段建设,及时发现和处置不良信息,提升不良网络信息监测和处置能力。严格规范主叫号码正确真实传送,重点整顿"一号通""400""商务总机"、呼叫中心等业务;整治规范电信线路出租行为,取缔非法 VoIP 平台。专项治理电话"黑卡"。规范各类营销渠道管理,督促完善二代身份识别设备配备,提升营销网点身份信息核验能力和技术手段。切断电话"黑卡"流通渠道和利益链条,配合公安机关严厉打击利用电话"黑卡"实施违法犯罪行为。切实提高移动电话携号转网成功率。严格按照工信部和省通信管理局出台的有关移动电话用户号码携带试验管理规定办理号码携带业务,不得人为设置障碍限制、阻扰用户携号转网,提高用户携转成功率。

【联合开展高校迎新电信服务市场综合治理】 为确保秋季开学期间高校电信市场稳定、有序,保障学生合法权益,省通信管理局、省文明办、省综治办、省教育厅、省工商局、省邮政管理局、南昌铁路局联合下发通知,于 7 月 1 日至 10 月 1 日开展高校迎新电信服务市场综合治理工作。通知要求各通信企业牢固树立"用户为本、服务为先"理念,严格遵守工信部和省相关部门要求,依法依规、规范有序开展市场竞争。不得以商业合作、捐助、商业贿赂等方式，与高校、邮政企业、社会人员等签订排他性协议或口头协议，阻碍其他通信企业平等参与市场竞争。不得自行或通过高校、邮政企业等搜集学生个人信息，向学生寄送手机卡及相关宣传材料；不得自行或通过高校、车站等垄断迎新接站（含接送车辆）、垄断校园经营；不得将电信服务嵌入新生报到流程；不得采取捆绑营销方式，诱导或强迫学生购买指定电信服务。电信服务人员应着印有本企业明显标识工装，携带本人工作证，佩戴员工服务号牌开展营销，不得假冒学生、教师及其他学校工作人员欺骗新生。不得采取虚假宣传、诋毁宣传，误导学生，激化矛盾冲突。省通信管理局、省综治办、省文明办等7部门将适时联合组织巡查，对于发现的问题严惩不贷。存在违规行为的单位将取消单位年度文明单位、社会治安综合治理先进单位的评选资格。

【《关于加快高速宽带网络建设推进提速降费的实施意见》出台】 9月6日，江西省政府办公厅出台《关于加快高速宽带网络建设推进提速降费的实施意见》。一是加快宽带基础设施建设，提高网络速率和用户普及率。加快推进全光纤网络城市、第四代移动通信（4G）网络和宽带乡村建设。加快光纤到户进程。进一步完善行政村通宽带。扩大4G网络覆盖范围，鼓励移动用户向4G迁移，提升移动宽带速率。二是有效降低网络资费，提升服务水平。各通信运营企业要改善服务，采取多种措施，实现网络资费合理下降，继续保持资费在全国处于较低水平；要积极承担社会责任，大力开展宽带免费提速活动；要改善服务质量，妥善处理用户投诉，提升服务水平。三是完善配套支持政策，协同做好宽带基础设施建设。持续推进农村及偏远地区宽带基础设施建设和运行维护，解决城乡数字鸿沟。要在管道使用、通信机房和基站建设、网络改造等方面开辟绿色通道，减免相关建设费用，并加强对政策落实情况的考核。要鼓励大众创业、万众创新，对众创空间的宽带网络给予适当补贴。各设区市人民政府和发展改革、城乡建设、国土等部门在制定经济社会发展规划、城乡规划、土地利用总体规划、城市地下综合管廊建设规划等综合性和专项规划中，需同步安排通信光缆、管道、基站、机房、室内分布系统等宽带网络设施建设内容；对新建城区、开发区、公共场所、铁路、高速公路、地铁等重大建设项目需预留通信基础设施建设空间，并做到同步规划、同步建设、同步验收。地铁、高速公路、铁路等各类市政设施和政府机关、企事业单位、公共机构等所属公共设施应向宽带网络设施建设开放，并提供通行便利，保障公平进入，对无特殊原因阻碍宽带网络建设，巧立名目收取进场费、协调费、分摊费等不合理费用的行为，及时曝光，推动政策落地。实施意见还要求财政、发展改革、城建等部门不断完善配套支持政策，协同做好宽带基础设施建设，不断提升全省信息化水平。

（夏金栋）

11月26日—27日，2015（第一届）江西省互联网大会在南昌举行

夏金栋摄

互联网

【概　况】 截至年底，全省固定互联网宽带用户442万户，新增7.8万户，光纤到户（FTTH）网络覆盖家庭超过1000万户。新增互联网宽带接入端口7401万个，总数1376万个。全省8兆及以上用户占比69.6%，增长35.9个百分点；20兆及以上用户占比49.2%，增长36.1个百分点。

【2015年（第一届）江西省互联网大会在南昌举行】 11月26日—27日，由省通信管理局、中国互联网协会指导，省互联网协会主办的2015年（第一届）江西省互联网大会在南昌举行。会议邀请滴滴打车、腾讯、搜狗、中国网库、京东等知名互联网公司相关人员到会开讲。政府部门、省内各互联网企业近千人参会。会议主题是跨界融合，创新发展——践行“互联网+”行动计划，打造江西省网络经济新生态。通过举办主论坛、分论坛、现场展览展示等方式，充分展示全省通信行业的发展成果，直观展现全省“互联网+”最新成果，共商全省“互联网+”行动计划，共同促进江西省互联网健康、快速发展。

【强化网络备案工作】 严格对工信部ICP/IP地址信息备案管理系统的网站备案信息进行日常审核，全年对3.22万个申请网站备案数据进行审核，新增审核1.30家网站，拒绝745家网站备案申请。加大对互联网站备案信息抽查力度，委托第三方技术力量抽查全省互联网站备案主体准确率，网站备案率保持100%，备案网站主体准确率94.1%，居全国前列。

【加强网络安全信息通报和事件处置工作】 省通信管理局积极开展网络安全日常信息通报和事件处置工作，监测并处置木马或僵尸控制主机IP地址数量803个、木马或僵尸程序的被控端主机IP地址数量4万多个，拒绝服务攻击（DDOS）事件1.91万起，制作网络安全信息通报152份，组织编制江西省互联网网络安全年度报告，为全省互联网网络安全决策提供数据支撑。

（夏金栋）

本栏编辑　游桃琴

园区经济

综　述

2015年,全省工业园区着力“抓点连线扩面健体”立体式推进产业集聚,健全公共服务体系,推进体制机制创新,推动工业园区提质增效、转型升级,确保全省工业园区平稳增长。

园区经济提质增效,综合实力明显增强。全省工业园区主营业务收入2.55万亿元,增长4.6%,高于全省规模以上工业0.3个百分点,平均单个园区主营业务收入286.6亿元,增加25.7亿元;工业增加值6007亿元,增长9.3%,高于全省规模以上工业0.1个百分点,对全省工业增长贡献率83.5%;上缴税金1175.4亿元,增长7.7%,对全省财政收入增长贡献率24.7%。新增南昌经济技术开发区、南昌小蓝经济技术开发区2个主营业务收入过千亿元园区,总数达4个;过百亿园区新增4个,达75个,占全省园区的5/6。抚州高新技术产业开发区、赣州高新技术产业开发区、吉安高新技术产业开发区创建国家级高新区,国字号园区数量增加到21个,园均主营业务收入突破600亿元,达602.1亿元,提高74.3亿元,是全省园均值的2.1倍。

转型升级加快推进,集聚效应明显增强。完善产业集群发展风险补偿金制度,继续按照“三聚焦、一放大”原则,帮助30家医药和电子信息企业争取中长期贷款支持,截至年底,共发放贷款9830万元。全省60个重点产业集群中,22个产业集群保持20%以上的速度增长,其中5个产业集群超过30%。电子信息、生物医药、航空、新能源、新材料、先进装备制造等26个新兴产业集群主营业务收入4025.4亿元,增长16.1%;利税367.2亿元,增长14%,对全省重点产业集群贡献率分别达50.7%和34.9%。全省60个重点产业集群集聚相关企业1.30万家,主营业务收入、利税分别为1.04万亿元、984亿元,增长10.5%和10.8%,分别高于全省工业平均水平6.2个和7个百分点。

支撑体系健全完善,功能配套明显增强。出台《关于加快工业产业集群支撑体系建设的意见》,围绕信息、技术、金融、中介、生活配套等生产生活的共性需求,突出研发设计、检验检测等关键环节,以60个重点产业集群为主体,利用工业园区有关专项资金,推进39个园区开展产业集群公共服务平台建设试点,其中重点产业集群25个。通过扶持引导,每个重点集群建成2个以上公共服务平台。60个重点产业集群拥有各类服务平台302个(含技术研发平台56个、检验检测平台22个、专业市场61个、区域性电商中心51个)。其中新增省级企业技术中心47家。举办分宜国际麻博会、宜春锂电新能源国际高峰论坛等各类展会16个,新建金溪国家林木香料产业基地等23个产业基地和青山湖区江西虎门面辅料买卖市场等10个专业市场。

节约集约水平提升,绿色低碳意识明显增强。制定实施进一步推进工业园区节约集约用地的若干措施,出台鼓励建设和使用标准厂房的指导意见,利用省政府设立的省级标准厂房专项资金,分2批支持工业园区和省级产业基地新建标准厂房。截至年底,全省共规划新建标准厂房2153.3万平方米,下达第一批工业标准厂房专项资金4.68亿元。全省工业园区投资强度289.6万元/亩,增长25.3%;单位面积主营业务收入274.8万元/亩,增长9.9%;单位面积利税32万元/亩,增长8.5%。推进工业园区生态化、绿色化改造,实施工业园区光伏屋顶计划,支持装机容量55.25兆瓦的21个项目纳入2015年光伏发电建设项目预分配计划,完成10个试点园区的建设。南昌高新技术产业开发区、新余高新技术产业开发区低碳工业园区试点实施方案获国家部委批复,井冈山经济技术开发区被列入国家2015年园区循环化改造示范试点备选名单。

改革创新深入实施,机制服务明显增强。抓紧编制“十三五”工业园区和产业集群发展升级规划,突出中北部昌九一体化、中南部吉抚赣、赣东北景鹰饶、赣西新宜萍四大区域,引导每个设区市重点发展2~3个主导产业、县(市、区)重点发展1个首位产业,推进特色块状经济集群化发展。探索开展管理信息化试点,支持38个试点园区建设工业园区信息网络服务平台,利用信息化技术提升园区管理和服务水平。研究制定重点工业产业集群考核评价办法和工业园区“两率一度”考核评价办法和指标体系,探索产业集群“有进有出、优胜劣汰”的动态管理,推动工业园区建立以发展质量、效率和水平为标准的科学评价体系。

(江海)

南昌高新技术产业开发区

【概　况】　位于南昌市城东，辖昌东镇、麻丘镇、艾溪湖管理处。总面积231平方千米，林地面积2493.96公顷，实际森林覆盖率为35.15%。城区绿化率42%。户籍人口总数24.47万，户数7.53万户。城镇人口数10.37万。全年地区生产总值454.52亿元，增长9.8%。其中：第一产业增加值4.01亿元，增长-1.7%；第二产业增加值370.46亿元，增长10.1%；第三产业增加值80.05亿元，增长8.8%。财政总收入71.36亿元，增长11.3%；地方一般公共财政预算收入18.9亿元，增长13%。园区工业销售产值1364.73亿元，增长6.6%。规模以上工业增加值占地区生产总值比重的78.76%。实际利用外资4.97亿美元，总量居全省第一；实际利用内资127.4亿元。完成5000万元以上项目93.35亿元。固定资产投资469.97亿元，增长17.5%；规模工业增加值357.98亿元，增长9.7%；出口创汇26.98亿美元，增长4.18%。工业污水处理率100%，生活污水处理率70%。年内4家企业入围2015中国民营企业500强。

【入选2项国家试点】　1月，住房城乡建设部和科学技术部联合发布《关于公布国家智慧城市2014年度试点名单的通知》，南昌高新区成功入选第三批国家智慧城市试点。此次共有4家国家级高新区入选，南昌高新区是中部唯一入选的国家级高新区。11月27日，国家发改委、中央编办等11个部门联合发布《关于公布第二批国家新型城镇化综合试点地区名单的通知》，南昌高新区又成为江西省首个列入国家新型城镇化综合试点的开发区。

【一批高端企业在南昌高新区落户或开业】　2015年，南昌高新区引进一批高端企业。1月6日，宝群电子科技(上海)有限公司的工业机械臂项目、深圳业际光电股份有限公司触控模组项目和洪城资本与比太科技合作的高端装备制造等项目在高新区管委会签约，总投资超34亿元。5月，中航天信(南昌)航空科技有限公司在高新区中兴产业园落户并投运，这是首家落户在江西、用无人机做农业植保的公司。该公司无人机生产线一期项目基本完成，形成年产600台无人机生产规模。6月1日，全球首家超五星“华邑”品牌酒店在高新区开业。该酒店由绿地集团投资建设，委托洲际酒店集团管理。6月5日，江西国家数字出版基地落户南昌高新区。这是广电总局重启基地审批工作后，全国第一家严格按照新出台的《国家新闻出版产业基地(园区)管理办法》获批建设的基地。8月20日，台湾新日光集团晶硅电池片生产项目签约落户高新区。11月20日，总投资10亿元的英瑞尔集成电路产业项目落户高新区，标志着江西省在集成电路芯片设计领域实现“零”的突破。12月22日，大唐电信移动互联华东孵化基地及研发中心落户高新区。

【江西航天云网线下辅导中心揭牌】　5月11日，江西省与中国航天科工集团在南昌签署合作框架协议，共同推进江西航天云网建设。这是江西省与中国航天科工集团的省企战略合作的重要部分。11月11日，由中国航天科工集团投资1亿元建设的江西航天云网线下辅导中心揭牌仪式在南昌高新区举行。江西航天云网分为线上、线下两大部分。线下为江西航天云网产业辅导中心，将引进航天科工深圳集团创新研究院江西分院、航天科工深圳集团江西院士工作站、航天科工深圳集团江西博士后工作站等，进行系列高新技术研发工作。线上则为江西航天云网平台项目。航天云网的建设，对于促进江西信息化与工业化“两化融合”具有重要意义。

【创新药物与高效节能降耗制药设备国家重点实验室获批建设】　10月，以江西江中制药(集团)有限责任公司、江西本草天工科技有限责任公司为依托单位的“创新药物与高效节能降耗制药设备国家重点实验室”获得科技部批准立项建设，这是江西省首次获批组建的2个以企业为依托的国家重点实验室之一，也是南昌市唯一获批组建的企业国家重点实验室。11月28日，该实验室在南昌高新区的江中集团举行揭牌仪式。

【“新三板”挂牌数量全省第一】　2015年，南昌高新区有17家公司挂牌“新三板”，分别是江西金格科技股份有限公司、江西唐人信息技术股份公司、江西华宇软件股份有限公司、江西三星阿兰德电器股份有限公司、江西惠当家信息技术股份有限公司、江西大族能源科技股份有限公司、南昌贝欧特医疗设备股份有限公司、南昌奥特多电器股份有限公司、江西省一保通信息科技股份有限公司、江西同济设计集团股份有限公司、南昌康富科技有限公司、江西风尚电视购物股份有限公司、百通能源集团有限公司、江西日月明测控科技股份有限公司、江西掌中无限网络科技有限公司、江西瑞济生物工程技术有限公司、江西四联节能环保服务有限公司，挂牌数量全省第一。自全国中小企业股份转让系统(即“新三板”)面向全国扩容后，南昌高新区企业迅速行动，挂牌“新三板”成绩显著。

(汪南)

新余高新技术产业开发区

【概　况】　位于新余市城东，辖1镇、2街道办事处。总人口16万。总面积266平方千米，园区规划面积100平方千米。全年地区生产总值243.8亿元，增长8.5%。财政总收入19.17亿元，增长5.39%。新增注册企业586家，总注册资金53亿元以上。全年新签约项目70个，签约资金131.98亿元。新签项目中，54个项目开工(26个项目实现年内投产)，实际进资18.8亿元。重点建设项目58个(23个项目实现投产)，完成投资21.30亿元。截至年底，全区有3个国家级高新技术产业化特色基地，1个国家级工程技术研究中心，1个省级重点实验室，3个省级工程技术中心,5个省级创新团队,4个省级创新型企业,3个院士工作站,3个博士后工作站,1个国家级科技企业孵化器,2个省级科技企业孵化器。全区注册登记企业总数3704家,其中各类工业企业总数400多家,规模以上工业企业148家,高新技术企业25家。全区规模以上工业企业主营业务收入705.2亿元,增长14.65%;工业增加值160.55亿元,增长8.5%;利税44.32亿元,增长8.03%。全年出口总额3.9亿美元,增长11.29%。工业企业用电量突破13.6亿千瓦时,增长30.25%。利用外资1.54亿美元,增长5.75%;利用国内市外资金236.47亿元,增长15.23%。社会消费品零售总额20.7亿元,增长12.07%。固定资产投资258.87亿元,增长10.2%。工业项目新开工建筑面积37.59万平方米,完工51.27万平方米,在建64.6万平方米。全区城镇居民人均可支配收入3.04万元,增长10.3%;农民人均可支配纯收入1.44万元,增长11.2%。

【六大产业集群新格局形成】 园区形成新能源、钢铁和装备制造、新材料和化工、光电信息、生物医药食品、现代服务业六大产业集群发展的新格局。新能源产业集聚近50家重点企业,其中光伏产业发展比较成熟,形成以硅料提纯、硅锭铸造、硅片切割、电池组件封装、系统设计集成、光伏产品研发应用为一体的完整光伏产业链条。钢铁和装备制造产业形成年产百万吨以上废钢回收加工能力和完整产业链,重点打造70多家新型高端金属压延和装备制造重点企业。新材料产业集聚30多家重点锂电企业,基本打通动力储能电池产业链。光电信息产业基本形成智能手机产业链条,聚集60多家重点企业。生物医药食品产业聚集30多家重点企业,产业集群规模还在不断壮大。现代服务业产业集聚40多家重点三产服务企业。尤其是电子商务产业被商务部授予第二批“国家电子商务示范基地”称号,全区拥有电子商务国家级示范企业1家,省级示范企业4家。

【“做优、做强、做大”效果显著】 全年新增规模以上工业企业29家,新增高新技术企业10家。赣锋锂业公司获2015年“国家技术创新示范企业”称号。协讯电子、富士长林、亿铂电子等重点企业主营业务收入分别增长481.2%、159.4%、47.4%。沃格光电公司、金锂科技公司分别于7月和9月完成“新三板”上市工作;木林森公司在深圳中小板上市。沃格光电获评全省“专精特新”中小企业。“赣锋锂业”“圣达”“百乐”“百乐怡”4个品牌产品获“2015年江西名牌产品”称号;新增省著名商标3个。

【赛维LDK获2015年度国家科技奖励项目推荐】 1月,江西省科技奖励委员会办公室向国家科学技术奖励工作办公室推荐7个2015年度国家科学技术奖励项目,新余高新区赛维LDK与浙江大学合作的诱导形核高效铸造多晶硅生长技术及其产业化项目获推荐,这也是新余市唯一获推荐项目。

【3家企业参与建设的85个屋顶光伏发电项目通过验收】 3月,新余市完成97个屋顶光伏发电项目,经验收合格,全部并网发电。其中,新余高新区赛维公司作为设备供应商为71家用户提供光伏组件和逆变器,开昂公司和银龙公司分别为6家和8家用户提供设备供应和系统安装服务。

(杨小斌 罗芳林 杨小明)

景德镇高新技术产业开发区

【概 况】 由建成区和新区两部分组成,建成区在东城区,新区在西城区。主营业务收入300亿元,增长8.85%;财政收入10.05亿元,增长21.5%;利税26亿元,增长11.5%;固定资产投资107.9亿元,增长15%;规模以上工业增加值63亿元,增长11.3%。签约项目33个,签约资金101.4亿元。其中:航空类项目8个,投资额76.7亿元;汽配机械类项目3个,投资额6.6亿元。洽谈项目20个,洽谈资金16.86亿元。基础设施建设投资1.48亿元,两纵两横主干道基本完成,飞虹大桥开工。截至年底,完成钢栈桥160.5米、园区配套管网26.87千米、重点项目场地平整33万立方米,铺设工业污水管网7.3千米,为园区提供工业用地166.67公顷。组织多场招聘会,提供就业岗位1.5万个,现场签订就业协议3800余人。

年内获江西省进出口银行、光大银行南昌分行等金融机构授信及贷款审批超20亿元,融资到位6.4亿元。与中信建投资本管理有限公司共同发起设立资金规模为2亿元的景德镇直升机产业创投基金。实施“财园信贷通”项目,为22家园区企业担保贷款8130万元。

【与上海技术交易所成立协同创新中心】 7月8日,景德镇高新区与上海技术交易所共同设立“上海技术交易所景德镇高新区协同创新中心”,并签订《科技合作协议书》,共同推进双方在集技术研发、科技成果对接、人才交流、科技投融资、项目咨询、技术培训等领域的合作。

【成立企业挂牌上市孵化基地】 8月26日,成立上海股权托管交易中心——景德镇市工商业联合会企业挂牌上市孵化基地,为中小企业提供创新金融服务、破解融资难题提供一个便捷的服务平台。

【一批重点项目开工建设】 1月15日,北京通用航空江西直升机有限公司揭牌,该项目由北汽集团规划投资60亿元,5月16日开工建设。1月21日,江西昌兴航空装备公司新基地暨江西德利直升机公司整机项目举行奠基仪式。该项目总投资4.5亿元,预计2016年年底竣工投产。7月28日,举行昌南·慧谷航空产业孵化中心开工暨战略合作签约仪式,该项目占地面积17.33公顷,规划建筑面积17.54万平方米,总投资3.2亿元,建设周期24个月,一期工程主体已于9月底完工,12底厂房建成达到企业入驻入孵条件。10月18日,景德镇吉瓷科技有限公司举行开业揭牌仪式,并宣布瓷语网于即日起上线试运营。景德镇吉瓷科技有限公司是一家以互联网交易为核心的电子商务有限公司,计划一期投资5000万元。

【引进一批大项目】 7月8日，景德镇高新区赴上海参加景德镇(上海)现代服务业推介会，签约3个项目，分别是投资1亿元的陶瓷电商服务平台项目、企业孵化基地项目和科技产学研成果转化项目。11月25日，景德镇高新区赴南昌参加2015江西航空产业合作推进会，共签约8个项目，总投资20亿元，分别是意大利阿古斯特系列直升机生产项目、航空线束及新材料项目、航空锂电池项目、航空座椅及内饰件项目、航空零部件制造项目和数控加工项目等。

（汪光华）

鹰潭高新技术产业开发区

【概　况】 位于鹰潭市城区西南处。全年技工贸主营业务收入810亿元，增长19.2%；工业主营业务收入536亿元，增长5.5%。工业增加值80亿元，增长26%。财政收入18.16亿元，增长11.3%，税收收入占财政收入比重的81%。固定资产投资57亿元，增长7.06%。外贸出口1.85亿美元。引进省外资金73.11亿元，增长20.6%；实际利用外资6499万美元，增长17.6%。用电量2.88亿千瓦时，增长19.7%。全年引进产业项目43个，其中亿元以上项目29个，实施产业项目49个，投产项目32个。新增高新技术企业8家，总数达24家。铜现货交易中心全年完成交易量14.9万吨、交易额56.7亿元，分别是上年的8.3倍和6.4倍。8月，经国家质检总局批复，鹰潭高新区筹建“全国铜及铜合金循环利用产业知名品牌创建示范区”。9月，鹰潭高新区与中国工商银行江西省分行合作设立产业升级引导基金，首期规模1亿元，重点支持区内优质企业发展和基础设施建设。12月，“铜基新材料”首上中国品牌榜，“铜基新材料”区域品牌品牌强度为677，品牌价值15.8亿元。3家企业跻身全省百强民营企业。

【三大产业升级加快】 2015年，铜基新材料产业主营业务收入410亿元。一批铜企业转型精深加工。江南铜业磷铜球产量位居全省首位、全国前十名，广信铜业银铜合金国内市场占有率进入前三名。大健康产业主营业务收入29亿元。华宝香精香料新上二期项目，养元食品产业园、吉智饮品建成投产，云露20万吨木耳饮料、新希望30万吨生物饲料等一批项目签约落户、开工建设，大健康产业取得突破性发展。绿色水工产业主营业务收入27亿元。三川智慧大力发展智慧水务和环保水工，在国内首个推出智能移动终端物联网水表，年产量突破30万台，智能水表比重不断增加。

【获批省首家“跨境电商产业示范基地”】 10月，鹰潭高新区成为全省电子商务与产业升级协同创新中心授牌的首个跨境电商产业示范基地。基地根据高新区产业特点，配备4个重量级境外本土电商平台，首批优选高新区25家企业整体上线，提供B2B营销、B2C拓广和人才基地三大服务。

【十大重点项目集中开工】 11月，十大重点项目集中开工。此次集中开工的10个项目总投资达40亿元，包括云露食品年产20万吨木耳饮料、新希望年产30万吨生物饲料、龙一资源年产16万吨再生瓶级聚酯切片、天师酒年产3000吨白酒、潭花酒年产1000吨白酒、翼邦生物年产15000吨宠物食品、一芯科技年产1.8亿张智能卡、星通北斗智能物联网、博兰得年产2万套小微逆变器、凯斯通年产10万吨生物颗粒燃料等项目，涵盖大健康、电子信息、新能源等多个领域，全面建成达产后年销售收入可达100亿元、税收6亿元以上。

【食品产业园建成】 12月，养元智汇24万吨植物蛋白饮料、昇兴7.5亿只马口铁三片罐、嘉美7.5亿只马口铁三片罐项目整体建成，项目总投资20亿元，占地28公顷，建筑面积10万平方米。

（刘娟　徐俊峰）

抚州高新技术产业开发区

【概　况】 抚州高新技术产业开发区前身为抚州金巢经济开发区，创建于1992年8月，是江西省首批省级开发区和生态工业园区，2015年2月升级为国家高新技术产业开发区。面积158.6平方千米，辖1镇、2街道办事处。人口15万。共落户企业270余家，是“国家精细化工高新技术产业化基地”“省级生物产业基地”和“省级汽车零部件产业基地”。全年主营业务收入367亿元，增长12%。其中，生物医药、汽车及零部件、电子信息三大主导产业规模和聚集度持续扩大，主营业务收入占总量的62.3%。新增规模以上工业企业16家，总数达146家；规模以上工业增加值77.6亿元，增长12%。新增高新技术企业7家，总数达14家。财政收入12.61亿元，增长20%。外贸出口总额首次突破2亿美元，达2.32亿美元，增长55%；实际利用外资4742万美元，增幅居全省17个国家级开发区第一。全年新引进5000万元以上工业项目44个(全部开工建设)。其中：亿元以上工业项目29个，5亿元以上项目14个；新引进主导产业项目33个，占新引进项目总数的75%。新能源新材料、电子商务、文化创意、“互联网+”等新产业、新业态发展迅速，文化产业纳税突破1亿元。全年新建、续建工业项目52个，基础设施项目42个。全年民生支出3.5亿元，占财政支出的40.8%。

【苍源种植在“新三板”挂牌上市】 4月29日，抚州苍源中药材种植股份有限公司在全国股份转让系统(“新三板”)挂牌上市，股票代码831597。抚州苍源中药材种植股份有限公司成立于2005年8月，注册资金5000万元，位于抚州高新区。该公司是一家集金银花种植、研究开发、生产加工、销售为一体的省级农业产业化龙头企业。2014年，实现销售收入2.6亿元，缴纳税金812万元。

【明恒纺织在上海股交中心挂牌上市】 6月25日,江西明恒纺织集团有限公司在上海股权托管交易中心挂牌,登陆Q版,成为抚州首家纺织行业挂牌上市企业。该公司成立于2002年3月,注册资金3400万元,位于抚州高新区。该公司是一家生产、销售棉纱、坯布、起绒布、染色布、纺织、针织、原辅材料、劳保用品的行业龙头企业。2014年销售收入2.6亿元,缴纳税金812万元。

【博雅生物制药股份有限公司获批抚州市首家博士后科研工作站】 10月,江西博雅生物制药股份有限公司获准设立博士后科研工作站,这是抚州获准设立的首家博士后科研工作站,也是抚州高新区继江铃地盘、德义半导体2家企业之后第三家获批的国家级科研机构。近年来,高新区大力支持博雅生物,在资金、项目上予以倾斜,帮助企业利用社会科研资源,搭建人才培养使用和科学技术研究应用优势平台,发挥产、学、研、用合作机制,对重点科研项目和关键技术问题进行系统研究,培养企业发展需要的高级科技和管理人才,使企业与科研院所项目、资金、人才等资源有机结合,实现科技成果转化,加快企业技术创新步伐。

【江西嘉盛精密纺织有限公司收购意大利高端品牌"蝴蝶"】 12月23日,江西嘉盛精密纺织有限公司收购意大利 Filatura di Crosa(蝴蝶)品牌签约仪式在抚州汝水森林宾馆举行,开创抚州企业收购国际品牌的先河。嘉盛精纺是抚州一家大型台资企业,位于抚州高新区,有员工600多人,是一家集纺纱、纤维染色、针织服装开发设计、生产、销售为一体的综合性大型纺织企业。与嘉盛精纺有着多年合作关系的意大利威玛公司,是国际纺织行业巨头,旗下 Filatura di Crosa(蝴蝶)品牌是一个历史悠久的传统手钩纱国际知名品牌。该公司在全球45个国家(含中国)登记商标注册。

【江西海利科技有限公司落户抚州高新区】 12月25日,投资30亿元的江西海利不锈钢项目开工。该项目是抚州高新区9月份引进,由国内不锈钢第一品牌——广东海利集团投资兴建,其中第一期投资15亿元,建设200~300条不锈钢生产线和一条磨砂板生产线,预计2016年8月投产。该项目具有投资规模大、品牌效益好、技术含量高、产业带动强等优点,对抚州实施品牌战略,带动提升抚州金属精深加工产业发展具有重大意义。

(龚伟明)

赣州高新技术产业开发区

【概 况】 赣州高新技术产业园区始建于2001年,前身为赣县工业园。2006年升级为省级工业园;2009年10月,更名为江西省赣县经济开发区;2012年10月经省政府批准为省级重点工业园区;2013年2月更名为赣州高新技术产业园区;2015年9月升级为国家高新技术产业开发区。赣州高新区先后获批为国家钨和稀土新材料高新技术产业化基地、园家生态工业示范园区、国家小企业创业基地、江西省钨和稀土产业基地、赣州台商创业园、赣州台湾产业基地、江西赣州铜铝有色金属循环经济产业基地、江西赣州稀有稀土金属循环经济产业基地、赣州生物省级战略性新兴产业基地、第二批省级循环经济试点单位、第一批省级加工贸易梯度承接地、江西首届十大最具投资价值工业园等。园区企业总数228家。其中,规模以上企业84家,高新技术企业16家。全年工业增加值70.6亿元,增长8.4%;主营业务收入297.5亿元,增长6%;利税总额22.7亿元,增长2%;缴纳税金9.4亿元,增长1%。

【打造高新技术产业开发区科技企业孵化器】 赣州高新区初步投资3800万元,打造高新技术产业开发区科技企业孵化器。赣州高新区科技孵化器地上建筑7层,总面积9033平方米。1楼为展示平台,布置科技成果展示厅、沙盘、创客咖啡、自助银行;2楼为金融服务、行政服务、社会服务平台,会计、审计、律师事务所,创业投资基金、创意设计中心、行政服务中心;3楼为科技服务平台,布置科技信息发布中心、技术贸易室、技术产权室、专利代理室、技术咨询室、信息服务室、生产力服务中心、工业设计中心;4楼为检测检验、技术研发平台,布置公共检测中心、赣州钨和稀土等领域科研院所的分支机构;5楼为企业孵化平台,用于入孵企业生产及办公;6楼为众创空间平台,用于入孵团队研发以及初试等;7楼为大数据、教育培训平台,布置大数据中心、安防指挥中心、教育培训中心等。孵化器集成果展示、金融服务、行政服务、科技服务、检测检验、技术研发、企业孵化、众创空间、工业大数据、教育培训等十大平台于一体,提供一站式专业化服务。

【赣州诚正稀土新材料股份有限公司挂牌上市】 11月5日,赣州诚正稀土新材料股份有限公司在"新三板"挂牌上市,股票代码833728。该公司是赣州高新区本土培育的首家上市公司,是集稀土深加工和贸易于一体的高新技术企业,主营稀土应用性产品,为下游制造业提供生产制造的原材料。公司致力于氧化镝、氧化钆、氧化钕、氧化镧等单一氧化物贸易及钕铁硼磁性材料的研发、生产和销售,还受托进行稀土上游产品的灼烧加工业务。

【"保姆式"服务向"专家式"服务转变】 赣州高新区实施精准帮扶企业制度,强化生产要素保障,解决现有企业生产经营中难题。对68个重点工业企业开展点对点帮扶,建立工作情况台账,对龙头企业采取"一企一策",提供"保姆式"服务,特事特办,调动企业发展壮大的积极性。在做好"保姆式"服务的基础上,向"专家式"服务转变,提供优质的发展平台。探索以企业为主导的产学研合作的机制与模式,鼓励企业与江西理工大学、冶金研究所等高校、科研院所通过共建实验室、工程技术中心、中试车间等,建立企业与大学、研究所互动研发的新机制,提升企业的科技研发水平,帮助园区企业提升高层管理人员管理能力和专业技能。全年吸引1000多名高校毕业生在赣州高新区创新创业;申请专利336件、增长36%,授权专利299件、增长131.8%。赣州高新区与江西理工大学达成校地合作意向，江西理工大学把科技、人才、智力全方位融入赣州高新区和重点企业的发展中，发挥人才库、科技库、智力库的作用。

（李莉）

吉安高新技术产业开发区

【概　况】 吉安高新技术产业开发区始建于1993年，2006年升级为省级开发区，2013年经省政府批复更名为江西吉安高新技术产业园区。2015年9月29日，升级为国家高新技术产业开发区。吉安高新区开发面积约12平方千米，形成“一园两区（即敦厚园区和凤凰园区）”的发展格局。先后引进世界500强华硕集团旗下的博硕科技，国家高新技术企业协讯电子，中国汽车电子行业的龙头企业、国家高新技术企业航盛电子，以及联基实业、先歌音响等电子企业，燕京啤酒、娃哈哈等食品加工企业。截至年底，已落户企业267家，其中规模以上工业企业94家，高新技术企业16家，上市及拟上市企业14家，台资企业40余家；从业人员3.5万余人，初步形成电子信息、食品加工、新能源新材料和精密机械制造四大特色产业。主营业务收入310.06亿元，增长10.94%。其中电子信息产业主营业务收入突破200亿元，份额占53%。工业增加值70.55亿元，增长13.54%。税金14.54亿元，增长11.82%。基础设施投入6.25亿元，增长12.24%。

【“锅丰”被认定为中国驰名商标】 8月，吉安锅丰米业有限公司“锅丰”被国家工商总局认定为中国驰名商标。该公司2009年获“江西省著名商标”称号，在品牌效应的带动下，企业经济效益显著提高，销售额每年以1000万—2000万元的速度递增，2009年之前公司销售额还不到8000万元，至2015年底企业销售额攀升至3.7亿元。

【2个重大项目开工】 8月19日，江西燕啤年产50万吨退城进园项目举行签约暨开工奠基仪式。该项目规划年产能50万吨，总投资20亿元，占地面积26.67公顷。12月9日，井冈山（吉安）聚能科技发展有限公司年产50万吨天然微量元素营养液项目开工奠基仪式在吉安高新区举行。该公司是天合聚能控股集团和正信通宝融资集团设立的国内南方市场的区域总部，主要生产天然植物微量元素营养生长素、微量元素营养矿泉水、生物制药等产品。一期总投资50亿元，用地21.33公顷。

【吉安市立讯射频科技股份有限公司落户高新区】 12月，吉安市立讯射频科技股份有限公司注册落户高新区，该公司由深圳立讯精密工业股份有限公司、吉安县智通投资咨询中心和吉安县泰然投资咨询中心共同投资兴建，主要生产基站天线、高频线缆、无线充电模组等电子产品。项目用地面积约34.53公顷，投资40亿元，计划在吉安高新区建成单个企业产值超100亿元，注册资金5亿元的集研发、制造、销售为一体的公司总部。

（刘晓光）

南昌经济技术开发区

【概　况】 位于南昌市城北，辖1镇、2管理处、1产业园。面积229平方千米（含临空直管区）。总人口40万，其中常住人口30.39万。全年全区主要经济指标实现“十大突破”：工业主营业务收入突破千亿，达1012.83亿元；新登记注册企业达900家；固定资产投资突破500亿元，达546.55亿元；地区生产总值突破300亿元，达327.06亿元；规模以上工业增加值突破260亿元，达262.92亿元；金融机构存款余额突破200亿元，达234.14亿元；实际利用内资突破200亿元，达200.63亿元；社会消费品零售总额突破100亿元，达104.47亿元；财政收入突破50亿元，达50.18亿元；出口总额突破10亿美元，达10.35亿美元。亿元以上开工项目25个，投资总额253.12亿元，其中30亿元以上项目1个。亿元以上竣工投产项目15个，投资总额91.6亿元，其中5亿元以上项目9个。全区在谈项目49个。在南昌经开区注册的江西中港硬质合金股份有限公司在“新三板”（全国中小企业股权转让系统）挂牌，成为经开区首家挂牌“新三板”的企业，实现经开区企业在资本市场上市“零”的突破。全区城镇新增就业人数6720人，新增转移农村劳动力1918人，省内新增转移农村劳动力1632人，省内工业园区定向培训3853人，发放小额担保贷款4522万元。企业职工养老保险参保3.25万人，城乡居民养老保险参保1.52万人，城镇居民医疗保险参保1.47万人。

【创新招商体制机制】 2015年，南昌经开区成立由区主要领导任总指挥，班子成员任组长、各部门负责人任副组长的8个招商小组，实行招商引资成效与绩效考核挂钩。在推行精准招商、产业招商的同时，推进资本招商、股权招商，与深创投、金沙江、信隆行等基金公司合作，设立产业引导基金，通过股权投资、并购重组等形式，帮助园区招商。共签约项目36个，投资总额259.9亿元，包括投资20亿元的新加坡丰树现代服务综合产业园项目、投资10亿元的变速箱项目、投资5亿元的中国最大互联网企业腾讯众创空间等一批重大重点项目。

【打造江西最大新能源汽车城】 2015年，南昌经开区抓住国家支持和鼓励新能源汽车发展机遇，引进投资21.6亿元的江铃新能源汽车实现年内签约、年内开工、年内投产，其产品迅速占领市场，销量居全国前十。百路佳和江铃新能源两大整车项目齐发力，带动10余个配套项目入驻或即将入驻，经开区已成为江西最大的新能源汽车生产基地。江铃集团新能源汽车有限公司依托江铃集团强大的品牌及资源优势，致力于掌握电动化底盘技术、整车系统集成匹配技术、整车轻量化技术，具备整车控制系统、电池管理系统、电驱动系统等关键核心技术开发和应用能力，是一家初步成型的集新能源汽车整车和三电系统的研发、生产、销售于一体的新能源汽车公司。江西凯马百路佳客车有限公司生产的客车占据南昌新能源客车市场九成以上，成为国内38家具有新能源整车生产资质的客车企业之一，并出口至32个国家和地区。2015年，经开区新增汽车及零部件和家电2个省级产业基地，加上装备制造业和光电产业，已达4个省级产业基地。

【完成人事制度改革】 2015年，南昌经开区启动并完成人事制度改革，主要体现在“压扁、打破、竞聘、考核”四大关键词。压扁，就是推行大部制改革，缩短管理链条。在“三定”方案内，合理调整职能，精简机构，机构数由整合前的15个缩减至11个，部门职能处室及下属单位由原来78个缩减至71个。建立“管委会领导—内设部门正职—主办”三个管理层级的“扁平化”管理架构。打破，就是打破人员身份。除党工委、管委会班子成员外，对管委会机关及区属事业单位在编在岗人员，实行“三个分离”，即干部编内任职与岗位聘职相分离、档案工资与实际薪酬相分离、干部人事档案管理与合同聘用管理相分离，对原有人员身份等进行“封存管理”。竞聘，实行岗位聘任制。通过“双向选岗”“公推竞岗”“公开竞聘”“双向选择”等方式，优化配置人员。在总量控制、岗位空缺的情况下，拿出部分岗位进行公开选拔，通过“赛场选马”选拔人才。区工委预留部分空缺二级主办以上的岗位，向下一次绩效考核先进单位倾斜。考核，就是推行绩效考核。考核结果，一方面直接与收入分配挂钩，打破“吃大锅饭”的局面，另一方面与干部使用挂钩，优先提拔重用考核先进单位的干部，进一步发挥导向作用。

【搭建“众创”孵化平台】 2015年，南昌经开区陆续出台一系列优惠政策，搭建腾讯青年众创空间（南昌）、北大科技园众创空间、清华科技园孵化基地、驻区高校创业孵化中心等众创平台。腾讯青年众创空间（南昌）项目，作为引爆性项目，是中国最大互联网企业腾讯在全国重点城市的战略布局，直接将南昌市“双创”工作与全国一类城市同时起跑，该项目将为万名青年提供创业机会。江西清华科技园聚集的30余家大学生创业团队，成为南昌市首个高校毕业生创业孵化基地。由3名大学生自主创业组建的旧书网站“有路网”，已发展成全国最大的二手书交易平台。北大众创、清华梦工厂、江财大学生创业孵化中心、99创业咖啡4家众创空间入选全市首批“洪城众创1.0”。

【征迁收储成效明显】 2015年，全区房屋征迁43.71万平方米，完成年度计划的116.5%。土地收储8宗，面积100.29公顷，完成年度计划的180%。本着“盘防”结合，节约集约用地的原则，推进清理低效用地工作，成绩在全市排名第一。同时，探索工业用地弹性出让，率先在全省推出一宗使用期20年的工业用地。经开区首个棚户区改造项目——下罗棚户区改造项目，一期工程在2个月内完成289栋房屋签约，签约率100%，涉及拆迁建筑面积12万余平方米。

【集中开展“企业大走访”活动】 6月，南昌经开区在全区范围内集中开展“企业大走访”活动，为企业送政策、送服务、送温暖。由区工委领导班子成员带队，分成11组，共走访企业110家，收集问题210条，解决问题210条。服务企业的主要做法《弹好“五线谱” 奏响“最强音”》得到市委主要领导的充分肯定，省委办公厅《工作情况交流》予以刊发，并向全省推广。坚持把大企业“管家式服务”、中小微企业“企情收处中心”和“企业大走访”作为3张名片来打造。

（万志平）

南昌小蓝经济技术开发区

【概　况】 位于南昌市南部。是江西省汽车零部件产业基地、江西省食品产业基地、江西省生物医药产业基地、江西省首批生态工业园区，2015年被评为“江西十大最具价值投资工业园区”。规划面积18平方千米，建成面积2平方千米。投产企业512家。14家世界500强企业、28家上市公司及一批知名企业、行业领军企业在此投资落户。全年汽车及零部件、食品饮料、生物医药三大主导产业经济总量突破600亿元，增长27%。工业总产值和主营业务收入双双突破1000亿元，分别为1014.51亿元和1001.2亿元，分别增长16.29%和12.64%，成为全省首个工业主营业务收入超千亿的园区。工业增加值260亿元，增长16.2%。税收45亿元，增长24.9%。产值过5亿元的企业65家，新增6家；税收过500万元的企业68家，新增14家；规模以上企业209家，新增28家。实际利用外资3.8亿美元（现汇进资1.1亿美元），增长8.5%；实际利用内资130亿元，增长31.8%。外贸出口10.29亿万美元，增长6.26%。签约引进重大项目33个，其中，新能源新材料项目6个、汽车及零部件项目16个、食品饮料项目5个、生物医药项目4个、集成电路项目2个。投资总额258亿元，是上年的3.7倍。投资49亿元的保利协鑫分布式能源、投资30亿元的济民可信药用制剂及保健产品项目、投资10亿元的（上海）力波啤酒等大体量项目相继落户。小蓝创新创业基地、小蓝留学人员创业园及小蓝高科技孵化器的建立，成为小蓝招才引智的重要突破。

【项目建设势头强劲】 全年重点推进总投资279.7亿元的96个项目，江铃股份汽油发动机、汇仁药业新基地等24个项目投产，江铃股份扩能、德瑞光电等39个项目开工。其中江铃股份汽油发动机的投产，使江铃突破以商用车柴油动力为主的格局，标志着南昌市拥有本土制造的第一台汽油发动机。新增三鑫医疗、人之初、大麦互娱、天佳生物4家本土上市企业。其中三鑫医疗在深交所创业板上市，成为南昌市首家在深交所创业板上市的企业、江西省首家上市的医疗本土企业。盘活、收回原佳能公司、天兴集团等闲置低效项目用地约66.67公顷，采取重组招商、嵌入式招商方式，植入德瑞光电、台湾全兴、台湾加扬、上海舟山岱美、山东锦程汽车等一批税源性项目。开发区投产企业亩均产值超330万元，亩均税收超13万元。截至年底，汽车及零部件产业集聚6大整车项目和145个零部件项目，形成江铃股份30万辆、江铃控股15万辆及江铃特种车辆厂、江铃新动力客车等共50万辆整车产能布局，实现江铃股份20万台、五十铃22万台等共42万台柴油发动机、汽油发动机的产能布局。

【提供办事零距离、建设零干扰服务】 2015年,小蓝经开区优化投资发展环境,为企业和客商提供办事零距离、建设零干扰的全方位服务。推行"一次告知、全程服务、并联审批、限时办结、绿色通道、效能问责"的县区高度融合的行政审批机制和"线上审批"与"线下代办"相结合的快速反应服务通道;基本完成政务信息(OA)服务平台二期开发建设,完善门户虚拟服务大厅、微信公众号、自助服务终端等模块,健全线上、线下联动服务企业机制,企业"足不出户"便可在网上申办相关事务、参与测评职能部门;编印《国家、省、市、县区有关支持非公经济发展文件手册》《小蓝经开区企业服务指南》等读本;建立企业培训制度和机关干部培训制度,定期邀请专家、学者、领导干部、企业高管为企业高管和机关干部讲课。开展企业网格化管理,通过入企走访、座谈接访、渠道收集等方式,收集企业反映的问题,共解决企业融资、办证、用工、矛盾纠纷、基础设施等方面问题400多个。搭建产学研合作平台、政银企融资对接平台。为企业发放贷款127亿元,其中"财园信贷通"资金7.13亿元,发放量位列南昌市第一,缓解中小微企业的融资难题;与北京银行南昌分行建立战略合作伙伴关系,北京银行提供50亿元授信额度,支持经开区经济建设和企业发展;出台《企业信用等级评定实施办法》,加快推进中小企业信用体系建设试点工业园区工作;加大安全、环保、规划、协税护税等方面法律法规的贯彻落实力度,规范企业行为。开展安全生产领域"六打六治"专项整治行动,对园区企业进行安全生产检查全覆盖,组织200多家重点企业参加各类安全培训,全年未发生一起较大以上安全生产事故。完成房屋拆迁面积30多万平方米,保障土地收储、市政建设和项目推进;推进小蓝大道西延、金沙三路等12条市政道路建设,改造提升小蓝大道、汇仁大道;专为汽车城建设的小蓝1号220千伏变电站、为S地块增设的金泰一线通电;新增20路长班、西客站2条公交线路,优化526、536、559、212等4条公交线路,开通公交线路16条,日均600班次;江铃公租房投入使用,启动企业职工文体中心建设。

【创新创业工作出成效】 2015年,小蓝经开区创建各类创新创业平台11个。其中:汽车零部件产业园、投资公司创业园、投资公司孵化中心、小蓝丰溢创业园等4个已建成;小蓝创新创业基地、昆腾创业孵化基地等6个基本建成;中部地区地理信息产业园正在规划建设。超前重点打造融清华大学省校合作基地、小微企业创业基地、留学人员创业园、小蓝高科技孵化器"四位一体"的小蓝创新创业示范基地。已有20家企业入驻,在孵企业28家,主要涉及生物医药、集成电路、新材料、新能源等方面。实施科技创新。发挥创东方创业投资基金、南芯集成电路产业基金和"引智扶优、精英小蓝"等政策作用,帮扶种子期、初创期"科技小巨人"快速成长,推动企业科技创新。帮助企业申报知识专利300多件,增长50%;新增13家高新技术企业,总数达48家;新增院士工作站4家。拥有4个涉及汽车、医药、电子信息的国家级工程技术中心和32个省级工程技术中心,与中科院纳米所进行战略合作,初步构建"产业基金+产业平台+高端人才"的创新创业孵化体系。

【完成运行机制和人事制度改革】 2015年,小蓝经开区完成运行机制和人事制度改革,工作人员全员竞聘,以管理层级扁平化、去行政化,工作力量向"一公司两中心"倾斜,搭建起"企业化管理、市场化运作、专业化服务、多元化融资"四大平台,初步形成"小政府+大企业"的高效管理模式。同时,从创新考核制度着眼,推行绩效管理改革,通过行政过程规范化、结果数据化、考核奖惩化,变"身份管理"为"岗位管理",变"铁工资"为"活薪酬",变"主观评价"为"量化考评",做到干多干少不一样、干好干坏不一样,激发干部干事创业的积极性、主动性。

(陶林)

九江经济技术开发区

【概　况】 位于九江市老城区西南,辖1乡、2垦殖场、3街道办事处。2015年,工业主营收入1037亿元,增长6.1%。财政总收入50.25亿元,增长92.8%。固定资产投资247.2亿元,增长20.1%,其中工业固投197.9亿元,增长33.9%。外贸出口12.34亿美元,增长25.14%。实际利用内资100亿元,增长57.4%;实际利用外资2.13亿美元,增长11.7%。经济实力名列全省10个国家级经开区第一位,中部地区63个国家级经开区第九位,长江流域27个国家级经开区第十四位,全国219个国家级经开区第五十三位。共有81个工业项目签约落户;51个工业项目开工建设;53个工业项目竣工投产。全年新增规模以上企业13家,德福电子跻身国内行业前10强,盛祥电子、美凯宝包装挂牌"新三板"。全年投入1亿多元用于大众创业、万众创新,完成专利授权量353件、发明专利11件,新增高新技术企业9家,总数达43家。国家级恒盛科技园累计入驻项目261个,名列全国同类产业园创新力100强、综合实力50强,获国家知识产权试点园区、省人才工作示范园区、省软件电商优秀园区等8项荣誉。实施城建项目82个,投资50多亿元,城区面貌明显改观。全年维修道路1.3万平方米,新增市场化运作保洁面积78万平方米,依法拆除违章建筑245处2.5万平方米;城西港区征地拆迁进展顺利,基础设施建设速度提升,产城融合进程加快。城西港区学校规划设计完成,公开招聘、选调教师37人,接收务工人员随迁子女入学238名,总数达1438名。免费救治重大疾病患者268例,医疗救助总数达8157人次。调处矛盾纠纷183起,处置突发事件11起,接待群众来信来访147批1270人次,批次、人次分别下降5.2%、10.8%,全年没有发生一起重大群体事件和恶性突发事件。落实安全生产企业主体责任和党政监管责任,伤亡事故起数和人数分别下降5%、66.7%。全区用于民生领域资金24

亿元,增长10%。居民可支配收入3.1万元,增长9.7%;农民人均纯收入1.58万元,增长9.3%。9280套115万平方米的保障性住房竣工,即将交付使用。新增就业5000余人,征缴社会保险费1.1亿元,在全市率先实现城乡居民养老保险、失地农民养老保险、城镇职工养老保险并轨运行。建成启用居家养老服务中心6个,高标准完成永安乡敬老院升级改造。城镇退休职工和失地农民人均月增资分别达270元、220元。落实"三单一网"改革要求,清理便民服务事项711项,实施"三证合一""一照一码"制度。在全市率先开办项目服务"中介超市",引进18家中介机构入驻,提供80多项"一站式"专业化服务,收费标准下降40%,办事时间缩短50%。

【中船海洋装备产业园开工建设】 1月20日,总投资40亿元的中船九江海洋装备产业园项目开工建设。该项目是以中国船舶工业集团公司为龙头,利用城西港国家一类口岸优势,实施海洋装备产业集聚集群集约发展,是"央企入赣"重点建设项目。该产业园由中船九江工业公司等7家企业组团投资,建成后可实现年主营业务收入100亿元。

【北汽昌河汽车九江产业园项目开工】 12月27日,北汽昌河汽车九江产业园项目奠基开工仪式在九江经济技术开发区城西港区举行。北汽昌河汽车九江产业园占地面积约166.67公顷,总产能25万辆/年,分3个产能区:5万辆新能源乘用车生产区、20万辆常规动力乘用车生产区和未来发展预留地。项目可提供就业岗位4000个,上下游全产业链约1万人,年产值超200亿元。

(张双宝)

赣州经济技术开发区

【概　况】 位于赣州市中心城区西城区,辖4镇、1街道办实处。面积219平方千米,建成区面积52.7平方千米。人口33万。全年地区生产总值增长9.8%,财政总收入增长10%,社会消费品零售总额增长11%,工业主营业务收入增长3.25%,固定资产投资增长19.05%。规模以上工业增加值增长9.6%,规模以上工业总产值增长3.5%。其中,钨及稀土新材料、新能源及新能源汽车、电子信息、生物制药等四大主导产业总产值增长9.8%。工业用电量增长5.52%。全区共签约项目40个,签约资金171.36亿元。引进亿元以上项目25个(含5亿元以上项目8个,世界500强项目4个)。实际利用内资106.94亿元,增长10.15%。其中省外5000万元以上项目资金78.03亿元,增长13%。实际利用外资1.99亿美元(现汇进资1435万美元),增长10.12%。外贸进出口10.68亿美元,增长4.43%。其中出口7.25亿美元,增长5.07%。实际利用省外5000万元以上项目资金、实际利用外资、外贸进出口和外贸出口四项指标总量继续排名全市第一。列入市重点调度的16个工业项目,全部开工在建,累计投资55.88亿元;新开工工业项目103个(含现代服务业),新投产工业项目103个(含现代服务业)。全区民生资金投入6.56亿元,推动36件民生实事快速落实。开工建设安居公寓及棚改项目7个共4875套,完成年任务的113.4%,交付安居公寓及棚改项目4个共1258套,竣工公租房项目2个共660套。通过省政府教育工作综合督导评估,投入校建资金4945万元建设43个项目,新增学生席位3750个。投入装备资金1668万元,采购班班通设备542套,建成录播室2个。完成黄金岭社区卫生服务中心改造和潭口镇卫生院改扩建,完成4个镇计生服务与妇幼保健的职能整合和12个行政村的卫生计生服务室资源整合。

【赣州经开区"政务直通车"投入运行】 7月,赣州经开区"政务直通车"(办公自动化系统)投入运行。系统运行后,可实现政务信息和公文无纸化传输,达到信息共享和交流的目的。公务人员还可以通过移动电子终端进行办公,随时随地处理非涉密公文,极大地提高机关办公效率。

【赣州综合保税区封关运行】 10月20日,江西省首个综合保税区——赣州综合保税区(一期)通过由海关总署、国家发改委等10部委组成的国家联合验收组验收,封关运行。根据《国务院关于设立洋山保税港区的批复》文件精神,赣州综合保税区封关运行后不再保留赣州出口加工区。赣州综合保税区于2014年1月22日经国务院批准设立,是全国第三十五个、江西省第一个综合保税区。位于赣州市中心城区中北部,距市中心仅5000米,规划面积4平方千米,处于赣州综合交通枢纽的龙头地段,紧邻赣州机场、赣州高速西出口和建设中的高铁站,航空口岸、公路口岸、铁路口岸就在周边。赣州综合保税区规划建设有保税物流区、保税服务区、保税加工区和口岸作业区四大功能区。

【第十四届华东科技企业孵化器网络年会在赣州经开区召开】 11月5日上午,第十四届华东科技企业孵化器网络年会在赣州经开区召开。省、市各级领导及华东6省、1市孵化器相关负责人等共计200余人出席活动。年会主要探讨全国在进入"大众创业、万众创新"创业经济当下,孵化器发展的新机遇以及孵化器如何发挥效率,共同推进孵化器向国际化、专业化、规范化方向发展。包括孵化器建设与推动地方经济发展、加快推进孵化器发展与促进大众创新创业、强化孵化器的基地建设与提升新兴产业的创新能力和孵化器建设与促进创新驱动发展战略研究。第十四届华东科技企业孵化器网络年会的召开,为各方探讨孵化器发展机制,促进资源共享,加强交流合作提供良好平台。

【合肥中航新能源汽车赣州产业基地落户赣州经开区】 12月2日,合肥中航新能源汽车赣州产业基地项目签约仪式在赣州经开区举行。合肥中航新能源汽车赣州产业基地项目是赣州经开区2015年引进的最大项目,由合肥中航新能源科技有限责任公司投资,固定资产投资约60亿元,规划工业用地约80公顷,总建筑面积约80万平方米。主要建设年产20万辆纯电动汽车(应具备冲压、焊接、涂装、总装四大工艺)、20亿AH动力锂电池(含聚合物固态锂电池)的生产厂房、研发中心和营销中心等。项目分

2期建设，一期工程建成年产10万辆纯电动车及配套项目；二期工程建成年产10万辆纯电动车及配套项目。

（廖云嵩）

井冈山经济技术开发区

【概　况】 位于吉安市城南。2015年，井冈山经开区实现"两个前移"：全年工业主营业务收入在全省排第十二位，比上年进一位；工业增加值在全省排第十三位，比上年进一位。"六个倍增长"：工业主营业务收入526亿元，是"十一五"末的2.6倍，增长9.1%；工业增加值119.7亿元，是"十一五"末的2.4倍，增长14.3%；引进内资94.5亿元，是"十一五"末的3倍，增长10.2%；利用外资1.8亿美元，是"十一五"末的4倍，增长11.9%；外贸出口6.9亿美元，是"十一五"末的4.6倍，增长7.8%；财政总收入14.36亿元，是"十一五"末的4.3倍，增长15.5%。全区电子信息、生物医药、先进制造三大主导产业主营业务收入突破园区总量的80%；全年新增景福彩印、嘉寓门窗、中创光电等规模以上企业10家，总数达104家。LED、触控通讯两大产业加速集群发展，主营业务收入占园区电子信息产业比重的近70%、占园区的近30%。

【获评"国家循环化改造示范试点园区"】 6月2日，国家发改委、财政部2015年园区循环化改造示范试点备选名单公示，井冈山经开区以第七名通过专家组评审，成为全省唯一一家通过评审的园区。共获循环化改造项目配套支持资金1.28亿元，是经开区成立以来最大一笔扶持资金。

【柏兆电子(吉安)有限公司出口突破1亿美元】 2015年，柏兆电子（吉安）有限公司成为吉安市第一家出口突破1亿美元的企业。柏兆电子（吉安）有限责任公司是一家台资企业，公司长期专注于板卡产品的OEM和ODM服务，为众多国际知名板卡、工控、数字标牌、网络通信、医疗电子和多媒体等行业品牌提供研发和制造服务。1—8月，该公司外贸出口额1.23亿美元，增长117.78%，成为吉安市第一家出口突破1亿美元的企业；全年出口额突破2亿美元。

【吉安市御美丽健康产业股份有限公司在天津股权交易所A板挂牌】 9月24日，吉安市御美丽健康产业股份有限公司在天津股权交易所A板挂牌，股权代码936331，这是吉安市第一家走进天津股权交易所的企业。该公司前身创立于2007年6月，是一家集科研生产、教育培训、产品开发、经营为一体的实体企业，产品包含消毒产品、营养食品、化妆品三大系列，市场覆盖全国各省市区，是中国女性健康管理专业公司之一。2015年3月完成股改备案注册成股份公司。全年产值5200万元，税收282万元，利润265万元。

【社会事业协调发展】 教育方面，设立初中部和幼教部，帮助外来务工人员解决子女入学370余人；在省教育厅、省财政厅申请设立专户，每年可获教育财政资金300多万元。文体方面，成立开发区企业家协会；举办开发区首届职工运动会和全区运动会，丰富园区务工人员和群众的体育生活；中文天地出版传媒股份公司捐赠各类图书，设立3家"新市民书吧"。卫生方面，申报街道办卫生院和便民服务中心项目2个，设立公共卫生财政专户；流动人口计划生育管理与服务功能进一步完善。民生方面，累计投入资金上千万元，为园区居民解决水、电、路等"最后一公里"问题；2个居家养老服务中心项目完工，投入使用。

（胡学兰）

上饶经济技术开发区

【概　况】 位于上饶市以西约3.7千米，辖1镇、1街道办事处。总面积176平方千米，规划控制面积100平方千米。总人口11万人，其中产业工人5万余人。全年主营业务收入710.92亿元，增长18.58%；综合园工业用电量7.34亿千瓦时，增长24%；综合园工业固定资产投资111.6亿元，增长23%；本级财政收入11.72亿元，增长13%。依法征收土地548.8公顷、征收房屋7.1万平方米。争取用地指标233.13公顷。依法收回闲置、低效用地73.2公顷。平整土地281.67公顷，依法出让工业用地220.47公顷，改变"项目等地"的被动局面。投资1600万元新建7个安置小区基础设施，投资4980万元新建兴园学校初中部、合口水库等民生项目。工业污水处理厂4月底投入运营。

【创造上饶经开区历史上7个第一】 2015年，上饶经开区创造历史上7个第一。新增工业主营业务收入过100亿、引进项目55个、引进资金160亿、征收土地548.8公顷、开工建设厂房面积80万平方米、新增4家上市公司、新增国有资产60亿。其中，引进项目和开工建设厂房面积均超过"十二五"前几年的总和。新引进项目中，三大产业项目40个，占比近3/4。

【三大产业集群发展取得重大进展】 2015年，光伏、光学、汽车三大产业集群发展取得重大进展。晶科能源实现"两年翻一番"，年主营业务收入突破300亿元。凤凰光学在中电科的支持下完成战略重组，新建设的17.33公顷光学产业基地已入驻企业20家。投资37亿元的汉腾汽车首款整车于12月6日下线，投资33亿元的发动机项目加快建设，总投资21亿元的汽车零部件产业基地项目快速推进，投资3亿元的蓝途新能源汽车研发中心和检测中心基本建成，博能新能源客车获得国家1.46亿元生产研发项目资本金支持扩建新产能。

【提供亲商安商服务】 2015年，上饶经开区采用三大举措提供亲商安商服务。一是打造亲商文化。开展在建项目五人行、百名干部联百企、春雨教育实践、服务之星大评比、干部见事管事五项活动，推行"标准化、专业化、个性化、信息化、零打扰"五个服务理念，营造亲商安商氛围。二是强化专业安商力量。招商安商领导小组统筹调度安商工作，设立企业服务局，成立供电服务中心，充实行政服务中心力量。创建63个企业（项目）服务微信群，与客商实现零距离、"微"办公、秒回复、大服务。三是建立亲商安商机制。制定全程代办、超时默许、并联审批、收费清单、责任追究等12项制度，搭建网上审批、服务平台，审批办结时限由原来的180个工作日压缩到45个工作日。

【完成人事制度改革】 2015年，上饶经开区启动并完成干部人事制度改革。一是推行扁平化管理，理顺内设机构，建立高效精简的“8+3”大部制机构运行体制；二是推行岗位管理，打破身份界限，实行干部聘任制；三是推行绩效管理，建立绩效管理制度。

（程志坚）

萍乡经济技术开发区

【概 况】 位于萍乡市城区东北郊，辖15个行政村、14个社区、16所中小学、390家入园企业。总面积57.6平方千米。人口12万。先后获“国家经济技术开发区”“国家中小企业信用体系试验区”“国家新材料产业化示范基地”“国家劳动关系和谐工业园区”“国家知识产权试点园区”等多项国家级荣誉。全年地区生产总值136.23亿元，增长8.9%；规模以上工业增加值109.36亿元，增长7.7%；工业主营业务收入525.83亿元，增长6.3%。财政总收入20.2亿元，增长10.8%。固定资产投资137.7亿元，增长12.5%。社会消费品零售总额26.9亿元，增长20%。城乡居民可支配收入分别为3.62万元和1.71万元。

【推行“机关月考法”】 为创新建立与“一线工作法”相适用的机关绩效考评机制，萍乡经开区出台“机关月考法”，对机关单位和工作人员实行“末位淘汰式考核”，对机关单位和工作人员进行一月一排名，一月一公示，一季一分析，半年初评，年终总评跟踪式考核，每月如果完不成任务就要被问责，考出领导干部践岗履责、争先有为的新气象。

【商事制度改出新效率】 突破部门壁垒，在全区范围内深化商事和行政审批制度改革，税务、环保、建设、发改等22家部门全部进驻区行政服务中心，所有企业和新创业者都可在此完成办理营业执照，缴税和非税收入，购置发票，立项等234件商事和项目建设审批手续，全程实现无缝对接。从营业执照、税务登记证、组织机构代码证“三证”到“三证合一”到“一照一码”，一站式联合办税联合办证照联合办项目审批手续完美集结，开启该区商事制度改革新篇章。

（李伟）

宜春经济技术开发区

【概 况】 位于宜春市中心城区北部，处于320国道与沪昆高速公路在宜春的交汇处。区内有投产企业300余家，常住人口约6万人。建有全国第一家国家级锂电新能源高新技术产业化基地和省级机电产业基地、省级服务业基地、省级医药产业基地三大省级特色产业基地，形成锂电新能源产业、机电产业、新型材料产业、医药产业等主导产业。2015年，市本级全口径主营业务收入453.3亿元、增长18.1%，其中工业主营业务收入215.4亿元、增长12.5%。财政总收入10.17亿元，增长5.6%。全年新增签约项目42个。其中，1亿~10亿元项目18个，10亿~100亿元项目7个，100亿元项目1个。签约总金额249.17亿元。新批外资项目2个。新增开工项目35个，新增投产项目30个。实际利用外资7760万美元，其中现汇进资2468万美元，现汇比31.8%，增长12.67%。外贸出口5.89亿美元，增长7.98%，利用省外资金55.96亿元，增长43.3%。利用外资现汇比和利用省外资金增幅均列全省国家级开发区前3位。成功申报规模以上企业19家，全区规模以上企业104家。新批省级工程技术研究中心3个、新批省级科技协同创新体1个，获得国家专利授权544件，成为江西省7家获得“国家专利过千件园区”之一。获江西省著名商标1件，总数达15件（另有1件中国驰名商标）。启动11个重点社会事业项目，其中投入2000多万元保障2800户居民家家通自来水；投入1200多万元新建经都学校综合楼，改善办学条件；投入7350万元推进210户棚户区改造。8700多名被征地农民参加基本养老保险，新农合参保9200多人、参保率100%。

【物流园区被评为“全国优秀物流园区”】 8月，宜春经开区物流园区被评为2015年度“全国优秀物流园区”，成为江西省2家入选物流园区之一。物流园区占地20公顷，总投资4.5亿元。截至年底，已引进物流公司100余家，试营3个月，物流总量突破30万吨。完成建筑面积12万多平方米，大部分主体工程完工。

【福斯特“博士后科研工作站”获批】 11月3日，江西省福斯特新能源集团有限公司获批设立“博士后科研工作站”。福斯特公司是宜春经开区第一家建立“博士后科研工作站”的企业，也是宜春市首次获准建立“博士后科研工作站”的2家企业之一。建站后，福斯特将通过研发技术革新，解决锂离子电池以及汽车动力电池在各个应用领域的关键技术问题，引领锂电技术的应用发展前沿，提升其在新能源技术领域的国际影响力。

【园区企业在资本市场融资取得突破】 2015年，园区企业在“新三板”“新四板”、香港主板资本市场融资上都有突破。2月，江西正拓新能源科技股份有限公司股票在全国中小企业股份转让系统挂牌上市，成为宜春经济技术开发区第一家、宜春市本级第二家在“新三板”挂牌的企业。10月，丝黛实业在香港联合交易所的主板挂牌上市，福斯特公司被上市公司智慧能源并购（融资12亿元）。11月，暴雪啤酒有限责任公司在深圳前海股权交易中心（“新四板”）挂牌上市。

（陈春根）

龙南经济技术开发区

【概 况】 位于龙南县境内。全区建成面积10.8平方千米，是江西对接珠三角的“桥头堡”和承接沿海产业转移的首选区，也是中西部地区离广东沿海发达地区最近的国家级经开区。

先后被批准设立江西龙南稀土产业基地、江西龙南再生资源回收利用产业基地、江西龙南生产性服务业基地、江西龙南承接产业转移示范基地、江西龙南新材料省级战略性新兴产业基地、江西印刷包装产业(龙南县)基地和国家发光材料及稀土应用高新技术产业化基地。共有企业256家,其中纳入统计投产工业企业132家,投产工业企业中规模以上企业83家。全年工业固定资产投资31.57亿元,增长22.91%;工业增加值58.7亿元,增长11.27%;主营业务收入223.8亿元,增长1.53%;利税总额22.15亿元,增长7.29%,其中上缴税金5.8亿元。已形成稀土新材料、电子信息、现代轻工、食品药品四大主导产业。全年新引进5000万元以上项目16个(亿元以上项目10个),实际利用省外5000万元以上项目进资49.18亿元,增长18.94%。实际利用外资9289万美元,增长10.35%。进出口总额6.08亿美元,增长21.85%。其中出口总额5.27亿美元,增长23.61%。

【举办企业直接融资暨“新三板”挂牌专题培训班】 12月29日,龙南企业“新三板”挂牌暨直接融资专题培训班开班。培训班邀请全国中小企业股份转让系统有限责任公司、东兴证券有限公司等相关专家,围绕全国股转系统政策与市场分析、“新三板”挂牌中企业重点关注的问题等内容,讲解企业“新三板”挂牌上市知识。通过培训,帮助企业更好地掌握和了解“新三板”上市融资的有关政策,进一步加强开发区企业推进上市的信心,提升企业挂牌上市和市场融资工作水平。

【赣粤边际(龙南)跨境商品展示交易中心成立】 6月29日,江西省首家跨境电子商品展示交易中心——赣粤边际(龙南)跨境商品展示交易中心在龙南揭牌。中心9月开业,消费者可在交易中心以合法途径进行“海淘”。赣粤边际(龙南)跨境商品展示交易中心位于龙南奥园帝景城,由中国奥园地产集团投资兴建。项目占地面积2万多平方米,总投资1.2亿元,采用“线下展示交易中心+线上购买平台”的O2O运营模式。交易中心商品由国外联盟商家直接供货,通过合法途径进口通关,并接受海关、检验检疫机构在线监管。在交易中心购买跨境商品只需缴纳行邮税,当天在同一平台所完成的订单涉及的税费总和不超过50元(含50元)进口税起征点的,海关予以免税。交易中心内商品种类涵盖日常用品、生鲜食品、婴幼奶粉、母婴用品、箱包服饰、化妆用品、数码电器等2万多种。

【平台建设成果明显】 2015年,全区累计投入平台建设资金4.55亿元,完成重大基础设施建设投入2.6亿元,新建市政道路16条,新增道路12.6千米,土方平整面积约66.67公顷,开工铺设雨(污)水管网约33千米;完成征地拆迁、保障性住房建设投入1.95亿元,土地征收156.33公顷,房屋拆迁39户,坟墓搬迁157穴。

(廖荣)

瑞金经济技术开发区

【概　况】 由台商创业园、金沙工业园和金龙工业园3部分组成,台商创业园是核心区。其中,台商创业园、金龙工业园位于瑞金市城西,金沙工业园位于城东。总规划面积66平方千米,核心区规划面积25平方千米,近期规划面积11平方千米。累计投入建设资金8.8亿元,完成近期11平方千米的控制性详细规划和生态园区建设规划,已开发面积约666.67公顷。建成“四横五纵”主干路网及标准厂房约25万平方米,区绿化、亮化、供水、供电、排水、排污等配套设施建设基本完善,建有一座35千伏变电站和一座500千伏输变电站。落户企业162家,已投产企业139家,在建企业23家,规模以上工业企业43家,已初步形成电气机械及器材产业、绿色食品产业、现代轻纺产业为主导;同时着力培植新能源及装备、新材料及运用等新兴产业。全年工业总产值88.72亿元,增长3.1%。主营业务收入87.86亿元,增长6.42%。税金3.14亿元,增长2.87%。工业增加值25.06亿元,增长3.41%。出口总值34.82亿元,增长15.19%。固定资产投资累计完成18.82亿元,增长12.87%。是全国“农产品加工示范基地”“鳗鱼、螺旋藻加工出口示范基地”、江西省“十百千亿”工程重点工业园区和省级民营科技园。

【公租房项目开工】 1月5日,瑞金经开区公租房项目开工建设。该项目总投资8200元,占地面积9489.17平方米,共5栋328套,建筑面积2.59万平方米,将于2016年10月竣工.该项目建成后将解决经开区1000多名务工人员的住房问题。

【签订一批亿元以上项目】 8月16日,贵州湄潭粤黔大健康食品有限公司、深圳市西德电梯有限公司分别与瑞金市签订饮料加工和电梯生产投资协议,2个项目总投资18.5亿元。12月15日,广东叶子王箱包实业有限公司、广州市新霞客旅游用品有限公司、广州市天锋机械有限公司、广州昊王皮具有限公司、广州市胜泰五金制品有限公司5家企业与瑞金市签订抱团投资瑞金箱包产业园合同。该产业园项目总投资6.7亿元,生产规模为年产500万只拉杆箱、配件及160万套电梯配件,共安排项目用地16.4公顷。

【瑞金市举行电子商务孵化园开园仪式】 11月11日,瑞金市举行电子商务孵化园开园暨阿里巴巴农村淘宝和邮政e邮运营中心揭牌仪式。瑞金市电子商务孵化园位于经开区创业大道,占地约3.09公顷,建筑面积约2万平方米。由瑞金市政府租赁空置办公厂房打造,集办公、培训、食宿、服务、产品展示、仓储物流等于一体,为互联网+创业就业者提供电商孵化平台。政府为入驻企业提供3年免租金、水电费、网络费的电商孵化平台,至年底有入驻企业100余家,创业就业人员400多人,集电商管理、企业办公、创业指导、产品展示等功能为一体的电商创业聚集园区。

(胡振方)

南昌出口加工区

【概　况】 位于南昌国家高新技术产业开发区内,规划总面积1平方千米。全年进出口总值20.84亿美元,其中出口11.5亿美元,增长8.5%;工业企业出口总额8.61亿美元,占园区进出口总额的74.9%;保税物流实际出境2.89亿美元,占园区进出口总额的25.1%。全年签约落户项目3个,跟进在谈项目6个,推进在建项目3个。已落户和有意向投资的外资项目约9000万美元。在园区累计引入的26余家企业中,电子类生产型企业16家。其中,鑫陇科技全年出口总量3.86亿美元,合顺光电全年出口总量2.36亿美元,荣晶科技全年出口总量2.11亿美元,位列全市出口企业前五位。

【推进园区全方位特色服务】 南昌出口加工区始终将企业服务摆在日常工作的首位,设立项目服务小组,为企业提供注册代办、建设协调、落户服务、生产生活等全方位的服务,帮助园区企业专心发展。同时,对重点项目重点服务,开展"一对一"的贴身服务工作。通过定期召开"关、检、企、局"四方联席会和不定期园区现场调研走访,及时解决企业生产经营中遇到的问题和困难,确保企业健康平稳发展。园区出台旨在提升园区服务质量的《驻区监管单位优质服务激励办法》,真正实现7×24小时预约通关。

【江西省首家跨境保税电商实体店开业】 12月24日上午,南昌出口加工区进口商品体验中心成立暨首家入驻企业聚洋美优开业,这是江西省首家集"保税展示+直购直销+电子商务"为一体的跨境展示交易平台。让市民不出国门,即可选购美国、德国、韩国、日本、澳洲等国家和地区的商品。

(李敏)

九江出口加工区

【概　况】 位于九江市老城区西南。规划面积约4.5平方千米,其中区外建成3.5平方千米,区内建成0.99平方千米。全年工业主营业务收入256亿元;利税17.6亿元;财政收入2.7亿元;实际利用内资15亿元;出口创汇9.3亿美元。

全年自主引进14个项目,其中20亿元的巨石玻纤二期项目1个,5亿元项目的全球汽车零部件采购加工包装中心项目1个,恒特瑞电子、广赣源电子、裕鑫稀有金属、昌鸿电子等亿元项目7个,九文金属、攀森电子等产业配套项目5个。新增开工建设项目9个;新增竣工投产项目9个。园区累计落户项目84个,基本形成以旭阳雷迪、旭阳光电为龙头的新能源,以巨石玻纤、盛祥电子布为龙头的新材料,以铨讯电子为龙头的电子信息,以中浩纺织为龙头的现代高端色纺,以电镀集控区为龙头的电镀业产业等五大主导产业。以广通电缆为龙头的机械设备,以汇源果汁为龙头的食品饮料,以德科供应链服务为龙头的保税物流仓储等产业也蓬勃发展。同时,力推创客经济和"互联网+"产业。

按照省政府"江西省第一个创建绿色生态工业园试点园区"的指示精神,园区对规划范围内的4.5平方千米主次干道、支道、河流、厂区等全面绿化升级,园区绿化植被覆盖率达42%以上。新扩建日处理污水能力2万吨的污水处理厂改进处理工艺并网运营,排放标准达到国家一级标准。新建关内污水提升泵站,彻底解决关内企业污水排放难题。

建成九年一贯制的出口加工区学校;九园路公租房一期、二期全部完工。建成标准厂房24万平方米,生活配套设施10万平方米,南北2个小区安置征迁农民近千户。相继建成总面积50万平方米的金丰御园、申佳苑、亿宁商住小区。引进天海商务连锁大酒店、九江开发区公立医院出口加工区分院、联盛超市、工商银行出口加工区分理处、电信、移动等服务网点。成为通讯邮政、海关国检、银行超市、医疗教育、餐饮物业、公交物流、休闲娱乐等配套机构完备的生态工业园区。

【实行24小时全天候跟踪服务】 2015年,园区实行24小时全天候跟踪服务,对项目建设生产过程中出现的各种纠纷及时化解;实行融资帮扶,推进银行和企业对接;实行用工帮扶,与区人力资源部联手,园区在县(市)区先后召开39场招聘会,全年为企业组织应聘者1.13万人,配送上岗5456人。对入园企业实施细节化服务,对企业实施"一帮一"挂点帮扶,园区牵头负责的项目手续,管理局安排专人跟踪服务。项目跟踪服务人接到项目单位需求报告后,半小时内必须赶到现场处理。

【江西盛祥电子材料股份有限公司在"新三板"挂牌上市】 11月11日,江西盛祥电子股份有限公司在全国中小企业股份转让系统公司举行挂牌仪式,股票代码833836,这是九江市首家挂牌"新三板"的工业企业。江西盛祥电子材料股份有限公司于2011年6月注册并入驻国家级九江经济技术开发区工业园区。公司位于九江出口加工区锦绣大道以西,占地面积6.07公顷。公司计划总投资2.67亿元,建设2条玻纤生产线,主要生产印刷电路板用7628、2116无碱电子布。具有年产印制线路板用电子级电子玻璃纤维布3000万米的能力,产品质量达到美国ASTM电子标准,通过ISO 9001质量体系认证。工厂有生产性建筑面积2.5万平方米,有主要设备317台(套)。2015年,主营业务收入5.25亿元,增长15.1%,利税5980万元,增长29.5%。

(毛璇凯)

井冈山出口加工区

【概　况】 位于井冈山经济技术开发区内,规划面积2.25平方千米,一期开发0.63平方千米。一期工程2011年11月动工建设,主要包括卡口、信息化系统、监管大楼、监管仓库、保税仓库、标准厂房、企业厂房及其他相关办公配套服务设施。2013年4月19日,通过国家部委验收并封关运行。至年底有生产型企业1家,在建企业3家,保税物流企业3家。全年累计进出口贸易额5613.5万美元,其中出口5133.4万美元。

【浚图科技等10个重大工业项目集中开工】 5月12日,浚图科技等10个重大工业项目集中开工活动在加工区内举行。这次集中开工的10个重大工业项目总投资55亿元,包括浚图科技项目,聚酰胺等新材料生产项目,电视机、电脑和手机机顶盒项目,生产、加工、销售电梯配件项目,车载冰箱和车载制冰机项目,安防设备生产项目,LED 芯片封装产业园,药用辅料及生物工程项目,家电生产项目,高低压开关及成套设备销售等项目。其中,浚图科技是一家主要生产多层高密度线路板等电子元器件的港资企业,项目属省重大招商引资项目,总投资额5亿美元,建成后可承接国际、国内电子产品生产厂家的配件生产,年产240万平方米多层高密度印制电路板(HDI)和软板,预计年产值30亿元、出口创汇3亿美元。

【推进招商工作】 2015年,井冈山加工区从三方面推进招商工作:一是利用井冈山经济技术开发区和井冈山出口加工区的品牌效应,依托井冈山经开区产业优势,吸引优质项目落户园区;二是以北极光、创成电子等企业为纽带,实施"以商招商";三是小分队招商与领导高位推动相结合,前往深圳、广州、厦门等地开展招商引资工作,取得较好成效。与同业集团签订投资协议,该公司投资2000万美元,落户在出口加工区内标准厂房,主要产品为砷化镓激光头,厂房装修正在进行,预计2016年可投产运营;与深圳银邦投资公司签订项目合同,该公司投资1.2亿元,租用出口加工区内标准厂房从事电子元器件生产加工、金银及翡翠等饰品加工。

(胡学兰　肖思伟)

·资　料·

全省省级以上开发区(工业园区)一览

南昌市

1 南昌高新技术产业开发区(南昌出口加工区)
2 南昌经济技术开发区
3 南昌小蓝经济技术开发区
4 新建长垵工业园区
5 安义工业园区
6 南昌昌南工业园区
7 南昌昌东工业园区
8 南昌英雄经济开发区

九江市

9 九江经济技术开发区(九江出口加工区)
10 共青城高新技术产业园区
11 瑞昌经济开发区
12 九江沙城工业园区
13 武宁工业园区
14 修水工业园区
15 永修云山经济开发区
16 德安工业园区
17 星子工业园区
18 湖口高新技术产业园区
19 都昌工业园区
20 彭泽工业园区

景德镇市

21 景德镇高新技术产业开发区
22 乐平工业园区
23 景德镇陶瓷工业园区

萍乡市

24 萍乡经济技术开发区
25 莲花工业园区
26 芦溪工业园区

新余市

27 新余高新技术产业开发区
28 分宜工业园区

鹰潭市

29 鹰潭高新技术产业开发区
30 贵溪经济开发区
31 余江工业园区

赣州市

32 赣州经济技术开发区
33 赣州章贡经济开发区
34 赣州高新技术产业开发区
35 南康经济开发区
36 信丰工业园区
37 大余工业园区
38 上犹工业园区
39 安远工业园区
40 龙南经济技术开发区
41 定南工业园区
42 宁都工业园区
43 全南工业园区
44 于都工业园区
45 兴国经济开发区
46 会昌工业园区
47 瑞金经济技术开发区

宜春市

48 宜春经济技术开发区
49 樟树工业园区
50 丰城高新技术产业园区
51 靖安工业园区
52 高安工业园区
53 奉新工业园区
54 上高工业园区
55 宜丰工业园区
56 万载工业园区

上饶市

57 上饶经济技术开发区
58 广丰经济开发区
59 玉山工业园区
60 横峰经济开发区
61 铅山工业园区
62 弋阳工业园区
63 婺源工业园区
64 万年高新技术产业园区
65 鄱阳工业园区
66 余干高新技术产业园区
67 德兴经济开发区

吉安市

68 井冈山经济技术开发区(井冈山出口加工区)
69 吉安河东经济开发区
70 吉州工业园区
71 吉安高新技术产业开发区
72 吉水工业园区
73 永丰工业园区
74 新干工业园区
75 安福工业园区
76 峡江工业园区
77 泰和工业园区
78 遂川工业园区
79 永新工业园区
80 万安工业园区

抚州市

81 抚州高新技术产业开发区
82 抚北工业园区
83 崇仁工业园区
84 金溪工业园区
85 南城工业园区
86 南丰工业园区
87 广昌工业园区
88 东乡经济开发区
89 宜黄工业园区
90 黎川工业园区

注:对外园区数为93家(包括南昌出口加工区、九江出口加工区和井冈山出口加工区)。

(江海)

本栏编辑　游桃琴

旅游业

综　述

2015年,江西省旅游发展委员会贯彻落实旅游强省战略,主动作为,改革与发展持续发力,在经济下行压力加大的背景下旅游产业发展逆势上扬。全年共接待游客总人数3.86亿人次,同比增长23%;旅游总收入3637.65亿元,增长37%。入境旅游人数175万人次,增长2%;旅游外汇收入5.60亿美元,增长2%。国庆黄金周共接待游客3937.01万人次,增长21.81%;旅游收入203.66亿元,增长27.03%,在全国公布数据各省市中列第六位,成绩前所未有。全省红色旅游接待1.21亿人次,增长20.1%,红色旅游总收入1089亿元,增长22.4%。全省乡村旅游接待总1.9亿人次,增长24.3%;乡村旅游总收入1800亿元,增长26.8%。

【提出旅游强省建设的“江西模式”】 1月15日—16日,2015年全国旅游工作会议在南昌举办,并召开了第四届中国旅游产业发展年会。江西省委书记强卫出席会议并致辞,国家旅游局局长李金早作工作报告。会议期间,江西旅发委推出“江西风景独好”旅游强省建设一周年回顾展,以及2015年“江西风景独好”旅游推介会,提出旅游强省建设的“江西模式”,引起了与会代表的极大关注,获得各方广泛赞誉。

【省政府出台《加快旅游业改革促进旅游投资和消费的实施意见》】 11月26日,省政府印发了《关于加快旅游业改革促进旅游投资和消费的实施意见》,提出到2020年,旅游经济总量、旅游市场规模、旅游消费水平和可持续发展能力全面提升,全省旅游总收入力争突破1万亿元,旅游业增加值占全省生产总值的比重超过5%,基本形成政府依法监管、企业守法经营、游客文明旅游的发展格局,建立开放有序、业态多元、产品丰富、协调发展的旅游业发展体系,打造成全国休闲度假健康养生旅游最佳目的地。提出创新旅游业体制机制、推进旅游产品转型升级、提升旅游服务能力、扩大旅游休闲消费等实施意见。

【推进旅游深化改革】 全省11个设区市都设立旅发委,49个县(市、区)设立旅发委。国家旅游局认为,江西旅游改革为全国旅游改革提供了可推广、可复制的重要经验。省旅游集团组建完成,相继注入13亿元资产,逐步形成投资能力,集团混合所有制改革方案已经省政府批准。省政府同意由省旅游集团牵头以市场机制和行政手段相结合的方式推动大武功山经营体制创新,庐山体制改革工作已列入省委、省政府重要议程。鹰潭获批首批国家级旅游业改革创新先行区。

【举办2015年江西旅游商品博览会】 9月25日—27日,2015江西旅游商品博览会召开。25日上午,副省长朱虹出席旅游博览会开幕式及《旅游画刊》首发式等活动。9月26日上午,省委书记强卫、副省长朱虹调研旅博会。该届博览会参展企业近1000家,参展品种3000余种,进场参观、咨询和赏购共13.5万人次;现场销售额3916万元,现场达成意向性合同8209万元。另外,举办了江西旅游商品大赛,评选出73件富有地方特色的优秀旅游商品。

（万晶）

景区建设

【概　况】 2015年,全省投资1000万元以上旅游项目831个,投资总额4153.35亿元,其中新签约旅游项目149个。全省旅游合同引进资金820.89亿元,项目实际投入资金567.11亿元,合同引资和实际投资任务完成率分别为102.61%、113.4%。至年底,全省共有A级旅游景区283家,其中5A级景区8家、4A级景区91家、3A及以下景区184家;5A级乡村旅游点2家,4A级乡村旅游点88家。

【创建5A级旅游景区】 2015年,江西新增瑞金“共和国摇篮”、宜春明月山旅游区2个5A级旅游景区。抚州大觉山景区通过全国旅资委资源与景观质量专家评审,列入创建5A级旅游景区预备名单。上饶龟峰、南昌滕王阁、武功山、仙女湖等也加快了创建5级旅游景区步伐。

【加强旅游厕所建设管理】 江西省策应国家旅游局部署,将“厕所革命”列为旅游业“一号工程”来抓,争当全国旅游“厕所革命”的先锋。省旅游产业发展领导小组印发了《江西省旅游厕所建设管理三年行动方案》,决定用3年时间,按照“数量充足、干净无味、实用免费、管理有效”的要求,完成新建、改扩建2500座旅游厕所。江西推出“旅游厕所革命先锋行动”，鼓励有条件的地方尤其是4A级以上旅游景区、国家级和省级生态旅游示范区、旅游度假区实行“厕所革命”，三步并作一步走，3年任务1年完成。庐山、井冈山、三清山、龙虎山等60家旅游景区积极参与到“先锋行动”中，以点带面推动旅游厕所建设。全年江西省省级筹集3500多万元，作为“厕所革命”奖补激励经费，对列入“先锋行动”的单位优先安排、重点倾斜。年底根据各地完成任务的情况酌情进行奖励。多个地市出台旅游厕所补贴办法，列支专项资金用于旅游厕所建管工作，吉安市500万元、萍乡市300万元、新余市200万元都已到位。全年全省共投入旅游厕所建设资金4.8亿元。在全国首届旅游厕所设计大赛上，省旅发委获优秀组织奖；婺源篁岭景区旅游厕所获一等奖。明月山入选2015年中国旅游“厕所革命”先锋TOP10。

【完善旅游公共服务体系】 推进“一路三道六中心”工程建设，不断夯实旅游公共服务体系。一路：是指全省旅游公路建设。制定实施《江西省旅游公路建设规划（2015—2020年）》，截至年底，全省新改建旅游公路402千米。三道：是指索道、栈道、游步道建设。全省在建或建成的景区索道5条，建成景区栈道近15千米，新建自行车道80千米，各景区都新建、改建了一大批游步道。六中心：是指提供智慧旅游信息的游客中心、提供饮食服务的餐饮中心、晚间提供休闲娱乐的演艺中心、宾至如归的住宿中心、满足商品购物需求的购物中心以及提供多层次多角度观赏平台的观景中心建设。南昌、九江两市旅游集散中心已经建成并投入运营，赣州、瑞金旅游集散中心已经竣工，萍乡、上饶、吉安等市旅游集散中心建设工作也已启动，庐山、三清山、龙虎山等25个景区游客服务中心已投入使用，还有大批景区游客服务中心正在建设。南昌、景德镇、上饶、鹰潭、吉安、九江、赣州等地都建成了演艺中心。

【有序推进景区门票价格改革】 坚持落实全省景区5年不涨门票价格的承诺。2015年起庐山核心景区实行大门票“一票制”，安福武功山羊狮幕景区门票和明月山旅游观光小火车票实行同价互认，三清山、婺源、景德镇古窑景区推出优惠套票。在公布的全国首批旅游价格信得过景区中，江西45家A级旅游景区名列其中，5A级景区全覆盖。

【规划引领全省旅游开发建设】 推动江西省红色旅游、乡村旅游、温泉旅游、赣东北旅游合作发展规划、“十二五”规划、鄱阳湖生态旅游区规划等省级旅游规划实施；加快修编省旅游业发展总体规划，完成全省旅游业发展“十三五”规划初稿；配合其他省推动《国家东部生态文明旅游区创建申报总体方案》报批工作。下发加快推进产业集群建设的通知，出台产业集群目标考核评估方案。年内，全省35个旅游重点产业集群接待旅游人数1.97亿人次，旅游总收入1940.15亿元，分别占全省旅游人数和旅游总收入的64.87%、74.17%。召开全省旅游厕所建管暨旅游招商项目推进工作会议，组织江西省旅游产业合作（西安）推介等系列旅游招商活动，大力推进旅游项目落地，完成年初确定的旅游招商引资任务。

【加快旅游“供给侧改革”】 年内，大幅提高红色旅游景区建设、管理和服务水平，加强了对革命文物、红色遗址遗迹、历史文献等的修复和保护，年内成功创建5A级红色旅游景区1家，红色旅游蓬勃发展。组织开展红色旅游故事会大赛，选送作品获得全国三等奖和全国优秀奖。乡村旅游与旅游扶贫大开发，联合省发改委、省农业厅、省扶贫办召开全省乡村旅游提升与旅游扶贫推进会议，联合省发改委、省扶贫办对全省21个重点扶贫村共投入3100万元的专项旅游扶贫资金。组织45个乡村旅游扶贫重点村、试点村村长参加乡村旅游扶贫重点村村官培训。评选出“十大休闲旅游小镇”。旅游新业态不断丰富，召开全省休闲度假旅游工作会议，全面部署新业态发展工作。梅岭、崇义阳岭、靖安三爪仑、三百山发展避暑休闲度假游初见成效，明月山温汤和星子庐山温泉度假区温泉养生旅游大受好评，庐山西海、仙女湖、鄱阳湖国家湿地公园等水域旅游方兴未艾，庐山东林寺、青原山净居寺、抚州疏山寺、龙虎山上清镇等宗教静养度假产品纷纷走向市场。

（万晶）

市场促销

【概　况】 2015年，江西围绕“贴近市场、贴近游客、贴近需求”总体要求，以市场拓展和品牌宣传为主要内容，做到“市场工作有亮点、宣传工作出热点、品牌推广创造兴奋点”，有效拓展了江西旅游市场，巩固扩大了“江西风景独好”品牌影响力。在第五届中国旅游产业发展年会上，江西旅游喜获6项大奖，获奖数居全国第一。“江西风景独好”微信排名跻身省级旅游局官方微信前十，最好成绩全国第二。“江西龙虎山景区”“三清山旅游”“上饶旅游”等微信公众号长期占据国内同类微信中排名榜首。“江西风景独好”微博话题一度冲进全国微博旅游热门话题榜前三。

【央视江西旅游形象广告持续发力】 2015年，央视江西旅游形象广告参与单位由13家增加到17家，重新编排的“江西风景独好”30秒旅游形象广告片在央视一套、新闻频道《朝闻天下》栏目加密播出，市场反响很好。

【举办媒体报道江西旅游等系列活动】 2015年，省旅发委联合江西日报社举办“第七届全国网络媒体江西游”活动；联合人民网举办“第二届外媒看江西”活动；联合中国旅游报社举办“中国旅游年会”；先后邀请新华社、路透社、人民日报、人民网、新华网、凤凰网等境内外百余家各类媒体深入报道解读江西旅游升级发展新常态。

【宣传江西旅游整体形象】 在南昌八一广场两块LED大屏及省内400多台“新华联播网”终端，全年展播“江西风景独好”旅游形象宣传片；在北京400幅公交站台候车亭灯箱持续6个月刊发“江西风景独好”形象宣传广告;在上海600余个大型社区灯箱及展板宣传江西旅游及组团广告;在西安28块机场航站楼灯箱、60块地铁灯箱、30块出租车候车亭灯箱、30块大雁塔周边户外LED及便民灯箱、20块曲江户外灯箱;在香港150辆公交车身(300幅画面)、280幅地铁灯箱凸显江西旅游美景;在全国4组8节"江西旅游"号全车厢旅游形象高铁列车沿着高铁线宣传。在全省22个景区和旅游重点县开展为期一年的全景式江西旅游高清宣传片拍摄,建成全4K超高清画质旅游视频资料库。

【开展"两天半"周末旅游线路设计大赛】 为贯彻落实国务院办公厅《关于进一步促进旅游投资和消费的若干意见》,省旅发委率先举办"江西两天半周末旅游线路设计大赛"。大赛最终在269条线路中评选出"十佳"旅游线路、单景区深度体验之旅优秀奖10条和入围奖旅游线路40条,涵盖了"最佳山水""最佳养生""最佳徒步"和"单景区'两天半'深度体验之旅"等11类线路,为开拓周末旅游市场、促进假日消费提供了产品保证。

【首次设立江西旅游海外推广工作站】 在第二届华侨华人赣鄱投资创业洽谈会期间,向与会华人华侨代表推介江西旅游,并依托海外华人华侨机构,试点设立江西旅游海外推广工作站,并以此为抓手,进一步拓展海外市场。

【开展江西旅游特卖会活动】 4—5月,先后在北京、上海、西安开展江西旅游特卖会,整合全省景区景点、旅行社、酒店等涉旅单位,推出集"产品特卖、品牌展示、咨询互动、宣传推广、线上线下"多位一体的旅游营销方式。上海特卖会还首次引进O2O模式,利用在线交易平台将更多江西地接旅行社的优质特惠产品同时推介给沪苏浙6000多家组团社或独立门店,进行了"互联网+旅游"积极探索。

【开展"百城战役"大型营销活动】 年内,省旅发委统筹全省各设区市先后在杭州、长沙、武汉、合肥、南京、济南、深圳、广州、三亚、南宁、沈阳、福州、呼和浩特等13个重点城市联合开展旅游推广活动。同时,各地还根据自身特点,在高铁沿线或区域中心城市开展深度旅游营销。"百城战役"得到地方政府积极响应,各设区市分管市领导抓落实,上饶、新余、赣州等设区市市委书记或市长参加活动,推出了一系列创新营销活动。

【举办香港入境高端自驾旅游线路分享说明会】 为策应省委、省政府推出旅游产业集群等"产业名片",省旅发委在2015年赣港经贸活动周期间,举办了"江西风景独好"系列推广及高端自驾旅游线路分享说明会活动。省长鹿心社出席并为香港老爷车会"江西风景独好"深度体验之旅授旗。香港旅游业议会总干事董耀中、亚洲旅游交流中心主任李建平等香港旅游业界、自驾车会代表160多人参加了分享说明会,取得显著成效。

【举办香港自驾游江西系列活动】 4月2日—9日,举办香港路虎车会"江西发现之旅"活动。6月6日—12日,举办香港老爷车会"江西深度体验之旅"活动。香港高端车友会的众多知名企业家自驾体验活动,很好地宣传了江西原生态、高品质的高端旅游产品,使江西旅游的魅力在香港市场得以更好的传播,有利于创新招商模式,吸引更多投资。

【赴俄罗斯乌法市推介"江西风景独好"】 11月5日,2015年江西省(俄罗斯乌法市)经贸文化周期间,省旅发委在俄罗斯巴什科尔托斯坦共和国首府乌法市举办"江西风景独好"旅游推介会等系列活动,这是江西省旅游首场国外推广活动。省长鹿心社与巴什科尔托斯坦共和国第一副总理马尔达诺夫出席推介会,巴国旅游机构负责人、两国企业代表和乌法市民约800人参加了推介会。省旅发委和巴什科尔托斯坦共和国旅游商业委员会签署了《旅游合作战略协议》。

【"走出去""请进来"推介江西旅游】 组团参加全国13场大型会展活动。包括在桂林举办的"2015中国—东盟博览会旅游展"、在厦门举办的第十一届海峡旅游博览会、在武汉举办的第八届华中旅游博览会、在辽宁丹东举办的第十二届东亚(辽宁)国际旅游博览会暨丹东鸭绿江国际旅游节、在天津举办的中国产业博览会暨天津旅交会、在广州举办的2015年中国(广东)国际旅游产业博览会、在内蒙古举办的中俄蒙"万里茶道"国际旅游座谈会、在广州举办的2015年广东国际旅游文化节、在昆明举办的2015年中国国际旅游交易会等境内展会、在台北举办的2015年台北两岸旅游观光博览会和第十届海峡两岸台北旅展、在高雄举办的2015年高雄国际旅游展、在香港举办的第29届香港国际旅展等境外大型旅游展会。同时,借助南昌至高雄旅游航线和亚洲航空公司开通泰国芭提雅乌达抛至南昌定点直飞航线契机,先后邀请台湾南部地区旅行商及媒体考察团、泰国媒体及旅行商考察团赴江西考察踩线,拓展台湾、泰国到赣旅游市场。

(万晶)

行业管理

【概　况】 2015年,省旅发委牵头联合17家省直部门成立旅游市场综合治理办公室,元旦、春节、全国"两会"、国庆"黄金周"期间,多次组织开展旅游市场秩序联合督导检查工作,坚持问题导向,依法整治旅游市场秩序,努力提升旅游服务质量,优化旅游发展环境。

【推进旅游行业精神文明建设】 元旦、春节期间,会同省文明办等16个部门,对文明旅游工作开展督导检查。全省共举办文明旅游宣贯培训7次,培训旅行社负责人和导游领队2000余人,组建旅游志愿服务队伍,首批1000名旅游志愿者在国庆黄金周期间深入各景区开展公益服务。在全省旅游行业先后开展文明旅游先进单位选树活动和"2015中国好游客、中国好导游"推选活动;开展"寻找最美导游""文明与旅游同行""文明旅游随手拍"和"文明旅游百日百题"有奖竞答等主题活动,组织多种形式开展"文明旅游进景区、进社区"等宣传咨询活动,共发放文明旅游宣传品5万余件。省旅发委获评第四届全国文明单位，在省直单位各类考评中荣获大满贯优评。

【全国首创建立"红心导游联盟"及"导游诚信基金"】 建立"红心导游联盟"，首批吸纳1200余名导游。倡导成立"旅行社诚信先锋联盟"，首批100家旅行社作出承诺。在全国率先建立"江西导游诚信基金"，为红心导游联盟成员购买"诚信保险"，对困难导游补助，对优秀导游队伍进行奖励。

【加强旅游服务质量监督】 组织江西省全国旅游服务质量社会监督员的选聘工作，共聘用318名全国旅游服务质量社会监督员并制作了监督员证和聘书。联合省工商局、省消费者协会组建5个体察小组，开展江西省知名景区旅游消费体察活动。组建省旅游质量监督志愿者总队，首批46名志愿者陆续通过暗访体查等方式及时发现旅游市场中存在的问题。启用游客不文明行为记录机制和不诚信企业黑名单。开展专项整治活动，诸如以"出境游秩序"为重点的旅游市场综合整治检查和以暑期旅游市场为主的工作检查。

【旅游企业严格执行优胜劣汰机制】

开展对国家标准、行业标准、地方标准的宣贯工作，认真指导各地对旅游饭店、温泉企业、旅行社星级评定和绿色旅游饭店评定工作，加强前期指导，提升旅游企业的规划建设水平、经营管理能力和接待服务质量。南昌铁路国际旅行社、江西光大国际旅行社获评2014年度全国百强旅行社，江西光大国际旅行社并首度获评2014年度全国旅行社集团二十强。南昌嘉莱特精典国际酒店荣获中国旅游饭店协会第三届"中国饭店金星奖"。全年共评定批复星级饭店28家，其中五星级1家、四星级13家、三星级14家；评定批复金叶级绿色饭店1家。至年底，全省共有星级饭店430家，其中五星级17家、四星级122家。

严格贯彻星级标准退出机制，2015年，全省各级星评机构委派星评员312人次对156家星级饭店开展复核检查。全年共取消星级饭店61家。其中，四星级12家、三星级35家、二星级14家。责令整改饭店6家。其中，四星级3家、三星级3家，切实提高了旅游饭店业的服务水平和运营质量。全年审批设立旅行社21家，新增出境旅游组团社6家，赴台游组团社2家，吊销旅行社6家，注销21家。至年底，全省共有旅行社768家，其中出境旅游组团社52家。共审批五星级旅行社18家，四星级旅行社16家、三星级以下旅行社45家。

【推进旅游标准化工作】 推进全国第三批旅游标准化试点工作，上饶市、景德镇古窑民俗博览区完成旅游标准化试点中期评估检查。开展全国旅游服务质量标杆单位创建活动，龙虎山风景名胜区管委会、南昌嘉莱特和平国际酒店被列为全国旅游服务质量升级试点单位。在全国旅游星级饭店技能大赛中，南昌嘉莱特国际酒店代表江西省参赛，获组织奖。

【加强旅游人才队伍培养】 完善与全省旅游产业发展相适应的旅游人才培养体系，形成从专科至本科至研究生教育的递进式人才培养结构。建立一批旅游专业人才培养基地，继续举办"金牌讲解班"，与江西财经大学联合举办旅游高级管理人才研修班。会同省委组织部、省人社厅开展乡村旅游管理人才"百县千人"培训班。举办全省党政领导干部推进旅游强省专题培训班，对全省100位县（市、区）委、县（市、区）政府分管负责人进行培训。举办赣闽粤原中央苏区旅游经济研讨班。会同省教育厅开展景区与高校联合设立研究生培养基地的评选工作。联合省教育厅、江西省中华职业教育社共同主办2015年两岸四地（南昌）职业教育论坛。全省在册导游28445人，年审导游12599名，新增和换发导游IC卡2185张。

（万晶）

风景名胜区

【概　况】 全省有庐山、井冈山、三清山、龙虎山、仙女湖、三百山、梅岭—滕王阁、龟峰、云居山—柘林湖、高岭—瑶里、武功山、灵山、神龙源、大茅山等14处国家级风景名胜区和通天岩、翠微峰、罗汉岩、汉仙岩、梅关—丫山等27处省级风景名胜区，风景名胜区总面积5430平方千米，占全省国土总面积的3.2%。庐山、三清山、龙虎山和龟峰等风景名胜区被联合国教科文组织世界遗产委员会列入《世界遗产名录》。国家级风景名胜区数量全国排名并列第三位。2015年，江西省新增天门岭风景名胜区为省级风景名胜区，瑞金、小武当、杨岐山、汉仙岩等省级风景名胜区申报国家级风景名胜区已由住建部上报国务院待批。风景名胜区已经成为生态文明建设和旅游产业发展的主要载体。2015年，国家级风景名胜区接待游客4400万多人次，实现旅游综合收入440多亿元，其中门票收入20亿元。

【做好世界遗产申报与保护工作】 配合联合国教科文组织北京办事处，在三清山组织召开世界遗产专题研讨会。完成4处世界遗产地资料统计与报送工作。武夷山—井冈山申报世界遗产预备清单材料报送联合国教科文组织世界遗产中心。在德国波恩召开的第39届世界遗产大会上，联合国教科文组织将武夷山—井冈山（武夷山拓展项目）正式列入世界遗产预备名录，武夷山—井冈山取得申报遗产资格。省政府召开了武夷山—井冈山申报世界遗产工作推进协调会，申遗预审材料已由省政府报送住建部和国家文物局。

【做好品牌提升和资源挖掘工作】 4月，瑞金、小武当、杨岐山、汉仙岩等4处风景名胜区申报国家级风景名胜区，全部通过国家部委审查和专家评估，已由住建部报送国务院审批。抚州市乐安县流坑、南城县麻姑山和吉安市吉州窑—青原山申报国家级风景名胜区已启动资源调查与评价工作。完成金溪县天门岭、崇仁县相山等2个景区申报省级风景名胜区工作，省级风景名胜区增至27处。继续开展全省风景名胜资源调查与评价工作。组织11个调研组，分赴全省100个县（市、区），进行实地资源普查摸底，完成了基础资料收集。

【推进规划编制报批工作】 完成风景名胜区"十三五"规划有关资料收

集与报送工作。完成龟峰、灵山等2个风景名胜区总体规划体例修改;完成三百山、神农源、大茅山等3个风景名胜区总体规划审查,并由省政府上报国务院;完成武功山、高岭—瑶里2个风景名胜区总体规划修改,上报住建部。启动宁都县翠微峰、修水县南崖清水岩等2个省级风景名胜区总体规划修编。对乐安县流坑、南丰县潭湖、横峰县葛源等风景名胜区启动总规编制工作进行督导。住建部批复龙虎山风景名胜区仙水岩景区、云居山—柘林湖风景名胜区西海温泉旅游服务村、井冈山风景名胜区龙潭景区大峡谷游赏区等3个详细规划,编制完成武功山金顶景区、龟峰旅游集散中心、梅岭—滕王阁神龙潭景区和秦山青山旅游服务村等7个详细规划。

【加强资源保护和规划监管】 完成风景名胜区规划实施和资源保护年度报告工作。开展风景名胜区保护管理执法检查工作。三清山风景名胜区被评为"优秀"等级。做好遥感监测图斑变化情况核查工作。核准20多个项目选址。

【规范风景名胜区管理】 3月5日,印发实施《江西省省级风景名胜区申报办法》《江西省风景名胜区详细规划编制报批暂行规定》《江西省风景名胜区建设项目选址核准和规划建筑方案审查办法》《江西省风景名胜区建设工程规划监督若干规定》等4个规范性文件。进一步规范风景名胜区项目核准管理,风景名胜区内项目选核准全部实行批前公示制度,核准前在厅官网上进行公示。

(张亦可 夏萍)

·资 料·

江西省省级风景名胜区基本情况

序号	风景名胜区	所在地	面积(平方千米)	批准设立时间
1	通天岩风景名胜区	赣州市	5.60	1995年
2	翠微峰风景名胜区	赣州市宁都县	16.10	1995年
3	罗汉岩风景名胜区	赣州市瑞金市	22.00	1995年
4	汉仙岩风景名胜区	赣州市会昌县	40.40	1995年
5	梅关—丫山风景名胜区	赣州市大余县	58.90	1995年
6	小武当风景名胜区	赣州市龙南县	13.50	1995年
7	陡水湖风景名胜区	赣州市上犹县	28.60	1995年
8	聂都风景名胜区	赣州市崇义县	109.90	1995年
9	青原山风景名胜区	吉安市青原区	19.40	1995年
10	玉笥山风景名胜区	吉安市峡江县	47.50	1995年
11	白水仙—泉江风景名胜区	吉安市遂川县	30.66	1995年
12	麻姑山风景名胜区	抚州市南城县	36.00	1995年
13	杨岐山风景名胜区	萍乡市上栗县	30.94	1995年
14	玉壶山风景名胜区	萍乡市莲花县	51.24	1995年
15	洪岩风景名胜区	景德镇市乐平市	100.00	1995年
16	秦山风景名胜区	九江市瑞昌市	102.95	1995年
17	南崖—清水岩风景名胜区	九江市修水县	50.00	1995年
18	灵岩洞风景名胜区	上饶市婺源县	38.00	1995年
19	百丈山—萝卜潭风景名胜区	宜春市奉新县	155.00	1999年
20	华林寨—上游湖风景名胜区	宜春市高安市	178.00	2006年
21	洞山风景名胜区	宜春市宜丰县	80.21	2006年
22	象湖风景名胜区	南昌市	6.65	2007年
23	葛源风景名胜区	上饶市横峰县	115.00	2013年
24	流坑风景名胜区	抚州乐安县	3.61	2013年
25	潭湖风景名胜区	抚州市南丰县	47.88	2013年
26	船屋风景名胜区	抚州市黎川县	34.00	2014年

·资　料·

江西省A级景区一览

设区市	景区级别分类	景区名称
南昌市(35家)	4A(9家)	滕王阁、南昌天香园、南昌八一起义纪念馆、南昌市溪霞怪石岭、梅岭狮子峰景区、江西凤凰沟景区、南昌新四军军部旧址陈列馆、南昌市梅岭竹海明珠景区、南昌市西湖李家
	3A(22家)	绳金塔、八大山人梅湖景区、安义古村群、南昌市龙城山庄、南昌市紫园山庄、清晨田园度假村、新建县厚田沙漠景区、小平小道爱国主义教育基地、象山森林公园景区、国鸿生态园景区、湖光山舍田园农庄、新建县梦山景区、新建县汪山土库、新建县中盛山庄、南昌县凤凰山庄、青山湖区699文化创意园、南昌市东方港湾、南昌市鼎湖家园、南昌市海洋公园、南昌市樟树林、南昌市李渡烧酒房、南昌市魏家玉明山庄
	2A(4家)	新建县梅仙山庄、进贤县碧水山庄、青山湖区金绿园山庄、高新开发区琳超生态园
九江市(35家)	5A(1家)	庐山
	4A(16家)	庐山西海景区、庐山西海国际温泉度假村、庐山天沐温泉度假村、庐山龙湾温泉度假村、石钟山、共青城富华山景区、修水南崖—马家洲景区、武宁西海湾湿地公园景区、彭泽龙宫洞景区、九江县中华贤母园景区、庐山区南山景区、九江市中部红木博览城景区、九江市八里湖景区、九江市大千世界梦幻乐园、九江市阳光照耀29度假村、九江市大千世界梦幻乐园
	3A(18家)	九江市秋收起义修水景区、修水黄庭坚纪念馆、九江市青岛啤酒九江梦工厂、九江市宁红茶文化园、九江市湖口鞋山景区、九江市长水村、九江白茶园景区、武陵岩风景区、大洋洲湿地公园、燕山龙源峡景区、九江市98抗洪纪念广场、星子桃花源景区、星子观音桥景区、庐山博阳河景区、仙客来产业园景区、德安万家岭大捷纪念园景区、彭泽浩山兆吉沟红色景区、都昌珠贝城
景德镇市(19家)	5A(1家)	古窑民俗博览区
	4A(8家)	高岭·瑶里风景区、浮梁古县衙、洪岩仙境风景区、得雨生态园、中国瓷园·锦绣昌南、景德镇市江西怪石林景区、德镇市皇窑景区、景德镇市御窑景区
	3A(5家)	雕塑瓷厂明清园、景德镇缘源陶瓷创意园、景德镇千年博大·瓷博园景区、景德镇市鸿鑫阁官窑瓷画院产业基地、景德镇1949建国陶瓷文化创意景区
	2A(5家)	景德镇昌江区冷水尖景区、景德镇市御窑厂遗址公园景区、景德镇市丝绸瓷路·景德镇、景德镇瓷立方景区、景德镇官庄窑景区
萍乡市(18家)	4A(5家)	萍乡武功山、安源路况工人纪念馆、萍乡市荷花博览园景区、萍乡市杨岐山景区、萍乡市安源锦绣城景区
	3A(7家)	麻山幸福村景区、萍乡市明月湖景区、毛家湾文化村景区、萍乡秋收起义广场、萍乡秋收起义烈士陵园、萍乡莲花一枝枪纪念馆、萍乡市花塘官厅
	2A(6家)	安源国家森林公园(五陂)生态旅游景区、萍乡市东桥钟鼓寨、莲花县良坊赣西民俗陈列馆、安源三湾生态景区、安源横龙休闲山庄、安源小金山森林公园
新余市(3家)	4A(2家)	新余市仙女湖、新余市昌坊度假村
	2A(1家)	新余分宜县严嵩故里
鹰潭市(7家)	5A(1家)	龙虎山

续表

设区市	景区级别分类	景区名称
	3A(4 家)	余江县雕刻创业示范园、鹰潭市博物馆、鹰潭市红背带生态旅游文化创意产业园、鹰潭市贵溪市樟坪畲族民俗风情园
	2A(2 家)	余江县血防纪念馆、贵溪周坊革命烈士纪念馆
赣州市(23 家)	5A(1 家)	“共和国”摇篮景区
	4A(14 家)	通天岩、阳岭国家森林公园、赣州宝葫芦农庄、赣州市客家文化城、赣州市定南县九曲度假村景区、龙南关西新围景区、安远三百山景区、赣州五龙客家风情园、会昌汉仙岩、宁都翠微峰景区、石城通天寨景区、大余县丫山景区、兴国三僚景区、赣州市陡水湖景区
	3A(8 家)	中央红军长征出发地纪念园、龙南栗园围旅游景区、大余县黄龙花木产业旅游示范园、大余县新城乡周屋乡村旅游景区、江西环境工程职业学院、兴国黄隆顺客栈四星望月文化景区、赣县大田乡村部落·南山居、龙南客家酒堡景区
宜春市(29 家)	5A(1 家)	宜春市明月山旅游区
	4A(8 家)	樟树中国古海养生旅游度假区、靖安三爪仑景区、天沐·明月山温泉度假村、靖安中部梦幻景区、奉新百丈山景区、樟树阁皂山景区、禅都文化博览园、宜丰九天国际生态旅游度假区
	3A(15 家)	宜春酌江风景区、铜鼓县天柱峰景区、丰城市丰水湖公园、高安上游湖景区、万载县竹山洞景区、万载县仙源湘鄂赣红色旅游景区、万载县九龙原始森林旅游区、上高县白云峰大峡谷漂流景区、中国丰城三谷景区、奉新萝卜潭景区、奉新天工开物园、高安元青花博物馆、上高镜山景区、上高五谷村醒园景区、万载康乐龙韵景区
	2A(5 家)	宜春市体育中心景区、樟树三皇宫景区、高安八百洞天景区、上高九峰景区、宜丰洞山景区
上饶市(29 家)	5A(2 家)	三清山、婺源江湾
	4A(18 家)	龟峰、上饶集中营名胜区、婺源鸳鸯湖景区、婺源大鄣山卧龙谷、婺源李坑景区、婺源思溪延村景区、婺源灵岩景区、婺源文公山景区、鄱阳湖国家湿地公园、三清山田园牧歌景区、上饶市婺源汪口景区、上饶市婺源篁岭景区、上饶市婺源严田景区、上饶市德兴大茅山景区、上饶市万年神农源景区、上饶市婺源五龙源景区、灵山景区、婺源熹园景区
	3A(7 家)	婺源文化与生态旅游区、闽浙皖赣根据地旧址群、余干县康山忠臣庙景区、鹅湖书院景区、德兴凤凰湖景区、玉山县怀玉山景区、广丰铜钹山(九仙湖)
	2A(2 家)	上饶铅山葛仙山、上饶县三鼎寻根园
吉安市(32 家)	5A(1 家)	井冈山
	4A(8 家)	渼陂古村、庐陵文化生态园、吉安市天祥景区、吉安市青原山景区、吉安市陂下古村景区、吉安市钓源景区、吉州窑景区、燕坊古村景区
	3A(9 家)	蜀口洲风景区、永新三湾景区、遂川汤湖温泉山庄、永丰欧阳修纪念馆、安福武功山温泉山庄、泰和楠木林景区、吉安市青原区东固景区、万安县田北农民画村、吉安县梅塘镇资国禅寺
	2A(14 家)	遂川工农兵政府旧址、永丰大仙岩景区、吉安安福县孔庙、峡江县玉笥山、吉水县江南第一墓、安福香樟园休闲山庄、吉州区卢家洲景区、遂川南风面景区、吉安市天宝水库生态度假村、吉安市康克清纪念馆景区、吉安市白水仙景区、遂川石坑景区、新干莒洲岛景区、新干青铜博物馆

续表

设区市	景区级别分类	景区名称
抚州市(53家)	4A(3家)	资溪大觉山、抚州名人雕塑园、抚州市梦湖景区
	3A(31家)	广昌县莲花科技博览园、资溪县泰伯公园景区、卓望山森林公园、东华山水景区、乐安流坑古村、临川大金山寺景区、醉仙湖/洪门湖旅游景区、滨水公园旅游景区、小蓬莱景区、源野生态山庄、邓家乡花果山生态园、荷源景区、广昌路上红色群雕园、黎川油画创意产业园、南城登高阁景区、南城祥岗山景区、黎川湖坊闽赣省旧址景区、南丰潭湖生态养生岛景区、南丰观必上景区、南丰国安风情园景区、崇仁神龙湖海景区、乐安大码头生态度假区、乐安金竹飞瀑景区、宜黄曹山寺景区、金溪竹桥古村、金溪浒湾古镇、资溪百越民俗文化村、资溪面包文化产业园、广昌姚西(驿前)景区、东乡舒同博物馆、东乡王震纪念馆
	2A(19家)	抚州汤显祖纪念馆、南丰曾巩纪念馆、南丰南台寺景区、崇仁龙济寺景区、南城圭峰公园、宜黄谭纶公园、宜黄太极岩景区、台湾风情园、资溪尚莲休闲山庄、资溪九龙湖景区、东乡荣胜根雕艺术村、广昌县定心寺景区、康都会议旧址、黎川县孔庙文化园、心湖湿地公园、嵩市镇一亩茶园、黎川县佰福文化公园、南丰县戈镰山—仙人洞景区、金溪县象山公园

注:截至2016年1月5日,江西省有旅游A级景区283家,其中5A级景区8家、4A级景区91家、3A级景区126家、2A级景区58家。

江西省五星级饭店备案表

序号	饭店名称	城市	评定时间	总机电话(含区号)	地址
1	江西宾馆	南昌市	2003	0791-86206666	南昌市八一大道368号
2	南昌凯莱大酒店	南昌市	2003	0791-86738855	南昌市沿江北路88号
3	九江远洲国际大酒店	九江市	2007	0792-8888888	九江市南湖路116号
4	锦峰大酒店	南昌市	2007	0791-88867777	南昌市站前西路281号
5	嘉莱特和平国际酒店	南昌市	2007	0791-86111118	南昌市广场南路10号
6	泰耐克国际大酒店	南昌市	2009	0791-88828888	红谷滩新府路28号
7	园中源大酒店	南昌市	2009	0791-88863333	南昌高新区火炬大街539号
8	东方豪景花园酒店	南昌市	2011	0791-86288888	南昌市民德路411号
9	紫晶宾馆	景德镇市	2013	0798-8591137	昌南大道紫晶路9号
10	赣州锦江国际大酒店	赣州市	2012	0797-8333333	赣州经济开发区金东北路88号
11	九江信华建国酒店	九江市	2012	0792-8189999	九江市滨江路299号
12	荣誉国际大酒店	抚州市	2013	0794-8200000	抚州市迎宾大道566号
13	力高皇冠假日酒店	南昌市	2013	0791-88669999	南昌市西湖区沿江中大道266号
14	南康大酒店	赣州市	2014	0797-6677888	南康市中心天马山大道9号
15	宜春迎宾馆	宜春市	2014	0795-3688888	宜春市卢州北路669号
16	新余市融城酒店	新余市	2014	0790-6699999	新余市劳动北路799号
17	明月山维景国际温泉度假酒店	宜春市	2015	0795-2177777	宜春市温汤镇江源北路8号

江西省四星级饭店备案表

序号	饭店名称	城市	评定时间	总机电话(含区号)	地址
1	赣江宾馆	南昌市	2005	0791－88856888	南昌市八一大道138号
2	锦都皇冠酒店	南昌市	2006	0791－86429999	南昌市洪城路99号
3	江西饭店	南昌市	2006	0791－88858888	南昌市八一大道356号
4	江西师大白鹿会馆	南昌市	2006	0791－88121888	江西师范大学瑶湖校区
5	国贸酒店	南昌市	2007	0791－88855555	南昌洪城路2号
6	京西宾馆	南昌市	2009	0791－88850666	省政府大院南一路9号
7	百瑞四季酒店	南昌市	2009	0791－88688198	南昌洪都北大道10号
8	玉泉岛大酒店	南昌市	2009	0791－88811111	南昌市文博路33号
9	七星商务酒店	南昌市	2005	0791－88866666	南京西路225号
10	鑫峰假日酒店	南昌市	2008	0791－88827388	红谷滩会展路29号
11	唯客丽晶大酒店	南昌市	2012	0791－88599999	南昌市洛阳路70号
12	富庭苑酒店	南昌市	2012	0791－85236666	井冈山大道388号
13	新吉花园酒店	南昌市	2012	0791－83822222	丰和北大道299号
14	立生国际酒店	南昌市	2013	0791－88213076	解放东路1888号
15	进贤皇庭大酒店	南昌市	2013	0791－85539666	进贤胜利中路68号
16	进贤军山湖国际酒店	南昌市	2014	0791－85680888	进贤胜利中路
17	南昌市君亭红牛酒店	南昌市	2014	0791－86300666	南昌市二七南路552号
18	江西锦怡大酒店	南昌市	2015	0791－86112720	南昌市洛阳路25号
19	江西鼎昇大酒店	南昌市	2015	0791－87788888	南昌市洪都大道207号
20	庐山西湖宾馆	九江市	2001	0792－8285850	庐山大林路719号
21	庐山天沐温泉度假村	九江市	2005	0792－2615888	星子县温泉镇
22	龙湾温泉度假村	九江市	2006	0792－2612222	星子县温泉镇
23	国脉宾馆	九江市	2006	0792－8282040	庐山大月山路15号
24	北戴河宾馆	九江市	2008	0792－3068888	柘林镇南岸
25	花旗假日大酒店	九江市	2008	0792－2178877	前进东路19号
26	金轩益君大酒店	九江市	2009	0792－8907777	长虹大道
27	共青茶山迎宾馆	九江市	2010	0792－7728888	共青城共青大道1号
28	修水珠江大酒店	九江市	2011	0792－7833888	修水县城南秀水大道1号
29	九江山水国际大酒店	九江市	2013	0792－8199999	十里大道202号
30	修水君豪大酒店	九江市	2013	0792－7696666	修水县散源路1号
31	武宁宾馆	九江市	2013	0792－2781499	武宁县城古艾路1号
32	龙震饭店	九江市	2013	0792－2660888	星子县白鹿大道
33	湖口鄱阳湖大酒店	九江市	2014	0792－2300000	湖口县钟山大道
34	德安国际大酒店	九江市	2014	0792－4333333	德安县十力路雁湖新天地2号
35	上汤温泉度假村	九江市	2014	0792－2619888	星子县温泉镇
36	开门子大酒店	景德镇市	2004	0798－8577777	瓷都大道1055号

续表

序号	饭店名称	城市	评定时间	总机电话(含区号)	地址
37	朗逸酒店	景德镇市	2008	0798－8389292	德镇市珠山西路5号
38	乐平东方国际酒店	景德镇市	2013	0798－7058888	乐平市乐平大道5号
39	豪门大酒店	景德镇市	2013	0798－8595625	昌江大道西侧1号
40	萍乡市蓝波湾花园酒店	萍乡市	2005	0799－6654228	萍乡市经济开发区安源东大道16号
41	萍乡迎宾馆	萍乡市	2012	0799－6266666	萍乡经济开发区大冲路1号
42	赣电大厦	赣州市	2001	0797－8202388	赣州市红旗大道27号
43	上犹希桥酒店	赣州市	2007	0797－8528888	上犹县文兴路
44	大余章源宾馆	赣州市	2008	0797－8731888	大余县南安镇陶园路
45	崇义耀升国际饭店	赣州市	2007	0797－3818888	崇义县枫山路
46	山水大厦	赣州市	2008	0797－8329188	赣州市红旗大道23号
47	瑞金美瑞欧大酒店	赣州市	2008	0797－2558777	瑞金市金都大道市政府后
48	瑞金宾馆	赣州市	2010	0797－2522001	瑞金市象湖镇东升先街
49	兴国品禄园酒店	赣州市	2011	0797－5323081	兴国县潋江镇品禄园路
50	聚德山庄	赣州市	2011	0797－8161080	赣州市水东镇时间公园对面
51	全南希桥酒店	赣州市	2012	0797－2688888	全南县金龙大道希桥路
52	赣州香江湾大酒店	赣州市	2012	0797－7077777	赣州市章江北大道40号
53	龙南富业大酒店	赣州市	2012	0797－3575888	龙南县金水大道500号
54	南康市宝辉酒店	赣州市	2013	0797－7788999	南康市工业一部
55	定南山水香格里拉酒店	赣州市	2015	0797－4268888	定南县迎宾大道
56	安远热泉河酒店	赣州市	2015	0797－3708888	安远县三百山镇虎岗村
57	石城县赣江源国际酒店	赣州市	2015	0797－5798888	石城县城北大道
58	江西桃江大酒店	赣州市	2015	0797－2055555	信丰县嘉定镇迎宾大道中段
59	北湖宾馆	新余市	2007	0790－6422222	新余市北湖中路508号
60	龙华国际大酒店	新余市	2013	0790－2182888	新余市仙女湖新码头
61	华侨饭店	鹰潭市	2006	0701－6696236	鹰潭市站江路21号
62	华盛大酒店	鹰潭市	2012	0701－6699999	鹰潭市站江路25号
63	江西骏安国际大酒店	鹰潭市	2014	0701－3529999	贵溪市象山路8号
64	宜春德和大酒店	宜春市	2005	0795－3299999	宜春市朝阳路36号

续表

序号	饭店名称	城市	评定时间	总机电话(含区号)	地址
65	宜春博能宾馆	宜春市	2011	0795-3635000	宜阳大道19号
66	丰城市洪州大酒店	宜春市	2011	0795-6666777	丰城市新城区
67	丰城市昌龙国际大酒店	宜春市	2011	0795-6666888	丰城市人民路237号
68	樟树航天国际大酒店	宜春市	2011	0795-7846888	樟树四特大道中段
69	铜鼓皇庭国际大酒店	宜春市	2013	0795-7178888	铜鼓县城南西路
70	江西宏安旅游开发有限公司 靖安江钨度假村	宜春市	2012	0795-7191111	靖安县高湖镇
71	奉新朝日大酒店	宜春市	2012	0795-4628888	奉新县潦河南路368号
72	江西银河假日酒店	宜春市	2014	0795-7370888	樟树市杏佛路89号
73	江西金乾大酒店	宜春市	2014	0795-7108888	万载县康乐大道429号
74	高安市希尔顿大酒店	宜春市	2014	0795-5287777	高安市高安大道777号
75	宜春泉月山庄度假酒店	宜春市	2014	0795-3139999	宜春市温泉路999号
76	上高迎宾馆	宜春市	2015	0795-2488888	上高县镜山大道2号
77	江西新源大酒店	宜春市	2015	0795-7269888	万载县将军中大道202号
78	文山国际大酒店	吉安市	2004.1	0796-8289999	吉安市井冈山大道118号
79	映山红宾馆	吉安市	2005.2	0796-6550888	井冈山市茨坪长坑路5号
80	井冈山天乐府大酒店	吉安市	2006.6	0796-6566666	井冈山市茨坪天街C栋
81	井冈山锦江大酒店	吉安市	2006.9	0796-6560888	井冈山市茨坪红军北路41号
82	中建财富国际大饭店	吉安市	2007.7	0796-8113333	吉安市青原大道渼陂大道18号
83	井冈山市星期酒店	吉安市	2007.12	0796-6559700	井冈山市茨坪红军南路3号
84	井冈山景园大酒店	吉安市	2011.3	0796-7166888	井冈山茨坪红军南路37号
85	吉安开元洲际大酒店	吉安市	2011.3	0796-8269999	吉安市吉州区永叔路88号
86	吉安宏泰酒店	吉安市	2011.9	0796-8406511	井冈山经济技术开发区君山大道247号
87	遂川县伟业国际大酒店	吉安市	2012.7	0796-6319999	吉安市遂川县城东路大道61号
88	京都国际大酒店	上饶市	2006	0793-8459999	上饶县旭日北大道8号
89	广丰永利国际大酒店	上饶市	2008	0793-2679999	广丰县永丰南大道1号
90	婺源江湾大酒店	上饶市	2008	0793-7343288	婺源县文博路37号
91	婺源宾馆	上饶市	2010	0793-7298888	婺源县蚺城路24号
92	上饶华都国际大酒店	上饶市	2009	0793-8258888	信州区带湖路66-68号
93	上饶和平国际大酒店	上饶市	2009	0793-8158888	信州区五三大道88号
94	婺源茶博府公馆	上饶市	2010	0793-7366999	婺源县文博路33号
95	婺源清华婺国际酒店	上饶市	2011	0793-7392888	婺源县茶乡东路202号

续表

序号	饭店名称	城市	评定时间	总机电话(含区号)	地址
96	上饶天龙山大酒店	上饶市	2011	0793－7165501	德兴市畈大乡付家湾
97	三清山水云山庄	上饶市	2011	0793－2186666	三清山东部
98	余干县金源大酒店	上饶市	2011	0793－3333333	余干县沿湖路50号
99	玉山县玉台国际旅游大酒店	上饶市	2012	0793－2259966	玉山县人民北路1188号
100	上饶市欣凯皇冠酒店	上饶市	2012	0793－8278888	信州区凤凰大道99号
101	婺源县风景酒店	上饶市	2012	0793－7213555	婺源县环城南路88号
102	玉山华云大酒店	上饶市	2013	0793－2357888	玉山县龙庭嘉苑
103	三清山锦都南星宾馆	上饶市	2013	0793－2180373	三清山外双溪南部景区
104	三清山金沙湾大酒店	上饶市	2013	0793－2187888	三清山东部索道边
105	上饶维多利亚皇家酒店	上饶市	2007	0793－8257666	信州区带湖路71号
106	玉山皇朝国际大酒店	上饶市	2014	0793－2259999	玉山县人民北路99号
107	玉山县豪泰国际酒店	上饶市	2014	0793－7138888	玉山县怀玉大道179号
108	上饶市瑞弘酒店	上饶市	2014	0793－8788888	上饶县旭日南大道101号
109	三清山风景名胜区华克山庄	上饶市	2014	0793－2355999	三清山东部金沙服务区
110	德兴市东方国际大酒店	上饶市	2015	0793－6038888	德兴市银城镇滨河大道18号
111	豪盛国际大酒店	上饶市	2015	0793－2555555	玉山县冰溪镇三清山大道555号
112	婺源县星江湾假日酒店	上饶市	2015	0793－7345888	婺源县紫阳镇环城东路
113	抚州临川大酒店	抚州市	2007	0794－8258999	抚州市临川大道429号
114	波尔度假酒店	抚州市	2007	0794－5256888	金溪县316国道旁
115	宜黄国际大酒店	抚州市	2011	0794－7118888	宜黄县狮子湾大道
116	南城法莱德国际酒店	抚州市	2012	0794－7366666	南城县建昌南大道1号
117	绿岛国际大酒店	抚州市	2013	0794－2388888	资溪县沙苑1号
118	江西法水森林温泉旅游度假村	抚州市	2013	0794－5666106	资溪县嵩市镇法水村
119	南丰琴湖花园酒店	抚州市	2013	0794－3333888	南丰县琴湖中路
120	黎川国安假日酒店	抚州市	2013	0794－6666666	黎川县国安大道88号
121	临川才子国际大酒店	抚州市	2015	0794－8826885	抚州市公园路行政中心旁
122	南丰县国安假日酒店	抚州市	2015	0794－7666666	南丰县国安路

本栏编辑　邓玉兰

商贸服务业

综　述

2015年,全省商贸服务行业把握扩大内需这一战略基点,以搞活流通、扩大消费、转型升级、惠及民生为主线,围绕年度发展目标,开拓创新,克难奋进,全省内贸流通转型升级实现提速发展。全省消费品市场运行总体平稳,稳中趋升,实现社会消费品零售总额5925.50亿元,同比增长12.0%,高于全国平均水平0.7个百分点,增幅位居全国第十位,中部第五位。

电商物流行业加速发展。2015年,全省电子商务销售额2871.41亿元,增长107.36%。其中:网络零售额680.73亿元,增长116.93%,占社会消费品零售额比重较上年同期约提升4.5个百分点;涉农电商销售额184.35亿元,增长163.36%;跨境电商销售额363.85亿元,增长61.18%。布局50个物流产业集群,明确16个重点物流产业集群,并认定了第三批省级电子商务示范基地10家、示范企业30家和省级商贸物流重点园区2家、重点企业10家。全省电子商务企业7600余家,A级物流企业72家。

城乡流通体系加快构建。设区市城区标准化菜市场建设改造基本完成。各地实际建设改造104个,带动各地资金投入超过2亿元。争取赣南原中央苏区15个县列入2015年国家电子商务进农村综合示范县,争取到中央财政支持资金2.78亿元,22个县获评为国家电子商务进农村综合示范县,数量和争取资金均居全国首位。继续开展"万村千乡市场工程"。建设乡镇商贸中心项目49个、农村信息化建设项目3个。跨区域农产品流通基础设施建设取得初步成效,获中央财政扶持资金2亿元,采取政府股权投入支持方式,支持一批农产品流通基础设施建设项目。

消费促进工作扎实开展。组织"赣品天下行"活动,在西安市、广州市举办江西省地方特色商品展销会,共签订购销合同3.11亿元,有效扩大了江西商品在全国的知名度和影响力。组织企业参与2015年全国消费促进月活动,参与企业7500多家,举办专题活动近100场次。为引进服务业企业投资江西,8月在广州举办江西现代服务业招商推介会,推出项目569个,涵盖现代物流、电子商务、健康养老、总部经济等七大领域,投资总规模5491.3亿元,现场集中签约项目21个、总投资398.5亿元。

市场保供水平不断提升。进一步扩大和优化市场运行监测样本企业和监测品种,全省已有生活必需品、重点流通企业等8个市场监测系统,样本企业总数达到902家,共涉及22个行业、7种业态,在全省建立了比较完善的商品市场运行监测系统。开通所有设区市、县(市、区)商务预报平台,完善全省酒类流通监测系统和茧丝绸行业监测管理系统,及时发布市场信息,引导社会消费预期。江西市场运行监测综合工作继续保持全国先进行列。加强应急物资准备工作,2015年,江西中央储备肉活猪储备950吨,冻肉储备2400吨,中央储备糖2.6万吨;南昌、九江、景德镇、新余、鹰潭、宜春、上饶等7个设区市落实了4195吨活猪储备和100吨冻猪肉储备。

传统商贸服务业不断优化。认定江西省特色商业街7条,认定全省第二批"江西老字号"企业39家。完成全省55家老字号企业名录、20家中华老字号优秀商业文化案例收集整理。探索家政服务电商化,"江西家服"公共平台建成运行,首创全国"抢单式"服务模式,入驻企业400余家。以"回味江西美食·弘扬赣菜文化"为主题,开展赣菜宣传推广暨绳金塔文化美食节,活动期间接待市民及游客超90万人次。开展以市场化方式发展养老服务产业试点,共同设立规模为15亿元的江西养老服务产业发展基金,用以扶持江西省养老服务产业发展。

(刘仁文)

市场秩序建设

【加强打击侵权假冒工作】 2月,全省打击侵权假冒工作在国家打击侵权假冒违法犯罪活动绩效考核中得分95.36分,排名全国第五,比上年前移3位。5月21日,省政府召开全省打击侵权假冒工作电视电话会议,省、市、县三级政府及有关部门共计2600余人参加会议,有力地推进了全省各级政府打击侵权假冒工作的力度。全省针对突出问题,组织开展农村市场整治、车用燃油整治、互联网整治、旅游纪念品市场整治和中国制造"清风行动"。各成员单位开展农资打假行动、"质检利剑"打假行动、"剑网"行动、网上专利执法护权等10余项专项整治行动。年内,农业、工商、质监、食药监等行政执法部门结案3610件,涉案金额4836万元。全省公安机关共破获案件135件，抓捕犯罪嫌疑人233人，涉案金额3.5亿元。全省检察机关共批捕89件158人，起诉165件284人。全省各级法院新受理侵犯知识产权和制售假冒伪劣商品刑事案件73件，生效判决108人，确保了市场稳定，有效促进了江西法制化营商环境的健康发展。着力完善行政执法与刑事司法衔接机制，推进打击侵权假冒领域行政处罚信息公开，取得积极成效。截至年底，江西打击侵权假冒领域两法衔接平台共录入数据1.4万条，行政处罚信息公开基本做到应公开全部公开。江西“两法衔接”工作的主要做法在全国打击侵权假冒工作培训会议上作了典型发言。围绕“3·15消费者权益保护日”“4·26世界知识产权日”“食品安全宣传周”等加强打击侵权假冒工作的宣传，曝光典型案例，报道优秀企业，播出公益广告，不断掀起宣传高潮，产生了良好的教育和积极的效果，进一步增强了广大群众抵制侵权假冒的意识。

【加快推进商务领域信用建设】 不断健全失信惩戒和守信激励机制。在“全省商务领域信用信息系统”公布近年来全省商务行政执法行政处罚案件信息。这是省商务厅首次公开市场主体违法违规信息，对于不断规范各类市场主体的交易行为、净化市场环境、促进经营者加强自律起到积极作用。拓展商务诚信建设应用领域。年内，江西省商业投资公司注册成立江西首家商业保理公司——江西省商业保理公司，开创江西从无到有的先例。为加强监管和商业保理公司规范运行，省商务厅组织赴外省实地调研商业保理业务工作，学习借鉴外省在业务开展、风控等方面工作经验，帮助和促进江西商业保理业务的规范开展。明确商务诚信重点推进行动计划。为贯彻落实《商务部关于加快推进商务诚信建设工作的实施意见》和《商务部商务诚信建设重点推进行动计划》，加快推进江西商务诚信建设，省商务厅在赴浙江等地进行调研商务诚信建设工作调研的基础上，经过广泛征求意见，于6月16日制定印发《江西省商务诚信建设重点推进行动计划》，加快商务行政管理信息共享机制、市场化综合评价机制、第三方专业信用评价机制等“三项制度”建设。基本建成一批覆盖线上网络或线下实体企业的信用信息平台，形成各具特色的企业综合信用评价、企业消费评价、企业交易履约信用评价等体系，确保江西商务诚信建设取得实质性进展，为全面推进商务诚信体系建设打牢基础。4—5月，江西集中组织开展单用途商业预付卡领域非法集资风险专项排查，有效防范和化解可能存在的非法集资风险。至年底，全省完成备案的集团、品牌和规模以上发卡企业42家以及其他发卡企业228家，共计270家。

【加强商务综合执法能力建设】 年内，制定印发《江西省商务领域市场监管公共服务体系标准化建设实施方案》，实施开展商务领域市场监管公共服务体系标准化建设。以争创“达标示范工程”和“标准化建设重点推进单位”为载体，完善商务领域市场监管公共服务体系框架，提高商务领域市场监管“队伍建设标准化、内部管理规范化、执法行为文明化、执法监督制度化”水平。经各设区市和省直管县推荐和省商务厅严格审核，对景德镇市商务综合执法支队等25个单位标准化建设给予支持。省级支持55个省级市场监管公共服务体系建设试点，全省商务综合执法队伍覆盖面达86%，全省商务综合执法人数已达1000余人，初步形成了江西市县两级商务行政执法体系。组织开展商务综合执法培训。7月，在南昌举办全省商务综合执法工作培训会议，全省220多人参加培训，各地也采取不同形式加强综合执法能力培训，效果明显。按照中编办《关于开展综合行政执法体制改革试点工作的意见》，厘清执法职责，落实权力清单与责任清单制度，加强商务综合执法队伍建设。

【组织开展打破封锁垄断工作】 为进一步营造竞争有序的市场环境和透明高效的政务环境，维护企业和投资者合法权益，加快推进全省统一大市场的形成，省商务厅联合省发改委、省工商局制定印发《关于进一步做好消除地区封锁打破行业垄断有关工作的通知》，着力解决工作进展不均衡的问题。要求各地各部门按照“法无禁止即可为”的原则，依法履行工作职责，扎实做好行政性地区封锁行为清理工作，深入推进打破封锁垄断工作长效机制建设。

【推进流通追溯试点建设工作】 指导南昌市加快推进肉菜流通追溯体系试点建设，在南昌深圳农产品批发市场关键环节推行电子结算应用建设，追溯体系试点建设进展顺利。全省中药材流通追溯体系试点建设工作全面展开，完成了招投标工作，部分企业硬件建设安装到位。

【强化市场公平交易监管】 规范零售商供应商交易关系。转发商务部等5部门《关于进一步加强零售商供应商交易监管工作的通知》（商办秩函〔2015〕42号），加强检查督导，强化零供公平交易监管。做好直销行业管理工作。对江西部分企业申报直销经营资格材料进行初审，并向商务部转报江西大地医药保健品有限公司申请材料。做好了生猪屠宰监管移交工作。省商务厅于2月27日将屠宰监管职责移交省农业厅。

（冷萧）

市场体系建设

【完成设区市城区标准化菜市场建设改造】 2015年，全省完成建设改造设区市城区标准化菜市场104个，截至年底，全省3年累计完成建设改造设区市城区标准化菜市场308个，各级政府和社会投入资金超过10亿元。省委书记强卫、省长鹿心社对此项民生工程予以了高度评价。

【实施国家电子商务进农村综合示范建设】 截至年底，全省共有22个县（市）列入国家电子商务进农村综合示范县，获得中央财政支持资金4.18亿元，为全国进入综合示范县（市）和争取中央财政支持资金最多的省份。江西电子商务进农村综合示范工作在全国会议上作典型经验介绍，新疆、湖南、海南等10余个省市（自治区）先后到赣考察取经。

【争取跨区域农产品流通基础设施建设试点】 2015年,江西省被商务部、财政部列入国家跨区域农产品流通基础设施建设试点省份,并获得中央财政支持资金2亿元。江西采取政府股权投入支持方式,支持一批农产品流通基础设施建设项目。

【加入长三角区域市场一体化发展合作机制】 4月,在上海召开的推进长三角区域市场一体化发展工作会议上,江西省被正式确定为推进长三角区域市场一体化发展工作联席会议成员,实现江西商务率先加入长三角区域发展合作机制。

【开展特色商业街评审工作】 年内,全省评选认定7条江西省特色商业街,发挥特色商业街在促进内贸流通发展中的积极作用。同时,指导推动南昌绳金塔商业街、九江瑞昌联盛商业街创建国家级特色商业街。截至年底,江西省共认定特色商业街57条。

【开展"万村千乡市场工程"】 2015年,利用中央财政3010.6万元专项资金,在全省重点扶持49个乡镇商贸中心建设项目、3个农村信息化建设项目,进一步夯实江西农村流通基础设施建设。

【下放二手车经营管理权限】 6月,为便利二手车流通和消费,省商务厅将二手车交易市场、二手车经营主体备案和汽车品牌经销商备案权限下放至设区市及省直管试点县(市),扎实贯彻落实中央关于简政放权有关精神,进一步繁荣汽车流通市场。

【举办全国百家电商企业走进南丰对接采购会】 2015年,抚州南丰蜜橘因连续阴雨天气遭受损失,为帮助南丰蜜橘扩大销售,11月省商务厅与抚州市政府联合举办全国百家市场超市电商企业走进橘都南丰对接采购会,组织全国100多家骨干农产品批发市场、大型连锁超市、知名电商平台企业和经销商代表与南丰县20余家主要蜜橘加工销售企业、农民专业合作社进行采购对接,苏宁等电商平台还开展了南丰蜜橘网上购销推介活动。活动期间,签订南丰蜜橘意向性销售合同金额近5000万元。

(付蓉)

商贸服务管理

【弘扬赣菜文化】 餐饮企业在经历了前两年的低迷期后,谋求转型升级,逐步向大众餐饮发展,开设连锁经营模式,呈现出较好的发展势头。联合绳金塔商业特色街区管委会开展赣菜宣传推广暨绳金塔文化美食节,9月25日开幕,持续到11月30日结束,围绕"回味江西美食·弘扬赣菜文化"主题,分为美食展销、美食文化、美食文艺节目3个部分共16项活动,包括赣菜文化展示博物馆、食神争霸赛、创意食雕比赛、世界超模厨艺展示秀、千人宴等精彩主题活动。

【探索家政服务电商化】 4月底,"江西家服"公共平台建成试运行,该平台集网站、手机应用、服务热线于一体,无偿为全省居民和家庭服务企业提供便捷的电商化供需对接服务,已吸收全省400余家家庭服务业企业入驻,包括各县家政企业,涵盖钟点工、月嫂、保洁、家电维修、婚庆、养老和养生保健等16个服务大类。全国首创"抢单式"服务模式,极大地减少公共平台运营的人工成本,全过程均由后台软件24小时监控,保障了企业接单的公开公平,降低了企业营销成本。

【开展以市场化方式发展养老服务产业试点】 2014年,江西省被财政部、商务部列为探索以市场化方式支持养老服务业产业发展试点省份,连续两年每年获得专项资金3亿元,省财政厅、省商务厅共同开展试点工作。省商务厅、省财政厅于2015年11月联合下发《关于推动全省养老服务产业发展的指导意见》(赣商务服贸字〔2015〕270号),对江西养老服务产业发展的主要发展目标、工作任务、工作重点和保障措施进一步明确,也为试点工作指明了方向。

【出台餐饮业和家庭服务业地方标准】 江西省地方标准《中餐前厅服务规范》《育婴服务质量规范》和《保洁服务质量规范》4月21日经省质监局批准、报国家备案后发布,7月1日起正式实施。餐饮业和家庭服务业地方标准的出台,为规范行业服务,提升服务质量,保护消费者权益发挥了积极的作用。

【开展商贸服务业"振兴杯"职业技能竞赛】 年内,由省商务厅主办,省烹饪餐饮饭店行业协会、省美容美发协会、家用电子电器行业协会、省足浴沐浴行业协会承办了全省烹饪、美容美发、电子电器维修、足部按摩4个行业7个职业类别的全省"振兴杯"职业技

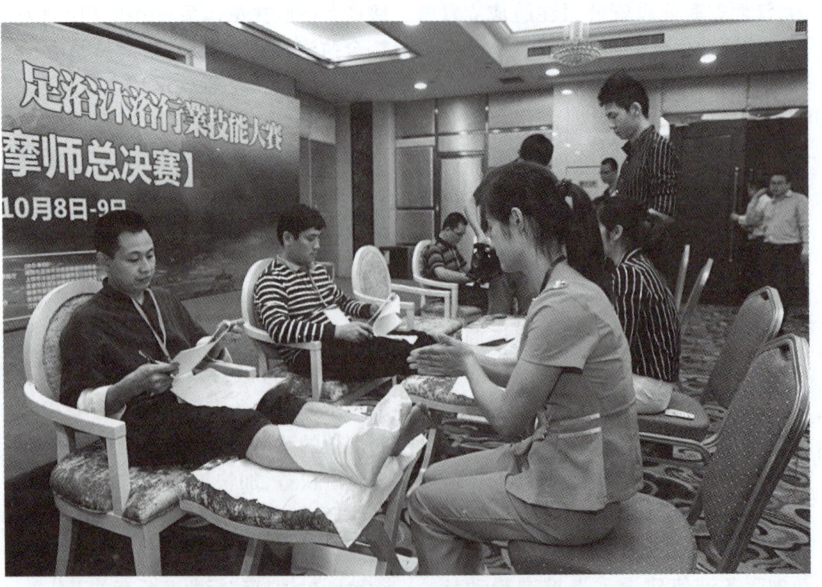

10月8日—9日,举办全省足浴沐浴行业技能大赛

省商务厅供稿

能竞赛，分别角逐出全省的十强优胜者，展示了商贸服务行业新形象，提升了行业服务水平，增强了协会在全省行业内的影响力。

（徐芳）

市场运行调节

【市场统计监测体系进一步完善】 2015年，市场统计监测样本结构不断得到优化。全省已建成生活必需品、重点流通企业等8个市场监测系统，样本企业总数达到909家，涵盖全省11个设区市和100%的县（市、区），其中重点流通样本企业515家、生活必需品样本企业167家、生产资料样本企业62家、应急商品数据库企业34家、酒类流通样本企业58家、茧丝绸样本企业15家、百县农村市场监测单位14家，信息泵监测企业46家。在江西27个商贸流通行业中，共选取了1163家典型调查企业，7个行政记录行业中的典型调查企业为523家，20个划类选典行业中的典型调查企业为640家。

【市场应急保供能力进一步提高】 2015年，商务部下达江西的中央储备肉活猪储备950吨和冻肉储备2400吨，中央储备食糖2.64万吨，中央储备肉活猪、冻肉全部在年内出库，顺利完成国家下达的储备任务。积极督导各地建立市级储备，南昌、九江、景德镇、新余、鹰潭、宜春、上饶等7个设区市落实活猪储备4195吨。进一步加强省、市、县三级应急骨干队伍和应急商品投放网点建设，健全全省应急网络体系，提高应急能力和水平。

【开拓省产品市场】 组织开展“赣品行天下”活动，6月19日—22日、12月25日至2016年1月3日，省商务厅分别在西安、广州举办江西特色产品展销会，现场销售额511.61万元，签订购销合同3亿多元，签订意向购销合同1.5亿多元。加强江西商品展示推介平台建设，会同省财政厅指导做好“江西名优商品北京展销中心”后续运营管理工作。完成华南城“江西名品馆”建设。（郎进良 黎勤）

现代物流

【物流产业规模不断扩大】 编制《江西省物流产业集群发展规划》（2015—2020年），布局50个物流产业集群，重点打造20个物流示范产业集群。规划中的物流产业集群覆盖11个设区市、12个国家级开发区和62个县（市、区），初步建立了全省物流产业集群的网络体系。召开全省物流产业集群工作推进会，调度推进全省物流产业集群发展。2015年，全省50个物流产业集群实现主营收入685.7亿元，增长17%；实现税收45亿元，增长9.3%。其中，赣州南康家具物流产业集群集聚了370多家物流企业，货车4000辆，新增专线300多条，总计达到1000多条，货物吞吐量达1000万吨，实现主营收入65亿元。

【城市配送试点取得成效】 完成赣州市省级城市配送试点建设，打造了一批绿色配送车队，建设一批标准化末端网点，升级改造一个1.20万平方米仓储配送中心，在中心城区初步形成规范有序、统一高效、机制健全的城市配送物流体系，参与试点物流企业的仓储商品周转率提升200%，平均降低物流成本约20%，物流企业降低运输成本40%。启动南昌市省级城市配送试点，确定建设1个城市配送公共信息平台、2个仓储配送中心提升改造项目、组建3支总量达160辆的配送车队为主要内容的城市配送体系，着力解决城市配送“最后一公里”难题。

【物流龙头企业实力壮大】 2015年，全省物流企业约1万家，比上年增加1825家。新增A级物流企业21家，总数72家，其中南昌铁路局入选5A级物流企业。萍乡安智物流被评为全国化工物流30强。联盛商业连锁股份有限公司、上饶市大顺实业有限公司成为全国商贸物流标准化专项行动第二批重点推进企业。评审认定九江市九鼎综合物流园、宜春经开区物流中心为第三批省级重点商贸物流园区，江西正广通供应链管理有限公司、鹰潭市龙虎山东方物流有限公司等10家企业被认定为省级重点商贸物流企业10家，全省重点商贸物流园区、企业总数分别为11家、37家。

【物流信息化水平提升】 2015年，通过打造江西正广通物流信息平台，实现了物流服务中人、货、车的全程透明化，提高了车辆运行效率，有效降低物流成本，并解决了全省公路运输企业税收信息化的难题，并在抚州试运营综合物流产业集群。省国控物流搭建天合云智能化云平台，整合全省国有企业物流资源，并在共青、丰城两个物流产业集群内投资建设电商物流园。吉安万佶物流在集货物运输、第三方物流、现代金融于一体，提供车货匹配，网上车辆、货物查询、增值服务等一体的专业物流信息服务。南康家具物流产业集群、宜春经开区物流产业集群等物流园区内建立了一批O2O信息服务站点，实现平台交易额31亿元，入选全国商贸物流十大信息平台。南昌物流团购专线平台整合专线5800条。

【物流业对外开放水平提高】 2015年，江西分别在香港、广州举办江西省现代服务业招商推介活动，推介物流产业招商项目116个，投资总额1424.1亿元，其中广州招商推介活动现场签约物流项目的投资额就达到35亿元，引进了美国普洛斯、深国际、广东林安物流等一批国内外知名物流企业。主动对接“一带一路”国家战略，赣州、南昌、九江、吉安、景德镇列入粤苏皖赣4省物流大通道节点城市。加快推进与上海市开展托盘区域合作。

（程楷炎）

电子商务

【加大电子商务政策支持力度】 电子商务纳入全省市县科学发展综合考核评价指标体系；印发《关于加快江西农村电子商务发展的意见》，明确在农村电子商务财税、融资、用地等方面给予政策支持；印发《江西省人民政府关于印发贯彻落实国务院关于大力发展电子商务加快培育经济新动力的若干措施的通知》，从完善电商支撑服务体系、引导电商经营主体做大做强、推动农村电商发展、推进电商示范体系建设、优化政策环境等方面提出了19条举措。省财政专门安排1500万元电子商务发展专项资金用于支持电子商务产业集群发展和培训、论坛、招商等基础性工作，有效推动了"淘宝村"、景德镇陶瓷、南康家具等产业集群和省级电子商务示范基地发展。

【推进电子商务示范体系建设】 年内，赣州市14个县以及井冈山市入选第二批电子商务进农村示范县，赣南地区实现全覆盖，累计争取4.18亿元财政资金用于革命老区农村电子商务建设。推动南康家具市场、新余高新区2家基地和萍乡互通、万佶物流2家企业获批国家电子商务示范基地和示范企业，并认定了第三批10家省级电子商务示范基地和30家示范企业。全省28个国家级、109个省级电商示范项目带动效应不断增强，示范工程电商销售占全省总额已超50%以上。推进国家电子商务示范城市建设，推动南昌市获批全国小微企业创业创新基地示范城市，指导协调赣州市申报跨境贸易电子商务试点城市及电商物流协同创新示范城市。南昌、赣州两市分别设立3000万元资金用于企业引进、电商应用、产业园建设、电商创业等，两市10多个电商项目已列入全省重点调度项目和"十三五"规划重大项目。

【加强电子商务统计工作】 与省统计局联合出台《江西省电子商务统计报表制度》《关于进一步加强全省电子商务统计工作的意见》等政策文件，并通过召开全省电子商务统计工作会议、举办统计工作培训班、组织新增电商企业入库、开展2015年度电商数据填报等系列工作，实现全省电子商务统计"建制度、立机制、畅渠道、上数据"的预期目标。同时，挖掘出一批"淘宝镇""电商村"以及网络零售超1000万元的电商品牌80余个。

【召开全省电子商务推进大会】 10月19日，以省政府名义召开全省电子商务推进大会。省长鹿心社出席会议并讲话，副省长刘昌林主持会议。省直有关单位主要负责人，各设区市政府主要负责人及分管负责人，各市、县商务主管部门主要负责人，部分第三批省级电商示范基地、企业有关负责人共350余人参加会议。省长鹿心社对下阶段江西省电子商务发展方向、重点任务、工作举措等进行了部署。会议通报了全省电子商务发展情况，进行典型经验交流，举行省级示范工程授牌仪式。截至年底，全省11个设区市和40多个县出台电商促进政策，省、市、县三级政策体系已初步形成。

【举办首届"互联网+革命老区农村电商"发展峰会】 7月29日—30日，省政府与阿里巴巴集团在赣州市联合举办首届"互联网+革命老区农村电商"发展峰会。省委常委、赣州市委书记李炳军，阿里巴巴集团总裁金建杭出席峰会并致辞。全国妇联副主席、书记处书记崔郁出席峰会及相关活动。省商务厅厅长王水平主持峰会。中央政策研究室等16个部委、山西等10个省份有关部门负责人，江西省直相关部门分管领导，各市、县（区）政府负责人，重点涉农电商企业代表等600余人参加会议。峰会期间举办了"互联网+革命老区农村电商"主题论坛等活动，并现场考察宁都县、于都县农村电商服务点。省政府与阿里巴巴集团签订了《江西省农村电商战略合作协议》。

【举办江西（杭州）电子商务产业合作推介会】 5月12日，以省政府名义在杭州举办江西（杭州）电子商务产业合作推介会。副省长胡幼桃出席推介会并致辞，省商务厅副厅长李青华主持会议。阿里巴巴集团副总裁孙利军、省政府副秘书长林彬杨，商务部驻杭州副特派员刘德成，省政府驻上海办事处副主任王坚真，省商务厅副巡视员王仪林等领导和嘉宾出席会议。南昌、九江、景德镇、萍乡、上饶等设区市政府分管领导，有关市、县商务主管部门及项目单位负责人参加，阿里巴巴集团公司等浙江沿海地区200余名电子商务企业客商应邀参会。推介会签约电子商务合作项目18个，项目投资总额52.49亿元。 （范超群）

粮油贸易

【概　况】 2015年，江西省粮食部门以全面落实粮食安全省长责任制为契机，坚持深化改革，强化宏观调控，推进"粮安工程"，加强粮食市场监管，稳固产业发展基础，抓收购促产销，粮油贸易稳步发展。全省粮食收购总量106亿千克，列全国第十一位，其中，国有粮食企业收购33.5亿千克，民营企业收购72.5亿千克。

【做好粮食收购工作】 年内，省政府组织召开了全省早稻收购工作电视电话会议，省委副书记莫建成出席会议并作重要讲话，各市、县主要领导、分管领导参加，会议延伸到基层收储库点。主产县（区）基层政府抽调乡村干部成立收购工作小组，协助维护收购秩序。省粮食局、中储粮江西分公司和省农发行建立了联席会议商讨机制，对收购工作早谋划、早安排、早部署。中储粮各直属库、各市县粮食局、农发行全力配合，推动了收购工作顺利开展。为便利农民就近售粮，江西省早稻、中晚稻分别设定703个、465个委托收储库点。各收储企业克服人手少、机械化设施不足和仓容紧张等困难，坚持早开秤、晚关门，敞开收购，并实行预约收购、"一站式服务"和非现金结算，做到验质、过磅、入库、结算一次办结，全省未出现农民"卖粮难"、卖"隔夜粮"现象。建立收购督导机制，由省粮食局领导带队，深入收购现场进行调研督导，全面了解收购情况，及时解决收购中的实际问题。各级地方政府领导也深入收储库点，对收购工作进行检查、督促。

【完善粮食宏观调控体系】 落实地方储备规模，2015年，经省政府同意，江西省已落实国家新增4.5亿千克地方粮食储备规模，全省地方储备粮核定为17亿千克，其中，省级储备9.5亿千克，市县储备7.5亿千克。为推动储备粮油顺利轮换，加大了轮换补贴力度，省级储备粮3年轮换补贴标准提高到380元/吨，比国家标准高240元，比上年提高40元。有5个设区市出台新的地方储备粮管理办法，轮换造成的政策性亏损由财政兜底。探索建立动态储备机制，落实2.25亿千克省级储备粮动态储备，实行静态与动态双线运行、国有和民营企业共同参与，并制定了动态储备管理办法，严格规范管理。完善应急保障预警体系，开发建设了全省粮食价格监测直报系统，价格监测点从30个扩大到70个，实现了国有与民营、收储与加工、批发与零售全覆盖。争取省级财政对应急保障中心建设的支持，2012—2015年共投入资金4000万元支持60个县(市)建设应急保障中心。

【争取粮食产业项目资金扶持】 2015年，争取省财政支持粮食流通产业发展专项资金2.65亿元。为确保资金分配的公平、公正、合理，采取项目申报制和因素法两种分配方式，即：申报项目制，经专家评审组审核后，对符合条件的企业给予补贴；因素法，选择年末仓容量、年末库存量等因素，设定不同的权重，直接计算分配财政补贴资金，保证财政资金投入到需要重点支持的地区和企业。扩大扶持资金支持面，确定粮油仓储建设及功能提升、粮食应急保障、粮食信息化、粮食质量安全检测能力等项目作为财政资金支持范围，除常规的仓库建设、维修项目外，还对企业购置烘干机，谷物冷却机等功能提升设施给予补贴，推动基层粮库现代化，其中粮食信息化项目计划投资5800万元(2015年安排2000万元)。注重财政资金使用绩效，对全省"危仓老库"维修改造工作进行了绩效评价，实现奖优罚劣。

【强化政策性粮食监管】 严格开展粮食库存检查。突出制度建设和问题导向，增强检查的针对性和实效性，制定《江西省粮食库存检查发现管理问题通报等制度(试行)》，对检查发现库存管理问题的通报、约谈、预警、挂牌督办作了制度性规定。在实际检查中，重点查清政策性粮食特别是地方储备粮数量、质量和储粮安全的底数，查明国家粮食购销政策执行的实情，守住"数量真实、质量良好、储存安全"的监管底线。开展粮油收购专项检查，制定收购专项检查工作方案，成立工作领导小组。各级粮食行政管理部门对粮油收购主体遵守《粮食流通管理条例》、"五要五不准"收购守则和执行最低收购价预案等情况，开展严格规范的检查，共检查1224次，出动人员2252人次。抓好中央划转地方临储粮处置监管，制定《江西省地方临储粮处置监管办法》，落实专项监管的组织责任，通过驻库、驻厂监管，强化对存储、加工企业的管控力度，全省共派驻监管人员353人，监管承储企业226个、大米加工厂和转化用粮企业247个。协调省财政落实监管工作专项经费700万元，保障了划转地方临时储备粮严格按照国家政策规定销售处置到位。

【夯实粮食产业发展基础】 做好粮油仓储设施专项调查。成立全省粮食仓储设施专项调查领导小组，组织召开电视电话会议，制定工作方案，开展专项培训。组织人员就专项调查工作进行巡查指导，确保专项调查数据真实、可靠。抓好"危仓老库"维修改造验收。制定验收方案，全省成立18个检查验收组，通过各设区市粮食部门交叉检查的方式，对全省"危仓老库"维修改造工作进行检查。在财政部、省检查组检查的基础上，对各地"危仓老库"维修改造完成情况进行了抽查。加快新仓建设。做好粮食仓储设施中央预算内投资补助项目审核，申报中央预算内投资补助项目44个，总建设仓容90万吨。

(陈志伟)

供销合作

【概　况】 2015年，省供销合作社围绕省委提出的十六字方针，坚持"12345"的工作思路，即：坚持一个宗旨：为农服务。突出两个重点：做大做强社有企业和加强基层社建设。推进三个转变：网络建设实现由县区单打独斗向系统联动发展转变、产业经营实现由传统单一向现代多元转变、产权结构实现由单一社有向混合所有制转变。实施四大战略：项目带动战略、靠大联强战略、体系建设战略和人才强社战略。实现"五上"目标：为农服务上水平、社有企业上规模、网络建设上项目、基层建设上形象、综合实力上台阶。以打造全新供销合作社为主线，以贯彻落实中发〔2015〕11号文件精神为动力，积极克服经济下行压力，扎实开展综合改革，统筹推进项目建设、基层建设等各项工作，为农服务再创佳绩，经济运行再攀新高，实现"四个稳定增长"，即销售总额增长19.4%，总量1179.3亿元；汇总利润增长8.0%，总量4.7亿元；固定资产投资增长6.1%，总量25.3亿元；年末所有者权益增长11.8%，总量47.5亿元。四项经济指标分别比2010年增长3.8倍、3.2倍、6.5倍、2.5倍，实现"十二五"圆满收官。省供销合作社连续3年获全国供销系统综合业绩考核省级优胜单位特等奖。

【综合改革稳步推进】 2015年，省供销合作社强化顶层设计，推进改革试点。一是深入学习宣传中发〔2015〕11号文件精神，成立省社信息中心，组织编撰《江西供销改革动态》，开通"江西微供销"微信公众平台，设立"综合改革"网上专栏，多层次多形式广泛宣传中发〔2015〕11号文件精神。二是推动综合改革文件出台。省供销合作社自4月起开展省委贯彻中发〔2015〕11号文件的实施意见和试点实施方案起草工作，形成调研报告11篇，征求汇总31个省直部门和11个设区市党委政府意见建议103条，并将浙江、河北、山东、广东4个试点省的先进经验和上栗、安远2个试点县的有益探索充实到文件中，实施意见和试点实施方案分别于2015年年底和2016年年初印发实施。三是扎实开展综合改革试点。省供销合作社在抓好上栗、安远2个省级试点县的同时，新增南昌县、彭泽县、贵溪市、德兴市、靖安县、广昌县、渝水区等7个市级改革试点县。各试点县社围绕组织创新、服务创新、经营创新、机制创新进行有益探索，取得一定成效。安远县社成立了社有资产经营管理中心，完成6200多万元的资产评估及确权工作，县政府将中心上缴的各项税款80%返还县社，推动构建新的经营服务体系。靖安县社探索新的激励机制，实行浮动奖励机制，有效激发机关干部服务企业的积极性。上栗县社在大田托管、农村电子商务、基层组织、社有经济实力等方面取得积极进展，全年实现汇总利润 1758 万元，比上年增长 14.9%，位居全省县级供销社前列。

【创新为农服务方式】 省供销合作社着力整合优势资源，创新服务方式，实现为农服务能力的新跃升。一方面，探索土地托管等新型农业社会化服务。全系统共开展土地托管面积 2.51 万公顷，比上年增加 1.78 万公顷。萍乡市供销合作社通过组建专业服务公司和为农服务中心，托管土地 3533.33 公顷，助农增收 3000 多万元。安义县供销合作社成立江西供销绿能农业服务公司，为农民实行统一耕种、统一管理、统一收割、统一分配的全程托管服务，服务水稻总面积 1200 公顷，实现 1 公顷均增收 3900 元。

【推进为农服务精准化、专业化】 做好农资供应、测土配方、农技培训等传统服务。全系统围绕拓展农资经营服务内容，积极推进为农服务的精准化、专业化。已创办庄稼医院 2269 家、开展测土配方施肥总面积 39.33 万公顷，直接减少农民用肥成本 1.2 亿元；通过实施“引导资金”公益培训项目，实施和带动各类培训 22.2 万人次，发放科普资料 30 多万份，有效提升农民科学种田水平。

【基层供销合作社改造逐年提升】 2015 年，省供销合作社通过加强指导、加大投入，全力提升基层组织建设水平，取得显著成效。一是基层组织不断恢复。全系统基层社总数恢复到 1392 个（占全省乡镇总数的 99.4%），发展农民合作社 3090 个、村级综合服务社 13533 个、农民合作社联合社 85 个、农村合作经济组织联合会77个，分别比上年增加 40 个、667 个、1243 个、39 个、9 个，完成全国总社考核目标和基层建设 3 年规划任务。二是基层组织建设不断规范。全系统开展“三社创建”活动，着重提高基层建设质量，共创建 296 个基层社标杆社、488 个农民合作社示范社、450 个综合服务社星级社。永修县滩溪供销社、兴国县茶园供销社主任何平生被全国总社分别授予“金扁担”奖和“红背篓”奖；玉山县岩瑞供销社、上栗县金山供销社、靖安县高湖供销社等 7 个基层社被列为全国总社基层社标杆社。三是基层组织升级改造不断推进。全系统通过自主投资、联合开发等多种方式，加快推进基层社升级改造。余干县社大溪基层社投入 100 多万元新建 1018 平方米的综合服务楼。安远县社投入 323 万元改造版石供销社，新建 3550 平方米综合服务楼。

【项目建设成果显著】 省供销合作社坚持“项目兴社、项目立社、项目强社”的理念，加快项目建设步伐，取得新突破。一是项目储备快速增长。全系统上报录入全国总社项目库的各类项目共计 802 个，总投资 127.1 亿元。二是在建项目快速推进。全系统在建项目 260 个，完成投资 14.9 亿元，占总投资额的 35.1%。新余市供销合作社总投资 2.9 亿元的再生资源深加工项目一期工程已投入使用；江西供销（余干）农商大市场一期工程基本完工；江西省锦江农产品市场项目一期主体工程全面竣工并投入运营；南昌市社供销为农服务中心、高安市社华林供销商贸中心等一批在建项目顺利推进。三是农村电子商务快速兴起。2015 年，省供销合作社、10 个设区市供销合作社和 32 个县级供销合作社分别组建了电商企业，其中13个电商企业通过自行开发、自建平台的方式运营，29 个电商企业借助第三方平台或与社会资本合作搭建平台运行，贵溪市供销合作社等 5 个县级供销合作社列为全国总社电子商务示范县，全系统网络商品零售额突破 40 亿元，同比增长 207%。四是项目带动效益明显。全年全系统共争取中央促进服务业发展、农业综合开发等各类项目专项资金 5700 万元，获得省财政“引导资金”2000 万元及市、县财政配套资金 2500 多万元，撬动社会资金投入 10 亿多元。

【社有企业不断壮大】 全系统注册资本 1000 万元以上的企业 155 家，比上年增加 61 家；销售总额超过 10 亿元的企业 9 家，比上年增加 2 家。管理方式进一步创新。省供销合作社先后出台《全资及控股企业重大事项审批（表决）、报告办法》《本级企业“三重一大”决策制度实施办法》等一系列企业管理制度，全系统在规范社有资产运营、健全企业管理制度上进行了有益探索，有效提升了企业运行水平。联合合作进一步扩大。全系统实行联合合作的企业 548 家、合作建设项目 346 个，分别比上年增加 41 家和 52 个。宜春市供销合作社与江西赣西电商发展有限公司合作，成立宜春市电商发展有限公司和宜春供销物流市场发展有限公司；万年县供销合作社与江西赣网电子商务有限公司、江西赶街电子商务有限公司共同投资，成立万年县供销电子商务有限公司，在联合合作中开辟了新的经营业态。

（姜芝艳）

本栏编辑　邓玉兰

对外贸易与经济合作

综　述

2015年,全省各级政府商务部门扎实推进商务领域稳增长、调结构、促改革、惠民生工作,商务经济发展取得显著成绩,多数指标总量在全国位次前移。全年实际利用外资金额94.73亿美元,增长12.1%;引进省外项目资金5232.16亿元,增长15.23%;实现出口2060.9亿元,同比增长4.79%;对外承包工程完成营业额35.1亿美元,增长23.1%;对外直接投资额10.5亿美元,增长59.9%。

*大力实施招大引强。*一是全力推进"民企入赣"。围绕全国工商联执委会暨助推江西发展升级大会,先后在北京、武汉、西安等地组织开展14场省级层面的系列招商活动,累计签约重大项目1999个,签约资金1.01万亿元。二是突出重点地区开展招商对接。坚持"走出去"和"引进来"相结合,连续14年举办赣港经贸合作活动、连续13年举办赣台经贸文化交流活动、连续12年举办景德镇国际陶瓷博览会,省委书记强卫、省长鹿心社率团沿"一带一路"走出去赴澳大利亚、新西兰、新加坡、俄罗斯、土耳其、以色列等国家开展经贸合作等重大活动。三是大力推进赣商返乡创业。全年新签赣商返乡项目527个,签约金额2109.4亿元。四是创新招商方式。开展驻点招商,分别在北京、广州、香港、德国设立招商联络中心,定点上门招商;全省组建了31个产业招商小分队,专业招商和产业招商深入推进。资本招商取得新成效,产业资金股权招商、境外上市、增资扩股等取得新成效。五是狠抓签约项目落地。2015年,省委两次召开专门办公会,对全省招商引资重大招商项目进行专题调度落实,进资率和开工率均在90%以上。招商引资新引进项目资金和企业增资占全省固定资产投资的45%左右,成为扩投资、稳增长的重要支撑。

*着力稳定外贸增长。*一是开拓市场成效显著。继续组织实施"千企百展"工程,年内,组织近千家企业参加米兰世博会等90多个境内外展会。重点支持的境内外展会164个,其中"一带一路"沿线国家的重点展会38个。二是培育壮大一批出口基地和出口品牌。推动国家外贸转型升级专业型示范基地和省级产业出口基地建设,实现贸易与产业联动发展。推动南昌市针织服装基地、赣州市家具基地入选国家外贸转型升级专业型示范基地,新增4个省级服务外包示范园区,推动贸易与产业联动发展。三是推进加工贸易转型升级。培育认定星子县、瑞金市、吉安县、鄱阳县、全南县5个县(市)为第二批省级加工贸易重点承接地。四是积极扩大进口。省政府从2014年开始每年安排专项资金对企业进口先进技术、关键装备及零部件给予支持。五是出口商品结构继续优化。机电产品占外贸出口42.3%,比上一年提高2.3个百分点。

*全方位参与国际合作。*一是引导企业加快全球市场布局。对接"一带一路"战略,编印《江西省"走出去"国别投资合作指南("一带一路"篇)》、印发《江西省积极参与"一带一路"建设推进五大行业"走出去"工作方案》,确定300家"走出去"重点和培育企业,建立合同额500万美元以上"走出去"重点项目库。至年底,有315个项目纳入重点项目库。二是搭建平台助力企业"走出去"。搭建政银企合作、央企赣企合作等业务对接促进平台,充分利用东盟博览会、南亚博览会和欧亚博览会等国家级展会,组织300多家企业开展投资促进活动,推进与"一带一路"沿线国家的投资合作。三是营造"走出去"良好氛围。省委首次专题召开"走出去"企业座谈会,在全省企业界引起强烈反响。推动设立全省"走出去"发展引导资金,指导200余家企业成立"江西走出去企业战略合作联盟",建立全省对外投资合作重点企业重大项目协调服务机制和工作联系机制。

*全面推进口岸大通关。*一是口岸通道和平台实现3个"从无到有"。成功设立赣州综合保税区,成功组建江西航空公司,成功开通赣欧(亚)国际铁路货运班列,3个"从无到有"提升了江西口岸大通关地位。此外完成南昌航空口岸对台落地签,九江港扩大开放通过验收;开通江西省第一条国际定期直航航线(南昌—曼谷),南昌—台湾航线加密至每周10班。二是拓宽口岸物流通道。上饶(鹰潭)至宁波和赣州(吉安)至厦门铁海联运五定班列稳定运行,打通对接"一带一路"战略赣欧国际铁路货运通道,推进赣闽粤高速公路农产品免查验绿色通道常态化运行。三是推进口岸大通关改革。实现全省通关一体化并融入长江经济带通关一体化试点,全面启动江西省关检合作"三个一"(一次申报、一次查验、一次放行)和昌九电子口岸一体化信息平台建设,有效简化了通关程序、提高通关效率。无纸化申报率和全程通关作业无纸化

率分别为92.8%和91.7%。推进电子口岸信息系统发展升级,口岸管理成本下降25%,作业效率提高近50%。

积极对接融入国家重大战略。一是对接落实“一带一路”战略。成立省商务厅贯彻落实“一带一路”战略领导小组,在全国商务系统率先出台《江西省商务厅积极参与“一带一路”战略的措施和意见》(33条措施)。二是积极推动自贸区改革措施推广和申报工作。贯彻落实国发〔2014〕65号文件精神,推进上海等自贸试验区可复制改革试点经验在江西省落地生根,抓好《江西省推广自由贸易试验区改革试点经验实施方案》提出的74项改革开放措施的贯彻落实;研究提出中国(江西)自贸试验区总体方案,并上报国务院。推动南昌申报开展构建开放型经济新体制综合试点,探索建设内陆双向开放高地。三是全面参与长江经济带和长江中游城市群建设。协调上海、浙江、江苏等省市,成功加入长三角区域市场一体化。加强江西省与长江经济带、沿海沿边地区开展跨部门、跨区域的通关协作,完善口岸工作机制,实现口岸管理相关部门信息互换、监管互认、执法互助。

(刘晶)

货物贸易

【概　况】 2015年,全省累计实现进出口426.09亿美元,其中出口332.69亿美元,在全国下降2.8%的情况下逆势增长3.88%,占全国出口的份额升至1.46%,较上年提高0.1个百分点。出口规模居全国第十三位,较上年前移1位。进出口增速、出口增速分别居全国第七位、第九位。

【外贸结构进一步优化】 2015年,江西与全世界222个国家和地区发生贸易往来,比上年增加5个,其中出口总值超过1亿美元的国家和地区达到51个,新兴市场开拓成效明显,对非洲、拉丁美洲和大洋洲出口增幅分别为23.8%、23%和23%。对64个“一带一路”主要沿线国家出口微降,合计为113.4亿美元,下降0.54%。机电产品出口占比大幅提高。全年全省机电产品出口140.78亿美元,占全省出口比重达42.3%,较上年提高2个百分点。持之以恒培育各类外贸主体,企业参与国际竞争的能力、水平有新提升。外贸主体规模进一步发展壮大。全年全省有进出口实绩企业3409家,较上年增加293家,其中有出口实绩企业首次突破3000家,达到3079家,较上年增加282家。民营企业主力军作用进一步提升。全年民营企业出口246.98亿美元,占全省出口总额的74.2%,占比较上年提高3个百分点,成为江西出口主力军。一般贸易出口占比稳步提升。全年全省一般贸易出口278.33亿美元,占全省出口总额的83.7%,较上年提高了3.6个百分点。加强进口工作,扩大关键设备和先进技术进口,机械设备、仪器仪表进口分别增长6.7%、17.3%,促进全省产业结构调整;铜和铁矿砂两大主要进口资源性产品进口均价分别下降20.5%和39.7%,合计减少付汇折合人民币50亿元,大大提高了企业经营效益。

【加大对优势产业的支持力度】 做好国家级和省级外贸产业升级基地培育工作,加大对优势产业的支持力度,实现贸易与产业协调发展。支持南康家具、新干箱包等重点内外贸结合市场建设,培育完善市场的外贸功能。培育了17个省级加工贸易梯度转移重点承接地,对推进江西县级地区承接加工贸易梯度转移,促进加工贸易发展发挥了重要作用。支持赣州“三南”承接加工贸易转移示范地建设,赣州市已被商务部确定为候选地区之一。加强出口品牌建设,鼓励企业加强技术创新,创立自主品牌,提高产品附加值。全年全省77家省级出口名牌企业合计出口32.13亿美元,增长27%。

【推进外贸综合服务体系建设】 通过强化部门协作配合,会同有关部门出台《关于加快培育外贸综合服务企业的实施意见》,认定和培育一批省级外贸综合服务企业,给予便利化措施,帮助中小微企业降低出口成本、扩大出口。2015年,外贸综合服务企业服务江西省中小微企业总数超过300家,带动全省出口超过2亿美元。强化加工贸易平台建设。为促进加工贸易转型升级,创新加工贸易发展,会同省人力资源和社会保障厅、南昌海关等部门,认定安福县、于都县、宜丰县、青山湖区、余江县和庐山区6县(区)为第三批省级加工贸易梯度转移重点承接地。至年底,全省已认定17个省级加工贸易梯度转移重点承接地。

【创新外贸服务模式】 为落实省委、省政府关于促进经济平稳健康发展的一系列部署,帮助外贸企业解决实际问题,省商务厅成立外贸出口稳增长、保份额工作领导小组,派出4个督查帮扶组,到各设区市开展帮扶和督查调研活动,指导推进工作落实。加强同省直有关部门的沟通协调,争取通关便利化等相关政策支持,协调推进出口企业融资、退税等方面遇到的困难,为外贸企业发展营造良好外部环境。建立加快发展服务贸易工作协调机制,加强对服务贸易工作的宏观指导,统筹服务业对外开放、协调各部门服务出口政策、推进服务贸易便利化。出台《江西省应对国外贸易救济调查工作规范》,建立由省商务厅牵头、省直有关部门和各设区市政府等20多家部门组成的贸易摩擦应对工作机制,维护了产业安全。举办全省外贸稳增长和市场开拓专题培训班、支持赣南加工贸易产业发展政策宣讲暨业务培训会和全省机电产品国际招标业务和政策培训会,邀请米奥兰特国际会展、香港贸发局等单位(企业)及有关职能部门的专家,讲解“一带一路”新兴市场需求、借用香港平台开拓海外市场以及国家相关政策法规,为企业及市、县商务主管部门了解和掌握外贸政策,参与“一带一路”战略、把握市场机遇提供智力支持。

(刘聃琮)

服务贸易

【概　况】 2015年,省商务厅深入贯彻落实国务院《关于加快发展服务贸易的若干意见》和省政府《关于加快发展服务贸易的实施意见》,大力推进服务贸易发展,服务贸易进出口保持较快增长。全省服务贸易进出口总额44.9亿美元，增长25.9%，其中：服务贸易出口15.8亿美元，增长20%；服务贸易进口29.1亿美元，增长29.2%。服务贸易重点领域服务外包业务呈快速增长。全年全省新增服务外包企业296家，增长81.6%；新增从业人员14637人，增长85.21%；接包合同金额15.13亿美元，增长6.76%，接包合同执行12.85亿美元，增长14.64%。全省文化贸易进出口总额9.14亿美元，增长4.9%，进出口总额全国排名第十二位。

【建立加快服务贸易协调发展机制】

成立由省商务厅牵头，省发改委、省财政厅、省工信委等30多个单位参加的加快发展服务贸易工作协调机制，加强对服务贸易工作的宏观指导，统筹服务业对外开放、协调各部门服务出口政策、推进服务贸易便利化和自由化。5月，省商务厅联合省统计局转发《商务部 国家局关于印发〈服务外包统计报表制度的通知〉的通知》8月，省商务厅联合省委宣传部、省文化厅、省新闻出版广电局、南昌海关转发《商务部办公厅等五家联合关于印发对外文化贸易统计体系(2015)的通知》。制度的建立，深化了与部门之间的沟通合作，服务贸易相关数据的信息交流得到了加强。

【不断优化服务贸易发展环境】 省政府高度重视服务贸易工作，年内连续出台《江西省人民政府关于促进服务外包产业加快发展的实施意见》《江西省人民政府关于加快发展服务贸易的实施意见》，内容涉及服务贸易资金支持、税收优惠和贸易便利化等方面。政策出台，有力地促进了江西服务外包、文化贸易、技术出口等重点服务贸易领域较快发展。组织企业申报国家重点文化出口企业。年内，江西华奥印务有限责任公司、江西丝黛实业有限公司、景德镇法蓝瓷实业有限公司、江西腾王科技有限公司、江西金太阳教育研究有限公司5家公司被评为国家重点文化出口企业。做好2015年承接国际服务外包和技术出口贴息申报审核工作，全年争取国家资金4018万元支持企业开展人才培训、获取国际认证和技术出口等，进一步提高企业核心竞争力。

【打造服务贸易发展平台】 年内，经省商务厅、省工信委、省科技厅评审新增4个省级示范园区。至年底，江西省服务外包产业已形成以南昌市中国服务外包示范城市为中心，14省级服务外包示范园区的“1+14”的发展格局。开展了对其他省级示范园区考核，通过对园区的认定和考核，着力推动各地打造示范辐射效应明显的产业集聚平台。搭建服务贸易交易促进平台。搭建江西省服务外包和文化贸易公共信息平台，平台已正常运行，发布国内外产业重要信息，推荐重点企业，促进网上供需对接，较好地为企业提供了政策和业务咨询服务。培育龙头企业。精心培育了景德镇珐琅瓷、萍乡烟花爆竹物流中心、九江思麦博、上栗三信、泰豪、凯天动漫、中文天下等一批龙头企业。2015年，江西华奥印务有限责任公司、江西丝黛实业有限公司、景德镇法蓝瓷实业有限公司、江西腾王科技有限公司、江西金太阳教育研究有限公司五家公司被评为国家重点文化出口企业。指导赣州市申报国家级服务外包示范城市，使江西服务外包产业南北呼应，布局更为均衡。

【提高服务贸易发展水平】 一是推动企业拓市场、抢订单。省商务厅组织企业参加境内外服务贸易优质展会，先后组织并支持全重点服务外包企业和文化贸易企业参加大连软交会、上海技交会、东盟博览等重点展会。组织企业赴美、加拿大等地开展服务贸易推介，帮助企业开拓国际市场。二是加强宣传，提高发展水平。江西充分利用高等院校和专业机构的优势，提高服务外包人员素质。开展“江西省CG服务外包创新创业设计大赛”和“第三届江西省大学生服务外包创新创业展示活动”，通过服务外包设计大赛和创新创业展示活动，大力宣传了江西服务外包产业发展的形势和政策，让高校、企业、政府和社会各界更加关注服务外包产业的发展。同时，通过大赛提高创新能力，提高整体水平。为大学生就业、创业搭建了展示平台，也为服务外包产业发掘了人才。三是发挥行业协会作用，促进服务贸易发展。9月，举办江西省城市高峰论坛和服务外包、文化贸易专业培训，宣传解读政策，促进江西服务外包、文化贸易发展，不断提高企业核心竞争能力。

（吴萍）

利用外资

【概　况】 2015年，全省实际使用外资94.73亿美元，增长12.1%，其中现汇进资21.11亿美元。按商务部统计排名，现汇进资列全国第十四位，中西部地区第五位。全省累计新批外商投资企业640家，下降22.14%；合同外资73.67亿美元，下降31.32%，但外资的质量和效益得到提升。主要体现在：一是招大引强取得显著成效。全省新批外资项目平均规模928万美元。全省累计新批投资总额1000万美元以上项目168个，总投资额69.02亿美元，其中投资总额1亿美元以上项目14个。全省新批世界500强企业投资项目3个，累计引进世界500强企业达到65个。二是区域利用外资发展提速。南昌、九江、赣州、吉安4地新批外商投资企业共计378家，占全省59.06%；新增合同外资46.48亿美元，占全省63.09%；实际利用外资65亿美元，占全省68.62%。三是引资结构逐步优化。制造业利用外资65.59亿美元，占全省比重为69.24%；服务业利用外资23.48亿美元，占全省比重为24.79%。全省新批2家外资融资租赁公司。四是外商投资方式和渠道呈现多样化。新批外商并购项目18个，投资总额5.36亿美元；1家境内企业赴境外上市融资；51家企业以跨境人民币进资，进资额29.36亿元；通过境外举债增加投资，在投注差范围内举借外债9.1亿美元。五是外商投资企业增资踊跃。全省共有175家企业增资扩股，新增合同外资18.56亿美元，占全省比重25.2%，其中合同外资增资1000万美元以上项目54个，新增合同外资12亿美元。六是战略性新兴产业利用外资发展稳步推进。全省新批十大新兴产业新批外资项目212个，新增合同外资和实际利用外资分别为26.74亿美元和30亿美元，分别占全省的36.3%和31.67%。七是工业园区利用外资发展迅猛。全省工业园区实际利用外资67.86亿美元,占全省的71.63%。其中,17个国家级开发区实际利用外资28.11亿美元,占全省的比重29.67%。

【举办一系列经贸合作活动】 5月27日—29日,第十四届赣港经贸合作活动在香港举行。省长鹿心社率江西省代表团参加活动。省委常委、统战部部长蔡晓明,副省长胡幼桃出席。活动共签约100个重大项目,签约金额98.9亿美元,推动赣港经贸合作再上新台阶。还先后举办第十三届赣台经贸文化合作交流大会、第二届华侨华人赣鄱投资创业洽谈会、第十二届中国景德镇国际陶瓷博览会等重大经贸活动,承办组织了"活力澳门推广周·江西南昌"、赴欧洲、东亚招商引资等活动,组织参加2015年厦门国际投资贸易洽谈会、2015年中国—东盟博览会等国家层面重点投资促进活动。赣台经贸文化合作交流大会签约72个投资项目,签约金额36.2亿美元;华侨华人赣鄱投资创业洽谈会签约73个投资项目,签约金额36.83亿美元。

【省委常委专题会议推进招商引资重大活动签约项目落地】 7月20日,省委召开省委常委专题办公会议,专题督导全省重大招商引资活动签约项目落地情况。省委书记强卫主持会议,省领导鹿心社、莫建成、蔡晓明、赵爱明、李贻煌出席。省商务厅厅长王水平专题汇报2014年以来全省招商引资和重大招商引资活动签约项目落地情况。各设区市提交了本市招商引资情况书面汇报。强卫、鹿心社对全省招商引资工作成绩和各级领导干部在招商引资工作中体现出来的实干作风给予了充分肯定。10月10日,省委再次召开省委常委专题办公会,专题听取"省委省政府发展升级重大决策部署贯彻落实情况督查调研"情况汇报,其中听取了省商务厅关于招商引资重大活动签约项目进展情况的汇报。省委书记强卫主持会议并讲话。通过调度督查,省委重点督办的各地市188个重大招商项目进展情况良好,截至年底,188个重大项目完成注册186个,注册率98.94%。进资项目185个,进资项目比率98.4%;实际完成进资763.13亿元,进资率18.28%。开工项目181个,开工率96.28%;投产项目88个,投产项目比率46.81%。

【组建产业招商小分队】 6月,江西省组建成立31支产业招商小分队。半年时间里,招商小分队共外出拜访客商633批次,对接洽谈项目793个,对接了美国孚能、美国福特、韩国SK、德国埃玛克、德国马勒、阿里巴巴等国内外500强企业及跨国公司,共推动签约项目203个,签约金额达2064.51亿元。其中,注册项目154个,进资项目94个,进资总额66.75亿元。开工项目81个,投产项目18个。

·资　料·

2015年江西省利用外资分行业比重

行　业	新批外商投资企业数		合同外资金额		实际使用外资金额	
	企业数(家)	比重(%)	金　额(万美元)	比重(%)	金　额(万美元)	比重(%)
全省合计	640	100	736757	100	947321	100
第一产业	**50**	**7.81**	**71569**	**9.71**	**55830**	**5.89**
农、林、牧、渔业	50	7.81	71569	9.71	55830	5.89
第二产业	**489**	**76.41**	**545391**	**74.03**	**696476**	**73.52**
采矿业	3	0.47	1107	0.15	818	0.09
制造业	470	73.44	522737	70.95	655898	69.24
电力、燃气及水的生产和供应业	11	1.72	16573	2.25	15631	1.65
建筑业	5	0.78	4974	0.68	24129	2.55
第三产业	**101**	**15.78**	**119797**	**16.26**	**195015**	**20.59**
交通运输、仓储和邮政业	6	0.94	11389	1.55	27719	2.93
信息传输、计算机服务和软件业	13	2.03	13893	1.89	10160	1.07
批发和零售业	25	3.91	14811	2.01	17820	1.88
住宿和餐饮业	7	1.09	7418	1.01	205	0.02

续表

行业	新批外商投资企业数		合同外资金额		实际使用外资金额	
	企业数（家）	比重（%）	金额（万美元）	比重（%）	金额（万美元）	比重（%）
金融业	2	0.31	1919	0.26	4254	0.45
房地产业	7	1.09	24584	3.34	93486	9.87
租赁和商务服务业	31	4.84	30095	4.08	27191	2.87
科学研究、技术服务和地质勘查业	4	0.63	5776	0.78	3325	0.35
水利、环境和公共设施管理业	1	0.16	3962	0.54	213	0.02
居民服务和其他服务业			901	0.12	1198	0.13
教育	1	0.16	4		16	
卫生、社会保障和社会福利业	1	0.16	855	0.12		
文化、体育和娱乐业	2	0.31	3200	0.43	8438	0.89
公共管理和社会组织	1	0.16	990	0.13	990	0.10

（陶建国　万任外）

对外经济合作

【概　况】 2015年，省商务厅积极推动江西企业加快“走出去”参与“一带一路”建设。全省完成对外承包工程营业额35.1亿美元，增长23.1%，高出全国增幅14.9个百分点；新签对外承包工程合同额40.4亿美元，增长52.6%，高出全国增幅43.1个百分点。完成营业额总量居全国第十一位，比上年提升2位。完成对外直接投资额10.5亿美元，增长59.9%，位居全国第十六位，中方投资额19.1亿美元，增长88.1%。主要特点有：一是开拓“一带一路”沿线国家市场取得新进展。截至年底，江西企业在“一带一路”沿线30个国家开展对外投资业务，中方协议投资额6.43亿美元，增长2.5倍；对外直接投资额1.31亿美元，增长20%。在“一带一路”沿线25个国家承揽基础设施互联互通建设项目52个。对外承包工程新签合同额5.98亿美元，增长5.7倍；完成营业额8.64亿美元，增长18.1%。二是推进“五大行业”走出去有新进展。2015年，江西农业、制造业、服务业、建筑业和矿业等五大优势行业对外投资实现大幅增长，其中农业和制造业对外投资1.15亿美元和5876万美元，增幅高达92倍和1.2倍，占总额比重由上年的0.2%和2.7%提高到11%和5.6%。建筑业和矿业对外投资额3.94亿美元和2.32亿美元，分别增长28.1%和24.6%。新签投资总额500万美元以上的基础设施建设和产能合作项目128个。其中1亿美元以上项目15个。三是主体队伍建设实现新进展。全省有对外承包工程经营权企业总数118家。全省核准境外投资企业110家，境外企业总数增至549家。江西国际、江西中煤、中鼎国际等3家“走出去”龙头企业再次入选全球最大国际承包商250强，江西上榜企业数量居全国第三位、中部地区第一位。四是高位推动，鼓励企业“走出去”。6月和11月，省委书记强卫和省长鹿心社率团分别沿海上丝绸之路和丝绸之路经济带开展与重点国家经贸合作交流活动，推动35个“一带一路”建设重大项目签约，合同额近50亿美元。9月，省委书记强卫主持召开“走出去”企业代表座谈会，部署推动江西企业参与“一带一路”建设；3月，省长鹿心社推动并见证省政府与中国工商银行总行签署“走出去”战略合作协议，为江西企业争取“一带一路”建设项目融资额度100亿美元。五是加强指导，引导企业“走出去”。制定出台《江西省商务厅积极参与“一带一路”战略的意见和措施》，编印《江西省“走出去”国别投资合作指南（“一带一路”篇）》，印发《江西省积极参与“一带一路”建设推进五大行业“走出去”工作方案》，确定300家“走出去”重点和培育企业，建立对外投资合作合同额500万美元以上“走出去”重点项目库，已有443个500万美元以上项目纳入重点项目库。

【对外经济技术交流取得新进展】 年内，在澳大利亚、新加坡、俄罗斯等国家举办经贸投资合作推介会及江西商品展，推动重大投资合作项目签约近50亿美元。截至年底，江西外语外贸职业学院、江西财经大学、南昌大学等3个实施单位累计承办85期培训项目，为100多个国家培训2168名政府官员和技术人才，援外人数突破2000人。其中为“一带一路”沿线35个国家培养了800多名官员和人才。

【帮助企业“走出去”】 省商务厅联合中国人民银行南昌支行、省外汇管理局、中国进出口银行江西分行、国家开发银行江西分行、中信保南昌营管部等金融保险机构举办政银保支持江西企业“走出去”系列恳谈会、对接会和专题讲座,年内帮助企业融资19.21亿美元,有效解决了融资难、融资贵、融资渠道不畅难题。组织40多家有意愿的企业参加第三届“中国—南亚博览会”和上海合作组织暨“一带一路”省区市商品展,鼓励和引导江西企业积极参与“中印缅孟经济走廊”项目建设。年内,分别召开省直部门、各设区市商务主管部门及重点企业3个层面的“走出去”工作座谈会,建立省、市、县三级紧密联系机制,收集汇总对外承包工程企业、对外劳务合作企业、对外投资企业、设区市商务局、江西省出国劳务报名网点等近400多家相关单位和企业,编印全省对外投资合作联系手册。指导、推动成立由24家“走出去”重点企业和3家政策性金融保险机构为发起人、200余家对外投资合作企业为成员的江西“走出去”企业战略合作联盟,引导、支持和帮助江西企业“以老带新”“强强联合”,抱团“走出去”。

(杨光)

国内经济合作

【概　况】 2015年,全省以全国工商联十一届四次执委会议在南昌召开为契机,通过“走出去”“请进来”等方式,加强重点产业、支柱产业和县域经济特色产业的宣传推介,积开展一系列主题招商活动,并依托各类经贸洽谈合作平台,深化拓展与长三角、珠三角、海西经济区和京津冀经济交流与合作,招商引资工作取得新成效。全省利用省外实际进资突破5000亿元大关,达5232.16亿元,增长15.23%,增幅高出年初计划2.23个百分点。全年累计新签项目1999个,签约投资总额10079.17亿元,其中:第一产项目128个,占比6.4%;签约投资额305.34亿元,占比3%。第二产项目1373个,占比68.7%;签约投资额6002.25亿元,占比59.6%。第三产项目498个,占比24.9%;签约投资额3771.58亿元,占比37.4%。

【开展“民企入赣”主题招商活动14场】 2015年,以“民企入赣、助推发展”为主题开展了14场的重大招商活动,省级层面重点在北京、武汉、西安、重庆、南京、深圳、杭州、广州、厦门、上海和香港等地展开。同时,各市、县(区)、省直各部门也开展了多层次的招商对接活动。招商领域得到进一步拓展,除常规领域外,还专门举办了文化产业、现代服务业、现代农业等专题招商活动。全省有近20个省直部门直接或间接参与“民企入赣”招商工作。全省招商活动呈现出领导重视程度高、推进力度大、覆盖区域广、招商领域宽等特点,形成多部门参与、多平台承接、多地方主动作为的良好局面。

【赣商回乡创业掀起高潮】 2015年,江西实施赣商回乡创业创新推进年活动。省主要领导在率省党政代表团赴福建、安徽、上海、江苏学习考察期间,会见了当地江西商会的赣商企业家代表,极大地鼓舞了赣商回乡投资兴业的热情。年内,先后有湖南、四川、内蒙古、广西、湖北、浙江、福建、台湾、青海、北京、广东、天津、重庆等省市区江西商会组团回赣投资考察,共500余名赣商企业家参加。省委书记强卫、省长鹿心社会见了深圳和北京到赣投资考察团,副省长刘昌林会见了天津到赣投资考察团。全年赣商回乡创业5000万元以上新签项目527个,总签约金额2109.4亿元,分别占同期全省新签利用省外资金5000万元以上项目个数及项目金额的26.36%和20.93%。赣商参与、服务全省经济发展的热情全面迸发。

【招大引强有新突破】 2015年,全省利用省外亿元以上项目1387个,增长4.29%;实际进资4654.02亿元,增长19.77%,占全省实际进资总额的88.95%,比上年同期提高3.37个百分点。其中,引进5亿元以上项目398个,10亿元以上项目188个,20亿元以上项目60个,50亿元以上项目6个,100亿元以上项目1个。新引进央企投资项目32个,央企累计落户江西80家。新引进国内500强投资项目38个,国内500强累计落户142家,为各地稳增长、调结构、促升级注入强劲新活力。较大的项目有:中国石油化工股份有限公司在九江市投资67.37亿元的油品质量升级改造工程项目、北京通用航空有限公司在景德镇市投资60亿元的通航产业基地项目、北京汽车集团有限公司在景德镇市投资40亿元的年产30万辆整车生产厂房及年产15万辆整车和年产15万台发动机生产线项目等。

【举办全国知名民营企业助推江西发展升级大会】 12月22日—24日,利用全国工商联执委会在江西召开的契机,在南昌举办全国知名民营企业助推江西发展升级大会。参会人员有全国工商联十一届四次执委会议的全体代表、省直有关单位领导,以及各设区市领导和县(市、区)负责人、集中项目签约代表等共计1000余人。会上集中签约121个重大项目,投资总额2190.14亿元。此次大会创下了江西招商引资洽谈活动一次性到会知名企业家层次最高、人数最多的纪录,对宣传江西、推介江西起到极大的促进作用。

【区域经济合作更趋活跃】 年内,江西省积极融入“一带一路”“长江经济带”建设,对接“京津冀协同发展”,加强省际区域经济合作。分别与广东、上海、福建、北京、湖北、湖南等省市签订战略合作协议,成功加入长三角市场一体化,推进南昌国家高新技术产业开发区和九江赤湖工业园加入长江流域园区合作联盟,与湖北、湖南省商务厅签署《长江中游城市群区域商务合作协议》。加强与上海交流合作部门沟通衔接,促进上饶等市与长三角城市开展经贸交流,做好基础性工作,推动上饶等市尽早加入长三角城市协调会。组织100多家企业参加西洽会暨丝绸之路博览会、渝洽会、青洽会等国家大型经贸活动,宣传推介了江西的发展战略、发展优势、名优特产品,进一步加强了与陕西、重庆、青海等“一带一路”沿线地区间的双边交流与合作。

(曾园辉)

本栏编辑　邓玉兰

人力资源和社会保障

综　　述

2015年,全省人力资源和社会保障部门主动适应经济发展新常态,坚持以稳中求进为总基调、以信息化为引领、以改革为动力、以法治为保障,全面推进人社各项工作,各项目标任务完成,总体呈现"稳"有张力、"进"有所为的态势。

全面深化人社领域改革发展。研究制定《江西省人社领域2015年重点改革工作计划》《江西省人社领域2015年改革工作台账》和《江西省人社领域重要改革举措实施规划(2015—2020年)》,确定到2020年人社领域15项重要改革举措及2015年重点推进的50项改革任务,明晰人社领域改革路线图,建立改革工作台账,实行销号制度,确保各项改革任务按时完成、取得实效。2015年省委、省政府赋予省人社厅牵头的8项改革任务、配合的13项改革任务全部完成(其中1项根据国家部署统一实施);省人社厅确定的50项改革任务已完成45项(2项需跟进国家部署实施,3项正在部署推进),机关事业单位养老保险制度改革、人力资源市场整合改革、县以下机关公务员职务与职级并行制度改革、国有企业负责人薪酬制度改革、机关事业单位基本工资标准和优化工资结构、基层公开遴选公务员机制和公务员考录制度、改革省直副团职及以下军转干部安置办法等一批重大改革举措已经出台实施,改革效益正逐步显现。在省人社厅门户网站开设"全面深化改革、打造五型人社"专栏,在《现代人力资源社会保障》内部刊物开设了政策宣传解读栏目,先后召开6次新闻发布会,向社会公布改革任务完成情况,取得了较好的宣传效果。

信息化建设取得重大突破。深化信息化人社建设,重点推进"多险合一"、医保监控、阳光政务、人力资源市场整合、"12333"电话咨询服务平台升级等5个关键项目建设。"多险合一"信息系统已在新余、鹰潭、萍乡、景德镇、九江5个设区市上线运行;医疗保险监控服务系统在省本级和鹰潭市上线试运行,发现异常医疗费用405万元;人社阳光政务信息系统在省本级上线运行,为公众提供123项人社业务网上办理、1015件人社领域法律法规政策、643项人社权责任清单及收费清单等事项的查询、在线互动等服务;掌上1233手机APP在省本级上线运行,提供政策业务查询、网上办理等服务;12333电话咨询量突破323万人次。累计生产发行社保卡2615万张,开通70项应用项目。全面实现医疗保险省内异地就医双向互通,全省11个设区市已全面实现参保人员到南昌异地就医即时结算,6个设区市与南昌市实现了异地就医即时结算双向互通,赣州与吉安已实现设区市之间的异地就医即时结算多向互通。南昌与广州、九江与武汉2个设区市探索开展了跨省异地就医即时结算。

积极支持基层人社事业创新发展。持续推动基层就业和社会保障服务设施项目建设,全年申报建设项目6个,争取中央投资2460万元,配套2491万元,全省累计有67个县、268个乡镇纳入项目建设,总投资5.2亿元(争取中央投资1.87亿元),累计规划建设面积30万平方米,初步建成覆盖城乡、直达到村的公共就业和社会保障服务网络体系。加强基层人力资源社会保障平台建设,全省累计建立基层平台1717个,其中乡镇、街道、工业园区乡镇平台1395个、覆盖率100%,下设工作站或聘请协管员的行政村1.6万个。加大对赣南等原中央苏区的支持力度,全年划拨中央及省级财政专项转移支付补助资金39.78亿元、划拨省级调剂金4.25亿元;争取资金4000万元用于支援赣州原中央苏区技工院校建设,将罗霄山区集中连片特困地区17个县中等职业学校农村学生(不含县城)全部纳入享受助学金范围。

依法行政水平明显提升。制定出台《全面推进法治人社建设实施意见》,印发《2015年法治建设工作要点》,建立完善专家咨询、法律顾问和重大事项社会稳定风险评估机制,推动重大行政决策科学化民主化法制化,得到了人社部的肯定和推广。大力推动简政放权,2014年以来,省人社厅本级行政审批事项精简率68.97%,审批总时限缩短率52.4%,事项精简率和总时限缩短率是历次行政审批制度改革中力度最大的一次,精简率历史最高。赋予省直管试点县(市)43项人社管理权限,占省直部门下放总数的3%,数量、涵盖范围、含金量在省直各部门均位居前列。取消专业技术职务认定收费等18项行政事业性收费项目,全部取消5项非行政许可审批项目。全面梳理便民事项,在"江西政务服务网"上梳理出由省人社厅本级提供的便民服务事项8大类160项,录入便民服务信息208

条，约占省直部门总数的16%，是省直各部门中提供便民服务事项最多的省直单位。厅本级全面建立了权力清单、责任清单、公共服务清单、收费清单和其他事项清单等5个清单并对外公布，做到法无授权不可为、法定职责必须为、清单之外无审批。

持续推进全省人社部门作风建设。加强人社领域重要政策措施督查落实，层层分解《政府工作报告》、民生工程等重大工作任务，制定督查工作手册，建立督查工作台账，加强综合调度，组织对全省各地人社领域重大政策重大改革任务落实情况和农民工工资支付工作进行专项督查，开展市县科学发展人社部门工作考核，推动重难点问题解决和重要工作任务落实，得到省委、省政府和人社部领导的充分肯定。认真落实省委加强作风建设营造良好从政环境意见二十条，制定《关于改进工作作风密切联系群众的措施》《关于进一步严肃工作纪律改进工作作风的通知》。持续推进人社部门窗口单位作风建设长效机制，全面规范窗口服务规范、文明用语和纪律要求，用心打通联系服务群众的"最后一公里"。2015年，省人社厅先后获得省"十佳新闻发布单位""全省党委系统信息工作先进单位""2011—2014年省直(属)单位定点帮扶贫困村工作先进单位""2015年消防工作先进部门""省综合应急救援指挥部先进单位"等称号，省外专局被评为"2015年全国引智宣传工作先进单位"，省劳动监察总队被评为"2015年全国清理整顿人力资源市场秩序专项行动取得突出成绩单位"，省人社厅驻沪劳务管理处被评为"江西省驻沪单位先进工作单位"；群众通过"江西绩效"微信平台对省人社厅日常评价满意度达98.5%。

(袁伟华)

人力资源管理

【概　况】 高层次人才引进培养成效明显。组织百千万人才工程人选推荐选拔，确定100人入选省级百千万人才工程人选，8人入选国家百千万人才工程并被授予有突出贡献中青年专家称号，入选国家级人选数量排中部地区第一、全国第八。选拔24名工程人选赴国(境)外研修，资助26位工程人选赴国(境)外开展研修活动。举办2期百千万人才工程人选高级研修班。联合省委人才工作领导小组办公室出台《江西省高层次人才引进实施办法》，为激励全省引才工作创新管理、完善配套、简化流程等提供政策支持。深入实施"急需紧缺高层次人才引进计划"，征集发布博士以上引才岗位1600个，引进博士以上高层次人才600多人。落实省校合作战略协议，举办2015年江西省引进高层次人才(北京)专场招聘会。开展博士后科研工作站申报，28家单位新获国家批准设立博士后科研工作站，新增设站数列全国第六位，中部6省第一位，创江西省历年新高。批准设立博士后创新实践基地31家。组织省博士后科研项目和日常经费资助申报评审，资助科研项目60项、资助日常经费30人，资助资金360万元。开展中国博士后科学基金面上资助和特别资助申报，全省36人获得资助。举办中国博士后西部服务团江西宜春行活动和全国作物生产与粮食安全博士后学术论坛，完成2015年度博士后综合评估。组织新设博士后创新实践基地管理人员培训，举办博士后创新实践基地与流动站对接活动。

高技能人才建设扎实推进。健全技能人才培养机制，加快功能完备的高技能人才多元化培养平台建设，开展实施"技兴赣鄱"专项行动方案，形成高技能人才培养示范基地高端引领、技工院校主体推动、公共实训基地有力补充的技能人才培养体系，经验做法得到人社部充分肯定。截至年底，城镇技能劳动者总量415万人，高技能人才121万人，新增国家级高技能人才培训基地建设项目3家，新增国家级技能大师工作室3家，新增省级高技能人才培养示范基地1家，省级技能大师工作室15家，91名优秀技能人才被授予"江西省首席技师"。举办2015年中国技能大赛、江西省"振兴杯"职业技能大赛，直接参赛人数超过5万人，带动50万人岗位练兵。承办2015年中国技能大赛——首届"古窑杯"陶瓷成型职业技能全国总决赛，竞赛承办工作在全国职业技能竞赛工作总结会上典型性经验介绍。健全技工院校管理制度，强化学籍和资助资金管理，加大师资建设力度，全省技工院校建设成效明显，在校学生数12.2万人、完成招生4.8万人，为社会培养各类技能人才26.36万人。扎实开展技能鉴定工作，加强鉴定组织实施管理，全省共开展技能考核鉴定23.5万人，其中高技能人才5.2万人。

引进国外智力、出国(境)培训管理工作进一步强化。组织和引进海外专家到赣服务，全年执行国家引进国外技术、管理人才项目36项、江西省海外医疗科研人才引进计划13项，引进海外高层次人才220人次。会同省委人才工作领导小组办公室出台《江西省引进高端外国专家和急需紧缺海外工程师暂行办法》，设立江西省高端外国专家和急需紧缺海外工程师引进计划及资助项目，举办"海外人才江西行"系列活动。加强到赣工作外国专家服务管理，全年到赣外国专家3018人次，专家数量和层次均有提升。组织"庐山友谊奖"选拔推荐，1名外国专家获中国政府"友谊奖"、15名外国专家获省政府"庐山友谊奖"，江西省做法在全国外国专家表彰工作座谈会上作典型发言。组织对12家单位聘专资格认可工作进行考察评估，开展全省聘专单位年检，举办全省聘专单位专管员培训班，初步建立能进能出的管理格局。出国(境)培训管理工作进一步强化。着力规范管理、提高培训成效，全年组织实施出国(境)培训项目19个、选派出国(境)培训人员336人次、争取国家项目资金176余万元，赴捷克铀资源勘查与矿山环境治理与修复技术系列培训班、职业能力建设赴德国培训班等项目取得良好成效。

人事制度改革进一步完善。健全基层公务员考录制度，出台《关于做好艰苦边远地区基层公务员考试录用工作的实施意见》，解决基层边远艰苦地区招录难、留人难问题。部署公务员平时考核试点工作，全省确定公务员平时考核试点单位300余家。进一步规范评比达标表彰工作，严控未经批准、新增评比达标表彰项目。加强省直部门绩效管理，完善考核指标体系，开发日常评价"江西绩效"微信平台，群众通过“江西绩效”公众号对省直单位作出21万余条评价。完善公开遴选机制，开展省直单位遴选公务员工作。配合完成省政府机构改革任务，为119名分流人员办理了转任和任职手续。做好工商、质监系统公务员下划移交，将设区市工商质监部门11043名公务员和非领导职数下划移交各地市管理。做好职位管理日常工作，为11名省级干部、269名厅级干部办理职务任免手续、为108名副厅级以上领导代发任命书，完成职数审核备案90批次250人次、调动审批110批次427人次。部署开展公务员依法行政教育培训，举办新考录公务员初任培训、厅局级和县处级专题班、乡镇长、遴选公务员任职培训班，选派8名县市长参加中部地区公务员区域经济发展对口培训，对原中央苏区县国土等部门163名局长进行生态文明建设培训。深化事业单位人事制度改革，争取人社部支持，将九江县确定为全国四个试点县之一，开展县以下事业单位管理岗位职员制改革试点。完善事业单位人事管理制度，制定《事业单位工作人员转岗管理试行办法》；继续开展机关事业单位“吃空饷”问题集中治理，累计清理各类“吃空饷”人员6053人、追缴资金3724万元。首次开展基层国土资源定向生招聘和培养，继续开展免费师范生、农业、林业、水利定向生招聘，较好解决边远地区、艰苦行业专业技术人才招聘难和流失率高等问题。改进军转安置方式，探索省直单位接收副团职以下军转干部采取考试考核、积分双选、积分单选相结合的办法，赋予军转干部和用人单位更多的选择权，全年共安置632名军转干部。

收入分配改革有序推进。稳妥实施调整机关事业单位基本工资标准和优化工资结构方案，7月底，全省机关事业单位调整基本工资标准工作已落实到位。稳妥推进实施县以下机关建立公务员职务与职级并行制度，经省委、省政府同意，制定印发《江西省县以下机关建立公务员职务与职级并行制度实施意见》，大多数市（县、区）已进入具体实施阶段。实施乡镇机关事业单位工作人员工作补贴，制定下发《关于乡镇机关事业单位工作人员实行乡镇工作补贴的通知》。提高边远地区农村中小学教师特殊津贴，由每人每月210元提高到300元，最边远农村中小学教师由每人每月360元提高到500元。完成省直事业单位基本工资调标后绩效工资总量审核，组织省直206个单位、2万余人的津贴补贴审核兑现，开展2015年全省公务员工资水平试调查和全省机关事业单位工资年报统计汇总。企业工资分配日趋完善。以省委、省政府名义出台《关于深化省属企业负责人薪酬制度改革的意见》，是全国第五个获国务院批复改革意见的省份，同步推进市、县国有企业负责人薪酬制度改革。发布2015年企业工资指导线，明确企业货币工资增长基准线为12%、增长下线为5%，不设增长上线；调整了最低工资标准，各类区域平均增幅10.53%。

【健全高层次急需人才引进制度机制】 12月15日，省委人才工作领导小组办公室、省人社厅、省外专局出台《江西省引进高端外国专家和急需紧缺海外工程师暂行办法》，明确设立高端外国专家和急需紧缺海外工程师引进计划及资助项目，对入选该计划的外籍人才提供居留、出入境、就医等方面便利服务，经评审立项的资助项目给予专项经费资助。首次设立江西省海外医疗科研人才引进计划，支持各级医疗卫生单位及科研机构引进海外医疗科研人才并予以资助。12月27日，省委人才工作领导小组办公室、省人社厅出台《江西省高层次人才引进实施办法》，明确了引进高层次人才时在编制管理、岗位管理、生活待遇、工资待遇等13项优惠政策，鼓励各用人单位创新工作机制，打破条条框框，确保高层次人才“引得进、留得住、用得好”。

【进一步深化职称制度改革】 进一步放宽职称评审资格条件，在全国率先取消职称计算机、取消中级职称外语要求、外语免试年龄放至50周岁、取消继续教育作为聘任条件。完善非国有企业职称政策，放宽非国有企业职称学历条件，取消非国有企业职称继续教育培训考试要求。衔接国家职业资格制度改革，开展全省职业资格清理整顿专项督查，调整部分准入类职业资格为水平评价类。按照“行业归口、统一管理、整合提高”原则，撤销和归并部分高级专业技术资格评审委员会。全省23000余人申报参加高级专业技术资格评审，10759人取得了高级专业技术资格。

【博士后设站规模进一步扩大】 组织2015年博士后科研工作站申报，江西省28个单位获准设立博士后科研工作站，新增设站数列全国第六位，中部6省第一位，也是江西省历年来最多的一次。至年底，全省博士后站总数117家，全年共招收博士后人员117人，增长31.4%。启动博士后创新实践基地建设，首批批准设立博士后创新实践基地31家。开展博士后科研项目和日常经费资助申报评审，资助科研项目60项、资助日常经费30人；全省36人获得资助，其中11人获得特别资助，同比增加120%。

【举办清华大学江西省引才专场招聘会】 11月10日，省委组织部、省人社厅、省政府驻京办在清华大学举办2015年江西省引进高层次人才（北京）专场招聘会，组织139家省及中央驻赣企事业单位参加，提供高层次人才岗位2841个，经双向洽谈并收取简历1867人（博士757人），初步达成意向702人（其中博士、博士后270人）。召开引才工作恳谈会，与清华大学及部分高层次人才、赣籍学生进行座谈，宣传江西引才政策，倾听引才意见建议。

【举行第十六批中国博士后西部服务团江西宜春行活动】 7月28日—30日，由全国博士后管理委员会办公室、中国博士后基金会、江西省人社厅主办，宜春市人社局承办的第十六批“中国博士后西部服务团”江西行活动在宜春市举行。来自北京、上海、广州等10个省市多所著名高校和科研院所的18位博士后研究人员，与江西省福斯特新能源集团有限公司等13个企事业单位进行对接、技术咨询。通过活动，初步建立全国部分博士后工作站、流动站与省内企事业单位之间科技与人才交流的直通车，为江西省部分企事业单位提供了面对面的技术指导和智力支持。

【举办全国作物生产与粮食安全博士后学术论坛】 10月23日，由全国博士后管理委员会、中国博士后科学基金会、江西省人社厅共同主办，江西农业大学承办的“2015年全国作物生产与粮食安全博士后学术论坛”在南昌市举行。论坛邀请中国工程院院士陈温福，长江学者特聘教授、中国农业大学教授孙传清，长江学者特聘教授、华中农业大学教授匡汉晖等4位专家进行专题学术报告。论坛分别围绕作物遗传育种、作物栽培与病虫害防治、土壤培肥等议题进行学术交流和研讨，评选了优秀学术报告。来自武汉大学、华中农业大学、四川农业大学、河南农业大学、福建农林大学、农业部环境保护科研监测所、广东省农科院等40余所高校、研究机构的专家学者及博士后160余人参加了学术论坛。

【大力引进海外专家到赣服务】 2015年，全年执行国家引进国外技术、管理人才项目36项，江西省海外医疗科研人才引进计划13项，通过引智项目引进海外高层次人才220人次，引智项目单位在海外人才的帮助下获批专利授权141项，新申请专利77项，参与国家和行业标准修订4项，填补国内空白14项，入选年度国家重点新产品计划3项，取得重大技术突破或解决重大技术难题37项，外国专家直接创造经济效益2.14亿元。

【举办2015年“海外人才江西行”系列活动】 4月29日，省委组织部、省人社厅、省外专局共同举办2015春季“海外人才江西行”活动，邀请美国、加拿大、荷兰等国21位海外人才携项目到赣与省内19家需求单位洽谈对接，涉及生物医药、3D打印、新环保和金融等多个领域，专门开设上饶专场活动，共达成合作意向14项、签订合作协议2项。6月17日，在赣州市上犹县举办支持2015年江西赣州海外高层次人才项目对接活动，邀请14位纳米材料、新能源等领域的海外高层次人才与15家企业洽谈对接，共签订合作协议10项。

【“一村一品”工作成效明显】 围绕农村特色产业发展、农民增收致富能力提高，坚持“突出重点、典型示范、完善体系、提高水平”的思路，突出产业扶持、带头人培养、发展环境优化及发展氛围营造。全年新增“一村一品”特色产业村350个、带动的农户增加20万户，从事“一村一品”主导产业生产经营农户人均纯收入比全省农民人均收入高出1500多元。强化示范体系建设，集中项目资金重点扶持发展潜力大的项目，突出示范带动作用，全年实施“一村一品”产业扶持项目153个。鼓励支持各地建立市级示范点，上饶、抚州、萍乡等设区市命名了一批市级“一村一品”示范点。加大项目资金监管力度，组织对近年来全省“一村一品”专项资金管理使用情况进行自查自纠，清理纠正资金申请、使用问题。加大带头人培养力度，举办省级“一村一品”蓝莓、果树、电商等多期特色产业带头人专题培训班，邀请台湾专家进行交流座谈，搭建特色产业联盟。加强重点帮扶服务，采取产业扶贫、智力扶贫、技术扶贫、资金扶贫等多种措施，重点帮扶抚州市黎川县中田乡竹际村，取得了明显成效。

【完善岗位设置管理制度】 制定出台《江西省事业单位工作人员转岗管理试行办法》，推动建立岗位设置动态管理机制，妥善处理专业技术岗位评聘矛盾问题。开展2015年全省事业单位专业技术二级岗位审定，经专家审定产生了43名二级岗位人选。

【分业分类组织事业单位公开招聘】 组织完成2015年全省中小学教师招聘工作，全省共招聘中小学教师10396人，其中国家“特岗计划”教师2898人。继续做好省直事业单位高层次人才招聘工作，共发布招聘公告132个，招聘高层次人才1038人，其中博士370人，占招聘总人数的35.6%。

【加强公务员考录选拔工作】 坚持依法、公平、科学、安全考录原则，注重面向基层用人导向，健全完善考录制度，修订出台《2015年度公务员考试录用专业条件设置指导目录》，规范公务员考录专业条件设置和审核工作。出台《关于做好艰苦边远地区基层公务员考试录用工作的实施意见》，采取降低门槛、放宽条件、降低比例、单独划线、限制户籍等措施，解决基层边远艰苦地区招录难、留人难问题。组织实施全省录用公务员四级联考、人民警察和政法干警招录培养体制改革试点招考，全省共计录用公务员4592人，其中录用大学生村官、三支一扶、西部志愿者、农村特岗教师等基层项目人员622人，占录用总人数的13.5%。

【加强人事考试组织管理】 坚持依法治考，进一步健全人事考试工作制度，规范考务操作规程，加强考务工作队伍建设，保障人事考试安全平稳和谐。全年共顺利组织实施各类人事考试67项，参考人数44.3万人，考试总科目数110万科次。巩固人事考试环境综合治理行动成果，实行雷同答卷甄别和认定制度，会同公安、无线电部门严肃查处舞弊行为，有力整肃了考试环境。全年共核查处理各类考试违纪违规人员3498人，处理雷同科目考生475人。

【进一步规范表彰奖励】 年内，落实《江西省评比达标表彰活动管理实施细则(试行)》要求，一律停止未经批准的项目，严格控制新增项目，严格审核报批项目。全年新增省级评比达标表彰项目2项、省级以下项目2项，停止未经批准项目35项，保留项目55项。认真遴选推荐国家部委表彰对象，开展省级表彰奖励，扎实开展公务员记功活动。全年推荐国家部委评选表彰先进集体37个、先进个人34名，开展省级表彰项目9项、表彰先进集体435个、先进个人1465名。与省公安厅、省国土厅联合开展评选“全省公安系统先进单位、优秀人民警察”“江西省第二次全国土地调查先进集体和先进工作者”活动，评选表彰先进集体150个、先进个人350名。全省给予公务员嘉奖3873人、记三等功1817人。

【创新省直机关绩效管理】 将省直机关绩效管理对象增加党群机关、扩大到96家单位。完善各单位绩效考核指标体系，组织专家评审，确保省委、省政府中心工作和重点任务全部列入考核指标体系。上线运行绩效管理省领导驾驶舱,配备终端设备,实现实时查看分管工作进展、调阅全省相关经济运行数据的功能。开发日常评价"江西绩效"微信平台,群众可在办事现场用手机对省直各部门服务水平和服务态度进行评价。群众通过"江西绩效"公众号对省直单位给出了21万余条评价,其中满意评价20万条、满意率95%以上。

【探索军转干部安置新模式】 首次将军转安置工作纳入省直机关绩效管理,改进创新军转干部安置办法,出台《省直单位接收安置副团职以下军队转业干部暂行办法》,对省直单位接收副团职以下军转干部采取考试考核、积分双选、积分单选相结合的办法,既保留了用人单位选人自主权,又增强了安置工作透明度和公信力,得到了各方好评。2015年,全省接收安置计划分配军转干部533名,自主择业军转干部99名。其中,安置到党政群机关和参公事业单位的占91.9%,安置到事业单位的占7.7%,安置到企业单位的占0.4%;全省11个设区市中,有8个设区市实行了考试考核与积分选岗相结合的阳光安置办法,5个设区市计划分配军转干部100%安置到公务员和参公单位,6个设区市计划分配团职干部100%安排了领导职务。

【部署实施县以下机关公务员职务与职级并行工作】 3月18日,由省人社厅、省委组织部、省编办、省财政厅、省公务员局联合成立江西省县以下机关建立公务员职务与职级并行制度实施工作领导小组,领导小组办公室设在省人社厅。开展摸底测算工作,在全省抽样调查72个县(市、区),初步掌握江西省拟纳入范围的单位、晋级人数和增资的基本情况。深入部分县(市、区)进行调研了解,结合江西省实际和九江县先期试点情况,草拟实施意见和具体问题处理意见,召开座谈会征求各设区市和部分县(市、区)意见,报经省委省政府同意,印发《江西省县以下机关建立公务员职务与职级并行制度实施意见》。8月21日,召开全省电视电话会议,部署实施县以下机关公务员职务与职级并行工作。至年底,各市(县、区)已完成方案报批,绝大多数市(县、区)进入具体实施阶段。

(袁伟华)

就业与再就业

【概　况】 2015年,注重围绕新一轮就业创业政策贯彻落实,坚持以改革为引领,突出重点群体就业创业,强化公共就业服务措施,狠抓各项工作落实,就业局势总体保持稳中有进的态势。

民生工程目标任务完成。全年全省城镇新增就业55.26万人,完成目标任务的122.8%,占全国新增就业总量的4.26%,高于江西省人口全国占比;城镇登记失业率3.35%,低于年计划1.15个百分点;就业困难人员就业6.86万人,完成年计划的171.5%;零就业家庭安置率100%。新增转移农村劳动力59.03万人,完成年计划的118.1%;工业园区定向培训36.06万人,完成年计划的120.2%;创业培训10.88万人,完成年计划的120.83%;失业保险参保人数274万人,完成年计划的101.48%;失业保险费征缴11.78亿元,完成目标任务的132.33%;失业保险金基金支出3.55亿元,为2.84万人、发放失业保险金1.32亿元。

就业创业政策进一步健全。研究制定并以省政府名义下发《关于推动大众创业万众创新若干措施的意见》,围绕降低准入门槛、激发创业创新主体活力、加大资金扶持、提高服务水平等4方面提出28条具体政策措施;研究制定并以省政府名义印发《关于进一步做好新形势下就业创业工作的实施意见》,从深入实施就业优先战略、统筹推进重点群体就业、加强就业创业服务等方面提出19条政策措施;引导返乡农民工等群体创业,研究制定并以省政府办公厅名义下发《关于支持农民工等人员返乡创业的实施意见》,就做好农民工、大学生和退役士兵等人员返乡创业,提出了16条具体措施;陆续出台激励科研人员、大学生、国有企事业单位职工创业、农村劳动力和回乡人员等群体创业创新政策,制定大众创业万众创新专项行动计划,进一步完善了支持创业优惠政策,形成了政府激励创业、社会支持创业、劳动者勇于创业新机制。

失业保险功能充分发挥。组织实施失业保险基金支持企业稳定岗位的补贴政策,联合省财政厅、省发改委、省工信委出台《关于失业保险支持企业稳定岗位有关问题的通知》,对采取有效措施不裁员、少裁员,稳定就业岗位且符合条件的4类企业,按规定标准给予稳岗补贴。随后,印发《关于进一步做好失业保险支持企业稳定岗位工作有关问题的通知》,将失业保险基金支持企业稳岗政策实施范围扩大到所有符合条件的企业。全年共为594户企业、24.48万职工发放稳岗补贴9099万元。

创业促进就业不断扩大。完善小额担保贷款政策,将小额担保贷款调整为创业担保贷款,全省发放贷款121.8亿元,完成年计划的121.8%;新增创业贷款担保基金2.6亿元,完成年计划的173.3%;贷款回收率99.92%;通过创业贷款直接扶持个人创业9.4万人次,带动就业47.1万人次。开展创业培训10.88万人,完成年计划的120.9%。搭建孵化基地创业服务平台,全省建立创业孵化基地、创业孵化园、创业示范街等创业平台208个,入驻创业实体1.7万个,带动就业13.1万人。组织参加"中国创翼"青年创新创业大赛,共有355个项目报名参赛、276个项目进入初赛,24个项目晋级复赛、4个项目晋级半决赛、3个项目晋级总决赛,参赛数量和项目质量上均位居全国前列;成功承办华中赛区复赛,获得"中国创翼"青年创业创新大赛优秀组织奖。

公共就业服务水平不断提高。基本完成100个县(市、区)公共就业和人才服务机构改革、人才市场和劳动力市场的整合,实现全省县级公共就业和人才服务信息资源共享。初步建成覆盖城乡、直达到村的公共就业服务网络体系,实现就业服务信息网络、业务功能、服务对象3个全覆盖。做好全省人力资源服务机构年度检验工作,全年完成585家人力资源服务机构年检,取消32家人力资源服务机构的服务许可。推进人力资源服务业发展,会同相关部门联合下发《关于加快发展江西省人力资源服务业的实施意见》。组织"春风行动"、就业援助月、民营企业招聘周等专项服务活动，全省共举办招聘会1500余场，提供岗位95万余个，达成就业意向32万余人。进一步放宽失业登记条件，使外来劳动者与当地户籍人口享受同等就业扶持政策和公共服务。加强就业创业宣传引导，重大政策出台后第一时间举行新闻发布会，组织专家学者利用媒体和公众平台进行政策解读，通过12333在线解答公众关切，联合主流媒体开展就业创业政策解读和创业典型、创业明星集中宣传报道，编印《他们为什么成功——江西草根创业故事》一书，切实让百姓感觉到创业典型就在身边。

【降低失业保险费率】 4月22日，省人社厅、省财政厅联合下发《关于调整失业保险费率有关问题的通知》，明确规定从3月1日起，全省失业保险缴费比例统一从3%下降至2%。其中，用人单位缴纳的失业保险费比例从2%降至1.5%，职工个人缴纳的失业保险费比例从1%降至0.5%。从3月1日起至通知下发前按原费率多缴的失业保险费部分，可以在年度内冲抵应缴纳的失业保险费。截至年底，全省执行新费率后约减征1.41亿元，有效减轻了企业负担。

【调整失业保险金发放标准】 8月7日，经省政府同意，省人社厅、省财政厅印发《关于调整全省失业保险金发放标准及其适用区域的通知》，决定从2015年9月1日起，调整全省失业保险金发放标准及其适用区域。全省失业保险金发放标准共分4类区域：一类区域750元/月提高为1000元/月；二类区域710元/月提高为950元/月；三类区域670元/月提高为900元/月；四类区域630元/月提高为850元/月。这次调整是根据各地经济社会发展状况、在岗职工工资增长幅度、参考最低工资标准、城市居民最低生活保障标准等因素综合确定的，同时对失业保险金发放标准适用区域作了相应调整；调整后的失业保险金标准平均数为925元，较调整前的平均数670元增加255元，平均增幅达38.1%。

【推进大学生创业引领计划】 印发《关于做好大学生创业引领计划实施情况统计工作的通知》，深入实施大学生创业引领计划，建立引领大学生创业情况月统计制度，采取开展创业培训、落实创业政策、开展创业活动等举措，全年江西省省内注册登记创业大学生1.44万人，为2.14万名大学生开展创业培训。江西省在全国推进深入实施大学生创业引领计划会议上作典型经验介绍。

【发放高校毕业生求职补贴】 11月17日，省人社厅、省财政厅、省教育厅、省残疾人联合会印发《关于做好困难高校毕业生一次性求职创业补贴和大学生一次性创业补贴发放工作的通知》，将获得国家助学贷款的应届毕业生纳入补贴范围、一次性求职创业补贴金额从800元提高至1000元，并将发放时间提前、审批时间缩短。全年共为3931名符合条件的高校毕业生发放补贴314.48万元。

【开展离校未就业高校毕业生实名登记】 2015年，江西省高校毕业生毕业人数24.32万人，离校初次就业人数20.88万人，初次就业率为85.88%，同比增加0.06个百分点；人社部下发省外高校江西籍离校未就业毕业生7441人，加上省教育厅移交省内高校数据，属于江西省生源离校未就业高校毕业生2.96万人，较上年增加605人。通过开展实名登记，做到个人基本情况清、求职意向清、服务需求清、技能状况清"四清"。全年全省完成实名制登记2.89万人，帮助1.79万人实现就业，占登记人数的60.49%，全省高校毕业生就业率95.05%，提高0.36个百分点。

【开展高校毕业生就业服务月活动】 9月10日至10月10日，全省组织开展"2015年全省高校毕业生就业服务月"活动。活动期间，全省各级公共就业服务机构通过开展多种形式的活动，为高校毕业生提供职业介绍、职业指导、求职登记、失业登记、技能培训、创业培训、小额贷款、政策咨询等就业服务，共印发各类政策宣传资料32.6万份。为2.2万人次提供职业指导，发布岗位信息4.5万条次，提供就业推荐2.5万人次。组织各类专场招聘活动193场，提供就业岗位7.7万个，达成就业意向1.7万人。

【开展就业援助月活动】 2015年元旦、春节期间，组织开展以"就业帮扶、真情相助"为主题的就业援助月专项活动。活动期间，全省入户走访困难家庭7250户，登记认定未就业困难人员1.31万人，帮扶援助对象实现就业1.11万人(其中残疾就业困难人员2076人)，帮助1.17万人次落实就业困难人员相关政策补贴。

3月20日，全省就业工作座谈会召开

省人社厅供稿

【开展民营企业招聘周活动】 5月，联合教育、总工会、工商联等部门组织开展以“帮人才就业，促民企发展”为主题的大型民营企业招聘活动，共有5849家民营企业提供19.1万个就业岗位，帮助4.5万人与用人单位达成就业意向。

【开展2015年度“春风行动”】 为更好地满足春节前后求职人员就业需求和企业用工需要、引导农村富余劳动力有序转移，1月至3月，省人社厅在全省范围内组织开展“春风行动”。2月28日，省人社厅、省总工会、省妇联围绕“搭建供需平台促进转移就业”这一主题，组织开展2015年“春风行动”新春招聘会，省人社厅、省总工会、省妇联领导在南昌主会场就业监测指挥中心现场连线听取各设区市活动情况汇报。活动按照“节约办活动、灵活搞对接”的总体要求，省、市、县三级联动，分别在人力资源市场、乡镇和社区、生产一线同时开展，探索利用现代信息技术，搭建上下联动、左右互通、资源共享、远程对接的就业服务平台。“春风行动”期间，全省共举办各类招聘会1085场次，参加招聘活动用人单位1.23万家，提供就业岗位72.7万个，入场参加招聘会171.5万人次，达成就业意向26.4万人，发放春风卡等宣传资料426万份。

【举办创新创业大赛】 为营造鼓励青年创业创新良好氛围，省人社厅组织参加2015“中国创翼”青年创新创业大赛，为创业者搭建学习交流和与风投机构对接的平台。全省共有414个项目报名参赛。其中，276个项目进入初赛，24个项目晋级复赛，4个项目晋级半决赛，3个项目晋级总决赛并荣获优胜奖，分别占全国报名、初赛、复赛、半决赛、总决赛项目的11.6%、12.4%、7.5%、7.1%、15%。同时，江西省坚持以大赛为契机，开展“大赛+宣传”“大赛+政策”“大赛+培训”“大赛+资金”等服务，成功承办华中赛区复赛，获得大赛组委会颁发的“中国创翼”青年创业创新大赛优秀组织奖。

【加强就业创业政策宣传引导】 每逢就业创业重大政策出台后，第一时间联合相关部门举行新闻发布会进行政策发布；组织人社、科技、发改等部门和有关专家学者，对重要政策利用媒体和公众平台进行解读，通过12333在线对公众关切问题进行解答；积极与新闻宣传部门和省主流媒体沟通协调，开展连续十天的就业创业政策解读，对创业典型和创业明星进行集中宣传报道；在全省选择30个草根创业典型，编印《他们为什么成功——江西“草根”创业故事》，以讲故事等喜闻乐见的方式，记述创业典型的创业经历，通过专家点评剖析创业者的成功经验和失败教训，营造崇尚成功、宽容失败的良好创业氛围。

【加大小额担保贷款力度】 会同省财政厅、人行南昌中心支行出台《关于积极发挥创业担保贷款政策作用支持电子商务领域创业的通知》，推动创业担保贷款工作提质转型。全省发放贷款121.8亿元，完成年计划的121.8%；新增创业贷款担保基金2.6亿元，完成年计划的173.3%，贷款回收率99.92%。通过创业贷款直接扶持个人创业9.4万人次，带动就业47.1万人次，继续保持全国领先位置，受到省委省政府、人社部充分肯定。11月，省委、省政府将小额担保贷款工作作为全省贯彻落实发展升级重大决策部署典型经验做法转发各地学习借鉴。

【实施高校毕业生“三支一扶”计划】 2015年，人社部下达江西省“三支一扶”大学生招募计划1150名，省政府“民生工程”下达招募计划2000名。全省征集并发布招募岗位2258个，共有50588人报名参加考试，参考比例1:22.4，实际招募人数2153人，超额完成国家和省政府民生工程下达的招募任务；妥善安置2034名服务期满、考核合格的“三支一扶”大学生，安置率100%，招募人数和安置人数继续保持在全国第一方阵。

【健全随军家属就业安置工作长效机制】 注重军人随军家属就业安置工作长效机制落实，加强了工作督促指导。全年全省共计划内安置随军家属223人、占应安置人数的43.3%，举办专场招聘会17次，安置无工作单位随军家属就业687人、占无工作单位随军家属的37%，给1757名无工作单位未就业随军家属发放生活补贴843.5万元、人均355.6元，三项指标均高于2014年度。

【抓好对口援疆工作】 首次建立赣疆两地劳务合作机制，组织108名阿克陶少数民族富余劳动力到九江恒通温控器公司务工，取得了实质性成果。搭建就业帮扶合作平台，会同省援疆前方指挥部、阿克陶县委、县政府建立了阿克陶县驻赣就业服务站。超额完成新疆克州未就业大学生培训任务，组织培训68人，其中计划外34人。

（袁伟华）

社会保障

【概　况】 2015年，坚持以贯彻执行《中华人民共和国社会保险法》为主线，狠抓各项工作落实，推进社会保险覆盖人群日益扩大，待遇水平稳步提高，保障能力显著增强，经办服务水平快速提升。

制度机制不断完善。启动机关事业单位养老保险制度改革，以省政府名义印发《江西省人民政府关于贯彻〈国务院关于机关事业单位工作人员养老保险制度改革的决定〉的实施办法》，召开全省电视电话会议进行部署。推进城乡居民基本医疗保险制度整合工作，研究制定《江西省统筹城乡居民基本医疗保险制度的意见》，南昌市已完成统筹城乡居民基本医疗保险制度整合工作，将新农合机构全部归并到人社部门管理；赣州市章贡区、新余市渝水区、莲花县、修水县已完成城乡居民医保的统筹工作。全面推行“助保贷款”政策，11个设区市和44个县区出台了实施办法。出台《江西省建筑业参加工伤保险实施方案》，力争到2017年年底所有在建项目参加工伤保险。出台全省医疗保险付费方式改革工作方案，全面建立医疗保险付费总额控制机制，控制医疗费用不合理增长。逐步打破行业医疗、工伤和生育保险封闭运行。

扩面征缴不断推进。扩大全民参保登记计划试点范围，在宜春、景德镇、上饶成为全国首批试点城市的基础上，年内新增九江、鹰潭、抚州3个设区市为试点地区。到年底，全省城镇职工基本养老（不含机关事业单位）、基本医疗、失业保险、工伤保险、生育保险的参保人数分别为823.1万人、1530.4万人、281.49万人、500.63万人、251.29万人，分别完成年计划的104.2%、103.1%、104.3%、100.1%、101.7%。城乡居民养老保险参保人数达到1829.9万人，完成年计划的106.4%，增长1.8%。全省征缴五项保险基金总量576.61亿元，完成年计划的122.2%。

待遇水平不断提升。认真做好省本级养老金、工伤待遇和14种生活补贴的直发工作，连续第11年调整企业退休人员养老金待遇，全省220万退休人员月人均增加养老金198元，增幅为10%；首次提高城乡居民基础养老金标准，由每人每月55元提高到每人每月80元，增幅45.5%；将城镇居民医保财政年人均补助标准提高60元，达到380元；居民个人缴费人均不低于120元，最高支付限额提高到10万元；全面落实特药纳入城镇大病保险支付，将甲磺酸伊马替尼等5种特殊药品纳入城镇大病医保支付范围。将未参保城镇大集体企业退休人员等养老生活补助标准，由每人每月335元调整为355元。做好健在抗战老战士纪念章发放工作，将企业军转干部及1953年年底前参军、后在企业退休的军队退役士兵每人每月的生活补贴增加45元。调整因工致残人员伤残津贴等定期待遇，其中一级伤残人员每人每月增加280元。

基金运行安全稳健。完善基金监督制度机制，出台《内部审计监督办法》《开展社会保险基金社会监督工作方案》《涉嫌社会保险欺诈犯罪案件查处和移送工作办法》等措施。在全省范围开展社会保险基金、就业等民生资金专项检查和养老保险退休审批检查，做好稽核清欠工作，组织养老、医疗保险待遇支付稽核，做好已改制企业养老保险挂账资金清偿，落实挂账资金清偿情况与转移支付补助资金挂钩约束机制。开展全省内控监督和评估，印发《全省2015年社会保险经办风险管理监督和评估工作计划》，加强日常性内控监督。正式上线运行省本级医疗保险监控系统和影像监控系统，制定《江西省本级医疗保险监控业务管理规程》，建立监控系统疑点常态巡查机制。开展重复领取养老保险待遇核查，防控重复领取养老保险待遇行为的发生。做好全省异地资格协助认证，异地居住退休人员信息上传率快速提升，赣州、吉安协助外地认证办复率达到90%以上。

经办水平不断优化。进一步整经办资源，规范和简化经办程序，梳理和再造业务流程，全面推行“五险统征、按险种支付”和“前台统一办理、后台集中处理”等经办模式，基本构建覆盖城乡的省、市、县、乡4级经办管理服务网络。南昌、鹰潭、景德镇、九江、萍乡、新余已实现“五险统征”。全省财务业务一体化系统按金保工程上线进度及时跟进，确保各地银社系统、到账确认系统、待遇支付系统、账户管理系统、财务业务一体化系统等金保二期子系统按时上线，新余、鹰潭、萍乡、抚州、九江、景德镇、南昌等地初步完成业务财务一体化系统的上线。推行城乡居民养老保险费由金融机构代扣代缴工作，启动城乡居保村级金融便民服务点建设；进一步做实完善养老金直发工作，为广大退休人员提供更好的服务。积极贯彻《社会保险服务总则》《社会保障服务中心设施设备要求》等国家标准，推动社保业务经办标准化建设，省社保中心牵头制定的《社会保险术语 第2部分：养老保险》国家标准正式发布实施。

【推进机关事业单位养老保险制度改革】　10月19日，研究制定并以省政府名义印发《贯彻落实国务院关于机关事业单位工作人员养老保险制度改革决定实施办法的通知》；12月31日，以省政府办公厅名义印发《江西省机关事业单位职业年金实施办法的通知》，标志着江西省启动实施机关事业单位养老保险制度改革，并建立了职业年金制度。11月17日，印发《江西省机关单位养老保险制度改革宣传提纲》，组织召开全省贯彻实施会议，开展广泛政策宣传，稳妥推进改革实施工作。研究拟制机关事业单位养老保险制度改革实施细则、视同缴费指数计算办法等配套政策。

【推进城乡养老保险转移衔接】　全面贯彻落实城乡衔接暂行办法，实现参保人员养老保险关系在城镇职工和城乡居民之间的顺畅转移，促进了人口和劳动力流动。截至年底，全省城镇职工基本养老保险关系转移人数约6.9万人，其中转出2.2万人、转入4.7人。城镇职工基本养老保险与城乡居民养老保险制度之间关系转移人数约92人，其中转出28人、转入64人。

【提高企业退休人员基本养老金】　5月12日，省人社厅、省财政厅下发《关于江西省2015年调整企业退休人员基本养老金的通知》，明确从2015年1月1日起，为2014年12月31日前已按规定办理退休手续并按月领取基本养老金的企业退休人员增加基本养老金。全省共有221万人参加调整，月人均增加198元，全省城镇企业退休人员调整后月人均养老金达到2046元，增长幅度为10.71%，有效保障和改善了广大企业退休人员的基本生活。

【首次提高城乡居民基本养老金标准】　2月16日，省人社厅、省财政厅下发《关于提高全省城乡居民基本养老保险基础养老金标准的通知》，将城乡居民养老保险基础养老金标准从每人每月55元提高到每人每月80元，增幅达45.5%，共为440万正常待遇领取对象发放提标资金7.3亿元，提高后城乡居民基本养老金标准居中部第二位。

【推进城乡居民养老保险村级金融便民服务体系建设】　为改变城乡居民养老保险人工收缴现金现象、确保基金安全，省人社厅在全省范围内推行城乡居民养老保险费金融机构代扣代缴工作。截至年底，已有80%的县区启动实施，代扣代缴人数541万人，试点地区代扣代缴率达71%，代扣代缴金额达6.27亿元。4月，省人社厅与相关金融部门联合出台《关于加快推进城乡居民基本养老保险村级金融便民服务点建设的实施意见》，明确经过3年左右的努力，实现金融便民服务点全省行政村全覆盖，为农村居民在村里办理参保缴费、领取待遇等城乡居保业务提供方便;11月底,组织召开全省城乡居民基本养老保险金融便民服务体系建设调度会,通报全省城乡居民养老保险金融便民服务体系建设情况。截至年底,全省78%的地区启动该项工作,11697个行政村开展了试点,便民服务点行政村覆盖率达71%,铺设了12678台POS机。

【推进城乡医保制度整合】 2月,省政府召开专题协调会议,研究江西省统筹城乡居民基本医疗保险工作,会议原则同意省人社厅牵头起草的《江西省统筹城乡居民基本医疗保险制度的意见》。南昌市政府先后印发《南昌市整合城乡基本医疗保险工作实施方案》《南昌市城乡居民基本医疗保险暂行办法》,将新农合职能、机构、人员、基金、信息、档案、固定资产等全部划归人社部门统一管理,明确从2016年1月1日起,南昌市全面实施城乡居民基本医疗保险制度。

【落实关破改困难企业职工医保政策】 做好全省国有和大集体已关闭、破产、改制企业退休人员和连续停产停业一年以上的困难企业职工参加医疗保险政策落实工作。2015年度,全省补助人数137.44万人,各级财政全年共投入补助资金31.8亿元,其中省财政投入资金10.56亿元。

【完善城镇大病保险特殊用药管理服务】 为方便参保患者就医购药,进一步加强特药使用管理,在原有南昌大学第一附属医院等24家特药处方医院、黄庆仁栈华氏大药房有限公司樟树国药局药店等21家特药供药药店的基础上,增加江西省人民医院等16家特药处方医院、黄庆仁栈华氏大药房有限公司石泉药店等10家特药供药药店。年内全省共有4184人享受特药待遇,大病保险基金支付金额达7002万元。

【公布实施2015年版江西省医保药品代码】 2月10日,省人社厅印发《江西省基本医疗保险、工伤保险和生育保险药品代码》(2015年版),共收入西药1.93万个、中成药(含民族药)0.83万个,新增40个复合西药纳入医保支付。新版药品代码自2015年4月1日起实施。

【医疗、工伤和生育保险封闭运行单位纳入地方管理】 从1月1日起,省煤炭集团的工伤保险业务全部由属地经办、属地支付,南昌铁路医疗、工伤和生育保险政策和信息系统实现与省本级并轨,省水电、省火电、中铁四局五公司、省投资集团、赣能股份等单位医疗、工伤和生育保险封闭运行相继打破,并正式纳入省本级经办。南昌、九江、上饶、赣州、抚州、吉安等设区市内封闭运行单位已全部纳入地方管理。萍乡、宜春、新余、景德镇、鹰潭等设区市已将部分封闭运行单位纳入地方管理。

【推广实施"助保贷款"】 全面推行"助保贷款",对按规定参加城镇职工基本养老保险、当前生活困难无力缴纳基本养老保险费、符合相关条件的个体参保人员,按照个人自愿申请、政府担保贴息、银行贷款缴费的筹资机制,帮助生活困难人员续保缴费。截至年底,全省11个设区市和44个县区出台了助保贷款实施办法,42个市县启动办理"助保贷款"业务,累计办理"助保贷款"2309人次,发放贷款5069.84万元,共为1236名困难助保对象办理了领取养老金手续。

【加强基金监督管理】 强化基金监督制度建设,出台《内部审计监督办法》《开展社会保险基金社会监督工作方案》《涉嫌社会保险欺诈犯罪案件查处和移送工作办法》等措施,印发《全省2015年社会保险经办风险管理监督和评估工作计划》,加强全省内控监督和评估,在全省范围开展社会保险基金、就业等民生资金专项检查和养老保险退休审批检查。加大基金监管力度,利用A++财务信息系统实现全省垂直透视化管理,及时掌握基金支撑能力,初步建立基金预警机制,完善调剂金、养老保险基金缺口省、市、县分担机制,保障社保基金规范高效安全运行。4项保险基金累计结余761亿元,抗风险能力进一步增强。

【组织开展社会保险稽核清欠工作】 做好社会保险稽核清欠工作,全省养老、医疗保险实地征缴稽核分别占总参保户数的36.63%、41.51%;完成省本级18家参保单位年度实地稽核和后续追踪,涉及参保人数37534人、稽核补缴社会保险费金额1.18亿元;开展养老、医疗保险待遇支付稽核,查出冒领养老保险费175万元,追回173万元,追回到账率为98.86%;查出医疗保险待遇涉及违规金额203万元,追回191万元,追回到账率为94.09%。做好已改制企业养老保险挂账资金清偿,落实挂账资金清偿情况与转移支付补助资金挂钩约束机制,累计清偿挂账资金38.9亿元,清理企业养老保险欠费13亿元,赣州、九江、萍乡、上饶、抚州、景德镇等地实现清欠大于新欠。

【加大社会化服务工作力度】 稳步提高社会化服务水平,先后推出社保信息披露、个人权益记录查询和免费邮寄等人性化服务,全省企业退休人员社区管理率达到90%,养老金直发率达98%,省直机关事业单位医疗保险零星报销费直发率达98%以上。依托全国电子化转移系统平台,建立了异地离退休人员养老金领取资格认证平台,省内和省外协助认证率均位居全国前列。

(袁伟华)

本栏编辑 邓玉兰

交 通 运 输

公 路

【概　况】　2015年，全年交通运输基础设施建设投资首次突破700亿元大关，达729亿元，增长60%。其中，高速公路建设完成475亿元，增长75%；普通国省道建设完成148亿元，增长58%；农村公路建设完成88亿元，增长14%。

高速公路建设实现新突破。建成南昌至宁都、南昌至上栗、金溪至抚州、寻全高速寻乌至安远段、昌樟高速"四改八"、昌九高速改扩建通远试验段6个项目668千米高速公路，全省高速公路通车里程突破5000千米，达5088千米，打通24个出省通道。高速公路通车里程继续位居全国前列。

普通国省道建设养护全面加强。以迎国检为契机，采取以奖代补方式提高省级补助标准，支持各地开展普通国省道升级改造攻坚活动。全年完成升级改造428千米，路面改造及养护大中修3309千米，灾毁恢复重建837千米，危桥改造395座，安保工程2188千米。

农村公路"建管养运"强力推进。全省县乡道网调整基本完成，通过自筹资金12.5亿元用于全省25户以上自然村通水泥路建设，全年完成农村公路新改建里程1.45万千米，完成农村公路危桥改造265座。推广石城县农村公路管理养护先进经验，进一步落实县级政府农村公路建管养主体责任。不断拓展农村客运通达深度，全省行政村通班车率达94.85%。

公路运输服务保障能力不断增强。南昌、南昌西、宜春3个综合客运枢纽建成，全省开展二级以上客运站标准化建设。公交优先发展战略在全省启动。南昌市轨道交通1号线开通试运营，实现轨道交通"零"的突破。省财政每年拿出3000万元专项资金用于镇村公交试点奖补。樟树市在全省率先实现城乡客运一票制，全市城乡客运无论距离远近一律实行1元票价。5对高速公路服务区被评为"全国百佳示范服务区"，19对被评为"全国优秀服务区"。吉安河西综合物流园等4个货运枢纽相继开建。新增2个国家甩挂运输试点项目。截至年底，全省完成公路客运量5.37亿人次，旅客周转量284.74亿人千米，分别减少10.0%和10.0%；货运量11.54亿吨，货运周转量3022.72亿吨千米，分别下降16.2%和1.6%。客运平均运距53千米，货运平均运距261.9千米。日均运送旅客147.1万人、货物316.2万吨。新增新能源和混合动力车1034辆，淘汰老旧营运车辆和"黄标车"2.8万辆。

智慧绿色交通加快建设。获批建设公路长大桥梁建设国家行业研发中心、省级院士工作站、江西省道路路面材料与结构工程技术研究中心。省交通设计院成为全省首批博士后人才创新实践基地。

【昌樟高速改扩建工程完工】　昌樟改扩建项目投资近72亿，2012年11月开工，2015年10月底全面完工。路线起于南昌市新建区，途经南昌市红谷滩新区、新建区，丰城市梅林镇、泉港镇，高安市八景镇，樟树市经楼镇、临江镇等，终于樟树市昌傅镇，与樟(树)吉(安)高速公路相接，全长86.55千米，双向8车道(其中药湖高架桥9.1千米，为双向10车道)。昌

项目建成通车新闻发布会

涂序东摄

樟高速公路改扩建项目在管理上实现3个创新:一是组织创新。项目一开工就成立由项目办、省安委会、交警、路政以及设计、监理、施工共同参与、构建联勤联动机制,这在江西高速公路建设史上从未有过。二是制度创新,执行决策"零折扣"。遇重大施工项目时,每项方案都要邀请设计、交警、路政、施工单位等共同参与,并请专家论证,确保在试点的基础上再进行推广。三是手段创新、交通维护专业化。引进专业的交通组织维护队伍24小时巡查、执勤,投放大量交通安全设施及仿真测速仪、仿真警察等科技设备,多形式、多手段地开创高速公路改扩建施工交通管理的先河。

(凌景坡)

11月26日,赣瑞龙铁路试运行首日,老红军在瑞金站留影

张学东摄

铁　路

【概　况】　2015年,南昌铁路局管辖赣闽两省全部和湘鄂浙3省部分铁路。全局车站451个(江西省境内202个)。管辖铁路营业里程7502.4千米(江西省境内3909千米)。其中,国家铁路营业里程3767.9千米(江西省境内2498.3千米),合资铁路营业里程3734.4千米(江西省境内1374.1千米)。线路延展里程1.52万千米,增加1652.2千米,增长12.2%。复线里程4318.7千米,复线率57.6%,增加4.6个百分点;电气化里程5874.8千米,电化率78.3%,增加2.5个百分点;时速120千米及以上营业里程4902.2千米,时速160千米及以上营业里程3523.5千米,时速200千米及以上营业里程3173.2千米,时速250千米及以上营业里程1785.1千米。

全年大中型基建项目投资442.39亿元(含合资铁路项目),完成计划的100%;更新改造项目投资12.66亿元,完成计划的98.97%。

全年旅客发送量1.78亿人次,完成计划的97.6%,增长11.3%。货物发送量6801.9万吨,完成计划的81.9%,下降18.1%。换算周转量1665.44亿吨千米,完成计划的94.1%,同比持平。其中:旅客周转量1005.11亿人千米,完成计划的96.6%,增长7.6%;货物周转量660.33亿吨千米,完成计划的90.5%,下降9.6%。货车周转时间2.55天,完成计划的101.2%,同比持平。货物列车平均总重2675吨,完成计划的92.7%,下降7.3%;货运机车日产量104.5万吨千米,完成计划的96.5%,下降3.2%;货运机车日车422千米,完成计划的102.4%,增长3.0%。

运输重点物资方面为运送煤炭1603.1万吨,减少498.2万吨,下降23.7%;运送粮食16.2万吨,减少49.4万吨,下降75.4%;运送化肥82.5万吨,减少35.9万吨,下降30.3%;运送石油298.7万吨,减少7.0万吨,下降2.3%;运送金属矿石1279.5万吨,减少659.0万吨,下降34.0%;运送钢铁745.1万吨,减少13.9万吨,下降1.8%。

【列车运行图调整】　年内,全国铁路调整列车运行图7次,南昌铁路局编制局管内施工分号图3次,做好合福高速、赣瑞龙铁路2条新线开通运行图和7·1图、年底图等大图方案编制,实现年底调整图旅客列车开行对数422.5对,增加51对,运力增长13.7%。为适应防洪防汛需求,首次组织编制汛期调整图,将防洪压力大的鹰厦、峰福等铁路4对直通旅客列车分流到昌福铁路运行。

【合福高铁开通运营】　6月28日,合福高铁开通运营。合福高铁是京福台快速铁路的重要组成部分,也是京沪高铁的延伸线,跨越皖、赣、闽3省,全长810千米,项目概算1019.95亿元。闽赣段全长466.8千米(其中江西省境内183.2千米),设车站11个(其中江西省境内设婺源站、德兴站、上饶站、五府山站)。合福高铁开通运营后,南昌至合肥铁路旅行时间由原来近7小时压缩至4小时左右,南昌、福州、合肥等省会城市形成"5小时交通圈",进入"省际同城时代"。

【赣瑞龙铁路开通运营】　12月26日,赣瑞龙铁路开通运营。赣瑞龙铁路2010年12月开工建设,正线全长250.2千米(江西省境内113.6千米),设赣县、于都、会昌北、瑞金、长汀南、冠豸山、古田会址、龙岩等8个车站,设计运行时速200千米。赣瑞龙铁路是连接赣南和闽西中央苏区的首条快速铁路,大幅缩短赣南苏区与海西经济区的时空距离,并借助龙厦铁路融入全国快速铁路网,促进赣南、闽西地区人员、物资、信息、文化交流。

【江西省首趟中欧铁路货运班列开行】　11月24日,江西第一趟中欧货运班列开行。中欧(南昌—鹿特丹)国际铁路货运班列是南昌铁路局首次与江西省商务厅合作主办的重点货运项目。全程1.2万余千米,全程运输时间约17天,从江西南昌横岗站始发,途经俄罗斯、白俄罗斯、波兰、德国等国家，终到荷兰鹿特丹。班列的开行，有利于推动江西省融入国家"一带一路"和长江经济带发展战略，加快物流网络现代化建设，全面提升对外开放水平；对节约物流成本，提高国际市场竞争力，促进江西经济社会发展具有积极意义。

【南昌铁路局成为国家5A级物流企业】 2015年，南昌铁路局通过中国物流与采购联合会物流企业综合评估委员会的专业评估，成为全国第20批5A级物流企业。近年来，南昌铁路局深化货运组织改革，拓展物流业务项目，开发物流总包、赣闽货物快运、海铁联运班列等物流服务产品。已组建路局货运营销中心，管理南昌、鹰潭、福州、漳州等12个营销分中心和江西京九、福建汇丰2个5A级物流公司，下设60个区域性物流服务部，在工业园区、物流园区、商贸区建立400多家铁路无轨站和综合门店。一张覆盖赣闽两省的便捷物流网络初具规模。

（曾进）

民　航

【概　况】 2015年，江西省机场集团公司共完成运输起降9.01万架次，增长3.89%；旅客吞吐量985万次，增长5.9%；货邮吞吐量6.25万吨，增长10.4%。其中，南昌昌北国际机场通航城市49个，驻场过夜飞机增至13架；完成运输起降6.68万架次，增长2.63%；旅客吞吐量748.8万人次，增长3.4%；货邮吞吐量5.11万吨，增长10.9%。

【昌北国际机场航班通达性显著优化】 截至年底，昌北国际机场定期通航点49个，年内新增3个。深圳、昆明、重庆、海口、青岛等9条重点航线得到加密。先后开通国际（地区）航线14条，其中定期航线5条。南昌—泰国航班量实现翻番（每周19班），并恢复南昌—香港航线。首次开通南昌飞日本正班和柬埔寨暹粒等旅游包机。江西省机场集团公司全年新引进青岛航空、香港航空、亚洲航空、春秋航空和北部湾航空5家航空公司，在南昌经营定期航线。全年共实现旅客吞吐量47.5万人次，增长73%。

【完成重大活动运输保障任务】 2015年，江西机场所辖6个机场未发生责任原因造成的航空运输及空防安全事故及严重事故征候，安全形势总体平稳。航班正常性管理效果明显，南昌机场航班正常率进入全国前十。各机场服务质量明显改善，完成抗战胜利70周年纪念活动、春运、"两会"等重大活动运输保障任务。

【推进重大项目建设】 2015年，江西机场与上饶市政府签订《上饶三清山机场管理体制协议》，分公司管理架构初步搭建完毕，建设运营对接工作全面展开。启动南昌机场1号航站楼整体改造工程，改造完成后可保障200万/年的国际旅客吞吐量。赣州机场机坪扩建工程通过行业验收投入使用，整体扩建工程开工。吉安机场扩建工程获批，飞行区扩建工程动工。九江市政府与集团公司联合成立改造工作领导小组，九江机场改造工程稳步推进。历经5年筹备建设，井冈山民航大酒店竣工开业，开业半年多已接待机场、航空公司等单位50余次培训、会议、疗养工作。民航基金项目和集团公司重点固投项目稳步推进。

（蒋护纹）

水　路

【概　况】 全省拥有港口59个，港区71个，生产性码头泊位1765个，总长6.98万米。非生产用泊位74个，总长3725米。千吨级以上泊位157个，最大靠泊能力5000吨级。港口生产性仓库面积25.27万平方米，生产用仓库容积43.06万立方米，堆场面积111.97万平方米。铁路专用线1.03万米，其中装卸线3336米。港口装卸机械2875台（套）。其中，起重机械1465台（套），装卸搬运机械700台（套），输送机械497台（套），专用作业机械24台（套），其他装卸机械189台，最大起重能力800吨。

全省港口完成货物吞吐量3.27亿吨，增长5.5%。其中，出口1.96亿吨，进口1.31亿吨，分别增长1%、12.9%。旅客吞吐量344.66万人次，下降3.7%。其中，出港181.13万人次，进港163.53人次。集装箱吞吐量36.2万标准箱、498.6万吨，分别增长12.8%、26.4%。全省水路货运量1.09亿吨，货物周转量233.6亿吨千米，集装箱吞吐量36.2万标准箱。旅客运输量273.3万人次，旅客周转量3466万人千米。其中：内河货物运量1.04亿吨，货物周转量182.56亿吨千米；沿海货物运量477万吨，货物周转量51.00亿吨千米，分别下降4.2%和15.2%。

全省内河拥有各类运输船舶3468艘，减少262艘；船舶净载重量219.22万吨位，增加3.89万吨位；载客量1.07万客位，增加821客位；船舶总功率66.03万千瓦，增加2149千瓦。沿海运输船舶40艘，减少5艘；总载重量21.30万吨位，减少1.46万吨位，功率6.12万千瓦，减少2881千瓦。

港航部门基本建设项目投资计划9980万元。完成水运投资10.85亿元。基本建成南昌龙头岗综合码头（1期）、万年港综合码头、九江水上应急指挥中心。开工建设新干航电枢纽、龙头山航电枢纽。启动南昌龙头岗综合物流园和彭泽红光综合物流园前期工作。完成九江港赣电集团泓达物流公用码头等6个项目的岸线审批工作，查处2个未批先建项目。

组织对全省14个从事港口危险化学品码头督查，针对安全隐患问题开展暗访，督促违规经营港口危险化学品企业严格按照要求整改，相关企业按要求整改到位。

推进运输结构调整。确定船型标准化船舶拆解改造定点船厂11家，新建标准示范船定点船厂5家。全省共核准老旧运输船舶拆解52艘1.80万总吨，核准生活污水防污染改造船舶481艘43.72万总吨。实际拆解完工船舶47艘1.63万总吨，实际生活污水防污染改造船舶完工178艘16.33万总吨。船舶总载重吨和平均载重吨分别达209万吨、1041吨，增长29%和82.3%，运力结构进一步优化，航运企业规模化、专业化、集约化水平大幅提升。

全省通过核查的水路运输经营业

6月3日，江西省水上搜救队参与“东方之星”号客轮翻沉现场搜救
袁细斌摄

户和船舶274户、2010艘，同“十一五”末相比分别减少28.5%、29.3%，船舶总载重吨、平均载重吨分别为209万吨、1041吨，增长29%和82.3%。其中，危险品船舶190艘、客船302艘(10110客位)、集装箱船28艘(3691标箱)。

2014年3月1日以后申请开业的省际普货企业自有运力均达到5000总吨以上，全省危险品运输企业由31家减少至17家。运力结构进一步优化，企业规模化、专业化、集约化水平大幅提升。

组建7家水路客运公司，建立组织机构和安全管理制度，配备专职管理人员，落实安全生产责任制，加大安全经费投入。同时按照国家规定核发燃油补贴193万元，规范水路客运经营秩序，保障水路客运安全。开展整治区间砂船非法从事营业运输专项活动，消除砂石船舶非法运输现象，有效规范区间短途砂船经营秩序，保障砂船运输安全。将省际普通货船营业运输证注销登记业务委托设区市港航管理部门负责办理，减少中间环节，缩短办结期限，方便服务对象，提高办事效率。

【加强应急救助保障服务工作】 一是加快水上应急救援机构建设，建成鄱阳湖水上搜救分中心。建成南昌至湖口二级航道、仙女湖CCTV视频监控系统，AIS基站在赣江、信江、鄱阳湖、仙女湖及柘林湖等重点水域实现全覆盖。二是加强专业水上救助队伍建设，强化搜救实战训练。年内多次安排水上搜救志愿者队伍和社会救助力量骨干参与部局及相关单位组织的水上应急救援知识、技能培训。在上饶、九江等地组建5支水上搜救志愿者队伍，共有志愿者近百名。选派5名志愿者参加部海事局举办的志愿者培训。

【赴湖北监利搜救“东方之星”沉船】 6月1日21时30分，载有454人的重庆东方轮船公司所属旅游客船“东方之星”号客轮，在由南京驶往重庆途中突遇龙卷风，在长江中游湖北监利水域翻沉。6月2日上午，省交通厅集结一支有15名搜救经验丰富的潜水员共31人的搜救队伍，携带专业潜水搜救装具，赶到出事地点，开展搜救工作。在连续奋战3天3夜后，结束“东方之星”号客轮翻沉事件现场搜救工作返回南昌。

【多措并举保障重点时段安全生产形势稳定】 2015年，省港航局采取多项措施保障重点时段安全生产形势的稳定，落实安全值班，实行重点时段领导带班和24小时值班制度。突出现场监管，以“三类重点”船舶、五区一线和水工建设为安全监管重点，重点加强对船舶开航前适航性检查，严禁客(渡)船冒险航行，严厉打击船舶超载、“三无”船舶非法营运和非客船载客行为。对高安市上游湖、上高县神山湖、玉山县“七一”水库非法从事旅客运输行为进行集中整治，下达停航通知书。收回龙虎山美丽目的地旅游发展有限公司水路运输经营许可证，有效规范水路旅客运输经营秩序。

【赣江(南昌—湖口)二级航道整治工程视频监控系统进入运行阶段】 5月22日，赣江(南昌—湖口)二级航道整治工程视频监控系统进入运行阶段。赣江(南昌—湖口)二级航道整治工程视频监控系统为赣江(南昌—湖口)航道175千米的水路运输路线提供最高1080P的视频监控图像。系统共建2个数据处理中心，23处固定视频监控点，69个高清监控探头。其中为南昌、九江两市港航、海事监管部门提供15处监控终端。该系统平台可供管理人员远程监控赣江(南昌—湖口)区段共计23处重点码头、航段。

(凌景坡)

本栏编辑　游桃琴

金　融

综　述

2015年，江西省金融业围绕省委、省政府的工作部署，稳中求进，主动作为，应对经济下行压力，推进改革创新，切实防范金融风险，不断提高服务实体经济能力。全省银行业信贷总量充足、结构趋优，运行质量稳步提升。证券业持续发展，多层次资本市场较快推进。保险业加快发展，保险市场保障功能日益增强。全省金融业总体运行稳中有进、稳中向好，为江西经济稳增长、促转型、保民生提供了较好的支撑。年末，江西省共有银行业金融机构（以中国银行业监督管理委员会江西监管局统计口径，不含人民银行机构数）7040个，同比增长4.34%；从业人员101976人，增长4.78%。其中：政策性银行3家，机构98个，从业人员2240人；国有商业银行5家，机构1892个，从业人员40846人；全国性股份制商业银行7家，机构256个，从业人员4552人；邮政储蓄银行1家，机构1490个，从业人员13264人；城市商业银行4家，机构600个，从业人员10714人；农村法人金融机构131家，机构2690个，从业人员29295人；财务公司2家，从业人员190人；信托公司2家，从业人员581人；金融资产管理公司4家，从业人员172人；外资金融机构4家，机构5个，从业人员100人。

*社会融资规模同比少增。*2015年，江西省年度社会融资规模为3019.71亿元，少增957.45亿元，主要是表外融资少增较多，全年表外融资减少572.21亿元，少增1600.91亿元。表内贷款快速增长，对实体经济发放的贷款增加2860.29亿元，多增353.08亿元。直接融资占比大幅提高，全省直接融资规模648.79亿元，占全省社会融资规模的21.49%，较上年上升12.95个百分点。其中，债务融资工具增势良好，全年共发行78只，发行量为672.3亿元，增长85.41%；发行量占全国的1.25%，较上年上升0.38个百分点。

*存款增长有所加快。*年末，江西省金融机构本外币各项存款余额25042.97亿元，占全国存款余额的1.79%，比上年末提高0.03个百分点；比年初增加3053.94亿元，占全国存款增量的2.00%，提高0.33个百分点；比年初增长13.89%，高出全国平均增速1.59个百分点。存款增速在全国排名第十一位；在中部6省排名第三位。分结构看：一是住户存款大幅增加。江西省金融机构本外币住户存款余额12440.49亿元，比年初增加1358.67亿元，多增249.11亿元。其中，住户活期存款余额5123.41亿元，比年初增加573.39亿元。二是非金融企业存款同比多增。江西省本外币非金融企业存款余额6893.21亿元，比年初增加964.84亿元，多增438.41亿元。其中，非金融企业活期存款余额3360.95亿元，比年初增加713.84亿元。三是财政性存款下降。江西省金融机构本外币财政性存款余额为521.17亿元，比年初减少95.24亿元。

*贷款增量实现历史新高。*年末，全省金融机构本外币各项贷款余额为18561.09亿元，比年初增加2863.34亿元，多增343.05亿元，全年贷款增量突破2800亿元，超预期完成2500亿元的全年目标，创贷款年度增量的历史新高；2015年年末，余额贷存比达到74.1%，比上年末提高2.0个百分点，为2006年来的年末新高；2015年贷款余额/GDP比重首次突破1，达到1.110，比上年提高0.111；贷款余额比年初增长18.24%，高出全国平均增速4.86个百分点，贷款增速在全国排名第八位，在中部6省排名第一位。年内贷款的主要特点为：一是短期贷款稳步增长。江西省金融机构本外币短期贷款余额7347.32亿元，比年初增加728.80亿元，少增60.09亿元，比年初增长11.01%，低于各项贷款增速7.23个百分点。二是中长期贷款快速增长。年末，江西省金融机构本外币中长期贷款余额10329.75亿元，比年初增加1715.45亿元，多增233.01亿元，比年初增长19.91%，高于各项贷款增速1.67个百分点。三是票据融资大幅增长。年末，江西省金融机构票据融资余额为805.44亿元，比年初增加383.37亿元，多增140.48亿元，比年初增长90.83%。

（夏春雷　谢云峰）

银行业监管

【概　况】 2015年，江西银监局主动适应新常态，强举措、创特色，各项工作取得突破性进展。年末全省银行业金融机构资产总量3.22万亿元，增长15.49%；全年实现税后净利润343亿元，略有下降。

【策应国家区域经济发展战略】 积极融入“一带一路”、长江经济带等国家战略,加强组织领导,强化政策对接。贯彻落实银监会对口支援赣南等原中央苏区振兴发展实施方案的意见,全年苏区新增设银行业分支机构104家,各项贷款增长21.12%,高于全省贷款平均增速2.88个百分点。

【缓解小微企业融资难】 年内,出台落实监管政策提升小微企业金融服务水平实施意见,推动循环贷、年审制贷款及续贷等创新业务发展,加大困难企业帮扶力度。强化监测考核、检查督导、舆论宣传和多方联动,促进各项政策措施的落地。年末小微企业贷款增量增速全面实现了银监会提出的"三个不低于"(小微企业贷款增速不低于各项贷款平均增速,小微企业贷款户数不低于上年同期户数,小微企业申贷获得率不低于上年同期水平)目标。

【提升"三农"金融服务水平】 年内,进一步完善"三农"金融服务机制,制定促进农村金融监管改革工作规划。稳妥推进农民住房财产权抵押贷款,推广农村土地承包经营权抵押贷款,促成省政府出台全国首个支持油茶产业发展的指导意见。截至年底,累计发放农村土地承包经营权抵押贷款8276万元、农民住房财产权抵押贷款1.30亿元。

【清理银行不规范服务收费】 全年清退不合理收费5016万元,辖内银行业机构服务取消收费项目199项,整合精简收费项目1882项,降低收费标准86项。全年辖内银行业减少收费金额1.26亿元。

【推进银行业消费者权益保护工作】 推动辖内商业银行向个人客户销售理财和代销产品实施同步录音录像,并于年底前基本完成"双录"工作。探索组建消费者权益保护专家委员会,在全国率先设立银行业消费者权益保护站905个,实现县域全覆盖。开展"送金融知识下乡"及其他公众教育宣传活动,进一步增强消费者理财能力和维权意识。

【组建江西银行】 根据省委、省政府部署安排,江西银监局和省政府金融办共同牵头负责组建江西银行。江西银监局按照"高标准、高起点"要求,严格标准、依法操作,推动资产评估、增资扩股、不良处置、公司治理完善等各项工作,有效完善了新组建银行的股权结构、公司治理、发展战略和风险防控体系,改善了资产质量,实现资源集成和品牌提升,提升省级城商行发展的内生动力。江西银行于12月15日正式挂牌。

【支持发展新型银行业机构】 江西金融租赁公司获准筹建并开业,填补省内行业空白。东亚银行南昌分行顺利开业,广发银行南昌分行获批筹建。开展民营银行组建辅导,稳步推进江西高速集团财务公司组建,探索推动设立消费金融公司。

【引导中小银行下沉机构与服务】 基本实现股份制银行在设区市全覆盖、城商行在县域全覆盖。全年组建村镇银行24家,辖内村镇银行58家,县域覆盖率近76%,2年内将实现县域全覆盖。率先实现全省16826个行政村基础金融服务全覆盖,"村村通"工作成效得到银监会领导批示肯定。

【全面提速农商银行改制】 按照"一年大跨步、两年基本完成"的总体目标,全面启动农商银行改制。积极协调争取各级政府扶持,帮助改制机构变现土地、清收不良、落实税收和奖励优惠政策,做实做优主要监管指标。全年46家机构完成改制,全省农商行数量增至71家,占农合机构比重由年初的30%上升至83%,创造全年农商行改制任务数量翻番的业绩。

【加快推进省联社职能转变】 督促和指导省联社依照监管要求完成换届,确立"服务、指导、协调和行业管理"职能定位。推进省联社行业审计体制改革,在全国率先实现由设市区审计中心到区域审计中心的全面升级。指导省联社完成流程银行项目建设,探索形成"小银行+大平台"的发展模式,省联社流程银行建设步入全国先进行列。

【引导非银机构转型发展】 指导信托公司开拓PPP业务、资产证券化、私募股权投资等创新业务,核准2家信托公司资产证券化SPV新业务资格,促进提升主动管理能力,形成核心竞争力。各资产管理公司在坚持不良资产处置主业的基础上,进一步扩大和延伸业务范围,实现由金融客户向非金融客户转变。

【应对区域风险苗头】 建立地方区域性金融风险应急预案工作机制,明确组织职责及风险处置目标、原则、程序。针对区域银行业风险集中暴露状况,摸清风险底数和成因,把责任追究和风险防控抓到位,组成工作专班深入摸排重点机构、重点企业风险,争取地方政府支持,制定落实化险措施,严肃查处机构违规问题。

【防化重点领域潜在风险】 加强地方政府性债务风险防范,组织地方政府性债务清理核查,协助地方政府实施定向债券置换平台贷款。建立省内重点行业运行情况监测制度。指导信托公司关注敏感地区、重点行业风险,全年到期信托项目均安全兑付。督促有关银行做实抵押、担保等风险缓释措施,有效管控不良贷款反弹势头。

(邬为敏)

金融服务

【着力提升货币信贷政策有效性】 一是加强货币信贷政策的宣传引导。在全省范围内集中开展11场货币政策宣讲活动,通过召开信贷工作联席会和分析会等形式,及时解读货币信贷政策内涵和重点。二是做好法人金融机构信贷调控。出台《差别准备金动态调整操作意见》,3次调整稳健性参数,合意贷款重点向赣南等原中央苏区、信贷调控执行较好,以及支农、支小力度较大的地方法人金融机构倾斜。全省地方法人金融机构人民币贷款余额5528.57亿元,比年初增加1032.63亿元。三是落实货币政策工具调整工作。组织完成5次利率调整、4次普调准备金率和准备金平均法考核工作,对37家县级"三农金融事业部"和76家地方法人金融机构实施定向降低存款准备金率,年内,通过降准共释放被冻结资金约380亿元。四是稳步推进市场利率化改革。成立江西省市场利率定价自律机制，出台《江西省市场利率定价自律机制工作指引》，指导法人金融机构制定了符合自身发展的存款利率定价管理办法。

【加大对薄弱环节信贷支持力度】 出台《信贷政策支持再贷款评估考核机制》《金融机构申请再贴现管理评估考核机制》，鼓励辖内金融机构加大对“三农”和小微企业等支持力度。全年全省累计发放支农再贷款126.8亿元，多增61亿元；发放支小再贷款30亿元，多增15亿元；办理再贴现105亿元，多增25.6亿元，限额周转使用率222%。完善创业贷款反担保模式，进一步提高“信用担保”的比例。选择婺源等县探索开展金融扶贫小额信用贷款试点，并向全省贫困地区推广。大力推进包括“两权”（农民住房财产权、农村土地承包经营权）抵押贷款在内的农村金融产品创新，省内13个县入选全国“两权”抵押贷款试点名单。推动扩大“财园信贷通”政策支持范围至园区外企业，提高单户最高支持额度至1000万元。优化“财政惠农信贷通”融资模式，扩大合作银行范围，拓宽扶持对象。联合省财政厅、省扶贫办出台实施《江西省扶贫和移民产业贷款试点工作指导意见》，选择在33个扶贫和移民重点县进行试点。

【加快发展直接融资业务】 推动省政府制定出台《关于加快推进债券融资工作的意见》，建立覆盖各类企业债券的企业项目储备库，实现全省11个地市债务融资工具发行全覆盖。

【加快发展跨境人民币业务】 促进跨国企业集团跨境人民币资金池业务在江西省落地，完成3家企业的备案工作，实现江西省零的突破。下放跨境人民币业务管理权限至县支行，推动商业银行跨境人民币业务服务端口前移至县域网点。跨境人民币业务实际收付金额为702.9亿元，增幅51%。跨境人民币业务实际收付金额占同期全省国际收支总额的29.4%，较上年上升8.6个百分点。

【维护金融稳定】 一是金融改革发展稳步推进。深度参与人民银行总行存款保险相关制度办法的研究制定工作，人民银行南昌中心支行被纳入人民银行总行首批10个风险评级打分试点行。大力支持江西省首家省级法人银行江西银行和首家金融租赁公司的筹建工作。加强对东亚银行、广发银行的开业指导，全年批复30家金融机构开业申请。二是金融风险防范力度加大。持续关注辖内房地产、融资平台以及产能过剩行业、企业风险。推动省政府将宜春、九江、萍乡纳入地方重点企业金融风险早期识别试点范围。三是金融管理能力不断加强。对全省银行业、证券期货业和保险业等140余家机构开展综合评价工作。全省共受理辖内金融机构重大事项报告823件。完善12363电话平台建设。试点推行基础金融服务清单。

【加强反洗钱监管】 修订完善考核评级指标，首次对江西辖内124家机构开展反洗钱工作考核评级。在九江试点金融机构高管人员反洗钱履职清单。持续推进村镇银行反洗钱监管试点工作。

【支付清算体系日益完善】 完成支付系统南昌城市处理中心计算资源建设投产工作。继续推进支付清算系统和中央银行会计核算系统推广建设，扩大支付清算系统覆盖范围。组织涉农银行机构在全省农村地区稳步推进银行卡助农取款服务点布设。部署省内法人银行机构开通农民工银行卡特色服务的受理方业务。加快银行卡非接受理环境建设，进一步推动金融IC卡和移动金融应用工作。

【强化国库代理监督管理职能】 年内，稳步推进财税库银横向联网系统扩面工作，配合国税部门完成电子退库、更正、免抵调业务试点运行工作。开展对国库经收处、商业银行代理支库、金融机构代理集中收付及国债承销业务的执法检查。2015年，江西省分库执法检查商业银行代理国库业务机构18个，走访国债承销机构发行网点30余次。制定实施《江西省国库收入退库工作指引》，编写《江西省商业银行代理国库业务操作手册》，提高工作实效。

【信用体系建设步伐加快】 制定《关于全面推进全省农村信用体系建设的实施方案》，小微企业和农村信用体系建设工作被《江西省社会信用体系建设规划2014—2020年》列为专项工程。有效遏制征信信息泄露风险。加快推进小微机构征信系统互联网接入工作。大力推广应用应收账款融资服务平台，推进建立对小额贷款公司和融资性担保公司的信用评级。

【加强货币发行管理】 完成新版100元纸币发行工作和普通纪念币预约兑换工作。推进赣南反假币标准化示范区建设，试点建立假币信息快速筛查处理机制和警银直连工作机制，从制假、贩假源头加大防范和打击假币力度。人民币全额清分工作目标基本实现，冠字号码记录查询体系基本建成。对发行库、钞票处理中心开展安全检查，加强销毁残钞废料管理，圆满完成总行下达的残币清分、销毁工作任务。

（夏春雷　谢云峰）

外汇管理

【概　况】 2015年，国家外汇管理局江西省分局按照“推改革促便利、抓转型提效率、强管理防风险”的工作思路，防范跨境资金双向流动冲击，切实抓好各项便利化改革政策实施，促进江西开放型经济实现新常态下的平稳健康发展取得新成绩，连续第十三年被江西省政府评为“服务开放型经济工作先进单位”。全年江西省跨境收支和银行结售汇总额平稳增长，跨境收支总额383.93亿美元，同比增长5.83%；银行结售汇总额252.28亿美元，增长8.02%。跨境收支和银行结售汇顺差由增转降，分别为63.40亿美元和15.13亿美元，下降28.57%和81.27%。

【维护外汇收支平衡】 一是完善政策传导和窗口指导机制。积极争取地方政府理解支持，明确分工部署及要求，通过银行传导国家外汇管理局防范跨境资金异常流出政策意图。采取全面通报、个别高管约谈以及现场提示等方式,切实加强对银行购付汇业务的窗口指导。二是对贸易项下付汇不进口等指标进行定向分析,组织开展出口不收汇、贸易融资等专项核查,以转口贸易为重点开展货物贸易购付汇专项检查。2015 年,在全国为结售汇逆差的背景下,江西省银行结售汇仍然保持净结汇态势,结售汇顺差 15.13 亿美元,较好地维护了辖内外汇收支平衡。

【完善跨境资金风险防范措施】 一是优化主体监管模式。完善企业筛选标准,构建持续监测机制,提高重点企业主体监管效率。推进货物贸易与服务贸易一体化监管,增强管理协同性。二是强化银行业务管理。制定资本项下事后监管办法,细化银行监督流程。建立银行考核工作责任制,调整考核管理方式,加大对考核结果的运用。有针对性地开展国际收支、经常项目、资本项目专项核查 60 次,核查银行 76 家,发现各类问题 194 个。三是健全企业管理手段。运用现场核查、分类管理等手段强化管理,加大空壳企业清理力度,督促企业规范报告行为,将可疑企业信息与海关共享,对 657 家企业进行了强制注销名录、降级或移交检查等处理。四是严厉打击违法违规行为。首次采取统一检查为主、属地开展为辅,集中与分散相结合的方式进行银行外汇业务专项检查,检查成果在全国排名前列。参与打击利用离岸公司和地下钱庄转移赃款行动和地下钱庄交易对手专项检查。全省共查处外汇违规案件 59 起,处罚没款 422 万元,增长 37.9%。

【推进贸易投融资便利化】 一是直接投资外汇管理改革稳步推进。取消直接投资外汇登记核准,实行外汇资本金意愿结汇,实现直接投资外汇管理新旧政策平稳过渡;拓宽直接投资存量权益登记工作路径,强化部门联动,推广银行代理申报模式,切实深化了直接投资外汇管理改革。二是融资便利化创新措施收效明显。实行外债比例自律管理试点,申报外债宏观审慎管理试点,促进企业跨境融资便利化;动态管理短期外债指标,指标使用率同比提升 10 个百分点。三是跨国公司外汇资金集中运营管理试点实现扩容。试点企业数量较上年增长一倍,实现了数据电子化统计及全口径监测,全年共完成结算金额 31.44 亿美元,有效提升了企业资金运营效率。四是保险机构外汇管理改革顺利实施。进一步简化保险业务审核手续,全省经营外汇保险业务机构由改革前的 33 家增至 164 家。

【健全外汇服务体系】 一是提高依法行政水平。实行一个窗口受理制度,规范行政审批流程,强化监督问责,清理规范性文件 4 件,为市场主体提供简洁透明的市场规则。二是支持涉外体系建设。鼓励金融机构扩展服务网点,全省开办结售汇业务金融机构数比上年同期增加 119 家。扩大县支行外汇业务授权范围,县域外汇服务中心增加至 26 家。促成江西赣州出口加工区升级为江西首家综合保税区并封关运行,得到地方政府好评。三是强化服务协调职能。主动宣传,开展对接"一带一路"等各类宣讲(培训)百余次,参与人员上千人,增加互联网站更新频率及内容,便利涉汇主体更好地理解和执行外汇管理政策。配合地方政府贯彻落实金融 30 条,推动赣南原中央苏区及鄱阳湖生态经济区共青先导区建设,支持江西参与推广自由贸易试验区改革试点,进一步服务实体经济发展。

(夏春雷 谢云峰)

保险业监管

【概 况】 2015 年,江西保监局树立监管从严理念,强化问题导向监管思维,持续推进以风险、服务和素质为导向的监管改革,市场秩序明显好转,保险消费者合法权益得到有效保护。围绕"抓服务、严监管、防风险、促发展"12 字方针,应对复杂严峻的内部、外部形势,扎实开展工作,取得较好成效。

保费规模再次跃上新台阶,达到 508.43 亿元,增长 27.0%,增速居全国第四位,中部第一位。其中:产险公司实现保费 171.21 亿元,增速 17.4%;人身险公司实现保费 337.22 亿元,增速 32.5%。资产总额 907.32 亿元,增长 18.3%。

产险公司累计实现承保利润 9.41 亿元,增长 23.4%。承保利润率 6.3%,上升 0.17 个百分点,居全国第八位,上升 1 位。综合费用率 32.3%,低于全国平均水平 5.91 个百分点,全国排名第七位。综合赔付率 61.4%,下降 4.36 个百分点。个险渠道实现保费收入 132.47 亿元,增速 22.2%,加快 10.1 个百分点。健康险实现保费收入 40.84 亿元,增长 38.3%;保费占比 8.0%,提升 0.6 个百分点。新单期缴保费和十年期及以上新单期交保费分别为 30.57 亿元、43.2 亿元,分别增长 40.5%、53.2%,增速分别提高 8.8 个百分点、18.9 个百分点。

全年累计赔付支出 178.06 亿元,增长 25.3%。农业保险累计为 435.32 万户次参保农户提供 653.15 亿元风险保障,累计赔款 4.13 亿元。大病保险为 4041.35 万参保群众提供 6.85 亿元补偿金额。责任保险提供风险保障 8760.19 亿元,涉及经济社会多个领域,全年实现保费 4.94 亿元,增速 21.9%。信用保险支持江西省外贸出口 36.73 亿美元,服务出口企业 1231 家,支付赔款 839 万美元,增速 101.9%。行业创造税收 10 亿元,代缴车船税 9.27 亿元;全年从业人员 14.92 万人,新增就业岗位 5.45 万个。

【从严监管保险业】 一是严明标准。紧盯车险、农险、大病保险、短意险、中介市场等重点领域、重点公司和重点区域,从严划定监管红线。凡是触碰"高压线"的,从严从重处罚。对严重违反监管政策的市场主体和经营行为,采取"停业务、停资格、撤高管"的"两停一撤"的处罚方式,并且扩大停业务的险种、时间和区域,将不符合监管要求的机构、高管从市场中清理出去。二是严厉查处。根据保监会统一部署,江西保监局组织开展农险检查、寿险业务合规性检查、大病保险"回头看"、重大业务风险检查等专项检查,做到工作机制协同化、工作开展信息化、检查形式多样化、自查整改评估报告量化、自选动作特色化。全年,共开展现场检查67家次，投入检查人力212人次，处罚机构33家次、个人49人次，警告50项次，吊销许可证1家次，撤销任职资格1人次；合计罚款497.8万元，采取停止新业务的处罚9家次。检查频度、处罚力度都前所未有。三是严管队伍。开展全省保险业首次合规测试工作，摸底行业队伍合规情况。全省22%的保险公司员工共3558人参考，其中567名高管全部参加测试，并将合规测试工作与日常监管有机结合，进一步放大了合规测试效果。开展市级机构高管轮训，全省34家省级分公司总经理及近300名市级机构总经理参训。开发保险行业从业人员合规培训系统和从业人员移动培训系统，实现了培训模式的网络化和便携性。

【保险消费者权益保护工作大格局基本形成】 2015年，江西保监局设立保险消费者权益保护处，重新理顺了江西保监局信访、举报、投诉的工作机制，“一个体系、一个规划、三个环节、三道防线、六项机制”的消费者权益保护工作大格局逐步形成。

制定顶层设计，搭建组织体系。制定《江西保险消费者权益保护工作规划(2015—2020)》，推进12378江西分中心落地和运行，进一步畅通了“信访电网”投诉渠道。推动各级行协设立保险消费者事务工作机构，督促保险公司建立总经理消保工作责任制，注重发挥好专家委员会作用，搭建起由保监局统筹负责、各级行协积极服务、公司落实主体责任、专家专业指导的“四位一体”的消费者权益保护工作组织体系。

紧盯三环节，构筑三防线。一方面，关注销售前、中、后三环节。举办全省首届寿险柜面服务技能竞赛，出台《车险理赔质量第三方评价和监督机制的指导意见》《江西人身险业诚信理赔服务标准二十条》，继续开展人身险产品第三方点评，大力推进访后付费制度，探索银邮类保险兼业代理销售过程音像“双录”。狠抓农险承保理赔服务，明确整改时限和要求。另一方面，构筑消保工作三道防线。强化公司主体责任，督促公司建立健全“双快处”和工作报告制度；引入社会第三方力量，充分发挥各地保险合同纠纷调解中心和社会监督员作用；加大监管查处力度，对保险公司严重侵害消费者利益行为严查严处。

建立健全六大工作机制。一是推行信息披露机制。启动理赔信息公众查询系统，公布车险理赔服务指标，发布保险消费者权益保护典型案例。二是健全投诉处理机制。完善投诉事项办理、监督检查、考核和责任追究制度。三是创新纠纷调处机制。完善、推广景德镇等地多调联动、一站式纠纷调处经验，进一步加强调解队伍建设。四是建立保险消费者教育长效机制。持续开展保险知识“五进入”，在极端恶劣天气等特殊时点发布风险提示。五是启动信用惩戒约束机制。制定2015年度保险业信用体系建设工作方案，建立江西保险业信用信息平台。六是打造多方参与的消费者权益保护协同机制。借助社会监督员、五个“第三方”的力量，协同多部门建立协同联动机制。

【不断完善保险业依法监管长效机制】 江西保监局从严格程序入手，建立健全依法监管长效机制，主动适应新常态的要求。优化行政许可流程。修订行政许可委员会工作规程和内部程序规定，规范行政许可申请材料报送工作，制定高管人员任职前测试管理办法。推行“一审一核”制，从原来的4个环节，减少为“受理兼审查、审核兼审批”2个环节。高标准建设行政许可服务大厅和高管测试中心，全年受理行政许可事项506件，组织高管测试108场，办理时限压缩20%，实现了“零超时、零投诉、零举报”，群众满意率100%。

严格依法实施检查和处罚。完善行政处罚委员会议事规则，建立健全行政处罚统计台账，编写行政处罚典型案例。制定政府信息公开查阅暂行办法和分类清单，修订移送涉嫌犯罪案件实施细则，全面推进依法行政。做好复议、诉讼工作。加强与法院沟通协调，有效推进应诉工作。全年行政诉讼4件，1件已二审终审，2件撤诉，1件待审；终审案件取得两审胜诉的结果，维护了江西保监局监管权威。全年行政复议案件10件，江西保监局依法及时进行复议答复，保监会维持江西保监局原行政行为的复议决定比例达到100%。

【有效防范保险市场风险】 一是防范满期给付和退保风险。加强监测预警。坚持旬度数据追踪、月度数据分析、季度风险小结，不断完善信息收集网络。紧盯重点公司。及时对风险较大的公司进行风险提示和窗口指导，谨防部分公司因流动性和偿付能力风险造成销售误导等违规冲动。组织培训交流。组织召开全省人身险退保和满期给付风险防范培训交流会，邀请有实际处置经历的公司讲授应对经验，进一步提高公司的风险处置能力。二是防范非法集资风险。要求公司开展全面自查，加强内控。召开全省寿险业防范非法集资风险工作会议。开展“三无”机构清查工作。开展辖内保险中介市场风险排查，并选取南昌地区机构开展全覆盖督导。组织1.6万余名保险从业人员参加处非知识测试并签订“拒绝非法集资承诺书”，密切关注营销员准入制度改革后井喷式增长中潜在的非法集资风险，开展2015年防范打击非法集资“宣传月”活动。三是防范案件风险。健全案件风险防范体系。加强江西省保险机构内审工作，实行高管人员“凡离必审、凡满必审、凡审必报”。加强案件风险日常监测。建立和完善案件台账登记管理体系，加强司法案件报送管理。三是强化案件责任追究。做好问责督办工作，加强被问责人员后续管理。四是着力维护市场稳定。高度关注政策性业务和招投标领域合规风险，加大力度治理商业贿赂和不计成本恶性竞争等问题。开展商业车险费率改革准备工作，制定方案，开展培训，为费改正式实施打好基础。切实防范声誉风险，强化对传统媒体以及微信、网络等新媒体的舆情监测、识别和预警，不断增强舆论引导能力和负面舆情应对能力。

【推动重点领域保险业务发展】 发展农业保险。会同省金融办等6部门联合下发《关于加强和改进江西省农业保险工作的意见》《关于在农业保险市场引入竞争主体的通知》。明确“政府采购”+“一县一主体”的农业保险经营模式，截至年底，全省有62个县启动了农险政府采购工作，其中

37个县已经完成政府采购工作。推动农险扩面提标，将育肥猪保险试点范围由原来的10个县扩大到全省。探索农房保险在全省推开。推动江西省政策性水稻、油菜、棉花保险保额进一步提高。推动省政府办公厅下发《关于建立病死畜禽无害化处理机制的实施意见》，建立健全保险与病死畜禽无害化处理联动机制。发展各种责任保险。立法推动校园方责任险，在《江西省学校学生人身伤害事故预防与处理条例》中写入校方责任险辅助社会管理的相关内容，使江西省成为全国首个校方责任险立法的省份。推进医疗责任险二级以上医院全覆盖，将“三调解一保险”的医疗纠纷处理体系纳入“平安医院”建设活动等政府规划和考核体系等。与质监、食药监、环保、财政等部门联合加大产品质量安全责任险、食品安全责任险、环境污染责任险、会计师事务所职业责任险等业务推动力度。推动省综治办将治安保险工作纳入全省社会管理综合治理工作考核项目，明确了“治安保险覆盖率”等考核目标。发展信用保险和保证保险。推动“小贷银保通”融资，推广“政府+银行+保险”“保险+信贷”等模式；推动险资直投小微企业试点，制定赣州小贷支农支小项目资产支持计划，通过资产证券化的方式向涉农企业和小微企业等提供资金支持，人保集团已与赣州正式签约。年内出口信用保险累计支持全省外贸出口36.73亿美元，服务出口企业1231家，其中小微企业950家。累计赔款839万美元，帮助追回海外欠款160.56万美元。推进大病保险和商业健康险。出台大病保险经营资质管理内部程序规定，指导行协制定经营标准和理赔服务标准，组织相关公司签署大病保险服务承诺。推动城镇居民大病保险筹资标准提高至40元/人，建立大病保险联席会议制度，联合省卫计委开展考核督导，推动江西省出台加快发展商业健康险的实施意见，联合财政、税务等部门制定商业健康险个人优惠政策试点工作方案。2015年，大病保险实现全省覆盖，累计城乡居民大病保险项目31个，覆盖参保群众4041.35万人，大病保险补偿金额共计6.85亿元。推动个险渠道转型升级。以打造江西个险特色为切入点，建立个险发展评价机制，科学设计规模类、队伍类、业务品质类三大类共计10项指标。推行个险顾问式营销模式，出台《关于推行个险顾问式营销的指导意见》，指导省行协成立个险委员会，搭建个险转型升级平台，督促行业转变经营理念。2015年，个险渠道实现新单保费41.67亿元，增速46.3%；个险新单期交率81.6%，提高5个百分点；营销人力11.5万人。全省个险发展呈现出新单增速翻番、期交持续向好、队伍规模大增的良好态势。

【保险行业创新亮点纷呈】 一是推进产品创新。开展水稻制种保险试点，受到当地政府和农民的欢迎。自主研发的蔬菜设施大棚保险在南昌市率先试点，填补了江西省农业设施保险的空白。探索“银行+保险”金融模式，针对油茶重点产业推出“金穗油茶贷”项目专属保险承保方案。二是推进服务创新。联合南昌市政府推进交通事故“一站式”快处快赔工作，一个月内受理案件4732起，日均处理案件由之前的20起增加到140起。农险理赔无需再提供气象、火灾证明等单证，车险理赔推出超时补偿机制和微信查勘理赔服务。推出i保养、乐乘盒子等服务体验，探索提供车险保障范围外的新型增值服务。三是推进营销模式创新。鼓励保险专业中介机构发展新型网络营销模式，支持专业中介发展社区门店和社区个人专属代理门店。联合保险经纪公司在全省8个地市铺设92个社区风险管理门店，其中九江市社区门店被当地政府作为社区风险管理的典型，向东南亚和外省市宣传推广。

（牟成林）

证券期货

【概　况】 截至年底，江西共有35家境内上市公司，其中A股上市公司33家（含中小板8家，创业板5家），A+B股和A+H股上市公司各1家。35家上市公司股本总额251.67亿股，比上年末增长12.95%；总市值4089.07亿元，较上年增长55.57%；资产总额3285.92亿元，同比增长6.58%。2015年实现营业总收入3782.20亿元，下降4.90%；实现净利润84.97亿元，下降20.59%。

截至年底，江西辖区内证券公司2家，期货公司1家，证券分公司14家，证券营业部261家，期货营业部33家。证券资金账户累计开户数351.09万户，增长37.62%，托管客户资产3499.80亿元，增长54.76%；期货资金账户累计开户数3.8万户，增长10.13%，托管客户权益12.04亿元，下降2.43%。全年证券经营机构累计成交8.75万亿元，增长174.84%；期货经营机构代理成交9.13万亿元，增长74.99%。证券期货行业实现营业收入和净利润分别为64.39亿元、37.81亿元；分别增长163.79%和210.17%。

截至年底，辖区新三板挂牌企业62家，辅导备案企业15家，3家企业完成辅导验收后已向证监会上报IPO备案材料。备案私募基金管理人184家，备案基金产品93只，管理基金规模169.4亿元（认缴额）。

【深化监管转型】 2015年是监管转型深化年，按照“观念跟上、能力跟上、管理跟上”的理念，全面功能监管工作机制逐步完善、监管体系严谨高效、监管专业能力不断提高。新监管模式运行平稳，全年完成各类市场主体检查79家次，发现问题270个；下发行政监管措施6件，其他监管措施53件。辖区资本市场运行日益规范，资本市场参与更加活跃。在市场异常波动的背景下，辖区市场主体没有发生风险事件，没有发生违规减持等案件。

【强化市场主体监管】 一是突出问题风险，加强上市公司信息披露监管。树立“大信息”监管理念，拓展信息来源，加强信息分析审核，有效识别问题和风险，加大处理力度。年内，审核公司公告4264份，增加31.12%；处理主流财经媒体报道28次，下降39.13%；处理信访举报8家次，是上年的36.36%。全年就日常监管和现场检查发现的问题采取监管措施4家次（含3家上市公司，1家评估机构），监管措施涉及的上市公司、中介机构和责任人员共计12个，是上年的1.71倍。对上市公司、中介机构等下发关注函、问询函、提示函共计20份，比上年增加25%。对2家公司开展年报事中现场督导，向2家公司审计机构下发了审计监管备忘录，约谈各公司主审会计师32家次。二是加强证券期货经营机构活动各项指标和风险的动态监测、分析，建立监测报告制度。完成风险监测报告22份，调研报告8篇。开展“每周一次现场督导，每月一次监管报告，每季一次现场检查”的督导模式，持续推动证券期货经营机构合规管理。办理行政许可18项、核发经营许可证193家次，审阅备案及报告事项552件；开展现场督导42家次。发现存疑事项53项，增长112%。针对检查发现的问题，采取行政监管措施1项；谈话提醒51人次。密切关注股市异常波动期间辖区市场风险状况，规范辖区证券期货公司信息系统外部接入行为，完成27个资金账户的清理，妥善处理8起信息系统故障。

【打击违法违规行为和非法证券活动】 一是严厉查处违法违规行为。针对案件“急、难、重”的特点，及时调整办案思路，集中优势资源查办重点案件，全年案件调查6件。首次承办证监会A类要案，迅速查实并已移交处罚委审理；同时案件调查效率大幅提升，案件平均调查周期约为68天，比上年缩短33%。完成某会计师事务所违法违规案件审理、听证、行政处罚工作，并做好行政复议和应诉等工作。完成协查案件14件(涉外协查案件3件)，增加56%。二是有效遏制非法证券活动。加强与省市有关部门的信息沟通和工作衔接，协调配合做好辖区交易场所清理整顿工作，组织开展非法集资问题专项整治活动。全年应公安机关提出的司法协作请求，对9家机构进行证券期货经营业务资质认定，增长350%；对5起非法经营期货业务案件性质进行认定，增长400%；完成举报事项的核查12件，增加20%；组织开展各类宣传教育活动3次。

【开展投资者保护工作】 做好信访工作，耐心与信访人进行沟通、宣讲政策法规，依法依规做好信访材料受理与回复工作。全年处理各类信访事项499件，办结证监会“12386”热线工单48件，完成投保局转来的非信访事项投诉16件。创新投资者保护方式，推动市场主体完善投保机制，开展投资者保护工作专项检查。开展“公平在身边”投资者保护宣传活动，组织投资者走进上市公司4家次，督导调研3家次，编发简报6期，开展“3·15国际消费者权益日”宣传活动。推动辖区中航证券申报首批国家级证券期货投资者教育基地。

【服务实体经济发展】 一是推动实体企业利用资本市场加快发展。资本市场融资合计182.51亿元，增长134.71%。世龙实业、三鑫医疗、富祥股份3家企业首发上市，募集资金9.93亿元。上市公司再融资97.43亿元，增长49.07%，其中，股权融资71.53亿元，公司债融资25.9亿元。新三板新增挂牌企业49家，增长376.92%；新三板融资8.55亿元，增长557.69%。辖区除上市公司外共有6家企业发行公司债49亿元，2家企业发行可交换债券17.6亿元。二是支持证券期货基金行业规范发展。推进共青私募创新园区健康发展，协调成立江西省投资基金业协会，打造辖区私募发展良好生态环境。支持江西企业申请设立鸡蛋、铝交割库，促进期货市场服务实体经济。登记备案私募基金管理人184家，发行基金产品93只；管理基金规模169.4亿元。辖区法人机构设立分支机构9家，异地证券公司到赣设立证券分支机构16家，异地期货公司到赣设立期货营业部3家。三是加强宣传培训，搭建融资对接平台。联合各相关部门召开资本市场融资宣传培训会、座谈会6次，参会企业代表、政府人员共计1000余人次，达成投融资意向近100亿元。

（朱海晴）

·资　料·

2015年度江西上市公司基本情况

单位：万元

证券代码	证券简称	法定代表人	总股本	营业总收入	净利润	资产总计	负债合计	所有者权益合计
000404.SZ	华意压缩	刘体斌	55962.3953	685615.6786	33161.5685	697050.2587	400592.2999	296457.9588
000550.SZ	江铃汽车	邱天高	86321.4000	2452789.2839	222206.1095	2105072.5683	906958.3612	1198114.2071
000650.SZ	仁和药业	梅强	123834.0076	252384.2664	43558.8748	315627.0750	55541.1108	260085.9641
000789.SZ	万年青	江尚文	61336.4368	558302.8091	34291.6785	900807.5146	492194.6592	408612.8554
000829.SZ	天音控股	黄绍文	94690.1092	4303013.9022	-37404.4339	1119014.7564	888417.8174	230596.9390
000899.SZ	赣能股份	姚迪明	64667.7760	255263.2936	57455.9005	597408.0868	335044.8601	262363.2267
000990.SZ	诚志股份	龙大伟	38768.3644	404245.3664	14772.2282	492835.5560	230530.6558	262304.9002

续表

证券代码	证券简称	法定代表人	总股本	营业总收入	净利润	资产总计	负债合计	所有者权益合计
002068.SZ	黑猫股份	蔡景章	60706.3596	477469.4227	2014.3557	631990.7451	424638.3008	207352.4443
002157.SZ	正邦科技	程凡贵	67071.8047	1641626.7218	33589.6604	976351.5972	621178.3350	355173.2621
002176.SZ	江特电机	朱军	123667.9509	89284.6984	3420.7683	678412.7514	380170.2600	298242.4914
002378.SZ	章源钨业	黄泽兰	92416.7436	134383.7350	-15982.6559	312547.3756	121978.5904	190568.7852
002460.SZ	赣锋锂业	李良彬	37795.2115	135392.4755	12479.7397	252755.2380	64436.7042	188318.5337
002591.SZ	恒大高新	朱星河	26050.7000	18514.2770	-6804.5711	92847.2518	17378.5384	75468.7134
002695.SZ	煌上煌	徐桂芬	12665.8422	115107.4788	6483.4630	182801.6862	27956.3156	154845.3706
002748.SZ	世龙实业	刘宜云	12000.0000	87485.3677	3692.2250	106410.9405	11769.6735	94641.2670
300066.SZ	三川智慧	童保华	41601.3305	64704.7213	14616.4162	160156.8851	14570.8742	145586.0109
300095.SZ	华伍股份	聂景华	30819.4800	56601.4288	5727.4598	119383.9084	33175.2824	86208.6260
300294.SZ	博雅生物	徐建新	26738.4801	54318.2671	16704.5137	218821.5552	28010.7913	190810.7639
300453.SZ	三鑫医疗	彭义兴	7936.0000	31184.8212	5187.6399	59227.8146	6040.3607	53187.4539
300497.SZ	富祥股份	包建华	7200.0000	57974.3065	9360.1768	100965.8555	41344.4896	59621.3660
600053.SH	九鼎投资	康青山	43354.0800	112376.4263	28562.1183	459222.0892	339051.5278	120170.5614
600071.SH	凤凰光学	刘翔	23747.2456	80323.2868	1986.6670	108718.4432	46141.2072	62577.2361
600228.SH	昌九生化	姚伟彪	24132.0000	54237.6142	-2178.9276	51296.0995	37101.6985	14194.4010
600269.SH	赣粤高速	吴克海	233540.7014	550160.0704	60055.5886	3105883.0809	1664264.0346	1441619.0464
600316.SH	洪都航空	宋承志	71711.4512	281557.5207	7960.6103	961738.8700	431818.3516	529920.5184
600362.SH	江西铜业	李保民	346272.9405	18578249.1341	68475.4734	8975521.1107	4192172.8990	4783348.2117
600363.SH	联创光电	曾智斌	44347.6750	249727.9949	15075.3431	358101.6733	146081.7291	212019.9442
600373.SH	中文传媒	赵东亮	137794.0025	1160162.0038	116195.9682	1760726.6696	729636.0629	1031090.6068
600397.SH	安源煤业	林绍华	98995.9882	511646.3090	188.7923	1088354.7525	739227.5546	349127.1980
600461.SH	洪城水业	李钢	33000.0000	161767.4784	19314.0542	549769.1013	340854.9328	208914.1685
600507.SH	方大特钢	钟崇武	132609.2985	814829.0650	11468.4003	930572.8898	703746.3393	226826.5505
600561.SH	江西长运	葛黎明	23706.4000	245634.7288	11714.8230	582573.5560	397115.9446	185457.6114
600590.SH	泰豪科技	杨剑	61924.5072	348809.6411	10085.6975	715769.8224	392200.5602	323569.2622
600750.SH	江中药业	钟虹光	30000.0000	259735.1434	36802.0108	267829.7589	32373.6374	235456.1215
600782.SH	新钢股份	熊小星	139344.8106	2537101.3581	5444.5915	2822623.7305	1966055.9596	856567.7709

本栏编辑 邓玉兰

财 政 税 收

财政管理

【概　况】　2015年,全省财政部门着力做好稳增长、促改革、调结构、惠民生、防风险各项工作,推动各项重大决策部署的落实。围绕江西省“稳增长22条”和“创业创新28条”,建立健全财政支持发展政策举措,有力促进经济社会平稳较快发展。全省财政总收入3021.83亿元,增长12.7%,比“十二五”规划目标超出421.5亿元,是2010年的2.5倍,年均增长19.8%;税收占财政总收入的比重为78.5%,剔除当年11项政府性基金转列一般公共预算因素,税收占比为80.2%。一般公共预算收入2165.5亿元,增长15.1%,增幅排全国第六位,实现四年翻番。全省一般公共预算支出4419.9亿元,增长13.8%,是2010年的2.3倍,年均增长18.1%。市县财政展现新活力,6个设区市财政总收入超200亿元,比上年增加1个;全省100个市县区财政总收入均超6亿元,其中超10亿元的85个,增加8个;超20亿元的36个,增加7个;超30亿元的17个,增加2个;超50亿元的5个,增加2个,其中南昌县财政总收入100.9亿元。“十二五”时期,全省财政实现了“两大突破”,创造了“两个最快”。“两大突破”:一是财政总收入突破3000亿元;二是一般公共预算支出突破4000亿元,其中用于民生的支出突破3000亿元。“两个最快”:一是一般公共预算收入在全国的排位提升到十五位,“十二五”时期跃升6位,为20年来排位提升最快的时期;二是财政总收入占GDP的比重18.1%,“十二五”时期提升5.1个百分点,为20年来比重提升最快的时期。

【加大实体经济投入】　年内,全省自主发行978亿元政府债券,其中224亿元新增债券重点投向稳增长领域。置换债券754亿元,将2015年到期政府债务全部置换完毕。筹集14.3亿元支持铁路、公路建设和航空产业发展,注资13亿元组建省级再担保公司和农业信贷担保公司。安排5.2亿元推动全省标准厂房建设,安排3300万元对新纳入统计范围的企业给予补助,对在证券交易所挂牌上市的省内企业给予奖励。加快实施“互联网+”行动,安排2.8亿元扩大电子商务进农村试点。取消市县财政出口退税负担,鼓励市县扩大外贸出口。

【减轻企业负担】　实施结构性减税和普遍性降费,将小微企业增值税和营业税优惠政策执行期限延长至2017年年底。扩大小微企业享受减半征收企业所得税范围,取消省级设立的行政事业性收费34项,涉企收费仅保留5项,是全国最少的省份之一。降低失业、工伤、生育保险费率。同时,落实好既定的税收等优惠政策,明确短期内不重启专项清理工作,稳定政策预期,增强企业信心。

【创新财政稳增长方式】　发挥财政杠杆作用,撬动社会资源支持江西省经济发展。“财园信贷通”“财政惠农信贷通”共发放银行贷款近500亿元,惠及5.2万户中小企业和农业经营主体。省融资担保公司为571家企业提供担保贷款54.4亿元。组建省财投股权基金公司,吸引社会资本设立30亿元的养老服务产业发展基金、30亿元的鄱阳湖污水治理基金。安排2500万元对PPP示范项目新引入社会资本金给予一次性奖励,新增2个PPP项目纳入财政部第二批示范。

【争取中央支持】　全年争取中央各类补助1953.5亿元,比上年增加135.8亿元。新增国际金融组织和外国政府贷款2.1亿美元,新增清洁发展委托贷款3.65亿元。南昌市纳入全国小微企业创业创新基地城市示范,赣州综合保税区通过国家验收,南昌综合保税区申报取得重大进展,萍乡市列入全国海绵城市建设试点,井冈山经济技术开发区入选园区循环化改造示范试点等。

【加大民生保障投入】　筹集财政性资金1000亿元实施民生工程,50件惠民实事全面完成,全省民生支出占财政支出的比重达到77.3%。大力促进就业创业。对不裁员、少裁员的生产经营困难企业给予稳岗补贴,将电子商务创业培训纳入补贴范围。全省新增发放创业担保贷款114.2亿元,直接扶持带动创业就业53.7万人次。提高社会保障水平。城乡低保财政补差水平分别提高到月人均290元和165元,财政补差水平分别排全国第十九位和第八位;连续11年提高城镇企业退休人员养老金水平,达到2214元;农村五保集中供养和分散供养标准分别为每月305元和260元;城镇居民基本医保、新型农村合作医疗等补助标准也有不同程度提高;救灾等应急支出得到保障。加大教育投入。完善义务教育经费保障机制,统筹支持学前教育、普通高中教育、职业教育、高等教育和民办教育发展;提高艰苦边远地区农村中小学教师特殊津贴标准,对连片特困地区乡村学校和教学点工作的教师给予生活补助等。支持农业农村发展。统筹27.2亿元,推进赣南等原中央苏区和特困片区扶贫攻坚。安排6.36亿元将革命老区转移支付补助范围增加至49个,全省选择11个乡镇共33个村开展美丽乡村建设试点,统筹2亿元支持20个传统村落保护和发展,支持农村居民饮水安全建设。安排29.7亿元,将乡镇、村、社区组织运转保障补助标准分别提高至每年80万元、8.5万元和7万元。

【深化财税体制改革】 围绕中央和省委、省政府深化财税体制改革的总体部署,全年出台改革文件61个,开展改革试点18项,年度21项牵头改革任务完成。预算管理制度不断完善。拟订《江西省深化财税体制改革总体方案》;省级公共财政预算、政府性基金预算、社会保险基金预算、国有资本经营预算四本预决算全部提交省人代会审议。启动中期财政规划管理。省、市、县三级全部公开了财政预决算、部门预决算和“三公”经费支出预决算,在省、市、县三级全面开展权责发生制政府综合财务报告试编工作。核定全省2015年地方政府债务限额3905.2亿元,各级均实行债务余额限额管理。涉农资金整合试点扩大到赣州、吉安、抚州所有县(市、区),共整合资金745项、65.1亿元。落实国家税制改革,从5月1日起对稀土、钨、钼资源税实行从价计征改革,同时取消稀土、钨的矿产资源补偿费、价格调节基金等。加大残疾人等优抚群体个人所得税优惠力度。大力推进综合治税平台和非税收入收缴管理系统建设,提升收入征缴质量和效能。健全财政转移支付体系。省级财政专项资金项目由332项压减至139项,压减率58.1%;省级盘活财政存量162.2亿元,全部用于省委、省政府出台的重大增资政策及“稳增长、惠民生”项目;改革和完善省对市县财政转移支付制度,拟订省级财政专项资金管理办法。同时,政府购买服务范围进一步扩大,试点项目达51类。大力推进政府和社会资本合作(PPP)模式,赣州市章贡区社区(村)居家养老服务中心项目和上饶市老年福利中心项目被列为财政部第二批示范项目。

【加强监管依法理财】 贯彻实施《中华人民共和国预算法》,依法依规理财,不断提高财政管理水平,增强财政资金的安全性、规范性和实效性。一是支出进度加快。省财政进一步强化预算执行管理,通过每月通报、约谈、考核等方式,督促各地进一步加快支出进度,省财政对市县的一般性转移支付于5月15日前基本下达,各项转移支付资金于9月底前全部下达完毕。二是监管力度加大。开展贯彻落实中央八项规定严肃财经纪律专项检查,共发现违规问题涉及金额2.4亿元,已全部整改到位。开展盘活财政存量资金重点检查和地方预决算公开情况专项检查。开展涉农资金专项整治,依纪依规处理涉案人员188人。三是绩效管理加强。省直所有部门均实行预算绩效目标管理,共核减项目49个、金额6.5亿元,省直部门项目资金评价量占本部门项目支出额60%以上。首次向省人大常委会报告了有关教育专项资金绩效评价情况,18项满意度测评指标得分均在90%以上。对384个省级投资项目实施预算投资评审,共审减投资预算7.1亿元。在2015年度省直机关绩效管理考核中,省财政厅156项指标全面完成。四是坚持厉行节约。研究建立全省党政机关“三公”经费支出监管平台,建立资金运行动态监管机制,对“三公”经费实行“定额控制、定点消费、定卡结算”。全年全省“三公”经费财政拨款执行数总额44.72亿元,比上年全省“三公”经费财政拨款决算数减少4.68亿元,下降10.25%,比2015年全省“三公”经费财政拨款预算数减少11.72亿元,下降22.24%。同时,根据有关要求,细化完善了省内差旅费标准。

【完善政府采购市场体系】 2015年度全省政府采购资金550亿元,比上年增加49.66亿元,增长9.9%,比年度采购预算节约财政资金58亿元,节资率9.5%。在全省各级全面推进电子化政府采购系统,实现全流程操作电子化、全过程监控网络化、全覆盖上下一体化的政府采购管理和交易体系。创新管理模式,通过建立第三方价格监测机制、实施批量集中采购试点等方式降低政府采购价格。强化监督管理,开展全省政府采购代理机构监督检查,出台一系列政府采购规章制度、办法,进一步规范单一来源方式流程及采购方式和代理机构的选择等。出台《江西省财政厅购买社会中介机构服务暂行办法》,建立中介机构库,明确管理职责,规范采购行为。

(姜欢欢)

国家税收

【概　况】 2015年,江西国税坚持以税收现代化建设为主题,充分发挥税收稳增长、促改革、调结构、惠民生的职能作用,各项工作取得新进展。全年累计完成各项税收1127.9亿元,增收80.46亿元,增长7.7%。其中,国税组织收入1075.98亿元,增收69.61亿元,增长6.9%。省财政口径税收1010.15亿元,增收76亿元,增长8.1%。在全国纳税人满意度调查中,江西国税连续五次保持国税第一。推进综合治税、深化国地税合作、实施联合惩戒、落实税银互动等多项工作得到国务院、国家税务总局和省委、省政府领导批示肯定。

2015年,税收收入主要呈现5个特点:一是税收规模再创新高。江西省税收总量排在全国31个省(市、区)第十九位,较上年提高2个位次,在中部6省中排在第五位。财政口径首次突破千亿元大关。二是主体税种全面增收。国内消费税入库190.32亿元,增收41.69亿元,增长28.1%;国内增值税入库607.5亿元,增收19.18亿元,增长3.3%;企业所得税入库215.28亿元,增收8.37亿元,增长4.0%;车辆购置税入库62.88亿元,增收0.37亿元,增长0.6%。三是中央税收贡献明显。中央级税收入库752.61亿元,增收45.52亿元;地方级税收入库323.37亿元,增收24.09亿元,中央级税收增收贡献率较地方级税收贡献率高30.8个百分点。四是地市税收增减不一。全省11个设区市税收“9增2减”，增幅落差39.7个百分点。九江以18.9%的增速领跑全省，其次是吉安和抚州增速达到两位数以上，分别增长12.6%和10.2%，其他高于全省平均增幅的设区市还有南昌和宜春，分别增长9.2%和7.8%；萍乡、景德镇、赣州和上饶以低于5%的增速低幅增长；新余和鹰潭出现负增长，分别下降20.8%和1.4%。五是第三产业增速更为突出。第三产业入库476.24亿元，增收41.7亿元，增长9.6%，高于国税组织收入增幅2.7个百分点。第三产业增速快于第二产业4.7个百分点。

【服务地方经济发展】 制定《服务稳增长促改革调结构惠民生税收政策措施》《关于推进“一带一路”战略 服务“走出去”企业发展的实施意见》，全面落实扶持小微企业发展、支持创新创业、促进外贸增长等优惠政策，贯彻卷烟、成品油、电池、涂料等消费税改革措施，落实车购税减税政策，扩大农产品进项税额抵扣核定扣除范围。全年减免税218.58亿元，增长39.4%，办理出口退税117.84亿元，增长16.1%，其中，减免增值税150.51亿元，所得税55.97亿元，消费税5.98亿元，车购税6.12亿元。节能环保减免税额最多，为49.21亿元，增长7.0%，支持小微企业发展减税增幅最高，增长39.3%。推进“营改增”试点，全年整体减税32.9亿元，受益面达92%。

【深化国税地税合作】 制定《2015年国地税合作计划》，以信息共享为基础，以优化纳税服务、提高征管效能、规范税收执法为重点，推动国税地税合作工作迈上新台阶。一是联合服务全面深化。全省国地税共建办税服务厅29个，互相进驻办税服务厅138个，共同进驻政务大厅89个，联合办税的县(市、区)占比达到95%以上。联合办理税务登记10.57万户，办理“一照一码”营业执照1.18万份。二是征管互助持续加强。全年国税部门代征地方税费4.04亿元，地税部门代征国税税款1.7亿元。联合对15346户纳税人开展风险分析及应对，查补税款2.19亿元。联合开展税款核定。形成了国税地税双方核定税款的统一标准。三是执法协作取得突破。联合发布《江西省税务行政处罚裁量权适用规则和执行标准》，统一规范了九大类71种税收违法行为处罚裁量标准，有效减少了税务机关处罚的随意性。联合开展税务稽查703户，查补税款及滞纳金1.46亿元。四是信息共享有效整合。年内，各级国税局向地税局提供申报征收、代开发票数据356万条，地税机关征收关联税费4.56亿元。各级国地税联合采集电力、烟草、房产交易等第三方信息9265.64万条，增加税收收入15.41亿元。联合开展税收分析8次，形成各类分析报告128篇。

【省级综合治税平台上线运行】 落实《江西省税收保障办法》，联合省财政厅、省地税局提请省政府下发《江西省综合治税工作方案》，省级综合治税信息平台于2016年1月1日上线运行。第一批采集了工商、国土、人社、交通、教育等20个部门、45个类别、8901.14万条涉税信息，推进了第三方涉税信息的汇聚整合和关联应用。全年全省利用各类涉税信息加强税源风险分析监控，取得的国税收入达9.64亿元，占同期国税收入总额0.85%。

【实行税收风险管理】 制定《2015—2020年税收风险管理战略规划》，组织4批次风险应对，开展交叉评估、异地评估，全年通过风险应对增收24.29亿元。推行增值税发票管理系统升级版，出台《江西省货物运输服务税收管理办法》。开发企业所得税信息管理平台，加强所得税预缴管理，全省2014年度汇算清缴汇总数据准确率100%，建立专业团队，积极应对企业所得税重点税源和高风险事项，年内推送风险户数107户，查补税款8.62亿元。研发“出口退税预警分析系统”，开展出口供货预警核查。运用大数据，集中对江铃集团5家核心成员企业开展风险识别工作，发现涉税风险点52个，查补税款3141万元，调减企业亏损额6224万元。强化非居民企业税收管理，首次开展集团和行业联查，首次采用利润分割法办结特别纳税调整转让定价案件，首次对低平价股权转让实施价格调整征税。

【开展“便民办税春风行动”】 围绕提升纳税人获得感，继续开展“便民办税春风行动”，推行纳税服务规范2.0版，推出简政放权措施108项，服务发展措施104项，国际协作措施33项，提效减负措施175项；对128项服务实行即时办理，83项服务事项精简报送资料，压缩65个服务事项的办理环节，缩减76个服务事项的办理时限。制定《国际税收业务常用纳税服务规范》，规范国际税收管理服务流程和行为。以“便民春风联合办税”为主题，联合省地税局在江西省政府网站“在线访谈”直播间与纳税人、社会各界人士在线交流，宣传税务部门推出的服务举措。

【打击涉税违法犯罪行为】 全年各级国税稽查局检查企业3880家，查补入库收入18.1亿元、增长5.9%，查补率1.68%。在打击黄金票案中，检查1122家、立案856家、结案547家，定性虚开1.2万份、金额65.8亿元，查补入库1.4亿元，移交公安243家，抓捕216人，挽回经济损失6亿多元。在打击出口骗税中，查实问题130家，移交公安5家，抓捕4人，查补入库3287万元。在发票打假中，查处违法受票企业2746家、非法发票25.8万份，查补入库1.7亿元，移送公安案件117件。在开展案源检查中，受理举报案件187件、查处143件、结案128件，移送公安5件，查补入库2822万元。

（项青）

地方税收

【概　况】 2015年，全省地税部门主动适应、积极应对经济发展、税收工作新常态，保持定力，凝聚合力，攻坚克难，各项工作取得来之不易的成绩，得到省委、省政府和税务总局领导的充分肯定。省委书记强卫、省长鹿心社等省领导先后20多次对地税工作作出指示或批示，税务总局局长王军先后5次批示肯定江西地税工作。省地税局获全省服务非公有制经济发展先进单位，在全国税务系统绩效管理考核中位列地税系统第五名，全系统9个单位获全国文明单位。

面对复杂严峻的组织收入形势，江西省地税部门挖掘增长潜力不懈怠，实现地税收入的稳定增长。2015年，累计组织入库各项收入1443.6亿元，增长9.7%，其中地税收入1357.3亿元，增长10%，剔除"营改增"减收影响实际增长10.3%，总量列全国地税第十五位，增幅列第七位。2015年地税收入特点主要体现一个"稳"字：一是地税收入增幅稳步回升，由一季度增长3.1%，到上半年和年终升至8.6%和10.0%。"昌九"占比稳步上升，南昌市、九江市地税收入占江西省地税收入35%，同比提高0.4个百分点。二是主体税种和重点行业税收稳定增长，征收营业税498.4亿元、增长12.5%，个人所得税106.0亿元、增长18.0%，建筑业税收增长11.0%，金融业税收增长23.0%，房地产业税收收窄，由一季度的下降12.4%，到年终下降0.3%。2015年地税收入增长因素，一方面源于全省经济的平稳增长；另一方面，江西省各级地税部门加强征管，促进了税收增长。其中，加强清理清欠，清理入库房地产业税收66亿元，清理入库建筑业税收18.5亿元；加强综合治税，通过综合治税入库税款105亿元。

【助推发展升级战略】 制定出台《支持服务全省全面深化改革促进发展升级若干政策和服务举措》，充分发挥地税部门在稳增长、促改革、调结构、惠民生、防风险中的职能作用，落实支持大众创业、万众创新、苏区振兴等各项税收优惠政策，依法减免地方各税66.5亿元。《国务院关于支持赣南等原中央苏区振兴发展的若干意见》实施3年多来，江西省地税部门累计为334户企业减免企业所得税7.45亿元。开展经济税收调研，为党委政府建言献策，形成了一批质量较高的分析报告，其中《基于税收角度的江西电子商务发展分析和对策》得到省长鹿心社批示肯定。

【深化税制改革】 稳步推进"营改增"，抓好了建筑安装、房地产、金融保险、生活性服务业等4个"营改增"行业的户清、税清、票清工作，核查纳税人47104户，查补入库税款26亿元；联合省国税局下发《关于加强协作做好关联税费征管工作的通知》，加强"营改增"行业其他地方税费征管，防止相关税款流失。推进资源税改革，会同省财政厅下发煤炭资源税从价计征改革政策文件，明确江西省从价计征税率和折算率。主动跟进稀土、钨、钼资源税由从量定额计征改为从价定率计征，确定相关税目适用税率，于5月1日起实施。承接税务总局改革任务，参与起草《稀土、钨矿和钼矿资源税从价计征试行办法》等改革文件，承担"有色金属矿从价计征改革方案研究"课题调研。

【推进税务行政审批制度改革】 取消37项行政审批和全部非行政许可审批，精简率90%。开展网上行政审批工作，改进审批方式，压缩审批时间，提高审批效率。推进权责清单制度，在全国地税系统率先全面完成七大类107项行政权力的清权、确权、晒权工作，制定省、市、县3级税务行政权责清单并向社会公布，得到税务总局肯定。按照"有权必有责、权责相一致"的原则，清理责任清单七大类107项，使每项权力都对应相应的责任，并形成"一表两单"制度。推进"三证合一"登记制度改革，全面推广运行"税收执法责任制监控系统"，实现税收执法全过程监督，被省监察厅列为内控机制创新项目。

【健全综合治税和信息管税体系】 落实《江西省税收保障办法》，会同省财政厅、省国税局提请省政府批转下发《江西省综合治税工作方案》，抓好省级综合治税平台建设，完成对首批31家成员单位的信息采集、准备和分析工作。建成省级综合治税平台并投入使用，11个设区市和93个县(区)搭建了综合治税信息平台，123个县区(分)局开展了信息采集应用。年内，累计采集第三方涉税信息4216万条，分析、利用有效信息670万条，通过综合治税入库税款105亿元，约占同期地税收入的8%。

【强化信息管税】 组织开展数据清理，有效提高基础数据质量，系统错误数据下降46%；开展风险分析应对，累计应对风险任务5.1万户，入库税款71亿元，税收贡献率达5.23%，占收入增量的55.4%；全力抓好"金税三期"上线，推进"互联网+税务"行动计划，强化信息技术支撑，实现了依法治税和信息管税双促进，组织收入和征管能力双提升。

【创新纳税信用管理】 根据国家税务总局《纳税信用管理办法(试行)》，与省国税局联合评定共管户纳税信用级别71953户，其中A级3277户；单独评定单管户21298户，其中A级397户，并向社会公开A级纳税信用企业名单，提高A级纳税人的社会影响力。创新纳税信用评价结果运用，联合国税局与银监部门建立联席会议制度，共同开展"银税互动"，与省国税局、建设银行、中国银行合作，从省级层面推出了江西省统一规范的小微企业"税易贷"服务项目，各地还因地制宜推出"银税通""税贷通"等金融产品，以"纳税信用"换"银行信用"，开辟信用企业融资新渠道。全年308户纳税信用企业办理各类信用贷款12.8亿元，解决就业1.21万余人。

【开展"便民办税春风行动"】 打造"春风行动"升级版。按照国家税务总局部署，及时制定下发实施方案，有计划、分批次、按步骤统筹推进。不断完善网上办税服务厅、12366服务热线功能，试点运行"移动地税"手机客户端，完善多元办税、提高服务效率，41项涉税业务实现同城通办，30项主要涉税事项实行免填单。打造"服务规范"优化版。修订完善纳税服务制度体系，梳理纳税人6类118项服务需求，10大类127小类服务业务，定制表证单书、流程、环境和行为12个服务模块，实现经常性动态升级，相关经验在全国推广。推进纳税人学堂建设，开设各类培训辅导班467期，免费培训纳税人3万余人次。强化纳税人需求管理，对纳税人反映集中的突出问题限期整改、及时回复，切实维护纳税人合法权益。在全国纳税人满意度调查中获地税系统第二名。

(邓远峰)

本栏编辑 邓玉兰

经济管理与监督

综合管理与宏观调控

【概　况】　2015年，面对错综复杂的国内外经济形势，江西省主动适应把握经济新常态，统筹做好稳增长、调结构、促改革、优生态、惠民生等各项工作，全省经济发展总体平稳、稳中有进，社会事业全面进步。全年地区生产总值16723.8亿元，增长9.1%；人均GDP36724元（5898美元），增长8.5%；粮食总产量214.85亿千克，实现"十二连丰"；财政总收入3021.83亿元，增长12.7%，其中一般公共预算收入2165.5亿元，增长15.1%。规模以上工业增加值7268.9亿元，增长9.2%；固定资产投资16993.9亿元，增长16%；社会消费品零售总额5925.50亿元，增长12.0%；外贸出口332.7亿美元，增长3.9%。主要经济指标增幅位居全国前列。

随着2015年主要指标的总体完成，江西省实现了"十二五"圆满收官。全省综合实力又上了一个大台阶，经济年均增长10.5%，人均GDP从3133美元提高到近6000美元。概括起来，实现"4个翻番""7个突破"。"4个翻番"，即一般公共预算收入4年翻番，规模以上工业增加值4年翻番，固定资产投资4年翻番，外贸出口3年翻番；"7个突破"，即财政总收入突破3000亿元，社会消费品零售总额突破5000亿元，外贸出口突破300亿美元，农村居民人均可支配收入突破1万元，高速公路通车里程突破5000千米，铁路营运里程突破4000千米，城镇化率突破50%。"十二五"取得的成就，为"十三五"实现与全国同步全面建成小康社会奠定了坚实基础。

【产业结构调整步伐加快】　大力推动产业转型升级，制定"互联网+"行动实施方案，电子信息、生物医药等新兴产业发展势头较好，光伏产业主营业务收入突破1000亿元，60个重点工业产业集群主营业务收入突破1万亿元。加快现代农业强省建设，深入实施"百县百园"工程，规模以上农业龙头企业销售收入增长9%。大力实施服务业发展提速3年行动计划，制定加快发展生产性服务业和促进文化创意、体育、旅游等产业发展的实施意见，旅游接待总人数和旅游总收入分别增长23.2%、37.3%，现代物流、电子商务、健康养老等产业快速发展，服务业增加值占GDP比重达到38.6%，同比提高1.8个百分点。

【基础设施更趋完善】　坚定不移抓项目、扩投资，坚持重大项目调度会制度，建立省重大项目协调推进、项目推进清单等机制，全年省重点工程完成投资1566亿元。昌樟高速改扩建、金溪至抚州高速公路建成通车，高速公路通车里程5088千米；合福客专江西段、赣龙铁路扩能改造建成通车，铁路营运里程4031千米，其中高速铁路867千米；峡江水利枢纽、华能安源电厂、南昌地铁1号线等重大项目建成投运，新干航电枢纽、丰电三期、华能瑞金电厂二期、大唐新余电厂二期等重点项目开工建设。

【推进一批重大改革】　围绕激发市场活力，着力推进一批重大改革。深化"三单一网"（权力清单、责任清单、负面清单和江西政务服务网）建设，公布省、市、县政府权力清单和责任清单，江西政务网开通运行。省级行政权力事项精简63.6%，省级项目核准权限取消下放64%，政府定价事项缩减53%，涉企收费项目减少73%。省公共信用信息平台初步建成。全面实施"三证合一"（工商营业执照、组织机构代码证、税务登记证）"一照一码"（由工商、质检、税务分别核发不同证照，改为由一个部门核发加载法人和其他组织统一社会信用代码的营业执照）改革，在全国率先建立企业信用监管警示系统。深化国资国企改革，健全现代企业制度5项改革试点取得阶段性成果。农村集体土地承包经营权确权登记工作按期完成。在全国率先完成国有林场改革。同时，财税金融、省直管县、公务用车等重点领域改革不断深化。进一步扩大开放合作，主动对接融入"一带一路"、长江经济带战略。加强与沿江、周边省份对接合作，与湖南、湖北共同推进长江中游城市群建设。全省实际利用外资增长12.1%，对外直接投资增长59.9%。

【区域城乡协调发展】　推进昌九一体化向纵深拓展，制定支持昌九一体化发展的若干政策措施，积极推进国家级新区申报设立，加快推进南昌临空经济区、共青先导区平台建设，公共服务一体化步伐加快，产业综合实力不断增强，昌九地区主要经济指标占全省比重进一步提高。深入推进苏区振兴发展，累计争取到国家各类援助政策412项、项目165个、资金60多亿元，赣州市突出民生问题得到基本解决，一批国家级平台获得批复，实施苏区振兴"千百亿工程"，设立赣南苏区振兴发展产业投资基金,原中央苏区地区主要经济指标增速明显高于全省平均水平。大力促进“两翼齐飞”,深入推进赣东北扩大开放合作、赣西经济转型和抚州深化区域合作,编制出台《上饶高铁经济试验区发展规划》,推动签署赣西第二批项目合作备忘录,昌抚通信实现同城化、金融同城化取得实质性进展。城乡建设协调推进,城镇化率提高1.4个百分点,达到51.6%;实施农村危旧房改造31.2万户,完成农村公路建设改造1.4万千米,农村面貌进一步改善。

【生态文明先行示范区建设开局良好】 推进生态工程,划定生态、水资源红线;实施造林绿化提升工程,完成植树造林14.31万公顷、森林抚育37.33万公顷;深入开展“净空、净水、净土”行动,全省设区市城区空气质量优良率90.1%,地表水监测断面水质达标率81%,土地污染得到控制。完善生态体制,在全国率先实施覆盖全境的流域生态补偿,首期筹集生态补偿资金20.91亿元;建立省、市、县三级“河长制”体系,省委书记、省长分别任省级正副“总河长”,7名省领导分别任境内主要河流、湖泊等“河长”,高位推动河湖管理与保护;完善市县综合考评指标,进一步提高生态文明考核权重。发展循环经济,新增5个国家级园区循环化改造、“城市矿产”示范基地、循环经济示范市等试点,光伏、风电建成双百万装机,节能减排全面完成国家下达的任务。开展生态创建,支持昌铜高速生态经济带建设,评选出第一批16个全省生态文明先行示范县(市、区)。

【50件实事全部完成】 在财政收支压力加大的情况下,安排1000亿元资金用于民生工程,年初确定的50件实事全部完成。居民收入继续增加,城镇居民人均可支配收入增长9%,农村居民人均可支配收入增长10.1%。扎实做好高校毕业生、农民工等重点群体就业工作,就业形势保持稳定,全省新增城镇就业55.26万人。社会保障水平稳步提高,开展机关事业单位养老保险制度改革,大病医疗保险实现城乡全覆盖。打好产业扶贫、保障扶贫、安居扶贫三大攻坚战,全年减贫72万人,其中搬迁移民扶贫10.6万人。加大棚户区改造力度,全年开工16.54万套,基本建成12.45万套。物价水平保持稳定,全年居民消费价格同比上涨1.5%,低于3%左右的控制目标。

(姜鑫)

重点工程建设

【概　况】 2015年,江西省在交通、能源、水利、工业和社会公益事业等领域分两批共安排省重点项目203项,总投资7210亿元,年度计划投资1502亿元。按建设阶段分,建成投产项目36项,续建项目71项,计划新开工项目90项,预备项目6项。按行业分,交通项目37项,能源项目20项,重大产业项目93项,社会事业民生项目53项。按投资金额分(不含预备项目),项目总投资100亿元以上的有16项,50亿~100亿元的有27项,20亿~50亿元的有34项,5亿~20亿元的有106项,5亿元以下2亿元以上的14项。全年共完成投资1565.8亿元,占年计划的102.2%,超额完成省政府年初确定的工程建设任务。

【基础设施项目建设】 高速公路方面:南昌至九江高速公路改扩建工程通远试验段8月8日建成,寻乌(赣闽界)至全南高速公路寻乌至信丰段10月30日通车,南昌至樟树高速公路改扩建工程、金溪至抚州高速公路11月6日建成,南昌至宁都、南昌至上栗高速公路2016年1月13日建成通车。11条续建高速公路完成投资较好,超额完成了年度计划。铁路方面:合肥至福州铁路(江西段)6月28日建成通车,赣龙铁路扩能工程(江西段)12月28日正式投运,全省铁路运营里程突破4000千米。九景衢铁路路基土石方完成94%,桥梁完成76%,涵洞完成97%,隧道掘进完成90%。武九客专江西段(瑞昌至九江)路基土石方完成90%,桥梁完成80%,隧道掘进完成98%。昌赣客专10月26日各施工单位全部进场,路基土石方完成23%,桥梁完成13%,隧道掘进完成23%。蒙华铁路江西段全线进入施工阶段。机场方面:上饶三清山机场场道工程全部完成,航站楼主体工程基本完成。赣州黄金机场改扩建工程11月29日正式开工建设。井冈山机场扩建工程施工图设计已经完成,临时航站楼开工建设。航运方面:南昌龙头岗综合码头工程年底前基本建成,新干杭电枢纽工程已于8月15日开工建设。能源方面:华能安源电厂“上大压小”新建工程及送出配套工程8月24日全部投产发电。7项220千伏配套输变电工程基本建成投运。大唐抚州电厂新建项目、神华九江电厂新建项目、洪屏抽水蓄能电站顺利推进。预备项目中,赣能丰城电厂三期扩建项目、中电投分宜电厂扩建项目、华能瑞金电厂二期扩建项目、大唐新余二期扩建项目均提前开工建设。

【重大产业项目建设】 江西德龙实业有限公司高分子氨基模及塑料制品生产项目、中材江西电瓷有限公司特高压电瓷产业基地项目、蓝图汽车产业园一期建设项目已建成投产。昌河汽车有限责任公司年产24万辆整车和24万台发动机技术改造项目正在进行设备调试,新能源线投入试运行,3台H33D车已下线。中国北车江西轨道交通产业基地建设项目已基本竣工,即将试产。井冈山卷烟厂年产30万箱卷烟易地技术改造项目即将进行工艺设备安装调试。

【重大民生项目建设取得新成果】 南昌大学一附院象湖新城分院土方开挖完成85%,南昌大学二附院红角洲分院基坑土方工程已结束,省人民医院红谷分院桩基、地下室承台已完成,省儿童医院红谷滩新院土方工程已完成,省妇幼保健院红谷滩医院完成了临水临电设施建设,基本完成深基坑土方工程。南昌市轨道交通1号线12月26日全线建成开通运营。2号线一期工程所有站点均开工建设,21座车站中9座车站已完成结构封顶,南昌西站南北广场区间已完成,6座车站正在进行主体机构施工,6座车站正在进行围护结构和土方施工。轨道交通3号、4号线获得国家发改委建设规划批复,3号线年底前开工建设,4号线计划12月份完成工程可行性研究,2016年开工建设。莲花县寒山水库正在进行大坝主体施工。寻乌县太湖水库工程开工建设。

【高位推动重点项目建设】 省委、省政府高度重视省重点项目建设。5月上旬,省委书记强卫专门调度了省重点项目建设和各设区市重点项目建设情况。4月上旬,省长鹿心社专题调研重点工程建设情况,并召开全省重大项目建设推进会。5月9日和11日,省委副书记莫建成先后主持召开了全省电力项目建设协调推进会和全省重大基础设施项目推进会暨第49次重大项目调度会,出席7月16日全省重大交通基础设施建设推进会并讲话;10月10日,常务副省长毛伟明召开全省抓项目扩投资工作推进会议;10月28日,常务副省长毛伟明主持召开昌北机场T1航站楼建设工作会;11月6日,省委副书记莫建成、常务副省长毛伟明出席昌樟改扩建、金抚高速建成新闻发布和昌九改扩建、新干航电枢纽建设动员会并讲话。省委、省政府领导高度重视,高位推动,解决重点项目建设中的难题,有力保障了项目建设的顺利推进。

【健全重大项目建设协作机制】 为贯彻落实省政府办公厅《关于加快推进全省重大工程建设的意见》精神,按照“争开工、保投产、抓续建、促前期”的总要求,省发展改革委精心筛选了交通、能源、水利、社会民生、重大产业等方面88个社会关注度高、带动作用大、影响面广的项目,印发《关于建立重大项目建设协调推进机制的意见》,进一步健全协作机制,同时利用省重点项目建设推进领导小组良好的平台,会同住建、国土、环保、林业等部门和地方政府紧密配合,加强沟通,形成了上下联动、横向联动的工作合力。

【为建设项目单位排忧解难】 在项目推进过程中,项目监管部门、主管部门、项目所在地党委、政府和有关职能部门主动加强沟通联系,形成共同推进省重点工程建设的强大合力。全年深入工程现场召开各类协调会议40余次,积极为项目单位排忧解难,为工程建设顺利进行创造条件。协调解决了九景衢铁路湖口天然气管道迁改、景德镇厂矿搬迁、沿线征迁户集中安置,昌赣客专、蒙华铁路征迁,赣龙铁路、合福铁路安全评估运行条件保障,在建高速公路项目征迁、跨越铁路线路,西气东输二线输油管线压覆萍乡市湘东区荷尧永发煤矿补偿和吉安段施工遗留问题,推动了项目建设的顺利实施。推动项目前期有关工作,促使项目按期开工。具体承办了新干航电枢纽、昌九高速改扩建、500千伏宜春锦江等7项输变电工程项目征迁补偿标准起草,督促昌北机场T1航站楼提前开展设计招标,积极推进“宽带中国”4G高速基础网络工程建设。

【确保项目招标依法规范】 全年较好地完成了省重点建设项目招标投标监管工作。完成对南昌轨道交通、江西中烟工业有限责任公司井冈山卷烟厂易地技术改造、南昌新城区优质医疗资源建设项目、江西省岩盐资源综合利用年产100万吨纯碱项目、中节能(江西)低碳环保科技园项目、中央储备粮直属库改扩建储备仓等27个项目共约210个标段的招标监管工作。推动省重点建设项目电子招标,全年完成45个标段电子招标工作。同时,对3221家重点工程建设项目投标用户信息进行了收集确认工作,其中确认通过的投标用户有2692家。完成省综合评标专家库重点工程专业的专家收集整理、初审工作,妥善处理招标过程中出现的问题及有关投诉。

(叶俊)

国有资产管理

【概 况】 2015年,全省国有经济总体平稳,稳中有进。一是国有经济不断壮大。全省国有企业资产总额16924.3亿元,净资产总额6712.4亿元,同比分别增长13.6%、7.2%。其中,省属国有企业资产总额6511.9亿元,净资产总额2449.3亿元,分别增长9.2%、4.3%。全省国有企业资产总额、归属于母公司所有者权益均比“十二五”初期增长2.2倍。省出资监管企业资产总额6216.8亿元,净资产总额2289.6亿元,分别增长8.7%、3%,列全国第二十位,省出资监管企业资产总额、归属于母公司所有者权益分别比“十二五”初期增长1.5倍和1.4倍,年均增幅20.7%和19.4%。二是运营效率稳步提升。省出资监管企业经济运行质量、速度、效益均排在中部6省前三位,高于全国平均水平,营业收入、利润总额均排名全国第十六位。三是企业排名再创新高。江铜集团位列2015年世界500强第354位,比上年前移27位;建工集团位列全国企业500强第399位,比上年前移72位;江西国际和中鼎国际在全球最大国际承包商榜单上位次分别比上一年前移27位和25位;省机电设备招标有限公司获得中国招标代理机构“诚信创优5A等级”,位列中国最具竞争力招标代理机构综合百强第二十九位。

【完善国资监管体系】 完善以管资本为主的国资监管体制。一是继续推动简政放权。科学界定国有资产出资人监管的边界,实施清单管理,制定公布了省国资委履职事项清单、权力清单和责任清单。二是探索改革国有资本授权经营体制。搭建省投资集团、省国控公司、大成国资公司3个投资运营平台,发挥了整合盘活各类国有资本、推动企业市场化重组及投融资担保等功能。三是国资监管监督合力加强。对省属企业区分竞争性业务和特定功能性业务,实行业务分类考核。监事会、财务总监、法务总监等多位一体的监督体系进一步确立,省出资监管企业财务审计和企业领导人员经济责任审计制度进一步完善。监事会严格依法依规履责,全年共揭示企业存在的问题和风险484个,督促企业自行整改的重要问题191项,帮助企业挽回经济损失近40亿元。四是集中统一监管有序推进。省直单位所属经营性资产脱钩移交工作如期完成,制定印发了《省属国有企业授权监管暂行办法》,省国资委代表省政府派驻外派监事会正式进驻省铁路投资集团。

【改革试点深入推进】 盐业集团混合所有制改革试点取得成功,引入4家战略投资者增资扩股。江铜集团“自主经营、自主决策、自主拓展”改革明晰了国资委与企业的管理边界,落实了企业市场主体地位。江中集团在完善法人治理结构改革试点中明晰了董事会与经营层的管理边界。新钢集团、省建材集团分别通过推行综合改革、深化企业内部“三项制度”（劳动用工、干部人事、收入分配）改革试点，形成可推广可复制的改革经验。省旅游集团参照盐业集团模式，制定了改制方案。剥离企业办社会工作取得进展，基本完成国有工业企业改革的社区移交遗留问题，共移交545个社区。

【优化国有经济布局】 一是着力盘活存量。以省国控公司为平台，回购五矿有色持有的江钨有限51%股权，推进江钨战略重组。民爆集团重组整合工作进展顺利，国泰民爆上市工作如期推进。二是着力引进增量。推进凤凰光学战略重组；引进北汽集团重组昌河汽车，15万辆整车生产线竣工投产；引进北京通航公司增资扩股江西直升机投资公司，一期工程顺利投产。三是着力主动减量。九鼎投资挂牌重组中江地产，实现溢价127%。四是着力拓展新兴产业。省投资集团试水“互联网+”业务，与航天科工集团合资组建江西航天云网科技有限公司正式上线运行；省国控公司借力“互联网+物流”，成功搭建第四方物流平台；省水利投资集团调整产业布局，组建生态资源开发集团和工程咨询集团。五是着力推动省属金融业发展。省级法人银行江西银行正式挂牌运营。省金控集团继续做大做强省信用担保公司，全年累计担保总额100亿元，支持江西省中小微企业发展。

【推动企业科技创新】 年内，新增国家级科研平台1个、省级平台3个，申请专利405件，获得授权专利总量突破2000件。新钢集团科研项目获国家科技进步二等奖，江西铜业集团公司、新余钢铁集团有限公司、江钨控股集团公司、中国瑞林工程技术有限公司等4家出资监管企业获省级科学技术奖7项。

【对外整合资源力度加大】 江铜集团通过矿权股权收购，建立了以江西本部为主体，辐射环渤海地区、长三角地区、珠三角地区和西南地区的五大产业基地体系，并延伸至国外资源开发和国际贸易领域。江钨控股集团打造大稀有金属产业体系，在钨（钼锡铋）、镍钴等产业板块形成了较为完整的产业链和内部市场体系。

【企业“走出去”层次和质量提升】 举办企业国际化经营专题研讨班，搭建政银平台，先后与进出口银行、国家开发银行、中国银行江西省分行分别签署合作协议，共推企业国际化经营。牵头组织成立江西海外能源资源开发联盟，推动江西省资源能源企业合作开发境外矿产资源。建工集团“两外”市场份额占比达53%。省出版集团旗下智明星通业务覆盖全球60多个国家和地区，业务收入和利润在全国互联网传媒企业位居第一。

【推进央企入赣工作】 截至年底，签约的139个央企入赣投资项目，已进资项目115个，进资额457.02亿元，已开工项目108个。分别在香港和杭州举办两场投资洽谈会，共签约项目44个，总投资额280亿元。

【设区市国资监管工作亮点纷呈】 一是集中统一监管进一步推进。南昌、赣州、新余、萍乡、上饶等地稳步推进国有资产监管全覆盖，截至年底，设区市国资委监管的资产总额为10412.4亿元，增长16.6%。二是国资监管体制进一步完善。景德镇、赣州、上饶、宜春等地出台了市级《进一步深化国资国企改革的意见》。鹰潭市建立企业经营业绩考核和上缴国有资本收益制度。三是服务地方经济发展作用进一步发挥。赣州市支持赣州稀土集团联合江铜集团、江钨控股成立了中国南方稀土集团。南昌市着力打造五大投融资平台。吉安、抚州等地积极做好央企入赣、央地对接工作，一批央企重大投资项目落地实施。

（朱德志）

安全生产监管

【概　况】 2015年，全省安全生产形势保持了总体稳定、平稳向好的态势。发生各类安全事故3218起，死亡1629人，死亡人数下降0.49%。其中，列入考核的各类事故1022起，死亡770人，减少98起、69人，分别下降8.75%、8.22%。发生较大事故36起，死亡140人，减少22起、56人，分别下降37.93%和28.57%。列入考核的事故总起数、死亡人数连续15年“双下降”，连续10年杜绝特别重大事故，实现了到2015年安全生产状况全面好转的阶段性目标。

【延伸拓展安全责任体系】 省委、省政府带头履行落实安全生产工作职责，省委十三届十二次全会、全省经济工作会议等重要会议，对安全生产工作作出了安排部署。省委常委会议、省政府常务会议，先后4次专题研究加强安全生产工作。推动责任体系向乡（镇）、重点行政村和规模以上企业拓展延伸，截至年底，省、市、县、乡、村“五级五覆盖”的安全责任体系基本形成，所有规模以上企业安全生产主体责任均做到“五落实五到位”。省安委会修订《江西省安全生产委员会工作规则》，组织3次全省性综合督查；严格安全目标管理考核，综合“一票否决”1个县、单项“一票否决”3个县。开展了2013—2015年职业病危害防治工作评估工作。

【推进安全法治建设】 深入宣传、贯彻、实施新《中华人民共和国安全生产法》，省政府办公厅印发加强安全生产监管执法通知、促进烟花爆竹产业转型升级意见等政策性文件，《江西省烟花爆竹安全管理办法》修订进展顺利。建立法律顾问制度，开展规范性文件清理，依法规范行政行为，省委法建办充分肯定省安监局法治建设工作，在江西法建网刊载有关做法。持续开展“七打七治”打非治违专项行动，累计打击非法违法行为3690起、整治违规违章行为4320起、停产整顿企业550家、暂扣吊销证照184个、关闭取缔企业87家。依法依规开展事故调查处理，提级调查2起较大事故、挂牌督办4起事故，工矿商贸领域发生的4起较大事故全部结案。

【开展安全生产大检查】 集中5个月时间，开展以危险化学品和易燃易爆物品为重点的安全生产大检查和专项整治，并在年终开展“回头看”，全省共组织检查组4615个，检查企业

3.5万家次，排查隐患4.9万项。纵深推进涉及煤矿、非煤矿山、烟花爆竹、危险化学品等4个重点领域、37个重点县的安全整顿攻坚，其中煤矿落实关闭对象50处，非煤矿山超额完成国家下达的关闭任务，烟花爆竹退出生产企业394家。全面打响油气输送管道隐患整治攻坚战，159项隐患完成整改155项，整改率达97.5%，排名全国首位；持续推进道路交通、消防、特种设备、建筑施工、粉尘涉爆、液氨使用等领域安全专项整治。

【提高安全监管效能】 深化安全生产管理体制改革，省级煤矿安全监管职能划转到位，组建煤矿安全监管、事故调查与统计内设机构，省煤矿设计院、省煤炭工业科学研究所划转省安监局管理。扎实开展“三单一网”建设，制定公布权力清单87项，调整行政审批项目6项。创新安全监管方式，启动全省安全生产事故信息联网直报系统，制定加强安全生产行政审批事中事后监管、企业安全生产诚信体系建设等政策性文件。

【营造安全发展氛围】 年内，先后开展安全生产宣传咨询日、职业病防治法宣传周、企业安全生产承诺、道路客运驾驶员安全宣誓承诺等系列“安全生产月”活动，着力营造了“关爱生命、关注安全”浓厚氛围，抚州市安监局、星子县安监局、红谷滩新区管委会获全国先进单位。加强安全文化建设，推进安全社区创建，建立典型事故案例警示教育机制，编发《江西安全生产》专刊22期，举行安全生产在线访谈3次、新闻发布会2次，“江西安全生产”微信公众号影响力在全国省级安监局排名前列。开展安全培训和网络考试点建设工作，完成11个煤矿安全重点县及省属煤矿主要负责人专题培训，举办全省工业园区管委会负责人安全生产专题研讨班，着力提高了从业人员安全技能素质和基层干部安全管理水平。

【提升安全保障能力】 年内，加强园区安全管理，开展为期半年的“强管理、治隐患、防事故、保健康”安全生产专项行动。加强信息化建设，10个设区市完成视频会议系统招标工作。加强基层企业应急管理规范化建设和应急救援队伍建设，获首届全国危险化学品应急救援大赛团体优秀奖。加强中介机构监管，开展安全生产专业技术服务专项治理活动、职业卫生技术服务机构专项执法检查。加大安全投入力度，省财政对烟花爆竹退出生产企业每户补助10万元，全省累计投入8亿多元实施尾矿库隐患治理项目。加大科技支撑力度，“机械化换人、自动化减人”科技强安专项行动进展良好，金属非金属矿山通风系统安全检测规范等地方标准编制完成，重大危险源监测监控系统改造完成率达到96.6%。加大达标创建力度，非煤矿山、危险化学品、工矿商贸、烟花爆竹等四大行业，二级以上达标企业470家。

（陈勇）

煤矿安全监察

【概　况】 2015年，江西煤矿安全监察局始终坚守“发展决不能以牺牲人的生命为代价”这条红线，围绕煤矿安全监察中心工作，把防范煤矿事故放在工作的重中之重，坚持严格安全准入、严格监察执法、严格事故调查，保持了江西煤矿安全生产形势基本稳定。全省煤矿共发生事故21起、死亡35人，分别下降36.4%、12.4%，吉安、九江、新余、萍乡、景德镇等5个设区市的市县国有及乡镇煤矿实现“零死亡”。

【进一步落实煤矿安全生产责任】 一是大力宣贯中共中央总书记习近平、国务院总理李克强等中央领导关于安全生产系列重要讲话精神和新《中华人民共和国安全生产法》，督促全省煤矿安全监管监察干部、煤矿企业从业人员牢固树立“红线”意识和追求“零死亡”目标，坚决做到“不安全不生产”。二是对地方煤矿安全监管工作开展监督检查，江西煤监局领导分别带队赴各产煤设区市、省直管县，各分局负责县（区），分级开展“全覆盖”监督检查，有力推动了地方监管责任的落实。三是完成第二轮与煤矿矿长谈心对话活动，组织415位矿长谈心对话和安全承诺，进一步强化了矿长安全“红线”意识。地方各级政府、煤矿安全监管监察部门和煤矿企业牢固树立安全生产“红线”意识，强化安全生产责任落实。新余市加大安全生产在年度综合目标考核的权重，萍乡市实行煤矿安全生产问责制和监管人员“黄牌警告”制度等，都有力促进了安全生产责任的落实。

年内，上栗县、丰城市、上饶县、瑞昌市、乐平市5个县（市）列入全国第二批50个煤矿安全重点县名单，省安委会制定了《5个煤矿安全重点县（市）遏制重特大事故攻坚战工作方案》，各相关产煤设区市、重点县（市）都成立了攻坚战领导小组，加大工作力度，狠抓责任落实，省直有关部门及设区市政府联合对重点县（市）开展了攻坚战督导，督促落实攻坚战各项任务，到年底，上栗县、丰城市、瑞昌市、乐平市辖区内市县国有及乡镇煤矿没有发生死亡事故，攻坚战工作取得实效。

【强化煤矿安全监管监察执法】 一是加大监察执法力度。突出抓好瓦斯、水害、火灾和顶板事故的防范，持续组织开展了瓦斯防治、水害防治、建设项目安全设施“三同时”、异地交叉监察、职业危害防治、机电运输、“三项岗位”人员持证上岗等专项监察和重点监察，对部分洗煤厂进行了安全监察，对复产复工煤矿实行了抽查，提出加强和改进煤矿安全监管工作的意见建议236条。各监察分局与有关市、县煤矿安全监管部门组织联合执法，进一步形成了煤矿安全工作合力。全年煤监部门共监察矿井562矿次，下达执法文书2012份，查处各类事故隐患与违法行为3159项，责令停产整顿矿井60处次，责令停止作业采掘头面210处次，责令停止使用设备146台（件）。二是强化监管执法工作。景德镇市制定安全生产监管执法权力和责任清单，萍乡市确定了20家重点监管矿井名单并实行跟踪监管、重点监管，吉安市对煤矿进行分类管理等，切实加强了监管执法工作的落实。三是深入开展隐患排查治理专项行动，按照省安委办的统一部署，省直有关部门共同组织全省煤矿开展了全面覆盖、不留死角、不留盲区的隐患排查治理行动,并加强巡视督导,强化整改督办,推进煤矿隐患排查治理工作常态化。四是加强省属煤矿安全工作。江西煤监局、省安监局、省能源局、省国资委等部门2次联合召开加强省属煤矿安全工作会议,督促企业深刻吸取事故教训、落实主体责任,第四季度江西煤监局还分别对省能源集团所属4个矿务局(公司)进行调研指导,促进省属煤矿抓好安全生产工作。

【进一步完善防范煤矿安全事故措施】 突出抓好瓦斯、水害、火灾和顶板事故的防范。江西煤监局分别召开防治水、防突和防灭火专题工作会议,先后出台《加强煤矿顶板管理工作的若干规定》《加强防治煤与瓦斯突出工作若干规定》,督促省能源集团公司加大瓦斯抽采工作力度、落实瓦斯超限治理措施,全年瓦斯抽采量1.35亿立方米、利用量0.48亿立方米,集团所属煤矿全年瓦斯超限次数同比下降54%;九江市建立安全生产数据收集分析监测系统,创建煤矿工作微信群。萍乡市组织对全市煤矿开展专家会诊,对部分重大安全隐患实行市、县(区)两级挂牌督办制度,落实直接监管责任人。切实做好煤矿安全生产的各项工作,严防死守,防范事故发生。

针对第四季度事故多发势头,省安委办下发《关于加强当前煤矿安全生产工作的紧急通知》。江西煤监局组织省属煤矿开展隐患排查治理行动,制定了省属国有煤矿隐患排查治理行动组织方案和实施方案,会同省国土厅和省国资委等部门,对全省37处省属国有煤矿进行了全面覆盖、不留盲区的排查,并强化整改督办,配合总局专项督导巡查组对3个设区市、3个集团公司(矿务局)开展了巡视督导,这些措施有效防范了事故发生。

截至年底,江西省有一批煤矿企业实现安全生产长周期,通过对这些煤矿企业典型经验进行总结提炼,很多做法措施效果明显,如江西煤业公司流舍煤矿连续安全生产5189天;丰城市河西煤矿坚持加大安全投入保障,实施正规采煤方法和改革支护方式,连续安全生产4154天;江西显亮煤业有限公司落实主体责任、严抓安全基础,连续安全生产2360天。

【提升安全保障能力】 一是严把安全准入关口。严格标准做好全省煤矿第三轮安全生产许可证延期换证工作,研究制定《加强煤矿企业安全生产许可证管理工作若干规定》,进一步强化安全生产工作,特别是对安全生产许可证或采矿许可证已到期的矿井,及时注销或暂扣安全生产许可证,责令停止井下一切采掘活动,并告知地方政府和煤矿安全监管部门,采取强硬措施,严防非法违法组织生产。年内完成延期换证195个,对关闭的50处煤矿注销了许可证,对安全生产许可证届满到期未申请延期的126处矿井注销了许可证,并责令停止井下一切采掘活动,严防非法违法组织生产。二是大力推进“科技强安”。积极配合国家煤矿安监局开展的“煤矿安全科技进江西”活动,国内相关科研院所、高校、科技企业的专家携带科研成果到江西矿区进行服务,40余名国内专家多次到矿区、深入井下,现场进行技术指导。已达成煤与瓦斯突出、水害防治、火灾预警预报、安全监控系统升级改造、瓦斯抽采、煤矿地质构造及水害探测、粉尘防治、热害治理及软岩支护等8个方面的技术合作意向,一些先进适用的技术装备已在煤矿推广使用,充分依靠科技进步促进煤矿安全生产工作。三是强化应急管理工作。抓好救护队质量标准化建设,提升全省煤矿救护队水平;采取辅导讲座、现场指导等方式大力宣传贯彻《企业安全生产应急管理九条规定》;指导煤矿事故处置,成功避免了尚庄煤矿503工作面火灾及八景矿业杉林煤矿火灾两起事故扩大。在暴雨等极端天气期间,及时向全省煤矿安全监管监察干部和煤矿企业管理人员发送预警信息27521条,较好防范了因极端天气引发的煤矿事故。四是抓好对中介机构监管。开展煤矿安全生产技术服务专项治理活动,对全省煤矿技术服务机构进行专项监督检查,并召开煤矿安全技术服务机构专业会议,部署整改措施。落实国家安全生产监督管理总局《安全评价与检测检验机构规范从业五条规定(试行)》精神,结合实际制定贯彻落实意见,进一步规范中介机构行为。五是充分发挥专家作用。制定《江西煤矿安全监察局安全生产专家库及专家管理办法(试行)》,组建了通风安全、采煤矿建、水文地质、矿井机电、应急救援、职业卫生和检测检验等不同专业领域的专家库,入库专家110人,已在瓦斯治理、采掘支护、安全监控、检测检验等领域发挥积极的技术指导作用。六是深化职业危害防治。以法规宣讲、专题培训、专项监察与示范矿井建设相结合,督促煤矿企业建立完善职业危害防治工作机构设置、人员配备和管理制度,煤矿职业危害防治工作得到地方监管部门和煤矿企业的高度重视,管理水平和防治意识有较大提高。

【加强事故调查处理和警示教育工作】 制定《关于事故调查处理工作的若干意见》,进一步规范事故调查处理工作,加大对事故责任人特别是矿长的追责力度,调查报告全部及时向社会公布,接受社会和舆论监督。年内发生事故已结案16起,按期结案率100%,5起正在调查处理中,共有71人受到党纪政纪处理,12人撤销矿长安全资格证,3人被移送司法机关追究责任。对年内全省煤矿事故调查报告、国务院安委会挂牌督办的事故案例、新中国成立以来全省煤矿事故分析及典型案例进行了汇编,分片区召开了事故警示教育会,组织全省煤矿安全监管监察系统和煤矿企业学习并吸取教训,通过持续开展事故警示教育活动和跟踪督办,切实以事故教训推进煤矿安全生产工作。

(周华)

价格管理

【概　况】 2015年,全省居民消费价格总体运行平稳。1—12月,居民消费价格同比上涨1.5%,低于年初预期目标3.0%。面对复杂严峻的国内外经济环境和持续加大的经济下行压力,全省各级价格主管部门主动适应经济发展新常态,围绕中心、服务大局,深入推进价格改革,统筹做好稳增长、促改革、调结构、惠民生等各项工作,有力促进了全省经济社会持续稳定健康发展,为全省“发展升级、小康提速、绿色崛起、实干兴赣”营造良好的价格环境。

【价格改革取得突破性进展】 明确责任分工，落实深化价格管理改革任务。印发《江西省发改委关于进一步深化价格管理改革实施方案的通知》，将20项价格改革工作任务逐一细化分解，明确了时间表、路线图，要求全省各级价格主管部门和省直相关部门，确保改革措施尽快取得实效。精减两项政府定价清单，进一步释放市场活力。公布《江西省定价目录》。新目录中省管价格由原16种(类)减少为13种(类)，减少幅度19%；定价内容由原98项减少为46项，减少幅度53%；下放市(县)定价权23项，占46项定价内容的50%，市(县)定价权大幅度增加。公布《江西省政府制定价格的经营服务性收费项目清单》。清理后，江西省经营服务性收费项目清单由原来的121项缩减至32项，保留比例仅为26.4%；取消和放开89项，其中取消19项、放开70项，清减率为73%。简政放权，成效显著。按照国家要求，将处方药品价格全部放开由市场定价，放开后市场供应正常，价格总体稳定。将所有省管门票价格内的景区游览以及景区内缆车、索道、游览观光车、船(竹筏)等价格全部下放至设区市价格主管部门管理，下放力度全国最大。在全国率先将民办教育机构学费、住宿费等实行自主定价，实施非学历教育的民办学校继续由民办学校自主确定收费标准，不再办理收费备案。放开非公立医疗机构服务价格，将县级公立医院和城市公立医院综合改革试点的医疗服务价格调整权限下放至设区市。全面实现3个工商业同价，降低创业成本。在工商用水同价基础上，全面实施了工商用电、用气同价。江西省在非工业、普通工业电价维持不变的情况下，商业用电价格降低至现行非工业、普通工业电价水平，合并为一般工商业及其他用电类别，实现工商用电同价。同时，降低大工业用电价格。降低工商用气价格，各地实行工商用气同价，实现江西省非居民存量气增量气价格并轨。按国家统一部署，自11月20日起，江西省再次降低非居民用气价格。完成两项阶梯制度，提高群众节能意识。在广泛调研、征求意见、履行听证基础上，报省政府同意，印发了《江西省居民生活用天然气实行阶梯价格方案》，建立了全省居民用气阶梯价格制度。大力推进居民阶梯水价制度，各设区市本级已全面实施居民阶梯水价制度。发挥示范引领作用，逐步完善医疗服务收费行为。先行出台了调整县级公立综合改革试点医院医疗技术服务价格的政策，明确调整后的医疗技术服务价格按规定纳入医保统筹基金支付政策范围；门诊诊查费由医保经办机构和试点医院结算。落实污水处理费调整政策，促进生态建设。会同省财政厅、省环保厅转发《国家发展改革委财政部环保部关于调整排污费征收标准等有关问题的通知》，合理提高污水处理费征收标准，提高企业主动治污减排的积极性。

【加强价格监测与分析预测】 执行价格监测报告制度，强化价格监测分析，注重“从价格看宏观”，主动服务宏观调控大局。全年开展了生猪、粮食、农资、市场放开药品价格等10项专题调查与分析，为政府宏观决策提供数据参考。

【加强重大价格问题调研】 开展贯彻落实《中共中央国务院关于加快完善市场决定价格机制的若干意见》，研究并着手制定江西省实施意见。完成出租车运价与油价挂钩联动机制、完善粮食最低收购价政策等专题调研，为领导决策提供重要参考。提出对《中华人民共和国价格法》以及有关规章制度的修订意见建议。

【完成成本调查和监审任务】 拓宽价格认定范围。稳步开展常规调查、专项调查、成本监审、生猪月报及粮食化肥周询价等工作。完成南昌大学等7所高校教育培育成本和江西师范大学科技学院双学位收费成本监审，为高校调整学费奠定了基础。开展对江西电网输配电准许成本的调查测算工作，此项工作仍在进行之中。开展公共价格信息服务，依法开展涉案财物价格鉴证，积极拓宽涉纪、涉税财物价格认定和合法合理性价格认定工作。

【加强价格宣传】 坚持价格宣传与价格改革同研究、同部署、同实施，加强与新闻媒体等宣传部门的沟通和联系，多措并举地做好价格宣传。召开《江西省人民政府关于进一步深化价格管理改革的意见》《江西省定价目录》等新闻发布会。围绕重点改革和热点价格问题进行深度宣传，为价格改革营造良好舆论环境。

【加强价格监管】 对药品和医疗服务价格、教育收费、环保电价、涉企行政事业性和中介服务收费、高可靠性供电收费等6个方面开展专项检查。加强了对元旦、春节、“五一”、国庆等重要节假日期间的市场价格监管，严查价格违法行为，做好市场价格诚信体系建设。不断完善价格举报管理系统，提升价格服务水平，着力化解民生矛盾。全省共查处价格违法案件1323件，实施经济制裁总额4934.64万元，其中，退还用户335.24万元，没收违法所得3502.74万元，罚款1096.66万元。

(徐帆)

劳动管理

【概况】 2015年，全省劳动关系政策和制度进一步健全，企业工资分配制度改革进一步深化，全省劳动关系总体和谐稳定。

全面推进构建和谐劳动关系建设。以省委、省政府名义出台《关于构建和谐劳动关系的实施意见》，是全国第三个出台贯彻实施意见的省份。组织创建和谐劳动关系企业与工业园区评审，新增命名一批省级劳动关系和谐企业和省级劳动关系和谐工业园区。开展“引导企业积极履行社会责任和依法经营、引导职工履行劳动义务和依法理性维权”活动，将和谐劳动关系综合试验区建设由万载县扩大到宜春市全市。推进实施集体合同攻坚计划，全年全省劳动合同签订率为96.13%，集体合同签订率达85%。加强劳务派遣监督管理，做好劳务派遣核验工作，经验做法被国家协调劳动关系三方会议转发，全年全省劳务派遣单位派遣劳动者12.18万人、涉及用工单位1683家。规范企业裁员行为，完善企业裁员情况统计分析报告制度，全年全省共有19家企业发生裁员行为，裁员总人数1152人，实现了企业裁员后劳动关系保持平稳过渡。

扎实推进调解仲裁工作。及时高效处置劳动人事争议，全省各级调解仲裁机构立案21076件，结案率96%，51.9%的劳动人事争议案件在基层调解组织中解决。开展全省“十二五”时期劳动人事争议处理效能建设督查调研，组织对全省11个设区市、6个直管试点县仲裁工作进行督查，全面掌握“十二五”时期江西省调解仲裁工作效能建设情况。加大劳动人事争议在基层调解组织解决力度，下发《关于进一步规范基层调解组织解决劳动人事争议情况登记统计工作的通知》，进一步规范基层调解组织统计工作。加大仲裁办案系统推广运用力度，全省市级仲裁院及50%的县级仲裁院已上线运用。

加大劳动保障监察执法力度。建立劳动保障监察省、市联动投诉举报平台，方便劳动者就近维权。完善劳动保障监察与刑事司法衔接制度，严厉打击拒不支付劳动报酬等违法行为。全面开展劳动保障监察网格化、网络化管理工作。将用人单位劳动保障书面审查与诚信等级评价工作紧密结合，不断扩大覆盖面。组织开展农民工工资支付情况专项检查、清理整顿人力资源市场秩序专项行动、用人单位遵守劳动用工和社会保险法律法规情况专项检查，全年全省共查处劳动保障违法案件10426件，依法为13.57万名劳动者追回工资待遇17.05亿元。

大力推进农民工服务工作。研究制定并以省政府名义出台《关于进一步做好为农民工服务工作的实施意见》，制定并以省政府办公厅名义出台《关于支持农民工等人员返乡创业的实施意见》，围绕农民工就业创业、农民工工资支付、农民工市民化等方面出台具体举措。首次将农民工工作纳入市县科学发展考核体系，组织春节前农民工工资支付工作专项督查，有效推动农民工服务工作落实。开展全国优秀农民工及农民工工作先进集体评选活动，江西省28名个人、2个单位受到表彰。开展“千户百强”家庭服务业企业推荐活动，江西省推荐的23家企业位列全国千户企业名录。继续开展江西农村劳动力转移就业及农民工监测，发布《2014年江西农村劳动力转移就业和农民工监测报告》，印制《2014年江西外出劳动力和农民工群体素描》，发放《农民工就业、社保、维权、公共服务宣传手册》，组织“共圆中国梦”农民工主题摄影大赛活动，营造共同关注、关爱农民工的社会氛围。

【深化国有企业负责人薪酬制度改革】 7月7日，省委、省政府印发《关于深化省属企业负责人薪酬制度改革的意见》，是全国第五个获国务院批复改革意见的省份。7月31日，省政府召开贯彻落实《关于深化省属企业负责人薪酬制度改革的意见》视频会议，部署推进国有企业负责人薪酬制度改革工作。制定《年度省属国有企业在岗职工平均工资审核认定办法》，印发落实江西省改革意见32条政策解读，做法得到人社部会议通报表扬。加强全省深化国有企业负责人薪酬制度改革工作督导，下发《关于做好市、县（区）国有企业负责人薪酬制度改革工作的通知》，督促各设区市出台改革意见，组织开展省属国有企业负责人薪酬制度改革规定执行情况监督检查，共检查21家企业，涉及企业负责人203人。

【进一步规范企业裁员行为】 指导企业依法裁减人员，完善企业裁员情况统计分析报告制度，实现企业裁员后劳动关系保持平稳过渡。年内，全省共有19户企业发生裁员行为，裁员总人数1152人，其中一次性裁员100人以上企业3家，裁员人数580人。裁员原因主要是随着经济下行压力增大，订单量减少导致企业生产经营发生严重困难，企业缩减经营规模或调整经营方式而裁减员工。

【调整最低工资标准】 9月8日，省政府办公厅下发《关于调整最低工资标准的通知》，各类区域最低工资标准平均增幅10.53%，一类区域由1390元/月调整到1530元/月。这是江西省第十次调整最低工资标准，新标准从10月1日起执行。截至年底，江西省一类区域的月最低工资标准在全国排第十五位。

【高效处理劳动人事争议】 高度重视群体性和涉农民工劳动争议案件调处，及时高效处理各类劳动人事争议。年内，全省各级调解组织、仲裁机构依法受理劳动人事争议案件2.11万件（含期末结存案件760件），增长31.4%，结案率96%，51.9%的劳动人事争议案件在基层调解组织中解决；调处10人以上集体案件301件，涉农民工案件3262件。

【组织开展农民工工资支付专项执法检查】 2014年11月24日至2015年2月10日，省人社厅组织开展农民工工资支付情况专项检查活动，出动执法检查人员2535人次，检查用人单位1.43万户次，涉及劳动者95.12万人，其中农民工90.04万人；发放宣传资料52.43万份，开展法律咨询服务1486次，依法责令用人单位支付3.36万名农民工工资及赔偿金4.79亿元。

【开展清理整顿人力资源市场秩序专项行动】 3月16日至4月16日，省人社厅会同省公安厅、省工商局在全省范围内组织开展清理整顿人力资源市场秩序专项执法检查行动，出动执法人员1069人次，检查单位2137户次，查处违反就业管理相关规定的行政违法案件147件，取缔非法职业介绍活动32件，责令退赔求职者中介服务费、押金或其他费用12.82万元。

（袁伟华）

工商行政管理

【概　况】 2015年，全省工商和市场监管部门，开拓进取，狠抓落实，完成各项工作任务。

深化商事制度改革。省委、省政府高度重视商事制度改革工作，6月，省政府召开全省商事制度改革工作会议，推动商事制度改革再深入、再落实。10月1日起，在全省全面实施三证合一（工商营业执照、组织机构代码证、税务登记证）、一照一码（工商注册号、税务登记号、组织机构代码三个编号合并为一个编号）登记制度。10—12月，全省累计核发企业一照一码营业执照6.5万户。随着改革深入推进，市场活力持续激发。2015年，全省新设立企业9.4万户，增长19.5%，日均新增企业357户；新登记个体工商户24.1万户，增长15.4%；新增个体工商户和私营企业从业人员近134万人。截至2015年底，全省实有市场主体218.9万户，其中企业48.6万户。继续深化住所登记改革。出台指导意见，放宽住所登记条件，推动"一照多址""一址多照"、集群注册等住所登记改革，引导创办"秘书类企业"，破解电子商务等新业态企业创业成本高、住所资源紧缺的问题。试行简易注销机制。经工商总局批准，在九江市开展简易注销改革试点，探索未开业企业、无债权债务企业、个体工商户便捷的退出通道。

推进法治工商建设。围绕"公正、诚信、秩序"3个重点，全面推进法治工商建设。强化法治建设机制保障。出台《关于全面推进江西法治工商建设的实施意见》。建立行政执法和刑事司法衔接机制。印发《江西省工商行政管理和市场监督管理机关行政指导工作实施细则》，进一步规范行政指导。建立法律顾问制度，聘请2位律师担任法律顾问。制订《关于领导干部干预行政执法记录、通报和责任追究的规定（试行）》，从制度上防止领导干部干预执法活动、插手执法事项的行为。严格落实"三单"制度。扎实做好行政权力清理，至年底，全省工商行政管理415项行政权力，省本级只保留77项，其余391项下放属地管理。全面推行责任清单制度，明确部门职责边界，有效防止不作为、乱作为、懒政、怠政等现象。推行市场准入负面清单制度，严格执行国家公布的负面清单。

【江西省企业信用监管警示系统上线运行】 江西省企业信用监管警示系统于10月上线试运行，受到社会广泛关注，社会效应初步显现。警示系统试运行153天，访问量就突破200万次，单日访问量最高达6万余次。"江西省企业信用监管警示系统运行"被评为"2015年度江西十大法治事件"。

警示系统的基本思路和功能、作用就是"建立一个中心、搭建两个平台、完善三项机制、实现四个监管"。建立一个中心，即企业信用监管大数据中心。通过与相关部门签订《合作备忘录》，把分散在各级各部门的企业监管数据、企业自主公示数据、第三方平台数据归集到警示系统，记于每个企业名下，形成企业的完整"画像"。搭建两个平台，一是面向公众的信息公示平台，二是面向监管部门的监管协同平台。完善三个机制。一是信息公示机制，对20类企业信息进行公开公示。二是大数据监管机制，通过数据分类、分析、共享，推动运用系统归集的海量数据信息对企业进行监管，提高监管效率，增强监管合力。三是信用奖惩机制，企业信用监管警示系统作为激励和惩戒数据平台，全省各级行政机关（包括党委部门、群众团体）在政府采购、政策扶持、政治安排、荣誉授予等过程中，可查询并利用系统数据，作为企业及相关人员信用评价的依据，对守法企业实行正面激励，对失信企业进行联合惩戒。实现4个监管：分类监管、重点监管、联动监管、精准监管。

12月24日，在全国深化商事制度改革加强事中事后监管座谈会上，副省长谢茹代表江西省政府，向国务委员王勇和国家工商总局领导作了重点发言。工商总局领导高度重视并充分肯定警示系统的建设，将江西省列为国家企业信用信息公示系统（"一张网"）建设7个试点单位之一。

【维护经济市场秩序】 "双随机"抽查全面推行。开展以食品经营、房地产经营和金融类企业等为重点的企业即时信息公示情况定向抽查、年报抽查6批次，抽查企业1.8万户、个体工商户2.9万户、农民专业合作社750户，有力加强了企业信息公示的监督管理。年检改年报有序推进。全省2013年度已年报企业19.9万户，年报率83.4%；2014年度已年报企业24.9万户，年报率78.2%。2014年度已年报个体工商户94.7万户，年报率65.8%；已年报农民专业合作社2.34万户，年报率66%。14.9万户企业、52万户个体工商户、1.2万户农民专业合作社因未年报被列入经营异常名录或标注为经营异常状态，有效强化了企业信用约束。开展以整治公用企业限制竞争、利用合同格式条款侵害消费者权益等为重点内容的"加强市场执法监管，维护公平竞争市场秩序执法行动"。组织打击传销专项整治，捣毁窝点879个，遣散参与传销人员7637人。开展"靖安白茶"等注册商标专用权、地理标志商标专用权专项保护行动。深化红盾护农工作，在工商总局等8部委召开的全国农资监管会上，江西省作了经验交流发言。全年全省共查处各类案件5832件，罚没款4349万元。同时，扎实组织"守合同重信用"企业公示；推广汽车等行业合同示范文本；大力创建诚信市场，年内5个市场被工商总局公示为"全国诚信市场"。网络交易监管逐步规范。新设立网络交易监管机构，完善网络监管联席会议制度，实现线上线下监管一体化。与省通信管理局建立网络交易网站监管工作协作机制，强化"协同管网"。搭建全省统一的网络商品交易监管平台，建立网络经营"数据库"户籍，优化"以网管网"，切实规范网络商品交易行为。新《中华人民共和国广告法》全面实施。大力整治虚假违法广告，对药品、保健食品、医疗等重点违法广告实行停播整顿，加强广告媒体从业人员教育培训，督促企业落实三级审查制度。至年底，全省广告市场秩序根本性好转，违法广告率从8月的全国排名第一位，降至第二十三位，得到工商总局的充分肯定。

【构建消费维权体系】 《江西省实施〈消费者权益保护法〉办法》颁布实施。着力推进重点领域消费维权，加强涂料、交通工具等涉及消费者健康、安全的流通领域商品质量抽检。创新维权方式，在南昌市试点开展消费环节经营者首问和赔偿先付"两项制度"；策应旅游强省建设战略，联合省旅发委、省消协开展"消费者体验"活动，形成体察报告，向社会通报。省委书记强卫、省长鹿心社等领导专门作出批示，予以肯定。发挥消协作用，提议促成主管机构纠正医疗单位收取首次就诊卡费违规行为，与38户大型企业签订投诉和解协议，畅通消费纠纷解决渠道。全年全省12315投诉举报指挥中心受理消费者咨询、投诉、举报10万余件，增长27.4%，调解成功率70.2%。

【帮扶市场主体做大做强】 2015年指导33件商标申请认定为中国驰名商标，新认定271件商标为江西省著名商标。批准绿地集团建设全省第一家省级广告产业园。建成小微企业名录库并正式上线运行。支持南昌市成功申报国家小微企业创业创新基地示范城市。同时不断创新帮扶企业方式。研发开通“江西工商创业咨询一点通”服务平台。将办证办照有关政策、扶持创业优惠政策等全部归集到服务平台，通过场景导航模式，直观展示办证办照流程等政策，平台于8月正式上线运行。开展信用评级贷款。与省个私协、省信用联社（农村合作银行）合作，在吉安市永丰县试点个体工商户信用评级贷款，有效缓解轻资产的个体工商户融资难、融资贵问题，形成可推广可复制的“永丰模式”。推行商标质押贷款。与北京银行南昌分行联合推行商标专用权质押融资贷款试点，有7户企业成功获得商标贷款2050万元，40户企业达成合作意向，有效拓宽了企业融资渠道。做好抵押质押登记。全省共办理动产抵押登记1034份，登记抵押担保金额140亿元。办理股权出质登记3410笔，出质金额1648亿元。营造“双创”浓厚氛围。会同团省委等9部门联合主办第三届“赢在江西”青年创新创业大赛，吸引海内外2000余个项目参赛。联合江西日报社举办“工商杯”创业故事有奖征文活动。

【创业咨询一点通网上服务平台开通】 8月11日，江西工商“创业咨询一点通”网上服务平台在南昌市高新区举行开通仪式。江西工商“创业咨询一点通”网上服务平台通过场景导航模式，让创业者能够直观地了解办照流程、提交材料、示范样本等，并提供在线咨询、工商导航等功能。平台已汇集展示60多个涉及税收、融资贷款、创业培训、大学生创业等扶持政策，建立了创业导师库，在创业者遇到挫折和困惑时给予指引解答。同时，江西省各级工商、市场监管部门还依托专业市场、综合市场，设立线下的创业公共服务平台，为创业者提供面对面指导服务。

（吕雪金）

质量技术监督

【概　况】 2015年，面对质监体制调整等诸多艰难改革任务，省质监局坚持稳中求进，抓好质量、推进改革、强化监管、服务发展、维护稳定，较好地完成了各项工作任务。

一是质量有提升。贯彻落实中国（北京）质量大会精神，提请省政府印发《关于进一步强化质量工作的若干意见》，召开全省质量工作会议，牵头组织质量工作考核，开展首届井冈质量奖评选，组织质量提升行动，全力推进质量兴省，质量水平得到企稳回升。年内江铃、江铜获首届井冈质量奖，鹰潭铜产业获批筹建“全国知名品牌创建示范区”，新增国家地理标志保护产品2个，认定江西名牌产品142个。江西省制造业质量竞争力指数列全国第二十三位，较前上年上升1位，是连续3年下降后的首次回升。省级监督抽查合格率92.5%，较上年提高1.3个百分点。

二是监管有加强。加强产品质量监督检查，推进风险监控和分类监管，开展“双打”“质监利剑”等执法行动，保持打假治劣高压态势。年内查办案件805起，其中大案要案11起。在特种设备安全方面，狠抓特种设备动态监管，推进特种设备“两化”建设，探索“一岗双责”工作模式，开展电梯安全监管大会战和油气输送管道隐患整治攻坚战，维护了特种设备运行安全。全年全省万台设备事故起数和死亡人数分别为0.36和0.15，均低于全国平均水平，未发生重特大事故和有重大社会影响的事故。

三是服务有作为。贯彻落实省委十三届十一次全会精神，出台《关于全力服务绿色崛起促进江西生态文明先行示范区建设的若干措施》和《江西省推进节能标准化工作实施方案》，国家城市能源计量中心（江西）通过质检总局验收，能源计量审查重点用能单位298家，验收达标节能管理标杆锅炉房51个，工业锅炉能效测试278台，有效服务节能降耗和生态环境保护。服务赣南等原中央苏区振兴发展，推动会昌县开展廉政风险防控体系认证并获全国首张认证证书，质检总局局长支树平参加颁证仪式。组织参加国家地理标志产品品牌评价活动，“赣南脐橙”获初级农产品类第一名，品牌价值657亿元。

四是改革有突破。体制调整和机构整合工作克服困难，完成设区市局、县级局的下划、移交和整合工作。行政审批制度改革取得实质性进展，正式实施“受理、审查、审批”三分离模式，做好工业产品省级发证（涉及产业政策产品除外）委托工作。组织机构代码登记制度改革积极主动，推动“三证合一”“一照一码”顺利实施。标准化工作改革迅速启动，开展了企业产品和服务标准自我声明和监督制度试点。此外，检验检测认证机构整合、事业单位分类改革和公务用车制度改革有序推进。

五是事业有发展。立足当前，着眼长远，加强标准、计量、认证认可和检验检测能力建设。省锅检院参与的“大型承压设备不停机电磁无损检测技术及应用”项目获国家科技进步二等奖；组织制定的《农药残毒测定仪地方校准规范》《测桩荷载箱》地方检定规程通过鉴定，填补了江西省相关领域空白；2项稀土国家标准通过全国稀土标准化技术委员会立项论证；建筑卫生陶瓷、羽绒制品、家具产品、铜及铜产品国家级质检中心通过“三合一”认证。全年省级检验检测收入3.02亿元，超年初预算收入14%。

【召开江西省井冈质量奖奖励大会暨全省质量工作会议】 5月22日，省政府在南昌召开江西省井冈质量奖奖励大会暨全省质量工作会议。省长鹿心社、国家质检总局副局长孙大伟到会讲话，副省长谢茹主持会议并作部署。会议为获首届“江西省井冈质量奖”称号的江铃汽车股份有限公司、江西铜业股份有限公司，以及获首届“江西省井冈质量奖提名奖”称号的江西中烟工业有限责任公司、巨石集团九江有限公司颁奖。

【《关于进一步强化质量工作的若干意见》出台】 贯彻中国质量（北京）大会精神，提请省政府于2月28日在全国率先出台省级地方政府层面的《关于进一步强化质量工作的若干意见》,从科技、金融、财税、人才培养、质量安全、质量发展、质量技术基础建设等方面提出20条具体措施。并要求加强对质量工作的领导,明确将制造业质量竞争力指数和产品质量合格率作为考核设区市政府质量工作的主要指标。省质量兴省领导小组每年对设区市政府质量工作进行考核,对考核结果排名靠前的,由省政府通报表扬;排名靠后的,由省政府领导约谈。

【加强标准化工作】 建设“江西省服务业地方标准公共服务平台”,推动标准化资源的有效整合和技术转化。开展服务业标准化试点,联合省发改委征集2015年度省级服务业标准化试点项目19个。批准发布省地方标准44项,组织复审55项,推进31个国家级、省级农业综合标准化示范(试点)建设,指导7家企业进行标准化良好行为创建,联合省商务厅开展商贸物流标准化专项行动计划。

【加强计量工作】 认真贯彻计量发展规划,加强对区域内社会公用计量标准的建设和管理,新建计量标准37项、复查85项,形成检测能力项目51项、校准能力项目254项。组织开展全省农资计量专项整治、社会公用计量标准监督检查、“能效标识”专项检查、定量包装商品净含量省级计量监督专项抽查、商品包装计量监督专项检查、重点用能单位能源计量现场审查等一系列专项工作,计量监督管理取得了积极成效。

【加强认证监管】 扎实做好认证服务与监管,新增获得资质认定的省级检验检测机构98家,总数达1020家,基本能满足全省质量检测需求,组织完成914家检验检测机构的检测数据统计上报工作,编写完成《2014年度江西省检验检测机构统计分析报告》,为全省检验检测服务业的发展提出了指导性的意见。

【开展电梯安全监管大会战】 年内,按照国家质检总局部署要求,针对国内连续多起电梯事故,对电梯安全监管大会战及隐患排查整治工作进行了部署安排,活动取得阶段性成果,采取督促自查和开展重点督查的方法,共检查电梯23775台,责令整改隐患电梯5121台,建档问题电梯3421台,其中完成整改2545台,报当地政府挂牌督办876台,封停406台。

【科技项目获国家科技进步二等奖】 江西省锅检院与中国特检院等10多家单位合作的“大型承压设备不停机电磁无损检测技术及应用”项目获2015年度国家科技进步二等奖。该项目通过15年的研究和应用,提出了利用材料损伤的不同电磁响应特征来实现不停机检测的方法,开发了具有自主知识产权的三种电磁检测仪器与系统,提出了适用于不同材料腐蚀与应力损伤的四种电磁检测和结果评价方法,研究建立了大型承压设备不停机电磁无损检测技术与标准体系。该成果已在数十家石化电力企业近百套装置上得到成功应用,取得了数十亿元的经济和社会效益。

【完成质监行政管理体制调整】 质监行政管理体制调整顺利完成,共移交行政机构110个,事业单位212个,固定资产6.4亿元,人员2919人。完成8个设区市局和99个县级局的整合工作,各地市县两级市场监管机构“三定”规定均已印发实施。11个设区市中,景德镇、萍乡、新余、鹰潭4个设区市的市本级采取工商、质监、食药监“三局合一”;南昌、吉安、上饶、抚州4个设区市的市本级采取工商、质监“两局合一”;九江、赣州、宜春3个设区市的市本级维持工商、质监、食药监“三局分设”。所有县(市、区)市场监管机构均为“三局合一”。

【启动标准化工作改革】 按照国务院的部署要求,立足江西标准化工作实际和需求,省政府于9月6日出台《关于深化标准化工作改革的实施意见》,提出健全完善统一协调、运行高效、政府与市场共治的标准化管理体制,形成政府引导、市场驱动、社会参与、协同推进的标准化工作格局,有效支撑统一市场体系建设,推动标准化综合水平达到中部地区先进之列。经争取国家标准委同意,在赣州市、吉安市启动开展了企业产品和服务标准自我声明试点工作。

(曾亮)

国土资源管理

【概 况】 2015年,全省国土资源管理部门依法依规、改革创新,国土资源工作取得了新的显著成效。

服务全省经济社会发展。2015年度,国家下达江西省新增建设用地计划总量1.58万公顷,同比增加7.4%;统筹使用各类计划、试点指标1.90万公顷,保障了174个省重大项目在内的一大批项目及时落地。支持赣州、吉安高新技术产业园区(开发区)成功升级为国家级开发区,支持14个省级工业园的扩区调区和10个省级产业园区的新设。地质找矿取得重大突破,省地勘基金浮梁县朱溪外围铜多金属矿普查项目查明钨矿资源量286万吨,是全球已发现资源储量最大的钨矿床;宁都县葛藤嘴稀土矿普查项目在浅变质岩风化壳发现离子型轻稀土矿床属全国首次。

深入推进国土资源管理改革。按照中央部署,启动余江县农村宅基地管理制度改革试点,得到省委、省政府和国土资源部领导的充分肯定。江西省省、市、县三级不动产登记职责整合和机构组建工作全面完成,成为全国首批全面完成的省份之一。崇义县、共青城市、赣州市率先开展不动产统一登记,共青城市建成全国第一个不动产登记数据库。完成行政权力清理工作,编制的行政权责清单,已获省政府批准。

资源保护进一步强化。开展城市周边永久基本农田调整划定工作,完成南昌市的核实举证工作和其余10个设区市的初步任务评估工作。强化耕地占补数质双平衡,全省土地开发复垦新增耕地6666.67公顷;实施“旱改水”项目5066.67公顷、完成1706.67公顷。大力推进高标准农田建设和农村土地整治。会同省委农工部研究制定高标准农田上图入库技术规范和工作方案。与省财政厅联合出台《省级新增建设用地土地有偿使用费资金使用管理办法》,将资金、项目由省厅直接挂钩改由设区市统筹安排并负责项目立项和验收。加强设施农用地监管,建立设施农用地省级备案制度。加强地质遗迹保护，德兴国家矿山公园和安源国家矿山公园获国土资源部命名批复。

资源开发利用秩序进一步好转。《江西省矿产资源管理条例》颁布实施，《江西省稀土管理办法》立法工作稳步推进，健全完善了《进一步规范社会投资土地开发复垦补充耕地项目建设意见》《省属国有企业改制土地资产处置评估机构委托和估价报告备案审核规定》《土地使用权和矿业权网上交易规则》《非法采矿造成矿产资源破坏价值鉴定规程》《国土资源行政处罚裁量权执行标准》等一系列规章制度。按照国土资源部部署，全面完成土地管理和矿产资源领域专项整治。组织开展全省耕地保护与节约集约用地情况大检查，有力推进了耕地保护、节约集约用地、农村宅基地管理、增减挂钩试点和低丘缓坡试点等工作。结合年度土地变更调查工作，同步开展了土地矿产卫片执法检查工作，省政府对违法违规用地相对严重的5个县(区)政府主要负责人进行了警示约谈。在省级主流新闻媒体公开曝光了6起国土资源违法违规典型案件。全省土地和矿产资源巡查发现违法违规行为大幅度下降，其中违法用地宗数、总面积、耕地面积分别下降35.2%、31.7%和41%。

重民生，促进权益维护。开展新一轮征地统一年产值标准和区片综合地价调整工作，新的征地补偿标准于10月1日正式实施，平均标准提高了23.09%。完善被征地农民社会保障制度，明确被征地农民社会保障资金提取比例和被征地农民基本养老保险缴费补贴资金提取标准及预存制度。地质灾害防治能力明显提高，全省84个山地丘陵县实现1/5万地质灾害调查全覆盖，全年有效组织避让地质灾害69起，避免人员伤亡1218人，避免直接经济损失287.8万元。

2015年，全省审批建设用地1170件，总面积2.89万公顷。涉及农用地2.45万公顷(含耕地9646.67公顷)，建设用地2460公顷，未利用地2006.67公顷，新增建设用地2.65万公顷。完成了东乡至昌傅高速和昌九发展大道等18个国家、省重点项目用地报批任务。

2015年，江西省地质勘查工作投入资金7.63亿元，减少27.24%。其中：中央财政1.31亿元，减少33.6%；地方财政3.08亿元，增长59.00%；社会资金3.24亿元，减少50.6%。全省共实施矿产勘查项目523项，完成钻探工作量52.61万米，减少38.39%；完成坑探工作量3.22万米，下降47.18%；完成槽探工作量24.48万立方米，下降26.39%；完成浅井工作量1859米，下降77.44%。

截至年底，江西省共有地质勘查资质单位86家，其中，中央直属地勘单位2家，属地化管理地勘单位55家，科研院所(校)2家，矿业公司7家，其他单位20家。共有各类地质勘查资质379个，按等级分，甲级资质117个，乙级资质191个、丙级71个；按类别分，区域地质调查17个、液体矿产勘查40个、固体矿产勘查70个、气体矿产勘查14个、水文地质工程地质环境地质调查48个、地球物理勘查30个、地球化学勘查16个、遥感地质勘查5个、地质钻探57个、地质坑探38个、岩矿鉴定14个、岩矿测试20个、岩土试验7个、选冶试验3个。

截至年底，全省有效探矿权1904宗，共办理新立探矿权59宗，延续、变更、保留探矿权1007宗，注销探矿权64宗，转让探矿权19宗。

全年共收到地勘单位汇交资料203份，发放地质资料汇交凭证191份，入库汇交资料191份，提供借阅地质资料1742份、455人次。

全年完成划定矿区范围15个，划定矿区范围延期35个，采矿权新立3个，延续登记322个，转让登记6个，变更登记15个。

截至2014年底，全省发现各种有用矿产193种(以亚矿种计)，矿产地5000余处。查明有资源储量的矿产有九大类，139种。列入2014年矿产资源储量统计的矿产128种。探明的矿产资源保有储量在全国居前十位的有75种，其中居首位的有：钽、锆英石、铀、铷、重稀土、碲、化工用白云岩、滑石、玻璃用脉石英、陶瓷土、麦饭石等11种；居第二位的有：钨、锂、铯、伴生硫、电气石、光学萤石、粉石英、保温材料用黏土等8种；居第三位的有：铜、铋、银、铍(绿柱石)、轻稀土、普通

·资 料·

2014年主要矿产资源储量增减变化

序号	矿产名称	保有资源储量	较2013年增长(±%)	序号	矿产名称	保有资源储量	较2013年增长(±%)
1	煤炭	13.54亿吨	-4.78	8	钽矿	4.99万吨	-0.39
2	铁矿	9.19亿吨	3.85	9	银矿	2.12万吨	1.92
3	铜矿	995.38万吨	-3.20	10	金矿	514.10吨	0.25
4	铅矿	352.38万吨	0.42	11	盐矿	139.31亿吨	-0.03
5	锌矿	516.12万吨	0.43	12	高岭土	1.62亿吨	6.92
6	钨矿	191.11万吨	0.35	13	水泥用灰岩	39.21亿吨	6.64
7	锡矿	27.37万吨	-1.51				

萤石、冶金用砂岩、化肥用灰岩、叶蜡石、透闪石、水泥配料用页岩、海泡石黏土、饰面用辉石岩、水泥用辉绿岩、饰面用大理岩、饰面用板岩等16种;居第四位的有:冶金用白云岩、化肥用蛇纹岩、硅灰石、玻璃用砂岩、玻璃用大理岩等5种;居第五位的有:铌、铍(氧化铍)、镓、制灰用石灰岩、陶瓷用砂岩、水泥配料用砂、水泥配料用脉石英、高岭土、饰面用角闪岩、饰面用辉绿岩、水泥用凝灰岩等11种。

【完善国土资源规划】 依法依规支持72个县(市、区)开展土地规划修改工作,部署省、市、县三级土地规划调整完善,基本完成省级前期工作。启动省、市、县矿产规划编制,基本完成省级大纲。邀请国土资源部专家对九江等4个设区市工矿废弃地试点规划进行审查并由设区市政府进行批复。完成省、市、县3级共106个土地整治规划数据库的审查并报部审核,编制完成"十三五"国土资源保护与开发利用规划。

【争取用地计划支持】 全年江西省共统筹用地计划1.90万公顷,其中争取使用国家用地计划1126.67公顷,争取国家下达用地计划1.58万公顷;争取增减挂钩周转指标2000公顷;安排低丘缓坡试点规模100公顷。基本做到了保障性安居工程、移民搬迁用地、重大工业、重大基础设施和合理的农民建房用地应保尽保。

【开展耕地保护责任目标考核】 按照省政府办公厅《关于印发江西省市县政府耕地保护责任目标考核实施意见的通知》的要求,联合省农业厅和省统计局组织开展了考核工作,省政府对宜春市、上饶市、吉安市等3个设区市和上高县、贵溪市、吉水县、永修县、瑞金市、芦溪县、浮梁县、宜黄县、鄱阳县、南昌县等10个考核结果为优秀的县(市、区),进行了全省通报。

【健全"旱改水"工作制度】 组织研发了江西省旱地改造为水田指标管理系统,制定颁布《江西省旱地改造为水田土地整治项目建设标准(试行)》,印发《关于启动运行江西省旱地改造为水田指标管理系统的通知》《关于印发江西省旱地改造为水田项目立项和验收指南的通知》,4月28日在鹰潭市召开全省"旱改水"工作现场会。

【落实耕地占补平衡】 年内,出台《关于进一步规范社会投资土地开发复垦补充耕地项目建设的意见》和《关于加强土地开发复垦和"旱改水"项目监管有关事项的通知》,进一步规范了社会投资土地开发复垦补充耕地行为和项目竣工勘测定界行为。全省土地开发复垦补充耕地项目立项211个,预计新增耕地8840公顷;验收土地开发复垦补充耕地项目278个,新增耕地6666.67公顷。全面实现建设占用耕地"占一补一""先补后占",占补有余。

【推进农村土地整治工作】 省政府印发《关于开展全省高标准农田上图入库工作的通知》。出台《江西省高标准农田上图入库技术规范(试行)的通知》,启动高标准农田上图入库工作,落实工作经费176万元。与省财政厅研究制定《省级新增建设用地土地有偿使用费资金使用管理办法》。从2015开始,省级以上新增建设用地使用费原则上按因素分配法直接分配到设区市,由设区市安排项目,项目立项和验收工作也由设区市负责,省里负责项目监管。省重点扶持项目,则仍按项目预算法分配资金。研究制定《江西省省级新增费投资土地整理项目管理暂行办法》。2015年下达新增建设用地土地有偿使用费资金14.48亿元,专项用于高标准基本农田建设。"十二五"期间,全省高标准农田建设完成91.93万公顷。

【土地资源利用现状】 截至2014年12月底,全省土地总面积为1669.36万公顷。其中,耕地308.68万公顷(水田248.40万公顷、水浇地1.67万公顷、旱地58.61万公顷),园地32.81万公顷,林地1034.67万公顷,草地28.35万公顷,城镇村及工矿用地94.18万公顷,交通运输用地23.51万公顷,水域及水利建设用地125.87万公顷,其他用地21.29万公顷。

【省级土地利用现状数据库管理系统升级】 实现了地籍数据审核的信息化、网络化、精细化,从手动模式升级为自动模式,提高了数据联审效率和准确性,实现了全省土地利用现状数据的集中统一管理、分析和应用。

【推进不动产统一登记工作】 1月9日,省政府办公厅印发《江西省不动产统一登记工作实施方案》。3月1日,江西省崇义县颁发全国第一本林权类不动产权证书。4月7日,江西省机构编制委员会办公室批复设立江西省不动产登记局。5月22日,省政府召开全省不动产登记工作推进会,明确江西省不动产登记总目标为"一年搭架子、两年规范化、三年信息化",即:2015年要全面完成不动产统一登记职责整合、机构组建、发证系统和窗口建设。7月2日,共青城市不动产登记窗口"新开旧停"。8月10日,赣州市本级不动产登记窗口"新开旧停"。10月13日,江西省全面完成省、市、县三级不动产登记职责整合工作。10月28日,省政府召开全省不动产登记职责机构整合工作调度会。9月16日,江西省机构编制委员会办公室批复设立江西省不动产登记中心。11月27日,江西省11个设区市、80个县(市)的不动产登记行政机构和事业经办机构全部成立,不动产登记机构整合全面完成。12月,共青城市完成6.1万余宗不动产历史登记数据的电子化、数据转换、数据整合,在全国建立了第一个不动产登记存量数据库。12月,22个县(市)实现"新开旧停",开始办理不动产统一登记业务。

【建设用地批后监管上图】 通过将新增建设用地矢量图与正射遥感影像图叠加分析,掌握了全省2008—2014年度新增建设用地利用情况和批而未用土地位置、面积与分布。编制全省2008—2014年新增国有建设用地供应和利用情况总台账、2008—2014年开发区新增国有建设用地供应和利用情况台账等6套台账,具体反映了全省2008—2014年度新增国有建设用地利用等情况。

【强力推进闲置土地处置】 印发

《江西省国土资源厅关于推进闲置土地整改处置工作方案》，梳理出全省闲置土地未处置面积较大13个县（市、区），向省委督查室提出了通报建议。截至12月处置闲置土地934宗，面积4370公顷，处置率为97.96%。

【余江县开展农村宅基地制度改革试点】 2月，国务院批准余江县开展农村宅基地制度改革试点工作。江西省成立省委副书记、常务副省长莫建成任组长的省农村宅基地制度改革试点工作领导小组。6月29日，国土资源部批复余江县农村宅基地制度改革试点实施方案。8月5日，省农村宅基地制度改革试点工作启动。余江县研究起草制度机制、确定模拟推演试点村、加快地籍测量、权属调查、规划编制等改革试点相关工作。11月，国土资源部副部长王世元率全国15个宅基地制度改革试点省相关负责人在余江县开展改革试点工作集中调研，充分肯定了余江县“通天线”和“接地气”两条经验。

【地质找矿取得重要进展】 2015年，省地勘基金共部署项目45项，投入勘查经费1.93亿元。累计完成钻探工作量11.86万米，占设计88.86%；槽探工作量3.56万立方米，占设计86.24%。实现了二项重大突破：一是浮梁县朱溪探获三氧化钨资源量286万吨，为世界发现的最大钨矿，继武宁县大湖塘钨矿之后，形成了赣南、赣西北、赣东北钨矿“三足鼎立”的新格局，进一步确立了江西省“世界钨都”的重要地位；二是宁都县葛藤嘴首次在浅变质岩中新发现了风化壳离子型稀土矿，填补该矿床类型的空白。探获了一批矿产资源量(332+333+334)：煤矿4316万吨、铜金属量91.25万吨、三氧化钨288.81万吨、稀土氧化物44.82万吨、五氧化二钒13.6万吨、黑滑石矿3197.49万吨、石灰岩2500万吨等。查明大型矿床3处、中型矿床8处，可供开发利用的地热水资源5处。提供可进一步勘查的中—大型矿产地，铜矿3处、钨矿1处、稀土矿2处、锂矿1处。中小型煤矿产地7处，地热水资源地4处。2015年，《江西省赣中铁矿田地质理论创新与深边部找矿》成果被国土资源部授予“2015年度国土资源科学技术奖二等奖”，江西浮梁县朱溪特大型钨矿获中国十大找矿成果。2015年，江西在全国率先编制完成的《江西省区域地质志》《江西省矿产地质志》《江西省环境地质志》成为全国样本，受到了院士专家的高度评价。

【开展宁都县葛藤嘴稀土矿普查】 共完成赣南钻3000米，各类分析样品2100件，矿区圈出风化壳面积14.50平方千米，矿体面积9.55平方千米，含矿率为65.86%。5月通过专家评审，矿体赋存于新元古界青白口系库里组中，为一套古海底火山—沉积建造。主要岩石为紫红、砖红色变质粉砂岩、变质粉屑沉凝灰岩。稀土矿主要呈离子型赋存于变质沉凝灰岩中，矿体厚度平均为5.66米，稀土氧化物浸取量平均品位达0.07%，平均浸取率为69.2%，稀土原矿配分属低钇富铕型轻稀土矿床类型，初步查明稀土氧化物资源量达中型矿床规模。

【矿产资源补偿费征收减少】 2015年，全省累计征收入库矿产资源补偿费3.24亿元，比上年减少23.4%，减少的原因一是取消了煤、钨、钼、稀土等矿种的矿产资源补偿费征收，二是矿产品价格的持续走低。

【地质灾害防治】 2015年，全省发生各类地质灾害2480处，12人死亡、6人受伤，直接经济损失8598.28万元。地质灾害发生数、造成的人员伤亡数和直接经济损失总体上接近常年水平略偏重，局地短时大暴雨频发是导致地质灾害较为严重的主要因素。地质灾害发生时间主要集中于“5·19”“5·28”等强降雨期间，空间上主要分布于赣州市东北部及吉安市安福县等地区。

全省各地累计排查地质灾害隐患点2.45万处，其中排查采矿山3791座、新建水库及水电站工地32处，针对排查出的隐患点均落实了群测群防工作，制作发放防灾避险明白卡逾7万份。组织10个督查组分赴全省各地开展地质灾害防治工作督查。

发布全省地质灾害气象风险预警21次。69处地质灾害危险点在人员转移后，房屋被滑坡、泥石流摧毁，1218人成功避灾。推进重要地质灾害隐患治理搬迁，2015年度省财政安排资金1197万元，对11处重要地质灾害隐患立项治理；中央财政安排资金3350万元，支持赣州开展重要地质灾害隐患防治工作。各地通过新农村建设、库区深山区扶贫移民搬迁等渠道，继续推进地质灾害隐患移民搬迁。地质灾害防灾能力得到明显提高。德兴市等16个县（市、区）地质灾害防治高标准“十有县”建设达标。年内全省组织地质灾害防灾专业培训145次、培训人员2.28万人次。全省全年开展地质灾害应急演练77次，1.78万人次参练。地质灾害基础调查工作得到加强。第四批41个县（市、区）1/5万地质灾害调查项目启动实施。至此，全省84个山地丘陵县地质灾害详查工作均已部署落实。

【加强矿山地质环境保护】 在《江西省矿产资源管理条例》中单设矿山地质环境保护和恢复治理专章，从法律层面明确采矿权申请人和采矿权人矿山地质环境恢复治理义务，完善了矿山地质环境管理法规体系。开展废弃矿山地质环境恢复治理。省财政投入资金553万元，对瑞昌市金鑫碎石场等3处地质环境问题严重的废弃矿山立项治理。中央财政安排资金1.94亿元，组织开展了赣州稀土矿矿山地质环境恢复治理工程。

【加强地质环境项目监管】 组织专家工作组对64个报验地质环境项目的实施和资金使用情况进行现场检查，对2015年完成竣工验收的11个地质环境项目进行绩效评价，对10个1/5万地质灾害调查项目实施情况和工作质量进行抽查。组织开展年度地质环境项目立项论证。年度省财政安排资金1.13亿元，组织实施各类地质环境项目59个。中中央财政安排资金2.28亿元，支持赣州市开展稀土矿矿山地质环境恢复治理和重要地质灾害隐患治理。

【国土资源网上交易】 2015年，全省通过网上交易系统成交土地使用权3690宗，面积1.017万公顷，成交价款1078.35亿元；矿业权出让125宗，成交价款2.87亿元。其中:探矿权出让61宗,成交价款1.68亿元;采矿权出让64宗,成交价款1.19亿元。

【查处国土资源违法案件】 继续保持对国土资源违法案件查处高压态势,直接立案查处土地违法违规案件19宗,涉及土地面积427.87公顷(含耕地160.87公顷),罚没款1397万元;查处矿产资源违法违规案件1宗,罚没款19.25万元;追究党、政纪处分5人。

【启动国土资源执法监察监管平台建设试点】 按照“预防为主、查防结合”的工作理念,主动推进执法监管现代化、信息化建设,建立手持应用、视频监控、数据管理三位一体和市县乡三级联动全程监管系统。8月下旬,在南昌、九江两市启动试点,建设“三位一体和三级联动”的国土资源执法监察监管平台,通过集地理信息(GIS)、3G数据通信、卫星定位(GPS)、视频传输、呼叫中心等技术于一体,实现执法监察的快速响应、快速查处和快速跟踪。截至年底,九江市本级和三个县(区)的平台已基本建成并投入使用,南昌市的硬件建设正在调试之中。

【国土资源依法行政取得新成绩】 5月28日,《江西省矿产资源管理条例》由江西省第十二届人民代表大会常务委员会第十八次会议通过,自2015年7月1日起实施。11月13日,中共江西省国土资源厅党组印发《关于全面推进法治国土建设五年规划(2016—2020)》。年内,全省国土资源依法行政取得新成绩。鹰潭市国土资源局、宜丰县国土资源局、信丰县国土资源局被国土资源部授予全国国土资源管理系统推进依法行政先进单位。罗懿、冷世民、罗智敏、傅明、邱小华、黄涛被国土资源部授予国土资源管理系统推进依法行政先进个人。赣州市国土资源局、安义县国土资源局、九江县国土资源局被国土资源部授予国土资源管理系统“六五”普法先进单位,胡艳阳、吕丹、王志明、陈志明、黄炜、邱敏明被国土资源部授予国土资源管理系统“六五”普法先进个人。

【加强信息化建设与应用】 完善江西省国土资源厅办公自动化系统、江西省国土资源综合监管平台等各项政务管理系统,优化了流程、完善了功能。加快数据整合步伐,进一步推进省国土资源厅“一张图”建设和应用,规划并实现了市级“一张图”与省国土资源厅“一张图”的数据对接。完成省国土资源厅中心机房电力系统、环境监控系统和视频监控系统的升级改造,提升了省国土资源厅中心机房的运行保障能力。对省国土资源厅网站进行全面改版升级,开展网站运行日常监测及预警,促进政务信息公开更加全面、准确、透明。完成江西省国土资源电子政务系统、江西省国土资源网站群等两个已建信息系统的信息安全等级保护测评工作,开展系统整改,通过了江西省信息安全等级保护工作协调小组办公室组织的验收,增强了网络信息安全保障能力。召开全省国土资源信息化座谈会,为市、县国土资源信息化做好指导、培训。

【国土资源信访量实现三下降】 2015年,推进通过法定途径依法分类处理信访投诉,落实诉访分离,推动国土资源信访融入政府信访大格局。省国土资源厅登记群众来信来访983件,受理771件。其中,受理来信490件,接待来访281批次。实现“信访总量、来访量、集体访量”三下降。

【加强地质资料管理】 2015年,江西地质资料馆在对全省40多个地勘队伍调查和研究的基础上,确立了地质资料扫描数字化的技术路线和方法,启动成果地质资料扫描数字化工作,完成10529档约23.4万件的地质资料扫描数字化工作,形成1443GB的数据资料,实现了馆藏地质资料数字化。全年共收到地勘单位汇交资料203份,发放地质资料汇交凭证191份,入库汇交资料191份,提供借阅地质资料1742份、455人次。

(肖彦明 游振波)

食品药品监管

【概 况】 截至2015年年底,全省共有食品生产企业3582家、食品经营单位298320家,持证餐饮单位82321家,保健食品生产企业82家,化妆品生产企业41家,药品生产企业200家、持《药品经营许可证》企业10865家。全年江西省规模以上食品工业主营业务收入3000.4亿元,同比增长9.4%;生物医药产业主营业务收入1258.72亿元,增长9.61%。

2015年,全省共抽检食品31817批,合格率93.68%。抽检药品19907批(其中基本药物10726批),合格率95.57%(基本药物合格率97.08%)。抽检保健食品1136批,合格率为97.53%。抽检化妆品895批,合格率为98.10%。抽检医疗器械1414批,合格率为93.14%。

2015年,全省共查处食品药品违法案件10158起,没收违法所得881.94万元,罚款5269.34万元,吊销许可证23件,收回药品GMP证书3件、GSP证书49件,捣毁制假售假窝点18个,移送司法机关处理84起。捣毁网络制售有毒有害生产、无证生产销售铬超标空心胶囊、销售假药金刚丸等窝点,涉案金额近4000余万元。查获的网络制售有毒有害“红康火特”茯苓山药片案列入全国系统2015年十大典型案件。

【食品安全监管】 开展婴幼儿谷类辅助食品专项检查237家次,立案42起,罚款146.1万元,吊注销许可证38张,查扣问题谷粉1.39万千克。出动执法人员3.95万人次,检查各类食品生产加工主体1.90万次,监督抽检食品3128批次,违法违规问题3245个,查处违法案件809件。专项执法检查和农村食品市场专项整治,出动28.19万人次,检查食品经营者96.73万家次,检查批发集贸市场等1.2万个次,查处食品案件1682件,罚没款金额1204.93万元,吊销食品流通许可证16张。出动16102人次,检查“冻肉”、牛肉经营户1.11万户次,立案17件,取缔无证经营8户。

检查各类餐饮单位15.70万家次,监督抽检餐饮食品1.83万批次,发现问题经营主体1.02万家,完成整改9857家,查处违法案件3540件,涉案总值109.92万元,罚没款金额853.12万元,移送司法机关违法案件

25 件。5621 家餐饮单位实施"洁厨亮灶"。飞行检查保健食品化妆品生产企业 85 家次、经营企业 4800 余家,下发整改通知书 420 余份。

【药品安全监管】 开展银杏叶、中药饮片等专项整治,出动 1837 人次,监督检查企业 362 家次。对高风险品种和重点企业跟踪检查企业 54 家,其中飞行检查 13 家,收回 GMP 证书 3 张。101 家境内销售制剂生产企业全部纳入中国药品电子监管网,江西省生产的药品制剂全程可追踪。落实麻醉药品和第一类精神药品等特药生产、经营企业定期巡查,抽查麻黄碱购用单位 2 家;将含可待因复方液体制剂列为二类精神药品,联合检查二级以上医疗机构 260 家,新增 3 家药物滥用监测点。日常监督检查药品经营企业 11052 家次,跟踪检查 5963 家次,收回 GSP 证 178 家,吊销药品经营许可证 70 家,立案查处 494 家;开展小药店小诊所药品购销专项整治,立案查处 332 起,注销关停小药店 40 家。开展樟树中药材市场专项整治,检查市场经营户 180 余家,立案 17 起;查扣中药饮片非法包装 1 万余袋。审批药品广告 223 个,备案药品广告 226 个。审查核发互联网药品信息服务资格、交易证书 24 家,办理变更 3 家。

【医疗器械监管】 出台《江西省第二类医疗器械注册质量管理体系核查工作程序(暂行)》《江西省第二类医疗器械注册审评审批联席会议制度》《江西省第二类医疗器械注册联合技术审评管理规定》和《江西省无菌和植入性医疗器械监督检查暂行规定》等制度规定。推进医疗器械分类分级监管,对全省医疗器械生产企业实行四级监管,各市局对经营企业实行三级监管。重点对 40 家无菌和植入性医疗器械生产企业进行了飞行或跟踪检查,及时公开通报。不断创新医疗器械监管能力建设,举办培训班 4 期,培训省、市、县三级监管人员 1000 余人次。

【行政许可管理】 2015 年,全省共核发食品(食品添加剂)生产许可证 950 张,不予许可 295 份,注销证书 616 张;受理保健食品品种注册审查 325 件,新发放《保健食品生产许可证》13 家,注销 1 家;完成化妆品卫生许可换发证 5 家,其中新增 5 家,注销 2 家,新增网上国产非特殊用途化妆品备案品种 507 个。批准筹建药品批发(连锁)企业 46 家,审批新开办药品批发(连锁)企业 54 家,审批 874 家药品零售企业,注销药品批发(连锁)企业 40 家、零售药店 397 家。审批各类药品生产许可事项 347 项,通过 GMP 认证企业 133 家。403 家药品批发、连锁企业和 9472 家零售药店通过新修订的 GSP 认证。受理 10 家企业 12 个品种的技术转让申请,完成技术审评品种 2 个。对涉及国家总局公告中的 15 家企业 26 个药品受理号品种进行了药物临床试验数据自查核查,企业主动撤回 22 个。审核审批注册申请 5659 件,申报新药 53 个,获得临床批件 16 件。受理再注册申请 4289 件,技术审核 3900 件,完成行政审核和再注册批件 3340 件。完成 4300 个药品批准文号的再注册技术审查工作。推进药品新版 GMP、GSP 的实施,完成认证生产企业 157 家、经营企业 9875 家。

【药品、医疗器械不良反应/事件监测】 2015 年,全省共收到药品不良反应报告 50145 份,增长 26.63%,其中新的严重报告 13923 份,增长 30.30%。医疗器械不良事件报告 10885 份,增长 39.21%,其中严重报告 3333 份,增长 71.45%。药物滥用调查表 6132 份,增长 27%。化妆品不良反应报告 376 份,增长 52%。

【行政受理】 2015 年,全省巡回受理申请 971 件,答疑解惑 1300 多人次,现场送达许可证 146 份,为 730 多家企业和个人提供了上门服务,为企业节省开支 150 万元以上。全年受理药品、医疗器械、保健品、化妆品申请 8204 件,其中受理药品再注册、补充申请等 5462 件;受理药品生产许可证核发、变更、GMP 认证等 593 件;受理药品经营企业许可证核发、变更、GSP 认证等 952 件;受理申请保健食品注册、委托生产核发等 493 件;医疗器械生产许可证核发、变更、医疗器械产品注册等 704 件。

【食品药品监管机构改革完成】 2015 年,全省食品药品监管机构改革工作全面完成并逐步深化。省药物研究所划转省食品药品监督管理局管理,并与原省医疗器械检测中心整合,新成立省医疗器械检测中心(省药物研究所)。设立省食品药品监督管理局行政受理与投诉举报中心,核定编制 10 名,领导职数 1 正 1 副;为省药品不良反应监测中心增加了化妆品监测职能。改革后,省食品药品监管机构数量为 995 个(省级 1 个,市级 11 个,县级 100 个,乡镇级 883 个),监管人员增加到 15940 人。

【加强食品药品安全宣传】 年内,出台《江西省食品药品监督管理局新闻宣传工作管理办法(试行)》,建立"4·2·1"新闻发布模式。全省食品药品监管系统举办新闻发布会或通气会 16 次,参与在线访谈、党风政风热线 44 次。解读和宣传《中华人民共和国食品安全法》,发放宣传材料 12 万份,发送宣传短信 50 余万条,制作展板、广告、张贴宣等 31740 余块幅。举办食品药品知识大讲堂 110 场,安全知识进校园 23 场,食品药品大型咨询会 200 余场,执业药师主题宣传活动 8 场。在中央、省级主流媒体播报新闻 265 条。认真做好"僵尸肉""垃圾肉""假狗肉"等舆情事件应对工作,及时回应社会关切,消除负面影响。

【食品药品信息化体系建设出成果】 2015 年,省食品药品监督管理局完成了智慧监管平台打证系统和行政执法系统(黑名单)的开发部署,启动国家食品药品监督管理总局数据重构项目和器械许可系同数据交换工作,启动第三批示范区信息化建设。省食品药品监督管理局门户网站绩效考评获全国食品药品监管系统第六名,统计工作获得第四名。落实《江西省食品药品安全信用信息及"黑名单"管理办法》,发布抽验结果信息 36 期,案件处罚信息 100% 公开,108 家食品药品企业列入"黑名单"。

【加强食品药品科研技术工作】 2015 年,对企业申报的 30 个项目予以立项、资助,"阳光医药网上监管政策"课题在北京通过验收,《中药新药"右归胶囊”的产业化研究》获得2014年度省科学技术进步三等奖，首次参加英国LGC组织的干燥失重和红外光谱国际能力验证获得“满意”结果，申报的2项2015年度省科技进步奖通过网评、会议初评和复评。省药品技术转让技术审评的授权评估通过验收，省医疗器械中心、省食品检验检测研究院通过检验检测机构资质认定评审。

（李立）

统计管理

【概　况】　2015年，全省统计部门贯彻落实中央和省委、省政府精神和要求，强化监测预警，强化分析研究，强化科学导向，以真实可靠的统计数据，为党委、政府准确研判形势，实施科学决策提供了有力支撑。着力加强宏观经济运行监测预警。重点反映新常态下江西经济速度变化、结构变化和动力变化，全面、准确地把握经济运行总体趋势。坚持每月及时向党政主要领导提供月度经济运行监测信息及经济形势分析，为党委、政府准确把握经济走势提供有效服务。着重加强对重大课题的分析研究。对全面建成小康社会、转型期经济增长动力、区域经济发展、民生工程建设等重大课题调查研究，形成了一批有分量的研究成果。所反映的工业经济下行压力加大、固定资产投资后劲不足、民生工程地区发展不均等问题得到了省领导的高度关注，为省委、省政府正确判断形势，科学决策提供了参考。31篇统计分析报告获省领导批示。完善方案，顺利完成2014年度市县考核工作。2014年市县考核评价方案，淡化了GDP、固定资产投资考核内容，加大了科技创新指数、食品药品安全、空气质量等指标权重，进一步突出了科学发展、百姓受益的考评导向，得到了省委省政府的充分认可。拓宽宣传渠道，提升统计服务能力。举办新闻发布会，接受专访，向新闻媒体提供稿件，利用政务微博、“中国统计开放日”活动和统计科普宣传活动，发布热点数据，解读数据，有效扩大了统计工作的社会影响力，提高了公众认知水平。

【推进统计方法制度改革】　推进国民经济核算改革。修订《季度地区生产总值核算方案》，强化核算数据与专业数据、部门数据的衔接，做好非公有制经济、文化产业增加值核算和宏观经济形势分析工作。推进投资统计改革。建立其他亿元以上项目库，完成5000万元以上项目清理工作。通过试填试报工作理顺上报渠道，建立改革数据季度通报制度，严格执行审核评估程序，及时发现修正异常数据。推进服务业统计改革。组织实施规模以上服务业企业月报制度，建立全省电子商务统计报表制度，研究制定统一、科学、规范的服务业聚集区统计制度，首次进行生产性服务业增加值测算及服务业生产指数测算。推进劳动力调查改革。扩大调查样本，增加调查项目，改变数据采集方式，通过联网直报平台报送数据，实现数据采集方式电子化、信息化。推进能源统计改革。推进能耗总量供应端核算改革，加强对有省外购进量或能源生产量的企业的监测，重新修订《环境综合统计报表制度》，建立《重点企业能源生产、购进、销售与库存年报制度》，完善《居民生活能源消费调查方案》。推进新兴业态统计工作。组织开展大型购物中心（商业综合体）报表的试填工作，做好旅游及相关产业消费结构的调查工作，有效获取旅游业及相关产业增加值核算所需的基础数据和有关资料。推进县域统计联网直报。开展县域统计联网直报平台培训、督导、帮扶和数据审核工作，实现县乡卡联网直报按时保质报送达100%。推进产业集群统计工作。研究草拟《产业集群统计调查工作方案》，初步建立《江西产业集群统计报表制度》。

【提升统计调查组织能力】　加强源头数据质量控制力度。定期开展数据质量专项检查，严格月报审核查询流程，做到“开网即查，逐日比对，目标定位，动态监测”；增加了主要指标数据不匹配强制性审核公式；制订联网直报企业总量数据评估制度，较好地实现了省市数据的合理衔接。开展1%人口抽样调查。创新了数据采集方式，采取住户通过互联网自主填报与调查员手持PDA入户登记相结合方式，取得了全省人口生育、受教育程度、婚姻、行业职业、社会保障、住房以及人员迁移流动状况等大量的基础信息和翔实数据。启动第三次全国农业普查。请示省政府成立江西省第三次全国农业普查领导小组和领导小组办公室，制定《江西省第三次全国农业普查工作方案》，开展部分县乡村调查摸底，拟定全省试点工作方案。常规统计调查有序实施。严格执行国家统计报表制度，各专业常规年定报工作有序开展，多举措提高统计调查数据质量，保质保量完成了国家报表任务；做好了省政府绩效考核群众满意度、企业创新、民生专项、社情民意等统计调查，做好调查数据整理分析和深度开发，准确地反映了全省经济社会发展情况，为国家制定相关政策提供了意见建议，撰写的调查报告得到了省领导高度重视和重要批示。

【加强统计法治建设】　健全地方统计法规体系。重新修订《江西省统计管理条例》，制定《统计数据弄虚作假行为问责办法》等一系列配套制度。树立依法治统权威。全年全省执法检查单位6522个，立案案件256起，结案数246起，警告189起，罚款41起，通报曝光75起，公开曝光10起，强制执行1起。约谈13人次，问责1人，诫勉谈话1人。发挥巡查监督推动作用。省统计局领导班子成员带队对全省10余个市县开展统计巡查，全面掌握了基层统计工作在组织领导保障、统计法律法规和统计制度执行、主要统计数据质量、统计基层基础建设等方面存在的问题，提出了改进建议，有力地推动了被巡查地区的工作。重点宣传优化法治环境。为企业、为部门送法上门，在统计开放日、“12·8”统计法颁布纪念日等重要节点，宣传统计法；重点抓好统计人员、新任市县统计局局长统计法律知识培训，把统计法列为乡镇统计人员岗位知识培训重要科目。明确权责推进依法行政。大力推进权力清单、责任清单建设，在江西省政务服务网向社会公布。严格规范审批流程，确保依法认定统计从业资格、涉外调查机构资格，审批涉外社会调查项目。逐步建立统计信用制度。大力推动统计领域失信惩戒制度建设，在江西统计信息网搭建了统计失信企业公示平台。加快统计领域信用建设，将统计违法违规处罚信息、统计从业资格信息纳入《江西省公共信用信息资源目录》。

（胡国平）

审计监督

【概　况】　2015年，江西省审计机关共审计（调查）项目6073个，查出主要问题金额1275.19亿元，其中违规金额65.24亿元、损失浪费金额10.53亿元、管理不规范金额1199.42亿元；审计处理处罚金额142.54亿元，其中应上缴财政10.82亿元、应减少财政拨款或补贴8.30亿元、应归还原渠道资金26.73亿元、应调账处理金额64.26亿元、应缴纳其他资金32.43亿元；审计促进整改落实有关问题资金119.24亿元，其中增收节支18.64亿元、已调账处理金额51.62亿元、审计促进拨付资金到位2.31亿元、审计后挽回（避免）损失18.21亿元。移送司法机关、纪检监察机关和有关部门处理事项146件；出具审计报告和专项审计调查报告6829篇；提出审计建议11538条，被审计单位采纳7462条，被审计单位制定整改措施236项、建立健全规章制度48项。审计在推动重大政策落实、深化改革发展、维护民生利益、促进廉政建设等方面发挥了积极作用，有力地保障了经济平稳健康较快发展。

强化自身建设。年初采取“送教上门”方式在赣州市会昌县开展赣州市审计人员业务培训，先后举办了春季集中培训、全省计算机审计中级培训、副处级干部北京大学审计管理培训和全省法规审理人员、投资审计业务骨干、市县审计局长培训等，选送23名全省审计领军人才和骨干人才赴美国进行公共财政支出与绩效审计培训。加强审计质量控制，组织开展部分设区市审计局审计项目和11个设区市及部分县级审计机关2013年、2014年投资项目审计工作质量检查，并将检查情况在审计专网进行实名通报。出台改进审计项目审理操作规程的有关规定、进一步规范审计处理处罚行为的规定、部门预算执行送达审计操作规程、案件移送管理办法、江西省政府投资项目审计操作办法等多项制度，进一步规范审计行为。2015年，省审计厅获得第四届全国文明单位、省审计厅实施的全省农村土地整治示范建设项目专项审计调查被审计署评为地方优秀审计项目。

【财政审计】　年内，机关全年共完成预算执行审计或审计调查单位738个，财政决算审计单位354个。全省审计机关围绕健全政府预算体系、盘活存量资金、提高资金绩效，继续加大对重大政策执行、重点领域、重点部门和重点资金的审计力度，注重从体制机制层面分析问题，从完善政策制度方面提出建议，推动深化财税体制改革和财政资金提质增效。省级预算执行审计工作报告围绕省级财税管理审计、省级部门预算执行审计、重点专项资金审计、政府投资项目审计、企业审计、审计查出问题的处理情况等6个方面披露了审计查出的主要问题和初步整改情况，围绕提高资金使用效益、控制行政成本、健全财政资金管理3个方面提出了加强财政管理的审计意见，得到省人大、省政府的充分肯定，审计工作报告在《江西日报》公开，切实增强了财政预算及其执行情况的透明度，受到广泛关注和好评。

【经济责任审计】　全省审计加大领导干部经济责任审计力度，不断推进经济责任审计工作深化发展。省审计厅和景德镇、抚州等市审计局将自然资源资产等内容纳入领导干部经济责任内容，取得较好效果。全年共对1659名党政领导干部和企业领导人员进行经济责任审计，其中任中审计284人，离任审计1375人，查出违规金额13.02亿元，损失浪费金额5.33亿元。

【固定资产投资审计】　全省审计机关进一步加大投资审计力度，着重检查建设资金管理和使用情况，揭露违反工程管理规程和截留、挪用及损失浪费资金等问题。全省共审计固定资产投资项目2770个，审计的项目投资总额172.75亿元，核减投资额（工程款）30.45亿元。省审计厅组织对永修至武宁高速公路等重点工程项目进行了竣工决算审计，对保障性安居工程、支援新疆发展资金和项目进行跟踪审计，揭示了违纪违规问题，提高了建设资金使用效益。

【外资运用审计】　根据《中华人民共和国审计法》和相关国外贷援款协议规定以及审计署授权，省审计厅组织开展了对世行贷款石虎塘航电枢纽工程、亚行贷款CEF赠款农村能源生态建设二期项目、亚行贷款CCF赠款江西林业发展项目、亚行贷款江西抚州城市基础设施综合改善项目、世行贷款江西浯溪口水利枢纽工程建设项目、世行贷款江西鄱阳湖生态经济区及流域城镇发展示范项目、世行贷款江西南昌轨道交通2号线一期工程项目、世行贷款江西上饶三清山机场建设项目、世行贷款农业可持续发展项目等9个国外贷援款项目进行审计，查出主要问题金额21.26亿元，审计促进了相关单位加强项目管理，并向国外贷援款机构出具了审计报告。

【企业审计】　全省审计机关对48家国有企业进行审计和审计调查，查出主要问题金额49.90亿元。省审计厅对江西省省属国有企业资产经营（控股）有限公司、江西国际经济技术合作公司、江西稀有金属钨业集团有限公司资产负债损益情况进行了审计，有针对性地提出了加强经营管理及化解风险的对策建议，增强了国有企业领导人遵纪守法和廉洁自律意识，进一步促进国有企业加强和改善经营管理，实现国有资本保值增值。

【民生等专项资金审计】　全省审计机关围绕规范资金管理，促进资金高效使用，开展专项资金审计。全省专项资金审计或审计调查310个单位，查出未按规定征收缴纳收入金额5.59亿元，隐瞒转移截留资金1.74亿元，违规改变项目计划和资金用途金额2.82亿元，资金滞留闲置7.54亿元。省审计厅重点对农村饮水安全工程、农村义务教育薄弱学校改造计划项目、生态环境保护、残疾人就业保障金等重点民生项目和资金开展审计，揭示问题，分析原因，并提出有针对性的审计意见和建议，促进了民生资金规范使用，维护了民生利益。

【开展稳增长等政策措施落实情况跟踪审计】 按照审计署统一部署，开展稳增长、促改革、调结构惠民生等政策措施执行情况跟踪审计。把稳增长、促发展作为审计工作的首要任务，出台《进一步加强稳增长等政策措施落实情况跟踪审计工作意见》和《对11个设区市审计局2015年稳增长等政策措施落实情况跟踪审计的督查工作方案》。省审计厅派出11个业务处，逐月对设区市审计局跟踪审计情况进行督查。主要督查本地审计工作组织实施情况、重大工程项目审计情况、上报审计汇总报告情况、审计发现问题整改情况，保证审计要求得到落实、重点内容审计到位。通过审计与督查的结合，提升了审计监督的质量和成效，有力地推动稳增长等政策措施落地生根。

【推进审计信息化建设】 构建省级数字化审计分析平台，推进审计数据中心建设和审计指挥中心建设，建立财政、地税、社保、医院等数据库。专门成立数字化审计办公室，抽调业务骨干集中办公，加强电子数据的集中和关联分析，积极探索在审计实践中运用大数据思路、技术和方法的途径。完成审计数据中心江西省分中心、数据备份中心和审计专网三级等级保护建设任务，建设了专网内部网站，完成技术试运行。推进全省审计管理系统升级应用，省审计厅以及11家设区市审计机关单位审计管理系统全部国产化改造完毕，审计管理系统已覆盖全省133家审计机关，覆盖率100%。

【创新审计管理】 创新省级预算执行审计组织方式，通过召开统一进点会、全面实行送达审计、组织开展自审自纠等，促进提升审计效能。全省专项资金审计采取召开统一进点视频会形式，提高了审计的整体性和统一性。省审计厅全面推行审计项目网上计划管理和网上审计项目审理，把审计权力关进制度和科技的“笼子”里。开展地税联网审计、国库集中支付数据审计，初步建立起“总体分析、系统研究、精确定位、分散核查”的数字化审计模式。全面推进权责清单制度，接受社会监督，建立法律顾问制度。

【优化审计执法环境】 7月，省政府出台《关于加强审计工作的实施意见》，从高度重视审计工作、加大审计监督力度等7个方面，就全面加强全省新时期审计工作提出明确要求，为发挥审计监督作用助力发力，着力营造良好的审计执法环境。5月，省经济责任审计工作领导小组出台《关于加强经济责任审计工作的意见》，就改进计划管理、坚持依法审计、深化审计内容、健全审计评价等提出明确要求，推动提升经济责任审计工作水平。上半年，省人大常委会组织执法检查组，分赴南昌等6个设区市及部分县（市、区），对《江西省审计条例》实施情况进行重点检查，促进了《江西省审计条例》的深入实施和全省审计工作的顺利开展。

（黄云）

口岸管理

【概　况】 2015年，江西省口岸共完成进出口货运量467.66万吨、国际集装箱28.47万重标箱，分别增长35.63%、30.56%。南昌空运口岸（昌北国际机场）出入境人员50.23万人次，增长76.31%；出入境飞机3188架次，增长67.09%。江西省水运口岸完成进出口货运367.38万吨、22.3万重标箱，分别增长32.79%、28.63%。其中，九江水运（河港）口岸进出口货运258.31万吨、14.98万重标箱，南昌港进出口货运109.07万吨、7.32万重标箱。江西省铁海联运共运送进出口货物57.36万吨、3.25万重标箱，分别增长25.62%和20.06%。其中上饶—宁波铁海联运共发送货物29.86万吨、1.42万重标箱。江西省公路口岸作业区进出口货物总量42.92万吨、2.93万重标箱，分别增长90.87%和65.59%。

年内，加密台湾线、曼谷线，复航了香港线每周4班，南昌—泰国甲米（普吉岛）定期直航航线。南昌航空口岸每周国际航线起降80架次。

至年底，建成口岸作业区9个，南昌北、赣州东、新余铁路作业区，上饶、鹰潭、赣州、上栗、定南公路口岸作业区和南昌港水运口岸作业区。

【九江城西港成为启运港退税试点口岸】 4月，财政部、海关总署、国税总局联合发文，根据《国务院关于印发中国（上海）自由贸易试验区总体方案的通知》的有关规定，结合前期试点情况，决定扩大启运港退税政策试点。9月1日起，包括九江市城西港在内，共8个口岸获准开展启运港退税政策试点，出口口岸为洋山保税港区，运输方式为水路运输。

【口岸“三互”大通关改革取得新进展】 根据《国务院关于印发落实“三互”推进大通关建设改革方案的通知》和《国务院关于改进口岸工作支持外贸发展的若干意见》。1月13日，省政府出台《江西省人民政府关于落实“三互”推进大通关建设改革的实施意见》。6月，省政府出台《江西省人民政府关于改进口岸工作支持外贸发展的实施意见》。全省深入推行关检合作“三个一”（一次申报、一次查验、一次放行）通关模式。在九江、鹰潭正式启动“单一窗口”试点工作，完成建设方案，明确以江西电子口岸作为“单一窗口”的平台基础，开展技术论证及筹建。巩固江西省融入“全国通关一体化”和“长江经济带检验检疫一体化”成果，扩大全省通关作业无纸化、检验检疫无纸化和出口退税无纸化范围。

【加快江西省电子口岸升级改造】 年内，江西省加快电子口岸升级再造，扩大全省口岸物流信息平台的服务功能和应用范围，并召开现场会进行应用推广。建设完善全省各口岸内部管理信息系统，加快口岸卡口设施信息化改造，推广电子口岸场站端接口软件，并依托电子口岸，推进海关、检验检疫等口岸管理部门信息联网交换。

【赣州综合保税区通过验收】 10月，赣州综合保税区顺利通过由海关总署、国家发改委等10部委组成的国家联合验收组对赣州综保区的监管服务大楼、主内卡口、监管仓库、巡逻通道、围网等基础设施和监管设施逐项进行了验收，海关总署和江西省政府共同签署了《赣州综合保税区基础和监管设施验收纪要》，这标志着江西省首个综合保税区正式封关。

【九江进境木材监管区通关运行】 12月，九江瑞昌市进境木材监管区在瑞昌市码头工业城正式通关运行，监管区用地15.23公顷，建设内容包括查验平台、监管仓、熏蒸区、货物堆放区、扣留区、办公区、生活区、堆场等，运行达标后年查验木材能力达到300万立方米，年熏蒸处理木材能力达到30万立方米。

（江斌）

海　关

【概　况】 2015年，南昌海关坚持以支持服务江西经济社会发展为己任，不断优化监管服务，切实改进工作作风，强力助推江西外贸稳定增长，各项事业稳中有进。江西省委书记强卫、省长鹿心社、副省长刘昌林等省领导全年13次对南昌海关工作作出批示，海关总署党组成员、副署长、政治部主任胡伟视察南昌海关，对南昌海关工作给予充分肯定。2015年，江西省进出口总值2641.5亿元，增长0.7%。全年税收入库55.55亿元，增长22.1%，增幅列全国海关第二位。

【全面深化海关各项业务改革】 深化海关区域通关一体化改革，7月1日顺利融入全国海关通关一体化。改革后，口岸和内陆如一体，企业在本地办理报关手续，全国各口岸直接进出口，使江西省进出口岸延伸到沿海沿边所有口岸，有力推动了江西省对接国家"一带一路"等发展战略。落实"三互"推动大通关建设，关检合作"三个一"实现全省全覆盖，顺利上线统一版"一次申报"系统，与检验检疫部门形成"一次申报、一次查验、一次放行"。倡导推动江西口岸信息平台建设，主动协调召开了全省口岸落实"三互"大通关推进物流信息平台建设现场会，南昌、九江、鹰潭等3市已建成运行。有序复制推广上海自贸区海关监管创新制度。继续深化"简化无纸通关随附单证""批次进出、集中申报"和"简化统一进出境备案清单""集中汇总纳税"等改革，集中汇总征税改革惠及面扩大至9家企业、3家银行。继续推进九江城西港口启运港退税工作，全面推行出口退税无纸化。深化通关作业无纸化改革，进一步简化随附单证和企业申报手续。2015年，全程无纸化通关报关单102789票，无纸化率为95.2%。关区出口24小时通关率98.63%，列全国第十一位，海关平均作业时间出口为0.72小时。

【加强海关监管场所管理】 充分吸取"8·12"天津港危险品爆炸事件教训，对全省12个海关监管场所逐一排查，限期整改，对明显不符合海关监管要求的进行整治，注销监管场所经营资格2个、暂时关闭监管场所的卡口通道1个。

【开展"五大战役"行动】 开展以打击农产品、成品油、洋垃圾、毒品枪支、濒危动植物等走私行为为重点的"五大战役"行动，会同相关部门和地市对农产品、冻品、旧服装、电子产品等私货市场集散地、消费地开展综合治理、清理整顿。侦办了3起利用网络从境外走私武器弹药案件，捣毁了1个特大网上贩卖走私进境枪支团伙，累计缴获各类枪支零配件18064件，获得江西省委常委、政法委书记周萌和江西省人大常委会副主任、赣州市委书记史文清批示肯定。全年刑事立案11起，增长37.5%；行政立案192起，增长23.1%。

【支持江西口岸开放平台建设】 指导推进赣州综保区建设，于10月20日通过总署等10部委联合验收。指导南昌申报设立综保区，推动九江、井冈山出口加工区加大招商引资力度、提高土地利用效益。2015年，全省出口加工区进出口总值42.7亿美元。继续指导做好宜春海关筹建工作，支持抚州申报设立海关机构。支持江西省对接国家"一带一路"，指导沿长江水道物流节点布局，支持赣欧（亚）国际铁路货运班列正式首发开通。

【推进对口支援赣南苏区发展工作】 研究出台南昌海关支持赣南苏区加工贸易发展8项措施。继续抓好海关总署支持赣南等原中央苏区及对口支援龙南发展专项措施的落实，帮助龙南县培养外贸经济型干部，安排60名干部到上海海关学院学习培训。进一步支持赣南木材产业做大做强，验收通过赣州陆路查验场，主动加强与口岸海关协作沟通，引导企业采用一体化通关模式，减少转关物流及运输成本，提高通关效率。支持赣州"三南"加工贸易梯度转移重点承接地建设。支持赣州黄金机场争取列入国家口岸发展规划，早日对外开放。支持龙南申报设立保税物流中心。

【扶持江西省特色产业发展】 支持江西省大米、脐橙、蜜橘、茶叶等特色农产品出口，畅通"鲜活农产品公路运输绿色通道"，在南丰进行定点上门监管蜜橘出口。引导新型光电、电子信息、大飞机、新能源汽车、光伏、生物医药等产业的企业申请国家级企业技术中心，对其研发设备进口予以免税。为轨道交通、大飞机等重点项目和江铜、江铃、晶科能源、欧菲光等企业提供海关预归类、预审价等服务。支持循环经济、绿色能源产业、资源性产品开展加工贸易深加工，促进形成产业集群。对通过海关高级认证的"绿色产业、绿色文化、绿色品牌"企业实施较低的进出口货物查验率，帮助企业充分享受通关便利，享受互认国家（地区）海关提供的通关便利措施。加强税政服务，主动帮助企业享受减免税优惠政策，全年共审批减免税款2.18亿元，增长36.2%。

【做好海关统计分析预警服务】 细化对鄱阳湖生态经济区、赣南原中央苏区等重点区域及省内重点产业进出口情况的专项分析，完善重点敏感商品专项分析机制，对光伏产业、铜、钢铁、钨、稀土、船舶等商品进出口情况进行跟踪监控，为省委、省政府和有关部门提供决策参考。全年共向省领导和有关部门报送统计分析38期，被省领导批示13次。

【参与企业信用体系建设】 贯彻省委、省政府重要指示精神，落实海关企业信用管理制度，对接南昌市企业监管警示系统，强化与工商、税务、商务、银行等部门的横向联系，及时通报企业走私违规情况，多渠道获取企业诚信信息，规范进出口企业行为。全年已交换进出口企业的海关行政处罚、行政许可等900多条数据。

（陈斌）

出入境检验检疫

【概　况】 2015年，江西出入境检验检疫局共检验检疫出入境货物80803批63亿美元，同比分别减少8.5%、21.6%；累计签发各类原产地证书86699份，金额57.6亿美元，分别增长0.8%和23.1%；检疫出入境飞机3171架次，增长67.2%；查验出入境人员498354人次，增长76.5%；受理集装箱检验检疫152932标箱，增长17.8%。

江西出入境检验检疫局机关连续4届获得“全国文明单位”称号，连续13年获评“全省服务开放型经济工作先进单位”。赣州出入境检验检疫局获2015年全国质量监督检验检疫系统先进集体，温志海、刘槟宾获全国质量监督检验检疫工作先进个人，谢俊获全国质量监督检验检疫系统先进工作者，何九生获“国家质检系统离退休干部先进个人”，并作为全国质检系统8名特邀代表之一，出席全国质检系统离退休干部表彰大会。

【严把进出口产品质量关】 全年检验检疫不合格出入境货物1580批、6238万美元，分别下降22%、55.9%。第一时间贯彻落实中共中央、质检总局对天津港“8·12”事故作出的重要指示，对224家进出口危险货物企业进行全面摸底排查，加强对烟花爆竹等危险货物的严格监管。开展打击出口假冒伪劣商品工作，共出动执法人员38人次，检查进出口企业16家次，立案查处1起。监测业务风险信息5449条，发布风险预警349条，采集进口工业产品不合格信息187条，开展出口退运追溯调查95批，调查欧盟工业品境外通报3批。

【构建江西口岸开放新平台】 主动作为，推进区域协作，先后与广东、深圳、珠海、福建、厦门、江苏、宁波、广西、内蒙古9个直属检验检疫局签署合作备忘录，实现江西货物“出口全直放”和“进口全直通”。助力江西对接“一带一路”发展战略，促成江西开通首列“赣蒙欧”铁路货运班列。大力支持“昌九一体化”，帮扶指导九江进境粮食指定口岸建设，实现江西进境指定口岸“零”的突破。赣州进境木材国检监管区、九江瑞昌进境木材国检监管区正式建成运行，实现江西“南门北港”进境木材全直通。

【保障江西口岸安全】 严防有害生物入侵，入境截获外来有害生物1066批次2034种次，分别增长33.6%和40%，其中物检疫性有害生物106批次140种次。严防疫情疫病传入传出，查处进出境违规1313人次，增长26.5%，查处违规携带物1721批，增长33.2%；集装箱检出问题标箱23070标箱，不合格箱数增长57.3%。完成出入境人员健康体检10430人次，增长9%。其中，发现病例1690人次，增长13.4%；完成艾滋病监测10336人次，增长9.5%；完成预防接种6929人次，下降2%。科学检疫中东呼吸综合征、埃博拉出血热等疫情，确保江西口岸疫情“零”输入。加强口岸媒介生物监测，创建“四位一体”口岸医学媒介生物本底调查及动态监测工作新机制，首次在口岸发现不常见鼠、不常见蚊，首次在鼠类样本中检出汉坦病毒，首次检出卡氏肺孢子虫病原体和汉坦病毒，首次采集到粒形硬蜱和毒厉螨。

【助推江西开放型经济发展】 贯彻落实国务院促发展、稳增长有关工作部署，及时出台服务江西外贸发展的十项服务举措。复制推广上海自贸区经验，对全省1222家检验检疫诚信等级B类以上的进出口企业，实施长江经济带检验检疫一体化新模式，每批进出口货物平均可缩短3天的通关时间。在全国首创“政府搭台、关检协作”工作模式，共同推进“一次申报、一次查验、一次放行”关检合作的“三个一”工作。在全省范围内试行“一次申报”，将进出口企业申报项目由原来的122项整合缩减为93项，申报周期由原来的2～3天缩短到10分钟。服务抚州“一县一品”发展战略，力促广昌白莲自营出口实现零的突破；服务宜春现代有机农业发展，指导万载县成为全国首批9个“全国有机产品认证示范区”之一；发挥信息技术优势，帮扶会昌米粉成功破除贸易性技术壁垒，时隔3年重返欧盟市场。

【科技兴检取得新突破】 年内，兰祥光被聘为国家有机产品认证创建区咨询评审专家，是唯一一名来自检验检疫系统的专家；4人入选科技部专家库；7项食品安全国家标准全部通过审定，为历年之最；《纺织品安全项目系列快速检测技术研究与应用》获国家质检总局科技兴检二等奖；《智能熏蒸系统》等4项发明获得实用新型专利；国检监管区建设规范及考核评价指标两项行业标准通过评审；地理标志产品编撰工作获国家质检总局表彰；建成中西部地区第一家医学媒介生物检测实验室，首次与中国检科院合作，成立中国检验检疫科学研究院卫生检疫研究所蚊媒传染病联合实验室；艾滋病确诊实验室通过考核验收，实现“口岸采样、实验室检测”一步到位。

（熊文兵）

本栏编辑　邓玉兰

城乡建设

综 述

2015年,全省住房和城乡建设部门围绕中心,服务大局,攻坚克难,奋力拼搏,全面完成了各项目标任务。

*棚改和农村危房改造成绩突出。*抓好房屋征收和资金投入两个关键,大力推进棚改货币化安置,及时出台棚改货币化安置和公租房以购以租代建实施办法。加大融资力度,推动政府购买棚改服务,取得较好成效。全年开工建设保障性安居工程23.26万套,基本建成28.51万套,分别为目标任务的100%和178.2%,其中棚改开工16.54万套,棚改货币化安置率31.9%。高于全国3.9个百分点。完成农村危房改造31.2万户,是完成农村危房改造任务最多的一年。

*力促房地产、建筑业稳定发展。*全面贯彻国家和省调控政策,继续实行分类调控、因地施策,下大力气推进棚改和公租房"两个货币化",打通普通商品房和棚改、保障房通道,提高住房公积金个贷率,个贷率由62%提高到84%,增幅居全国前列。商品房销售从6月开始由负增长转为正增长。房地产开发完成投资、商品房新开工面积、销售面积、二手房交易面积、个人住房贷款规模、土地平均购置价格、商品房竣工面积、商品房销售价格等八项指标同比增长;房地产业地方税收、土地购置面积同比下降。2015年商品房销售量是近五年的销售峰值。"十二五"期间,全省累计完成房地产开发投资5800亿元,年均增长15.93%,房地产市场总体运行健康平稳,为稳增长作出了重要贡献。一大批建筑企业发展壮大。2015年新增特级企业3家、一级企业80家。至年底,特级企业和一级企业分别为6家和388家。积极融入"一带一路"国家战略,实施"走出去"战略,打响"江西建设"海外品牌。扎实推进工程质量治理两年行动,确保质量安全。2015年,建筑业总产值4600亿元,增长12%,提前两年完成"十二五"任务,实现"三个翻番、三个突破"。

*推进绿色发展取得新突破。*突出抓好污水处理。投入40多亿元,启动对进水浓度、污水收集率较低的48个县市污水管网配套改造,44个县已开工建设。百强中心镇污水处理设施有32个镇已建成并运行。绿色建筑发展态势良好。新增绿色建筑面积838万平方米,超过前几年的总和。全省所有设区市全部进入国家园林城市行列,在全国率先实现了国家园林城市设区市全覆盖。开展风景名胜区整治提升活动,资源保护管理进一步加强。

*地下综合管廊和海绵城市建设取得新进展。*改变重地上、轻地下的建设理念,出台推进城市地下综合管廊的实施意见,举办培训班,规范建设,扎实推进。景德镇、南昌建成地下综合管廊共10.1千米,实现了全省城市地下综合管廊建设的突破。萍乡市率先开展海绵城市建设,赣州、抚州、吉安、新余等市海绵城市建设的相关工作有序开展。

*城乡人居环境明显改善。*坚持科学规划的引领作用。《江西省城镇体系规划(2015—2030)》已批准实施。环鄱阳湖城市群规划、南昌大都市区规划已完成技术论证。村镇规划基本实现全覆盖,历史文化名镇名村、传统村落保护工作得到加强,美丽乡村、宜居小镇、宜居村庄建设稳步推进。抓好城乡生活垃圾处理。推进农村生活垃圾5年专项治理,开展存量垃圾集中整治,推动农村生活垃圾减量化、无害化处理。扎实推进城市家庭垃圾分类处理。按照"干干净净、漂漂亮亮、井然有序、和谐宜居"的城市管理新要求,开展城市市容环境专项治理,通过整治,城市乱扔乱倒、乱贴乱画、乱披乱挂、乱搭乱建、乱停乱放等现象基本杜绝,卫生环境、道路环境、生态环境、人居环境明显提升,居民文明指数、安全指数、幸福指数大幅提高,市容环境管理的长效机制基本建立。深入开展违法建筑治理,全省共拆除违法建筑700多万平方米。

*改革创新进一步深化。*推进鹰潭、萍乡、湖口、于都等"多规合一"试点,鹰潭、樟树国家新型城镇化试点。加快行政审批制度改革,完成"三单一网"建设任务,审批效率和服务水平进一步提高。创新棚改方式,推进政府购买服务,大力推行PPP模式。实行住房公积金个人贷款"一体化"。推进执法重心下移,由"花钱养人"向"花钱购买服务"转变。废止省外企业进赣省、市、县重复备案和保证金制度,优化建筑业发展环境。

(省住建厅)

城市规划与建设

【概　况】 南昌、赣州、景德镇、鹰潭、萍乡、上饶、新余、抚州、井冈山、贵溪、乐平、德兴、瑞昌13个市设立了一级规划局,九江市规划局升格为正处级单位。宜春、吉安、九江、丰城、樟树、高安、瑞金、南康8个市设立了一级规划建设局，吉安设立了规划管理处，宜春市、高安市设立了规划管理办，修水、武宁、都昌、德安、上饶、玉山、广丰、鄱阳、婺源、万年、余干、横峰、铅山、弋阳、奉新、东乡、上栗、永新18个县设立了规划局，南昌、新建、进贤、安义、湖口、全南、定南、于都、寻乌、吉安、新干、吉水、永丰、泰和、上高15个县设立了规划建设局。11个设区市均成立了城市规划委员会，由市委书记或市长担任主任，具体研究解决城市规划发展和建设的重大问题。同时各地普遍实行了城市规划专家技术审查制度，对事关城市规划、建设和发展的重大问题，注意广泛听取专家和社会各界的意见，科学决策、民主决策的意识进一步加强。全省有南昌市、景德镇市、赣州市、瑞金市4个国家历史文化名城，吉安市、井冈山市、九江市3个省级历史文化名城。

全力推进新型城镇化健康有序发展。至2015年年底，全省城镇化水平达到51.62%，比上年提高1.4%。组织开展两次全省新型城镇化发展情况督查。督促各地贯彻落实《关于完善城镇化发展体制机制提高城镇化发展质量的意见》和《江西省新型城镇化规划(2014—2020)》，加快研究制定配套政策和相关试点工作。制定完成江西省新型城镇化发展质量评价指标体系。开展全省新型城镇化情况调研，起草完成全省新型城镇化工作情况报告。制定完成《江西省关于贯彻落实国家发改委等15部委〈推进“三个一亿人”城镇化实施方案〉的实施意见》，并印发实施。会同省发改委开展省级新型城镇化综合试点工作，对试点市、县、镇赋予先行先试配套政策。加大对国家新型城镇化试点单位鹰潭市、樟树市的指导力度。

【推动重大城乡规划编制】 《江西省城镇体系规划(2015—2030)》经国务院同意由住建部批复实施。加快推进重大跨区域规划编制，《环鄱阳湖城市群规划》《南昌大都市区规划》编制工作进展顺利，编制完成《昌九新区城镇总体规划符合性报告》，牵头完成《新宜萍城镇群发展战略规划》初稿，启动《信江河谷城镇群规划》编制，指导九江市、吉安市加快推进《九江都市区总体规划》《吉泰城镇群规划》编制。加强市县城市总体规划审查报批，完成景德镇市城市总体规划、井冈山城市总体规划报批工作，组织开展抚州市、上饶市、贵溪市、安福县城市总体规划实施评估，指导以上市县开展城市总体规划修编工作，完成瑞金市、泰和县、寻乌县、武宁县、弋阳县、芦溪县等城市总体规划纲要或成果技术审查。

【推动空间规划体制改革】 率先启动省域空间规划编制，加快推进全域空间“多规合一”，工作实施方案已经省政府印发实施。召开“多规合一”试点工作座谈会，制定出台《全省“多规合一”试点工作指导意见》，建立省住建厅、省发改委、省国土厅、省环保厅4部门联席会议制度，在湖口县召开现场推进会。全面推动城市设计工作，印发《关于加强全省城市设计工作的通知》，要求市县政府高度重视城市设计工作，加强编制经费保障，制定工作方案，从法定城市规划城市设计专篇和重点区域专项城市设计两个层面，全面推动城市设计工作。

【加大城乡规划实施监管力度】 实施规划督察员制度，全年各地督察员向派驻地政府共计下发5份规划督察意见书，提出20余条整改建议，涉及规划管理体制、违法项目建设、风景区规划建设管理等问题，进一步强化了城乡规划实施的事前事中监督，并对全省设区市违规下放城乡规划管理权整改落实情况进行多次通报。加大违法项目查处力度，重点对萍乡市安源国际汽车展示中心项目违法建设进行了查处，多次向省政府报告违法项目整改落实情况。组织开展专项治理活动，开展全省城市总体规划“五线”实施情况的专项检查，对城市道路“红线”、绿地“绿线”、水体“蓝线”、历史文化保护“紫线”、公用设施“黄线”的执行情况进行全面排查。

【提高城乡规划管理水平】 加强历史文化名城保护，国务院批复同意瑞金市列为国家历史文化名城，省政府公布了第一批18个历史文化街区名单，完成景德镇历史文化名城保护规划审查和报批工作，组织开展全省第二批历史文化街区申报认定以及保护性建筑普查评定工作。加强重大项目规划选址技术审查，全力支持昌吉赣高铁、南昌轨道交通3号线等重大项目建设。全年共完成40个重大项目规划选址技术审查工作，核发了30个重大项目规划选址意见书。加强工业园区规划审查，完成湖口县、九江县、余干县、新建县、德安县、南康区等10余个县(市、区)工业园区扩区调区和省级工业园申报的规划符合性审查工作。加强控制性详细规划管理，加强控规备案工作，完成赣州、宜春等地4项控规备案，拟定《江西省控制性详细规划编制技术导则》，大力推动控规单元规划编制。

【抓好城镇污水处理设施建设】 对贵溪市等6县(市)老城区污水管网建设进行调研并召开专题座谈，制定对全省48个进水浓度较低和污水收集率较低的县(市)予以重点支持的工作方案。省政府召开全省污水管网建设和融资工作协调会，决定由省财政补助10亿元、国开行融资30多亿元重点支持推进48个县(市、区)污水管网建设。省政府召开全省污水管网建设和融资工作动员部署会议，省住建厅代表省政府与48个重点支持的县(市、区)政府主要领导签订目标责任书，确定48个重点支持的县(市、区)建设项目804个，管网长度1823千米，总投资约43亿元。先后对部分县(市、区)污水管网建设情况进行督查，至年底，全省48个县(市、区)项目已开工建设。开展全省81个县(市、区)污水管网“十二五”规划建设情况督查，印发《全省县(市)污水管网“十二五”规划建设情况通报》。

【加强垃圾处理工作督查】 派专家对全省尚未建设垃圾无害化处理设施的8个县(市)进行指导和督查。召开全省垃圾处理工作现场会，要求各地认真落实“十二五”规划确定的县县具备无害化处理能力的目标，仅鄱阳县未开工。提高南昌市餐厨垃圾收集量，给59个大专院校、省直机关去函，要求支持配合餐厨垃圾收集工作。收集量由原来的60吨/日，增加到160吨/日。

【开展城市市容环境专项治理】 围绕“干干净净、漂漂亮亮、井然有序、和谐宜居”的城市管理目标,以专项整治为抓手,重点解决影响市容环境的脏乱差问题,创造和谐宜居的生活环境,为建设和谐秀美江西,实现与全国同步建设小康社会作出新贡献。出台《关于开展全省城市市容环境专项治理工作的意见》。组织设区市城管部门领导赴青海西宁市、宁夏中卫市对建筑垃圾管理和城市环卫保洁的成功经验进行学习考察。6月,在上饶市召开全省城乡生活垃圾专项治理现场推进会。9月,对11个设区市开展全省城市市容环境专项治理工作情况进行督查和暗访,并对各设区市的成效情况进行了通报和排名。

【推进海绵城市和地下综合管廊建设】 推荐萍乡市作为全省海绵城市建设试点城市,并列入国家建设试点城市。出台《关于在全省开展海绵城市建设工作的通知》。在景德镇市召开全省海绵城市建设和地下综合管廊建设培训班,参观景德镇市建成地下综合管廊现场,部署全省海绵城市建设和地下综合管廊建设工作。出台《关于推进城市地下综合管廊建设的实施意见》。会同省环保厅对城市黑臭水体整治工作进行了部署。

【加强园林城市创建和整治工作】 指导德安、峡江、分宜、奉新和上高等5个县以及分宜县双林镇完成了创建国家园林县城(城镇)申报材料上报工作,已通过住建部组织的专家评审和网上公示。配合住建部完成对赣州国家园林城市的复查工作。印发《关于进一步做好城市公园私人会所整治有关工作的通知》,对全省各地各单位占用公共资源设立私人会所情况进行专项督查。组织南昌、九江、宜春等3市参加第十届武汉(国际)国际园林博览会。

(省住建厅)

村镇规划与建设

【概　况】 2015年,全省乡镇域总面积16.18万平方千米,建成区面积17.12万公顷,村庄用地面积49.07万公顷。有建制镇702个,乡570个,农场34个(不含城关镇和纳入城市统计范围的乡镇),行政村16888个,自然村165107个。全省村镇总人口3888.3万人,其中小城镇镇区人口842.3万人,村庄人口3046.1万人。全省已建立镇(乡)级村镇规划建设管理机构1286个,配备工作人员4940人,其中专职人员2745人。2015年,全省村镇建设总投资546.3亿元,年度村镇住宅竣工建筑面积5032.4万平方米,年末村镇实有住宅建筑面积15.3亿平方米,人均住宅建筑面积40.7平方米。同时,村镇公用设施逐步完善,96.15%的建制镇、89.3%的集镇建有集中供水设施,小城镇自来水普及率67.9%。小城镇建成供水管道、排水管道、道路分别有15433千米、6156千米、14494千米,有公共厕所5558座,环卫车3260辆,公园绿地面积达1033公顷。

【抓好村镇规划建设管理】 印发《江西省村庄规划编制审批指导意见》《关于做好全省中心村布局选点和规划编制工作的通知》,指导各地因地制宜、分类编制村庄规划。加强村镇规划建设管理,督导落实省政府《关于切实加强农村住房建设管理的通知》及乡村建设规划许可办法。开展农民自建房设计施工管理专项调研,完成《关于进一步加强农村住房设计施工管理的指导意见》。争取到3个镇、4个村入选第二批全国宜居小镇、宜居村庄示范,入选数量分别列全国第一位和第四位。全省共有4个全国宜居小镇和4个宜居村庄。推荐8个镇、12个村申报2015年美丽宜居小镇、村庄。开展首批省级美丽宜居小镇、村庄示范工作。组织开展全省优秀村庄规划评选。累计共有1275个乡镇编制了总体规划,15255个行政村编制了村庄建设规划,乡镇总体规划和行政村建设规划覆盖率分别达97.6%和90.3%。

【启动百强中心镇污水处理设施建设】 省政府全面启动全省百强中心镇镇区生活污水处理设施及配套管网建设。印发《百强中心镇污水处理设施建设实施方案》。省委农工部协调省财政安排1.92亿元资金专项用于支持百强中心镇污水处理设施建设推进。3月31日,省政府专题召开全省百强中心镇污水处理设施建设培训会议,全面部署相关工作。各地、各部门积极行动,组织编制项目方案,采取有力措施,全力推进百强中心镇污水处理项目建设。截至年底,全省有设施建设任务的115个百强中心镇全面启动,其中95个镇项目已开工建设,32个镇完成污水设施建设。

【完成农村危房改造31.2万户】 组织开展全省农村房屋现状调查,全省农村地区有118万户农村危房需实施改造。组织开展全省2014年度农村危房改造省级验收暨绩效评价工作。完成农村危房改造31.2万户,及时拨付上级补助资金36.09亿元到县。争取国家对赣南等原中央苏区的倾斜。全年合计安排赣南等原中央苏区计划任务22.65万户,占全省任务总量的72.6%。落实涉农资金检查任务,按照全省统一部署,对往年农村危房改造资金使用情况进行核查,切实保障群众利益。组织编制《江西省农村危房改造三年(2015—2017年)计划》,计划三年实施83万户农村危房改造任务。每月底调度各地工作进度,并下发月度进度通报。

【推进全省农村生活垃圾专项治理】 起草《江西省农村生活垃圾专项治理工作方案》,并经省政府办公厅转发。制定出台《江西省农村生活垃圾专项治理考核验收认定办法》,由8部门联合下发。组织筹备全省城乡生活垃圾治理现场推进会。下发《关于做好当前农村生活垃圾专项治理有关工作的通知》,要求各地做好专项规划编制、建立推进机制、开展存量垃圾治理、进行督促检查。印发农村生活垃圾治理宣传海报,并布置张贴到每个行政村。对11个设区市及60个县(市、区)农村生活垃圾专项治理工作进行督导,并下发督导通报。下达农村生活垃圾治理专项补助资金2亿元,支持各地加快农村生活垃圾处理设施建设。

【传统村落保护工作成果丰硕】 督促各地完成保护规划的审查和报批工

作，全省125个中国传统村落已有110个完成保护规划编制和传统村落档案制作工作，编制率88%。前四批84个历史文化名镇名村已基本完成保护规划的编制工作。全省18个中国传统村落列入2015年中央财政支持范围，推荐30个村补充申报2015年中央财政补助资金，待住房和城乡建设部审核公布。召开全省传统村落保护工作推进会。组织开展第四批中国传统村落申报工作。组织已列入中央财政支持范围的传统村落保护项目实施情况自查和实地检查。印发《关于切实做好中国传统村落保护项目实施工作的通知》。印发《整合资金支持传统村落保护实施意见》，每年整合5个专项共计1亿元资金，支持传统村落保护实施和适度旅游开发利用。截至年底，2015年确定的20个传统村落的省级财政资金已经下达。

【对口帮扶工作成为样板】 上饶县花厅镇花厅村顺利通过省委组织部、省扶贫办检查验收。泰和县及螺溪镇藻苑村帮扶工作阶段性完成。对口支援民族乡村铅山县陈坊乡长寿畲族村成效显著。对口支援赣南等原中央苏区吉安县振兴发展工作进展顺利。将吉安县纳入全省"多规合一"试点县；支持17个村落列入中国传统村落名录，7个传统村落纳入第二批中央财政支持范围；将吉安县纳入集镇垃圾处理设施建设整县推进项目。下发《吉安县创建国家级风景名胜区工作方案》，力争将娑罗山景区、吉州窑景区、天祥公园景区、赣江沿岸风光带整合申报为国家级风景名胜区。"连心"活动及文明生态村帮建效果明显。2月，乌泥镇被评为"全国文明村镇"。

（省住建厅）

·资 料·

江西省国家级历史文化名镇名村

序号	设区市	镇村名称	公布批次		中国传统村落公布批次
			国家级	省级	
1	南昌市	安义县石鼻镇罗田村	第四批	第一批	第一批
2	景德镇市	浮梁县瑶里镇	第二批	第一批	第三批
3		浮梁县勒功乡沧溪村	第五批	第二批	第一批
4		浮梁县江村乡严台村	第四批	第二批	第一批
5	萍乡市	安源区安源镇	第六批	第三批	
6	鹰潭市	鹰潭龙虎山上清镇	第三批	第一批	
7	赣州市	赣县白鹭乡白鹭村	第四批	第二批	第一批
8		宁都县田埠乡东龙村	第六批	第三批	第二批
9		龙南县关西镇关西村	第五批	第一批	第一批
10	宜春市	高安市新街镇贾家村	第三批	第二批	第一批
11		宜丰县天宝乡天宝村	第四批	第二批	第一批
12	上饶市	婺源县江湾镇汪口村	第三批	第一批	第一批
13		婺源县沱川乡理坑村	第二批	第一批	第一批
14		婺源县思口镇延村	第四批	第一批	第一批
15		婺源县思口镇思溪村	第六批	第二批	第二批
16		婺源县浙源乡虹关村	第五批	第二批	第一批
17		铅山县河口镇	第六批	第一批	
18		铅山县石塘镇	第六批	第一批	第三批
19		横峰县葛源镇	第四批	第一批	本次申报
20	吉安市	安福县洲湖镇塘边村	第六批	第一批	第一批
21		青原区富田镇	第五批	第三批	匡家村第二批

续表

序号	设区市	镇村名称	公布批次		中国传统村落公布批次
			国家级	省级	
22		青原区文陂乡渼陂村	第二批	第一批	第一批
23		青原区富田镇陂下村	第四批	第二批	第一批
24		吉水县金滩镇燕坊村	第三批	第一批	第一批
25		吉水县金滩镇桑园村	第六批	第一批	第二批
26		吉安县永和镇	第六批	第二批	本次报了窑岭曾家村、桥头村
27		吉州区兴桥镇钓源村	第五批	第一批	第一批
28		峡江县水边镇湖洲村	第六批	第四批	第二批
29	抚州市	乐安县牛田镇流坑村	第一批	直接列为国家级	第一批
30		金溪县双塘镇竹桥村	第五批	第三批	第一批
31		金溪县琉璃乡东源曾家村	第六批	第四批	第三批
32		金溪县浒湾镇	第六批	第五批	本次申报
33		广昌县驿前镇	第六批	第一批	驿前村第一批

江西省省级历史文化名镇名村

序号	设区市	镇村名称	公布批次	中国传统村落公布批次
1	南昌市	安义县万埠镇梓源民国村	第五批	本次申报
2		进贤县架桥镇陈家村	第二批	第二批
3		进贤县文港镇周坊村	第五批	第三批
4		进贤县温圳镇杨溪李家村	第五批	第一批
5		新建县大塘坪乡汪山村	第三批	
6		南昌县三江镇前后万村	第三批	第二批
7		青云谱区青云谱镇朱桥梅村	第五批	本次申报
8	九江市	修水县山口镇	第四批	
9		修水县黄坳乡朱砂村	第五批	第三批
10		都昌县苏山乡鹤舍村	第四批	本次申报
11	景德镇市	浮梁县浮梁镇旧城村	第四批	第一批
12		浮梁县峙滩乡英溪村	第四批	第一批
13		浮梁县西湖乡磻溪村	第三批	第二批
14		浮梁县瑶里镇高岭东埠村	第一批	高岭村为第一批
15		浮梁县蛟潭镇礼芳村	第五批	本次申报
16		乐平市涌山镇涌山村	第四批	第二批
17	萍乡市	莲花县路口镇湖塘村	第三批	第二批
18	新余市	分宜县分宜镇介桥村	第三批	第二批

续表

序号	设区市	镇村名称	公布批次	中国传统村落公布批次
19		分宜县钤山镇防里村	第五批	第二批
20		渝水区罗坊镇下寸村	第五批	本次申报
21	鹰潭市	贵溪市塘湾镇	第一批	
22		贵溪市耳口乡曾家村	第一批	第二批
23	赣州市	南康区坪市乡谭邦村	第五批	本次申报
24		赣县湖江乡夏府村	第三批	第二批
25		赣县大埠乡大坑村	第五批	第三批
26		兴国县梅窖镇三僚村	第三批	第二批
27		兴国县兴莲乡官田村	第五批	第二批
28		于都县马安乡上宝村	第一批	第三批
29		于都县葛坳乡澄江村	第五批	第三批
30		龙南县里仁镇新园村(栗园围)	第五批	第三批
31		瑞金市九堡镇密溪村	第一批	第二批
32		寻乌县澄江镇周田村	第一批	
33		安远县镇岗乡老围村	第一批	第一批
34		定南县天九镇九曲村	第三批	
35		会昌县筠门岭镇羊角村(羊角水堡)	第五批	第三批
36	宜春市	丰城市张巷镇白马寨村	第一批	第二批
37		丰城市筱塘乡厚板塘村	第一批	第二批
38		万载县株潭镇周家大屋	第二批	
39		铜鼓县排埠镇	第三批	
40		樟树市临江镇	第二批	
41	上饶市	婺源县江湾镇江湾村	第一批	第一批
42		婺源县江湾镇晓起村	第一批	第二批
43		婺源县秋口镇李坑村	第一批	第二批
44		婺源县镇头镇游山村	第二批	第二批
45		婺源县思口镇西冲村	第二批	第二批
46		婺源县段莘乡庆源村	第二批	第二批
47		婺源县浙源乡凤山村	第三批	第二批
48		婺源县紫阳镇考水村	第三批	
49		婺源县江湾镇篁岭村	第五批	第三批
50		铅山县篁碧畲族乡畲族村	第五批	本次申报
51		横峰县姚家乡兰子畲族村	第三批	
52		德兴市银城镇新营村	第四批	本次申报
53		德兴市海口镇	第四批	本次申报
54		广丰县嵩峰乡十都村	第五批	本次申报

续表

序号	设区市	镇村名称	公布批次	中国传统村落公布批次
55	吉安市	安福县金田乡柘溪村	第二批	第一批
56		安福县洋门乡上街村	第五批	第一批
57		青原区新圩镇江头毛家村	第三批	
58		青原区富田镇横坑古村	第四批	第一批
59		青原区富田镇夻田村	第五批	第二批
60		吉水县金滩镇仁和店村	第二批	第二批
61		吉水县白沙镇桥上村	第四批	第二批
62		吉安县横江镇唐贤坊村	第二批	本次申报
63		吉安县敦厚镇圳头村	第五批	第二批
64		吉安县横江镇公塘村	第五批	
65		泰和县马市镇蜀江村	第四批	本次申报
66		泰和县螺溪镇爵誉村	第四批	本次申报
67		峡江县水边镇何君村	第五批	第二批
68		峡江县水边镇沂溪村	第五批	第二批
69		峡江县巴邱镇	第五批	
70		永新县石桥镇樟枧村	第四批	
71	抚州市	乐安县牛田镇水南村	第三批	
72		乐安县湖坪乡湖坪村	第四批	第一批
73		崇仁县相山镇浯漳村	第四批	
74		黎川县华山场洲湖村	第四批	本次申报
75		金溪县浒湾镇黄坊村	第五批	本次申报
76		金溪县合市镇全坊村	第五批	第三批
77		金溪县合市镇东岗村	第五批	第三批
78		金溪县合市镇游垫村	第五批	本次申报
79		金溪县陈坊积乡岐山村	第五批	本次申报
80		金溪县琅琚镇疏口村	第五批	第三批
81		东乡县黎圩镇浯溪村	第二批	第三批
82		东乡县黎圩镇上池村	第五批	本次申报
83		宜黄县棠阴镇	第一批	第三批

建筑业与房地产业

【概　况】 2015 年，在经济下行压力持续增大，房地产市场形势严峻的情况下，全省建筑业呈现由高速发展转为中高速发展的态势，建筑企业生产经营情况总体稳定，建筑市场监管水平进一步提升，房屋和市政工程质量安全形势平稳。

2015 年，全省共有各类建筑业企业 5318 家，其中特级企业 6 家，一级企业 388 家，二级企业 1352 家。全省各类建筑业企业共完成建筑业总产值 4602.5 亿元，增长 11.6%，建筑业总产值在全国的排第十七位；全社会建筑业增加值 1500.6 亿元，占全省生产总值的 9.0%；按建筑业总产值计算的劳动生产率 27.8 万元/人；企业在省外完成的建筑业总产值 1527.4 亿元，比上年增长 17.3%；全省对外承包工程累计完成营业额 35 亿美元，增长22.8%，总量居全国第十三位，中部地区第一位。全省房屋建筑施工面积达28895.4万平方米，比上年同期增长4.2%。其中房屋竣工面积14255.6万平方米，同比增长12%。全省完成建筑业总产值同比增幅高于全国平均增幅9.3%，但较上年同比下降达7.2%，为近5年最低。

2015年，全省房地产市场保持平稳健康发展态势，市场运行主要呈现“八升两降”的特点。全省房地产开发完成投资1520.1亿元，增长14.9%，增幅高于全国13.9%，在中部6省排第一位。其中，住宅开发投资为1113.09亿元，增长14.5%；全省商品房新开工面积3704.87万平方米，增长10.6%。其中，住宅新开工面积为2603.26万平方米，增长1.7%；土地购置平均价格2716元/平方米，增长8.9%；全省商品房销售面积3478.23万平方米，增长13.4%，增幅高于全国6.9个百分点，在中部6省排第二位。其中，商品住宅销售面积3145.83万平方米，增长13.4%；全省二手房交易面积1330.78万平方米，增长17.81%。其中，二手住宅交易面积1129.96万平方米，增长24.04%；商业银行个人按揭贷款规模447.99亿元，增长26.1%。住房公积金发放个人住房贷款280亿元，增长107.82%。个贷率达83.9%，比上年末提高21个百分点；全省商品房综合销售价格5358元/平方米，增长0.91%。商品住宅综合销售价格5107元/平方米，增长0.82%；全省商品房竣工面积1907.89万平方米，增长1.9%。其中，商品住宅竣工面积1531.36万平方米，增长1.3%。全省房地产业地方税收411.5亿元，下降0.3%。房地产业地方税收占全省地税(1358亿元)收入的30.3%。全省土地购置面积542.89万平方米，下降40.9%。

【骨干建筑企业竞争力实现新提升】 全省骨干建筑企业继续发挥行业排头兵作用，对全省建筑业总产值及建设工程管理水平的提升作出突出贡献。全年产值超5亿元以上的企业完成产值占全省建筑业总产值近70%。住建部新批江西中煤建设集团、中阳建设集团、发达控股集团等3家企业特级总承包资质，全省特级企业达到6家，较上年翻了一番，专业类别由单一房屋建筑扩展到市政、公路工程。

【创优创新取得成效】 2015年，共有4项工程获中国建筑工程鲁班奖，分别是：昌南建设集团承建的赣州银行金融大厦、中交第二航务工程局等承建的九江长江公路大桥、中鼎国际承建外省项目的大同煤矿集团同忻矿井工程、中煤集团承建的境外项目肯尼亚姆米尔斯镇供水扩建工程第六标段。是历年来获中国建筑工程鲁班奖(国家优质工程奖)最多的一年。向住建部推荐国家级工法44项，7项获得通过。新批省级工法20项，全省建筑业新技术应用示范工程立项工程31项。

【信息化监管取得新突破】 年内，按照住建部统一全国建筑市场监管平台的部署，开发“江西省建筑市场监管与诚信信息一体化工作平台”，该平台集企业、人员、项目和诚信信息等4个数据库为一体，实现省、市、县(区)三级建设主管部门网上监管、网上办事，并实时与住建部平台对接，于12月试运行。

【搭建“政银企”合作平台】 3月，省住建厅与中国建设银行江西省分行举行签订“推动全省建筑产业发展战略合作协议”仪式。协调招商银行南昌分行与全省骨干企业对接，充分发挥行业管理优势和建行金融综合服务优势，通过政策引导、融资推动、规范管理，营造良好的投资环境、金融环境、市场环境，共同促进全省建筑业快速发展。

【加强工程质量治理工作】 按照全国工程质量治理两年行动的统一部署，两次组织对市、县的两年行动执法检查，共抽查督查项目121个。全年省、市、县三级开展各类监督执法检查1900余次，检查工程17000多个，下发整改通知书和执法建议书12000余份，查处了一批违法发包、转包违法分包挂靠等行为。10月，住建部督查组对宜春市、袁州区、上高县3个市、县共6个房屋建筑工程进行执法检查。

【加强房地产市场调控】 3月至10月，住建部先后召开5次房地产市场工作会议，省住建厅提出贯彻意见，并向省政府报送专项报告。加强房地产市场监测分析，每月完成房地产市场分析报告。及时转发国家出台的房地产调控政策，并督促各地贯彻落实。会同省地税局印发《关于居民家庭唯一住房和普通住房有关事项的通知》；印发《关于建立房地产交易信息日报制度的通知》。

【规范物业管理工作】 召开全省物业管理工作现场会，转发《吉安市中心城区住宅小区物业管理体制机制创新实施意见》，引导并督促市、县政府重视物业管理工作。会同省财政厅印发《江西省商品住宅专项维修资金管理规定》，规范全省住宅专项维修资金管理。

【推进城市棚户区改造】 会同省财政厅、省地税局印发《关于在城市棚户区改造中鼓励货币化安置的实施办法》。截至年底，全省城市棚户区改造货币化安置比例为32%，提高7%，高于全国平均水平。会同省国开行、省城投公司对市县棚改融资贷款申报材料进行集中联审。与国家开发银行签订的1000亿元，已授信677亿元，签订合同584.8亿元，累计实际发放419.8亿元，年内实际发放141.9亿元。与农业发展银行江西分行签订2015—2017年农业发展银行提供不低于800亿元授信额度的战略合作协议。每月对城市棚户区改造的进度进行调度，定期对棚改进度相对滞后的市、县开展督查，督查结果向省政府报告。2015年，国家下达全省城市棚户区改造目标任务为开工改造11.5万套(户)，全年共开工改造城市棚户区11.5万户，完成国家计划任务的100%。

(省住建厅)

勘察设计与建设科技

【概　况】 2015年，全省工程勘察设计单位共429家。其中，甲级企业107家；从业人员34001人，其中技术人员 23473 人(高级职称人员 5813 人);注册执业人员 5083 人,其中注册建筑师 633 人(一级 267 人,二级 366 人),注册结构工程师 620 人(一级 392 人,二级 228 人),注册土木工程师(岩土)172 人。其他注册工程师 3658 人。2015 年,全省勘察设计单位营业收入总额 235.81 亿元,增长 4.02%,其中工程勘察收入 13.96 亿元,增长 15.37%;完成工程设计收入 33.55 万元,增长 -1.75%,营业税金及附加 6.85 亿元,增长 38.95%。

全省累计有 111 项工程取得绿色建筑评价标识,总建筑面积 1408.37 万平方米。2015 年共有 60 项工程通过取得绿色建筑评价标识,总建筑面积 837.87 万平方米。超额完成全年 600 万平方米目标任务。主要存在"四多四少"的现象:一是"省会城市多,其他地方少"。从分布情况看,绿色建筑主要集中在南昌(总量占比 84%),发展极不平衡。二是"设计阶段多,运营阶段少"。大部分绿色建筑还停留在设计阶段,获得标识的项目中 90% 以上是设计标识。三是"低星级多,高星级少"。绿色建筑中一星级占到 80% 以上,二星级以上绿色建筑在所有绿色建筑中占比约 14%,综合运用绿色建筑技术项目较少。四是"强制推进多,激励政策少"。绿色建筑主要靠行政强制推动,缺乏财政资金等政策激励引导。年内鹰潭市、吉安市、抚州市南丰县、南昌市东湖区、南昌市高新区等 5 个市(县、区)入选住房和城乡建设部、科学技术部公布的第三批国家智慧城市试点名单。萍乡市、南昌市红谷滩新区、新余市、樟树市、共青城市、婺源县、鹰潭市、吉安市、南昌市东湖区、南昌市高新区和南丰县等 11 个市县区入选到国家创建智慧城市试点名单,南昌市红谷滩新区入选的城市公共信息平台及典型应用和城市网格化管理服务两项专项试点。2015 年,共向住建部推荐申报"公共建筑 LCA 评价方法研究"等 4 项科研课题和"高强高性能预应力混凝土板制作技术"等 2 项建筑产业现代化示范项目。"多规合一编制技术""水泥基灌浆料在工程加固中的应用"等 11 个建设科技课题列入住建厅科技项目。组织专家对"洪都中医院"等 5 项"十项新技术示范工程"实施技术评审与验收。完成建筑新技术推广项目 37 项。

【推进施工图审查信息化平台建设】 1 月,新的施工图审查信息化监管系统平台正式启用,全省施工图审查机构对工程项目施工图审查意见数据信息全部录入系统,实现了施工图审查备案工作的电子化,施工图审查备案表网上自动生成打印。开展检查时,工程项目全部从网上数据库中抽取,监管方式得到了转变,工作效率得到了提高。

【加强建筑行业质量监管】 加大对注册执业人员的监管力度。对违反工程建设强制性标准的人员进行强制性学习及测试,并对测试不达标的人进行依法处理。全省共有 88 人参加学习。暂停 4 人的图审资格及 5 人的执业资格,对 12 人进行通报批评。加大对勘察设计单位和施工图审查机构的监管力度。组织开展全省勘察设计质量安全检查,对严重违反工程建设强制性标准的 11 个项目的相关勘察设计单位、施工图审查机构进行通报批评。

【推行"六位一体"的监管模式】 全面推行勘察行业"六位一体"监管方式,即自律为先,抓勘察行业自律;见证为要,开展勘察外业见证;审查为基,落实勘察成果文件前置性审查;培训为源,狠抓工程勘察从业人员培训;督导为重,进行现场督导及检查;标准为本,加快勘察地方标准的编制。经过监管方式创新,提高了勘察专业人员的质量安全意识,工程勘察质量明显提高。

【加强对施工图审查机构管理】 严控施工图审查机构数量。多年来,全省施工图审查机构一直保持 19 家,通过控制数量,减小市场恶性竞争。严格施工图审查机构的标准,按照住建部要求,考核施工图审查机构注册人员的数量,对注册的审查人员数量不达标审查机构核发暂定资质。对有违反工程建设强制性标准的人员进行强制性培训教育。

【抓好标准编制和实施工作】 抓好标准的科学编制工作。完成 3 个工程建设标准、5 个标准图集的编制,完成江西省地方标准的复审工作。抓好标准的实施和监督检查工作。与省通信管理局就光纤到户国家标准的贯彻实施情况进行检查,检查范围覆盖 11 个设区市。

【建筑立法工作取得重大突破】 11 月 30 日,《江西省民用建筑节能和推进绿色建筑发展办法》于第 53 次省政府常务会上审定通过,12 月 16 日由省长鹿心社签发,2016 年 1 月 16 日起在全省施行。实现了全省建筑节能和绿色建筑立法工作的重大突破。

【公共建筑节能有序推进】 省级公共建筑能耗监测平台建设完成,印发《江西省国家机关办公建筑和大型公共建筑能耗监测系统通信协议》。九江、新余等市(部分高校)能耗数据测试与省级平台对接。组织专家对江西师范大学节约型校园建筑节能监管平台项目进行验收,全省 5 所节约型校园示范院校共对 420 栋建筑进行实时监测。截至年底,全省可再生能源建筑示范面积 2180.48 平方米。

【开展建筑节能与绿色建筑专项检查】 在各设区市自查的基础上,组织 8 个检查组,共对 11 个设区市(11 个县)66 项工程进行抽查,对违反强制性标准的项目下达执法建议书。12 月,住建部建筑节能和绿色建筑检查组对南昌市、景德镇市、南昌县 3 地进行检查,对 3 地建筑节能和绿色建筑工作予以了肯定。

(省住建厅)

本栏编辑　邓玉兰

水　利

综　述

2015年，全省水利工作保持大投入、大建设、大发展的态势，总投入已突破154.98亿元，其中，中央投资74.75亿元（含预拨2016年14.93亿元），省级投资44亿元，市县投资36.23亿元。

防汛工作取得全面胜利。汛期先后出现7次强降雨过程，梅川江发生超历史大洪水。发生历史罕见冬汛，多条河流超警戒洪水。省委书记强卫、省长鹿心社等省领导先后30多次作出重要批示，并亲临防汛一线指导抗灾救灾工作。省防总和各级党委、政府以及防汛抗旱指挥部门超前部署、周密安排、精心调度，实现了“一个中心、三个重点、五个确保”（一个中心：即以保障人民群众生命安全为中心。三个重点：即突出水库安全度汛、山洪灾害防御、中小河流防洪安全。五个确保：即发生标准内洪水，确保全省所有水库不垮坝，确保万亩以上圩堤不决堤，确保不发生大面积的内涝，确保大中城市和交通干线不受淹，确保一旦发生山洪地质灾害不造成重大人员伤亡事件。）的防汛总目标，取得防汛工作的全面胜利。

水利工程加快实施。峡江水利枢纽工程基本完工，9台机组全部并网发电，工程全面发挥经济效益。伦潭水利枢纽工程正式并网发电，浯溪口水利枢纽工程建设提速，太湖水库PPP项目正式启动，寒山水库开工建设。鄱阳湖区二期防洪治理工程第五个、第六个单项基本完成，五河治理防洪工程建设进度加快。全面完成农村饮水安全工作年度目标任务，建成1057处集中供水工程，解决245.92万人的饮水安全问题。小型农田水利重点县连续6年全国考评优秀，规划内4928座小（2）型病险水库主体工程全部完工。完成2200平方千米水土保持综合防治年度任务。全面推进485处农村水电站增效扩容改造。

高位推动“河长制”工作。11月1日，省委办公厅、省政府办公厅联合出台《江西省实施“河长制”工作方案》。公布省级“河长”名单，由省委书记担任总河长，省长担任副总河长，党政四套班子分管或联系农口、环保的省领导分别担任赣江、抚河、信江、饶河、修河、鄱阳湖、长江江西段的河长，并确定20%水质不达标河湖“河长”名单及督办限期治理。

水生态文明建设成效初显。江西省获2014年度国家水资源管理考核“良好”等次。持续推进节水型社会建设，南昌市获“全国节水型社会建设示范区”称号，东乡等10县（区）获“全省节水型社会建设示范区”称号，第一批9家省级公共机构节水型单位通过验收并命名。全省水功能区监测覆盖率达到93%，工业园区入河排污口设置审批实现零突破。推进南昌、新余、萍乡3个国家水生态文明试点建设，省级第一批3个试点县和23个试点乡（镇）、124个试点村水生态文明建设加快推进。完成首批5个省级水生态文明乡（镇）和14个水生态文明村命名授牌。确定第二批省级水生态文明试点乡（镇）26个、试点村133个，遴选代表性强的14个试点村，实行厅领导挂点指导。全省10819座水库中有9460座水库水质达到Ⅲ类水标准，水质达标率为87.4%，如期完成目标任务。

水利改革稳步开展。在完成10个省级小型水利工程管理体制改革试点基础上，出台《江西省全面铺开深化小型水利工程管理体制改革实施方案》，并在全省全面推开。《江西省水权试点方案》获水利部、省政府批复，启动新干县、高安市、东乡县3个水资源确权登记试点；萍乡市山口岩水库水权交易试点基本完成。赣州全国水土保持改革试验区建设初见成效。政府购买水利服务试点、国有水利工程物业化管理试点、农业水价综合改革、农田水利设施产权制度改革和创新运行管护机制试点等稳步推进。

（钟建平）

水利工程建设与管理

【概　况】　2015年，江西省继续加强水利工程建设，水利工程管理改革不断深化。峡江水利枢纽工程基本完工，伦潭水利枢纽工程正式并网发电，浯溪口水利枢纽工程建设提速，太湖水库PPP项目正式启动，寒山水库开工建设。全面完成农村饮水安全工作年度目标，病险水库除险加固、中小河流重点河段治理、山洪灾害防治、灌区续建配套与节水改造等民生工程加快实施，农田水利基础设施不断完善。依法治水管水得到加强，水利管理能力有效提升。

【加快重大水利工程前期工作步伐】

江西省共有12个项目列入172项重大水利工程。其中，在建项目4个，分别为峡江水利枢纽、浯溪口水利枢纽、大中型灌区续建配套节水改造骨干工程、田间高效节水灌溉工程;拟建项目8个,分别为鄱阳湖水利枢纽、宜春四方井水库、新余白梅水库、廖坊灌区二期,以及“洞庭湖、鄱阳湖治理”项目中的鄱阳湖蓄滞洪区安全建设工程、鄱阳湖五河尾闾疏浚工程、鄱阳湖单退圩堤加固整治、1万~5万亩及其他重要圩堤除险加固工程等4个子项目。6月,水利部、国家发改委、财政部与省政府签订定《推进重大水利工程建设责任书》。省水利厅协同有关部门沟通协调力度,建立重大水利工程定期调度机制,全力推进江西省重大水利工程前期工作。鄱阳湖水利枢纽工程,国家发改委已明确表示,待国务院同意后将复函江西省,直接开展可研阶段的工作。白梅水库,新余市政府已向省政府行文,要求暂缓建设。抚州廖坊灌区二期,可研报告已批复,正在开展初步设计阶段工作。鄱阳湖单退圩堤加固整治专项规划已经水规总院审查,正在修改,同时正在开展可研报告编制工作。鄱阳湖蓄滞洪区安全建设工程,项目可研报已通过水利部审查,正在开展社会稳定风险评估等前置要件的编制工作。宜春四方井水利枢纽、鄱阳湖1万~5万亩及其他重要堤防除险加固工程,可研报告已完成初审并上报水利部。鄱阳湖五河尾闾疏浚工程,项目可研报告正在进行修编。

(陈巍)

【基本完成水库除险加固任务】 26座大中型病险水库除险加固工程均已完工,其中12座完成蓄水验收,其余14座准备验收。全省规划内4928座一般小(2)型病险水库主体工程已完工,全省252座新增小型病险水库已全部开工,部分项目主体工程已完工,总结报告已上报水利部。国家规划138座大中型水闸除险加固,累计审查112座,批复73座,开工34个。

【推进中小河流治理和堤防建设】 2013—2015年规划项目282个,开工276个,开工率98%。完工项目129个,完工率45.7%。累计完成投资45.61亿元,占到位资金108.2%。完成2013—2015年国家规划中小河流治理2013年年底前下达中央资金及项目绩效考评,自评优秀。全省8个中小河流治理重点县,共编制87个项目区,已审查65个,批复60个,批复率69%;已开工36个,完工6个,完成投资4.7亿元,占到位资金93.8%。推进河道类水利血防工程建设。督促九江、上饶、抚州、鹰潭、景德镇等日贷城防项目扫尾验收。理顺“五河”建设行业管理,由项目属地承担法人。省“五河办”实现由项目法人向行业管理转变。协调推进鄱阳湖区防洪工程治理和鄱阳湖区二期防洪工程已完项目验收。

【强化水利建设市场监管】 修订《江西省水利建设项目招标投标管理办法》,建立属地管理为主,行业指导与分级负责相结合、归口管理与业务主管部门参与的联合监督机制,强化层级履职监管,有效调动地方积极性,形成行业监管合力。强化水利建设信用管理,在公共资源交易网新增市场主体在赣信用等级自动认定、年度报告网上填报、不良行为记录公告平台和信息库等功能,开通勘察设计、质量检测用户库。完善随机自动电话语音抽取评标专家、投标和在建建造师锁定、市场主体证件扫描件同步显示、从业人员查重、市场主体信息永久公示等10余项功能。持续保持打非治违的高压态势,对6家市场主体和7名从业人员记录不良行为进行记录,并作行政处理。

【完成水库养殖专项整治目标】 按照省政府《关于规范水库养殖保护水库水质的指导意见》和《江西省水库水环境专项整治实施方案》要求,开展全省水库养殖专项整治。全省10819座小(2)型以上水库有7274座水质达到Ⅲ水标准,占67%,比专项整治前提高25个百分点。其中,饮用水水源区622座水库水质达标率100%,非饮水水源区10197座水库水质达标率达到65%。

(韩志宇)

【完成“十二五”农村饮水安全工作】 全省共投入农村饮水安全工程总投资计划11.43亿元,其中,中央投资7.87亿元,省级配套2.20亿元。安排建设集中供水工程1057处(其中千吨万人规模工程43处),解决“十二五”规划剩余的197.04万农村居民和48.88万农村学校师生的饮水安全问题,全面完成江西省农村饮水安全工程“十二五”规划任务。安排农村饮水安全水质检测中心建设投资9174万元,其中中央资金7200万元,依托卫计部门、水利厅直属单位、国有企业规模水厂等平台安排建设全省95处共108个水质检测中心实验室。

(刘斌)

【推进大中型灌区节水改造】 2015年,国家下达江西省大型灌区续建配套与节水改造投资计划1.70亿元,用于丰东、袁北、鄱湖、饶丰、章江、七一等6座大型灌区改造,新增或恢复灌溉面积3946.67公顷,改善灌溉面积1.25万公顷。下达永丰县恩江渠灌区等9座农发中型灌区改造,投资计划1.44亿元,其中,中央投资9000万元、省级配套4500万元、县级及灌区管理单位配套916万元。下达信丰、龙南、安远等3个县规模化节水灌溉增效示范项目投资计划3356万元,其中中央资金2349万元,地方配套1007万元。

(陈强 李小梅)

【水土流失综合治理速度加快】 全年共落实中央水保投资3.48亿元,比上年增加8045万元。全面完成2200平方千米的水土保持年度综合防治任务。省级共征收水土保持补偿费3684.03万元。宁都县水保科技示范园顺利通过国家专家组评审,水土保持各项工作成效显著。

【加强水土保持监督检查】 发挥各级人大和水土保持委员会成员单位的作用,形成省、市、县三级联动的监督执法机制,加大监督执法力度。省级检查生产建设项目177个,检查次数182次,编写整改意见122份,提出整改意见350余条。落实水土保持法贯彻实施情况专项检查工作,配合长江委水土保持局完成对江西省水土保持法贯彻实施情况检查。8月,对全省11个设区市和6个省管试点县进行水土保持法贯彻实施情况专项检查,按要求向水利部水土保持司提交专项检查总结报告。配合长江委完成对九景衢铁路新建工程落实水土保持方案情况监督检查,并对整改情况予以跟踪、督查。

(刘茂福)

防汛抗旱

【概 况】 全省平均降雨2015毫米,比常年1638毫米偏多23%,其中10—12月全省降雨量435毫米,为多年同期均值2.5倍,排历史同期第一位。冬季,鄱阳湖水位持续偏高,星子站水位较多年均值偏高2~3米,全省各类水库蓄水165亿立方米,比常年同期偏多12%。全省共有421万人受灾,因洪灾死亡19人,失踪3人,倒塌房屋9287间,农作物受灾面积39.9万公顷,粮食减产47万吨,经济作物损失8.9亿元。因洪涝灾害造成的直接经济总损失达66.88亿元,其中于都、宁都、瑞金、兴国、石城、赣县、婺源、安福等县(市)灾情最为严重。

【鄱阳湖水位波动大并超警戒】 2月20日,鄱阳湖星子站水位7.69米,比多年均值偏低2.14米;6月23日,星子站水位19.47米,超警戒0.47米(2013、2014年水位均未超警戒),比多年均值偏高2.99米。汛期,星子站水位从5月1日的11.55米涨至6月23日的19.47米,53天上涨近8米。之后,水位开始下落,8月17日为13.56米,55天下降达6米,波幅十分明显。

【最大程度减轻灾害损失】 面对严峻汛情,省防总和各级防指把避免和减少人员伤亡放在首位,把人员安全转移作为重点,各地累计转移危险地区群众26.24万人次,解救洪水围困群众14.47万人次,5月18日—21日,江西省中南部遭遇强降雨,赣江支流梅川江汾坑水文站发生超纪录特大洪水。全省各地加强监测、巡查和预警,通过山洪灾害监测预警系统共发布预警短信83.47万条,累计转移12.3万人。受暴雨洪水影响严重的赣州市于都、石城、兴国、宁都、瑞金等14个县市共倒塌房屋4477间,紧急转移群众11万人,避免了人员伤亡。19日上午,石城县琴江镇丘坊坑水库(小2型)隧洞出现漏洞险情,该县立即转移受威胁群众200余人;台风"苏迪罗"影响期间,庐山、三清山、明月山风景区先后关闭,台风期间全省共转移受威胁群众3172人。

【组织策划防汛宣传】 省防总组织编撰印制40万册《江西省山洪灾害防范手册》及10万套画报,向全省所有灾害隐患点及中小学校免费发放,提高公众主动避灾意识。5月13日,省领导李炳军深入遂川县地质灾害隐患点,进村入户赠送《江西省山洪灾害防范手册》,宣传防汛知识及避灾意识。10月9日,组织召开2015年防汛工作新闻发布会通报防汛工作,新华社、中央电视台、香港商报等12家等中央和境外驻赣媒体参加。

【成功应对罕见冬汛】 11—12月,全省平均降雨量342毫米,为多年均值3.3倍。连续2次强降雨过程致使罕见冬汛发生,赣江上中游及抚河支流发生超警洪水,吉安、廖家湾等6个水文站的洪峰水位、流量均列历史同期第一位。局地洪涝灾害严重,全省22县(市、区)215个乡镇15.69万人受灾,农作物受灾面积2.39万公顷。面对罕见冬汛,江西省紧急动员部署、科学指挥调度、强化应急值守、加强工作指导,转移群众4812人,取得冬汛防御胜利。

(郑文龙)

水资源管理

【概 况】 2015年属丰水年份,地表水资源量1981亿立方米,比上年增加22.8%。全年总供水量与总用水量持平,为241.60亿立方米。人均综合用水量为529立方米,万元GDP(当年价)用水量144立方米,万元工业增加值用水量83立方米,农田灌溉亩均用水量535立方米,农业灌溉水有效利用系数0.490。

【进一步落实水资源管理考核制度】 编制《江西省2014年实行最严格水资源管理制度考核自查报告》,按时由省政府上报国务院。江西省获2014年度国家水资源管理考核"良好"等次,编制完成2015年度国考备考方案初稿。启动江西省2020年"三条红线"(用水总量控制、用水效率控制、水功能区限制纳污控制)指标分解划定工作。

【进一步规范水资源监督管理】 《江西省水权试点方案》获水利部、省政府批复,启动新干县、高安市、东乡县3个水资源确权登记试点。萍乡市山口岩水库水权交易试点基本完成,成为南方丰水地区首例政府和企业多主体参与的水权交易实例。全面推进农业取水许可管理工作,制订《江西省推进农业取水许可工作的实施方案》。启动取水许可评估工作,尝试通过政府购买服务开展取水许可评估工作,基本完成新余水务集团取水许可评估。开展规划水资源论证工作,完成《昌九新区总体方案水资源论证》。完成第三阶段水资源费征收标准调整工作。《江西省水资源条例》通过省人大一审。基本完成国家水资源监控系统一期工程建设,向国家项目办提出技术验收申请;协调推进省级水资源管理系统建设一期工程建设。在经济下行压力较大的情况下,全年省级水资源费征收额1.55亿元,超预算近4000万元,较上年增涨34%。

【稳步推进节水型社会建设】 完成节水型社会试点建设,南昌市获"全国节水型社会建设示范区"称号。完成第二批8个省级节水型社会建设试点验收,正式命名两批共10个县(区)为"全省节水型社会建设示范区"。节水载体创建取得突破。联合省政府机关事务管理局完成第一批9家省级公共机构节水型单位验收,并正式命名。加强计划用水管理,对全省纳入取水许可管理的取用水户部署开展计划用水管理工作。编印《江西省首届节水征文获奖作品集》共2000册,正式出版《节水知识科普读物》。联合中国生态学学会开展"2015江西生态科普校园行——水·生命之源"活动。

【加强水资源保护工作】　印发《关于进一步加强江西省重要水功能区监测评价工作的通知》。全省水功能区监测覆盖率达到80%。部署全省水功能区确界立碑工作，启动全省水功能区复核调整工作。完成2014年度全国重要饮用水水源地安全保障达标建设评估工作。复核上报新的江西省全国重要饮用水水源地名录。组织编制《江西省长江沿岸取水口、排污口和备用水源规划》。入河排污口管理进一步规范，全省审批入河排污口15个，实现工业园区入河排污口审批零突破。加强地下水管理，《江西省超采区治理方案》获省政府批复同意并报水利部备案。

（吴涛）

水政监察

【概　况】　2015年，大力推进水利法治建设，进一步建立健全水法规制度体系，《江西省水资源条例》经省十二届人大常委会第二十一次会议一审，《江西省河道采砂管理条例（草案）》正式呈报省政府。继续强化水行政执法能力建设，组建厅本级法律顾问队伍。持续推进采砂管理工作，完成"五河一湖"采砂规划修编，持续推进南昌、九江、丰城、余干等地开展采砂船切割淘汰工作，扩大铺开采砂"政府统管"模式，重拳打击非法采砂运砂行为，维护良好水事秩序。

【加强采砂管理工作】　《信江中下游、修（潦）河下游干流河道采砂规划》（2015—2019年）报省政府同意实施，新一轮"五河一湖"采砂规划修编完成。继续推动南昌市、九江市、丰城市、余干县等地开展采砂船切割淘汰工作。2013年起至今，全省共完成采砂船切割648条，各地财政投入切割资金共约6.55亿元，省本级补助各地财政资金2亿元。进一步加大采砂统一管理模式的推进力度，推动九江市由鄱阳湖采砂统管向长江延伸，南昌市由赣江下游采砂统管向抚河、抚河故道、锦江、潦河延伸，余干县对信江采砂实行了政府统管。

【重拳打击非法采砂运砂行为】　严厉打击内湖内河非法采砂，大力督促当地加强对鄱阳县饶河水域及樟树市、丰城市、新建区、南昌县交界的赣江锦江口水域巡查和执法，并推动各地联合开展多次打击非法采砂专项整治行动，有力打击非法偷采砂石和内销砂非法外运，维护饶河和赣江中下游水域采砂管理秩序。综合整治长江非法采砂，共查处非法采砂船17艘（其中吸砂王1艘）、非法过驳吊机1艘、非法运砂船84艘，打掉非法采砂团伙4个、非法过驳市场1个，拆除没收一艘吸砂王涉砂动力2台、吸砂泵头一套，有效震慑长江江西段水域各类涉砂活动，保障长江江西段河势稳定、防洪安全、通航安全、生态安全。同时不断提升运砂流动检查点检查执法力度，两个检查点共查处59起违法运砂案件，收缴罚款118.5万元。

【强化依法治水宣传】　利用"世界水日""中国水周"宣传，使"节约水资源，保障水安全""节水优先、空间均衡、系统治理、两手发力"、依法治水、依法行政等理念更加深入人心。举办《江西省农田水利条例》解读、新《行政诉讼法》专题学习、规范行政权力运行培训班，强化对新出台的法律法规及水法规的学习培训力度。全省水利系统"六五"普法工作顺利通过水利部普法办的考核验收，获得水利部普法办检查督导组的充分肯定。

（刘祖红）

农村水电

【概　况】　2015年，水能资源理论蕴藏量685万千瓦，技术可开发量633万千瓦，其中农村水电技术可开发量423万千瓦。至年底，全省共有农村水电站3889座，装机容量310.4万千瓦，全年发电量88.6亿千瓦时。

【开展农村水电增效扩容改造】　重点抓485处农村水电增效扩容改造的进度管理。实行动态信息旬报送制度，加强项目督导。分解下达两批项目省级配套资金共6937万元，组织开展项目验收和绩效评价，完成增效扩容改造"十三五"规划摸底和实施方案（初稿）的编制上报。

【推进新农村电气化县建设和小水电代燃料工程】　持续推进电气化县建设，分解下达2015年中央补助资金4500万元及省级配套资金1350万元，22个水电新农村电气化建设县（市）已全部通过了省级验收。继续开展小水电代燃料工程建设，分解下达中央补助资金2550万元及省级配套资金568万元，完成3个项目的省级验收，并向水利部上报了《江西省2009—2015年小水电代燃料项目总结报告》。

【加强小水电安全管理】　逐站落实全省3889座农村水电站安全生产"双主体"责任人，实现农村水电站"双主体"责任全覆盖。强化监督检查，加强安全培训，推进标准化建设。组织开展90座列入全国农村水电安全生产标准化试点电站的标准化建设和达标评级工作。编印《江西省农村水电站安全生产标准化建设指导手册》《江西省农村水电站安全生产初级标准化建设指导手册》及《江西省农村水电站安全生产标准化建设制度汇编》。启动全省农村水电站主要水工建筑物安全运行情况调查工作。

【做好水能资源规划工作】　继续推进流域梯级电站联合调度，召开初步成果咨询会和协调会，明确工作重点。切实做好水能资源规划，组织各市、县赴省水利规划设计院复核规划意见，对各地规划意见汇总后完成全省报告初稿的编制。配合水利部水电局在南昌召开全国中小河流水能资源开发规划工作座谈会，交流工作经验。

（尹镜明）

本栏编辑　邓玉兰

自然观测

气象

【概　况】　2015年，省气象局向省委、省政府报送决策材料302期，获省领导批示13次。气象防灾减灾组织体系基本形成，城市防灾减灾体系建设扎实推进。各级气象部门共发布7755期灾害性天气预警信息，总计发送2.94亿人次。为党政领导、行业部门发送信息总计218万人次；在广播电视插播预警信息1万余次。推出彩信、IPTV江西气象、移动终端、微博、微信、国突系统等新的发布手段。与28个部门建立了灾害防御联动机制，启动气象灾害应急响应13次。强化与旅游部门合作，完成旅游景区雷电灾害风险评估和山岳型景区旅游气象服务示范建设，得到副省长朱虹批示肯定。

【加强“三农”气象服务】　62个县开展“三农”服务专项建设，新增2个国家级、9个省级标准化现代农业气象服务县，13个国家级、100个省级标准化气象灾害防御乡镇。省级农业气象中心获批成立，组建各设区市农业气象中心，基本构建“小实体、大网络”的格局。深化基层气象为农服务社会化试点，鹰潭、赣州等地列入政府购买服务试点目录，芦溪等11个县试点开展了5种模式的社会化服务工作。“三农”气象服务项目被中国气象局评为创新项目。保障粮食安全气象服务趋于专业化、精细化、个性化。全面完成20件实事。

【加强生态文明气象保障服务】　加强生态文明建设气象服务，启动鄱阳湖气候与生态遥感监测中心建设。推进南昌、景德镇温室气体监测站建设工作，完成2005年、2010年全省农业温室气体排放清单的编制工作。开发全省太阳能光伏发电功率预报产品并投入试运行。推进赣州飞机人影基地建设，更新改造96套火箭发射系统。围绕生态保护、水库增蓄、森林防火等开展人影作业。省长鹿心社批示“气象在生态文明建设中大有可为”。

【加强气象信息化建设】　开发省级公共气象服务业务系统，开通“江西气象”微信公共平台。推进省、市、县一体化灾害性天气综合监测预警系统，建立完善主观预报、数值预报一体化预报质量检验系统。推进精细化预报、综合观测和农业气象等平台建设。迁建8个国家级台站观测场，完成信息化发展的规划工作并启动建设。完成国突系统与电子显示屏、大喇叭等发布手段的对接，与国土、交通等9个部门预警信息发布的应用对接。开展基础业务质量提升年活动。

【深化气象改革工作】　基本完成气象收费项目清理规范，主动做好“三单一网”改革，稳妥推进防雷减灾体制改革。公共气象服务纳入政府基本公共服务体系“十三五”规划。气象事业人员津贴补贴（绩效工资）经费落实取得突破性进展。制定江西省防雷中心改革方案和防雷减灾体制改革方案。地方机构总数105个。

【加强气象法治建设】　出台气象法治建设实施意见。首次实现雷电灾害防御与防汛同部署、同检查。印发规范性文件管理实施细则、气象规范性文件合法性审查等制度，规范行政处罚自由裁量权，梳理权力清单，开展“十佳审批窗口”评比活动。完成气象行政事业性收费的调整工作。推行气象部门法律顾问制度。通过网络、电视、短信、微博、微信、电子显示屏等多渠道、多途径开展普法。

【推进“十三五”气象规划编制工作】　“十二五”重大工程建设，累计投入7.30亿元，气象事业取得了长足的发展。气象事业发展“十三五”规划纳入省专项规划，气象发展重要内容、重点任务、重大工程列入省“十三五”规划纲要。初步完成规划文本、三大工程可研报告和两个专项实施方案的编制。省、市、县同步推进“十三五”规划编制工作，规划编制和与发改部门协调工作推进顺利。

【加强气象科研创新能力建设】　加强“151”人才和创新团队管理，新组建2个省级创新团队，1人入选“青年英才计划”，1人被评为全国“最美青工”。新招录博士、硕士生19人。获批省部级及以上科研牵头项目12项，与国土、农业等部门联合申报项目取得突破性进展。设立19个气象现代化建设项目，经费720万元。完成科研项目100项，23项重要成果投入业务服务应用，获省科技进步三等奖1项。联合社会力量开展互联网+直通式为农服务综合平台、微信服务平台研发。

【“江西微农”服务农民】　2014年，省气象局开始组织设计“江西微农”

微信平台,联合省农业厅、江西师范大学共同开展平台研发。当年10月试应用,2015年3月正式在线运行和推广。"江西微农"设置气象服务、微农服务、互动交流三大板块、14个功能模块。有利于服务主体与用户、专家与用户、用户与用户之间的实时信息交流和互动,使服务内容更具针对性、指导性和可操作性。推动移动互联网在气象为农服务、生产指导、防灾减灾等方面运用,开展面向新型农业经营主体直通式气象服务的重要手段,将其打造成为融合气象信息、灾害预警、农事指导、病虫测报、技术推广等为一体的综合性公众服务平台。

针对"江西微农"在线式、互动式服务模式,省气象局联合省农业厅组建为农服务专家联盟,84名专家根据农时、农事进程提供专业化服务,为农民在线答疑解惑;从省、市、县三级挑选226名相关技术人员担任平台管理员,根据本地化特色服务需求,及时推送服务信息。当用户需要个性化服务时,社区相关专家或平台管理员即可提供专业性服务。群内知情用户也可相互提供服务。专家联盟、专业化平台管理员和微农社区成员的交互,实现了气象服务主体多元化。"智能应答"则实现了天气预报、病虫情报、天气雷达、农业气象服务等用户咨询内容的自动应答。

为推进"江西微农"应用和效益发挥,省气象局组织各地面向新型农业经营主体开展"江西微农"培训60余场,统一印制、分发"江西微农"宣传册3万本,利用送科技下乡、世界气象日等活动发放到农户手中,并借助媒体,加大平台应用和效益事例的宣传力度。4月6日—10日,江西遭遇罕见的全省性"倒春寒"天气。省气象局联合农业部门先后4次在"江西微农"推送预警服务消息,消息累计阅读量11050次,转发量1000余次。全省因此减少农业经济损失约3.75亿元。用户主动使用各项功能21万余次,平均每天800余次;平均每月在线咨询天气预报、病虫预测、农业政策、农业技术等问题610余次,主动反馈农情信息累计722条,主动上传灾情信息累计309条。用户对平台主动推送的气象灾害提醒、农事建议、科普信息等,平均每期阅读率达70%以上,每期转发300余次。截至2016年1月,"江西微农"微信公众服务平台关注用户数已超过1.7万人,覆盖全省75%以上农民合作社、种养大户、家庭农场等新型农业经营主体,是江西省用户最多的涉农微信公众号之一,成为农户的"信息库""智慧屋",成为气象、农业部门服务"三农"的重要平台,受到地方政府领导、农业工作者和广大农户的高度关注与高度称赞。省气象局的"联合社会力量开展互联网+直通式气象,为农服务综合平台研发与应用",被中国气象局评为2015年度创新工作奖。4月29日,省委副书记、省长鹿心社在考察东乡县虎圩乡气象信息服务站时,对气象部门开通"江西微农"微信平台、进一步拓宽信息发布渠道的举措表示赞许,感谢气象部门为经济社会发展、防灾减灾作出的贡献。

(邓晓明)

水　文

【概　况】　全省平均降雨2015毫米,比多年均值1638毫米偏多123%,汛前降雨偏少,汛期及冬季降雨偏多,东部、东北部降雨明显偏多,以景德镇市年平均降雨2409毫米为最大。汛前(1—3月)全省平均降雨299毫米,比多年均值353毫米偏少15%。全年全省共发生降雨过程41次,强降雨过程9次,冬季降雨量居历史第一位,10—12月全省降雨比原历史同期第一位的1953年还多5毫米。赣、抚、信、饶、修支流24条河45站66次发生超警戒线洪水,超警幅度0.01米~4.5米,五河干流赣江中游、信江、饶河、修河发生超警戒线洪水,超警幅度0.16米~3.27米。赣江上游贡水梅川江汾坑水文站5月20日实测洪峰水位134.5米,超警戒线4.5米,超历史纪录0.39米。鄱阳湖(星子站)1月至3月2日水位始终低于多年均值,6月23日出现最高水位19.47米,超过警戒线0.47米。赣、抚、信、饶、修五河入湖平均流量4691立方米/秒,比多年均值3914立方米/秒偏多20%。湖口水文站(出湖站)年平均流量5963立方米/秒,比多年均值(4637立方米/秒)偏多29%。10月至12月降雨明显偏多,11月江西省发生冬汛,赣江干流中游吉安水文站、贡水支流梅川江宁都水文站、章水支流寺下河安和水文站、横江樟斗水文站、抚河上游盱江南城水位站发生超警戒线洪水。

降雨年际地域分布不均,赣、信、饶、修多条河干、支流共20站出现历史最低水位,其中2月18日赣江干流樟树至南昌段均出现历史最低水位及尾闾地区滁槎、楼前、昌邑站均出现历史最低水位。樟树、丰城、市汊、外洲、南昌站2月18日实测最低水位分别为19.25米、14.31米、11.65米、11.50米、11.39米,比历史最低水位低0.23米、0.33米、0.36米、0.44米和0.43米。

【做好水文服务工作】　江西水文利用水情通报、呈阅件、月报、年报及短信、网站等多种服务方式,为各级领导和防汛指挥部门及工程建设调度单位提供服务。向水利部水文局报送信息6.80亿份,水情通报183期,呈阅件52期,水情汇报材料82份,发布洪水预警33次。拓宽水资源监测水域,全省水质监测站达724处,其中水功能区(含国划和省划)432处,省界16处、市界35处、县界80处,设区市饮用水水源地27处,县级城镇饮用水水源地104处。省划水功能区、县界、县级集中式饮用水水源地监测覆盖率分别达到97.2%、98.8%和95.2%,全国领先。监测项目实现《地表水质量标准》29个项目全覆盖,定期发表水资源质量公报。对全省重点入河排污进行复核,检查292处主要入河排污口的位置、排污量、主要污染物等排污特征信息,为全省入河排污的监督管理奠定坚实的基础。

【开展水文站网规划】　围绕防汛抗旱、中小河流治理、山洪灾害防治、水资源管理、水环境保护和生态文明建设等水文站网迅猛增加。为发挥水文站网整体功能,提高水文站网的社会效益和经济效益,省水利厅将水文站网规划纳入"十三五"专项规划目录,开展水生态与水环境实验研究等8个方面的实验研究,建立统一高效的水文信息化平台,全面提升水文服务社会的能力。

【开展水文科技创新】 江西科技重大专项“江湖水文动态变化及江湖关系考察”“鄱阳湖水环境质量考察研究”通过技术审查;“鄱阳湖水情变化及水利枢纽有关影响研究”“江西省中小河流洪水预报预警系统关键技术研究和示范系统开发与应用”和“鄱阳湖水质、湖流、泥沙相互影响关系研究等四项课题”按计划进行。“鄱阳湖低水期生态安全问题监控2011协同创新中心”取得阶段性成果。

【加快鄱阳湖水文生态监测研究基地建设】 鄱阳湖水文生态监测研究基地总投资1.55亿元,一期批复概算为9518.90万元,已基本完成。基地建成后可对鄱阳湖水文、水质、水生态进行监测和研究,对湿润地区湖泊水文生态科学前沿问题进行探求,形成一流的监测、实验和研究成果。力争构建完整的水文水生态监测体系,以“水文科普教育、水生态考察”为特色功能的国家重大科技基础设施和公用平台。

(陈福春 欧阳任娉)

地震工作

【概 况】 2015年,江西地震台网共记录境内1.0~1.9级地震19次,2.0~2.9级地震3次。分别为1月29日丰城2.8级地震,4月3日萍乡2.1级地震,7月26日萍乡2.0级地震。3.0级以上地震1次,为6月17日九江3.7级地震。年内江西省地震活动频度低于上年,但强度与上年相比较高,从空间分布来看,小震活动仍主要分布在江西省中北部地区,赣南仅有少数地震活动。自2005年九江—瑞昌5.7级地震后,江西省中部萍乡—宜春—丰城一带小震活动异常频繁,地震的展布与萍乡—广丰断裂带基本一致。

省政府、中国地震局共同推进江西防震减灾综合能力建设合作协议,完成省防震减灾应急指挥中心、江西地震背景场探测、江西地震社会服务工程等重大项目建设;启动省防震保安服务工程项目,地震测报、抗震设防、应急处置等公共服务供给能力明显增强。围绕生态文明先行示范区建设、苏区振兴、昌九一体等战略,立项实施应急避难场所建设、应急指挥系统建设、地震台站优化改造等一批重点项目。

夯实监测预报基础。新建、改建区域数字地震台网13个,高标准优化改造地震台站6个,台网实现2分钟自动速报。全省绝大部分地区监测能力达到2.5级,部分地区达到1.5级。开展技术攻关与仪器研发,联合研发的测氡仪送云南、甘肃、新疆地震局试用。“地震监测氡观测仪器检定与检测平台建设”项目通过中国地震局专家组论证,获得专项支持。

强化震害防御能力。服务生态文明先行示范区战略,落实防灾减灾系统完善、城乡地震安全工程体系建设等重要任务。规范抗震设防要求管理,调整地震安全性评价服务模式,大幅压缩范围,减轻企业负担,集中专业力量为核电、水电、地铁等重大项目和生命线工程提供地震安全服务。开展道路桥梁、病险水库、次生灾害源等隐患排查和抗震加固工作。结合农村危旧房改造、扶贫攻坚等工作,建成农村民居地震安全工程14.7万户。启动第五代中国地震动参数区划图宣传贯彻,全省进入全面设防时代。

加强应急救援工作。修订完善《江西省地震应急预案》,建立“属地为主、分级负责、上下联动、资源共享”应急处置机制,有效应对2015年九江3.7级地震。组织开展省、市、县地震系统纵向联动演练、应急指挥技术系统演练5次,民间志愿者队伍赴尼泊尔地震灾区参与国际救援行动。应急避难场所、应急物资储备库纳入各地民生工程。

【完成防震减灾“六个一”和“九个一”工程建设】 全面落实《江西省人民政府关于进一步加强防震减灾工作的意见》(赣府发〔2010〕30号)文件精神,按期完成防震减灾“六个一”和“九个一”工程,即各设区市完成1个市级行政服务窗口,1个地震安全示范社区,1个具有地震应急指挥功能的视频会商中心、1套流动监测和配备卫星电话的地震现场技术装备、1台地震应急救援越野车、1个防震减灾科普宣传教育基地;各县(市、区)完成1个县级行政服务窗口、1支地震灾害志愿者队伍、1处地震应急避难场所、1所防震减灾科普示范学校、1个农村民居地震安全示范村、1个地震宏观异常观测网、1个地震灾情速报网、1台地震应急车、1部公开咨询电话。2013年起,防震减灾指数纳入省委、省政府对市县党委政府科学发展综合考评体系,省政府分管领导多次率队督导,省地震局加大指导力度,市县政府扎实推进。各地添置流动观测设备9套、应急车101辆,11个市、

10月26日—29日,省地震局举办江西省新一代地震动参数区划图宣贯暨防震减灾法治培训班

省地震局供稿

82个县入驻行政许可中心。市县防震减灾工作实现机构独立、队伍专业、经费保障“三个确保”。

【江西地震背景场探测项目竣工】 年底,江西地震背景场探测项目竣工,新建测震台网1个、流动观测台站7台、前兆台站2个、仪器台7套,优化全省测震和前兆台网布局,增强监控能力,提高数据交换和共享水平,为地震科学基础研究提供支持。

【实施江西省国家地震社会服务工程】 年内,江西省国家地震社会服务工程建成面向农村震害防御信息服务平台、辅助震害防御系统软件、地震应急基础数据收集系统和地震应急专题图产出系统,建成地震数据获取平台、信息分析处理平台、信息服务平台、宏观灾情获取和报送平台、紧急响应处理平台、联动服务平台等六大平台,实现全省境内各类地震事件的快速响应、灾情快速评估、应急救灾辅助决策服务,全面提高全省防震减灾综合能力。

(吕钊炜)

测　　绘

【概　况】 2015年,江西省测绘地理信息局以科学发展观为指导,主动适应新常态,围绕江西绿色崛起战略,开拓创新,扎实工作,各项工作成效显著,在全国测绘系统综合考评中荣获第三名。为国家战略、省重点工程及省委、省政府领导决策提供了及时可靠的测绘地理信息保障服务。完成鄱阳湖LIDAR数据处理,制作全区范围1:1万DSM及DEM,启动《鄱阳湖历史变迁地图集》项目,为鄱阳湖生态经济区建设提供测绘地理信息保障。采购九江南昌摄区SAR卫星影像,并开展昌九一带地表沉降监测,服务全省重点工程“昌九一体化”。省政府追加地理国情普查和增补省级基础测绘经费1200余万元。年内,制作更新了《赣南等原中央苏区振兴发展图》《昌九一体化示意图》《长江中游城市群示意图》等,为省委、省政府决策咨询等提供了地理信息支持。为省纪委制作《全省纪检监察机关办案点分布图》,为国家测绘地理信息局在南昌举办的智慧城市专题研究班提供了专用地图,为省4套班子搬迁提供了大量的工作挂图和电子地图,按省接待办要求,多次及时为中央领导到赣考察提供工作用图,得到各级领导充分肯定。

【签订省部协议】 为全面提升测绘地理信息保障服务江西发展的层次和水平,省政府与国家测绘地理信息局签订《深化战略合作框架协议》。合作双方将在服务江西省国家战略、地理国情普查成果应用及监测等6个方面加强合作,对于进一步促进江西经济社会发展、提升测绘地理信息工作水平起到重要推动作用。

【举办一系列展会活动】 年内,举办了全国测绘地理信息技术装备展览会。来自全国的200余家企事业单位参展,近5万名厂商、经销商、测绘专家和测绘爱好者到场参观及洽谈业务。展览会还特设“赣鄱特色”展厅,集中展示测绘地理信息服务江西经济社会发展的典型应用与成果。举办了智慧城市专题研究班、第四届“世恒杯”全国测绘地理信息系统乒乓球比赛等活动,都获得了很好的效果,有力地提升了江西测绘地理信息工作的知名度和社会影响力,同时,还举行了中国测绘地理信息学会2015年学术年会、第二届中国地图文化节。国家测绘地理信息局还委托江西省测绘地理信息局在南昌举办全国智慧城市市长专题研究班。

【地理国情普查工作取得成果】 地理国情普查工作得到省委、省政府高度重视,5月,省普查领导小组召开第二次成员会议,省委副书记莫建成主持会议并讲话。地理国情普查已经全面完成内外业数据采集工作,一次性提交成果,100%合格。在全国率先与省总工会联合开展普查劳动竞赛,开展“普查标准时点核准百日大会战”主题竞赛活动,在7月召开的全国地理国情普查劳动竞赛推进会上,江西省测绘地理信息局是全国6家典型发言单位之一。

【推进数字城市建设】 编制完成《江西省测绘地理信息事业深化改革实施方案》,全省11个设区市全部完成数字城市建设,天地图·江西市级节点与国家主节点全面对接。数字井冈山作为江西省首个建成的县级数字城市,打响了江西县级数字城市建设“第一枪”。南昌、新余、吉安3市启动了智慧城市试点建设工作。作为全国地理信息应用成果和地图网上展览示范点,江西展馆获得全国优秀示范设计奖。

【地理信息产业发展加快】 在井冈山建成全国第一家面积为1600平方米的基础地理信息数据异地备份中心暨军民融合测绘地理信息数据灾备中心,为地理信息产业发展所需的海量数据搭建良好的科学备份和管理平台。贯彻落实国务院、省政府有关地理信息产业发展的文件,筹备建设辐射中部地区的地理信息产业园,规划设计方案已完成,并与浪潮、中测新图等12家地理信息企业举行了入驻签约仪式。

【加强测绘统一监管】 完成省测绘地理信息局79项行政权力清单和责任清单的制定公布工作,自查清理31件规范性文件。与南昌市政府联合举办“8·29”测绘法宣传日江西省主场活动。开展了测绘资质巡查、地理信息安全保密检查等多项执法检查。

【加强测绘重大设施管理与升级】 省测绘地理信息局与省发改委联合印发《关于加强卫星导航定位基准站建设和应用管理的通知》,是全国较早发文规范基准站建设、应用的省份之一。文件明确利用财政投入建设的基准站在立项前应书面征求省测绘地理信息局意见并进行备案。开展兼容北斗、GPS、格雷纳斯三星卫星导航定位服务系统的升级改造项目,形成覆盖全省的由70个基准站、1个系统控制中心、2个数据中心组成的卫星导航定位服务系统,有效地提升JXCORS高精度位置服务可用率,实现了全省空间三维基准全域、全天候、实时动态服务。

【开展科技创新活动】 以“流域生

态与地理环境监测国家局重点实验室”为依托，聚合各方面研发力量，进一步增强自主创新的活力和后劲。与东华理工大学、江西应用技术职业学院签订了战略框架合作协议，努力实现专业、产业相互促进、共同发展、产学共赢。

（沈梦婷）

地质勘查

【概　况】　2015年，全省国有地勘单位主要有省地质矿产勘查开发局（简称省地矿局）、省核工业地质局、省煤田地质局、江西有色地质勘查局等4家，总资产227.7亿元，总负债161.5亿元，资产负债率70.9%。全年开展的矿产勘查项目424个，投入金额6.73亿元。完成主要实物工作量：钻探45.98万米，槽探19.22万立方米，民窿编录2.69万米，1∶5万地质测量5484平方千米，1∶5万水系沉积物测量6296平方千米，1∶5万磁法测量2648.8平方千米，1∶1万地质测量706平方千米。在钨、铜、稀土、萤石、陶土、锆英石、页岩气等矿产勘查方面取得重大进展实现持续突破。省地矿局探明或初步探明大型矿床6个，中型矿床11个，新增一批矿产资源储量。朱溪外围钨矿提交储量（333+334）286万吨，再次刷新世界最大钨矿纪录，进一步巩固了江西省“世界钨都”的重要地位，获2015年度中国十大找矿成果。宁都县葛藤嘴稀土矿达中型规模，首次在江西省浅变质岩风化壳中发现较大规模离子吸附型稀土矿床；页岩气勘查取得重要进展，实施的曲页1井首次在江西省探获页岩气。省有色地勘局横峰葛源矿区钽铌矿探明钽矿储量近3万吨，达特大型，规模为亚洲最大。广丰县桃源矿区黑滑石资源量有望达到大型规模。省核工业地质局发现中型锆英石矿床1个。

全年实施各类水文工程地质工程环境工程地质项目383项，投入金额5.87亿元，加大地灾治理、矿山恢复治理、土地复垦、城市地质、旅游地质、重大项目工程勘察工作力度，服务全省经济社会发展。一是加大全省水工环地质调查及专项调查评价力度，完成鄱阳湖生态经济区环境地质综合调查，华东地区矿山环境监测，1∶5万九江、湖口幅等6幅环境地质调查，江西鄱阳湖平原地下水污染调查评价，赣州地区土地资源地质环境调查等重点项目，为江西省经济发展提供地质技术支撑。二是做好地灾防治，承担1∶5万县（市）地质灾害调查项目53个，编制江西省地质灾害防治、矿山环境恢复治理、地质环境监测“十三五”规划，完成江西省工程地质图、江西省地质环境分区图等10个图系编图及江西省主要城市地下水动态监测点修复工程等多个重点项目，项目质量优良。三是加大地热资源调查评价，在修水、安远、永丰、石城、宜黄、广昌、宁都、井冈山、寻乌等地均找到地热，推动江西省旅游业发展。其中修水县白岭地热水温83℃，为全省第一高温地热；石城县楂山里地热涌水量3200吨/日，为全省最大日涌水量地热。

地质人员在奉新地热勘查施工现场

省地矿局供稿

【加快开辟国外市场】　省核工业地质局积极推进海外找矿，全年新增海外矿权5个。省地矿局世纪矿业公司在国外承接了坦桑尼亚曼加卡至纳卡帕尼亚道路、松巴旺加—卡纳兹路段升级改造和中土东非有限公司公路桥梁桩基等项目，投入1.1亿元。省有色地勘局津巴布韦舒鲁奎贝斯特金矿探明金资源量达到中型，其建设集团中标斯里兰卡南部高速公路马特勒至汉班托塔延长线第一标段马特勒至贝利亚塔项目，该项目为中国政府对斯里兰卡政府的优惠贷款项目，合同总造价约8亿美元。省煤田地质局所属中煤集团2015年再次入选“ENR全球最大250强国际承包商”，排名第129位。

【创新地质科技工作】　省地矿局“赣中铁矿田地质理论创新与深边部找矿”项目获国土资源部科技成果二等奖。省核工业地质局完成“内蒙赤峰巴林右旗钼铋矿选矿工艺研究”，解决了主矿回收率低的问题，钨钼铋矿选矿工艺取得突破；完成“基于差分GPS和惯性导航无人机遥感航测系统升级改造”项目，成功掌握了无人机设计、材料采购、组装和试验试飞等一系列关键技术，具备了自主选购、加工无人机部件，自主整装调试、自行飞行测试的能力。

（省地矿局编辑室）

本栏编辑　邓玉兰

环境保护

综　述

全省环保部门、林业部门以生态文明先行示范区建设为中心，狠抓森林培育、提升森林质量，强化森林和湿地资源保护、维护生物多样性，改善环境质量，林业生态建设和环境保护工作取得新进展。

造林绿化稳步推进。全省完成造林14.15万公顷、人工更新5400公顷、封山育林5.92万公顷、森林抚育37.84万公顷。建设速生丰产林专项6.13万公顷，争取2015年木材战略储备基地项目1.34万公顷。通过开展春季造林督导和营造林实绩核查等，督促各地保质保量完成造林任务，国家林业局检查造林合格率95.5%，同比提升6个百分点。编制完成全省低产低效林改造规划和年度森林抚育效益监测报告。省财政安排低产低效林改造资金9800万元，选择景德镇枫树山林场等44个国有林场实施森林质量提升试点。安福县明月山林场被确定为首批全国国有林场场外造林示范林场。

森林管理更加规范。省林业厅印发《关于进一步规范和完善林木采伐管理的通知》《江西省森林资源数据更新管理办法（试行）》，在崇义、全南、遂川、安福、上高、贵溪6县（市）开展以“一取消、两允许、三放开”（取消木材生产计划管理和毛竹凭证采伐制度；允许按面积控制采伐，允许林权所有者直接向林业主管部门或其委托的乡镇林业工作站申请采伐；放开权属、采伐类型、林分起源等分项限额限制，放开主伐年龄限制，下放采伐审批权）为主要内容的商品林采伐管理改革试点。首次完成全省森林资源“一张图”，实现省、市、县、乡、村直至小班的森林资源数字化管理。全省建立乡镇森林保险服务站1100个，森林投保面积672.89万公顷，占有林地的73.7%；获赔698起、金额1.22亿元，赔付率83.5%，为全国第一。全省审核审批占用征收林地1167宗，面积8793.78公顷，未突破国家下达的年度定额，征收植被恢复费5.15亿元，其中安排省重点工程项目204宗，保障重点工程用地4697公顷。首次开展全省林地行政许可监督检查，查出违规违法使用林地56起，面积105公顷。省林业厅出台《江西省生态公益林监测实施细则》，首次开展生态公益林监测，选择崇义等10个县试点，设置监测点50个。完成25个县（市、区）部分省级公益林区位调整和纠错，共调整省级公益林6000公顷。开展公益林管护情况检查验收，发现违法占用公益林246起、面积154.2公顷，对16个县（市、区）进行通报并责成限期整改。全年办理公益林受灾保险赔付141起、面积6623.09公顷，完成植被恢复1687.29公顷，拨付资金1320.2万元。

林业“三防”再创佳绩。全省森林防火工作围绕“不发生重特大森林火灾、不发生人员伤亡事故、重点区域不发生森林火灾”的总目标，层层落实责任目标考核、重点管理、表彰奖励三项制度，开展政府购买服务、防火林带建设、集中焚烧纸钱三项试点，强化专业消防队、航空护林站、武警森林部队三支队伍正规化建设，组织开展春季平安行动、森林防火宣传月、防火专项督察三项活动，全省森林火灾发生次数和灾害损失为1989年有数据记录以来最低的年份。全省实行重大林业有害生物防治“双线”目标责任制，省政府向各设区市及省直管县（市）政府下达《2015—2017年重大林业有害生物防治目标责任书》，并层层下达和签订防控目标责任书。全省林业有害生物目标管理指标全面完成，有害生物发生总面积24.43万公顷，下降6%；无公害防治率、测报准确率、种苗产地检疫率分别高于国家下达指标0.15%、0.64%、3.36%。持续开展系列严打整治行动，查处一批重特大森林案件。开展立案突出问题专项治理，组织全警实战练兵，继续对省内重点木材加工企业实施监管服务。

“一区两园”建设加快。遂川南风面、婺源森林鸟类2个保护区晋升国家级自然保护区先后通过国家林业局、环保部评审。南城芙蓉山保护区晋升为省级保护区，乐安老虎脑省级保护区完成主要保护对象和功能区划调整。6个国家级保护区接受国家7部委评估检查，取得3优3良的成绩。全年争取自然保护区到位资金2900万元。新批准设立萍乡银凤岭、芦溪十八湾2处省级森林公园，6处国家森林公园、12处省级森林公园完成总体规划编制，国家级森林公园总体规划编制率达89%，居全国前列。开展森林公园执法监督“回头看”活动，重点检查2014年森林公园执法检查有关突出问题的整改情况。全年办理征占用森林公园林地项目5起、面积55.37公顷。争取国家林业局下达天柱峰、万安2处国家森林公园林相改造项目266.67公顷、资金200万元。全省森林公园建设投入资金15.56亿元。安

远东江源、南丰傩湖、修水修河源、丰城药湖4处国家湿地公园试点经国家林业局批准成为国家湿地公园。新增横峰岑港河等5处国家湿地公园试点，新增瑞昌安定湖等5处省级湿地公园试点，新增湿地保护面积4900公顷。省林业厅对2014年通过国家验收的永修修河国家湿地公园奖励80万元，对2014年获批的12处国家级、省级湿地公园试点各奖励10万元。

物种保护持续加强。召开鄱阳湖区越冬候鸟和湿地保护工作会议，派出6个督导组，分赴沿湖15个县（市、区）开展候鸟和湿地保护工作督导。开展2014—2015年度鄱阳湖区越冬候鸟和湿地保护考评，省政府办公厅对保护工作成绩突出的星子、都昌、新建、进贤、余干、湖口、永修7个县（区）进行通报表扬，省财政安排奖励资金100万元。开展全省野生动物保护专项整治行动，出动执法人员万余人次，清查农贸市场500余个、餐饮酒店和经营户3000余家，收缴非法经营或运输的野生动物3000只（头、条），查处案件300余起。开展野生动物疫源疫病监测防控预警工作，开展雁鸭类候鸟重大疫病检测装备研发，研制出禽流感病毒快速检测试纸条；采集肛轼子、咽轼子血液样本和粪便样本2万余份进行检测，全省未发生重大野生动物疫情。继续开展全国第二次陆生野生动物和国家重点保护野生植物资源调查，完成鄱阳湖区和罗霄山脉的动物调查及16个国家重点保护植物物种的调查任务。遂川、崇义、上犹、都昌、南矶湿地保护区5个环志站环志鸟类86种5347只。南昌市动物园圈养华南虎24只，成为全球动物园中最大的华南虎种群。全省建立野生植物就地保护小区565个，面积2.78万公顷。全年争取野生动植物保护资金3351万元。

湿地管理力度加大。出台《江西省湿地保护工程规划（2015—2020年）》。江西省湿地综合数据库服务平台系统建成并进入调试阶段，全省湿地“一张图”绘制成功，成为全国首个建立省域湿地资源综合数据库的省份。组织各市、县（市、区）对城区内面积1公顷或长1000米、宽5米以上的湖泊湿地、沼泽湿地、河流湿地、人工湿地进行全面调查，外业调查工作全部完成。鄱阳湖湿地及44处省重要湿地、23处国家湿地公园和54处省级湿地公园，纳入生态保护红线范围。省湿地保护综合协调小组改由省林业厅主要领导任组长，省发改、财政、水利、农业、国土、住建、环保、交通、卫计、旅游等部门的分管领导担任成员。全年争取湿地保护项目14个，总投资7230万元，其中中央资金6408万元。中央财政安排鄱阳湖湿地生态补偿试点资金2000万元；进贤、都昌、余干3县获评全国湿地保护先进县，中央财政奖励每县500万元。

污染整治成效显著。全面落实《大气污染防治计划》。全省完成工业烟粉尘治理项目89个，燃煤小锅炉淘汰率61.8%，开展挥发性有机污染物（VOCs）摸底调查，完成2250个加油站和8座储油库的油气回收治理。委托机动车环检机构109家，发放机动车环保标志158万余套。昌九区域大气联防联控措施常态化，推动省际相邻设区市间的联防联控。《江西省大气污染防治条例》（草案）列入省政府立法计划，初步组建了省级重污染天气监测预警系统。全面落实《水污染防治行动计划》。编制完成《江西省水污染防治工作方案》，开展全省地表水县界监测断面设置。投入1.75亿元资金用于促进“五河”及东江源头生态环境保护，争取到中央下达赣州市陡水湖水污染防治专项资金2000万元。加强流域治理项目和断面水质管理督查督办，完成流域规划治理项目216个。颁布实施《鄱阳湖生态经济区水污染物排放标准》，制定了《江西省流域生态补偿水环境质量考核办法（试行）》。抽查13个饮用水源地并对环境隐患开展现场督办，启动农村饮用水源地保护区（范围）划定工作。全面落实《重金属污染综合防治十二五规划》。重点加强重金属污染流域的综合治理，支持7个重点防控区重金属污染监测、治理与修复试点示范工程建设，完成各类重金属污染整治项目146个。扎实推进农村土壤环境整治。编制了《江西省土壤污染防治重点工作方案（2015—2017）》。组织开展全省土壤环境质量监测国控点布设方案工作，布设点位1386个。争取4.5亿元资金，针对农村生活污水、生活垃圾等6个重点方面开展环境治理。开展畜禽养殖企业环境保护大检查，摸清掌握畜禽养殖场底数，依法取缔关停一批群众反映强烈、严重污染环境、治理无望的畜禽养殖场。新增国家有机食品生产基地5个。

减排任务全面完成。综合采取一系列组合措施，减排工作任务全面完成。列入《江西省“十二五”主要污染物总量减排目标责任书》的165个重点项目全部按期完成；列入《珠三角及周边地区重点行业大气污染限期治理方案》的158个项目已完成156个，其余2台未完成烟气脱硫项目的锅炉已停产，直至完成治理。全省化学需氧量、氨氮、二氧化硫、氮氧化物排放总量分别比上年下降0.62%、1.63%、1.19%、8.78%，全面完成国家下达的污染减排目标任务。全省国控企业自行监测、监督性监测结果公布率和污染源自动监控数据传输有效率全面满足国家规定要求。

（省林业厅　省环保厅）

生态环境建设

【概　况】　全省完成国家防护林工程造林3.2万公顷，其中，“长防林”工程1.53万公顷，“珠防林”工程6700公顷，“血防林”工程1.00万公顷。实施国家新一轮退耕还林工程，落实退耕还林任务2000公顷。林业重点生态工程任务完成率100%，工程项目造林合格率98.9%，同比提升9.6个百分点。

全民义务植树。省绿化委员会印发《关于组织开展2015年新春植树活动的通知》。3月28日，省委、省人大、省政府、省政协及南昌市四套班子成员等200余人，到南昌市象湖湿地公园参加义务植树活动，共栽种苗木1030余株，面积1.33公顷。全省100个县（市、区）共81.45万人参加义务植树活动，植树127.99万株。评选出省妇联“三八绿色工程”等15个义务植树示范基地。

森林城市创建。继新余、抚州、吉安之后，南昌、宜春两市再获“国家森林城市”称号；其他6个设区市全部申报创建国家森林城市，其中5个通过创建规划评审。婺源等12个县(市)创建省级森林城市通过专家预检,玉山等8个县(市、区)创建省级森林城市总体规划获省绿委批复。全省创建森林乡镇318个、森林村庄1254个、森林园区66个。国家发改委发展规划司和日本环境省主办的绿色城镇化国际研讨会发布"中国绿色城镇化指标排名",在全国289个地级以上城市中,景德镇、新余和鹰潭分别位居第十、十五和二十位。

乡村风景林建设。出台《江西省乡村风景林建设技术指南》,明确乡村风景林建设的原则、类型、规划设计、技术措施、合格标准和档案建设等内容。全省建设以乡土树种和珍稀树种为主的乡村风景林示范点2101个,面积9527.57公顷。其中:保护型示范点885个,面积5514.58公顷;完善型示范点451个,面积2058.72公顷;建设型示范点765个,面积1954.27公顷。争取省财政资金760万元,补助省级乡村风景林示范点152个。江西省古树名木信息系统投入试运行。全省有古树名木129423株,其中国家一级保护古树9110株、二级保护21687株、三级保护97834株、名木792株,涉及302个树种,樟树株数占92%。省级投入古树名木保护和风景林建设资金1000万元。

【启动新一轮退耕还林工作】 9月,省政府批复由省发改委牵头编制《江西省新一轮退耕还林工程实施方案》。江西省新一轮退耕还林实施范围涉及28个县(市、区)283个乡镇1665个村6.51万户,建设规模为退耕地还林9900公顷,其中25度以上非基本农田坡耕地6200公顷,重要水源地15~25度非基本农田坡耕地3700公顷。2015年退耕还林任务2000公顷,安排在九江、赣州、上饶3个设区市的10个县(区)实施。10月22日,省发改委会同财政、林业、国土部门召开全省新一轮退耕还林工作启动视频会议,贯彻落实全国退耕还林还草工作现场经验交流会议精神,动员部署全省新一轮退耕还林工作。

【召开全省森林防火暨湿地候鸟保护、松材线虫病防控工作现场会】 9月24日—25日,省政府在鹰潭召开全省森林防火暨湿地候鸟保护、松材线虫病防控工作现场会,总结森林防火、湿地候鸟保护和松材线虫病防控3项工作,部署下阶段重点任务。省委常委、常务副省长毛伟明出席并向各设区市和省直管县(市)政府下达《森林防火责任书》《松材线虫病防控责任书》,省政府副秘书长涂琼理主持会议。会上,省政府对2014—2015年度森林防火工作先进单位和先进个人进行表彰,鹰潭市、遂川县、星子县和湾里区分别作典型发言。会议代表参观余江县锦江镇生物防火林带、龙虎山上清镇集中焚烧纸钱试点现场。省林业厅、各设区市政府、省直管县(市)和沿鄱阳湖15个县(市、区)政府的有关领导,森林防火工作先进县(市、区)政府分管领导等参加会议。

9月24日—25日,全省森林防火暨湿地候鸟保护、松材线虫病防控工作现场会在鹰潭召开。图为会议现场

省林业厅供稿

【7个城市入选2015年中国大陆城市"氧吧"50强】 12月8日,标准排名研究院推出2015年中国大陆城市"氧吧"50强,抚州、吉安、景德镇、上饶、新余、九江、宜春7个城市列50强排行榜前20位,其中抚州、吉安、景德镇、上饶分别列第一、第三、第五和第九位。该排行榜以城市建成区的绿化覆盖率、人均公园绿地面积、空气质量优良天数三个维度,对291个地级以上城市进行加权排名,得出"氧吧"城市50强。2014年,江西森林覆盖率达63.1%,城市建成区绿化覆盖率45.95%,绿地率42.74%,均居全国第二。

【新余市矿山生态修复成效明显】 新余市将矿山生态环境修复作为生态文明建设的重要抓手,采取"联、关、筹、治、规"等措施,有序推进矿山生态环境治理,实现生态和社会效益双赢。该市以境内毓秀山、蒙山、大岗山、百丈峰、九龙山"五山"保护为突破口,成立"五山"保护利用工作领导小组,市长挂帅、21个部门联动,将山体保护利用等生态指标纳入对各县区年度绩效考核范围。综合整治25家露天开采非金属矿山,关停3家开采企业和9家非法选矿点,暂停1家铁矿企业露天开采,叫停大岗山所有涉矿企业探矿行为和扩界申请,企业关闭数占95%。实施"生态林+经济林""乔+灌+藤+草"的矿山复绿模式,矿山生态修复面积达22.5万平方米。为巩固复绿成果,市政府出台《"五山"山体管理办法》《"五山"生态补偿暂行办法》《"五山"保护区内采矿项目登记许可联审和验收暂行办法》,对"五山"保护利用的管理、监督检查、法律责任作出明确规定。

(省林业厅)

生态环境保护

【概　况】 全省有林地面积918.5万公顷,占土地总面积55%;森林覆盖率63.1%,居全国第二位;活立木总蓄积量增至4.95亿立方米,居全国第九位。全省建立林业自然保护区235处,总面积118.84万公顷,占土地总面积7.1%。其中：国家级14处，面积23.1万公顷；省级32处，面积27.84万公顷；市县级189处，面积67.9万公顷。全省建立森林公园179处，总面积51.83万公顷，占土地总面积3.1%。其中：国家级46处，面积37.74万公顷；省级120处，面积11.31万公顷；市县级13处，面积2.78万公顷。全省湿地总面积91.01万公顷，占土地总面积5.5%。其中：国际重要湿地1个，湿地面积2.24万公顷；湿地类型自然保护区24个（国家级2个、省级4个、县级18个），湿地面积21.66万公顷；湿地公园84处（国家级28处、省级56处），湿地面积11.03万公顷。全省实施国家、省级补偿的生态公益林面积340万公顷，占土地总面积20.4%。

林政管理。开展全省林政资源管理大检查，省级抽取崇义、全南等8个县（市、区）进行卫片对比判读，全面核定林地变化图斑。开展非法侵占林地清理排查专项行动，配合国家林业局对武宁等6个县开展林地核查工作并跟踪整改。完成全省8个高尔夫球场清理整治工作，对违法占用林地进行查处。组织开展占用征收林地行政许可监督检查。全年省级直接督查违法占用林地案件56宗，面积105公顷。全省木材检查站查验木材194.5万立方米，查处非法运输木材案件2236起，为国家挽回直接经济损失605.2万元。全省查处林业行政处罚案件1.04万起，林业行政处罚1.02万人次，没收违法所得497.40万元，罚款1.14亿元，补征林业规费3249.51万元，没收木材1.08万立方米、苗木10.92万株、野生动物0.27万只（头），收回林地68.37公顷，补种树木67.97万株。

森林防火。1—4月，开展森林防火平安春季行动。10月，开展森林防火宣传月活动，以强化野外火源管理为重点，引导公众自觉遵守"五个禁止"规定。全省11个设区市和6个省直管县（市）完成省政府下达的森林防火责任目标。落实森林防火工作重点管理制度，对火灾热点较多的3个县进行综合评估，其中黄牌警告1个县，通报批评2个县；积极创新管理模式，全面推广政府购买护林联防服务，在新建等10个县（市、区）开展生物防火林带建设试点，在景德镇市、九江县等7个市、县（区）开展集中焚烧纸钱试点。对2009—2013年森林防火项目进行全面自查，对南昌西山二期等3个项目进行重点稽查。组织航空护林飞行78架次、历时218小时16分，发现林火3处，人工增雨5架次、降雨5亿吨。全省发生森林火灾40起，过火面积1616.92公顷，受害面积334.9公顷，分别下降74.7%、55.5%和78.8%，没有发生重特大森林火灾和人员伤亡事故。

林业有害生物防控。开展松林病虫害拉网式普查，松材线虫病疫情发生面积0.19万公顷、病死树1.40万株，分布在23个县（市、区）的57个乡镇；完成2014—2015年度松材线虫病疫情年度除治任务，实施防控松林面积1.08万公顷，除治枯死松木及疫木12.89万株；释放花绒寄甲成虫125.48万头，张贴花绒寄甲卵卡3.3万张，注射注杆药剂2.7万支，悬挂诱捕器3869个，设置诱木4111棵，喷洒噻虫啉药剂11.76吨。新增县级疫区6个，疫点乡镇19个，发生面积20.93公顷，病死树6634株。松毛虫防治注重以预防为主，抓早治小，确保有虫不成灾；全省松毛虫发生面积3.36万公顷，防治面积2.14万公顷。组织开展第三次全省林业有害生物普查，完成48%的林地、49%的苗圃地、15%的木材加工厂、56%的古树名木调查任务，采集和制作病虫标本8200余号次，拍摄照片2.21万张。省政府办公厅印发《关于加强加拿大一枝黄花等外来入侵生物防治工作的通知》，各地对加拿大一枝黄花、薇甘菊等外来入侵生物开展监测和除治，同时对突发的阔叶树害虫、油茶病虫、刚竹毒蛾等主要有害生物进行实地核查。开展萧氏松茎象生物防治等7个示范区项目建设，隔离试种苗圃建成并投入使用。完善网上森林医院管理机制，启动灾害预警热线电话，主动向社会发布病虫情预警。推进省际松材线虫病区域联防联治，加强与沪苏浙皖等省（市）联防协作；省林业厅、江西出入境检验检疫局开展林业植物检疫联合执法行动，打击违法调运松木行为，规范松材线虫病疫木除治管理。全年争取防治基础设施建设中央资金3177万元，省财政补助资金1000万元。全省林业有害生物发生总面积24.43万公顷，下降6%，发生率2.56%；成灾面积0.34万公顷，成灾率0.36‰；防治总面积15.2万公顷，无公害防治13.7万公顷，无公害防治率90.1%；测报准确率88.6%，种苗产地检疫率99.4%，案件查处率100%。

林业严打整治。全省森林公安机关开展"三打一整"、保护鄱阳湖越冬候鸟、"9·3"林区维稳、雷霆行动和枪爆物品大清查、缉枪治爆等一系列严打整治专项行动，重点加大对非法侵占林地和乱砍滥伐林木、乱采滥挖重点保护植物、乱捕滥猎野生动物违法犯罪的打击力度。全年查处各类森林案件3.5万起，依法逮捕2460人；依法起诉案件4028起，起诉4165人；收缴林木10余万立方米、各类野生动物6181只（头），处理违法人员4万余人（次），为国家挽回直接经济损失1.03亿元。

【首次安装卫星跟踪器记录白鹤迁徙路线】 2月1日，江西鄱阳湖南矶湿地国家级自然保护区科研人员为研究白鹤迁徙路线，在一只国家一级保护动物白鹤的幼鹤身上安装卫星跟踪器和金属脚、彩色数字脚环。跟踪记录显示：4月27日白鹤飞离鄱阳湖，6月16日到达繁殖地俄罗斯亚纳半岛，历时51天，飞行距离5294.2千米，最大飞行速度112千米/小时，最高飞行海拔2691.2米；9月23日离开繁殖地南迁，11月13日回到鄱阳湖南矶湿地，历时52天，飞行距离6254.2千米，最大飞行速度112.7千米/小时，最高飞行海拔为1961.6米。迁徙过程中，幼鹤不断成长，全身羽毛换成白色，露出漂亮身姿。通过完整的卫星跟踪，准确掌握白鹤的迁徙路线、停留地点与时间段，填补中国白鹤生态研究的空白。全国鸟类环志研究中心主任、教授钱法文表示：白鹤身上安装卫星跟踪器是第一次尝试；首份白鹤迁徙的完整记录，在学术上和白鹤保护研究上具有重大意义。

【开展鄱阳湖夏候鸟调查】 5月10日—20日，省林业厅组织在鄱阳湖5000平方千米范围内开展夏候鸟调查，初步掌握环鄱阳湖周边夏季鹭鸟的种类、数量、分布及种群动态，以及其他夏季水鸟的主要种类和分布等情况。调查发现,2015 年鄱阳湖夏候鸟种类达 60 余种,同比增加 10 种;其中雁、鹳、鹤、鸥等 10 多种近 10 万只冬候鸟滞留在鄱阳湖成为留鸟,极为罕见。特别是发现 23 只全球极危候鸟——青头潜鸭,并清晰拍录到 1 只幼鸟在水中游动,证实鄱阳湖区存在青头潜鸭自然繁殖的种群。青头潜鸭对栖息环境要求非常高,全球约 500 多只,世界自然保护联盟(IUCN)在国际濒危物种红色名录中将其定为"极危"。青头潜鸭在鄱阳湖由冬候鸟变为"留鸟",凸显江西生态环境的持续改善。

【开展非法侵占林地清理排查专项行动】 自 2014 年 11 月全省开展非法侵占林地清理排查专项行动以来,省林业厅召开全省专项行动视频会议,成立专项行动领导小组,先后派出 3 个督导组,分赴南昌等 8 个设区市 20 多个县(市、区)进行督导。组织全面督导 117 次,选择 4 个县(市)为重点抽查县,确定 5 个挂牌督办案件;对工作不到位的县和相关设区市政府分别下发重点整治通知书和督办函,并约谈县政府领导,暂停其使用林地审核、林木采伐审批、新上林业项目安排。省林业厅与国家林业局福州专员办制定《国家林业局驻福州专员办与江西省林业厅联合办案实施办法》,成立协调机构,建立联席会议制度。至 2015 年 6 月,专项行动共清理排查非法侵占林地案件 1322 起,面积 1457.91 公顷。其中:非法占用林地案件 1302 起,面积 1449.74 公顷;毁林开垦案件 20 起,面积 8.17 公顷。刑事立案 174 起,涉案 176 人;行政问责 55 人,行政处罚 2112 人次,罚款 0.42 亿元。

【破获首例特大跨省非法收购、运输、出售象牙及其制品案】 8 月 13 日,以许天永(香港人)、陈海燕(湖南人)、刘连水(福建人)为主的特大非法收购、运输、出售象牙及其制品案告破,端掉盘踞在赣、湘、闽、粤地区的象牙非法制售团伙,摧毁集走私、加工、贩卖、运输、出售一条龙的象牙非法制售产业链,抓获来自省外的犯罪嫌疑人 7 名,查获象牙及其制品 600 余千克,案值 2500 余万元。2014 年 11 月 2 日,黎川县公安局在福银高速赣闽边界省际收费站,从一辆湘牌号越野车内查获 22 件疑似象牙雕刻的藏传佛像。黎川县森林公安局果断立案,经司法鉴定,22 件工艺品全属现代象牙制品。省森林公安局接报后,组织召开专案会,要求把案件办成铁案,并决定抽调 19 名骨干成立"11·2"专案组。历时 10 个月,专案组以非法运输地为中心,横跨赣、闽、湘、粤等 7 省,向收购、加工、出售三个方向展开侦查,行程 20 余万千米,并协调地方公安机关,充分运用刑事技术、情报研判、技术侦察等侦察手段破案。

【开展打击非法运输木材行为专项行动】 9 月 1 日至 11 月 30 日,全省开展打击非法运输木材行为专项行动。各级木材检查站精心组织、协同作战,严厉查处非法运输木材案件,重点打击非法运输木材、野生苗木尤其是珍贵野生植物行为。全省出动执法人员 1.37 万人次,开展打击行动 3135 次,查处违法运输木材案件 1356 起,其中移送司法机关 16 起,涉案木材 5943.8 立方米、野生苗木 502 株,挽回直接经济损失 432.5 万元。

(省林业厅)

【加强自然保护区管理工作】 继续做好自然保护区晋升工作,遂川南风面自然保护区通过国家级自然保护区评审委员会评审,省政府发文公布新建井冈山大鲵、南城芙蓉山 2 处省级自然保护区。召开全省自然保护区工作会议,研究讨论全省自然保护区建设和管理工作、省级自然保护区专项资金使用管理办法、新建和调整市、县级自然保护区程序等。开展保护区核查和管理评估工作,省环保厅会同省林业厅召开全省国家级自然保护区核查整改暨管理工作会议,对 4 处国家级自然保护区提出整改要求、明确整改时限;配合环保部专家组对江西省 6 处国家级自然保护区开展管理评估工作,评定结果为 3 优 3 良。进一步规范市、县级自然保护区管理,根据《关于进一步规范市县级自然保护区管理的通知》要求,将各设区市报送的市、县级自然保护区的数量与面积进行统计核对,并将初步确定的市、县级自然保护区名单征求各相关厅局意见,进一步核实自然保护区与风景名胜区等重叠情况。

【加大"五河一湖"及东江源保护区生态保护力度】 加强"五河一湖"及东江源头环境保护,进一步维护和保持源头保护区在涵养水源及改善水质等方面的能力。一是扩大源头保护区范围。省政府批准增加广丰区部分区域 294.9 平方千米纳入信江源头保护区。二是继续加大生态奖励资金力度。省财政专门安排 1.70 亿元用于奖励"五河"及东江源头生态环境保护工作。按照《江西省"五河"及东江源头保护区生态环境保护奖励资金管理办法》,将 2015 年奖励资金进行分配,并拨付给源头保护区所在县

9 月 1 日至 11 月 30 日,全省开展打击非法运输木材行为专项行动。图为 9 月 8 日,彭泽县召开专项行动动员大会

省林业厅供稿

（市）。三是开展源头保护区生态环境调查。下发《关于报送“五河”及东江源头保护区有关情况的通知》，组织有关单位对“五河”及东江源头保护区生态环境等情况进行调查。

【开展生态保护红线划定工作】 省环委会召开专题会议研究部署，省环保厅根据要求积极做好生态保护红线划定工作。一是拟制工作方案，强化组织领导。经广泛征求意见和专家论证，拟制《江西省生态保护红线划定工作方案》并以省政府名义印发，明确划定工作的总体目标、基本原则、划定范围、管控类别、组织领导和时限要求。同时成立生态保护红线划定工作小组和技术组，负责生态保护红线划定工作。二是开展试点对接，加强业务培训。选取6个生态环境具有代表性的县（区）作为试点；分3期对全省11个设区市和100个县（市、区）环保部门相关人员进行系统培训；对技术力量薄弱的地区，派技术专家进行现场指导和技术培训。三是反复征询论证，确保科学合理。拟制《江西省生态空间保护红线区划》和《江西省生态空间保护红线管理办法》（试行），征求省直各有关部门及各设区市政府意见，根据反馈意见进行修改完善。

（省环保厅）

·资　料·

江西省国家级和省级湿地公园

单位：公顷

序号	名称	所在地	总面积	湿地面积	批建时间	管理机构
一	国家级					
1	孔目江国家湿地公园	新余市	1295.00	677.40	2007年11月15日	孔目江国家湿地公园管理处
2	东鄱阳湖国家湿地公园	鄱阳县	36285.00	35116.10	2008年11月19日	东鄱阳湖国家湿地公园管委会
3	修河国家湿地公园	永修县	11041.00	9671.00	2008年11月19日	永修县林业局
4	东江源国家湿地公园	安远县	2675.70	547.00	2008年11月19日	安远县林业局
5	丰城药湖国家湿地公园	丰城市	2560.00	2150.40	2009年12月23日	丰城市林业局
6	南丰傩湖国家湿地公园	南丰县	1727.00	372.50	2009年12月23日	南丰县林业局
7	武宁庐山西海国家湿地公园	武宁县	4016.30	3821.00	2011年3月25日	武宁县林业局
8	修水修河源国家湿地公园	修水县	4342.40	3577.20	2011年3月25日	修水县林业局
9	赣县大湖江国家湿地公园	赣　县	6655.00	5353.70	2011年3月25日	赣县林业局
10	兴国潋江国家湿地公园	兴国县	3577.00	2362.45	2011年3月25日	兴国县林业局
11	赣州章江国家湿地公园	赣州市	1054.80	788.20	2012年12月31日	赣州市林业局
12	万年珠溪国家湿地公园	万年县	1025.10	506.80	2012年12月31日	万年县林业局
13	上犹南湖国家湿地公园	上犹县	671.17	627.38	2012年12月31日	上犹县林业局
14	会昌湘江国家湿地公园	会昌县	1264.70	1038.80	2012年12月31日	会昌县林业局
15	南城洪门湖国家湿地公园	南城县	8089.31	4313.34	2012年12月31日	南城县林业局
16	景德镇玉田湖国家湿地公园	景德镇市	387.50	199.50	2013年12月31日	景德镇市玉田水库管理处
17	宁都梅江国家湿地公园	宁都县	6345.80	4471.20	2013年12月31日	宁都县林业局
18	婺源饶河源国家湿地公园	婺源县	346.60	320.60	2013年12月31日	婺源县林业局
19	庐陵赣江国家湿地公园	吉安市	777.10	657.34	2014年12月31日	吉安市林业局
20	芦溪山口岩国家湿地公园	芦溪县	1043.47	419.01	2014年12月31日	芦溪县林业局
21	三清山信江源国家湿地公园	玉山县	1053.04	672.73	2014年12月31日	玉山县林业局

续表

序号	名称	所在地	总面积	湿地面积	批建时间	管理机构
22	遂川五斗江国家湿地公园	遂川县	897.30	447.80	2014 年 12 月 31 日	遂川县林业局
23	鹰潭信江国家湿地公园	鹰潭市	1684.68	1447.02	2014 年 12 月 31 日	鹰潭市林业局
24	高安锦江国家湿地公园	高安市	2600.00	2255.00	2015 年 12 月 31 日	高安市林业局
25	寻乌东江源国家湿地公园	寻乌县	1546.80	947.20	2015 年 12 月 31 日	寻乌县林业局
26	石城赣江源国家湿地公园	石城县	1254.60	982.10	2015 年 12 月 31 日	石城县林业局
27	资溪九龙湖国家湿地公园	资溪县	367.14	127.64	2015 年 12 月 31 日	资溪县林业局
28	横峰岑港河国家湿地公园	横峰县	329.60	266.08	2015 年 12 月 31 日	横峰县林业局
二	省　级					
1	浮梁三贤湖省级湿地公园	浮梁县	41.36	23.19	2010 年 9 月 28 日	浮梁县林业局
2	莲花莲江省级湿地公园	莲花县	87.90	83.95	2010 年 9 月 28 日	莲花县林业局
3	余江白塔河省级湿地公园	余江县	621.00	516.30	2010 年 9 月 28 日	余江县林业局
4	全南桃江省级湿地公园	全南县	388.32	349.36	2010 年 9 月 28 日	全南县林业局
5	瑞金绵江省级湿地公园	瑞金市	1802.89	993.75	2010 年 9 月 28 日	瑞金市林业局
7	于都长征源省级湿地公园	于都县	1150.66	858.84	2010 年 9 月 28 日	于都县林业局
8	高安瑞州省级湿地公园	高安市	56.00	55.00	2010 年 9 月 28 日	高安市林业局
9	丰城玉龙河省级湿地公园	丰城市	235.07	228.70	2010 年 9 月 28 日	丰城市林业局
10	宜丰新昌湖省级湿地公园	宜丰县	35.60	25.60	2010 年 9 月 28 日	宜丰县林业局
11	奉新华林省级湿地公园	奉新县	138.00	87.00	2010 年 9 月 28 日	奉新县林业局
12	上饶槠溪省级湿地公园	上饶县	393.00	25.00	2010 年 9 月 28 日	上饶县林业局
13	德兴洎水河省级湿地公园	德兴市	353.00	255.10	2010 年 9 月 28 日	德兴市林业局
14	遂川遂川江省级湿地公园	遂川县	665.93	519.73	2010 年 9 月 28 日	遂川县林业局
15	万安云洲省级湿地公园	万安县	42.67	16.09	2010 年 9 月 28 日	万安县林业局
16	南丰潭湖省级湿地公园	南丰县	871.10	561.00	2010 年 9 月 28 日	南丰县林业局
17	金溪白马湖省级湿地公园	金溪县	629.56	375.85	2010 年 9 月 28 日	金溪县林业局
18	宜黄百鹭洲省级湿地公园	宜黄县	126.46	123.01	2010 年 9 月 28 日	宜黄县林业局
19	乐安龙潭省级湿地公园	乐安县	135.55	119.24	2010 年 9 月 28 日	乐安县林业局
20	南昌澄碧湖省级湿地公园	南昌县	90.39	54.33	2011 年 11 月 29 日	南昌县林业局
21	进贤磨盘洲省级湿地公园	进贤县	49.50	41.05	2011 年 11 月 29 日	进贤县林业局
22	萍乡南岗口省级湿地公园	萍乡市	102.00	63.90	2011 年 11 月 29 日	萍乡湘东区林业局
23	鹰潭白露河省级湿地公园	鹰潭市	34.58	25.36	2011 年 11 月 29 日	鹰潭月湖区农林局
24	广丰丰溪省级湿地公园	广丰县	106.70	93.30	2011 年 11 月 29 日	广丰县林业局
25	铅山宋家源省级湿地公园	铅山县	150.70	72.10	2011 年 11 月 29 日	铅山县林业局
26	余干琵琶湖省级湿地公园	余干县	603.80	366.80	2011 年 11 月 29 日	余干县林业局
27	吉水吉水湖省级湿地公园	吉水县	1897.11	1558.03	2011 年 11 月 29 日	吉水县林业局
28	抚州廖坊省级湿地公园	抚州市	2639.84	2184.57	2011 年 11 月 29 日	抚州廖坊水库管理局
29	崇仁宝水省级湿地公园	崇仁县	103.30	50.50	2011 年 11 月 29 日	崇仁县林业局
30	南丰琴湖省级湿地公园	南丰县	195.52	170.10	2011 年 11 月 29 日	南丰县林业局
31	南城盱江省级湿地公园	南城县	632.60	603.30	2011 年 11 月 29 日	南城县林业局
32	黎川黎滩河省级湿地公园	黎川县	150.75	116.64	2011 年 11 月 29 日	黎川县林业局
33	龙南渥江省级湿地公园	龙南县	71.26	32.84	2013 年 3 月 18 日	龙南县林业局

续表

序号	名称	所在地	总面积	湿地面积	批建时间	管理机构
34	安福泸水河省级湿地公园	安福县	201.69	171.48	2013年3月18日	安福县林业局
35	德安隆平省级湿地公园	德安县	79.48	48.21	2013年12月31日	德安县林业局
36	星子星湖湾省级湿地公园	星子县	4334.18	4005.48	2013年12月31日	星子县林业局
37	乐平东湖省级湿地公园	乐平市	36.50	27.65	2013年12月31日	乐平市林业局
38	萍乡玉湖省级湿地公园	萍乡市	58.68	35.33	2013年12月31日	萍乡市林业局开发区分局
39	南康蓉江河省级湿地公园	南康市	153.10	93.10	2013年12月31日	南康区林业局
40	龙南桃江窑头省级湿地公园	龙南县	188.84	117.07	2013年12月31日	龙南县林业局
41	樟树芗溪省级湿地公园	樟树市	65.60	40.00	2013年12月31日	樟树市林业局
42	峡江玉峡湖省级湿地公园	峡江县	2889.80	1188.50	2013年12月31日	峡江县林业局
43	临川白鹭省级湿地公园	临川区	103.28	62.10	2013年12月31日	临川区林业局
44	都昌北鄱阳湖省级湿地公园	都昌县	4332.00	4031.00	2014年12月31日	都昌县林业局
45	湖口洋港省级湿地公园	湖口县	322.48	271.51	2014年12月31日	湖口县林业局
46	彭泽长江省级湿地公园	彭泽县	3048.00	2730.00	2014年12月31日	彭泽县林业局
47	九江小城门湖省级湿地公园	九江县	130.22	109.79	2014年12月31日	九江县林业局
48	奉新潦河省级湿地公园	奉新县	449.76	344.65	2014年12月31日	奉新县林业局
49	上高锦江省级湿地公园	上高县	500.85	307.52	2014年12月31日	上高县林业局
50	万载龙河省级湿地公园	万载县	202.00	126.00	2014年12月31日	万载县林业局
51	吉安君山湖省级湿地公园	吉安县	164.40	113.10	2014年12月31日	吉安县林业局
52	新干湄湘河省级湿地公园	新干县	715.80	637.40	2014年12月31日	新干县林业局
53	瑞昌安定湖省级湿地公园	瑞昌市	260.50	222.00	2015年12月30日	瑞昌市林业局
54	永修鹤田省级湿地公园	永修县	437.67	418.56	2015年12月30日	永修县林业局
55	宁都黄陂河省级湿地公园	宁都县	390.71	380.59	2015年12月30日	宁都县林业局
56	铜鼓定江省级湿地公园	铜鼓县	131.56	111.83	2015年12月30日	铜鼓县林业局
57	鄱阳鸦鹊湖省级湿地公园	鄱阳县	683.10	649.60	2015年12月30日	鄱阳县林业局

江西省国家级和省级森林公园

单位:公顷

序号	名称	建园时间	批复面积	经营管理单位
一	国家级			
1	三爪仑国家示范森林公园	1993年3月	12396.23	靖安县旅游局
2	庐山山南国家森林公园	1993年5月	3346.67	星子县东牯山林场
3	梅岭国家森林公园	1993年5月	11173.10	梅岭国家森林公园管理办公室(湾里区林业局)
4	三百山国家森林公园	1993年5月	3330.00	安远县林业局
5	马祖山国家森林公园	1993年5月	666.67	庐山区林业局
6	鄱阳湖口国家森林公园	1993年5月	1280.00	湖口县三里林场
7	灵岩洞国家森林公园	1993年5月	3000.00	婺源县灵岩洞国家森林公园管理局
8	明月山国家森林公园	1994年12月	7842.00	宜春市明月山温泉风景名胜区管理局
9	翠微峰国家森林公园	1999年1月	7866.67	宁都县翠微峰管理委员会

续表

序号	名称	建园时间	批复面积	经营管理单位
10	天柱峰国家森林公园	2000 年 2 月	20757.00	铜鼓县国有城郊林场
11	泰和国家森林公园	2000 年 12 月	3000.00	泰和白鹭湖国家森林公园管理处
12	鹅湖山国家森林公园	2000 年 12 月	7950.00	铅山县鹅湖山国家森林公园
13	龟峰国家森林公园	2000 年 12 月	7400.00	上饶市龟峰国家森林公园管理委员会
14	上清国家森林公园	2000 年 12 月	11800.00	龙虎山风景旅游区上清林场
15	梅关国家森林公园	2001 年 11 月	5300.00	大余县林业局
16	永丰国家森林公园	2001 年 11 月	7600.00	永丰国家森林公园管理局
17	阁皂山国家森林公园	2001 年 11 月	6860.00	樟树市林业局
18	三叠泉国家森林公园	2001 年 11 月	1650.97	庐山区海会镇三叠泉风景区管理处
19	武功山国家森林公园	2002 年 12 月	24190.00	安福县武功山国家森林公园管理局
20	铜钹山国家森林公园	2002 年 12 月	19500.00	上饶市铜钹山国家森林公园管理委员会
21	阳岭国家森林公园	2003 年 12 月	6889.80	阳岭国家森林公园管理处
22	天花井国家森林公园	2003 年 12 月	685.00	九江市林科所
23	五指峰国家森林公园	2003 年 12 月	24533.00	上犹县五指峰林场
24	柘林湖国家森林公园	2004 年 12 月	16450.00	江西省永修县林业局
25	陡水湖国家森林公园	2004 年 12 月	22666.67	赣州市陡水湖国家森林公园管理处(犹江林场)
26	万安国家森林公园	2004 年 12 月	16333.00	万安国家森林公园管理办公室
27	三湾国家森林公园	2004 年 12 月	15513.30	永新县三湾国家森林公园管理办公室
28	安源国家森林公园	2004 年 12 月	11069.00	江西省安源国家森林公园管理委员会
29	九连山国家森林公园	2005 年 12 月	20063.00	龙南县九连山林场
30	岩泉国家森林公园	2005 年 12 月	4885.39	黎川县岩泉国家森林公园管理办公室
31	云碧峰国家森林公园	2005 年 12 月	872.50	云碧峰国家森林公园管理委员会
32	景德镇国家森林公园	2005 年 12 月	5479.70	景德镇市枫树山林场
33	瑶里国家森林公园	2005 年 12 月	4471.00	江西省瑶里国家森林公园管理局
34	清凉山国家森林公园	2006 年 12 月	3397.82	资溪县株溪采育林场
35	峰山国家级森林公园	2006 年 12 月	20635.20	赣州市峰山森林公园管理处
36	九岭山国家级森林公园	2006 年 12 月	1266.16	武宁县林业局
37	岑山国家级森林公园	2008 年 1 月	955.00	横峰县林业局
38	五府山国家级森林公园	2008 年 1 月	1715.00	上饶县五府山林场
39	军峰山国家级森林公园	2008 年 1 月	1217.15	南丰县林业局
40	碧湖潭国家森林公园	2008 年 12 月	6838.70	萍乡市湘东区林业局
41	怀玉山国家森林公园	2008 年 12 月	3354.00	玉山县林业局
42	毓秀山国家森林公园	2009 年 8 月	2178.93	新余市孔目江生态经济区管委会
43	圣水堂国家森林公园	2009 年 12 月	4060.10	国营安义县峤岭林场
44	鄱阳莲花山国家森林公园	2012 年 1 月	6510.00	鄱阳县莲花山林场
45	彭泽国家森林公园	2013 年 1 月	2505.00	江西彭泽森林公园管理处(彭泽县林业局)

续表

序号	名称	建园时间	批复面积	经营管理单位
46	金盆山国家级森林公园	2014年1月	5981.85	信丰县金盆山林场
二	省 级			
1	龙泉山省级森林公园	1990年12月	353.33	安远县林业局
2	青山省级森林公园	1993年2月	3400.00	瑞昌市青山林场
3	上高县省级森林公园	1993年2月	160.00	上高县九峰林场
4	宜丰县省级森林公园	1993年2月	2805.07	宜丰县林业局
5	狮山省级森林公园	1993年2月	193.33	奉新县林业局
6	青原山省级森林公园	1993年2月	450.00	吉安市林科所
7	玉笥山省级森林公园	1993年2月	900.00	峡江县玉笥山林场
8	洪源省级森林公园	1993年2月	400.00	乐平市洪源镇人民政府
9	贵溪省级森林公园	1993年2月	120.00	贵溪市林业局
10	水鸡崇省级森林公园	1993年2月	7666.67	赣县林业局
11	武当山省级森林公园	1993年2月	533.20	龙南县小武当山风景区管理处
12	罗汉岩省级森林公园	1993年2月	500.00	瑞金市林业局
13	会昌山省级森林公园	1993年2月	333.32	会昌县会昌山省级森林公园管理处(会昌山林场)
14	西华山省级森林公园	1993年2月	175.33	石城县林业局
15	三清省级森林公园	1993年5月	666.67	德兴市林业局
16	象山省级森林公园	1993年5月	1674.00	新建县象山集体林场
17	广昌县省级森林公园	1993年5月	2852.00	广昌县盱江林场
18	百丈峰省级森林公园	1993年5月	2133.33	渝水区百丈峰林场
19	均福山省级森林公园	1993年6月	1488.00	兴国县均福山采育林场
20	浮梁省级森林公园	1993年6月	53.33	浮梁县银钨林场
21	梦山省级森林公园	1993年1月	2666.67	新建县红岭林场
22	南山省级森林公园	1994年1月	536.67	南康市林业局
23	麻姑山省级森林公园	1994年9月	4926.67	南城县洪门岭林场
24	玉壶山省级森林公园	1994年9月	393.33	莲花县林业局
25	吉安省级森林公园	1994年9月	100.00	吉安县林业局
26	龙宫洞省级森林公园	1995年4月	669.27	彭泽县龙宫洞旅游发展有限公司
27	罗田岩省级森林公园	1996年2月	400.00	于都县罗田岩森林公园管理处
28	黄畲山省级森林公园	1996年1月	600.00	寻乌县林业局
29	马岗岭省级森林公园	1997年8月	26.67	余江县林业工业公司
30	大东山省级森林公园	1997年11月	4000.00	吉水县芦溪岭林场
31	玉华山省级森林公园	2000年11月	666.70	泰和县澄江镇人民政府
32	江西省遂川森林公园	2000年6月	970.00	遂川县林业局
33	莲花洞省级森林公园	2001年2月	1610.00	庐山区莲花洞森林公园有限公司
34	郭璞峰省级森林公园	2001年4月	733.00	昌江区林业局

续表

序号	名称	建园时间	批复面积	经营管理单位
35	义门陈省级森林公园	2005 年 12 月	1281.40	德安县林业局
36	远泉省级森林公园	2005 年 12 月	1050.00	远泉集团公司
37	江西省三尖源森林公园	2006 年 9 月	12000.00	都昌县林业局
38	江西省九龙庙森林公园	2006 年 9 月	4950.00	万载县九龙垦殖场
39	江西省东江源椏髻钵山森林公园	2006 年 9 月	2980.00	寻乌县富寨林场
40	江西省六石岩森林公园	2006 年 9 月	993.74	广丰县嵩峰乡人民政府
41	江西省白云山森林公园	2006 年 9 月	2187.60	吉安市青原区白云山林场
42	江西省太宝峰森林公园	2006 年 11 月	2038.00	新余市仙女湖风景名胜区东坑林场
43	江西省香炉峰森林公园	2006 年 11 月	661.30	进贤县前岭林场
44	江西省屏山森林公园	2006 年 11 月	4528.60	于都县林业局
45	江西省兴农沙漠生态森林公园	2006 年 12 月	232.00	南昌县林业局
46	江西省白鸡峰森林公园	2006 年 12 月	666.60	余江县高公寨林场
47	江西省大南森林公园	2007 年 6 月	637.07	广丰县大南镇人民政府
48	江西省通天寨森林公园	2007 年 6 月	2112.00	石城县林业局
49	江西省大砻下森林公园	2007 年 6 月	675.00	分宜县大砻下林场
50	江西省仙人寨森林公园	2007 年 8 月	1041.22	铅山县林业局
51	江西省三尖峰森林公园	2007 年 8 月	630.80	萍乡市南坑林场(芦溪县)
52	江西省寒山森林公园	2007 年 12 月	1168.00	莲花县林业局
53	江西省理田源森林公园	2007 年 12 月	166.70	婺源县思口镇人民政府
54	江西省翠云峰森林公园	2008 年 6 月	173.10	金溪县翠云峰森林公园管理委员会
55	江西省小金山森林公园	2008 年 8 月	438.80	萍乡市安源区高坑镇人民政府
56	江西省马形山森林公园	2008 年 8 月	800.00	宜丰县潭山镇店上村民委员会
57	江西省睦州山森林公园	2008 年 10 月	1542.00	上饶市信州区林业局
58	江西省芦泉湖森林公园	2008 年 11 月	946.00	高安市新街镇景贤村民委员会
59	江西省仙隐洞森林公园	2009 年 12 月	920.00	宜丰县芳溪镇人民政府
60	江西省龙口源省级森林公园	2010 年 7 月	303.00	瑞昌市林业局
61	江西省东湖南山省级森林公园	2010 年 7 月	322.50	都昌县林业局
62	彭泽县双尖峰省级森林公园	2010 年 7 月	579.00	彭泽县林业局
63	江西省台山省级森林公园	2010 年 7 月	223.00	湖口县林业局
64	江西省万寿寺省级森林公园	2010 年 7 月	473.27	浮梁县万寿山垦殖场
65	江西省四亩里省级森林公园	2010 年 7 月	75.00	浮梁县林业局
66	江西省风龙省级森林公园	2010 年 7 月	531.23	安源区青山镇人民政府
67	江西省鸡冠山省级森林公园	2010 年 7 月	1120.80	上栗县鸡冠营林林场
68	江西省李畋省级森林公园	2010 年 7 月	368.80	上栗县林业局
69	江西省湖仙山省级森林公园	2010 年 7 月	182.00	莲花县林业局

续表

序号	名称	建园时间	批复面积	经营管理单位
70	江西省园岭省级森林公园	2010年7月	2853.77	兴国县园岭森林公园管理局
71	江西省李腊石省级森林公园	2010年7月	112.90	石城县林业局
72	江西省梅子山省级森林公园	2010年7月	180.51	全南县林业局
73	江西省大山脑省级森林公园	2010年7月	337.90	南康市林业局
74	江西省天工开物省级森林公园	2010年7月	67.00	奉新县林业局
75	江西省龙津湖省级森林公园	2010年7月	173.30	丰城市总部经济基地办公室
76	江西省东方禅文化省级森林公园	2010年7月	68.00	宜丰县林业局
77	江西省龙泉湖省级森林公园	2010年7月	219.00	万年县林业局
78	江西省李梅岭省级森林公园	2010年7月	657.00	余干县李梅林场
79	江西省黄金山省级森林公园	2010年7月	107.85	信州区林业局
80	江西省骆驼山省级森林公园	2010年7月	389.90	铅山县林业局
81	江西省珍珠山省级森林公园	2010年7月	316.67	婺源县珍珠山林场
82	江西省兴安省级森林公园	2010年7月	87.47	横峰县林业局
83	江西省广丰三山省级森林公园	2010年7月	116.00	广丰县林业局
84	江西省清水湾省级森林公园	2010年7月	154.67	上饶县罗桥街道办事处
85	江西省冰江省级森林公园	2010年7月	71.53	玉山县林业局
86	江西省聚远楼省级森林公园	2010年7月	524.60	德兴市林业局
87	江西省龙山省级森林公园	2010年7月	247.30	新干县林业局
88	江西省君华省级森林公园	2010年7月	222.95	吉州区林业局
89	江西省西龙山省级森林公园	2010年7月	539.30	吉安县林业局
90	江西省白凤省级森林公园	2010年7月	168.33	泰和县林业局
91	江西省龙江省级森林公园	2010年7月	81.60	井冈山市林业局
92	江西省汝水省级森林公园	2010年7月	70.67	抚州市林业局
93	江西省乐安省级森林公园	2010年7月	67.87	乐安县林业局
94	江西省卓望山省级森林公园	2010年7月	732.40	宜黄县林业局
95	江西省泰伯省级森林公园	2010年7月	66.73	资溪县林业局
96	江西省龙华山省级森林公园	2010年12月	153.33	广丰县桐畈镇人民政府
97	江西省仙峰岩省级森林公园	2010年12月	415.12	萍乡市安源区城郊管理委员会
98	江西山谷省级森林公园	2012年5月	139.10	修水县林业局
99	江西双圳省级森林公园	2012年5月	760.00	贵溪市林业局、双圳林场
100	江西东江源仙人寨省级森林公园	2012年5月	620.00	寻乌县林业局
101	江西螺峰尖省级森林公园	2012年5月	71.10	宜丰县林业局
102	江西老鹰山省级森林公园	2013年6月	593.76	宁都县林业局
103	江西虎峰山省级森林公园	2013年6月	484.25	鄱阳县田畈镇人民政府
104	江西芦溪狮山省级森林公园	2013年12月	121.19	芦溪县林业局

续表

序号	名称	建园时间	批复面积	经营管理单位
105	江西贵溪象山省级森林公园	2013 年 12 月	988.43	贵溪市雄石办事处
106	江西罗山省级森林公园	2013 年 12 月	608.42	丰城市洛市镇人民政府
107	江西鹤坪省级森林公园	2013 年 12 月	408.20	靖安县林业局
108	江西日峰山省级森林公园	2013 年 12 月	69.40	黎川县林业局
109	江西豫宁省级森林公园	2013 年 12 月	120.85	武宁县林业局
110	江西安基山省级森林公园	2013 年 12 月	580.54	龙南县林业局
111	江西九仙岭省级森林公园	2014 年 7 月	134.10	德安县林业局
112	江西湖东省级森林公园	2014 年 7 月	108.40	永修县林业局
113	江西金鸡寨省级森林公园	2014 年 7 月	87.63	龙南县林业局
114	江西龙泉省级森林公园	2014 年 7 月	150.32	江西农业大学
115	江西中华贤母园省级森林公园	2014 年 7 月	72.53	九江县中华贤母园管理处
116	株山省级森林公园	2014 年 12 月	436.80	丰城市株山林场
117	九峰省级森林公园	2014 年 12 月	792.00	上高县九峰林场
118	蒙岗岭省级森林公园	2014 年 12 月	97.40	安福县林业局
119	银凤岭省级森林公园	2015 年 12 月	731.85	萍乡市玉女峰林场
120	十八湾省级森林公园	2015 年 12 月	1581.08	芦溪县新泉乡人民政府

江西省国家级和省级林业自然保护区

单位:公顷

序号	名称	类型	所在地	面积	批建时间	管理机构
一	国家级					
1	江西鄱阳湖国家级自然保护区	湿地	新建县、永修县、星子县	22400	1988 年	江西鄱阳湖国家级自然保护区管理局
2	江西井冈山国家级自然保护区	森林	井冈山市	21449	2000 年	江西井冈山国家级自然保护区管理局
3	江西桃红岭梅花鹿国家级自然保护区	动物	彭泽县	12500	2001 年	江西桃红岭梅花鹿国家级自然保护区管理局
4	江西武夷山国家级自然保护区	森林	铅山县	16007	2002 年	江西武夷山国家级自然保护区管理局
5	江西九连山国家级自然保护区	森林	龙南县	13411.6	2003 年	江西九连山国家级自然保护区管理局
6	江西官山国家级自然保护区	动物	宜丰县、铜鼓县	11500.5	2007 年	江西官山国家级自然保护区管理局
7	江西马头山国家级自然保护区	植物	资溪县	13866.5	2008 年	江西马头山国家级自然保护区管理局
8	江西鄱阳湖南矶湿地国家级自然保护区	湿地	新建县	33300	2008 年	江西鄱阳湖南矶湿地国家级自然保护区管理局

续表

序号	名称	类型	所在地	面积	批建时间	管理机构
9	江西九岭山国家级自然保护区	森林	靖安县	11541	2011 年	江西九岭山国家级自然保护区管理局
10	江西齐云山国家级自然保护区	森林	崇义县	17105	2012 年	江西齐云山国家级自然保护区管理局
11	江西阳际峰国家级自然保护区	森林	贵溪市	10946	2012 年	江西阳际峰国家级自然保护区管理局
12	江西赣江源国家级自然保护区	森林	石城县、瑞金市	16100.9	2013 年	江西赣江源国家级自然保护区石城管理站/瑞金管理局
13	江西庐山国家级自然保护区	森林	庐山市	20120	2013 年	江西庐山国家级自然保护区管理局
14	江西铜钹山国家级自然保护区	森林	广丰县	10800	2014 年	江西铜钹山国家级自然保护区管理局
二	省　级					
1	江西鸳鸯湖省级自然保护区	动物	婺源县	917	1997 年	江西婺源鸳鸯湖省级自然保护区管理局
2	江西阳岭省级自然保护区	森林	崇义县	1880	1997 年	崇义县林业局
3	江西青岚湖省级自然保护区	湿地	进贤县	1000	1997 年	进贤县林业局
4	江西水浆省级自然保护区	森林	永丰县	2000	1997 年	江西水浆省级自然保护区管理站
5	江西云居山省级自然保护区	森林	永修县	2480	1997 年	江西云居山省级自然保护区管理处
6	江西岩泉省级自然保护区	植物	黎川县	2460	2001 年	黎川县林业局
7	江西三十把省级自然保护区	森林	万载县	2100	2001 年	万载县林业局
8	江西华南虎省级自然保护区	动物	宜黄县	58300	2001 年	江西宜黄华南虎省级自然保护区管理办公室
9	江西瑶里省级自然保护区	森林	浮梁县	3658	2001 年	浮梁县林业局
10	江西老虎脑省级自然保护区	动物	乐安县	14502.6	2004 年	江西老虎脑省级自然保护区管理办公室
11	江西峤岭省级自然保护区	森林	安义县	4490	2004 年	安义县林业局
12	江西羊狮幕省级自然保护区	森林	芦溪县	7006	2004 年	萍乡市林业局武功山林业分局
13	江西都昌候鸟省级自然保护区	动物	都昌县	41100	2004 年	江西都昌候鸟省级自然保护区管理局
14	江西抚河源省级自然保护区	森林	广昌县	8187.7	2010 年	广昌县林业局
15	江西南风面省级自然保护区	森林	遂川县	4205	2010 年	遂川县林业局

续表

序号	名称	类型	所在地	面积	批建时间	管理机构
16	江西七溪岭省级自然保护区	森林	永新县	10500	2010年	永新县七溪岭林场
17	江西黄字号黑鹿省级自然保护区	动物	浮梁县	17356.2	2010年	浮梁县林业局
18	江西高天岩省级自然保护区	森林	莲花县	4780	2010年	江西莲花县高天岩省级自然保护区管理局
19	江西章江源省级自然保护区	森林	崇义县	10452	2010年	崇义县林业局
20	江西桃江源省级自然保护区	森林	全南县	11560	2010年	全南县林业局
21	江西五指峰省级自然保护区	森林	上犹县	6368	2010年	江西上犹五指峰省级自然保护区管理局
22	江西修河源五梅山省级自然保护区	森林	修水县	14485	2010年	修水县林业局
23	江西信江源省级自然保护区	森林	玉山县	4535	2011年	江西玉山信江源省级自然保护区管理办公室
24	江西凌云山省级自然保护区	森林	宁都县	11342.6	2011年	宁都县林业局
25	江西玉京山落叶木莲省级自然保护区	植物	宜春市袁州区	1199	2011年	江西玉京山省级自然保护区管理站
26	江西瑞昌南方红豆杉省级自然保护区	植物	瑞昌市	2500	2011年	江西瑞昌南方红豆杉自然保护区管理局
27	江西伊山省级自然保护区	森林	武宁县	11340	2011年	武宁县林业局
28	江西宜黄中华秋沙鸭省级自然保护区	动物	宜黄县	1693	2014年	宜黄县林业局
29	江西铁丝岭省级自然保护区	森林	安福县	2046	2014年	安福县林业局
30	江西五府山省级自然保护区	森林	上饶县	5104	2014年	上饶县林业局
31	江西大龙山省级自然保护区	森林	宁都县	5238	2014年	宁都县林业局
32	江西芙蓉山省级自然保护区	森林	南城县	3600	2015年	江西芙蓉山省级自然保护区管理站

（省林业厅）

污染防治

【概　况】　2015年，围绕推动环境质量改善，推进水污染防治项目实施，开展重金属污染综合防治，严格加强固体（危险）废物监管，强化化学品环境管理，推行强制性清洁生产审核，全省污染防治工作取得新进展。全省环境空气质量总体稳定，空气质量指数AQI平均达标天数比例为90.1%，PM10年均浓度为68微克/立方米，11个设区城市达标天数比例范围为76.4%～97.0%，SO_2、NO_2和PM10浓度年均值分别为27微克/立方米、25微克/立方米和68微克/立方米，比上年分别下降12.9%、7.4%和10.5%。

【保障饮用水水源环境安全】　加强日常监管，先后对赣州、上饶、吉安、宜春、九江及抚州等设区市的饮用水水源地管理情况进行现场不定期检查，共检查饮用水源地13个。组织各地完成《江西省地级以上城市集中式饮用水水源环境状况评估报告（2014年度）》《江西省地级以下城市集中式饮用水水源环境状况评估报告（2014年度）》和《江西省典型农村饮用水水源评估报告(2014年度)》,评估结果达标率分别为99.4%、97.4%和97.65%。与省水利厅联合转发环保部《关于加强农村饮用水水源保护工作的指导意见》,并要求各单位加强组织领导、明确责任主体、细化管理权限,按要求完成农村饮用水源保护区(范围)划定工作。

【建立健全重金属污染防治工作体系】 建立完善企业监管台账,以涉及5类重金属污染物和有色金属冶炼业等重点行业为依据,建立全省重金属相关企业重点重金属污染物排放量基表,并定期组织各地更新相关数据,共涉及企业1065家。强化源头控制,依照"减量置换"的原则,对22个新(改、扩建)的涉重项目的重点重金属污染排放总量及来源进行核实,有效控制全省重点重金属污染物新增排放量。强化环境监管,全省重点企业环境监测达标率由上年的74.4%提升到82.96%;强制清洁生产完成率由上年的39.8%提升至76.85%。

【控制固体废物污染】 以行政审批事项为抓手,有效控制固体废物污染。一是严格核发危险废物经营许可证。全年办理危险废物经营许可证核发行政审批事项53件,其中,临时经营许可证32件,换发经营许可证21件。二是规范危险废物跨省转移。全年办理危险废物跨省转移事项641件,比上年增长94%,否决外省217家产废企业拟转入省内危险废物共11.5万吨,有效提升企业依法转移危险废物意识,并适度控制外省危险废物转入省内规模。三是严格进口固体废物审批。全年全省46家企业获批6类19种限制类进口废物154.29万吨加工利用,23家企业获批1类2种自动进口类进口废物59.8万吨加工利用。四是强化废弃电器电子产品拆解处理企业监管。经检查核实,江西中再生等4家定点拆解废弃电器电子产品企业全年拆解废旧电视机等"四机一脑"494.05万台,涉及补贴资金3.92亿元,全省拆解企业的拆解量位居全国前列。 (省环保厅)

节能减排

【概　况】 2015年,按照《江西省2015年节能减排低碳发展行动工作方案》要求,优化产业结构,严控"两高"增长,推进节能减排工作上台阶、上水平,全省节能减排工作取得实效。单位生产总值能耗比上年下降3.92%左右,万元生产总值综合能耗约0.544吨标准煤,化学需氧量排放量下降0.62%,氨氮排放量下降1.63%,二氧化硫排放量下降1.19%,氮氧化物排放量下降8.78%,超额完成"十二五"节能减排目标任务。

【强化重点领域节能降碳】 推进工业节能降碳。全年淘汰炼钢落后产能50万吨、水泥落后产能174万吨。通过持续开展万家企业节能低碳行动,抓好实施工业绿色发展专项行动,引导和推进重点节能项目建设,强化节能降碳目标责任评价考核,全省企业回收利用各类能源597.93万吨标准煤,占规模以上工业能耗比重11.7%;万元工业增加值能耗0.68吨标准煤,比上年下降6.7%,超额完成下降4%的年度目标任务。强化建筑节能降碳。推进绿色建筑发展,印发《江西省民用建筑节能和推进绿色建筑发展办法》,新增绿色建筑面积838万平方米,超过2011—2014年的总和。推进交通运输节能降碳。全省淘汰年底前注册营运的黄标车,完成淘汰黄标车和老旧机动车任务。新增ETC车道85条,累计建成ETC车道613条,实现主线收费站全覆盖,全部打通与邻省的省界收费站ETC车道,完成全国29个省市ETC联网工作。抓好公共机构节能降碳。出台《江西省2015年公共机构节约能源资源工作安排》,建立江西省大型公共建筑能耗监管平台。全省公共机构人均综合能耗、单位建筑面积能耗、人均水耗比2010年均下降20%左右,完成"十二五"公共机构节能目标任务。

【开展2015年节能宣传周活动】 6月13日—21日,省发改委会同有关部门开展2015年节能宣传周活动。节能宣传周以"节能有道 节俭有德"为主题,举办了全省节能宣传周启动仪式暨全民健步行活动,并协调省直有关单位做好各自领域内的主题活动。《江西日报》、江西电视台等媒体对系列宣传活动作了全面深入报道,对新近出台的系列政策措施作了专题报道,并借助移动公司、联通公司、电信公司等短信平台发布相关信息,宣传节能减排理念与知识。

(许冬)

【完善减排经济政策】 落实国家环保电价政策。严格燃煤发电机组环保电价管理,及时兑现火电企业环保电价。全省29台统调火电机组均享受环保电价政策,并对实施脱硫脱硝除尘且运行正常的火电厂给予电价补贴。实施减排"以奖代补"政策。省财政安排专项资金0.60亿元,对2014年发挥减排效益的重点减排项目实行"以奖代补";安排奖励资金0.75亿元,对2014年运行较好的污水处理厂按照0.1元/吨给予奖励。

【完成2005年年底前注册营运黄标车淘汰任务】 省政府定期组织省公安厅、省环保厅、省交通厅和省商务厅调度黄标车淘汰工作进展,建立推进黄标车淘汰的部门协作机制。省公安厅负责注销须淘汰的黄标车,并同步加强黄标车限行和查处工作;省环保厅严格机动车环保标志管理,下发《关于不予发放2005年年底前注册营运黄标车环保标志的通知》,并对工作进展实行周调度;省交通厅对2005年年底前注册运营黄标车停止发放营运资格证,并将相关车辆信息及时通报相关部门;省商务厅加强报废车辆回收工作管理,落实黄标车淘汰奖补措施。至年底,全省已完成2005年年底前注册营运黄标车的淘汰任务。

(省环保厅)

本栏编辑　詹跃华

教　育

综　述

2015年，围绕教育部年度工作部署，突出重点，狠抓落实，有序推进各项工作，完成各项任务。

*基础教育重大项目深入推进。*利用中央奖补资金6.97亿元、省财政3亿元，推进第二期学前教育三年行动计划。省级财政安排16亿元，重点解决城镇义务教育学校“大班额”“大校额”等突出问题。分四批投入45.99亿元，全面完成义务教育标准化工程建设任务，改善1万余所农村学校的办学条件。累计投入资金约115亿元，实施“全面改薄”。争取中央和省级校舍维修改造长效机制资金12.18亿元，新建改扩建校舍120万平方米。及时下达中央安排的农村初中工程专项资金3.5亿元，建设生活类校舍约25.6万平方米，受益学校161所。争取中央资金2.12亿元支持17个集中连片特困县、省级财政安排2亿元支持其他县（区）农村薄弱普通高中建设，改扩建校舍和体育场93.3万平方米。制订出台《深化考试招生制度改革的实施方案》，举办全省新课程实验成果、普通高中特色发展试验经验展示活动。

*精心编制全省教育事业“十三五”规划。*举办教育事业发展“十三五”规划系列专题讲座，先后邀请教育部综合改革司司长刘自成、国家教育“十三五”规划起草组副组长秦昌威对江西省教育事业发展“十三五”规划编制进行指导。省委教育工委、省教育厅领导分成四组，分赴北京、上海、湖南、湖北等10省市，就“十三五”教育规划编制等工作进行学习考察。向部分设区市和高校下达“十三五”规划重点研究课题17项。成立江西教育与经济社会发展智库，召开教育智库第一次专家咨询会，与会专家就《江西省教育事业发展“十三五”规划（草案）》和《江西省高水平大学和一流学科建设方案（征求意见稿）》进行探讨交流、把脉问诊、建言献策、评估论证，提出意见和建议。

*教育经费投入持续增长。*筹措教育经费，保持教育经费的持续增长，为全省教育改革发展提供经费保障。全年全省教育经费974.5亿元，比上年894.3亿元增长8.9%。其中，财政性教育经费支出815.9亿元，比上年740.8亿元增长10.1%。财政性教育经费支出占全省生产总值4.88%，占全省公共财政支出17.7%。

*切实加强大学生思想政治教育。*结合省领导联系高校制度，会同省委组织部、省委宣传部出台《领导干部上讲台开展思想政治教育工作的实施意见》，省委书记强卫带头为高校师生上党课，解读中央“十三五”规划建议。研究制定《加强大学生思想政治工作的意见》。以纪念中国人民抗日战争暨世界反法西斯战争胜利70周年为契机，组织开展高校“开学第一课”活动，与省委党史研究室等4家联合开展以爱国主义为核心的民族精神教育、社会主义核心价值观教育、党史和红色文化教育、法治教育、创新创业教育“五进”校园宣讲活动，组织编写《文化育人与社会主义核心价值观教育读本》。组建全省教育部门宣传信息员队伍，加强网上舆论引导和舆情应对，把握全省教育宣传思想工作的主动权。

*大力推进高校创新创业教育改革。*贯彻落实省政府《关于大力推进大众创业万众创新若干政策措施的实施意见》，推出33条政策措施和“十个一”具体举措：召开全省高校创新创业教育改革工作推进会；推动省政府办公厅出台《关于推进高等院校创新创业教育改革的若干意见》；开通全省大学生创新创业网络平台；与南昌市政府签署协议共建江西省大学生创新创业示范基地；分批次规划建设一定数量、形式多样的高校众创空间（全省在校大学生创办的创业机构882个，创造的经济效益近1.6亿元）；举办“互联网+”时代下全省高校创新创业教育与人才培养研讨会；组织专家启动编写《江西省高校创新创业教育系列教材》和大学生创业案例；建立大学生创新创业导师库（聘请了首批47名导师）；在江西教育电视台开办《创新创业大讲坛》（遴选宣传了一批大学生创业典型）；组织参加首届全国“互联网+”大学生创新创业大赛，获2金1银11铜，其中南昌大学、景德镇陶瓷学院获大赛金奖，同时南昌大学获大赛集体奖和项目最具人气奖（全国唯一），景德镇陶瓷学院项目获最佳创意奖（全国唯一）。

*职业教育和高校内涵建设推出新举措。*召开全省职业教育重点工作推进会，制定出台《关于推进中等职业教育资源整合的指导意见》。召开全省职业教育校企合作现场会，联合有关部门出台《职业教育校企合作促进办法》，从制度层面引导，促进职业教育发展。围绕高校内涵建设，组织召开全省本科教育教学改革工作座谈会，开展高校本科专业综合评价工作，

遴选确定新的一批协同创新中心，全省高校2011协同创新中心达56个。制订出台《关于推进我省高校学科联盟建设的指导意见》，推动各高校之间整合资源，打造学科高地，联合培养人才，协同科研攻关。

依法治教、依法治校工作全面推进。贯彻省委《关于全面推进法治江西建设的意见》，组织召开全省推进依法治教工作会议。推动教育立法工作，江西教育史上第一部政府规章《江西省教育督导规定》经第46次省政府常务会议审议通过，10月1日开始施行；《江西省学校学生人身伤害事故预防与处理条例》经省十二届人大常委会第二十一次会议审议通过。分批核准31所本科高校、35所高职高专章程，完成普通公办本科高校章程核准工作。与省司法厅联合制订下发《江西省中小学法治教师和法治辅导员配备管理暂行规定》，形成青少年法治教育宣传齐抓共管的局面。

学校及学生安全工作进一步加强。与省维稳办、省公安厅、团省委、省妇联联合召开全省预防青少年学生暑期溺水工作视频会议，推动各地将预防青少年儿童溺水工作纳入综治考评范围，实行"一票否决"。省政府分管副省长、省委教育工委、省教育厅主要领导分别致信各设区市、县（市、区）政府领导和教育局长、中小学校长、学生家长。全年就学校及学生安全工作召开8次会议，下发22个文件（其中制度性文件3个），开展4次全面督导，组织培训农村中小学教师安全工作骨干1500余人。在全省中小学校组织为期100天的防溺水专项行动，开展学生自杀、中小学生溺亡事故专题调研，撰写专题调查报告，查找原因，研究对策。

资助体系进一步健全。全年发放各级各类资助资金81亿元，资助人数725万人。省级财政新增4800万元，将普通高中和中职学校国家助学金标准由生均1500元提高到生均2000元。全省17个集中连片特困县3783所学校约90万名农村义务教育学生享受营养餐，营养膳食标准由每人每天3元提高到4元。

（省教育厅）

基础教育

【概　况】 2015年，全省基础教育坚持以落实立德树人为根本目标，继续以"学前教育抓普及、义务教育促均衡、高中教育强特色"为工作重点，转作风，抓规范，促公平，提质量，全省基础教育工作取得新进展。全省小学净入学率99.92%；初中阶段毛入学率98.29%；高中阶段毛入学率87%，比上年提高2.5个百分点；幼儿园1.19万所，在园幼儿166.25万人；特殊教育学校88所，比上年增加1所，在校学生2.38万人。

【加强中小学德育工作】 制定《江西省社会主义核心价值体系融入中小学课堂教学指导纲要（试行）》，出台贯彻教育部有关加强家庭教育、加强中小学劳动教育等德育工作的实施意见。开展"少年传承中华传统美德"教育系列活动、以"诚信与守法"为主题的第六个"素质教育月"活动及纪念反法西斯战争胜利70周年主题教育活动。举办全省班主任"育人风采"展示和省级三好学生、优秀学生干部评选活动。组织开展全省中小学心理健康教育特色学校争创工作，评选出首批中小学心理健康教育特色学校20所，南昌二中等4所学校被评为全国首批中小学心理健康教育特色学校，10个案例被评为全国中小学社会主义核心价值观教育优秀案例。组织实施中小学"蒲公英行动计划"，通过"建、管、用、宣、研、训"等多项措施，进一步加强青少年校外活动场所的建设与管理，推进中小学生社会实践。兴国县、弋阳县被确定为全国中小学德育工作实验区。

【义务教育标准化工程基本完成】 实施校舍维修改造机制项目、农村初中校舍改造工程。省级财政安排16亿元，用于推进城乡义务教育均衡发展，重点解决城镇义务教育学校"大班额""大校额"等突出问题。累计改造村小和教学点1万所、改造校舍364万平方米、购置图书948万册、购置教学仪器设备211万台（件、套），基本完成义务教育标准化工程。在省人大组织的绩效评价中，群众对该项目建设整体满意度达92%。

【推进"全面改薄"项目建设】 为保障"全面改薄"项目建设的规范化、科学化，制定《江西省全面改善贫困地区义务教育薄弱学校基本办学条件项目管理办法》，就部门职责、工作流程、项目建设、资金管理等方面提出明确要求；出台《江西省农村义务教育薄弱学校改造计划补助资金管理暂行办法》，对资金使用、分配和监督管理等方面作出明确规定。同时，为使"全面改薄"有标准有目标，在已出台实施《江西省普通小学、初级中学基本办学条件标准（试行）》基础上，又制定《江西省村小、教学点办学条件基本要求》。全省改造校舍544万平方米，购置图书1653万册、课桌椅81万套、教学仪器设备385万台（件、套）。

【提高学前教育普及水平】 会同省发改委、省财政厅联合下发《关于实施第二期学前教育三年行动计划的意见》，全年下达奖补资金10亿元，支持各地改扩建公办幼儿园1900余所，支持全省3700所民办幼儿园改善办园条件，争取中央预算内投资1亿元，新建乡镇公办幼儿园47个，学前三年毛入学率70.1%。组织开展国家学前教育改革发展实验区创建工作、全省学前教育教研指导责任区创建工作和全省幼儿园教师专业技能展示活动，组织专家对3所和17所幼儿园分别进行省示范幼儿园评估和复评。组织全省幼儿园开展幼儿"健康、快乐、发展"主题活动及全省学前教育宣传月活动，赠送《3—6岁儿童学习与发展指南》家长宣传册5万余份。

【中小学安全管理进一步强化】 开展安全教育与隐患排查。会同省应急办、省安监局、省公安厅等单位联合开展系列安全主题教育活动，举办全省农村中小学教师安全教育培训班3期、全省平安校园建设工作培训班3期、全省中小学（幼儿园）安全教育骨干教师培训班4期，共培训各类安全管理人员3500余人。召开安全稳定形势分析研判会5次，分析研判各类网络舆情信息1万多条。开展安全隐患大排查6次，排查治理各类隐患1.01万起。先后4次派出31个督查组，对11个设区市、50多个县（市、区）、300多所学校进行专项督查。抓好专项整治。先后下发文件13个，对防溺水工作进行反复部署。组织8个督查组对防溺水工作进行专项督查。开展2次全省教育系统“打非治违”和专项整治工作，组织3次全省校园及周边治安秩序集中整治行动。江西省学校及周边综合治理工作考评名列全国前列。

【推进中小学教育信息化建设应用】 加强平台建设。结合“标准化建设”和“全面改薄”工程信息化项目和省级信息化专项资金，不断推进“三通两平台”（宽带网络校校通，优质资源班班通，网络学习空间人人通；江西教育资源公共服务平台，江西教育管理公共服务平台）建设，全省66%的中小学校（教学点）实现宽带进校园、60%的中小学校（教学点）实现班班装备多媒体教学设备。提高应用水平。组织开展“一师一优课 一课一名师”活动，有16万名教师和教研员在活动平台注册，上传课程9万多节，位于全国前列。推进信息化管理。制订《江西省中小学生学籍信息管理系统数据导出使用管理实施细则（试行）》，开展全省学籍管理人员业务培训和学生学籍数据核查，全省学籍系统办理跨省转学就学业务22万余起、省内转学48万余起。

【出台《江西省中小学教科书选用管理实施细则（试行）》】 为加强中小学教科书管理，规范教科书选用工作。7月8日，省教育厅根据《教育部关于印发〈中小学教科书选用管理暂行办法〉的通知》和江西省中小学教育教学实际，在广泛征求意见的基础上，制定出台《江西省中小学教科书选用管理实施细则（试行）》，从选用机构、选用程序和监督管理等方面，进一步规范教科书和教辅材料选用管理。

【举办全省普通高中特色发展培训班】 9月29日，省教育厅在南昌举办全省普通高中特色发展培训班。培训期间，教育部基础教育二司副司长申继亮到会并作《抓住机遇 深化普通高中教育改革》的报告，从政策层面、宏观层面对深化普通高中改革、推进普通高中多样化发展进行阐述；浙江省教研室主任缪水娟作《深化课程改革 促进普通高中多样化发展》的报告，从实践层面、操作层面对深化普通高中课程改革、推进高中特色发展、提高教育教学质量作了发言；南昌市第二十中学、婺源县天佑中学、赣州中学、景德镇市第七中学分别介绍各自推进特色发展试验的经验和做法。各设区市教育局分管基础教育的副局长、基础教育科科长、44所普通高中特色办学试验学校校长，以及南昌市各普通高中校长共150余人参加培训。

（省教育厅）

职业教育与成人教育

【概　况】 2015年，全省职业教育与成人教育坚持以问题为导向，深化职业教育综合改革，着力推动“两个转型”（在办学方向上向为地方经济社会发展和民生服务转型，在人才培养上向培养应用型和技能型人才转型），加快构建“一个体系”（现代职业教育体系），职业教育改革发展环境进一步优化。全省中等职业学校招生20.51万人，毕业生就业率96.32%。

【深化教育教学改革】 按照“系统设计、整体推进，重点突破、试点先行”的思路，会同省建材集团，在江西现代职业技术学院开展职业教育综合改革试点，试点将重点在体制机制创新、衔接培养体系构建、人才培养模式改革、教育资源共建共享、社会服务能力提升、国际交流与合作等方面力求取得突破。进一步扩大中高职对接培养试点范围，新增2所高职院校和18所中职学校参与试点，试点高职院校达34所，中职学校达105所。

【职业教育校企合作全面提速】 省教育厅、省人社厅、省发改委、省财政厅等12家单位联合出台《江西省职业教育校企合作促进办法》，从制度层面明确政府、学校、企业、行业组织等校企合作各方的责任和义务，明确校企合作相关财税、人事管理等方面的政策，建立校企合作的长效机制。11月，省教育厅、省非公经济领导小组办公室、省国资委在南昌联合召开全省校企合作现场推进会，省委常委、副省长朱虹，省委常委、省委统战部部长蔡晓明出席并讲话。引导职业院校建立“订单培养、工学交替、半工半读”的人才培养模式，在新余市开展现代学徒制试点的基础上，教育部确定江西省医药学校为首批“现代学徒制试点学校”。

【加强实习实训场所建设】 省财政安排1.21亿元，支持82所中职学校加强实训场所建设，重点培育20所中职学校开展达标能力建设；安排5000万元专项经费，遴选20个省级高级技能实训中心进行重点建设。省财政安排省级教育费附加4230.84万元，支持中职学校开展实习实训场所等基础能力建设。争取中央财政1.70亿元，支持76所中职学校改善办学条件。

【强化“双师型”教师队伍建设】 省财政安排300万元，在南昌大学等10个省级职教师资培训基地培训1000名专业骨干教师，全面提高专业教师的教育教学能力、科研能力和信息化技术应用能力。选派604名教师参加职业院校教师素质提升计划。邀请教育部信息化教学大赛评委为全省200多名教师开展专题培训。省财政安排900万元，实施“特聘兼职教师”项目，重点扶持中等职业学校面向社会聘请“能工巧匠”担任“特聘兼职教师”。

【出台《关于推进中等职业教育资源整合的指导意见》】 10月8日，省教育厅会同省发改委、省财政厅、省人社厅、省编办出台《关于推进中等职业教育资源整合的指导意见》，按照“做强优势学校、创建特色学校、打造品牌学校”的原则，通过3年努力，以撤销、合并、划转、重组等形式，基本完成中等职业教育资源整合工作，在全省重点办好300所以内达标中等职业学校，本科高校和高职院校将停止举办中职教育。

（省教育厅）

【推进技能人才队伍建设】 健全技能人才培养机制，加快功能完备的高技能人才多元化培养平台建设，强化高技能人才基础能力建设，开展“技兴赣鄱”专项行动，形成高技能人才培养示范基地高端引领、技工院校主体推动、公共实训基地有力补充的技能人才培养体系。至年底，城镇技能劳动者总量415万人，高技能人才121万人，高技能人才占技能劳动者29.15%。新增国家级高技能人才培训基地建设项目3家，国家级技能大师工作室3家，省级高技能人才培养示范基地1家，省级技能大师工作室15家。

【组织实施技能鉴定】 开展技能鉴定工作，加强鉴定组织实施管理，规范鉴定行为，扩大机考试点范围，在具备条件的院校推行无纸化机考。全年全省开展技能考核鉴定23.5万人，其中高技能人才5.2万人，参加职业技能鉴定人员中计算机操作员、维修电工、育婴师、汽车修理工等职业居前列；组织实施机考9600余人次。

【加强技工院校管理】 完善技工院校管理制度，强化学籍和资助资金管理，加强师资建设，注重日常检查指导，形成以技师学院为龙头、高级技工学校为骨干、普通技工学校为基础的机构体系。至年底，全省有98所技工院校开设了覆盖特色产业、支柱产业和新兴产业等139个专业，在校学生12.2万人，完成招生4.8万人，比上年增长0.6%；培养各类技能人才26.36万人，毕业生就业率稳定在98%以上；教职工8505人，师生比保持在1:7左右。

【举办江西省“振兴杯”职业技能大赛】 3—12月，举办2015年中国技能大赛·江西省“振兴杯”职业技能大赛，设立竞赛组委会，由省人社厅、省国资委、省总工会、团省委、省妇联组成，负责竞赛活动的整体推进、综合指导，单项竞赛主办单位负责单项具体赛事。全省举办省级竞赛29项，新增7个行业竞赛和9个省级三类竞赛，竞赛涉及16个行业，职业工种达210个，直接参加各类竞赛人数超过5万人，带动50万人岗位练兵。江西铜业集团公司、新余钢铁集团有限公司、国网江西省电力形成独有的竞赛品牌。

【承办首届“古窑杯”陶瓷成型职业技能全国总决赛】 10月22日—23日，2015年中国技能大赛——首届“古窑杯”陶瓷成型职业技能全国总决赛在景德镇举行。总决赛由中国陶瓷工业协会、中国财贸轻纺烟草工会、中国就业培训技术指导中心、中国轻工业职业技能鉴定指导中心主办，省人社厅承办。来自全国11个赛区、14个省份的140名参赛选手，参加陶瓷滚压成型、陶瓷拉坯、陶瓷雕塑3个竞赛项目，吴福民、占新华、李军获陶瓷滚压成型项目前三名，占绍林、冯华东、徐敏获陶瓷拉坯项目前三名，李锦峰、兰全盛、徐建建获陶瓷雕塑项目前三名。

（省人社厅）

高等教育

【概　况】 2015年，全省高等教育以提高高等教育贡献率为目标，深入实施创新驱动发展战略，大力推进人才培养模式改革，推进协同创新，深化高等学校创新创业教育改革，提高高校人才培养质量，提升科学研究水平和服务经济社会发展能力。至年底，全省有普通高等学校、独立学院和成人高等学校105所，其中普通高等学校97所(含独立学院13所)、成人高等学校8所。各类高等教育在学人数126.14万人，高等教育毛入学率36.5%，比上年提高2个百分点。推动教育部批准设置江西师范高等专科学校、南昌影视传播职业学院，景德镇陶瓷学院、赣南师范学院2所学院更名为大学，全省冠名大学的高校由11所增至13所。

【推进高校创新创业改革】 6月29日，全省高校创新创业教育工作推进会在南昌召开，副省长朱虹出席并讲话。9月22日，省政府办公厅印发《关于深化高等学校创新创业教育改革的实施意见》，优先支持参与创新创业学生转入相关专业学习，实施弹性学制，放宽修业年限，允许调整学业进程、保留学籍休学创新创业，支持应用性学科专业在岗教师同时成为对口行业企业工程师，将创新创业纳入教师专业技术职务评聘和绩效考核。与南昌市政府签署共同建设江西省大学生创新创业示范基地协议，开通全省大学生创新创业网络平台，建立全省大学生创新创业导师库，聘请47名专家和企业家为首批大学生创新创业导师。组织参加首届中国“互联网+”大学生创新创业大赛，江西省共有79所高校3228个项目参赛，获2金、1银、11铜。

【高校转型试点取得新进展】 为引导高校主动融入产业转型升级和创新驱动发展，推动地方普通本科高校向应用型转变，启动本科高校转型发展试点申报，遴选确定景德镇陶瓷学院、南昌航空大学、新余学院、宜春学院、萍乡学院、江西服装学院、南昌工学院、江西应用科技学院、华东交通大学理工学院、江西中医药大学科技学院10所高校作为首批转型发展试点高校。继续实施普通本科高校与高职院校联合培养应用技术型本科人才试点项目，新增5所高职院校和8个试点专业。

【国家级奖励实现历史性突破】 南昌大学教授江风益主持完成的“硅衬底高光效GaN基蓝色发光二极管”获2015年度国家技术发明奖一等奖(2015年度全国唯一)，实现江西省该奖项零的突破。江西中医药大学教授陈日新主持完成的“热敏灸技术的创立及推广应用”入围国家科技进步二等奖。在2015年全国职业院校技能大赛中，江西省高校共获一等奖5项、二等奖17项、三等奖33项，一等奖和获奖总数均创历史最好成绩。

【高层次人才培养成效显著】 江西农业大学教授任军获国家杰出青年基金，成为江西省第四位本土培养的“国家杰青”获得者。南昌大学教授陈义旺和华东交通大学教授徐长节入选国家创新人才推进计划的中青年科技创新领军人才。全省高校有9人入选省主要学科学术和技术带头人培养对象，占全省总数69.2%；42人入选省青年科学家培养对象，占全省总数89.4%。继续实施中青年教师发展计划、民办高校教师能力提升计划、高职教师素质提高计划等重大教师发展项目。全年培训教师5000多人次。

（省教育厅）

师资教育

【概 况】 2015年，坚持以加强师德建设为先导，以推进校长教师交流轮岗改革和加强乡村教师队伍建设为重点，以创新教师培养培训机制为抓手，以探索教师管理新模式为突破口，全省师资教育取得新进展。实行中小学教师招聘省级统筹，共招聘中小学教师1.04万人，其中国家“特岗计划”为24个贫困县招聘特岗教师2898人。实施“定向培养农村中小学教师计划”，共招收定向师范生3853人。继续在江西师大试行本科师范生免费培养，招收免费师范生239名。通过组织双向选择招聘及网上选岗活动，共接收部属师范大学免费师范生204名回省任教。开展“三区”人才支持计划工作，选派“三区”支教教师4391人次。开展“学前教育巡回支教试点”，新增南康区、兴国县、会昌县、寻乌县、石城县和莲花县6个县（区），共设支教点262个，招募志愿者349人。

【率先建立长期从教教师荣誉制度】 6月14日，省委教育工委、省教育厅下发《江西省关于对长期从教教师颁发荣誉证书的通知》，决定从2015年起，每年教师节对在乡村学校任教满20年和各级各类学校满30年的教师颁发荣誉证书。策划并组织面向社会征集长期从教教师荣誉徽标（LOGO）活动，吸引社会各界广泛关注。8月22日，教育部教师工作司司长许涛一行专程到赣参加江西省“长期从教教师荣誉徽标（LOGO）”揭晓暨发布仪式，现场观摩、指导。中央电视台新闻频道、中国新闻频道及各大媒体均作专题报道。

【推进义务教育学校校长教师交流轮岗工作】 6月2日，省教育厅、省编办、省财政厅、省人社厅联合制订下发《关于逐步推开义务教育学校校长教师交流轮岗工作的通知》。6月3日，召开全省义务教育学校校长教师交流轮岗工作推进会。各试点县（市、区）出台系列的政策保障措施，推动校长教师交流轮岗工作开展。全省有52个县（市、区）启动试点，共交流轮岗6039人。

【实施中小学教师资格考试改革】 将全省中小学教师资格考试由原来“省考”教育学、教育心理学两科和教育教学能力测试，改为体现各学段、学科特点的“国考”笔试和面试，提高教师准入门槛。2015年下半年，全省有2.43万人在省内参加“国考”首次笔试，合格3272人；有2779人报名参加“国考”首次面试，合格2346人。

【加强中小学教师培训工作】 调整“国培计划”思路，实行培训重心下移，实施教师培训团队置换脱产研修、送教下乡培训、教师网络研修、乡村教师访名校和乡村校园长培训五类项目，全年培训中小学、幼儿园教师12.6万人次，其中通过实施“信息技术应用能力提升工程”培训10万人次。实施“省培计划”，培训中小学校长、教师2万余人次；启动实施首批40名“江西省中小学名校长培养计划”。实施中小学教师全员远程培训，上网注册学习教师24.5万人次。

【印发《江西省乡村教师支持计划（2015—2020年）实施办法》】 12月17日，省政府办公厅印发《江西省乡村教师支持计划（2015—2020年）实施办法》，从加强乡村教师师德建设、拓宽乡村教师补充渠道、提高乡村教师待遇、保障乡村教师编制、评聘职称（职务）向乡村教师倾斜、推动城乡教师交流、提升乡村教师能力素质、建立乡村教师荣誉制度、强化保障措施9个方面，加强乡村学校教师队伍建设，缩小城乡师资水平差距。

（省教育厅）

民办教育

【概 况】 2015年，推进“健全政府补贴、政府购买服务、助学贷款、基金奖励、捐资激励等制度，鼓励社会力量兴办教育”民办教育改革；继续安排民办教育发展专项资金8000万元。至年底，全省各级各类民办学校或教育机构1.09万所（个），比上年增加330所；在校生195.90万人，占全省在校生总数19.56%，比上年增长4.79%。其中：民办普通高校31所（民办高校本科6所、专科12所，独立学院13所），比上年增加1所；在校本专科生26.55万人，占全省本专科生总数26.97%，比上年增长10.44%。民办中等职业学校138所，比上年减少4所；在校生6.11万人，占全省中职生14.50%，比上年减少8.24%。民办普通高中135所，比上年增加17所；在校生13.07万人，占全省普通高中生14.07%，比上年增长4.57%。民办初中158所，比上年减少3所；在校生14.72万人，占全省初中生8.34%，比上年增长4.01%。民办小学53所，与上年相同；在校生13.62万人，占全省小学生3.22%，比上年增长6.81%。民办幼儿园1.04万所，比上年增加342所；在园幼儿121.82万人，占全省在园幼儿73.28%，比上年增长4.58%。

【召开全省民办高校管理工作会议】 12月11日，全省民办高校管理工作会议在南昌召开，省委教育工委书记黄小华主持，省委教育工委副书记、省教育厅厅长叶仁荪部署全省民办高校管理工作。会上，各民办高校董事长签订2016年招生自律承诺书，江西科技学院董事长于果、赣西科技职业学院董事长詹慧珍、江西应用科技学院党委书记（督导专员）汪毓华、江西先锋软件职业技术学院党委书记（督导专员）卢晓健、南昌工学院院长李志祥、江西泰豪动漫职业学院院长饶贵生等作大会交流发言。

【加强民办教育管理】 为进一步规范办学行为，强化年检结果的应用，制定下发《江西省民办高校年检实施办法（试行）》，将年检结果作为学校专项资金分配、招生计划安排、评先评优的重要依据。同时，对2014年个别民办高校违规招生进行处罚，建立完善民办高校招生工作督查制度，对2015年督查结果进行通报。继续安排全省民办教育发展专项资金8000万元，并对2011—2014年民办教育发展专项资金使用情况进行调研督查。

【民办教育学费与住宿费标准实行自主定价】 3月16日，省教育厅、省发改委、省人社厅联合下发《关于放开民办教育收费有关事项的通知》，明确自2015年秋季开学起，全省民办教育机构学费、住宿费管理由政府指导价管理方式改为市场调节价管理方式，实施学历教育的民办学校将实行登记管理。实行自主定价的民办教育机构是省内经教育主管部门或人社部门批准的各级各类民办高校、高职、中等专业学校、技工学校、普通高中、初中、小学和学前教育机构。自主定价的学校根据不同地区、不同类型、不同办学条件和质量、生均教育培养成本，兼顾当地经济发展水平和居民承受能力及社会各方面意见等因素，合理确定其学校学费标准。实行"新生新办法，老生老办法"，学生在校期间的学费、住宿费标准不得调整。学校除按登记标准收取学费、住宿费和按省规定项目收取服务性收费及代收费外，不得以各种名目增加收费项目、提高收费标准和收取其他费用。10月26日，省发改委补充下发《关于进一步完善放开民办教育收费有关事项的通知》，取消"公布自主定价学校清单，实行登记管理"的规定。

【实施民办高校教师能力提升计划】 为提高民办高校教师发展质量，推进民办高校教师队伍建设。2015年，继续实施民办高校教师能力提升计划，实施项目包括新进教师岗前培训、青年教师教学能力培训、"双师"教师素质拓展培训、骨干教师专业发展培训、管理干部能力提升培训，凡接受培训的教师，必须根据各培训项目要求完成相应学习任务，并在培训结束后至少在派出高校服务满3年。

【召开全省民办高校党委书记（督导专员）座谈会】 7月17日，全省民办高校党委书记（督导专员）座谈会在南昌召开。省委教育工委书记黄小华出席会议并讲话，省委教育工委副书记、省教育厅副厅长喻晓社主持会议。省委教育工委委员、省教育厅副厅长杨慧文宣读民办高校党委书记（督导专员）委派名单，2015年向江西科技学院等13所民办高校委派13名党委书记（督导专员）。会上，邀请第二批和第三批民办高校党委书记（督导专员），就推进民办高校党建和督导工作展开深入座谈；江西科技学院、南昌工学院、江西泰豪动漫职业学院党委书记（督导专员），江西科技学院董事长等作交流发言。

（省教育厅）

交流与合作

【概　况】 2015年，推动教育对外开放，在教育国际合作交流方面取得新进展。省教育厅、省属本科院校及厅属高职院校共派出158批454人次，赴美国、澳大利亚、新西兰、法国、加拿大、英国等30多个国家及中国港澳地区访问和学术交流；派出95批518人次赴台访问和学术交流；选派13名高校校长参加2015年度教育部中西部大学校长海外研修；聘请外教资格院校增至123所，聘请长短期外籍教师680人，9位外籍教师获省政府"庐山友谊奖"；中外合作办学项目116个；来华留学生近4000人；港澳台学生252人；青年骨干教师出国研修项目资格院校增至9所，国家公派留学面上项目40人、国家公派留学地方合作项目70人、其他国家公派出国留学项目20人。孔子学院10个，孔子课堂6个，汉语国际推广中小学基地3个，共选派录取近百名汉语教师及志愿者赴海外担任教学工作。

【中外合作办学稳步发展】 教育部批准江西财经大学与瑞典达拉那大学合作举办软件工程专业、南昌航空大学与美国北爱荷华大学合作举办电子信息工程专业、江西科技师范大学与美国纽约电影学院合作举办视觉传达设计专业、南昌工程学院与韩国光州大学合作举办电气工程及其自动化专业4个本科中外合作办学教育项目；华东交通大学与英国安格利亚鲁斯金大学合作举办工程管理专业、南昌航空大学与澳大利亚格里菲斯大学合作举办环境工程专业、东华理工大学与爱尔兰阿斯隆理工学院合作举办机械工程专业本科教育3个中外合作办学项目通过教育部中外合作办学评估。

【推进国家公派出国留学】 国家公派高级研究学者及访问学者（含博士后）项目共受理审核133人申请，最终录取40人；国家公派出国留学地方合作项目共受理124人申请，录取70人；其他项目（高水平大学、新加坡南洋理工高校英语教师进修奖学金项目等）录取20人。举办春秋两季国家公派出国留学281名申请人员的外语培训班，对参训人员给予资助，在全国首创，外语考试通过率93%。

【举办江西省第三届外国留学生汉语大赛】 9—10月，省教育厅举办"留学江西·情满赣鄱"江西省第三届外国留学生汉语大赛。大赛历时近2个月，通过海选、初选及复赛，20名选手进入决赛。决赛分自我介绍和才艺表演、成语故事答题、"我的第二故乡——江西"主题演讲3个环节，南昌大学柳准永（韩国籍）和江西师范大学范伟（马达加斯加籍）获一等奖。此次大赛还决出二等奖3名，三等奖5名，优秀奖10名。

（省教育厅）

本栏编辑　詹跃华

科学技术

综　述

2015年，全省科技工作围绕发展升级、创新升级的目标，实施创新驱动发展战略，为江西适应和引领经济发展新常态提供强力支撑。全省获国家科技奖12项，争取国家项目787项、经费12.59亿元，科技进步综合水平位居全国第二十二位。

*加大力度促改革，增强科技发展动力。*完成省委改革任务台账。就技术转移示范机构、省级财政科研项目和资金管理、科研院所科技人员创新创业出台相应政策办法。建立权力、责任清单，省科技厅保留行政权力48项，促进了依法行政。改革科技计划管理。出台《江西省人民政府关于改进加强省级财政科研项目和资金管理的实施意见》，将全省各类科技计划整合为基础研究计划、重大科技专项、重点研发计划、科技平台和基地建设、人才团队、创新引导类科技计划等六大计划。改革项目支持方式。安排财政资金1.3亿元，以溢价返还、贷款贴息等形式撬动企业以5倍投入组建科技协同创新体15个。创新项目单位信用评价制度。根据结题情况对项目单位和负责人进行信用评估，建立相应电子名单，未结题的单位和负责人不能申请课题。项目验收率80%以上，国家及省级重大、重点项目验收率100%。

*多措并举强产业，加快产业创新步伐。*集中资源突破产业关键技术。战略性新兴产业和高新技术产业领域，攻克了四门纯电动乘用车、高效浮选锂云母产业化技术、25年长期抗PID的280－285W多晶组件、智能硅衬底LED大灯、72V 250Ah新能源汽车动力电池组等一批关键核心技术。加快推进农业领域科技创新。农业领域共安排省科技支撑计划项目113项、资金2500万元，培育优质高产多抗水稻、油菜、辣椒等农作物新品种（组合）30个。深入实施国家粮食丰产科技工程，开展超级稻高光效群体结构调控等10项技术攻关研究，创新集成江西双季稻持续丰产节水节肥技术模式7套。抓好社发和生态领域科技创新。全面完成“鄱阳湖科考”，建设山江湖工程试验示范基地17个。全省节能减排科技创新示范企业114家，培育企业32家。通过示范企业带动，共增加节能减排研发经费27.25亿元，开发应用新技术579项、新产品747个，获得专利997项，制定行业技术标准154个，累计节约标准煤6.56亿吨，产生直接经济效益72.16亿元。着力提升企业创新能力。企业专利申请量1.12万件，占申请总量46.5%；授权量8255件，占50.9%。新增重点新产品682项，登记省级科技成果788项。加快发展高新技术产业和战略性新兴产业。全年新增高新技术企业300家，总数814家，增长40%。

*千方百计稳基础，巩固提升载体优势。*平台建设发展步伐加快。新增创新药物与高效节能降耗制药设备、创新天然药物与中药注射剂2个国家重点实验室。新增质谱科学与仪器国际联合研究中心。全省国家级研发平台14个。新组建18个省重点实验室和45个省工程技术研究中心。新建产业技术创新战略联盟10家。推进大型科研仪器向社会开放。新增入网仪器507台（套）、入网单位10家。全省大型仪器协作共用平台共有入网仪器4953台（套），仪器总价值24.9亿元；入网单位250家，网站访问36.88万人次。科技协同创新体成效明显。18家科技协同创新体企业完成投资8.5亿元，撬动银行贷款1.68亿元，共吸引德国Meta发动机、杭州容立医药、上海酷蓝电子等境内外关联企业52家。吸引中国科学院、上海交通大学、中南大学等高校和科研院所22家；组建研发团队45个，到位研发人员804人；实施研发项目112个，突破关键、核心和共性技术43项；形成新产品40个、新装备11套、新工艺37条；获得专利61项；形成企业自主品牌73个。产业特色基地取得突破。抚州、赣州、吉安高新区晋升为国家级高新区，全省国家高新区达7家。新获批3个国家农业科技园区，全省总数增至7个。新增国家可持续发展实验区2个。科技成果转化有声有色。先后召开江西“创新创业、科技惠民”、赣西经济转型升级（宜春）、赣南苏区振兴发展、“互联网＋中医药”强省（樟树）四场网上成果对接会，共征集科技项目2393项，其中处于中试及产业化阶段的成果529项。对接会共达成意向521次，吸引访客9万人。

*坚持不懈优环境，激发“双创”巨大潜能。*强化政策支撑。出台《鼓励省属科研院所科技人员创新创业的试点办法》《关于大力推进大众创业万众创新若干政策措施的实施意见》《关于推进重大科研基础设施和大型科研仪器向社会开放的实施意见》，从成果收益分配、科技人员离岗创业、降低创新创业门槛、构建众创空间、加大创新项目用地、科研设施开放等方

面给予“双创”支持。促进科技金融结合。探索合作融资担保、订单融资担保、担保换期权等新型担保业务模式。全年受理担保业务60余单,新增担保科技企业32家,在保金额2亿元,在保余额2.3亿元~2.8亿元,增长10%。建立科技贷款风险补偿机制。省科技厅首期安排2000万元,建立江西省科技型中小企业信贷风险补偿资金。积极推进科技创业投资。安排江西省科技成果转化引导基金8000万元,用于设立创业投资子基金,引导设立江西省创东方科技创业投资中心,募集资金1.93亿元。推进科技入园。全省147家生产力促进中心服务园区企业突破2.40万家,提供技术服务突破5.70万项,为企业增加销售收入突破400亿元,培育科技型企业2156家,引进国际及港澳台合作项目66项,导入技术1201项。建立科技孵化器21家,成立江西省科技企业孵化器联盟。加大人才培养力度。新确定省级主要学科学术和技术带头人培养对象13人,青年科学家培养对象47人,省优势科技创新团队28个;10人入选国家创新人才推进计划。

多管齐下促合作,提高科技交流水平。主动对接大院大所。省科技厅与南昌市政府、南昌高新区、中科院自动化所共建中科院(江西)移动医疗暨分子影像创新研究院,促进全省企业、高校、科研院所与中科院、中国农科院、中国林科院、中国纺织院等开展合作项目20项,建成院士工作站50家。抓好科技合作基地。新认定4个省级国际科技合作基地,8个省级联合研究中心和2个省级国际技术转移中心。通过这些平台促成全省企业、高校、科研院所与国内外52所高校开展63项科技合作。全面融入“一带一路”。设立“一带一路”科技合作专项。抓好与俄罗斯、乌克兰等“一带一路”国家的“飞行器设计、制造”“航空国际科技”“核资源与环境国际科技”等国际科技合作基地。举办加纳、埃塞俄比亚农业科技管理人员培训班。参与中国—南亚技术转移与创新合作大会、中国—越南技术对接会、江西省战略性新兴产业合作推介会等高端对外合作平台,交流技术,扩大影响。

(王志勇)

科技发展计划

【概　况】 2015年,各类省级科技计划共安排项目(课题)2341项(不包括未安排经费的新产品计划项目和科技计划指导性项目),科技专项经费6.45亿元。

基础计划项目(课题)728项,经费5014万元。其中:基础研究计划(省自然科学基金计划)按数理、信息、化学化工与环境、生命、医药卫生、材料工程6个学科进行资助,项目626项,经费4310万元;软科学研究计划项目102项,经费704万元。

科技重大专项计划项目11项,经费2.40亿元。江西省战略性新兴产业投资引导资金1.10亿元。安排新组建战略性新兴产业协同创新体5个,经费8000万元。安排2014年组建的5个协同创新体5000万元。

科技支撑计划(包括工业、农村、社发)项目661项,经费9863万元。其中:工业领域项目164项,经费2545万元;农业领域项目112项,经费3213万元;社会发展领域项目290项,经费2705万元;科技合作领域项目95项,经费1400万元。

科技合作领域项目95项,经费1400万元。重点支持全省产学研合作基础好,与国内外大学、科研机构、企业建立长期稳定合作关系的机构,开展以合作研究、技术引进等形式的产学研合作项目。

技术创新引导类计划项目538项,经费1.17亿元。其中:火炬计划项目86项,安排经费800万元;星火计划项目98项,经费1710万元;科技成果转移转化计划项目85项,经费850万元;技术创新引导工程项目78项,经费600万元;重点新产品计划项目40项,经费200万元;科技惠民计划项目57项,经费585万元;科技型中小企业技术创新基金项目61项,经费2000万元;专项申请与实施专项32项,经费2000万元;专利技术应用示范及产业化31项,经费800万元,涉及新型电涡流缓速器、电脑绣花机、生物新医药产业、稀土清洁化生产、甜叶菊产业化技术、白莲深加工产品、烟花鞭炮一体机、绿色食品产业集群、医疗器械产业、碳酸钙新材料、精细化工产业、有机硅产业基地、电子信息、动物药业、机械制造产业、机电产业等专利技术示范与应用;科技成果转化基金3000万元。

基地和人才计划项目402项,经费1.26亿元。其中:科技条件平台建设项目134项,经费6910.43万元(科技条件平台建设安排42项,经费1910.43万元;企业技术创新平台安排62项,经费3320万元;企业技术创新载体安排10项,经费1000万元;公共领域的相关平台建设20项,经费580万元);人才团队计划项目268项,经费5722万元(科技创新团队专项项目20项,经费600万元;科技人才培养计划项目60项,经费900万元;赣鄱英才555工程2000万元;科技特派员项目187项,经费2222万元)。

(沈卫)

【安排科技重大专项计划项目】 整合1.1亿元,用于江西省战略性新兴产业投资引导资金。安排“高性价比LED基板及封装关键技术的研发及产业化”“二次有色金属资源高效富集清洁利用及多金属综合回收工艺研发及产业化”“油茶丰产栽培精深加工技术研发及产业化”“粉末注射成形汽车核心零件研发及产业化”“第三方网络支付数据管理和安全技术研发及应用”5个新组建战略性新兴产业协同创新体,经费8000万元。安排2014年组建的5个协同创新体,经费5000万元。

基础研究

【概　况】 2015年,省自然科学基金计划共受理申请项目2615项,资助项目623项,资助总经费4310万元。全省申请国家自然科学基金3446项,获国家自然科学基金资助724项,资助总经费2.682亿元(不含间接费)。其中:申请面上项目289项,资助37项,资助经费2310万元;申请重点项目5项,资助2项,资助经费574万元;申请国家杰出青年基金项目1项,资助1项；申请优秀科学基金项目7项，资助1项；申请青年科学基金项目760项，资助130项，资助经费2581万元；申请地区科学基金项目2384项，资助553项，资助经费2.14亿元。

省自然科学基金计划共受理结题项目447项（比上年增加77项），其中数理科学74项、信息科学60项、化学化工与环境70项、材料与工程74项、农业生物53项、医药卫生116项。项目结题主要从发表论著、项目完成及学术创新、成果应用、是否得到国家项目的后续支持以及人才培养等方面进行评定，经各学科组专家评议，优秀170项、良好202项、中等75项。

【评定省自然科学基金重大项目53项】 省自然科学基金计划共受理申请项目2615项，经组织专家评审，省科技厅确定省自然科学基金重大项目53项，其中重大项目26项、青年重大项目27项，共资助经费1510万元。

·资　料·

2015年江西省自然科学基金重大项目

单位：万元

序号	项目名称	承担单位	项目负责人	主管部门	经费
一	重大项目(26项)				
1	脂筏介导引起的反式脂肪酸对内皮细胞损伤的机理研究	南昌大学	邓泽元	省教育厅	50
2	抗独特型纳米抗体模拟真菌毒素及其在免疫检测中的应用	南昌大学	李燕萍	省教育厅	30
3	纳米半导体中非易失性巨压阻效应的实现、机理及其应力传感和存储性能研究	南昌大学	程抱昌	省教育厅	50
4	石墨烯/垂直定向纳米碳纤维三维复合结构材料的可控制备和电化学性能研究	南昌大学	戴贵平	省教育厅	40
5	Mg-Al-Re合金中原位自生相界面结构与形貌的三维重构及其析出与生长机制研究	南昌大学	李　克	省教育厅	30
6	神经干细胞的激活及其对神经退行性疾病脑组织损伤的修复作用	南昌大学	李思光	省教育厅	30
7	壳寡糖螯合钆通过调控卵巢生殖干细胞的增殖重塑卵巢功能的应用基础研究	南昌大学	郑月慧	省教育厅	30
8	复杂条件下红层软弱围岩隧道大变形地质灾害形成机制研究	华东交通大学	杨成忠	省教育厅	30
9	大规模水—火—风—光协同发电系统可调节鲁棒优化调度研究	华东交通大学	彭春华	省教育厅	30
10	江西相山铀矿田中伴生资源赋存特征及回收对策研究	东华理工大学	胡宝群	省教育厅	30
11	城市森林结构对PM2.5/PM10的阻控作用及机制	江西农业大学	古新仁	省教育厅	30
12	复变函数几何理论若干重要问题的研究	江西师范大学	徐庆华	省教育厅	50
13	高通量NaA型分子筛膜的构筑与分离机理	江西师范大学	陈祥树	省教育厅	30
14	滋胃阴方通过Keap1-Nrf2-ARE信号通路预防胃癌病变的机制研究	江西中医药大学	刘红宁	省教育厅	40
15	面向中医药领域的偏最小二乘非线性化拓展及其应用研究	江西中医药大学	杜建强	省教育厅	30
16	网络环境下基于多智能体陶瓷梭式窑群信息融合与智能混杂控制方法研究	景德镇陶瓷学院	朱永红	省教育厅	30
17	中文商品评论的细粒度情感分析研究	江西财经大学	万常选	省教育厅	40
18	基于GIS和元胞自动机模型的鄱阳湖流域林地利用生态安全评价与格局模拟	江西财经大学	孔凡斌	省教育厅	40
19	稀土离子激活的白光LED用单基质白光荧光粉的制备及性能研究	南昌航空大学	刘小明	省教育厅	50
20	大块高透光率氧化铝基透明陶瓷强韧化机制研究	南昌航空大学	罗军明	省教育厅	40
21	PI3K/AKT/mTOR/p70S6K通路介导的白花丹素增敏舌鳞癌细胞PF化疗方案的分子机制研究	南昌大学第一附属医院	邱嘉旋	省卫计委	50

续表

序号	项目名称	承担单位	项目负责人	主管部门	经费
22	miR－139－5p 靶向 Trim24 抑制胃癌侵袭转移的分子机制	南昌大学第一附属医院	熊建萍	省卫计委	30
23	基于 CRISPR 技术调控 Notch 信号治疗缺血性心脏病的应用研究	南昌大学第一附属医院	刘季春	省卫计委	40
24	FAT10 化拮抗泛素化稳定真核翻译延伸因子 eEF1A1 的机制研究	南昌大学第二附属医院	邵江华	省卫计委	50
25	线粒体解偶联适度干预对心肌重构的影响和调控机制	南昌大学第二附属医院	李　萍	省卫计委	40
26	高同型半胱氨酸诱导心房肌细胞电重构的作用及机制	南昌大学第二附属医院	李菊香	省卫计委	30
二	青年重大项目(27 项)				
1	凉粉草多糖凝胶化形成机理及其调控机制	南昌大学	谢建华	省教育厅	20
2	安全无线携能通信的协作干扰策略研究	南昌大学	李　安	省教育厅	20
3	基于 CMMB 的非合作分布式外辐射源雷达探测技术研究	南昌大学	王玉皞	省教育厅	20
4	面向第四代移动通信的小型双工器的研究	华东交通大学	官雪辉	省教育厅	20
5	无线传感器网络自组织演化模型研究	华东交通大学	姜　楠	省教育厅	20
6	车轴轴承过盈配合面微动损伤机理及其无损检测方法研究	华东交通大学	曹青松	省教育厅	20
7	人类细胞系的 EESI－MS 分析	东华理工大学	Konstantin Chingin	省教育厅	20
8	基于 DNA 模版可控生长贵金属纳米颗粒新型探针的 DNA 检测新方法研究	东华理工大学	钱　勇	省教育厅	20
9	便携式表面解吸常压化学电离淌度谱仪的研制与应用研究	东华理工大学	Eric Storr Handberg	省教育厅	20
10	基于全基因组重测序技术的藏猪高原适应性的分子遗传机理研究	江西农业大学	艾华水	省教育厅	20
11	江西实蝇类群、动态与生态控制基础研究	江西农业大学	李小珍	省教育厅	20
12	草鱼脂肪沉积机理探究及其调控机制研究	江西农业大学	彭　墨	省教育厅	20
13	锂离子电池正极材料的稀土掺杂研究	江西师范大学	徐　波	省教育厅	20
14	野生柑橘资源抗黄龙病系统评价和新种质创造	赣南师范学院	彭　婷	省教育厅	20
15	新型稀土杂化材料的制备和功能研究	赣南师范学院	钟地长	省教育厅	20
16	单晶 CaTi2O4(OH)2 纳米结构的相变、掺杂改性与电化学性能研究	景德镇陶瓷学院	董伟霞	省教育厅	20
17	低维氧化物半导体纳米材料光电性能的基础科学问题研究	南昌航空大学	薛名山	省教育厅	20
18	可见光响应的强吸附型插层复合光催化剂制备及光催化降解机理研究	南昌航空大学	涂新满	省教育厅	20
19	基于多孔石墨烯纳米复合物电极的微生物燃料电池	南昌航空大学	次素琴	省教育厅	20
20	我国亚热带地区珠颈斑鸠和山斑鸠的比较系统地理学研究	井冈山大学	黄族豪	省教育厅	20
21	Ce3＋激活高密度氟氧硼锗酸盐玻璃的闪烁性能研究	井冈山大学	孙心瑗	省教育厅	20
22	轻稀土元素对脐橙品质形成影响的生理机制	省科学院生资所	王小玲	省科学院	20

续表

序号	项目名称	承担单位	项目负责人	主管部门	经费
23	Let－7a 靶向调节 STAT3 对尤文肉瘤干细胞恶性表型的影响及其机制	南昌大学第一附属医院	曹　凯	省卫计委	20
24	携载 siRNA－C3 的靶向纳米颗粒联合 CAML1－BMSCs 治疗缺血性脑血管病的研究	南昌大学第二附属医院	李士勇	省卫计委	20
25	线粒体 DNA 氧化损伤抑制高糖下视网膜血管内皮细胞“代谢记忆”的研究	南昌大学第二附属医院	谢　琳	省卫计委	20
26	动静脉短路法抑制动脉支架内再狭窄的机制研究	南昌大学第二附属医院	陈　锋	省卫计委	20
27	GRP78 调控 HOXB9 在肝癌侵袭及血管生成中的作用及机制	南昌大学第二附属医院	王　恺	省卫计委	20

（钟荷花）

科技基础条件建设

【概　况】　2015 年，加大企业技术创新平台建设力度，着力提升科技创新服务能力。国家级研发平台工作取得重大突破。9 月，依托江西江中制药(集团)有限责任公司与江西本草天工科技有限公司共同建设的“创新药物与高效节能降耗制药设备国家重点实验室”，江西青峰药业有限公司建设的“创新天然药物与中药注射剂国家重点实验室”获科技部批准，实现江西省企业国家重点实验室零的突破。新批准组建省重点实验室 18 个、省工程技术研究中心 45 个，全省有省重点实验室 121 个、省工程技术研究中心 215 个。加强企业技术创新基地建设。省财政设立 5000 万元的企业技术创新基地建设专项资金，围绕全省重点领域、重点产业的重大科技需求，重点支持省级以上企业技术创新基地建设。实施绩效评价，督促平台发展。对 2011 年组建的 15 个省重点实验室和 12 个省工程技术研究中心开展验收工作，经专家评审，全部通过验收。增强服务能力，支撑经济发展。科技金融工作在推进科技担保业务模式创新、构建科技信贷风险补偿机制、设立科技创业投资引导基金等方面进行实践和探索；广泛征求意见，起草并促成《江西省人民政府关于推进重大科研基础设施和大型科研仪器向社会开放的实施意见》发布；国家创新方法专项——江西创新方法试点示范与推广应用通过验收，举办省创新方法、创新工程师理论和实践培训班 3 期，成立江西省创新方法新余工作站。

【加快重点实验室和工程技术研究中心建设】　以增强企业技术创新能力为核心，加快企业技术创新平台建设。至年底，全省建成或在建国家级研发平台 14 个。其中：国家日用及建筑陶瓷工程技术研究中心、国家中药固体制剂制造技术工程研究中心、食品科学与技术国家重点实验室、国家铜冶炼及加工工程技术研究中心、国家光伏工程技术研究中心、国家硅基 LED 工程技术研究中心、国家红壤改良工程技术研究中心 7 个已建成；国家水稻工程实验室、国家单糖化学合成工程技术研究中心、国家脐橙工程技术研究中心、国家离子型稀土资源高效开发利用工程技术研究中心、省部共建猪遗传改良与养殖技术国家重点实验室、创新药物与高效节能降耗制药设备国家重点实验室和创新天然药物与中药注射剂国家重点实验室 7 个已批准在建。全省建有省级重点实验室 121 个，省级工程技术研究中心 215 个。研发平台拥有固定人员 1.24 万人，其中博士 2161 人、副高职称以上 4725 人，用房面积 88.26 万平方米，设备总价值 36.05 亿元，中试生产线 252 条，累计承担各类科技项目 2.04 万项，硬件建设投入 43.96 亿元。

【推进大型科学仪器设备协作共用】　8 月 24 日，省政府发布《江西省人民政府关于推进重大科研基础设施和大型科研仪器向社会开放的实施意见》。修订《江西省大型科学仪器协作共用管理办法》和《江西省大型科学仪器开放共享绩效考评与奖励试行办法》。完善网络服务平台，建立由全省各类重点实验室、工程技术研究中心、高等院校、科研院所和专业检测机构为主要成员单位的江西省大型科研仪器协作共用网(http://www.jxky.cn)。全年新增入网仪器 507 台(套)，新增入网单位 10 家，新增大仪网新闻 127 篇、政策法规 3 篇。完善组织管理机构，调整江西省大型科研仪器协作共用管理委员会成员单位和成员名单，增加省工信委、省国资委、省农业厅、省环保厅 4 家省直单位，形成以省科技厅牵头，联合省财政厅、省教育厅、省工信委、省卫计委、省农业厅、省环保厅、省国资委、省食药监局和省质监局等单位共同组成的管理委员会。开展绩效评价，对成员单位入网仪器开放共享情况进行评价，包括仪器功能利用率、仪器使用率、仪器对外开放率、仪器完好率、经济效益、服务水平、人才培养、科研成果、管理水平和条件保障等方面内容。组织省属高校和设区市以上科研院所，对 50 万元以上单台套大型科学仪器设备的状态、利用和共享等方面开展调查，并上报国家科技基础条件平台中心。

【加强实验动物管理】 严格控制实验动物生产和使用许可证的审批和换证工作，根据《实验动物许可证管理办法》规定，经专家审核，发放2个单位（南昌大学生命科学研究院、南昌大学转化医学研究院）实验动物使用许可证；换发1个单位（南昌大学实验动物科学中心）实验动物使用许可证。全省有27个单位持有31个实验动物许可证，其中生产许可证4个、使用许可证27个。开展实验动物许可证年检工作，省实验动物质量检测站对全省取得实验动物许可证的单位进行年检。

【推进科技金融工作】 推进科技担保业务模式创新。省科技担保公司创新业务模式，针对科技型企业发展特点先后推出合作融资担保、订单融资担保、“担保换期权”等新型担保业务模式。全年受理担保业务60余单，新增担保科技企业37家，在保金额2.28亿元，比上年增长10%左右。构建科技信贷风险补偿机制。4月，省科技厅印发《江西省科技型中小企业信贷风险补偿资金管理办法（试行）》。根据该办法，经过与相关金融单位沟通协商，制定《江西省“科贷补偿金”业务合作协议（征求意见稿）》，合作推出“科贷通”业务。12月3日，举行江西省“科贷通”合作协议签约仪式，省创新基金管理中心、建设银行江西省分行、相关设区市、高新区科技局代表签署合作协议，启动科贷补偿金业务试点工作。

（卢荣　罗丫　宋高堂）

科技协同创新体

【概　况】 2015年，落实创新驱动发展战略，围绕“创新升级”这一主题，不断创新体制机制，大力推进协同创新，加快创新升级步伐，主动服务全省发展大局。

协同创新体初见成效。在33家科技协同创新体中，以有偿借款方式扶持组建15家，以贷款贴息方式扶持组建18家。下达财政扶持资金3.1亿元，撬动企业、地方政府、银行、社会投资14.85亿元。建成研发大楼面积14.05万平方米，落实研发土地72.34万平方米。实施研发项目129个，其中技术水平达国际先进16项、国际领先5项、国内领先96项。形成新产品45个、新装备19套、新工艺32个。获得知识产权217项，其中发明专利76项，技术标准23个，形成企业自主品牌75个。

产业布局逐步优化。除文化暨创意和航空制造产业未组建外，33家科技协同创新体分布在八大战略性新兴产业相关领域。其中：新材料9家，占28%；节能环保6家、生物和新医药产业6家，分别占18%；先进装备制造产业4家，占12%；锂电与电动汽车、新能源、新一代信息技术和绿色食品产业各2家，分别占6%。在相关产业已形成较为完整的协同创新链。

平台团队优势凸显。科技协同创新体吸引德国Meta发动机有限公司、FIVE STAR INTEGRATION CO . LIMITED(HONG KONG)、杭州容立医药科技有限公司、上海酷蓝电子科技有限公司等境内外关联企业94家。吸引中国科学院、国家硅基LED工程技术中心、上海交通大学、浙江大学、中南大学等高校和科研院所57家；组建研发团队77个；到位研发人员1095人，其中固定研发人员839人。福能动力、中创阻燃新材料科技协同创新体相继建立院士工作站和博士后工作站。

关键技术取得突破。江西省福能动力电池协同创新有限公司突破汽车电池组熔断、电联、泄压、隔离四大问题，外部包装具备隔热、机械缓冲量大特点，形成具有自主知识产权的灌封硅胶包覆技术，为产品提供强有力的安全品质保证。江西青峰药业有限公司突破天然药物与中药制剂等技术，获批科技部“创新天然药物与中药注射剂国家重点实验室”，填补了省内企业国家重点实验室的空白。江西华柏节能照明科技协同创新有限公司突破COB结构、封装设计关键技术，已开发出大功率COB－LED光引擎组件封装产品。江西慧泰粉末注射成型科技协同创新有限公司已研发具有国际领先水平的粉末注射成形汽车核心零部件及精密机械产品21项。江西创赢香精香料科技协同创新有限公司研发的甲基柏木醚、甲基柏木酮、乙酸松油酯、氢化松香等香料加工4项关键技术及产业化达国际领先水平。江西锂星科技协同创新有限公司研发的高效浮选锂云母产业化技术、江西晶科科技协同创新有限公司研发的25年长期抗PID的280－285W多晶组件等14项研发技术达国际先进水平。江西车仆电子科技协同创新有限公司研发的智能硅衬底LED大灯等88项技术达国内领先水平。

【科技协同创新体上市融资】 10月，江西省福能动力电池协同创新有限公司随龙头企业江西福斯特集团在上交所上市，获得融资12亿元。11月，江西联星显示创新体有限公司随龙头企业联创电子完成中小板借壳上市工作，募集资金2亿元。江西金葵新材料科技有限公司着手新三板上市准备工作。

（颜翔）

高新技术及产业

【概　况】 2015年，全省高新技术产业把握“稳中求进”的总基调，大力实施创新驱动战略，以高新技术产业开发区和高新技术产业基地为重要载体，实现平稳较快发展。抚州、赣州、吉安高新区晋升为国家级高新技术开发区，全省国家级高新技术开发区达7家。高新技术产业完成总产值7560.66亿元，增长9.9%。增加值1869.69亿元，增长10.4%；增加值占规模以上工业企业的25.7%。

全省有国家级特色产业基地27个（国家级高新产业化基地20个，国家火炬计划特色产业基地5个、国家级软件园1个、国家级文化和科技融合示范基地1个），省级高新技术产业化基地13个，实现11个设区市全覆盖，数量居全国第一。基地内建立研发机构1255个，公共技术服务平台226个，人才培养机构90个，规模以上企业2560家。基地内有主导产品3707项，其中国家知名品牌108个、省级知名品牌410个；骨干企业1818家，其中高新技术企业800家、国家级创新型企业44家、省级创新型企业176家。基地全年工业总产值1.45万亿元,工业增加值3700亿元。其中:主导产业产值6958亿元,主导产业增加值1823亿元;高新技术产值6816亿元,高新技术增加值1823亿元。固定资产投资2986亿元,销售收入1.60万亿元,利税1581亿元。基地内共有科技人员17万余人,企业研发经费投入346亿元。承担国家级研发项目95项,经费9亿元;承担省级研发项目1309项,经费15亿元。基地依托重点行业和重要企业,以校企合作、共建等方式,强化科技资源整合,着力推进科技企业孵化器、创业服务中心等创新载体的建设。基地内企业先后承担国家863计划项目1项,国家火炬计划4项,省高新技术产业化重大项目16个。获国家科技进步二等奖1项,国家级科技奖28项、省级科技奖101项,申请国家发明专利302项。

【20个项目获科技部国家火炬计划立项】 按照科技部《国家科技部关于组织申报2015年度国家星火计划、火炬计划项目的通知》要求,精心组织,高标准筛选项目,重点选取省十大战略性新兴产业项目推荐申报国家火炬计划项目。12月18日,科技部公布国家星火计划、火炬计划项目,江西省申报的芯片级封装的LED光源模组产业化示范项目、信息化技术在直升机液压油车中的应用、一种中药保健型乳猪料在饲料产业化中的应用、盐酸小檗碱速溶耳栓(儿童型)开发与产业化、年产两千万支注射用甲硫氨酸维B1扩产项目、锂电池新材料电池级四氧化三钴产业化示范、稀土强化梯度结构硬质合金球齿制备及产业化、高钠金属锂粒子制备技术及产业化应用、锂电池专用电池级氢氧化锂制备及产业化应用、堇青石质陶瓷催化剂载体项目、氮肥增效剂正丁基硫代磷酰三胺、大功率双机轻量化自组合式低噪声方舱电站、W6-40-160谐波励磁发电机、12kW低辐射、静音型柴油发电机组、民用直升机先进桨毂系统产业化制造、多晶铸锭设备G5改G6产业化推广应用、高效超低容量直升机喷洒设备及其适航研究、陶瓷材料及制品测试公共服务平台建设、萍乡粉末冶金公共技术服务平台、南昌工程学院大学科技园创客实验室平台建设20个项目,获国家火炬计划立项(产业化示范项目17项、产业化环境建设项目3项),其中3个项目获国家科技经费资助160万元。

【实施"科技入园"工程】 贯彻落实"创新驱动发展"战略,顺应大众创业、万众创新的新形势,继续实施"科技入园"工程。召开全省"科技入园"现场推进会,强化推进科技入园。全省147家生产力促进中心,实施科技入园工程146家,为园区企业提供咨询服务6.62万项、技术服务7.43万项、信息服务49.42万次,导入技术1711项,引进人才5965人。146家生产力促进中心通过实施科技入园共服务园区十大战略性新兴产业企业4030家,为园区十大战略性新兴产业企业增加销售收入204.64亿元,创造利税34.23亿元。

【5家科技企业孵化器晋升为国家级孵化器】 加大对科技企业孵化器的支持力度,江西北大科技园科技企业孵化器有限公司、景德镇合盛科技企业孵化器有限公司、江西中兴工业城有限公司、江西省科院科技园发展有限公司、江西津晶城实业有限公司5家科技企业孵化器通过认定,晋升为国家级孵化器,获批数量创历史新高。全省有孵化器21家,其中国家级13家。科技企业孵化器已成为全省服务"大众创业、万众创新"的核心载体。

(余彦　程春光)

农业科技

【概　况】 2015年,全省加大农业科技创新力度,继续组织实施国家和省科技支撑、科技成果转化等各类农村科技计划项目,深入推进农村信息化、农业科技园区和基地建设、科技特派员等工作,项目实施和各项工作取得重要进展。

紧密协作,争取一批国家农业科技项目资金。全年争取国家重大科技专项、支撑计划项目(含子课题)等11项,资金2459.18万元。向科技部推荐申报17项国家科技富民强县专项项目,其中11项获得立项(含续建项目3个),资金1510万元。获国家农业科技成果转化项目资金1800万元,比上年增长15.38%;立项支持项目29项。获国家星火计划项目13项,资金740万元。获科技部"三区"人才支持计划科技人员专项资金1129万元。

组织关键共性技术研发,取得一批科技创新成果。围绕全省农业主导产业、特色优势产业以及公益技术需求,继续组织开展关键共性技术攻关和技术集成研究。突破油茶良种高效繁育等制约产业发展的关键技术,研制出功能性饲料配方和油茶果脱壳清选机、油茶精准施肥机等一批物化产品和农机装备,获得一批产业共性关键技术成果和专利、技术标准、新产品、新装备等,鉴定、验收40多项。继续开展双季稻高产超高产、抗逆减损均衡增产及资源高效利用等关键技术创新研究,组装集成了适宜不同生态区的双季稻丰产技术模式4套,开展不同生态区双季稻丰产增产技术集成与示范。全省建立技术集成实施区159.4万公顷播面,平均单季亩产456.3千克。项目实施区累计增收稻谷107.45万吨,增加经济效益26.86亿元,节水15.2%,节肥15.5%。

转化示范一批科技成果,促进产业发展升级。22个国家富民强县项目,共引进、转化、示范、推广先进适用技术成果137项,惠及7.4万多农户。农业科技成果转化项目强化了对种植业、农产品及食品加工、农业装备等涉农产业及领域科技成果转化的引导和支持,加快转化了一批具有良好市场前景的农业科技成果。星火计划继续通过示范推广一批先进适用技术,扶持县域特色农业产业发展。全省列入星火计划项目725项,共投入资金1.52亿元。其中,国家级29项,省级98项。太空58号平均蛋白质含量23.6%,比太空莲品种增加2个百分点。白莲新品种和新技术的推广应用,带动白莲产业的发展壮大和产业升级,广昌县已成为全国最大的白莲良种繁育基地和种苗输出中心,每年外销种藕5000万株以上,太空莲品种成为全国子莲产区主栽品种,占全国子莲产区总种植面积的70%以上。

启动特派员富民强县工程和新农村发展研究院工作，丰富农村科技服务体系。完成全省89个县（市、区）产业和龙头企业的技术、科技人员需求征集，从省市科研单位选派1156名科技人员组成科技特派团，对接开展科技成果转化和技术研发。推进江西农业大学国家新农村发展研究院工作，引导高等学校成为公益性农技推广的重要力量，探索建立以大学为依托、农科教结合、教科推一体化的农村科技服务模式。选派科技特派团43个、科技特派员149人，组建优质水稻、生猪、肉牛、脐橙、油茶、毛竹、猕猴桃、苗木8个产业服务体系；围绕深化农村改革和新农村建设开展课题研究19项，形成专题研究报告8个，其中关于现代农业发展、农村土地流转、加快农民合作社建设、新型农业主体培育、集体林权制度改革等专题报告获领导批示和有关部门采纳应用；围绕新型农业主体培育，与有关部门联合举办"基层农技人员""农村党员致富带头人""农业特色产业""一村一名大学生"等农村创新创业人才培训，培训各类农村创新创业人才1000余人。

推进科技园区与产业基地工作，加强创新载体建设。按照国家农业科技园区产业特色突出，具备一、二、三产业融合等要求，推荐丰城市、赣县、芦溪县和袁州区4个省级园区申报第六批国家农业科技园区。针对南昌国家科技园区的蔬菜产业、上饶和新余国家科技园区的花卉苗木产业、井冈山国家科技园区的井冈蜜柚产业、井冈山八角楼园区的茶叶产业等技术需求，选派科研院校科技人员与园区对接，签订合作协议，开展科技服务，加快科技成果在科技园区转化。以星火计划形式，支持园区内企业开展新品种、新技术引进与应用示范，提升园区企业技术创新能力。组织井冈山、上饶、新余国家园区内龙头企业参加第二十一届杨凌农高会，加强园区企业技术合作交流。筹建农业科技综合示范试验基地2个、特色产业示范基地11个、分布式实验站16个。

（曹春阳）

【29个项目列入国家星火计划项目】 12月18日，科技部公布国家星火计划、火炬计划项目，江西省申报的利用杜仲组方养猪技术示范推广、高效油茶林培育关键技术集成与示范、南方山地循环高效生态型肉牛产业化生产范式示范与推广、农业科技服务综合应用、畜禽免疫调节功能性饲料配方技术应用与开发、现代农业园区物联网综合服务平台应用推广、优质高产猕猴桃栽培技术示范与推广、花香绿茶高效施肥与制作工艺推广、玻璃温室大棚西红柿荷兰模式种植、"上饶大面白"优质高效种植关键技术集成与示范、永新县创新创业技术培训、茶树菇标准生产技术服务体系示范、非粮型发酵TMR加工与黑山羊高效利用技术示范与推广、植物提取物及非矿物磷在饲料产业化中的应用、功能性母猪生物饲料产业化示范推广、西方蜜蜂优质蜂王培育技术集成与示范、家庭猪场循环经济技术模式集成、红花油茶种植技术运用与示范推广、瑞昌山药规模化种植及系列产品生产、早熟脐橙新品种"赣脐4号"中试与示范、"绿荷"优良种猪繁育养殖示范推广技术、油茶精深加工及衍生产品开发利用推广、曼地亚红豆杉种苗快速繁育及高效栽培技术示范、淡水鱼加工副产物低盐速酿鱼露工业化生产关键技术示范、天然果蔬清洗粉的产业化与示范推广、乙醇辅助水酶法提取油茶籽油产业化、优质水稻栽培技术应用及绿色大米加工、火龙果设施种植示范与推广、食用菌工厂化周年生产技术开发及产业化29个项目，列入国家星火计划项目，其中12个重点项目获资助经费720万元。

【开展重大科技（农业）项目评审】 围绕全省主导和特色农业产业，采取申报单位自下而上自由申报形式，征集省重大科技项目。全省受理申报2015年农村领域重大项目58项。经审查和省科技评估中心组织专家初评，遴选43项（包括结转项目5项）推荐到省科技评估中心组织的答辩评审。3月24日，省科技评估中心组织省内外专家对43项重大项目进行答辩评审。根据专家评审结果，省科技厅最终确定省重大科技（农业）项目24项，安排经费1200万元，项目涉及水稻种植业、油茶、畜牧业和林业等领域。

【实施科技特派团富民强县工程】 实施江西省科技特派团富民强县工程，全省1111名科技特派员组成171个科技特派团赴基层，挂点服务91个"三区"（边远贫困地区、边疆民族地区和革命老区）县。全年提交县域产业发展调研报告171份，开展科技服务3372人次，联系龙头企业434家，征集技术需求519项，提供技术指导658项，培训相关技术人员8743人。涉及水稻面积82.72万公顷，生猪924.43万头，油茶26.95万公顷，茶叶4.19万公顷，脐橙、柚子、杨梅、葡萄等各类水果20.67万公顷。

【组团参加全国文化科技卫生"三下乡"活动】 1月24日，全国文化科技卫生"三下乡"集中服务活动在赣州市寻乌县举行，省科技厅组织江西农业大学、省农科院和省蚕桑茶叶研究所的专家参加大型科技咨询、宣传活动，现场解答群众咨询的问题；并针对当地优势主导产业，精心选购《农村养猪实用手册》《无公害柑橘栽培技术》《茶叶优质高产栽培技术》和《网箱养鱼新技术》等涉及10多个产业600多种类3000多册农业实用技术书籍和科普宣传册，赠送当地农民。专家针对当地脐橙和蜜橘黄龙病危害严重、怎么治理、怎么控制等问题同当地柑橘大户进行深入交流。

（曹唯民　尹伊　罗晓燕）

社会与民生科技

【概　况】 2015年，推动省部共建萍乡节能环保产业科技示范基地建设，认定并培育一批节能减排科技示范企业，创新开展江西省生态文明科技示范村（社区）建设，推动科技惠民计划申报及实施，对生物医药、节能环保、人类遗传资源进行全省范围内调研。争取国家科技支撑计划2项，经费1604万元；江西社发科技共立项实施省级科技计划项目342项，投入科技经费3100万元，组织验收（结题）项目223项。资溪县和龙虎山风景区2个省级可持续发展实验区上升为国家级可持续发展实验区。新确立11个行政村（社区）为2015年江西省生态文明科技示范基地创建单位，新认定2015年度节能减排科技创新示范企业60家。首次开展江西省临床医学研究中心建设工作，联合省卫计委制定《组建江西省临床医学研究中心暂行办法》。

【开展社会发展重大科技项目立项工作】 省科技厅下发2015年社会发展领域重大科技项目申报通知，组织项目单位网上申报，科技项目受理中心统一受理，共受理重大项目47项。社会发展处组织有关专家进行初评，选出36个项目推荐到计划处，由评估中心组织专家进行答辩复评，最终选出24个项目推荐立项，经厅长办公会讨论通过后，与省财政厅会签下达立项批复。

【开展江西省生态文明科技示范基地评定工作】 为主动融入全省建设生态文明先行示范区国家战略，充分发挥科技的示范引导和支撑作用，促进农村和社区生态文明建设。4月8日，省科技厅组织2015年度江西省生态文明科技示范基地的申报工作。通过专家材料评审和现场考察等程序，决定认定南昌市进贤县前坊镇太平村、九江市庐山区赛阳镇东林村、九江市修水县马坳镇黄溪村、景德镇市浮梁县经公桥镇港口村、上饶市德兴市张村乡界田村、鹰潭市月湖区梅园社区、贵溪市塘湾镇唐甸村、吉安市井冈山市茅坪乡茅坪村、萍乡市莲花县升坊镇太岭村、宜春市上高县塔下乡田北村、宜春市靖安县宝峰镇宝峰村11个行政村（社区）为2015年度江西省生态文明科技示范基地创建单位。

【4项国家科技惠民计划取得实效】 组织实施4项国家科技惠民计划，取得良好成效。兴国县、永新县分别实施"兴国县常见病多发病防治一体化和远程医疗技术推广应用示范""永新县健康服务平台构建和常见多发病防治技术应用示范"，培训基层专业技术人员3万余人次，开展疾病普查4万余人次，居民健康建档8万人，发表论文10余篇，编写《永新县科技惠民项目八种疾病防治指南汇编》及《农村常见病防治一体化医生手册》，基层卫生机构对常见多发病防治水平显著提高，群众"求医难"的问题通过远程医学服务得到解决，疾病知晓率、登记率、规范化管理率明显提高，疾病发病及并发症的发生明显减少。赣县实施"基于污染治理的赣县生态园林工程示范"，以水体污染源为源头，将污染治理与生态景观打造相结合，已完成一期工程的建设，改善了当地生态环境。定南实施"定南县废弃稀土矿区生态修复示范"，依托江西理工大学的专家团队及资源，引进中科院的专利技术及成果，设计水土保持措施，有针对性地开展土壤改良，优化乔、灌、草植物配置，构建体现生物多样性的生态系统，水土流失和污染扩散得到有效控制，矿区整体生态稳定性得到保障，综合治理成本下降30%。

（省科技厅）

·资　料·

2015年社会发展领域重大科技项目

序号	项目名称	承担单位	项目负责人
1	高效回收焦化脱硫废液、硫泥综合利用装置制酸的研究	萍乡市新安工业有限责任公司	李金山
2	柚皮苷逆转NF-κB信号通路介导的卵巢癌多药耐药机制的研究	南昌大学第一附属医院	蔡丽萍
3	江西省山洪灾害气象风险预警预报关键技术研究	江西省气象台	殷剑敏
4	全自动粪便分析仪的研制	江西金洹生物科技有限公司	王　杉
5	针刀微创结合围针刀康复治疗痉挛性小儿脑瘫尖足畸形疗效观察	南昌大学第四附属医院	陈南萍
6	自动排气止液精密过滤输液器的研发	江西科伦医疗器械制造有限公司	赵忠琼
7	具有靶向性的低毒性磁共振成像造影剂的研发	井冈山大学	张定娃
8	缓控释制剂关键药用辅料聚乙烯醇（PVA）的研究开发	江西阿尔法高科药业有限公司	缪志毅
9	新型质谱技术在临床疾病诊疗中的转化研究	南昌大学第二附属医院	王小中
10	高强度、高模量皮质骨骨折内固定复合材料应用研究	井冈山大学	艾永平
11	三维斑点追踪技术评估肥胖症儿童左室心肌应变早期变化应用研究	南昌大学第二附属医院	章春泉
12	ANXA10信号系统在人原发性肝癌肿瘤血管生成中作用的研究	南昌大学第一附属医院	彭小东
13	DDS烟道气脱硫脱硝技术	江西永丰县博源实业有限公司	魏雄辉
14	研究两种不同腹膜后淋巴结状态评估方法指导中晚期宫颈癌放化疗的临床价值	江西省妇幼保健院	曾四元

续表

序号	项目名称	承担单位	项目负责人
15	运用ASL技术对单纯单侧大脑中动脉狭窄者脑灌注的动态评估	南昌大学第二附属医院	肖新兰
16	化药3.1类新药硝酸布康唑凝胶临床研究	江西昂泰制药有限公司	肖人钟
17	江西省第二次口腔健康流行病学调查	南昌大学附属口腔医院	欧晓艳
18	江西不同地区妇女宫颈HPV感染型别分布情况调查研究	江西省妇幼保健院	李隆玉
19	江西地区医院感染ESKAP多位点序列分型库的建立与应用	南昌大学第一附属医院	曹先伟
20	污泥过热蒸汽高效节能干燥及园林、公路绿化颗粒肥料制备技术与设备开发	南昌航空大学	张绪坤
21	病死猪沼气焚烧炉研发	安福县武功山农业综合开发有限公司	王　强
22	水产品中喹诺酮类及孔雀石绿残留免疫胶体金检测试剂盒的开发和优化	江西省水产技术推广站	谢世红
23	智能控制肾盂内压输尿管软镜吸引取石技术及相关仪器研发	赣州市人民医院	宋乐明
24	利用锂云母制备高纯铷铯盐的研究	江西合纵锂业科技有限公司	李新海

高校科研与成果转化

【概　况】　2015年，全省高校实施创新驱动发展战略，推进协同创新，深化高等学校创新创业教育改革，在科学研究、研发平台、科技创新人才、科技成果转化等方面取得一系列突破。全省高校从事科技活动人员2.40万人，其中科学家与工程师2.32万人，占96.7%。投入科技经费15.42亿元，比上年增加6625.4万元。承担各级各类科技项目9883项，投入项目经费12.18亿元。承担国家级项目2287项，其中国家自然科学基金项目2154项、“973”计划14项、“863”计划29项、国家科技支撑计划87项、科技部重大专项3项，共投入项目经费5.56亿元。承担企事业委托科技项目1592项，项目经费2.86亿元。立项建设省级“2011协同创新中心”18个，省财政投入专项资金2.2亿元。15个团队入选江西省优势创新团队，占全省总数53.6%；9人入选江西省主要学科学术和技术带头人培养计划，占全省总数69.2%；42人入选江西省青年科学家培养对象，占全省总数89.4%。全省高校签订技术转让合同139项，合同金额5235.4万元。

【科技创新能力大幅提升】　全省高校发表学术论文1.41万篇，其中SCIE收录2026篇，EI收录2216篇。赣南师范学院陈德良的论文在美国《科学》杂志发布，这是江西省首次以第一完成单位在该刊物发表研究论文。江西农业大学教授任军的论文在国际顶级学术期刊《自然—遗传学》(Nature Genetics)发表。赣南医学院教授刘志平的论文在国际顶级期刊《细胞》发表。出版科技著作89部。申请专利3507项，其中发明专利1169项；获专利授权2123项，其中发明专利授权396项。

【科技创新平台建设取得实效】　依托东华理工大学建设的“质谱科学与仪器国际联合研究中心”获科技部认定，成为全省首个国家级国际联合研究中心。江西中医药大学参与的“创新药物与高效节能降耗制药设备”实验室获批企业国家重点实验室。新增2个2015年度国家地方联合工程研究中心(工程实验室)。九江学院科技园获批省级大学科技园。新增省重点实验室13个，省工程技术研究中心2个，省工程研究中心(工程实验室)4个。

【南昌大学硅衬底LED项目获国家技术发明奖一等奖】　由南昌大学教授江风益团队完成的“硅衬底高光效GaN基蓝色发光二极管”获2015年国家技术发明奖中唯一一等奖，这也是江西自主创新成果首次获国家技术发明奖一等奖。LED(发光二极管)是一种节能环保的冷光源，发光效率高、寿命长、体积小、可靠性高、响应速度快和应用范围广。该项目创造了一条新的LED照明技术路线，具有完整自主知识产权，获授权发明专利68项，有力提升中国LED产业在国际上的地位。

(省教育厅)

科技合作与交流

【概　况】　2015年，全省对外科技合作计划重点支持省校合作、省院合作、区域合作、国际合作4个方面的项目，项目数85个，共安排资金900万元。省科技厅修订《江西省对外科技合作基地管理办法》，新增“省级国际技术转移中心”“省级国际科技合作基地”和“省级联合研究中心”等对外科技合作平台建设计划，新认定省级国际科技合作基地4个、省级联合研究中心8个和省级国际技术转移中心2个。完善全省对外科技合作基地的战略布局,加强与科技部国际科技合作基地建设对接;强化平台建设支撑,畅通对外合作渠道,拓展国际合作空间。全省对外科技合作重大项目重点支持以企业为主,以产业化为目标的合作项目,项目数10个,共安排资金500万元。

规范科技外事审批工作程序,进一步完善行政许可事项办理流程。全年完成审批审核各类团组24批次,出国境47人次;组织赴港澳台团组5批22人次,执行港澳台相关科技交流合作任务;首次派出JST日本樱花计划日本高中生研修团。共派出2批22人次,其中学生20人、带队老师2人;派员参加日本JICA技术研修团1批2人次。接待日本JST协力机构、澳门科技大学、美国等境外人士访问5人次。

【加强国际科技合作交流】 5月,省科技厅在南昌组织"中日青少年科技交流计划"宣介会,推介中日合作"樱花科技交流计划";组织江西省科学院代表团参加日本科技振兴结构(JST)"日本创新展暨论坛2015(Innovation Japan 2015)"展出活动,推介江西省科学院的最新科研成果和相关技术专利,学习了解日本最先进的科技创新成果及其转移转化经验;组织华东交通大学代表团参加"2015年中日大学展暨论坛",展出华东交通大学在无线通信和高温超导方面的科研成果。7月,组织明冠新材料股份有限公司参加由中国—东盟技术转移中心在越南召开的2015年中国—越南技术对接会。10月,举办2015年加纳、埃塞俄比亚农业科技管理人员培训班,培训两国农业管理人员10人。

【举办江西—澳门中医药技术合作交流会】 8月4日,省科技厅在南昌举办江西—澳门中医药技术合作交流会,澳门科学技术发展委员会全职委员郑冠伟,澳门科技大学协理副校长、中药质量研究国家重点实验室(澳门科技大学)副主任、教授姜志宏应邀参加会议,与省内10所高校、科研院所和企业共20多位代表就中医药领域技术合作进行交流。中国科技交流中心台港澳处高工吴东应邀出席会议。郑冠伟一行还与江西省山江湖委办就木通科技产业合作进行座谈,澳门科技大学与省山江湖委办签署合作框架协议。

【加强国家国际科技合作基地建设】 加强"无机膜材料国际科技合作基地"等一批国家国际科技合作基地建设,基地涉及食品安全、有机农业、电子信息、核资源、新材料、光伏产业、陶瓷高技术、生物医药、航空制造、生态保护和可持续发展等领域。东华理工大学质谱科学与仪器国际联合研究中心获科技部认定,成为全省首个国家级国际联合研究中心。江西省科学院应用物理研究所高性能钨、铜材料与表面强化技术国际合作基地获科技部国际合作司认定,成为国家级示范型国际科技合作基地。昌河飞机工业(集团)有限责任公司直升机国际科技合作基地、景德镇陶瓷学院国际科技合作基地、南昌大学食品安全国家国际科技合作基地通过科技部组织的基地建设验收。

(刘文娟)

科技成果与奖励

【概　况】 2015年,不断规范和完善科技成果管理,着力推进科技评价制度改革,强化科技成果登记制度实施,科技成果评价、科技成果登记和科技保密工作取得新进展。

科技成果鉴定。经省科技厅组织的省级科技成果鉴定项目85项。其中:各类科技计划项目51项,计划外项目34项;省科技厅主持鉴定项目77项,委托设区市科技局和有关厅局主持鉴定项目8项。

科技成果登记。全省登记科技成果788项。其中:11个设区市登记成果507项,占登记总量64.34%;省直单位登记成果281项,占35.66%。科技成果以各级财政支持的各类计划项目为主,自选项目成果占比重也较大。其中:国家科技计划项目成果141项,占登记总量17.89%;部门计划50项,占6.35%;地方计划269项,占34.14%;自选261项,占33.12%。全省登记的成果中,已应用项目630项,占应用技术成果总数84.56%;试用项目101项,试用后停用项目5项;未应用项目9项。

【实施省科技成果重点(重大)转移转化计划】 编制2015年度省科技成果重点(重大)转移转化计划,分两批共安排项目85项,资助经费850万元,平均支持强度为10万元/项。全省网上自由申报项目90项,按照有关规定和指南要求进行形式审查,淘汰不合格项目28项,受理并送评项目62项。7月30日,省科技厅制定并下发《关于做好省级科技成果重点转移转化计划项目合同签订及验收工作的通知》,组织开展计划项目实施的服务指导、督促检查、结题验收和跟踪问效等系列工作,全年办理合同94件,验收(结题)项目14项。

【开展科技奖申报评审工作】 4月7日,省科技厅组织开展2015年度江西省科技奖申报推荐工作。6月上旬,各单位推荐候选项目共316项,经形式审查,受理255项,其中自然科学奖31项、技术发明奖26项、科技进步奖198项。12月28日,经专业(学科)评审组初评(网上评审和会议评审),省科学技术奖励委员会办公室公布推荐候选项目107项,其中自然科学奖14项、技术发明奖14项、科学技术进步奖79项。

(省科技厅)

知识产权

【概　况】 2015年,大力推进实施创新驱动发展战略和知识产权战略,确立"咬定3615,加大两个专项,长抓四大体系,强攻十百千万"的工作基调,继续坚持"四以三化"的工作思路,深化改革创新,支撑发展升级,多措并举,实现知识产权工作全面融入全省经济社会发展大局。

强化顶层设计,推进战略部署,提升管理能力。制定《江西省实施知识产权战略行动计划(2015—2020)》和知识产权"十三五"规划。南昌市获批国家知识产权示范城市。江西省知识产权管理体系建设基本实现全覆盖。

创新工作手段，引导服务机构，提高服务水平。委托国家专利技术江西展示交易中心建立专利价值评估体系和展示交易平台，并在共青城设立青年知识产权交易孵化中心。推进知识产权服务机构入册登记与管理工作，新认定一批知识产权贯标服务机构。建立一批省级战略性新兴产业专利数据库和市县知识产权信息平台。开通网上资助申报系统、项目网上评审系统和网上专利技术交易转化一站式服务平台。确定江西省陶瓷知识产权信息中心等4家单位为江西省知识产权服务品牌机构，南昌金轩科技有限公司等6家单位为江西省知识产权服务品牌培育机构。新增专利代理机构9家，总数24家。省科学院科技战略研究所成为全省第一家国家级知识产权分析评议服务示范创建机构。

优化职能，搭建专利转移、转化及应用推广平台。全省专利申请受理量3.69万件，增长44.3%，增幅位列全国第四；授权2.42万件，增长74.7%，增幅位列全国第二。其中：发明专利申请5720件，增幅22%；授权1639件，增幅58.7%。万人发明专利拥有量1.18件，增加0.27件。南昌欧菲光显示技术有限公司的发明专利“图形化的柔性透明导电薄膜及其制法”获十六届中国专利金奖，这是江西省首次获中国专利奖金奖。

【举办江西省“互联网+知识产权”专利技术交易对接会】 11月20日，江西省“互联网+知识产权”专利技术交易对接会在南昌举办。对接会共征集专利技术成果1070项、专利技术需求527项，实现技术对接388次，产生意向273次，达成意向97次，12家企业进行现场签约。对接会由省科技厅、省工信委共同主办，省知识产权局、国家专利技术江西展示交易中心、省工业和信息化技术创新推进中心、省科学技术情报研究所、南昌市知识产权局承办。各设区市知识产权局负责人、各县（市、区）知识产权局负责人和特邀专家、企业代表、服务机构代表共330余人参加对接会。

【加大专利行政执法力度】 省知识产权局印发《关于加强全省专利行政保护能力提升的通知》，加强执法能力提升，加大专利行政执法力度，对重点领域开展“双打”“护航”“闪电”等专项行动。全年受理案件466件，其中专利侵权纠纷案件115件。组织开展2015年专利行政执法能力提升项目申报工作，根据2014年项目单位执法工作完成情况确定2015年项目安排，共安排专项资金48.95万元，11月对项目完成情况进行督导。开展全省执法工作绩效考核，对全省11个设区市、22个县（市、区）2014年度打击侵权假冒绩效进行现场考核。

【实施省知识产权富民强县示范县建设专项计划】 根据2014年中期检查情况，下发针对首批知识产权富民强县示范县建设验收的预通知和第二批知识产权富民强县中期检查的预通知。5月，安排实施第三批知识产权富民强县示范县建设专项，推动市县（区）知识产权政策制度的建设。南昌、九江、新余、萍乡、景德镇、抚州6个设区市已经制定战略实施意见；南昌安义县，九江浔阳区、湖口县，上饶婺源县等县（区）出台了战略实施意见。江西省知识产权市县（区）管理体系建设基本实现全覆盖，为知识产权强省建设打下基础。

（省科技厅）

技术市场

【概　况】 2015年，营造技术市场环境，强化政产学研用融合，加大对外交流合作，培育科技服务新业态，运用“互联网+科技成果转移转化”手段，促使科技成果从研发机构转移到企业落地转化，提升科技对经济社会发展的支撑引领作用，推动区域科技成果转移转化工作。全省技术市场登记各类技术合同1136项，成交金额64.83亿元，增长27.7%。全省四类技术合同成交总额突破60亿元，在全国位居第十七位。全年技术转让与技术开发合同911项，占四类技术合同总数80.2%；成交金额43.77亿元，占成交金额总数67.5%。其中，技术开发合同数737项，在四类技术合同中继续位居首位，占全省技术合同成交总数64.9%。企业法人共签订技术输出合同627项，成交金额52.79亿元，占成交总金额81.4%；签订吸纳技术合同787项，成交金额57.63亿元，占成交总额88.9%。科研事业单位法人技术输出成交金额6.33亿元，签订技术输出合同487项，占全省技术合同总数42.9%。电子信息技术领域技术合同成交金额30.21亿元，占12个技术领域技术合同成交总额46.6%，排在首位。新材料及其应用、新能源与高效节能、先进制造、生物医药和医疗器械、航空航天等9个战略性新兴产业领域技术合同成交金额均过亿元。全省累计建成5家国家级技术转移示范机构和4个中国创新驿站站点，培育11家省级技术转移示范机构。流向国内各省、自治区、直辖市的技术合同成交金额39.3亿元；流向港澳台地区以及欧洲有关国家的技术合同成交金额25.53亿元。

【召开2015年度全省技术市场工作座谈会】 5月29日，省科技厅在南昌召开2015年度全省技术市场工作座谈会，省科技厅副厅长赵金城出席会议并讲话。会上，总结2014年全省技术市场工作，布置2015年工作任务，征求《江西省技术转移示范机构管理办法（征求意见稿）》修改意见，介绍《江西省网上常设技术市场建设方案（草案）》，南昌市科技局、抚州市科技局、南昌大学科技园、江西理工大学、南昌高新区管委会5个单位代表作了技术市场及技术转移示范机构建设工作经验交流发言。各设区市科技局及相关单位分管领导等50余人参加会议。

【举办4场全省性大型科技成果对接会】 5月15日，省科技厅在萍乡市举办江西“创新创业 科技惠民”在线科技成果对接会。6月26日，在宜春市举办赣西经济转型升级（宜春）在线科技成果对接会。9月16日，在赣州市举办赣南苏区振兴发展在线科技成果对接会。10月15日，在樟树市举办“互联网+中医药”强省（樟树）在线科技成果对接会。4场全省性大型科技成果对接会，共征集企业需求数1328项，发布来自高校、科研机构的科技成果2027项，产生技术对接

2541 次,达成合作意向 452 项。

【**组团参加第十七届中国国际高新技术成果交易会**】 11 月 16 日—21 日,第十七届中国国际高新技术成果交易会在深圳市举行。江西省组织 97 项具有自主创新的高新技术成果与产品项目参展,项目信息全部分类编入会刊,供有意合作的各方选择。同时,围绕自主创新这个主题,精选 70 项制作成展板,组织 30 家单位的产品实物进行现场演示。江西代表团获“优秀组织奖”和“优秀展示奖”。

(省科技厅)

科学技术普及

【**概　况**】 2015 年,省科协大力推动全民科学素质工作,完成“十二五”公民科学素质建设目标。实施“互联网科学传播”“移动通信终端科学传播”“传统媒体终端科学传播”“新媒体终端科学传播”四大工程。开展全国科普日、科普之春、百场科普报告进社区等各类主题科普活动。实施科普能力提升计划,加强基层科普教育基地和科普实施建设。加大科普示范力度,开展科普示范县(市、区)、村(社区)、基地创建。推动基层公共文化服务体系建设,争取中央财政支持,推动科协部门科技馆免费开放。开展第三十届青少年科技创新大赛等青少年科技活动,中国流动科技馆(江西)巡展覆盖 28 个县(区、市),受益群众 135 万人次。农函大培训强化“互联网 + ”模式与现场教学相结合,培训农民 38.5 万人次。

【**实施基层科普行动计划**】 为激发广大群众学科学、用科学的积极性和创造性,助力农业现代化建设及新型城镇化建设,继续实施基层科普行动计划。全省有 20 个农村专业技术协会、14 个农村科普示范基地、13 个农村科普带头人和 18 个科普示范社区,共获中国科协、财政部奖补金额 1105 万元;8 个农村专业技术协会、12 个农村科普示范基地和 20 个科普示范社区,共获省科协、省财政厅奖补金额 520 万元。辐射带动当地农民年均增收 3000 元。

【**开展省级科普示范县(市、区)创建工作**】 2 月,省科协启动 2016—2020 年度省级科普示范县(市、区)创建工作。经设区市科协推荐,42 个县(市、区)向省科协递交了创建省级科普示范县(市、区)的申请。8—9 月,采取分片区集中汇报、实地抽查相结合的方式,分别在九江、鹰潭、赣州 3 个片区组织全省科普示范县(市、区)片区评审会。经过专家评审和实地抽查,共评出南昌县等 32 个县(市、区)为 2016—2020 年度省级科普示范县(市、区)。

【**开展 2015 年江西省“全国科普日”活动**】 9 月 19 日,2015 年江西省“全国科普日”活动启动仪式在上饶市举行,现场展出科普展板 50 余块,科教展品 100 余件,发放各种科普资料 1000 余份。科普日活动期间,各设区市开展科普活动 158 项,组织科普志愿者 9364 名,专家、学者 2069 名,在全省 100 个县(市、区)开展社区科普活动 423 场,农村科普活动 562 场,学校科普活动 435 场,解决实际问题 2857 件。11 月,中国科协会同教育部、科技部、中科院对全国科普日工作进行考核,省科协被评为 2015 年全国科普日优秀组织单位。

【**实施“十百千万”培训工程**】 全省各级农函大继续实施“十百千万”培训工程。开展十大农业产业科技培训。围绕水稻、蔬菜、果树、茶叶、油茶、竹类、花卉苗木、中草药、生猪、水产 10 个主导产业,全年开展 20 个培训项目,培训 120 班次(其中异地交流教学 40 次),培训固定学员 2000 余人。开展百户家庭农场科技帮扶。全年为 110 户(其中重点帮扶 10 户)家庭农场制定发展规划、推荐良种,并全程提供技术指导 560 余次。举办百户家庭农场经营者科技培训示范班。10 月 26 日—29 日,在九江市永修县易家河有机柑橘实训基地举办百户家庭农场经营者科技培训示范班,邀请江苏省农村专业技术协会秘书长、省科协新技术推广中心主任、博士、研究员袁灿生,安徽省郎溪县家庭农场协会会长陈金宝,南京大学电子商务研究院院长、教授郑称德等专家,分别讲授新型农业社会化服务体系建设与实践、家庭农场的组织建设与管理、农村电商发展现状与趋势等内容。全省各地 110 名家庭农场经营者参加培训。开展千名农村科技人员素质提升培训。全年分期、分批、分专业培训农村科技人员 5000 余人次。开展万名农村党员科技致富带头人大培训。全省各市开展以果树、蔬菜、油茶、生猪等产业为专业内容的精品班 11 期,向农村党员科技致富带头人传授现代农业理论、农村产业政策、农村实用技术、经营管理等知识,参训学员 1200 余人次;各县开展专题培训班 2 期。

【**组织开展青少年科技活动**】 开展中国流动科技馆项目江西巡展活动,参观科技馆巡展人数 135 万人。配合巡展,向各站点赠送《中国流动科技馆江西巡展活动知识读本》《知识就是力量》《聪明泉》等配套科普书籍 2 万余册。与团省委、省妇联等省直单位和市、县(市、区)科协合作,开展科普大篷车进农村、进社区、进学校活动。组织 17 万名青少年参加第三十届全省青少年科技创新大赛。在组织省级评选的基础上,参加全国终评活动,获一等奖 4 项、二等奖 17 项和创新人才专项奖 1 项。组织 8 万余名学生报名参加五学科(数学、物理、化学、生物、信息学)奥林匹克竞赛,获 12 金 30 银 9 铜。组织 8 万余名中小学生参加以“变废为宝 从我做起”为主题的青少年科学调查体验活动,南昌市北湖小学、赣县第二中学获全国优秀活动示范单位,江西作品获全国一等奖 3 项、二等奖 1 项、三等奖 3 项。组织参加第十五届中国青少年机器人竞赛,获 1 金 1 银 2 铜,实现金牌零的突破。组织开展英特尔求知计划活动,在南昌市北湖小学、滨江学校、红岭学校、上河街小学、青云谱实验小学和朝阳小学 6 所学校实施计划,培训学生 1200 余人。组织全省学生参加全国第十五届“明天小小科学家”“开启天宫的梦想”——全国青少年航天科普系列活动。

(省科协)

本栏编辑　詹跃华

社会科学

综　述

全省社科界围绕江西经济社会发展大局，与时俱进、开拓创新，为繁荣发展全省哲学社会科学事业做出贡献。

以深入学习宣传贯彻中共中央总书记习近平系列重要讲话精神为主线，理论武装工作取得新成效。全省社科界组织召开学习贯彻中共十八届五中全会精神座谈会、学习贯彻中共中央总书记习近平系列重要讲话精神座谈会，专题学习中共中央总书记习近平在江西代表团审议时的重要讲话、在全党深入开展“三严三实”专题教育等系列重要讲话精神；组织召开全省党校系统学习贯彻中共中央总书记习近平系列重要讲话精神理论研讨会、“生态文明 · 绿色发展”学术研讨会暨江西智库论坛等。积极参加省委组织开展的学习贯彻中共十八届五中全会和中共中央总书记习近平系列重要讲话精神、“一准则两条例”、省委十三届十二次全会等重大形势政策宣讲活动，并发挥了主力军作用。同时，组织“理论下基层”、宣讲小分队等500余场次活动，深入机关、农村、企业、学校、社区和军警营宣讲、解读中央与省委的重大理论和战略部署，推动党的路线方针政策深入人心，涌现出一批理论宣讲先进集体和个人。其中景德镇市珠山区的“小巷讲堂”和赣州市章贡区的朱美玉，分获全国基层理论宣讲先进集体和先进个人。

以提供决策参考为重点，服务江西科学发展做出新贡献。积极参与省委十三届十一次、十二次全会、年度经济工作会议、省“两会”以及《中共江西省委关于制定全省国民经济和社会发展第十三个五年规划的建议》等重大报告的起草与修改工作。以重大问题为主攻方向，投身江西改革发展一线，《调查反映我国湿地生态系统面临四大危机亟待国家加大保护力度》等一大批研究成果获得中央与省委领导高度评价。全省获省领导肯定性批示220余篇（次），为全省经济社会发展提供了强有力的智力支持。

以提升学术原创力为目标，优秀理论研究成果不断涌现。全省社科界大力提升学术原创力，积极开展理论研究，推出一大批高质量的研究成果。以《牢记党的宗旨 坚持群众路线——纪念毛泽东寻乌调查85周年》《历史学研究中的四个误区》等一大批在全国有影响、有地位、代表江西省学术水平的论文在《人民日报》《光明日报》《中国社会科学》等权威报刊发表。组织开展全省第十六次社科优秀成果评奖活动，共评出《引领时代前行的永恒动力——中国共产党革命精神研究》等优秀成果320项。此外，景德镇、宜春等市社联开展了全市社科优秀成果评奖活动。

以推进理论创新为根本，社科规划工作取得新突破。以抓国家社科基金项目为龙头，以全省经济社会发展重大招标项目为重点，以省、市社科规划项目为基础，推动全省哲学社会科学繁荣发展。全省获国家社科基金年度立项114项、重大招标项目2项、重大招标转重点项目2项、后期资助项目3项，立项数在全国排名第十位左右，连续四年稳居第一方阵，获资助经费2345万元。省、市级项目实现新发展。省社联与省委宣传部共同设立的全省经济社会发展重大招标课题，共评出重大招标课题6项、中国特色社会主义专项课题42项，以及文物保护、博物馆建设研究课题20项；评审确立104项“青马工程”资助项目。完成省社科规划年度项目评审活动，完成人才专项、外语专项与高等教育课题申报评审工作，一大批县区基层社联获省级规划课题立项。

以提高群众人文素养为关键，社科普及工作产生新影响。采取省、市、县三级联动，举办全省社会科学普及宣传周暨学术活动周。围绕“繁荣社会科学，服务绿色崛起，推进全面小康”这一主题，各级社联组织共安排活动300多场次，发放图书、资料数十万份；举办大型学术报告会34场次，听众逾万人，汪玉凯、房兵等一大批知名学者应邀作学术报告，社会反响热烈。珠山区“小巷讲堂”获中宣部表彰，泰和县“民嘴讲堂”的经验受到省委高度肯定，省委书记强卫批示在全省进一步推广复制；赣州、吉安、上饶等因地制宜开设社科普及讲座，建立起基层宣讲平台，成为群众喜闻乐见的社科品牌。南昌市社联充分利用“互联网+理论”，精心打造“南昌理论网”，积极发挥互联网在推动理论学习、研究、普及、交流中的独特作用。南昌大学“前湖之风”等高校论坛，极大地丰富和活跃了校园文化生活。江西师大教授方志远作为主讲嘉宾，第四次荣登中央电视台《百家讲坛》，用老百姓喜闻乐见的形式讲述《国史通鉴》。洪都集团、丰矿、昌飞等企业社联打造特色企业文化，社会反响强烈。

以夯实组织基础为抓手，社联组织建设迈上新台阶。各级社联高度重

视组织建设,把健全和完善社联组织体系作为社科事业发展的一项基础工程抓好抓实。萍乡市实现县区社联组织建设全覆盖,吉安市万安县、九江市浔阳区等县级社联相继成立,全省县级社联组织增至95个,机构、人员配置、办公场地和工作经费得到保障;鹰潭、新余、九江等市社联一批"想干事,会干事,干成事"的骨干进入领导班子;泰和、婺源、乐平、余江、章贡、丰城等一大批县区社联工作亮点纷呈。积极扶持各级学会发展。省社联投入经费75万元,资助60余个县区社联、26个省属学会活动、59项科普活动。继续深化省社联品牌学会建设工程,省图书馆学会、省新四军研究会、省老年体育科学学会获"全国社联先进学会"称号。至年底,省社联拥有省属学会(协会、研究会)119个,市、县社联拥有学会1165个,专、兼职社会科学工作者达35万余人。

(省社联)

学术活动

【省社联课题组赴泰和县进行"民嘴讲堂"专题调研】 5月25日—26日,省社联党组书记、主席祝黄河率课题组成员一行6人赴泰和县,就"民嘴讲堂"的做法和经验进行专题调研,探索可供全省复制的政策宣讲、理论宣传新模式。吉安市委常委、市委宣传部部长李庐琦会见课题组一行,泰和县委、县政府主要领导参与会见。调研期间,课题组召开座谈会,重点围绕宣讲员遴选机制、选题产生方式、经费筹措、日常管理、社会反响、实际效果以及推广复制情况等方面,与"民嘴讲堂"宣讲员代表、听众代表、管理部门负责人等进行深入的交流与探讨,并到碧溪镇游家村祠堂,现场观摩"民嘴讲堂"宣讲,访谈部分听众。

【召开"新时代多视角中的苏区研究暨苏区研究创刊"座谈会】 5月28日,由省社联主办的"新时代多视角中的苏区研究暨苏区研究创刊"座谈会在南昌召开。省委书记强卫对办好《苏区研究》提出要求。副省长朱虹出席会议并讲话,中共中央党史研究室原副主任石仲泉做主题演讲。省社联党组书记、主席祝黄河致辞,党组成员、副主席胡春晓宣读发刊词。来自全国党史研究领域、新闻出版单位的专家、学者共60余人参加座谈会。会议由省社联党组成员、副主席吴永明主持。座谈会上,参会代表围绕新时代、多视角中的苏区研究,从研究方法、研究视角、办刊特色和期刊评价等不同维度对办好《苏区研究》提出诸多良策。

【第二批江西省哲学社会科学重点研究基地评审工作完成】 7月,启动第二批江西省哲学社会科学重点研究基地申报工作,全省高校及有关科研单位积极响应,22个单位共申报43个基地,经资格审查,42个基地符合申报条件。9月29日,省社联组织专家对42个基地进行初评,根据投票结果,20个基地入围复评答辩阶段。10月11日,省社联召开江西省哲学社会科学重点研究基地复评答辩会,邀请10位长期在应用对策研究和社科基地管理一线工作的专家作为评委,经答辩和评委评分,红色基因传承研究基地、法治江西建设研究中心、舆情监测与治理研究中心、社会发展与创新研究中心、江西产业转型升级发展研究中心、江西省人才兴旅与产业升级研究中心、江西省经济预测与决策研究中心、高铁与区域发展研究中心、江西生态文明先行示范区建设制度研究中心、长江中游城市群与昌九一体发展研究中心10个基地成为第二批江西省哲学社会科学重点研究基地。

(省社联)

【召开江西省第一届现代物流发展高峰论坛】 1月23日,由省社科院、江西日报社、江西省物流行业协会主办的江西省第一届现代物流发展高峰论坛在南昌召开。此届论坛以"创新业态、提质增效"为主题,探究江西物流产业聚集发展路径。原副省长、省物流行业协会名誉会长黄懋衡,省发改委、省商务厅、省交通厅、省工信委、省社科院、江西日报社等单位领导,物流行业专家学者、优秀企业家代表40余人参会。

【2015年首场江西智库论坛举行】 5月22日,由省社科院主办的2015年首场江西智库论坛在南昌举行。论坛以"江西融入'一带一路'战略的路径与举措"为主题,探讨江西如何把握国家实施"一带一路"战略的机遇,加快转型发展。省政府副秘书长陈石俊,省发改委副处长喻学峰,省社科院研究员龚建文、朱林,南昌大学教授傅春,江西财经大学研究员朱丽萌,分别作了"凝聚共识、抢抓机遇、积极作为""江西参与'一带一路'战略思路及举措""江西在'一带一路'中的历史地位与当下作为""策应'一带一路'战略,江西文化产业大有作为""加强生态和能源合作,促进江西融入'一带一路'""扬优成势全面对接'一带一路',重塑江西国际形象"专题演讲。论坛的召开,推动了全省对"一带一路"战略的理论研究与实践融入。

【文学地理学国际学术研讨会在日本福冈召开】 8月26日,省社科院联合广州大学、中国文学地理学会和日本福冈国际大学在日本福冈召开文学地理学国际学术研讨会暨中国文学地理学会第五届年会。中日两国高等院校和人文社会科学研究机构的40余位专家学者出席会议。与会专家学者围绕文学地理学的基本原理、文学地理学的研究方法、中国其他区域文学地理、文学景观研究、语言与文学的地域性、民俗与文学的地域性、20世纪80年代以来的文学地理学研究之检讨7个议题展开讨论。这是文学地理学界首次与国际学术机构合作,在国外召开的国际学术会议。

【"一带一路"与中国茶业发展高峰论坛在九江举行】 10月10日,由省社科院、九江市政府、省农业厅和省旅发委主办的"一带一路"与中国茶业发展高峰论坛在九江举行。副省长朱虹出席并讲话,国内茶史学者、农林专家、茶企业家代表80余人出席论坛。湖南农业大学教授刘仲华、中国农业科学院研究员鲁成银、中国社会科学院研究员陆尧、解放军理工大学教授陶德臣、九江市茶业协会会长胡卫东分别作"中国茶业现状与九江茶产业升级""地理标志的茶叶密码与我国

12 月 12 日,2015 中国智慧城市论坛在南昌举行。图为论坛现场

省社科院供稿

茶文化在全球传播”“‘一带一路’国策与茶产业发展”“‘一带一路’:中国茶走向世界的主渠道”“传承历史辉煌,重塑九江茶业形象”主题报告。14 位学者围绕“一带一路”战略与中国茶产业所面临的机遇与挑战在大会上交流了论文。

【2015 年中国智慧城市论坛在南昌举行】　12 月 12 日,2015 年中国智慧城市论坛在南昌举行。此次论坛由省社科院、中国社科院城市发展与环境研究所主办,南昌市青云谱区承办。中国社科院城市发展与环境研究所党委书记李春华,省社科院党组书记姜玮、院长梁勇,青云谱区委书记胡晓海、区长孙毅出席论坛。姜玮作了题为“大数据:智慧城市建设的核心动力”的主旨演讲。来自省内外的 14 位专家学者围绕“打造未来城市新形态”的主题,就智慧城市的内涵定位、发展前景、核心动力、智慧城市建设的江西实践和探索、智慧城市与“互联网+”、智慧城市与大数据、智慧城市与创新创业等作了大会发言。省内外专家学者及青云谱区委区政府工作人员 150 余人参加会议。

【生态文明与绿色发展学术研讨会在南昌举行】　12 月 19 日,生态文明与绿色发展学术研讨会暨 2015 年第二次江西智库论坛在南昌举行。此次研讨会由省社科院、中国生态经济学学会、光明日报社理论部、中国社会科学院生态环境经济研究中心主办。中国生态经济学学会常务副理事长、研究员李周作了题为“论中国特色的生态文明建设”的主旨演讲。省社科院教授孔凡斌、中国科学院研究员谢高地、中国社科院研究员庄贵阳、首都经济贸易大学教授廖明球和中国生态经济学学会秘书长、研究员于法稳分别作了“生态文明建设引领绿色发展”“生态补偿机制发展的现状与趋势”“生态文明发展范式与城市低碳转型”“投入产出分析方法在生态文明建设中的应用研究”“实现我国农业绿色转型发展的思考”专题演讲。来自全国各地的 140 余位专家学者参加会议。

（省社科院）

高校社科研究

【概　况】　2015 年,全省高校有人文社会科学活动人员 1.40 万人,其中高级职称 5391 人、中级职称 6093 人、初级职称 2181 人、初级一和初级二(大专以上尚未评定职称人员)368 人、其他人员 8 人。研究与发展人员 1182 人,其中高级职称 575 人、中级职称 415 人、初级职称 103 人。研究与发展全时人数 43 人,其中高级职称 30 人、中级职称 10 人、初级一和初级二(大专以上尚未评定职称人员)1 人。投入人文社会科学研究与发展经费 1.37 亿元。全省高校承担人文社会科学研究课题 1.04 万项,出版人文社会科学著作 444 部,发表论文 6599 篇,其中在国际学术刊物发表 150 篇。提交有关部门科研成果 130 个,被采纳 72 个。省高校获国家社科基金项目 100 项,其中重点项目 3 项、一般项目 76 项、青年项目 21 项,资助经费 2045 万元,总项目数和资助经费全国排名第十五位。省高校获教育部人文社会科学研究项目 57 项,其中规划基金项目 16 项、青年基金项目 41 项,资助经费 488 万元,总项目数和资助经费全国排名第十七位。省高校人文社会科学研究项目立项 712 项,一般项目资助 1.5 万元,青年项目资助 1 万元。全省有高校人文社会科学重点研究基地 58 个(含 3 个教育部基地),基地招标项目立项 152 项,资助 356.5 万元。举办国际学术会议 61 次,参加会议 269 人次,提交论文 425 篇;举办国内学术会议 258 次,参加会议 2135 人次,提交论文 1827 篇。与国际合作研究课题 17 项,与国内合作研究课题 124 项。

【举办哲学社会科学教学科研骨干研修班】　省委教育工委、省教育厅会同省委宣传部、省委组织部、省委党校、省财政厅联合举办 2015 年度全省哲学社会科学教学科研骨干研修班。研修班以听取专题报告、个人自学、集中研讨和社会考察为基本形式进行学习提升。全年举办 4 期,每期 21 天,参加研修 356 人。

【江西教育与经济社会发展智库成立】　11 月 27 日—28 日,省委教育工委、省教育厅在南昌召开江西教育与经济社会发展智库成立揭牌仪式暨第一次专家咨询会。省委书记强卫对智库的成立作出重要批示,省委副书记莫建成会见智库专家,省委常委、省委秘书长朱虹出席大会并讲话,省领导冯桃莲、汤建人、刘晓庄出席成立大会。该智库针对江西的未来经济政策、建设一流大学、培养一流人才等方面,为省委、省政府提供战略谋划、综合研判等智力服务。智库聘请专家 55 人,其中“两院”院士 13 人、“长江学者”3人、“国家杰青”6人,分别来自国内外27所大学、8个科研院所和有关知名机构。

（省教育厅）

社科成果与奖励

【开展江西省第十六次社科优秀成果评奖活动】 3—6月，省社联组织开展江西省第十六次社科优秀成果评奖活动。经过申报参评、匿名初评、学科组复评，共评出获奖项目320项，其中一等奖22项、二等奖133项、三等奖165项。整个评审过程实现零举报、零投诉，营造了风清气正的学术氛围。

【2015年全省经济社会发展重大招标课题揭标】 6月29日，2015年全省经济社会发展重大招标课题评审会在南昌召开。省委常委、省委宣传部部长姚亚平出席会议并讲话，省委宣传部副部长龙和南出席会议，有关厅局负责人及高校专家学者参与评审。评审会由省社联党组书记、主席祝黄河主持。各课题组负责人及成员、相关单位科研处负责人共60余人参加会议。评审会上，经过专家认真审阅课题申请书、听取课题负责人论证汇报和专家提问答辩三个环节，投票选出6个中标课题，分别是省社科院教授孔凡斌主持的《推进赣南原中央苏区精准扶贫、分类施策的考核体系创新研究》、东华理工大学教授邹晓明主持的《打造生态文明建设江西样板的实现路径研究》、南昌大学教授刘耀彬主持的《赣鄂湘融入长江中游城市群一体化发展战略比较研究》、江西财经大学教授蒋悟真主持的《推进法治江西建设的重点、难点及对策研究》、江西省信息中心研究员樊千根主持的《我省实施"互联网+"促进江西经济发展的机遇与对策研究》、省委党校教授黄世贤主持的《上海自贸区建设经验对我省的借鉴、复制和推广研究》，每项中标课题资助经费10万元。

7月13日，江西省社科普及"四项评优"活动评审会在省社联召开。图为评审会现场

省社联供稿

【召开江西省社科普及"四项评优"活动评审会】 7月13日，由省委宣传部、省社联、省新闻出版广电局、省出版集团公司联合推选的江西省优秀社科普及专家、优秀社科普及工作者、优秀社科普及宣传基地和优秀社科普及读物（简称社科普及"四项评优"）活动评审会在省社联召开。省委宣传部副部长龙和南出席并讲话，省社联党组书记、主席祝黄河主持会议，省社联党组成员、副主席吴永明以及省新闻出版广电局和省出版集团公司的专家参加了评审会。会上，经过专家审阅，评选出江西省优秀社科普及专家8名、优秀社科普及工作者10名、优秀社科普及宣传基地9个、优秀社科普及读物11部。

【开展第二届江西省优秀中青年社会科学专家评选活动】 7月6日，省社联启动第二届江西省优秀中青年社会科学专家评选活动，各有关单位积极组织推荐，共有16个单位推荐申报53人参评。9月21日—24日，组织专家进行初评，初评采取送审和集中相结合的方式，选取20人进入复评。10月10日，召开复评评审会，根据初评结果，按照江西省优秀中青年社会科学专家评选指标体系，投票评出蒋悟真、谢花林、陈始发、谢翌、张发明、黄志繁、朱红根、杨得前、黄建伟、李舜臣10名优秀中青年社会科学专家。

【召开2015年江西省青年马克思主义者理论研究创新工程复评会】 11月13日，2015年江西省青年马克思主义者理论研究创新工程（简称"青马工程"）复评会在南昌召开。省委常委、省委宣传部部长姚亚平出席会议并讲话。省委宣传部、省委教育工委、省教育厅及高校专家学者参与评审。经过专家认真审阅和反复讨论，共评审立项104项"青马工程"资助项目。

（省社联）

本栏编辑 詹跃华

文 化 艺 术

综 述

2015年,江西省文化系统提升发展理念,转变发展方式,文艺创作、公共文化服务、文化产业发展、优秀文化传承、对外文化交流等各项工作顺利开展。

繁荣艺术精品创作。江西省歌舞剧团有限公司创作的歌剧《回家》赴台巡演8场,在新华社《参考清样》及多个中央部委刊发专题;江西省话剧团有限公司创作的话剧《遥远的乡土》,赴北大百年讲堂演出,省委书记强卫等30多位省部级干部前往观看。全省各级各类院团新创舞台剧目59部,比上年增加17部。10个项目入选国家艺术基金2015年度资助项目。全省国有改制院团全年下乡演出8439场,开展商业演出3568场。举办首届“八大山人”全国山水画优秀作品展;参加文化部、中国美协举办的纪念抗日战争暨世界反法西斯战争胜利70周年为主题的美术创作活动;开展“深入生活,扎根人民”首届江西省优秀美术作品展;成立江西省青年美术家协会,举办“朝气·梦想·未来”江西省首届青年美术家优秀作品展;成立江西省书法院;推动江西地方戏曲振兴工程。

推进公共文化服务体系建设。推进基本公共文化服务标准化、均等化,出台未来五年全省实现文化小康的纲领性文件《关于加快构建现代公共文化服务体系的实施意见》和《江西省基本公共文化服务保障实施标准(2015—2020年)》,在22个县(市、区)开展基本公共文化服务标准化均等化试点。补齐公共文化服务短板,启动省级文化中心建设;推行公共文化服务配套改革,在九江、新余、赣州、上饶4个设区市和新干、靖安2个县开展公共文化机构理事会试点,出台政府向社会力量购买公共文化服务的实施意见;创新现代公共文化服务方式,江西省数字图书馆正式开放,全省文化馆“云服务”平台建成,赣州市实施“文化信息资源+电子商务”项目,新余市建立数字文化网及手机APP服务,公共数字文化、在线服务、电子借阅等新兴服务快速发展,“百姓大舞台”、书香赣鄱、文化志愿服务等品牌活动惠及城乡。

推进文化产业发展。首次举办文化产业合作推介会,签约项目70个、签约金额360亿元;78个项目在深圳文博会签约,签约金额317.25亿元。建立文化企业上市储备库,全年新增8家上市文化企业,是全省2010年到2014年五年上市文化企业总和的2倍,直接融资超过26亿元。出台《加快推进文化创意和设计服务与相关产业融合发展专项规划(2015—2020年)》,组建江西省文化产业公共服务平台。全年各类金融机构为文化企业发放贷款超过50亿元,20个项目获中央文化产业资金扶持,3家文化企业纳入文化部文化金融合作项目库。推进文化旅游深度融合,全省景区(城区)演艺项目达15个。梳理省级行政审批和处罚权力40项,按要求明确权力和责任清单;全年出动检查人员27万人次,检查各类文化经营场所9.9万家,责令停业整顿48家(次),没收违法所得5.8万元。

保护、传承文化遗产。南昌汉代海昏侯墓考古发掘出土各类文物两万多件,考古发掘得到省委省政府和国家文物局高度重视。南昌汉代海昏侯墓发掘成果展一个月观众达20余万人次,中央政治局常委刘云山、中央政治局委员赵乐际等中央领导到展览现场观展并给予高度评价。景德镇御窑厂遗址保护得到中共中央总书记习近平、国务院总理李克强等中央领导的重要批示,遗址保护重新规划。开展第一次全省可移动文物普查。加强文物执法,全省组织开展文物安全检查137次、执法督查139次,检查各类文物保护单位3047处。完成《江西省非物质文化遗产条例》立法。全省国家级、省级非遗生产性保护基地达14个。完成116部国家级珍贵古籍数字化,启动建设国家古籍修复中心江西省分中心。

加强对外和对港澳台文化交流。积极融入“一带一路”国家战略。策划“一带一路”项目,参与部省合作交流项目,全年实施重大文化“走出去”项目增长27%,引进文化交流项目增长14%。组织实施中俄“两河流域”文化交流、江西米兰文化交流、马德里部省对口合作计划等一系列文化交流项目。“千年瓷都——中国景德镇陶瓷文化国际巡展”,在俄罗斯、西班牙、意大利和港澳台等国家和地区展览,反响热烈。中央政治局委员、中宣部部长刘奇葆在西班牙马德里中国文化中心展览参观并发表讲话。

加强文化人才队伍建设。2015年,2人获得戏剧“梅花奖”,填补江西1997以来18年未获梅花奖的空白;2人获评国务院特殊津贴专家称号;3人入选江西省“百千万人才工程”;选派28名演艺人员参加戏曲人才高级研修班,选派30名基层文化局长参加“三区”(边远贫困地区、边疆民族地区和革命老区)文化局长高级研修班,选派1000名文化工作者赴“三区”开展帮扶;举办10期培训班培训1000名全省基层文化骨干,基层文化人才培训步入常态化。

(伍文珺 郑志山)

文学

【概况】 2015年,江西省作家协会履行联络、协调、服务职责,以“出作品、出人才”为目标,全力配合省文联“江西文学年”的倡导,积极组织文学活动,开展文学工作。

实施文学扶持工程。启动江西长篇小说重点扶持工程。10月11日,中国作家出版集团、作家出版社、江西省作协在江西省文联举行江西长篇小说重点扶持工程签约仪式。从2015年起,江西省作协组织江西作家创作10部长篇小说,进行出版和推介。参与中国作协重点作品和定点深入生活扶持工程。经省作协组织申报,江西省卜利民(卜谷)、欧阳娟、杨帆、江华明4位作家名列中国作协2015年作家定点深入生活名单;长篇小说《故土苍生》(叶绍荣)、诗集《跟着河流回家》(林莉)、网络文学《近身武王》(吴书剑,网名:未苍)、网络文学《医道凰图》(徐彩霞,网名:承九)名列中国作协2015年度重点作品扶持项目名单。2015年,是江西省作家获得中国作协定点和重点扶持项目最多的一年。实施重点选题扶持和定点深入生活专项活动。为促进作家坚持以人民为中心的创作导向,催生文学精品力作,江西省作协实施重点选题扶持和定点深入生活专项活动。活动收到34个重点作品选题、28个作者定点深入生活申请。长篇小说《对花》(王芸)、《无边的早晨》(李伯勇)等12个选题入选重点作品选题扶持项目;创作长篇散文《瓷上文化》的郑云云、创作长篇历史小说《永远的义门陈》的陈杰敏等10位作者入选定点深入生活名单。

有效开展省文艺创作与繁荣工程组织工作。完成《江西山水入梦来》稿件征集、评选及出版;完成《锐力·文学江西》项目的征集和审阅,征集到王明明、范剑鸣、秋水竹林(刘义)、五里路(叶小青)、樊专砚五人作品集;完成《江西文学精品丛书》第三辑的征稿和审读工作,傅太平、丁伯刚、樊健军、杨帆的中篇小说集,江华明的中短篇小说合集,三子的诗集等入选;完成《走向田野》第二辑的书稿征集和出版,李晓君《梅花南北路》、铱人《地下江西》、叶书麟《蒙面的萍乡》、邓涛《江西:书的声音》、李桂平《赣江边的中国》等6本散文集出版发行;完成《江右新散文丛》的出版,王晓莉《笨拙的土豆》、范晓波《带你去故乡》、陈蔚文《见字如晤》、江子《赣江以西》、李晓君《江南未雪》、罗荣《神像的启示》、丁伯刚《内心的命令》7部散文集在人民文学出版社出版发行。

加强文学作品研讨。举办江西新散文作家群研讨会。6月9日,江西作协与中国作协创研部、人民文学出版社等单位在京联合主办江西新散文作家群研讨会,集中研讨王晓莉、范晓波、江子、傅菲、李晓君、安然、陈蔚文、夏磊、朱强9位具有鲜明文体特点和卓异艺术追求的新散文作家的创作。中国作协副主席李敬泽、人民文学出版社社长管士光、省文联主席叶青及20多位专家学者与会。举办李伯勇长篇小说《抵达昨日之河》研讨会。省作协与中国作协创研部、赣州市委宣传部、《小说评论》杂志社共同在京主办李伯勇长篇小说《抵达昨日之河》研讨会。中国作协书记处书记阎晶明,省文联主席叶青及雷达、李建军、李国平、贺绍俊、张陵、吴秉杰、陈福明等20余位专家学者与会研讨。举办金朵儿童话作品研讨会。7月24日,江西省作协与赣州市作协在会昌县举办金朵儿童话作品研讨会。国内诸多著名儿童文学作家、文艺理论家、赣州市文学作者等40余人同聚一堂,对金朵儿的《小贝卡奇遇记》《虹朵朵的梦》系列作品进行研讨。

文学创作成果丰硕。江西省作者创作了一批具有文学价值的各种文学样式的作品。小说创作:陈世旭、温燕霞、阿袁、刘伟林、王芸、樊健军、陈然、朱传辉等人的中短篇小说分别在《人民文学》《北京文学》《十月》《山花》《江南》《天涯》等文学报刊发表,部分被《小说选刊》《小说月报》《中篇小说选刊》《新华文摘》《北京文学中篇小说月报》转载;温燕霞以中国远征军为主题的《磷火》在上海文艺出版社出版;王芸短篇小说集《与孔雀说话》在中国书籍出版社出版。散文创作:《走向田野》《江右新散文》出版发行;陈世旭、王晓莉、范晓波、王明明、陈蔚文、朝颜、傅菲、朱强、李晓君、王芸、张慧敏、武向春、洪忠佩、詹文格、何立文等人的散文作品在《人民文学》《散文》《文艺报》《天涯》《美文》《北京文学》《花城》等刊物发表,部分被《散文选刊》《散文海外版》转载;刘华长篇散文《一杯就是千年》《我们的傩面》在长江文艺出版社出版;傅菲散文集《饥饿的身体》在北岳文艺出版社出版;李晓君《革命时期的童年》在百花洲文艺出版社出版。诗歌创作:林莉、牧斯、吴素贞、王彦山、漆宇勤、王小林、胡刚毅、朱仁凤等人的诗作在《诗刊》《青年文学》《扬子江诗刊》《北京文学》《诗潮》等报刊发表;展现汪峰、三子、饶祖明、聂迪、林莉、吴素贞、傅菲、圻子、熊国太等创作轨迹与成果的《江西九人诗选》在百花洲文艺出版社出版;包括渭波《漂流的家园》、林莉《孤独在歌唱》、熊国太《持烛者》、徐勇《静止到奔走》、傅菲《在黑夜中熬尽一生》等在内的灵山诗群丛书在江西人民出版社出版;《2014年南昌诗歌精选》在江西高校出版社出版;凌子诗集《轻叩天堂的大门》在长江文艺出版社出版。儿童文学:彭学军儿童文学“男孩不哭”组合《浮桥边的汤木》《戴面具的海》等在二十一世纪出版社出版;金朵儿《小贝卡奇遇记》5卷本在贵州人民出版社出版,《虹朵朵的梦》(10本)在河北少年儿童出版社出版。部分文学作品获奖:胡平长篇散文《瓷上中国》获全国“五个一工程”奖,王晓莉《暗房》获《散文选刊》2014年度华文最佳散文奖,安然《亲爱的花朵》获《散文选刊》2013—2014年度“新经验散文奖”,陈蔚文获第三届《人民文学》新人奖,喻虹获2014年冰心儿童文学新作奖,王芸中篇小说《龙头龙尾》获首届林语堂小说奖大奖,樊健军中篇小说《夭夭》获首届林语堂小说奖,史俊《金色的家徽》获2015年“夏衍杯”优秀电影剧本潜力电影剧本奖,王彦山获2015年中国桃花潭国际诗歌艺术节中国新锐诗人奖。

【举办 2015 年江西谷雨诗会】 4 月 10 日，在省文联举办"'羊'春三月——2015 年江西谷雨诗歌朗诵会"，省委宣传部副部长梅毅，省文联党组书记、常务副主席汪天行，省文联主席叶青出席朗诵会，省专业诗人与诗歌爱好者以及媒体记者 100 余人参加。4 月 18 日，在吉安市青原区钓源古村、吉水溢塘古村等地举行"到人民中去——2015 江西谷雨诗会"，举办诗歌朗诵会、名家讲座、2014 年江西年度诗人奖颁奖、"我们的传统"诗歌论坛及诗歌采风等系列活动，全省各地的诗人、作家代表 200 余人参会。

【实施江西长篇小说重点扶持工程】 10 月 11 日，中国作家出版集团、作家出版社、省作协在省文联举行江西长篇小说重点扶持工程签约仪式。中国作协副主席何建明讲话，省文联党组书记汪天行致辞，省文联主席叶青主持，江西长篇小说重点扶持工程开始启动。该项目内容为：从 2015 年开始由江西省作协组织江西作家创作 10 部长篇小说，中国作家出版集团（作家出版社）出资 133 万元进行出版和推介。通过广泛征稿，12 月 3 日，评审组从征集到的 74 个长篇小说选题中选出 15 个，由江西省作协组织创作，预定 2016 年 6 月再决出 10 部长篇小说作品出版发行，余下 5 部将由江西省作协争取经费出版。

（石兰芳）

艺 术

【概 况】 2015 年，围绕艺术创作与生产、艺术精品巡展和巡演、国家艺术基金项目申报等工作，开展"深入生活，扎根人民"主题实践活动，激发创作活力，把握创作导向。6 个省直文艺院团创排大戏 9 台。其中，省话剧团话剧《遥远的乡土》、省京剧团现代京剧《生死愿》、省赣剧院赣剧《邯郸梦记》、省木偶剧团人偶剧《希望的绿洲》、省杂技团杂技《百戏梦幻夜》5 部戏选为省委宣传部重点资助剧目。《回家》巡演等 10 个项目获国家艺术基金资助。举办首届"八大山人"全国山水画优秀作品展；参加文化部、中国美协举办的纪念抗日战争暨世界反法西斯战争胜利 70 周年为主题的美术创作活动；开展"深入生活，扎根人民"首届江西省优秀美术作品展；举办首届全省美术创作提高班；成立江西省青年美术家协会，举办"朝气·梦想·未来"江西省首届青年美术家优秀作品展；成立江西省书法院；推动江西地方戏曲振兴工程。全省国有改制院团完成演出 1.2 万场，实现演出收入 5954.5 万元；其中下乡演出 8440 场，观众达 686 万人次。

【青年演员杜欢、杨俊获中国戏剧梅花奖】 5 月 20 日，省歌舞剧院杜欢、赣南采茶歌舞剧院杨俊获第 27 届中国戏剧梅花奖。杜欢因在江西省原创五幕歌剧《回家》中饰演主人公罗旺篼，成为江西第一位获得梅花奖的男演员，也是江西第一个以歌剧申报获奖的梅花奖获得者。杨俊因主演赣南采茶歌舞剧《永远的歌谣》而摘得梅花奖。杜欢、杨俊此次获奖，填补了江西戏剧界 18 年未获"梅花奖"的空白。

【举办"八大山人"全国山水画作品展】 5 月 23 日—31 日，由中国美术家协会、省文化厅联合举办的首届"八大山人"全国山水画作品展在江西省美术馆开展。此次作品展，全国有 3400 余幅作品参赛，收藏获奖作品 293 幅，其中 57 幅为获奖优秀作品。57 幅获奖优秀作品及部分入选作品展出。

【举办"深入生活，扎根人民"首届江西省优秀美术作品展】 10 月 15 日，为纪念中共中央总书记习近平文艺工作座谈会讲话一周年，深入生活、扎根人民——首届江西省优秀美术作品展在江西省美术馆开展。15 个分展区收到送展作品 1500 余件，遴选出获奖作品 56 件，优秀作品 198 件。作品涉及所有美术门类，包括中国画、油画、版画、漆画、雕塑、陶艺、艺术设计、年画、综合画种等。这是江西省政府文化行政部门首次举办全省性美展，也是江西三年来美术优秀作品的一次集中展示。

【江西 10 个项目获国家艺术基金资助】 2015 年，江西省大型舞台剧和作品《贾元妃与北静王》《热血山哈》《永远的歌谣》，小型舞台剧（节）目和作品《生痦》，艺术人才培养项目《弋阳腔音乐人才培养》《日用陶瓷设计创新青年人才培养》，传播交流推广项目《回家》巡演、《长征组歌》巡演等 10 个项目入选国家艺术基金 2015 年度资助项目，获资助金额 1200 万元。

【开展"深入生活，扎根人民"主题实践活动】 2015 年，全省开展"深入生活，扎根人民"主题创作采风活动。省文化厅与省文联、省美协、九江市人民政府共同主办《云水谣——李杏水彩写生作品展》，举办《丹青系乡土、墨韵总关情》江西美术家赴罗牧故里宁都采风写生作品展、《深入生活、扎根人民》首届江西省优秀美术作品展等一系列创作成果展示活动。开展"我们的中国梦"——文化进万家活动、"我们的沃土，我们的根"——江西省艺术名家深入基层创作采风演出活动、"结对子，种文化"——全省文艺志愿者深入基层结对帮扶活动。

【组织策划重大展演活动】 2015 年，省文化厅组织策划一系列重大展演活动。歌剧《回家》赴台交流演出取得成功，演出得到国家领导人俞正声的高度评价，载入新华社内参。话剧《遥远的乡土》在北大百年讲堂演出。京剧《生死愿》应邀参加第三届湖北艺术节、第十四届中国戏剧节。杂技晚会《我们的生活比蜜甜》随省政府代表团赴乌法参加中俄文化交流演出。话剧《寻找》参加文化部第八届儿童剧优秀剧目展演，情景歌舞《为了可爱的中国》参加文化部举办的"纪念抗日战争暨世界反法西斯战争胜利 70 周年"展演。

（陈星）

社会文化

【概 况】 2015 年，全省公共文化服务体系建取得突破性进展。12 月 23 日，省委省政府印发《关于加快构建现代公共文化服务体系的意见》，成为“十三五”期间江西省公共文化服务体系建设工作的纲领性文件。九江市、景德镇市及抚州市黎川县成功申报第三批国家公共文化服务体系示范区和示范项目。在第四次全国文化馆评估定级工作中，江西省一、二级馆数量进一步增加。开展“百姓大舞台，大家一起来”大型公益文化活动、“百姓大舞台”合唱艺术节及“放歌赣江源”声乐大赛等重大文化活动。首次实施全省基层文化志愿者培训班，完成15期，培训1500余人。实施春雨工程及文化志愿者服务工作。2015年，全省文化工作获文化部8项表彰：上饶市群艺馆馆长江丽君获2015中国文化馆榜样人物；瑞昌市夏畈镇综合文化站获2015全国优秀文化馆（站）；抚州市图书馆馆长孔斌获2015中国图书馆榜样人物；“瓷乐中国”——景德镇女子瓷乐表演赴青海演出、新余夏布艺术优秀作品展云南行获得“春雨工程”——全国文化志愿者边疆行活动典型案例；九江市修水县图书馆开展的青鸟课堂、萍乡市上栗县文广新局开展的传统文化“一校一品”活动、南昌市东湖区文化馆开展的贵林社周六公益系列演出获2015年基层文化志愿服务活动典型案例。

【出台《关于加快构建现代公共文化服务体系的意见》】 11月5日，省文化体制改革专项小组召开第四次会议，审议通过《关于加快构建现代公共文化服务体系的意见》（送审稿）。12月23日，省委、省政府印发《关于加快构建现代公共文化服务体系的意见》，成为“十三五”期间江西省公共文化服务体系建设工作的纲领性文件。《实施意见》符合实际，具有江西特色。一是本着“群众在哪里，公共文化服务就在哪里”的理念，强调城乡统筹和试点先行原则。通过对全省22个试点县（市、区）的探索和扶持从而带动全省所有县（市、区）从2016年起全面推进公共文化服务体系建设，到2020年，基本建成覆盖城乡、便捷高效、保基本、促公平的现代公共文化服务体系。二是与全省原中央苏区和扶贫开发工作紧密结合，加大对革命老区、贫困地区扶持力度，明确提出推动赣南等原中央苏区加快建设红色文化传承创新区。三是提出整合数字文化资源打造全省统一的数字图书馆、数字文化馆平台。四是加强对特殊群体的文化服务，将老年人、未成年人、残疾人、农民工、农村留守妇女儿童、生活困难群众作为公共文化服务的重点对象；完善特殊文化设施，在公共文化设施中完善老年人、未成年人、残疾人等服务设施设备。五是加强基层文化队伍建设，明确提出县级公共图书馆、文化馆、公共博物馆每馆配备不少于12人；每个乡镇（街道）综合文化站（中心）编制配备不少于1～2人。六是强化组织领导，强调县（市、区）党委、政府在推进公共文化服务体系建设中要承担主体责任，将公共文化服务体系建设列入年度考核，要求各地要成立由党委政府牵头的公共文化服务体系建设领导小组，建立由文化部门牵头、相关部门协同、权责明确、统筹推进的公共文化服务体系建设协调机制，确保为全省现代公共文化服务体系建设提供坚强保障。

【推进全省第二批基本公共文化服务标准化、均等化试点工作】 2015年起，省文化厅确定在吉安市青原区、吉水县、新干县，九江市武宁县、瑞昌市，宜春市靖安县、上高县，抚州市金溪县、黎川县，萍乡市芦溪县，南昌市南昌县、新建县、东湖区，新余市分宜县，景德镇市乐平市，赣州市会昌县、龙南县、于都县、寻乌县，鹰潭市余江县，上饶市婺源县、德兴市22个县（市、区）开展第二批基本公共文化服务标准化、均等化试点工作。省财政每年安排2000万元专项资金用于基层公共文化服务体系标准化、均等化建设，专项资金适当向2015年公共文化标准化、均等化试点县（市、区）倾斜，以县（市、区）为单位，按照各县（市、区）所辖基层文化服务点（乡镇、街道、村、社区）数量占全省比重分摊至各县（市、区）。

【开展全省公共文化机构法人治理结构试点工作】 省文化厅在赣州和新余两个国家级公共文化服务体系建设示范区和吉安市新干县文化馆、宜春市靖安县图书馆、九江美术馆、上饶市科技馆启动公共文化单位法人治理结构试点工作。法人治理结构试点改革以组建理事会为重点，放管结合，探索建立公共文化机构法人治理结构的模式和路径。

【申报第三批国家公共文化服务体系示范区（项目）】 4月，文化部、财政部启动第三批（最后一批）国家公共文化服务体系示范区（项目）创建工作。江西省九江市申报创建第三批国家公共文化服务体系示范区，景德镇市“中华陶瓷文献数字服务”、抚州黎川县“油画惠民”两个项目申报创建第三批国家公共文化服务体系示范项目，均获批。

【完成第四次全省文化馆评估定级工作】 省文化厅制定《关于开展江西省第四次文化馆评估定级工作的方案》，组织开展全省各级文化（群艺）馆自评工作。6月底前，各设区市文化局完成对县（市、区）文化馆的评估；7月，省文化厅对11个市级文化馆进行评估，抽查复评48个县级文化馆。10月，江西省通过文化部第六评估组实地抽查评估。通过评估，全省符合上等级馆必备条件馆由2011年第三次评估定级的104个增加到110个，其中一级馆由25个增加到37个，二级馆由40个增加到44个，三级馆由39个减少为29个。

【举办群众性歌唱艺术活动】 2015年，省文化厅积极组织群众性歌唱艺术活动，丰富群众生活。9月28日，由省文化厅主办，江西省群众艺术馆、江西艺术中心、江西省歌舞剧院有限责任公司等单位承办的2015年江西省“百姓大舞台”合唱艺术节——江西省纪念抗战胜利70周年暨庆祝国庆66周年大型演出活动在江西艺术中心大剧院举行。大赛吸引8个地市、327支队伍、超过1万名演员参与。经评委会现场打分、赛后复核及省文化厅审定，评出金奖5个、一等奖6个、二等奖5个、优秀组织奖13个，共29项。9月30日，由省文化厅、中共石城县委、石城县人民政府共同主办，江西省群众艺术馆等单位承办的2015年江西省“百姓大舞台，大家一起来”——“放歌赣江源”声乐大赛决赛在石城县结束。200余名歌手参与此次选拔，最终20名歌手进入决赛并获奖,其中一等奖2名、二等奖4名、三等奖6名、优秀奖8名。

（涂安宁）

非物质文化遗产

【概　况】　2015年,江西非物质文化遗产保护工作取得新进展。截至年底,全省有国家级非物质文化遗产名录70项、省级非物质文化遗产名录488项,国家级非物质文化遗产项目代表性传承人33名、省级非物质文化遗产项目代表性传承人368名。

颁布实施《江西省非物质文化遗产条例》。公布第三批省级非物质文化遗产项目名录代表性传承人,评定非物质文化遗产研究、传播、传承基地。实施传承人关爱和抢救性记录两项工程。完善省级代表性传承人的资助、培养、支持、管理措施。开展非物质文化遗产宣传展示活动,选派景德镇瓷乐、金溪手摇狮、婺源茶艺、赣剧、新干剪纸、乐安蛋雕、婺源纸伞制作技艺7个展演、展示项目参加米兰世博会江西活动日。举办第二届湘赣鄂皖非物质文化遗产联展,江西、湖南、湖北、安徽4省一批国家级、省级非物质文化遗产集中展出。选派有江西特色的非遗项目参加第五届中国成都国际非物质文化遗产节、第二届中国非物质文化遗产传统技艺大展、第三十三届中国洛阳牡丹文化节文化主题展、长江流域非物质文化遗产大展等。开展景德镇手工制瓷和青阳腔两项非物质文化遗产数字化试点项目,收录大量音像、图片和文字。

【出台《江西省非物质文化遗产条例》】　5月28日,《江西省非物质文化遗产条例》经省人大常委会第十八次会议审议通过,2015年9月1日实施。《江西省非物质文化遗产条例》共7章58条,主要包括非物质文化遗产的调查和代表性项目名录、非物质文化遗产的传承与传播、非物质文化遗产的合理利用与发展、保障措施、法律责任等内容。《条例》的出台,为江西非物质文化遗产保护政策的长期实施和有效运行提供坚实保障。

【举办第二届湘赣鄂皖非物质文化遗产联展】　10月17日—18日,湘赣鄂皖4省文化厅在江西省非物质文化遗产樟树林展示馆联合主办《第二届湘赣鄂皖非物质文化遗产联展》。湖南的苗画、湘绣、布袋人偶,江西的景德镇瓷器、南昌瓷板画,湖北的楚式漆器、雕花剪纸,安徽的歙砚、宣纸、徽墨等46个非遗项目通过名录项目图文展板、精品实物展示及90余名传承人互动体验等方式,集中展示四省非物质文化遗产生产性保护成果。

【评定非物质文化遗产研究、传播、传承基地】　12月,省文化厅开展2015—2017年非物质文化遗产研究基地、传承基地、传播基地评审工作。评定景德镇陶瓷大学、江西省理工大学、赣南师范学院客家研究中心、江西师范大学非物质文化遗产研究中心、井冈山大学、九江学院、南昌航空大学、江西财经大学、南昌大学赣剧文化艺术中心9个单位为研究基地,江西省陶瓷工艺美术职业技术学院、江西含珠实业有限公司、鄱阳县赣剧团有限责任公司、弋阳腔艺术保护中心、婺源县寒山艺术馆、江西省婺源茶叶学校、赣南师范学院音乐学院、南昌瓷板画研究中心、江西艺术职业学院、南昌县采茶剧团有限公司、南昌市筱贵林文化艺术传播有限公司、青山湖区文化馆、永新县龙源口中学、新干县文化馆、樟树天齐堂中药饮片有限公司、袁州区文化馆、临川区抚州采茶戏传习所、江西省赣剧院18个单位为传承基地,景德镇市青少年校外活动中心、景德镇市福熙堂陶瓷有限公司、莲花县文化馆、信丰县第一小学、于都长征源小学、南昌市群众艺术馆、江西师范大学科学技术学院、进贤县文港初级中学、进贤县梅庄镇中心学校、江西非物质文化遗产樟树林展示馆10个单位为传播基地。

（平懿）

图书馆

【概　况】　2015年,全省有公共图书馆114所,其中省级1所、市级11所、县区级102所。全省公共图书馆总藏书量2800多万册,年均总流通人数1200万人次以上,书刊文献外借数量超1000万册次。

实现省图书馆新馆建设项目立项。遵照省委省政府倡导"统筹利用资源,省、市共建共享文化设施"原则,按照"五十年不落后,一百年可持续"要求,省图书馆新馆选址红谷滩凤凰洲,拟投资8亿元新建,规划馆舍面积8万平方米。

整合江西省各公共文化机构服务资讯。建设江西省公共数字文化服务平台,形成公共文化一站式导航服务。

搭建文化共享工程五级服务网络。建成省级分中心1个、市级支中心11个、县级支中心100个、乡镇基层点1075个、街办服务点46个、社区服务点223个、村级基层点16876个、驻赣空军部队基层点1个。推进文化共享工程基层网点建设,组织业务骨干,成立业务小组,为基层图书馆文化服务提供技术保障。

加强数字图书馆推广工程建设。省图书馆配合国家图书馆开展推广工程资源联合建设工作,开通国家图书馆到江西省的光纤专网,实现全省各节点虚拟网络联通覆盖。向各级公共图书馆推送120TB国家图书馆数字资源,并为各地市图书馆组织开展相关培训。省图书馆完成"数字图书馆推广工程"运行管理平台搭建工作,实现对全省"推广工程"运行情况的实时监控。架设连通数字图书馆国家中心的物理专网,为读者提供更高速的数字资源访问渠道。开展数字图书馆服务推广活动,启动"网络书香·数字图书馆建设与服务"宣传推广系列活动,开设有关数字图书馆的资源、软硬件建设,管理服务等培训课程。开通移动数字图书馆,通过"掌上赣图"移动数字图书馆、江西省直机关数字图书馆、政府信息公开等平台,面向政府机关、科研院所等开展针对性信息服务,为各类型用户提供随手可享的多样性、专业性、知识性文化信息服务;借助手机、数字电视、移动电视等新兴媒体作为信息传送点,使数字图书馆的服务覆盖到全省市、县、乡镇(街道)和村(社区)等。

【推进全省古籍数字化工作】　2015年,省图书馆按照国家古籍保护中心要求，带领全省公共图书馆共同开展古籍数字化工作，基本完成“江西省国家级珍贵古籍数据库”的数据采集与馆藏中华珍贵典籍数字化工作。其中完成省馆 101 部 1802 册 11.77 万拍、其他市县馆 15 部 179 册 9816 拍的古籍扫描和截图任务。派遣古籍保护工作专家指导各基层图书馆、文化局等单位的古籍数字化工作，完成江西省入选国家级珍贵古籍名录的 116 部古籍数字化工作。

【建设江西省出版物典藏中心】 为充分发挥馆社双方资源优势，全面收藏赣版出版物，构建完善的赣版出版物典藏机制，最大限度满足社会各界对江西地方文献的阅读需求，省图书馆与江西省出版集团以及省内各出版社开展交流并达成合作意向，初步拟定赣版图书典藏机制的建设方案。2015 年年底，省图书馆赣版图书样书库完成前期筹备工作。依托赣版图书典藏机制，省图书馆将逐步建立江西省规模最大、品种最全的赣版出版物样本展示书库，为赣版出版物提供优质的保存环境、展示场所和阅读空间，并通过多种渠道扩大赣版出版物样书库的社会影响力，达到全面收藏、集中展示、广泛利用的效果。同时，省图书馆恢复图书保存本制度，重新建立基本书库，保持和完善省级图书馆文献保障中心的功能。

【推广全民阅读】 2015 年，省图书馆积极举办读书活动，推广全民阅读。4 月 23 日，“书香赣鄱”全民阅读活动暨江西省第五届“读好书”活动在省图书馆全面启动，全省公共图书馆围绕“阅读的力量”主题，积极开展形式多样、内容丰富、各具特色的读书活动；5 月底，全省公共图书馆开展以“履行图书馆职能，促进全民阅读，建设书香社会”为主题的“2015 年图书馆服务宣传周”系列活动，营造良好的读书氛围，并举办具有图书馆特色的讲座、巡展等社会活动；在“世界读书日”“抗日战争暨世界反法西斯战争胜利 70 周年纪念日”“全国科普日”期间，举办一系列主题讲座、展览、图书展、故事会等普及与宣传活动。

（温凌芸）

博物馆

【概　况】 至 2015 年年底，江西省在省级文化行政管理部门登记备案且功能比较完善的博物馆 141 家，其中文化（文物）系统管理的 107 家、行业博物馆 10 家、民办博物馆 24 家。拥有国家一级博物馆 4 家、二级博物馆 5 家、三级博物馆 22 家。全年推出陈列展览 500 余个，免费接待国内外观众 3000 余万人次。

2015 年，完成全国第一次可移动文物普查江西省普查登录任务。合并“5·18 国际博物馆日”与“中国文化遗产日”，开展文物宣传活动。举办全省博物馆馆长培训班，组织开展 2014 年度首次非国有博物馆运行评估工作，推进博物馆理事会建设试点工作。

4 月 23 日是世界读书日，省图书馆开展系列读书活动，吸引大批读者参与

省文化厅供稿

【“南昌西汉大墓考古发掘成果展”展出】 11 月 14 日至 12 月 16 日，省文化厅、省文物局联合主办，省博物馆和省文物考古研究所联合承办的南昌西汉大墓考古发掘成果展在省博物馆开展。展览展出陶瓷器、青铜器、玉器、金器等共 152 件（套）。展出期间，接待观众 18.08 万人次，其中省部级以上领导干部 79 人次，最高日参观量达 1.33 万人次。央视新闻频道等媒体累计播发展览相关稿件 62 篇。

【推进江西省第一次全国可移动文物普查工作】 在鹰潭、宜春、吉安、九江举办全省可移动文物普查审核工作培训班，分片开展各级普查办及收藏单位审核操作培训。调整省普查领导小组办公室成员名单，增设工作督查组。在鹰潭举办全省设区市普查办主任工作会议暨普查工作现场推进会。下发《关于建立全省可移动文物普查信息月报制度的通知》《关于加快推进可移动文物普查工作的通知》。截至 2015 年年底，江西省在第一次全国可移动文物普查信息登录平台有 382 家国有文物收藏单位，账号注册率为 100%，激活率 100%，登录 32.31 万件/套藏品，完成率为 100%，完成江西省第一次全国可移动文物普查数据登录工作。

【基本完成全省博物馆“百馆展示工程”任务】 文化系统管理的博物馆基本陈列更新，展示水平得到提升。江西省博物馆《明宫玉带知多少——江西明代藩王系墓出土玉带精品赏析》等 8 个展览入选《2015 年度全国博物馆展览季活动推介目录》；瑞金中央革命根据地纪念馆《中央苏区反腐倡廉史》入选国家文物局 2016 年度“弘扬优秀传统文化、培育社会主义核心价值观”主题展览项目。加强文物展览对外交流工作，景德镇御窑博物馆与故宫博物院联合举办《大明御窑瓷器——御窑遗址出土与传世洪武、永乐、宣德瓷器对比展》;省博物馆《千年瓷都——景德镇当代陶瓷艺术精品展》在意大利米兰和俄罗斯莫斯科、彼尔姆及乌法3个城市巡展。

(王琴红)

文物保护与考古发掘

【概　况】 2015年,江西省不可移动文物保护和考古发掘工作取得新成绩。启动南昌汉代海昏侯墓考古发掘工作,在省博物馆举办为期1个月海昏侯墓部分出土文物展览。景德镇御窑厂遗址保护利用工作得到中央领导重视和关注,中共中央总书记习近平、国务院总理李克强等先后作出批示。争取国家重点文物保护专项补助资金5.9亿元,资金数额位列全国第二。赣南等原中央苏区革命遗址保护工作继续深入推进,争取国家重点文物保护专项补助资金3.1亿元,比2014年增加1亿元。继续做好中国传统村落和大遗址保护各项工作,加强全省基层文物保护以及文物考古等工作。瑞金市列为国家历史文化名城。确立南昌市万寿宫历史文化街区等18个江西省第一批省级历史文化街区。

【启动南昌汉代海昏侯墓考古发掘】 11月14日,汉代海昏侯墓主椁室考古发掘启动。截至2015年年底,南昌汉代海昏侯墓考古发掘出土各类文物1万多件,考古发掘工作取得重大成果。中央电视台以现场直播和动态报道相互结合的方式,对海昏侯墓主椁室的开启进行全方位报道,新华社、《人民日报》《光明日报》《中国文化报》《中国文物报》等中央媒体、江西电视台和《江西日报》等省内媒体,对发掘进展和成果进行连续报道,成为全国第一个边发掘、边保护、边展示、边宣传的案例。国家文物局及专家评价汉代海昏侯墓为:中国迄今发现的保存最好、结构最完整、功能布局最清晰、拥有最完备祭祀体系的西汉列侯墓园,是中国长江以南地区发现的唯一一座带有真车马陪葬坑的墓葬,是中国发现的面积最大、内涵最丰富的汉代侯国聚落遗址,是研究西汉侯国历史最独特的大遗址。

【加强景德镇御窑厂遗址保护利用工作】 3月和12月,党和国家领导人习近平、李克强、张高丽、刘延东等先后2次就景德镇御窑遗址保护利用工作作出批示。省文化厅全面启动保护工作,对景德镇御窑厂遗址保护规划进行修编,将御窑厂遗址保护范围从8.7公顷扩展到13.1公顷;与文化部、国家文物局对接,争取御窑厂遗址保护利用专项经费2000多万元;将御窑厂遗址保护性设施建设项目列为"十三五"期间全省重点项目之首上报国家发改委和国家文物局;梳理出《2015—2017年御窑厂遗址重点保护项目》报国家文物局。

11月14日,南昌汉代海昏侯墓主椁室考古发掘启动仪式在南昌举行

省文化厅供稿

【推进赣南等原中央苏区革命遗址保护利用工程】 2015年,继续推进赣南等原中央苏区革命遗址保护利用工程。省文物局要求各地严把项目"准入关""进度关""质量关""验收关""管理关"和"利用关",7月,派出5个督导组分赴赣州市、吉安市、抚州市、上饶市等地实地督导。2014年项目开工率、完工率、竣工率等指标均符合预期。《中国文物报》用3个多版面全面、深度报道江西省赣南等原中央苏区革命遗址保护利用工作。2015年,江西省有341个原中央苏区方案通过评审,国家文物局安排3.1亿元用于维修保护187个革命遗址,比2014年增加1亿元。

【继续推进传统村落文物保护维修工程】 2015年,继续推进传统村落文物整体保护利用工作。推进实施2014年度首批5个试点传统村落文物保护维修利用项目,完成2015年度17个试点传统村落文物保护总体方案编制、项目立项、技术方案编制报批和资金申报等工作。争取中央财政下拨传统村落保护资金675万元,安排2000万元全省基层文保专项经费用于10个省保成片传统村落的文物保护维修。

【做好纪念抗战胜利70周年文物保护利用展示工作】 全面排查抗战文物点。经排查,全省有抗战文物点132处。做好抗战文物维修保护工作,在项目经费安排上给予倾斜。2015年,争取国家重点文物保护专项补助资金3551万元,用于上高会战遗址、瑶里改编旧址和庐山民国图书馆等抗战文物保护;全省各地投入2088万元,用于抗战文物点保护维修和展示利用。指导各地做好抗战遗迹遗址合理利用工作,瑶里改编旧址、万家岭战役遗址、上高会战遗址、庐山大厦、民国图书馆、南昌新四军军部旧址等抗战遗迹遗址经保护维修后对外开放。在抗战胜利70周年纪念日期间,各地抗战文物点保护单位对外开放,开展主题纪念活动。

(李靖)

文化交流

【概　况】　2015年,江西省文化厅积极对接国家"一带一路"战略,发挥地缘优势和人缘优势,精心打造江西文化"走出去"品牌,持续实施"文化江西"形象塑造工程,积极参与部省合作项目。实施完成项目147个,其中派出项目21项,引进项目126项。文化交流出入境2114人次。

【组织《千年瓷都——中国景德镇当代陶瓷文化精品展》参展2015年江西米兰文化交流年】　8月5日—26日,"江西米兰文化交流年"系列文化交流项目之一《千年瓷都——中国景德镇当代陶瓷文化精品展》在米兰3年展设计博物馆开展,展出江西省博物馆馆藏瓷器50件(套)。

【组织非遗项目参加"2015年米兰世博会江西主题活动日"展演活动】　7月16日—25日,组织景德镇陶瓷音乐表演、手摇狮舞表演、赣剧表演、婺源茶艺表演、婺源油纸伞制作技艺、萍乡花果、剪纸技艺等江西非遗项目,共18人赴意大利参加"2015年米兰世博会江西主题活动日"展演活动。

【组织《千年瓷都——中国景德镇精品陶瓷展》赴俄罗斯巡展】　为加强中俄文化交流,落实中俄"两河流域"合作工作要点和江西省文化厅与莫斯科中国文化中心达成的文化交流项目合作协议,江西省文化厅组织省博物馆《千年瓷都——中国景德镇精品陶瓷展》赴俄罗斯巡展。展品包括青花瓷、粉彩瓷、颜色釉瓷和雕塑瓷4大类共80件景德镇精品名瓷。7月18日至8月17日,首站在莫斯科马涅什博物馆展出。8月22日至9月30日,第二站在俄罗斯彼尔姆国家艺术博物馆展出。10月6日至11月16日,第三站在俄罗斯巴什科尔托斯坦共和国涅斯特罗夫博物馆展出,并参加在乌法市举办的"江西经贸文化周"活动。

【组织杂技剧《我们的生活比蜜甜》参加中俄"两河流域"文化交流暨江西经贸文化周活动展演】　11月4日—14日,组织江西省杂技团有限责任公司,赴俄罗斯巴什科尔托斯坦共和国乌法市、比尔姆边疆区、莫斯科演出杂技剧《我们的生活比蜜甜》6场,参加中俄"两河流域"文化交流合作巡演活动和在乌法市举办的"江西经贸文化周"活动。

【组织实施2015年度部省对口合作计划文化交流项目】　6月18日至7月24日,组织景德镇美术馆《千年瓷都——景德镇陶瓷文化展览》赴西班牙马德里中国文化中心展出。该项目是2015年文化部和江西省对口合作计划中的首个文化交流项目,也是国家艺术基金支持项目《传承与创新》的延伸项目。展览为期1个月,展品90件。

【歌剧《回家》赴台巡演】　3月17日—31日,应台湾《联合报》股份有限公司子公司民声文化传播股份有限公司邀请,江西省歌舞剧院有限责任公司组织原创涉台歌剧《回家》在台湾进行为期15天的巡回演出。在台期间,分别在台北市演出5场、高雄市演出3场。中共中央政治局常委、全国政协主席俞正声在第七届海峡论坛讲话中对《回家》在台湾的演出给予高度评价。新华网、人民网、台湾《联合报》等十多家主流媒体报道《回家》在台湾巡演盛况。

【组织"黎明山川　梦里江南"——中国江西黎川油画精品展赴泰国展出】

10月18日—23日,由曼谷中国文化中心和黎川县人民政府联合主办的"黎明山川　梦里江南"——中国江西黎川油画精品展在泰国曼谷中国文化中心展馆展出。展览作品有风景、动物、人物油画,集聚黎川最具艺术影响力的老中青三代油画家的58幅代表性作品。

【承办2015年第三届拉美艺术季江西采风团赴赣采风创作活动】　5月7日—19日,2015年第三届拉美艺术季客座艺术家江西采风交流活动在南昌、婺源、景德镇等地开展。智利画家希梅娜、乌拉圭摄影家安东尼奥、巴拿马画家莎莉、哥伦比亚画家佛朗西、古巴画家马丁、智利画家希米娜等拉美艺术家赴南昌、婺源、景德镇等地采风。12天江西行,看"风景独好",赏江西文化。采风结束后,在南昌子易堂美术馆举办作品汇报展和交流座谈会。

(娄瑞丽)

文化市场

【概　况】　2015年,全省文化市场新增市场主体781个,其中互联网上网服务营业场所511个,互联网文化经营单位12个,娱乐场所209个,文艺表演团体、演出经纪机构等47个,艺术品经营单位2个。全省审批涉外演出128批(次),2129名境外演艺人员到赣演出。举办2期全省平台业务应用系统培训班,培训人员200余名。加强行业协会建设,推动成立江西省画廊协会。全年,省文化厅梳理省级行政审批和处罚权力40项,明确文化领域行政执法权力和责任清单。全省出动检查人员27万人次,检查各类文化经营场所9.9万家,警告493家次,罚款781家次,罚款金额420余万元,责令停业整顿48家次,吊销许可证7家,没收违法所得5.8万元。

【推动互联网上网服务行业转型升级】　3月,制定《江西省互联网上网服务行业转型升级工作方案》,指导各地开展转型升级试点工作,确定南昌市、九江市、赣州市、吉安市、抚州市临川区作为江西省推动互联网上网服务行业转型升级试点地区,确定省级试点单位23家、市级试点单位20家。针对允许和鼓励省级试点单位开设未成年人和老年人上网专区的探索性举措,制定《未成年人上网调查表》。6月,组成专项督查组,为23家省级试点单位颁发"江西省互联网上网服务行业转型升级试点单位"牌匾。

【推广应用全国文化市场技术监管与服务平台】　建立全省技术监管与服务平台QQ群,搭建远程指导、培训考核和互动交流平台,有效提高各地掌握平台相关业务知识的水平和能力。2015年,江西省在平台内共设置用户1596个,采集经营单位12515家,其中文化存量单位7854家,非文化存量单位4661家;激活经营单位7842家,激活率99.85%。采录2013—2015年演出活动446次,执法案卷2803件;采录1112名执法人员信息到全国文化市场技术监管与服务平台。江西省利用全国文化市场技术监管与服务平台,审批主体736家,立案582件,检查经营单位6.90万家次。

【开展2015年度全省文化市场综合执法案卷评查工作】 2015年,开展全省文化市场综合执法案卷评查工作。评查工作收到全省各设区市、省直管县(市)选送案卷63份,涵盖互联网上网服务营业场所、互联网文化、娱乐、版权、印刷等多类别综合执法案卷。评查严格按照《文化市场综合行政执法案卷评查办法(试行)》,在各地自评、推荐基础上,组织全省熟悉文化市场政策法规和综合执法工作的业务骨干进行集中评查,并对评选出的案卷进行复审。《擅自从事互联网视听节目服务》等10宗案卷被评为2015年度全省文化市场综合执法优秀案卷。

(周文纪)

文化产业

【概 况】 2015年,江西省文化产业整体实力和竞争力得到显著提升,文化产业主营业务收入达2350亿元,文化产业增加值占地区生产总值比重3.86%。全省文化产业实现签约项目70余个,总签约额超300亿元。全省文化企业活力迸发。江西丝黛实业有限公司、巴士在线科技有限公司、江西大江传媒网络股份有限公司等8家文化骨干企业分别在香港股权交易所、A股主板和新三板上市,融资总额达3亿元;江西华奥印务有限责任公司、景德镇法蓝瓷实业有限公司、江西腾王科技有限公司、江西金太阳教育研究有限公司5家文化企业成功入选2015—2016年度国家文化出口重点企业和重点项目名单,全省累计17家文化企业获国家文化出口重点企业;江西省翼天文化旅游产业发展有限公司等25家企业(单位)评为第六批省级文化产业示范基地,累计认定112家省级文化产业示范基地。启动2015年江西省人民政府动漫奖评选暨文化创意设计大赛活动,评出54件优秀动漫作品,奖励462万元。

【开展文化产业招商活动】 3月19日,省文化厅联合省商务厅、省工商联、省广播电视新闻出版局召开江西省文化产业招商大会,确立“保二争三冲刺四”(确保2015年全省文化产业签约项目投资达到200亿元,力争300亿元,冲刺400亿元)的工作目标,集中推出200个总投资额约1878亿元的文化产业招商项目。借助义乌文交会、深圳文博会等平台,省、市、县三级联动,积极“走出去”与“引进来”,先后赴北京、江苏、浙江、深圳、香港等地开展以面向国内外知名企业为主的系列招商引资活动。6月25日,以省政府名义在南京举办文化产业专场招商推介会,副省长朱虹致辞。2015年,全省文化产业实现签约项目70余个,总签约额超300亿元。

【首家省级文化产业公共服务平台上线】 10月26日,江西省文化产业公共服务平台在南昌启动。平台由省文化厅主管,省文化企业协会主办,在运营中分为线上和线下两种模式。线上模式是建设江西文化产业网和文化产业APP,打造全省最大的、以文化为主题的B2B网站和手机移动平台。线下模式是分产业类别建设文化产业园区,建立孵化空间,打造产业集群区的“九通一平”(信息通、市场通、法规通、配套通、物流通、资金通、人才通、技术通、服务通和新经济平台)。该平台的建设,旨在扭转江西省文化企业长期单打独斗、各自为战的“小散弱”局面,推动全省文化产业生态集聚,实现抱团取暖、合作共赢。

【发布江西第一部文化产业蓝皮书】 12月20日,《江西文化蓝皮书——江西文化产业发展报告(2015)》发布。该蓝皮书由江西师范大学文化研究院编撰,分总报告、行业报告、区域报告、个案研究、专题研究等篇章,是江西省第一部关于文化产业发展的蓝皮书。全书梳理总结“十二五”时期特别是2014年江西文化产业发展情况,为江西省文化产业发展提供理论参考和决策依据。

【4个文化产业项目入选国家特色文化产业项目】 3月,文化部公布《2015年度特色文化产业、藏羌彝、丝绸之路重点项目名单》,江西省有景德镇陶瓷非物质文化遗产保护项目(景德镇陶邑文化发展有限公司)、篁岭民俗文化村(婺源县乡村文化发展有限公司)、景德镇皇窑陶瓷文化创意产业项目(景德镇东璟实业有限公司)、婺源《梦里老家》大型山水实景演出(江西翼天文化旅游产业发展有限公司)4个项目入选。

(杜克海)

本栏编辑 邓诚君

档案与地方志

档案工作

【概　况】　2015年，全省档案部门继续推进“百县新馆”工程、“馆藏翻番”工程、“数字档案馆”工程等“三大工程”建设，完善“覆盖人民群众的档案资源体系、方便人民群众的档案利用体系、确保档案安全保密的档案安全体系”等“三个体系”，推进服务经济建设、服务民生工作、服务重大活动和重大事件等“三个服务”，各项工作取得可喜成绩。

档案事业发展环境持续改善。省政府每年安排省财政2000万元资金支持推进全省数字档案馆建设。截至年底，全省有46个档案馆获国家中西部县级档案馆建设资金1.9亿多元，102个县级档案馆获省财政下拨的建设和维修改造专项资金1.2亿多元，实现县级档案馆建设和维修改造专项资金全覆盖。有7个设区市档案馆和51个县级档案馆建成投入使用，1个设区市档案馆和13个县级档案馆在建。档案保管条件、安全保障措施和现代化管理手段明显改善。

档案工作服务能力全面提高。服务经济建设扎实有效。省档案局举办项目建设档案工作培训班，指导64家省重点建设项目完成档案管理登记，对30余个项目档案进行专项验收。南昌市档案局成立领导小组全程指导南昌轨道交通1号线一期工程建设项目档案管理。抚州市档案局开展企业档案服务试点，及时指导改制企业做好档案管理工作。上饶市档案局与上饶经济技术开发区共同制定《上饶经济技术开发区档案工作方案》，签订合作协议，明确市工业园区的档案由档案学会实行代整理、代收集、代保管和开发利用。服务民生工作向纵深拓展。全省档案部门全年接待查档人员15万余人次，调阅档案20余万卷(册)次。省档案局联合省农业厅转发《农村土地承包经营权确权登记颁证档案管理办法》，规范全省确权登记颁证档案管理；联合省国土资源厅制定《江西省国土资源档案分类编号办法》，规范国土资源档案管理。服务重大活动、重大事件成果丰硕。省档案局举办纪念抗日战争胜利70周年档案图片展，编辑出版《狼烟漫大地烽火燃赣鄱——解码江西抗战历史记忆》和大型图文画册《江西抗战》，利用媒体公开一批抗战档案，揭露日军侵华罪行，社会反响较好。南昌市档案局编纂的《纪念抗日战争胜利七十周年画册》，九江市档案局编纂的《档案中的九江抗战》，新余市档案局编纂的《血染的丰碑——纪念抗日战争胜利七十周年》，抚州市档案局与市政协文史委合作编辑的《抚州抗战》《回忆人民公社》等都具有较高水平。德兴市档案馆收集整理的“侵华日军战地画报”档案资料在中央电视台13套新闻频道黄金时段单条播出，社会反响强烈。

档案基础业务建设稳步推进。全省综合档案馆基础业务工作更加扎实。省档案局下发《关于进一步加强全省各级综合档案馆基础业务建设的通知》，规范全宗编号，建立健全馆藏档案全宗名册，清理馆藏未规范整理的档案，对部分市、县综合档案馆基础业务建设进行专项检查，提高档案馆管理水平。宜春市档案馆通过国家一级档案馆晋升测评，成为全省第二家国家一级档案馆。截至年底，全省24个市、县(区)综合档案馆晋升为国家二级以上档案馆。机关档案工作更加规范。省档案局重点检查39家省直单位档案工作规范化管理，针对发现的问题提出限期整改要求。在省级行政中心即将投入使用之际，省档案局及时下发《关于认真做好省直单位搬迁过程中档案安全管理工作的通知》，督促指导60余家搬迁的省直单位加强档案管理，确保档案迁移过程中的完整、安全、保密。至年底，全省有1240家单位档案工作规范化管理达省三级以上水平，档案工作的整体水平显著提升。

档案资源建设更加丰富。到期档案接收工作卓有成效。省档案馆全年完成16家省直单位到期实体档案和9家撤并单位档案的接收工作。截至年底，全省综合馆馆藏总量809万余卷(册)、857万件。其中，省档案馆馆藏档案资料46万余卷(册)。涉及民生档案的收集不断扩大。省档案馆全年接收公证档案115卷6082件和涉外婚姻登记档案1.26万件。特色档案征集形式多样。省档案局组织有关人员赴英国、法国征集历史档案资料；征集有关江西县志、教育志以及反映江西重大活动、重点工作等地方特色档案资料120件(册)。吉安市档案局拍摄散存在民间的老行当和传统手艺珍贵图片，编辑《庐陵守艺人》。鹰潭市档案局建立名人名品全宗。上饶市档案局在铅山县设立民间档案征集点。全省各级综合档案馆高度重视馆藏档案的安全管理工作。抢救重点档案24万余卷(册)，新增2万余卷(册)。完成馆藏报纸和700余册图书档案资料的分类、粘贴档案资料标识,整理名人档案3000余卷(册),核对并完善20万卷现行档案的全宗名册信息,修裱破损档案1.3万页,揭旧2305页,消毒档案2万余卷,清点现行档案20万卷。

档案信息化建设成效明显。全省数字档案服务平台建设取得新进展。省档案局启动全省档案云服务平台建设,承担的《基于云计算的全省档案资料共享利用研究》科研课题通过省科技厅验收。南昌市、县(区)综合档案馆及11个乡镇街道便民服务中心设立民生档案远程共享服务窗口,其中青云谱区率先实现民生档案远程共享平台的全区覆盖。数字档案资源建设迈出新步伐。省档案馆完成第四期馆藏纸质档案数字化项目,形成数字副本250.5万余页、目录数据83.5万余条,重拟标题20.8万余条。全省综合档案馆录入全文数据3616万画幅、文件级目录数据4695万条、案卷级目录数据453万条。

档案法制宣传工作有声有色。增强依法治档针对性。省档案局印发《2015年全省档案法制工作要点》,提出依法治档与档案法制宣传工作的总体要求和具体任务,完成行政权力清单、责任清单的编制工作,清理行政审批权21项,清理近6年制定的现行有效的规范性文件。组织召开全省第三届档案工作者年会,围绕"全面推进依法治档创新档案服务路径"主题进行研讨,提高档案干部依法治档、创新服务的水平。南昌、抚州、吉安等市档案局分别联合市人大教科文卫委开展全市林权制度改革档案执法调研。宜春市档案局对城建、房产档案工作进行调研。上饶市档案局分批对辖区内100多个市直机关、企事业单位开展档案行政执法检查。档案宣传工作亮点纷呈。省档案局组织中央、省市有关媒体大力宣扬"最美档案馆"新干县档案馆和"最美档案人"武宁县档案局副局长熊丽丽等先进事迹。在中国档案第15届宣传工作会议上,江西省通联组被评为"优秀通联组",上饶市档案局徐协国被评为"优秀通讯员"。

【举办大型档案图片展览、出版大型图文画册纪念抗战胜利70周年】 9月初,省档案局与省委党史研究室联合举办纪念抗战胜利70周年大型档案图片展览。展览全面揭露了侵华日军在江西境内各种暴行,突出中国共产党在江西进行的抗日宣传及抗日活动,重点介绍万家岭战役、南昌会战、高奉会战、上高会战等战役情况,宣传民间抗战团体和江西籍英烈的抗战事迹,再现江西军民英勇抗战的历史,激发全省人民爱国热情。此外,由省档案局联合省委党史研究室编纂的大型图文画册《江西抗战》和省档案局编纂的《狼烟漫大地烽火燃赣鄱——解码江西抗战历史记忆》分别于8月、10月出版发行。图书以翔实的史料和珍贵的照片再现中国共产党领导江西军民进行抗日斗争的史实,对广大人民群众开展爱国主义教育具有重要的现实意义。

9月,省档案局与省委党史研究室联合举办纪念抗日战争胜利70周年大型档案图片展览

省档案局供稿

【建成数字档案实验室】 9月底,省档案局与南昌大学合作建设的数字档案实验室建成并投入使用。该实验室由南昌大学投资70余万元建设专门电教室,安装84个电教终端和相应服务器等设备,省档案局配备自行或联合研发的办公自动化系统、数字档案室应用系统和全省区域性数字档案馆应用系统3个应用平台,用于开展数字档案馆、数字档案室建设的专业培训。该实验室的建立,为全省档案信息化建设专业人才培养搭建起一个新的平台。

【江西省第三届档案工作者年会在井冈山召开】 11月13日,江西省第三届档案工作者年会在井冈山召开。年会主题是"全面推进依法治档,创新档案服务路径"。全省各地市、县、区档案局(馆),省直机关、高校、企事业单位的档案工作者代表及部分年会优秀论文作者240余人参会。会上,省档案局局长、省档案学会理事长汪晓勇作题为《全面推进依法治档创新档案服务路径》的主旨报告,指出要着力坚持依法治档,进一步拓宽档案工作的服务领域,把江西档案事业推上一个新台阶。5名年会优秀论文获奖作者作了大会交流发言。

【南昌轨道交通1号线一期工程通过档案专项验收】 11月25日,由省档案局及南昌市档案局、市发改委、市国资委、市建委共同组成的南昌轨道交通1号线一期工程项目竣工档案验收组对南昌轨道交通1号线一期工程开展验收。验收组听取项目相关单位汇报,现场检查该项目档案管理情况和档案归档率、完整率、准确率等,经过评议,一致同意南昌轨道交通1号线一期工程项目档案通过验收。自轨道1号线一期工程开建以来,南昌市档案局深入一线跟踪指导,为轨道1号线一期工程高质量通过验收打下坚实基础。轨道项目档案验收工作为南昌市重点建设项目档案工作积累了经验,有利于推动全市重点建设项目的档案工作。

(姚伦)

地方志工作

【概　况】 2015年,全省地方志工作有序开展、亮点纷呈。第二轮《江西省志》编纂工作有效推进。讨论修改制定《江西省志(1991—2010年)编纂行文规范》《第二轮〈江西省志〉审查验收规程》,规范省志编纂、审查和验收;讨论修改17部志书篇目;上门指导省财政厅、省统计局等几十家单位资料长编编辑和志稿编纂工作,对有关厅局修志人员进行13次授课;接待省农业厅、省委组织部等上百个单位来访和座谈,接听有关编纂方面咨询电话300余次,解答有关修志和篇目制定等方面的问题;督促编修进度缓慢厅局加快修志进度,完成资料长编和初稿的撰写;收集100余部分志的试写稿、资料长编;参加部分单位资料长编、试写稿的评审讨论会,审阅《统计调查志》《财政志》等20部分志试写稿和13部资料长编;完成二轮省志中《农业志》《交通运输志》《水利志》《烟草志》4部志书初审工作,并提出书面修改意见。市县续志扫尾工作进一步推进。年内,《新余市志》《上饶地区志》2部市级志书出版,《定南县志》《峡江县志》2部县级志书出版;专业(部门)志编纂取得可喜成果,出版《铅山县政协志(续编)》《南康人物志》《乐安财政志》《鄱阳县检察院志》《德安县文化志》等12部志书。

年鉴编辑有新成效。《江西年鉴(2015)》于2015年10月出版发行,发行量1500册。年鉴调整了栏目设置,首次增加索引,增加彩页版面数量,突出江西地方特色。《江西年鉴(2015)》在保证质量的前提下,比上年提前一个月出版发行,充分发挥年鉴的社会效益与经济效益。

理论建设有新成果。编辑出版发行《江西地方志》(双月刊)6期,刊载文章170篇,编校质量有较大提升;编辑《江西省地方志工作动态》36期,其中《省志工作专刊》11期。全办干部职工发表志鉴编纂理论文章46篇,出版《江右志谭》《志鉴编纂述谈》等专著。2篇论文入选2015年全国新方志论坛,2篇论文入选第五届中国地方志学术年会。

旧志整理工作有新进展。年内,民国十四年(1925)版《弋阳县志》、清同治版《饶州府志(点校注释本)》《赣县新志稿》、清康熙二十二年(1683)版《弋阳县志》、清光绪《吉安府志》、清道光四年(1824)版《石城县志》、清同治版《清江县志》、清同治版《临江府志》、明崇祯版《清江县志》点校出版。

方志馆开发利用持续深入。省方志馆超额完成全年图书采购任务;接待中国地方志指导小组办公室、四川省地方志工作办公室、黑龙江省地方志办公室、山东省地方史志办公室、南宁市人民政府地方志编纂办公室等中央和部分省市来访;接待省农业厅、省统计局等单位、参观者和读者2000余人次;充分挖掘和利用方志馆馆藏资源,与《江西晨报》联合举办《档案解密》栏目164期,引起社会广泛关注。

信息化建设有新亮点。年内,江西省方志馆上传48部省级综合年鉴、设区市志和县志至"中国赣网",丰富了"中国赣网"的地方志数据库;在方志馆局域网中建立丛书、报刊数据库,包含《四库全书》《清实录》《国家图书馆古籍题跋丛刊》等书籍,以及《人民日报》《申报》《江西省政府公报》《东方杂志》《〈解放〉周刊》《新青年》等报纸期刊;上传1000部史料性电子书;将200多本家谱进行电子化制作。12月8日,"方志江西"微信公众号对外公布,取得广泛的社会关注。

创先争优取得骄人成绩。4月18日,经全国地方志系统先进集体和先进工作者评选委员会评选,并报国家表彰奖励办公室批准,石城县地方志办公室被评为全国地方志系统先进集体,周慧被评为全国地方志系统先进工作者。12月29日,周慧和石城县地方志办公室代表在人民大会堂受到国务院副总理刘延东接见。

充分发挥地方志资源信息服务作用。年内,《走遍石城》《习氏花门楼——中国历史文化名村湖洲村探源》《万载古城旧事》《上饶概览》《南昌公安简史》等多部地情资料类书籍出版。高安市史志办协助元青花博物馆做好布展工作,为抗日战争史料记录片——《铁血丹心》提供史料服务。景德镇市地方志办积极协助专题片《当代中国》拍摄。黎川县地方志办积极融入新农村建设工作,为新农村建设文化工程打造历史名片。

【承办《中华一统志》编修可行性论证会议暨方志学学科建设规划专题研讨会】 8月27日—28日,中国地方志指导小组办公室主办,江西省地方志办承办的"中华一统志编修可行性论证会议暨方志学学科建设规划专题研讨会议"在南昌召开。中国地方志指导小组秘书长兼办公室主任赵芮,副主任刘玉宏、邱新立,江西省地方志办主任梅宏出席会议。中国社科院、北京大学、中国人民大学、复旦大学、华南师范大学、中国地方志指导小组办公室及上海、浙江、安徽、江西、广州、河北等地方志办机构的专家20余人参加会议。领导专家围绕《中华一统志》编修的可行性和必要性,深入分析历代一统志的经验教训和《中华一统志》主要任务目标、组织模式、大体框架安排、编纂队伍建设、主要难度及地方志学科规划等内容进行研讨,提出意见建议。

【开展首次年鉴质量评比活动】 1月20日—22日,省地方志编纂委员会、江西省地方志学会开展江西省首次年鉴质量评比活动。活动设立专家组,由江西省地方志办及设区市、县(市、区)、省直有关单位代表等12名年鉴专家组成。专家组根据国务院《地方志工作条例》、江西省人民政府《江西省实施〈地方志工作条例〉办法》和中国地方志指导小组《地方综合年鉴编纂出版规定(试行)》有关规定,从框架结构、年度特色、地方特色及资料内容、条目选题、体裁使用、语言文字、行文规范、版式设计,以及符合国家法律法规等方面,对参评年鉴进行逐项审读并实行百分制评分。

11个设区市、100个县(市、区)和120多个省直单位推荐的,于2010—2014年期间公开出版和内部发行的29部综合年鉴、18部专业年鉴参加评比。经过评比,33部年鉴获奖,其中特等奖1部、设区市年鉴一等奖2部、县级年鉴一等奖3部、专业年鉴一等奖1部,14个年鉴单位获组织奖。

【组织江西省地方志学会第四批专业考察团赴台湾考察交流】 6月26日至7月3日,应台湾新兴民族文教基金会邀请,江西省地方志学会组织第四批地方志专业考察团赴台考察。考察团成员14人,由江西省、市、县三级地方志工作者组成,张棉标任团长,黄福生任副团长。在台期间,考察团先后走访台湾故宫博物馆、台湾文献馆、台湾中正大学、台湾史前文化博物馆等地,深入了解台湾民俗文化、地方文献馆藏及地方志的编纂、保存、利用等,并与台湾有关学者进行广泛交流和探讨。

【“方志江西”微信公众号开通】 12月8日,江西省地方志办官方微信公众订阅号“方志江西”开通。“方志江西”设工作动态、方志探析、话说江西3个大栏目,涵盖工作追踪、出版动态、志鉴讲堂、编纂论坛、地名由来、江西风俗、人文轶事、志说江西等14个子栏目,全面反映江西人文风情和地情地貌,为广大地方志研究者和爱好者打造一个信息交流平台。“方志江西”微信公众号内容富于特色,图文并茂,一经开通便深受广大读者一致好评,点击量大,转载率高。

【省地方志办内设机构升格为正处级】 8月4日,江西省编办下发《江西省机构编制委员会办公室关于调整省地方志编纂委员会办公室内设机构级别及领导职数的批复》,江西省地方志办机关内设的秘书处、方志处、年鉴处、指导处及机关党委,级别由副处级升格为正处级。此项工作为江西省地方志办的事业发展和干部队伍建设奠定了坚实基础,在江西省地方志事业发展历程上具有里程碑意义。

【召开江西省设区市地方志办主任会议】 4月25日—26日,江西省设区市地方志办主任会议在井冈山市召开。全省11个设区市地方志办主任及省地方志办有关人员参会。江西省地方志办党组书记、主任梅宏传达全国地方志机构主任工作会议精神。会议规划安排2015年全省地方志工作。一是认真传达贯彻落实会议精神,要向市政府分管领导做专题汇报,通过有效方式传达到各县(市、区),结合各自的实际加以贯彻落实;二是认真贯彻落实中共十八届四中全会精神,不断增强法治意识,加强对国务院《地方志工作条例》和《江西省实施〈地方志工作条例〉办法》的学习、宣传和执行力度,让法治观念、法治思维始终贯穿地方志工作的修志、用志、传志、管志全过程,坚持依法修志、依法治志,着力提升地方志工作的法治化水平;三是扎实推进二轮修志工作,坚决按照全国的时间要求完成任务,即2018年基本完成、2020年全面完成二轮修志;四是扎实推进年鉴编纂工作,坚持年鉴编辑常编常新,要普及一年一鉴,提升年鉴质量;五是大力推进方志资源开发利用工作,做好《江西方志文化丛书》编纂工作,力争年内出版发行;六是加快方志馆和信息化建设步伐;七是加强地方志宣传和交流;八是加强地方志理论研究,积极推进学会工作;九是加强干部队伍建设;十是根据《全国地方志事业发展规划纲要(2014—2020年)》,结合江西省工作实际,制定《江西省地方志事业发展规划(2014—2020)》,明确江西省地方志事业奋斗目标和今后五年的工作任务。各设区市主任分别汇报2014年工作情况,并对《江西方志文化丛书》《江西省志·市县概况》的审稿意见进行讨论交流。

11月11日—12日,《赣州市志(1986-2000)》复审会在赣州召开

杨沂柳供稿

【《赣州市志(1986—2000)》复审会在赣州召开】 11月11日—12日,省地方志办在赣州市召开《赣州市志(1986—2000)》复审会。省地方志办党组书记、主任梅宏出席会议并讲话,中共赣州市委常委、副市长张治峰致辞。省地方志办党组成员、副主任周慧、杨志华出席会议并点评志稿。省复审组专家以及《赣州市志(1986—2000)》全体编纂人员共20余人参会。杨志华主持会议。

《赣州市志(1986—2000)》编纂工作于2001年启动,2013年形成初稿,2014年6月30日通过初审,2015年8月形成复审稿。复审稿共26篇173章782节,400万字,有123张图片、390张表格,上限为1986年、下限为2000年。该书全面系统地记述了赣州市1986—2000年自然、政治、经济、文化和社会等各方面的情况。复审组认为,《赣州市志(1986—2000)》政治观点正确,结构严谨,布局合理,门类齐全,内容丰富,资料翔实,文风朴实,记述得当,基本符合志书要求,同意《赣州市志(1986—2000)》通过复审。

(张志勇)

本栏编辑 邓诚君

新闻出版　广播电影电视

公共服务

【概　况】　2015年,全省公益电影放映27.4万场,补充更新1万个农家书屋图书,发展农村直播卫星户户通用户24万户。6家基层文化单位获第六届“全国服务农民、服务基层文化建设先进集体”称号。玉山县电影公司放映员杨卫华获“全国广播影视行业(电影放映员)技术能手”称号。

完善新闻出版广播影视公共服务基础设施建设。组织实施直播卫星户户通工程、中央广播电视节目无线数字化覆盖工程、高山台基础设施改造建设工程、农村电影放映工程、农家书屋工程等。全省32座高山无线发射台实施基础设施改造,安全播出和公共服务保障能力得到提高;全省68座无线发射台列入中央广播电视节目无线数字化覆盖工程第一期项目、83座无线发射台列入第二期项目,广大群众通过无线可接收收看到包括中央、省、市、县四级共15套以上数字电视节目。加快推进应急广播示范工程建设,在丰城市小港镇路外村、梅岗村和浮梁县王港乡高沙村、渭水社区等组织应急广播试点调试,为建设联通省、市、县、乡、村五级的应急广播网积累经验。

完善公共服务政策规范。拟订全省新闻出版广电公共服务政策与标准,纳入《江西省公共文化服务保障实施标准》。引入市场机制、创新公共服务,将新闻出版广播影视领域一批公共服务项目列入江西省《政府购买公共文化服务指导目录》。

【举办“书香赣鄱·风景独好”全民阅读宣传月活动】　4月,省新闻出版广电局联合省直机关工委、江西日报社、江西广播电视台、江西省出版集团公司、省总工会、共青团江西省委、省妇联8家单位开展“书香赣鄱·风景独好”全民阅读宣传月活动。4月17日,举办全民阅读泰豪论坛,特邀著名作家、文化部原部长王蒙等为演讲嘉宾。4月18日上午,开通“书香赣鄱”全民阅读数字平台,举行首批“新市民书吧”挂牌仪式。4月23日—25日,举行“书香赣鄱·风景独好”全民阅读现场宣传活动。在南昌市红谷滩区绿地广场,举行图书报刊展示展销及全民阅读现场宣传等活动,全省新华书店开展优惠售书活动。中央电视台《新闻联播》在“推动全民阅读,打造书香中国”综合报道中,专门报道江西全民阅读活动开展情况。

【推进基层阅读设施建设】　2015年,省新闻出版广电局支持省新华发行集团与教育部门合作,在中小学校发展连锁书店,开办运营140多家。支持省新华发行集团与社区企业合作,在工业园区、大型企业和进城务工人员较集中的住宅区,推进建设“新市民书吧”,满足进城务工人员阅读需求。4月18日,举行首批“新市民书吧”挂牌仪式。支持省邮政系统及其他发行企业、个体经营者参与农村、社区图书发行网点建设布局,进一步为广大群众就近参与阅读活动提供便利。

【实施2项农村文化建设改革】　实施农村电影放映改革。加快政府采购放映服务改革试点进程,以市场机制增强放映单位的服务意识。全省40多个县(市、区)实行政府购买放映服务改革;群众点片放映制度改革全面普及,定点室内放映逐步推进,视听环境改善,城乡观影差距缩小。实施农家书屋建设改革。加快推进农家书屋数字化、网络化升级。支持新干县等有条件的地区加快农家书屋电脑联网,促进城乡公共阅读服务一体化。支持新余市在全省率先开展农家书屋“1+X”暨村级综合为民服务活动,以农家书屋为依托,统筹建设村(社区)基层综合性公共服务平台,推动农家书屋功能完善、服务创新。

【6家单位获第六届“全国服务农民、服务基层文化建设先进集体”称号】

12月14日,第六届全国服务农民、服务基层文化建设先进集体表彰座谈会在北京召开,安义县电影发行放映公司、泰和县影业总公司、会昌县文化和广播电影电视局、金溪县文化广电新闻出版局、井冈山市茅坪乡茅坪村农家书屋以及江西新华发行集团有限责任公司宁都县分公司6家基层单位获奖。

(杨成东)

改革与产业发展

【概　况】　2015年,江西省新闻出版广电局推进新闻出版广播影视改革工作,推动产业发展。撤销原江西广播电影电视学校,并入江西新闻出版职业技术学院,组建江西传媒职业学院。出台《关于民营资本以控股方式参与国有影视制作机构改制经营的意见》。启动农村电影放映和农家书屋工程改革。会同九个厅局出台《关于支持江西省电影发展若干经济政策的通知》。完成省文化体制改革专项小组2015年工作计划中省新闻出版广电局的九项改革任务。

推进政府机关自我革新。推进政府职能转变和法治建设工作,取得明显成效。经清权、确权、减权、示权后,省本级行政权力保留177项,精简85项,精简率32.44%。9月6日,省长鹿心社在省新闻出版广电局调研考察“三单一网”建设和推进政府职能转变工作,予以肯定和表扬。

推进国有企业深化体制机制改革。调研江西广播电视台,提出组建广电传媒集团的初步意见和建议。江西广播电视台在大力推进传统广告、有线网络产业发展的同时,积极发展新媒体新业态。推动江西出版集团内部机制改革,建立起市值管理机制、股权多元化机制、人才培养和引进机制。江西出版集团大力实施“一体两翼、互动发展、一业为主、多元支撑”发展战略,连续7届入选“中国文化企业30强”,净利润突破10亿元,上交资本金居全省所有企业第二位,企业效益进一步提升。

推动重点产业项目和园区基地发展。推荐23个项目申报进入新闻出版改革发展项目库,入库率位列全国前列。省新闻出版广电系统获中央文化发展专项资金资助项目15个,资助金额7070万元,分别占全省项目的62.5%、资金的78.9%。江西国家数字出版基地在南昌市高新区挂牌。

鼓励引进民间资本。全年新增个私经济企业288家,新增投资70多亿元,其中传媒影视经营企业新增30多家。遴选88个项目参加2015年深圳文博会和南京产业招商会,全省新闻出版广播影视系统签约项目55个,签约资金208.16亿元。

全省新闻出版广播影视产业发展态势良好。全年新闻出版广播影视产业实现收入1102.06亿元,比上年同期的908.32亿元增加193.74亿元,增长21.33%;形成印刷复制业、广播影视制造业、图书出版发行业3个百亿元龙头产业;形成有线网络传输产业、报纸出版产业、广播电视广告产业3个10亿元产业;电影产业和内容生产领域2个临近10亿元规模产业。

【组建江西传媒职业学院】 2月16日,经省政府批复,省新闻出版广电局局属的江西新闻出版职业技术学院更名为江西传媒职业学院。12月1日,省教育厅批复撤销江西广播电影电视学校,将其并入江西传媒职业学院。学院拥有南昌市青山湖区(原江西广播电影电视学校)和南昌市蒋巷国家生态示范区(原江西新闻出版职业技术学院)两个校区,总占地21.94公顷。学院设有出版与印刷系、影视艺术系、新闻与传播系、传媒管理系、金像影视学院、继续教育学院、基础课教学部、中职教学管理部8个二级系(院、部),有教职工206人,全日制在校生4163人。

【建立国家数字出版基地】 4月27日,国家新闻出版广电总局批准江西省建立国家数字出版基地;6月5日,江西国家数字出版基地建设研讨会在南昌高新区召开,并举行江西国家数字出版基地揭牌仪式。这是国家新闻出版广电总局重启国家数字出版基地审批工作后的第一家基地,对提升江西省数字出版产业的整体实力和影响力,促进数字出版产业转型升级、融合发展具有重要意义。省长鹿心社对基地建设作出批示:“做出样子来”。省新闻出版广电局和南昌高新区管委会确定了加快江西国家数字出版基地建设的“进一步加强组织领导、进一步完善有关扶持政策、进一步推动产业融合发展、进一步发挥产业集群优势、进一步加强内容导向管理、进一步加强人才队伍建设”等工作措施。

(张红霞)

报纸期刊

【概　况】 2015年,全省有报纸74种。报纸年度总印数11.4亿份,年度总印张数为268.6万千印张,年度定价总金额10.4亿元;全省有期刊164种。期刊年度总印数7475.5万册,年度总印张数为23.1万千印张,年度定价总金额3.2亿元。

报刊变更名称。报纸有《景德镇高专报》更名为《景德镇学院报》;期刊有《江西行政学院学报》更名为《地方治理研究》。新创办《旅游画刊》1种期刊。

坚持新闻报刊通气会制度,加强和改进报刊审读工作。组织开展都市类报刊刊登医药广告情况、文学艺术类期刊、中国人民抗日战争暨世界反西斯战争胜利70周年专题审读,全年编发《报刊审读快报》26期。

开展公益宣传活动。《人民日报》《光明日报》《江西日报》等中央和省直报刊媒体集中开展“书香赣鄱·风景独好”全民阅读宣传月活动。省内40多家报刊单位开展“悦读改变人生”专题征文活动,刊发征文317篇,引导全民阅读宣传活动。开展禁毒宣传,38家报刊刊发稿件216篇。开展各类公益广告宣传,传播社会主义核心价值观,展示媒体社会责任。

开展中央和省级新闻单位驻地方机构清理整顿。2015年,中央新闻单位驻赣机构撤销45家,合并3家,整改12家,保留53家;省级新闻单位驻地方机构合并10家,保留52家。实现“四个一批”,即关闭一批非法驻地方机构,停办一批业务量过少的驻地方机构,合并一批重复设立的驻地方机构,清退一批违规聘用驻地方机构人员的治理目标,受到国家新闻出版广电总局的通报表扬。

治理报刊传播秩序。组织开展采编与经营分开、报刊广告、学术期刊质量、报刊发行秩序、新闻采编从业人员职务行为信息管理等五项报刊督查治理工作,坚持打击新闻敲诈和假新闻现象,查处违法采编行为。全年核查案件24件,行政处罚3家报刊出版单位,对1家报社予以缓验。

加强报刊队伍建设。推进新闻采编人员持证上岗制度。全年组织新闻采编人员培训考试5次,参加培训人数2094人。继续抓好全省广播电视编辑记者、播音员主持人资格考试,全省1059名广电新闻单位采编人员参加资格考试。省新闻出版广电局组织工作得到国家新闻出版广电总局表扬,获全国广播电视编辑记者播音员主持人资格考试先进单位一等奖。加强报刊队伍培训。首次组织48家重点报刊出版单位负责人赴浙江传媒学院参加“传统报刊与新兴媒体融合发展高端研讨班”；会同省委宣传部举办出版编辑业务骨干培训班，提高新闻报刊从业人员业务素质；会同省委宣传部、省网信办、省记协在全省新闻战线开展“好记者讲好故事·价值观的故事”比赛活动。《江西日报》记者梁振堂参加全国“三教办”决赛，获第二届全国新闻战线“好记者讲好故事·价值观的故事”演讲比赛十佳选手称号。

【报刊精品建设取得新成绩】 2015年，在第25届中国新闻奖评选中，《江西日报》的文字消息《项目审批“长征”698天 泰豪动漫变“动慢”》和副刊作品《那山 那树 那人》获一等奖，江西日报社获中国新闻奖一等奖，实现“七连冠”。《江西日报》和《农村百事通》杂志被国家新闻出版广电总局评为“全国百强报刊”。《小星星》《大灰狼画报》《琴童》《小猕猴智力画刊》《小猕猴学习画刊》5种少儿报刊被国家新闻出版广电总局评为全国优秀少儿报刊，入选总数在全国各省区市中排名第三。《小星星》《大灰狼画报》《小学生之友》《小猕猴学习画刊》获中国少儿报刊金奖，凸现江西省少儿期刊的品牌效应。《幸福家庭》荣获2015年度“中国最美期刊”称号。《江西师范大学学报(哲学社会科学版)》《南方文物》《心理学探新》3种学术期刊迈入全国中文核心期刊行列，至此，全省有18种学术期刊入选全国中文核心期刊，学术期刊整体质量不断提升。

【报刊融合发展取得新突破】 7月28日，《江西日报》“大江传媒”在新三板上市，成为江西省互联网第一股，标志江西省传统媒体与新兴媒体融合发展取得新突破。江西日报传媒集团拥有包括报纸、杂志、网站、微博、微信、手机报、移动客户端在内的七种媒介形态，建立起媒体微博矩阵、微信矩阵、政务微博矩阵三大矩阵，成为江西省传统媒体与新兴媒体融合发展的示范和标杆。2015年，江西日报社、《农村百事通》杂志社获全国第二批数字出版转型示范单位称号。

（梁杰）

图书和数字出版

【概　况】 2015年，全省审批图书、音像电子出版物选题11348个，其中增补选题4580个；全年核发书号6340个，其中追加书号673个；全省各出版单位出版图书、音像电子出版物10156种，其中新出图书、音像电子出版物5491种，重印4713种。全省数字出版总产值134.4亿元，出版电子书1.63万余种，电子期刊65种，数字报1.75万余期，手机图书4600余种，手机报17种。

【开展2015年出版物质量提升年活动】 对全省出版单位图书质量管理保障体系建设和实施情况进行检查，分阶段对全省出版单位出版的少儿读物、文艺类图书、教辅读物及养生保健类图书进行严格的质量抽查。全年抽查图书102种，其中少儿及文艺类图书编校质量检查抽查65种，合格62种，不合格3种，合格率95.38%；教辅读物及养生保健类图书编校质量检查抽查37种，合格30种，不合格7种，合格率81.08%。通过开展“2015出版物质量提升年活动”，各出版单位建立起一批规章制度，切实保障出版物质量。

【突出主题出版】 2015年，鼓励各出版单位创新选题思路、突出选题特色、优化选题结构。围绕重大主题出版、精品出版工程项目、“走出去”工程等板块，引导出版单位出版一批“践行社会主义核心价值观”、宣传“中国梦”、“学习贯彻习近平总书记系列重要讲话精神”“纪念抗日战争暨世界反法西斯战争胜利70周年”等重点选题。红星电子音像出版社《小平您好》入选“2015年向全国青少年推荐百种优秀音像电子出版物”；二十一世纪出版社《浮桥边的汤》《托德日记》入选“2015年向全国青少年推荐百种优秀图书”；二十一世纪出版社《森林里的小火车》入选“中国文艺原创精品出版工程项目”；江西教育出版社《文化遗产在江西普及读本》、江西人民出版社《引领江西发展升级 绿色崛起的新指南——学习习近平总书记系列讲话精神读本》《神韵青云谱》和江西高校出版社《旗帜引领方向——江西高校党的基本知识读本》4种图书入选“全国优秀社会科学普及作品”；红星电子音像出版社《红色故事汇》入选“2015向老年人推荐优秀出版物”；二十一世纪出版社《丝绸之路寻宝记》、江西美术出版社《记住乡愁》和江西高校出版社《长征路上的“红小鬼”——纪念红军长征80周年》三种图书选题入选“2015年主题出版重点出版物选题”；二十一世纪出版社《中华文明大视野》和江西科技出版社《中华印刷典故》入选“首届向全国推荐中华优秀传统文化普及图书”；二十一世纪出版社《森林里的小火车》入选“2015年度大众喜爱的50种图书”少儿类大众最喜爱的图书。

【推动数字出版平台建设】 构建中文天地出版传媒股份公司教育发展平台，开拓数字出版和在线教育市场，搭建“二十一世纪中国儿童阅读推广云平台”，打造少儿创意文化核心增长极。参加全国“第二批”转型示范单位评估工作。在全国最终入围的10家报业集团、30家报纸单位、29家期刊单位、5家出版集团和26家图书(含音像电子)出版单位中，江西省江西日报传媒集团有限公司、中文天地出版传媒股份有限公司和农村百事通杂志社3家传统出版单位入围。

（王谱声）

版　权

【概　况】 2015年，全省各级版权部门围绕省委、省政府中心工作和战略部署，加强版权行政执法，推进软件正版化工作，开展版权宣传，提升版权公共服务水平，推动版权示范和版权“走出去”，取得较好成绩。

加强版权执法监管。全面开展第十一次打击网络侵权盗版“剑网2015”专项行动，规范互联网传播作品的版权秩序。全省各级版权部门共立案查处各类案件38起，办结案件35起，其中作出行政处罚案件34起，刑事立案4起，法院判决结案1起，关闭违规网站30余家。版权执法案件数量同比递增30%。6家单位和5名个人受到国家版权局奖励和表彰，同比增加近1倍。其中，版权管理处获2014年度查处侵权盗版案件有功单位三等奖。

推进软件正版化工作。完善软件正版化工作常态化管理机制，省、市、县3级出台相关制度、措施，更新完善软件工作信息，逐级建立软件正版化责任人数据库。在全省范围开展政府机关软件使用情况专项自查。7月和11月，分别组织开展全省机关和新闻出版企业软件正版化工作督查，随机抽查了5个省直单位、11个设区市及其22个市直单位、11个县（区）及其22个县直单位，检查计算机294台，责令相关单位进行整改。11月，国家新闻出版行业企业软件正版化督查组到赣督查，对江西出版集团、中文传媒股份公司和江报集团软件正版化工作表示肯定。开展软件正版化工作培训。组织参加"2015年第三期政府机关软件正版化工作培训班"，召开2015年全省国有企业软件正版化工作推进会，部署推进江西省软件正版化工作。

开展版权宣传工作。在全国首开"世界读书日"注入版权宣传因素的先河，取得显著成效。运用电影院线宣传平台进行版权保护公益宣传。4月26日至5月3日，江西省星河院线65家影院、210块银幕，放映版权保护公益广告1.9万余次。将《中华人民共和国著作权法》纳入《江西省2015年普法教育工作要点》，在全省铺开学习和宣传。在江西法制网开设"4·26江西知识产权宣传月"版权宣传专栏。省版权局与省普法办、新法制报社在江西法制网联合开展以"因乐而动、为乐维权"为主题的"4·26江西知识产权宣传月"版权宣传活动，在江西省"百万网民学法律"活动中，开展4—5月《中华人民共和国著作权法》网上专场学习，同时开设"百万网民学法律"《中华人民共和国著作权法》网上知识竞赛活动。推动新闻媒体广泛参与版权保护宣传。《人民日报》《光明日报》《江西日报》、新华网、人民网、网易、新浪、中国文明网等几十家平面媒体、广电和网络媒体对江西省版权宣传活动进行报道。

【版权社会服务工作亮点纷呈】 组织12个项目申报2015年度"丝路书香工程"资助项目，其中江西人民出版社《世界历史第25册：殖民扩张与南北关系》和二十一世纪出版社《腰门》入选首届"丝路书香工程"重点翻译资助项目。全年新增江西日报社、江西新华发行集团有限公司2家"全国版权示范单位"和5家省级"版权示范单位"。组织江西出版界参加第二十二届北京国际图书博览会。博览会上，达成版权贸易合同与意向220种，其中版权输出合同29种、输出意向121种，引进合同1种、引进意向69种。百花洲文艺出版社获"2014中国图书世界馆藏影响力出版百强"称号，其出版的原创图书《应许之日》和引进的中文版《纸牌屋》入选"2014中国图书世界馆藏影响力图书20强"。省版权公共服务平台项目建成。江西省版权公共服务平台是江西省版权公共服务领域的"互联网+"工程，是全国为数不多的集版权登记、合同备案、版权交易、版权监管、证据保全等功能于一体的大型综合性版权公共服务平台。省长鹿心社、副省长殷美根和国家版权局副局长阎晓宏对该平台表示肯定。作品登记数量和质量再攀新高。全年登记总量3374件，同比增长100.8%，连续两年翻番。陶瓷、砚台等进行了版权登记。成立全省首家知识产权仲裁中心，这是全国第五家、中部地区首家知识产权仲裁机构。

（钟娜）

印刷复制

【概　况】 2015年，全省印刷复制企业1865家（不含复印打字店），其中出版物印刷企业133家，包装装潢印刷企业612家，其他印刷品印刷企业1115家，复制企业5家。全省印刷业总产值607.92亿元，同比增长26.82%。从业人数约7.95万人。赣州、吉安国家印刷包装产业基地和省级印刷包装产业基地内落户企业143家，产值占全省印刷业总产值的20%。

出版物印刷质量明显提升。在国家新闻出版广电总局开展的"出版3·15"检查中，江西省出版物印制质量单本检验合格率100%，批次质量检验合格率100%，获得"双百"认定。4家出版社20个品种计300余册出版物中，未发现1例不合格产品。

【"江西省印刷产业、吉安国家印刷包装产业基地项目推介暨招商引资签约大会"成果丰硕】 在5月14日第11届深圳文博会上，江西省新闻出版广电局与吉安市人民政府联合举办"江西省印刷产业、吉安国家印刷包装产业基地项目推介暨招商引资签约大会"，重点推介江西省印刷业招商项目和吉安国家印刷包装产业基地。现场签约项目35个，签约金额67.56亿元。签约项目涵盖彩印包装、印刷设备制造、环保油墨生产、3D打印等。截至12月31日，落地项目29个，落地资金50.81亿元，占签约项目总数82.85%。全国20多家广播、电视、报纸等媒体对此次招商推介会进行全面报道，网络媒体相关搜索2900多条。

【江西新华印刷集团有限公司稳居行业龙头地位】 2015年，江西新华印刷集团有限公司总资产达到18亿元，净资产6.20亿元，稳居江西印刷业龙头地位。在全国印刷行业排名中，由2014年"中国印刷企业100强"的第92名上升至第46名，连续2年获得"国家印刷示范企业"称号。

（谢年鑫）

出版物发行

【概　况】 截至2015年年底，全省出版物发行网点5091个，其中邮政报刊发行网点2658个，新华书店发行网点153家。全省出版物发行企业有2280家，其中批发企业210家、零售企业2070家。全省出版物发行企业年销售收入158.74亿元，从业人员3.73万人。出版物批发企业共210家，年销售收入139.87亿元，从业人员2.55万人；出版物零售企业有2070家，年销售收入18.86亿元，从业人员1.18万人。

做好春、秋两季教材发行工作。春、秋两季开学之前，在全省范围内开展教材发行工作专项检查。向各设区市新闻出版局、新华发行集团有限公司发出通知，检查新华书店教材发行情况及中小学校教材用书情况，查处侵权盗版等非法出版发行教材的经营行为，有效监管全省教材发行工作。全省春季教材实现征订数4662万册，码洋3.74亿元；全省秋季教材实现征订数5010万册，码洋4.02亿元，比上年同期略有增长。

继续扶持实体书店。江西省实体书店继续得到中央扶持。江西省新华发行集团瑞金市分公司、修水县分公司、南昌市分公司、吉安市分公司、玉山县分公司和萍乡市分公司6家书店得到中央财政扶持。江西省召开多次全省优秀实体书店推荐会议，发现、培育实体书店。经过深入基层调查研究，全省33家实体书店入选优秀名单，作为扶持发展的主要对象。

加强出版物发行员培训。依据《出版物发行员国家职业标准》要求，举办两期出版物发行人员职业资格培训班，参加人员277人。其中：一期为中级出版物发行员职业资格鉴定培训班，参加人员87人；一期为高级出版物发行员职业资格鉴定培训班，参训人员190人。

【组织参加全国性书展活动】 2015年，省新闻出版广电局积极组织省内出版社和图书参加全国性书展。1月8日—10日，参加北京图书订货会。江西省代表团申请展台18个，参展出版物品种逾2000种，其中新书近500种，达成协议交易码洋近1700万元。8月19日—25日，江西省首次作为主宾省参加上海书展。省委常委、省委宣传部部长姚亚平出席开馆仪式宣布江西主宾省馆开馆。赣版书首日销售刷新书展记录，7天书展期间图书销售突破200万元，创上海书展历届主宾省销售之最。此次书展上，江西省获上海书展主宾省优秀组织奖；二十一世纪出版社获最有号召力的10家出版社之一；江西美术出版社《记住乡愁》获最有影响力的10本图书之一。9月25日—27日，第25届全国图书博览会在山西国际展览中心举行。江西省新闻出版广电局组织江西出版集团、中文天地出版传媒股份有限公司及旗下9家出版单位，13家期刊社、新华发行集团等出版发行单位150余人参加展会。江西展馆突出“井冈旗红，赣版书香”主题，展示江西出版改革发展新成果。

（何琼）

出版物市场监管

【概　况】 2015年，江西省出版物市场监管及“扫黄打非”工作以打击违禁内容出版物作为首要任务，以互联网为主战场，以专项行动和联防协作工程为主要平台，组织开展“清源2015”“净网2015”“秋风2015”和“护苗2015”专项行动，持续治理各类非法出版物及有害信息。全省查缴各类非法出版物29.17万件，其中非法出版物7.91万件、违禁出版物6.37万件、侵权盗版出版物12.77万件。省“扫黄打非”办连续第三次获全国“扫黄打非”先进集体称号。

【持续开展市场监管专项行动】 2015年，以“扫黄打非”为抓手，持续开展专项行动。开展“清源2015”专项行动。按照“七个严禁”“三个一律”要求，进行封堵严查，聚焦“源头”治理，加强反制力度。开展“净网2015”专项行动。江西省按照“治标治本一起抓、网上网下一起查、老虎苍蝇一起打”方针，以整治“微领域”为突破口，全面清除互联网淫秽色情信息和市场上淫秽色情出版物，删除屏蔽有害信息9581条，关闭违法违规网站120个。开展“秋风2015”专项行动。持续深化打击“三假”（假媒体、假记者站、假记者），全面清查报刊出版市场，收缴各类非法违规报刊。查处江西晨报严重失实报道问题和江南都市报记者袁某涉嫌违法违纪问题。开展“护苗2015”专项行动。“护苗2015”是全国“扫黄打非”办第一次组织开展的专项行动，江西省创新开展“三个一百”“四个到位”工作，全省举办110多场“绿书签”公益讲座宣传活动，受益在校中小学生20万余人（次），派发“绿书签”50余万张；组织省内出版社向中小学校和“阳光学校”开展“护苗2015·公益捐赠活动”，无偿捐赠少年儿童读物7000余册。

【查办“扫黄打非”大案要案】 2015年，全省查办“扫黄打非”案件136起，其中全国“扫黄打非”办、公安部挂牌督办的重点案件6起，省“扫黄打非”办、省公安厅挂牌督办的重点案件10起。查办九江“4·9”邪教组织印制反宣品案、南昌“11·24”印刷非法报纸案、九江“5·18”销售淫秽色情及侵权盗版音像制品案、景德镇“7·14”销售淫秽出版物案、九江“7·24”网络传播淫秽物品牟利案、宜春“8·04”QQ群传播淫秽物品案、新余“8·11”销售淫秽色情音像制品案、上饶“3·10”销售盗版教材教辅案、赣州“3·13”侵权盗版案。

【加强“扫黄打非”宣传工作】 2015年，江西省“扫黄打非”办编辑江西“扫黄打非”工作简报39期，被全国“扫黄打非”工作简报采用6条，被中国“扫黄打非”网采用31条。通过微信、微博平台发布“扫黄打非”有关信息20余条，《人民日报》《中国新闻出版广电报》《光明日报》《法制报》《江西日报》等纸质媒体刊登江西省“扫黄打非”工作动态30余篇，江西新闻网、江西共青团网站、中共中央网络安全和信息化领导小组办公室网站等网络媒体刊登20余篇。7月10日，《人民日报》以“‘扫黄打非·护苗2015’为少年儿童成长筑起精神防护林”为题，重点介绍江西省开展“扫黄打非·护苗2015”专项行动的经验做法。8月18日—21日，全国“扫黄打非”办公室组织新华社、《人民日报》《光明日报》《新闻出版广电报》、中央电视台、中央人民广播电台等15家中央主要新闻媒体记者，专程对江西“扫黄打非·护苗2015”专项行动、“扫黄打非”进景区和典型案件查办等工作集中开展正面宣传报道，在中央级新闻媒体播发宣传报道近30篇。

（郑德明）

电影电视剧

【概　况】 2015年年底，全省有数字影院264座，影厅1166个，座位14.15万个。其中，县级影院183家、影厅691个，覆盖全省所有县（市、区）。全省电影总票房8.51亿元，同比增长56%；观影人数2674万人，增长61%。全年票房超500万元的影院47家，其中超1000万元的影院23家。全年全省通过20部电影和6部电视剧的备案申请，生产6部电影、1部电视剧。

创新品牌，打造精品。电影《天将雄师》在新加坡、马来西亚、泰国、印度尼西亚、菲律宾、阿联酋等30多个国家和地区热映，中国内地票房7.4亿元；电影《洋妞到我家》获第30届中国电影金鸡奖最佳儿童片提名；电影《天将场》获第30届中国电影金鸡奖最佳美术片提名；电影《桃子的爱情》获2015海南电影节最佳优秀影片奖；电影《马小乐之玩具也疯狂》获第十九届北京放映·丝路再起航暨第二届丝绸之路国际电影节优秀影片展映奖、2015年江西省人民政府动漫奖动画电影奖二等奖；电影《热血雷锋侠之激情营救》获2015年江西省人民政府动漫奖动画电影奖二等奖；电影剧本《金色的家徽》入选2015"夏衍杯"优秀电影剧本征集活动20部潜力电影剧本之一。

电视剧《破阵》在中央电视台电视剧频道播出；电视剧《我的特一营》获第27届全军电视剧"金星奖"长篇电视连续剧一等奖。

微电影《铿锵杜鹃贺子珍》获第二届中美国际电视节最佳新人奖；微电影《小刀》获第五届北京国际微电影节优秀作品奖；微电影《高山雨露》《宗山米粉世家》获第三届亚洲微电影艺术节"金海棠奖"优秀作品奖；微电影《时光·上饶》《家长会》获第三届亚洲微电影艺术节"金海棠奖"好作品奖；微电影《薇薇》获"第五届羊城印象广州国际微电影大赛"最佳男主角演员奖和最佳影片提名、最佳导演提名；微电影《那道门》获"第五届羊城印象广州国际微电影大赛"最佳公益影片提名、第四届北京国际微电影节·光年奖最佳编剧提名；微电影《葡萄熟了》获第三届华东地区暨全国部分省市微视频（微电影）作品大赛故事类一等奖；微电影《幻形》获第三届中国（武汉）微电影大赛最具网络人气奖。

扶持影院发展，落实补助资金。3月，江西省新闻出版广电局向国家电影事业发展专项资金管委会上报156家数字影院的申请补助报告。8月5日，省委宣传部、省新闻出版广电局联合下发《关于补助县级3厅以上数字影院建设的通知》，对符合条件的县级3厅以上数字影院给予补助。12月，江西省落实国家电影事业发展专项资金管委会下拨的补助资金6032万元和江西省文化产业发展专项资金下拨的补助资金985万元，全年全省拨付各类影院补助资金7017万元。

【出台《关于支持江西省电影发展若干经济政策的通知》】 11月，省财政厅、省发改委、省国土资源厅、省住建厅、人行南昌中心支行、省国税局、省地税局、省教育厅、省新闻出版广电局共同印发《关于支持江西省电影发展若干经济政策的通知》。该通知9款33条，从资金扶持、税收优惠、金融支持、差异化用地政策、社会资本投资、发行放映等方面，支持江西省电影产业发展。这是江西省出台的第一个支持电影全产业链共同发展的重要文件。

【举办2015年江西省影视人才培训班】 11月26日—27日，省新闻出版广电局举办2015年江西省影视人才培训班。培训旨在组建全省电影、电视剧储备人才库、影视单位库和创作选题库，为全省影视工作提供人力资源、资金资源和选题资源储备，为入库人员、单位提供政策支持、资金支持、选题对接、研讨采风及赴专业机构和大型剧组跟班学习的机会。著名编剧汪海林、著名制片人江小鱼、著名发行人刘歌、学者沈鲁等国内、省内专家授课。专家们从全国全省影视发展形势、影视编剧先进理念、优化营销发行模式，互联网时代电影、电视剧制作规则的变化以及影视市场和观众消费习惯的改变等方面进行讲解，提出江西影视业在互联网+的时代背景下实现弯道超车的看法。江西广播电视台，各设区市、省直管试点县（市）新闻出版广电局、广播电视台，省内各影视制作机构的中青年影视制片人、编剧、导演、作家等150余人参加培训。

【电影审片室投入使用】 4月，电影审片室工程完工并投入使用。电影审片室于2014年12月开工建设，放映厅按照标准电影院放映厅的技术标准设计，采用索尼高清多格式演播室放像机、NEC 4K数字电影放映机、GDC 4K电影服务器、QSC扬声器等，可以放映4K、3D等高清格式数字电影，整体水平达到国家新闻出版广电总局要求，为江西省审查电影提供技术保障。

（郑华臻）

广播电视宣传

【概　况】 2015年，广播电视宣传力度增强。全省各级广电媒体报道全国"两会"，亮点纷呈。人民网组织刊发《2015年全国"两会"省级卫视新闻榜》，江西广播电视台《江西新闻联播》稳居前6。其中，3月4日位居第2位，仅次于《湖南新闻联播》。省委书记强卫、省长鹿心社对江西广播电视台卫视频道《江西新闻联播》全国"两会"新闻报道给予高度评价。省委常委、省委宣传部部长姚亚平对江西广播电视台应用新媒体、新技术、新手段提高宣传效果给予肯定。省新闻出版广电局组织开展"故事江西·精彩赣鄱"全省广播电视台新闻故事联播展播活动和"乡愁——赣文化的保护与传承"参展纪录片征集展播活动；组织做好纪念中国人民抗日战争暨世界反法西斯战争胜利70周年宣传工作；组织全省各级广电媒体做好反腐倡廉、全民阅读宣传周、生态文明示范区建设、抗洪救灾、森林防火、安全生产、科技宣传、食品安全宣传、艾滋病防治、节能宣传周、网络安全宣传周等宣传工作。

完善广播电视宣传管理。把握正确导向。及时转发和传达中宣部、国家新闻出版广电总局和省委宣传部的一系列有关宣传管理工作的要求；及时编发《宣传通报》，即时传达重大紧急的宣传要求。做好收听收看工作。召开收听收看工作会议，开展业务培训，加强收听收看员队伍业务素质建设。国家新闻出版广电总局《监听监看日报》转载省新闻出版广电局《收听收看简报》稿件1次；副省长朱虹等省领导12次在简报上作出批示。加大监管力度。对全省突出的违纪违规问题下发《警示谈话通知书》，对相关单位负责人、节目制作单位负责人、宣传管理部门负责人进行警示谈话。开展“守纪律讲规矩、抵制低俗之风”专项行动。确保广播电视宣传导向正确，节目遵章守纪，格调积极健康。组织开展活动。组织广播、电视、网络、报刊等全媒体联动，深入基层开展新闻采访活动，让群众当主角、进镜头、上版面。完成各项推荐送评工作。在江西新闻奖评选中，广播作品获一等奖7件，二等奖14件，三等奖40件；电视作品获一等奖7件，二等奖14件，三等奖40件；广播电视新闻栏目2件。在第二十五届中国新闻奖评选中，电视消息《寒酸的县委办，不寒酸的民生》（江西广播电视台）获一等奖。江西广播电视台《挑战文化名人》被国家新闻出版广电总局评为2014年度全国广播电视创新创优栏目。在国家新闻出版广电总局2014年度少儿节目精品发展专项资金项目评审中，江西广播电视台的《神奇列车》《闪亮零零后》获二等奖，南昌广播电视台的《学在南昌》、九江广播电视台的《夸夸我》获三等奖。

加强国产电视动画片审批管理。严格按照规章制度、审批程序和流程办事，办事时限全部缩短一半，且全部在规定时限内办结。2015年，全省电视动画片制作机构申报备案公示1部13集65分钟，审查2部10集121分钟，颁发《国产电视动画片发行许可证》2个。

【举办“故事江西·精彩赣鄱”全省广播电视台新闻故事联播展播活动】 3月，省新闻出版广电局启动“故事江西·精彩赣鄱”全省广播电视台新闻故事联播展播活动，组织全省各级广播电视台创作生产一批宣传江西发展新成就、展示江西面貌新变化、体现江西人民新风尚的新闻故事。9月30日—10月15日，全省各级广播电视台和广电网络媒体开辟新闻故事专栏专题，集中开展联播展播。11月4日，“故事江西·精彩赣鄱”全省广播电视台新闻故事联播展播活动在南昌召开总结会暨新闻故事汇。《一朵莲一座城》《江西抗战记忆之老兵不朽系列》《从市长到农夫》等10件作品被评为优秀作品，江西广播电视台等7家单位被评为优秀组织工作单位。

【继续开展“名播名记走基层”活动】 2015年，省新闻出版广电局和江西广播电视台继续组织省广播、电视、网络等媒体的10余名优秀记者编辑和播音员、主持人，先后到余江县、武宁县、进贤县、南丰县等地开展“名播名记走基层”活动。省新闻出版广电局巡视员杨松和省广播电视台副台长龚荣生带队参加活动。

1月13日，在鹰潭市余江县开展活动。活动组深入到当地眼镜产业园、雕刻创业示范街，记者们将视角对准眼镜和木雕两大富民产业的发展，探究产业从无到有、发展壮大的奥秘。3月20日—21日，在九江市武宁县开展活动，先后到武宁规划展览馆、杨洲乡花源谷等地，聚焦武宁旅游发展情况，探究山水武宁如何利用当地自然生态资源，做好旅游文章。9月15日，到南昌市进贤县开展活动，深入到有着1600年制笔历史的古镇进贤文港镇和建设中的民生工程滨湖森林公园，并重点考察雄宇钢钩、江联重工、赛尔佳科技、韩国医疗器械产业园等工业园区，探究产业转型升级中的进贤，感受进贤县经济发展的脉搏，领略千年古县、产业大县、生态绿县生机与活力。11月23日—24日，到抚州市南丰县开展活动，深入到有着1300多年栽培历史、4.67万公顷种植面积的中国蜜橘之乡南丰，重点考察南丰蜜橘产业展示馆、南丰国际果贸城、全省乡村旅游示范点观必上橘园，了解南丰蜜橘产业的发展历史和发展规划。

（万里波　胡小玲）

广播电视科技

【概　况】 2015年，省新闻出版广电局加强广播电视安全播出管理，各项工作有序推进。

保障广播电视播出安全。完成春节、“两会”“九三”“十一”等重要保障期和有关敏感期的安全播出任务。组织开展全省广播电视行业网络与信息安全大检查，确保网络安全。

推进三网融合工作。对省广播电视台（含省网络公司、省网络电视台）、南昌市文化广电新闻出版局、南昌广播电视台三网融合情况进行摸底，掌握江西省三网融合基本现状。召开专题会议研究江西省三网融合有关问题，部署工作。推动江西省广播电视IPTV集成播控平台建设工作。央视爱上公司总平台与省网络广播电视台分平台签署对接框架协议，制定《江西省IPTV监管系统建设方案》。

加快建设应急广播。制定《江西省应急广播电视系统集成创新与示范应用》项目技术方案，完成应急广播系统示范工程建设任务。12月29日，省科技厅在省新闻出版广电局召开《江西省应急广播电视系统集成创新与示范应用》工程项目验收会议，认为该项目建设符合设计要求，通过验收。与中央人民广播电台签订《关于国家应急广播体系建设开展合作的框架协议》，组成联合工作组，开展应急信息流转和发布策略研究。参与国家新闻出版广电总局《多级联动应急广播系统总体解决方案及应用示范项目》科研项目。着手制定全省应急广播电视网方案，明确建设内容。

加强人才队伍建设。举办全省广播电视（广播中心系统、电视中心系统）技术能手竞赛。推荐樊波和宋睿参加国家新闻出版广电总局技术能手竞赛，2人获技术能手三等奖。召开《江西省应急广播电视系统集成创新与示范应用》项目培训会，培训景德镇市、丰城市、浮梁县文广新局分管技术的领导、科长（股长），县、乡、村应急广播机房负责人及有关人员，培训项目包括项目概况及基本原理、实际操作等。组织全省广播电视技术人员参加第23届中国国家广播电视信息网络展览会（CCBN）、第14届全国互联网与音视频广播发展研讨会、第21届上海电视节白玉兰国际广播影视技术论坛等多个活动，选派有关技术骨干参加总局举办的各类高新技术培训班，提升全系统技术人员的业务素质。对江西广播电视节目网络传输有限公司的《江西广电网络光缆资源管理系统》、江西广播电视台节目传输中心《江西卫星地球站上行系统改造工程》和江西广播电视台公共频道《江西五套全流程数字化高标清多媒体融合制播平台》进行科技成果鉴定，并推荐参加国家新闻出版广电总局科技创新奖评比。

【加快广播电视数字化进程】 推进无线广播电视数字化。制定《中央广播电视节目无线数字化覆盖工程频率规划方案》，确定江西省68座发射台地面数字电视和9座发射台数字声音广播的频道（率）、功率、台址等；制定《2015年中央广播电视节目无线数字化覆盖工程补点方案》，确定83座发射台（站）地面数字电视和10座发射台数字声音广播的功率、台址等各项技术参数；印发《关于组织实施中央和我省广播电视节目无线数字化覆盖工程的通知》，设计《中央广播电视节目无线数字化工程调查表》和《中央广播电视节目无线数字化工程实施方案（参考格式）》，做好中央广播电视数字无线覆盖工程前期准备工作；启动全省数字微波工程的规划设计，绘制微波路由图，完成项目投资估算。推进有线广播电视网络升级扩容。督促省广电网络公司加大数字化、双向化改造力度，加快实施互动电视平台、传输干线扩容、数据骨干网扩容、全网高清互动等一批重大工程项目，提升有线网络竞争力。推进电台电视台升级改造。支持省广播电视台广播中心实施广播总控大屏改造、模拟磁带数字化工程、广播音频工作站核心服务器及存储更新改造等技术项目改造；推动江西卫视频道完成高标清同步播出，实现江西省高清电视节目播出零的突破。

（马力）

播出制作机构管理

【概　况】 2015年，江西省共有广播电视播出机构103家。经国家新闻出版广电总局批准，江西广播电视台综合频道开始高标清同播，江西广播电视台开办陶瓷有线数字付费高清电视频道，于都县、上栗县广播电视台广播节目增加无线传输方式。全省有《电视剧制作许可证（甲种）》持证机构1家，完成年度业绩审核；有广播电视节目制作经营持证机构98家，其中92家完成年度业绩审核，6家未完成。全年办理播出机构行政审批事项审核上报2件，广播电视节目制作经营许可事项28件。

多措并举管理广播电视广告播放。规范养生类节目，有效遏制虚假违法广告。印发《江西省新闻出版广电局关于加强广告播放管理，坚决遏制违规播放广告的意见》。举办全省广播电视广告管理培训班。在全省范围内开展广播电视虚假违法广告专项整治行动，对各地整治情况进行督导。通过规范治理广告播出，全省广告投诉明显下降。1—8月广告投诉41件，9—12月广告投诉3件。在此基础上，指导督促全省播出机构做好“9月3日”纪念抗战胜利70周年公益广告播放工作。8月15日—9月5日，全省所有播出机构播放纪念抗战胜利70周年公益广告1.71万条次，播出总时长约8035分钟。

加强互联网视听节目内容管理。引导持证机构提高节目创作生产能力，组织持证机构参加总局项目评选活动。在互联网视听节目服务单位、广播电视节目制作经营机构及其他有关单位内开展“弘扬社会主义核心价值观、共筑中国梦”主题原创网络视听节目征集推选和展播活动。经过搜集和初评，江西省上报参赛作品8件，其中《家长会》被列入展播，获作品补助5万元。实现江西省在总局网络扶持资金项目零的突破。

监测查处传播淫秽色情内容的非法网站。建立互联网视听节目监管工作机制，形成责任分工、各司其职、齐抓共管的监管格局。出台《关于加强互联网视听节目监管措施》，明确工作流程和工作重点。全年查处传播淫秽、色情内容非法网站10家。加强互联网视听节目持证机构在重要时期、敏感时期的舆论宣传和传播安全，确保网络安全。

广播电视公益广告扶持项目评选活动再创佳绩。江西广播电视台作品《一生守候》被国家新闻出版广电总局评为2014年下半年至2015年上半年广播电视公益广告扶持项目二等奖，获扶持资金20万元；江西广播电视台被评为公益广告优秀播出机构三等奖，获扶持资金10万元。

【开展非法卫星地面接收设施清理整治行动】 3月，召开省非法卫星电视专项整治工作领导小组联席会议，下发《2015年全省非法卫星地面接收设施专项整治工作要点及责任分工》，对专项整治工作作出全面部署。5月下旬，省新闻出版广电局牵头组成5个联合督导小组，对11个设区市、6个省直管试点县（市）检查督导，推进整治工作。7月下旬，省新闻出版广电局再次牵头，组织5个小组对全省部分家电市场、宾馆酒店等非法销售、非法安装使用卫星地面接收设施的情况进行明察暗访。12月，召开有关成员单位联络员会议，组织有关成员单位和局整治办人员，组成5个考评组对各设区市和省直管试点县（市）进行年度督查考评。全省取缔非法卫星地面接收设施销售点493个，收缴设施7818套，拆除非法安装5012套。

【开展非法电视网络接收设备专项整治行动】 召开“全省开展综合治理、严厉打击非法电视网络接收设备专项整治工作”电视电话会，全面部署。专项整治行动由省委、省政府分管领导抓总，省新闻出版广电局牵头，19家成员单位联合行动。11月17日，召开公安、国安等有关成员单位会议，组成督查组，梳理非法电视网络接收设备案件线索信息，到案件线索地进行督查。全省电视网络接收设备专项整治行动出动执法人员4935人次，检查电子市场74个、经营户4810户、网上商城8个、网上店铺131个，发现违法销售线索11条，违法广告案件线索12条，立案查处非法销售案件2宗，没收设备468套。

（丁了）

本栏编辑　邓诚君

卫　　生

综　述

2015年，全省医疗卫生机构38557个。其中，医院568所、基层医疗卫生机构37066个（含村卫生室30697个）、公共卫生机构812个、其他卫生机构111个。总床位19.79万张，每千人口床位数4.33张。全省卫生技术人员21.1万人，其中执业（助理）医师7.68万人，每千人口1.68人；注册护士8.96万人，每千人口1.96人。

568所医院中，综合医院364所、中医院101所、中西结合医院8所、专科医院95所；三级医院54所（三级甲等44所、三级乙等6所、未评等次4所），二级医院207所（二级甲等167所、二级乙等26所、未评等次14所），一级医院82所（一级甲等16所、一级乙等4所、一级丙等2所、未评等次60所），其他225所。

公立医院综合改革扩面提速。启动第三批县级公立医院综合改革，实现全省80个县级公立医院综合改革全覆盖，新余、鹰潭市城市公立医院改革试点稳步推进。出台分级诊疗实施意见，推进医药价格综合改革，建立健全补偿机制，医药费用增长幅度回落。积极推进社会办医，发布《江西省社会办医投资指南（2016—2020年）》。

卫生计生民生工程惠及百姓。大病免费救治工作长效推进，全年救治大病患者14.66万例次。启动贫困家庭艾滋病机会性感染者免费救治工作，全省救治患者1414名，被评为2015年度全国“推进医改、服务百姓健康”十大新举措之一。人均基本公共卫生服务经费提高到40元，居民健康档案电子建档率82.4%。在全省所有乡镇卫生院开展基本诊疗路径管理，完成路径病例10.84万例。

卫生计生服务能力得到提升。全面启动卫生计生服务能力提升工程，重点推进各类卫生计生单位学科建设、人才培养和信息化建设。省属5所医院新区项目建设加快推进，累计完成投资12.96亿元。开展县级公立医院骨干医师和院长培训，制定并实施2015—2017年全省疾控骨干人才培养规划。

全民医保制度巩固完善。新农合筹资标准提高到人均470元，其中各级财政补助人均380元。全省参合农民3450.89万人，参合率99.20%，政策范围内门诊和住院费用补偿比例分别达65%和75%。全省11个设区市开展新农合大病保险，补偿比例50%以上，累计补偿患者1.51亿元。疾病应急救助4612人次，支付金额1649万元。

公共卫生服务保障有力。科学有效处置3例人感染H7N9禽流感病例、15起传染病疫情，积极做好埃博拉出血热、中东呼吸综合征防范应对。高血压、糖尿病综合防治有效推进，全省建立患者自我管理小组3.18万个，建立基层医疗机构巡诊小组6735个。开展孕产妇重症评审工作和县级产科规范化建设，启动妇幼健康优质服务示范县活动，20万对夫妇获得免费孕前优生健康检查服务。备案食品企业标准905项，完成食品安全风险监测样品5620份。农村改水改厕、水质卫生监测、城乡环境卫生整洁行动和卫生城镇创建工作扎实推进，全省农村无害化厕所普及率达67.84%，创建国家卫生城市1个、国家卫生县城3个。完成全省血吸虫病传播控制达标工作，在全国寄生虫病防治技术大赛上，江西省获综合考核团体一等奖和个人一等奖。

医疗服务管理不断强化。出台提升医疗纠纷处理法治化水平的实施意见，全年全省累计受理医疗纠纷2132件，调解成功1900件，调解成功率89.1%，医患关系持续改善。医疗责任保险加快推进，南昌、新余等9个设区市完成统保工作。改善就医体验主题活动深入推进，全省二级以上公立医院推出各项便民惠民服务措施。医疗卫生行风建设继续深化，贯彻落实医疗卫生行风建设“九不准”，深入开展卫生计生系统“红包”常态化治理工作。医疗质量安全管理得到加强，新增5个省级医疗质量控制中心，全面开展第三周期医院评审。无偿献血工作力度加大，血液供应和用血安全得到确保。

人才科教工作得到加强。组织卫生人才服务团到12个市级医疗卫生单位挂职服务，为乡镇卫生院免费招录定向本科生194名、公共卫生专科生159名。11个科技成果获省科技奖，其中科技进步二等奖1项，评审省卫生计生委科技计划1342项。新增江西省医学领先学科建设项目6个、省市共建计划项目22个、省县共建计划项目37个。住院医师规范化培训招收学员1750名，全科医生转岗培训700人。全省备案生物安全实验室1901个。

依法行政工作有序推进。开展“三单一网”和清理行政审批工作，梳理行政权力265项，取消、下放、转移

50项,精简幅度18.9%;保留行政审批22项,精简幅度38.89%。全面开展综合监督机构"四转"活动,组织实施卫生计生法律法规落实情况监督检查,切实加强生活饮用水、涉水产品、消毒产品卫生监督管理,行政执法案件查处力度加大。

中医药事业稳步发展。推动中医药纳入省政府战略,建立省级推进中医药发展联席会议制度,组建江西省中医药决策咨询专家库。中医康复(热敏灸)联盟建设继续推进,确定第二批10家联盟成员单位,省中医院完成的"热敏灸技术的创立及推广应用"获国家科技进步二等奖。中医内涵建设得到加强,全省评选出省级临床中医重点专科15个,基层临床特色专科30个,立项中医药课题302个。全面完成全省二级中医医院评审,开展综合医院中医药示范单位建设和全国基层中医药工作先进单位评审。

其他各项工作取得新成绩。全面完成市县卫生计生机构改革任务,积极推进妇幼保健和计划生育技术服务机构资源整合。卫生计生信息化建设加快,省级人口健康信息平台接入"阳光医药"、居民电子健康系统等18个应用系统,在景德镇市开展居民健康卡应用试点。卫生计生宣传有声有色,健康促进和控烟履约工作持续推进,开展寻找"江西最美医生"等系列评选活动。加强设备和医用耗材采购价格管控,及时更新公布全省医用设备及高值医用耗材采购参考价。

(朱烈滨　马晓平)

医政工作

【概　况】 2015年,医政工作围绕全面深化医改中心任务,以保障医疗质量和医疗安全为核心,全面加强医疗管理体系建设,促进医疗服务质量持续提升,努力为人民群众提供优质安全的医疗服务。

出台《关于进一步贯彻落实〈江西省医疗纠纷预防与处理条例〉提升医疗纠纷处理法治化水平的实施意见》,将条例纳入2015年"七法一条例"重点普法宣传,在全省开展"平安医院"创建评选活动,30所医疗机构被授予"江西省平安医院"称号,110名"平安医院"创建工作人员受到省综治委嘉奖。积极推进医疗责任保险工作,南昌、新余等9个设区市完成统保。全省医疗责任保险保费收入超过6100余万元,为近1700家医疗机构提供风险保障10亿余元。全省全年受理医疗纠纷2132件,调解成功1900件,调解成功率89.1%。

启动"改善群众就医体验"主题活动,群众就医等待、诊疗、环境、费用体验明显好转。三级医院患者满意度测评,平均满意度97.79%,比上年同期增长6.3个百分点。深化医疗卫生行风建设,出台《江西省卫生计生系统纠风工作责任制及责任追究暂行办法》,深入开展卫生计生系统"红包"常态化治理工作。

开展"三基三严"训练,组织编写《江西省临床实践技能训练考核项目标准(2015版)》,拍摄《江西省护理技术操作规程(22项)》视频,开展全省第八届临床技能大比武活动。深化医疗质控工作,对24个质控中心实施考核,新设护理等5个质量中心。开展不定期重点评价工作,全面推进医院评审工作,完成41轮次现场督导和7家医院现场评审。

加强医疗服务要素监管。拓展医疗机构准入范围,在全国率先出台《江西省医学健康体检站基本标准(试行)》和《江西省手足外科基本标准(试行)》。截至年底,依法准入45家医疗机构,新增床位7910张,投资总额约35亿元,其中社会办医疗机构34家,占总数的75.6%。全面完成市级医疗机构设置规划,指导各设区市制定2015—2020年市级医疗机构设置规划。改革医师资格考试,全面实行网上缴费,全省2.26万人网上报名,发放医师资格考试合格证书6919人份,办理护士注册1.40万人;完成公卫类别考试机考试点任务。推进考试基地建设,南昌大学附属口腔医院口腔类别基地获"国家医师资格考试实践技能考试与考官培训基地"称号,实现江西省国家级考试基地零的突破。

【实施重大疾病救助工程】 全省全年救治大病患者14.66万例次,其中免费救治白内障患者3.18万例、唇腭裂患者361例、白血病患儿209例、先天性心脏病患儿2013例,尿毒症免费血透患者2.60万人,免费治疗重性精神病患者8.58万人次,免费手术治疗乳腺癌270例、宫颈癌115例。印发《2015年江西省重性精神病管理治疗项目实施方案》。制定《江西省重性精神病管理治疗工作"分片包干"督导责任制实施方案》,截至2015年年底,全省累计登记19.52万人,新增登记患者2.42万例,全省在管患者人数16.46万人,检出率和年管理率分别达到4.24‰、85.92%,提前完成国家年度目标任务。进一步扩大艾滋病抗病毒治疗覆盖面,全省累计治疗6821例,正在治疗5407例,其中成人5376例,儿童31例。做好防盲治盲工作,全年完成白内障复明手术并录入4.04万例,CSR(百万人口白内障复明手术率)达到898。

【推广DRGs】 成立7个DRGs(疾病诊断相关分类)工作组,制定全省DRGs推广工作实施方案。依托"阳光医药"专线搭建"全省DRGs绩效管理平台",完成省级DRGs系统安装和平台调试,全省39家三级综合及专科医院全部接入平台。

【强化药事管理】 出台《2015年度江西省公立医院药品集中采购实施方案》和《2015年度江西省公立医院药品集中采购经济技术标评审规则》。启动低价药品挂网采购和新一轮公立医院药品集中采购工作,全年全省医疗机构网上采购金额169.56亿元。

【推进采血管理工作】 做好无偿献血工作,全年采血34.00万人次,采血总量588472.05U。推进血液核酸检测工作,全省累计开展核酸检测18万份,核酸检测覆盖率100%。联合省交通厅建立全省采血车和有固定装置的送血车免交通行费制度。修订《血站设置及执业许可审批规程》和《单采血浆站执业许可审批规程》,累计办理8个血站、3个浆站的执业许可设置或变更。开展全国采供血机构从业人员岗位培训与考核,196人考核合格并获证。严格无偿献血工作督导检查,配合省人大对《中华人民共和国献血法》和《江西省实施〈献血法〉

办法》贯彻实施情况开展执法检查。

（姚芳苡）

农村与妇幼卫生

【概 况】 2015年,全省社区卫生服务机构612个,其中社区卫生服务中心156个、社区卫生服务站456个。乡镇卫生院1660所,其中中心卫生院504所、一般卫生院1156所。基层医疗卫生机构床位4.89万张。基层卫生技术人员6.14万人,其中执业(助理)医师2.85万人、注册护士1.8万人、其他卫生技术人员1.49万人。村卫生室3.07万所,乡村医生5.19万人。各级妇幼保健机构114所,其中三级妇幼保健院8所、二级妇幼保健机构68所。全省孕产妇死亡率、5岁以下儿童死亡率、婴儿死亡率等核心指标持续下降,连续3年低于全国平均水平。

新型农村合作医疗制度继续发展。2015年全省参合农民3450.89万人,同比增加43.11万人,参合率99.20%。新农合筹资标准提高到人均470元,其中财政补助标准提高到380元。全省住院补偿448.6万人次,其中补偿5万元以上5977人,1万元以上16.25万人。新农合大病保险筹资标准提高到人均23.5元,全省新农合大病保险补偿6.56万人次。省内定点医疗机构就医一次性报账率90%以上,省级26家定点医院全部实行直补,累计直补12.2万人次。

深入推进基层卫生院综合改革。全省乡镇卫生院一级手术量增长50%,参合农民在乡镇卫生院住院率止跌回升,连续六年下降势头得到控制;乡镇卫生院新农合补偿金额占比降幅趋缓,乡镇卫生院服务能力不断增强。实施乡镇卫生院职工周转房建设项目,为92个乡镇卫生院建设职工周转房1000套。实施基层培训项目,培训县级卫生计生行政管理人员134人,乡村基层卫生管理与专业技术人员3.8万人。组织132所二级以上医疗机构、822名技术骨干,对297个乡镇卫生院进行对口支援。开展基层医疗卫生机构院内感染防控技能大比武,基层机构院内感染防控能力和水平有所提升。深入开展“建设群众满意乡镇卫生院”活动,55个乡镇卫生院获“全国群众满意乡镇卫生院”称号。开展基层医疗机构规范化管理活动,24个乡镇卫生院、9个社区卫生服务中心和50个村卫生室达省级示范标准。开展社区卫生工作评选活动,江西省有1个“金点子”、1个“微视频”在全国获奖,1人获全国“群众满意的社区卫生工作者”称号。组织基层医疗机构开展全科医生团队签约服务、乡村医生签约服务,签约2967万人。推进基层卫生巡诊服务,建立6700多个基层卫生巡诊小组,巡诊服务451.4万人次。

积极推进妇幼健康工作。开展妇幼健康优质服务示范县创建活动,印发《江西省妇幼健康优质服务示范工程实施方案》,瑞金市、婺源县、上栗县被评为2015年国家级妇幼健康优质服务示范县。开展“新生命卫士,爱母婴天使”主题活动,组织全省新生儿复苏和母乳喂养宣教技能大比武。组织爱婴医院创建和复核,评选出233家爱婴医院。加快推进妇幼和计生服务资源优化整合,实现妇幼保健机构和计划生育技术服务机构的优势互补。加强妇幼健康服务阵地建设,按照《国家卫生计生委关于妇幼健康服务机构标准化建设与规范化管理的指导意见》和《各级妇幼健康服务机构业务部门设置指南》的要求规划布局,新(改、扩)建部分市、县妇幼保健服务机构;实施一系列妇幼健康行动计划类项目,为39.14万农村孕产妇发放1.17亿元住院分娩专项补助资金,为45万育龄妇女免费发放叶酸片预防神经管缺陷,60万农村妇女享受免费宫颈癌检查、4.2万农村妇女免费乳腺癌检查,为40万名计划怀孕夫妇提供免费孕前优生服务,为4271对夫妇提供免费地中海贫血筛查服务,为59.4万名孕产妇免费提供艾滋病、梅毒和乙肝咨询检测服务及母婴阻断服务,为罗霄山片区贫困地区儿童免费发放营养包10.5万人份,为2.4万名新生儿提供免费遗传代谢性疾病筛查和听力筛查。开展孕产期保健、儿童保健、婚前医学检查及新生儿疾病筛查等工作。全省孕产妇系统保健管理率达89.37%,3岁以下儿童系统保健管理率达86.52%;新生儿疾病筛查率82.7%,听力筛查率71.3%,婚检率上升至45.9%。加强妇幼健康人才队伍培养,安排202名基层妇幼保健技术骨干到省三级甲等医院进修学习和专项培训。举办全省妇幼保健机构管理人员和各类适宜技术培训班,培训妇幼卫生管理人员、技术骨干2200人次。

【加强乡村医生队伍建设】 省政府办公厅印发《进一步加强乡村医生队伍建设实施方案》,提高离岗退出的老年乡村医生养老生活补贴标准,由每月80元增加到300元;建立边远山区和连片特困地区乡村医生岗位补助制度,由市、县财政每月补助300元;实施乡村医生“免费订单”定向培养计划,重点实施面向村卫生室的3年制大专或中、高职免费医学生培养,培养5000人;建立乡村全科执业助理医师制度,增设乡村全科执业助理医师资格考试;完善乡村医生岗位培训及轮岗交流机制。鹰潭市实现公有产权标准化村卫生计生服务室全覆盖。全省产权公有村卫生室增加1913个,提高13.7%。发放乡村医生公共卫生服务岗位补助9178万元,乡村医生养老生活补贴1414万元。

【免费提供基本公共卫生服务】 全年为重点人群免费体检1087.4万人次,累计建立电子档案3724.87万份,建档率82.4%。为325万65岁以上老年人、339.04万0～6岁儿童、48.19万孕产妇、279.34万高血压患者、82.82万2型糖尿病患者、18.75万重型精神病患者、2.91万结核病患者免费实施健康管理与服务。推进高血压和糖尿病综合防治行动计划,建立患者自我管理小组3.18万个,参与人数92.4万人。

（龚明亮 徐海港）

疾病预防控制

【概 况】 2015年,全省法定传染病报告发病率为416.29/10万。甲类传染病无发病、死亡病例报告;乙类传染病报告发病率为227.94/10万,发病数居前5位的病种分别为病毒性肝

12月1日是第28个"世界艾滋病日",活动主题为"行动起来,向零艾滋迈进"。图为南昌市新建区心怡广场世界艾滋病日宣传活动现场

省卫计委供稿

炎、肺结核、梅毒、细菌性和阿米巴性痢疾、血吸虫病,占94.39%;丙类传染病报告发病率为188.35/10万,发病数居前5位的病种依次为手足口病、其他感染性腹泻病、流行性感冒、流行性腮腺炎和急性出血性结膜炎,占99.87%。继续实施全省疾控科研发展规划和人才培养规划,公共卫生课题立项84项,新建省级领先学科1个,开展省市、省县领先学科共建各1项。

防控重大传染疾病。截至年底,江西省存活艾滋病病毒感染者和病人7077人,疫情维持低流行态势,居全国第18位。全省设立194个艾滋病监测哨点,新建17个艾滋病筛查实验室和173个艾滋病检测点,全年检测292万人次。继续开展美沙酮维持治疗、针具交换、宣传教育、心理支持、安全套发放、咨询检测服务、健康体检、转介治疗等服务,全年暗娼、吸毒者和男男性行为者月均干预覆盖率分别为93.0%、80.5%和79.9%。全省符合治疗标准的感染者和病人中接受抗病毒治疗比例达86.0%。重点抓好贫困艾滋病患者免费救治工作,免费救治1242名贫困艾滋病患者,随访管理7850名艾滋病患者,此项工作入选2015年度全国"推进医改、服务百姓健康"十大新举措。全省各级结核病防治机构和定点医院相互合作、密切配合,共发现活动性肺结核患者3.38万例,其中新涂阳肺结核患者1.62万例,新涂阳肺结核患者治愈率达96.02%,病人发现和治愈均超过国家要求。

做好免疫规划。全省保持常规免疫高水平接种率,适龄儿童接种率达90%以上,继续保持无脊灰状态。完成全省21个县、375个乡镇8800名儿童接种情况调查。开展重点地区脊灰、麻疹疫苗补充免疫活动,在鹰潭市、萍乡市、新余市、抚州市和上饶市补充接种17万剂次脊灰疫苗,在全省28个重点县(区)补充接种70.1万剂次含麻疹成分疫苗。脊灰、麻疹疫苗查漏补种活动确保全省覆盖无死角。2015年全省创建星级门诊681家,其中五星级门诊25家、四星级门诊58家、三星级门诊598家,全省预防接种门诊服务能力水平进一步提高。完成《江西省预防接种异常反应补偿办法》修订工作,预防接种异常反应得到妥善处置,无预防接种事故引发上访事件。

防控急性重点传染病。做好重点传染病和新发传染病的调查处置和预防控制工作,充分利用重点传染病监测信息,为疾病预测、预警和疾病控制服务。闽、粤、赣3省首次签署传染病联防联控合作协议,建立区域联防联控工作协调机制。做好埃博拉出血热和中东呼吸综合征防范应对工作,全力以赴抗击禽流感,全省疫情防控工作取得阶段性胜利。组织开展疫情研判和公共卫生风险评估,建立突发事件卫生应急关口前移、强化预防的新机制。成功处置细菌性痢疾、手足口病、出血热、布鲁氏菌病、流感、登革热等突发传染病疫情15起。调整部署疫情防控策略,全省手足口病流行强度和严重程度大幅度下降,发病水平降至全国较低水平。传染病监测完成率达100%,首次开展的SARI监测质量位列全国前列。传防所细菌实验室在全国卫生应急比武中获得盲样考核第三名。

防控慢性非传染性疾病。举办多期全省基层慢性病防控人员培训,培训300余人次。全省100个县(区、市)启动和开展全民健康生活方式行动,创建无烟环境341个,开展快乐10分钟学校48所,创建健康支持性环境1132个。建成东湖区、西湖区和新建县3个国家级慢性病综合防控示范区,建成南昌县、青云谱区、湾里区、渝水区、靖安县、崇仁县、昌江区、章贡区、吉安县和横峰县10个省级慢性病综合防控示范县(区)。在10个项目县(区)开展成人慢性病与营养监测(2015)项目工作。死因监测和肿瘤随访登记工作实现监测范围和监测人群的全覆盖。首次在安义县、靖安县、都昌县和上栗县开展慢性阻塞性肺疾病监测工作。开展上消化道和大肠癌的早诊早治项目工作,上消化道癌筛查镜检1011人次;大肠癌完成问卷调查1.33万例,大便潜血试验4128例,发现高危人群2173人,肠镜筛查1000人,早诊率93.1%,治疗率100%。积极参与多部门合作活动,推进农村儿童伤害干预工作,在武宁县和西湖区开展哨点医院伤害监测工作。完成儿童口腔窝沟封闭项目工作,启动全国第四次口腔流行病学调查工作。

麻风病防治。加强疫情网络直报,促进病例的规范化管理。强化技术培训和骨干人才培养,提高麻风病防治机构服务能力。广泛开展健康素养促进活动,提高公众麻风病防治核心知识知晓率。成立新一届理事会,加强省麻风防治协会管理。参加中国麻风防治协会组织开展的"我为麻防献青春"演讲比赛,江西省选手获一等奖。截至年底,麻风病现症患者数量、全年新发病例规则治疗率、开始联疗后2年内新发畸残比、密切接触者年检查率、严重麻风病不良反应治疗率以及患病率大于0.1/万的县市数等6项指标，均达到《全国消除麻风病危害规划(2011—2020年)》的中期目标。

环境卫生监测。全省城区饮用水卫生监测网络覆盖11个设区市和81个县。监测范围涵盖市政集中供水、二次供水、自建供水，共设置监测点1046个，检测水样2092份。处置水污染事件2起，有效防止群体性事件的发生。在2个城市点和1个农村点开展空气污染(雾霾)对健康影响的监测，完成雾霾特征污染物监测和成分分析、环保和气象数据收集、小学生健康影响调查、人群出行模式调查等工作。

职业病防控。全面开展全省重点职业病监测和职业健康风险评估项目工作，已覆盖全省10个设区市。全年全省报告职业病434例，其中尘肺病428例，尘肺病累积现患病人数1.90万例；报告农药中毒782例；报告职业健康检查企业225家，体检人数3.2万人。完成放射作业人员个人剂量测量5000余人份，建设项目职业病危害放射防护评价46项，核医学单位放射防护检测3家，X线机、CT机、医用电子加速器、头部伽玛刀、SPECT等仪器设备性能及场所防护检测421台。

【全省如期实现血防传播控制目标】 4月10日，省政府血吸虫病地方病防治领导小组确定永修县、都昌县、鄱阳县、余干县4县达到血吸虫病传播控制标准。4月11日，省政府血吸虫病地方病防治领导小组确定南昌市、九江市、上饶市等3市达到血吸虫病传播控制标准。4月14日，国家综合评估组对江西省血吸虫病传播控制达标进行综合评估，认定江西省达到血吸虫病传播控制标准，如期实现《全国预防控制血吸虫病中长期规划纲要(2004—2015)》的目标要求。

【开展鄱阳湖传染源控制策略推广区(四期)建设】 2015年，省财政继续安排3000万元，推进鄱阳湖区血吸虫病防治工作。在南昌县、永修县等8个县39个乡镇279个行政村开展第四期传染源控制推广区建设，成立39个乡镇封洲禁牧办，全面推进以机代牛，加强禁牧管理，净化有螺洲滩。

【获“全国寄生虫病防治技术竞赛综合考核”团体冠军】 9月17日—18日，江西组队参加2015年全国寄生虫病防治技术竞赛，获综合考核团体冠军和个人一等奖。2011年以来，江西连续5次参加竞赛活动，这是首次获得综合考核团体冠军。

(徐鹏　李崇葵)

中医药工作

【概　况】 2015年，全省中医医院门、急诊人次1175.8万人次，同比减少1.2%；出院病人82万人，增长1.5%；开放病床2.61万张，增加8.7%；病床使用率97.2%，增长1.7%；业务收入66.5亿元，增长5.9%；人均业务收入36.6万元，增长55.1%；中药收入9.5亿元，减少15.2%；中药收入占药品收入比31.5%，减少5.2%。

推动医改工作。推进县级公立中医医院综合改革试点工作，研究贯彻落实《关于同步推进公立中医医院综合改革的实施意见》。推动中医药融入卫生计生服务能力提升工程。将中医药服务能力建设全部纳入《江西省卫生计生服务能力提升工程实施方案(2015—2017)》，提升农村和城市中医医疗服务能力。初步形成以县级中医院为龙头，乡镇卫生院为枢纽，村卫生室为基础的中医药服务体系。

推进中医“治未病”服务能力建设项目。全省11个设区市均列入国家中医药管理局“治未病”项目试点单位。全省各级各类中医机构均开展体质辨识、夏季三伏贴、冬令膏方等保健活动，逐步提高群众“未病先治”的预防意识。

全面完成中医医院评审。评审出二级甲等中医医院70所，占中医医院总数的67.96%；二级乙等中医医院6所；二级乙等以下中医医院12所，占中医医院总数的17.47%。

深入推进中药资源普查工作。全省县市野外样地调查工作全部结束，完成36个样地和180个样方套目标。全省采集鉴定腊叶标本1.24万种、4.23万份，药材样品1818份，传统知识114种，栽培品119种。

加强中医药科教工作。加强重点专科和特色专科建设。全省评选出省级临床重点专科15个，基层临床特色专科30个。加强中医药人才能力培训。完成500名中医住院医师规范化培训的招录考试和理论培训，完成135名中医类别全科医生转岗培训和100名中西医结合人才培训理论学

11月15日，江西中医药大学与葡萄牙仁和堂中医药股份有限公司签署共建热敏灸葡萄牙分院合作协议

省卫计委供稿

习、考核,完成县级中医临床技术传承骨干培训的理论学习和326名乡村医生中医药知识与技能提升培训。加强中医药科教工作考核。开展全国名老中医药专家传承工作室验收和中期检查。完成20名全国优秀临床研修人才培养对象、国家第五批师承结业考核和3家全国中医药疑难杂病重点研究室的年度考核。8个国家中医药管理局"十一五"重点学科和12个"十二五"重点学科通过国家局第九检查组验收,其中中药炮制学等5个学科评为优秀等次。加强中医药人员准入。完成全省2015年度中医类别医师资格考试和师承、确有专长人员考核报名,协助完成全省288人中医药一技之长人员纳入乡村医生管理人员执业注册。开展2015年中医药科技课题评审。通过形式审查、专家评审打分及评审软件数据处理等评定程序,全省确定立项课题项目302个,确定资助课题252个。

【开展中医药工作示范单位建设】 赣州市人民医院、景德镇市第二人民医院、吉安市中心人民医院、新建县人民医院4家单位获全国综合医院、妇幼保健机构中医药工作示范单位称号。完成上高县、上栗县全国基层中医药工作先进单位省级评审工作和20个县(市、区)全国基层中医药工作先进单位复审工作。在全省启动实施中医护理工作示范单位建设活动,促进全省中医护理工作全面、健康发展。

【积极推广热敏灸技术】 实施"热敏灸+海外、省外、省内、临床、教学"等计划。成立世界中医药学会联合会热敏灸专业委员会。开办首家海外热敏灸分院,江西中医药大学与葡萄牙仁和堂中医药股份有限公司签署共建热敏灸葡萄牙分院的合作协议并揭牌。开办首家省外热敏灸分院,成立江西热敏灸医院枣庄分院,标志着江西省热敏灸技术省外推广计划迈出重要一步。组建省、市、县中医医疗机构热敏灸联盟共同体,全省有21个联盟单位签订协议,灸疗技术惠及更多基层群众。

(郑林华)

爱国卫生

【概　况】 2015年,全面推进全省城乡环境卫生整洁行动,各项工作扎实推进。积极开展农村生活垃圾专项治理、城市市容环境专项治理、推进旅游厕所建管专项行动;引导农户开展农村改厕,农村无害化卫生厕所普及率达67.84%;在48个县(市、区)开展农村饮用水水质监测,监测农村饮水安全工程点3360个;在28个县(市、区)560个村开展农村环境卫生监测。

继续巩固和发展卫生创建成果。3月,吉安市被命名为国家卫生城市,全省国家卫生城市增加到4个。完成武宁县国家卫生县城复审工作。对永修、峡江、崇义、鄱阳等县创建国家卫生县城工作进行技术评估。遂川县、金溪县被命名为省级卫生县城;对贵溪市创建省级卫生城市,龙南县、彭泽县创建省级卫生县城进行暗访;对余江县、共青城市等地创建省级卫生县城(城市)进行技术指导。完成九江市创建省级卫生城市复审工作。

【推进全省城乡环境卫生整洁行动】 印发《全省城乡环境卫生整洁行动实施方案(2015—2020年)》《江西省农村生活垃圾专项治理工作方案》,协同开展农村生活垃圾专项治理,推进农村生活垃圾无害化、减量化、资源化处理。积极参与城市市容环境专项治理。全省11个设区市建成区,拆除违章建筑7000多处50多万平方米,清理户外广告3.68万块,清理垃圾小广告177.6万条,清理卫生死角1.48万处,新增公园绿地和街头游园面积247.3万平方米,规范整治建筑立面1390处约36.6万平方米,新改扩建排水、污水管网500多千米,规范工地管理532个,治理违章渣土运输车辆6486台次。

【推进农村改水工作】 继续实施农村小型自来水项目,对70个农村小型自来水项目进行立项,重点向农村缺水地区、水污染严重地区、新农村建设地区和有改水积极性的地区倾斜。实施农村水质和环境卫生监测项目。对48个县、3360个农村饮水安全工程点进行水质卫生监测,对28个县、560个村点进行农村环境卫生监测。

【开展群众性爱国卫生运动】 开展爱国卫生月活动。全省各级爱卫部门以"全民参与爱国卫生,共建共享健康中国"为主题开展爱国卫生月活动。开展健康细胞、健康单位试点。制定《江西省创建健康促进场所工作方案》,将创建健康促进场所工作作为建设健康城市的细胞工程抓细、抓小、抓实。于都县人民医院被命名为"江西省健康促进医院",于都县实验小学被命名为"江西省健康促进学校"。举办广场舞大赛。11月15日,在南昌市人民公园举办全省"无烟生活 健康江西"广场舞大赛决赛,上饶市代表队获一等奖。

(刘军)

本栏编辑　邓诚君

体　育

综　述

2015年，群众体育工作着重抓好群众体育赛事，推进全民健身设施建设，加强社会体育指导员培训，开展全民健身站点建设及国民体质监测，加强体育社团管理。竞技体育走“体教结合”之路，抓好青少年业余训练、竞赛，选拔和培养体育后备人才，竞技体育表现卓越。体育产业抓住发展契机，全面贯彻落实国家和省一级体育产业的政策，谋划与推进全省体育产业发展。

搭建全民健身赛事平台，广泛开展全民健身活动。举办2015年江西“天使”健身大联赛、江西省全民健身乒乓球大赛、“体育·惠民100”为主题的全民健身公益活动、全民健身日大联动活动、江西足球民间争霸赛、全省全民健身广场舞展示大赛以及全国农耕健身大赛等全民健身活动，组团参加第十届全国少数民族运动会、第九届全国残疾人运动会等全国性群众体育大赛，增强群众自觉健身意识，引导群众自觉健身，推动全民健身活动普及化、大众化。

推进全省全民健身设施建设。加大公共体育场地设施建设力度，加大投入，对行政村农民体育健身工程、乡镇体育健身工程、全民健身路径工程、篮球架更换项目、城市社区多功能运动场、“雪炭工程”“民生工程”等项目，进行改善和提高，体育健身设施建设取得实效。

加强全省体育社会指导员队伍建设。全年举办多期体育社会指导员业务培训；同时，将老年体育骨干纳入到社会体育指导员队伍，提高老年人健身辅导员的业务水平。组织全省社会体育指导员参加国家、省级体育指导员素质交流展示大赛。打造“运动·同一片蓝天”全民健身志愿服务品牌，重点为农民工子女、农村留守儿童及其他弱势群体提供全民健身志愿服务。

继续开展全民健身示范站点建设和国民体质监测工作。国家体育总局在全国开展首批体育社会组织服务全民健身试点省（区）工作，江西作为4个开展试点工作的省份之一，确定了试点设区市。继续加强全省全民健身站点管理，开展“全民健身示范站点”评选活动，进一步规范健身站点管理。加强全省国民体质测定与运动健身指导站建设试点工作。完成国家体育总局在全国开展的全民健身活动状况调查样本测试。

开展群众体育工作相关法规调研。省体育局配合省人大教科文卫委员会、省政协教科文卫体委员会分别就全省贯彻落实《中华人民共和国体育法》《全民健身条例》情况开展调研，配合国家体育总局就落实国务院关于部门开展行业和系统督查的要求展开实地调研与督查。

加强全省群众体育社团、单项运动协会管理。省体育局创新对社团的管理办法，引入专业评估机构，对省、市、县三级体育总会和有关体育单项运动协会开展评估工作，促进全省市级体育总会及体育单项协会服务规范化、专业化、精细化建设，为全面指导各设区市体育总会和省级体育单项协会工作提供依据。

积极参加高水平赛事，加强青少年训练力度，促进竞技体育水平巩固提高。省体育局以备战和参加福州“一青会”比赛作为重点，各训练单位深入把握项目规律、强化科学训练，取得明显成效。南昌代表团在“一青会”上获金牌11枚、银牌3枚、铜牌11枚，创造南昌代表团在省外比赛最好成绩。在全国高水平比赛中，获金牌3枚、银牌4枚、铜牌5枚；邓娅兰、刘虹、吴静钰在参加世界大赛中取得较好成绩。在全省体育系统实施“800优苗人才培养工程”和“100精英教练员培养工程”，给予重点政策和资金扶持。推进县级业余训练“一县一品”建设，创建业余训练“十强县”和“30精品县”，加大县级输送运动员奖励力度。大力开展青少年体育竞赛。全年举办田径、游泳等18个项目的全省少儿比赛和乒乓球、羽毛球等3个项目的体育传统项目学校比赛，扩大业余训练规模。全省注册运动员8986人，参赛5107人。着力打造全省县级青少年体育品牌赛事，举办“三百会”，即百县田径运动会、百县足球运动会、百县篮球运动会。成功举办全省首届青少年“未来之星”阳光体育大会。组织15项目196人参加全国体育传统项目学校联赛、青少年体育俱乐部比赛、冰雪冬令营、户外营地展示大会、阳光体育节等系列活动。

出台全省体育产业发展政策，促进体育产业发展。完成江西省体育产业发展实施意见的起草工作。省体育局与省发改委配合，围绕体育场馆运营管理工作，拟制公共体育设施管理办法、评价体系、开放补助办法等。

加大体育彩票发行量。夯实销售工作基础，构建更加合理的销售渠道，克服国家彩票政策变化所带来的不利

影响。全年通过超级大乐透、高频游戏、竞猜型彩票、即开型彩票等销售方式，实现体彩销量45.58亿元，全国排名第13位。

以体育精品赛事、“一县一品”建设为抓手，促进体育相关产业链的形成与发展。谋划全省体育产业发展，注重与群众体育相结合，结合当地经济发展与地域特点，通过政府引导、市场运作或购买公共服务等方式，鼓励社会资本加大对大型体育赛事的引进力度，培育系列群众体育精品赛事，形成一县一品，促进产业链的延伸发展，增加地域经济发展新的经济增长点，提升区域对外影响力和文化竞争力。省体育局积极推动县市打造“一县一品”特色体育品牌。上饶玉山、赣州南康把“一县一品”建设纳入政府重要工作，着重打造县域品牌赛事。

推进体育文化建设和宣传工作。省体育局注重体育文化、宣传工作，全年配合有关工作，召开新闻发布会5次，协调各新闻单位完成各类宣传报道2200多次，新闻媒体体育宣传发稿4300余篇，通过省体育局门户网站进行体育宣传报道200多条，更新体育宣传橱窗10次。开通“江西体育”微信客户端，完成微网站的初步建设。入驻江西手机报客户端，建立“江西体育”栏目，省体育局成为江西手机报开通的第一个行业厅局政务分端。坚持体育年鉴编纂工作。自2003年首卷出版，连续编纂13卷。在2015年全省首届省直机关44部年鉴评比中，省体育局编纂的《江西体育年鉴》获2015年度专业年鉴评比一等奖。

（陈萍）

群众体育

【概　况】 2015年，积极推进全民体育健身设施建设。全年筹集资金1.96亿元，建设行政村农民体育健身工程1343个，乡镇体育健身工程139个，全民健身路径工程204个，篮球架更换工程项目108个，城市社区多功能运动场65个，“雪炭工程”3个，“民生工程”27个。

推进国民体质测定、运动健身指导站试点以及全民健身站点管理工作。省体育局经实地考核和综合评估，在上饶、九江和抚州三市开展体质测定与运动健身指导站建设试点工作，逐步建立为群众进行体质测定、运动能力评定、提供运动健身指导的全民健身公共服务平台。继续加强全省全民健身站点管理，不断提高公共体育服务水平。开展评选“全民健身示范站点”工作。通过评选、表彰和奖励，进一步规范健身站点的建设，构建全民健身服务体系。

开展全国首批体育社会组织服务全民健身试点工作。国家体育总局在江西、江苏、宁夏、新疆四个省、自治区开展全国首批体育社会组织服务全民健身试点（区）工作。江西省确定在南昌市、萍乡市和崇义县开展试点工作。此项试点工作将创新群众体育发展方式，推进政府购买体育公共服务，推动政社分开和管办分离，发挥体育社会组织在全民健身工作中的作用，提升基层公共体育服务能力和服务水平。

继续打造“运动·同一片蓝天”全民健身志愿服务活动。重点为农民工子女、农村留守儿童及其他弱势群体提供全民健身志愿服务。该项活动已连续三年纳入省政府绩效考核内容，并被国家体育总局选取为全国实施《全民健身计划（2011—2015年）》的48个典型案例之一。2015年，该服务活动列为首届江西省优秀志愿服务评选表彰活动的37个优秀志愿服务候选项目，为全省体育部门进入评选活动的唯一项目。

加强社会体育指导员队伍建设，全年新增各级社会体育指导员7139人。充实培训基地队伍。新增井冈山大学体育学院为省一级社会体育指导员培训基地。至年底，全省一级社会体育指导员培训基地已达8所。加大培训力度。全年举办1期国家级社会体育指导员培训班和8期一级社会体育指导员培训班，培训准国家级社会体育指导员62人和准一级社会体育指导员560余人。进一步将老年体育骨干纳入到社会体育指导员队伍中。省体育局要求各地广泛组织、发动和推荐老年人健身辅导站（点）负责人和辅导员，参与当地各级社会体育指导员培训，发挥社会体育指导员在各级老年体协、老年人健身辅导站（点）宣传科学健身知识、传授健身技能、开展健身活动的作用。开展体育社会指导员素质交流展示大赛。全省90名社会体育指导员通过演讲和技能表演，展现组织、创编、技能、指导、语言等方面的综合能力。扶持基层社会体育指导员协会。凡是在民政部门进行法定登记注册、设立独立的银行账号，并完成本地“十二五”社会体育指导员发展目标和社会体育指导员培训任务的市、县（市、区）社会体育指导员协会，均给予资金奖励，加快社会体育指导员队伍发展。

加强体育社团、单项体育运动协会管理。省体育局创新工作方法，引入专业评估机构，对省级体育总会和11个设区市体育总会、20个县级体育总会、20家省级体育单项协会、11家市级推荐的体育单项协会开展全面评估工作。评估工作以评估公司为主体，体育总会为协调，充分发挥第三方评估公司的专业性和独立性优势，做到公开、公平、公正。至年底，完成省级体育单项协会、设区市体育总会和市级体育单项协会工作各项评估及报告。

【推动全民健身活动大众化】 2015年，举办“经常运动治未病，快乐健康增友谊”为主题的2015年江西“天使”健身大联赛、“快乐乒乓，幸福江西”全民健身乒乓球大赛、“体育·惠民100”全民健身公益活动、“全民健身促健康，同心共筑中国梦”全民健身日大联动活动、“我爱足球”江西足球民间争霸赛、全省全民健身广场舞展示大赛以及全国农耕健身大赛等全民健身活动。其中，省体育局和宜春市人民政府主办的2015年全国农耕健身大赛，江西代表队获全国赛第一名。通过举办群众体育活动，引导群众自觉健身，推动全民健身活动大众化、普及化。

【推进全民健身体育设施建设】 2015年，继续推进全省全民健身工程建设。增加单个项目的扶持力度，使扶持资金能保障扶持项目最基本的建设需求。乡镇工程、村级工程的扶持资金分别由每个14万元、2.5万元增加到20万元、4万元。开展篮球架更换项目和城市社区全民健身场地设施建设项目,探索建立器材维修更换制度,优化城市社区场地结构。工程申报指标根据各设区市地域差异、上一年度工程实施和配套情况,结合省委、省政府支持原赣南苏区、赣西、赣东北、昌九一体化、吉泰工业走廊发展等中心工作任务综合确定。在实施城市社区建设项目时,实施工程申报与彩票销售挂钩制度。对全省总排名前十名的县额外增加指标,总排名后十名的县不给予申报。把全民健身工程项目建设与体育组织建设、体育骨干队伍建设紧密结合,"三位一体",推进服务体系建设。每个项目乡镇至少培养2名、每个项目村(社区)至少培养1名三级社会体育指导员,发挥其对开展全民健身活动的组织、带动和指导作用。

(陈萍)

竞技体育

【概　况】 2015年,省体育局以备战和参赛福州"一青会"为重点,深入把握项目规律、强化科学训练,竞技体育取得成效。南昌代表团派出158名运动员参加"一青会"15个大项97个小项决赛,获11枚金牌、3枚银牌、11枚铜牌,金牌数在55个参赛代表团中列第8位。在其他全国最高水平比赛中,江西运动员获3枚金牌、4枚银牌、5枚铜牌、2个第四名、8个第五名、7个第六名、7个第七名、5个第八名。邓娅兰、刘虹、吴静钰在世界大赛中取得较好成绩。

强化业余训练。实施"800优苗人才培养工程"和"100精英教练员培养工程"。全年,评选出200名优苗运动员,25名精英教练员,列入重点培养人才库,全程跟踪训练情况,并给予重点政策和资金扶持。推进县级业余训练"一县一品"建设,创建业余训练"十强县"和"30精品县",加大县级输送运动员奖励力度,调动基层业余训练积极性。

开展青少年竞赛。举办田径、游泳等18个项目的年度全省少儿比赛和乒乓球、羽毛球等3个项目的体育传统项目学校比赛。全省注册运动员8986人,参赛5107人。其中,达优991人,达优率21.2%;达良1470人,达良率31.5%。举办"三百会"(百县田径运动会、百县足球运动会、百县篮球运动会),推动江西省县级业余训练的开展和县级青少年体育之间的交流。举办全省首届青少年"未来之星"阳光体育大会。组织15个项目196人参加全国体育传统项目学校联赛、青少年体育俱乐部比赛、冰雪冬令营、户外营地展示大会、阳光体育节等活动。

【参加第一届全国青年运动会】 10月18日—27日,第一届全国青年运动会在福州海峡奥林匹克体育中心举行。南昌代表团派出158名运动员,参加15个大项97个小项决赛,获金牌11枚、银牌3枚、铜牌11枚,金牌数与厦门代表团、太原代表团并列在55个参赛代表团的第8位,创造了南昌代表团在省外参赛的最好成绩。其中,男子链球运动员龚时贤两破全国青年纪录,羽毛球项目在青运会(城运会)上,实现了金牌零的突破。南昌代表团获第一届全国青年运动会组委会颁发的"体育道德风尚奖",武术套路队、皮划艇队获"体育道德风尚奖运动队"称号。

【举办江西国际女子网球公开赛】 7月24日—8月2日,江西国际女子网球公开赛在南昌国际体育中心举行。比赛由国家体育总局、江西省人民政府主办,国家体育总局网球运动管理中心、江西省体育局承办,江西省网球运动管理中心和南昌国际体育中心协办。这是南昌第二次举办WTA(国际女子职业网联)125K系列赛的比赛,也是江西省级别最高、规模最大的国际网球赛事。来自中国、俄罗斯、英国、法国、意大利、日本、韩国等18个国家和地区球员参赛。扬科维奇和张凯贞分别夺得单打冠、亚军,张凯贞、郑赛赛组合夺得双打冠军。

【举办"三个百县运动会"】 2015年,省体育局组织举办三个百县运动会:百县青少年"五人制"足球运动会、百县青少年"三人制"篮球运动会和第九届百县青少年田径运动会。

10月14日—17日,由省体育局、省教育厅主办,九江市体育局、九江市教育局、省足球协会承办的2015年江西省百县青少年"五人制"足球运动会,在九江市体育中心足球公园举行。东湖区、青云谱区、进贤县、浔阳区、珠山区、婺源县、月湖区、德兴市等参赛队获一等奖,章贡区、南昌经开区、昌江区、大余县、浮梁县、安源区、信丰县、南昌县等参赛队获二等奖,宜丰县、赣县、修水县、瑞金市、全南县、临川区、渝水区、余干县、吉州区、兴国县、新干县、分宜县、万载县、瑞昌市、南城县、丰城市等参赛队获三等奖。

7月24日至8月2日,江西国际女子网球公开赛在南昌举行,扬科维奇获冠军。图为扬科维奇在比赛中

王伟摄

11月13日—20日，由省体育局、省教育厅主办，省球类运动管理中心、九江市体育局、九江市教育局承办，省篮球协会、九江中体体育管理有限公司协办的2015年江西省百县青少年"三人制"篮球运动会在九江市体育中心举行。东湖区、玉山县、余干县、共青城市、芦溪县、大余县、永新县、浮梁县等参赛队获男子组一等奖，武宁县、西湖区、安源区、资溪县、高安市、南昌经开区、定南县、湾里区等参赛队获男子组二等奖，信丰县、湖口县、南丰县、章贡区、宜丰县、安远县、石城县、崇仁县、东乡县、崇义县、青云谱区、余江县、南康区、乐平市、樟树市、靖安县等参赛队获男子组三等奖；南康市、上高县、定南县、东乡县、芦溪县、瑞昌市、玉山县、湘东区等参赛队获女子组一等奖，东湖区、袁州区、宜丰县、资溪县、修水县、月湖区、渝水区、章贡区等参赛队获女子组二等奖，武宁县、奉新县、吉安县、宁都县、广丰县、崇义县、信丰县、泰和县、樟树市、瑞金市、安源区、上犹县、安远县、大余县、贵溪市、崇仁县等参赛队获女子组三等奖。

11月22日—26日，由省体育局、省教育厅主办，省田径游泳运动管理中心、省奥林匹克体育中心承办的2015年江西省第九届百县青少年田径运动会，在省奥林匹克体育中心举行。芦溪县、高安市、吉安县、南康区、青原区、西湖区、湘东区、渝水区等参赛队分别获团体前八名。

【加强赛风赛纪和反兴奋剂工作】 2015年，省体育局对青运会备战、全省青少年比赛等进行跟踪督查和巡视。召开全省体育系统纪检监察工作会议，印发《关于进一步加强全省少儿比赛安全和赛风赛纪工作的通知》，明确责任，落实责任追究制。严把注册审核关，竞赛成绩、素质测试和骨龄评定关，对各环节和结果进行公示、公布，接受社会监督。各设区市体育局守纪律，讲规矩，强化"两个责任"，认真落实赛风赛纪和反兴奋剂工作要求，体育赛事的行业不正之风得到有效遏制。

（伍小玲）

体育产业

【颁布《关于加快发展体育产业促进体育消费的实施意见》】 8月5日，省政府颁布《关于加快发展体育产业促进体育消费的实施意见》。该意见是江西省为贯彻实施《国务院关于加快发展体育产业促进体育消费的若干意见》，结合江西省实际情况制定的，包括七项内容：全面深化体育改革；培育多元市场主体，鼓励社会力量参与；加强体育设施建设运营管理，提高场馆使用效率；积极发展健身休闲业，建设有特色的健身休闲基地；重点发展竞赛表演业，打造一批有吸引力的国际性、区域性品牌赛事；加快发展体育用品业；大力促进体育健身与医疗、文化等产业融合发展。

【精品赛事走向成熟】 2015年，省体育局以环鄱阳湖国际自行车大赛、江西国际女子网球公开赛和中式台球世界锦标赛为品牌赛事主战场，扩大品牌赛阵营，提升品牌赛事知名度。第六届环鄱阳湖国际自行车大赛、第二届江西国际女子网球公开赛和首届"中式台球"世界锦标赛取得好成效。第六届环鄱赛通过每个设区市设一站，行程二千多公里。扬科维奇等世界名将参赛江西国际女子网球公开赛，提升赛事水平和影响力。首届"中式台球"世界锦标赛，引入30亿台球文化城项目，促进举办地的经济发展，彰显体育赛事独特经济效应。宜春全国农耕健身大赛、南昌市全市乒乓球篮球比赛、上饶国际冬泳邀请赛和鄱阳中华龙舟大赛、新余全国自行车邀请赛和国际马拉松比赛、赣州大余丫山自行车山地越野赛、九江"白鹿奥体"杯全民健身节、鹰潭全国乒乓球俱乐部超级联赛八一女队主场比赛、吉安全国跳伞锦标赛、抚州全国围棋甲级联赛、萍乡安源区干群篮球赛和千场乒乓球比赛、景德镇全国"市长杯"武术太极拳比赛暨太极文化瓷都论坛等赛事活动，通过政府引导、市场运作或购买公共服务等方式，社会资本对大型体育赛事的融入度取得显著成效。2015中国体育文化体育旅游博览会上，环鄱阳湖国际自行车大赛和宜春全国农耕健身赛获评全国体育旅游精品赛事，崇义阳岭国家森林公园获评全国体育精品景区。

【"一县一品"助推体育产业发展】 2015年，省体育局推行"一县一品"，助推体育产业快速发展。全年精心打造上饶玉山县、赣州南康区两个各具特色的"一县一品"典型。7月，玉山县委、县政府印发《关于打造以台球运动为特色的县域体育品牌全面加快体育产业发展的若干意见》，打造台球运动为特色的县域体育品牌。南康区以乒乓球项目为切入点，引入市场机制，企业运作，建设嘉宏乒乓球俱乐部（江西省乒乓球后备人才南康训练基地）。区政府启动政府购买服务，配置体教优质资源，形成群众体育、竞技体育、体育产业协同发展的改革示范。通过建设俱乐部，一手抓青少年业余训练，提高运动水平，一手抓体教结合，推动南康区乒乓球项目快速普及，积极打造南康体育文化特色名片，拉动体育消费及相关产业的发展。

（王伟）

·资料· 2015年江西省运动员参加国际比赛获奖情况

姓名	项目	成绩	名次	比赛名称	比赛时间	比赛地点	备注
刘　虹	女子20公里竞走	1:27′45″	1	世界田径锦标赛	8月28日	北京	联合培养
吴静钰	女子跆拳道49 kg级		2	世界跆拳道锦标赛	5月14日	俄罗斯	联合培养
林飘飘	女子飞碟双向团体	172	3	世界射击锦标赛	9月	意大利	

续表

姓名	项目	成绩	名次	比赛名称	比赛时间	比赛地点	备注
李 云	羽毛球混合团体		1	世界青年羽毛球锦标赛	11月	秘鲁	
林飘飘	女子飞碟双向团体	209	2	亚洲射击锦标赛	11月	科威特	
林飘飘	女子飞碟双向个人	资:70中 决:14中	2	亚洲射击锦标赛	11月	科威特	
万 勇	男子链球	73.40米	3	第21届亚洲田径锦标赛	6月3日 至7日	湖北武汉	
吴宇昂	男子400米	47″58	1	亚洲少年田径锦标赛	5月8日 至12日	卡塔尔多哈	
周 琪	女子套路C组长拳		1	第八届亚洲青少年武术锦标赛	8月6日 至9日	内蒙古 锡林郭勒	
郭佳峰	男子散打65kg级		1	第八届亚洲青少年武术锦标赛	8月6日 至9日	内蒙古 锡林郭勒	
陈诗韵	400米自由泳		1	第八届亚洲分龄游泳锦标赛	10月1日 至4日	泰国曼谷	
陈诗韵	800米自由泳		1	第八届亚洲分龄游泳锦标赛	10月1日 至4日	泰国曼谷	
陈诗韵	4x100米自由泳接力		1	第八届亚洲分龄游泳锦标赛	10月1日 至4日	泰国曼谷	
陈诗韵	4x200米自由泳接力		1	第八届亚洲分龄游泳锦标赛	10月1日 至4日	泰国曼谷	
陈诗韵	4x100米自由泳混合接力		1	第八届亚洲分龄游泳锦标赛	10月1日 至4日	泰国曼谷	
饶圣雪	100米仰泳		1	第八届亚洲分龄游泳锦标赛	10月1日 至4日	泰国曼谷	
饶圣雪	200米仰泳		1	第八届亚洲分龄游泳锦标赛	10月1日 至4日	泰国曼谷	
饶圣雪	50米仰泳		2	第八届亚洲分龄游泳锦标赛	10月1日 至4日	泰国曼谷	
饶圣雪	4x100米混合接力		2	第八届亚洲分龄游泳锦标赛	10月1日 至4日	泰国曼谷	
胡慧倩	400米自由泳		3	第八届亚洲分龄游泳锦标赛	10月1日 至4日	泰国曼谷	
胡慧倩	800米自由泳		3	第八届亚洲分龄游泳锦标赛	10月1日 至4日	泰国曼谷	
邓娅兰	女子跳马	14.962分	1	体操世界挑战杯	5月2日	巴西 圣保罗	
刘 虹	女子20公里竞走		1	西班牙拉克鲁尼站竞走挑战赛	6月6日	西班牙	联合培养
吴静钰	女子跆拳道49kg级		1	世界跆拳道年度总决赛	12月5日	墨西哥	联合培养
郑妩双/ 国外	女子网球双打		1	U18国际网联青少年赛	4月13日 至18日	印度	

续表

姓名	项目	成绩	名次	比赛名称	比赛时间	比赛地点	备注
郑妩双	女子网球单打		1	U18 国际网联青少年赛	10月12日至18日	日本	
郑妩双	女子网球单打		1	U18 国际网联青少年赛	10月27日至11月1日	韩国	
郑妩双	女子网球单打		1	U18 国际网联青少年赛	11月2日至8日	韩国	
卢佳茜/国外	女子网球双打		1	国际网联巡回赛	9月14日至20日	埃及	
吴 昊/国外	男子网球单打		2	U18 国际网联青少年赛	3月17日至22日	马来西亚	
郑妩双	女子网球单打		2	U18 国际网联青少年赛	4月13日至18日	印度	
卢佳茜	女子网球单打		2	国际网联巡回赛	9月7日至13日	埃及	
卢佳茜	女子网球单打		2	国际网联巡回赛	9月28日至10月14日	埃及	
郑妩双/外省	女子网球双打		4	U18 国际网联青少年赛	11月2日至8日	印度	

2015 年江西省运动员参加全国最高水平比赛获奖情况

姓名	项目	成绩	名次	比赛名称	比赛时间	比赛地点	备注
熊亚瑄	女子 25 米运动手枪	资:588 环 决:17 中 7 分	1	全国射击团体、个人锦标赛	7月18日至21日	江西南昌	
万 勇	男子链球	70.24 米	1	全国田径锦标赛	9月22日至25日	江苏苏州	
周 鹏	男子 200 米单人皮艇		1	全国皮划艇锦标赛	9月5日至12日	广东广州	国家队带人
岳 琪	男子跳水个人全能	812.75 分	2	全国跳水冠军赛	3月1日至7日	湖北武汉	协作
陆师师、印心怡、王 青、王 欣	女子赛艇四人双桨	6′35″76	2	全国赛艇锦标赛	9月16日至20日	北京顺义	
曹政金、熊 雄	男子赛艇轻量级双人双桨	6′36″01	2	全国赛艇锦标赛	9月16日至20日	北京顺义	
郭 昆	男子链球	67.42 米	2	全国田径锦标赛	9月22日至25日	江苏苏州	双计分
夏 环	男子跳水个人全能	810.8 分	3	全国跳水冠军赛	3月1日至7日	湖北武汉	
张亚军	女子 10 米气步枪	资:418.0 环 决:187.0 环	3	全国射击团体、个人锦标赛	7月16日至21日	河南郑州	

续表

姓名	项目	成绩	名次	比赛名称	比赛时间	比赛地点	备注
万仁贵	男子散打60kg级		3	全国武术散打冠军赛	9月16日至20日	山西太原	
刘忠鑫	男子套路南拳南刀南棍全能	28.93分	3	全国武术套路冠军赛	9月17日至20日	江苏淮安	
李 云	女子羽毛球单打		3	全国羽毛球单项锦标赛	7月16日至23日	辽宁锦州	双计分
林飘飘	女子飞碟双向	资:74中 决:14/14中	4	全国射击团体、个人锦标赛	6月20日至30日	上海	
胡逸轩	男子100米仰泳	55″44	4	全国游泳冠军赛暨世锦赛选拔赛	4月9日至16日	陕西宝鸡	
徐文珍	女子跆拳道49kg级		5	全国跆拳道锦标赛	3月23日至27日	安徽黄山	
夏玲杰	男子拳击60kg级		5	全国男子拳击锦标赛	5月20日至30日	陕西咸阳	双计分
陈诗韵	女子400米自由泳	4′09″01	5	全国游泳冠军赛暨世锦赛选拔赛	4月9日至16日	陕西宝鸡	
陈诗韵	女子800米自由泳	8′38″77	5	全国游泳冠军赛暨世锦赛选拔赛	4月9日至16日	陕西宝鸡	
熊亚瑄	女子10米气手枪	资:383环 决:134.8环	5	全国射击团体、个人锦标赛	7月18日至21日	江西南昌	
刘 兵	男子散打75kg级		5	全国武术散打冠军赛	9月16日至20日	山西太原	
袁 松/外省	男子跳水团体	3150.58分	5	全国跳水冠军赛	3月1日至7日	湖北武汉	双计分
赵俊鹏	男子羽毛球单打		5	全国羽毛球单项锦标赛	7月16日至23日	辽宁锦州	双计分
刘雪娇、胡小燕	女子赛艇轻量级双人双桨	7′18″53	6	全国赛艇锦标赛	9月16日至20日	北京顺义	
周佳慧、叶 雯、范 萱、胡江俐	女子赛艇轻量级四人双桨	6′54″01	6	全国赛艇锦标赛	9月16日至20日	北京顺义	
陈 柏、张 杨、王鹏祥、张 驰	男子1000米四人皮艇	3′02″889	6	全国皮划艇锦标赛	9月5日至12日	广东广州	
吴 鹏	男子50米步枪卧射	资:625.3环 决:122.9环	6	全国射击团体、个人锦标赛	7月14日至21日	河南郑州	
张亚军、汪 珊、聂 灵	女子10米气步枪团体	1246.7环	6	全国射击团体、个人锦标赛	7月14日至21日	河南郑州	

续表

姓名	项目	成绩	名次	比赛名称	比赛时间	比赛地点	备注
胡逸轩	男子200米混合泳	2′01″31	6	全国游泳冠军赛暨世锦赛选拔赛	4月9日至16日	陕西宝鸡	
燕　妮	女子链球	63.53米	6	全国田径锦标赛	9月22日至25日	江苏苏州	双计分
晁竟雄	男子200米单人皮艇	38″316	7	全国皮划艇锦标赛	9月5日至12日	广东广州	
朱绍强、王维	男子1000米双人皮艇	3′28″927	7	全国皮划艇锦标赛	9月5日至12日	广东广州	
祝国文吴子浩	男子1000米双人划艇	3′53″328	7	全国皮划艇锦标赛	9月5日至12日	广东广州	
黄志勇	男子举重62kg级	总：299kg	7	全国举重锦标赛	4月21日至23日	浙江开化	
陈诗韵	女子200米自由泳	1′58″73	7	全国游泳冠军赛暨世锦赛选拔赛	4月9日至16日	陕西宝鸡	
饶圣雪	女子100米仰泳	1′02″18	7	全国游泳冠军赛暨世锦赛选拔赛	4月9日至16日	陕西宝鸡	
徐丽琴、佟玲玲、王　丹、韩　雪、周　涛、蒋倩倩、陈玉敏	女子竞走20公里团体	6:39′11″	7	全国田径锦标赛	9月5日至7日	吉林长白山	
朱绍强、朱少全、王　维、黎　松	男子1000米四人皮艇	3′04″351	8	全国皮划艇锦标赛	9月5日至12日	广东广州	
李学文	女子举重69kg级	总:234kg	8	全国举重锦标赛	5月7日至10日	浙江江山	协作
岳　琪、夏　环、胡子杰、李树浩	男子跳水团体	2614.72分	8	全国跳水冠军赛	3月1日至7日	湖北武汉	李树浩（协作）
袁　松	男子跳水个人全能	751.00分	8	全国跳水冠军赛	3月1日至7日	湖北武汉	双计分
袁　松/外省	男子跳水双人10米跳台	194.41分	8	全国跳水冠军赛	3月1日至7日	湖北武汉	双计分

本栏编辑　邓诚君

居 民 生 活

居民收入与消费

【概　况】　2015年，全省主动适应经济发展新常态，经济继续平稳健康增长，城乡居民收入保持较快增长，消费水平稳步提高，生活质量继续改善。

全省农村居民人均可支配收入11139元，比上年增加1022元，增长10.1%，增幅比全国平均水平高1.2个百分点。其中：工资性收入4393元，占39.4%；经营净收入4431元，占39.8%；财产净收入185元，占1.7%；转移净收入2130元，占19.1%。从收入增长情况看，农村居民财产净收入增长最快，为20.4%；其次为工资性增收，为11.6%；第三为转移净收入，增长11%；第四为经营净收入，增长7.9%。从贡献率看，工资性收入增加额456元，对农村居民增收贡献率最大，达44.6%；其次为经营净收入，增收贡献率达31.8%。农村居民收入结构向更加均衡格局转变，增收来源和后劲也更加雄厚。

全省农村居民人均可支配收入增幅居全国第六位、中部六省第一位；收入水平居全国第十二位，比上年提升2位。同时，收入水平与全国平均水平的相对差距进一步缩小，由上年相当于全国平均水平的96.5%提高为97.5%，缩小1个百分点；绝对差距由上年的372元缩小为283元。

农村居民人均可支配收入增幅高于城镇居民1.1个百分点，自2010年以来江西省农民增收连续6年跑赢城镇居民增收。城乡居民收入差距再度缩小，全省城乡居民人均可支配收入倍差2.38，比上年的2.40缩小0.02，优于2010年的2.61:1。

江西农村居民消费水平稳步提高，消费结构进一步优化。全省农村居民人均生活消费支出8486元，比上年增加937元，增长12.4%，增幅比上年加快1.5个百分点。生活消费支出八大项呈全面增长态势，其中增幅前三位分别是：教育文化娱乐、生活用品及服务、交通通信，分别增长24%、20.8%、14%　。具体来看，人均食品烟酒消费支出3072元，增长11.5%；人均衣着支出432元，增长13.5%；人均居住支出2026元，增长7.9%；人均生活用品及服务支出491元，增长20.8%；人均交通通信支出866元，增长14%；人均教育文化娱乐支出883元，增长24%；人均医疗保健支出570元，增长8.5%；人均其他用品和服务支出146元，增长10.5%。

全省城镇居民人均可支配收入为2.65万元，比上年增加2191元，增长9.0%。可支配收入居全国第十五位，比上年提升3位；增幅比全国平均水平快0.8个百分点，居全国第四位，居中部六省第一位；收入水平与全国平均水平的差距比上年缩小0.7个百分点。从全省城镇居民人均可支配收入四大项来看，人均工资性收入1.68万元，占可支配收入比重63.5%；经营净收入2108元，占8%；财产净收入2592元，占9.8%；转移净收入4965元，占18.7%。城镇居民人均转移净收入增长最快，增长17.2%，对人均可支配收入的贡献率达33.3%；其次为工资性收入，增长7.8%，贡献率55.3%；第三为经营净收入，增长7.5%，贡献率6.7%；第四为财产净收入，增长4.1%，贡献率4.7%。城镇居民收入四大项构成比例从2010年的41.4:50.4:1.7:6.5发展到2015年的39.4:39.8:1.7:19.1，城镇居民收入结构向更加均衡格局转变。

全省城镇居民人均生活消费支出1.67万元，比上年增加1590元，增长10.5%，增幅比上年加快1.1个百分点。生活消费支出八大项呈全面增长态势，其中人均食品烟酒消费支出5408元，增长8.9%；人均衣着支出1478元，增长6%；人均居住支出3620元，增长7.2%；人均生活用品及服务支出1008元，增长1.6%；人均交通通信支出2084元，增长28%；人均教育文化娱乐支出1874元，增长13.3%；人均医疗保健支出841元，增长10.6%；人均其他用品和服务支出419元，增长12.9%。增幅前三位分别是：交通通信、教育文化娱乐、其他用品及服务，分别增长28%、13.3%、12.9%　。

【六大因素助力农民增收】　2015年，六大因素助力农民增收。一是工资性收入增长稳健。全省外出务工人员数量仍然保持稳定略增态势，外出务工工资水平持续提高。全省县域经济不断发展，重点项目建设加速推进，农民本地就业机会较多。同时，2014年7月和2015年10月江西省两次调整最低工资标准，省内月均最低工资标准增长均在10%以上；企业工资指导线继续上调，农村在外务工人员工资增长得到保障。这些有利因素共同支撑全年农民工资性收入得到较快增长，推动农民增收。二是农产品价格总体平稳。全省粮食总产增长0.24%，为农民增收奠定坚实基础。稻谷收购价总体稳定，生猪、家禽、蔬菜、水产品等价格不同程度上涨，尤其是生猪价格上涨15.8%，全年农产品价格上涨3.65%，对农民收入增长提供有力支撑。全省农村居民人均第一产业经营净收入3124元，比上年增长6.9%。其中，农民人均出售蔬菜、水产品收入分别增长9.1%、18.4%。三是新兴产业助力农民增收。电商、微商等新兴产业主体兴起，农产品销路拓宽，加速了农民增收。于都县农民通过电商平台销售脐橙，价格比在当地销售价格高出50%以上。同时，受益于经营环境改善、各类减税政策加快落实、产业扶贫等政策帮扶，农村小微企业、休闲观光农业、农庄经济发展较快，为农民增收助力。四是“精准扶贫”助推农民增收。全省各地加大“精准扶贫”政策入户力度，在“产业扶贫”“搬迁扶贫”“智力扶贫”等多措并举、多力并推作用下，贫困农户得到的人力、物力、财力投入都比往年有明显增加。同时，由于帮扶方式和着力点的精准，帮扶投入的效益得到提高，贫困农户得到的实惠也有相应提高，有效地转化成收入，促进农民增收效应明显。五是财产净收入增收潜力得到释放。全省各地的土地需求更加旺盛，流转更加活跃，流转租金逐年攀升，农民来自土地承包经营权出租的收入增加，全年农村居民人均转让承包土地经营权租金净收入增长28.7%。同时，农村居民投资积极性提高，分红增加，全省农村居民人均获得的红利收入增长25.4%。六是转移支付对农民增收帮助大。全省农村低保标准提高到每人每月240元，农村五保集中供养标准提高到每人每年3660元，农村居民基础养老金提高到每人每月80元，这些政策性转移支付直接增加了农民收入。全年农村居民人均获得的新型农村养老保险收入增长39.7%，人均社会救济和补助收入增长33.8%，人均报销医疗费收入增长9%。

【三大因素带动城镇居民增收】 2015年，三大因素支撑城镇居民增收。一是全省经济稳定提供了坚实基础。全省经济发展形势好于全国，工业生产平稳，投资结构优化，消费市场活跃，对外贸易回暖，财政收入快速增长，金融市场稳步运行，交通运输总体平稳，消费价格涨幅稳定。多项指标增长均高于全国平均水平，位居全国前列。经济平稳增长是居民增收的基础，经济发展成果通过收入分配，转化为城镇居民增收动力。二是正常工资增长机制提供了有力支撑。省出台机关事业单位工资改革政策，加大正常工资增长力度，机制逐步完善并发挥效用。各地陆续提高津补贴标准和绩效奖金，带动了机关事业单位及其离退休人员收入较快增长，为城镇居民增收注入强劲动力。此外，最低工资标准连年提高，企业工资指导线确定，带动全社会工资水平上升，拉动城镇居民收入增长。三是保障性增资提供了强大助力。按10%的水平上调企业退休人员基本养老金发放标准，全省城市低保平均保障标准提高到450元，城乡居民基本养老保险基础养老金标准提至每人每月80元。改善民生政策的持续落实，带动转移净收入较快增长。

（刘巍　王敏）

住　宅

【概　况】 2015年，江西省保障性安居工程完成投资536.1亿元，开工23.26万套（户），基本建成28.51万套，分别达到目标任务的100%和178.2%，保障性安居工程建设任务全面完成。

加大棚户区改造力度。省政府与各设区市签订目标责任状，下达城市棚户区改造任务。各设区市与所辖县（市）签订目标责任书，落实工作责任。省住建厅印发《关于在城市棚户区改造中鼓励货币化安置的实施办法》，积极推进国家开发银行、省农业发展银行的棚改融资贷款。国家下达江西省城市棚户区改造目标任务为开工改造11.5万套（户），全省全年开工改造城市棚户区11.5万户，完成率100%。全省城市棚户区改造货币化安置比例32%，提高7%，高于全国平均水平。

落实土地资金。全年争取中央保障性安居工程补助资金80亿元，省财政安排省级配套补助资金9.02亿元，并及时分解下拨市、县。省财政安排8000万元奖励资金，对建设任务完成好的市县予以奖励。为缓解各地资金紧张，加快工程建设发挥积极作用。

【住房公积金改革创新有新举措】 出台《关于提高我省住房公积金使用效率 促进住房消费的指导意见》，明确要提高贷款额度，降低贷款门槛，简化提取要件等14条措施。推行公积金贷款省内“一体化”政策，推进全省住房公积金异地购房贷款工作，促进缴存职工省内跨地区住房消费、改善居住水平。出台《江西省住房公积金提取业务规程（试行）》，统一全省个人住房公积金贷款流程，规范住房公积金贷款行为，使住房公积金管理制度逐步规范化、标准化。全省住房公积金个人住房贷款率86.31%，比上年提高24.55%，全国住房公积金个贷率排名由第二十一位上升到第九位，结余资金减少50%。在全国电视电话会议上因个贷率提升幅度大受到住建部表扬。

（省住建厅）

消费者权益与保护

【概　况】 2015年，全省工商和市场监管部门、消费者协会共受理登记消费者咨询、投诉举报12.02万件，办结率80.36%。咨询、投诉举报件排前三位的分别是交通工具类、家用电器类、通信产品类。查处侵害消费者合法权益案件807起，为消费者挽回经济损失3990.94万元。

省工商局、省消协通过多种形式和途径面向城乡居民开展消费教育引导。“3·15”期间，推出维权成果大型展板，向消费者介绍消费知识和消费信息。在中国江西网开展网上“3·15”互动活动，在线回答网友咨询。开展“岗位学雷锋、履职提效能”主题实践活动，设立“学雷锋消费维权岗”885个，解答咨询2.59万件，受理和处理消费者投诉举报9730件，召开学雷锋学习报告会57次，参加学习报告会人员1845人次。

继续开展消费维权网络体系建设。全省进一步巩固农村村镇和城市社区“一会两站”全覆盖成果，夯实基层消费维权网络，方便消费者就近投诉、就近解决消费纠纷。截至年底，全省建立“一会两站”1.13万个，受理投诉1.25万件，为消费者挽回经济损失1703.69万元。全省工商行政管理部门开展12315进商场、进超市、进市场、进企业、进景区“五进”工作，设立“五进”消费维权服务站1951个。

加强重点领域商品质量抽检工作。省工商局针对社会反映强烈、消费者诉求集中的重点商品以及监管执法中发现的不合格商品，加大流通领域商品质量抽检力度，在全省17个设区市和省直管县（市）进行商品质量抽检工作，抽检16个商品品种、1099批次。开展农村商品质量、流通领域儿童用品质量以及打击假冒伪劣日用品等专项整治行动，安排农资质量抽检2900批次。

【开展“3·15”国际消费者权益日活动】 省委宣传部、省工商局、省消协和南昌市市场和质量监督管理局共同组织在八一广场开展“3·15”国际消费者权益日大型宣传活动，接受咨询、投诉。省工商局、省消协联合中国江西网3月15日开展网上互动活动，加大对消费者及社会各界的法制宣传普及力度。“3·15”期间全省各地设立宣传咨询服务点658个，现场受理消费者投诉2275人次，发放宣传材料82.8万份。

【开展消费体察活动】 8月，省消费者协会、省工商局及旅游部门对省内知名景区开展消费体察活动。消协工作人员、工商执法人员、旅游质监工作人员组建5个体察小组，统一以普通消费者身份在旅行社报团出行，对庐山、井冈山、三清山、龙虎山、婺源等知名景区进行消费体察，并在体察过程中对其他游客进行问卷调查。体察人员重点收集旅游服务中有关门市服务、住宿就餐、交通、景点、购物、导游、司机服务等各方面的评价，寻找旅行社及导游服务、旅游景区配套设施方面存在的问题和不足。省消费者协会针对消费体察中发现的问题和建议形成体察报告。省委书记强卫、省长鹿心社分别对省消费者协会报送的《关于江西省知名景区旅游消费体察的报告》作出批示。 （操安娜）

婚 姻

【概 况】 2015年，全省办理婚姻登记60.46万对。其中，结婚登记38.39万对，离婚登记8.52万对，补发结婚登记12.82万对，补发离婚登记7279对。婚姻登记合格率99.99%以上，离婚率3.74‰。免除群众登记费用665.5万元。

推进婚姻登记机关标准化建设。制定《江西省婚姻登记机关标准化建设实施方案》，制定标准化建设时间表和奖补政策。创建国家等级婚姻登记机关，经民政部评定，全省新增国家4A级婚姻登记机关1个，3A级3个。争取省级福彩公益金再安排100万元，资助丰城市等地婚姻登记场所标准化建设。

规范婚姻登记系统经营服务性收费。下发《关于在全省婚姻登记系统开展清理经营服务性收费的通知》，清理整顿各级婚姻登记机关和民政部门管辖的婚姻服务机构服务项目与服务价格。

推进婚姻登记信息化建设。制定《江西省高级人民法院江西省民政厅关于建立离婚信息共享制度的通知》，建立离婚信息共享机制，有效防范重婚、骗婚以及利用婚姻登记信息漏洞满足其他特定利益需求等违法现象。下发《关于加强婚姻收养信息系统账号密码安全管理的紧急通知》，对信息系统存在的安全隐患进行全面梳理和分类整改。

规范（无）婚姻登记记录证明出具。自8月27日起，各地民政部门除对涉台和规定的9个国家公证事项仍可以继续出具证明外，不再向任何部门和个人出具（无）婚姻登记记录证明，落实简政放权要求，方便群众办事创业。

【举办全省第二届结婚登记颁证大赛】 9月，举办全省第二届结婚登记颁证选拔赛，10支队伍、30名选手参加比赛，通过笔试、形象展示、模拟结婚颁证等环节，决胜出团体和个人奖项。九江市民政局、南昌市民政局、吉安市民政局分别获团体比赛一、二、三等奖，程俊等5名选手获优秀个人奖。九江代表队代表江西省参加11月5日全国第二届结婚登记颁证技能大赛，在全国21个参赛队伍中排名第二，获二等奖；参赛选手周方晴获全国金牌颁证员称号，程俊、邓彬彬获优秀颁证员称号。

（刘学平）

家 庭

【概 况】 2015年，全省开展寻找“最美家庭”活动，寻找“最美家庭”活动纳入江西省第五届文明城市测评体系，覆盖面从城乡“妇女之家”拓展到机关、部队、企业等行业系统，注重领导干部廉洁家庭建设，形成“周周有寻找、月月有活动、季季有上榜、年年有展示”的常态化模式。在“寻找江西最美家庭”活动官网、大江网、中华女性网等网站即时传播最美家庭事迹，引导妇女群众弘扬传统美德，以好的家风支撑好的社会风气。江西开展寻找“最美家庭”活动的做法得到全国妇联高度关注，全国妇联副主席宋秀岩两次在江西调研寻找“最美家庭”活动，多次在全国推介江西经验，13个省到江西学习交流。省委书记强卫接见荣获全国和省级“最美家庭”代表，对寻找“最美家庭”工作给予肯定。

家庭教育工作创新绩。加强家庭教育立法调研和论证，以“传播科学家教、弘扬家庭美德、培树良好家风、建设美好家庭”为主题，与省文化厅等联合开展家庭情景剧“我爱我家”展示和“点赞家教”随手拍征集活动，引导家庭成员感受中华民族优秀传统美德和现代文明新风。在11个设区市和留守儿童较集中的县区建立市级、县级网上家长学校40个，将与儿童成长息息相关的社区、学校及家庭连接起来，通过家庭教育支持学校加强未成年人思想道德教育。

【开展第二届寻找“最美家庭”活动】 2月6日，省妇联召开电视电话会议，启动2015年江西省第二届寻找“最美家庭”活动。活动主题为“传承红色基因·弘扬良好家风”，主线为集中寻找“最美家庭”、分节点寻找各类“最美家庭”、宣传展示优良家风、总结宣传“最美家庭”。在妇女儿童民生项目中，省妇联设立寻找“最美家庭”活动先进点培育项目，投入资金41万元，打造9个示范点。4月14日、16日，省妇联分别在南昌市西湖区象山路社区和上饶市婺源县江湾镇开展城市和农村主场示范活动。两场主场示范活动秉承“传承红色基因、弘扬良好家风”主题，各具特色。城市示范主场活动突出爱的旋律、文化熏陶，参与活动的家庭在才艺展示中突显家的温馨；农村示范主场活动突出“妇女之家”作用，由村妇代会主任推荐本村寻找到的“最美家庭”，注重群众参与性。两场示范活动带动全省各地开展“崇德向善树家风”大型主题活动、“有爱的家”随手拍有奖征集活动、“我心中的最美家庭”绘画大赛、“最美家庭”之文明家训家规·优秀家风故事征集传播活动、“最美家庭”之最美瞬间摄影大赛、“最美家庭说家风·家和万事兴”公益大讲堂、“好家风、好家训”书法作品大赛、寻找“家庭最美一刻”摄影比赛、“寻找最美家庭·全民健身广场舞大赛”等。全省1.55万个“妇女之家”开展活动，参与家庭12.67万户，晒出家庭照片36.27万幅，举办最美家庭故事会、分享会、评议会、家风家训展示评议会等1.06万场，征集家风家训13.29万条。省妇联与中国江西网共同打造寻找江西“最美家庭”活动专题，在11个地市频道同步推送，在全国活动官网和江西妇女网链接推送，并特别设计“红色家风”版块，突显红色基因。在版头特别展出全国“最美家庭”——龚全珍家庭，诠释“传承红色基因·弘扬良好家风”主题；在《东方女报》开设“寻找‘最美家庭’”专栏，报道全省寻找最美家庭活动。全省文明城市测评体系将寻找“最美家庭”活动纳入其中，成为第五届文明城市评选的测评标准之一。经群众自荐互荐、层层推选，省妇联向全国妇联报送10户全国“最美家庭”候选户。5月14日，全国“最美家庭”在人民大会堂揭晓，南昌市新建县南矶乡陈凡经家庭、吉安市吉安县敦厚镇蒋新东家庭、抚州市崇仁县巴山镇宁宏昌家庭当选全国“最美家庭”。12月30日，江西省第二届寻找“最美家庭”活动落幕，“最美家庭”和“最美家庭”提名家庭名单揭晓。南昌市SOS儿童村获江西省第二届“最美家庭集体”，南昌市黄辉萍家庭等20户家庭获江西省第二届“最美家庭”，南昌市胡汉昌家庭等30户家庭获江西省第二届“最美家庭”提名家庭。

【16家主流媒体集中采访江西省“最美家庭”活动】 4月14日—17日，全国妇联宣传部新闻宣传处和《人民日报》、新华社、《光明日报》《经济日报》、中央电视台、《工人日报》《农民日报》《中国妇女报》、新华网、央视网、中国妇女外文期刊社11家中央主流媒体和《江西日报》、江西广播电台、江西卫视、中国江西网、《东方女报》5家省内主流媒体集中采访报道江西省寻找“最美家庭”活动。

【召开全省“平安家庭”创建暨妇女维权维稳工作会】 12月23日—24日，江西省“平安家庭”创建暨妇女维权维稳工作现场会在吉安召开。省“平安家庭”创建活动领导小组组长、省妇联主席潘玉兰，省委政法委副巡视员樊国花出席会议并讲话。吉安市“平安家庭”创建活动领导小组、新余市渝水区法院、宜春市妇联、贵溪市烧箕山派出所、德兴市花桥镇妇联5个单位作经验交流。会议期间，与会代表深入吉安市妇女儿童之家、吉州区古南街道火头门社区、青原区新圩镇杨慧芝工作室、青原区富田镇匡家妇女儿童之家，实地考察“平安家庭”创建及妇女维权工作。

（凌云　石爱忠）

计划生育

【概　况】 2015年，全省出生人口60.11万人，人口出生率13.2‰，同比下降0.04个千分点；自然增长人口31.7万人，人口自然增长率6.96‰，下降0.02‰。出生人口性别比为114.19，下降0.89。全省人口处于低出生、低增长阶段，人口发展态势总体稳定，完成“十二五”人口控制目标。

加强单独两孩政策落实情况监测，实施单独两孩办证和生育月报告制度。截至年底，实施单独两孩政策以来全省5.90万对符合条件的夫妇办理《再生一胎生育证》。其中，育龄妇女年龄在30周岁以下的3.52万人，占59.59%；年龄在31～40周岁2.33万人，占39.52%；40周岁以上527人，占0.89%。已生育两孩2.12万人，占办证数36.71%。已再生育育龄妇女中，年龄在30周岁以下的1.27万人，占58.74%；年龄在31～40周岁的8756人，占40.42%；40周岁以上的182人，占0.84%。办证及生育情况基本符合预期，对全省出生人口数量、结构等影响不大，未给母婴保健、住院分娩、婴幼儿保健等医疗公共卫生资源带来压力。

综合治理出生人口性别比偏高问题。全年查处“两非”（非医学需要的胎儿性别鉴定和选择性别人工终止妊娠）案件1289例，开除或解聘医务人员89人，取消生育证297份。联合省工商、食品药品监管、妇联等部门印发整治“两非”专项行动方案，细化分解工作任务，实行月报制和通报制，对各地专项行动进展情况实行动态监控。

推进计划生育依法行政。建立特殊情况再生育一胎专家审查制度，召开4次审批会议，审批通过特殊情况再生一胎情况390例。全年查处党员干部违法生育107人，给予党纪处分54人、政纪处分41人、开除公职39人，征收社会抚养费216.46万元。

全面落实计划生育利益导向政策。进一步做好计划生育特殊家庭扶助关怀工作。会同省民政厅、省财政厅等单位联合印发《关于进一步做好计划生育特殊困难家庭社会关怀工作的实施意见》，对计划生育特殊家庭开展全面社会关怀，建立联系人制度，开展形式多样的暖心活动。完成计划生育国家奖扶、特扶、手术并发症目标人群的确认及预算工作。全省确立奖励扶助对象7.28万人，扶助资金8741万元；确立计划生育特殊困难家庭扶助对象1.26万人，扶助资金5228万元。完成省内利导项目享受人群的确认及预算工作。全省确立农村一女、二女家庭阳光助学对象1.64万人，补助资金1635万元；计划生育绝育术奖励对象1500人，补助资金450万元。完成省级计划生育利导平台的开发及启用试点工作。

开展单独两孩政策实施效果评估，做好全面两孩政策目标人群测算及影响分析。开展针对6万目标人群的生育意愿调查。召开由市、县分管领导参加的全面两孩政策培训班。积极协调省人大教科文卫委牵头，会同省人大法工委、省政府法制办开展《江西省人口与计划生育条例》修改调研，加快推动地方条例修订。

【推进生育服务证制度改革】　7月22日，印发《关于推进生育服务证制度改革的实施方案》，推进生育服务证制度改革。一是由一孩生育申请领取变更为一孩生育信息登记，可在夫妻任何一方户籍地或现居住地乡镇(街道)登记。二是简化再生育审批程序，可向夫妻任何一方户籍地申请办理，审批时限由原来20个工作日缩短至10个工作日内。三是推行承诺制度。对婚育情况难以核实的，由夫妻双方对其真实性作出承诺后予以办理。四是提供委托代办服务。当事人因各种原因无法亲自办理的，可请他人持委托函代为办理。五是推行网上办证。抚州市东乡县先行试点推行网上办证，全县计划生育网上行政审批便民平台已开通生育服务证、再生一胎生育证、流动人口婚育证等三项证件在线受理；新余市先行试点计划生育证件全程代办服务，各村(社区)设立代办员，代办实行"自愿代办、无偿代办"，并实行送证上门服务；九江、上饶等地先行试点生育服务证和结婚证"两证同发"，简化办证流程。

【开展流动人口关怀关爱活动】　春节期间，开展以"三送三关爱"为主要内容的流动人口关怀关爱活动。为478.9万返乡流动人口开展宣传服务活动3803场次，发放避孕药具78.5多万盒，落实计划生育技术服务14.2万例，开展生殖健康检查68.6万人次，办理(更换)流动人口婚育证明20.4万份，走访返乡流动人口23.3万人，慰问在流入地过节的流动人口2.7万人，慰问留守老人、妇女和儿童9.7万人次。

【实施婚育证明电子化改革】　完成婚育信息数据库、婚育证明查验平台的建设，简化流动人口办证、办事程序，避免流动人口"两头跑"现象，数据库收录育龄妇女婚育记录1296万余条。系统启用以来，全省各级卫生系统查验外省流动育龄妇女电子婚育证明9.3万人次，外省查验江西省电子婚育证明7.4万人次。此外，在全国率先研发电子化婚育证明手机查验客户端软件，开通"江西卫生计生流动人口之家"微信公众号，通过应用信息化技术手段，使流动育龄群众享到更为便捷、优质的服务体验。

12月24日，江西省驻粤流动人口卫生计生联络站成立仪式在广州市举行

省卫计委供稿

【推进流动人口基本公共卫生计生服务均等化】　3月，南昌市被增补为国家流动人口基本公共卫生计生服务均等化重点联系城市。6月，制定《江西省流动人口基本公共卫生计生服务均等化试点工作方案》，确定九江市浔阳区、景德镇市珠山区、萍乡市安源区、新余市渝水区、鹰潭市月湖区、赣州市章贡区、宜春市上高县、上饶市信州区、吉安市吉州区、抚州市临川区10个区(县)为省级试点重点联系区县。试点工作旨在探索流动人口基本公共卫生计生服务的工作模式和有效措施，促进流动人口基本公共卫生计生信息共享与应用，提高流动人口基本公共卫生计生服务可及性和水平。试点地区均等化服务覆盖省内流动和跨省流入流动人口26万人。

(马晓平　周斌　宋颖　蔡飞)

妇女儿童

【概　况】　2015年，省妇联面向困境妇女、留守儿童、创业妇女、一般妇女儿童、新疆妇女儿童等人群，因需立项，因人施策，精准回应妇女儿童最直接、最现实的利益需求，让妇女儿童得实惠。面向困境妇女，实施"两癌"(宫颈癌和乳腺癌)救助、"妇女儿童维权救助""温暖母亲""三八红旗手救助""母亲健康快车""母亲邮包""母亲水窖·校园安全饮水"等品牌项目，关注贫困母亲的生命健康需求，发放贫困母亲"两癌"专项救助资金466万元，投放母亲健康快车5辆。面向留守儿童，筹集省级项目资金780万元，在罗霄山脉集中连片特困地区17个县市区建立儿童意外伤害干预示范点，新增留守妇女儿童关爱服务体系试点县20个，打造儿童快乐家园50个，全省有国家级和省级儿童快乐家园71个。面向创业妇女，实施小额担保贷款、支持巾帼生态示范基地建设、支持妇女手工编织、支持女大学生创业等项目，为创业妇女提供资金、信息、技术、导师、平台等支持，帮助补齐创业短板。全年发放妇女小额贷款29亿元，带动3.2万人次妇女创业就业。面向一般妇女儿童，实施"守护童年·平安童行"、建设未成年人校外活动场所、建设“妇女之家”等项目。争取专项彩票公益金1000万元,支持4个县级妇女儿童活动中心建设。面向新疆妇女儿童,实施“百万家庭亲情一线牵”项目、建“妇女之家”项目。组织爱心妈妈为新疆高寒牧区儿童织毛衣1070件、筹集项目资金10万元。

【召开纪念“三八”妇女节105周年暨男女平等基本国策实施20周年大会】 3月6日,全省各界妇女纪念“三八”国际妇女节105周年暨男女平等基本国策实施20周年大会在南昌召开。省委常委、秘书长龚建华出席会议并讲话。省人大常委会副主任魏小琴,副省长、省政协副主席胡幼桃,省政协副主席钟利贵,老干部卢秀珍、黄懋衡、梅亦龙出席,省妇联主席潘玉兰致辞,省妇联副主席黄海燕主持会议,省妇联副主席肖晓兰、胡雪梅、饶冬梅出席会议。大会表彰徐丽宏等63名省三八红旗手、“江西省邹德凤公益发展中心”等40个省三八红旗集体、80个全省巾帼建功先进集体和50个巾帼建功先进工作者;邀请全国妇联妇女研究所专家作了男女平等基本国策专题讲座。受表彰的先进个人、先进集体代表,省直单位女领导、省妇联十一届执委,省妇女联谊团体负责人,省妇联机关干部职工及直属单位负责人以及各行各业妇女代表300余人参加会议。

【启动法规政策性别平等咨询评估机制】 7月31日,江西省法规政策性别平等咨询评估机制启动。该机制旨在使涉及妇女儿童的地方性法规、政府规章、规范性文件在立项、起草、征求意见阶段就体现性别平等理念,从源头上切实维护保障妇女合法权益。法规政策性别平等咨询评估机制委员会主要负责咨询评估工作的组织、协调和指导;根据江西省立法、政策制定工作相关情况,讨论确定年度工作计划及重点评估法规政策项目,根据需要委托专家委员对相关法规政策进行性别平等评估咨询,对专家委员提交的相关法规政策评估报告和咨询意见进行审查。委员会主任、副主任由省妇女儿童工委及有关部门领导担任,委员由省妇儿工委成员单位和相关部门的法律政策相关处室负责人组成。委员会聘请专家学者和从事法律、妇女儿童实务工作的专业人士担任专家委员,具体参与法规政策性别平等评估咨询工作。委员会日常协调工作由省妇女儿童工作委员会办公室负责。评估机制由部门自主评估、专项重点评估和动态咨询评估三部分组成。

【“温暖母亲行动”项目扩大实施】 2015年,省妇女儿童基金会“温暖母亲行动”项目重点放在共青城市、瑞金市、丰城市、鄱阳县、安福县、南城县6个省直管县(市)和景德镇市、萍乡市、新余市、宜春市4个该项目尚未覆盖的设区市。175位贫困母亲,144位90岁以上的老年母亲,6名敬老院居住的孤儿,7个乡镇敬老院的333位老人得到爱心人士资助和慰问。发放资助金和物资近45万元,捐赠衣服2000多件。4月,省妇女儿童基金会下发《为抗战将士遗孀献上一份爱——纪念抗战胜利70周年“温暖母亲”特别行动方案》,对103位生活贫困的抗战将士遗孀按每人1000元标准进行资助。“温暖母亲行动”是省妇女儿童基金会2014年利用自筹资金自行设计的第一个项目,旨在动员社会力量关心贫困母亲。

【建立一批儿童快乐家园】 2015年,省妇联制定出台留守儿童专项资金使用计划,印发《江西省留守儿童关爱项目实施方案的通知》,利用全省留守儿童专项资金在50个县区打造50个儿童快乐家园,每个家园安排10万元专项资金进行扶持,主要用于家园设施配备。省妇联要求每个家园面积不低于400平方米,可以容纳60名以上留守儿童学习、生活、娱乐,具备住宿就餐、洗澡洗脸、洗衣晒衣、学习作业、文体娱乐等功能;家园内至少有2名以上专职工作人员,同时组建心理抚慰、文体游戏、家庭教育等志愿者队伍。截至年底,80%以上的儿童快乐家园开始运行,4个由中国儿童基金会和恒大集团支持的儿童快乐家园项目,分别在吉安、赣州、上饶三地四个项目点创建。

(*凌云　石爱忠*)

青　年

【概　况】 青年就业创业稳步推进。开展第三届“赢在江西”绿地杯青年创新创业大赛、“邮储银行杯”江西青年涉农产业创新创业创富大赛、第十四届“挑战杯”大学生课外学术科技竞赛、首届“及众杯”江西青年互联网创业大赛等“创”字号系列赛事152场次,吸引9200余个项目参赛。建立200人规模的青年创业就业服务联盟导师团,打造15个省级青年(大学生)创业孵化示范基地,其中2个基地被团中央命名为第二批“全国青年创业示范园区”。设立1000万元的江西青年创业就业基金,为青年创业提供免息贷款担保。汇聚97家国内风投机构发起成立江西青创投资联盟,举办首场全省青年创业投融资对接会,17个项目签约金额5800万元。牵头草拟并以省政府办公厅名义出台江西省首个《关于促进青年创业的若干措施》。

各类青年人才培养成效明显。强化业务培训,全年举办业务培训班360余场次,培训专兼职团干部3.13万余人次,全省新任职村(社区)团组织书记实现全员轮训。充实基层工作力量,招募176名大学生西部计划志愿者到县级团委帮助工作,选拔50名金融领域干部到县级团委挂职锻炼。深化专门教育“江西品牌”,在35个县(市、区)建立“阳光班级(学校)”,招生2700多人,成功转化2320人,构建“临时班级—阳光班级—专门学校—观护基地”的一体化、链条式教育矫治工作体系。在全团建立首个以不同高校同一生源地学子为主要对象的团组织——江西省外高校赣籍学子团工委。

青年社会参与机制日益完善。30万名青年志愿者参与助残“阳光行动”,帮扶残疾青少年17.13万名。在全国工商联十一届四次执委会议暨全国知名民营企业助推江西发展升级大会期间,组织提供1500余人次青年志愿服务。南昌地铁开通运营期间,组织提供3.10万余人次青年志愿服务。大力实施“青亲伙伴计划”,建立省级示范青年社会组织服务中心,推动市、县两级建立青年社会组织服务中心56家。广泛开展“党群心连心 点亮微心愿”活动,全年帮助实现微心愿4.2万个。推动省内2.74万名少先队员与新疆阿克陶县少先队员结对子、传书信,组织89名新疆青少年到赣参加“手拉手”融情实践夏令营,选派48名“西部计划”志愿者到新疆、西藏基层建功立业,在江西与新疆、西藏青少年间架起“友谊桥”。开展学雷锋、青年文明号、青年文化活动,社会新风得到弘扬。

【2015年助力青年创业公益主题会在南昌举行】 2月2日,共青团江西省委和省青年企业家协会在南昌举行2015年助力青年创业公益主题会。主题会以助力青年创业公益义拍为主要内容,现场对社会爱心人士及协会会员无偿捐赠的物品进行义拍,所筹集的款项全部汇入江西青年创业就业基金会,用于支持江西省青年(大学生)创业。主题会募集到40余件义拍品,现场拍得善款229.6万元。

【举行第十四届“挑战杯”学术科技作品江西赛区竞赛】 5月30日—31日,第十四届“挑战杯”全国大学生课外学术科技作品竞赛江西赛区决赛在南昌航空大学举行。此次竞赛由团省委、省教育厅、省科协、省学联主办,南昌航空大学承办。大赛于3月启动,秉承“崇尚科学、勇于创造、追求卓越、放飞梦想”的竞赛主题,历经高校发动、校级竞赛、省级预赛、展示交流、终审决赛等阶段,72所院校372件作品参赛,终审决赛阶段参赛人数近3000人。大赛评出特等奖作品9件,一等奖作品28件,二等奖作品81件,三等奖作品224件;南昌大学等14所高校获最佳集体组织奖,南昌大学、南昌航空大学和江西师范大学获本科组团体总分前三名,九江职业技术学院、江西财经职业学院和南昌师范学院获高职专科组团体总分前三名,南昌航空大学获突出贡献奖。省政协副主席胡幼桃出席闭幕式并为团体总分前三名获奖单位颁奖;省政府副秘书长林彬杨,团省委书记曾萍等出席闭幕式并为获奖集体和个人颁奖。

【启动社会组织孵化试点项目】 10月9日,省民政厅和团省委共同主办的江西省社会组织孵化试点项目启动仪式在省青年社会组织服务中心举行。团省委书记曾萍出席启动仪式并为省青年社会组织孵化基地揭牌,省民政厅副厅长饶剑明,团省委副书记孙鑫出席活动并作讲话。江西省青年社会组织服务中心孵化基地是一个集孵化培育、资源整合、能力提升、合作交流、展示风采等多项功能于一体的社会组织综合服务平台,重点培育三类社会组织:一是已经在登记管理机关注册成立,但欠缺独立发展能力,需要通过培育孵化引导其健康运作、发挥作用的初创型社会组织;二是暂未达到登记条件,但是群众需求多、发展前景好、服务潜力大的萌芽型公益服务类社会组织;三是资源广、实力强、发展较为成熟,能够起到榜样、示范和带动作用的枢纽型社会组织。

【搭建大型青年互动社交平台“青年之声”】 2015年,团省委搭建“青年之声”平台,探索以线上与青年互动、线上线下工作联动的方式,通过党帮青、团帮青、专帮青、青帮青、社帮青“五帮助推”,反映青年呼声、回应青年诉求、维护青年权益、服务青年成长。9月,完成省级平台建设并开通试运营;10月,全省11个设区市、5个试点高校、6个试点区县、2个试点企业开通平台;11月,17所省属本科高校平台全线开通,团省委九大服务联盟,引入专家近1000人;12月,100个区县平台全线开通,各级组织逐步建立服务联盟。截至年底,已有专家近1万人,通过平台收集青年声音1.07万余条,累计回答数1.57万余个,专家回答率73.1%。

(团省委办公室)

老年人

【概　况】 2015年,全省人口老龄化进程继续加快。截至年底,全省60岁及以上、65岁及以上人口分别为633.71万人、431万人,比上年分别增加22.79万人、16.76万人,占总人口比重分别为13.88%、9.44%,分别比上年提高0.43和0.32个百分点。

推进居家养老服务工作。利用中央福彩公益金551万元,资助29个项目单位(城镇社区养老服务设施21个,城乡为老服务信息网络平台建设项目8个)。运用省级福彩公益金3000万元,在全省打造268个省级示范点(城镇社区112个、农村社区156个)。通过以点带面、“以奖代补”,推动市、县两级加快居家养老服务平台建设步伐,截至年底,全省建成居家养老服务中心(站)4283个。为提高居家养老服务队伍建设质量,在省民政学校举办2期居家养老服务管理服务人员培训班,100人经过培训考核,取得国家认可的养老护理员证书。

推进基层老龄工作。按照省老龄办下发的《关于加强基层老年协会建设的意见》和“设施完善、制度健全、班子有力、经费落实、作用明显”五条规范化建设标准,指导城乡老年协会开展规范化建设。省老龄办与省民政厅联合下发《关于进一步加强城乡老年协会建设的通知》,要求各级福彩公益金都要安排对城乡老年协会建设的投入,支持协会设施和场地建设;做好登记备案,依法实施管理等。按照《江西省基层老年协会星级评定办法》,组织全省城乡基层老年协会开展第一届“四星级”评选,30个城乡老年协会受到表彰。

推进老年优待工作。认真落实省政府关于“70周岁以上老年人免费乘坐公交车意外伤害保险”民生工程,各级老龄办牵头,民政、财政、老龄、交通、保险等部门共同参与,组织开展70周岁以上老年人免费乘坐公交车人身意外伤害保险的宣传活动。会同省财政厅要求各地将省级补助和本级负担保费拨付到位,投保金总额1720.83万元,投保人数161.93万人,比上年增加4.07万人。为进一步落实省政府办公厅批转《关于进一步加强我省老年人优待工作的意见》,南昌、吉安、上饶等市出台相关老年人优待办法。全省11个设区市80周岁以上老年人高龄补贴制度实现全覆盖。认真做好《江西省老年人优待证》免费办理工作,全年发放优待证8.4万本。接待来访人员40人次,来信4件,来访7件。

【组织开展“第四次调查”工作】 5月，下发《江西省老龄办、江西省民政厅、江西省财政厅关于开展第四次中国城乡老年人生活状况抽样调查的通知》，制定调查实施方案，开展第四次中国城乡老年人生活状况抽样调查工作。分别在南昌市青山湖区和吉水县召开第四次中国城乡老年人生活状况抽样调查模拟调查和调查骨干培训班，对110名调查骨干进行业务培训。全省选拔调查员416名，督导员286名，8月份开展入户调查工作。省老龄办专职副主任罗良意带队，赴南昌、九江、景德镇、宜春、萍乡、赣州、吉安、抚州等地对第四次调查工作进行督导。省老龄办被全国老龄办评为第四次中国城乡老年人生活状况抽样调查工作优秀组织奖。

【开展“十二五”规划检查评估工作】 按照《江西省老龄事业发展“十二五”规划》和《省老龄委成员单位落实〈江西省老龄事业发展“十二五”规划〉主要任务责任分工意见》要求，下发《江西省老龄工作委员会关于开展〈江西省老龄事业发展“十二五”规划〉执行情况检查评估的通知》。9月，组织4个检查组，采取座谈和实地查看方式，对全省《江西省老龄事业发展“十二五”规划》执行情况进行检查。从检查评估情况来看，全省设区市均以政府名义，制定印发本地规划，细化国家和省“十二五”规划任务指标和措施。省老龄委各成员单位，结合工作职能，把老龄事业发展纳入到本部门工作规划，认真部署，抓好落实。各地能深入养老机构和基层单位调查研究，帮助解决老龄事业发展中遇到的困难和问题。全省老年社会保障水平得到提高，养老服务体系建设得到推进，老年文化教育得到发展，老年人合法权益得到有效保障。

【组织开展“敬老月”活动】 10月1日—31日，省老龄委下发《关于开展2015年“敬老月”活动的通知》，组织全省开展为期一个月“敬老月”活动。活动期间，走访慰问部分高龄、困难老年人，组织志愿者到抗战老兵家中开展志愿活动；组织开展文化娱乐和体育活动，以及老年法律援助和涉老政策法律咨询活动；协助江西广播电视台二套《都市现场》栏目、南昌电视台《每日新闻》栏目系列播出各地开展敬老活动；与江西省广播电视台在八一广场举行“江西省2015年‘老年节’暨‘半世纪牵手·五十年同心’金婚庆祝活动”；组织开展全省第二届“敬老文明号”创建活动，从医疗机构、旅游景点、城市公交、基层养老机构等公共服务窗口和行业入手，指导创建单位提升为老服务水平，在活动中广泛开展“双关爱”活动，对失能半失能老人、贫困老人开展物资帮扶和精神关爱服务活动。

（段玉冰）

殡　葬

【概　况】 2015年，围绕贯彻落实《党员干部带头推动殡葬改革的意见》，进一步加强殡葬管理服务专项整治活动，保障清明节安全文明祭扫，推进殡葬改革和殡葬管理工作。截至年底，全省建成火化殡仪馆87个，经营性公墓99个；73个县（市、区）建立全民免费火化制度，全省火化率38.5%。

重新调整划分全省火葬区和土葬改革区。以省政府名义重新调整划分火葬区和土葬改革区，为全面推动殡葬改革奠定基础。南昌、九江、景德镇、萍乡、新余、赣州和抚州7个设区市全域划为火葬区；鹰潭、宜春、上饶和吉安4个设区市大幅扩大火葬区范围。全省火葬区占国土总面积的95.65%、总人口的96.38%。

首次实施“绿色殡葬建设”年度考核。将“绿色殡葬建设”纳入省委、省政府对各市县科学发展综合考核评价内容，设置5分，占总分值1/70，从党员干部带头推动殡葬改革、治理乱埋乱葬和丧葬陋习、火葬区和土葬改革区管理、建设惠民殡葬和生态殡葬4个方面实施考核，对排名前3名、后2名的设区市和后10名的县（市、区）进行全省通报。形成市、县（区）党委、政府抓殡葬管理工作新格局。

开展全省殡葬系统“红包”问题专项治理和殡葬管理服务专项整治。“两个治理”同步推进，全省185个殡葬服务单位和1783名殡葬职工全员参与。约谈干部职工1799人次；193人主动上交“红包”和香烟等，价值5.75万元；严肃查处3起6人违规收受“红包”典型问题。

【印发《江西省殡葬事业发展规划（2015—2020）》】 8月，首次以省政府办公厅名义印发《江西省殡葬事业发展规划（2015—2020）》。《江西省殡葬事业发展规划（2015—2020）》主要内容有：至2020年，全省火化率达到100%，公益性公墓节地生态葬占比65%以上，经营性公墓节地生态葬比例达到全国平均水平；县级殡仪馆实现全省覆盖，每个市、县建有服务城镇居民的公益性公墓，每个村建有服务农村居民的公益性公墓或骨灰安放设施。

【参加第五届全国民政行业职业技能竞赛暨全国首届遗体火化师职业技能竞赛】 12月24日—28日，第五届全国民政行业职业技能竞赛暨全国首届遗体火化师职业技能竞赛在北京举行。南昌市殡葬管理处魏中山和九江市殡葬管理处崔学斌两位一线殡葬职工参加竞赛。通过实际操作技能考核、理论知识考试和个人能力展示三个环节考核，魏中山从54名决赛选手中脱颖而出，获特等奖，被授予“全国技术能手”称号，成为全国遗体火化师职业3名全国技术能手之一；崔学斌获二等奖。

（罗铁军　简攀）

本栏编辑　邓诚君

民　　政

综　　述

2015年，全省各项民政工作进展顺利，民生事业持续发展。

基本民生进一步改善。省政府民生工程50件实事中，民政部门负责实施8件，配合实施4件，各项工作任务全面完成，城乡低保、农村五保、城镇“三无”等困难群体生活进一步改善。联合省财政厅印发《江西省特别救助制度实施方案》，创新实施特别救助制度。推进居民家庭经济状况核对工作，11个设区市本级和87个县(市、区)成立居民家庭经济状况核对中心。推进救急难综合试点工作，启动公办养老机构购买失能老人护理服务试点工作，实施贫困家庭残疾人免费安装假肢矫形器等公益项目。积极应对各类自然灾害，及时启动救灾应急响应，累计下拨救灾资金5.1亿元和一批救灾物资，妥善保障受灾群众基本生活。创建全国综合减灾示范社区52个、全省综合减灾示范社区92个。加强救灾装备建设，为所有县(市)配备救灾专用车辆。省政府印发《关于促进慈善事业健康发展的实施意见》，明确慈善事业扶持政策。省慈善总会募集款物及争取项目资金3.03亿元，惠及困难群众10余万人。全年销售福利彩票32.37亿元，其中实体渠道销售25.72亿元，同比增幅6.4%。

支持国防和军队建设。修订《江西省英雄模范褒奖办法》。进一步提高残疾军人、“两红”“三属”等重点优抚对象抚恤补助标准。组织开展“烈士纪念日”相关纪念活动，换发新式烈士证书3.46万份。认真做好退役士兵安置工作，全省接收退役士兵1.76万人。推行“阳光安置”方式，符合岗位安置条件的转业士官安置率100%。推进退役士兵免费教育培训工作。完成年度军休干部接收安置工作任务，严格落实军休人员政治待遇和生活待遇。深入开展双拥工作，广泛开展走访慰问部队活动。启动国家和省级双拥模范城(县)创建工作，深入开展“双拥在基层”活动。

提升社会治理水平。指导完成第九届村(居)民委员会换届选举工作。全面建立村(居)务监督委员会，村务监督和基层协商民主实践稳步推进。统筹推进城乡社区建设，扶持建设127个社区示范点，打造“街道＋社区”社区基本公共服务体系建设试点单位6个，全年创建精品农村社区111个。出台《江西省异地商会登记管理暂行办法》，进一步加强异地商会监督管理。稳步推进行业协会商会与行政机关脱钩试点工作。深入开展社会组织公益创投，争取中央财政项目支持448万元、省本级安排1300万元，购买社会组织公益性服务，全省建设社会组织孵化基地11个。出台《关于加强社会组织反腐倡廉及诚信自律建设工作的指导意见》。加强社会组织党建工作，全省社会组织中建立党组织2429个。推进志愿服务工作，全省新增志愿者服务站5000个，新增注册志愿者16万余人。

提高民政公共服务和专项社会事务管理水平。11个设区市全部出台加快发展养老服务业的配套实施意见，有关扶持政策进一步落实。统筹中央预算内投资、中央和省级福利彩票公益金等各类项目资金10亿元，资助养老、儿童、精神卫生福利机构和其他社会公益项目3000余个。积极推进养老项目PPP模式，8个项目入选国家发改委项目库，5个项目列入财政部备选示范项目。加强养老机构消防安全管理和综合治理，出台《养老机构消防安全管理》地方标准。服务经济社会发展和新型城镇化建设，推动广丰县、新建县实现撤县设区，办理乡级行政区划调整事项8件。推进第二次全国地名普查，加强地名管理行政执法和地名文化建设，组织27个单位申报地名文化遗产。推进“平安边界”建设，完成皖赣、赣湘省界和55条县界联检工作，完成赣鄂省界界桩更换试点工作。完成1994年以来的婚姻登记历史数据补录，取消办理(无)婚姻登记记录证明。开展收养评估试点工作，畅通长期查找不到生父母的打拐解救儿童的收养渠道。依法办理涉外婚姻收养登记。加强生活无着流浪乞讨人员救助工作，推进未成年人社会保护试点工作。出台《江西省殡葬事业发展规划(2015—2020)》，将“绿色殡葬建设”纳入市县科学发展综合考核重要内容。

(袁金亮)

社会福利和慈善事业

【概　况】　截至2015年年底，全省60岁及以上老年人口633.71万人。建成各类养老机构1781个，其中民办养老机构172个；养老床位19.4万张，其中民办养老机构3万张；在院服务对象13.03万人，每千名老人床位数31张。养老机构从业人员1.39万人，其中管理人员4222人、养老护理员4935人、医护人员799人、社会工作者496人。全省城镇“三无”对象（无劳动能力，无固定收入，无直系亲属）2.23万人，孤儿2.31万人，其中社会福利机构集中供养孤儿3100人，社会散居孤儿2.00万人。

养老服务事业加快发展。省级以上投入养老服务业发展资金6.43亿元，其中中央专项资金2.05亿元，省本级福彩公益金和配套资金4.38亿元，带动地方资金和社会资本10多亿元，建设养老服务体系项目72个、农村幸福院项目1038个、老年人颐养之家项目200个；南昌市老年福利院、新余市养老福利中心、星子县社会养老服务中心等一批大型示范性养老项目基本竣工。全省5个养老机构被列入首批信息惠民试点，8个养老项目被列入国家发改委向社会公开推介PPP项目库，5个项目被列入国家财政部PPP备选示范项目。养老护理员队伍不断壮大，12家机构获省级养老护理员培训基地资格认定；省级福彩公益金安排1000万元，启动公办养老机构购买失能老年人护理服务项目试点；定向培养养老护理员49名，培训养老护理员206名，评选“最美养老护理员”100名。

完善社会福利服务功能。普遍建立高龄津贴制度，城镇“三无”人员供养标准达600元。孤儿基本生活保障费全面落实，机构供养和社会散居孤儿保障标准分别达到每人每月1100元和700元；开展“孤儿保障大行动”，投保重大疾病保险2.3万份；编制《江西省儿童福利设施建设规划（2014—2018年）》，建设留守儿童之家项目48个，改建、新建儿童福利机构24个，新增孤残儿童康复项目基地2个，总数达到7个；实施孤残儿童“明天计划”，新增省级定点医院1家，为101名孤残儿童进行治疗；培训孤残儿童护理员400余人次，资助新入学孤儿大学生94人。建立江西省困难残疾人生活补贴和重度残疾人护理补贴制度，对38万困难残疾人和31万重度残疾人，按照每人每月50元标准发放补贴；争取中央专项彩票公益金9000万元，支持赣州、九江、宜春3地精神卫生福利机构建设；实施残疾人“爱心助行工程”和“福康工程”，为贫困家庭残疾人装配假肢和矫形器260人次。

【慈善事业迈出新步伐】 出台江西省慈善事业发展史上首个纲领性文件——《江西省政府关于促进慈善事业健康发展的实施意见》，推动落实公益慈善组织和社会福利机构用水用电价格优惠政策。积极参与“中华慈善奖”评选，省慈善总会“青苗关爱工程”、九江市“爱满人间·助学支教”获全国“最具影响力慈善项目”提名奖。全年省级募集慈善款物逾3亿元，救助重大疾病贫困儿童937人，资助贫困高中生6850人，资助慈善超市48个。

【管理服务水平进一步提高】 加快社会福利信息化、标准化建设，积极推进“数字民政”建设，完成养老、儿童数据信息平台一期工程，出台首个《江西省养老机构消防安全管理规范》地方性标准，在吉安市召开现场会，全面启动“消防安全管理达标年活动”，明确福彩公益金资助公办养老机构建设资金的30%用于消防安全设施改造。此项工作被新华社《国内动态清样》刊载，民政部部长李立国作重要批示，给予充分肯定。彩票管理更加规范，全年销售福利彩票32.37亿元，筹集公益金9.17亿元；开展“阳光福彩”建设专项行动，制定整改措施26条，出台福彩公益金资助项目管理办法6个，管理办法总数增至15个。

（蔡仕祥）

优抚双拥安置工作

【概　况】 2015年，严格执行优抚政策，落实优抚对象法定权益，推动烈士褒扬和优抚事业单位建设，开展双拥模范城县创建。全省符合政府安排工作条件的退役士兵岗位落实率达到100%，发放自主就业退役士兵一次性经济补助资金2.36亿元。完成107名军队无军籍退休退职人员安置去向审定工作，并将经审定符合条件的93人安置计划下达到各设区市。

认真落实优抚政策。修订《江西省英雄模范褒奖办法》。转发《民政部关于国家机关工作人员伤亡抚恤工作有关问题的通知》《优抚对象住房优待办法》《执行多样化军事任务民政预备役人员抚恤优待办法》《人民警察抚恤优待办法》。第22次提高残疾军人抚恤金标准，第25次提高“三属”定期抚恤金标准和“两红人员”生活补助标准；下拨抚恤、生活补助和医疗补助资金16.69亿元，惠及优抚对象近30万人。安排优抚对象1200余人次进行短期疗养，组织荣军医院为优抚对象开展义务巡诊医疗；安排资金3950万元，支持31所县（乡）光荣院新建和维修改造；完善优抚信息数据库，全省优抚对象二代身份证扫描率达到93.86%。

积极做好烈士褒扬工作。印发《江西省省级烈士纪念设施保护单位申报工作规程》，安排资金920万元支持13处烈士纪念设施维修改造；完成烈士证换证工作，全省换发《烈士证明书》34632份。

做好抗战胜利70周年系列活动。为符合条件的抗战老战士、复员军人等发放抗战胜利纪念章307枚、一次性生活补助169万元；完成30处抗战纪念设施（遗址）调查统计工作；选送3名抗战烈属参加国家抗战胜利70周年阅兵活动；组织省委省政府领导走访慰问抗战老战士、抗战老干部和抗战将领遗属活动。

认真做好双拥工作。春节前夕，常务副省长莫建成、副省长胡幼桃带队分别走访省军区、省武警总队两个军级单位；2月10日，江西党政代表团看望慰问南京军区部队，南京军区司令员蔡英挺、政委郑卫平，省委书记强卫讲话，省长鹿心社出席；“八一”建军节期间，强卫书记率领省委常委、省人大、省政协和省双拥工作领导小组的领导分别走访慰问驻赣部队14个基层连队。下发《江西省双拥模范城（县）考评标准》，对各地申报的双拥创建工作模范市县和爱国拥军模范进行考评。

【加强退役士兵安置工作】 2015年，省民政厅加强退役士兵安置工作，符合政府安排工作条件退役士兵岗位落实率达到100%，安排到机关事业单位的人员占岗位安置总数的85%。加大教育培训政策宣传力度,改进教育培训方式,优化承训机构布局,2014年冬季退役士兵参训人数7700余人,参训率同比提高6个百分点,其中参加高等学历教育人数同比翻一番;退役士兵对教育培训政策知晓率达到100%,参训退役士兵"双证"获取率和就业率达到95%以上。积极推进退役士兵"阳光安置",多数市、县(区)出台《服役贡献量化考核办法》或《综合考试考核安置办法》,采取档案考核或考试考核相结合的办法,按分排序、按序选岗,增强安置工作的科学性和透明度。

【提升军供应急保障能力】 围绕服务国防和军队改革,狠抓全省军供站正规化建设,争取国家补助资金近400万元,改造军供站基础设施。各级政府加大军供保障投入,安排资金3000多万元,新建和改造军供基础设施和设备。南昌市政府投入近1000万元,支持向塘西军供保障点搬迁重建;上饶市政府投入1400余万元,在高铁车站附近新建军供保障大楼。全年受领军供保障任务几百批次,对过往部队适时展开综合保障,完成各项军供保障任务。

【认真做好军休工作】 积极开展军休服务管理机构规范化建设。全面推广智能养老信息系统,为军队离退休干部提供全天候、精细化、亲情式和信息化服务。11月,组织开展第十届军休干部医疗队"老区行"义诊活动,11名老军医到抚州市南城县上塘镇和临川区罗针镇开展义诊活动,为近500名困难群众、优抚对象和五保户免费诊治看病,免费发放药品2万余元。5月28日—29日在萍乡市举办全省第十届军休人员门球比赛。

(张玮明 方利鹏 唐飞翔)

救灾工作

【概 况】 2015年,先后遭遇洪涝、风雹、台风等自然灾害,尤其是5月下旬、6月下旬和7月上旬的强降雨,8月上旬的台风"苏迪罗"以及历史罕见冬汛,给群众生产生活造成较为严重影响。全年各类自然灾害造成628.4万人受灾,因灾死亡50人,紧急转移安置48.9万人,需紧急生活救助25万人;农作物受灾面积45.13万公顷,其中成灾32.27万公顷,绝收4.03万公顷;倒塌房屋5185户1.41万间,损坏房屋2.67万户5.35万间;直接经济损失69.5亿元,其中农业损失36.8亿元。

积极高效应对重大自然灾害。国家减灾委、民政部对江西省启动国家救灾四级响应1次。省减灾委、省民政厅启动省级救灾四级响应4次、三级响应2次。市、县启动应急响应28次。下拨中央和省级救灾资金5.07亿元,向重灾区调运一批救灾物资。及时将9840户因灾倒房纳入农村危房改造,精心组织冬春救助工作。赣州积极应对5·19重大洪灾,吉安、上饶积极应对洪涝灾害,南昌及时处置端午节期间城乡内涝灾害,九江积极应对台风灾害,抚州、新余等地有力应对冬汛对蜜橘、晚稻等造成的灾害。

【夯实备灾防灾工作基础】 2015年,省级救灾减灾指挥中心大楼建设主体工程竣工,省级救灾物资储备库搬迁新建工程有序推进。民政部、财政部为江西省配备57台县级救灾应急专用车辆。争取省财政、省机关事务管理局支持,安排690万元,为其他23个县(市)配备救灾专用车辆,在全国率先做到80个县(市)救灾车辆配备全覆盖。在省直单位公车改革中,省公车改革办批复省民政厅保留2辆救灾车,指导市、县做好救灾车辆保留工作。江西省在全国减灾救灾工作会议上就救灾车辆配备保留等工作作了经验介绍。积极组织政策性农房保险试点工作。会同省政府金融办制定《江西省保费补贴型农房保险实施方案》。上饶市把政策性农房保险工作纳入市委、市政府对各县(市、区)年度经济巡查考评内容。抚州市金溪县、赣州市兴国县等地开展自然灾害公众责任保险,在全省率先进行市场化探索。继续推进政府购买服务支持基层灾害信息员队伍建设试点工作,吉安、抚州等地以减灾委名义印发出台有关指导意见,抚州市临川区,吉安市吉州区、遂川县、万安县,九江市湖口县,赣州市石城县等地对基层灾害信息员每月补助50~150元。举办全省领导干部减灾管理研讨班、分管局长业务培训班、灾害信息员骨干力量培训班,会同各设区市举办乡镇、多灾易灾村灾害信息员培训班,参训人数1000余人,构建横向到边、纵向到底的培训体系。

(邱伟)

社会救助

【概 况】 2015年,全省城市低保标准平均每人每月450元,比上年增加20元,月人均补差水平提高20元,达290元;农村低保标准平均每人每月240元,比上年增加20元,月人均补差水平提高20元,达165元;农村五保集中供养标准每人每月提高30元,达305元(3660元/年),分散供养标准维持在260元(3120元/年);20世纪60年代精减退职老弱残职工救济水平每人每月提高20元,城市达到335元,农村达到295元。全省累计对贫困患者实施医疗救助167.67万人次,支出12.87亿元。其中:住院救助47.74万人次,支出11.19亿元,平均每人每次2344元;门诊救助119.93万人次,支出1.67亿元,人均每次139.6元。实施临时救助12.5万户次,其中本地户籍对象12.38万户次,非本地户籍对象0.12万户次;共发放临时救助资金1.97亿元,户均次救助1551元。

【社会救助制度创新发展】 下发《江西省人民政府办公厅转发省民政厅等部门〈关于进一步加强和完善医疗救助制度实施意见〉的通知》,加强和完善江西省医疗救助制度。联合省财政厅下发《关于印发〈江西省特别救助制度实施方案〉的通知》,在临时救助制度中设立特别救助制度,对遭受特别重大困难,造成重大刚性支出,经社会保障、其他社会救助、社会帮扶之后仍然远远超过家庭或个人承受能力,生活陷入困境的特困供养人员、孤儿、低保对象、未纳入低保的支出型贫困家庭实施特别救助。省委、省政府出台《中共江西省委 江西省人民政府关于全力打好精准扶贫攻坚战的决定》，把社会救助保障扶贫列为扶贫攻坚“三大战役”之一，要求“着力提高救助水平，打好保障扶贫攻坚战”，明确低保、特困人员供养、医疗救助、临时救助等工作具体任务。省财政厅、省民政厅下发《转发财政部、民政部关于印发〈中央财政困难群众基本生活救助补助资金管理办法〉的通知》，明确城乡低保资金统筹使用，在下达2015年中央和省级财政低保资金时，将原城市低保资金、农村低保资金分别下达，改为一并下达。开展公办养老机构失能老年人护理试点工作，通过分片集中建设护理区、省福彩公益金全额资助购买护理服务岗位、临时救助资金解决住院护理问题等方式，探索失能老人护理的有效模式。

【社会救助重点工作有序推进】 省本级、11个设区市本级和87个县(市、区)成立居民家庭经济状况核对中心，92个县(市、区)开展核对工作，51个县(市、区)通过信息核对平台开展核对工作。在信息获取上有新进展。省级专线对接省工商管理局、省地方税务局、省公安厅、省交通警察总队，内部对接婚姻登记、优抚、社团和民非企业登记等数据；部分地区完成与房管局、住房公积金管理中心、交管局、地税局、国税局、公安局、工商局、人社局以及部分商业银行等单位的网络对接。联合省财政厅转发《民政部财政部关于在全国开展救急难综合试点工作的通知》，在省级层面加强财政部门对“救急难”工作的指导和支持，将省级试点单位由39个增加到52个，其中40个县(市、区)列入国家“救急难”综合试点。联合省社会救助联席会议12个成员单位下发《关于开展社会救助专项治理活动的通知》，共同组织开展社会救助专项治理活动，经县级自查、设区市复查、省直部门联合督导，有力促进《社会救助暂行办法》深入贯彻落实，确保社会救助政策措施落实到位、资金发放到位，困难群众得到实惠。

(罗永青)

行政区划和地名管理

【概　况】 2015年，全省完成行政区划调整事项9件，其中县级以上行政区划调整2件、乡级行政区划调整7件，涉及上饶市、南昌市、赣州市、鹰潭市、新余市、吉安市6个设区市。完成撤乡设镇4件，乡改设街道1件，增设街道办事处2件。

截至年底，全省有设区市11个；县(市、区)100个，其中市辖区22个、县68个、县级市10个；乡级行政区划建制单位1552个，其中街道办事处150个、镇820个、乡582个(含民族乡8个)。

【完成行政区划调整事项】 南昌市：撤销新建县，设立南昌市新建区，以原新建县行政区域为新建区行政区域，新建区人民政府驻长堎镇新建大道239号。

新余市：分宜县撤销凤阳乡，设立分宜县凤阳镇。新设立的凤阳镇行政区域范围保持原凤阳乡行政区域范围不变，镇政府驻原乡政府驻地。

鹰潭市：贵溪市撤销雷溪乡，设立贵溪市雷溪镇。新设立的雷溪镇行政区域范围保持原雷溪乡行政区域范围不变，镇政府驻原乡政府驻地。

赣州市：赣县撤销韩坊乡，设立赣县韩坊镇。新设立的韩坊镇行政区域范围保持原韩坊乡行政区域范围不变，镇政府驻原乡政府驻地。

上饶市：撤销广丰县，设立上饶市广丰区，以原广丰县行政区域为广丰区行政区域。广丰区政府驻永丰街道府前街1号。

余干县撤销社赓乡，设立余干县社赓镇。新设立的社赓镇行政区域范围保持原社赓乡行政区域范围不变，镇政府驻原乡政府驻地。

鄱阳县在鄱阳镇区域内设立饶州街道办事处。饶州街道办事处区域面积30平方千米，辖五一路、城隍庙、金山、马鞍山、十八坊、灵芝门、德化桥、广场、鸣山庙、小龙桥、管驿前、大芝路、北关、山水天下、新桥15个居委会，杨梅桥、金家、黄家州、北关、西门、管驿前6个村委会，街道办事处驻五一路居委会。

吉安市：吉州区撤销禾埠乡，设立禾埠街道办事处，并将曲濑镇罗家坊村委会和古南街道钵盂山、红声、解放桥、崇文4个居委会整建制划入。

吉安县在高新街道办事处区域内设立金鸡湖街道办事处。金鸡湖街道办事处辖龙山1个居委会和西坑、岭上、彭家塘、南安4个村委会，行政区域面积35平方千米，街道办事处驻创业大道228号。

【继续开展地名普查工作】 落实地名普查经费、设备等保障。制定中央财政地名普查补助资金分配方案，及时下拨中央地名普查补助资金2821万元，争取省政府一次性追加省本级地名普查工作经费120万元；下发地名普查专用设备100套，1∶5万工作底图1000余张，夯实地名普查工作基础。加强地名普查队伍建设。成立由地理信息、语言、历史、测绘等方面专家和老地名工作者等11人组成的专家咨询委员会，为地名普查提供智力支持；印发地名普查培训工作方案，组织2期地名普查业务培训，培训各设区市、县(市、区)地名普查业务骨干280余名；组织部分设区市赴福建、广西等省(自治区)学习地名普查经验。制定出台政策文件。制定出台《地名普查专项资金管理办法》《涉密数据保密管理办法》《地名普查工作规程实施细则》《关于做好地名普查购买社会服务有关事项的通知》等规范性文件10余份，制作地名普查外包服务合同、保密协议和保密承诺书样本下发各地使用，规范地名普查工作。加强地名普查监督指导。建立地名普查信息报送与通报制度，编制地名普查工作简报5期，及时通报各地地名普查工作开展情况；建立地名普查工作QQ群、微信群等，及时交流普查中的经验做法；重点指导南昌市进贤县、萍乡市湘东区、鹰潭市全境、吉安市吉州区等6个地名普查试点单位，6个试点单位已全部完成外业采集、内业整理工作，共采集地名信息2.75万条，比国家区划地名数据库3.0中地名条目增加97%。规范实施地名普查项目招标。委托省机电设备招标公司就2015年度第二次全国地名普查项目和江西省第二次全国地名普查数据建库与管理软件建设项目分别采用竞争性磋商和公开招标方式完成招标工作。开展地名普查宣传活动。下发《关于开展第二次全国地名普查宣传日活动的通知》，开展形式多样、内容丰富的宣传活动；在《江西民政》杂志上开设专栏，连续登载“地名故事”50多篇；组织上报“最美地名”62篇、“地名情 中国梦”微视频作品35部，江西省提交的地名普查微视频作品总数占全国提交总数11%（全国共313部），省地名普查办获最佳组织奖，《赣州地铭志》系列作品获得特别荣誉奖，另有10部作品获奖，江西省所获奖项总数占全国的18%。

【加强地名管理】 申报地名文化遗产。印发《关于进一步做好千年古县、千年古镇地名文化遗产推荐申报工作的通知》，规范地名文化遗产推荐申报材料、申报程序，指导27个单位拟申报地名文化遗产。加强地名公共服务建设。加强政策创制，指导抚州市制定地名管理办法、南昌县出台地名管理办法实施细则；探索开展地名行政执法，推进地名标志设置工作，跟踪指导南昌市《湾里区道路名称规划方案（2015—2020）》和《新建区望城新区（2015—2020）地名规划》的编制出台，指导新余市申报全国地名地址库建设试点。

（熊崧麟　聂丽红）

基层政权和社区建设

【概　况】 2015年，全省基层政权和社区建设工作有序推进，取得明显成效。全省第九届村（居）委会选举工作全面完成。2月，2.01万个村（居）民委员会完成换届，按期完成率99.5%，其余91个村（居）民委员会经批准延期于8月底前全部完成选举。换届工作健康平稳有序推进，实现班子选配好、功能强化好、制度规范好、选举秩序好、换届风气好的预期目标，得到中组部、民政部肯定。

【全省新一届村（社区）“两委”班子呈现新特点】 2015年，全省第九届村（居）委会选举工作全面完成。全省新一届村（社区）“两委”班子总体上呈现学历结构、年龄结构、性别结构、来源结构“四个进一步优化”的特点。学历结构进一步优化。村（社区）“两委”班子成员中，具有高中（中专）以上学历8.76万人，占70.7%，比上届提高14.5个百分点。其中，大专学历1.62万人，本科及以上学历6190人，分别是上届的1.5倍和2.3倍。年龄结构进一步优化。村（社区）“两委”班子成员平均年龄44.96岁，比上届下降0.52岁。其中，35岁以下占比14.1%，比上届提高3.6%。性别结构进一步优化。2015年有3.44万名女性当选村（社区）“两委”成员，占总数的27.8%，比上届提高2.2%。来源结构进一步优化。一批优秀人才、优秀大学生村官、优秀村医村教、志愿服务家乡的退休党员干部、机关企事业单位党员干部新进班子。

【城市社区建设取得新提升】 社区服务设施不断改善。争取中央预算内资金1200万元，并从省级福彩公益金中安排社区建设专项资金1700万元，扶持建设257个社区示范点。全省各级财政投入资金5亿余元，社区服务设施不断完善。截至2015年年底，全省社区服务设施总面积51万平方米，与2010年相比增长101%；社区每百户拥有社区服务设施面积21平方米，与2010年相比增长35%；社区综合服务设施覆盖率达到91%，与2010年相比增长35%。社区服务信息化水平不断增强。推进社区公共服务综合信息平台建设，指导完成新余市、吉安市吉州区等地社区公共服务综合信息平台试点工作，取得明显成效。新余市在市级层面将公安、房管、银行、医疗、教育等部门资源进行整合，建设“新余一网通”，打造智慧城市，构建便民高效的社区服务和管理平台。吉安市吉州区推行“一口式”行政审批制度，实行“前台一口受理、后台分类办理、中心一头管理”。章贡区开展“智慧章贡”社区建设，将政务、交管、商业、物业等便民服务设施融入智慧章贡公众微信号，社区居民在手机微信客户端便可查询和办理相关事项。新余市、鹰潭市、吉安市吉州区、上饶市、赣州市章贡区、上饶市信州区等分别被确定为全国社区公共服务综合信息平台建设试点单位和智慧社区建设试点单位。加强社区干部队伍建设。全省第九届居委会选举中选出社区居委会成员12365人，平均年龄39.2岁，其中具有大专以上学历人员占35.1%，社区干部年龄、学历结构进一步优化。省财政继续安排3000万元专项资金用于补贴社区居委会干部报酬，全省社区干部财政月平均报酬达到1300元左右，市辖区社区干部财政月平均报酬超过1600元，南昌、吉安、赣州、新余等地达到2000元以上，多数地方已为社区干部缴纳养老和医疗保险，有效保障社区干部队伍的稳定性和积极性。

【农村社区建设工作稳步推进】 2015年，省民政厅贯彻落实中共中央办公厅、国务院办公厅《关于深入推进农村社区建设试点工作的指导意见》精神，先后赴上饶、赣州、吉安等地开展专题调研，9月下旬在南昌召开全省农村社区建设工作座谈会，听取基层干部群众意见建议，草拟江西省《关于深入推进农村社区建设试点工作的实施意见》。坚持抓示范、创精品，继续深入开展全省“精品农村社区”创建工作，全年创建省级精品农村社区111个，累计创建精品农村社区824个，打造江西农村社区建设升级版。

【村务监督和协商民主工作扎实开展】 推动村务监督工作规范化、制度化、常态化。指导各地在换届选举后同步选举产生村民监督委员会，联合省委组织部下发《关于印发〈江西省村务监督委员会工作规程〉的通知》，进一步规范村务监督工作，明确村务监督委员会的机构设置、人员任职条件、工作职责和权利义务、监督内容和程序以及村务监督委员会的工作制度等。推动基层协商民主工作，贯彻落实中共中央《关于加强社会主义协商民主建设的意见》，配合有关部门做好江西省《关于加强社会主义协商民主建设的实施意见》中有关“基层协商民主”部分的起草工作，下发《关于落实村（居）民理事会制度推动基层协商民主的通知》。

（吴新传　曾庆海）

社会组织管理

【概　况】　截至2015年年底，全省各级民政部门登记注册各类社会组织20399家，其中社会团体10510家、民办非企业单位9838家、基金会51家。全省社会组织中建立党组织2429个（省级102个，市级、县级共2327个），组建率14.0%。省社会组织党工委指导成立江西省首家异地商会党委——中共江西省福建总商会工作委员会，推进枢纽型社会组织党建工作。

【推进行业协会商会与行政机关脱钩试点工作】　2015年，按照国家统一部署，省民政厅与省发改委配合，从基础性工作着手，扎实推进全省性行业协会商会与行政机关脱钩工作。对167家全省性行业协会商会进行摸底调查；草拟《关于成立行业协会商会与行政机关脱钩工作领导小组的通知》；与省发改委研究提出《关于推进全省行业协会商会与行政机关脱钩的工作方案》，初步明确六个阶段17项具体任务；下发《关于报送全省性行业协会商会与行政机关脱钩试点名单的通知》，收集第一批脱钩试点名单。

【开展社会组织公益服务项目】　联合团省委、省妇联、省慈善总会开展社会组织公益创投工作，引导社会组织在公共服务和创新社会治理中发挥积极作用。安排950万元福彩公益金支持111个公益服务项目。采用政府购买公共服务的机制和理念，坚持信息公开、竞争择优原则，实行合同制管理。把项目监管关口前移，实行项目执行与项目监管同步进行、业务评估和财务审计全程跟进，进一步强化项目监管。各设区市安排235万元福彩公益金，参照省民政厅模式普遍开展社会组织公益服务项目。组织全省社会组织申报中央财政项目，获得10个项目共448万元，接受第三方亚太会计事务所审计评估。

【探索社会组织孵化基地建设】　省民政厅安排350万元福彩公益金，在全省范围建设11个孵化基地，省级孵化基地重点扶持枢纽型社会组织，设区市孵化基地以培育初创型和萌芽型社会组织为主。制定《江西省社会组织孵化基地建设管理办法》和《2015年度江西省社会组织孵化项目执行办法》，统一采取“政府资金资助、民间力量运作、民政部门管理、政府公众监督、社会民众受益”的运营模式，实行“进驻—孵化—评估—出壳”的工作模式，规范社会组织孵化基地建设。全省11个孵化基地挂牌运行。

（叶兴）

社会工作

【概　况】　2015年，全省社会工作平稳推进。全省2141人报考社会工作者职业水平证书考试，403人通过，全省已有2478人取得社会工作者职业水平证书。全省社会工作协会15家，民办社会工作服务机构75家。指导各地在《江西志愿服务网》开展志愿服务记录工作，全年全省志愿者服务站新增5000个，新增注册志愿者16万余人。全省培训社会工作人员约5000人，省本级举办社工专题培训9期，各设区市及县（市、区）举办培训31期。主要为考前培训、实务能力提升培训、机构负责人培训及知识普及培训。

完善社会工作相关政策。出台《关于组织社会力量参与社区矫正工作意见的通知》《江西省2015—2017年青少年事务社会工作专业人才队伍建设实施方案》，推动相关领域社会工作的发展。南昌、九江、上饶、抚州等地19个部门联合出台《关于加强社会工作专业人才队伍建设的实施意见》。

实施省级福彩公益金购买社会工作服务项目。全年，省级福彩公益金投入400万元，购买社会工作服务项目40个。项目涵盖帮扶困难老年人、社区矫正、失独家庭关怀、留守儿童关怀等服务内容。

【实施2015年“三区”社会工作专业人才支持计划】　印发《关于做好全省2015年“三区”社会工作专业人才支持计划实施工作的通知》，选择九江市修水县，赣州市上犹县、龙南县、全南县，宜春市铜鼓县、万载县，上饶市婺源县，吉安市吉州区8个贫困县（区）作为受援地区，为当地派遣35名社工专业人才，培养15名社工专业人才，提升专业服务水平，促进当地社会工作事业发展。

（何珊）

救助管理

【概　况】　2015年，全省救助6.57万人次。其中，未成年人1173人次，精神障碍1.18万人次，智力残疾3112人次，肢体残疾2087人次。开展第三批救助管理机构等级评定工作。经民政部评定，景德镇市救助管理站、修水县救助管理站及泰和县救助管理站被评为国家三级救助管理机构。全面启用全国救助信息管理系统（三期），截至年底，全省各级救助管理机构全国救助信息管理系统（三期）使用率达90.27%。

【开展未成年人社会保护试点工作】
2015年，全省国家未成年人社会保护试点单位已全部建站，覆盖率100%。遂川县、定南县率先将“流浪乞讨未成年人救助保护中心”转型为“未成年人保护中心”。江西省未成年人保护试点单位开展困境未成年人摸底排查，分别有流浪乞讨68人，失学辍学366人，留守流动5.83万人，监护缺失2301人，单亲家庭7078人，家庭暴力58人，失足少年2596人，身体残疾8981人。

【开展“寒冬送温暖”专项救助行动】
11月，根据《民政部关于进一步做好“寒冬送温暖”专项救助工作的紧急通知》的要求，江西省启动“寒冬送温暖”专项救助行动。专项救助行动期间，全省救助1.90万人次。其中未成年人403人次、老年人1141人次、疑似精神障碍2077人次、肢体残疾545人次、智力残疾558人次。

（高宏）

本栏编辑　邓诚君

市、县(市、区)

南昌市

【概　况】　位于江西省中部偏北，辖3县、6区、3开发区和1新区。总面积7402.36平方千米，其中城市建成区面积307.3平方千米(含各区，不含南昌县、进贤县、安义县)。全市耕地面积27.79万公顷，森林覆盖率22.88%，城市绿化覆盖率41.11%，人均公共绿地面积11.8平方米。2015年末，全市户籍总人口520.38万人，比上年末净增2.65万人，其中城镇人口282.26万人。人口自然增长率10.04‰。全年地区生产总值4000.01亿元，按可比价格计算，比上年增长9.6%。其中：第一产业增加值171.26亿元，增长3.9%；第二产业增加值2179.96亿元，增长9.8%；第三产业增加值1648.79亿元，增长9.8%。三次产业结构调整为4.3∶54.5∶41.2。人均生产总值7.59万元，增长8.3%。财政总收入727.20亿元，增长13.93%；税收收入占财政收入比重(市口径)的91.3%。地方一般公共财政预算收入389.22亿元，增长13.7%。地方公共财政预算支出547.50亿元，增长15.7%。规模以上工业增加值1451.84亿元，增长9.4%。规模以上工业主营业务收入5472.38亿元，增长7.1%。主要工业产品及产量有：光电子器件产量9.32亿只(片)，增长4.2%；水泥产量766.15万吨，增长9.2%；精制食用植物油产量31.51万吨，增长44.8%；汽车产量32.47万辆，增长2.6%。500万元以上固定资产投资4000.07亿元，增长17.0%。其中，第三产业投资完成2367.83亿元，增长20.3%，增速快于第二产业投资8.6个百分点。投资施工项目7337个，其中新开工项目6186个。社会消费品零售总额1662.87亿元，增长12.5%。南昌地区内企业(含中央、省属公司)实现进出口总额114.64亿美元，下降6.20%，占全省总量26.9%。其中：出口总额85.94亿美元，增长2.09%；进口总额28.71亿美元，下降24.55%。实际利用外资27.06亿美元，增长16.58%；实际利用内资1017.49亿元，增长11.74%。农业总产值296.92亿元，增长4.0%。粮食总产量245.79万吨，下降1.6%；棉花总产量0.22万吨，下降26.4%；油料总产量12.81万吨，下降3.8%；生猪出栏数345.28万头，下降3.7%；家禽出笼数5404.13万只，增长7.4%；禽蛋总产量17.02万吨，增长0.1%。万元生产总值GDP能耗和电耗分别下降3.33%和2.31%，规模以上工业万元增加值能耗下降7.91%，城市生活污水集中处理率93%以上。城镇居民人均可支配收入3.19万元，增长9.8%；人均消费性支出2.14万元，增长9.0%。农村居民人均可支配收入1.37万元，增长10.3%；农民人均生活消费支出8788元，增长11.3%。居民存款余额2491.39亿元，增长8.1%。

【获第四届"全国文明城市"称号】
2月28日，南昌市获第四届"全国文明城市"称号。南昌市文明城市创建历经16年。仅2014年，南昌市、区两级共投入数亿元用于基础设施改造、专项整治、城管执法、环卫保洁等工作，先后开展20余项专项整治。在推进各项整治活动中，共清运垃圾12.8万吨，纠处占道摊点(出店经营)3.4万起，升级改造农贸市场75家。2014—2015年，全市累计完成旧城(棚户区)改造面积约110万平方米，拆除违建、临建面积38.3万平方米，还路于民9.99万平方米，还绿于民5.36万平方米。至2015年底，全市实名注册志愿者38.50万人，服务项目1.15万个，志愿服务时579.17万小时。在创建过程中，南昌市先后摘得"国家卫生城市""中国优秀旅游城市""全国双拥模范城""国家园林城市""全国未成年人思想道德建设工作先进市""全国无障碍建设先进城市"等国家级荣誉，为文明城市创建工作奠定了良好基础。

【获"国家森林城市"称号】　11月24日，南昌市被命名为"国家森林城市"。南昌市自2010年10月向国家林业局申报创建国家森林城市以来，完成城区主干道绿化300多千米，改造提升28个公园、90个公共休闲场所，完成高速公路绿化229千米、国省道绿化267千米、县乡村道绿化561千米，全市主要交通干线绿化率94%。全市已建成森林村庄835个、森林城镇52个、森林园区13个。全市城市绿化面积1.26万公顷，覆盖率41.11%；公园绿地面积3191公顷，人均面积11.8平方米。

【撤并江西桑海经济技术开发区】
12月，经南昌市机构编制委员会2015年第3次会议和中共南昌十届市委第113次常委会会议研究，决定撤销中共江西桑海经济技术开发区工作委员会、江西桑海经济技术开发区管理委员会，其管辖区域内的党务、行政、经济和社会事务由中共南昌经济技术开发区工作委员会、南昌经济技术开发区管理委员会管理，人员并入南昌经济技术开发区。

【调整南昌临空经济区管理体制】 12月，经南昌市机构编制委员会2015年第3次会议和中共南昌十届市委第113次常委会会议研究，调整南昌临空经济区管理体制，中共南昌临空经济区工作委员会、南昌临空经济区管理委员会仍为市委、市政府派出机构，其主要职责等机构编制事项仍按原"三定"方案规定执行，由市委、市政府委托给中共南昌经济技术开发区工作委员会、南昌经济技术开发区管理委员会管理。

【新建撤县设区】 7月23日，国务院正式批复新建县"撤县设区"。8月6日、7日，省政府、市政府分别下发关于新建县"撤县设区"的通知。9月24日，市委、市政府发出《关于切实做好新建县撤县设区有关工作的通知》，明确撤销新建县，设立南昌市新建区，新建区政府驻长堎镇新建大道239号，以原新建县的行政区域为新建区的行政区域。撤县设区后，在新建区服从全市城市建设总体规划、服从全市土地利用总体规划、服从全市重大基础设施建设总体规划的前提下，给予新建区不超过5年过渡期，过渡期内实行"一改三不改"，即只改名称，不改职能、体制和区划，实行"城乡一体"的管理体制，享受县级管理权限，同时享受区级有关优惠政策。9月28日上午，新建撤县设区授牌仪式举行，南昌市新建区正式成立。

【南昌地铁1号线开通试运营】 12月26日上午10时58分，南昌地铁1号线全线对外售票开通试运营。南昌地铁1号线是南昌市的首条地铁线路。1期总投资210亿元，全程28.8千米，设站24座，始于双港站，终于瑶湖西站，连接经开区、红谷滩新区、东湖区、青山湖区、高新区。全部采用地下形式敷设，其中规划换乘站5座，该地铁线路于2012年6月全线开工建设，2013年12月12日"千里赣江第一隧"贯通，2014年12月26日全线"洞通"，2015年7月31日全线"车通"，2015年9月9日全线试运行。南昌地铁1号线识别色为红色，采用国标钢轮钢轨制式B型车，共计27列162辆，每列车6节车厢。每列车全长约120米、宽2.8米、高3.8米，设计额定满载为2062人，最高运行时速80千米，单向每小时最大载客量3万至5.5万人次。列车具备自动驾驶模式和人工驾驶模式，并且具有故障自动诊断功能。列车两端设有司机室，列车头部采用流线型设计。车头外观设计主题为"南昌笑脸"，象征着南昌市民以灿烂微笑迎接八方来客；列车内装设计方案选择"青花瓷"方案，同时融入南昌红色革命文化元素。票价依照"分级递进、递远递减"的原则，起步价2元，起步6千米，每增1元可乘里程分别为6、8、8、10、10千米（每10千米增加1元）。

【朝阳大桥通车】 5月18日，南昌第六座跨赣江大桥——朝阳大桥通车。这是江西省第二座、世界第五座双层汽车、人行双层桥，也是中国第一座真正意义上的波形钢腹板PC组合梁斜拉桥。大桥位于生米大桥和南昌大桥之间，西起红谷滩新区丰和南大道，东至朝阳洲抚生路，分主桥和引桥两部分，全长3.2千米，宽37米，跨越赣江范围约1560米，双向8车道，设计时速60千米。主桥采用六塔七孔单索斜拉桥方案，跨江江主桥通航孔和非通航孔均采用波形钢腹板PC组合梁作为主梁结构。该桥是南昌市"十纵十横"干线性道路跨越赣江的一座重要桥梁，也是南昌市重点开发地区朝阳新城和红角洲地区的一条快速通道，打通"南环快速路"（昌湾大道—前湖大道—朝阳大桥—九州大街—广州路）。同时，在桥东的朝阳洲片区设置一个定向全互通立交分别与沿江快速路、九洲高架、九洲大街、象湖隧道相接，全线无交通信号灯。

【昌抚两市签署合作协议】 9月14日下午，昌抚一体化对接交流会在抚州召开。南昌市和抚州市政府及两地有关单位部门，分别签署《关于进一步推进昌抚联动发展合作协议》，以及宣传、文化、卫生、旅游、农业、教育、公交客运、共同打造昌抚合作示范区等8个方面的合作协议。《关于进一步推进昌抚联动发展合作协议》是继两市签署《关于加快推进昌抚一体化战略合作框架协议》后，又一项务实举措。在宣传、文化、卫生等方面，两地有关单位部门提出加强文化戏剧艺术交流、媒体统一开设"昌抚一体化"专栏、开通两地医院转诊绿色通道、打造无障碍旅游区、实施农产品无障碍流通、推动"昌抚十校"合作、开通城际公交线、加强基础设施建设和产业发展合作等。

【南昌科技金融平台上线】 12月2日，由南昌经济技术开发区发起，上海信隆行信息科技股份有限公司负责运营维护的南昌科技金融平台上线。该平台通过O2O模式，聚焦南昌本土乃至全国近5万家中小微企业，以帮助中小微企业获得直接融资服务、实现新三板上市等为主要目标，涵盖间接融资对接服务和工商、财务、法律咨询等一站式服务。其中，间接融资服务（一融贷）、直接融资服务（一融赋）、投融资对接视频互动服务（一融淘）和大数据终端（一融通）等平台，搭建中小微企业与各级政府、园区、各类交易所、PE/VC基金、券商、保荐机构、会计事务所、律师事务所、银行、小贷公司、P2P公司、担保、保理等机构的对接桥梁，是真正意义上解决企业融资、上市咨询等全方位的O2O现代金融服务平台。

【推进现代农业示范园区建设】 2015年，南昌市通过强化组织保障、责任落实、政策扶持、督查考核等办法，在推进现代农业示范园区建设上坚持规划先行，做到制定规划讲科学、执行规划顾长久。在园区运营上，坚持外引和内培双管齐下的办法，依托南昌——台湾农业合作交流、现代农业招商项目签约推介会等平台，做足做实农业招商引资文章，推动大型项目向园区集中。全市已构建4个国家级、10个省级、10个市级的三级园区建设体系，是全省唯一一个所有农业县均被授予省级以上现代农业示范区称号的设区市。至年底，全市24个市级以上示范园区规划面积5.42万公顷，引进培育新品种260个、示范推广新技术 118 项、“三品一标”农产品 211 个,累计完成投资 51 亿元,产值 81 亿元。园区入驻企业 158 家,促进区域及周边农户实现户均增收 2000 余元。

【南昌海昏侯墓考古发掘进入主墓发掘阶段】 2015 年,海昏侯墓考古发掘进入主墓发掘阶段,11 月正式对外公布阶段性考古成果。南昌海昏侯墓位于新建区大塘坪乡观西村老裘村东北约 1000 米的墎墩山上。2011 年 3 月,根据群众反映发现千年古墓,开始考古发掘。调查发掘前期,考古队大量使用地球物理探测、GPS 定位、电子全站仪布网测控、全球地理信息系统 GIS 记录等科技手段,将调查资料完整信息化,初步建立起海昏侯国遗址地理信息系统。发掘过程每个时间节点,都采用三维技术进行扫描测绘和记录。在供实验室考古的文保用房里搭建一个 20 平方米的低氧工作间,采用“低氧气调链技术”对出土重要文物进行保护及修复,这是文物保护技术上的一次全新的尝试。海昏侯墓是整个墓园中 8 座墓葬的主墓,出土大量珍贵文物。墓穴内建有面积 400 平方米的方形木结构椁室,由主椁室、回廊形藏合、车库和甬道构成,布局完整,规划严密。至 2015 年年底,海昏侯墓已出土青铜器、漆木器、金器、铁器、玉器、纺织品、陶瓷器、竹简、木牍等文物 1 万余件,考古发掘与文物保护取得重大进展。海昏侯墓是全国迄今为止发现的面积最大、保存最好、结构最完整、功能布局最清晰、拥有最完备祭祀体系的西汉列侯墓园,对研究汉代列侯的园寝制度具有重大价值。从墓园到墓葬区,再到都城遗址,以紫金城址、历代海昏侯墓园、贵族和平民墓地等为核心的海昏侯国的一系列重要遗存,面积达 5 平方千米,共同构成一个完整的大遗址,具有重大的研究和展示利用价值。

主要领导人 市委书记:王文涛(任至 3 月)、龚建华(3 月任)。市人大常委会主任:蔡社宝。市长:郭安。市政协主席:卢晓健(任至 1 月)、周关(1 月任)。

(南昌市史志办公室)

·南昌县·

【简　况】 位于江西省中部。辖 9 镇、7 乡、2 开发区和银三角管委会。总面积 1683 平方千米,其中平原占 58.3%,岗地低丘占 1.1%,水域占 40.6%。总人口 103.99 万人,其中城镇人口 28.60 万人。全年地区生产总值 609.1 亿元,增长 10%,居全省县市第一。财政总收入突破百亿元大关,达 100.9 亿元,增长 15.6%,成为全省首个财政过百亿元的县市。地方公共财政预算收入 57.9 亿元,增长 10.5%。其中税收收入占财政总收入比重的 86.7%,两项指标总量连续 6 年居全省县市第一。规模以上工业企业 274 家,规模以上工业总产值、规模以上工业增加值分别为 990.4 亿元、257.6 亿元。社会消费品零售总额、限上批零住餐零售额分别达 135.5 亿元、54.5 亿元。全县电子商务总交易额 81 亿元,增长 30.7%。新增上市企业 4 家,占全市 1/3。城镇居民人均年收入、农民人均年收入分别为 2.87 万元和 1.50 万元,分别高于全省平均水平 1.4 和 3.3 个百分点。在全国县域经济基本竞争力百强县排名中,从 2010 年的第 86 位跃升至 2015 年的第 41 位,五年跨越 45 位,进位幅度居全国百强县首位。在中国中小城市综合实力百强县排名中,由 2012 年的第 77 位跃升至 2015 年的第 48 位,年均跨越 10 位。建成社区(村)文化活动中心示范点 22 个,通过政府购买服务为基层群众送戏 200 余场、电影 4100 余场。年均投入 1 亿元推进绿化、美化工程,“千万树木进千村”活动实现全覆盖,年均投入 5800 余万元实施农村清洁工程全覆盖。在全市率先启动城镇职工基本养老保险特困人员助保贷、城乡居民养老保险生存资格认证工作,完成城乡居民医疗保险整合。城乡居民社会养老保险参保人数和发放总量连续 5 年居全市第一。新增民办养老机构 4 家。新建改造电力线路 222.7 千米,220 千伏小蓝 1 号变电站、110 千伏南新变电站投入运营。莲塘水厂新增 2 万吨供水能力,改造 17 处老城区旧管网。建成 12 个安置房,安置人口超 1.6 万人。完成城市棚户区(城中村)改造建设 4000 户,改造面积 39 万平方米,完成 1240 套公租房摇号分配。

【老旧城区综合改造项目启动】 2015 年,南昌县启动老旧城区综合改造项目,先期改造莲塘镇莲垦社区和斗柏路社区。全年完成路面硬化 4000 平方米,铺设人行道吸水砖 2500 平方米,修复路沿石 600 米,改建雨污管网 2200 米,砌小花坛 320 平方米,新增机动车停车位 55 个。通过综合改造,2 个社区的市政设施承载能力得到提升。

【中科院苏州纳米所南昌育成中心落户小蓝经开区】 11 月,小蓝经开区与中科院纳米所达成合作协议,拟共同投入 2 亿元,并提供 6.67 公顷土地用于新材料产业化基地建设。该所在小蓝建立中科院苏州纳米所南昌育成中心,建设新材料分析检测平台,推进多层次产学研合作,引导产业化项目落户。该项合作填补了江西没有“中”字头科研机构的空白,构建“产业基金 + 产业平台 + 高端人才”的创新创业孵化体系。

【65 名第一书记驻村扶贫】 2015 年,南昌县从县、乡两级机关事业单位优秀党员干部和“90 后”有发展潜力的党员干部中选派 65 名第一书记驻村扶贫。年底,65 支“连心”小分队已经到村报到并且开展工作。“连心”小分队每队由 3 人组成,并明确 1 名优秀党员干部为“连心”点第一书记。小分队第一书记必须坚持在村工作,任期 2 年。其他成员原则上每一年轮换一次,最短不得少于 6 个月。县财政给每一位下派的第一书记安排 5 万元专项资金,用于第一书记开展扶贫帮困、办好民生实事、加强组织建设等各项工作。

【创新社会治理网格化管理工作】 自 5 月 27 日第一个驻点日以来,南昌县 46 名县区领导、60 家职能单位、1225 名县直机关干部、5000 余名镇村干部分层分类下沉到基层一线,联驻 1020 个单元网格,每周三晚定时与百姓“相约”。各级各单位和广大联驻干部以收集、解决问题为出发点,共开展 29 个驻点日,接待、走访群众 96104 人次,收集问题 12131 个,解决问题11146个,办结率91.9%。这些问题涉及基础设施、民生诉求、产业发展、社会治安四大类。

【共同承办全国乡村“亿万农民健身活动”】 10月21日,由中国农民体育协会主办,省农业厅、省体育局、省农民体育协会、南昌县人民政府承办的全国乡村“亿万农民健身活动”特色项目展示活动在南昌县体育馆举行,来自北京、天津、河北、上海、江苏、浙江、安徽、福建、山东、河南、湖北、海南、江西13省市的16个特色项目展示陆续为观众献上原汁原味体现人民群众生产生活的艺术表演。此次展示的项目多以在当地开展普遍、文化底蕴深厚、健身成效显著的非物质文化遗产项目为主,如南昌县的贺郎歌舞、宜黄县凤冈演的禾杆操,北京市门头沟区永定镇的太平鼓,上海市奉贤区拓林镇的滚灯,江苏省无锡市森山区洛社镇的凤羽龙等等,也有部分新创编的健身项目,如湖北省神农架健身梆鼓队的插秧·阳歌子。

【推行“五位一体”综合示范村项目建设】 2015年,南昌县选定塘南镇塘南村前丰自然村、向塘镇剑霞村巷口自然村、西洛村西龚自然村、八一乡钱溪村钱溪自然村4个自然村,作为重点打造的“五位一体”综合示范村项目建设点。这些村开展以村庄规建为先导,以特色产业为支撑,以生态优化为基础,以休闲农业为亮点,以乡风文明为根本的“五位一体”综合示范村建设,打造富裕、和谐、秀美的现代新型都市农村。其中,钱溪村以“五化”整治、文明创建、社会治理、清洁工程为主抓手,美化、绿化村庄环境。建成健身广场、休闲广场、活动广场、化粪池、公共厕所1座、标准蓝球场1个。修建下水道360米、排水沟700米。完成绿化植树1500棵,砌花池90平方米。“五位一体”工程活动中心、戏台、戏棚,停车场也已竣工。全村346栋房屋的四面墙体和屋顶进行装饰和美化,村庄面貌焕然一新。

【南昌县市民文明公约发布】 11月,《南昌县市民文明公约》发布,内容为“赣鄱首县,尚礼千年;爱国爱家,爱护自然;守纪守法,诚信清廉;实在实干,勤劳节俭;互帮互助,志愿奉献;创新创业,拼搏发展;同心同德,美我家园”。公约既反应市民呼声,又体现南昌县精神。

主要领导人 县委书记:郭毅。县人大常委会主任:胡小明。县长:刘闯。县政协主席:邓炳根(任至9月)、陈圣栋(9月任)。

(张会)

·进贤县·

【简 况】 位于江西省中部,辖9镇、12乡。总面积1971平方千米,其中城区面积24.9平方千米,新增规划建设面积12.35平方千米。耕地面积7.59万公顷,有林面积4.98万公顷,森林覆盖率24%,城区绿化率为45.26%。总人口85.83万人,其中城镇人口25.48万人。人口自然增长率12.93‰。全年地区生产总值274.54亿元,增长9.7%。其中:第一产业增加值49.19亿元,增长4.6%;第二产业增加值138.15亿元,增长8.9%;第三产业增加值87.2亿元,增长13.8%。财政收入21.8亿元,增长19.8%,人均3032元,税收收入占财政收入比重的80.2%。地方财政收入14.9亿元,增长13.6%。地方财政支出37.65亿元,增长20%。工业总产值343.7亿元,增长11.7%。规模以上工业增加值80.2亿元,占地区生产总值比重的29.2%,外贸出口占地区生产总值比重的3.5%。固定资产投资127.61亿元,增长17.2%。实际利用外商投资1.01亿美元;省外投资1.01亿美元。主要工业产品有医疗器械产值92.93亿元、钢架结构产值55.01亿元、文化用品产值21.72亿元、食品加工产值59.71亿元、烟花鞭炮产值26.01亿元。农业增加值50.01亿元,增长4.6%。粮食总产量53.52万吨。主要农产品有稻谷51.87万吨、花生2.86万吨、芝麻0.42万吨、肉类总产量10.59万吨、水产品总量12.96万吨。万元GDP能耗0.29吨标准煤,城市污水处理率100%。城镇居民人均可支配收入2.71万元,增加2459元;农村居民人均纯收入1.41万元,增加1286元。城乡居民年末储蓄余额179.8亿元,增长15.8%。

【李豆罗被评为“2014中华文化人物”】 1月6日,进贤县西湖李家新农村建设名誉顾问李豆罗被评为“2014中华文化人物”。原南昌市市长李豆罗退休后,一直致力于家乡西湖李家的新农村建设。通过几年的努力,西湖李家村修建了1个1000多平方米的农博馆,陈列了展现两三百年农俗的农具和农民生活用具;3条长达4500多米的文化墙,将《二十四孝图》《三字经》等刻录其上;每年举办采茶戏、龙舟渡、龙灯舞、烧圣塔等传统节庆文化活动,并从全国各地征集1000多副楹联,承办第三届中国国际楹联会议。

【生活垃圾焚烧发电厂投产】 1月16日,进贤县泉岭乡生活垃圾焚烧发电厂投产。该项目总投资约6亿元,全年可处理垃圾40万吨,年发电量约1.4亿千瓦时,可解决南昌市三分之一的城市生活垃圾无害化处理问题。

【草根妈妈文化艺术团赴韩演出获金奖】 4月3日—10日,进贤县草根妈妈文化艺术团应中国老年学会老年文化委员会的邀请,赴韩参加“七彩夕阳·走进韩国”暨“第三届中韩老年文化交流之旅”活动汇报演出。40多名草根妈妈平均年龄50岁以上,凭借表演的江西省非物资文化遗产节目“梅庄花棍”和由民间舞蹈改编而成的健身舞“健步如风”获得该活动金奖。

【西湖李家村获全国“宜居村庄示范村”称号】 5月,进贤县西湖李家村被住建部评为第二批全国“宜居村庄示范村”。西湖李家村400余栋民房统一修建成青砖黛瓦的徽派建筑,坚持传承传统“农家文化”,村里修建了老年健康场、篮球场、棋牌室等文化活动场所,安装广播、有线电视,建有“农家书屋”。同时,大力发展种植业、养殖业和乡村旅游业,培育桃花园、蜜桔园等5个果园,制作农夫酒、村姑酒等10余种“李家特产”,成为名副其实的江南鱼米之乡和美丽宜居乡村示范点。

【《长工山歌》获大金奖】　7月1日，由世界华人文化艺术联合会主办、内蒙古音乐舞蹈协会协办的第四十一届“金夕年华”系列活动暨“草原杯”全国中老年音乐、舞蹈、服饰邀请赛在内蒙古呼和浩特举行颁奖晚会，由进贤县选送的非物质文化遗产传统节目《长工山歌》获最高奖——大金奖，同时进贤县还获最佳组织奖，节目编导曹国林被授予“优秀编导奖”。《长工山歌》起源于进贤县二塘乡，迄今已有上千年的历史，是江西省非遗项目。

【何思义微雕作品获工艺美术“百花奖”金奖】　8月26日，在2015年中国工艺美术“百花奖”(莆田)评比活动中，进贤县艺术家何思义的微雕作品《唐诗三百首骨扇》获金奖(“百花奖”是中国工艺美术界的最高奖项)。该微雕作品半径13厘米，300首唐诗2万余字，每个字0.25平方毫米，17位唐代诗人肖像，每个肖像0.5平方厘米。

【军山湖大闸蟹获“大陆十大名优农产品”】　9月7日，在第八届海峡两岸农产品订货会上，江西赣闽生态农业有限公司参展的军山湖牌野生大闸蟹获“大陆十大名优农产品”称号。进贤县是中国河蟹之乡，军山湖牌已有11个品类的有机食品通过论证。大闸蟹采取“人放天养”的方式，在2.13万公顷军山湖种植苦草，杜绝使用鱼食、化肥等对水面有污染的人工饵料，控制放养密度，做到真正天然野生、绿色健康。

【20家深圳电子企业集体落户进贤】　11月12日，深圳宝安电子(进贤)产业园首批入驻企业20家。这批企业主要从事电脑、手机、LED屏等电子产业，总投资20亿元，用地20公顷。项目投产后，年销售收入达50亿元，上缴税收1.62亿元，安排就业3000余人。

主要领导人　县委书记：万凯。县人大常委会主任：万晓鸣。县长：钟益民。县政协主席：钱和平。

(武中立　王方)

·安义县·

【简　况】　位于江西省西北部，辖7镇、3乡和1垦殖场。总面积665.49平方千米，其中城区面积22.68平方千米(含开发区面积)。耕地面积2.53万公顷，有林面积2.79万公顷，森林覆盖率41.2%，城区绿化率27.88%。总人口30.06万人，其中非农业人口9.17万人。人口自然增长率8.1‰。全年地区生产总值90.55亿元，增长9.6%。其中：第一产业增加值10.54亿元，增长4.1%；第二产业增加值45.61亿元，增长9.5%；第三产业增加值34.39亿元，增长11.6%。财政总收入11.27亿元，增长16.7%，税收收入占财政总收入的51%。地方财政收入8.92亿元，增长16%。地方财政支出19.33亿元，增长18%。工业总产值148.35亿元，增长3.5%。规模以上工业增加值41.01亿元，占地区生产总值的45.6%。出口总额1.35亿美元，增长3.6%；外贸出口占地区生产总值的9.7%。500万元及以上项目完成投资额92.5亿元，增长16.9%。全年实际利用外资4505万美元，增长12%；实际利用内资42.9亿元，增长13.3%。主要工业产品有建材加工总产值92.43亿元、纺织服装总产值15.01亿元、新材料总产值11.63亿元、医药化工总产值10.66亿元、新能源总产值5.58亿元、机械电子总产值5.66亿元。农业总产值18.48亿元，增长3.88%。粮食总产量24.7万吨。主要农产品有稻谷16.33万吨、油料2.94万吨、蔬菜类20.40万吨、肉类总产量2.35万吨、水产品总量3.43万吨。万元GDP能耗0.604吨标煤，下降2%；二氧化硫排放总量765吨，削减率5.5%；城市污水处理率38%。城镇居民人均可支配收入2.55万元，增加2300元；农村居民人均纯收入1.23万元，增长1100元。城乡居民年末储蓄余额79.6亿元，增加10.27亿元。

【全省最大的县级进出口汽车集散地落户安义】　1月23日，安义县政府与福建江阴港银河国际汽车园有限公司签约，打造江西省最大的县级进出口汽车集散地和销售中心。该项目引资17亿元，拟建设一个进口汽车贸易综合经营示范区、第三方物流功能区、汽车行政服务中心、汽车主题酒店、二手车交易市场、进口改装车文化俱乐部、进口汽车配件及美容交易市场八个不同功能的汽车园，建设期为24个月。

【南昌西站至安义公交开通】　2月12日，南昌西站至安义县的公交——高铁巴士5路开通。共设有：高铁西客站南广场、华南城、石鼻(昌铜高速安义站出入口)、莲花、楼北、詹家、交警大队(文峰西路南口)、南昌职业学院、安义公交停车场9个站点。南昌市公交公司将先期投放6台无人售票空调旅游车，每天6:20开班，19:00收班，双向对开，日发30班次，票价为15元一票制。

【守护耕地“红线”显成效】　年底，安义县耕地保有量2.53万公顷，基本农田2.09万公顷，有效守护耕地“红线”。从2011年开始，安义县采取“四强化四到位”措施，把耕地保护工作作为重点来抓。成立以县长为组长的耕地与基本农田保护工作领导小组，制定《安义县耕地保护责任目标考核办法》，县政府与各乡镇(场)签订责任书，乡镇(场)与118个村签订责任状。县、乡(镇)、村层级成立耕地保护动态巡查队伍，全天候、全区域、全覆盖开展耕地保护动态巡查工作。年均开展巡查1000多人次，制止并查处违法行为10余件(次)。实行建设占用耕地联审联批措施，对建设项目选址占用耕地的申请，组织多部门多单位相关人员联合审批，严格按照土地规划、用地计划和国家项目用地政策，进行审查，不能占用或能不占用耕地的绝不批准占用，必须占用耕地的尽量少批用。从批用建设用地源头，控制和节约建设占用耕地年均30多公顷。实施土地开发，增减挂、旱改水、农田整理等土地整治项目，共实施土地整治项目930多公顷，增加有效耕地730多公顷，与建设占用耕地保持平衡，实现耕地总量不减的动态平衡目标。

【安义至红谷滩天然气管道项目启动】 3月,安义至红谷滩天然气管道项目启动。该项目投资1.5亿元,采取PPP模式引入社会资本,管线铺设由安义县长均乡至红谷滩昌北LNG气化站,距离约40千米,年计划输气能力6亿立方米。安义至红谷滩新区天然气联络管道引进西气东输气源之后,可增强南昌市天然气供应保障能力。

【南昌公交安义枢纽站投入运营】 1月1日,南昌公交安义枢纽站投入运营。安义公交枢纽站建设项目于2012年12月启动,建筑面积1.30万平方米,工程总投资约3000万元,2014年6月全面建成。新建成的安义客运枢纽站包括行政大楼、候车厅、站长值班室、开水间、公共卫生间等配套设施,以及大型换乘中心、停车场、客车保养厂等,可同时停放150辆公交车,始发5条线路,日可输送旅客1万余人次,可以"零换乘"县内公交车。该项目的运营,结束了安义县无公交客运站的历史。

【被确定为全国农村承包土地经营权抵押贷款试点县】 2015年8月,《国务院关于开展农村承包土地的经营权和农民住房财产权抵押贷款试点的指导意见》出台,经十二届全国人大常委会第十八次会议决定,安义县被确定为全国农村承包土地经营权抵押贷款试点县。2014年,安义县启动农村土地承包权、经营权抵押贷款试点工作,成立安义县农村土地承包权、经营权抵押贷款工作领导小组,出台安义县农村土地承包权、经营权抵押贷款工作方案。2014年7月8日,安义县合作银行、安义县邮政储蓄银行等2家试点银行为安义县4家农业新型经营主体发放农村土地承包权、经营权抵押贷款460万元,单笔贷款最高达200万元。

主要领导人 县委书记:李松殿 。县人大常委会主任:李松殿(兼)(任至8月)、刘万勇(8月任)。县长:梅梅(女)。县政协主席:张芸(女)(任至8月)、黄小平(8月任)。

(王计)

·东湖区·

【简 况】 位于南昌市东北部,辖1镇、9街道办事处和2管理处。总面积56.95平方千米。辖区园林绿地面积470.96公顷,绿化覆盖面积471.09公顷,绿化覆盖率29.61%,人均公共绿地面积7.16平方米。总人口47.93万人,其中非农业人口45.17万人。人口出生率8.45‰,自然增长率4.77‰。全年地区生产总值384.57亿元,按可比价计算,增长9.1%。财政总收入57.31亿元,增长6.7%。其中地方一般公共预算收入12.32亿元,增长10.1%。地方财政一般预算支出18.18亿元,增长16.8%。全年固定资产投资160.25亿元,增长16.7%。其中房地产投资8.49亿元,9.2%。城镇以上固定资产投资中第二产业完成19.79亿元;第三产业完成139.88亿元。社会消费品零售总额251.88亿元,增长4%。全区实际利用外资1.52亿美元,增长19.22%;现汇比例28.22%;实际利用内资35.44亿元,增长17.9%;出口创汇5.44亿美元。区属在岗职工年平均工资为5.33万元,增长14.98%;城镇居民人均可支配收入3.31万元,增长9.3%。

【"智慧城管"东湖模式运行】 2015年,东湖区智慧城管监督指挥中心运行。该项目于2014年10月开工建设,总投资1.22亿元,涵盖1200平方米的监督指挥中心、300平方米的展示大厅及各街道、小区视频监控系统。平台整合1375个市天网探头、接入500多个社会视频资源、新建500多个300万像素全天候高清红外探头,实现主次干道"视频监控基本无死角"。指挥中心位于东湖区文化活动中心九楼,以区城管局为平台总指挥,区纪委监察局、区环保局、区城建局、区执法分局、区房管局、东湖公安分局、区市场监管局、东湖交警大队、区创建办等9个部门共享平台资源,构建"天网"(即智慧城管平台)、"地网"(即公安、交警、城管、执法、工商、环保等部门联动执法)、"人网"(即区四大家领导监督、部门监督、街办社区监督、市民监督的多层次监督体系)三网合一的"智慧城管"东湖模式,整合各类行政资源,借助大数据、GIS等技术,在"一个画面"上直观呈现各智慧应用和公共信息资源,在标准流程基础上创新出符合东湖区情的"智慧城管管理流程",形成智慧平台共建、智慧资源共享的社会治理新模式。

【东湖区市场和质量监督管理局成立】 9月30日,东湖区市场和质量监督管理局成立。该局是由原区工商行政管理局、区质量技术监督分局和区食品药品监督管理分局3部门整合而成,正科级建制,设10个内设机构,3个直属机构,11个派出机构,6个事业单位。东湖区实施市场监管体制改革,旨在实现产品质量生产、流通、消费领域全过程统一监管,提升政府公共服务水平。

【豫章路1号文化科技产业园工程启动】 该项目位于南昌市豫章路1号(原《江西日报》社老办公楼),总占地面积3.33公顷,建筑面积约4万平方米,总投资1亿元。工程9月正式启动,一期投资3000万元,占地面积1.33公顷,建筑面积约1万平方米。分5个互动型功能区,即1号众创空间、文化科技融合区、文化创意示范区、文化金融创新区、文化消费体验区,共同构成园区独特的文化+科技+金融的全产业生态链。该项目通过整合江西日报社、深圳市文化企业资源,着力打造成互联网科技、电子商务、文化金融类企业的成长孵化平台和成长扩张平台。园区已入驻企业15家,包括深圳市福田区文产协会、铁汉生态、红岭创投等知名行业协会及行业领军企业。

【阿里巴巴·南昌产业带项目落户东湖区】 2015年,南昌市政府和阿里巴巴共同建设的电子商务交易平台——阿里巴巴·南昌产业带项目落户东湖区。项目位于阳明路15号,占地面积1.42公顷,建筑面积约1万平方米。项目立足南昌、辐射全省,打造"南昌质造",推广南昌品牌,帮助南昌的"特色行业、优势行业",实现"南昌买、南昌卖"。产业带已有50家企业入驻,300家企业上线,其发展趋势将成为南昌工业和"互联网+"结合的典范,成为拉动电商产业链发展和带动就业的龙头,将打造24小时不歇业的网上南昌"先进制造业大市场"。

【"三经五纬"街景改造工程启动】 7月15日,东湖区启动"三经五纬"("三经五纬"包括:一经路、二经路、三经路、一纬路、二纬路、三纬路、四纬路、五纬路)街景改造工程。"三经五纬"街区是原豫章十景之一"龙沙夕照"所在地,是南昌民国时期第一个别墅区,记载着城市发展印迹,蕴含着深厚的文化底蕴和人文情怀。工程总长约7.7千米,总面积9万平方米,总投资约1亿元,由江西省城乡规划设计研究院提供改造方案,秉承"尊重历史,保护遗存;尊重现状,切实可行;综合治理,有效实施"的原则,打造"古朴典雅、历史记忆、文化内涵、乡愁南昌"新街区。

【举办第七届百花洲购物节】 11月23日—12月22日,东湖区举办第七届百花洲购物节。购物节由两部分组成:一是通过南昌市第一届"福满洪城"购物消费节的"福满洪城"电商平台参与线上活动;二是开展线下商场促销活动。消费者既可到实体店感受购物的乐趣,也可通过手机APP、微信等连接"福满洪城"电商平台光顾南昌百货大楼、百盛购物广场、华润万家、沃尔玛、亨得利、美特斯邦威、太平鸟、博士眼镜、卓尔珠宝、步步高等10家最具特色的商超企业,开启南昌市民互联网+生活。购物节采取全新的线上线下相结合的方式,起到了整合资源、凝聚人气、拓展商机、促进消费的重要作用。

【江西首家金融租赁股份公司落户东湖区】 11月24日,江西金融租赁股份有限公司在东湖区挂牌成立。公司位于中山路159号,拟注册资本10亿元,由南昌银行作为主发起人出资5.1亿元,认购股份51%,江铃汽车集团公司等省内其他7家企业共同出资4.9亿元,认购股份49%。该公司的成立,成为江西省又一家重量级非银行金融机构,填补了江西省金融租赁公司的空白,为促进东湖区民营经济发展提供一个创新型金融服务平台。

主要领导人 区委书记:杨文斌。区人大常委会主任:闵建波。区长:李云峰。区政协主席:王玮(女)。

(陈耀武)

·西湖区·

【简　况】 南昌市中心城区之一,辖1镇、1管理处、10街道办事处。东起京九铁路线与青山湖区毗邻,西滨赣江中心线与红谷滩新区交界,南以洪城路东段、抚河路南段、象湖以及南隔堤为界与青云谱区、南昌县接壤,北沿中山路、北京西路与东湖区相连。总面积34.8平方千米。全区户籍人口44.8万,常住人口52.3万。全年完成财政总收入(市口径)80.52亿元,增长16.7%,完成财政总收入(省口径)63.83亿元,增长20.1%;完成地方财政收入16.21亿元,增长19.7%。全年地区生产总值430.5亿元,增长10.1%。500万元以上固定资产投资315亿元,增长16.7%;社会消费品零售总额306.4亿元,增长14.3%;限上社会消费品零售总额173亿元,增长12.2%;实际利用外资1.71亿美元,增长31.8%;实际利用内资40.16亿元,增长14.2%;外贸出口6.45亿美元,增长4.2%;规模以上工业增加值16.81亿元,增长13.2%。

【城市建设成果显著】 2015年,西湖区投资2.6亿元,打造全区首个PPP模式项目——抚河中路街区综合改造工程,建成里洲"慢生活"街区,新设邻里互助中心、廉政文化活动中心、24小时便利店等八大功能区;建设和改造天虹微喔等社区便利店25家;完成丁公路等5个农贸市场提质升级改造,总面积1.4万平方米;打造国贸天琴湾等15个精品社区。完成朝阳片区郁台路等9条道路建设;引入社会资本,投资兴建直冲巷停车场,新增泊位183个;安装路灯1573盏、楼道灯5.54万盏,街巷楼道亮化工程实现全覆盖;建设西路"断头路"西延工程顺利竣工。建成8处小广场、小游园,打造13处街头景点,面积1.36万平方米;完成"森林城市"创建任务,新增绿化点位23个,全区绿化覆盖率39%。建筑工地扬尘治理工作排在全市前列;在全市率先全部取缔规模化家禽养殖业和燃煤锅炉。

【财政收入增幅在全省排名创历史新高】 2015年,西湖区财政总收入(省口径)63.83亿元,总量在全省100个县(市、区)中列第二位,增幅20.1%,高于全省7.4个百分点;税收收入占财政总收入比重的93%,排全省第二,高出全省14.5个百分点;财政总收入(市口径)80.52亿元,总量居全市第二,增幅16.7%,高于全市2.8个百分点,5城区第一;全年地方财政收入16.21亿元,总量列全省二十六位,比上年上升三位;地方财政收入增幅19.7%,比全省高出4.6个百分点,增幅在全市9县(区)中列第二位。城镇居民可支配收入3.30万元,全省第一。

【房屋征迁面积创区历史新纪录】 2015年,西湖区先后启动11个房屋征迁项目,累计完成征收面积59.1万平方米、6244户。列入市考核的房屋征迁项目8个,启动项目数占全市5城区26个项目的30.8%,列城区第一。全市5城区完成棚改地块18个,西湖13个地块,占72.2%。城镇房完成户数4746户,占全市5城区8403户的56.48%。

【获第三批"全国法治县(市、区)创建活动先进单位"称号】 2015年,西湖区获第三批"全国法治县(市、区)创建活动先进单位"称号。近年来,西湖区扎实推进"法治西湖"建设,一是规范重大行政执法行为,转发《关于贯彻落实江西省人民政府办公厅关于进一步规范重大行政执法行为备案工作的通知》《南昌市重大行政执法决定备案办法》等文件,进一步规范各行政执法部门做出重大行政执法决定的程序,提升行政执法的能力和水平。二是推进法律顾问制度。根据《中共南昌市委贯彻落实〈中共中央关于全面深化改革若干重大问题的决定〉的意见》《市委办公厅 市政府办公厅〈关于普遍建立法律顾问制度加快推进"法治南昌"建设进程的意见〉的通知》,结合实际,草拟《关于普遍建立法律顾问制度加快推进"法治西湖"建设进程的实施意见》,明确全区范围内实现法律顾问制度全覆盖的时间节点。通过法律顾问制度的建立,进一步提高对涉法事务的处理能力。三是贯彻落实规范性文件制度。根据《西湖区规范性文件制定程序及备案制度》,严格把关规范性文件的制定、审查和备案各个环节。四是拓宽群众诉求解决渠道。区政府法制办在受理案件时,凡符合受案条件的行政复议申请,依法受理,保障申请人的复议申请权。对依法确实不属于行政复议范围而应当通过其他途径解决的事项,做到耐心解释。全年共收到行政复议案件15起,受理8起,审结8起,无一起在行政复议后提出行政诉讼的案件。五是搭建全民普法互动平台,建立各类普法队伍。开展"相约周四、家访民情"活动,组织千名股级以上机关干部及领导干部到全区各社区(村),收集社情民意,提供法律咨询,开展普法宣传。建立普法志愿者工作制度,向全社会招募热心法治宣传的基层干部、退休老干部、老教师4700余人组建法治宣传员队,走街串户,深入社区(村)开展社区普法宣传活动。成立大学生法治宣传队,利用周六、日来社区开展志愿活动。加强老年普法协会建设。广润门老年协会成员坚持与时俱进,由之前单一的口头宣传变成有腰鼓队、舞蹈队、合唱队、说唱队、文艺创作小组等多种形式的寓教于乐。会长张春和自编自演的法治文艺节目《腾飞南昌在巨变》《宪法在我心中》(南昌方言三句半)被司法部选编为中法社普法音像DVD。组建普法艺术团。艺术团以辖区退休人员为主体,选取生活中的典型案例和素材,用小品、三句半等多样的表演形式进行普法宣传。

【集体操《我们多么幸福》被评为全国幼儿集体操一等奖第一名】 在2015年全国幼儿基本体操教师培训班及集体操评选活动中,西湖区选送的呼啦圈集体操《我们多么幸福》被评为一等奖第一名。此集体操还被列为2015年全国幼儿基本体操大会新周期规定动作,面向全国普及。

主要领导人 区委书记:周林(任至9月。7月23日,涉嫌严重违纪违法,接受组织调查。10月27日被依法逮捕)。区人大常委会主任:马力。区长:梅茂发。区政协主席:唐仁让。

(肖惠康 朱君)

·青云谱区·

【概 况】 位于南昌市区南部,辖1镇、5街道办事处和1省级工业园区。总面积43.2平方千米,城区绿化率35.53%。全区常住人口约33万人,户籍人口约26.92万人。人口出生率7.69‰,自然增长率4.6‰。全年地区生产总值2902.3亿元,按可比价计算,增长9.8%。其中:第一产业增加值641万元,下降51.6%;第二产业增加值178.90亿元,增长9.6%;第三产业增加值111.23亿元,增长9.6%。三次产业构成比重为0.02∶61.65∶38.33。人均生产总值8.79万元。全年财政总收入40.75亿元,增长9.1%,其中地方公共财政收入10.28亿元,增长10.1%。从收入情况看,税收收入占财政总收入比重的71.02%。其中:增值税1.11亿元,下降2.5%;营业税2.59亿元,增长8.2%;企业所得税1.49亿元,下降11.7%;个人所得税4544万元,增长40.9%;城市维护建设税5300万元,下降17.3 %;其他税收收入1.12亿元,增长20.3%。地方公共财政支出12.50亿元,增长6.2%。其中:一般公共服务支出1.69亿元,增长25.1%;公共安全支出1.29亿元,增长26.2%;医疗卫生与计划生育支出9944万元,增长10.3%;社会保障和就业支出1.98亿元,增长12.9%;科学技术支出2757万元,增长6.7%;教育支出3.00亿元,增长6.0%;环境保护支出918万元,下降52.4%;城乡社区事务支出1.18亿元,下降21.3%;住房保障支出1892万元,增长1.9%。规模以上工业增加值83.16亿元,增长8.3%,占地区总产值的28.66%。主要工业产品有汽车及其零部件制造、航空及其零部件制造、印刷业、食品加工业。万元GDP能耗0.221吨标准煤,下降4.11%。农业总产值1303万元,下降47.03%。主要农产品有乳制品、生猪、家禽、水产品等。全年累计完成固定资产投资189.27万亿元,增长16.1%。社会消费品零售总额192.23万亿元,增长15.3%。实际利用外资1.49亿美元,增长31.2%;实际利用内资32.53亿元,增长14.02%;出口总额6.67亿美元增长3.40%。城镇居民人均可支配收入3.24万元,增长9.2%。

【"阳光驿道"服务基本实现党员(干部)和企业全覆盖】 2015年,青云谱区"阳光驿道"活动,不断延伸服务触角,基本实现"两个全覆盖"。一是全区党员、干部全覆盖。挂点服务企业领导干部,从原来的32位县级领导增加到全区286位科级干部以及355名一般干部,并要求每名党员、干部至少挂点1家企业,每年集中走访不少于2次。二是服务企业全范围覆盖。挂点企业从限上、规上等重点企业扩大到辖区中小微企业,挂点企业数量原来的300余家,扩大到现在的1976家。逐步形成"街道、镇园、部门—片区—区级—上级"多层面的问题协调解决反馈机制,切实解决企业在用地、建设、注册、审批、劳动保障等方面的实际困难和问题。全年全区各级领导干部走访企业2千余人次,开展专场活动8次,服务企业1976家,收集企业反映问题466个,解决(解释)问题425个,解决(解释)率91.2%,形成政企和谐互动、共同发展的局面。

【十字街王府井城市商业综合体开工建设】 7月,十字街王府井城市商业综合体项目开工建设。该项目地处十字街,占地面积7.77公顷,建筑面积约80万平方米,总投资约70亿元,属十字街旧城改造工程中的核心产业项目,建成后将成为南昌市中心城区体量最大的城市商业综合体。规划建设有大型室内购物中心(约13万平方米)——北京王府井百货、商业步行街、国际知名五星级豪华酒店(约4万平方米)及万豪公寓式酒店、超五A甲级写字楼及部分住宅,预计2017年年底建成。

【"花博园"项目启动】 9月,八大山人梅湖景区"花博园"及景区提升改造工程启动。项目总投资约12.6亿元,总占地面积约162.87公顷,其中花博园主园区建设工程62.87公顷,梅湖景区提升改造工程100公顷。花博园主园区规划建设"花园南昌""水墨梅湖""秀美江西""百花迎宾""硕果飘香”五大展区,将作为2016年江西省第四届花卉园艺博览交易会的主展区,预计2016年9月开园。

【“江西省法官教育基地”落户朱桥梅村】 12月,青云谱区在朱桥梅村(梅汝璈故里)设立江西省法官教育基地。该区将结合朱桥梅村整体改造,建设包括“法律剧院、法院博物馆、法治文化广场、公共法律服务中心”等诸多内容为一体的现代法官培训中心,利用大法官梅汝璈这一人文资源,把梅汝璈故居打造成中国法官教育培训基地。

【南昌市区首条BRT通道投入试运行】 12月,历时3个多月的建设,南昌市区首条快速公交(BRT)1号线通道开启试运行,该线路规划北起老福山,南至莲塘银三角,道路全长22.39千米,工程由“1通道、4支线”、停靠站等构成。此次启用的BRT公交站台有:徐坊客运站、新溪桥、三店西路东口、何家坊、包家花园(单向)、广州路西口、青云谱区政府、华东工业博览城共15个,BRT站台长为135米,宽4米,设有4个泊位。途经运行的线路有:1路、16路、23路、88路、K88路、89路、176路、179路、201路、203路、212路、234路、K158路共13条线路。此外,相关部门对井冈山大道沿线行人和非机动车道的调整建设、社会车辆通道的改建正在进行,过街天桥建设也已进入房屋征收阶段。

【启动“南昌百项惠民便民利民工程”】 2015年,青云谱区投资40.28亿元推动“南昌百项惠民便民利民工程”,共认领17大类83项惠民便民利民工程建设,包括农贸市场改造、背街小巷路类亮化、农贸市场改造、街头小游园、立体停车场、积水点疏通改造和化粪池整治等内容,目的是打造让人们乐享宜居生活的城区,让居民从平常生活中感受到变化、分享到实惠。

【中航长江设计师产业园开园】 11月22日,全国首个建筑装饰设计师产业园——中航长江设计师产业园开园。该园是由原乔家栅食品厂老厂房改造而成,总投资5200万元,占地面积约0.6公顷,总建筑面积约1万平方米,可容纳约500名设计专业人才工作,是一个从建筑装饰设计向建筑材料采购和工程管理延伸,集资金、管理、设计、集采四大平台为一体的完整产业链园区。这种产业园不仅在江西属于首创,在国内也是首家。截至12月中旬,已引进建筑研究、钢结构设计、室内设计、园林设计、幕墙设计20多个设计中心,预计年产值将达到20亿元(2015年产值已达15亿元)。

【《神韵青云谱》入选“全国优秀作品”】 10月,全国第十七次社会科学普及工作经验交流会公布“全国优秀社会科学普及作品”获奖名单,江西包括《神韵青云谱》等4种科普图书入选。《神韵青云谱》是继《文化青云谱》《水墨青云谱》之后,梳理文化脉络、解译山水清音的又一力作,于2014年12月由江西人民出版社出版,全书分历史的印迹、流动的墨香、旷野的芬芳、自然的神韵4个部分,以大散文的形式,图文并茂地叙述青云谱暨南昌的历史遗迹和文化景点、文化艺术活动、民间文化活动、自然风景和人造景观的特色及文化思考。

主要领导人 区委书记:胡晓海。区人大常委会主任:李小逢。区长:孙毅。区政协主席:曾建华。

(王锋)

·湾里区·

【简　况】 位于南昌市西北部,辖4镇、2街道办事处和1管理处。总面积238平方千米,其中城区面积23.47平方千米。森林面积1.3万公顷,森林覆盖率73.7%。园林绿地面积861公顷,城区绿化覆盖面积475公顷,城区绿化率49.5%。境内梅岭系国家森林公园、国家级风景名胜区。户籍人口8.0万人,人口自然增长率7.57‰。全年地区生产总值49.22亿元,增长9.2%。其中:第一产业增加值2.56亿元,增长2.9%;第二产业增加值21.48亿元,增长9.6%;第三产业增加值25.19亿元,增长9.6%。一、二、三次产业比为5.2∶43.6∶51.2。农业总产值4.48亿元,增长3.2%。财政总收入11.25亿元,增长11.8%;地方公共财政收入6.26亿元,增长1.7%。固定资产投资44.03亿元,增长16.0%。规模以上工业增加值4.90亿元,增长8.7%。社会消费品零售总额6.54亿元,增长15.6%。实际利用内资5.7亿元。外贸出创汇1456万美元,下降39.4%。农民年人均纯收入1.04万元,增长11.0%。在岗职工年平均工资4.22万元,增加1635元,增长4.0%。

【创建国家旅游度假区】 湾里区创建国家旅游度假区的工作任务,共涉及责任单位28家、创建类别12个、创建任务118项(其中鼓励引导项目13项)。2015年,创建任务68项,共完成竹海明珠创4A、大客天下创3星、游客集散中心以及星级农家旅馆创建等任务51项,正在加紧实施的任务63项。2月,创建全省第一家以整个景区为单位的省级旅游度假区。

【完成国家生态示范区创建工作】 国家生态示范区创建工作共涉及经济发展、生态环境保护、社会进步三大块5项基本条件和22项建设指标,涉及部门单位26个,对照创建建设指标任务,全区抓紧抓实抓好各项创建工作的落实。1月,国家生态区考核验收组对湾里区创建国家生态区工作进行考核验收。通过现场考察和资料核查,考核组认为,湾里国家生态区创建工作各项基本条件和建设指标总体达到考核验收要求,原则同意湾里区通过国家生态区考核验收,并按程序报环境保护部审批。5月,国家生态示范区通过环保部审批。

【建成全国最大的室内卡丁车场馆】 江西禹港卡丁车国际赛车公园位于湾里区招贤镇,占地12.4公顷,投资2.8亿元,是集卡丁车、摩托车、房车等赛车运动为一体的赛车主题公园,分2期建设。12月,该项目室内场馆基本建成。整个项目建成后,将成为全国最大的室内场馆和全国第三的室外场地,填补江西省赛车运动的空白。

【建设湾里新经济产业园】 湾里区打造新经济产业园,以配套完备、功能明晰为定位,按照“一园三区”,即创业区、创新区、创富区的模式进行建设，占地26.67公顷，总投资4亿元，重点培育电子商务、文化创意、楼宇经济、总部经济等产业集群，10月底园区1期工程完工。10月12日，举行2015年湾里区新经济产业园招商引资推介会暨签约仪式活动。

主要领导人 区委书记：王建平。区人大常委会主任：李传强。区长：杨晓辉（女）。区政协主席：喻玫（女）。

（邓小豪）

·青山湖区·

【简　况】 位于南昌市城东，辖4镇、3街道办事处和1省级工业园区。总面积127.6平方千米。总人口40.7万，流动人口近5.6万。人口自然增长率5.98‰。全年地区生产总值501.10亿元，增长9.9%。其中：第一产业增加值609万元，下降19.7%；第二产业增加值330.0亿元，增长9.2%；第三产业增加值170.5亿元，增长11.4%。财政总收入53.38亿元，增长15.8%。地方公共财政预算收入17.10亿元，增长15.4%。规模以上工业增加值159.73亿元，增长9.2%。500万元以上固定资产投资581.05亿元，增长16.2%。社会消费品零售总额184.38亿元，增长15.3%。实际利用外资3.31亿美元，增长7.4%；实际利用内资118.54亿元，增长13.8%。外贸出口总额12.20亿美元，增长3.6%。城镇居民人均可支配收入3.23万元，增长10.5%。农民人均纯收入1.57万元，增长11.0%。

【开放型经济工作成果丰硕】 2015年，青山湖区开放型经济工作，取得"三个全市第一、三个大幅进位、三个重大突破"。即：外贸出口总额、实际利用台资、"四大招商活动"签约项目注册率全市第一；实际利用内资、外贸出口、外资现汇率增幅排名进位3位、3位、4位。在全国外贸出现双降的情况下，青山湖区外贸出口实现3.6%增幅的逆势突破；亿元以上重大项目签约的数量、金额实现重大突破，达到37个共159亿元，其中10亿元以上项目6个；股权招商、产业招商、以商招商、以会招商等创新招商模式取得较大突破。

【房屋征迁改造成绩显著】 2015年，青山湖区完成土地收储4.16平方千米，实施旧改项目24个，房屋征迁总面积157.8万平方米，列全市首位。特别是搁置5年之久的工人新村棚户区改造项目顺利启动，单月完成肖坊村房屋征迁近10万平方米，14天完成塘山村沿江北大道房屋征迁1.1万平方米，1个月完成沈桥村万达广场地块的签约倒房工作。进一步加快推进安置房建设，全年共开工建设安置房项目14个，其中3个已封顶，安置房建设总面积超过200万平方米。

【改造提升区内交通】 2015年，青山湖区坚持以规划引领城乡建设，编制和调整临江商务区、罗家镇、昌东工业园区控制性详规。配合实施地铁1、2号线建设，以及南京东路改造、昌东大道南延、天祥大道南延等市重大重点工程，完成洛阳路（1期）、广州路（2期）工程建设和东升大道、京东大道等24条道路的改造提升，基本完成幸福渠流域起步区"四纵七横"11条道路和罗家片区"两横三纵"5条道路建设，抓好解放路东延、广州路东延、顺外路修复等工程建设，进一步拉开发展框架，为全区经济可持续发展拓展空间。

【开展"连心"小分队驻村挂点工作】 2015年，青山湖区60支"连心"小分队开展以"五连心、十上门"为主要内容的驻村挂点服务工作。"五连心"即开好"连心会"、认领"连心岗"、设定"连心日"、发放"连心卡"、挂起"连心箱"；"十上门"即"政策法规宣传、致富技术传授、惠民措施兑现、帮扶解困支持、安全生产通知、矛盾纠纷调解、重大节日慰问、红白喜事协理、疑难问题解答、干群隔阂消除上门"。至9月，全区60支连心小分队共认领服务岗位600余个，办理群众各类诉求240余件。

【婚姻档案全面数字化】 9月底，青山湖区在全市率先实现婚姻档案全面数字化。2014年以来，青山湖区投入资金21万多元，耗时近10个月，将2001年至2014年形成的婚姻档案全部进行数字化扫描，包括结婚、离婚、补证各类档案共1326盒7万多件，全文数字化53.44万画幅。这些档案已移交至区档案局，进行目录核对及全文挂接工作，凡查阅2014年之前婚姻档案的市民，可直接前往区档案馆档案查阅中心查询。

【青山湖区法院首次开通"微博庭审视频直播"】 12月2日，为配合"12·4"国家宪法日的法制宣传活动，青山湖区法院通过新浪官方微博"南昌市青山湖法院"，在线语音、视频方式全程同步进行庭审直播，网友通过该院官方微博"司法公开"界面可实时观看并参与互动。这既是践行司法公开的一大举措，又是全省基层法院微博视频庭审直播的首次尝试。此次视频直播的是一起因感情纠纷引发的刑事案件，至直播结束，院官方微博的"粉丝"增加800余名，1000余名网友在线同步收看视频直播。

【"青山湖智慧党建"手机APP上线】 7月，由青山湖区委组织部开发的"青山湖智慧党建"手机APP上线，实现"互联网+"融入"党建+"思维的有益探索，实现党员群众与组织部门"一键通"。"青山湖智慧党建"手机APP主要栏目分为要闻快递、基层党建、掌上讲堂、党务管家、党员风采、信息之窗、党员心声、生活贴士及个人中心9个板块，还可以进行个性化设置和互动。主要采取图文并茂、形象生动的表现形式，实现"一机在手，尽悉发展动态"的服务宗旨，打造指尖上的党建信息盛宴，让党建深入群众，让群众融入党建。已有用户5000多名，发布各种信息3300多条。

【699文化创意产业园创意市集开市】 9月26日，青山湖区华安699文化创意产业园创意市集开市。该创意市集项目，每月一期主题，每期两天，是以699文创园为依托，发现、挖掘、孵化在市集中表现优异的产品和有潜质的创客，为创客在办公场所、资金、市场运营等方面提供帮助和发展平台，建立创客自己的独立品牌，打造江西创客空间。当日，共有100余名创客们在自己的摊点展示、售卖各种新鲜、潮流的作品，投稿的人员以高校大学

生为主,作品主要为原创手工制品和收藏品。

【探索多元化养老模式】 2015年,青山湖区通过整合现有资源,采取改建、扩建、共享等方式,建设一批居家养老服务机构。利用村居公共资源建设。如湖坊镇进顺村将村委会活动中心进行升级改造,开展各项居家养老服务;南钢街道家园社区利用社区办公用房,打造家园社区居家养老服务中心等。利用闲置资源建设。如罗家镇江南社区利用江南材料厂的废旧厂房,就地改造为社区居家养老服务站;湖坊镇洪都村引入约300万元民间资本,对老旧企业厂房进行改造,创建九九颐家养老服务中心。与养老机构合作共享。如京东镇与南洋花园社区民办养老机构"剑声松鹤园"合作,开展日间托管、照料、休闲娱乐、义工服务等多项居家养老服务。采用公建民营的模式。如社会福利中心暨星级老年公寓项目(1期)与浙江绿康医院投资管理有限公司签订对外租赁经营合作协议,开展医养融合服务。

【连续3年为粮农投保政策性水稻农业险】 截至2015年,青山湖区已连续3年为粮农投保政策性水稻农业险,种粮农民无须缴纳任何费用。2015年全区大幅提高参保标准,共缴纳保费66.8万元,为8941户参保农户投保,涉及投保面积24.73平方千米,保险标的总额1113.66万元,种粮农户参保率和种粮农田投保率均达100%。

【60个行政村均建立标准化农家书屋】 2015年,青山湖区"农家书屋"工程实现全面覆盖,全区60个行政村均建立标准化农家书屋。截至年底,共向各村配送图书6.55万册,光盘4280碟,书柜423组,书桌156张,赠送电脑90台。

主要领导人 区委书记:陈匡辉。区人大常委会主任:熊庆华。区长:熊运浪。区政协主席:王继军。

(王琳 易梅繁)

·新建区·

【简 况】 位于江西省中部偏北,是省会南昌城区的主要拓展区域,鄱阳湖生态经济区建设的核心区域。9月28日,南昌市新建区挂牌成立,以原新建县的行政区域为新建区的行政区域。总面积2208.58平方千米。辖12镇、6乡和1省级开发区。林地面积3.92万公顷,活立木储积量为107.64万立方米。全年造林1433公顷,增长4.4%。户籍总人口69.1万人。全年地区生产总值353.86亿元,增长9.7%。其中:第一产业增加值48.2亿元,增长率4.6%;第二产业增加值196.96亿元,增长率10.5%;第三产业增加值108.7亿元,增长率10.1%。固定资产投资321.36亿元,增长17.1%。财政总收入40.05亿元,增长31.9%。地方公共财政收入28.05亿元,增长29.2%。实际利用内资64.75亿元,增长12.4%;实际利用外资1.804亿美元,其中现汇6258万美元,现汇率35%。外贸出口1.472亿美元,增长3.8%。工业增加值165.63亿元,增长9.9%;规模以上工业增加值131.66亿元,增长9.9%,占地区生产总值的37.2%。新增规模以上工业企业32家。工业投资119.92亿元,增长17.6%。规模以上工业用电量8.96亿千瓦时,增长3.6%。社会消费品零售总额64.91亿元,增长15.9%。全年接待游客860.7万人次,实现旅游综合收入42.3亿元,分别增长20%和25%。新引进金融机构2家,累计38家;金融存款余额350.47亿元,增长7.6%;贷款余额198.82亿元,增长15.9%。城镇居民人均收入2.85万元,增长10.2%;农村居民人均收入1.34万元,增长12.3%。7家企业获国家级"高新技术企业"称号。全年粮食总产量63.84万吨,下降0.1%;油料总产量3.15万吨,增长1.7%;肉类总产量8.19万吨,下降0.2%;生猪出栏数86万头,下降3%;家禽年末数441.62万只,增长2.7%。全年水产品总产量8.88万吨,增长5.7%。新增27个农村老年人颐养之家建设试点和19个社区居家养老服务中心。投入民生资金26.8亿元,完成8个方面65件实事及百项便民惠民利民工程。发放财政惠农补贴2.7亿元,强农惠农政策全面落实。发放廉租房补贴88.6万元,惠及1512户贫困家庭。第一批公租房配租摇号,圆1399户家庭的住房梦。完成1000套农村危旧房改造、600套国有垦区危旧房改造。北郊奶牛场安置房分配工作完成,1020户征迁户搬进新居。投资4.5亿元实施覆盖全区16个乡(镇)的农村安全饮水工程(除长堎、南矶),新(改)建7个自来水厂,基本实现安全饮水。完成长堎至松湖、流湖、义渡3条农村班线的收购,开通开关厂至松湖、流湖公交班线,实现农村客运公交班线全覆盖。新增城镇就业人数6939人,新增转移农村劳动力8326人,新增发放小额贷款1.6亿元。养老、失业、工伤、生育、城乡基本医疗保险参保任务均超额完成。城乡居民医保合并工作完成,构建城乡一体的医疗保险制度。被征地农民养老保险参保2.21万人,累计发放金额7708.4万元。发放低保金8899万元,保障1.6万名困难群众的基本生活。入围全国科学发展百强县市和全国投资潜力百强县市,分别排名第98位和第83位。入选首批103个"国家农产品质量安全县"和4个"国家农产品质量安全市创建试点单位"名单。

【获"全国防震减灾先进单位"称号】 1月,新建县获"全国县级防震减灾工作综合考核先进单位"称号。这是新建县继2008年度、2012年度、2013年度获全国县级防震减灾工作先进单位之后,第四次获此荣誉。近年来,新建县防震减灾工作实现专职机构从无到有,地震应急避难场所建设、防震减灾"三个"示范建设、"三网一员"建设、科普宣传等工作得到全面提升和加强。

【被列入首批国家湿地生态补偿试点县】 4月2日,新建县被列入首批国家湿地生态补偿试点县,获得中央试点资金670万元。资金主要用于实施湿地保护恢复、流域生态修复等工程项目,以提升湿地的生态功能和水源涵养能力,解决生态保护与当地群众增收的问题。

【鄱阳湖南矶湿地野外综合试验站——定位监测系统落成】 4月29日,鄱阳湖南矶湿地野外综合试验站——定位监测系统落成,实现中国和世界在高水位动态变化下湖泊湿地环境监测领域的零突破。该定位监测系统主要用于自动测量并存储地表与大气相互作用时近地气层的瞬时三维风速、温度、水、二氧化碳和甲烷脉动，采用微气象学湍流涡动协方差方法，自动测量和存储二氧化碳、甲烷气体、水汽、显热和空气动量通量等地表与大气之间的物质与能量交换通量等特征量。其建成和投入使用，为中国和世界湿地环境监测网络系统提供一个独特的定位监测基地。

【签约2个10亿元以上项目】 6月9日，总投资13.4亿元的“南昌奥特莱斯”项目签约落户新建县。“南昌奥特莱斯”项目选址在长埈镇北郊奶牛厂片区地块，占地面积8.70公顷，投资方为首创钜大公司。10月9日，总投资18亿元的乐化机场小镇项目签约。该项目计划通过1~2年建设周期，将乐化机场小镇建设成为新建区展示形象的窗口，江西名特优产品的展示中心，临空港物流及服务中心，以及徐邓村、乐化老百姓安居乐业的场所，打造成一个具有一定规模且有特色的机场小镇。

【长埈镇乡(镇)医疗保险事务管理所挂牌成立】 7月1日，新建县长埈镇乡(镇)医疗保险事务管理所挂牌成立，成为江西省第一家乡(镇)医疗保险经办机构。此举标志着江西省医保经办服务开始延伸到乡(镇)，健全省、市、区、乡(社区)四级医疗保险管理服务体系，为建立起统筹城乡、惠民高效、公平可及的城乡居民基本医保制度奠定坚实的基础。

【汪山土库被列入“中国华侨国际文化交流基地”】 7月9日，经中华全国归国华侨联合会评定，新建县汪山土库被列入“中国华侨国际文化交流基地”，成为江西省唯一获此荣誉的单位。汪山土库位于大塘坪乡汪山岗，是清道光初年兴建起来的官僚豪门府第。土库以江南园林建筑、徽派建筑与清朝宫廷建筑相结合，在江南乃至全国都罕见。土库建筑坐北朝南，以祖堂为中轴，两侧各建四纵深宅，每纵深宅四至七进，共有房间1443间、天井572个。建筑内巷道纵横，八尺巷是土库建筑群里一条横贯东西的交通要道。2004年土库被中国文联、中国民协命名为“中国府第文化博物馆”。

【建立铁路实时视频语音监控系统】 10月29日，新建区铁路实时视频语音监控系统正式启用，标志着新建区铁路护路联防工作由过去“脚踩步量、眼观耳听”方式向“视频探头站岗、键盘鼠标巡逻”科技化巡防的转变。新建区境内有沪昆高铁、昌九城际、京九线、西环线四大干线，铁路总长68.09千米，途经5个乡(镇)和1个工业园区、23个行政村、28所学校、1个林场，涉及人口7万余人。

主要领导人 区(县)委书记：樊三宝。区(县)人大常委会主任：徐才保。县长：黄耀华(任至9月)、代区长：李伟(9月任)。区(县)政协主席：曾志毅。

(程小伟　李建钦　邹斌)

九江市

【概　况】 位于江西省北部，辖2区、2市、9县、1开发区、2风景名胜管理局。总面积1.91万平方千米，中心城区建成区面积103平方千米。粮食作物播种面积27.78万公顷，油料作物播种面积13.25万公顷，棉花播种面积6.14万公顷。封山育林面积46.11万公顷，成林抚育面积4.11万公顷。森林覆盖率55.2%，城区绿化覆盖率51.88%，城区人均公园绿地面积17.6平方米。全年城市环境空气质量78天为优，228天为良，空气质量优良率83.8%。年末总人口482.58万人，增长3.94%，其中城镇人口243.99万人。自然增长率6.93‰。全年地区生产总值1902.68亿元，增长9.7%。其中：第一产业增加值140.75亿元，增长4.0%；第二产业增加值1014.59亿元，增长9.3%；第三产业增加值747.34亿元，增长11.5%。三次产业结构调整为7.4:53.3:39.3。规模以上工业主营业务收入1035.60亿元，增长9.9%。主要工业产品有原煤84.10万吨，增长9.3%；发电量102.57万千瓦时，增长11.7%；化学纤维37.77万吨，增长1.1%；汽油192.76万吨，增长18.5%；啤酒21.77万千升，增长21.4%。主要农作物有稻谷143.51万吨，增长0.3%；油菜籽20.66万吨，增长0.2%；茶叶0.63万吨，增长5.6%；水果14.75万吨，增长7.5%；蔬菜96.55万吨，增长4.1%。财政总收入385.61亿元，增长17.4%。其中公共财政预算收入247.2亿元，增长15.7%。城镇居民人均可支配收入2.76万元，增长10.2%；农村居民人均可支配收入1.11万元，增长9.9%。

【集中开工工业项目4批次420个】 全年工业项目集中开工4批次420个。3月25日，第一批工业项目集中开工仪式在永修县工业园区举行，项目79个，总投资207.2亿元。7月1日，第二批工业项目集中开工仪式在九江开发区城西港区举行，项目97个，总投资230亿元。9月25日，第三批工业项目集中开工仪式在瑞昌市码头工业园区举行，项目105个，总投资436亿元。12月3日，第四批工业项目集中开工仪式在星子县鄱阳湖高新项目区环保石材产业园举行，项目139个，总投资308亿元。

【“庐山云雾茶”成功申报国家农产品地理标志登记保护产品】 1月6日，“庐山云雾茶”成功申报国家农产品地理标志登记保护产品。划定的地域保护范围：庐山及鄱阳湖(九江管辖范围)、庐山西海周边区域的浔阳区、庐山区、瑞昌市、九江县、武宁县、修水县、永修县、德安县、星子县、都昌县、湖口县、彭泽县，涉及185个乡镇(办事处)。地理坐标为北纬28°41′12″~30°04′29，东经113°56′30″~116°54′01″。

【九江市民服务中心投入使用】 4月20日，位于九江市八里湖新区的九江市民服务中心启用，5月中旬入驻单位完成搬迁任务。进驻市民服务中心的有市委、市人大、市政府、市政协等机关，共92家正处级单位及其下属70家事业单位、3000余人。市民服务中心工程于2011年9月开工建设，

2014年6月竣工,总占地面积17.8公顷,总建筑面积17.77万平方米,由主楼、代建楼和市民公园3部分组成。

【**庐山西海风景名胜区获"全国十佳生态旅游示范景区"称号**】　7月18日,在北京举行的2015全国生态文明建设高峰论坛暨城市与景区生态文明成果发布会上,庐山西海风景名胜区获"全国十佳生态旅游示范景区"称号,成为江西省唯一获此荣誉的单位。2015年,庐山西海景区围绕"南设经营中心、北设行政中心"的服务格局,打造"四大平台"(即环湖湖岛游乐圈、柘林观光休闲带、巾口旅游度假镇、祈福养生云居山),实现南北循环、双向对接、山水联动发展,按照整体规划、整体拆迁、整体开发模式,落实分级保护措施,严防水体污染、山体破坏,守护一湖清水、一片青山,把庐山西海打造成"中国最美的湖光山色"和"国内一流、世界知名"的旅游目的地。

【**庐山西海巾口景区对外开放**】　7月28日,庐山西海风景名胜区巾口景区对外开放。庐山西海巾口景区位于庐山西海北岸,地处武宁县巾口乡,是庐山西海继柘林景区后开放的又一核心景区。景区内包括有投资120亿元建设的中信度假区、投资5亿元的巾口旅游码头、投资1.2亿元的西海宾馆、投资5000万元的巾口水世界等。巾口景区对外开放标志着庐山西海一南一北对接循环的发展格局形成。

【**江西省煤炭储备中心通用码头投入运行**】　7月31日,位于九江市城东港区的江西省煤炭储备中心城东通用码头举行首次船舶靠泊装卸作业,标志着省煤通用码头投入运行。该项目是江西省沿江重大项目之一,总投资12.16亿元,分为城东通用码头、储配煤场、铁路专用线3个工程,使用岸线长度400米,包括3个5000吨级泊位(兼顾10000吨),年吞吐量820万吨,主要从事煤炭、铁矿石、矿粉等货种的装卸储存,整个项目于12月完工。

【**九江市实施长江经济带检验检疫一体化**】　8月1日起,长江经济带检验检疫一体化优惠政策在九江实施,九江市出口货物在江浙沪口岸出境可直接放行和无纸化通关,标志着九江市与长三角跨区域通关协作、检验检疫一体化迈出重要一步,九江市出口企业享受一体化带来的改革红利。

【**九江万达广场购物中心开工**】　8月6日上午,九江万达广场购物中心在庐山区开工建设。该项目总投资85亿元,总建筑面积约102万平方米,是一座集顶尖商业、高端商务、娱乐休闲等于一体的新型城市综合体,是九江市近年来规模最大的投资项目。计划于2016年年底开业。

【**2处遗址入选国家级抗战纪念遗址**】　8月13日,第二批100处国家级抗战纪念设施、遗址名录公布,九江市万家岭大捷纪念园、马垱炮台遗址入选。加上首批入选的庐山抗战纪念馆,九江市共有3处纪念设施、遗址列入国家级抗战纪念设施、遗址名录。万家岭大捷纪念园位于德安县翰林路,马垱炮台遗址位于彭泽马垱镇马垱山。

【**九江口岸获进口粮食"绿卡"**】　8月28日,作为江西唯一一个对外开放的水运口岸,九江城西港码头通过国家质检总局进口粮食考核组考核验收,标志着九江口岸获得进口粮食"绿卡",结束江西不能直接进口粮食的历史。

【**九江石化800万吨/年油品质量升级改造工程建成投产**】　10月18日,总投资70.94亿元的九江石化800万吨/年油品质量升级改造工程建成投产。该油品质量升级改造工程是建设南昌—九江一体化和鄱阳湖生态经济区、打造长江黄金岸线的重大项目。该工程建成投产,为社会提供更加清洁的能源,助力江西实现绿色崛起。

【**江西首家环境资源审判庭在庐山西海成立**】　11月2日,九江市中级人民法院环境资源庭西海巡回法庭在庐山西海成立,这是江西省成立的首家环境资源审判庭,为江西绿色崛起、庐山西海可持续发展提供公正高效的司法保障。受案范围是审理修水、武宁、永修3县的民事二审案件;审理一、二审涉及自然环境污染侵权纠纷民事案件,涉及地质矿产资源保护、开发有关权属争议纠纷民事案件,涉及森林、内河、湖泊、滩涂、湿地的自然资源环境保护、开发、利用等环境资源民事纠纷案件;探索审理涉及破坏生态环境的刑事案件以及涉及林业、环保等行政案件,实现三审合一。

【**九江市柘林湖湖泊生态环境保护项目开工**】　12月21日,江西省首个财政部PPP示范项目(政府和社会资本合作示范项目)——九江市柘林湖湖泊生态环境保护项目开工。九江市柘林湖湖泊生态环境保护项目于2014年12月被财政部列入全国首批30个PPP示范项目,项目分布地跨庐山西海风景区、修水县、武宁县。社会资本——兴源环境科技股份有限公司与政府方出资代表企业——江西西海投资发展有限公司共同组建项目公司(SPV公司),采取DBFOT模式(设计—建设—融资—经营—移交),实施包括产业结构调整与生态移民、流域污染源治理、生态修复与保护三大类共计21个子项目,总投资估算13.2亿元。

主要领导人　市委书记:殷美根(任至12月)、杨伟东(12月任)。市人大常委会主任:华金国(任至1月)、冯静(1月任)。市长:钟志生(任至9月)、林彬杨(9月任)。市政协主席:魏宏彬(任至1月)、杨小华(1月任)。

(黄开福　刘浔豫　杨磊)

·修水县·

【**简　况**】　位于江西省西北部,辖19镇、17乡。总面积4504平方千米居全省之首,属国家扶贫开发工作重点县。耕地面积3.79万公顷,山林面积33.92万公顷,森林覆盖率为72.8%。总人口87万,其中非农业人口10.2万人。全年地区生产总值130.17亿元,增长9.7%。其中:第一产业增加值17.39亿元,增长4.5%;第二产业增加值63.66亿元,增长10.3%;第三产业增加值49.12亿元,增长11.1%。三次产业结构比为13.4:48.9:37.7。财政总收入23.16亿元,增长10.1%,其中一般地方预算收入18.33亿元，增长15.3%。规模以上工业增加值69.28亿元，增长10.1%。主营业务收入327.93亿元，增长8.1%。利税总额55.54亿元，增长1.51%。工业增值税2.25亿元，增长0.26%。社会固定资产投资158.75亿元，增长20.8%。实际利用外资8603万美元，下降3.2%。农业总产值25.38亿元，增长5.1%，粮食总产量25.92万吨。主要农产品有稻谷24.21万吨、小麦4509吨、玉米1.22万吨、花生4091吨、蔬菜（含菜用瓜）8.54万吨、茶叶3682吨。社会消费品零售总额45.5亿元，增长12.7%。全县金融机构存款余额146.39亿元，增长13.2%；各项贷款余额91.96亿元，增长23.49%。城乡居民储蓄余额99.95亿元，增长13.5%。城镇居民人均可支配收入2.22万元，增长10.1%；农村居民人均纯收入7599元，增长13.6%。

【高分通过全国基层中医药工作先进单位复审】 6月19日，修水县以高分通过全国基层中医药工作先进单位复审。修水县中医药历史悠久，中医药氛围浓厚，2002年获"全国农村中医工作先进县"称号。2009年县政府花巨资实现县中医院整体南迁，实现跨越式发展，医院占地面积2.8公顷，建筑面积6.8万平方米，设有中风专科、糖尿病科、小针刀专科、妇科、儿科等5个省级重点专科，是全省县级中医院中为数不多的三级乙等中医院，也是江西省特色中医院、全国中医院中医药文化建设试点单位。近年来，县政府每年安排中医药专项经费15万元，对中医院工资财政补助比例高于其他县级医院10%，继续实施中医药门诊报销、提高中医乡村医生待遇等多项中医药优惠政策。建立多专业一体化服务的中医综合诊疗区，中医药服务量占医疗服务总量的57.5%，中药处方占药品处方的58.3%，乡镇卫生院、村卫生计生服务室中医服务网络体系日益健全，100%乡镇卫生院设置中医科或中医诊室，配备中药房，每个乡镇卫生院能提供6—7项中医药适宜技术服务，85%以上的村卫生室能提供中医药服务。

【"宁红"茶入选意大利米兰世博会"百年世博中国名茶"公共品牌金奖】

2015年，修水"宁红"茶入选意大利米兰世博会"百年世博中国名茶"公共品牌金奖、宁红牌"宁红金毫"获企业品牌金骆驼奖。近几年来，修水县围绕《茶叶产业"十二五"发展规划》，按照"扶龙头、创品牌、转观念、活机制、兴科技、增效益"的发展思路，引导和推动茶叶企业进行技术创新、产品创新，在创新产品品种和提升产品质量的基础上，推进茶叶品牌的整合和资源共享，提升品牌价值和影响力。同时，进一步引导各茶叶龙头企业、茶叶专业合作组织、茶叶大户与基地、与农户建立产销联系机制，通过收购、兼并、股份合作等方式加大农户与企业的合作关系，推动全县茶产业的一体化发展。修水县先后被国家相关部门授予"中国名茶之乡""全国十大生态产茶县""中华生态文明茶乡""全国茶叶科普教育示范基地"等称号。2015年，"宁红茶"被省政府纳入全省"四绿一红"茶叶重点整合品牌，为修水茶产业发展提供新的机遇。2015年，宁红茶产区茶园总面积3万余公顷，宁红茶核心区修水县茶园面积1.04万公顷，产量7110吨，年销售收入13.5亿余元。

【获"全国十佳生态文明城市"称号】

7月18日，在北京举行的首届全国生态文明建设高峰论坛暨城市与景区生态文明成果发布会上，修水县获"全国十佳生态文明城市"称号，也是九江市唯一获评县市。近年来，修水县以创建国家水土保持生态文明工程为核心，以打造有机茶业示范区为特色，以建设生态清洁型小流域为样板，以搭建水土保持科技推广示范基地为平台，重点开展造林绿化、生态清洁型小流域治理、水土保持生态科技园建设、油茶基地建设等开发治理项目，坚持将生态文明建设与产业发展紧密相结合，创新生态文明建设机制体制，推动公共服务、生态环保等基础设施建设，形成多元投入格局，使生态文明建设工程不断做大做优，走出一条环境保护与经济发展双赢的发展道路，在经济实现跨越式发展的同时，依然保持良好的生态环境，形成"一河清泉水、一条经济带、一个产业链、一道风景线"的景象。

【开展农村环境"六乱"治理工作】

7月25日，全县农村环境"六乱"治理工作会议召开，在全国单项治理农村生活垃圾的基础上，全面开展对农村房屋乱建、垃圾乱倒、污水乱排、杆线乱拉、土地乱挖、坟墓乱葬等"六乱"行为进行专项治理。按照"组织推进在县级、统筹配合在部门、责任主体在乡镇、具体落实在村组"的要求，各级、各部门分工协作，齐抓共管，全盘谋划，指导服务，形成工作合力。至年底，县乡（镇）投入财政资金3500万元，新建乡镇垃圾处理中心4个、村级垃圾处理设施800余处，购置垃圾清运车17辆、垃圾桶7.8万余只，配备保洁员2300名，累计清理垃圾1.2万吨；处理土地乱挖违法行为18起，查处土地违法案件36宗15.64公顷；拆除两违建筑8宗，农村建房新户型建设率93%以上；建设乡镇公益性墓地65座、骨灰堂6个；完成强电线路移杆47千米，低压线路整治265千米；渣津、太阳升两个集镇污水处理厂全面启动，镇村面貌明显改观。

【湘赣边区域开放合作2015年第二次主题联席会在修水县召开】 9月28日—29日，以"融入长江中游城市群，共建生态旅游休闲区"为主题的湘赣边区域开放合作2015年第二次主题联席会在修水县召开。江西省湘赣边区的井冈山、永新、莲花、上栗、万载、铜鼓、修水，与湖南省的醴陵、浏阳、平江10县（市）及特邀的通城、武宁两县领导和相关部门负责人近200人参加会议，共同商讨推进湘赣边区域生态旅游发展良策。会上，各县市就22个旅游产业项目签署备忘录，其中有13个与修水县有直接关联，合作内容涉及旅游基础设施建设、旅游线路整合、旅游景区开发、旅游宣传推介、旅游产品合作开发等5个方面。会议强调湘赣边区加快生态旅游产业发展，具有重要的战略机遇和区位后发优势，要建立共同推进湘赣边区域生态旅游协调合作、抱团发展新机制，以更科学的举措，更快的速度，打造旅游产业发展共同体，提升湘赣边旅游产业发展整体竞争力，促进地区经济加快转型升级，实现各县（市）互利共赢。

【举行纪念黄庭坚诞辰970周年系列活动】 2015年是北宋书法家、诗人和文艺思想家黄庭坚诞辰970周年。11月11日—12日，修水县组织系列纪念活动，省、市、县领导及100余名全国著名“研黄”专家学者到修水参加活动，人民网、新华网等近20家媒体对活动进行报道。系列活动主要包括：一是“黄庭坚与中国文化”学术讨论会。该活动11月11日在修水县珠江大酒店举行，20余名与会学者就黄庭坚孝友之行、黄庭坚“自成一家”说、黄庭坚与黄龙佛教文化、黄庭坚与修水书院文化等相关内容作学术报告，形成《“黄庭坚与中国文化”学术讨论会论文集》收集论文50余篇。二是纪念“黄庭坚诞辰970周年”全国诗词大赛。活动面向海内外华人征稿，收到4266名作者的作品22798首，结集出版《纪念黄庭坚诞辰970周年全国诗词大赛作品集》一书并评出22名获奖者。三是首届江西省“黄庭坚奖”书法大展。活动收到作品725件，通过两个阶段的评审157件入展，评出获奖者59名。结集出版《首届江西省“黄庭坚奖”书法大展作品集》，入展作品统一于11月12日在修水县展出，并由黄庭坚纪念馆永久收藏。四是社会各界纪念“黄庭坚诞辰970周年”文艺晚会。以歌舞、戏曲为主要形式，专门创作一批与黄庭坚相关、反映修水特色的文艺节目如《春归何处》《双井书声》《修水，我美丽的家园》等，晚会于11月11日晚在宁河大剧院举行。五是修水县文化旅游精品展。活动展示近年来修水籍作者出版的个人专著，修水观赏石，特色工艺以及祈福工艺品公司、三品电子商务公司、宁红集团等44家企业的1000余项产品，是修水文化实力和创造力、修水文化旅游资源的一次集中展示。

【黄龙山旅游区综合开发项目签约】 12月12日，修水县黄龙山旅游区综合开发项目签约。项目由四川耀昇资产管理有限公司投资建设，项目总投资20亿元，对修水县境内黄龙山文化旅游资源进行整体开发，主要包括黄龙山、黄龙禅寺及温泉区域，总占地面积63.13平方千米。景区按照国家5A级旅游景区进行规划，分四期开发。一期总投资10亿元，预计2018年年底竣工，一期建成后黄龙山景区、温泉小镇休闲游乐项目和主题商业街将同步对游客开放。

主要领导人 县委书记：孙朝辉。县人大常委会主任：胡荣军。县长：张林。县政协主席：黄梅（女）。

（李四军）

·武宁县·

【简　况】 位于江西省西北部，辖8镇、11乡、1街道办事处、1工业园。总面积3506.6平方千米，其中城区面积46平方千米。耕地面积1.85万公顷，林地面积27万公顷，森林覆盖率72.1%，城区绿化率53.4%。总人口40.39万人，人口自然增长率7.94‰。全年地区生产总值97.01亿元，增长10.0%。其中：第一产业增加值14.47亿元，增长3.7%；第二产业增加值48.51亿元，增长9.8%；第三产业增加值34.03亿元，增长13.2%。财政总收入17.37亿元，增长20.1%，税收占财政总收入的比重86.8%。地方公共财政预算收入13.59亿元，增长25.1%；公共财政支出29.18亿元，增长17.9%。规模以上工业主营业务收入305.35亿元，增长7.7%；规模以上工业增加值65.29亿元，增长10.0%。外贸出口2.08亿美元，增长12.1%。社会固定资产投资132.36亿元，增长22.2%。实际利用外商投资8607万美元，增长7.3%；实际利用内资70亿元。农业总产值24.19亿元，增长5.9%。粮食总产量14.8万吨。主要农产品有棉花2212吨、油料1.44万吨、水产品3.83万吨、肉类总产2.07万吨。社会消费品零售总额35.95亿元，增长13.0%。城镇居民人均可支配收入2.56万元，增长10.5%。农村居民人均可支配收入1.18万元，增长10.3%。城乡居民年末储蓄存款72.88亿元，增长17.3%。

【推进生态文明先行示范区建设】 2015年，县委、县政府研究出台《关于开展生态文明先行示范区建设的决定》等一系列文件，明确推进生态文明建设的目标、任务、举措和责任。聘请国家发改委国际合作中心编制武宁县生态文明建设总体规划，努力打造“全省第一、全国唯一”的生态建设品牌。推进9项整治，整顿规范砂石场16处，关停搬迁养殖场36个，实施“禁伐二十年、呵护原生态”行动，查处乱征滥占林地违法案件76起，整顿矿山和加工企业54个，取缔无证采矿点5个，完成禁港休渔工作，淘汰黄标车406辆，整治“两违”520起。划定全县生态保护红线，重点开展源口水库、沙田河流域环境治理，城区饮用水源地生态环境保护进一步加强。4月23日，武宁县获“全国生态保护与建设示范县”称号。8月17日—21日，中央和省级主流媒体报道武宁生态文明建设做法，《江西日报》连续5天在头版推出关于“绿色崛起的武宁模式”的系列报道。11月2日，全省生态文明先行示范区建设现场推进会在武宁召开，武宁县被授予“全省首批生态文明先行示范县”称号。

【旅游产业发展提速增效】 推进盛元、华夏国际等24个景区重点项目。完成总投资90亿元的盛元·庐山西海养生度假区主入口景观建设、主干道硬化和绿化，启动中医养生城、24栋度假公寓、精品酒店、体育公园等建设；完成总投资50亿元华厦国际旅游度假区主路网、水上乐园、游客集散中心、珍禽公园、三贤小镇建设，启动客栈、药谷、温泉谷、宾馆酒店建设；西海湾景区新建改造标准化旅游厕所14座；艾园景区新建宾馆，新开发骑马场和篝火晚会场地等。举办花朝节、杨梅节、2015第六届环鄱阳湖国际自行车大赛九江武宁站、2015年首届中国滑水巡回大奖赛武宁站等大型活动，“山水武宁”大景区纳入江西、湖北、湖南三省精品旅游线路。全年接待旅游总人数379万人次，增长25%；旅游总收入18.9亿元，增长32%。武宁县获“全省旅游发展十佳县”和“全省旅游强县”称号。西海湾景区入选国家水利风景区，被授予“江西省最美旅游名片”。阳光照耀29度假区成功创建国家4A级景区，入选全国休闲农业与乡村旅游示范点。长水景区创建国家3A级景区。杨洲乡获“江西最美旅游休闲乡镇”；罗坪镇长水村获评“中国乡村旅游模范村”，新光山庄、甫田乡茶棋村平尧政鸿农庄、罗坪镇长水村红豆杉饭庄获“中国乡村旅游金牌农家乐”。

【全省生态文明先行示范区建设现场推进会在武宁召开】 11月2日，全省生态文明先行示范区建设现场推进会在武宁召开，省委书记强卫、省长鹿心社出席并讲话。省委副书记莫建成主持，省领导毛伟明、冯桃莲、郑为文、孙菊生和省委有关部门、省直有关单位负责人，各设区市、县（市、区）党委或政府主要负责人出席会议。上午，与会人员分成三组现场考察武宁县生态文明建设情况。下午，推进会在武宁大剧院召开。会上，省领导给全省第一批生态文明先行示范县（市、区）授牌，宜春市、武宁县、婺源县、资溪县、安远县等党委负责人作交流发言。强卫强调，如何走出一条具有江西特色的绿色崛起新路，关键要做到“五个协调共进”，即生态文明建设与经济发展协调共进；生态文明建设与产业转型协调共进；生态文明建设与新型城镇化、新农村建设协调共进；生态文明建设与民生幸福协调共进；生态文明建设与提高社会治理体系和治理能力现代化协调共进。

【举行第六届环鄱阳湖国际自行车大赛九江·武宁站】 9月16日，2015第六届环鄱阳湖国际自行车大赛第五站“艺星杯”九江·武宁站在西海燕旅游码头开幕。武宁县环鄱赛线路沿途山水相依，风光旖旎，景城一体，为大赛提供一条真正意义的“环湖赛道”。比赛骑行8圈，赛程约130千米。美国卓比奥斯车队等22支洲际职业车队，中国、澳大利亚、法国、美国等30多个国家和地区的179名专业自行车选手参赛。经过约3小时的比赛，美国卓比奥斯车队的希尔获九江·武宁赛站个人第一名，美塔拉快客车队获九江·武宁赛站团体第一名，保加利亚吉伦－鑫振发车队的乔治获九江·武宁赛站登山王奖，中华台北前劲洲际车队的彭源堂获九江·武宁赛站冲刺奖，中国香港亚塔骑高士特职业车队的杨英瀚获九江·武宁赛站大中华领先奖，保加利亚吉伦－鑫振发车队的乔治获九江·武宁赛站总成绩领先奖。武宁站被评为2015第六届环鄱阳湖国际自行车大赛优秀赛区。

【举办“艾西海杯”2015年首届中国滑水巡回大奖赛】 10月17日—18日，“艾西海杯”2015年首届中国滑水巡回大奖赛在八音公园举行。巡回赛共设4个竞技项目，分别为男子尾波组、女子尾波组、男子花样组、女子花样组。全国各地12支优秀滑水团体40名专业运动员参赛。江西武宁代表队的罗丰、史隆飞，东莞澳比斯代表队的陈忠文分别获男子花样组一、二、三等奖；湖南代表队的蒋慧，江西武宁代表队的龚浪波，湖南代表队的黄美丽分别获女子花样组一、二、三等奖；上海代表队的张伟，湖南代表队的黄振坤，广东代表队的罗坚分别获男子尾波组一、二、三等奖；四川代表队的段振坤、韩秋，江西武宁代表队的万伟丹分别获女子尾波组一、二、三等奖。

【获“中国装饰之乡”称号】 3月18日，“中国装饰之乡”授牌仪式在武宁县政府902会议室举行。授牌仪式由武宁县副县长夏清仁主持。中国建筑装饰协会副会长兼秘书长刘晓一宣读授牌决定，星艺创始人余静赣作为武宁装饰行业代表人物发言，中国建筑装饰协会会长李秉仁和授牌。武宁县因装饰业而闻名全国。打造出星艺、华浔、名匠、三星等一批闻名全国的装饰公司品牌，全县有10万人从事装饰行业，其中有1000多人拥有自己的公司。由武宁人创办的装饰公司，不仅遍布全国各地，在英国、加拿大、德国、新加坡、泰国等国家也设有分公司。

主要领导人 县委书记：沈阳。县人大常委会主任：杨叶青。县长：郭晓明。县政协主席：余育民。

（郑双虎）

·瑞昌市·

【简　况】 位于江西北端，是长江入赣之门户。辖8镇、8乡、2街道办事处、2林场和1农场。总面积1419平方千米，其中城区面积27平方千米。耕地面积1.71万公顷，有林面积9.1万公顷，森林覆盖率60.9%，城区绿化率44.09%。总人口46.06万人，人口自然增长率9.23‰。全年地区生产总值150.04亿元，增长10.2%。其中：第一产业产值13.69亿元，增长3.9%；第二产业产值101.54亿元，增长10.7%；第三产业产值34.81亿元，增长10.9%。一、二、三次产业比为9.1∶67.7∶23.2。财政总收入26.81亿元，增长12.8%，人均6290元，税收占财政总收入的66.9%。地方财政收入21.73亿元，增长19.3%；地方财政支出33.94亿元，增长18.3%。规模以上工业增加值100.8亿元，增长6.8%。固定资产投资227.35亿元，实际利用外商投资2.04亿美元。主要工业产品有纱25.6万吨、服装248万件、水泥971万吨、原煤8.4万吨、铸铁件3.33万吨。农业总产值22.67亿元，增长5.2%。主要农产品有稻谷7.4万吨、棉花3853吨、油菜籽2.94万吨、蔬菜12.76万吨、肉类2.71万吨。万元GDP能耗0.9989吨标煤，二氧化硫排放总量（万吨）削减率10.27%，城市污水处理率60%。城镇居民人均可支配收入2.59万元，增加2379元；农村居民人均纯收入1.21万元，增加1094元。城乡居民年末储蓄余额93.68亿元，增长12.9%。

【获“全国法治县（市、区）创建活动先进单位”称号】 3月，瑞昌市被全国普法办授予第三批“全国法制县（市、区）创建活动先进单位”称号。2013年以来，瑞昌市认真落实“加强依法行政、促进公正执法、倡导全民守法”总体要求，狠抓法制宣传教育，深入开展“法律六进”（进单位、进机关、进企业、进社区、进乡村、进学校）活动，组织开展大型普法宣传和咨询活动220余次，举办法律讲座690余场，印发普法宣传资料30余万份。同时，积极推进法治创建工作，先后创建省、九江市及瑞昌市级民主法治示范村（社区）33个。

【集中举行重大项目签约仪式】 7月24日，瑞昌市举行2015年沿江开放开发暨决战工业千亿重大项目签约仪式，签约项目12个，总投资143亿元。包括由香港世纪阳光集团投资50亿元建设、年产140万吨复合肥项目，由青岛福瑞斯生物能源科技开发公司投资12亿元建设、年产30万吨生物柴油项目，由新疆新能源股份有限公司投资10亿元建设、100兆瓦风电开发项目,以及由江西秦山旅游文化产业有限公司投资40亿元建设的秦山风景名胜区综合开发项目等。

【第二届中国中部(九江)红木家具博览会暨中国“互联网+”长江发展论坛在瑞昌举行】 8月29日—31日,第二届中国中部(九江)红木家具博览会暨中国“互联网+”长江发展论坛在瑞昌举行。博览会由中国企业家总部基地、江西省家具行业协会、江西省林产工业协会、江西省立信集团联合主办,全国各地100余家红木生产企业、近千名红木家具经销商参加,现场签约金额8.5亿元。近年来,瑞昌市致力于做大做强红木家具产业,先后引进总投资18亿元的中部庐山红木大市场、总投资36亿元的中部红木产业园、总投资50亿元的华中国际木业,基本形成红木家具生产、加工、销售为一体产业体系。

【九江市工业项目集中开工仪式在瑞昌举行】 9月25日,九江市2015年第三批工业项目集中开工仪式在瑞昌市码头工业城举行。共有400余人参加开工仪式。此次集中开工的工业项目共105个,总投资436亿元。其中瑞昌市开工的项目12个,投资额181亿元,占总投资额的2/5。12个项目中,既有现代装备制造业项目,又有战略性新型产业项目,涉及领域包括能源、化工、设备制造及旅游开发等。

【江西新洋丰肥业有限公司开业投产】 11月10日,江西新洋丰肥业有限公司举行开业庆典和经销商订货会。该项目为江西省2015年第一批重点项目,总投资20亿元,落户瑞昌市码头工业城,项目占地40公顷,年产120万吨新型复合肥,主要生产销售硝基复合肥、水溶肥、缓控释肥、掺混肥、复合(混)肥料。项目一期工程可年产80万吨新型复合肥,其中年产40万吨尿基新型复合肥即日正式投产,另有40万吨高塔新型复合肥生产线于2016年上半年投产。江西新洋丰肥业开业投产填补了瑞昌市肥业生产空白。

【九江进境木材监管区通关运行】 12月9日,九江进境木材监管区通关运行启动仪式在瑞昌市码头工业城举行。九江进境木材监管区项目位于瑞昌市码头工业城,由澳门澳马集团控股的江苏茅迪集团有限公司投资建设,与该公司投资建设的长江公用码头共同成为瑞昌市开放型口岸建设的重要部分。监管区项目总投资1.5亿元,用地15.2公顷,建设内容包括查验平台、监管仓、熏蒸区、货物堆放区、扣留区、办公区、生活区、堆场等。项目于6月28日开工,运行达标后,年查验木材能力可达300万立方米。

主要领导人 市委书记:古小平(任至1月)、罗文江(7月任)。市人大常委会主任:徐修武。市长:罗文江(任至7月)、郭小云(7月任)。市政协主席:郭少雄。

(冯国成)

·都昌县·

【简　况】 位于江西省北部,辖12镇、12乡、12社区居委会。总面积2669.53平方千米,其中城区面积13平方千米。耕地面积4.38万公顷,林地面积6.65万公顷,森林绿化率和覆盖率分别为33.47%和32.16%,城区绿化率32.56%。总人口81.85万人,其中非农业人口12.64万人。人口自然增长率10.81‰。全年地区生产总值95.12亿元,增长9.5%,人均1.31万元,增长13.7%。其中:第一产业增加值19.02亿元,增长4.2%;第二产业增加值45.42亿元,增长11.3%;第三产业增加值30.68亿元,增长10.6%。三次产业结构比20.0:47.75:32.25。财政总收入14.85亿元,增长19.2%,人均1814.3元,税收占财政总收入的83.3%。地方财政收入11.68亿元,增长16.8%;地方财政支出33亿元,增长7.5%。工业总产值215.63亿元,增长7.4%。规模以上工业增加值43.01亿元,增长9.3%。全社会消费品零售总额44.21亿元,增长12.6%。社会固定资产投资88.97亿元,增长20.5%。全年引进内资36.9亿元,增长11.2%;实际利用外资8502万美元,增长5.9%。外贸出口2.40亿美元,增长0.4%。主要工业产品有纺织服装鞋帽产业主营业务收入81.39亿;汽车零部件产业主营业务收入36.77亿元;农副产品精深加工产业主营业务收入32.94亿元;矿产加工产业主营业务收入9.47亿元。农业总产值34.04亿元,按可比价格计算,增长4.2%。农作物总播种面积10.83万公顷,粮食总产量8.3万吨。主要农产品有生猪出栏23.74万头、家禽出笼119.68万只、水产品总量8.69万吨。万元GDP能耗0.3523吨标准煤,二氧化硫排放总量1584.2吨,主要生活源减少300余吨,消减率18.9%,城市污水处理率86%。农民人均纯收入6253元,增长14.5%,城镇居民人均可支配收入2.09万元,增长10%。全县金融机构存款余额168.56亿元,比年初新增28.89亿元,增长20.6%。

【台湾中华民族团结协会参访团到都昌县开展文化交流】 4月17日,以夏瀛洲为团长的台湾中华民族团结协会参访团一行到都昌县开展文化交流活动,协商签订医疗合作框架协议事宜。夏瀛洲一行先后到县人民医院滨水西区分院、南山森林公园、多宝乡老爷庙、苏山乡鹤舍古村等地考察,认为都昌医疗行业与台湾发展历程相近,医疗行业发展有很多优势可以互补,台湾的特色医疗服务、医疗管理理念和培训模式可以直接移植到都昌,从而助推都昌与台湾两地医疗水平共同发展。都昌县历来重视与台湾的交流合作,先后与台湾多地开展互访活动,在医疗、文化等领域进行交流与合作。

【承办九江市老年人“第七届运动会”太极拳(剑)比赛】 5月27日—28日,九江市老年人“第七届运动会”太极拳(剑)比赛在都昌县举行。共有14个县市区的17支代表队136名选手参加比赛,比赛项目为四十二式太极拳和四十二式太极剑。这是都昌县第一次承办全市老年人体育健身运动会。浔阳区、都昌、瑞昌、星子、拓林电厂、共青城等6支代表队获得体育道德风尚奖,浔阳区、都昌、修水、瑞昌、武宁、九江开发区、德安、赣西北地质大队、庐山区、九江县等10支代表队获得四十二式太极拳项目团体金奖,浔阳区、都昌、瑞昌、修水、武宁、永修、九江开发区、德安、庐山区、赣西北地质大队等10支代表队获得四十二式太极剑项目团体金奖。

【4县书法联展在都昌县举办】 6月27日，安徽长丰县，江西瑞昌市、九江县、都昌县4县（市）书法联展在都昌县举办。联展共展出130多幅作品，风格各异，内容丰富，代表四县书法的最高水平，同时书法联谊活动进一步加强都昌与周边县市艺术领域的交流与合作，提升都昌县鄱阳湖文化品牌。“长丰、瑞昌、九江、都昌”书法联展，是“两省四地”书法界的一大盛事。都昌县积极实施“文化强县”战略，打造“书画之乡”，鼓励培育一批书法艺术家，全县有国家级会员11个，其中，黄阿六、吴德胜、曹端阳“鄱湖三友”更是享誉中国书坛。

【水利部督导组到都昌督导坡耕地整治工程建设】 10月21日，水利部水土保持司副司长牛崇桓率督导组到都昌督查水土保持重点工程建设。督导组一行先后到汪苏项目区的春桥乡及大沙镇坡耕地整治现场察看，详细了解工程招投标、监理及后期维护相关情况，对都昌在工程建设进度及软件资料方面给予充分肯定，并要求各地继续加快当前工程建设进度，确保在12月底前完成工程量的90%目标任务。2015年度实施的汪苏项目区位于中部丘陵区，范围涉及汪墩、土塘、苏山、春桥、大沙等5乡（镇）15个村。规划实施坡改梯333.53公顷。其中，新修水平梯田254.87公顷，原有台地整治工程78.66公顷；修建蓄水池13座，沉沙池216口，截排水沟36.55千米，涵管2101处，田间生产道路17.85千米，植物护埂49.49公顷等。项目施工工期6个月。工程总投资1250万元，9月15日开工。

【余修婷参加北京“华远杯”世界女子桥牌精英赛】 2015年北京“华远杯”世界女子桥牌精英赛11月14日结束，北京华远队摘得团体赛及最佳总成绩两项冠军。华远队队员余修婷参与大赛，并同桥牌大师、国家桥牌青年女队主教练鞠传成一同接受中央电视台专访并为此次大赛作解说、点评。余修婷生于1991年5月，都昌万户人，先后参加全国各大城市举办的大型比赛且多次获奖。2月3日，全国桥牌青年团体赛在江苏省苏州市吴江区开赛，共有54支队伍300多名运动员参赛，余修婷在此次大赛中一举夺得全国桥牌青年团体赛女子组U25冠军。4月，又代表国家青年女队参加在泰国举办的亚太青年桥牌锦标赛并夺得金牌。

【都昌县森林公安局获全国“保护森林和野生动植物资源先进集体”称号】 12月8日，国家林业局发布《关于表彰全国保护森林和野生动植物资源先进集体和先进个人、优秀组织奖获奖单位决定》，都昌县森林公安局被授予“全国保护森林和野生动植物资源先进集体”称号。近年来，都昌县森林公安局按照“严格保护、积极发展、科学经营、合理利用”的要求，坚持依法治林，加大执法力度，创新体制机制，建立高效完备的森林资源保护体系，全面提升森林资源保护和发展水平，实现经济效益、社会效益、生态效益共赢。

主要领导人 县委书记：周毛春。县人大常委会主任：詹幸春。县长：陈云滚。县政协主席：石和平。

（程芬）

·湖口县·

【简　况】 位于江西省北部，辖6镇、6乡、1垦殖场和1水产场。总面积673.66平方千米，其中城区面积13.6平方千米。耕地面积2.17万公顷，森林覆盖率24.8%，城区绿化覆盖率49.2%。总人口30.1万人，其中非农业人口7.03万。人口自然增长率7.22‰。全年地区生产总值109亿元，增长10.4%。其中：第一产业增加值11.3亿元，增长4.4%；第二产业增加值77.6亿元，增长10.8%；第三产业增加值20.1亿元，增长12.3%。全年财政总收入24.09亿元，增长6.0%；人均8033元，增长4.9%；税收占财政总收入的87.5%。财政总收入中地方财政收入15.53亿元，增长3.7%。财政支出24.51亿元，增长5.6%。工业总产值347.32亿元，增长2.3%。规模以上工业增加值占地区生产总值的62.5%，外贸出口占地区生产总值的3.2%。全年固定资产投资199.49亿元，增长20.8%。实际利用外资1.16亿美元，增长20.7%。全县规模以上工业净增5户，总数达75户。工业增加值68.14亿元，增长10.8%，主营业务收入446.67亿元，增长10.7%。工业用电量28.1亿千瓦时，增长12.3%。主要工业产品有钢材506.89万吨，增长3.6%；化学纤维14.83万吨，增长3.9%；水泥39.85万吨，下降13.9%；硫酸25.61万吨，下降2.3%。港区货物吞吐量3416万吨，增长34%。规模以上工业万元GDP能耗0.87吨标准煤，上升0.05吨。二氧化硫排放总量3.8万吨，削减1.8%。城市污水处理率52%。农业总产值18.87亿元，增长4.4%。粮食产量11.5万吨，增长1.8%。主要农产品有棉花1.03万吨，持平；油料2.52万吨，减少2.5%；蔬菜瓜果6.71万吨，增长2.4%；水产品4.21万吨，增长6.6%。城镇居民人均可支配收入2.69万元，增加2532元，增长10.4%；农村居民人均可支配收入1.23万元，增加1105元，增长9.9%。城乡居民储蓄存款余额66.52亿元，增长15.2%。

【两大项目落户湖口】 6月18日，湖口县与新加坡金鹰集团赛得利中国投资有限公司签约，投资80亿元建设差别化化学纤维项目。该项目是全县盘活园区闲置土地资源，成功实现企业注资重组的重大举措，被市委、市政府称为“全市企业资产重组成功典范”。项目分四期建设。6月27日，该公司完成对龙达（江西）化学纤维有限公司资产收购的交割工作。7月，总投资30亿元蛋白质合成纤维项目签约落户湖口金砂湾工业园，占地面积53.33公顷，是国内最大动植物蛋白纤维生产企业。该项目由星中（江西）动植物蛋白质纤维有限公司投资建设，年产6万吨蛋白质合成纤维。

【实施小农水重点县建设工程】 9月，全国第六批小农水重点县建设项目在湖口县实施。该项目建设包括塘坝整治处，渠道整治90.71千米，新改建渠系建筑物2987座，高效节水灌溉49公顷，土地平整99.33公顷，修筑田埂38.92千米、田间道9.25千米。工程总投资3163.71万元。该工程项目实施后,改善灌溉面积1286.67公顷,可实现农民年人均增收90元。

【新型农村合作医疗大病保险实现全覆盖】 2015年,全县新农合在完善农村居民所患肺结核等15类重大疾病按病付费基础上,推进按床日付费支付改革工作,实现全县覆盖。确定参合农民在患大病发生高额医疗费用的情况下,按现行新农合政策补偿后,需个人负担的可报医疗费用超过起付线的,可申请大病保险补偿。新农合大病保险按医疗费用高低分段补偿,按现行新农合政策补偿后,个人年度累计负担的可报医疗费用扣减起付线金额后,5万元(含)以内部分,补偿比例为50%。2015年,全县新农合参合农民22.32万人,参合率100%,各级财政补助提高至人均380元。

【《湖口村庄》出版】 12月,由县政协组织部分委员及专家,历时2年编纂而成的《湖口村庄》出版。该书共收录湖口村庄1838个,其中现存1641个、搬迁合并197个。全书23.5万字,使用图片2050张。图片包含自然村庄的全景、古建筑、古树等。文字记述内容包括成村时间、创始人、迁出地、村名来由、地理位置、历史人物、重要事件、民情风俗及现有规模等。

【湖口港区货物吞吐量突破3000万吨】 2015年,湖口港区完成货物吞吐3416.48万吨,增长34%,占九江港所属五大组合港区货物吞吐总量的33%。矿石、钢铁、建材是港区吞吐的主要货种,全年进出口总量增加859.9万吨,均实现三位数增长。其中矿石吞吐量净增501.96万吨,增长55%;矿建材料、钢铁分别增长53%和38%。

【赣东北第一游击大队纪念碑竣工】
10月,赣东北第一游击大队纪念碑建设竣工。该纪念碑位于城山镇圆密庙前,占地面积约0.33公顷、碑高8米。1929年9月28日,赣东北第一游击大队在湖口城山密庙成立,周赓年任大队长。大队成立后,转战湖口、都昌、彭泽、鄱阳等地,打土豪,分田地。1930年4月29日,会同赣北游击队、都昌特务队率领赤卫队和革命群众几千人攻占湖口县城,开创赣东北第一块较大的根据地,在江西革命史上写下辉煌的一页。

主要领导人 县委书记:卢光辉(任至3月20日,因涉嫌严重违纪违法接受组织调查。6月18日,市检察院立案。7月2日,省高级人民检察院批捕)。县长:李小平(3月起主持县委、县政府全面工作)。县人大常委会主任:杨剑。县政协主席:杨小林。

(谭晓生　沈文初)

·彭泽县·

【简　况】 位于江西最北端,辖10镇、3乡、1农业开发区、1农场、1垦殖场、1原种场、1建材总厂、1棉科所。总面积1544平方千米。森林覆盖率49.2%,城区绿化率40%。总人口38.31万人,人口自然增长率7.45‰。全年地区生产总值84.5亿元,增长21.9%。其中:第一产业16.34亿元,增长4.1%;第二产业46.51亿元,增长10.6%;第三产业21.65亿元,增长12.2%。社会消费品零售总额25.3亿元,增长13.6%。财政收入18.32亿元,增长20.3%;人均5098元,税收占财政总收入比重的85.9%。规模以上工业增加值59.09亿元,增长10.3%。主营业务收入274.16亿元,增长9.5%;利税23.8亿元,增长4.1%。新增规模以上企业20家。集中开工项目21个。引进亿元以上项目12个,实际引进内资80.2亿元。外贸出口2.63亿美元,增长1.15%。开展"财园信贷通""助保贷"等金融服务,为141家企业提供贷款5.7亿元。金融机构各项存款余额102.39亿元,增长12.9%;各项贷款余额48.63亿元,增长19.8%。粮食种植面积1.75万公顷,粮食总产10.45万吨;棉花种植面积1.81万公顷,皮棉总产2.46万吨;油菜种植面积1.98万公顷,油料产量4.13万吨。水产品总产量5.14万吨,其中彭泽鲫产量2.36万吨;生猪出栏11.83万头。土地流转面积1.12万公顷,各类农民专业合作社385家,新增专业合作社63个,获国家级示范合作社6家,家庭农场、种植大户等新型农业经营主体609家。造林面积1286.67公顷、血防林造林600公顷、森林抚育666.67公顷、封山育林333.33公顷。农民人均纯收入1.18万元,增长10.1%。全社会用电量6.43亿千瓦时。万元GDP能耗下降4.6%。化学需氧量削减量为314吨,氨氮削减量为88吨,氮氧化物削减量为700吨。城镇居民人均可支配收入2.52万元,增长10.1%;农村居民人均可支配收入1.18万元,增长10.1%。城乡居民年末储蓄余额102.39亿元,增长12.9%。棉船镇获第四届"全国文明村镇"荣誉称号。

【初步形成四大产业集群集聚】 2015年,彭泽县规模以上工业企业105家。其中,现代轻纺有33家,现代制造17家,化学工业23家,建材矿产19家。主营业务收入分别达76亿元、43亿元、90亿元、40亿元,占全县主营业务收入90%,四大产业集群集聚态势已初步形成,成为支撑彭泽工业发展的主导力量。

【两大湿地入选《江西省第一批重要湿地名录》】 1月7日,省林业厅公布《江西省第一批省重要湿地名录》,彭泽县的太泊湖和芳湖2处县级湿地保护区入选。湿地面积1866.67公顷,涉及16个行政村、国营芙蓉农场和县水产养殖场。两个湿地保护区属湿地野生生物、野生动物类型保护区,是大量的水生动植物生存和多种珍稀濒危野生动物栖息、迁徙、越冬和繁殖重要场所。保护区内拥有白鹤和东方白鹳国家Ⅰ级重点保护鸟类2种,有以小天鹅、白琵鹭、灰鹤、白额雁为主要种群的国家Ⅱ级重点保护鸟类26种,以及省级重点保护鸟类69种。每到秋冬季节,数万只越冬候鸟来到湖区生存、栖息,度过半年越冬期。

【首次放流冬片鱼种】 为增加长江渔业资源的多样性,养护长江渔业资源。3月20日,县渔业部门向长江投入鱼苗15万尾,这是彭泽县首次放流冬片鱼种。近年来,受水下工程、航运作业、环境污染和过度捕捞等诸因素影响,长江中的鱼类数量逐渐减少,增殖放流活动既可以改善长江水环境,更能促进长江鱼类可持续发展。

【入选“统防统治与绿色防控融合推进国家级示范基地”】 3月23日，农业部办公厅印发《2015年农作物病虫专业化统防统治与绿色防控融合推进试点方案》，彭泽县是江西唯一入选2015年国家级示范基地开展试点的单位。彭泽县采取助力标准化植保专业防治组织、在田间放置害虫诱捕器和性引诱剂、规范统防统治范围程序及补助标准、全程实施病虫专业化统防统治与绿色防控融合等措施，通过一年实施，示范区亩产籽棉285.6～321.0千克，平均300千克；非示范区亩产子棉259.2～280.2千克，平均268.4千克，增产10.5%。经专家验收，认为彭泽县棉花专业化统防统治和绿色防控融合项目达到预期目标，取得优良成效。

【启动林业有害生物普查工作】 为摸清县域林业有害生物基本情况，科学制定防治规划，开展预防和治理，维护林业资源和国土生态安全，4月30日启动林业有害生物普查工作。规划历时2年，对县域内林业有害生物的种类、分布、寄主、危害程度等方面情况，全程记录和制作成套的有害生物生活史，形成相关本底数据资料档案，为有效预防和治理林业有害生物提供科学、全面、准确、客观的有害生物信息。重点调查自然保护区、重点生态区、湿地、旅游景区、交通干线及花卉苗木商品经营活跃地区和人流物流活动频繁区。

【县财政出资给森林买保险】 作为全省重点林业县的彭泽，自林权改革完成后，就将商品林全部纳入森林灾害保险范围，实行商品林全县统保，而对其他水、虫等林业常规性灾害未涉及，成为林业保险的短板。彭泽县利用保险这一杠杆，将森林火灾、水灾、虫灾等林业灾害全部纳入保险范畴。并按商品林600元/亩的保险金额投保，县财政统一出资，为林木健康生长和林业产业发展披上“金钟罩”。

主要领导人 县委书记：孙金森。县人大常委会主任：方柏生。县长：宁小球。县政协主席：江先来。 （高 异）

·永修县·

【简 况】 位于江西省西北部，辖11镇、4乡、2垦殖场和2企业集团。总面积2035平方千米（含已划归共青城市部分），其中城区面积16平方千米。耕地面积3.1万公顷，林地面积7.57万公顷，森林覆盖率33.6%，城区绿化率41.36%。总人口39.63万人，其中城镇人口16.77万人。人口自然增长率7.98‰。全年地区生产总值121.25亿元，增长9.2%。其中：第一产业增加值14.34亿元，增长4%；第二产业增加值78.07亿元，增长10%；第三产业增加值28.84亿元，增长9.9%。财政总收入21.52亿元，增长16.1%，人均5425元，税收占财政总收入的86.7%。地方公共财政预算收入17.16亿元，增长19.3%；公共财政支出33.09亿元，增长13.9%。规模以上工业总产值461.86亿元，增长8.7%。规模以上工业增加值100.34亿元，增长10.2%，占地区生产总值的82.8%。外贸出口2.84亿美元，增长2.6%。固定资产投资209.23亿元，实际利用外商投资1.16亿美元。农业总产值26.92亿元，增长5.5%。粮食总产量25.56万吨。主要农产品有棉花5100吨、油料1.97万吨、水产品5.21万吨、肉类总产1.85万吨。社会消费品零售总额32.87亿元，增长13.6%。城镇居民人均可支配收入2.63万元，增加2391元，增长10%。农村居民人均可支配收入1.23万元，增加1141元，增长9.9%。城乡居民年末储蓄余额85.06亿元，增长14%。

【打造特色智慧旅游强县】 2015年，永修县推出“互联网+”智慧旅游模式，利用先进信息技术满足游客出游需求，为游客提供便利。利用“永修旅游”微信、微博，宣传旅游资源，发布各景区交通、客流等方面信息，为游客提供服务。“永修旅游”官方网站开设景点推荐、旅游资讯等栏目，游客通过浏览网站，不仅可安排旅游线路和计划，还能采用网络支付手段，提前预定车票、酒店和景点门票。将各景区的旅游休息点、旅游厕所等纳入手机客户端，游客扫描二维码后能快速找到休息场地和景区厕所，解决游客在景区休息难、如厕难等问题。截至年底，全县共接待游客507.5万人次，接待入境游客5.3万人次，接待过夜游客116万人次。近年来，永修县采取“走出去、请进来”的办法，把做强旅游产业作为全县经济发展的主攻内容之一。县财政每年设立2000余万元的旅游发展专项资金，用于推进、支持、鼓励旅游宣传营销、景区创建、人才引进、星级宾馆、农家乐、旅游商品奖励等工作开展。同时，整合城建、交通、文广、农业、林业、水务、扶贫和移民、新农村建设、农业综合开发等相关部门资金，加大旅游景点配套项目建设扶持力度，做到项目资金向涉旅工作倾斜。2015年，全县旅游亿元以上重大在谈、签约、在建项目10余个，并且呈现投资规模大、带动能力强、辐射范围广等特点。为确保实现安全、秩序、质量、效益的目标，县财政主动作为，出台旅游产业发展资金使用管理办法，在项目标前审价、评审、招投标、项目前期建设、资金使用绩效、项目竣工决算等重要环节上加强把关工作，提高财政专项资金使用效益。

【打造园区“两化融合”平台】 永修县坚持“人无我有，人有我优”，打造全省第一家工业实体电商平台、全国第一家有机硅电商平台的目标定位。坚持高位推动，并将实体电商平台作为拟巡回看变化点重点打造。在建设过程中，通过公开招投标方式遴选建设主体，确定由省电信下属信产公司承建“两化融合”平台建设，并先后到南昌小蓝、抚州高新等开发区及相关企业考察借鉴，不断优化完善方案，精准采集企业数据，精简录入材料信息。在管理维护上，由园区、省信产公司和电子商务运营商三位一体的平台运行维护团队，各司其职，各负其责。规划搭建工业实体电商产业基地，确保2年地方实体企业网上交易量突破1亿元的工作目标。

【推进精准扶贫】 永修县在精准扶贫中，以产业扶贫为着力点，在山区乡镇重点发展柑橘、早熟梨等特色果业，湖区乡镇重点发展出口蔬菜、水产等特色种养业，形成“山区一片果树、沿路鸡鸭牛兔、湖区鱼虾满库”的产业格局。实施“一村一品抓主业、一乡一业抓基地”发展模式，培育壮大产业基地。加强对农民专业合作社的政策、资金、人才技术等方面帮扶，通过以奖代补、贷款贴息等形式，为贫困户提供产供销一条龙服务，带领贫困户抱团致富。推动“公司引、合作社帮、大户带”的扶贫模式，对贫困户发展果业每亩补400元，建设养殖棚每平方补300元，租赁鱼塘每平方米补300元。截至年底，该县从事果业种植的贫困户734户，户均增收11800元；从事鸡鸭牛羊养殖的贫困户623户，户均增收8160元；从事水面养殖的贫困户545户，户均增收6780元；流转贫困户土地800公顷，亩均年收入近700元，5085户贫困户脱贫。推行“机关干部帮扶到户、行业部门投入到村、社会力量参与组、财政资金托底到人”的帮扶机制，开展“部门联村、干部联户”的结对帮扶活动，1320名机关干部明确具体帮扶对象。对建不起新房的贫困户，在享受其他补助基础上，每户再扶助5000元建房款。2015年，筹资466.99万元救助贫困人员4340人次；投入资金2280万元改造危房1520户，保障贫困户基本生活。

【柘林镇迈向全省一流旅游名镇】 素有“柑橘之乡”美誉的永修县柘林镇，以“调结构，转方式，创品牌，壮产业，拓市场，促增收”为理念，把柑橘视为富民产业来抓，依托绿色生态和柑橘合作社，做大做强柑橘产业，加速建设优质农副产品供应基地。为确保柑橘增产增收，该镇以万亩橘园为基础，开辟易家河至司马十里柑橘采摘园，整合资金80万元，在易家河、司马两村分别建立一个大型农产品交易中心，开辟易家河果园直通车。在南昌等地设立直销部门，完善柑橘电子销售推介平台，拓宽柑橘营销渠道，橘农人均增收500元，带动乡村旅游发展。依托得天独厚的旅游资源，柘林镇旅游风格自成一体，形成集生态观光、采摘、温泉养生、峡谷漂流、休闲度假于一体的旅游产业链。全年累计接待游客120万人次，增长20%。“春季赏花礼佛、夏季漂流探险、秋季采橘垂钓、冬季观鸟泡泉”的生态观光休闲旅游品牌正在形成。

【“党建＋农村产业”模式引领乡村经济发展】 永修县坚持“围绕产业抓党建、抓好党建促发展”理念，实施“党建＋农村产业”模式，建好基层党组织，培育农村党员，发展富民项目，促进农业产业化发展。以创新基层党组织设置为切入点，把党建同产业运营相结合，引导有创业能力的党员把关系转到产业党组织，构建“党组织＋合作社＋产业基地”模式，发挥党组织在产业链上的政治核心、引领示范作用。江西燕山青茶业有限公司茶农在云山集团党委帮助下，组建合作社，成立党支部，建立党员致富示范基地，形成“公司＋基地＋农户”发展模式。该集团茶叶基地面积400公顷，合作社社员201户，每户年收入4万余元。结合旅游建设，在永武公路、105国道及永吴公路沿线乡镇指导开发农家乐、采摘垂钓等休闲观光游项目，完善“党员户＋家庭农场”产业组织，打造昌九旅游一体化“桥头堡”。通过加强基层产业党建，打造优质粮食基地3.8万公顷、特种水产基地1万公顷、特色水果基地8333.33公顷、绿色蔬菜基地1.23万公顷，形成“沿河、沿路、沿湖”3条特色农业经济走廊。针对农民发展产业缺乏技术、经营能力差等现状，加快农村党员队伍建设，发挥党员产业带头人传、帮、带作用，实施党性教育主体工程，依托党员现代远程教育站点，开展“送科技下乡”活动，提高农村党员创业致富能力。全年帮各村争取产业发展资金480万元，实施“产业富民”党建项目53个，全县2400多名贫困农民摘掉“穷帽子”。

【3个农产品通过农产品质量追溯项目验收】 10月，云山集团生产的甲鱼、燕山青茶叶和云居山有机茶3个农产品通过质量追溯项目验收。云山集团从生产经营管理、农产品质量安全检测和产品质量追溯二维码使用等情况以及产品的项目原始资料、网络构建、信息采集、标签管理、制度建设、人员培训、系统运行以及资金使用情况等方面均符合农业部总结验收要求。从2010年起，云山集团对柑橘、绿茶、甲鱼、水蜜桃、大米等6个农产品开展质量追溯项目建设。在生产过程中，严格按照质量追溯生产标准，全程做好使用记录，及时上传信息数据，使这些农产品实现“从农田到餐桌”全程质量可追溯，做到“生产可记录、信息可查询、流向可追踪、责任可追究”。通过开展质量追溯项目建设，云山集团农产品取得了品牌效益和经济效益，“云居”牌柑橘荣获第10届中国北京国际农产品交易会金奖，“云居”牌茶叶获江西省名茶称号，“燕山青”牌绿茶获2015百年世博中国名茶金骆驼奖。云山集团被农业部认定为全国第一批农业农村信息化（生产应用型）示范基地。这些农产品在市场占有率提高12个百分点。

【获“全国湿地保护先进县”称号】 2月15日，永修县获“全国湿地保护先进县”称号，并获得国家500万元湿地保护奖励资金。地处鄱阳湖畔的永修县，拥有各类湿地面积5.0万公顷，其中中国首批列入世界重要湿地名录的六大湿地之一的吴城鄱阳湖湿地，是白鳍豚、中华鲟、冬候鸟等珍稀野生动物的重要栖息地。为保护好湿地资源，永修县抓好湿地环境建设，建成江西修河国家湿地公园和修河湿地生态长廊，打造集生态功能、文化功能于一身的湿地生态系统。加强执法检查，县法院成立修河流域生态环境保护合议庭，负责审判、执行修河流域生态环保案件；县林业、森林公安等部门联合执法，制止违法征占用湿地行为。近2年来，全县开展湿地保护专项执法活动41次，查处破坏湿地及鸟类资源的违法案件23起，依法处罚31人，保护了湿地生态安全。同时，加快湿地保护基础设施建设，建成日处理2.4万吨的园区污水处理厂、在星火工业园建设环境监控中心和安装4个全球眼，实现对重点工业企业污染排放24小时在线监测，确保生产生活污水达标排放。合理调整湿地区域产业发展，引导湖区群众推广立体式种养模式，应对鄱阳湖湿地保护区封洲禁牧给群众生活带来的影响，通过引进150亿元文化旅游综合开发项目，打造“赣天下”旅游品牌，实现湿地保护和经济发展的双赢。

【获首批中国乡村旅游名牌】 8月12日，国家旅游局公布首批乡村旅游“千千万万”品牌名单，永修县柘林镇易家河村和云山集团新民新村入选。永修县还有5家单位和9人被分别授予"中国乡村旅游金牌农家乐"和"中国乡村旅游致富带头人"称号。其中,新家园食府、橘园土菜馆、渔林馆土家菜、绿茵生态山庄、江上土巴屋山庄5家单位被授予"中国乡村旅游金牌农家乐"称号;柘林镇易家河村的郑根水、李小华、刘建军,云山新民新村的李小平,顺来玫瑰园的郑顺来,江上土巴屋的张吉耀,江上葡萄园的吕泽新,八角岭绿色沙洲农庄的熊茂树,恒丰龟山湖休闲山庄的张军9人被授予"中国乡村旅游致富带头人"称号。

【打造工业实体企业电子商务产业基地】 2015年,县园区工业发展公司和江西极客工场(江西纽扣实业有限公司)合作组建永修云硅电子商务有限公司,以开发区园内企业为项目主体,以"中国有机硅交易网"为载体,打造国内具有较大影响力的工业实体企业产业型电子商务聚集区和电子商务培训基地。建设四个平台,打造工业实体企业电子商务产业基地。打造有机硅工业电商平台:以云硅电子商务有限公司作为平台营运机构进驻基地,通过电子商务、移动互联网以及大数据技术打通工业实体企业O2O线上线下产业链。打造有机硅终端产品研发孵化平台:依托中国航天科工集团下属航天云网科技发展有限公司,运用航天云网专家池和大数据平台的资源优势,组建线上有机硅终端产品研发孵化平台,为企业转型升级提供直接动力。打造院士(博士)工作平台:依托"互联网+智能制造"专家池和大数据平台,成立以院士(博士)为核心集产、学、研、用于一体的有机硅技术研发工作平台。打造电商培训平台:联合南昌高校创办电子商务应用人才培训学校,为园区内企业培训电子商务管理与应用人才。基地总投资5000万元,建筑面积2000平方米,以工业实体企业电商为主线,构建包括有机硅工业电商平台、产品研发孵化基地、企业发展导贷基金、院士(博士)工作站和电商培训中心五块内容,项目于9月开工,10月投入运营。

【加大城乡养老服务设施建设】 永修县优化整合城乡资源,加大城乡养老服务设施建设,让孤寡老人安享晚年。在推进社区养老服务设施建设中,规定公开出让经营性用地新建居住区项目,必须建设配套养老服务机构,确保居住区有老人日间照料中心。为进一步加强农村养老服务,在建设秀美乡村时,优先建设农村养老服务设施,健全农村五保供养机制,拓展社会代养、日托照料等多种功能,利用农家大院、闲置校舍等建设托老所、老年活动站等养老服务机构,为农村空巢老人建好温馨家园。创新养老模式,鼓励社会力量发展养老服务,采取公建民营、民办公助等方式,将养老服务交给市场和社会组织运营管理,兴办不同规模的养老服务设施机构,就近为城乡老人提供集中照料和托养服务。为提高养老服务水平,完善养老服务信息系统,在社区建立居家养老呼叫服务网络,为高龄老人、失能老人免费配置电子呼叫设备,为老人提供快捷的居家养老服务。至年底,已在艾城镇、马口镇等乡镇建设有居家养老服务中心,共帮200多名空巢老人实现老有所养、老有所医、老有所乐的心愿。

主要领导人 县委书记:邹绍辉。县人大常委会主任:张礼铨。县长:杜少华。县政协主席:欧阳洁。

(陈汉铭)

·德安县·

【简　况】 位于江西省北部,辖5镇、8乡、1林场、1园艺场。总面积863平方千米,其中城区面积12平方千米。耕地面积8941公顷。有林面积4.02万公顷,森林覆盖率60.56%,城区绿化率42.88%。总人口17.49万人,人口自然增长率7.90‰。全年地区生产总值83.54亿元,增长9.9%。其中:第一产业增加值5.52亿元,增长4.0%;第二产业增加值57.47亿元,增长10.2%;第三产业增加值20.56亿元,增长10.8%。财政总收入15.71亿元,增长18.1%,人均9951元,税收占财政总收入比重的86.9%。地方财政收入12.81亿元,增长20.7%;地方财政支出21.52亿元,增长23.5%。规模以上工业总产值409.93亿元,增长11.3%。规模以上工业增加值81.53亿元,出口总值2.25亿美元。社会固定资产投资额99.38亿元,增长21.0%;房地产开发投资额3.18亿元,增长13.8%;工业投资额83.45亿元,增长21.1%。实际利用外商投资1.02亿美元。主要工业产品有轮胎42.31万条、纱19.27万吨、水泥61.66万吨、服装2580.57万件。农业总产值10.35亿元,增长5.5%,粮食总产量4.96万吨。主要农产品有油料8953吨、棉花7956吨、生猪出栏7.67万头、水产品产量6754吨、水果产量7735吨。万元GDP能耗0.5188吨标煤,城市污水处理率88%。城镇居民人均可支配收入2.66万元元,增加2486元;农村居民人均可支配收入1.27万元,增长10.3%。城乡居民年末储蓄余额50.04亿元,比年初增长9.4%。

【重奖为县经济发展作出突出贡献的企业】 2月27日,德安县对2014年为全县经济发展作出突出贡献的30家优秀企业进行奖励,奖励总金额100万元。其中德安县塑丽龙纺织有限公司获得外贸出口贡献奖和工业企业纳税贡献奖,奖金71.88万元,成为佼佼者。2015年,县委、县政府出台全县工业经济发展工作意见,坚定不移推进工业强县战略。坚持以园区建设为主战场,以招商引资为主抓手,以现代轻纺、电子电器、汽车配件三大产业为主攻点,打造工业发展新格局。实行决战工业奖励政策,加大对新增规模以上企业、纳税大户、创名牌等优秀企业奖励扶持力度,规定今后每年奖励资金不少于100万元。

【首例遗体捐献成功】 德安县红十字会登记遗体(器官)捐献志愿者7人,成功实现遗体捐献1例。4月23日晚,参加过淮海战役、有着70年党龄、离休干部、九江橡胶厂原党委书记王泽深老人离世。其妻子王良琳及儿子按照他生前的意愿,无偿把遗体捐献给医学院,用于医学科研事业。王泽深是德安县开展遗体捐献活动以来首例捐献遗体的志愿者。

【台风"苏迪罗"灾害】 因受第13号强台风"苏迪罗"影响,8月9号下午到晚上,德安县塘山乡连续10小时暴雨不断,至10日早上8时,降雨量达349毫米,雨量之大百年未遇。此次暴雨洪灾致该乡遭受严重损失,全乡受灾面积733.33公顷,成灾面积553.33公顷,绝收面积333.33公顷,其中水稻受灾266.67公顷、玉米200公顷、茭白13.33公顷。房屋进水800户,受灾人口3200人。损坏房屋8栋,倒塌正房2栋。各地塌方、滑坡30余处。小山塘溃坝8处,冲毁塘坝、渠系和堰坝71处,冲毁道路50处。养殖户受灾14户,杂货店受灾5家。直接经济损失1700多万元。

【蒲塘小学获全国短式网球比赛大奖】 7月29日至8月3日,德安县蒲塘小学在江西省鹰潭市举办的2015年全国少儿短式网球大赛上再创辉煌,24人次获全国比赛大奖,3人获女子A、B组第一名。这是继2014年在江西省抚州市举行的全国少儿短式网球大赛中一举包揽男、女2个团体冠军和全部12个单项的3个单项冠军、4个亚军、5个季军的好成绩之后,取得的又一殊荣。

【旅游收入首次突破7亿元】 2015年,德安县旅游经济指标增长强劲,取得历史性突破,旅游总人数67.2万人次,增幅70.1%,实现旅游综合收入7.51亿元,增幅31.5%。德安县围绕"隆平故里·情义德安"这个主题,挖掘山水文化、名人文化、宗教文化、历史文化内涵,重点推出"和谐文化游""抗日爱国游""名人家乡游""生态休闲游"等特色品牌旅游线路,吸引游客旅游观光、休闲采摘。同时,依托良好的资源、交通优势,主动培育乡村旅游市场,加快推进乡村田园休闲游建设。在"踏青赏花"游方面突出亮点,在"田园采摘"游方面追求卖点,乡村休闲采摘游日益成为县旅游对外展示的窗口。

【纺织产业助推县域经济】 2015年,投资15亿元的镁淇实业、投资5亿元的宝晟织造等一批新上纺织项目落户县工业园区;投资30亿元的德鑫纺织、投资11亿元的塑丽龙纺织、投资10亿元的鑫城纺织等项目投入生产;全县纺织企业总数54家,从业人数1.2万余人;全行业主营业务年收入122亿元,年利税10亿元。在发挥纺织产业"集群效应"上,德安县主要采取三方面措施:首先,依托传统优势,奠定产业基础。20世纪80年代,德安有2家国有纺织企业,储备了大量人才资源。加上种植棉花的传统,这让德安县拥有充足的棉纺原材料资源。2003年3月企业进行改制后,县委、县政府依托"先天"优势,当年就引进福建客商购买原德安县棉纺厂,并投入6000万元新上年产3000吨45S涤纶筒纱生产线。此后相继引进九洲纺织、恒通纺织、欣宁服装等项目,纺织、服装产业形成集聚。在此基础上,又根据打造千亿级纺织集群规划要求,多措并举,按照瞄准招引龙头企业、填空招齐配套项目思路,经过多年的招商引资,已形成纺纱、织布、印染、加工服装完整产业链。其次,实行龙头带动,壮大产业集群。引进、培育有龙头带动作用的重大、特大项目。2009年,鑫城纺织需要扩大生产规模,而原有厂区面积太小,县政府在县工业园为其解决6.67公顷工业用地。2010—2011年,又通过以商招商的方式,分别引进投资30亿元的德鑫100万锭精梳纺织项目和投资11亿元的塑丽龙纺织项目。2015年初,塑丽龙纺织项目基本达产,德鑫纺织第一期30万锭精梳纺织项目全面投产。全县纺织服装产业集群蔚为大观,建成投产的有45家,其中纺织企业12家,服装及鞋类企业24家;投产纺织产能突破100万纱锭,棉纱装机总规模位居九江市同行业第一位。培育"爵士鹰""卡玛芮""卡杰娜"等一批自主服装品牌,自主品牌影响力日益扩大。再次,填补产业空白,增强产业张力。针对产业链不完整的突出瓶颈,先后引进宝晟织造染整、织布、纺织(针织)生产线项目和镁淇实业印花、染整、织布、纺织生产线项目,完善产业链。宝晟织造项目于2015年7月竣工,达产达标后可实现主营业务收入3.6亿元。镁淇实业一期项目于2015年12月竣工投产,达产达标后可实现主营业务收入8亿元。

【获2015年"国家园林县城"称号】 12月31日,中国住房和城乡建设部网站公示,江西省5县1乡入选2015年国家园林城市,其中德安县获2015年"国家园林县城"称号。自2010年开始,德安县为进一步提升城市品位和文明程度,打造城市园林特色,推进城市建设,以创建国家园林城市为契机,增景添绿。至2015年年末,中心城区绿化覆盖面积488公顷,绿地面积450公顷,建成区绿化覆盖率46.04%,绿地率42.49%。一座"城在林中、人在花间、行在树下、四季有花、四季常青"的现代园林县城已初具雏形。

主要领导人 县委书记:骆效农。县人大常委会主任:王金华。县长:熊晋喜。县政协主席:高茂木。

(郭任初)

·共青城市·

【简　况】 位于江西省北部,辖5乡镇、1街道办事处和1工业园。总面积179.14平方千米,其中城区面积59.19平方千米。耕地面积4220.62公顷,林地面积2736.14公顷,森林覆盖率19.89%,城区绿化率47.6%。总人口近12万,其中非农业人口3.88万。人口自然增长率6.91‰。全年地区生产总值78.87亿元,增长9.9%。其中:第一产业增加值2.47亿元,增长4.2%;第二产业增加值60.20亿元,增长9.8%;第三产业增加值16.20亿元,增长11.6%。财政总收入15.19亿元,增长15.3%,人均1.8万元,税收占财政总收入比重的76.99%。地方公共财政收入12.98亿元,增长28.8%;公共财政支出19.80亿元,增长26.03%。工业总产值429.63亿元,增长9.0%。规模以上工业增加值81.04亿元,增长10.0%。外贸出口4.17亿美元,增长3.0%。固定资产投资146.29亿元,实际利用外商投资1.18亿美元,省外投资87.22亿元。主要工业产品有服装5340万件(套)、啤酒9.6万吨、手机2124万部、液态硅橡胶3988吨。农业总产值3.74亿元,增长5.3%。主要农产品有粮食总产量2.15万吨、棉花467吨、油料1024吨、水产品3810万吨、肉类总产6897吨。万元GDP能耗0.1吨标准煤,二氧化硫排放总量削减率2.61%,城市污水处理率85.1%。社会消费品零售总额

15.56亿元,增长15%。城镇居民人均可支配收入2.87万元,增加0.26万元,增长9.8%。农村居民人均可支配收入1.45万元,增加0.13万元,增长9.6%。城乡居民年末储蓄存款50.68亿元,增长14.5%。

【产业建设和盘整成效显著】 2015年,共青城市产业发展呈现新特征,项目盘整出现新成效。全年共拜访企业1500余家,接待客商800余批次,新引进工业项目58个、合同资金181亿元,当年开工项目16个,当年投产项目12个,实现项目引进与项目落地"同步共进"。继续坚持"谁引进、谁推进,谁挂点、谁帮扶和园区专业队伍服务"的帮扶机制,实行"一企一组一策"的精准服务,规模以上工业企业新增33家,总数达111家、增长43%;高新技术企业发展到9家,新获专利授权量105件、增长113%;纳税超千万的工业企业增至6家。出台《加快纺织服装发展升级的意见》,成立首个产业领导小组和产业办,集标准厂房、打版制样、面辅料市场、产品展示交易等功能于一体的千亩服装产业园正在推进,中俄国际商贸城主体完工,联合服装企业拓展俄罗斯和东欧市场初见成效。继续攻坚盘活闲置厂房,嫁接引进10多个新项目,让僵尸企业的"包袱",变成快速落地项目的"财富"。特别是赛龙通信的重组,经过2年多的艰难推进,重组方案顺利实现。利用收回的4. 8亿政府借款,与重组方共同设立智能创意产业基金,新落地猎龙科技公司,为重振智能硬件产业形成新的杠杆和孵化平台;同时,平抑银行债务,供应商、建筑商的欠款也正在偿还。

【私募产业快速发展】 2015年,共青城市新引进基金300多家,聚集基金总数600多家、资金规模280多亿元,园内基金影响的市场资本超过1000亿元,全年纳税超过3500万元,私募园区的运作水平,得到业内认可。政府积极招引市场主体,采取规范的PPP模式,合作建设私募基金小镇,促进私募资源对接实体经济、服务创新创业。

【自主运营APP孵化产业园】 共青城市政府借力中国青年APP创业大赛,利用闲置用房,吸引社会资本、专业团队,自主运营APP孵化产业园。入孵项目35个,在共青城注册落地25个,其中"嘿设汇APP"在北京双创活动周中,获得全国大学生创新创业大赛金奖。孵化产业园的运营公司,在5个月时间,自身市场估值翻三番、达6亿元。

【不动产统一登记试点成功】 共青城市在全省率先颁发房地合一的不动产权证书,是全国唯一一个土地、房产、林权的存量和新增数据完全汇入国家数据库的县(市),已经受理办结不动产登记申请2010件,为群众提供快捷方便的服务。不动产登记的"共青模式"——登记受理一张表、串联审核一张网、产权保障一个证、权籍管理一张图、信息共享一个库,在全国不动产登记工作推进会上得到国土资源部充分肯定,在赣皖苏三省政府秘书长会议上作经验介绍,全国9个省份的60多个县(市、区)到共青城市考察学习。

【成功操作保障房"以购代建"】 通过精心操作、公开竞争,已经签订306套以购代建保障房的统购协议,分批实现交付使用,顺应群众期待,促进房市稳定。在推进过程中,共青城市政府通过"以房抵税"的办法,收缴房地产开发企业的欠税欠费7000多万元,成为全省唯一一个成功操作、取得实效的"以购代建"先行县。

【综合执法体制改革试点工作实质到位】 作为中央编办确定的"全国综合行政执法体制改革试点城市",共青城市结合完善"大部制",整合农业、林业、水利、渔业等执法职责,设立生态综合行政执法大队;整合工商、质监、食药监等执法职责,设立市场监督管理执法大队。成为全省6个试点单位中唯一一个综合行政执法改革实质到位的县(市)。

【改革教育体制机制】 除共青中学校长保留行政级别外,其他学校全部取消行政级别,实现"去行政化";公开竞聘的15位校长上岗履责,加强校长队伍建设;招聘合同制教师39名,缓解教师编制严重短缺的难题;对所有职工实行绩效考核,较好调动广大教职员工作积极性。

【城市功能加速完善】 珍珠湖综合整治完工,富华桥、青年之家、老年活动中心投入使用。文华南路、高尔夫西大道、共安大道中段、翰林路西段和富华大道改造即将完工,通达条件将显著提升。共青大道中段人行道改造完成,富华山景区改造接近尾声,西湖整治正在施工,雨污分流、污水入网工程加快推进。天虹商场基本竣工,焕利大市场成功重组、重启建设,与火车站无缝对接的新客运中心封顶,天然气管道加速延伸,自来水厂管理体制理顺、供水保障能力提升。公共服务加速提升。明德小学投入使用,茶山小学、新中心幼儿园正在建设,园区卫生院主体工程封顶。温馨家园、湖滨家园、陈家花园、甘露花园、怡馨花园、凤凰安置点等安置房、保障房陆续交房。同步创建省级卫生城市、文明城市、园林城市和森林城市,"干干净净、秩序井然"成为新常态。建成3家数字电影院,群众观影条件改善。

主要领导人 市委书记:黄斌(因涉嫌严重违纪,2016年8月19日,接受组织调查)。市人大常委会主任:黄惠华。市长:卢宝云。市政协主席:况泉水。

(汪官全)

·星子县·

【简　况】 位于江西省北部,辖7镇、3乡、1林场和1湿地管理处。总面积894平方千米,其中城区面积8.2平方千米。耕地面积1.11万公顷,林地面积2.25万公顷,森林覆盖率34%,城区绿化率43.6%。总人口28.12万人,其中非农业人口4.73万人。人口自然增长率8‰。全年地区生产总值67.56亿元,增长8.6%。其中:第一产业增加值6.3亿元,增长10.9%;第二产业增加值29.6亿元,增长4.2%;第三产业增加值31.7亿元,增长13.2%。财政总收入14.46亿元,增长26.1%,人均5142元,税收占财政总收入比重的60.9%。地方财政收入11.5亿元,增长31.4%;地方财政支出20.5亿元,增长22%。工业总产值200.98亿元,下降0.4%。规模以上工业增加值65亿元,增长21.3%,占地区生产总值的96%。外贸出口2.17亿美元,增长20.6%,占地区生产总值的20%。固定资产投资72.8亿元,实际利用外资8522万美元,省外投资65亿元。主要工业产品有花岗石制品、青石制品等,其中花岗石年产量50万立方米,青石年产量46万立方米。农业总产值12亿元,增长1.7%。粮食总产量8.3万吨。主要农产品有稻谷7.1万吨、油菜0.89万吨、家禽230万只、水产品3.3万吨。万元GDP能耗0.203吨标准煤,二氧化硫排放总量消减率1%,城市污水处理率91%。城镇居民人均可支配收入2.26万元,增加2109元,增长10.3%;农村居民人均纯收入1.07万元,增加974元,增长10%。城乡居民年末储蓄余额45.9亿元,增长7.2%。

【工业建设结硕果】 全年园区基础设施建设投入超10亿元。综合园区保障性住房一期建成交付使用。鄱湖高新科技项目区平整土地153.33公顷,开工建设厂房130万平方米。新引进工业项目84个,合同资金102亿元。新开工3000万元以上工业项目70个,新竣工项目32个,工业固定资产投资50亿元,增长28.2%。红星羽绒电商创业园被列入“全省电子商务示范基地”,在全省率先组建以羽绒产业为主题的星子县羽创农民电子商务专业合作社。宝烀高岭土、谭石匠石材等项目建成投产。捷豹药械在上海股权交易中心Q板上市。新增规模以上工业企业21家。

【转型升级旅游经济】 观音桥、桃花源成功创建国家3A级景区。引导温泉企业以市场为导向进行转型,醉石温泉、华侨度假村向高端养老业发展,庐山东林庄向国际化、高端化发展,铭佳温泉向中医药诊疗温泉转型。投入900余万元,建设、改造旅游公厕42座。绿地集团庐岳山水文化旅游项目签约落地。东林寺净土苑中轴线主体工程完工。完成东林古镇6万平方米古建筑建设,部分商户正式营业。时珍牌中药枕获全省旅游商品二等奖。获“中国最佳文化生态旅游名县”“中国最佳生态宜居旅游目的地”江西“五星级旅游强县”等荣誉。在央视一套等主流媒体和昌北机场、沪昆高铁等重点场所投放广告,赴南京等地参加各类旅游推介会11次,举办百万市民进星子游小江西等各类活动21场次。全年接待游客突破2000万人次,增长59.3%,旅游总收入突破百亿大关,增长60.3%。

【改善城市环境】 完成综合交通规划、城市地下管线综合管理规划等10个专项规划编制和县城规划区90平方千米航拍测绘。城建投入14.5亿元,启动旅游公路、城东保障房二期建设。完成冰玉路北段、桃源大道北延、城东保障房一期、神灵湖家园保障房建设。启动新客运站、公安技术大楼、法院审判大楼等建设。开展“百日攻坚”城市环境大整治活动,城市脏乱差等突出问题得到有效治理。新增环卫车2台、垃圾桶900个;拆除破旧广告80余块,清理乱张贴8000余处。拆除违章建筑1566起,拆除面积1.6万余平方米。

【发展现代农业】 完成现代旅游休闲观光农业“一带三园”概念性规划和现代农业科技示范园总体规划编制。推广“龙头企业+合作社+农户”经营模式,新注册农民合作社39家、家庭农场1家。建立林业产权转让机制,完成林权流转约73.33公顷。基本完成农村集体土地确权登记颁证工作,新流转农村土地133.33公顷,新增千亩以上特色产业基地3个、规模茶园133.33公顷、果园53.33公顷。投入3.68亿元,重点推进中小河流综合治理、农村安全饮水等农田水利基础设施建设。农业综合机械化水平达46%。被列为全国第一批河湖管护体制机制创新试点县,建立河湖管护三级“河长制”体系。

【沙岭风电场项目启动】 8月11日,全省首个风光互补发电项目沙岭风电场项目启动,实现当年签约、当年开工建设。该项目由江西大唐国际新能源有限公司投资5.2亿元兴建,地处鄱阳湖北部沿岸,装机容量40兆瓦,安装16台2500千瓦的风力发电机组,以110千伏电压等级接入九江电网系统。

【入驻石材环保产业园一期的石材企业动工建设】 9月29日,星子县首批入驻石材加工产业园的9个企业集中开工建设。石材环保产业园位于星子县鄱阳湖高新项目区,总规划面积333.33公顷。其中,一期(2015年)规划建设133.33公顷,363家企业(含加工点)整合成31家规模企业入园建设,总建筑面积160万平方米,总投资超过60亿元。

【中航归宗旅游度假综合体项目开工】 5月22日,投资30多亿元的中航归宗项目开工建设。中航归宗旅游度假综合体,是央企中航国际打造的大型旅游度假综合体项目。项目位于星子县温泉镇归宗集镇,总建筑面积67万平方米,规划涵盖商业街、客栈、酒店、文化体验等多种业态,集绿色生态、文化娱乐、健康休闲为一体,将重建庐山山南五大丛林之首的归宗寺,引进国际一流精品度假酒店,开辟玉帘泉瀑布高端禅修文化圣境,建立国际知名建筑学院实习基地等,是星子县单个投资额最大的旅游项目。

【七尖幽兰获“百年世博中国名茶金骆驼奖”】 意大利米兰世博会“百年世博中国名茶评选活动”揭晓,星子县七尖幽兰获金骆驼奖。“七尖幽兰”是星子县“庐山云雾茶”有机茶叶自主品牌,已连续获2014、2015两届中国(上海)国际茶业博览会绿茶金奖,属于省级著名商标,此次该品牌荣获百年世博中国名茶金骆驼奖,对提升星子县茶产业知名度、美誉度具有重要意义。

主要领导人 县委书记:严盛平。县人大常委会主任:欧阳勤喜。县长:汪红蕾。县政协主席:雷高兴

(刘俊)

·九江县·

【简　况】 位于江西省北部,辖7镇、4乡。总面积873.33平方千米,其中城区面积16.50平方千米。土地总面积916.56平方千米。总人口

33.37万人，其中非农业人口13.74万人。全年地区生产总值97.22亿元，增长(按可比价)9.7%，人均3.25万元，增加1957元。其中，第一产业12.58亿元，第二产业55.58亿元，第三产业29.06亿元。财政总收入17.08亿元，增长15%。其中地方财政一般预算收入14.42亿元，增长19.6%。财政总支出23.21亿元，增长16.9%。社会固定资产投资119.83亿元，增长21%。实际利用外资1.01亿美元，增长11.9%。外贸出口2.24亿美元。农业总产值23.35亿元，粮食总产量6.84万吨。主要农业产品有棉花1.71万吨、油料2.11万吨。社会消费品零售总额24.32亿元，增长12.5%。城镇居民人均可支配收入2.63万元，农村人均可支配收入1.20万元，分别增长10.2%和9.8%。在岗职工年平均工资4.42万/人，增长6.4%。

【国务院安全生产委员会督查组到九江县督查指导安全生产工作】 1月25日，国务院安全生产委员会督查组到九江县督查指导安全生产工作。督查组一行深入西气东输九江分输站、富美家装饰材料(中国)有限公司、江西环泰化工有限公司、江铜集团城门山铜矿，听取企业负责人安全生产工作汇报，并进行实地检查。对县相关企业安全生产工作给予高度评价，要求在今后的安全生产工作中，要更注重建立健全“打非治违”长效机制，进一步督促企业落实安全生产主体责任，切实做好春节、“两会”期间安全生产工作，保持安全生产形势持续平稳。

【江西仙客来生物科技有限公司挂牌上市】 4月22日，江西仙客来生物科技有限公司在上海股权托管交易中心中小企业股权报价系统(简称Q板)挂牌上市，股票代码204967。登陆上海股交中心Q板，标志着仙客来公司与国际资本市场对接迈出第一步。这是九江市首家在上海股交中心中小企业股权报价系统挂牌上市的农业企业。

【皖鄂赣3省12县(市)体育协作区第38届运动会在九江县举行】 10月13日—16日，皖鄂赣3省12县(市)体育协作区第38届运动会在县举行。运动会设羽毛球、4×100米接力赛和投垒球三大项，赛程共4天。湖北、安徽、江西近200名运动员参加比赛。湖北武穴市代表队获投垒球、4×400米接力赛团体第一名；湖北武穴市周平、江西九江县黎新颖分别获羽毛球男子单打、羽毛球女子单打比赛第一名；湖北武穴市劳仲文获投垒球个人赛第一名。九江县体育局选派的13名运动员，分别获混合羽毛球赛团体第一名、羽毛球女子单打第三名、羽毛球男子单打第三名；田径赛集体三等奖；垒球赛二等奖。

【多举措提升中华贤母园形象】 九江县城每天定时定点播放贤母歌曲，唱响“母爱之城”；江西贤母文化博物馆网上博物馆建成开放；完成中华贤母园微信平台建设；编辑发行贤母文化系列丛书《寸草春晖》；原创小型古装黄梅戏《封坛退鲊》举行首场演出并在全县巡回义演；每季出版发行以推广贤母文化为主题的文学季刊《江州风》；制作拍摄中华贤母园形象专题片；面向社会征集中华贤母园主题歌曲226首，谱曲试唱工作和以贤母文化为体裁背景的社会主义核心价值观公益广告等工作有序推进。中华贤母园形象提升工程取得重大进步，被中国关工委授为“下一代教育基地”，被全国老龄委授为“中华孝亲敬老教育基地”，被省妇联授为“江西省家庭教育实践基地”，正在申报“全国妇女儿童教育实践基地(或家庭教育实践基地)”“全国贤母文化博物馆”和“全国爱国主义教育基地”。

主要领导人 县委书记：徐耀纯。县人大常委会主任：罗会林。县长：陶晔。县政协主席：李照培。

(张树华　陈新)

·浔阳区·

【简　况】 位于江西省北部，辖5街道办事处。总面积26平方千米。城市绿化率63%。人口31.63万，其中非农人口31.51万。人口自然增长率6.05‰。全年地区生产总值373.07亿元，增长8.9%。其中：第一产业增加值为3368万元，增长-6.8%；第二产业增加值为138.18亿元，增长6.7%；第三产业增加值为234.56亿元，增长10.1%。固定资产投资24.92亿元，减少3.2%；财政总收入33.7亿元，增长51.3%。社会消费品零售总额183.10亿元，增长12.4%。实际利用外资8047万美元，实际利用区外资金65.12亿元，增长116.92%。外贸出口2.62亿美元，减少18.1%。规模以上工业增加值5.86亿元，增长8.6%；主营业务收入27.47亿元，减少9.39%；工业利税1.27亿元，减少7.18%。主要工业产品有单色印刷品2.70万令、多色印刷品108.10万对开色令、塑料制品9954吨、铁合金1172吨、商品混凝土30.71万立方米、丙烯10.67万吨、初级形态塑料10.53万吨、聚丙烯树脂10.53万吨。主要农业产品有棉花18吨、油菜26吨、蔬菜485吨。城镇居民人均可支配收入3.09万元，增长9.6%；农村居民人均纯收入1.62万元，增长9.3%。

【举行庆国庆暨建区35周年教育成果展示活动】 10月1日，浔阳区庆国庆暨建区35周年教育成果展示在烟水亭广场举行。全区17个教育基层单位，用展板的形式展示各自的教育特色和工作亮点。此次教育成果展展示了2011—2015年来，浔阳区实施教育强区战略，推进教育改革和创新，提升办学水平所取得的成绩。近年来，浔阳区坚持教育优先发展战略，深化教育改革，加大教育投入，改善办学条件，2011—2015年投入教育经费10.5亿元，使全区教育工作迈入全省基础教育先进行列。同时优化教师队伍，提高教育质量，促进教育均衡发展，完善教育布局，优化师资结构，使教研氛围日趋浓厚，教育水平日趋提升，校园文化日益彰显，取得累累硕果。

【获2015年度“全国县级防震减灾工作综合考核先进单位”称号】 在全国市县防震减灾工作年度考核中，浔阳区获2015年度“全国县级防震减灾工作综合考核先进单位”称号。全省仅5个县(区)获此荣誉。近年来，浔阳区防震减灾工作按照“开拓创新、扎实工作、争创一流”的工作思路，贯彻落实省、市防震减灾工作会议精神,创新工作方式。加强防震减灾法制宣传,将防震减灾法列入浔阳区“六五”普法内容,组织编印《防震减灾法规文件选编》,编制《浔阳区防震减灾“十三五”规划》;开展防震减灾示范点宣传活动,在不断打造和完善防震减灾科普示范点的同时,结合主题活动日,在各防震减灾示范点开展一系列防震减灾科普活动,特别是组织开展浔阳区抗震救灾指挥部地震应急救援桌面推演,区抗震救灾指挥部26个成员单位及5个街道办事处分管领导50余人参与演练,通过演练,进一步提高各级、各部门应急处置能力,受到了省、市防震减灾部门的肯定和好评。

【举行30个重点项目集中开工竣工仪式】 9月19日,浔阳区举行2015年30个重点项目集中开工竣工仪式,这是浔阳区实施“七大工程”,推进“3785”工作目标的具体体现,是区项目建设成果的一次集中展示。这次集中开工竣工的项目总投资60.58亿元。其中开工项目15个,投资额39.05亿元,竣工项目15个,投资额21.53亿元。开竣工项目涉及旧城改造、街面整治、商贸楼宇、特色市场、精品社区、文化旅游、社会事业和工业八大类。

【琵琶湖农产品市场入选全国农产品批发市场百强名单】 全国城市农贸中心联合会发布2015年度全国农产品批发市场百强名单,九江市琵琶湖农产品市场入选。新建的琵琶湖农产品批发市场位于九江市浔阳区金鸡坡琵琶湖工业园,市场总用地面积约10.09公顷,总投资2.25亿元,为集水果、蔬菜、粮油、水产品、冷冻品、土特产、干货调味品等农产品批发交易、加工、包装、仓储、直销、物流配送、食品安全检验检测等为一体的多功能、现代化、综合性大型农产品物流中心,重点辐射赣北、鄂东、皖南等区域消费人群。

主要领导人 区委书记:戴晓慧(女)。区人大常委会主任:张显旺。区长:左延。区政协主席:文建华。

(郑伟)

·庐山区·

【简　况】 位于江西省北部,辖7镇、1乡、2街道办事处。总面积548平方千米,其中城区面积42平方千米。耕地面积0.38万公顷,有林面积1.01万公顷,森林覆盖率36.3%。总人口22.86万人,其中非农业人口13.71万,人口自然增长率6.23‰。全年地区生产总值253.4亿元,增长9.3%。其中:第一产业增加值4.94亿元,增长3.9%;第二产业增加值129.76亿元,增长8.4%;第三产业增加值118.70亿元,增长10.5%。财政总收入26.6亿元,增长13.8%。规模以上工业主营业务收入433.6亿元,增长8%。工业增加值95.6亿元,增长10.2%。利税总额32亿元,增长11%。实际利用市外资金80亿元,增长79.5%。外贸出口创汇3.1亿美元,增长7.5%。社会固定资产投资258.2亿元,增长10.3%。社会消费品零售总额23.4亿元,增长12.3%。城镇居民可支配收入3.07万元,增长9.8%。农村居民可支配收入1.54万元,增长9.7%。

【获“2014年全国义务教育发展基本均衡县区”称号】 5月,国务院教育督导委员会发布2014年全国义务教育发展基本均衡县(市、区)名单,庐山区入选。近年来,庐山区围绕“办好人民满意教育”的总体目标,把教育摆在优先发展的战略地位,把义务教育均衡发展作为惠及人民群众的奠基工程、幸福工程和最大的民生工程,不断加大义务教育财政投入力度,优化教师队伍,推进特色办学,促使城乡教育均衡、优质发展,取得较好成绩。先后获得“江西省教育工作目标考核优秀单位”“全省义务教育均衡发展示范县区”“全省电化教育先进单位”等荣誉,连续6年获“九江市政府教育综合督导评估先进县区”等称号。

【村歌《新港的夜晚》获全国村歌总决赛多个奖项】 8月22日—24日,为期3天的“村落风情·乡愁声音”第七届全国村歌大赛总决赛、颁奖盛典在北京星光影视园落下帷幕。庐山区选送的村歌《新港的夜晚》经过综合评选、现场打分,获得“中国村歌十大金曲特别奖”“中国十大最美乡愁村庄”等多个奖项。《新港的夜晚》是由刘济平创作词曲、汪雅君演唱的一首反映庐山区地域特色的村歌。

【庐山区人民医院获“全国百家优秀爱婴医院”称号】 11月5日,庐山区人民医院被评为“全国百家优秀爱婴医院”。庐山区人民医院自2014年全国爱婴医院复审工作启动以来,进一步健全组织领导、狠抓核心制度、强化医护培训、加大宣传力度、完善母婴院后保健指导工作、重视自查整改,在“爱母爱婴”的主题工作中亮点不断,成效突出,最终从全国众多参评医院中脱颖而出。庐山区人民医院于1996年成功创建爱婴医院,多年来一直重视爱婴医院工作的开展,坚持把母婴健康放在工作首位,探索和建立爱婴医院长效机制,不断强化产科、儿科管理,提升服务内涵,为提高母乳喂养率,降低剖宫产率,保障母婴安全而努力。

主要领导人 区委书记:汪泽宇。区人大常委会主任:陈飞林。区长:柯尊玉。区政协主席:刘建。

(杨小岛)

景德镇市

【概　况】 位于江西省东北部,辖1市、1县、2区,总面积52.56万公顷。林地面积36.49万公顷,森林覆盖率65.73%。总人口164.05万人,其中城镇人口104.22万人。2015年,地区生产总值772.06亿元,同比增长8.6%。其中:第一产业增加值57.22亿元,增长3.6%;第二产业增加值437.58亿元,增长8.9%;第三产业增加值277.25亿元,增长8.8%。规模以上工业增加值271.02亿元,增长9.4%。农业总产值87.96亿元,增长3.7%;粮食总产量63.60万吨,增长1.1%;茶叶总产量7193吨,增长8.5%。全年旅游总人数3112.59万人次,增长20.4%;实现旅游总收入261.32亿元,增长30.1%。财政总收入111.56亿元,增长9.9%,其中公共财政预算收入90.59亿元，增长10.3%。资产投资690.88亿元，增长11.0%。外贸出口总值7.75亿美元，实际利用外资1.71亿美元，增长10.4%。居民消费价格总指数101.7%。城镇居民人均可支配收入2.91万元，增长9.3%；农村居民人均可支配收入1.27万元，增长10.3%。

【启动“网聚中国梦·探寻瓷之源”系列活动】 1月23日，“网聚中国梦·探寻瓷之源”系列活动在景德镇市启动。活动包括《认识china 从景德镇开始 说给世界听的中国故事》网络专题巡展开通暨专题卡通形象及微宣传片征集活动启动仪式、为期两天的全国主流网络媒体、知名博主瓷都行活动。“认识china从景德镇开始说给世界听的中国故事”网站由国家互联网信息办公室网络新闻信息传播局指导，省互联网信息办公室和市人民政府共同主办，市委宣传部和中国江西网共同承办。网站有瓷器中国、瓷业千年、世界瓷都三大篇章，160多个栏目、20多万文字、500多幅高清图片、20余部珍贵视频资料。在为期2天的全国主流网络媒体、知名博主瓷都行活动期间，来自人民网、新华网、新浪网、腾讯网、凤凰网等门户网站的全国主流网络媒体记者和知名博主以及来自中央驻赣媒体、省内及境外驻赣媒体等各大主流媒体记者近百人，深入到景德镇市的老窑址、老厂区和老街区，博物馆及文化旅游景点，工业园区及企业现场，零距离感受和进行现场报道。

【实施“三证合一”登记制度】 7月1日，景德镇市首批加载营业执照注册号、组织机构代码号、税务登记号的工商营业执照在市行政服务中心综合服务窗口发出，标志着景德镇市“三证合一”登记制度工作正式实施。“三证合一”综合服务窗口统一受理注册登记后，申请人只需到一个业务窗口，填写一张申请表格，提交一套申报材料，就可以领取一张加载三家信息的工商营业执照，办结时间由原来的10个工作日压缩到5个工作日内，节省办证费用148元。“三证合一”登记制度是建立便捷高效、统一规范、宽进严管市场准入机制的重要手段。

【2015年中国景德镇国际陶瓷博览会在景德镇举行】 10月18日—22日，由商务部、中国国际贸易促进委员会、中国轻工业联合会和省政府共同主办的2015年中国景德镇国际陶瓷博览会（简称“瓷博会”）在景德镇国际会展中心举行。2015“瓷博会”展览总面积2.8万平方米，安排有国际品牌陶瓷和当代国际陶艺展区、高技术陶瓷成果和名窑精品展区、国内日用品牌陶瓷展区、国内艺术陶瓷展区、综合展区五大展区，设国际标准展位2000个。40个国家和地区的980家企业参展，3000名采购商前来采购。其中外贸订货累计1.7亿美元，同比增长4.16%；内贸订货累计10.47亿元，同比增长4.02%；现场交易累计6718.18万元，同比增长29.4%。展会期间，开展经贸洽谈活动、“‘一带一路’主题活动”、“2015中国景德镇高技术陶瓷国际论坛暨第九届亚洲陶瓷材料研讨会”“唐英与唐窑学术研讨会”“2015联合国陶艺教育学会年会暨中国景德镇当代国际陶艺展”“联合国教科文组织陶艺教育交流年会”“景德镇国际艺术陶瓷拍卖会”等配套活动。

【御窑厂国家考古遗址公园荣膺国家4A级景区】 12月25日，江西省旅游景区质量等级评定委员会发布2015年第6号公告，经江西省旅游景区质量等级评定委员会评定，批准御窑厂国家考古遗址公园为国家4A级旅游景区。御窑厂国家考古遗址公园位于市区中心，面积约0.05平方千米。御器厂始建于明洪武二年（1369），是明、清两代专为宫廷烧造和供奉瓷器的皇家瓷厂，是中国烧造时间最长、规模最大、工艺极为精湛的官办窑厂。

主要领导人 市委书记：刘昌林（任至7月）、钟志生（7月任）。市人大常委会主任：汪立耕（1月任）。市长：颜赣辉。市政协主席：梁高潮。

（鲍文芳）

·乐平市·

【简　况】 位于江西省东北部，辖15镇、1乡、2个街道办事处、1个农科园和1个大型水库管理局。总面积1980平方千米。全市总人口93.18万人，人口自然增长率8.91‰。城镇化率53.48%。2015年，地区生产总值265亿元，同比增长8.5%。其中：第一产业增加值34.3亿元，增长3.4%；第二产业增加值148.8亿元，增长8.8%；第三产业增加值81.9亿元，增长8.9%。一、二、三产业比为12.9∶56.2∶30.9。财政总收入37亿元，增长9.5%，其中公共财政预算收入30.1亿元，增长14%。固定资产投资328.5亿元，增长9.1%。社会消费品零售总额73.8亿元，增长10.1%。城镇居民人均可支配收入2.67万元，增长9.1%；农村居民人均可支配收入1.27万元，增长10.5%。

【乐平市获“全国文化先进县（市）”称号】 1月，文化部通报表彰98个全国文化先进县（市、区），全省有3个县（市、区）入选，乐平市名列其中。乐平市先后投入2亿多元，新建“一中心”即文化中心，“四馆”即图书馆、博物馆、文化馆、美术馆，“四园”即东湖、天湖、南河、洪皓森林公园4座城市主题公园，“十六站”即16家乡镇综合文化站，“二百屋”即200个农民书屋等公共文化设施。为弘扬独具地方特色的古戏台文化，市政府还投资1600万元兴建中国古戏台博物馆，并已成为展示赣剧历史和古戏台建造技艺的一个重要窗口。

【乐平跻身国家现代农业示范区行列】 1月，乐平列入全国第三批国家现代农业示范区名单，标志着经过多年发展，该市实现了由传统农业大市向现代农业强市的跨越。乐平是全国商品粮基地和“江南菜乡”，历来是江西农业大市。在发展现代农业的过程中，该市始终注重依托科技力量提升传统农业，先后与省内外科研院所合作，引进蔬菜名特新优品种130多个，推广测土配方施肥、频振式物理杀虫、农村沼气池及“多用一斤种、增收万斤粮”等综合集成技术上百项。

【江西世龙实业股份在深交所正式上市】 3月19日，江西世龙实业股份公司正式在深圳证券交易所中小版块挂牌上市。该公司证券简称为“世龙实业”,证券代码为“002748”。世龙实业股份是江西省在A股市场的第33家上市公司,也是自1996年东风药业上市后,乐平市第二家上市企业。世龙公司人民币普通股股份总数为1.2亿股,其中首次公开发行的3000万股股票自上市之日起开始上市交易。募集逾4亿元,其中社会公众持股比例为25%。发行价为每股15.38元,募集资金净额超过4亿元,所募集资金均用于主营业务的技改扩产。江西世龙实业股份有限公司成立于2003年12月,注册资本9000万元。

【乐平市法律顾问团成立】 7月,为深入贯彻依法治国基本方略,进一步推进依法行政,经乐平市委、市政府研究同意,乐平市成立法律顾问团。法律顾问团的主要职责:为乐平市委、市政府的重大决策提供法律意见和建议;为涉及乐平市政府行政复议、诉讼、仲裁等重要法律事务提供法律意见;草拟、修改、审核以乐平市政府或市政府办公室名义签署或授权的合同、协议以及其他法律事务文件;根据需要参与市政府对外交往和重大经济项目的洽谈工作;参与市政府规范性文件和草案的咨询论证或起草工作。

主要领导人 市委书记:吴龙强。市人大常委会主任:吴长寿。市长:罗璇。市政协主席:万玉华。

(彭建光)

·浮梁县·

【简　况】 位于江西省东北部,辖10镇、7乡,总面积2851平方千米。总人口31.17万人。全年地区生产总值100.1亿元,同比增长8.9%,首次突破百亿元大关;第一产业增加值16.1亿元,增长4.2%;第二产业增加值53.9亿元,增长9.9%;第三产业增加值30.1亿元,增长8.8%。财政总收入12.3亿元,增长10.6%;一般公共预算收入9.9亿元,增长10.9%;固定资产投资65.7亿元,增长15.3%;社会消费品零售总额19.1亿元,增长12%。城镇居民人均可支配收入2.36万元,增长10.2%;农村居民人均可支配收入1.27万元,增长10.8%。全年新增规模以上工业企业8家,共86家;完成工业增加值55亿元,增长10.5%。主营业务收入和利税总额分别完成208亿元和24.6亿元,增长7%和15.6%,主营业务收入超5亿元的企业有15家。工业用电量3.7亿千瓦时,增长7.3%。粮食产量达18.1万吨,实现十二连增。有机稻种植面积超过400公顷,新开发茶园200公顷,改造低产茶园466.67公顷,全年茶叶产量6520吨,产值4.33亿元。全年接待旅游总人数690万人次,旅游总收入52亿元,增长15%。

【浮梁县成为国家生态县】 1月21日,浮梁县国家生态县考核验收通过。该县自2005年启动国家生态县创建工作以来,积极响应省委、省政府提出的“既要金山银山,又要绿水青山”的发展理念,认真实施“生态立县、绿色崛起”战略,着力推进生态建设和环境保护,在实现经济持续稳步发展的同时,保持优良的生态环境。全县森林覆盖率达81%,各类水源水质达标率100%。

浮梁县通过落实国家确立的林业发展“以生态建设为主”战略,积极争取国家和省、市直接投资1亿余元,确保森林保护面积达4469公顷。作为全省重点林区县,浮梁县21.2万公顷林用地中,有林地面积20.2万公顷,森林覆盖率保持在81%以上。同时,设立7个野生动物自然保护区,总面积达47911公顷;对江河水库周边实施禁伐和保护,提高水源涵养功能,形成因势布局、纵横交错的绿色防护体系。

浮梁县将生态建设与环境保护作为经济发展的主旋律,定位于景德镇的后花园,发展个性生态,凸显“水在城中、城中有园”和宜居、休闲、旅游特色。浮梁县在城区中心建造近千亩生态公园,在城郊打造省级生态工业园区;对饶河昌江源头及两岸实行全封山建设生态林,对5条支流源头进行生态改造,建成两个生态旅游区;通过创建各级生态乡(镇)、村等活动,建设国家级生态乡(镇)14个、国家生态村1个、省级生态村22个、市级生态乡(镇)17个、市级生态村120个。

此外,浮梁县加大环境执法力度,拆除关停一批重污染企业;在项目引进中实行环保一票否决制,对高污染、低层次项目实行“零容忍”,严把环评前置审批关,从源头上杜绝污染。

【汪龙发获全国劳动模范称号】 4月28日,庆祝“五一”国际劳动节暨表彰全国劳动模范和先进工作者大会在北京人民大会堂举行。浮梁县浮梁镇查大村党支部书记汪龙发荣获2015年全国劳动模范称号。

汪龙发在任浮梁镇查大村党支部书记期间,带领村“两委”班子发扬艰苦奋斗、不怕困难的精神,修公路、兴教育、装路灯、建山庄,先后投资70万元兴建红砖厂,解决村民就业岗位50个,年增加集体收入10万元;引资1500万元兴建环保砖厂,解决村民就业岗位80个。通过兴办千头养猪场、千亩杨梅基地、33.33公顷无公害蔬菜基地、23.33公顷红豆杉繁育基地,村民收入大幅提高,村集体资产达2亿元。先后获评“先进党支书”“致富带头人”等称号。

【浮梁茶在上海国际茶博会上摘金夺银】 5月15日,由中国茶叶流通协会、中华全国供销合作总社杭州茶叶研究院、上海市经济团体联合会等联合主办,上海市茶叶行业协会执行主办的2015年中国(上海)国际茶业博览会在上海国际展览中心开幕。

在茶博会“中国好茶叶”评选活动中,浮梁县浮瑶仙芝茶叶有限公司选送的浮红牌浮梁茶获得红茶类金奖,景德镇市金桂园农业开发有限公司选送的“山里雾”牌浮梁茶获绿茶类金奖,景德镇市金桂园农业开发有限公司选送的浮梁功夫(单芽)和(一芽一叶)获红茶类银奖、江西浮梁贡茶叶有限公司选送的“严台”牌浮梁贡获绿茶类银奖。

【发现国家二级保护植物永瓣藤】 9月中旬,省林业专家在瑶里镇调查时发现国家二级保护植物永瓣藤。永瓣藤,落叶藤状灌木,高6米以上。分布于安徽和江西局部海拔150~1000米的山谷、沟边或山坡林中。多攀缘于常绿获落叶阔叶林的林木之上,9—10月开花。为中国特有的单种属植物,对研究为矛科系统发育及地理分布有较高的科学价值。

这次发现的永瓣藤在瑶里镇的汪胡、郑家山等地都有分布。从这次调查的5个样方情况来看，很有可能浮梁县瑶里是永瓣藤的主分布区。

【严台村入选中国最美休闲乡村】 10月9日，农业部公布2015年中国最美休闲乡村推介结果，浮梁县江村乡严台村入选。2015年中国最美休闲乡村推介活动由农业部主办，经地方推荐、专家评审和网上公示等程序，全国共推介120个村，分为“特色民居村”“特色民俗村”“现代新村”“历史古村”4类，全省入选5个村，严台入选“历史古村”。严台村地处浮梁县北部，距县城72千米，全村共368户、1265人，2008年被住建部、国家文物局评为“中国历史文化名村”。

主要领导人 县委书记：林群。县人大常委会主任：江萍。县长：孙艳峰。县政协主席：金秋来(1月任)。

(金寿进)

·昌江区·

【简　况】 位于景德镇市西南部，辖2镇、2乡和2个街道办事处。总面积318平方千米。耕地总面积3733.33公顷，有林面积1.70万公顷，森林覆盖率54.77%。总人口15.9万人，人口自然增长率保持在7.3‰以下。2015年，地区生产总值216亿元，同比增长8.7%；其中：第一产业增加值6.6亿元，增长3.8%；第二产业增加值156.4亿元，增长9.4%；第三产业增加值53亿元，增长8.8%。财政总收入10.68亿元。固定资产投资198.2亿元。规模以上工业增加值91.76亿元；社会消费品零售总额56.27亿元；外贸出口1.16亿美元；城镇居民人均可支配收入为3.02万元，增长9.2%。农村人均可支配收入1.32万元，增长10.3%；城镇就业率96.5%。农业总产值达11.04亿元。粮食总产量3.49万吨，增长21.6%，实现“十二连增”。旅游产业发展迅速，接待国内外游客540万人次，旅游总收入39.9亿元。

【万飞凡获俄罗斯国际少年摔跤公开赛冠军】 7月，从景德镇昌江区走出去的选手万飞凡获2015年俄罗斯国际少年摔跤公开赛48kg级冠军。万飞凡，男，1998年出生，昌江区丽阳镇人，2013年输送到江西省重竞技运动管理中心古式摔跤队，2014年获全国青少年古式摔跤42公斤级冠军。

【举行“金秋助学”捐助活动】 9月7日，昌江区关工委与区总工会在鲇鱼山镇举行“金秋助学”捐助仪式。捐助仪式上，共为全区50名录取大学的贫寒学子每人发放助学金4000元。

【江西手机报(昌江版)新闻客户端上线】 9月30日，江西手机报(昌江版)新闻客户端上线。昌江手机报(彩信版)运行一年来，推送手机报105期，期间特别推送“抗战70周年特刊”“两会特刊”等内容，成为宣传昌江区的一个重要窗口。

【廉政纪录片《走进荷塘》开拍】 10月27日，由景德镇市纪委、昌江区纪委和荷塘乡共同投资拍摄的廉政纪录片《走进荷塘》开拍。该片由省电视台导演徐正浩执导、八一电影制片厂摄影家秦岭摄影。该纪录片记录1957年200多名上山下乡干部，为响应省委“开发山区、建设山区”的号召，到荷塘创办垦殖场的光辉历程，诠释“自力更生、艰苦奋斗、勇于开拓”的荷塘精神。

【富祥药业股份有限公司在深圳证券交易所创业板上市】 12月22日，江西富祥药业股份有限公司在深圳证券交易所创业板上市。该公司股票简称“富祥股份”，股票代码300497，为江西省内第34家、景德镇市第6家、昌江区首家在A股上市企业。富祥股份专业从事新型药物及其中间体的研发、生产和销售，是全球最大的β－内酰胺酶抑制剂原料生产基地、碳青霉烯类产品的主要生产商和供应商。公司成立于2002年，总资产超过7亿元，分别在景德镇市高新区和杭州、宜春设有3家全资子公司。

主要领导人 区委书记：廖云东。区人大常委会主任：彭冬仔。区长：方霞云。区政协主席：程少华。

(汪立琴　洪东亮)

·珠山区·

【简　况】 位于景德镇市城区昌江东部，辖1镇、9个街道办事处、总面积111平方千米。总人口33.14万人。全年地区生产总值200亿元，同比增长8.4%。其中：第一产业增加值0.5亿元，下降7.1%；第二产业增加值85.5亿元，增长8.7%；第三产业增加值114亿元，增长8.2%；财政总收入13.69亿元，增长13.49%，税收占财政总收入91.2%；公共财政预算收入12.39亿元，增长16.3%；地方财政支出14.23亿元，增长54.25%；规模以上工业增加值20.8亿元，增长11%；固定资产投资98.44亿元，增长10.4%；引进内资30.22亿元，外资1567万美元，实际利用外资1567万美元；外贸出口完成5000万美元；万元GDP能耗0.47吨标煤。城镇居民人均可支配收入3.10万元，增长9.3%。

【举办珠山区(余杭·三宝瓷谷)陶瓷文化旅游产业推介会】 8月12日，景德镇市珠山区(余杭·三宝瓷谷)产业推介会在杭州市余杭区举办。来自北京、浙江、上海、江苏、辽宁、福建等地的100余位企业家代表和浙江江西商会代表出席产业推介活动。推介会围绕陶瓷创意、电子商务、文化旅游、陶瓷商贸等主导产业，签约项目17个，合同引进内资9.8亿元，外资1000万美元。

【珠山区与美国陶斯市签订友好区(市)关系意向书】 10月17日，珠山区委常委、常务副区长张文帮代表珠山区与美国陶斯市常务副市长弗雷德里克．佩罗塔共同签订《建立友好区(市)关系意向书》，双方互赠礼品，宾主之间还就文化、艺术等话题进行交流与互动。

【珠山区与韩国杨口郡签订友好区(市)关系意向书】 12月4日，珠山区区委副书记、区长林卫春与具有“韩国白瓷故乡”美誉的韩国杨口郡郡守金昌范签订“友好区(市)关系意向书”，双方简要介绍两地的地情概况和文化特点，并对珠山区与杨口郡开展经贸、文化交流的前景表达了期盼,深化了沟通交流,为友好交往搭建平台。

【珠山区"小巷讲堂"获"全国基层理论宣讲先进集体"称号】 3月,珠山区在整合原本"社区论坛""三级干部论坛"等基础上搭建基层理论宣讲平台——"小巷讲堂"。"小巷讲堂"以小巷居民为主要对象,紧紧围绕"宣政策、讲故事、传心声、促和谐"的宗旨,通过外来专家专题讲、书记带头亲自讲、民生部门下去讲、社区居民现身讲、教师学生互动讲等形式,讲好百姓喜闻乐见的珠山故事,把理论宣讲的触角延伸到大街小巷,传递社会正能量。到年底,"小巷讲堂"宣讲队已发展到120余人,开展了大型宣讲300余场,直接受众1万人次,间接受众5万人次,受到干部群众好评和欢迎。11月5日,被中宣部办公厅授予"基层理论宣讲先进集体"称号,全国仅32个获奖单位,珠山区是江西唯一获此殊荣的单位。

【珠山区获"全国基层中医药工作先进单位"称号】 12月,珠山区经过创建自评、评审推荐和国家中医药管理局专家组的现场评审,被国家中医药管理局授予"全国基层中医药工作先进单位"称号,成为景德镇市唯一获此殊荣的区(县、市)。

区委、区政府领导高度重视珠山区的中医药工作。2011年区政府制定《珠山区卫生事业发展第十二个五年规划》和《珠山区中医药事业发展第十二个五年规划》,每年印发珠山区中医药工作实施方案。2014年印发《珠山区创建全国基层中医药工作先进单位建设规划》和《珠山区开展全国基层中医药工作先进单位复核工作实施方案》,成立由区长林卫春任组长、常务副区长和分管副区长任副组长,各相关部门、街道办事处领导任成员的"珠山区全国基层中医药工作先进单位复评工作领导小组。中医药工作每年都作为政府工作报告的内容之一,并纳入区政府年度工作考核的内容。区政府还建立全区中医药工作联系会议制度,并定期召开会议,研究中医药工作。

区政府各部门通力协作,支持帮助珠山区中医药事业的发展。区卫生局内设机构增设了中医股。区发改委积极主动为社区卫生服务机构争取中央内需基建投资项目,到年底争取资金710万元,区财政配套406万元,为珠山区社区卫生服务能力建设提供了保障。区财政局将中医药经费纳入区财政预算。2012—2014年中医药经费占全区卫生事业经费投入的10%以上,实际投入金额逐年攀升。区人保局在社区卫生服务中心卫生专业技术人员招聘工作中,强调必须要有中医药专业人才的名额。区社保局将社区卫生服务机构纳入医保定点单位,中医药服务项目纳入医保补偿范围,降低中医药报销起付线、支付比例向社区卫生服务机构倾斜,对使用中药和中医传统技术的补偿比例提高10%。区药监局积极支持市级医疗机构中药制剂进社区,市级医疗机构中药制剂可以在技术协作、对口支援的珠山区社区卫生服务机构与珠山区社区卫生服务机构共同使用。各街道办事处、社区居委会帮助社区卫生服务机构宣传中医药知识,协助开展老年人、儿童和高血压、糖尿病患者中医药健康管理,使社区群众乐意接受中医药服务。

扎实加强社区卫生服务机构中医药基础建设。全区6家社区卫生服务中心全部设置中医科、配备中医诊疗设备;全区12家社区卫生服务站都配备了中医诊疗设备,对有条件的社区卫生服务站为其增设中医科。全区6家社区卫生服务中心全部设置了中药房,配备中药饮片不少于300种,并为患者提供煎药服务。在全区12家社区卫生服务站中10家配备的中药饮片不少于100种,其他2家社区卫生服务站配备的中成药不少于50种。全区6家社区卫生服务中心都配备了各种中医诊疗设备,并能运用至少6种以上中医药技术方法治疗基层常见病、多发病;全区12家社区卫生服务站至少配备针灸、火罐、刮痧板等基本中医器具不少于4种。

加强社区卫生服务机构人才队伍建设。全区6家社区卫生服务中心中医类别医师占医师总数的比例在20%以上,平均比例在41%,并至少有2名中级以上职称的中医类别医师。在全区12家社区卫生服务站中有10家至少配备了1名中医类别医师,其余2家有能够提供中医药服务的临床类别医师。全区18家社区卫生服务机构的中医类别医师分别接受过省级以上中医药管理部门组织的中医类别全科医生岗位培训、转岗培训或规范化培训,并考核合格;全区中医类别全科医生占全科医生的比例达22%,全区中医类别全科医生占中医类别医师比例达55.3%。

开展社区卫生服务机构中医药适宜技术推广工作。在珠山区石狮埠街道社区卫生服务中心成立珠山区社区卫生服务中医药适宜技术培训基地。举办中医药适宜技术培训班6期,邀请省、市中医专家到珠山区讲学;珠山区还组织社区卫生服务机构5批次40多人次到全省、全国社区中医药工作先进单位学习取经。

主要领导人 区委书记:俞小平。区人大常委会主任:李天亮。区长:林卫春。区政协主席:施向阳。

(余婧)

萍乡市

【概　况】 位于江西省西部,辖3县、2区,总面积3831平方千米。森林覆盖率66.87%。常住人口190.11万人,人口自然增长率6.98‰。2015年,地区生产总值912.39亿元,同比增长8.9%。其中:第一产业增加值62.83亿元,增长4.0%;第二产业增加值517.29亿元,增长8.4%;第三产业增加值332.27亿元,增长11.0%。财政总收入130.48亿元,增长11.5%;公共财政预算收入106.07亿元,增长12.6%;公共财政预算支出184.93亿元,增长18.1%。工业增加值464.21亿元,增长8.3%,占地区生产总值的比重为50.9%。主要工业产品有原煤615.72万吨,工业陶瓷585.10万吨,水泥673.88万吨,钢材457.34万吨,烟花鞭炮3109.67万箱。农林牧渔业增加值63.26亿元,增长4%。主要农产品有谷物53.7万吨,油料4.2万吨,蔬菜63万吨,瓜果6.6万吨,肉类总产量14.8万吨。万元GDP能耗1.047标准煤。城镇居民人均可支配收入 2.83 万元,增加 2316 元;农村居民人均可支配收入 1.40 万元,增加 1277 元。

【萍乡市进入国家海绵城市建设试点行列】 3 月 27 日,萍乡市在北京参加"国家海绵城市建设试点城市"竞争性评审答辩,以总分排名第 11 名的成绩,进入"国家海绵城市建设试点城市"的行列。

水生态文明城市建设和海绵城市建设的主题词都是解决水资源、水环境、水安全。萍乡水生态文明城市建设试点建设期限为 2015 年至 2017 年,主要实施 45 个项目,总投资估算 34.66 亿元,打造"一核、两区、五水、多点"的水生态格局;《萍乡市海绵城市试点建设三年行动计划》明确改造建设项目 155 项,投资 46 亿元,致力把萍乡建设成为独具江南特色的新型"海绵城市",为全省、全国作出示范。

【华能安源电厂一号机组正式投产】 6 月 27 日,萍乡国第一台二次再热发电机组——华能安源电厂新建工程 1 号机组通过 168 小时连续满负荷试运行,成为萍乡国首台正式投产发电的二次再热发电机组,标志着萍乡国电力设计、制造、安装和调试水平又上一个新台阶。

华能安源电厂"上大压小"新建工程是江西省和中国华能集团"十二五"规划重点开工建设项目,由中国华能集团公司全资建设。华能安源电厂 1 号机组正式投产发电,将进入商业运行,2 号机组于 7 月底投产发电。按年设备利用小时 5500 小时计算,两台机组年发电将达 73 亿千瓦时,可实现产值 30 亿元,利税约 4 亿元。

【民企实现上市零突破】 7 月 1 日,上海股权托管交易中心迎来江西省盛丰农业科技有限公司正式挂牌登陆中小企业股权报价系统(俗称"Q 板")。这标志着萍乡民企上市"零的突破"。

萍乡市先后出台《萍乡市鼓励和扶持企业上市若干优惠政策规定》《萍乡市人民政府关于进一步加快全市金融业改革发展的实施意见》,按照"筛选一批、培育一批、辅导一批、上市一批"的梯度推进工作思路,引导和鼓励更多的企业上市发行股票,募集发展资金。通过政府引导、政策扶持、资金支持,全市上市企业实现井喷式增长,华维电瓷、安智物流、庞泰环保、德博科技、日普升能源 5 家企业在"新三板"挂牌,挂牌数量列全省第四;龙发实业、盛丰农业在上海股权挂牌交易中心挂牌;青山绿水物流、宏泰实业、安源客车等 9 家企业在江西联合股权交易中心挂牌。

【南正街打造萍乡征迁史上最和谐房屋征收模式】 10 月 23 日,位于萍乡市南正街的工商银行家属楼被机械整体拆除,砸下萍乡百年老街——南正街棚户区改造"第一锤",这标志着南正街棚户区改造工程的拆除工作正式展开。

南正街是萍乡历史悠久的老城区,随着经济社会发展,百姓急切要求改造。3 月,市委、市政府本着"关注民生民意、解决民愿民盼"的原则,以"完善城市功能,改善城市环境"为目标,开始推动南正街旧城改造,力争用一年半时间,将其打造成为萍乡市历史文化街区、城市防洪水系景观带、畅通交通要道。

南正街棚户区改造拆迁总面积约 13.4 万平方米,需拆迁房屋(店面)1410 户,是萍乡建市以来体量最大、涉及人员最多、问题最复杂的棚户区改造项目。安源区委、区政府坚持问计于民、以民为重和一个政策执行到底,打造萍乡征迁史上最阳光、最和谐、最有人情味的南正街房屋征收模式。

主要领导人 市委书记:刘卫平。市人大常委会主任:黎德廉。市长:李小豹。市政协主席:彭艳萍(1 月任)。

(罗晓安)

·安源区·

【简　况】 位于江西省西部,辖 4 镇、6 个街道办事处和 1 个管理委员会(乡级),总面积 198.78 平方千米。总人口 46.52 万人,其中非农业人口 28.64 万人。人口自然增长率为 7.03‰。2015 年,完成地区生产总值 247.44 亿元,同比增长 8%。其中:第一产业增加值 4.31 亿元,增长 1.7%;第二产业增加值 116.38 亿元,增长 7.5 %;第三产业增加值 126.75 亿元,增长 9 %。财政总收入 38.73 亿元,增长 16.3%;工业总产值 220.83 亿元,增长 2 %。规模以上工业增加值 60.62 亿元,增长 7.3%,占地区生产总值的比重 24.5%。城镇居民人均可支配收入 3 万元,增长 8.7%;农村居民人均可支配收入 1.63 万元,增长 9.5%。

【安源国家矿山公园被列入全国第二批国家矿山公园】 9 月 14 日,国土资源部正式批复同意命名"江西萍乡安源国家矿山公园",安源国家矿山公园被列入全国第二批国家矿山公园,是省内第一家获得建设资格的国家矿山公园。安源矿山公园位于江西省西部,萍乡市东南 5 千米处,隶属萍乡市安源区管辖。该公园规划总面积 26.3 平方千米,有十大核心景观(区)和三大生态保育区,包括 75 处景(观)点。公园以矿业遗迹为主体,辅有红色人文景观和自然山水景观等特色资源。矿业遗迹以其独特的方式融汇在具有突出价值的自然美之中。

【格丰科技材料有限公司获批建设省级院士工作站】 2015 年,格丰科技材料有限公司获批建设省级院士工作站。格丰科技材料有限公司是由美国陶瓷学会院士、博士奉向东领衔的中美合资高科技企业,总投资 5.1 亿元。公司设在安源区工业园,主要从事针对重金属污染废水、废气、废渣治理的先进环保技术和高效节能环保装备的制造项目,拥有多项核心自主知识产权,具有国际领先性。公司董事长奉向东为中国科学家协会第五届理事会副理事长。

【吴菊连荣登 8 月"中国好人榜"】 8 月,中央文明办在河南濮阳举办全国道德模范与身边好人现场交流活动,并发布"中国好人榜"当选名单,安源区青山镇敬老院院长吴菊连当选。吴菊连 23 岁扎根青山敬老院,甘当老人们的"好闺女",20 余年她以敬老院为家,不断改善敬老院硬件设施,到 2015 年达到全萍乡市一流水平,她对老人的真情从未间断,不仅赢得老人们的信任,更得到群众认可。吴菊连曾先后获得"全国孝亲敬老之星"

和“全国农村五保供养工作先进个人”称号。

主要领导人 区委书记:程结林。区人大常委会主任:肖锋。区长:吴顺恩。区政协主席:邱晓玲。

(周菁)

·湘东区·

【简　况】 位于江西省西部,辖8镇、2乡和1个街道办事处,总面积858.75平方千米,其中城区面积13平方千米。耕地保有量1.32万公顷,森林面积5.64万公顷,森林覆盖率69.84%。总人口41.11万人,其中城镇人口22.94万人,人口自然增长率7.09‰。2015年,地区生产总值178.45亿元,同比增长9.0。其中:第一产业增加值17.09亿元,增长4.1%;第二产业增加值107.54亿元,增长8.6%;第三产业增加值53.82亿元,增长12.5%。财政总收入18.12亿元,增长14.6%;税收占财政总收入的比重80.44%;公共财政预算收入15.63亿元,增长16.8%;公共财政预算支出26.0亿元,增长16.2%。工业总产值520.1亿元,增长2.1%。规模以上工业增加值94.09亿元,占地区生产总值的比重为52.72%。固定资产投资207.97亿元,增长14.2%。实际利用外商直接投资5029万美元,外贸出口总额1.88亿美元,外贸出口总额占地区生产总值的比重为6.84%。主要工业产品有工业陶瓷258.75万吨、煤炭产量39万吨、水泥建材产量87.29万吨。农业总产值25.58亿元,增长4.1%。粮食总产量11.69万吨,其中稻谷产量10.48万吨;生猪出栏44.35万头,菜籽、茶籽年产量达1.04万吨。万元GDP能耗1.691吨标准煤。城镇居民人均可支配收入2.86万元,增长8.9%;农村居民人均可支配收入1.43万元,增长8.8%。

【打造“全国工业陶瓷产业知名品牌创建示范区”】 2015年,湘东区采取多种措施打造“全国工业陶瓷产业知名品牌创建示范区”。一是建设工业陶瓷配套服务体系技术服务中心、研发中心、检测中心、技术培训中心、产品展示中心和博士后科研工作站、行业人才超市的“五中心一站一超市”。二是加强与高校合作,大力发展“博士经济”。该区工业陶瓷博士后科研工作站招揽20多名博士创业;与全国83所科研院校联姻建立长期合作关系,聘请科技顾问20位,企业与高校合作建设科研中心3家;全区拥有博士经济的企业20家,创办普天高科、中创高分子、龙发实业、金刚科技、中京科林等7家博士企业。三是全力打造自主品牌。该区先后创建“莲发”牌工业陶瓷、“叮铛泉”微孔陶瓷除尘器等国家级品牌8项,“亿鑫”牌陶瓷支撑球、“中华”牌金属塔填料、“成宇”牌工业陶瓷等省级品牌16项,“萍填”牌化工填料、“鑫源牌”陶瓷支撑球等市级品牌49项,产品质量认定137项,申请国家专利100多项,企业品牌成长的环境不断优化。该区陶瓷产业基地于3月底被国家质检总局批准筹建“全国工业陶瓷产业知名品牌创建示范区”,基地企业工业年产值达百亿元,利税近15亿元。

【“三大板块”推进现代农业示范园建设】 6月,湘东区现代农业示范园被列为省级现代农业示范园区,规划面积1400公顷,通过“三大板块”来推进建设。一是建设杂交水稻新品种试验示范区。以江西天涯种业有限公司科研基地为依托,建成综合科研实验中心,试验田6.67公顷,原种田13.33公顷,良种繁育田66.67公顷,新增种子加工、仓储能力200万千克,推广新品种7个,新增新品种推广能力10.67万公顷。二是建设现代农业休闲旅游区。以七彩葡萄、幸福大观园、双月湾湿地公园等一批休闲旅游品牌为依托,推进传统农产品转向休闲商品,农业园区转向休闲景区。三是建设综合种养示范区。以果蔬种植、花卉苗木、水产养殖等为重点,计划5年内新建果园133.33公顷,花卉苗木基地33.33公顷,无公害蔬菜33.33公顷,特色水产养殖13.33公顷。至2015年,该区核心区内有各类农业生产经营主体29个,其中专业合作社10个、家庭农场2个、种养大户10户、龙头企业7家。

【PPP模式在湘东区推广】 2015年,湘东区以全区“三大工程”建设为契机,充分利用PPP项目融资渠道丰富、政策扶持力度大的特点,以PPP项目作为转变政府职能、化解项目建设资金困境的重要手段,大力推广PPP模式建设项目,有效调动各方力量,使政府从繁重的事务中脱身出来。在第一批全省PPP项目省储备库中,该区有5个项目被列入项目库中,总投资25.8亿元。在2015年全省第一批政府和社会资本合作(PPP)项目推介会上,湘东区的工业园铁路专用线项目成为萍乡市推介的3个项目之一,同时还列入国家发改委第一批PPP项目库。麻山生态新区基础设施建设项目、陶瓷产业基地西区扩区工程两个项目成功列入国家发改委PPP推介项目(全省30个)。2015年,全区申报PPP项目18个,可直接撬动社会资本总投资85.74亿元,有力推动全区经济转型发展。

【湘东区与“中国园林第一股”签约共建麻山生态新区】 6月17日,由北京东方园林生态股份有限公司总投资24亿元的麻山生态新区建设项目签约落户湘东区。该项目位于麻山镇,采用PPP模式。主要建设湿地文化公园、田园综合体、户外拓展、绿道—慢行系统及相应的市政配套设施等。该项目的启动对于该区打造麻山新城区,加速推进产城融合具有重要意义。

【设立省级产业园】 3月,经省政府批复,湘东区获批设立省级产业园,定名为“萍乡湘东产业园”,成为此次获批的3个省级产业园之一。萍乡湘东产业园总规划面积438.37公顷,重点发展陶瓷制品等产业,享受现行省级开发区政策。

主要领导人 区委书记:姚虎。区人大常委会主任:文发萍。区长:杨劲松。区政协主席:汤其安。

(彭国强　杨立)

·芦溪县·

【简　况】 位于萍乡市东部,辖5镇、4乡,总面积960平方千米。总人口26.37万人。2015年,完成地区生产总值125.6亿元,增长10.1%。其中:第一产业增加值15.2亿元,增长4.4%;第二产业增加值70.2亿元,增长10.0%;第三产业增加值39.8亿元,增长13.7%;三次产业比为12.4:55.9:31.7。财政总收入13.46亿元,增长10.8%。公共财政预算收入10.54亿元,增长12.4%。公共财政预算支出22.1亿元,增长12.1%。规模以上工业增加值58.9亿元,增加10.1%,占地区生产总值的46.9%。全社会固定资产投资142.2亿元,增长13.0%。主要工业产品及产量:原煤产量149.2万吨,下降6.7%;矿泉水产量37.4万吨,增长3.3%;水泥产量79.1万吨,增长0.7%;电瓷产量106.4万吨,增长4.0%;发电量29.41亿千瓦时,增长1153.5%;烟花爆竹252.2万箱,增长4.6%。农业总产值23.9亿元,增长4.4%。粮食总产量14.7万吨。二氧化硫排放总量0.5万吨,削减1.3%;城市污水处理率85%。社会消费品零售额26.1亿元,增长10.9%。城镇居民人均可支配收入2.61万元,增长9.8%。农村居民人均可支配收入1.42万元,增长9.2%。

【获批国家电瓷高新技术产业化基地】 1月,芦溪县获批国家电瓷高新技术产业化基地,是全省获批的4个国家级高新技术产业化基地之一。全县有电瓷企业68家,其中规模以上企业51家;入国网企业9家,占全国9/22;入铁道网企业3家,占全国3/7;区域品牌全国排名38位。2015年,芦溪出台《关于加快电瓷产业集群发展的若干意见》等政策扶持文件,发布萍乡—中国电瓷指数。电瓷完成产量106.3万吨、产值128.8亿元、利税25.6亿元,分别增长22.7%、20.8%、35.4%。其中:国内市场93.8亿元,约占全国市场的1/3;出口35亿元,约占全球市场的1/20。

【获评国家绿化模范县】 8月,芦溪县获评全国绿化模范县。全县森林覆盖率70.81%,县城建成区绿化覆盖率达到40.81%,绿地率37.21%,人均公园绿地面积11.6平方米,主干道绿地率29.8%,次干道绿地率21%,单位绿地率36%,工业园区内企业绿地率22.1%。新建小区绿化率达31%,旧城区改造绿地率27%。建成区主干道沿街单位90%以上实施拆墙透绿,除县城外其他乡镇建成区绿化覆盖率31.2%,92%以上的集中居住型村庄建有休闲公园,集中居住型和分散居住型村庄绿化覆盖率分别达到26.2%和21.3%以上;铁路、公路和江、河、干渠可绿化地段绿化率96%。农田林网控制率90%以上;全民义务植树尽责率92%。

【获评全国义务教育发展基本均衡县】 4月3日,《人民日报》全文刊登国务院教育督导委员会发文关于全国义务教育发展基本均衡县名单,芦溪县是萍乡市唯一通过评估认定的县。芦溪县坚持教育强县战略,认真贯彻执行《中华人民共和国义务教育法》《国务院关于深入推进义务教育均衡发展的意见》及教育部《县域义务教育均衡发展督导评估暂行办法》,通过创新机制,推出有力举措,不断加大教育投入。三年来,教育投入达4.15亿元,努力改善办学条件,进一步规范办学行为,狠抓教育教学质量,全县教育呈现出学前教育超前发展、义务教育均衡发展、职业教育规模发展、高中教育特色品牌发展、特殊教育和成人教育内涵发展的新态势。该县先后获得全国基础教育先进集体、全国群体工作先进县、全国义务教育发展基本均衡县、全省两基工作先进县等50余项省级以上荣誉,并涌现出王祖德、王大勇、李宜萍等一大批在全省乃至全国有影响的先进典型,基本实现"全市创一流,全省有位置,全国有影响"的目标。

主要领导人 县委书记:叶华林。县人大常委会主任:江跃。县长:杨志。县政协主席:夏坤勇。

(刘欢萍 熊洁)

·上栗县·

【简　况】 位于江西省西部,辖6镇、4乡,全县总面积725平方千米,其中城区面积9平方千米。耕地面积1.27万公顷,林地面积4.33万公顷,森林覆盖率60.3%,城区绿化覆盖率40%。总人口52万人,其中非农业人口6.23万人。人口自然增长率7.98‰。2015年,地区生产总值170.2亿元,同比增长9.5%。其中:第一产业增加值16.3亿元,增长4.6%;第二产业增加值102.08亿元,增长8.6%;第三产业增加值51.81亿元,增长14.2%。财政总收入19.81亿元,增长10.08%;工业总产值373亿元,增长11.3%,其中规模以上工业产值289.56亿元,增长10.8%。全社会固定资产投资197亿元,增长14.2%;实际利用外商投资4826万美元,增长5.8%;全年引进省外5000万元以上项目资金68.8亿元,增长17.6%。农业总产值26.4亿元,增长4.6%。万元GDP能耗0.48吨/标准煤,下降8.46%。农民人均纯收入达1.38万元,增长10.8元。城乡居民年末储蓄余额79.96亿元,增长13.1%。

【实施"以文化人、以文育人"文化引领工程】 2015年,上栗县制定出台《文化引领工程实施意见》,重点围绕上栗花炮文化、绿色文化、远古文化、红色文化"四大文化形态",通过编纂上栗系列文化丛书、开展花炮文化领军人物评选活动、建设花炮产业文化主题馆、举办文化大讲堂、建立民俗文化传承和展示基地、整治文化市场环境和打造"书香上栗"文化品牌、举办公益微视频作品大赛及文化论坛等形式来弘扬传统文化、丰富群文活动、营造深厚氛围,把上栗建设成文化事业发达、文化产业繁荣、文化市场活跃、文化名人名作不断涌现的文化强县。截至年底,上栗县先后举行国家级文化活动2次,举行省、市、县级文化活动100多次;选定花炮、傩舞、渔鼓、剪纸、国学、书画等27类传统项目评为"三进"〔进村(社区)、机关、学校〕活动传承项目,建立"傩舞"传习基地、"牛带茶灯"传习基地、"传统花炮制作技艺"传习基地等文化传承基地。实现75%的村,100%的社区建有文化活动室、农家书屋,广场文化活动"大地红之夏"被省文化厅授予"百姓大舞台大家一起来大型公益性文化活动",志愿服务和优秀传统文化进校园两项工作作为品牌特色在全省推广,文化部将上栗县文化志愿服务活动列为候选项目。

【科技创新成果丰硕】 2015年，上栗县获批江西省知识产权富民强县示范县，获2011—2015年度全国科普示范县。全年上栗县申请国家专利199项，其中授权96项。花炮无硫微烟发射药、环保开爆药等新材料研制成功，安全环保水平显著提升，其中益弘自动鞭炮注引机在央视《我爱发明》栏目播出。鑫通机械多项产品获批省新成果，鑫通机械公司被认定为国家级高新企业，获省科学技术奖；阿尔法药业等6个企业获批国家创新基金项目，冠能有机发光二极管发光材料获国家科技型中小企业技术创新项目，花炮工程技术中心列为省级工程技术中心。

【供销综合改革试点成效显著】 2015年，上栗县被列为江西省供销综合改革试点县。面对江西供销事业发展"新常态"，上栗县加快推进供销社体制创新、组织创新、经营创新和服务创新等方面工作，通过农业服务平台、供销流通服务平台、农村电子商务平台、合作金融服务平台、社区综合服务平台五大新型服务平台建设，着力将供销社打造成为服务农村、农业、农民的为农服务综合性合作经济组织。至年底，全面完成农业社会化服务惠农工程。成立上栗县供兴农业服务公司，开展以"大田托管，专业对接"为主要内容的农业社会化服务工作，全年累计实现托管土地866.67公顷，其中全托式服务面积200余公顷，订单式服务对象15家，面积640余公顷。共为农民和专业大户节约生产成本150余万元，全托服务对象每亩增收近300元(平均增产100千克)，实现农业丰产、农民增收的良好社会经济效益。组建上栗县供销电子商务有限公司，"农门e站"供销农产品生活馆已上线运营，完成20家村级服务站。与江西银行上栗支行签订《银社合作协议》，启动"上栗县供销惠农合作基金"，开展涉农融资放量担保工作。

【成立上栗花炮连锁有限公司】 11月5日，上栗县花炮连锁有限公司正式成立，总投资5000万元，是一家经政府授权、商会组织、优秀企业投资参与的地理商标"上栗花炮连锁"经营企业。该公司通过"上栗花炮"专业化品牌运作，整合加盟终端—连锁化，采取"品牌+模式+系统"的商业模式和"互联网+实体店"的经营模式，通过O2O、B2B、大数据、大联盟等网络化手段，集中采购，快速配货，使"专业化生产、集约化经营"得以实现。至此，上栗县在全省率先实施花炮产品连锁销售。

【第二届赣湘边区域开放合作交流会在上栗县召开】 12月17日—18日，第二届赣湘边区域开放合作交流会在上栗县召开。国家、赣湘两省及涉及市发改委和金融办领导和10县(市)主要负责人及相关部门负责人，中央、省、市、县有关媒体和有关企业负责人共201人出席交流会。会议以"金融互动、交通互联"为主题，讨论通过并发布《湘赣边区域开放合作行动计划(2016年)》《湘赣边区域金融发展战略合作意见》《进一步加快推进湘赣边区域二十个重大交通基础设施项目建设的意见》，同意吸收湘东区、遂川县为成员县市区，研究确定第三届赣湘边区域开放合作交流会由井冈山市承办，2016年赣湘边区域开放合作主题联席会议由万载县承办。探索成立赣湘边区域合作担保基金，对接国家政策资金支持，进一步放大杠杆作用和乘数效应；探索设立赣湘边区域性银行，为赣湘边各县(市、区)基础设施建设和中小企业发展提供资金保障及金融支持。

主要领导人 县委书记：严荣华。县人大常委会主任：兰先湖。县长：彭文华。县政协主席：关翠屏。

(邓花萍　秦美红)

·莲花县·

【简　况】 位于江西省西部，辖13个乡镇、1个垦殖场，总面积1072平方千米。耕地面积1.49万公顷，山地面积7.47万公顷，森林面积5.32万公顷，森林覆盖率68%。总人口27万人，其中农业人口22万人。2015年，地区生产总值54.44亿元，同比增长7.7%。其中：第一产业增加值8.42亿元，增长3.7%；第二产业增加值24.85亿元，增长7.6%；第三产业增加值21.17亿元，增长9.7%。规模以上工业总产值90.42亿元，增长3.3%；规模以上工业主营业务收入90.35亿元，增长3.3%。农业总产值13.38亿元，增长3.7%；粮食种植面积2.22公顷，总产量14.15万吨。完成造林绿化面积1342.33公顷，新增绿地面积约7000平方米。固定资产投资54.13亿元，增长11.6%。财政总收入7.86亿元，增长10.9%。城镇居民人均可支配收入2.04万元，增长11.97%；农村居民人均可支配收入7644元，增长11.6%。全县金融机构各项存款余额79.0亿元，增长14.5%；贷款余额32.62亿元，增长15.6%。

【扶贫开发工作全面推进】 2015年，莲花县全力打好精准脱贫攻坚战。投入扶贫资金6.5亿元，全面落实"7+2"精准扶贫措施。在村庄整治项目上投资近3000万元，新农村建设点投资2000余万元，农村道路和水利设施建设投资约2亿元。全县各行政村进村公路实现100%硬化。建成移民搬迁集中点4个，搬迁移民1906人。2015年春节江西省电视台"新春走基层"栏目，重点报道该县六市乡山口村移民安置点的建设情况。以"千家万户房前屋后种满'摇钱树'"工程为载体，重点发展优质莲子、蜜柚、蜜梨、绿化树、麻鸭、白鹅等种植养殖项目，向建档立卡贫困户发放产业扶贫贷款6798万元，涌现354户精品果业、畜禽养殖、蔬菜瓜果等规模种植养殖专业户，形成160个特色产业基地。全年新增省级龙头企业3家、市级龙头企业5家。"莲花莲籽""卓氏蜜梨"等一批农产品获省级以上无公害认证、气候品质认证。

特色产业的发展，为群众脱贫致富拓宽路子，增添了渠道。2015年，全县低保人口纳入建档立卡贫困户有1.21万人，做到应纳尽纳。贫困人口新农合参保率为100%，实行大病救助468人次。全年完成6400人脱贫任务，比省下达的脱贫任务超出186人，全面实现增收减贫目标。

【加快电子商务进农村综合建设】 2015年，莲花县抓住作为全省第一批电子商务进农村综合示范县的机遇，出台《关于加快电子商务进农村综合建设的扶持政策》等文件，建成电子商务创业孵化中心、电子商务公共服务中心、农村淘宝县级服务中心、农村E邮县级运营中心、县级电商仓储配送中心各1个，农村电商服务站70个，全年实现电商交易额达8亿元。以电子商务创业孵化中心为全县电商的综合发展平台，组建电商发展服务中心、公共服务中心、仓储配送中心、农村e邮运营中心、阿里农村淘宝县级运营中心、小微电商企业区、特色产品线下体验馆等。与阿里巴巴、邮政、供销等企业单位合作建设村级电子商务服务站，为村民提供网络代购、农产品销售、包裹快递、转账汇款、税费缴纳、车票代购等服务，让全县百姓共享“消费上网、快递下乡、信息入户、产品网售”的互联网时代发展成果。通过对地方物产进行全面摸排，挑选16类100多种工业产品、20类近200种农副产品作为线上候选货品，一方面对候选货品进行品牌包装再升级，另一方面对莲籽、莲花血鸭、优质水果、有机稻米等重点特色产品，安排政府部门利用花节活动、产品交易会等平台对外推介。同时，打造莲籽电商产业基地、有机稻米电商产业基地、莲花血鸭电商产业基地等一批电商配套供应和保障基地，整合全县物流快递公司，将分散物流转变为统一运营，破解农村电商物流“最初一千米”和“最后一千米”难题。与网联电商学院、传承电商等业务机构合作，先后开展电商业务培训30多期，3000多名机关干部、农村青年、返乡农民工、院校毕业人员接受电商创业培训。

【电影《老阿姨》在莲花开机拍摄】 10月3日，电影《老阿姨》在莲花县花塘官厅开机拍摄。这部讲述全国道德模范龚全珍故事的影片，由长影集团与莲花县委、县政府联合摄制。甘祖昌的扮演者、著名演员李雪健，龚全珍的扮演者、著名演员陶慧敏，长影集团总经理李庆辉，长影集团纪委书记冷国红，长影集团总经理助理王延志出席开机仪式。该片导演由长影集团总导演雷献禾等担任，史健全、郭中東等编剧。长影集团对影片的拍摄工作高度重视，主创人员多次深入莲花县，看望龚全珍老阿姨，与龚全珍老阿姨深入交谈，并对龚全珍的亲属、朋友、资助对象、邻居等进行采访座谈，收集创作素材。为了准确把握剧中人物，剧本反复修改，并请专家多次评审。剧中的大部分场景选择在莲花县拍摄。摄制方表示，将通过电影镜头，再现全国道德模范龚全珍老阿姨和将军农民甘祖昌的感人事迹，全力把该影片制作成为集思想性、艺术性、观赏性于一体的文化经典之作和群众称赞之作。

【清洁工程实现乡村全覆盖】 莲花县以“减量化、资源化、无害化”为目标，加强组织领导、夯实基础设施、强化督查考核、健全长效机制，全面推进农村清洁工程。2015年，全县投入资金1000多万元，建成垃圾填埋场1座，购置垃圾清运车310辆，配置保洁员、清运员800多人，健立各项管理制度，农村垃圾处理初步实现全覆盖、常态化运行，扭转了农村“脏、乱、差”现象，改善了农村宜居环境。

主要领导人 县委书记：夏兴（任至8月）。县人大常委会主任：严漫泉。县长：刘乡。县政协主席：刘绍华。

（朱亮）

新余市

【概　况】 位于江西省中部偏西，辖高新技术产业开发区、分宜县、渝水区和仙女湖风景名胜区。总面积3178平方千米。森林覆盖率57.8%。总人口116.67万人，增长0.5%。人口自然增长率6.86‰。2015年，地区生产总值946.80亿元，同比增长8.5%。其中：第一产业增加值55.95亿元，增长3.6%；第二产业增加值527.93亿元，增长8.3%；第三产业增加值362.92亿元，增长9.6%。人均生产总值8.14万元，增长8.2%。三次产业结构调整为5.9∶55.8∶38.3。非公有制经济增加值549.14亿元，增长8.1%，占地区生产总值比重58.0%。工业增加值460.13亿元，增长8.2%，占地区生产总值比重48.6%。钢铁、新能源、新材料三大支柱产业增加值206.20亿元，增长3.8%；光电信息、装备制造、苎麻纺织三大新兴产业分别实现工业增加值17.51亿元、19.41亿元和6.04亿元，分别增长51.4%、31.6%和18.5%。固定资产投资（不含农户）822.60亿元，增长10.0%。财政总收入132.86亿元，增长5.1%。公共财政预算支出152.15亿元，增长15.7%。年末从业人员65.35万人，增加0.41万人；城镇新增就业人员2.52万人，年末城镇登记失业率3.7%。粮食种植面积9.98万公顷，增长0.3%；总产量60.71万吨，增长0.7%，实现“十二连丰”。社会消费品零售总额213.75亿元，增长8.4%。外贸进出口总额112.93亿元，下降10.1%。其中：出口78.65亿元，增长1.3%；进口34.28亿元，下降28.5%。接待国内旅游人数1300.16万人次，增长22.74%；接待入境旅游人数2.83万人次，增长4.6%。年末金融机构本外币各项存款余额906.01亿元，增长21.5%。城镇居民人均可支配收入2.98万元，增长8.0%；农村居民人均可支配收入1.40万元，增长9.0%。年末参加城镇基本养老保险27.11万人，参加城镇职工医疗保险27.54万人，参加失业保险11.19万人。城区空气环境质量优良率94%，优良天数343天。主要河流监测断面水质达标率100%，城市饮用水水质达标率100%。城市绿化覆盖率54.1%。能源消费总量953.17万吨标准煤，下降0.69%。万元生产总值综合能耗0.9793吨标准煤，下降8.44%。全年化学需氧量、氨氮、二氧化硫、氮氧化物动态减排量分别为1047吨、146吨、678吨、3908吨，全面完成省政府下达的动态减排任务。

【光电信息产业成为支柱产业】 2015年，新余市光电信息产业继续快速发展，成为全市工业发展亮点。截至年底，全市在册光电信息企业106家，其中已生产企业80家、在建26家；实现主营业务收入105.5亿元，增长261.8%。光电信息产业月均增速30%以上，完成2015年光电信息生产企业达100家、主营业务收入100亿元的“双百”目标任务，成为全市支柱产业。全市光电信息产业呈现三大特点：一是产业结构不断优化。新引进的石墨膜、液晶电视、平板电脑等产品项目逐渐发展，手机、机器人项目进入前期规划或建设阶段。二是产业集群效应初步显现。以触控、LED 和安防为重点的领域形成一定的集群优势,全市在册 106 家企业中,有触控屏企业 20 余家、LED 企业 15 家。三是重点企业发展迅速。木林森光电高效节能 LED 照明产品项目有 140 条线投入生产,领航照明 LED 灯泡、灯带二期项目建成投产,沃格光电玻璃精加工项目安装并投产,盛泰光学引进韩国生产线,维骏公司新增生产线及生产设备。

【新余市获“2015 年智慧城市创新奖”】 12 月 29 日,“2015 亚太智慧城市发展高峰论坛”在深圳举办。主办方国家信息中心和国际数据集团(IDG)举行亚太领军智慧城市颁奖典礼,新余市获“2015 年智慧城市创新奖”,全国仅 6 个城市获奖。2015 年,新余市加快智慧城市发展步伐,数字化综合办公平台、网上审批全程无纸化系统、企业信用和金融一体化平台、“三单”管理平台、农村土地承包经营权流转交易平台、“智慧天网”工程等 21 个项目建成并投入使用,信息基础设施建设及三网融合、政务数据共享管理平台、智慧城市时空信息云平台、城市信息安全保障体系(共享安全保障平台)、人口共享基础数据库等 22 个项目正在有序建设中。交通运输、政务办公、公共安全、环境管理、信息惠民等方面成果不断显现,信息化、智慧化的新型城市生态正在形成。

【成立光伏产品及应用工程技术研究中心】 1 月 19 日,新余市光伏产品及应用工程技术研究中心在江西瑞晶太阳能科技有限公司挂牌成立。该中心主要从事光伏产品设计及工程制造方面的技术质量咨询诊断工作,提供解决方案,并指导实施;帮助本行业企业投资决策服务,接受光伏产品产业化工程化生产、工艺设计及设备选型等,并可进行新材料、产品制造技术转移;定期组织中、短期专题技术讲座,提供学习、实习场所,在行业内为培养初、中、高级操作员、技术员、工程师,组织国内大学教授、专家报告行业技术动态、发展方向;为行业提供技术鉴定、专业测试技术及委托测试服务,充分发挥中心测试仪器作用。该中心的成立有利于进一步提升企业对光伏产品研发的积极性,促进企业之间技术交流,分享企业相关先进技术,推动全市光伏行业发展。截至 12 月 31 日,新余市并网发电的光伏项目 137 兆瓦,在建光伏发电项目 181 兆瓦,已备案正在开展前期工作的光伏项目 661 兆瓦,有 330 兆瓦正在开展土地签订协议相关工作,共 1309 兆瓦,总投资 117.81 亿元。

【农村危房改造工作成绩列全省第一】 3 月,省农村危房改造工作领导小组办公室对 2014 年全省农村危房改造工作绩效评价与省级验收情况进行通报,新余市农村危房改造率先在全省全部完工,总数完成 1660 户,超额完成计划任务 330 户,综合成绩在全省设区市排名第一。

【节能减排示范工作总考核被评为全国优秀】 4 月,财政部和国家发改委组织考核组对新余市三年节能减排财政政策综合示范工作进行总考核,对全市节能减排典型示范项目的工作量、投资额、节能减排效果、长效机制建设等完成情况进行详细核查,并对重点项目单位进行实地调研。通过现场考核,考核组对新余节能减排财政政策综合示范工作给予高度评价。经过财政部、国家发改委最终审核,新余市 2012—2014 年度全国节能减排财政政策综合示范工作考评结果为全国优秀,追加综合奖励资金 2.4 亿元(总计获得中央节能减排奖励资金 14.4 亿元)。2012 年 2 月,《新余市节能减排财政政策综合示范实施方案》正式获得财政部和国家发改委批复,新余成为 8 个示范城市中首个获得批复的城市。方案获批后,新余市总共实施 7 大典型项目和 47 个现有政策类项目,累计完成投资 202.98 亿元,地方配套 66.25 亿元。与 2010 年比,2014 年全市万元 GDP 能耗累计下降 25.02%,超额完成示范目标的 9.8%。

【仰天岗森林公园总体规划获批】 5 月,国家林业局发文,批复《新余市仰天岗国家森林公园总体规划(2015—2024)》。并要求严格按照总体规划实施建设,确定范围进行公示和标界立桩,遵循“严格保护、合理利用、协调发展”的原则,依法依规办理相关审批手续。批复中确定仰天岗国家森林公园规划总面积为 2178.93 公顷,2024 年前森林公园内日游客容量控制在 8019 人次以内,接待床位数不超过 580 张;同时要求加强对森林公园内次生常绿阔叶林、枫香林、古树名木、花岗岩地貌、孔目江、湿地景观、国民革命军北伐战争仰天岗战斗遗址等重要森林风景资源的保护和管理,对新建项目认真做好环境影响评价。此次国家林业局在全国范围内批复 7 个国家森林公园,仰天岗国家森林公园是全省唯一一个。

【评选首届“新余市十大土特产”】 为树立新余市土特产品牌,打造新余“说得出口、拿得出手、送得出去”的特色旅游产品,新余市商务局联合新余日报社主办首届“新余市十大土特产”品牌评选活动。来自新余市内外近 10 万人次参与投票评选活动。在此基础上,邀请商务、市场监管、农业、林业、粮食、供销等有关部门专家组成评委会,对产品层层筛选。经过评选,6 月 8 日,评选结果揭晓,新余蜜橘、辛记缘系列食品、张氏蜂蜜、归云山糕点、“岩宏”有机蛋、马洪老酒、“赣岭”有机茶油、“文乐”大米、“百舸”腐竹、“百乐”大米被评为首届“新余市十大土特产”。

【全面推行村级民事代办制】 2015 年,新余市把村级民事代办工作列入全市改革创新重点任务及着力解决的 30 件民生实事之一,在全市全面推行村级民事代办制。1 月开始,在全市 37 个乡(镇、街道)408 个行政村推行村级民事代办制,给予每村每年 5000 元民事代办经费,县、乡两级财政分别按 3000 元、2000 元的标准配套。根据群众需求,把农民群众生产生活密切相关且能够代办的服务事项全部列入代办范围。新举措让村民足不出村、不花一分钱就可轻松办理低保、生育证、医药费报销、农机补贴等 28 类事项,切实解决服务群众“最后一公里”问题。5 月,全市进一步规范全市村级民事代办工作,推进标准化、规范化建设,做到“五个统一”(统一内容样本目录、统一代办服务场所、统一代办工作制度、统一代办工作流程、统一纳入绩效考核),408个村级民事代办点均实现有门牌、有专人、有电话、有制度、有台账。

【举办环仙女湖国际马拉松比赛】 11月1日,2015年中国新余·环仙女湖国际马拉松赛开幕。此次马拉松赛由新余市政府主办,以“爱在仙女湖,情定马拉松”为主题,是江西省第一个国际性标准马拉松比赛。俄罗斯、日本、法国、肯尼亚、乌干达等多个国家选手参赛。比赛共分为全程马拉松(42.195千米)、半程马拉松(21.098千米)和迷你马拉松(6千米)3个项目,参赛选手5800余人。比赛分别对男、女全程马拉松和半程马拉松的第1~20名获奖选手设置现金奖励,最高奖金数额1.5万元。新余市政府组织200余名志愿者和800余名工作人员参与大赛服务,在赛道沿途共设置13个补给点,设置12个固定医疗救护点,配备38名专业医护人员和7辆救护车,邀请蓝天救援队参与赛道流动保障。经过激烈角逐,肯尼亚选手Choge Amos Kipruto获全程马拉松男子组冠军,肯尼亚选手Chepkwony Susan Jemutai获全程马拉松女子组冠军,肯尼亚选手Mwobi Cyprian Kiogora获半程马拉松男子组冠军,中国选手罗川获半程马拉松女子组冠军。

【生活垃圾发电厂并网发电】 11月9日,新余生活垃圾发电厂正式并网发电。电厂坐落在渝水区珠珊镇,是新余市全国合同环境服务试点的七大重点项目之一,是全省第二家投入运营的生活垃圾发电厂。电厂于2014年6月开工,总投资约2.4亿元,占地面积约7.07公顷,设计焚烧处理规模600吨/日,能满足新余未来10~15年生活垃圾处理需求。预计年发电量6800万千万时,相当于约4万户居民一年用电量,可节约标准煤2.16万吨,年减少氮氧化合物排放216吨、二氧化硫排放345.6吨(按年运行330天计算),年节约土地资源60万平方米(填埋1吨垃圾需占地平方米),有效破解“垃圾围城”困局。该厂烟气经过脱硫和过滤等环节,各项污染物含量均达到《生活垃圾焚烧污染控制标准》(GB18485—2014)排放要求,其中二恶英类排放限值为国际上最严格的0.1ngTEQ/m3,与欧盟标准一致。

【社区数字化综合服务管理平台上线】 12月29日,新余市社区数字化综合服务管理平台正式上线。该平台以“新余一网通”为门户,以“便民服务系统、公众服务系统、网格化管理系统”三大系统为主体,以“社区专题数据库”为支撑,有效提高城市公共服务水平。全市11个部门的123项办事项目通过该平台下放到社区办理,群众不出社区甚至在家以及通过手机即能申办事项;通过网格化管理,社区干部能准确全面地掌握社区底数和情况,网格员可及时上报网格内事件并流转到相应部门处理,提高社区管理的效能;打破部门、行业隔阂,将民政、公安、卫计等部门数据对接至社区数字化平台,最大限度地实现信息资源共享和利用。

主要领导人 市委书记:刘捷。市人大常委会主任:黄国均(任至2月)、张荣生(2月任)。市长:董晓健(2月任)。市政协主席:廖兰芳。

(邹澄洪)

·分宜县·

【简 况】 位于江西省中部,辖7镇、3乡、1个街道办事处。总面积1391.76平方千米,其中城区建成区面积13.6平方千米。耕地面积1.73万公顷,有林面积6.65万公顷。森林覆盖率60.9%,城区绿化率43.03%。总人口34.03万人,其中非农人口14.07万人,人口自然增长率7.52‰。2015年,地区生产总值207.0亿元,同比增长8%。其中:第一产业增加值18.6亿元,增长3.9%;第二产业增加值110.7亿元,增长8.8%;第三产业增加值77.7亿元,增长7%。财政总收入28.7亿元,增长5%。税收占财政收入比重57.7%。地方财政收入25.4亿元,增长15.4%;地方财政支出37.1亿元,增长15.8%。工业增加值95.4亿元,增长8.2%;规模以上工业增加值46.5亿元,增长3.2%,占地区生产总值的22.5%;主营业务收入228.7亿元。社会消费品零售总额46.3亿元,增长11.5%。外贸出口额8.99亿元,占地区生产总值4.3%。固定资产投资167.98亿元,增长10.4%。实际利用外商投资8562万美元,省外投资161.4亿元。主要工业产品:原煤125.3万吨,水泥247.9万吨,驱动桥2487台套,发电量25亿千瓦时,苎麻布2.8亿米。农林牧渔总产值29.5亿元,增长5.2%。粮食总产量14.8万吨。主要农产品:西瓜1704.87公顷、产量3.52万吨,蔬菜3900.53公顷、产量5.33万吨,生猪出栏27.61万头、猪肉2.32万吨,家禽144.98万只,水产品1.6万吨。万元GDP能耗标准煤0.498吨,全年工业能源消耗标准煤81.23万吨,下降1.5%,二氧化硫排放量下降4%。城市污水处理率100%,城乡生活垃圾无害化处理率100%。城镇居民人均可支配收入2.54万元,增长7.6%;农村人均纯收入1.37元,增长8.6%。年末储蓄余额115.5亿元,增长9.8%。

【中国洞都旅游景区一期对外开放】 5月19日,中国洞都旅游景区一期对外营业。中国洞都旅游景区规划总面积23.8平方千米,总投资5.39亿元。总体布局为“一心”“两轴”“三区”,拟打造成中国第一个集超自然体验式溶洞观光和穴居体验、洞穴养生为一体的溶洞之都,项目分三期建设。这是中国第一个以姻缘文化为主题的洞群旅游区,打破传统的溶洞观光旅游模式,立足于当地国家非物质文化遗产夏布技艺,将其与分宜独特的牛郎织女历史底蕴,道教文化、民俗文化等多元内涵相结合,提炼出内在的姻缘文化共性,通过创意转化,开发以非物质文化遗产夏布技艺和牛郎织女故事传说贯穿整个旅游过程的极具地域和民族风情的姻缘文化旅游产品。整个项目浑然一体,姻缘文化环环相扣。项目包括独具地域特色的姻缘文化宫、鲜明民族风情“会说话”的牛郎织布洞、洞房酒店群等旅游文化产品,对促进非物质文化保护传承与旅游相结合,发挥旅游对文化消费的促进作用具有创新意义。

【2015年中国(江西)国际麻纺博览会在分宜县举行】 11月6日—8日,2015年中国(江西)国际麻纺博览会在分宜县举行。副省长李贻煌宣布

2015年中国(江西)国际麻纺博览会开幕。此届博览会主题为“生态江西、时尚麻艺”,全国60多家麻纺经营、科研企事业单位和1000位国内外麻纺产业界的知名专家、学者、企业和客商参展。展品涵盖麻类种植、麻及麻混纺纱、夏布、麻纺面料、麻艺服装、麻艺家纺、麻文化制品、麻纺装备等麻纺产业链各环节。博览会设有2个文化展区,主要展示夏布绣品和夏布书法艺术品。博览会期间,举办了2016年中国麻纺织产品流行趋势发布、江西麻纺产业推介会暨项目签约仪式、中国麻纺产业高峰论坛、恩达杯2015年中国麻纺产品设计大赛颁奖典礼、江西省第四届工艺美术“杜鹃奖”颁奖典礼等一系列活动。

【凤凰山铁矿遗址保护规划获批】 2015年1月,国家文物局批复凤凰山铁矿遗址保护规划,凤凰山铁矿遗址保护工作拉开序幕。凤凰山铁矿遗址位于分宜县湖泽镇,南北长230米,东西宽370余米,面积2万余平方米,是第七批全国重点文物保护单位。该遗址在唐代晚期开始冶铁;北宋时期,朝廷在分宜贵山设置“贵山铁务”,作为专门管理铁业的官府机构;冶铁炉火一直延续到明、清朝代,是中国冶铁历史发展的见证。遗址遗迹丰富,有矿石、冶铁炉、铸模遗迹,包括原料采集、燃料选用、铁水冶炼、成品提取整个工艺技术过程,可以完整反映古代冶铁的全部工序,对研究中国古代冶铁技术具有重要的科学价值。

【分宜电厂2×66万千瓦机组“上大压小”扩建工程开工】 12月30日上午,分宜电厂扩建工程(2×66万千瓦)机组建设项目开工建设。分宜电厂异地扩建工程为新余市重点工程,位于双林镇,总投资48.2亿元,装机总量132万千瓦,年发电量可达66亿千瓦时,年创税收可达3.5亿元以上。工程前期试桩工作于12月3日启动,12月7日完成地质勘探。

主要领导人 县委书记:刘琼(任至9月)、李逸翔(9月任)。县人大常委会主任:张学武。县长:胡军。县政协主席:朱运书。

(杨诚)

·渝水区·

【简　况】 位于江西省中部偏西,辖6镇、5乡、6个街道办事处。总面积1110平方千米。总人口69.32万人(不包含仙女湖风景名胜区人口),其中非农业人口35.23万人,人口出生率10.42‰,人口自然增长率6.58‰。2015年,地区生产总值213.5亿元,同比增长11.7%。其中:第一产业增加值25.4亿元,增长0.1%;第二产业增加值120.4亿元,增长5.02%;第三产业增加值67.7亿元,增长19.38%。财政收入31.8亿元,增长15.1%,其中公共财政收入22.9亿元,增长7.8%。社会固定资产投资239.38亿元,增长12.7%。社会消费品零售总额132.28亿元,增长5.3%。城镇居民人均可支配收入3.09万元,增长9.2%;农民人均纯收入1.43万元,增长10.3%。森林覆盖率47.8%,全区城镇化率65%。

【中心示范村建设显成效】 2015年,全区9个中心示范村累计投入资金4170万元,在环境整治、公共服务、文化设施建设上成效明显。9个中心示范村全部编制村庄建设提升规划、产业规划和绿化规划,严格按规划开展中心示范村建设。全区形成一批新房型推广型、“空心村”改造型、古村落修缮型、生态旅游型中心示范村。完善全区农村环卫“四个一”日常管理考评机制,在各中心村新建垃圾分类棚屋、新增分类桶、垃圾运输车等保洁设施,配齐配好村保洁员,提高保洁员待遇,注重日常管护,做到垃圾不出村;9个中心村安装太阳能路灯300多盏。中心示范村污染源减少,生态环境得到保护优化。罗坊镇湖头中心示范村被农业部认定为第五批全国一村一品示范村,良山镇下保中心示范村荣和生态农业基地被列为全省4A级乡村旅游点。

【惠农政策促粮食丰收】 2015年,渝水区完成粮食播种总面积5.27万公顷,平均亩产420千克,粮食总产量33.17万吨,粮食产量连续12年实现丰收。渝水区落实各项强农惠农政策,增强种粮农民信心。农民种粮直接补贴按照实际种植面积,按粮食直补11.8元/亩、良种补贴15元/亩、农资综合补贴56元/亩标准,发放补贴6050.59万元,全部通过一卡通补贴到位。落实种粮大户补贴政策,审核批复7户种粮大户生产及配套设施建设项目资金65.94万元,其中绿肥种植补贴15.24万元、晒场建设补贴7.02万元、稻谷烘干设施购建补贴31.5万元、工厂化育秧设备购建补贴12.18万元,用于改善种粮大户生产经营条件,提高抗风险能力。全年,渝水区补贴各类农机1684台/套,完成结算资金767.735万元(其中报废补贴7.4万元),使用比例达93.84%,受益农户1530余户,带动农民投入0.31亿元。

主要领导人 区委书记:徐文泊。区人大常委会主任:周梅生。区长:聂志新。区政协主席:周平根。

(张小仁)

鹰潭市

【概　况】 位于江西省东北部,辖贵溪市、余江县、月湖区、市龙虎山风景名胜区、鹰潭高新技术产业开发区、市信江新区,总面积3560平方千米,其中市区建成区面积33.8平方千米。林地面积20.07万公顷,城区绿地面积1514.34公顷,森林覆盖率58.21%。总人口115.33万人,其中市区21.92万人。人口自然增长率6.81‰。2015年,地区生产总值639.26亿元,同比增长9.0%。其中:第一产业增加值49.40亿元,增长4.0%;第二产业增加值382.57亿元,增长9.2%;第三产业增加值207.29亿元,增长9.8%。农林牧渔业总产值79.56亿元,规模以上工业总产值2082.89亿元。财政总收入112.43亿元,增长10.6%;一般公共预算收入83.01亿元,增长13.1%。财政收入占地区生产总值17.6%,税收占财政收入76.5%。规模以上工业增加值358.61亿元,增长9.0%。固定资产投资531.56亿元,增长14.5%。社会消费品零售总额171.71亿元,增长10.5%。城镇居民人均可支配收入

2.70万元,增长9.6%;农村居民人均可支配收入1.24万元,增长9.1%。城乡居民储蓄存款余额327.1亿元,增长12.5%。

【中国(鹰潭)"互联网+铜产业"发展暨2015年铜交易大会在鹰潭举行】 11月26日,由中国有色金属工业协会主办,鹰潭市人民政府、江西铜业集团公司、江西理工大学、中江国际商品交易中心、北京安泰科信息开发有限公司联合承办的中国(鹰潭)"互联网+铜产业"发展暨2015年铜交易大会在鹰潭举行。国务院参事、中国有色金属工业协会会长陈全训,江西省副省长李贻煌,鹰潭市委书记陈兴超出席大会并致辞,鹰潭市委副书记、市长熊茂平介绍鹰潭市打造"绿色世界铜都"进展情况。相关专家就"互联网+铜产业"的策略分析、运营模式以及"互联网+"背景下的商业模式创新等内容作专题报告。此次大会旨在探索新常态下铜产业发展的新路径,搭建国内铜冶炼、加工、贸易企业之间互动交流新平台,推动"互联网+铜产业"发展。国内外约300家大型铜冶炼企业、铜加工企业、铜贸易企业、有色金属交易平台以及期货经纪和金融投资机构参加大会。会上,103家企业达成签约意向,交易金额316亿元;25家企业现场签约。

【鹰潭市获批国家级旅游业改革创新先行区】 12月,鹰潭市被国家旅游局批准为首批国家级旅游业改革创新先行区,成为此次获批的13个地级市之一,江西省唯一入选城市。

首批国家级旅游业改革创新先行区有7项国家政策支持,主要包括:支持先行区进行旅游用地改革;支持先行区实行落地签、过境免签政策;在先行区优先复制自由贸易试验区旅游开放政策,优先推广旅游综合改革试点城市的经验;支持先行区发展旅游基础设施及旅游项目建设;支持先行区通过设立旅游产业基金等形式扶持旅游创业;对先行区改革事项提供智力支持;根据先行区的需求进行重点支持。根据建设方案,鹰潭市选定5项规定任务(改革创新旅游业产业定位、旅游综合管理体制、旅游业发展引导机制、旅游公共服务体制、旅游市场监管机制)、4项商定任务(改革创新门票预约制度、旅游投融资体制、区域协调发展机制、中介组织发展机制)、3项自选任务(探索创新旅游发展市场机制、探索拓展旅游业发展的新领域、探索旅游目的地建设政策体系)进行改革创新。

【鹰潭市启动城市公立医院综合改革试点工作】 5月,鹰潭市被确定为第三批城市公立医院改革国家联系试点城市。12月,印发《鹰潭市城市公立医院综合改革试点方案》,召开鹰潭市公立医院综合改革试点工作启动大会,正式启动城市公立医院综合改革试点工作。改革的主要内容有8项:深化公立医院管理体制改革;建立公立医院运行新机制;完善药品供应保障体系;强化医保支付和监控作用;推进医院人事薪酬制度改革;构建各类医疗机构协同发展的服务体系;加快建立分级诊疗制度;加快推进医疗卫生信息化建设。

【龙虎山景区获批创建国家可持续发展实验区】 10月12日,科技部公布一批创建国家可持续发展实验区名单,在新获批创建的29个国家可持续发展实验区中,龙虎山景区是唯一一个国家级风景名胜区。在创建国家可持续发展实验区中,龙虎山景区贯穿可持续发展理念,突破世界自然遗产和世界地质公园保护区域限制,打破行政区划局限,高起点编制《龙虎山风景名胜区总体规划》和《龙虎山片区旅游发展概念性规划》,并配套实施《龙虎山国家可持续发展实验区总体规划》,构建"一廊三区、四核多片"整体空间格局。以融合理念引领产业布局,旅游与文化互动、旅游与生态并行、旅游与农业联姻、旅游与体育结缘,多种产业既独立布局,又相互融合。景区传统景点突破纯观光概念,以大型实景演出《寻梦龙虎山》为代表的文化旅游产业异彩绽放;包括逍遥城、地质花卉公园、梦幻乐园、圣井山漂流等在内的一批养生度假产业渐成规模;包括万亩板栗园、万亩无花果园、万亩有机茶园在内的一批富民为先的景观农业强势崛起;包括环鄱阳湖自行车赛、半程马拉松赛、全国竞走大奖赛等一批经典赛事落户。旅游产业与其他产业相互渗透、协调发展成为一种新趋势。2014年,龙虎山景区申报国家可持续发展实验区,同年12月11日,由中国可持续发展研究会理事雷世均等6人组成的专家组到龙虎山现场考察后,一致认为:龙虎山景区自然与人文旅游资源丰富,旅游发展主题明确,景点、景区、社区、区域并进,经济、社会、人口、资源和环境协调发展,为中国风景名胜区可持续发展提供了典范和可借鉴的模式。

【鹰潭卫生学校获批】 5月,江西省人民政府批复同意在鹰潭市设立鹰潭卫生学校。鹰潭卫生学校是全国第一所获批设立的全日制民办卫生中等职业学校。学校招生规模暂定3000人,设置护理、助产、检验、农村医学4个专业。鹰潭卫生学校的设立,开创了全国设立民办卫生中等职业学校先河,丰富了鹰潭市中等职业教育的办学内容。

主要领导人 市委书记:陈兴超。市人大常委会主任:杜德春。市长:熊茂平。市政协主席:潘赞海。

(王新勤 杨保平)

·贵溪市·

【简　况】 位于江西省东北部,辖12镇、6乡、3个街道办事处、7个林(垦殖、园艺)场,总面积2492.79平方千米,其中城区建成区面积30.8平方千米。耕地面积3.33万公顷,有林面积14.04万公顷。森林覆盖率61.42%,城区绿化率42.58%。总人口63.99万人,其中非农业人口11.52万人,人口自然增长率6.91‰。2015年,地区生产总值347.03亿元,同比增长8%。其中:第一产业增加值18.63亿元,增长2.3%;第二产业增加值243.23亿元,增长7.7%;第三产业增加值85.17亿元,增长11%。财政总收入46.75亿元,增长8%。税收收入22.26亿元,占财政总收入的47.4%。地方财政收入32.48亿元,增长11%;地方财政支出46.10亿元,增长9%。规模以上工业企业总产值12.52亿元,下降4.2%。规模以上工业增加值224.75亿元,增长6.9%。主要工业产品:精炼铜

105.90万吨、铜材102.62万吨、农药1.66万吨、化肥15.47万吨、电光源节能灯5.29万只、水泥177.54万吨。固定资产投资332.03亿元,增长13.7%;引进省外资金97.5亿元,增长13.3%。实际利用外资9900万美元,增长8.8%;全年外贸出口6.09亿美元,增长7.6%。农业总产值31.37亿元,增长4.65%。粮食总产量37.62万吨,增长0.68%,实现"十二连增"。主要农产品:稻谷36.13万吨、蔬菜14.52万吨、水果3.3万吨、油料0.75万吨、肉类3.2万吨、水产品2.56万吨。万元工业产值能耗0.628吨标准煤,下降7.5%。万元GDP能耗0.73吨标煤,下降4.2%。二氧化硫排放总量2.2吨,城市生活污水处理率75%。社会消费品零售总额53.55亿元,增长11%。城镇居民人均可支配收入2.73万元,增长9.8%;农村居民人均可支配收入1.26万元,增长10.4% 。年末存款余额119.91亿元,增长10%。

【法援工作者舒盈登上央视《法律讲堂》】 2月28日、3月1日,贵溪市舒盈主讲的《失踪十年来骗妻》《一个女人 三场官司》两期节目分别在中央电视台"社会与法"频道(CCTV-12)《法律讲堂》栏目播出。这是贵溪市(也是鹰潭市)首位法律援助工作者代表江西省在央视《法律讲堂》栏目登台。舒盈,女,2002年参加工作,现任江西省贵溪市周坊镇人民政府副镇长。曾获"鹰潭市人民调解能手""鹰潭市实施法律援助民生工程先进个人""鹰潭市十佳人民调解员"第四届"鹰潭市杰出青年卫士""鹰潭市巾帼建功标兵""鹰潭市普法先进工作者"、中央电视台社会与法频道"2015年度《法律援助在行动》节目优秀主讲人"等称号。2013年,舒盈以贵溪市法律援助工作者身份参加江西赛区主讲人选拔活动,入选中央电视台12套《法律讲堂》栏目主讲人行列。舒盈通过身边发生的真实案例,以案释法,向全国观众宣传法律援助工作,普及法律知识。

【周坊革命烈士纪念碑修缮落成】 4月1日,周坊革命烈士纪念碑修缮落成典礼暨清明节烈士公祭活动举行。鹰潭市四套班子领导陈兴超、熊茂平、杜德春、潘赞海,贵溪市领导杨解生、梅峰、王富生、祝晓勤,以及相关部门和社会各界代表出席活动。鹰潭市委书记陈兴超宣读祭文,贵溪市市长梅峰主持活动。

纪念碑于1968年兴建,1995年被贵溪县委、县政府命名为县级爱国主义教育基地。2002年进行维修改造。2014年10月在原址重新修建,2015年3月底落成揭幕。纪念碑碑身坐北朝南,碑身正面镌刻毛泽东手体"人民英雄永垂不朽"8个大字,碑身正下面描绘周坊暴动后成立中国工农红军第七连的场景。碑身背面镌刻贵溪革命史文字简介。纪念碑从山脚到山顶由99级台阶组成,台阶共有十个平台,寓意从1919年贵溪青年黄在璇、汪群等参加"江西改造社",宣传革命理论与共产党主张,至1929年贵溪苏区政府成立的十年革命历程。纪念碑平台设两级,两级平台高差0.60米,设四级台阶相连,寓意从1929年贵溪成立苏维埃政权至1933年与中央红军上清会师,期间经历4年土地革命战争时期。碑基面积400余平方米,由月台、碑身和碑顶组成。碑身高19.29米,寓意1929年贵溪苏维埃政府成立,开启革命历史新篇章。纪念碑基座正面宽度5.639米,寓意贵溪人民在各个时期为中国革命英勇献身的5639名烈士。纪念碑广场800平方米,寓意贵溪苏维埃政府所辖区域800多平方千米。纪念碑周边种植十几棵桂花树,寓意周坊暴动取得胜利,革命种子在贵溪红色土地上传播开花(贵花谐音)。纪念碑广场旗杆高15米,寓意纪念碑2015年修建。

【光伏电站并网发电】 6月,中节能(贵溪)园林科技光伏电站项目一期20兆瓦工程并网发电;9月,二期50兆瓦工程并网发电。该电站项目属省重点工程项目,由中国节能环保集团太阳能科技股份有限公司投资7亿元兴建,2014年年底破土动工。项目全部建成后,发电量将超7500万千瓦/时,每年可节约标煤1万余吨,减少二氧化碳排放3万吨,减少烟尘排放3700吨。

主要领导人 市委书记:杨解生(任至7月)、张福庆(7月任)。市人大常委会主任:杨解生(任至10月)、张福庆(10月任)。市长:梅峰。市政协主席:祝晓勤。

(裴爱兰)

·余江县·

【简　况】 位于江西省东北部,辖7镇、4乡,总面积931.06平方千米,其中城区面积10.63平方千米。耕地面积3.60万公顷,有林面积3.63万公顷。总人口39.53万人,其中非农业人口8.73万人。2015年,地区生产总值104.08亿元,同比增长11.9 %。其中:第一产业增加值29.54亿元,增长8.2%;第二产业52.36亿元,增长13.2%;第三产业22.18亿元,增长13.6%。财政总收入17.5亿元,增长10%,税收占财政收入的比重78.2%。公共财政预算收入14.3亿元,增长21.6%。外贸出口1.27亿美元。固定资产投资91.45亿元,增长18.27%。社会消费品零售总额35.09亿元,增长13.1%。规模以上工业总产值293.79亿元,增长11%。规模以上工业增加值54.36亿元,增加20.1%。主要工业产品:铜材35.08万吨,服装1052万件,眼镜成镜3244万副。农业总产值45.67亿元,增长7.2%。主要农产品:粮食总产量29.37万吨,花生1.17万吨。万元GDP能耗0.038吨标煤,城市污水处理率89.8%。城镇居民人均可支配收入2.47万元,增长9.6%;农村居民人均可支配收入1.27万元,增长11.5%。参加基本养老保险职工4.66万人,参加失业保险1.24万人,基本医疗保险人数5.06万人,城乡居民社会养老保险参保人数16.41万人,城镇居民最低生活保障人数7278人,农村居民最低生活保障人数1.18万人。

【社会事业协调发展】 2015年,全县各项社会事业全面协调发展。科技工作持续加强,实施市级以上各类科技项目16项,获专利授权153项。教育教学质量稳步提高,高考一本、二本上线率全市第一。教育网点布局更加合理,余江第二幼儿园、余江五中、新潢溪中心小学投入使用,第一幼儿园城东分园、余江一小城东分校、余江一中城东分校、实验初中城东分校、锦江小学北校区建设全面启动。办学条件不断改善,43所村小标准化建设和余江一中图书馆建设全面完成。全民健身活动蓬勃开展,举办各类体育赛事11次。提升卫生计生服务能力,74个村级卫生计生服务室标准化建设全面完成,低生育水平持续稳定。丰富群众文化生活,举办纪念抗日战争胜利70周年职工大合唱比赛、全民健身广场舞比赛、舌尖上的余江等一系列文化活动。大力保护锦江天主教堂、老县衙、文庙等重点文物单位。开展“扶贫济困、大爱余江”慈善公益活动,取得良好社会效应。“法治余江”全面推进,开展维稳信访突出问题集中整治活动。

【2015年鹰潭眼镜文化节暨鹰潭世界眼镜博物馆开馆仪式在余江举行】 4月6日,由鹰潭市政府主办,余江县政府承办的2015年鹰潭眼镜文化节暨鹰潭世界眼镜博物馆开馆仪式在余江鹰潭国际眼镜城举行。此次活动以“相聚眼镜乡情,展示眼镜文化,共话眼镜发展”为主题,以双向互动、互惠互利、增进鹰潭与外界合作为目标。鹰潭世界眼镜博物馆位于余江县中童镇国际眼镜园,总投资4000余万元,总建筑面积3700平方米,综合展示面积约3400平方米,珍藏近千件眼镜藏品,分为13个展区,通过眼镜文物、历史图片、文字资料、景观场景等,讲述了眼镜原始雏形、单片眼镜、双片无腿眼镜、双片直腿眼镜、双片曲腿眼镜五个发展阶段,系统回溯眼镜及其行业发展历史,填补了国内大型综合性眼镜文化博物馆的空白。

【余江电商孵化园开园】 6月6日,余江县电商孵化园开园。电商孵化园位于余江县国际物流城内,总投资8000万元,建筑面积1.5万平方米,建有电商运营中心、物流仓储、员工宿舍、员工食堂等配套设施。孵化园以发展全县电子商务产业为宗旨,为电子商务创业者搭建创业平台,为中小电子商务企业提供优质服务和发展空间,40余家企业入驻孵化园。

【鹰潭国际眼镜城开业】 10月18日,鹰潭国际眼镜城开业。鹰潭国际眼镜城位于余江县中童镇鹰西大道南侧,北临信江,距鹰潭市区3千米,用地面积27.20公顷,总建筑面积45万平方米。眼镜城以眼镜批发零售为核心产业,以眼镜文化旅游功能为补充,以完善眼镜产业链的物流仓储、五星级酒店、商务办公、工艺研发培训等产业功能为配套,集贸易、观光、旅游、展览为一体。全国各地3000余位眼镜批发商参加开业仪式,首日交易额超5000余万元。

【开展农村宅基地制度改革试点】 2015年,余江县被选定为全省唯一承担农村宅基地制度改革试点工作的试点县(全国15个)。6月,余江县《农村宅基地制度改革试点实施方案》获国土资源部批复。7月,余江县选择41个自然村作为先行先试村,探索工作方法,积累相关经验。12月,选择25个行政村,整村推进农村宅基地制度改革试点工作。通过大胆探索实践,建立起“依法公平取得、节约集约使用、自愿有偿退出”宅基地制度,初步形成可复制、能推广、利修法的改革实践成果,为国家推进农业现代化和新型城镇化提供实践经验。

主要领导人 县委书记:张子建。县人大常委会主任:杨小明。县长:路文革(1月任)。县政协主席:谭建新。

(胡明娥)

·月湖区·

【简　况】 位于江西省东北部,辖1镇、5个街道办事处,总面积90.5平方千米。耕地面积1262公顷,有林面积2147公顷。森林覆盖率21.8%,城区绿化38.2%。总人口18.1万人,其中非农业人口14.35万人,人口自然增长率6.73‰。2015年,地区生产总值107.0亿元,同比增长10.4%。其中:第一产业增加值1.9亿元,增长3.5%;第二产业增加值19.0亿元,增长9%;第三产业增加值86.1亿元,增长10.6%。财政总收入11.72亿元,增长9.9%,人均5801元。税收占财政总收入比重86.9%。地方财政收入9.63亿元,增长11.7%;地方财政支出9.92亿元,增长17.7%。规模以上工业增加值4.44亿元,占地区生产总值4.1%。外贸出口占生产总值1.1%。固定资产投资51.98亿元,增长38.5%。实际利用外资2200万美元,增长10.7%。省外5000万以上项目投资21.01亿元,增长10.6%。农业总产值2.83亿元,下降1.93%。粮食总产量1.62万吨。主要农产品:生猪出栏3.87万头,水产1962吨,稻谷1.52万吨,蔬菜1.61万吨。农村居民人均可支配收入1.33万元,增加1109元,增长9.1%;城镇居民人均可支配收入2.96万元,增加2663元,增长9.9%。城乡居民年末储蓄余额134.89亿元,增长12.58%。全区用于各类民生资金3.7亿元,占一般公共预算支出37.2%,十大惠民工程47件实事基本完成。城镇新增就业5995人。城乡居民养老保险、医疗保险体系基本实现全覆盖。城乡低保标准分别提高到每人每月450元、240元,全年累计发放保障金2540万元。6个社区居家养老服务中心建成投入使用。

【打造电商创新孵化基地】 月湖区整合政府、学校、企业等各方资源,将面积为1.10万平方米的市中心办公大楼作为电子商务孵化基地使用,打造省级电子商务孵化示范基地。电子商务孵化基地由江西世贸电子商务有限公司投资建设,搭建电商平台与传统企业O2O互动平台。基地以“实体店+网上商城”相结合方式对鹰潭农产品进行销售,即与京东商城、淘宝商城、一号店等国内知名电商平台合作,建设鹰潭地方名优特产电子商务创业孵化基地。基地销售采用市级专区+县级商铺+乡级特色产品架的网上店中店新营销模式。通过一系列商业化运作,已建成集创业、培训、销售、孵化为一体的电子商务运营管理模式。上海钢联、慧聪网、长江证券、鹰潭人才网等40余户商家入驻孵化基地,带动就业350人,创造就业及关联岗位600个,实现利税1000万元。基地被授予全省第三批“电子商务孵化示范基地”称号。

【开展“三单一网”试点工作】 2015年,月湖区定为全省推行“三单一网”(权力清单、责任清单、负面清单及政务服务网)工作三个试点单位之一。区政府成立领导小组,建立“三单一网”工作办公室。3月,月湖区对便民服务事项目进行梳理和网上录入,共梳理便民服务事项445项,涉及12个主题、22家区直单位、6个镇(街道)、55个村(社区)。梳理公布政府部门行政权力清单,推行全面改革。3—5月,月湖区对区政府26个部门、8个驻区单位行政权力进行重新梳理,经严格审核和充分论证,重新编制政府部门权力清单。区政府26个部门保留行政权力1865项,其中行政处罚1067项、行政强制80项、行政征收50项、行政给付51项、行政裁决5项、行政确认58项、行政奖励72项,其他行政权力182项。驻区单位行政权力清单列入月湖区权力清单范围,在月湖区权力清单网站向社会公布。按照“权责要匹配、有权必有责,用权受监督”原则,编制与权力清单相匹配的责任清单。责任清单包括行政许可、行政处罚、行政强制、行政征收、行政给付、行政裁决、行政确认、行政奖励及其他行政权力九大类,共1936项,9月,责任清单在月湖区政府门户网站及月湖区责任清单网站向社会公布,接受社会监督。

【黄蜡石文化产业不断升级】 月湖区信江黄蜡石资源丰富,雕刻文化及雕刻技艺传承历史悠久。截至2015年年底,月湖区以经营黄蜡石产品为主的店铺、石馆300多家,本地及福建、河南、苏州等地玉雕大师创建的工作室40余家。定期以星期日为集中交易日,日交易额近百万元。区政府从2014年开始每年至少安排500万元作为黄蜡石产业发展扶持资金,促进黄蜡石市场发展;黄蜡石雕雕刻作品参加国内各大型展览曾获金、银、铜奖,黄蜡石文化产业迅速发展。月湖凭借江西省境内优质黄蜡石资源和区位、交通、旅游优势,成为赣、浙、闽、粤、皖五省最大的黄蜡石(黄龙玉)原石交易集散地、全国最大的黄蜡石雕刻中心和全国最大的黄蜡石初级市场,形成产业聚集局面。

主要领导人 区委书记:杨鹏。区人大常委会主任:卢力新。区长:刘军生。区政协主席:欧阳宝。(雷荷莲)

赣州市

【概　况】 位于江西省南部,辖2区、1市、15县,总面积3.94万平方千米。城市建成区面积372.4平方千米,其中中心城区建成区面积(章贡区、南康区和赣州开发区)138.6平方千米。耕地面积43.77万公顷,有林面积291.62万公顷,森林覆盖率76.2%。总人口960.63万人,其中非农业人口228.24万人,人口自然增长率7.75‰。2015年,地区生产总值1973.87亿元,同比增长9.6%。其中:第一产业295.56亿元,增长4.1%;第二产业870.46亿元,增长9.8%;第三产业807.85亿元,增长11.4%。三次产业结构调整至15.0:44.1:40.9。财政总收入353.32亿元,增长7.5%。其中,公共财政预算收入245.51亿元,增长9.0%。财政总收入占地区生产总值比重17.9%,提高0.1个百分点。各项税收收入294.33亿元,增长2.4%。公共财政预算支出614.97亿元,增长14.7%。规模以上工业企业增加值753.26亿元,增长9.6%。货物进出口总额41.55亿美元,增长6.5%。其中,货物出口33.92亿美元,增长6.0%;货物进口7.63亿美元,增长9.0%。固定资产投资1892.21亿元,增长17.6%。实际使用外资13.70亿美元,增长12.1%。实际利用省外5000万元以上项目资金600.28亿元,增长14.5%。主要工业产品:原煤33.77万吨,家具933.19万件,发电量55.66亿千瓦时,水泥1750.73万吨,10种有色金属2.88万吨。农林牧渔总产值440.59亿元,增长4.13%。主要农产品:粮食285.46万吨,蔬菜285.32万吨,水果166.65万吨,肉类71.33万吨,水产品30.7万吨。农村居民可支配收入7786元,增长12.1%;城市居民人均可支配收入2.50万元,增长9.0%。城乡居民年末储蓄余额2014.14亿元,增长15.0%。

【《国务院关于支持赣南等原中央苏区振兴发展的若干意见》政策落地】 2015年,赣州市重大政策加快落地。继续抓好对接汇报工作,争取召开部际联席会、省振兴发展领导小组会议和支持赣南苏区振兴发展工作推进会,帮助赣州市协调解决一批重大事项。争取以国务院及国务院办公厅名义印发的文件增至11个;国家部委累计出台95个具体实施意见或支持政策;29个省直厅(局)出台具体实施意见或与赣州签订战略合作协议。执行西部大开发政策基本到位,累计为557家企业减免企业所得税11.05亿元,2015年减免企业所得税4.68亿元。对口支援工作不断深化,年内争取5个部委出台对口支援支持文件,累计资助受援地资金约61亿元,全年争取上级资金突破400亿元,增长11.4%。全面开展《若干意见》中期评估自查工作。《若干意见》45条支持意见涉及赣州的236项具体事项中,已落实和正在落实的209项,占88.56%。重大项目加快实施。1—11月,全市累计开工重点工程项目122个,完成投资517.10亿元,提前完成全年计划。赣龙铁路扩能改造竣工通车,昌吉赣客专全线开工,赣深客专完成可行性研究报告审查,兴泉铁路完成前期工作。寻全高速全线通车,南昌至宁都高速年底前建成;兴国至赣县、宁都至定南高速加快建设。赣州黄金机场改扩建工程有序推进,瑞金机场选址获批。华能瑞金电厂二期正式开工,赣州东(红都)500千伏等21个输变电工程投入运营,赣州西500千伏输变电工程列入国网省电网规划。重大平台加快建设。《瑞(金)兴(国)于(都)经济振兴试验区发展总体规划》获批实施,赣州高新技术产业园区获批升级为国家高新技术产业开发区。全省首个综合保税区——赣州综合保税区封关运行。龙南、瑞金经济技术开发区加快建设,分别新增开发面积146.67公顷、120公顷。赣州进境木材检验检疫监管区和定南公路口岸作业区建成运营,进境木材、脐橙出口实现全直通。

【打造革命老区扶贫攻坚示范区】 全市围绕打造全国革命老区扶贫攻坚示范区,扎实推进精准扶贫。在组织领导、政策制定、精准识别、结对帮扶、资金筹措、督查考核等方面高位推进,建立健全“1+1+17”的扶贫攻坚政策体系。全市安排2776个市、县机关和企事业单位，3201个工作队，6.67万名干部挂点帮扶贫困村，实现1419个贫困村单位驻村帮扶，30.82万户、105.06万贫困人口干部结对帮扶“两个全覆盖”。因地制宜、因类开方、因户施策，实施产业扶贫、就业扶贫、搬迁扶贫、教育扶贫、保障扶贫、基础设施扶贫“六大工程”，精准扶贫取得实效。2015年全市贫困人口减少34.82万人，贫困发生率下降约4.3%，省定贫困村由1119个减至932个。

【推进新型城镇化】 编制完成赣州东部、南部城镇群规划，实现市域城乡规划全覆盖；推进赣州中心城市给(排)水、教育网点、燃气、城市公共设施布局等多项专项规划编制，强化赣县、南康、上犹与中心城区在基础设施方面的衔接，科学引领同城化发展。“四桥九路”项目进展顺利，武陵大桥、黄金大桥竣工通车；蓉江三路、蓉江四路、和谐大道等道路全面推进，市中心城区向南发展的道路框架逐步形成；历史文化街区修缮保护和环境卫生综合整治取得实效，中心城区小游园、公厕、垃圾中转站建设加快推进；河套老城区建设路等“断头路”相继打通，城市居民出行便捷性得到提升。全市在建城建项目838个，完成投资309.55亿元。制定出台《中心城区城市管理事权调整实施方案》，推动管理重心下移，理顺城市管理体制。示范镇建设全面展开，全市17个示范镇实施258个城建项目，年底完成投资约20.82亿元。瑞金被国务院列为国家历史文化名城，历史文化名村及传统村落的保护工作有序推进，8个乡村入选全国首批“美丽乡村”创建试点。2015年常住人口城镇化率达到45.4%，中心城区(含南康区)建成区面积扩大到140平方千米以上，城市常住人口达140万人以上。

【提升开放合作水平】 在继续争取国家政策扶持的同时，坚持“内外兼修”“北上南下”，对接国家“一带一路”和长江经济带重大战略，主动融入珠三角、长三角和海西经济区，通过走出去、引进来等方式开展经贸交流活动。组织开展“民企入赣”“集中外出招商月活动”“领导干部带头走出去招商、加快推进项目落地”等系列招商活动，积极参加“赣港会”“赣台会”。“民企入赣”系列招商活动签约项目196个，签约资金1336.1亿元；“赣港会”“赣台会”签约项目27个，投资总额16.45亿美元；引进世界500强日本京瓷株式会社等一批大企业大项目。促进央企入赣，实现央企合作项目87个，总投资2921.61亿元。全市实际利用外资12.19亿美元，增长9.64%；实际利用省外5000万以上项目进资550.84亿元，增长11.0%。

【生态文明建设走在前列】 2015年，赣州市推进生态文明先行示范，全面落实主体功能区规划，严守生态红线。争取推进东江源生态补偿试点，东江流域纳入国家国土江河综合整治试点，安远、崇义被评为江西省首批生态文明先行示范区。继续加快低碳城市建设，全面推进国家森林城市创建，创建全国首批新能源示范城市。陡水湖作为一般性引导湖泊列入2015年国家新增支持的15个湖泊之一。推动自然资源资产离任审计先行先试，加大县(市、区)科学发展综合考核生态文明权重，在全市培育绿色发展新理念。实施“净空、净水、净土”工程，加大企业违法排污查处整治力度，加大水土流失治理力度，重金属污染防治取得阶段性成效，农村环境连片整治示范区项目全面推进，全面启动农村垃圾专项治理，省政府重点支持的8个县59个城镇污水管网项目年内全部建成，主要污染物减排任务全面完成，县县建成城镇生活污水处理厂。全年空气质量优良率达96%，PM2.5指标稳定向好，全市主要河流水质断面达标率达98.4%以上，饮用水源地达标率100%。森林覆盖率稳定在76.2%以上，环境质量持续改善。城市生态环境竞争力进入全国前20强，成为全国首批创建生态文明典范城市。

【赣州进境木材监管区直通运营启动】 1月19日，赣州进境木材监管区直通运营启动，全国内陆首个进境木材国检监管区建成并投入使用。赣州进境木材监管区2014年3月启动建设，仅用10个月建成并投入运营，实现进境木材全直通。赣州进境木材国检监管区位于南康区龙岭镇，距离赣州绕城高速南康东出口处300米，规划占地66.67公顷，总投资5亿元，是国家质检总局支持赣南苏区振兴发展的重大工程。赣州进境木材国检监管区基本具备一般沿海口岸的全部功能，进境木材从沿海港口可以直接转检至监管区，在区内完成口岸通关全流程。

【中国南方稀土集团有限公司成立】 4月16日，中国南方稀土集团有限公司在赣州挂牌成立。公司的成立是全国、全省稀土行业推进资源开发整合、发展壮大高端矿产产业的重大举措，是《国务院关于支持赣南等原中央苏区振兴发展的若干意见》深入实施的重大成果。中国南方稀土集团有限公司由赣州稀土集团有限公司、江西铜业集团公司和江西稀有金属钨业控股集团有限公司发起成立，主要经营项目为稀土行业的投资、管理及授权范围内稀土行业的国有资产经营与管理。中国南方稀土集团的成立运营，推动赣州市在保护生态环境前提下，实现稀土资源的有序开发和永续利用，带动赣州市及周边相关区域更多优质稀土企业朝规模化、专业化、高端化方向发展，形成龙头效应和集聚效应，引领、示范区域经济的发展升级、产业结构的调整优化、自主创新能力的提升。

【赣瑞龙铁路开通运营】 12月26日，赣瑞龙铁路开通运营。赣瑞龙铁路西起赣州市赣县，经于都县、会昌县、瑞金市，福建省长汀县、上杭县，东至龙岩市，正线全长250.2千米，设计运行时速200千米。全线设赣县、于都、会昌北、瑞金、长汀南、冠豸山、古田会址、龙岩8个车站。开通初期，安排开行动车组列车4对，分别为赣州至福州1对、赣州至福州南1对、赣州至厦门2对。开通运营后，赣州至龙岩间铁路运行时间将从4个多小时缩短至2小时左右，赣州至厦门从最快6.5个小时缩短至3.5小时。赣瑞龙铁路开通运营改变沿线城市原有交通格局，大幅缩短赣州市与海峡西岸经济区的时空距离，提升东南沿海地区与内陆腹地间铁海联运能力，促进沿线革命老区脱贫致富和区域经济社会发展,加强赣州市与东南沿海地区经济往来。

【江西首个综合保税区封关】　10月20日,赣州综合保税区(一期)通过由海关总署、国家发改委等10部委组成的国家联合验收组验收,江西省首个综合保税区封关。国家部委联合验收组对赣州综合保税区的监管服务大楼、主内卡口、监管仓库、围网等基础设施和监管设施逐项进行实地勘查,认为赣州综合保税区各项监管设施健全,基础设施完善,符合《海关特殊监管区域基础和监管设施验收标准》和发展要求,同意通过验收。海关总署和江西省人民政府共同签署《赣州综合保税区(一期)基础和监管设施验收纪要》。赣州综合保税区于2014年1月22日经国务院批复设立,规划面积4平方千米,一期建设面积1.90平方千米,规划建设保税物流区、保税服务区、保税加工区和口岸作业区四大功能区。赣州综合保税区签约落户企业13家,新签约资金41.1亿元。

主要领导人　市委书记:史文清(任至7月)、李炳军(7月任)。市人大常委会主任:陈晓春。市长:冷新生。市政协主席:曾新方。

(徐文菁)

·章贡区·

【简　况】　位于江西省南部,辖5镇、4个街道办事处。总面积375.52平方千米。耕地面积0.32万公顷,有林面积2.11万公顷,森林覆盖率60.54%,城区绿化率40.6%。总人口48.41万人,其中非农业人口44.04万人,人口自然增长率8.4‰。2015年,地区生产总值291.45亿元,同比增长11.1%。其中:第一产业增加值4.40亿元,增长3.8%;第二产业增加值102.05亿元,增长10.7%;第三产业增加值185.00亿元,增长11.5%。财政总收入33.63亿元,增长10.1%,税收占财政总收入的比重78.13%;公共财政预算收入21.86亿元,增长20.7%;公共财政预算支出35.12亿元,增长24.0%。工业总产值302.25亿元,增长5.7%。规模以上工业增加值74.06亿元,增长10.7%。固定资产投资309.01亿元,增长17.5%。实际利用外资1.06万美元,增长9%。出口总额6.54亿美元,增长0.3%。主要工业产品:单一稀土金属906.53万千克、水泥144.10万吨、商品混凝土267.14万立方米、印制电路板46.33万平方米、木制家具43.20万件。农业总产值7.38亿元,增长5.4%。粮食总产量3.02万吨。主要农产品:稻谷2.79万吨、蔬菜10.53万吨、食用菌4054吨、肉类总产量1.54万吨、水产品7065吨。万元GDP能耗0.45吨标煤。社会消费品零售总额231.45亿元,增长1.8%。城镇居民人均可支配收入2.92万元,增长10.3%。农村居民人均可支配收入1.14万元,增长12.6%。城镇居民年末储蓄余额525.99亿元,增长34.6%。

【电子商务发展迅速】　10月25日,江西飞天麦光光电子商务有限公司投资5亿元建设的赣州飞天电商园开园,入驻企业218家,签约企业89家,在谈企业197家,被列为省级电商示范基地;11月25日,章贡区承办"扬帆起航·再创辉煌"第七届中国电子商务文化节,全国各地电商协会和知名电商企业600多名代表出席。赣州市巨亿实业有限公司投资30亿元的"巨亿赣南电商城"项目开工建设,占地面积11.67公顷;江西千舟电子商务有限公司投资10.9亿元建设本地O2O综合电子商务项目、江西窜客惠家总部经济项目入驻赣州总部经济区。赣州秒盈科技有限公司、赣州土购电子商务有限公司作为移动电商和平台电商进驻电商总部大楼。

【智慧社区运行成效显著】　2015年,章贡区智慧社区全面推广。截至年底,门户网站访问量59.8万人次,服务群众26.8万余人次;智慧章贡手机APP下载人数7.4万人,智慧章贡微信公众号关注人数3.2万余人;社区服务志愿者注册1.2万人,智慧章贡加盟机构386家,服务涵盖家政、医疗、养老、教育等近40个门类。章贡区智慧社区上线运行以来,接待全国各地参观考察团体272批次。5月,《智慧章贡社区综合管理系统V1.0》获2015年第19届中国国际软件博览会创新奖;8月,章贡区被民政部列为全国首批智慧社区试点城市;10月,章贡区被住建部推荐在2015福建省智慧城市技术研讨会上作建设经验介绍;12月,智慧社区实践经验被推荐为民政部全国社会治理创新经验,"智慧章贡"微信公众号被评为江西省十佳微信政务公众号。

【启动居家养老服务中心PPP项目】　6月24日,章贡区社区(村)居家养老服务中心PPP项目在章贡区政府举行项目签约。章贡区社区(村)居家养老服务中心PPP项目采用"建设—运营—移交"和"移交—运营—移交"的方式,组建江西添福养老服务有限公司,建立利益共享、风险共担机制,共同建设和运营章贡区72个居家养老服务中心。项目建设总投资约1.6亿元,总建筑面积约5.05万平方米,其中新建服务中心10个,改扩建服务中心62个。项目建设期3年,2015年至2017年分3期实施。2015年建成31个,2016年建成22个,2017年建成19个,运营期限为15年。项目全部建成后,将为章贡区11万名60岁以上老年人提供日间照料、配餐送餐、医疗陪护、文化娱乐等社区居家养老服务。章贡区社区(村)居家养老服务中心PPP项目已作为江西省首个社区居家养老PPP项目,被列入全省2015年第一批政府与社会资本合作项目,并入选财政部第二批PPP示范项目,得到国家开发银行的大力支持。

主要领导人　区委书记:王林云(任至7月)、刘文华(12月任)。区人大常委会主任:谢春明。区长:赖正文。区政协主席:曾伟林。

(连明)

·赣　县·

【简　况】　位于江西省南部,辖12镇、7乡,总面积2993.09平方千米。耕地面积2.15万公顷,林地面积23.16万公顷。新增公园绿地面积15公顷,达490.5公顷,绿地率35.6%。总人口64.68万人,其中农业人口49.01万人。2015年,地区生产总值132.57亿元,同比增长9.2%。其中:第一产业增加值19.83亿元,增长

4.3%;第二产业增加值75.23亿元,增长8.5%;第三产业增加值37.51亿元,增长13.7%。财政总收入20.57亿元,增长10.5%;公共财政预算收入17.38亿元,增长23.1%。固定资产投资139.57亿元,增长17.8%。社会消费品零售总额28.69亿元,增长11.1%。规模以上工业增加值71.22亿元,增长7.5%。农林牧渔业总产值32.23亿元,增长4.3%。种植粮食3.76万公顷,烟叶226.27公顷,蔬菜6198.53公顷。城镇居民人均可支配收入2.25万元,增长10.0%;农村居民人均可支配收入7747元,增长12.5%。

【举办樱花旅游文化节】 3月28日—4月8日,赣县举办樱花旅游文化节。活动由赣州市宣传部、赣州市旅游局、赣县宣传部、赣县旅游局主办,活动主题"邂逅樱花·浓情客家"。樱花节期间,开展民俗表演、大型服装展示、花仙子等多种植物造型表演、歌舞巡演等活动,赣州各个县、乡组成参与单位,以代表方阵花车游行队伍为展现形式。同时,举办浪漫樱花——自行车骑行大赛、姹紫"樱"红——活力广场舞大赛、千里"樱"缘——浪漫樱花相亲会、"樱"为有你——摄影大赛(风光展)、宝贝逛赣州海选大赛、樱花仙子、送福送花种、大地文化体验园——沙滩越野车、赣南民俗采茶戏和招商推介会等活动。110多万人次参加或游览此次活动。

【江口法庭获"全国青年文明号"称号】 5月,赣县法院江口法庭被最高人民法院授予"2013—2014年度全国青年文明号"称号,系江西法院系统唯一一家。江口法庭抓住司法为民、公正司法的工作主线,发挥人民法庭职能作用,为辖区经济社会发展、维护社会和谐稳定作出突出贡献。2014年,法庭受理各类民商事及执行案件452件,审(执)结424件,结案率93.8%。其中,调解196件、撤诉120件,调撤率72.8%。全庭法官人均结案数145件。江口法庭先后被最高人民法院、司法部评为"全国法院系统指导人民调解工作先进集体";2006年、2007年、2013年分别被授予省级"青年文明号"称号;2014年被江西省高级法院评为"全省优秀法庭"。

【"四个一"推进农村土地确权】 9—12月,赣县开展农村土地确权"百日大会战"。实行"四个一"工作法,即"每天一统计、每周一专报、十天一督查、半月一调度",确保土地确权登记颁证工作基本完成。

每天一次统计工作进度。县确权办人员分别联系各乡镇,要求各乡镇、各测绘单位每天下午4点以前上报工作进度,县确权办统计汇总上报县委书记、县长、县分管领导。每周编报一期《赣县农村土地确权登记颁证工作每周专报》。县确权办根据每周工作情况编写《每周专报》,内容为一周工作进度、工作动态、亮点特色、下一步工作建议等。每10天开展一次巡回督查。县委、县政府成立3个督查组,分3个片区对全县19个乡镇(办事处)的农村土地承包经营权确权登记颁证工作进行专项督查,每10天巡回督查一次,及时反馈问题、及时督促整改。每半月进行一次工作调度。县委、县政府每半月对全县农村土地承包经营权确权登记颁证工作情况召开会议,进行总调度,通报工作靠前和落后的乡镇,将土地确权工作作为各乡镇年终绩效考核依据之一。通过开展农村土地确权"百日大会战"和采取"四个一"工作法,至2015年年底,土地确权登记颁证工作基本完成,证书到户率95%以上。

主要领导人 县委书记:胡晓平(3月任)。县人大常委会主任:刘吉龙。县长:张景霖。县政协主席:黄辉。

(朱祥福)

·南康区·

【简　况】 位于江西省南部,辖6镇、12乡、2个街道办事处。总面积1722.35平方千米,其中城区面积32平方千米,城区覆盖绿化率44.51%。耕地面积2.56万公顷,有林面积10.92万公顷,森林覆盖率55.7%。总人口85.69万人,其中城区人口32万人、非农业人口21.46万人,人口自然增长率-0.2%。2015年,地区生产总值170.2亿元,增长10.6%。其中:第一产业增加值23.4亿元,增长4.2%;第二产业增加值86.6亿元,增长10.3%;第三产业增加值60.2亿元,增长13.5%。财政总收入24.7亿元,增长8.1%,税收占财政总收入比重82%;公共财政收入18.4亿元,增长7.1%;地方财政支出44.5亿元,增长19.7%。工业总产值746亿元,增长17.4%。规模以上工业增加值62.7亿元。外贸出口1.34亿美元。500万以上固定资产投资145亿元。实际利用外商投资1.4亿美元,省外投资32.4亿元。主要工业产品产值:家具700亿元,矿产品142亿元,服装24.5亿元,电子24.8亿元。农业总产值36.65亿元,增长7.2%。主要农产品产量:粮食24.1万吨,生猪出栏80.95万头,油料作物1.8万吨,蔬果26.4万吨,茶叶19.5吨。二氧化硫排放总量3202吨,削减率5.8%。城市污水处理总量1204万吨。城镇居民人均可支配收入2.37万元,增长9.4%。农村居民人均纯收入8237元,增长13.2%。金融机构存款余额204.3亿元,增长10.0%;贷款余额163.7亿元,增长14.3%。

【产业扶贫"南康模式"获国家肯定】 11月16日,国务院扶贫开发领导小组办公室主管的《中国扶贫》第22期刊发《发挥产业优势,搞好精准扶贫——精准扶贫"南康模式"的调查》,介绍南康扶贫工作经验。南康通过发展扶贫产业,帮助建档立卡的贫困户获得银行扶贫小额贷款,1.40万户贫困户获得扶贫小额贷款,占全区3.42万户建档立卡贫困户的41%。2015年,南康27个贫困村成立32个农民专业合作社,成立农民合作社的贫困村占全县贫困村比例达100%。支配2850万元产业扶贫资金,全部用于建档立卡贫困户。产业扶贫资金用于贫困村和非贫困村建档立卡贫困户的资金,占全区产业扶贫总资金的100%,其中"十二五"贫困村1287.85万元。贫困村中建档立卡贫困户的资金占全区产业扶贫总资金的45.19%。支配200万元产业扶贫资金用做产业扶贫信贷保证金,按1:8的比例,产业扶贫信贷资金为1600万元,实际有988户贫困户贷款1600万元,贫困户获得产业扶贫信贷资金占产业扶贫信贷总资金的比例为

100%。

残疾贫困人口的帮扶减贫成效显著。南康区2014年年底残疾贫困人口5101人,通过金融扶贫、保障扶贫、公益性岗位就业扶贫、产业扶贫等多种形式重点加强对残疾贫困人口的帮扶,到2015年年底全区贫困残疾人口累计减贫2712人,其中2015年当年减贫1405人;残疾贫困人口下降总幅度达53.17%,其中2015年当年残疾贫困人口下降幅度为27.54%。

【举办赣州市第四届运动会】 10月,赣州市第四届运动会在南康举行。市运会由赣州市政府主办、南康区政府承办,分为青少年部、成人部两个部别,青少年部设14个大项435个小项,成人部设11个大项97个小项。全市18个县(市、区)和赣州经济技术开发区、50个市直(驻市)单位的3372名运动员和726名裁判员参赛,是历届市运会中参赛人数最多、规模最大的一届。此届运动会吉祥物为一橙(赣南脐橙)一黄(南康甜柚)的水果宝宝"南南"和"康康"。这一届运动会是市运会史上第一次由(县、市)区承办,第一次在室内场馆举行开闭幕式的一次体育盛会,迈出了改革市运会办赛体制的关键一步。

【举办中国(赣州)第二届家具产业博览会】 5月28日—30日,中国(赣州)第二届家具产业博览会在南康区举办。家博会吸引各地观展商16.6万人,成交额15.2亿元,比2014年中国(赣州)第一届家具产业博览会增长50.2%。中国(赣州)家具产业博览会的前身是举办了八届的南康家具产业博览会,2014年正式升格为国家级展会。此届家博会坚持创新办会思维、办会模式,实现运作模式由政府主导向政企联动转变,办会重点由单纯招展向展商结合转变,展会内容由单一向多元转变,展示重点由产品展示向创新展示转变,展会模式由实物展示向线上线下互动转变,传播方式由传统媒体向传统媒体和新媒体并重转变六个转变。

【赣州港铁路专用线开工】 11月,赣州港铁路专用线开工建设。赣州港铁路专用线线路全长3788米,位于赣州市南康区龙岭镇境内,装卸站紧邻赣州木材出入境监管区一期工程,西距京九铁路200米左右,东距赣州绕城高速400米左右,南距南康站3300米左右。拟建铁路专用线自京九线南康站北端W1号道岔出岔,沿既有京九下行线往北走行,依次上跨大广高速,下穿产业大道,之后以半径300米的曲线折向东行进入铁路专用线装卸站。该铁路项目建成后,有助于解决南康家具铁路货运需求,助力南康打造千亿家具产业集群;完善赣州港功能,推动港口、海铁多式联运,提高通关报检效益。

【全省工业产业集群发展升级现场推进会在南康召开】 4月23日,省委、省政府在南康区召开全省工业产业集群发展升级现场推进会,学习交流工业产业集群发展经验。省委书记强卫,省委副书记、省长鹿心社出席并讲话。省委副书记、常务副省长莫建成,省人大常委会副主任、市委书记史文清,副省长李贻煌,省政协副主席钟利贵,市委副书记、市长冷新生出席。会议组织学习南康区家具研发、生产、市场、检测等全产业链流程,总结南康家具产业集群发展壮大经验,得出五点启示:一是推动产业发展升级,必须强化科技创新;二是推动产业发展升级,必须着力打造产业集群,强化平台建设,打造完整产业链;三是推动产业发展升级,必须培育电子商务、现代物流配送等新兴业态;四是推动产业发展升级,必须始终开拓进取、真抓实干,坚持不懈推动"小作坊"转变为大产业;五是推动产业发展升级,必须形成各方合力、密切协作,共同推动产业集聚发展。南康区委书记徐兵及南昌小蓝经济技术开发区、井冈山经济技术开发区、樟树市、崇仁县负责人发言。省直有关部门,各设区市、县(市、区),国家级开发区、省级工业园区负责人出席会议。

主要领导人 区委书记:徐兵。区人大常委会主任:韩水生。区长:何善锦。区政协主席:彭秀生。

(倪贵清)

·信丰县·

【简　况】 位于赣州市南部,辖13镇、3乡、1个工业园区管理委员会。总面积2878平方千米。耕地面积3.09万公顷。森林覆盖率69.5%。总人口76.23万人,其中非农业人口28.80万人。2015年,地区生产总值153.19亿元,同比增长10.3%。其中:第一产业增加值27.28亿元,增长4.2%;第二产业增加值63.43亿元,增长11.2%;第三产业增加值62.48亿元,增长11.9%。财政总收入16亿元,增长12.8%。公共财政收入11.4亿元,增长11.9%。500万元以上固定资产投资140.3亿元,增长17.2%。实际利用外资8919万美元,增长10.1%。社会消费品零售总额40.3亿元,增长12.7%。规模以上工业增加值48.96亿元,增长11%。主要工业产品:水泥167.2万吨,饮料酒(白酒)3.9万千升,纸制品51.2万吨,饲料49万吨,印制电路板69.6万平方米。农业总产值42.68亿元,增长4.4%。粮食总产量27.30万吨。主要农产品:烤烟2818吨,脐橙15.61万吨,蔬菜29.20万吨,生猪出栏84.26万头,水产品3.30万吨。农民人均纯收入9700元,增长12.7%;城镇居民可支配收入2.36万元,增长10.20%。城乡居民年末储蓄余额192.6亿元,增长18.3%。

【举办县第六届运动会】 7月12日—10月21日,信丰县举办县第六届运动会。第六届运动会以"全民动起来,信丰更精彩"主题,共分田径、拔河、篮球等16个大项,194个小项;设乡镇组、县直系统组、学校组3个组别,50个代表团和55个学校代表队6003名运动员参赛,是信丰县历届运动会规模最大、参与人数最多、项目设置最广的全民运动会。运动会上,15人次打破13个项目县运会纪录,6人次(项目)达国家二级运动员标准。

【2015年赣南脐橙网络博览会(中国赣州国际脐橙节)开幕暨苏宁易购赣州馆上线启动仪式在信丰举行】 11月10日下午,2015年赣南脐橙网络博览会(中国赣州国际脐橙节)开幕暨苏宁易购赣州馆上线启动仪式在信丰举行。省委常委、市委书记李炳军,副省长刘昌林,省金融办主任胡伏云,省商务厅副厅长、省贸促会会长刘翠

兰，市委副书记、市长冷新生，副市长刘建平、胡聚文，苏宁易购高级副总裁杨涛及苏宁易购方代表，阿里巴巴集团、京东集团、顺丰集团代表，国内知名商业超市代表出席开幕式。副市长刘建平主持开幕式。

开幕式前，与会领导嘉宾和客商到大塘埠镇万亩脐橙种植基地(苏宁易购赣南脐橙直采基地)开展果园采摘活动，随后出席苏宁易购赣州馆上线启动仪式。李炳军宣布2015赣南脐橙网络博览会(中国赣州国际脐橙节)开幕；刘昌林宣布苏宁易购赣南脐橙集中发车；冷新生致辞；胡聚文代表赣州市人民政府与苏宁易购签订战略合作框架协议。

主要领导人　县委书记：张逸。县人大常委会主任：邹长东。县长：黄蕙。县政协主席：张克喜。

（罗才胜）

·大余县·

【简　况】　位于江西省西南部，辖8镇、3乡，总面积1367.63平方千米，其中县城建成区面积11.23平方千米。有林面积10.78万公顷。森林覆盖率74.4%，城区绿地率39.8%。总人口30.69万人，其中非农业人口8.7万人。人口出生率12.51%，人口自然增长率6.82‰。2015年，地区生产总值90.96亿元，同比增长9.2%。其中：第一产业10.95亿元，增长3.8%；第二产业45.82亿元，增长8.8%；第三产业34.19亿元，增长11.6%。财政总收入10.6亿元，增长8.0%，税收占财政总收入比重62.7%。公共财政预算收入7.91亿元，增长13%。财政支出21.61亿元。社会固定资产投资124.42亿元，增长88.7%。其中，500万元以上投资86.39亿元，增长17.3%。社会消费品零售总额24.38亿元，增长12.1%。其中，城镇20.17亿元，增长11.1%。实际利用内资26亿元，增长14.8%；利用外资9065万美元，增长12.7%。外贸出口2355.1万美元，增长16.8%。在岗职工年人均工资收入3.83万元，增长24%；城镇居民年人均可支配收入2.21万元，增长9.0%；农民年人均纯收入8677元，增长11.8%。金融机构各项存款余额79.55亿元，增长9.4%；各项贷款余额44.3亿元，增长19.7%；城乡居民储蓄存款余额56.83亿元，增长14.5%。全县新登记企业322家。城乡个体私营企业1.03万家，增长3.8%；注册资金37.08亿元，增长20.4%；从业人员3.45万人。

【产业格局出现新态势】　2015年，传统产业钨及有色金属产业比重逐步下降，新兴产业和非矿产业比重逐步上升，产业格局由“一矿独大”向“多业并举”转变出现新态势。用足用活“助保贷”“财园信贷通”“小微信贷通”和企业转贷等政策，制定实施三年主攻工业、与广州等市对接合作等10个综合政策文件。电子信息、食品药品等产销两旺、逆势上扬。基本完成新华工业小区周边1000米范围内居民区搬迁工作。园区面积大幅增加，新增100公顷，面积达200余公顷。新城工业小区新增熟地近66.67公顷，总面积达133.33公顷。园区要素保障不断增强，供电、供排水、道路、土地平整不断完善，园区平台承载功能得到提升。南锡科技、旭展硬质合金、芬琦饰品、微晶干粒、德林安防产业园、余商创业园等一大批重大项目落地并开工建设。发挥科技创新引领作用，鼓励企业开展创新，全年申请发明专利2项，实用新型专利12项；高新技术企业新增4家，共有7家，省级企业技术中心1个。

【全面推进乡村旅游工作】　2015年，全面推进乡村旅游工作，每个乡镇打造1~3个乡村旅游点，构建“百花齐放、百景争艳”新格局。全县建成开放景区17个，创全省唯一一个5A级乡村旅游点——丫山乡村生态园；新增国家黄龙花木产业旅游示范园和新城周屋2个3A级旅游景区。在央视1套、13套并机直播的《朝闻天下》栏目中播放大余旅游形象宣传片。充分挖掘旅游资源，推进西华山国家矿山公园、南方三年游击战争纪念馆、陈毅隐蔽处景区、梅关古驿道等10多个总投资达亿元的旅游项目建设。10月26日—27日，全省乡村旅游提升与旅游扶贫推进工作现场会在大余县召开。全年旅游接待人数325万人次，增长69%；旅游总收入19.3亿元，增长72%。大余被评为“中国最美绿色生态旅游名县”“中国最美乡村旅游目的地”。

【开放招商成效显著】　2015年，大余县出台全县招商引资“百日大会战”活动、大力推进创业孵化基地建设鼓励创新创业等7个配套文件，组建7个招商引资团队、3个招商安商专业小分队，开放招商成效显著。招商引资团队、招商安商专业小分队分赴10多个省市区开展招商引资活动，举办2次百亿招商项目集中签约、集中开工、集中投产“三集中”活动，签约招商项目55个、签约资金总额154.36亿元。引进南锡科技、旭展硬质合金、德林安防、千陶新材料等36个亿元以上大项目，其中超10亿元项目3个，超20亿元项目2个。全年签约项目同比上年增长587.5%；实际利用内资26亿元，增长14.8%，增幅排名全市第五；实际外贸出口总额增长10.9%，实际利用外资增长12.7%，现汇进资增长11%。

主要领导人　县委书记：谭学忠(任至2月)、曹爱珍(2月任)。县人大常委会主任：李细妹。县长：曹爱珍(任至2月)、邱凌(2月任)。县政协主席：吴昌星。

（刘福山）

·上犹县·

【简　况】　位于江西省西南部，辖6镇、8乡，总面积1543.87平方千米。耕地面积8666.7公顷，森林面积1.2万公顷，森林覆盖率81.4%。总人口31.98万人，其中农业人口26.99万人，人口自然增长率7.44‰。2015年，地区生产总值50.84亿元，增长10.0%。财政总收入8.03亿元，增长7.1%；一般公共预算收入6.27亿元，增长11.8%。规模以上工业增加值14.48亿元，增长9.2%。固定资产投资45.9亿元，增长16.9%。社会消费品零售总额14.24亿元，增长12.5%。实际利用外资6186万美元，增长12.6%。出口总额1.13亿美元，增长9.6%。实施重点工程项目37个，完成投资8.7亿元。争取上级各类补助资金14.66亿元,争取专项建设基金等融资项目资金20亿元。全年争取各类扶贫移民资金2.1亿元,实施扶贫移民项目378个,1.65万贫困人口脱贫。发放城乡低保金2875.9万元、城乡医疗救助金994.7万元。综合治理水土流失45平方千米,梅水园村被列为"全省水土保持生态文明建设试点村"。

【上犹县获评"全国电子商务进农村综合示范县"】 7月,上犹县被电子商务部评为"全国电子商务进农村综合示范县"。上犹县发展电商产业,搭建"九大创业平台",出台35条扶持政策,扶持大众创业、万众创新,被列为全市唯一一个"全省大众创业、万众创新示范点",作为典型推荐上报至国家层面。全年创建创业孵化基地7个,落实创新创业项目1133个,发放创业专项贷款8100多万元,落实产业扶持资金920多万元。建立电商创业大楼,入驻电商企业40家,实现网络销售额2亿元。

【上犹县获评"全国休闲农业与乡村旅游示范县"】 11月,上犹县被农业部、国家旅游局评为"全国休闲农业与乡村旅游示范县"。全年新增"两茶一苗"产业面积1686.67公顷,新增农民合作社27家、家庭农场14家。县桂花苗协会被国家科协评为"全国优秀农技协会","上犹绿茶"被评为省著名商标。打造梅水柏水寨等一批休闲农业示范园区及农旅结合综合体。建设印象客家等旅游三产项目,引进总投资40亿元的天沐温泉度假小镇项目。履行赣州西部旅游联盟轮值主席职责,推出"一票游赣州西部",联盟体与省旅游集团、德安杰营销策划公司签订战略合作协议。举办2015年赣州(上犹)首届漂流节。全年接待游客135万人次,实现旅游综合收入8.66亿元,陡水湖景区获评"全国十佳文化生态景区"。

【获批准为"中国玻纤新型复合材料产业集群发展示范基地"】 6月24日,中国建筑材料联合会授予上犹县"中国玻纤新型复合材料产业集群发展示范基地"称号,这是上犹县工业产业第一块"国字号"招牌。上犹县保持玻纤产业发展定力,打造玻纤新型复合材料产业集群。2013年,省工信委授予上犹县"全省玻纤及新型复合材料产业基地"称号;2014年,上犹县玻纤复材产业被确立为全省60个重点发展的集群之一。截至2015年年底,玻纤复材产业集群拥有企业近50家(其中规模以上企业7家),包括沿湖玻纤、广建玻纤、南河玻纤、龙泰塑料等产业发展重点企业;签约及在建项目10余个,引进池窑拉丝、复升复合材料、直立方复合材料等多个产业重点项目。通过项目的落实,以发展玻纤复合材料下游深加工项目为着眼点,产业朝着绝缘材料、热塑热固性复材、阻燃性防火材料、玻璃钢制品等下游制品方向延伸。2015年,全县玻纤新型复合材料产业主营业务收入突破30亿元,利税3.84亿元。

主要领导人 县委书记:赖晓岚。县人大常委会主任:吴增京。县长:余业伟。县政协主席:陈卫国。

(谢东才)

·崇义县·

【简　况】 位于江西省西南部,辖6镇、10乡,总面积2206.27平方千米。耕地面积1.04万公顷,有林面积16.04万公顷,森林覆盖率为88.3%。总人口21.58万人,其中城镇人口5.98万人。2015年,地区生产总值64.90亿元,比上年增长7.2%。其中:第一产业增加值9.66亿元,增长4.1%;第二产业增加值37.51亿元,增长7.1%;第三产业增加值17.73亿元,增长8.7%。规模以上工业总产值97.04亿元,下降7.3%。主要工业产品:钨精矿5964吨,原煤8.07吨,竹胶合板2.97万立方米,细木工板18.52万立方米,南酸枣糕4807吨,仲钨酸铵1.09万吨。农业总产值14.17亿元,增长4.3%。主要农产品:稻谷4.18万吨,玉米218吨,豆类528吨,薯类折粮1475吨,花生1583吨,蔬菜类3.01万吨,瓜果类5100吨,油茶籽6000吨,水果5.76万吨,生猪出栏8.52万头,水产品产量1.31万吨。财政总收入10.27亿元,增长7%。公共财政预算支出18.51亿元,增长15.7%。城镇居民人均可支配收入2.12万元,增长8.7%;农村居民人均可支配收入7633元,增长11.5%。

【生态创建工作成效显著】 崇义县推进生态创建工作,建立县、乡、村环境保护网格化监管机制;投入2000万元,开展农村环境连片整治工作,所有乡村实现全覆盖;成功探索保洁员职业化、运作市场化的新模式;投入4000余万元实施陡水湖水面整治工作,成立水上综合执法大队,水上餐馆、渔业设施整治基本完成;扎实开展大江、小江、扬眉江流域水质整治工作,全面完成污染减排任务。生态创建工作成效显著,2015年,崇义县列为全省首批生态文明先行示范县、全省生态保护红线划定工作试点县,长龙镇被评为省级生态乡镇,上堡乡水南村被评为中国最美休闲乡村,上堡乡赤水村被评为全国生态文化村,创建市级生态村39个,阳明湖国家湿地公园创建工作通过国家林业局初审。

【颁发全国第一本林权类不动产权证】 3月1日,全国第一本林权类不动产权证在崇义县颁发。崇义县是国家南方重点林业县,拥有林地17.87万公顷,森林覆盖率达88.3%,全县21万人中有15万人从事林业产业,全国农村税费改革、全国集体林权制度改革等一系列改革曾在崇义县试点。1月30日,崇义县被国土资源部确定为全国15个不动产统一登记试点之一。不动产登记,是将土地、房屋、草原、林地、海域等不动产进行统一登记。统一的信息平台是提高不动产统一登记机构登记效率,实现不动产审批、交易和登记信息在有关部门之间依法互通共享、消除"信息孤岛"的重要保障。崇义县初步建成国土数字崇义地理信息数据平台,奠定了不动产登记的统一信息平台基础,被选定为试点城市。崇义县建立地理信息数据平台,赋予林业登记成果和房产登记资料空间属性,创造了"一扇门、一张图、一个库、一平台、一窗口"为主要做法的"崇义模式"。崇义县整合土地登记、房屋登记、林业登记等多个部门,成立不动产登记局和不动产登记中心,实现登记机构、登记依据、登记簿证、信息平台"四统一"。不动产统一登记崇义经验得到国土资源部和省委、省政府认可,并在全国推广。

【第九届国际葡萄与葡萄酒学术研讨会在崇义举行】 4月20日—22日,第九届国际葡萄与葡萄酒学术研讨会在崇义县君子谷野生水果世界举行。研讨会由国际葡萄与葡萄酒组织、中国食品工业协会、中国酒业协会、西北农林科技大学等组织和单位主办,崇义县人民政府及君子谷野生水果世界承办。中国、美国、法国、韩国、意大利、西班牙、南非、澳大利亚、加拿大、日本等国家的葡萄酒方面专家、学者、业界精英及媒体代表200多人参加研讨会。与会代表围绕"葡萄酒产业发展国际化"主题进行研讨和交流,探寻葡萄酒产业发展的国际化道路。会议期间,正式出版《第九届国际葡萄与葡萄酒学术研讨会论文集》,公布第九届"金葡萄创业奖"获奖人员名单。

【上堡乡水南村获"2015年中国最美休闲乡村"称号】 10月,在农业部开展的2015年中国最美休闲乡村推介活动中,崇义县上堡乡水南村获"2015年中国最美休闲乡村"(特色民俗村类别)称号。水南村位于崇义县上堡乡东部,总面积19.4平方千米,气候宜人、风光秀美,村民居住在平均海拔800米至900米之间的半山腰中。全国最大的客家梯田——上堡梯田,大部分坐落在水南村。上堡梯田总面积800公顷,与广西龙胜梯田、云南元阳梯田并列为中国三大梯田风景区。水南村通过科学规划和大力开发,已变成一个生态旅游休闲地、脱贫示范村。

主要领导人 县委书记:许志辉。县人大常委会主任:郭兰。县长:许斌。县政协主席:陈金发。

(张祖春)

·安远县·

【简 况】 位于江西省南部,辖8镇、10乡,总面积2374.59平方千米,其中城区面积10平方千米。耕地面积1.08万公顷,森林面积20.05万公顷,森林覆盖率84.25%,城区绿化率35.3%。总人口39.86万人,其中非农业人口9.7万人。2015年,地区生产总值52.40亿元,增长9%。其中:第一产业增加值14.90亿元,第二产业增加值12.08亿元,第三产业增加值25.42亿元。财政总收入7亿元,增长11%;公共财政收入5.3亿元,增长16.5%。500万元以上项目固定资产投资30.96亿元,增长18.6%。粮食产量11.48万吨。主要农产品:柑橘产量17.03万吨,产值6.05亿元;烟叶1786.7公顷,产值0.74亿元。规模以上工业增加值7.9亿元,增长8.7%。主要工业产品:稀土1256.3吨,产值2.41亿元;中成药705.19吨,产值1.40亿元;钼矿293.9吨,产值0.74亿元。社会消费品零售总额16.02亿元,增长11.9%。农民人均纯收入7537元,增长11.8%;城镇居民可支配收入1.97万元,增长8.8%。在岗职工年平均工资4.3万元,增长25.9%。各项存款余额92.14亿元,贷款余额52.94亿元,存贷比为58.7%。全年各类民生支出13.27亿元,增长22%,占公共财政预算支出的55.6%。改造农村危旧土坯房1378户、棚户区521户。山塘除险加固62座,建成防洪工程4座,新建集中供水工程2座,新建通村(组)公路155千米。新增城镇就业2259人,转移农村劳动力4005人,发放再就业小额担保贷款1.03亿元。

【促进电子商务产业快速发展】 6月9日,被供销总社列为"电子商务试点示范县";7月14日,被商务部、农业部列为"电子商务试点示范县"。

7月13日,电子商务孵化园开园。孵化园是集电商管理、企业办公、创业指导、产品展示等功能为一体的电商创业聚集园区。出台《关于加快安远县电子商务产业发展的实施意见》,加大政策促动,优化电商孵化园、电商信息平台和物流配送体系建设,营造"大众创业、万众创新"的氛围,全力促进电商产业快速发展。大力实施"文化+电商"工程,探索性地将公共文化信息资源共享工程与电子商务有机融合,按照"六个一"标准,建设乡村"文化+电商"服务站,使之成为百姓文化学习交流的平台、电商产品交易的中心和村民打开世界的新窗口,并在全国公共数字文化建设工作会议上作"文化+电商"典型经验发言。截至2015年年底,县内有电商企业85家,淘宝活跃网店1118家,微商团队1.42万人;实现网上交易3.5亿元,增长270%。

【生态文明建设成效明显】 11月2日,被列为全省首批生态文明先行示范县。年内,安远实施最严格的生态环境保护制度,划定东江源生态保护红线,实施生态移民工程,争取实施东江源生态补偿试点,创新开展"三禁""三停""三转"(对森林资源实行全面禁伐,对东江源头河道实行禁渔,对稀土钼矿、河道沙石实行禁采;对污染项目实行停批、对污染企业实行关停、对污染行为实行叫停;对遭黄龙病损毁的果园进行转产、对资源消耗型企业进行转型、对粗放型生产方式进行转变),东江源区水质常年保持在国家标准Ⅱ类以上。持续开展非法开采稀土专项整治工作,健全稀土非法矿山"一点双责"跟踪监管工作机制,恢复治理全县废弃矿山,昔日裸露的矿山重新披上"绿装"。推进"净空、净水、净土"工程,扎实开展河流污染、水土流失等综合治理工作,环境保护监管执法更加有力,全县生态文明建设取得明显成效。东江源国家湿地公园成为全市首个国家级湿地公园。全县68个新农村建设点建设纵深推进,美丽乡村、民房改造、农家乐"三个示范点"建设顺利实施。

【打造"安远三鲜粉"为主的系列小吃品牌】 "安远三鲜粉"系列小吃是赣南客家人钟爱的早餐主食之一,为"江西名小吃"。6月,为打造"安远三鲜粉"系列小吃品牌,安远县成立小吃产业发展办公室,制定实施奖励补助、贴息贷款扶持、支持企业创立自主品牌等一系列扶持政策。在县职校建立实践操作实训中心,对从事安远小吃产业人员实行免费培训和咨询指导。结合东江源文化风情园建设布局,规划建设安远小吃文化产业园及美食一条街。依托安远电商产业发展,将小吃产业发展与电商平台有机融合。通过政策、技术、资金等方面的扶持,采取乡镇对口城市、部门单位责任帮扶、群众自主发展的方式,在全国各地发展"安远三鲜粉"经营户近800

家,创建旗舰店50家,形成快速发展的态势。

主要领导人 县委书记:严水石。县人大常委会主任:曹志坚。县长:肖斐杰。县政协主席:袁志勇。

(叶春泉)

·龙南县·

【简 况】 位于江西省南部,辖8镇、5乡、2个林场、2个管委会,总面积1641平方千米,其中城区面积17.81平方千米。耕地面积1.16万公顷,有林面积13.83万公顷。森林覆盖率82.4%,城区绿地率37.4%。总人口33万人,其中城镇人口17.23万人,人口自然增长率6.99‰。2015年,地区生产总值122.80亿元,同比增长9.8%。其中:第一产业增加值11.76亿元,增长4.1%;第二产业增加值68.28亿元,增长9.1%;第三产业增加值42.76亿元,增长12.5%。财政总收入16.58亿元,增长8%;地方财政收入12.58亿元,增长13.2%。税收收入11.67亿元,占财政总收入70.4%。500万元以上固定资产投资128.84亿元,增长18.3%。全年引进5000万元以上项目16个,实际利用省外5000万元以上项目资金49.18亿元,增长18.94%。实际利用外资9289万美元,增长10.35%。其中,现汇进资2398万美元,增长12.74%。社会消费品零售总额27.78亿元,增长12.8%。城市居民人均可支配收入2.32万元,增长9.8%;农村居民人均可支配收入8572元,增长12.2%。全县金融机构各项存款余额105.01亿元。城区污水主管网铺设里程达到25千米,主要河流断面水质、区域空气质量达标率均为100%。

【精准扶贫成效显著】 2015年,龙南县着力解决贫困群众的就医、就业、住房、子女就学等问题,全年减少贫困人口8750人,减贫率36.26%。累计为7.13万人次患病贫困群众减免、补偿医疗费用821万元。开展搬迁移民扶贫1314户。建成帮扶共建型产业基地21个,受益贫困人口5000人以上。在全省率先创办就业扶贫福利厂,设立27个乡村级外发加工点,2480名贫困群众实现稳定就业。县乡两级设立圆梦助学基金,县财政出资200万元,各乡镇募集社会资金893.3万元,向1415名贫困学生发放助学金187.6万元。争取易地扶贫搬迁贷款4亿元,全市移民搬迁扶贫工作现场会在龙南召开。农村危旧土坯房新建、修缮1420户,完工率100%。

【推进新型城镇化建设】 2015年,龙南成为全市首个实现乡镇集镇控制性详规全覆盖的县,获评"全省规划工作先进单位"。精心组织实施城建项目111个,完成投资6.24亿元。新都大道、玉环北路等7条城市道路投入使用。老年人文体活动中心全面竣工。红卫桥、演教寺桥改造工程竣工通车。龙洲综合市场主体完工,人民大道综合市场改造完成。完成濂江防洪景观工程、滨江路及生态景观工程建设,"三江六岸"的景观格局基本形成。宜居花园、阳光龙苑交付使用,金塘花苑摇号定房1593套,新圳花苑一期主体完工,二期1702套全面开工,农业人口加速向城市集聚。以"三城同创"(创建文明城市、卫生城市和园林城市)为抓手,创新城市管理模式,高位推动市容环境专项治理,通过省级文明县城复查,成功创建省级卫生县城。次中心城市承载与辐射能力得到提升,城市形态更加优化,城市环境更加宜居。

主要领导人 县委书记:薛强。县人大常委会主任:李德恭。县长:刘定辉。县政协主席:曾明健。

(徐百胜 赖日金)

·全南县·

【简 况】 位于江西省南部,辖6镇、3乡,总面积1535平方千米,其中城区面积8.78平方千米。耕地面积1.02万公顷。森林覆盖率82.51%,城区绿化率42.15%。总人口19.64万人,其中非农业人口7.10万人,人口自然增长率7.83‰。2015年,地区生产总值53.14亿元,同比增长9.3%。其中:第一产业增加值8.14亿元,增长4.1%;第二产业增加值27.13亿元,增长9.3%;第三产业增加值17.87亿元,增长11.8%。财政总收入8.83亿元,增长5.1%,人均4813元。其中,一般公共财政预算收入7.03亿元,增长9.5%。税收占财政总收入比上年增长16.5%。一般财政预算支出17.18亿元,增长10.8%。规模以上工业增加值22.37亿元,增长9.4%。固定资产投资35.1亿元,增长18%。实际利用外资5969万美元,增长9%;实际利用内资31.8亿元,增长11.5%。外贸出口1.22亿美元,增长6.9%。主要工业产品:钨精矿3211.40吨,白酒334万升,钢材3.96万吨,涂料3130吨,服装2107.2万件。农业总产值7.30亿元,增长8.1%。主要农产品:粮食7.26万吨,蔬菜及食用菌20.62万吨,瓜果2.78万吨,生猪出栏11.30万头,水产品9720吨。社会消费品零售总额14.53亿元,增长11.6%。城镇居民人均可支配收入2.10万元,增长8.5%;农村居民人均可支配收入6001元,增长12.6%。城乡居民年末储蓄存款余额60.99亿元,增长10%。

【2015年江西省全南县(广州)招商引资推介会在广州番禺举行】 10月24日,全南县在广州市番禺区举行2015年招商引资推介会。县委书记邱建军、县长温扬汉、东莞海关原关长王庆华、广州市商务委员会外资处副处长王晖等出席,县委副书记、副县长吕江主持会议。广州、东莞、深圳、珠海等地客商和县直有关部门负责人、工商界代表160余人参加推介会。会上,举行了项目签约仪式。全南县与北京天润新能投资有限公司、深圳市新星轻合金材料股份有限公司、广州雅菲精细化工有限公司等10家企业现场签约,投资总额26.42亿元。

【"芳香"产业链不断延伸】 全南县因地制宜,出台芳香花木产业发展规划,打造集芳香花木种质资源、苗木繁育、基地种植、芳香产品研发及深加工、休闲旅游于一体的产业集群。截至2015年年底,全县已种植桂花、梅花、厚朴、罗汉松、木兰科芳香植物6666.67余公顷,其中建成珍稀树种培育示范区133.33公顷,梅园景观园200公顷,罗汉松盆景基地66.67公顷。芳香产业的发展使全县1.2万户农户受益。

全南县整合各类支农资金8200万元，出台财政扶持政策，对新建的芳香产业种植基地，根据其面积分别给予不同金额的奖励补助；建立信贷绿色通道，放宽抵押贷款条件，给予低息或贴息贷款。全南厚朴生态林业有限公司采取“龙头企业＋合作社＋农户”模式，通过免费赠送苗木和提供技术服务，带动全县86个行政村、18个合作社及万余农户种植芳香苗木。全南县积极与南京林业大学、华南农业大学等多家高校及科研机构合作，启动万吨骨机肥工厂建设和彩桂苗木培育示范基地建设；与英国、法国著名化妆品公司合作，研发梅花、桂花香水及护肤品系列产品。芳香产业链不断延伸。

【央视《乡约》栏目走进全南】 3月24日，央视军事·农业频道（CCTV－7）《乡约》栏目组走进全南，在县城希桥酒店门前广场，现场录制一期相亲类访谈节目。《乡约》栏目组通过户外相亲访谈形式，搭建单身男女相亲相知的交流平台。节目时长2个多小时，节目主持人肖东坡通过男女嘉宾互动，向全国电视观众呈现全南的芳香产业、良好生态、瑶族风情和客家文化。全南籍世界攀岩速度赛冠军、国家攀岩队队长钟齐鑫亮相录制现场。

主要领导人 县委书记：邱建军。县人大常委会主任：曹东春。县长：胡晓平（任至3月）、温扬汉（7月任）。县政协主席：黄立忠。

（王立之）

·定南县·

【简　况】 位于江西省南部，辖7镇，总面积1321.13平方千米。耕地面积71.47平方千米，有林面积10.08万公顷，森林覆盖率80.9%。总人口22.03万人，其中非农业人口4.5万人，人口自然增长率6.76‰。2015年，地区生产总值61.76亿元，同比增长9.4%。其中：第一产业9.10亿元，增长4.1%；第二产业27.46亿元，增长9.8%；第三产业25.20亿元，增长10.6%。规模以上工业增加值23.15亿元，增长8.2%。500万元以上项目固定资产投资60.03亿元，增长18.8%。财政总收入11亿元，增长5.3%，其中公共财政预算收入9.01亿元，增长20.90%。社会消费品零售总额13.67亿元，增长11.7%。实际利用外资6603万美元，增长10.20%。外贸进出口总额5622万美元，增长7.72%。其中，出口5365万美元，增长6.74%。工业总产值87.18亿元，增长2.3%。主要工业产品：中成药420.50吨，涂料1197.93吨，单一稀土金属843.47吨，钨砂894.75吨，钢材10.48万吨。农业总产值16.22亿元，增长5.5%。主要农产品：粮食作物6.09万吨，水果2.26万吨，茶叶173吨，蔬菜及食用菌6.81万吨，肉类总产量6.42万吨。城镇居民人均可支配收入2.27万元，增长9.5%；农村居民人均可支配收入6797元，增长12%。城乡居民年末储蓄余额38.20亿元。万元GDP能耗下降5.52%。全年完成民生类支出10.95亿元，增长10.58%，占财政总支出的54.1%。投入960万元新建保障房80套，分配廉租房508套、公租房381套。为各类创业人员发放小额担保贷款8308.2万元。购买公益性岗位388个，设置见习岗位安置高校毕业生80人。公建民营的老年养护中心营业。为258名老年人免费办理优待证，发放高龄补贴323万元。为原公办中小学代课教师、原公社电影放映员发放补助资金927.8万元。

【推动精准扶贫工作】 实施产业扶贫，扶持1692户贫困户发展农业种养产业。确立34项精准扶贫产业补助项目，下拨产业扶贫资金721万元，发放到户440万元。重点推进油茶产业发展，探索推行“三户一加”（大户开发、联户开发、分户开发和“公司＋农户”）、“四统一分”（联户开发实行统一规划、统一整地、统一购苗、统一栽植，分户管理并收益）油茶开发模式，出台油茶产业发展系列奖补政策，调动农户发展油茶的积极性。完成油茶规划整地1000公顷，新种342公顷。推进教育扶贫，资助各类学生1.43万人次，发放助学资金2088.64万元。推进就业扶贫，新增贫困劳动力就业1063人。推进金融扶贫，向922户贫困户发放贷款7891.5万元。完成移民搬迁187户、839人。全年脱贫4526人，贫困发生率下降2.6%。

【实现农村生活垃圾治理全覆盖】 推行全环境治理理念，建立长效化管理体制。推进“美丽乡村、清洁家园”行动，开展农村生活垃圾专项治理工作。通过引进湖南长沙中联重科参与农村生活环境治理，探索“政府主导、农民主体、社会资本参与”的“三位一体”新模式，建立“低成本、高效率、管长远”的生活垃圾治理新机制。农村清理陈年存量垃圾860余吨，拆除废旧房1.80万余平方米，归置民居庭院5000余户。全县7个镇、8个圩镇、119个行政村全面推行农村生活垃圾清运保洁，以点带面，示范带动，率先实现农村生活垃圾治理全覆盖。

【县第一人民医院建成开业】 6月2日，定南县第一人民医院暨赣州市人民医院定南分院揭牌开业，结束15年来无县级公立医院的历史。定南县第一人民医院历时5年建设，是定南县唯一的一所集医疗、急救、教学、科研、预防保健和康复为一体的综合性“二级甲等”公立医院。医院占地面积12.4公顷，建筑面积2.87万平方米；总投资1.5亿元，其中县财政配套投入1.34亿元；建有门诊楼、医技楼、住院楼、传染病楼、职工宿舍楼，设病床位236张；设有7个职能科室、11个医技科室、12个临床科室；医护人员170名、后勤人员40名，拥有一大批高精尖的医疗设备。

主要领导人 县委书记：陈阳霞。县人大常委会主任：曾小良。县长：吴建平。县政协主席：魏明耕。

（赖春梅）

·兴国县·

【简　况】 位于江西省中南部，辖6镇、19乡、1个经济开发区，总面积3215平方千米，其中县城建成区面积25.79平方千米。总人口83.63万人，其中非农业人口26.8万人。城镇化率达47.7%。森林覆盖率74.36%。2015年，地区生产总值128.91亿元，同比增长9.4%。其中：

第一产业增加值28.53亿元,增长4.2%;第二产业增加增60.36亿元,增长9.3%;第三产业增加值40.02亿元,增长13.6%。财政总收入14.32亿元,增长10.1%,其中公共财政预算收入8.01亿元。500万元以上固定资产投资98.38亿元,增长18.1%。规模以上工业增加值47.63亿元,增长8.5%。出口总额3030万美元,增长13.7%。实际利用外资7812万美元,增长10%。社会消费品零售总额33.7亿元,增长13.5%。万元GDP能耗累计下降21.93%。城镇居民人均可支配收入2.20万元,增长9%;农民人均可支配收入7849元,增长14.7%。

【民生事业成效显著】 2015年,全县民生支出24.2亿元,占公共财政预算支出的71.4%。精准扶贫成效显著,探索实施的"精准识别七步法"在全省推广,扶贫经验三上央视新闻联播,全县农村贫困发生率从16.1%下降至8.1%。突出民生问题加快解决,完成新增农村危旧土坯房改造6641户,新建保障性住房1398套,累计治理低电压用户5400余户。社会保障更加有力,"救急难"工作经验在全市推广,城乡低保和农村五保全面提标,以枫林田庄上养老服务中心为载体,探索实施养老服务机构公建民营模式,社会救助工作连续3年获全省先进。社会事业繁荣发展。义务教育全面改薄工作得到教育部肯定,红军子弟小学、第一幼儿园、9所乡镇公办幼儿园如期开学,未成年人思想道德建设工作被评为全省唯一的全国先进。县级公立医院综合改革试点持续深入。县人民医院、中医院分别获"全国改善服务创新医院""全国最佳百姓放心示范医院"称号,人民医院迁扩建工程、标准化公办村卫生室建设进展顺利。兴国山歌保护中心被评为第六届全国服务农民、服务基层文化建设先进集体。

【实行学生营养餐"四统"供餐模式】 5月,兴国县通过公开招标,确定有学生营养餐食材加工配送资质的"成都金源鸿餐饮管理有限公司"作为学生营养餐食堂供餐公司,在兴国县红门开发区内成立"兴国县学生营养餐改善计划配餐中心",试行"四统"供餐服务。企业对各类食材统一清洗、分拣、科学合理搭配后,每天早晨配送到各农村中小学校,学校在签收食材后直接进行烹饪。县政府抽调县教育局、县精准扶贫办、县市场监督管理局、县农粮局人员成立联合办公室,安排工作人员常驻"配餐中心"办公,服务、监督"配餐中心"。学生营养餐"四统"供餐模式获省政府肯定并在全省推广。9月14日,"兴国县学生营养餐配餐中心"正式开始对兴国县埠头、长冈等5个乡镇67所学校(含教学点)进行"统一招标、统一采购、统一加工、统一配送"试点服务,直接受益师生约1.6万人。

【埠头司法所被评为"全国模范司法所"】 12月,司法部表彰199个"全国模范司法所",兴国县埠头司法所被评为"全国模范司法所"。埠头司法所成立于2000年3月。2010年以来,埠头司法所受理各类民间疑难纠纷398起,成功化解393件,成功率98.7%。

埠头社情复杂,社会矛盾纠纷层出不穷。司法所建立三级组织网络,实施"流动调解",努力为群众解难,尽心尽责做好矛盾纠纷化解工作,架起服务群众的"连心桥"。全面落实"六五"普法规划,坚持普治并举,以治促普,结合埠头实际,深入开展依法治理和民主法治村建设。"六五"普法四年多,举办各种法制培训班、讲座67场次,知识竞赛8场,文艺演出15场,专题演讲会12场,法律征文活动5次,法律咨询81次,印发各种普法资料2万多册。全乡普法普及率99.5%。成立法律援助工作站,为辖区内居民提供法律援助,重点为农民工讨薪、人身损害赔偿以及涉农假种子、假农药等坑害农民的案件提供法律援助。近年来,为辖区群众办理法律援助案件36起。2012年被省司法厅评为全省十佳司法所,2014年被省司法厅评为江西省五好司法所。

主要领导人 县委书记:赖晓军。县人大常委会主任:陈文俊。县长:陈黎(3月任)。县政协主席:董世倬。

(胡杨华)

·宁都县·

【简　况】 位于江西省东南部,辖12镇、12乡。总面积4053.16平方千米,其中县城面积20.1平方千米。总人口83.75万人,其中城镇人口25.55万人。2015年,地区生产总值129.43亿元,同比增长9%。其中:第一产业增加值28.62亿元,增长4.3%;第二产业增加值52.11亿元,增长11.8%;第三产业增加值48.7亿元,增长8.2%;规模以上工业增加值26.65亿元,增长9%。500万元以上固定资产投资67.99亿元,增长18.2%;社会消费品零售总额36.36亿元,增长11.4%。财政总收入10.12亿元,增长10%;公共财政预算收入7.48亿元,增长9.4%。城镇居民人均可支配收入1.92万元,增长8.6%;农村居民人均可支配收入7695元,增长13.5%。金融机构存款余额205.44亿元,比年初增长22.3%;贷款余额108.27亿元,比年初增长13.6%。实际引进内资24.26亿元,增长12.78%;实际利用外资5806万美元,增长10.42%。

【《发现宁都》出版发布暨研讨会在北京举行】 1月13日,《发现宁都》出版发布暨研讨会在北京中国现代文学馆举行。中国作协副主席、中国作家出版集团管委会主任何建明,《文艺报》总编辑梁鸿鹰,《民族文学》主编石一宁、《解放军报》评论部主任何鸣鸿等20多位全国知名作家、评论家出席会议。《发现宁都》是中国作协分两批次组织20多位全国知名作家深入宁都采风,以宁都自然风光、人文历史、经济发展成就为题材撰写的汇编力作,收录采风作家创作的20篇作品,涵盖散文随笔、游记、诗歌等多种体裁。

【《人文宁都》丛书首发式暨宁都县首届优秀文艺作品颁奖仪式举行】 12月25日,宁都举行《人文宁都》丛书首发式暨宁都县首届优秀文艺作品颁奖仪式。中国地方志指导小组办公室副主任邱新立,省地方志办主任梅宏、副主任周慧,市地方志办主任陈昌保出席活动。《人文宁都》丛书由江西人民出版社出版发行,包括《山水宁都》《客家宁都》《美食宁都》《文乡宁都》《艺术宁都》《红色宁都》6部专著，约130万字。丛书全面展示宁都人文历史、自然风光、民情民俗、美味佳肴等方面风采，地域特色鲜明。宁都县首届优秀文艺作品主要评选在国家和省级文艺杂志发表的文艺作品，评出优秀获奖作品22件，其中小说类4件、报告文学类3件、戏曲类1件、书法类7件、美术类4件、摄影类1件，有9位作者获得万元以上奖励，戏曲类作者获得2万元奖励。

【宁都籍科学家李蓬当选中科院院士】 12月7日，中国科学院公布2015年院士增选结果，宁都籍科学家、清华大学生命科学学院教授李蓬当选为中国科学院生命科学和医学学部院士。李蓬，女，1965年生，江西宁都人，中共党员，博士。1983年高中毕业于宁都中学，1987年获北京师范大学学士学位，1988年获中美CUSBEA奖学金留学美国，1995年加州大学圣地亚哥分校获博士学位。1995—1997年，在美国达拉斯德州大学西南医学中心Howard Hughes医学研究所做博士后，1997年—2003年应聘在新加坡分子和细胞生物学研究所任研究室主任和助理教授。1999年获新加坡国家青年科学家奖。2003年起任香港科技大学生物系助理教授和副教授。2005年获长江特聘教授及教育部长江学者创新团队学术带头人。2006年全职回国任清华大学生物科学与技术系(2009年改制为生命科学学院)教授。国务院特殊津贴专家，973蛋白质计划首席科学家，国家杰出青年基金获得者。李蓬的研究领域为肥胖症、糖尿病、脂肪肝等代谢性疾病的发生和发展机制，主要研究脂肪细胞和肝细胞中脂代谢调控的分子机制，在细胞水平上研究脂滴的形成、融合、动态变化及与内质网、线粒体等其他细胞器的相互作用。

主要领导人 县委书记：王四华。县人大常委会主任：李志勇。县长：刘勇。县政协主席：赖文政。

（刘红彦）

·于都县·

【简　况】 位于江西省南部，辖9镇、14乡，总面积2892.32平方千米，其中城区面积24.95平方千米。总人口109.83万人，其中非农业人口18.5万人，人口自然增长率8.54‰。2015年，地区生产总值166.15亿元，同比增长10.5%。其中：第一产业23.40亿元，增长4.2%；第二产业83.10亿元，增长10.6%；第三产业59.65亿元，增长13.2%。财政总收入16.57亿元，增幅10.0%；公共财政预算收入12.92亿元，增长19.9%。工业总产值231.69亿元，增长4.0%。规模以上工业增加值62.57亿元。外贸进出口总额1.29亿美元。500万元以上固定资产投资144.71亿元。实际利用外资8527万美元。主要工业产品：铜精矿1627吨，增长11.51%；钨精矿6872.77吨，减少24.4%；乳制品9581.42吨，减少1.88%；纸制品1.30万吨，增长211.63%；光缆1.34万千米，增长425.58%。农业总产值36.65亿元，增长4.4%。粮食总产量25.72万吨，减少0.09%。主要农产品：稻谷24.48万吨，减少0.29%；花生1.19万吨，增长3.26%；油菜籽2380吨，增长7.74%；蔬菜20.67万吨，减少0.3%；瓜果9799吨，增长12.0%。社会消费品零售总额43.42亿元，增长12.0%。工业用电量5.19亿千瓦时，增长14.5%。城镇居民人均可支配收入2.24万元，增长10.1%；农村居民人均可支配收入7862元，增长14.3%。金融机构存款余额232.13亿元，比年初增长17.14%；贷款余额114.02亿元，比年初增长23.7%。

【中国电商质量万里行启动仪式暨新闻发布会在于都县举行】 3月21日，中国电商质量万里行启动仪式暨新闻发布会在于都县举行。国家质监总局产品质监司副司长孙会川，国家工商总局消费者权益保护局副局长黄建华，赣州市委常委、常务副市长周光华，阿里巴巴、聚美优品等电商平台企业高管出席仪式。

“中国电商质量万里行”活动由《中国质量万里行》杂志社、中国电子商务协会联合主办，计划用3~5年的时间，探索建立中国电子商务产品质量追溯机制，建立健全中国电子商务质量信用服务评价标准体系，优化中国电子商务市场环境，推动中国电子商务持续健康发展。

【县疾病预防控制中心获“全国疾病预防控制工作先进集体”称号】 4月3日，于都县疾病预防控制中心被国家卫生计生委授予“全国疾病预防控制工作先进集体”称号。于都县疾病预防控制中心占地面积2100平方米，建筑总面积4631平方米。有职工47人，其中卫生技术人员38人。于都县疾病预防控制中心认真贯彻预防为主、防治结合工作方针，落实疾病预防控制工作的重大决策与部署，创新发展思路，加强机构能力建设，全面实施示范预防接种门诊建设，抓好重大疾病防控、突发公共卫生事件应急处置和农村基本公共卫生服务项目等工作，县、乡、村三级疾病预防控制体系不断完善，有效控制艾滋病、结核病、乙型肝炎等重大传染病的发生和流行，群众健康水平不断提高，先后获“江西省卫生应急示范县”“江西省疾病控制理论知识考试优胜奖”等称号。

【“5·19”洪灾】 5月18日8时至5月21日22时，于都县普降暴雨。平均降雨量为166.60毫米，最大降雨量站为葛坳乡大田432.5毫米；1小时最大降雨量为银坑镇坪脑站71.5毫米；累计雨量超过100毫米的站点14个。受短时间集中密集暴雨、强降雨及梅江上游泄洪等因素影响，于都县梅江水位短时间内急速上涨。梅江汾坑站于5月20日7:40到达洪峰水位，水位134.5米，超警戒水位4.5米，超历史最高洪水位0.39米，涨幅8.26米，洪峰流量5760立方米/秒；梅江车溪站5月20日15:00到达洪峰水位，水位131.97米，超警戒水位4.47米；贡江峡山站5月21日2:00到达洪峰水位，水位109.94米，超警戒水位1.94米。梅江(车溪段)水位漫过河堤出现3处共37米决口。强降雨导致于都县出现50年一遇的洪涝灾害。

受此次特大暴雨影响，全县23个乡(镇)不同程度受灾，其中车溪、段屋、葛坳、银坑、岭背5个乡(镇)受灾严重。受灾人口36.3万人，紧急转移人口3.95万人；农作物受灾面积1.55

万公顷;房屋倒塌1433间;道路损毁26.3千米,桥梁损毁9座,农村公路堵塞56.3千米;电力损毁断线11.3千米,断杆14根,影响照明89个村、5.56万户;通信基站受损101座;山塘毁坏6座,水渠损坏21.29千米;山体滑坡1486处;54所学校停课,涉及学生1.52万人。灾害造成经济损失13.2亿元,无人员伤亡。

【钟万祯获“全国先进工作者”称号】 4月28日,2015年庆祝“五一”国际劳动节暨表彰全国劳动模范和先进工作者大会在北京人民大会堂举行,于都县贡江镇民政所副所长钟万祯获“全国先进工作者”称号。于都县贡江镇是赣州市第一人口大镇,全镇有40个村(居)委会,8414名民政对象。钟万祯20多年扎根基层,在贡江镇民政所负责优抚和低保工作,全镇所有民政对象家里都有他的脚印,他能详细记住全部对象家庭住址、家庭成员及困难原因,被当地群众称为“活字典”及“贴心人”。钟万祯曾先后获全国民政系统劳动模范及省、市各种荣誉称号,其先进事迹被多家市级以上主流媒体报道。2012年3月19日,受到党和国家领导人接见。2014年,根据其事迹拍摄的纪实微电影《好人钟万祯》获得市委组织部、宣传部等部门联合举行的《永远在路上》微电影大赛优秀奖,中央电视台12套“道德观察”栏目专题报道其先进事迹。

【于都县被评为全国电商进农村“开拓示范县”】 7月14日,在第二届中国县域电子商务峰会上,于都县被评选为全国电子商务进农村“开拓示范县”,系全省唯一。中国县域电子商务峰会2014年由阿里巴巴集团发起,是全国首个以县级行政区为对象的电子商务主题大会。于都县与阿里巴巴合作以来,建设了4800平方米的电商孵化园,为电商企业和人才提供免费办公场所。同时投入资金为电商发展保驾护航,除了利用中央专项资金2100万元外,每年还从县级财政预算中安排1000万元配套资金,支持电商发展。在10个乡镇已开办65个淘宝村级服务站,全县从事电商企业377家,从业人员超过3000人,年销售额达3亿元。

【长征精神红色旅游火炬传递在于都采集火种】 8月21日,“薪火相传·再创辉煌”长征精神红色旅游火炬传递活动火种采集仪式在于都县中央红军出发地纪念园举行。全国红办副主任胡呈军致辞,赣州市政府副市长胡聚文、全国红办宣传处处长白四座及于都县四套班子领导和当地社会各界群众代表千余人参加仪式。

“薪火相传·再创辉煌”长征精神红色旅游火炬传递活动是全国红色旅游工作协调小组办公室为纪念中国工农红军长征80周年和抗战胜利70周年而举办的全国性红色旅游宣传活动,8月正式启动,10月结束,分为火种采集和火炬传递两个部分。全国共有河南省新县、湖北省红安县、四川省苍溪县、福建省宁化县、福建省长汀县、福建省连城县和江西省于都县7个火种采集点,于都县为火种采集的最后一站。7个火种采集点采集到的火种最终将共同汇集到瑞金市,共同点燃主火炬,从瑞金出发,根据红军长征路线进行传递,途经福建、广东、广西、湖南、贵州等12个省(自治区),最后到甘肃省池县会师。

【“纪念中国共产党成立95周年·红军长征胜利80周年”系列文学主题活动在于都启动】 12月11日,中国作协“纪念中国共产党成立95周年·红军长征胜利80周年”系列文学主题活动在于都中央红军长征出发地纪念园启动。中央委员、中国作家协会主席铁凝讲话并向参加重走长征路的作家代表授旗;省文联党组书记、常务副主席汪天行主持;省文联主席叶青,赣州市委副书记、市长冷新生分别致辞;中国作家协会办公厅主任胡殷红,中国作家协会创作联络部主任彭学明,作家出版社社长葛笑政,赣州市委常委、市委宣传部部长胡雪梅出席启动仪式。本次主题活动是继2005年中国作家协会在江西启动“重访长征路,讴歌新时代”——中国作家大型采访活动,和2010年在江西等地开展中国作家“走进红色岁月”大型采访活动之后,又一次在江西举行的高规格文学性主题活动,旨在通过组织作家沿着当年红一方面军、红二方面军、红四方面军和红二十五军团的长征路线,重走长征路,感受长征精神,讴歌时代巨变。

主要领导人 县委书记:蓝捷。县人大常委会主任:黄小龙。县长:陈阳山。县政协主席:曾庆银。

(黄育坚)

·瑞金市·

【简　况】 位于江西省东南部,辖7镇、10乡,总面积2448平方千米,其中城区面积38.23平方千米。耕地面积2.9万公顷,有林面积18.69万公顷,森林覆盖率74.58%。总人口69.77万人,其中城镇人口22.49万人,人口自然增长率7.41‰。2015年,地区生产总值122.1亿元,同比增长10%。其中:第一产业增加值18.9亿元,增长3.8%;第二产业增加值41亿元,增长10.7%;第三产业增加值62.2亿元,增长12.4%。财政总收入15.9亿元,增长6%。其中,公共财政预算收入11.7亿元,增长9.5%;税收占财政总收入比重88.8%。财政支出37.05亿元,增长18.5%。固定资产投资68.04亿元,增长17%。社会消费品零售总额33.7亿元,增长12.6%。外贸出口创汇2.64亿美元。工业总产值111亿元,规模以上工业增加值28.6亿元。主要工业产品:中成药329.9吨,电力电缆及制品4204万米,烤鳗5587吨,水泥327万吨,熟料402万吨。农业总产值30.8亿元,增长4%。粮食总产量20.06万吨。主要农产品:豆类5253吨,油料7742吨,烟叶2861吨,蔬菜14.53万吨,瓜果203.8吨。万元GDP能耗0.706。城镇居民人均可支配收入2.33万元,增长6%;农村居民人均纯收入8251元,增长15.3%。金融机构存款余额176.7亿元,增长15.7%,其中城乡居民储蓄存款122.2亿元,增长16%;金融机构贷款余额114.9亿元,增长13.4%。

【瑞金市列入国家历史文化名城】 8月11日,国务院印发《关于同意将江西省瑞金市列为国家历史文化名城的批复》,将瑞金列为国家历史文化名城。2009年,瑞金市启动申报国家历史文化名城工作,聘请专家进行论证,编制《瑞金市历史文化名城保护规划》。在《瑞金市历史文化名城保护规划》指导下，先后编制《一江两岸历史文化街区保护和发展规划》《瑞金市革命遗址保护规划》《瑞金市密溪村保护规划》《瑞金市洋溪村保护规划》等专项规划，丰富和拓展《瑞金市历史文化名城保护规划》的内涵和外延。同时对区域内历史文化街区文物保护单位、传统村落、历史建筑的保护和可持续发展进行严格控制。成立历史文化名城保护工作领导小组，统一领导历史文化名城保护和发展。设立职能更加全面的城市监察大队，加强对城市历史文化遗存的巡查保护；设立文物管理局，加强对文物保护工作。广泛宣传动员，强化市民历史文化名城保护意识，实施九大历史文化保护基础性工程，文物保护基础性工作更加牢固。研究和挖掘瑞金文化遗产蕴藏的精神，举办中华苏维埃共和国成立座谈会、纪念大会、苏区精神研讨会等重大学术研究活动，提升历史文化名城与红色故都文化内涵。先后拍摄《长征》等优秀影视作品，排演《八子参军》等优秀剧目，出版《伟大的苏区精神》《千年瑞金》等50余部历史文化书籍，进一步弘扬和传承瑞金蕴藏的红色文化。依托历史文化名城文化资源，致力创建全国规模最大的爱国主义和革命传统教育基地，52个中央机关和国家部委在瑞金修复旧址、建立教育基地。

【红都500千伏输变电站投入运营】 6月20日，红都500千伏输变电站建成投入运营。红都500千伏输变电站项目是《国务院关于支持赣南等原中央苏区振兴发展若干意见》中关于瑞金的14项扶持政策之一，2013年10月获省发改委核准。项目站址位于沙洲坝镇河坑村，占地9.44公顷，总建筑面积1165平方米，总投资约4.5亿元。主要建设内容包括赣州东红都7500千伏变电站1座、容量750MVA主变1台、500千伏线路1回（线路长度112千米），途经瑞金市、会昌县、于都县、赣县、章贡区，项目供电范围包括赣州瑞金、兴国、宁都、会昌、于都、石城6县市，形成赣州电网与江西省电网的第二条500千伏电力输送通道。2014年9月21日，电站工程开工建设。

【共和国摇篮景区获评国家5A级旅游景区】 7月20日，全国旅游资源规划开发质量评定委员会批准共和国摇篮景区为国家5A级旅游景区。这是江西省第7个、赣南首个国家5A级景区。“共和国摇篮”景区由叶坪、红井、二苏大、中华苏维埃纪念园（南园和北园）四大景区组成，景区占地面积303公顷，是全国红色旅游经典景区和全国爱国主义教育示范基地。2012年6月，《国务院关于支持赣南等原中央苏区振兴发展的若干意见》出台，2013年5月，瑞金市启动“瑞金共和国摇篮旅游区”创建国家5A级景区工作，着力提升景区红色文化内涵，打造红色文化主题景区。投入3.5亿元，修建景区景点硬件，完善旅游服务中心、旅游集散中心、星级厕所、生态停车场等配套设施，开展景区周边村庄环境整治，景区软硬件达到5A要求。

【陈石湖水利风景区晋升国家级】 12月，陈石湖水利风景区晋升为国家水利风景区。陈石湖水利风景区位于瑞金市日东乡、壬田镇境内，景区依托日东水库、陈石水库与罗汉岩风景名胜区而建，规划面积51.42平方千米，水域面积4.96平方千米，是以丹霞地貌、孤峰绝壁、悬崖险塞、湖泊幽谷、深山古寺、田野风光为自然景观特色，集游览观光、休闲度假、康休娱乐、科考探险、商务会展为一体的综合性生态水利风景区。2014年4月，景区被认定为省级水利风景区。

主要领导人 市委书记：许锐。市人大常委会主任：李学通。市长：赖联春。市政协主席：彭强。

（杨溢）

·会昌县·

【简　况】 位于江西省东南部，辖6镇、13乡，总面积2709.91平方千米。耕地面积2.18万公顷，有林面积20.5万公顷，森林覆盖率79.84%。城区面积13.5平方千米，城区绿化率42.5%。总人口52.58万人，其中农业人口36.95万人。人口自然增长率7.31‰。2015年，地区生产总值79.94亿元，同比增长10.7%。其中：第一产业增加值15.79亿元，增长4.3%；第二产业增加值32.21亿元，增长9.6%；第三产业增加值31.94亿元，增长15.7%。财政总收入11.83亿元，增长10%，人均财政收入2613元。实现税收8.33亿元，税收占财政总收入比重70.41%。地方财政收入8.67亿元，增长16.5%。财政总支出28.28亿元，增长24.0%。工业总产值116亿元，增长7.4%。规模以上工业增加值32.34亿元，增长9.3%。农业总产值24.97亿元，增长4.3%。粮食总产量17.12万吨，增长1%。外贸出口6535万美元，实际利用外资5226万美元。固定资产投资45.1亿元，增长18.5%。城市污水处理率83%。城镇居民人均可支配收入2.14万元，增长9.1%。农村居民人均可支配收入7764元，增长14.3%。城乡居民年末储蓄存款余额77.75亿元，增长18.4%。

【举办2015年江西·会昌民俗文化旅游节】 8月16日—27日，会昌县举办以“赶赖公庙会、看声川大戏、游汉仙胜景”为主题的2015年江西·会昌民俗文化旅游节，展示“好客会昌·风景这边独好”千年古邑风情。旅游节期间，举办赖公庙会、赖声川舞台剧《十三角关系》全国首演、旅游、商贸等活动10场次，推介会昌投资环境和产业招商政策，展示会昌特色工业产品、农副产品、传统和民间手工艺品，传承和创新发展省级非物质文化遗产，宣传推介会昌汉仙岩等旅游资源，提高会昌旅游知名度。会昌籍台湾著名导演赖声川在汉仙广场举办“赖声川回家”暨《十三角关系》全国首演新闻发布会，为国家级风景名胜区汉仙岩揭牌并启动“会昌·智慧旅游”球。新华社、《人民日报》《光明日报》《经济日报》《江西日报》、江西广播电视台、江西网、《赣南日报》、客家新闻网等40余家新闻媒体对旅游节作了专题报道。省内外有关人士、客商、游客10万余人次参加了旅游节。

【会昌县获“中国橘柚之乡”称号】 6月2日，中国果品流通协会授予会昌县“中国橘柚之乡”称号。2007年起，会昌县引进橘柚进行栽培试验成功，试种结果表明橘柚的适应性、抗逆性、耐寒性及结果性表现良好，果实金黄艳丽，果肉细嫩化渣，果汁浓郁清甜，深受消费者喜爱。2010年起，会昌县把橘柚作为主要扶持推广品种，制定橘柚产业专项扶持政策。2014年，会昌橘柚列入第八批国家农业综合标准化示范项目，成为会昌县首个国家级农业标准化示范区。截至2015年年底，全县橘柚种植2600多公顷，产量500多万千克，分布全县19个乡（镇）。其中周田、右水、筠门岭、高排等乡（镇）已成规模种植，有5个连片千亩以上的种植基地。会昌县成为全国橘柚主产区，中国柑橘20强县（市）。

【入选“全国电子商务进农村综合示范县”】 7月中旬，会昌县入选2015年全国电子商务进农村综合示范县，财政部按1850万元的标准对会昌县实行专项补助。该项目资金主要用于建立县、乡、村三级物流配送体系，支持县域电子商务公共服务中心和村级电子商务服务站的建设改造，支持农村电子商务培训，带动企业和社会资本进入农村电商市场，培育农村电商生态环境，促进县优质农产品进城，实现农民增收、农业发展。年内，先后成立电商协会、电商孵化中心和电商培训学校，1号店特产中国·会昌馆上线运营，淘实惠、农一网、益农信息社、厂家网、京东等电商平台进驻会昌，建成县级运营中心3个、乡村电商综合服务站点190个，全县注册电商企业297家，网上购销金额10.76亿元。

【启动羊角水堡保护修缮工程】 12月中旬，国家重点文物保护单位会昌县羊角水堡保护修缮工程启动。羊角水堡位于筠门岭镇羊角水村，建于明嘉靖二十一年（1542），是迄今为止国内发现的保存最为完整的一座明代卫所制军事城堡。羊角水堡修缮工程分三期进行，总投资3亿多元。此前，羊角水堡被列为全国重点文物保护单位、江西省历史文化名村和中国传统村落名录。

主要领导人 县委书记：蔡小卫。县人大常委会主任：郭贤富。县长：余学明。县政协主席：刘为民。

（曾礼国）

·寻乌县·

【简　况】 位于江西省南部，辖7镇、8乡，总面积2311.38平方千米，其中城区（建成）面积11平方千米，城区（建成）绿化覆盖率41.51%。耕地面积1.4万公顷，有林面积14.69万公顷，森林覆盖率81.3%。总人口32.82万人，其中非农业人口5.34万人，人口自然增长率7.77‰。2015年，地区生产总值55.82亿元，同比增长9.0%。其中：第一产业增加值16.45亿元，增长4.1%；第二产业增加值16.98亿元，增长9.7%；第三产业增加值22.39亿元，增长11.3%。财政总收入6.56亿元，增长5.0%；人均2240元，同比增加289元。税收收入5.21亿元，税收占财政总收入的79.35%。地方财政收入4.94亿元，增长4.2%；人均1865元，同比增加386元。地方财政支出23.28亿元，增长30.4%。规模以上工业总产值41.59亿元，增长11.48%。规模以上工业增加值10.91亿元，占地区生产总值比重19.55%。外贸出口3692.65万美元，占地区生产总值比重4.2%。固定资产投资36.44亿元，房地产开发投资11.34亿元，增长131.8%。全年实际引进外资2005万美元，增加840万美元，增长72.1%。主要工业产品：水泥92.87万吨，发电量4.23亿千瓦时。农林牧渔业总产值33.87亿元，增长4.14%。粮食总产量10.96万吨。主要农产品：柑橘16.55万吨，脐橙28.67万吨，生猪出栏22.14万头，禽蛋产量1.38万吨，蔬菜类及食用菌5.70万吨。万元GDP能耗降低率3.5%，二氧化硫排放总量730.29吨，二氧化硫排放总量削减率10.97%，城市污水处理率95%。农村居民人均可支配收入7597元，增长13.35%，人均增加895元。城乡居民年末储蓄余额49.44亿元，增长18.7%，人均储蓄存款余额1.69万元。

【2015年全国文化科技卫生“三下乡”集中服务活动在寻乌举行】 1月24日，由中宣部、科技部、司法部、农业部、文化部、国家卫计委、国家新闻出版广电总局、中国科协和中国志愿服务联合会联合省委、省政府主办的2015年全国文化科技卫生“三下乡”集中服务活动启动仪式在寻乌县体育中心举行，拉开2015年全国“三下乡”活动帷幕。

中宣部副部长王世明，司法部副部长张彦珍，文化部副部长董伟，国家卫计委副主任崔丽，国家新闻出版广电总局副局长童刚，中国科协副主席、书记处书记陈章良，省委常委、省委宣传部部长姚亚平，中国志愿服务联合会副会长兼秘书长赵津芳，中宣部宣教局局长陈瑞峰，科技部副秘书长徐建培，农业部科教司巡视员石燕泉，市委副书记、市长冷新生，市领导杨文英、胡聚文、胡满松，县领导柯岩松、杨永飞等中央部委、省、市、县有关领导及部门负责人出席启动仪式。

仪式上，中宣部等中央部委和省、市有关部门向寻乌捐赠一批价值3000多万元的物资、项目及慰问金。国家歌舞剧院的演员为现场观众表演，中宣部等9个国家部委的专家组成宣传、文化、科技、卫生、司法“三下乡”服务团，分赴吉潭镇圳下村、南桥镇圩镇“摆摊设点”，开展农业技术、科普普及、义务诊疗、法律咨询等服务活动。中央、省、市单位还组成下乡入村服务小分队，深入村组开展服务。

【寻乌县革命历史纪念馆被批准为全国爱国主义教育示范基地】 3月，中宣部批准寻乌县革命历史纪念馆（毛泽东寻乌调查纪念馆）为全国爱国主义教育示范基地。

寻乌县革命历史纪念馆位于县城南马蹄岗，成立于1968年，同年11月对外开放，2004年被公布为江西省爱国主义教育基地。该馆占地面积8000平方米，建筑面积3600余平方米，其中陈展面积1500平方米。馆内有全国重点文物保护单位寻乌调查旧址，设有寻乌调查旧址陈列、寻乌调查专题陈列、红军医院旧址陈列、罗塘谈判陈列4个基本陈列。馆藏文物657件，其中一级文物2件、二级文物10件、三级文物78件。

该馆自建成以来，不断完善设施设备、拓展教育内容、整合教育资源，突出“爱祖国、爱社会、践行实事求是思想路线”主题，以褒扬革命先烈、激励教育后人、弘扬先进文化为宗旨，深入开展爱国主义教育和革命传统教育。该馆全年免费开放，年接待参观人员超5万人(次)。

【召开纪念毛泽东寻乌调查85周年理论研讨会】 6月27日，由中央党校中共党史教研部、中国中共文献研究会毛泽东思想生平研究会、中国社会科学院马克思主义研究院、中共赣州市委联合主办，中共赣州市委宣传部、中共赣州市委党史办、中共寻乌县委、寻乌县人民政府承办的“纪念毛泽东寻乌调查85周年”理论研讨会在寻乌召开。

中共中央文献研究室副主任、中国中共文献研究会毛泽东思想生平研究会会长陈晋出席并发言，毛泽东思想邓小平理论研究会会长、中共中央党史研究室原副主任石仲泉作主旨演讲，中共中央文献研究室室务委员、第一编研部主任陈扬勇，中央党校中共党史教研部副主任罗平汉，中共中央文献研究室第一编研部副主任卢洁，中国社会科学院马克思主义研究院马克思主义中国化研究部主任金民卿，中共中央党史研究室第一研究部原副巡视员、研究员王新生，中共中央文献研究室原毛泽东研究组副组长吴正裕，中共江西省委副秘书长沈谦芳，中共江西省委党史研究室主任王晓春，江西省社科联副主席吴永明，赣州市委副书记王林云，中共江西省委党史研究室原副主任、研究员何友良，中共赣州市委副秘书长罗瑞华，赣州市委宣传部调研员、市作协主席张秀峰，县领导柯岩松、刘玉春、钟小刚等出席座谈会。

研讨会共收到中央党校、中央文献研究室、中国社会科学院、江西省社会科学院、江西省委党史研究室、江西省社联等单位专家学者论文116篇，入会论文作者代表以及参加寻乌调查人员的后人代表等65人参会。

【寻(乌)全(南)高速寻乌至安远段通车】 10月30日，寻(乌)全(南)高速寻乌至安远段通车。寻全高速是《国务院关于支持赣南等原中央苏区振兴发展的若干意见》出台实施后，赣州市实施的第一个重大交通基础设施建设项目。该建设项目分两段，其中安远至信丰段途经安远、信丰2县8乡镇，全长51.05千米，2014年12月26日建成通车；寻乌至安远段全长61.47千米，经2县、7乡(镇)，起于赣闽交界处的寻乌县罗珊乡珊贝村草头垄，经寻乌县罗珊乡、澄江镇、水源乡、三标乡，安远县高云山乡、欣山镇(安远县城)、车头镇，终于安远县车头镇(以安远互通终点为界)，设安远、虎山、小江、寻乌北、赣闽5个高速收费站。

寻全高速是江西省18条地方加密高速公路之一，全长112千米，设计为双向4车道高速公路标准，路基宽度21.5米，设计时速80千米。寻全高速将G45大广高速、G35济广高速2条国网高速相连，并与福建漳州的古雷港区至武平(闽赣界)高速公路相接，是赣州南部东西向主要出省通道之一。

寻全高速开通后，海西经济区、珠三角经济圈、长三角经济圈及赣南地区将更加紧密地结合在一起，有利于增强海西经济区、珠三角经济圈对中部省份的经济辐射强度和辐射面。寻全高速将赣闽等地经济相对发达市县与赣南贫困山区县连成一线，可直接带动沿线山区的经济发展，促进山区群众尽快脱贫致富。

【自然生态专题片《龙岩巨屋》在中央电视台播出】 11月2日—3日，中央电视台科教频道《地理中国》栏目播出寻乌自然生态专题片《龙岩巨屋》上、下集，重点介绍青龙岩、项山甑、客家围屋、温泉资源、寻乌脐橙，解读寻乌独特的地质地貌、气候环境、丰饶物产。对寻乌旅游产业发展起到推动作用。

主要领导人 县委书记:柯岩松。县人大常委会主任:黄志高。县长:杨永飞。县政协主席:刘琼招。

(钟玉华)

·石城县·

【简　况】 位于江西省东南部，辖5镇、5乡，总面积1581.53平方千米。总人口33万人，其中城区常住人口10万人。耕地面积1.3万公顷。森林覆盖率75.1%。2015年，地区生产总值41.5亿元，同比增长9%。其中:第一产业增加值12.0亿元，增长4.2%;第二产业增加值12.6亿元，增长9.9%，其中工业实现增加值9.2亿元，增长9.4%;第三产业增加值16.9亿元，增长12%。财政总收入6.48亿元，增长8%。公共财政收入4.8亿元，增长6%。财政总支出17.8亿元，增长20.6%。规模以上工业增加值7.4亿元，增长10%。500万元以上固定资产投资25.9亿元，增长18.1%。实际利用外资2150万美元，增长9.6%。实现外贸出口2924万美元，增长19.3%。农业总产值7.8亿元，增长4.9%。粮食总产量9.3万吨。主要农产品:花生1158吨、烟叶3326吨、莲子3133吨。社会消费品零售总额10.6亿元，增长13%。城镇居民人均可支配收入1.95万元，增长9%;农村居民人均可支配收入6662元，增长14.5%。在岗职工人均工资4.69万元，增长12.9%。人均居民储蓄存款余额1.61万元，增长17.7%。

【加快旅游产业发展】 2015年，石城县以创建旅游强县为契机，按照“精致县城、秀美乡村、特色景区、产业集群”的全域旅游工作思路，推动旅游产业加快发展。年内，启动《石城旅游产业集群专项规划》《石城县温泉旅游专项规划》等8个专项规划编制，进一步完善产业规划体系。按照三级城市旅游集散中心标准新建城区旅游集散中心，项目占地约0.67公顷，建筑面积1.5万平方米。完成石吉高速公路出口至县城一级公路改造、大畲至通天寨山顶旅游公路改造，启动秋溪至赣江源、356国道至九寨温泉二级旅游公路改造，启动县城至高田至八卦脑、206国道至通天寨旅游公路建设，1小时旅游交通圈逐步形成。春季以杜鹃花为媒，举办石城旅游招商推介会及八卦脑景区开放仪式，策划实施旅游摄影大赛、“亲子春游”“三八丽人行”“感恩母亲节”等系列活动;夏季以荷花为主题，举办“印象大畲，莲乡月色”第二届户外嘉年华活动及“快畅自驾·慢游石城”系列活动;秋季以“花”为题，举办石城首届赣江源节暨“石上生花”金秋花展活动。石城旅游关注度持续提升，全年接待游客233.6万人次，增长

36.9%;旅游综合收入8.4亿元,增长63.5%。石城县获评江西旅游发展十佳县,入选首届“中国候鸟旅居县口碑榜”——温泉康养十佳县。琴江镇被评为江西最美休闲旅游乡村(镇),大畲村入选第三批全国特色景观旅游名镇(村)和全省唯一一家首批“中国乡村旅游创客示范基地”。

【八卦脑景区对外开放系列活动举行】 4月20日,石城县举行旅游招商推介会暨八卦脑景区开放系列活动,各地的客商、旅行社代表等400余人参加。北京、浙江、福建、广东等地企业负责人或代表参加旅游招商推介会及项目签约仪式,13家企业现场签约,签约总额93.5亿元。开放仪式在八卦脑景区进行,市政协主席曾新方宣布八卦脑景区开放。八卦脑景区位于高田镇新坪村,距县城33千米,以高山草甸、杜鹃花海为特色,是一处集户外运动、休闲观光、文化研究于一体的综合性旅游目的地。2014年年末启动游客服务中心、游步道、登山旅游公路及景区相关服务设施建设。此次旅游系列活动还包括客家民俗展演、摄影作品展、特色旅游商品展、客家美食展等系列活动。

【电子商务产业快速发展】 石城县电商产业快速发展,迎来历史性发展机遇。7月22日,石城县入选财政部、商务部公布的全国电子商务进农村综合示范县名单,由中央财政安排专项资金进行对口扶持,重点建设县、乡、村三级物流配送体系。9月4日,颐高集团电子商务产业园项目签约。项目占地6.67公顷,建筑面积约16万平方米,将建设电子商务大厦、网货博览城、网货仓储物流区、电商人才公寓、中小企业大厦、国家级科技企业孵化中心等,是集会展交易、物流配送、产业服务、博览旅游、商务办公、综合配套为一体的多功能、现代化电子商务产业园。10月6日,石城县电子商务孵化园在雍和文园开园运营。孵化园园区总面积4000余平方米,设石城特色产品线下体验馆、公共作业区、公共洽谈区、创业中心、培训中心以及公共服务中心等6个功能分区,集创业项目开发支持、电商企业成长孵化、电子商务人才培养、电子商务企业综合服务为一体。全县以电商产业园为龙头,致力打造“1+N+131”电商发展新模式,即一个电商龙头企业(颐高电商企业)+若干个县级电商服务中心+131个村级电商服务站。加大对电商发展的扶持力度,制定扶持政策,划拨2000万专项资金扶持电商发展。年内,组建成立石城县电子商务协会,建立电子商务村级服务站20个,基本形成从县到村的物流体系。中国鞋材网全国总部落户石城县,“一品优”旗舰店被评为“特色中国江西馆”十大网店。全县从事电子商务企业350多家,从业人员超过3000人。

【特大洪涝灾害】 5月18日18时至19日17时,全县普降大暴雨,平均降雨量257.7毫米。全县62个雨情监测点中,37个超过200毫米,18个超过300毫米。暴雨造成全县江河暴涨,县城主河流琴江河上游水位225.06米,上涨3.66米;下游水位201.40米,上涨6.20米,高出1994年历史最高水位0.60米。全县10个乡镇不同程度受灾,累计受灾人口15.53万人,紧急转移安置人口1.83万人,农作物受灾面积6687.5公顷,累计倒塌房屋361户811间,冲毁山塘82座,毁坏灌溉水渠1220多处974千米,河堤缺口138处,水陂毁损311座,提灌设施毁损16座,造成直接经济损失8.67亿元。

【县地方志办获评“全国地方志系统先进集体”】 12月29日,全国地方志系统先进模范座谈会在北京召开,石城县地方志办公室被授予“全国地方志系统先进集体”称号。此次表彰活动经过逐级推荐和全国评选工作领导小组审核,人力资源和社会保障部、中国地方志指导小组授予32个单位“全国地方志系统先进集体”、10位个人“全国地方志系统先进工作者”称号。石城县地方志办公室是此次评选中,全省唯一一个获此殊荣的集体。石城县地方志办公室实施续志出版、年鉴编纂、旧志整理、《石城民俗日志》《石城县大事记(2001—2015)》编纂等工作,年鉴编纂特色明显,创新做法被《中国地方志》推介;旧志整理推陈出新,在全国率先探索随纸质书发行影印本和点注本电子书的新形式;立足基层实践开展理论研究,发表方志论文30多万字,1篇论文获全省社科优秀成果奖,2篇论文入选《〈中国地方志〉优秀论文选编》;发掘地方历史文化资源,开发转化志鉴成果;开展“走遍石城”调查采风活动和《石城民俗日志》编纂工作,打破“闭门修志”的历史惯性。石城县地方志办公室在历史传承、文化积累、地情服务等方面,不断探索推进基层地方志工作新途径,连续五年被评为“全省地方志工作先进集体”。

主要领导人 县委书记:鲍峰庭。县人大常委会主任:陈艳明。县长:尹忠。县政协主席:黄运群。

(温永发)

宜春市

【概　况】 位于江西省西北部,辖3市、6县、1区,总面积1.87万平方千米。总人口551.20万人,人口自然增长率7.02‰。城镇化率44.5%。2015年,地区生产总值1621.02亿元,同比增长9.3%。其中:第一产业增加值236.04亿元,增长4%;第二产业增加值848.60亿元,增长10%;第三产业增加值536.38亿元,增长11.6%。财政总收入308.8亿元,增幅为13.5%。税收收入占财政总收入84%。公共财政预算收入215.04亿元,增长13%。社会消费品零售总额530.7亿元,增长12.5%。规模以上工业增加值870.5亿元,增长9.4%。外贸进出口总额148.1亿元,增长8.3%。500万元以上固定资产投资1588.1亿元,增长17.2%。实际利用外资6.5亿美元,增长11.9%。农业总产值410亿元,略有增长。粮食总产量414.2万吨,与上年基本持平。油菜播种面积7.73万公顷,油料总产22.06万吨。生猪出栏678万头,家禽出栏4400万只,禽蛋产量7.8万吨,水产品总量36.6万吨。城镇居民人均可支配收入2.54万元,农村居民人均可支配收入1.16万元,分别增长9.3%和10.4%。居民消费价格指数100.9%。新增城镇就业5.9万人,城镇登记失业率2.9%,新增转移农村劳动力7.6万人。金融机构各项储蓄存款余额2140.59亿元,比年初新增224.67亿元。各项贷款余额1318.6亿元,比年初增加219.78亿元,增长20%。城镇基本医疗保险参保人数165.8万人,参保率在95%以上。新农合参合人数429.9万人,参合率98.5%。

【黄颇路片区棚改项目动工】 9月1日,宜春中心城区黄颇路(含下水寨)片区棚改项目动工。该棚改项目是全省最大的单体棚户区改造项目,占地面积40余公顷,涉及约1.5万人,需拆迁2413户,征收房屋建筑面积42万平方米,总投资50亿元。棚改项目于2014年7月6日启动拆迁工作,至2015年8月31日,已签订房屋征收协议2383户,完成98.8%;拆迁房屋面积39.2万平方米,完成93.3%。

【明月山被评为国家5A级旅游景区】 10月,国家旅游局正式批准宜春明月山旅游区为国家5A级旅游景区。明月山旅游区于2010年6月启动5A创建工作,先后投入资金6.6亿元,对景区交通、安全、卫生等设施进行整改提升,完成游客服务中心改造提升工程、景区游步道改造提升工程、智慧景区工程、新标识标牌工程、新垃圾桶工程、景区管线下地工程、星级厕所改造提升工程、生态停车场工程、新缆车工程、高山观光小火车工程十大创5A系列工程项目建设,保证了景区硬件全面达到5A级标准要求。温汤集镇经过"六位一体"改造,成为"宜春的上海小镇",被国家旅游局评为"2014'美丽中国'十佳度假区"。明月山建成对外开放的景区(景点)12个,并于2014年11月通过全国旅游景区质量等级评定委员会组织的"申报创建5A级旅游景区景观质量专家评审"。

【1545户低收入家庭入住廉租房】 7月24日,宜春中心城区2015年第一次廉租住房实物配租摇号在宜春大会堂举行。通过现场摇号进行廉租住房实物配租,中心城区有1545户符合条件的家庭入住廉租房。此次中心城区摇号的廉租住房房源来自怡欣花园(二期)539套高层住房、东升花园472套多层住房和534套高层住房。配租对象包括2011年申报通过资格审核但未中签的低收入家庭、2013年申报通过资格审查的低收入家庭和2014年申报通过资格审核的低保家庭。摇到号码的1545户家庭8月3日到申报社区领取中签通知单,办理入住手续。此次活动现场邀请了公证员、人大代表、政协委员、群众代表进行监督。

【丰电三期扩建项目开工】 7月28日,赣能丰城电厂三期扩建项目开工。省委副书记、常务副省长莫建成出席丰城电厂三期扩建项目建设动员会并讲话,宜春市委书记邓保生致辞。丰电三期扩建项目是建设2×1000万千瓦等级超超临界二次在燃煤机组,并同步配套建设烟气脱硫设施、烟气脱硝装置和静电除尘等环保设施,总投资76.7亿元。

【"夺刀少年"柳艳兵、易政勇获第五届全国道德模范提名奖】 10月13日,在北京人民大会堂举行第五届全国道德模范座谈会和授奖仪式,柳艳兵、易政勇获全国道德模范提名奖。柳艳兵、易政勇均是袁州区辽市镇人,原宜春三中高三学生。2014年高考前夕,柳艳兵和易政勇搭乘从宜春贸易广场出发的中巴车回家。车行至半路,一名男子突然从座位上站起来,挥舞菜刀疯狂砍向车上的无辜乘客。柳艳兵、易政勇在被歹徒砍成重伤的情况下,不顾个人安危挺身而出,与持刀歹徒搏斗,并夺下歹徒手中的刀,从而避免了更多的伤亡。他们的事迹经媒体报道后,在社会上引起强烈的反响和关注,被广大市民誉为"夺刀少年"。柳艳兵、易政勇先后获CCTV年度法治人物、感动中国人物提名奖、中国好人榜好人和全国首个"中华见义勇为楷模"称号。

【举办第九届月亮文化旅游节】 9月17日—27日,第九届月亮文化旅游节在宜春举行。此届文化旅游节以"禅园皓月·新奥新景"为主题,活动内容分为"星月辉映"——中国满天星交响乐团走向宜春暨第九届月亮文化旅游节开幕式,《咱们穿越吧》——明月书院大型户外节目制作,"中国梦·家乡美·旅游好"——第八届中国旅游电视周,"一年四季在宜春"——全市旅游景区每季免费一天游,"星耀明月·棋系天下"——第二届中日韩围棋邀请赛,"寻月禅都·智慧前行"——中国定向公开赛,"禅音敬月"——梵呗音月之旅,"九天揽月·放飞梦想"——热气球梦幻之旅,"花枝春满·天心月圆"——游本昌话剧《弘一法师:最后之胜利》,"硒泉如月"——千人养颜大型体验活动,千车自驾游——创上海大世界基尼斯世界纪录活动,"天涯明月·达人秀春"——宜春旅游网络攻略赛,"举杯邀月·雪舞宜春"——暴雪啤酒美食音乐广场,"泉映明月·硒养人生"——第二届中国温泉旅游推广季,"明月故里·情系家乡"——宜商大会,"月茗佳品·宜人宜家"——赣西旅游商品大展销,"花好月圆"——市第二届菊花展,"花前月下·七夕倾城"——相亲联谊会,"梦想舞台·圆梦月都"——2015年宜春《梦想大舞台》才艺选拔赛,宜春精品汽车展销会,中秋拜月·火龙追月·放荷花灯问月·放孔明灯梦月暨"禅园皓月·新奥新景"焰火晚会21项。

主要领导人 市委书记:邓保生。市人大常委会主任:肖伏芝。市长:蒋斌。市政协主席:李树才。

(熊利军)

·袁州区·

【简　况】 位于江西省西北部,辖19镇、3乡和9个街道办事处。总面积2539平方千米,其中建成区面积68平方千米。耕地面积5.50万公顷,森林覆盖率62.7%,城区绿化率44.57%,城市污水处理率94%。总人口114.11万人,其中城镇人口58.06万人,人口自然增长率6.79‰。2015年,地区生产总值225.82亿元,同比增长9.5%。其中:第一产业增加值28.53亿元,增长4%;第二产业增加值86.90亿元,增长9%;第三产业增加值110.39亿元,增长11.6%。工业总产值320.89亿元,增长11.9%;规模以上工业增加值79.55亿元,占地区生产总值比重35.23%。主要工业产品:交流电动机239.8万千瓦,下降3.8%;中成药1.84万吨,下降 0.1%;水泥 1.63 万吨,下降 33.2%;锂离子电池 3.33 亿只,增长 1.1%;锂云母 8.40 万吨,增长 39.3%。农业总产值 48.87 亿元,增长 4.02%。粮食总产量 47.64 万吨,增长 1.9%。主要农产品:谷物 44.22 万吨,增长 4.02%;油料 1.80 万吨,增长 10.9%;油脂 8712 吨,增长 6.8%;肉类 9.87 万吨,下降 1.0%;水产品 4.18 万吨,增长 4.1%。财政总收入 27.56 亿元,增长 16%;地方性财政收入 17.21 亿元,增长 20.1%;地方财政支出 41.64 亿元,增长 24.8%。500 万元以上固定资产投资 249.36 亿元,增长 24.8%。实际利用外资 5308 万美元。城镇居民人均可支配收入 2.84 万元,农村居民人均可支配收入 1.14 万元。城乡居民年末储蓄余额 245.26 亿元,增长 9.91%。

【实行网格管理新模式】 袁州区在灵泉街实行"网格清单管理",湛郎街实行"网格点单式服务",化成街实行"网格民情地图",珠泉街实行"爱心网格",秀江街实行"网格 15 分钟服务圈",凤凰街实行"网格技防入户",下浦街实行"网格一事三卡管理"等网格管理新模式,打造"一街一品"惠民工程,释放"三网"工作体系"服务惠民、平安护民"的效能,打通服务居民"最后一公里"。至年底,通过"三网"体系帮助群众解决实际问题 1127 个,化解各类矛盾纠纷 1351 件。

【完成"数字民政"服务应用平台建设】 在全区 29 个乡镇(街道)民政所铺设"数字民政"专线,完成区、乡两级"数字民政"服务应用平台建设,把城乡低保审批、居民家庭经济状况核对、优抚管理、专项救助管理、婚姻登记、城乡居民医疗救助"一站式"结算等民政公共服务审核审批工作,全部纳入"数字民政"服务平台范围。

【推进电子商务服务中心发展】 袁州区依托赣西农产品批发市场,6 月开始筹建袁州电商公共服务中心,规划了 5000 多平方米的店铺、写字台,采取"政府引导、协会承办、企业运营"的方式,整合资源,优化服务,为电商创业者提供平台。至年底,入驻中心电商企业 60 余家,电子商务交易额 15.5 亿元,其中国内 B2B 交易额 9.3 亿元、网络零售交易额 6.2 亿元。

【袁州区现代农业示范园区被认定为国家农业科技园区】 12 月 29 日,袁州区现代农业示范园区被科技部认定为第七批国家农业科技园区。园区旅游项目规划编制完成,路网、道路景观绿化带等基础设施进一步完善,入园企业增至 28 家,东升公司、星火农林成为全省加快转变农业发展方式现场会参观点。油茶产业发展势头较好,高标准抚育油茶林 0.77 万公顷,新造基地面积 0.11 万公顷,改造低产林 0.13 万公顷,总面积达 1.4 万公顷。基本形成有机蔬果、高产油茶、畜牧养殖、花卉苗木、生态旅游五大特色产业。

【开通"农业科技网络书屋"】 8 月,袁州区与中国知网(CNKI)合作,为全区 124 个基层农技人员开通个人"农业科技网络书屋"。网络书屋拥有农业科技实用精品电子图书,中央电视台提供的科技苑、致富经、每日农经等十大精品栏目音像资料,以及农村实用技术精品期刊。农技人员凭账号、密码登录农业科技书屋,免费使用网络书屋提供的各种在线资源。

主要领导人 区委书记:郑声宝。区人大常委会主任:温玉铭。区长:龚法生(任至 2 月)、鲁旭东(2 月任)。区政协主席:兰书华。

(窦忠平 罗静)

·樟树市·

【简 况】 位于宜春市中南部,辖 10 镇、4 乡和 5 个街道办事处。总面积 1290.99 平方千米,其中市区面积 26.1 平方千米。耕地面积 6.07 万公顷,有林面积 2.54 万公顷,森林覆盖率 30.62%。总人口 56.01 人,其中农村人口 32.70 人,人口自然增长率 6.97‰。2015 年,地区生产总值 309.30 亿元,同比增长 9.7%。其中:第一产业增加值 31.01 亿元,增长 4.1%;第二产业增加值 177.16 亿元,增长 10.4%;第三产业增加值 101.13 亿元,增长 10.4%。规模以上工业增加值 142 亿元,增长 9.6%。主要工业产品有白酒 4.98 万千升,原盐 251 万吨,中成药 3510 吨,电动葫芦 2312 台,单双梁起重机 1761 台,香料 1747 吨,水泥 35.12 万吨。农林牧渔业总产值 53.44 亿元,增长 4.1%。主要农产品有粮食 58.98 万吨,油料 5.23 万吨,中药材 4486 吨。财政收入 50.2 亿元,增长 19.5%;财政支出 52.22 亿元,增长 23.8%。固定资产投资 250 亿元,增长 15%。城镇居民人均可支配收入 2.73 万元,增长 9.9%;农村居民人均可支配收入 1.33 万元,增长 11.3%。年末金融机构各项存款金额 272.04 亿元,比上年增长 7.3%;各项贷款余额 184.08 亿元,比上年增长 19.4%。

【第 46 届全国药材药品交易会在樟树市举行】 10 月 16 日—18 日,由省政府、中国中药协会主办,省食品药品监督管理局、宜春市政府、樟树市政府、威联公司承办的第 46 届全国药材药品交易会在樟树市举行。此届樟交会以"发展樟树药业,振兴中国药都,弘扬中医药文化,促进人类健康和谐"为目标,突出"创新·传承·合作·共赢"的主题,活动内容分为专业交易会展、互联网 + 医交会、江西"中医药强省"(樟树)科技成果对接会、2015 新兴产业招商引资推介会、中国中药材合作社发展交流会及中韩(樟树·堤川)美术交流会等经济贸易、学术交流、文化宣传三大板块 11 项。樟交会在深化市场化办会的基础上,首次引入"互联网 +"模式,通过传统会展与信息化深度融合,打造线上线下同步展示交易的网络会展平台,实现传统会展的转型升级。参会医药厂商 1 万余家,参展品种 1 万余种,参会代表超过 10 万人。开幕式成交额达 35.2 亿元。

【江西"互联网 + 中医药"强省科技成果对接会在樟树市举行】 10 月 15 日,江西"互联网 + 中医药"强省科技成果对接会在樟树市举行。此次对接会以中医药产业科技成果转化为主题,重点围绕中药制药、中药饮片炮制、中药材种植、生物食品、中药保健品、中药制造设备、中药研究与开发等领域,面向国内高校及科研院所征集科研成果,促进省内外科技资源与中医药产业有效对接,搭建供需双方合作交流平台。来自全国各地的7所高校院所、科研机构以及80家企业共150余人到场交流对接。对接会上，浙江中医药大学、江西中医药大学向与会企业展示30余项中医药最新科技成果，省科技担保公司就科技金融担保作了推介。对接会还通过科易网信息平台，在线征集到企业有效技术需求162项，可转化科技创新成果337项，在线参会总人数达1.74万人（次），共实现技术对接417次，产生意向333次，达成意向94次。

【樟树市被列入国家循环经济示范城市（县）建设地区名单】 12月，国家发改委、财政部、住建部公示2015年国家循环经济示范城市（县）建设地区名单，樟树市名列其中。樟树市以资源高效循环利用为核心，以技术创新和制度创新为动力，着力构建循环型现代工业、现代农业、城镇化建设、服务业发展、生态建设、低碳生活六大体系，实现循环经济在生产、流通、消费、回收各环节和企业、园区、社会各层面的全面发展。

【樟树盐化工基地被授予“中国盐化工循环产业基地”称号】 5月21日，中国石化联合会授予樟树市“中国盐化工循环产业基地”称号。樟树盐化工基地是省级特色产业基地，也是省“十二五”规划重点发展的十大产业之一。基地规划总面积15平方千米，建成面积8平方千米，落户企业33家，其中原盐生产企业1家，氯碱及玻璃制造等基础化工企业3家，下游产品产业链企业26家，公用配套企业3家，已初步形成以真空制盐为基础，两碱、玻璃制造、焦炭等基础化工为支撑，下游产品产业链为补充，资源循环利用为点缀的循环经济产业格局。为进一步推动盐化工基地向科学化、集约化、专业化方向发展，有效促进区域经济可持续发展，在行业中起到引领、示范作用，2014年，樟树市向中国石油和化学工业联合会申请命名“中国盐化工（樟树）循环产业基地”。

【樟树市被授予“中国歌词之乡”称号】 4月16日，中国音乐文学学会授予樟树市“中国歌词之乡”称号，并在樟树市设立中国音乐文学学会创作基地。樟树市始终坚持把文化事业发展纳入全市国民经济和社会发展总体规划，从政策、机构、编制、人员工资和资金投入上大力支持，相继成立“歌词创作协会”“音乐文学学会”“曲协协会”等协会团体，这些文学艺术团体以传承、弘扬药都文化，助推社会和谐发展为宗旨，以诗词为主线，积极开展电影、书法、绘画、摄影、写作等多元文化的群众性文化活动，特别是在歌词创作方面，活跃着一批几百人的创作队伍，创作出一批在全国很有影响力的歌词作品。至2015年，已出版歌词集10本，在《词刊》《歌曲》《儿童音乐》《音乐天地》《新歌诗》《心声》等国家级、省级刊物上发表作品上千首。《打铁还需自身硬》《走进千家万户》《凤凰展翅》等樟树市词作者创作的歌曲已唱响大江南北。

【樟树市获“全国质量强市示范城市”称号】 1月，在由国家质检总局主办的“全国质量强市示范城市”创建活动中，樟树市获“全国质量强市示范城市”称号。樟树市自2006年以来，相继出台《樟树市质量兴市实施意见》《樟树市质量发展纲要》《樟树市质量强市实施意见》《企业争创名牌奖励制度》等一系列文件，采取政府引导、品牌带动、标准制定、网格监管等方式，有效提升产品、工程、服务、环境四大工程质量，让质量发展成果惠及百姓。每年投入上千万元，用于奖励科技创新，引导传统产业突破核心技术；同时创立品牌培育滚动模式，对列入名牌培育计划的企业，在质量管理、环境管理、信息咨询等方面，提供优质服务和资源倾斜配置。至2014年，全市拥有中国驰名商标12件，中国名牌产品3个。

【樟树市被列入全国最具投资潜力百强县市】 12月，《中国中小城市绿皮书（2015）》发布2015年度中国中小城市最具投资潜力百强县市，樟树市名列其中，为江西省四个入围县市之一。樟树市委、市政府按照“一江两岸、三园四区、西扩东调、南优北进”的城市布局，启动滨江新城、药都大桥、镇村联动等项目，加快城市基础设施建设步伐，有效促进城市加速扩容提质和资源承载力提升，并始终把提升三产比重作为产业转型升级的重大突破口，大力发展现代金融物流、现代旅游房地产等现代服务业，不断聚集人气、商气、财气。良好的政策优势和投资环境，使樟树市成为各地客商创业兴业的投资热土。

主要领导人 市委书记：刘安安。市人大常委会主任：陈国勤。市长：胡江萍。市政协主席：傅理学。

（樟树市史志办）

·丰城市·

【简　况】 位于江西省中部，辖20镇、7乡和5个街道办事处。总面积2845平方千米。耕地面积8.29万公顷。总人口138.3万人，其中农业人口100.87万人，占总人口72.9%；人口自然增长率7.51‰。2015年，地区生产总值391.44亿元，同比增长8.9%。其中：第一产业增加值60.35亿元，增长3.9%；第二产业增加值205.85亿元，增长9.5%；第三产业增加值125.24元，增长10.3%。工业总产值176.69亿元，增长9.0%。规模以上工业增加值165亿元，增长9%。主要工业产品有原煤646.72万吨、水泥241.41万吨、火力发电量136.9亿千瓦时、瓷砖1816.04万平方米、再生铜8.41万吨、再生铝9.75万吨、再生塑料33.06万吨。农业总产值60.35亿元，增长3.9%。财政总收入62.3亿元，增长10.1%；地方收入45.8亿元，增长8.5%。规模以上固定资产投资348亿元，增长16%。城镇居民人均可支配收入2.68万元，增长9%；农村居民人均可支配收入1.32万元，增长10%。

【五大产业集群发展态势形成】 再生资源、煤电能源、陶瓷建材、机械电子、生物食品五大产业，不断引进新项目，原有项目在释放产能的基础上，增资扩股，形成产业集群发展态势。格林美30万吨废五金项目当年建设、当年投产；史丹利、江西瑞林、恒泰铝材、泰和百盛二期等项目竣工投产；陶瓷建材产业新增东鹏卫浴二期、金盾建材、宏瑞新材料二期、源聚实业4个竣工投产项目；机械电子产业的龙源科盛二期、金昇宏电子二期等竣工投产，捷和电机、华伍轨道交通制动、顶翔智控和力磁电子等项目开工;生物食品产业的科邦医用乳胶、博斯宇医药、硒海油脂、恒顶食品二期等项目投产。全市规模以上工业五大主导产业全年可实现主营业务收入607亿元,占全部规模以上工业的96%。建立电商产业园,设立电商发展专项基金1000万元,举办首届“双11”电商大赛,全市电子商务企业达70家,增长65%。一年新增6家国家高新技术企业,全市国家高新技术企业累计20家。

【农业产业化水平进一步提高】 进一步改善农业生产条件,完成0.41万公顷高标准农田建设,投入资金2.9亿元,夯实水利基础设施。土地流转规模不断扩大,全市农村土地使用权流转面积3.4万公顷,其中山地流转1.33万公顷,耕地流转2.07万公顷。新型农业经营主体不断壮大,全市农业合作社总数达710家,家庭农场213家,种粮大户492户,规模经营面积0.86万公顷。中国生态硒谷拥有省著名商标4个、宜春市知名商标13个、绿色农产品7个、有机农产品3个。全面推广“四统一分”种植经营模式,全市油茶种植面积3.83万公顷,其中高产油茶1.07万公顷。

【高新园区“专利过千”】 市政府投资1000万元,建设高新园区创新升级体验中心。高新园区有院士工作站1个,工程技术中心10家,拥有省级企业孵化器、省级高新技术产业化基地、省级生物食品产业基地各1个,产学研基地18个;承担国家重点新产品1个,省级重点新产品132个;新增中国驰名商标2件,累计获得专利1537项,成为全省9个“专利过千”园区之一。全年高新技术产业主营业务收入350亿元,增长9.4%;税收17.5亿元,增长13.8%。

主要领导人 市委书记:杨玉平。市人大常委会主任:邹小平。市长:金三元。市政协主席:熊建清。

(丰城市委史志办)

·靖安县·

【简 况】 位于江西省西北部,辖5镇、6乡。总面积1377.49平方千米,其中城区面积8.0平方千米。耕地面积1.17万公顷,林地面积11.76万公顷,森林覆盖率84.1%,城区绿化率41.13%。总人口15.17万人,其中非农业人口4.12万人,人口自然增长率6.8‰。2015年,地区生产总值36.32亿元,同比增长9.5%。其中:第一产业增加值6.18亿元,增长3.9%;第二产业增加值17.78亿元,增长9.4%;第三产业增加值12.36亿元,增长12.4%。财政收入8.34亿元,增幅16%,人均财政收入5499元,其中税收收入6.83亿元,占财政总收入81.9%;公共财政预算收入6.78亿元,增长15.4%;公共财政预算支出15.1亿元,增长9.02%。社会消费品零售总额6.9亿元,增长18.14%。工业总产值75.11亿元,增长17.9%;规模以上工业增加值16.5亿元,增长9.5%,占地区生产总值比重45.45%。外贸出口1.13亿美元,增长6.3%。固定资产投资43.2亿元,增长19.1%。实际引进县外资金30.1亿元,增长12.9%;利用外资2210万美元,增长14.5%。工业用电1.6亿千瓦时,增长7.3%。主要工业产品产量:铸钢件6.8万吨、铜材2万吨、电光源9.08亿只、锂离子电池738万只。农业总产值11.8亿元,增长4.5%。粮食总产量9.4万吨。主要农产品产量:水稻8.5万吨、棉花0.11万吨、柑橘4.5万吨、茶叶356吨、油菜籽0.15万吨。城市污水处理率90.03%。万元GDP能耗0.24吨标准煤。城镇居民人均可支配收入2.35万元,增加2079元;农民人均纯收入1.10万元,增加1118元。城乡居民年末储蓄余额38.93亿元,增长11.1%。

【舒敏璋获“全国劳动模范”称号】 4月28日,高湖镇古楠村农民舒敏璋获2015年“全国劳动模范”称号。2008年,在外经商的舒敏璋决定回乡带领乡亲致富。2012年,舒敏璋秉承“一人独富不为富”和“口袋脑袋一起富”的理念,引导全村农民入股,成立靖安县圣康生态养殖有限公司和靖安县古楠生态种养专业合作社。其中,舒敏璋出资50万元算1股,其他52户农户各出资1万元算52股。将全村山林及耕地划归公司统一经营,种植绿色水稻、名贵树种,饲养鸡、鸭、鱼等,拓展垂钓、苗木观赏、乡土特色餐饮等绿色生态项目。2013年,古楠村制定《村规民约》,规范村民日常行为,并与年终分红挂钩。同年村民每股分红2600元,2014年3200元。古楠村先后获“2010年度江西省人居环境范例奖”“全国生态文明村”称号,舒敏璋被评为2013年中国好人、第四届十佳宜春人。

【投资3.6亿元的“农光互补”太阳能光伏项目开建】 10月,由“国电投”江西公司投资3.6亿元的“农光互补”太阳能光伏项目开建,占地面积93.33公顷,建设4万兆瓦级装机规模,采取立体分布式,分两期建设。项目采用先进的双轴跟踪农业光伏发电技术,综合利用土地资源,光伏板上发电,板下种植油用牡丹、葛根、枸杞、樱桃等经济作物,设计年平均发电量2068万千瓦时,25年发电总量为5.17亿千瓦时,25年发电周期内,可节约标准煤1.6亿吨,减排二氧化碳4.2亿吨。

【实施“河长制”河湖管护】 1月,靖安县被列为全国第一批河湖管护体制机制创新试点县,全省仅两县入选。8月,靖安县在全省率先召开“三级河长”动员大会,按照河湖管护“水中有鱼,岸上有绿,绿中有景,人水相亲”的总体目标,把河道当街道管理,把库区当景区保护,全面实施“河长制”。管护模式:“1+2+3+市场”,即1个河湖管护委员会,下设办公室和综合执法协调办公室2个职能单元,形成乡镇河湖监管站、村级河长、组级巡查员3级管护网络,“市场”指政府购买河湖管护服务。组织体系:县委书记任总河长、总库长,共设县级河长、库长5个,乡级河长11个,村级河长50个,全县库长179个;聘请专职巡查保洁员203名;69条支流全部制定“一河一策”。做到三不:“垃圾不落地”“污水不入河”“黄土不见天”。四个管住:管住乱采砂、乱挖山、乱葬坟、乱开矿。五个没有:工业没有冒黑烟的烟囱,没有或少量可控污水,没有工厂刺鼻气味,没有易燃易爆物品,没有淘汰落后产能。六大工程:实施城乡垃圾一体化处理提升工程,全域有机农业发展工程,农村养殖规范化工程,河道采砂专项整治工程,河岸绿化工程,河道景观工程。建立"互联网+河长"监管模式。

【《靖安县姓氏志》出版发行】 12月,由县政协编纂的《靖安县姓氏志》出版发行。该志自2014年11月启动编纂,历时一年完成。全书以姓氏为章,设160章,收录全县335个姓氏。章下设"渊源播迁""入县繁衍""谱牒字派""文化传承""古今人物"5节。全书100余万字,卷首彩图100幅,随文插图200余幅。

主要领导人 县委书记:田辉。县人大常委会主任:陈霞。县长:江伟斌。县政协主席:彭峰。

(靖安县史志办)

·奉新县·

【简　况】 位于江西省西北部,辖10镇、3乡、2垦殖场、1农牧渔场和1个街道办事处、1个管委会。总面积1642.81平方千米,其中城区面积15.48平方千米。耕地面积3.94万公顷,有林面积10.28万公顷,森林覆盖率64.46%,城区绿化率41.51%。总人口34.18万人,其中非农业人口8.42万人,人口自然增长率6.14‰。2015年,地区生产总值112.51亿元,同比增长9.8%。其中:第一产业增加值17.10亿元,增长4.0%;第二产业增加值61.39亿元,增长9.5%;第三产业增加值34.02亿元,增长13.6%。财政总收入21.22亿元,增长16.6%、人均6207.31元;税收收入18.32亿元,占财政总收入86.3%;公共财政预算收入15.80亿元,增长19.3%;公共财政预算支出27.77亿元,增长20.6%。工业总产值503.85亿元,增长19.9%;规模以上工业增加值111.00亿元,增长9.5%;工业园区主营业务收入473.12亿元,增长10.8%。外贸出口总额1.24亿美元,增长16.5%,占地区生产总值7.47%。500万元以上固定资产投资137.81亿元,增长25.8%;实际引进境外资金7150万美元,省外资金55.08亿元,增长14.9%。主要工业产品有大米2580吨、纺织棉纱24.17万吨、塑料制品7336吨、罐头2721吨。农业总产值26.76亿元,增长5.6%。粮食总产量33.59万吨,实现12年连增。主要农产品有稻谷31.61万吨、生猪出栏15.26万头、水产品总产量1.97万吨、猕猴桃2.07万吨。公共机构能源消耗总量33.38万吨标煤,万元GDP能耗下降至0.3045吨标准煤。城区、园区、乡镇污水处理厂实现全覆盖,城市污水处理率85%。城镇居民人均可支配收入2.55万元,增加2216元;农民人均纯收入1.31万元,增加1284元。城乡居民年末储蓄余额103.03亿元,增长9.4%。社会消费品零售总额35.91亿元,增长13.6%。城乡居民社会养老保险参保12.07万人,城镇职工养老保险参保5.06万人。参加城镇基本医疗保险9.92万人,征缴医保基金8989万元。

【招商引资取得实效】 开展"招大引强百日竞赛"活动,紧扣工业、农业、现代服务业升级,以产业集群和产业链招商为重点,主动出击,招大引强。全年新签约项目60个,其中超10亿元项目6个,合同资金192亿元,实际进资61亿元,增长15%;新开工项目62个,新投产项目28个。投资12亿元的陆丰管业项目从签约引进到建成投产仅9个月。

【扶贫措施精准到户】 找准贫困原因,精准帮扶到户。产业扶贫上,投入120万元扶持省定贫困村发展特色产业,76户贫困户247人受益,人均增收200元;投资100万元在澡下、赤田建设光伏发电扶贫示范点,51户均增收3000元。搬迁扶贫上,投入210万元实施澡溪乡九仙村5个村民小组143户511人整体搬迁;投入25万元,完成生态移民搬迁50人。保障扶贫上,每年安排800万元对遭遇重大疾病致贫的贫困户实施大病救助。

【深入推进"三大工程"】 奉新县深入推进"三大工程"。一是以创特促"连心"。全县派出"连心"小分队175个,做到行政村全覆盖;开展"智慧社区"和"互联网+百米服务圈"创建活动,蒋家埭社区获评国家充分就业社区、宫保地社区被评为省优秀志愿服务社区。二是以创星促"强基"。开展"五星创评"活动,评选"五星"基层党组织51个、"四星"150个、"三星"199个。三是以创优促"模范"。推出"龚全珍式的好干部"优秀乡镇党委书记余华阳,优秀村党组织书记林修平等一批先进典型。《江西日报》专题报道奉新县推进"三大工程"做法。

【奉新县被评为国家园林县城】 12月,奉新县被住建部评为国家园林县城。奉新县树立"生态立县,绿色崛起"理念,把县城园林绿化和生态建设摆在首位,打造省会南昌后花园,先后获评省级园林城、首批江西人居环境范例奖。2015年年初,被列入全省首批生态文明先行示范县,积极创建国家园林县城,建成潦河湿地公园(江心洲公园),城区绿化面积659公顷,绿地面积605.47公顷,其中公园绿地面积145.37公顷,县城绿化覆盖率41.5%,人居绿化环境显著提升。

【天工大道竣工通车】 12月,总投资3亿元的天工大道竣工通车。天工大道是连接昌铜高速、奉新县城以及工业园区的交通枢纽工程,全长13.04千米,宽50米,双向6车道,设计车速60千米/小时。工程分两期建设,一期为水泥混凝土路面,二期为沥青路面。天工大道竣工通车,对促进昌铜高速生态经济带发展,完善城区交通网络,提升城市品位起到重要作用。

主要领导人 县委书记:张家良。县人大常委会主任:严美根。县长:甘贤武。县政协主席:卢英。

(熊正秋)

·高安市·

【简　况】 位于江西省西北部,辖19镇、2乡和2个街道办事处。总面积2439.33平方千米,其中城区面积30.94平方千米。耕地面积10.33万公顷,林地面积8.63万公顷,森林覆盖率37.96%。总人口87.02万人,其中城镇人口24.45万人,人口自然增长率7.35‰。2015年,地区生产总值190.15亿元,增长9.6%。其中:第一产业增加值33.79亿元,增长4%;第二产业增加值96.62亿元,增9.7%;第三产业增加值59.74亿元,增长12.6%。一、二、三产业比为17.8:50.8:31.4。规模以上工业增加值108亿元,增长9.1%。实际利用省外资金56.2亿元,利用外资7000万美元,外贸出口1.46亿美元。500万元以上项目固定资产投资191.8亿元,增长14.7%。规模以上工业产品产量:瓷砖10.68亿平方米,水泥399万吨,食品添加剂1.31万吨,灯具及照明装置648.11亿套,饲料55.84万吨,齿轮1437万吨。农业总产值67.03亿元,增长5.21%。粮食总产量75.02万吨,增长1.64%。主要农产品产量:稻谷70.84万吨;油料5.95万吨,增长5.07%;蔬菜总产量29.93万吨,增长6.32%;生猪出栏154.84万头,减少6.61%;肉牛出栏15.21万头,增长5.44%。财政总收入35.02亿元,增长16.5%;公共财政预算收入26.3亿元,增长15.4%。财政总收入占地区生产总值18.4%,税收收入占财政总收入86.2%。城镇居民人均可支配收入2.61万元,农村居民人均可支配收入1.29万元。银行新增贷款37.4亿元,余额存贷比为63.6%。万元GDP能耗1.3076吨标准煤。

【推进汽运物流产业发展】　高安市坚持推进汽运产业发展,由汽运大市向物流强市迈进,不断加快物流企业规划化、专业化、品牌化建设。至年底,全市有汽运物流企业885家,其中国家4A级物流企业15家,数量居全国县级之首;营运货车保有量为1.99万辆,总运力29.90万吨。全年新购货车3778辆,登记吨位7.40万吨。汽运物流企业完成税收5.06亿元,增长13%。

【"同类竞争,分类考核,打造效益政府"项目获全国优秀实践奖】　12月12日,"2015年度中国政府创新最佳实践奖"评选在北京揭晓,高安市"同类竞争,分类考核,打造效益政府"项目获优秀实践奖。高安市以打造效益政府为目的,根据全市各地不同的区位特点,实施差异化考核,引导各地走特色发展之路。全市根据区域现状、产业特点、交通架构,确立"一核、两翼、三轴"的发展格局。根据乡镇地理位置、产业特色、发展定位等因素,划分为"金三角""银三角""绿三角"、特色农业、320国道新型城镇化5个类别,各地根据自己类别确定发展方向。新分类考核有经济发展、社会事业、党建、特色工作、民主测评、群众满意度6个大项、26个小项,总分值100分。

【全球首家元青花博物馆开馆】　7月25日,高安元青花博物馆正式免费对外开放,这是全球首家元青花博物馆。博物馆位于瑞阳大道674号,占地面积2.09公顷,总投资5000万元,以元青花造型为主体建筑。该馆首次展出19件元青花(数量世界第三、中国第一)和4件釉里红瓷器真品,外国博物馆所藏精品元青花的仿制品,以及境内出土的从远古至现代的各种文物和高安人文历史。开馆当日,游人达7500余人次。

【全国首届建筑陶瓷琉璃制品产业发展高峰论坛在高安举行】　6月8日,由中国建筑卫生陶瓷协会建筑琉璃制品分会、陶瓷及卫浴产品国家中小企业公共服务示范平台、工信部陶瓷及卫浴产品质量和技术评价实验室共同主办,省建陶基地管委会、高安市陶瓷行业协会等承办的全国首届建筑琉璃制品产业发展高峰论坛在高安举行,全国各大产区30余家琉璃制品生产企业代表参加会议。会上,发布《中国建筑琉璃制品行业发展白皮书》,并对琉璃制品行业"十大优秀企业""十大品牌""领军人物"及"金龙奖"获奖企业和个人颁奖。

【贾家古村获"中国乡村旅游模范村"称号】　8月18日,在全国乡村旅游提升与旅游扶贫推进会上,高安市贾家古村获"中国乡村旅游模范村"称号。贾家古村景区总面积8.5平方千米,是中国生态古村落的典型代表,地处江南却兼具北方风格,保存较完好的古建筑有300余栋,其中有堂号的房屋119栋,明清建筑140余栋,有"江南古村望畲山"之说。古村最有代表性建筑贾氏宗祠,清嘉庆年间(1796—1820)重修,集贾村建筑之大成,为七进七出的宏大建筑群体,其工艺及规模在全国古村宗祠中极为少见,占地面积1872平方米。八处关门把古村分设为关内和关外,7所书院及12处寺庙、道观分布村内外;村外阡陌纵横,村南玉塔耸立,村北稳泉湖(温泉)、芦泉湖交汇于千年古石桥下注入赣江支流肖江。贾家古村先后被评为中国历史文化名村、中国特色旅游景观示范名村,贾氏宗祠列为国家重点文物保护单位。

主要领导人　市委书记:聂智胜。市人大常委会主任:黄雪刚。市长:袁和庚。市政协主席:熊冬根(5月,因涉嫌严重违纪,接受组织调查)、陈细牛(12月任)。

(高安市史志办)

·上高县·

【简　况】　位于江西省西北部,辖9镇、5乡、1林场和1个街道办事处。总面积1350平方千米,其中城区面积20.81平方千米。耕地面积2.5万公顷,有林面积6.7万公顷,森林覆盖率44.6%,城区绿化率39.2%。总人口37.4万人,其中非农业人口18.2万人,人口自然增长率6.88‰。2015年,地区生产总值131.4亿元,同比增长9.6%。其中:第一产业增加值19.6亿元,增长4.0%;第二产业增加值70.4亿元,增长10.1%;第三产业增加值41.4亿元,增长11.2%。财政总收入24.3亿元,增长16%,人均7291.9元;税收占财政总收入88.7%。公共预算收入15.3亿元,增长17.1%。公共预算支出28.2亿元,增长17.0%。工业总产值493.4亿元,增长10.4%。规模以上工业增加值122.0亿元,占地区生产总值10.0%。规模以上工业总产值493.4亿元,增长13.9%。外贸出口4.2亿美元,占地区生产总值20.64%。固定资产投资166.1亿元,实际利用外商投资7707万美元,省外资金55.9亿元。主要工业产品有水泥产量147万吨、饮料酒108.5万升、服装651.6万件。农业总产值46.6亿元,增长5.1%。粮食总产量34.4万吨。主要农产品有油料总产1.7万吨、生猪出栏99.6万头、牛存栏4.1万头。万元GDP能耗0.4512吨标准煤,城市污水处理率85%。城镇居民人均可支配收入2.54万元,新增2162元;农村居民人均可支配收入1.37万元,增长1292元。城乡居民年末储蓄余额107.49亿元,增长16.2%。

【加快烟叶产业发展】 坚持走规模化开发、专业化服务、标准化生产、产业化发展道路,突出重点乡镇,村组集中连片发展,引导技术能人专业大户领办专业合作组织,积极与卷烟企业沟通协调,引进全国优强卷烟工业企业到上高共建烟叶基地,打造具有上高特色的烟叶品牌,提升上高烟叶在市场中的竞争力。全县种植烟叶356.67公顷,覆盖5个乡镇29个行政村,发展烟农110户。建成现代烟叶种植区2个,建立育苗点7个,新建育苗工厂2座,搭建可拆卸式育苗大棚82个,6.67公顷以上烟叶种植基地30多个,新建密集型烤房294座,其中集中供热烤房10座。全县进烤烟叶1014烤,出烤烟叶694烤。

【上高县被列为全国生猪调出大县】 9月,上高县被财政部、农业部列为全国生猪调出大县,这是上高县自2007年以来连续9年获此殊荣,共获得中央奖励资金4692.9万元,主要用于粪污处理、无害化处理、畜禽技术推广服务和疫病监测等方面。至8月底,全县出栏生猪63.3万头,存栏57.7万头,其中能繁母猪7.9万头。同时,上高县病死畜禽无害化处理中心建设启动,全县308个年出栏500头以上猪场治污设施建设全部完成,637个年出栏200~499头猪场治污设施建设已完成98%,1901个年出栏50~199头猪场完成95%。

【城市安全饮水工程开工建设】 8月,日供水12万吨的城市安全饮水工程开工建设。该项目分两期建设,其中一期投资1.73亿元,主要分为水源取水工程、输水管线工程、净水厂建设工程、主配水供水管网工程四大部分。取水泵站规划建设用地0.67公顷,土建部分按每日12万吨一次性建设到位;输水管线全长14千米;净水厂规划建设用地8.71公顷,总规模为每日9万吨。工程建成投入使用后,可满足县城及周边20万城乡居民的生产生活用水需求,解决城乡居民安全饮水问题。

【上高县被评为国家园林县城】 12月,上高县被住建部评为国家园林县城。上高县于2011年开展国家园林县城创建工作,按照"高起点规划,高标准建设,高效能管理"的思路,坚持把城市化作为县域经济的一大战略来抓,经过3年努力,建成镜山公园、街心花园、沿江休闲公园、街头绿地等,人均绿地公共面积每人6.52平方米,绿地率28.8%,城区绿化覆盖率39.2%。县城环境有了明显改善,各项技术指标达到国家园林县城标准。2014年8月,省政府组织专家对县城进行初查,并把上高县列为申报推荐对象。

【上高县获2014—2016年度"中国民间文化艺术之乡"称号】 3月,上高县被文化部授予2014—2016年度"中国民间文化艺术之乡"称号。此次文化部公布的"中国民间文化艺术之乡",上高县以农民摄影艺术入选。上高农民摄影始于1984年,至2015年有农民摄影作者2000多人,其中500余名农民摄影作者已成为国家、省、市摄影家协会会员。农民摄影作品在国家、省、市摄影比赛中分获金、银、铜奖,三次进京参展,两次出国展出,央视及全国100多家新闻媒体进行了多次专题报道。中央电视台一套《半边天》、二套《金土地》、七套《今日农村》栏目,以及江西电视台、湖南电视台先后到上高县田心镇对"三八"影社进行专访,中央电视台经济频道在上高县录制了以上高农民摄影为主线的《希望快车——上高站》节目,节目播出后在国内外产生巨大反响。

主要领导人 县委书记:刘平。县人大常委会主任:江建辉。县长:龚法生。县政协主席:况国高。

(晏紫春 曾峰)

·宜丰县·

【简 况】 位于江西省西北部,辖8镇、4乡、2林场和2个垦殖场。总面积1935平方千米,其中城区面积8.5平方千米。耕地面积2.84万公顷,林地面积13.93万公顷,森林覆盖率71.9%,城区绿化率40.1%。总人口29.99万人,其中城镇人口15.21万人,人口自然增长率7.36‰。2015年,地区生产总值95.65亿元,同比增长8.9%。其中:第一产业增加值19.64亿元,增长4%;第二产业增加值47.80亿元,增长9.5%;第三产业增加值28.21亿元,增长11.1%。财政总收入16.8亿元,增长12%,税收占财政总收入83.8%;地方财政收入11.19亿元,增长11.5%;财政总支出22.66亿元,增长12.7%。工业总产值149.34亿元,增长6.4%。规模以上工业增加值54.5亿元,增长9.9%;500万元以上固定资产投资84.43亿元,增长25.9%。实际利用外商投资5850万美元;省外投资30.55亿元。规模以上工业主要产品有原煤38.2万吨、人造板13.1万立方米、水泥149.9万吨。农业总产值37.07亿元,增长4%。粮食总产量28.1万吨。主要农产品有水产品1.87万吨、肉类3.26万吨、生猪出栏37.37万头、禽蛋产量1.86万吨。万元GDP能耗下降3.26%,城市污水处理率70%。城镇居民人均可支配收入2.53万元,增加2197元。农村居民人均可支配收入1.21万元,增加1177元。城乡居民年末储蓄余额81.34亿元,增长17.7%。

【农业产业建设取得实效】 把发展农业产业作为增加农民收入的重要举措,充分利用当地生态资源优势,做大做强农业龙头企业、农民合作社和现代农业示范园,在重点发展水稻、竹木、油茶、特色养殖等主导产业下,大力扶持冷水茭白、有机蔬菜、高山茶叶、花卉苗木等特色产业,打造出"一村一品"农业发展模式,助力农民致富增收。通过"企业+基地""企业+基地+农户"等形式,建立高产油茶基地1000公顷,引导农民发展油茶种植,农户年均增收1万多元。全县有市以上农业龙头企业18家,农民合作社387家,家庭农场76家,种养大户126户。

【举行重大工业项目集中开工、竣工仪式】 11月,宜丰县重大工业项目集中开工、竣工仪式在县工业园举行,宜春市委常委、市纪委书记王宏安出席仪式。此次集中开工、竣工的重大工业项目共有25个,总投资额91.47亿元,其中新开工项目10个、竣工投产项目15个,投资规模10亿元以上项目5个,项目主要为食品、医药、高新技术产业。

【南昌银行宜丰支行开业】 11月20日,南昌银行宜丰支行开业仪式在县城举行。仪式上,县银监分局宣读南昌银行宜丰支行开业批复、颁发金融许可证。南昌银行宜丰支行秉承"安全、贴心、方便、现代"的服务宗旨,重点支持当地中小企业和个私民营企业,全力支持当地市政基础设施和重大重点项目、招商引资项目的建设,开展存、贷、汇等各种银行业务。

【宜丰县获"全国文明城市提名城市"称号】 2月28日,全国精神文明建设工作表彰暨学雷锋志愿服务大会在北京召开,宜丰县被授予"全国文明城市提名城市"称号。宜丰县把精神文明建设贯穿全县经济社会发展全过程,以培育和践行社会主义核心价值观为根本,以提升市民文明素质和城市文明程度为重点,大力实施全国文明城市创建,广泛开展道德模范、身边好人、百姓宣讲、学雷锋志愿服务等活动,全面深化群众性精神文明创建,扎实推进未成年人思想道德建设。连续2次获"江西省文明城市"称号。

【首次发现一批抗战资料】 宜丰县档案馆在开展馆藏资料整理时,首次发现许多抗战时期的资料。资料详细记录了抗战时期日本军队对宜丰县进行侵略的史实,以及全县人民奋力抗敌、夺取抗战胜利的历史。这次被发现整理出来的抗战资料近100册,其中关于宜丰县被侵华日军进攻和飞机轰炸的伤亡调查表10余册。在侵华日军飞机轰炸盐步镇(今县城所在地)人口伤亡调查表中,记载了1939年10月1日下午,日本侵略者第二次轰炸盐步镇,动用飞机9架,投掷炸弹70余枚,炸毁房屋137栋,造成严重的人员伤亡。1939—1945年,日寇侵扰宜丰县达7次,敌机轰炸52次,敌机窜扰442架次,投弹1666枚,导致死亡3278人、受伤9491人,流亡3.65万人。

主要领导人 县委书记:邓伟。县人大常委会主任:张美荣。县长:张智萍。县政协主席:李和平。

(纪睿)

·铜鼓县·

【简 况】 位于江西省西北部,辖6镇、3乡、4个国有林场。总面积1551.94平方千米,其中城区面积5.96平方千米。耕地面积8610.5公顷,林地面积13.83万公顷,森林覆盖率87.41%。总人口13.95万人,其中非农业人口5.18万人。2015年,地区生产总值36.05亿元,增长9%。其中:第一产业增加值5.62亿元,增长3.9%;第二产业增加值15.38亿元,增长10%;第三产业增加值15.05亿元,增长9.9%。一、二、三产业比为15.58:42.66:41.76。财政总收入8.34亿元,增长16%,人均5974元,税收占财政总收入82%。地方财政收入6.76亿元,增长15.1%;地方财政支出13.38亿元,增长10%。规模以上工业增加值占地区生产总值24.96%,外贸出口占地区生产总值7.36%。500万元以上固定资产投资24.18亿元,增长19.5%;实际利用外商投资2238万美元,省外投资12.51亿元。主要工业产品有医药、化工、竹木建材、计算机外围设备等。农业总产值10.42亿元,增长5.23%。粮食总产量4.55万吨,增长2%。主要农产品有茶叶0.29万吨、红薯0.13万吨、大豆0.12万吨、西瓜0.24万吨、山羊出栏4.17万只。万元GDP能耗0.28吨标准煤,二氧化硫排放总量657.67吨,削减率下降1.5%,城市污水处理率80%。城镇居民人均可支配收入2.03万元,增长8.5%。农村居民人均纯收入7725元,增长13.2%。城乡居民年末储蓄余额33.86亿元,增长14%。城镇新增就业2039人,发放城乡医疗救助资金425万元,城乡居民基本养老保险参保人数5.57万人。

【铜鼓县列入全国农村承包土地经营权抵押贷款试点县】 12月27日,铜鼓县列入全国农村承包土地经营权抵押贷款试点县。从2014年开始,铜鼓县按照"县指导、乡主导、村主体、组实施"的工作机制,"高位推动、顶层设计、强力保障、规范操作",在全省率先探索农村土地承包经营权确权登记颁证工作。县政府印发《关于进一步推进农村土地承包经营权抵押贷款工作的实施意见的通知》。县农业局制定《铜鼓县农村土地承包经营权(流转)评估和登记试行办法》,印制《铜鼓县农村土地承包经营权流转证》。县、乡、村均成立农村土地承包经营权流转服务机构,配备了工作人员。同时,县成立土地承包经营权抵押贷款评估小组,由县农业局和银行部门组织农业专家、乡镇农业技术骨干、审贷人员等对流转土地的地力、种植农作物品种、农产品市场价格及投入的基础设施建设等进行价值评估,以不抵于评估价值的50%进行放贷。县内相关金融机构制定《农村土地经营权抵押贷款管理办法》,逐步将"小额农贷、农户担保、农户联保"等贷款方式转变为以农村土地承包经营权为抵押的贷款品种,建立"见证放贷"模式。至年底,土地确权工作完成,颁发经营权证书、合同2.53万份,颁证率100%;全县授信农村土地承包经营权抵押贷款57笔,放贷金额1237万元。

【现代农业示范园区初具规模】 铜鼓县依托古桥村、交山村的万亩有机白茶基地建立高标准现代农业示范区,总投资3.7亿元。以大塅镇交山村连片333.33公顷有机白茶为核心示范区,带动大塅镇古桥村、交山村万亩有机白茶示范园,辐射带动全县5940公顷茶园;以古桥村333.33公顷有机水稻为中心,辐射带动全县2000公顷有机水稻基地;以古桥村133.33公顷标准有机蔬菜为中心,辐射带动全县666.67公顷有机蔬菜基地。示范区水稻、茶叶、蔬菜通过欧盟、美国有机认证的产品有25个。示范区内有以茶叶产业为主的企业3家,以有机蔬菜和有机水稻产业为主的企业1家,以有机水稻为主的企业1家。在突出茶叶、有机水稻、蔬菜特色产业的前提下,拓展农业生态保护、休闲观光、文化传承等功能,把园区建设成集技术研发、生产示范、加工流通、科普展示、旅游观光、休闲体验、文化传承于一体的现代(有机)农业示范园区。7月,铜鼓县被列为省级现代农业示范区。

【湘鄂赣三省九县(市)老年人运动会在铜鼓举行】 10月9日—11日,湘鄂赣边区第十四届"久阳杯"老年人运动会在铜鼓举行,湖南平江、浏阳、临湘,江西修水、武宁、铜鼓,湖北崇阳、通城、通山9个县(市)近200名运动员参加比赛,共进行了门球、柔力球、健身球、中国象棋等比赛项目。运动会旨在增进湘鄂赣边区老年人友谊,促进湘鄂赣边区老年人体育事业的发展。

主要领导人 县委书记:胡国瑞。县人大常委会主任:林上旺。县长:鲁旭东(任至2月)、董晓明(2月任)。县政协主席:李鸣。

(刘书琴)

·万载县·

【简 况】 位于江西省西北部,辖9镇、7乡和1个街道办事处。总面积1719.63平方千米,其中城区面积8平方千米。总人口56.50万人,其中城镇人口25.94万人。2015年,地区生产总值110.2亿元,同比增长9.3%。其中:第一产业14.21亿元,增长4%;第二产业62.68亿元,增长9.2%;第三产业33.31亿元,增长12.3%。一、二、三产业比为12.9:56.87:30.24。工业总产值273.83亿元,增长14.0%;规模以上工业企业产值252.47亿元,增长14.9%。主要工业产品有花炮、有机食品、新型建材、机械电子、橡胶化工。农业总产值28.26亿元,增长5.04%。粮食总产量30.85万吨,增长1.13%。主要农产品有稻谷、有机蔬菜、水果、茶叶。财政总收入23.20亿元,增长16%;税收总额20.4亿元,增长14%,占总收入88%。财政总支出30.49亿元,增长23.97%。城镇居民人均可支配收入2.23万元,增长9.3%;农民人均可支配收入9268元,增长10.4%。城乡居民年末储蓄余额91.28亿元,增长13.57%。

【万宜高速万载南互通连接线建成通车】 12月1日,万宜高速公路万载南互通连接线建成通车。万宜高速公路万载南互通连接线为万宜高速公路与320国道和万载竹山洞旅游景区县道相贯通的主干道,是万宜高速公路的配套项目,全长6.67千米,总投资1.2亿元,分两段设计施工。万载南互通出口与320国道相连段5.08千米,按一级公路标准建设,设6—8车道;南互通出口与县道相交段1.59千米,按二级公路标准建设,设2车道,途经马步乡布城、银田、宝石、寨下、泉塘5个行政村。

【无硫本草环保鞭炮获中国烟花爆竹安全环保创新奖】 11月中旬,中国烟花爆竹协会在萍乡上栗县举办首届中国烟花爆竹安全环保创新演示展,共有71个企业87个产品参加演示。万载县荣庆花炮有限公司生产的无硫本草环保鞭炮获创新奖和一等奖。无硫本草环保鞭炮由黄国胜发明创造,采用高钾与新型无硫还原剂和中药材料伍配制成,具有微烟、杀菌、消毒、气味芳香等特点。

【万载县被评为国家有机产品认证示范区】 10月20日,万载县通过国家有机产品认证示范创建区验收及专家组考评,成为全国首批9个示范区之一,也是江西省唯一的国家有机产品认证示范区。万载县从1999年开始进行有机农业生产,2011年被确定为首批国家有机产品认证示范创建区以来,已有2.07万公顷土地和38种农产品、160多个加工品获得有机认证。有机产业产值每年增幅保持在10%以上,有机产品热销日本、美国、韩国和欧盟、香港等10多个国家和地区。

【城北农产品综合市场投入使用】 4月,城北农产品综合市场投入使用。该市场位于万载县城北(和谐佳园一期对面),南靠万芳挂线,西接老万芳路,北为规划路,东为和谐佳园延伸段。总投资1.5亿元,建筑面积3.99万平方米,其中住宅建筑面积4022.96平方米、商铺建筑面积2.16万平方米、农贸超市建筑面积1.43万平方米。能容纳5000多人交易,是集购物、休闲、娱乐、美食为一体的综合项目。

【全省首个有机农产品科技馆在万载开馆】 3月6日,江西恒晖农业科技有限公司投资建设的有机农产品科技馆在万载县开馆,这是江西省首个有机农产品科技馆。该馆占地面积2万平方米,主要展示万载县国家现代农业示范区生产的有机农产品和加工品,是市民普及有机科技知识、享受有机健康生活的重要场所。

主要领导人 县委书记:胡新明。县人大常委会主任:周洪波。县长:陈虹。县政协主席:肖德明。

(万载县史志办)

上饶市

【概 况】 位于江西省东北部,辖1市、9县、2区,总面积2.28万平方千米,其中城区面积108.5平方千米。耕地面积45.93公顷,有林面积131.99公顷,森林覆盖率57.5%,建成区绿地率41.51%。总人口671.51万人,人口自然增长率7.01‰。全年地区生产总值1650.8亿元,增长9.5%。其中:第一产业生产总值222.80亿元,增长3.7%;第二产业生产总值803.38亿元,增长9.7%;第三产业生产总值624.62亿元,增长11.3%。完成财政总收入290.16亿元,增长10.5%。规模以上工业增加值690.54亿元,增长9.6%。固定资产投资1560亿元,增长16.1%。社会消费品零售总额637.23亿元,增长12.7%。全年接待游客9344.36万人次,旅游综合收入790.30亿元,门票收入14.5亿元,旅游从业人员超过20万。全年粮食种植面积59.34万公顷,总产351.97万吨,实现"十二连增"。成功创建万年国家级现代农业示范区。总用电量119.2亿千瓦时,其中工业用电量77.49亿千瓦时。银行业金融机构人民币存款余额2258.41亿元,增长18.5%;贷款余额1474.29亿元,增长19.5%。全年利用省外5000万元以上项目资金509.2亿元,增长16.2%;利用外资9.4亿美元,增长12.2%;外贸出口38.2亿美元,增长5.8%。全市河流断面水质达标率为96.6%,饮用水源达标率为100%,中心城区环境空气质量优良率为94.2%。造林绿化1.91万公顷,完成省下达任务的106%。推进国家森林城市创建工作,确定樟树为市树、三清杜鹃和山茶花为市花。全市开展创业培训1.5万人,新增城镇就业6.2万人,新增转移农村劳动力19.5万人,脱贫13.7万人。城乡居民人均可支配收入分别为2.69万元、1.01万元,增长9.2%、11.1%。省政府下达的保障性安居工程开工率和基本建成率均达100%,政策性农房保险参保率达100%。成为全省第一个同时开展国家信息惠民试点城市、国家宽带中国示范城市、国家智慧城市试点县、国家信息消费试点县等试点工作的设区市。

【远泉林业股份有限公司挂牌上市】 1月6日,上饶市远泉林业股份有限公司在中小企业股份转让系统"新三板"挂牌上市(股票简称,远泉股份,股票代码831453),首笔交易6万股融资成功,每股交易额13.60元,远泉股份市值升至8.2亿元。远泉林业股份有限公司是农业产业化国家重点龙头企业、江西省省级林业龙头企业,主营绿化苗木种植与销售、园林绿化及市政工程施工与维护。"远泉"商标被认定为中国驰名商标和江西省著名商标,公司曾获"第十一届绿色环保健康产业示范企业"。这是上饶市首家民营企业挂牌上市。

【全省旅游产业发展大会在上饶市召开】 2月9日—11日,全省旅游产业发展大会在上饶市召开。国家旅游局领导,省委、省政府主要领导,省旅游工作领导小组成员单位领导,各设区市领导,全省各大旅游景区领导等400余人以及省内外各大媒体50余家参加。与会代表观看了《印象上饶》演出,对灵山、三清山、婺源等景区进行实地考察,并在婺源观看《梦里老家》大型山水实景汇报演出。会上,上饶市政府被授予"体制创新突出贡献奖""景区建设突出贡献奖",婺源县篁岭和上饶县灵山同时获"新景区奖"。

【合福铁路客运专线上饶段开通】 6月28日上午10点42分,随着G2621次列车驶离上饶站,标志着合福铁路客运专线上饶段开通。合福铁路客运专线与杭长铁路客运专线在上饶垂交骑跨呈"十字"交汇,上饶高铁站成为中国第一个"骑跨式"车站。合福线在上饶境内全长183.5千米,总投资约为235亿元,沿线设上饶、婺源、德兴、上饶县五府山4个车站。合福高铁与沪昆高铁的先后开通,大幅缩短城市间的时空距离,上饶成为覆盖福州、南昌、合肥等省会城市5小时生活圈的中心位置,同时成为联结海西经济区、环鄱阳湖经济圈和黔中城市群、珠三角、长三角的节点城市,区位优势更加突显。

【设立中小微企业转贷互助帮扶基金】 为缓解中小微企业转贷难、转贷贵问题,由上饶市城投集团公司作为主发起人,自筹资金3000万元,向市财政借资2000万元,以这5000万元作为基金公司的注册资本金,向浦发银行融资8亿元,向市内部分中小微企业非公开定向募集资金1.5亿元,设立规模10亿元的上饶市中小微企业转贷互助帮扶基金。在全省率先实现政府与社会资本公私合作筹措转贷基金的模式。8月11日,上饶市中小微企业转贷互助帮扶基金有限公司注册成立。

【《上饶高铁经济试验区发展规划(2015—2025)》获省政府批复】 8月,《上饶高铁经济试验区发展规划(2015—2025)》获得省政府批复,标志上饶高铁经济试验区建设成为省级战略。上饶高铁经济试验区规划范围包括上饶高铁站、三清山机场、坑口西货站及其周边区域,上饶朝阳产业园、广丰经开区洋口片区,核心面积约88平方千米。试验区将分3个阶段建设:第一阶段(2015—2017年)打基础;第二阶段(2018—2020年)上台阶;第三阶段(2021—2025年)大跨越。

【汉腾汽车首辆整车下线】 12月6日,江西汉腾汽车首辆整车下线仪式在上饶经济技术开发区举行。省委副书记莫建成出席并宣布下线,副省长李贻煌出席。项目于2014年1月开工建设,设计年产SUV10万辆,已建成冲压、焊装、涂装、总装四大车间10万平方米厂房,投入国际领先的全进口机器人生产设备110余台,主要生产工序自动化率达80%以上,达产后可实现年主营业务收入100亿元以上。

【光伏产业产值占全省一半】 2015年,上饶市把光伏产业作为首位发展产业全力支持,把晶科能源作为首要支持企业全力服务,把产业链条作为首个解决难点全力攻克。上饶市光伏新能源产业主营业务收入突破500亿元,占全省产值的一半。光伏龙头企业晶科能源自入驻上饶以来,年均增幅保持在45%以上,年内主营业务收入突破340亿元。企业光伏垂直一体化生产能力已跃升为全球第二,达到4.5吉瓦。企业在国内外承建的光伏发电项目,总装机容量达到4.3吉瓦,并网发电装机容量150兆瓦。

【市属企业融资平台建设取得新突破】 2015年,上饶市按照国有企业改革的要求,通过对城投集团、国资公司、水业集团、旅游集团等骨干国有企业的整合,组建市本级最大的投融资平台——上饶投资控股集团公司。全市融资能力提高,融资成本大幅下降,下降幅度预计在15%左右。年末市监管企业融资总额374亿元,融资项目76个,全年新增融资金额146.36亿元,增长64%。上饶投资控股集团边组建边融资,信用等级评为AA+,到年底已完成融资74.84亿元。

【信息网建设成效显著】 2015年,上饶市在全市建设"天网"监控系统,结合"地网"工程,构建了社会面防控网、重点行业场所管控网、乡镇社区防控网、单位内部防控网、信息网络防控网等5张网络。利用市级情报、技术和设备优势,在全省率先构建联动打击犯罪机制。成立公安科技信息化委员会,率先在全省建成"图像信息联网共享平台"。信州分局"公安基础信息化工作站"获第五届全国公安机关基层技术革新评选活动一等奖,婺源县公安局"电子警卫方案系统"获三等奖,全市科技成果储备和获奖总数全省第一。依托"网上警务室",网上案件证据上传率达99%,位居全省前列。

主要领导人 市委书记:陈俊卿。市人大常委会主任:张跃岭。市长:马承祖。市政协主席:程建平。

(李娴)

·信州区·

【简　况】 位于江西省东北部、上饶市东部,辖4镇、5个街道办事处。总面积339平方千米,其中城区面积49.76平方千米。有林面积933.33公顷,森林覆盖率40.14%,城区绿化率46.08%。总人口42.43万人,其中城镇人口28.35万人,人口自然增长率8.7‰。全年地区生产总值191.3亿元,同比增长9.5%。其中:第一产业增加值6.6亿元,增长3.9%;第二产业增加值43.3亿元,增长6.1%;第三产业增加值141.4亿元,增长12%。财政总收入21.0亿元,增长13%,人均4945.6元,税收占财政总收入的比重为86.8%;公共财政预算收入16.8亿元,增长19.4%;公共财政预算支出23.3亿元,增长21.8%。规模以上工业总产值25.0亿元,下降21.0%。规模以上工业增加值及其占地区生产总值的比重为3.97%,外贸出口占地区生产总值的比重为8.5%。固定资产投资140.2亿元,增长17.8%;实际利用外商投资7326万美元,增长58.2%;省外投资37.27亿元,增长16.1%。市县区主要工业产品名称及产量:服装89万件、布345万米、铜材1万吨。农业总产值10.6亿元,增长4.9%。粮食总产量4.96万吨。主要农产品名称及产量:谷物4.47万吨、肉类7516吨、蔬菜8.2万吨、油料5364吨、水果632吨。万元GDP能耗0.2255吨标准煤,城市污水处理率88.86%。城镇居民人均可支配收入2.93万元,增加2424元;农村居民人均可支配收入1.34万元,增加1307元。城乡居民年末储蓄余额246.9亿元,增长14.8%。

【开展"三大行动"】 3月15日,信州区启动"春风阳光、控违拆违、美丽家园"三大行动。春风阳光行动:组织发动4100余名区直机关在职党员干部,深入基层一线,帮群众解难事、办实事。实行"网格+"走访制度,以干部为点、单位为线、镇街为片,将全区126个村(居)划分为463个网格,将网格内低保户、残疾户、孤儿户等10类困难群体1.29万户群众列为重点走访对象。全区党员干部走访群众2.27万户,确定联系户1.54万户;收集梳理群众诉求1.34万条,已办结回复8678件次,办理实事好事3200余件,直接受益群众达2.6万余人。控违拆违行动:出台史上最严的《关于违法违规建设防控工作问责办法》,通过天、地、人"三网"防控,规定对辖区内新增违法违规建设24小时未上报,或上报后没有制止住、10天内没有消除违法状态的,视情况给予最高免职处理,对党员干部参与违建的给予最高开除公职处理。截至年底,使用无人机航拍累计150小时,巡逻队累计巡查行程9.03万千米,拍摄各类违建照片3146张。全区各镇街道共拆除各类违法违规建设1509户,总面积14.6万平方米,责令停建600余处。区纪委、组织部约谈、问责镇(街)、村干部94名。美丽家园行动:建立区、镇(街)、村、组四级联动和三级监管机制,通过评比和奖励等举措,确保实现全区环境卫生整治常态化,同时建立农村环境卫生网格化长效管理机制。在全市率先完成高速公路沿线违法户外广告整治、高铁沿线环境卫生整治工作。实现了三江片区环境卫生市场化管理。全区清运主次干道、村庄垃圾1.2万吨,河道垃圾8000余吨,清理水塘800多个,清理沟渠650千米。沙溪镇列入全省首批"山江湖生态文明试验区",沙溪宋宅等7个行政村被授予市级生态村。通过活动开展群众对干部更信任,干部为群众服务的意识更强,推动了信州经济的平稳较快发展。

【上饶信息服务业产业园获首届朱雀奖"电子商务园区十佳创新奖"】 7月9日,在杭州市桐庐县召开的第二届中国县域电子商务峰会上,上饶信息服务业产业园从全国500余家电子商务园区中脱颖而出,获得首届朱雀奖"电子商务园区十佳创新奖",也是江西唯一获此荣誉的园区。信州区电商发展迅速、成效显现,已形成信息服务业产业园、上饶慧谷、上饶电子商务淘宝园"一业三园"发展格局。信息服务业由2011年起步时的15家企业、年营业额940万元、纳税80万元,发展到2015年有248家企业、营业额28亿元、纳税超2亿元。

【4社区(村)获信息惠民国家试点城市示范社区(村)】 5月29日,信息惠民国家综合评价专家组到上饶市就信息惠民工作开展实地细化考察。上饶市、信州区领导及相关部门负责人陪同专家组先后到信州区春华医院养老服务中心、上饶慧谷体验馆、信州区水南街道金山社区、信州区灵溪镇便民服务中心考察。专家组体验了居家养老服务平台"12349"、微信便民服务办理平台、网上审批事项和便民服务事项受理、电子政务协同办公系统、社区"幸福社区家园网"、居家养老服务站等应用服务,并高度评价了该区信息惠民成果,肯定信州区在助推政府信息惠民建设方面的显著成效。6月,信州区入选信息惠民国家试点城市,信州区水南街道金山社区、西市街道马家弄社区、东市街道茶圣中路社区、灵溪镇龙泉村成为国家信息惠民试点示范社区(村),为期3年,每年评价1次。

【获全国公安系统基层技术革新一等奖】 11月12日,第五届全国公安基层技术革新奖揭晓,由上饶市公安局信州分局主导研发的"基础信息化工作站"凭借科技与实战相结合的系统设计获得一等奖,成为江西省公安机关有史以来第一次获此荣誉的自主创新科技作品,得到公安部的充分认可,标志着信州公安在信息化建设和应用方面迈入全国县级公安机关先进行列。

主要领导人 区委书记:蒋丽华。区人大常委会主任:付德峰。区长:王其中。区政协主席:徐中平。

(李霞)

·广丰区·

【简　况】 位于上饶市东南部,辖16镇、4乡、3个街道办事处,总面积1377.79平方千米。耕地面积1.91万公顷,有林面积6.28万公顷,森林覆盖率58.6%,城区绿地率46.63%。总人口96.13万人,人口自然增长率

7.93‰。全年地区生产总值290.14亿元,增长10.9%。其中:第一产业增加值20.89亿元,增长4%;第二产业增加值163.05亿元,增长11.1%;第三产业增加值106.2亿元,增长12.2%;第一、二、三次产业结构比例为7.2∶56.2∶36.6。全县规模以上工业增加值14.8亿元,增长10.9%。完成财政总收入41.8亿元,增长12%。固定资产投资总额208.5亿元,增长18.7%。建筑业产值300亿元,企业总数增至180家。房地产业销售面积23万平方米,销售金额15.2亿元,分别增长46%和62%。社会消费品零售总额56.5亿元,增长13.5%。城镇化率54.8%,提高了2.32个百分点。农民人均可支配收入1.25万元,增长11.3%;城镇居民人均可支配收入2.86万元,增长10.3%。年末金融机构存款余额181.1亿元,增长22.4%;贷款余额126.65亿元,增长18.2%。完成旅游业总收入51亿元,增长15.9%;接待游客570万人次,增长42.5%。国有林场改革经验和万名建筑工匠培训模式在全国推广。全区环境质量总体保持良好,空气质量达到优良以上,丰溪河流域水质保持在Ⅱ类水标准以上,断面水质优质率98%。

【广丰撤县设区】 3月3日,江西省政府根据《国务院关于同意江西省调整上饶市部分行政区划的批复》精神,同意撤销广丰县,设立上饶市广丰区。6月6日,举行广丰撤县设区揭牌仪式。有着1257年建县历史的广丰从此成为上饶市城区的重要组成部分,并由此成为饶城"零距离"融入长三角经济区与海西经济区的前沿城市。广丰县撤县设区后,其行政管辖范围不变,区政府驻永丰街道府前街1号。

【九仙湖引水入城工程动工建设】 4月,九仙湖引水入城工程动工建设,该工程是从军潭水库取水,途径铜钹山、沙田、五都、丰溪、永丰等乡(镇)街道,全长28千米,总投入1.25亿元,以解决县城30万人口和工程沿线乡镇(街道)20万人口的饮水安全问题。至年底已完成管道铺设70%,计划2016年5月1日前建成通水。

【铜钹山白花岩片区(含天桂岩)列为首批全国徐霞客游线标志地】 年初,该区申请加入"徐霞客游线标志地认证"活动。明代地理学家、探险家、旅行家和文学家徐霞客于1628—1630年游历过广丰及铜钹山白花岩,在其《闽游日记》及《闽游日记(后)》中,对白花岩之游作了浓墨重彩的记述,在1600多字的篇幅中,有4处提到了"白花岩",有力佐记了徐霞客对白花岩的"偏爱"。5月18日,全国首批徐霞客游线标志地答辩、评审会议在浙江宁海举行,广丰区参加了认证。经过答辩、评审,江西广丰白花岩片区(含天桂岩)列为全国首批、江西省首个徐霞客游线标志地。

【启动运行城区公共自行车服务系统】 为倡导"低碳环保、绿色出行"的绿色交通理念,该区城管部门在全省率先启动运行城区公共自行车服务系统。该工程着眼10年规划,建设规模达1400万元,一期建成站点16个,投放公共自行车320辆,站点遍及月兔广场、广丰中学、区财政局、区电商产业园等城区繁华地段及人流密集地点,相邻站点间隔1千米。8月31日,服务系统试运行启动。9月1日开始,16周岁以上、65周岁以下的市民,凭本人身份证可办理IC卡,持卡至城区任意一站点进行刷卡租车或还车,租车实行阶梯式收费,让广大市民充分享受到低碳环保绿色的骑行生活。

【推出"电商信贷通"融资平台】 广丰作为全省首批国家级电子商务进农村综合示范点,各类电商市场主体超2000家。广丰电商领城以中小企业为主,多数企业规模偏小、资金不足、资产少,大部分缺乏抵押物。为解决中小电商融资难问题,5月,广丰与南昌银行合作,正式推出"电商信贷通"。根据双方协议,广丰财政提供一定的保证金作为担保,银行方面按保证金的8倍为电商企业提供信贷支持。这种无抵押、无担保、速度快、利率低的信贷方式,扶持并促进了该区电商企业的快速发展,在淘宝年中大促销活动中,洋口镇莲古村淘宝服务站交易额排名全国第十一位。广丰区全年电子商务交易额42.3亿元,增长135.6%,互联网产业税收6200万元。

主要领导人 区(县)委书记:郑光泉。区(县)人大常委会主任:刘月林。区(县)长:谭赣明。区(县)政协主席:周重明(任至1月)、方有水(1月任)。

(吴选美)

·上饶县·

【简　况】 位于江西省东北部,是"中国油茶之乡""中华蜜蜂之乡",辖10乡、11镇、3街道办事处,总面积2240平方千米,其中城区面积17平方千米。耕地面积3.16万公顷,有林面积9.15万公顷,森林覆盖率73.7%,城区绿化率49.15%。总人口83.4万人,人口自然增长率7.52‰。全年地区生产总值172.9亿元,增长9.7%,其中:第一产业增加值16亿元,增长3.4%;第二产业增加值130.9亿元,增长10.1%;第三产业增加值25.9亿元,增长10.6%。规模以上工业企业38家,规模以上工业总产值73.94亿元,下降5.29%。主要工业产品有水泥40.39万立方米、发电量1.80亿千瓦时、白银24.38吨。农业总产值24.21亿元,增长5.5%。主要农产品有稻谷14.82万吨、茶叶331吨、园林水果3235吨、生猪出栏11.48万头。城镇化率45%,网络覆盖率99%,义务教育普及率100%。2015年财政总收入22.5亿元,增长12.5%,全市排名第三,财政总支出42.4亿元。全社会固定资产投资224.3亿元,增长21.3%;社会消费品零售总额43.7亿元,增长13%。城镇居民人均可支配收入2.20万元,增长8.9%;农村居民人均可支配收入7726元,增长11.2%。金融机构年末储蓄余额182.1亿元,增长20.55%;贷款余额147.6亿元,增长21.71%。

【成立茶亭产业园】 1月26日,江西省政府办公厅批准成立上饶茶亭产业园,实行现行省级开发区政策。茶亭产业园总规划面积20平方千米,一期规划总面积10平方千米,涉及3个行政村,总人口2万余人。2009年开始建设,截至年底,茶亭产业园累计完成基础设施投入8.7亿元,建成面积6平方千米,园区入驻企业50家,其中规上企业12家,主营业务收入过10亿元以上企业5家,已初步形成百亿产能、上下游配套的完整铜产业链。同时,围绕"园中园"或"板块园"做特色,打造以环宇南洋国际为龙头的电子中低压电器产业园,以大业东方创业孵化基地为龙头的电商产业园,以锦裕集团、东江机电为龙头的机械制造产业园。茶亭产业园成为上饶县乃至整个上饶市的一个重要经济点。

【江西邮政(上饶)电子商务智慧产业园开园运营】 6月3日,江西邮政(上饶)电子商务智慧产业园开园运营,至年底,园区入驻企业35家,实现电子商务交易额5亿元。江西邮政(上饶)电子商务智慧产业园能为入园企业提供业务咨询、技术开发、人才培训、企业孵化、金融服务、市场开拓、仓储物流、信息发布等一站式服务,有效推动上饶县电子商务产业发展。

【农村清洁工程成为全省样本】 2015年,上饶县通过财政列支、乡镇配套、部门帮扶、村民自筹等方式共投入3500余万元开展农村清洁工程。共配备专职保洁员1862名,转运车104余辆,垃圾桶(窖)4.49万个、建设焚烧炉62个、中转站39个,全县农村生活垃圾治理覆盖率达90%以上。6月17日,承办全省城乡环境整治现场会,上饶县农村清洁工程经验做法在全省推广。

主要领导人 县委书记:熊孙魁(8月任)。县人大常委会主任:潘玉斌。县长:熊孙魁。县政协主席:肖万松。

(周正坚)

·玉山县·

【简　况】 位于江西省东北部,辖11镇5乡,总面积1728平方千米。耕地1.88万公顷,林地11.47万公顷,森林覆盖率64.8%。城区绿化率41.38%,城镇化率48.98%。总人口63.8万人,其中非农业人口19.22万人,人口自然增长率7.24‰。全年地区生产总值134.59亿元,同比增长10.8%。其中:第一产业增加值14.83亿元,增长4.1%;第二产业增加值69.04亿元,增长9.9%;第三产业增加值50.72亿元,增长14.2%。财政总收入21.22亿元,增长14.7%,人均3626元,税收占财政总收入的比重为77.3%;地方财政收入16.5亿元,增长19.3%;地方财政总支出30.8亿元,增长8.2%。全部工业增加值61.53亿元,增长9.6%,占地区生产总值的比重45.72%;外贸出口2.45亿美元,增长15.1%;实际利用外资6512万美元,增长15.2%;实际利用省外5000万元以上工业项目进资37.99亿元,增长18.3%。主要工业产品有:水泥587万吨、轴承1.14亿套、工业用电6.75亿千瓦时。农业总产值23.22亿元,增长4.8%。主要农产品有:粮食20.7万吨、蔬菜7.2万吨、水产品3.16万吨、油料1.30万吨、茶叶636吨。全县万元GDP能耗1.0062吨标煤,下降3.3%。城区污水处理率为96.3%,生活垃圾无害化处理率为98.2%,工业固体废弃物综合利用率96.8%。城镇居民人均可支配收入2.42万元,增长11%;农村居民人均纯收入1.16万元,增长12.4%。城乡居民储蓄120.87亿元,增长19.32%。金融机构存款余额179.99亿元,增长30.8%;金融机构贷款余额126.66亿元,增长19.8%。全年金融保险业纳税突破亿元。固定资产投资115.16亿元,增长17.1%。社会消费零售总额52.69亿元,增长13.4%。完成公共租赁房300套,棚户区改造2.8万平方米;解决农村饮水安全10.5万人,师生饮水安全1.5万人;建设通自然村公路120千米;全年接待游客817.8万人次,旅游综合收入76.31亿元,增长31.66%。

【首届中式台球世锦赛在玉山县举行】 1月27日,中国·玉山2015CBSA得尔乐杯首届中式台球世锦赛在玉山县开幕,比赛从1月28日持续至2月2日。此次世锦赛由中国台球协会、江西省体育局、上饶市政府等共同主办,玉山县政府和北京星伟体育用品有限公司承办。共有304名球员参赛,分别来自四大洲23个不同的国家,其中非中国籍选手108人。其中既有斯诺克顶尖高手尼尔·罗伯逊、马克·塞尔比、希金斯、肖恩·墨菲,也有美式九球名将珍妮特·李、艾莉森·费雪、金佳映等。中国有196名球员参赛,包括李赫文、刘海涛等128名男子球员和国家女子台球队"四朵金花"陈思明、韩雨、付小芳、刘莎莎领衔的68名女球员。最终英国九球名将达伦·艾普尔顿获男子组冠军,中国选手白鸽获女子组冠军。

【做大做强电子商务产业】 1月,玉山县被列为首批国家电子商务进农村综合示范试点县之一。县委、县政府把电子商务作为"一号新兴产业",围绕创建国家级电商示范基地目标,以"电子商务攻坚年"活动为抓手,加大扶持力度,大力发展电子商务产业。着重优化投资环境,重点打造电商产业园区平台,多管齐下开展招商引资,扶持电商企业落户发展。政府投资2亿元用于电商产业园区的基础设施配套、电商孵化器和公租房建设,并大力实施电商进农村万人培训计划,实现电子商务进农村,乡镇全覆盖。累计完成投资7.85亿元,已建成面积12万平方米,共引进博奥、四叶草、葫芦娃等51家电商企业入驻电商产业园,"触网"企业700余家,快递物流公司20家,淘宝店铺达3000家,日发单量逾2万单,日交易额达500余万元。7月8日—9日,在杭州桐庐举行第二届中国县域电子商务峰会上,玉山高铁现代服务业集聚区暨电子商务产业园获"朱雀奖",列入全国"电子商务园区十佳创新奖"20强名单。

【观赏石产业亮点突出】 玉山观赏石产业为县域经济新体系走出多元化发展的特色之路。玉山已成为江西最大的观赏石交易市场之一。2015年深圳文博会龙园观赏石分会会场上,玉山观赏石囊括"观赏石鉴评大赛"3项金奖。6月30日,"中国观赏石之乡"评审会在北京举行,由资深的地质、鉴赏、矿产、文化、经济、美学等方面专家组成专家评审团,通过观看影像资料、听取汇报、现场提问等程序,全国共有8个市(县)参与申报该称号并进行角逐,专家评审团认为玉山有着得天独厚的观赏石资源和良好的生态旅游环境,在石文化的发展与普及等方面成绩突出,授予玉山县"中国观赏石之乡"称号。

【《三清白茶》词曲获亚洲(新马)国际金奖】 8月,《三清白茶》在由世界华人音乐家协会、中国音乐家协会器乐学会、中国国际华人艺术家协会、中国香港音乐家协会等联合举办的“2015年亚洲(新马)国际艺术节”上获金奖。歌曲由周芳山、叶琳利作词,罗小明作曲,北京空政文工团著名军旅青年歌唱家杜桦演唱,王元香担任艺术顾问。该曲还制作成MV作为上架作品,进行对外宣传。

【举办中国·玉山农博会】 10月1日—5日,县委、县政府举办以“生态玉山,绿色消费”为主题的中国·玉山农博会,在武安西路、万柳路划定1600多个展位、摊位供农副产品交易,其中精品展区200个,汇聚全县16个乡镇的2400多个农特产品,参展的产品涵盖玉山县本土特色的各种木制、竹制产品及名优果蔬、水畜产品、特色小吃、中药材、旅游休闲食品、电商产品等。最为畅销的是各类农机具产品,其次是日常生活用品。交易活动还吸引了内蒙古、新疆和浙江江山、常山,广丰、上饶、德兴等地的商贩和游客。江西城乡一家、江西朗辕电子、江西杰夫电子、四叶草、飞天麦光光、意特尔、农村淘宝等10多家电商企业首次亮相农博会,成为农博会上的一大亮点。江西朗辕电子主要展出了体育类和休闲旅游类产品,共计200多种品类。农博会上,农特产品交易额达3.2亿元,拉动物流、餐馆、旅游等消费1.8亿元。

主要领导人 县委书记:郑晓春。县人大常委会主任:刘礼火。县长:饶清华(任至8月)。县政协主席:周岐清。

(占裕田)

·横峰县·

【简 况】 位于位于江西省东北部,辖2镇、6乡、2个街道办事处、1个垦殖场,总面积655.24平方千米。其中建成区面积16.2平方千米,城区绿化覆盖率48.54%,耕地9100公顷,林地4.46万公顷,森林覆盖率为63.6%。总人口22.57万人,其中非农业人口5.13万人,城镇化率42.18%,人口自然增长率7.41‰。全年地区生产总值70.0亿元,同比增长2.0%。其中:第一产业增加值6.74亿元,增长4.4%;第二产业增加值42.2亿元,增长-0.1%;第三产业增加值21.06亿元,增长7.4%。财政总收入11.52亿元,增长-9.3%;地方财政支出18.44亿元,增长5.0%。规模以上工业总产值163.9亿元,增长5.4%;规模以上工业增加值40.35亿元,占地区生产总值的57.6%,增长-6.7%。主要工业产品有:阳极铜、黄金白银、铝材、原煤、中成药。万元GDP能耗0.21吨标准煤,城市污水处理率88.26%。社会消费品零售总额22.35亿元,增长11.5%。工业主营业务收入175.92亿元,增长-17.5%。全县固定资产投资56.52亿元,增长-10.9%;引进固定资产投资33.86亿元。实际利用外资4520万美元,增长7.4%。外贸出口1.04亿美元,增长14.2%。城镇居民年人均可支配收入1.97万元,增长10.4%;农民人均纯收入7627元,增长12.3%。全年接待游客203.3万人次,增长48.5%;旅游综合收入15.72亿元,增长40.5%。金融机构各项存款余额达60.6亿元,增长11.6%;各项贷款余额达43.89亿元,增长18.4%。保险业保费收入5700余万元。农业总产值12.63亿元,增长3.7%;粮食总产量7.85万吨,增长0.38%。

【现代服务业成发展新引擎】 横峰县把加快服务业发展作为优化产业结构、促进经济转型升级的重要抓手,快速发展物流、旅游和电商等服务业,现代服务业迅速崛起,成为经济发展的新引擎。

该县放大区位优势,借势上饶西货场物流园,发展现代仓储物流,打造赣浙闽皖省际现代物流基地。聘请铁路规划设计四院编制“两园一站一片区”的物流发展专项规划,物流园区被评为“江西省现代服务业集聚区”,“商务部万村千乡试点企业”驰骋物流、上市企业江西蓝海物流建成并正式运营。

做好“旅游+”大文章,树立“大旅游”理念。将红色旅游与精准扶贫相结合,打造闽浙皖赣革命根据地红色旅游示范区,以“红”带“绿”,以“绿”助“红”,叫响“小县大品牌”。规划建设320国道锦绣长廊、以葛源镇为主的红色旅游核心示范区、以莲荷乡为主的休闲旅游区、以司铺乡为主的野生动物园区、以岑阳镇为主的生态农业体验区的“一线四区”。年内,葛源景区持续推进4A景区创建,葛源村被评为“中国乡村旅游模范村”,莲荷杨家村被列入全省旅游重点扶贫村。举办燕辰葡萄旅游节、“闽浙皖赣百名摄影家走进横峰”摄影大赛等活动,全年接待游客人次增长48.5%,旅游综合收入增长40.5%;

该县还把电子商务产业作为实现“弯道超车”的重要抓手,抓住“互联网+”和上饶“高铁+”的时代新机遇,做好“电商+产业”“电商+创业”“电商+助农增收”3个加法,把横峰特色产品推向更广阔的市场。电商众创园入驻电商企业50余家;培育“农夫葛源”“我家土特产”“亿人保健”等一批本土电商企业;与阿里巴巴合作,成为首批“千县万村”村淘项目县,建立村淘服务站18个;入选全国县域电子商务发展指数500强。

【成为全国“救急难”综合试点县】 该县统筹各类救助资源,充分发挥各项救助制度的合力,搭建“救急难”工作平台,密织编牢基本民生安全保障网,实现政府部门之间、政府与慈善组织之间的救助信息互通共享,使救助对象的需求和政府救助资源、慈善救助项目、社会爱心捐赠、群众志愿服务形成无缝对接。7月初,经省级审核推荐、民政部和财政部共同审定,横峰县被确定为全国“救急难”综合试点单位。

【横峰葛源发现亚洲最大钽矿】 4月,由江西有色地质勘查局矿勘院详查的横峰葛源矿区钽铌矿项目,经专家认定,探明钽矿储量近3万吨,达特大型,规模为亚洲最大。葛源矿区具有矿种多、规模大、价值高等特点,其中主矿产钽探明储量近3万吨,远景储量可翻一番,共伴生矿产铌4.6万吨、铷42万多吨,资源储量巨大,矿床开发技术经济条件优越,且长石、石英、黄玉等非金属矿产可综合利用,整个矿床潜在经济价值超500亿元。详查成果的提交,为国家提供了一处可供开发建设的特大型稀有金属(非金属)资源基地。金属钽可被广泛应用于电子、机械、化工、空间技术等领域，其合金具有耐高温、超硬度和抗氧化等特点，葛源矿区的找矿成果，将有效缓解江西省战略性新兴产业的资源瓶颈。

主要领导人 县委书记：程文（任至8月）、饶清华（8月任）。县人大常委会主任：李秋文。县长：潘琍。县政协主席：徐弼金。

（金鸥）

·弋阳县·

【简 况】 位于江西省东北部，辖9镇、5乡、2个垦殖场、1个街道办事处，总面积1592.5平方千米，县城建成区面积16.3平方千米。耕地面积2.2万公顷，有林面积9.75万公顷，森林覆盖率56.5%，城区绿化率43.54%。总人口41.65万人，其中非农业人口9.03万人，人口自然增长率11‰。全年地区生产总值84.9亿元，同比增长8.6%。其中：第一产业增加值14.2亿元，增长4.1%；第二产业增加值40亿元，增长9.6%；第三产业增加值30.7亿元，增长9.1%。全县工业增加值34.4亿元，增长9.0%。规模以上工业企业增至78家，增加值33.46亿元，增长9.2%，利税17.24亿元。主要工业产品有铜金属、铜材、水泥、罐头、中成药等。粮食总产量22.53万吨，主要农产品有水稻、蔬菜、油菜、花生、甘蔗等。财政总收入13.63亿元，增长12.3%；一般预算收入11.47亿元，增长24.2%。支出31.88亿元，增长29.1%。财政总收入占地区生产总值的比重16%，税收收入占财政总收入的比重71.5%。城镇以上固定资产投资86.37亿元，增长17.2%。实际利用外资5053万美元，省外500万元以上投资32.17亿元。全年消减化学需氧量630吨，万元GDP能耗量降低4.54个百分点，城市污水处理率100%。城镇居民人均可支配收入2.46万元，增长9.9%；农民人均纯收入1.05万元，增长12.2%。金融机构存款余额108.46亿元，增长16.95%；贷款余额59.20亿元，增长26.5%。社会消费品零售总额37.71亿元，增长12.4%。

【陈风雨入选“中国好人榜”】 2月，弋阳县汽运公司司机陈风雨入选由中央文明办主办、中国文明网承办的“我推荐、我评议身边好人”活动“助人为乐”好人。自2014年9月起，陈风雨从其妻经营的服装厂拿出1000余件、价值8万余元的崭新棉袄送给流浪者、孤寡老人和偏远地区老人。其事迹经省、市主流媒体报道后得到全国上百家媒体和网站转发和评论，被誉为“送袄哥”。

【国家生猪核心育种场及配套产业链项目落户弋阳】 7月10日，弋阳县政府与华西希望·特驱集团签订战略合作协议，标志着由全国农业产业化重点龙头企业华西希望·特驱集团投资兴建的“国家生猪核心育种场及配套产业链项目”落户弋阳。华西希望·特驱集团是华西希望集团全资控股的特大型农牧企业，涉及饲料、养殖、食品三大产业。该项目建设内容包括国家级核心原种猪场、祖代选育扩繁场、公司＋家庭农场高端生猪养殖模式、饲料厂等，项目总投资2亿元。截至年底，已投资6500万元在弋阳县葛溪乡李畈村杨家组建设存栏1000头的祖代种猪繁育核心场。

【《教师博览》首届读书论坛在弋阳举行】 7月25日—27日，由江西教育传媒集团《教师博览》杂志社、《江西教育》杂志社主办，弋阳县教育体育局、教育梦龟峰读书联盟协办的《教师博览》首届读书论坛在弋阳举行。论坛设置名家名师讲坛、“我的教育、读书、写作故事”专题演说、作者讨论会及游学、论坛主题交流、龟峰采风笔会等环节。活动邀请全国近100位有影响力的专家学者、优秀教师和作家作者及来自全国各地500余位教师共同探讨读书写作方法，交流读书写作心得，解析教育教学困惑，共享读书育人成果。

【空调远程控制装置获国家专利】 5月4日，由弋阳县供电有限公司4名员工耗时一年余，自主研发的“空调远程控制装置”项目获得国家知识产权局颁发的实用新型专利证书。该装置改进空调与装置的接线方式，由硬接线改为红外发射，可以实现在网络条件下对多个空调的远程控制。弋阳县供电公司已经将该装置在8个变电站投入使用，确保夏季高温时站内各种设备能在恒温下稳定运行。

主要领导人 县委书记：张志坚（任至12月）、谢柏清（12月任）。县人大常委会主任：刘紫泾（任至11月）、徐明华（11月任）。县长：谢柏清（任至12月）。县政协主席：黄伟建（任至11月）、陈康（11月任）。

（杜育和）

·德兴市·

【简 况】 位于江西省东北部，辖5镇、6乡、3个街道办事处，总面积2079.77平方千米，其中城区面积10.6平方千米。耕地面积2.82万公顷，林地面积14.49万公顷，森林覆盖率76.2%。总人口33.67万人，乡村人口16.31万人，人口自然增长率7.46‰。全年地区生产总值115.02亿元，同比增长9.8%。其中：第一产业增加值10.29亿元，增长3.5%；第二产业增加值47.16亿元，增长11%；第三产业增加值57.57亿元，增长8.7%。财政总收入33.1亿元，增长6.77%；税收15.76亿元，占财政总收入47.16%；财政支出60.33亿元，增长55.6%。工业增加值33.77亿元，增长10.3%。规模以上工业增加值29.88亿元，占地区生产总值的25.98%；规模以上工业主营业务收入122.9亿元，增长14.9%。外贸进出口1.3亿美元，占地区生产总值的1.1%。全社会固定资产投资131.99亿元，增长19.99%。实际利用外商投资3950万美元，增长11.2%；省外投资35.28亿元，增长17.37%。万元GDP能耗0.34吨标准煤，下降3.28%。有色金属、黄金、硫化工、机械电子、健康、遮阳等主导和特色产业主营业务收入93亿元，占全部规模以上工业比重达75.7%。粮食播种面积1.82万公顷，总产量10.8万吨。民生领域支出28.3亿元，占公共财政预算支出的74.6%。社会消费品零售总额43.1亿元，增长12.9%。金融机构存款余额122.5亿元，增长4.3%；贷款余额71.9亿元，增长10.3%。城镇居民人均可支配收入

2.66万元,增长9%;农村居民人均收入1.17万元,增长10.9%。城乡居民年末储蓄余额88.39亿元,增长10.51%。新增城镇就业5153人,城镇就业率95%。新增农村劳动力转移1.15万人。失业保险参保2.94万人,参保金额1123万元。创业贷款发放1.24亿元。

【合福高铁(德兴段)通车】 6月28日,首趟客运列车驶入合福铁路德兴站,结束了德兴不通铁路客运的历史。合福铁路(德兴段)于2010年4月进场施工,总投资约26.8亿元,全长36.073千米。其中隧道17.5座、桥梁28座、路基22段、车站1座。位于龙头山乡河村的德兴站为中型客运站、建筑面积3500平方米,是离世界自然遗产地三清山最近的高铁站。

【江西矿冶博物馆开馆】 6月,江西矿冶博物馆建成并免费向游客开放。该馆位于德兴银城凤凰湖畔,2013年11月开工建设,属首个省级矿冶专题博物馆。该馆累计投入资金2000余万元,占地面积7.86万平方米,建筑面积8000平方米,分江西矿冶厅、德兴矿冶厅、德兴碑刻厅、张潜墓志厅、采矿景观厅,展品2000余件。展馆以史诗般的叙述手法再现江西矿业波澜壮阔的历史进程,用逼真的场景制作复原江西先民伟大的科技创造。

【大茅山风景名胜区规划调整】 12月23日,大茅山风景名胜区代管村(场)交接仪式举行,将龙头山乡南溪村、大茅山集团有限公司童家林场和梧风洞实业公司划归大茅山风景名胜区代管。大茅山风景名胜区2012年11月入选第八批国家级风景名胜区,2014年12月被评为国家4A级旅游景区。名胜区规划调整后,实现资源整合,理顺管辖权属,为晋级国家5A级风景名胜区打下体制和机制基础。

主要领导人 市委书记:谢冠森。市人大常委会主任:张跃平。市长:刘瑞英。市政协主席:孙冬久(任至12月)、刘德奖(12月任)。

(吴俊杰　翁本有)

·婺源县·

【简　况】 位于江西省东北部,辖10镇、6乡、1个街道办事处,总面积2967.78平方千米。耕地面积2.15万公顷,林地面积24.57万公顷,森林覆盖率82.64%,城市绿地率44.01%。总人口37.04万人,其中非农业人口13.88万人,人口自然增长率9.87‰。全年地区生产总值83.01亿元,增长8%。其中,第一产业11.29亿元,增长3.3%;第二产业26.98亿元,增长8.6%;第三产业44.74亿元,增长9%。财政总收入13.14亿元,增长12.2%,其中一般预算收入10.18亿元,增长15.9%。地方财政支出22.92亿元,增长13%。完成工业增加值20.19亿元,增长7.4%。规模以上主要工业产品有精制茶2.3万吨、人造板13.68万立方米、中成药536吨。农林牧渔业总产值16.11亿元,增长2.3%。主要农产品有粮食10.53万吨、油料8061吨、茶叶1.52万吨、水果1235吨、肉类总产量1.53万吨。全年实际利用外资1.82亿美元;规模以上工业企业主营业务收入47.7亿元,新增规上企业2户。500万元以上固定资产投资89.49亿元,增长18.7%;社会消费品零售总额43.18亿元,增长15.14%。农村居民人均可支配收入9805元,增长13.2%;城镇居民人均可支配收入2.02万元,增长10%。金融机构存款余额87.61亿元,人均储蓄存款余额2.44万元,比全市平均水平高4000元。全年投入民生资金16.62亿元,占县财政总支出的72.5%。城镇新增就业5253人;发放小额担保贷款1.4亿元,扶持创业1072人,带动就业4083人。基本养老、医疗、生育、工伤、失业保险制度实现全覆盖。城市低保、农村低保标准分别提高到每人每月450元、290元,发放城乡低保资金2165万元。实施138户棚户区改造项目和88套公租房建设;完成农村困难群众危房改造4000户、林垦区危旧房改造720套;完成26个贫困村整村推进项目建设。

【旅游产业转型升级】 2月11日,全省旅游产业发展大会在婺源召开。航空旅游项目在全省率先运营。熹园成功创建国家4A级旅游景区,瑶湾被评为全省4A级乡村旅游点。篁岭景区二期、丛溪庄园二期、水墨·上河国际文化交流中心、平顶山五星级度假酒店等项目扎实推进。实施“旅游厕所先锋革命”工程,新建、改建景区公厕44座。开展高铁沿线城市旅游推介等系列宣传活动,“最美乡村、梦里老家”品牌进一步打响。全年接待游客、门票收入、旅游综合收入分别增长19.2%、16.1%、16.9%。获“世界十大乡村度假胜地”称号。大力推进“旅游+文化、旅游+体育”,大型山水实景演出《梦里老家》开演,举办首届中国“六月六”晒秋文化节、歙砚制作技艺传承人大赛等文化赛事;承办全国登山健身大会等20余项国家、省级体育赛事,被授予“中国门球之乡”称号。

【篁岭景区旅游市场火爆】 篁岭景区全年接待游客人次40万余人,其中3月8日至4月上旬,日平均接待游客人次4000余人,日最高接待游客人次1.3万余人。篁岭相关新闻频繁出现在新华网、人民网、凤凰网等各大主流媒体首页。先后被评为中国最美休闲乡村、中国特色景观旅游名村、中国乡村旅游模范村,旅游公厕获全国旅游厕所设计大赛一等奖,一条天街被评为江西省特色商业街区。“篁岭模式”成了社会关注的焦点,2015乡村旅游发展升级“篁岭样本”国际研讨会在篁岭召开。

【婺源绿茶成为省政府重点支持的“四绿一红”品牌之一】 该县茶园面积拓展至1.2万公顷,茶叶产量1.52万吨,加工贸易量5.67万吨,茶业系列产值28.2亿元。婺源绿茶连续21年通过国际有机食品认证,占欧盟有机绿茶50%以上的市场份额。“婺源绿茶”品牌价值12.65亿元,成为省政府重点支持的“四绿一红”品牌之一。

主要领导人 县委书记:周遐光(任至1月)、张志坚(9月任)。县人大常委会主任:汪培欣。县长:费长辉(任至9月)、吴曙(11月任)。县政协主席:汪春萍。

(方华军)

·铅山县·

【简　况】　位于江西省东北部，辖7镇、10乡（含两个畲族乡）、1个青溪服务中心，总面积2177.66平方千米，县城建成区面积15平方千米。耕地面积1.93万公顷，林地面积16.52万公倾，森林覆盖率为74.25%，城区绿化率为45.58%。总人口47.77万人。全年地区生产总值97.26亿元，同比增长11.0%。其中：第一产业增加值16.46亿元，增长4.9%；第二产业增加值45.04亿元，增长11.2%；第三产业增加值35.76亿元，增长13.8%。财政总收入18.02亿元，增长12.6%；税收占财政总收入的比重为63.63%；地方财政收入14.75亿元，增长25.2%；地方财政支出25.08亿元，增长15.5%。工业增加值39.83亿元，增长10.8%。规模以上工业增加值36.78亿元，占地区生产总值比重为37.81%；外贸出口1.99亿美元。固定资产投资124.58亿元，增长17.1%。实际利用外商投资5070万美元，省外5000万元以上工业项目实际引进外资39.33亿元。农业总产值26.47亿元，增长4.81%；粮食总产量17.67万吨；主要农产品有：蔬菜17.41万吨，油料0.33万吨，生猪存栏11.87万头、出栏13.86万头。城镇居民人均可支配收入2.08万元，增加10.2%；农村居民人均可支配收入9952元，增加12.3%。城乡居民年末储蓄余额86.23亿元，增长12.82%。新增城镇就业5477人，转移农村劳动力6909人。城乡低保救助2.26万人（次），医保“三张网”44万人参保，建成公租房472套，整村推进14个省定扶贫重点村建设。

【打造铅山茶国际品牌】　利用第四届万里茶道与城市发展中蒙俄市长峰会即将在铅山县召开的契机，该县充分发挥茶产业优势，接轨“一带一路”战略，打造万里茶道第一红茶品牌。铅山县争取茶业项目建设资金400万元，建设标准茶园533.33公顷。拥有绿茶品牌13个，红茶品牌11个，通过成立茶叶专业合作社、茶叶产业协会等合作社组织，培育发展茶叶经纪人，设立茶叶销售网站，并恢复成立铅山茶叶商会，拓展市场，扩大销路。铅山县河红茶出口俄罗斯、新加坡、日本、韩国、法国、加拿大等13个国家，共撬动社会资金投资茶产业2亿多元，茶叶产量1200多吨，产值3亿元。

4月17日，在第二届中国（南昌）国际茶叶博览会上，铅山县黄岗山有机资源开发有限公司生产的“紫夷云芽”获“金正杯茶王”最高奖，铅山县绿茶和有机资源有限公司生产的“绿和云毫”获“金奖”。7月20日上午，第四届“万里茶道”与城市发展中蒙俄市长峰会“河帮红”品鉴会在“河帮茶师”茶馆举办。会上邀请中国国际茶文化研究会名誉副会长程启坤教授夫妇，万里茶道协作体副主席余悦教授，中国茶馆联盟创会会长、万里茶道协作题副主席张卫华等茶叶茶道专家参加品鉴会。品鉴会上，铅山县“向阳云和”桐木陈茶被俄罗斯恰克图茶博物馆永久收藏。11月，在国家旅游局主办的2015年中国国际旅游交易会上，铅山天鑫河红茶获2015中国特色旅游商品金奖。

【全省首座畲族文化馆在太源畲族乡落成开馆】　7月1日，太源畲族文化展示馆开馆，该馆坐落在太源畲族乡入口处的盘瓠广场，占地面积100平方米，总投资25万元。展示馆共分4个部分，通过30余件展品和百余张图片详细系统地介绍了畲族迁徙、畲族祭祀、畲民生活、畲乡发展，突出展示了畲族的民俗文化和畲乡的发展迁徙。太源畲族文化展示馆的建成，作为全省首家畲族文化展示馆，不仅填补了县内完整展示畲族文化场馆的空白，还能更好地保护和传承畲族传统文化，为打造美丽畲族村寨提供一个良好的展示平台。

【武夷山自然保护区新增23个物种为全球首次发现】　江西武夷山国家级自然保护区以约占江西省千分之一的国土面积，集中了全省50%以上的高等植物物种基因和60%以上脊椎动物物种基因，是“昆虫世界、鸟的天堂”和“物种基因库”。为查明保护区的物种，30多年来，保护区管理局在全国高校、研究机构的支持参与下，开展了一系列调查、监测和研究工作。至2015年7月，保护区已查明有高等植物2829种、陆生脊椎动物486种。其中，国家重点保护野生植物26种，国家重点保护野生动物65种，并发现了黄岗臭蛙、武夷真恙螨、武夷山石楠等动植物新种23种。这23个新物种也是全球首次发现，其中12种命名与“武夷”有关。

【铅山县少年获厦门国际武术大赛26枚奖牌】　8月31日，由国家体育总局、中国武术协会主办的第四届厦门国际武术大赛结束。该届大赛以“云集四海高手，汇合两岸雄风”为主题，包括美国、英国、加拿大等21个国家和地区270支队伍3073名运动员参赛。铅山县青少年学生校外活动中心武术班15名队员参加了3个集体项目、31个单项的角逐，最终获得4金11银11铜的好成绩。

【农业现代机械化“六代一管”新模式试点成功】　湖坊镇的利源农业公司投入800多万元，与广东科利亚现代农业装备公司合作，购进包括植保机、插秧机、旋耕机、收割机、烘干机等一整套农机设备，在湖坊试点推行代育秧、代机耕、代机插、代机收、代烘干、代仓储及统一田间管理的“六代一管”全程化模式，该模式最大的优势是服务全程化、机械精细化和组织规模化，可最大化降低成本、增加效益、方便农民、减轻负担。这一典型经验在省委《决策参阅》推出，得到省委主要领导的充分肯定，并在全县推广。

【上铅快速通道建成通车】　12月11日，上饶经济技术开发区至铅山县城快速通道竣工通车。该路段全长约14.67千米，铅山县境内约5.96千米，路面宽24米，项目总投资4亿元，全线按双向四车道一级公路标准建设，于2014年8月开工。上铅快速通道是构建上饶“1+5”信江河谷城镇群交通网的主要通道，拉近了铅山县与上饶市中心的距离，县城到上饶经开区、上饶中心城区的道路里程缩减13千米，时间缩短10分钟以上，对于加速人流物流的互联互通，提升铅山县对内对外的通畅通达能力，提升优化铅山县的投资环境发挥重要作用。

【铅山电子商务创业园投入使用】 5月24日,铅山电子商务创业园开始筹建。11月,投入使用。主体建筑3000余平方米,共投入装饰、设备采购资金1000余万元。一楼布局铅山特色人文旅游、3D播放展示区、特产展示柜、电商服务中心、招商部、运营部、美工部、规划发展等八大功能和农村淘宝服务中心,二、三楼规划能容纳50余人在线培训的电脑实操室和50家电商企业。四楼规划可容纳150余人的办班培训室和阿里研究院。创业园孵化第一批企业52家,包括江西江天、天鑫含珠、铅山仙山岭野茶、鹅湖饰峰蜡烛厂等特产电商;俊逸贸易有限公司、派蔻化妆品有限公司、御皂坊实业有限公司等活跃电商。创业园以特色中国铅山馆为载体,通过线上线下O2O平台,集中展示销售特色产品、推荐人文旅游景点、订购门票、酒店。铅山县电子商务产业园紧紧围绕“大众创业、万众创新”,大力发展电子商务,推动农村电商“引进来、走出去”,提升县域经济发展水平。

【晶泰电力百兆瓦级光伏发电项目落户铅山】 9月,铅山县与晶科能源签订了光伏项目投资战略合作协议,共同建设总装机容量约300兆瓦、总投资25亿元的太阳能光伏发电新能源产业重点项目。该项目是晶科能源公司在上饶辖区范围内投资规模最大、总装机容量最大、单体建设速度最快的光伏发电项目。项目分3期建设,1期选址在汪二镇洲上村,新建百兆瓦级的光伏发电与农业生产一体化的农光互补发电项目。项目建设用地主要为滩涂用地及少量的退耕还林用地,预计总占地面积约113.33公顷,总装机容量约60兆瓦。项目于9月28日开工建设,2个月就完成60兆瓦并网装机,创造了项目建设的“晶科速度”。2期项目选址在青溪、稼轩等地,3期项目选址在湖坊、新滩、鹅湖、永平、葛仙山等地。

主要领导人 县委书记:万冬梅。县人大常委会主任:徐建明。县长:周金明(代至2月,2月任)。县政协主席:黄金福。

(郑冬香)

·万年县·

【简　况】 位于江西省东北部,辖6镇6乡、2个管委会(神农源管委会和高新区管委会)。总面积1140.76平方千米,耕地面积2.16万公顷,林地面积7万公顷,森林覆盖率64.1%,城区绿化率48.4%。总人口43.07万人,其中农业人口35.03万人,城镇人口8.04万人,人口自然增长率8.63‰。全年地区生产总值111.53亿元,同比增长10.8%。其中:第一产业增加值12.96亿元,增长5.1%;第二产业增加值63.3亿元,增长10.3%;第三产业增加值35.27亿元,增长14.8%。财政总收入17.01亿元,增长13.1%。规模以上工业增加值66.04亿元。园区主营业务收入203.24亿元,增长9.9%。引进省外5000万元以上工业项目24个,实际进资44.16亿元,增长17.8%。实际利用外资6042万美元,增长11.1%;外贸出口2.59亿美元,增长17.6%。全县实现农业总产值30.6亿元,增长4.08%;粮食总产量25.68万吨,增长2.3%。全县10家银行金融机构,存款余额117.3亿元;贷款余额64.45亿元,增长16.6%,贷存比达到64.06%。主要农产品有:贡米产业新增基地1333.33公顷、油茶基地2666.67公顷、雷竹丰产林基地近2000公顷,生猪年出栏80万头,珍珠产量38吨。农民人均可支配收入1.03万元,增长12%;城镇居民人均可支配收入2.53万元,增长11%。

【万年稻作文化亮相米兰世博会】 5月1日,第四十二届世界博览会在米兰开幕,万年稻作文化与此次米兰世博会“滋养地球,生命能源”的主题高度契合,展示期184天。万年稻作文化作为国家展示项目中唯一的江西元素,也是江西元素首次作为中国国家馆展示项目亮相世博会。万年是世界稻作起源地之一,一万多年前原始先民就过上了“饭稻羹鱼”的农业生活。水稻一直是县境内主要栽培作物。在长期的水稻耕作实践中,原始的民间文化经过数千年的沉淀,逐步形成了万年人歇谣、节令、风俗、耕技等方面的具有地方特色的稻作文化。

【被列为国家现代农业示范区】 1月22日,《农业部关于认定第三批国家现代农业示范区的通知》公布第三批国家现代农业示范区名单,万年县榜上有名,成为全市唯一一家国家现代农业示范区。万年县按照“打造全国优质农产品种养加工基地”的目标要求,强力推进农业特色化、规模化、产业化、品牌化发展,成功走出一条农业转型升级新路子。全县农业企业已经发展到297家,市级以上农业龙头企业34家。

【万年“村居啄木鸟”创新做法受到央视关注】 10月6日,中央电视台《新闻联播》节目播出题为《江西上饶:纪律在前 腐败苗头早防早治》的新闻,对上饶市在开展三严三实专题教育中,“把纪律挺在前面”的经验做法进行了报道,万年县“村居啄木鸟”的创新做法也得到央视的关注。万年县启动“啄木鸟”行动,向全县152个行政村(居)选配兼职纪检监察干事,像“啄木鸟”一样,守护着百姓身边的正气清风,探索解决村(居)党风廉政建设监督乏力和层层递减的问题。

【农业转型成效显著】 编制完成《万年县国家现代农业示范区建设规划》。中国工程院院士袁隆平的国家第五期超级杂交稻“超优1000”攻关示范点项目基本完成。鑫星农牧综合沼气发电项目,成为全国最大的生物质循环农业综合利用沼气发电项目。从中科院亚热带农业生态研究所引进的“狐尾藻净化污水技术”取得喜人效果,带动全县农业产业向生态循环深入。云河实业油茶基地入选全省首批森林食品基地。万年贡米在第十三届中国国际农产品交易会(福州)上获金奖。全省75个重点农业产业集群万年占有4个。

【电子商务发展迅速】 京东、苏宁易购、居无忧等知名电商企业在万年设立区域总部,遂昌赶街网、深圳慧客物联网在万年打造全国样板示范,居划算、惠客网、智慧商城等自建平台成功运营,正稻小种、蔡园、简尚等私人订制模式形成万年特色,江西师大科技学院大学生创新创业(互联网+)实践基地落户万年,大地走红、喜果绿化、清华珠宝、浩励箱包等传统企业纷纷“触电”，真牛食品、万年贡集团先后获评省级电子商务示范企业。电商运营中心入驻企业46家，全县电商交易额达62亿元，增长92.4%，税收6659万元。

主要领导人 县委书记：张爱平。县人大常委会主任：侯如文。县长：胡剑飞。县政协主席：乐志华。

（朱国爱）

·余干县·

【简　况】 位于上饶市西南部，辖9镇11乡，3个垦殖场、2个林场、1个水产场、1个良种场，总面积2331平方千米，其中县城建成区面积18平方千米。耕地面积7.16万公顷，林地面积5.27万公顷，森林覆盖率21.9%，城区绿化率40%。总人口106.46万人，其中非农业人口14.26万人，人口自然增长率7.5‰。全年地区生产总值120.05亿元，同比增长10.0%。其中：第一产业36.02亿元，增长3.9%；第二产业42.95亿元，增长10.7%；第三产业41.08亿元，增长14.4%。财政总收入14.59亿元，增长16.1%，税收占财政总收入的84.8%；一般预算收入10.6亿元，增长9.8%；一般预算支出40.42亿元，增长25.7%。农业总产值56.3亿元，增长3.92%。主要农产品有：粮食87.32万吨、油料2.2万吨、蔬菜15.1万吨、家禽（出栏）726.5万只、水产品14.93万吨。规模以上工业增加值40.01亿元，占地区生产的33.3%。500万元以上固定资产投资总额123.87亿元，实际利用外商投资5659万美元，实际利用省外5000万元以上项目资金37.55亿元。主要工业产品有：化学纤维5176吨、纸制品1.98万吨、铅酸蓄电池121.83万千伏安时、玻纤纱5991吨、蚕丝542.1吨。万元GDP能耗为0.43吨标准煤。城镇居民人均可支配收入1.94万元，增长10.1%；农民人均纯收入7736元，增长13.3%；城乡居民年末储蓄余额163.19亿元，比年初增长17.5%。

【获“中国生态美食之乡”称号】 4月29日，经中国烹饪协会组织专家组进行考评验收，余干县获评“中国生态美食之乡”称号，系江西省首个获此荣誉的县区。余干菜属于饶帮菜的一个分支，偏重于鄱阳湖地区流派，是赣菜的重要组成部分，历史渊源流长。余干菜的特点是“喜鲜香，味偏重”，在烹饪中突出“原汁原味”。作为全国渔业重点县，余干县有丰富的农业生态资源和优质的美食材料，是鄱阳湖银鱼、甲鱼、鳜鱼等珍稀水产品的集中产地，还盛产辣椒、藜蒿、芡实等农特产品。余干县进一步挖掘余干美食文化内涵、传承创新烹饪技艺、延伸美食产业链条，以“生态食材、文化美食”为推介理念，打造高品质余干美食。

【获“中国芡实之乡”称号】 中国园艺学会根据《中国水生蔬菜之乡授予办法》（暂行）的规定，经过专家实地考察和现场考核，9月26日，授予余干县“中国芡实之乡”称号。10月26日举行授牌仪式。余干地处鄱阳湖平原，生态环境优越，有种植芡实700年的历史，生态环境非常适宜芡实种植。余干围绕“奋力进位赶超，加快绿色崛起”这一目标，通过专题编制芡实产业发展规划、出台扶持芡实产业发展政策等一系列措施，引导和鼓励农户扩大种植面积，努力创新产品，打造品牌，不断延长产业链条，做大做强芡实产业。2015年，芡实种植面积6666.67公顷，芡实种植专业户400家，涌现出“梓阳”“明祖湖”“湖家妹”等著名芡实商标，并建成年加工芡实1.5万吨的“余干芡实食品产业园”。

【水钻产业集群发展壮大】 余干县与国家重点大学东华大学共建中国水钻研究院、中国水钻博览馆和东华大学水钻产学研基地，构建了高水平的科研成果转化平台，形成一批引领产业发展的关键性技术成果，提升水钻企业的自主创新能力，打造具有文化内涵的当地特色产品，发挥产业聚集效应。总投资15亿元、落户企业14家的余干新型水钻产业园，成为江西最大的新型水钻生产基地，被列为市重点工业产业集群。

【余干协鑫新能源光伏发电站开工建设】 5月31日，由苏州协鑫新能源投资有限公司投资建设的余干协鑫新能源100兆瓦渔光互补光伏发电站开建，该项目坐落于余干县三塘乡大口湖村，总投资约8亿元，占地面积约146.67公顷。该电站将利用建在水面上的光伏板进行太阳能发电，水下开展高效水产养殖，实现水面资源的高效综合利用。项目建成投产后，预计年发电量达1亿千瓦时左右。

【创新基层社会治理方式】 成立乡镇矛盾纠纷调处中心，筑牢矛盾纠纷化解的第一道防线。建立乡镇维稳“三合一”工作机制，将乡镇司法所、综治办、信访办整合为一套人马。有关做法得到了省、市主要领导的批示推广。2015年，全县信访形势持续好转，没有发生一起重大群体性事件。

主要领导人 县委书记：胡伟。县人大常委会主任：谭学显。县长：黄胜富。县政协主席：王晓燕。

（邓建锋　孙健）

·鄱阳县·

【简　况】 位于江西省东北部，辖14镇、15乡、1个街道办事处，总面积4214.68平方千米。耕地面积11.88万公顷，山林面积15.6万公顷，森林覆盖率34.1%。总人口159.4万人，其中非农业人口22.7万人，人口自然增长率7.7‰。全年地区生产总值180.3亿元，增长8.4%。其中：第一产业值56.4亿元，增长4.3%；第二产业值77.1亿元，增长10.3%；第三产业值46.8亿元，增长9.1%，三次产业结构比调整为31.3∶42.7∶26.0。全社会固定资产投资171亿元，增长12.5%。财政总收入16.1亿元，增长15.1%。其中，一般公共预算收入13.47亿元，增长18.0%。粮食总产量110.8万吨。规模以上工业增加值60.5亿元，增长10.5%。主景区接待游客360万人次，增长39%。社会消费品零售总额63亿元，增长12.8%。外贸出口1.22亿美元，增长7.5%。新增私营企业1027家、个体工商户3991户。金融机构年末各项存款余额260亿元，各项贷款余额98亿元，分别增长13%和21%。城镇居民人均可支配收入1.8万元,增长11.3%;农村居民人均可支配收入7876元,增长14.7%。全年累计下达各类民生资金37.55亿元,增长14.8%。

【全省首家乡镇数字影视城开业】 1月18日,全省首家乡镇数字影城——油墩街紫金影视城开业。影城拥有3个放映厅,共计433座位,影厅内全部采用阶梯式、宽排距座椅。影城引进最先进的放映、音响设备,采用SRD和DTS数码高保真环音系统,其硬件设施都已达到国际一流标准。该影院可与市区影院同步上映包括3D影片在内的所有国产、进口大片,让乡镇的居民们在家就能享受星级影院的星级服务。紫金影视城的兴建是对鄱阳县现已形成的市区商业影城布局的补充,开创了农村商业电影发展的新模式。

【鄱阳"最美军嫂"张秀桃受到接见】 2月11日,2015年军民迎新春茶话会在北京举行。鄱阳县"最美军嫂"张秀桃作为爱国拥军模范代表之一受到习近平等党和国家领导人接见,并与大家合影留念及座谈。张秀桃放弃在大城市工作生活的机会,历经艰难险阻,不远千里来到鄱阳与一级伤残军人朱光进结为夫妻。十年来,张秀桃无怨无悔,对朱光进精心照顾、细心护理,用挚情真爱守候陪伴爱人,用实际行动诠释了人间大爱的深刻内涵。

【全省首家水产院士工作站落户鄱阳】 4月18日,江西省鄱阳湖壹号渔业集团与中国科学院水生生物研究所签订合作协议,全省首家水产院士工作站落户鄱阳县。该县水产资源优势显著,全县水域面积9.4万公顷,拥有"中国湖城"之称;2014年全县水产品总量17万吨,居全省首位。水产院士工作站这一平台的搭建,有助于鄱阳县更好地攻克水产课题,为鄱阳渔业发展提供智力和科技支撑。

【黑梅农场获"全国休闲农业与乡村旅游四星级企业"称号】 6月5日,古县渡镇江西生态农业有限公司黑梅农场,被农业部授予"全国休闲农业与乡村旅游四星级企业"称号。江西生态农业有限公司黑梅农场由该县返乡创业人员蒋广勇于2004年投资1200万元创办。该农场10年来致力于生态保护与利用,发展杨梅、蔬菜种植,水产、土鸡和土猪养殖,将峡山村的荒山、荒水打造成休闲、旅游、观光于一体的热土,带动周围上百名村民脱贫致富。该农场先后获省休闲农业示范点、市农家乐旅游五星企业、市农业产业龙头企业等称号。

【江西首座35千伏配网变电站送电成功】 8月9日,江西首座35千伏配网变电站——鄱阳县枧田街35千伏变电站一次送电成功,顺利投入运行。该项目是江西省电力公司第三批中低压项目,总投资152万元,主变为5000千伏安,10千伏出线为两条。枧田街变电站具有支持电网实时自动控制、智能调节、在线分析决策、协同互动等功能,运行之后较传统变电站更为智能、节能和人性化,在降低全寿命周期建设运营成本的同时,大大提高了电网供电能力和安全运行水平。枧田街35千伏变电站的竣工投运,标志着枧田街乡中低电压问题得到解决,将为鄱阳县枧田街乡的7200户的2.5万人口提供可靠的生产生活用电。

主要领导人 县委书记:张祯祥。县人大常委会主任:陈子峰。县长:胡斌。县政协主席:占梦来。

(薛文)

吉安市

【概　况】 位于江西中西部,辖2区、10县、1市,总面积2.53万平方千米。其中城区面积314平方千米,耕地面积44.4万公顷。有林面积147.9万公顷,森林覆盖率67.6%,城区绿地率44.9%。总人口530.36万人,其中非农业人口208.89万人,人口自然增长率7.02‰。全年生产总值1328.5亿元,同比增长9.6%。其中:第一产业增加值217.4亿元,增长4.2%;第二产业增加值657.4亿元,增长10.0%;第三产业增加值453.7亿元,增长11.5%。财政总收入219.99亿元,增长12.7%,人均4499元,税收占财政总收入的比重为77.8%。公共财政预算收入161.72亿元,增长13.4%;公共财政预算支出359.41亿元,增长16.4%。工业总产值2979.58亿元,增长7.7%,规模以上工业增加值730.2亿元,占地区生产总值的比重为55%。外贸出口42.45亿美元;固定资产投资1487亿元,其中利用外商投资8.83亿美元。主要工业产品有:水泥863.6万吨、铁矿石原矿609.2万吨、液晶显示屏3.5亿片。农业总产值364.71亿元,增长4.29%。主要农产品有:粮食2117.25万吨、肉类52.68万吨、绿色蔬菜230万吨、油料20万吨、水果产量100万吨。万元GDP能耗0.37吨标准煤,二氧化硫排放总量3.94万吨,城市污水处理率86.99%。城镇居民人均可支配收入2.71万元,增长9.2%;农民人均纯收入1.04万元,增加11.8%。城乡居民年末储蓄存款1276.05亿元,增长14%。

【《吉泰走廊四化协调发展示范区规划》获批】 6月,中国城市规划设计研究院编制的《吉泰走廊四化协调发展示范区规划》分别获国家发改委和省发改委批复。《吉泰走廊四化协调发展示范区规划》范围包括吉州区、青原区、吉安县、吉水县、泰和县的部分乡镇,总面积约2542平方千米,人口122万,其中核心区共规划29个乡镇。按照规划,吉泰走廊定位为:全国重要的信息化产业基地、国家现代农业示范区、江西省重要的经济增长极和江西省城乡一体化发展先行区。力争到2020年,走廊综合经济实力明显提升,工业化、城镇化达到全国平均水平,人均GDP达5.35万元,三次产业结构为10:48:42,规模工业增加值700亿元,农村居民人均收入达1.75万元,城镇化率达58%,与全国同步建成小康社会。

【江西省第二届畲族文化艺术节在吉安市举行】 4月20日—21日,江西省第二届畲族文化艺术节在吉安市举行。活动由省民宗局、省文化厅、省旅发委、吉安市政府主办,永丰县政府、吉安市民宗局、吉安市文广新局、吉安市旅发委承办。省委常委、省委统战部部长蔡晓明,省政府副省长胡幼桃,省政协副主席刘晓庄等有关领导,各设区市和省直有关部门代表,受国务院表彰的民族团结进步模范集体、模范个人代表,有关专家学者,媒体、文化界、企业界及其他界别代表400余人出席系列活动。本届畲族文化艺术节以"繁荣发展民族文化、促进民族团结进步"为宗旨,发掘、保护、传承、弘扬少数民族优秀传统文化艺术。艺术节主要活动包括新闻发布会、开幕式、民族歌舞晚会、民族乡村体验采风、民俗文化展览、赛歌会、篝火晚会等8项内容。全省的十多个民族共同参与艺术节相关活动,包括山歌剧《热血山哈》、"中华民族一家亲,携手共筑中国梦"少数民族文艺汇演和体现畲民生活的书画摄影作品展等。

【2015年全国跳伞锦标赛在吉安市举行】 10月12日—18日,2015年全国跳伞锦标赛在吉安桐坪通用机场举行。此次活动由国家体育总局航空无线电模型运动管理中心、省体育局和吉安市政府共同举办。比赛遵循"发展体育、增进友谊、扩大交流、促进发展"的原则。开幕式上演了航空模型、动力三角翼、热气球、飞机跳伞等表演项目,还为观众提供了体验双人跳伞的机会。比赛设男女定点、男女特技、四人造型、双人跳伞、花样跳伞和伞翼飞行六大项目。此次比赛有9个代表队、130余名运动员参赛。决出男子青年个人特技跳伞、女子青年个人特技跳伞、男子集体定点跳伞、女子集体定点跳伞、4人造型跳伞、双人踩伞跳伞、伞翼飞行、自选花样跳伞等18个奖项。

【《走遍中国》栏目聚焦井冈山精准扶贫】 11月7日—8日,中央电视台《走遍中国》栏目组到井冈山市做前期采访,深入挖掘井冈山市在推进精准扶贫和农村清洁工程中的生动素材,为下一步拍摄制作专题节目做准备。《走遍中国》栏目组分别到井冈山市拿山、鹅岭、茅坪等乡镇,通过与贫困户交谈,详细了解该市贫困户在党委政府帮助下实现脱贫或正在脱贫的故事,对井冈山精准扶贫工作的有效做法和取得的积极成效给予肯定。栏目组还到井冈山市东上乡,通过实地察看和听取介绍,深入了解该市农村清洁工程实施后的变化和经验。

【上海市东方医院吉安医院开业运营】 12月26日,上海市东方医院吉安医院开业运营。该医院原为吉安市城南医院,按三级甲等综合性医院标准规划建设,总建筑面积约12.65万平方米,规划设计床位1280张,项目总投资约6亿元,配置128排CT、3.0核磁共振等高端设备。在卫生部部长陈竺、上海市和浦东新区领导的大力推进下,市委、市政府于2013年9月将建设中的吉安市城南医院交付给上海市东方医院全面整体托管,医院随之成为上海市东方医院吉安医院。上海市东方医院派出管理团队常驻吉安,无缝隙地参与到医院筹建工作中,以全新的管理理念和工作思路,对医院进行科学化管理和技术指导。为加快医院发展,上海市东方医院吉安医院科室主任全部由上海市东方医院科室主任兼任,承担医院学科发展及日常医疗任务,还遴选了35名在上海乃至国内医学领域颇具影响力的专家常驻吉安医院,并明确规定所有医务人员在职称晋升之前必须到吉安工作满半年以上。

主要领导人 市委书记:王萍。市人大常委会主任:吴敏。市长:胡世忠(任至1月)、王少玄(2月任)。市政协主席:刘宗华。

(黄俐)

·吉州区·

【简　况】 位于江西省中部,辖4镇、7个街道办事处,总面积425平方千米,其中城区面积43.5平方千米。实有耕地面积1万公顷,有林面积1.16万公顷,森林覆盖率29.47%,城区绿地率31.02%。总人口36万人,人口自然增长率8‰。全年地区生产总值127.4亿元,同比增长10.0%。其中:第一产业增加值9.8亿元,增长4.0%;第二产业增加值48.9亿元,增长9.5%;第三产业增加值68.7亿元,增长11.2%。一、二、三产业比由上年的8.2:39.2:52.6调整为7.7:38.4:53.9。财政总收入14亿元,增长16%;税收收入11.8亿元,增长18.2%;地方财政收入10.8亿元,增长20.2%;地方财政支出21亿元,增长15.2%。全区规模以上工业企业主营业务收入217亿元,增长7.1%;利润总额16亿元,增长6.7%。主要工业产品有水泥25.6万吨、白酒9776吨、金属切削机床214台、电力电缆2.83万千米。农业总产值14.7亿元,增长3.9%。主要农产品有稻谷10.5万吨、油料2286吨、蔬菜8.8万吨、瓜果6135吨、肉类1.2万吨。全区从业人员平均工资5.73万元,增长11.8%;在岗职工年平均工资5.89万元,增长11.5%;农民人均可支配收入1.26万元,增长11.8%。城乡居民年末储蓄余额260亿元,增长12.7%。

【启动都市田园休闲观光区建设】 1月,吉安市委、市政府部署建设"两带一区"(吉安都市田园休闲观光区、都市田园休闲观光带和赣江两岸风光带)。3月,吉州区围绕"两带一区"的建设目标,启动都市田园休闲观光区建设。观光区规划面积约56平方千米,分庐陵谧境、井冈翠园和塘里人家三大主题板块。观光区以吉福路吉州段为主轴,东起大广高速、西与吉安县接壤、北至钓源古村、沿吉福路两侧各1千米范围内为核心区域。以庐陵风格为标志,对兴桥区域内所有村庄高标准实施美丽乡村建设;以休闲观光农业为重点,协同推进市、区现代农业示范园建设,示范带动区域内现代农业发展;以钓源古村为龙头,加快发展城郊休闲观光旅游产业,促进农旅结合,互动发展,逐步形成集绿色生态农业示范、现代智慧农业展示、台湾精致农业推广、乡村休闲旅游度假于一体的都市田园休闲观光区。

吉州区委、区政府成立建设指挥部,按照市委办、市政府办印发的《吉安都市田园休闲观光区建设实施方案》,加快推进综合规划编制工作。基本完成初步规划设计,将相关资金和项目向观光区集中,在不新布点布局的情况下,推进农业产业、美丽乡村、小城镇改造、古村落保护提升、基础设施等项目建设。至年底,前期各项工作进展顺利,预计2020年全面建成。

【现代服务业集聚态势明显】 2015年,吉州区服务业发展提档提速,商贸服务转型升级,金融、物流等新服务业加速发展,现代服务业水平不断提升,发展活力有效增强。专业市场快速扩张。城南市场新建成5万余平方米,建成规模近80万平方米,钢材、工程机械、机动车等六大市场开业,物流园、五金机电、日用品等市场加快建设,宾馆、城市综合体等服务配套日臻完善,入驻企业440余家;吉安农副产品物流中心一期投入运行,二期即将动建;城北汽车市场多个4S店和名车馆建成运营。现代商贸提质升级。天虹商城、新世界广场等城市综合体蓬勃成长,带动城市消费升级,推动以人民广场、文山步行街、阳明东路为依托的现代高端商业商务核心区完全成形。金融业发展壮大,上饶银行、汇通民间资本管理公司等多家金融机构落户,金融业增加值增幅居各行业之首。现代物流加快发展,河西综合物流园区公路货运枢纽工程一期交付使用,鑫昌物流园区加紧建设,物流业税收增长66%。新增1家省级服务业集聚区,3家市级服务业集聚区和龙头企业,全区拥有省、市级服务业集聚区和龙头企业数排在全市第一、全省前列。旅游产业持续活跃。都市田园休闲观光区完成规划,樟山旅游小镇启动建设,现代农业示范园实现农旅结合。电子商务、健康养老、文化创意、信息服务等新兴服务业加快发展,逐渐成为吉州经济增长"生力军"。

【网络经济迅速崛起】 吉州区以电子商务为主要模式的网络经济迅速崛起,通过资金扶持、平台建设等措施助力产业转型升级,为加速现代服务业崛起和促进"大众创业、万众创新"提供了新机遇和平台。年内,吉州区在城南市场成立"中心城区电商基地",该电商基地一期营业面积近3万平方米,免费提供使用,至年底,引进了100多家电商企业。引导电商进社区、进园区。在工业园区利用闲置厂房改造成电商、文化创意一条街,在太平桥、长岗路等社区建成ITM店3家。建立电商线上交易服务平台,打造集智慧购物体验中心、智慧购物社区ITM店和微店为一体的整体智慧购物线下平台。至年底,已建成智慧购物社区ITM店30家和微店80个。该区争取扶持资金80万元,用于物流企业建立公共信息网络平台,采用线上与线下复合经营模式,有效实现"信息流、商流与资金流"的"三流高度统一",提升物流运营效率,降低物流运营成本。

【开展城市社区精准扶贫工作】 在农村实施精准扶贫的基础上,吉州区启动城市社区精准扶贫工作,通过政策扶贫、保障扶贫、社会扶贫,增加扶贫对象收入,消除贫困现象,不让一个贫困群众在全面建成小康社会进程中掉队。10月29日,召开全区城市社区精准扶贫工作动员会,将扶贫攻坚范围向城市社区扩展。

吉州区城市社区精准扶贫工作主要对象为城市社区贫困家庭,即居住在社区里的孤老、孤儿,无亲属照料或有亲属无能力照料的失能家庭,家庭成员因患重大疾病或重度残疾,且无固定收入,子女在就读的困难家庭以及重大突发性事件引发生活困难的家庭等。年内,先后7次召开调度会,采取"领导挂点、干部结对、单位帮扶、社会参与"的方式,协调安排区领导,区委办、区政府办、民政、人社等70多个部门参与,每位领导帮扶1户,每个单位帮扶2户以上贫困家庭。至年底,完成扶贫对象的摸底调查、审核、入户对接工作,按照一定两年的帮扶办法,确定了帮扶对象285户共计673人。从2015年开始,5年内每年确认一批扶贫对象,通过社区精准扶贫工作,实现有劳动能力的扶贫对象逐渐脱贫、无劳动能力的对象全面提升保障水平,稳步实现扶贫对象"业有所就、学有所教、病有所医、老有所养、住有所居"。

【启用便民服务中心】 2015年初,吉州区全面落实上级简政削权要求,进一步深化行政审批制度改革,将原来位于吉州大道上占地仅1200平方米的行政、社区服务中心迁至韶山西路,建设全新的便民服务中心。9月6日,吉州区便民服务中心正式启用,在全省率先创立并推行"前台一口受理、后台分类办理、中心一头管理"的一口式工作模式。中心占地面积5000平方米,投资3000万元,主要由一口式服务大厅、公共信息服务平台、志愿者服务联合会三部分组成,是集政务服务、生活服务、志愿服务为一体的多功能的便民服务平台。其中一口式服务大厅预设32个综合受理窗口,全面实行"一个窗口"受理所有服务事项,可同时受理30个部门246项行政审批和公共服务事项。群众在任何一个窗口均可办理多项业务。至年底,该中心一口式办事大厅接待办事群众1.86万人次,业务办结1.67万件,公共信息平台受理咨询、求助、投诉电话1.6万余个,交易成功订单3740个。

【打造吉州全媒体宣传平台】 2015年,吉州区电视台的"吉州新闻"官方微信升级为"微吉州"官方微信平台,融合新闻、栏目、新媒体三大版块,是及时全面了解吉州的重要窗口。8月26日,吉州区投资90余万元创建的《中国吉州网》上线运行。该网站搭建起面向电视、广播、报纸、互联网的全媒体新闻资讯平台,开通有新闻资讯、视频直播、镇街频道、房产汽车、健康旅游、科技体育、便民服务等20多个版块,是吉州区唯一官方新闻网站,立足吉州面向全国。12月28日,吉州区新闻中心联合四川、广州等新媒体专业团队开发的手机APP"掌上吉州"开通,这是吉州区第一个本土化的资讯生活类综合性服务平台。融合资讯、政务、直播、点播、招聘、就业、缴费、出行、违章查询等多个频道功能模块,是一个融新闻资讯、政务信息、便民查询、电视节目、社区服务、社交娱乐于一体的新型网络媒体。12月28日,吉州区与中国移动网络运营商合作,开辟了辐射全省的移动数字电视HITV——吉州频道。该频道可实现全天候节目播出,使吉州区告别了10多年来没有独立电视频道的历史。

主要领导人 区委书记:徐明。区人大常委会主任:郭捷。区长:朱谋俊。区政协主席:刘大水。

(彭春梅)

·青原区·

【简 况】 位于江西省中部,辖6

镇、1 乡、2 个街道办事处,总面积 914.62 平方千米,中心城区建成区面积 18.5 平方千米,新增城区面积 2 平方千米,城镇化率 48.7%。总人口 22.15 万人,其中,非农业人口 8.02 万人,农业人口 14.13 万人,人口自然增长率 7.6‰。全年地区生产总值 82.5 亿元(含央企华能、铁路系统),按可比价格计算,比上年增长 9.8%。其中:第一产业增加值 8.1 亿元,增长 4.1 %;第二产业增加值 49.2 亿元,增长 9.8 %;第三产业增加值 25.2 亿元,增长 11.8 %。全年全区财政总收入 8.46 亿元,增长 15.6%,其中地方财政收入 6.62 亿元,增长 22.9 %,营业税实现 1.79 亿元,占财政总收入比重 21.1%,营改增税额实现 1 亿元,占比 11.8%。全区地方财政总支出 14 亿元,同比增长 10.2 %。全年居民消费价格指数上涨 1.1%,社会消费品零售总额 21.29 亿元,增长 12.4%。工业总产值 255.53 亿元,增长 8.8 %。规模以上工业企业工业总产值 229.55 亿元,增长 7.2 %。工业增加值 56.87 亿元,增长 9.2 %。主营业务收入 229.66 亿元,增长 6.9%;工业用电量 7.71 亿千瓦时,增长 17.3%。全社会固定资产投资 62.7 亿元,增长 17.5%;实际利用外资 5226 万美元,实际利用省外 5000 万元以上项目资金 28.74 亿元,分别增长 10.2% 和 15.2%。出口总额 1.26 亿美元。主要工业产品有火电、电子、水泥、机制纸、砖等。农林牧渔业总产值 13.37 亿元,增长 4.0%;农业产品持续丰收,粮食播种面积 2.27 万公顷,产量 13.42 万吨,增长 0.2%。蔬菜播种面积 4126.67 公顷,增长 2.1%,总产量 8.75 万吨。生猪出栏 8.46 万头,增长 2.0%。牛出栏 1.30 万头,增长 4.0%。家禽出笼 86.0 万只,增长 0.4%。农村居民人均纯收入 1.04 万元,增收 1116.3 元,增长 11.9%;城镇居民人均可支配收入达 2.92 万元,增收 2807 元,增长 10.5%。

【举办第五届庐陵文化旅游节】 3 月 19 日—21 日,青原区在文陂镇渼陂古村、富田镇、青原山、东固畲族乡等地举办第五届庐陵文化旅游节。旅游节以"醇美青原"为主题,举行舞龙、彩擎、喊船等民俗表演和宝贝上东固、畲乡风情节目表演、书画作品展等活动。3 月 19 日,在陂下古村举办第五届庐陵文化旅游节暨富田镇第七届民俗文化旅游节开幕式;3 月 20 日,举办渼陂古村第十三届旅游文化节开幕式。3 月 21 日,青原山景区举行听一次养生讲座、吃一餐斋饭、学一道素菜、抄一次心经、打一次禅坐活动,东固畲族乡举行"二月二"庙会。在富田古镇民俗文化旅游节、渼陂古村文化旅游节、青原山素食节、东固二月二庙会等系列活动期间,共接待游客 6.5 万人次,增长 47%,旅游综合收入突破 500 万元,增长 52%。该次活动是历届活动规模最大、节目内容最丰富、参加人数最多的一次。

【湖南卫视《爸爸去哪儿 3》节目在青原区拍摄】 8 月 22 日—24 日,湖南卫视《爸爸去哪儿 3》节目组至区富田镇陂下古村进行现场拍摄,节目于 9 月下旬在湖南卫视黄金档播出。《爸爸去哪儿》是一档形式新潮的亲子户外真人秀节目,在国内具有较大影响力,节目收视率极高,拍摄地往往成为受人热捧的旅游景点。在节目中,观众随着艺人父子们一起游历感受陂下古村的红色遗迹、民俗文化、古村风貌、田园风光,其宣传效应和广告效应远超旅游专题宣传片和广告片。

【复原文丞相祠落成】 9 月 30 日,文丞相祠复原工程落成仪式在富田镇举行。富田文丞相祠又名"大忠堂"位于富田古街茅底坪,始设于元,元末被豪绅所毁。明正统、成化年间,在吉安地方官的资助下得到全面修葺,嘉靖年间扩建,清顺治年间毁于山寇,清康熙年间复建,最后于民国中毁于兵乱,仅存遗址。在文天祥就义 730 周年之际。2014 年 1 月,青原区以祠馆结合形式对文丞相祠进行维修复原。工程建设总投资 900 万元。中共吉安市委办、市政府办、吉安县政府以及文氏后裔,社会各界捐赠 600 万元修建资金。

青原区聘请专家和江西省文物保护中心对原祠进行历史考察和规划设计。文丞相祠复原工程依据富田文氏族谱图形记载及原祠基础勘定的方位范围进行设计。复原工程包括文丞相祠、故居、状元石坊、大魁照壁等,总占地面积 2336 平方米。文丞相祠占地面积 1036 平方米,建筑面积 756.3 平方米,通面阔 17.58 平方米、总进深 44.37 平方米、通高 13.165 平方米,祠有斗拱牌楼,前对大魁照壁,后有富水碧波。状元坊横跨龙川阁富水码头古道。竹居是文天祥的故居,在龙川阁之右,临富水、望文山。祠为二井三进式,前两进厅堂及庑廊,主要用于陈列文天祥事迹史料和珍贵文物,第三进为大忠堂,主要设为瞻仰神像位,进行供奉祭祀的场所。2014 年 6 月,文丞相祠主体工程项目完工,随后开始祠内布展,周边码头、古街修复。2015 年 9 月,文丞相祠复原工程落成。该祠堂与同在富田镇并早已修葺的文天祥墓并列为全国文物保护单位。

【青原区镇村公交正式开通】 11 月,青原区 20 台新能源油电混合动力公交车采购,中转停保站场、公交站台、指示牌等建设完成。12 月中旬,完成公交线路改造并进行试点。与原来农村客运班线相比,公交班次将大幅提高,票价降低 25%。12 月 18 日,镇村公交正式运行,开通了青原城区至新圩镇、新圩至富田镇、富滩圩镇至富滩古富井头村、值夏圩镇至值夏七姑岭村、东固畲族乡圩镇至东固峰岭 5 条镇村公交线路。其中,青原至新圩、新圩至富田两条主线采取双向对开方式运行,单向日发车班次分别不少于 52 班和 30 班;富滩至井头、值夏至七姑岭、东固至峰岭 3 条支线为新开通公交线路,每条线日均发班车辆不少于 6 班,且 5 条公交线路均实行"五定四统一"(定线路、定班次、定时间、定票价、定站点,统一安排、统一调度、统一管理、统一结算)标准,有效增加了覆盖人群、降低了票价,大大方便了群众出行。区镇村公交试点采取主线 + 支线的模式,规划了 3 条公交主干线和 18 条通主要行政村的支线,按照通行条件分 3 年全部开通,将构建以青东线为主动脉、各通村公交为支线的镇村公交网络。

主要领导人 区委书记:程以金。区人大常委会主任:郭清华。区长:胡小勇。政协主席:肖萌。

(王平发)

·井冈山市·

【简 况】 位于江西省西南部,辖12乡、6镇、1个街道办,总面积为1297.5平方千米。耕地面积8420公顷,林地面积10.6万公顷,森林覆盖率86%。总人口16.86万人,其中城市人口5.01万人,人口自然增长率8.31‰。全年地区生产总值57.57亿元,增长9.0%。其中:第一产业增加值4.9亿元,增长4.2%;第二产业增加值19.1亿元,增长8.7%;第三产业增加值33.57亿元,增长10%。工业总产值60.44亿元,增长12.3%。规模以上工业总产值29.4亿元,增加值7.91亿元,分别增长7.3%和6.1%;固定资产投资63.03亿元,增长15.84%;利用省外资金28.14亿元。主要工业产品有塑料制品1.34万吨、铜材1.37万吨、水泥9.77万吨、光缆15.57万芯千米、水力发电量2.76亿千瓦时。农业总产值10.04亿元,增长3.89%。主要农产品有粮食8.05万吨、油料2321吨、水果4839吨、生猪出栏9.38万头、水产品3840吨。万元GDP能耗0.76吨标准煤,二氧化硫排放总量1152.5吨。财政总收入7.75亿元(含地税分摊收入),增长11.6%,其中公共财政预算收入5.6亿元,税占比达78.6%,提高4个百分点。全年接待游客1384万人次,旅游收入108.06亿元,增长20.1%、21.3%。城镇居民人均可支配收入2.70万元,增长8.7%;农村居民人均可支配收入7687元,增长13.06%。

【扶贫攻坚战成效显著】 深入开展"党员干部进村户、精准扶贫大会战"活动,精准识别出贫困户4456户15008人,其中"红卡户"1645户5549人、"蓝卡户"2811户9459人。整合各类资金2.8亿元,制定出台"32条"政策,采取产业、移民、教育、保障、基础设施、就业等多种扶贫方式,加快脱贫步伐。探索金融扶贫新模式,90%以上的"红卡户"从中受益。完成移民搬迁895户4010人,解决1200余贫困人口就业。投入资金1900余万元,为贫困户落实城乡居保等保障帮扶政策。建立2000万元以上的爱心基金,解决贫困对象因重大疾病、意外事故等导致的困难。全市贫困人口减少7016人,下降幅度46.75%,贫困户人均增收1500元以上,贫困发生率由13.5%降至7.15%。

【旅游经济实现恢复性增长】 会议经济、红色培训、休闲度假等旅游业态持续升温。举办第六届国际杜鹃花节等系列节庆活动。完成"智慧井冈山"一期建设,新建改建旅游公厕55座,景区服务功能进一步提升。红色培训迅猛发展,到井冈山学员增长50%以上。获首批"中国研学旅游目的地""江西省旅游强县""最美旅游名片"称号,龙市镇获"最美休闲旅游乡村(镇)"称号,茅坪村获"中国乡村旅游模范村"称号。全年旅游人次和旅游总收入分别增长20%和22%。

【农业产业优特发展】 调优农业产业结构,大力发展两茶一竹等"6+3"产业,产业基地面积达2.8万公顷。农业经营主体不断壮大,新增农民专业合作社106家、家庭农场57家、省级龙头企业1家和吉安市级龙头企业4家,列为"国家电子商务进农村综合示范县(市)"。八角楼农业科技园引领作用明显,带动周边群众5200余人增收。加大农业基础设施建设力度,新增灌溉面积420公顷,改善灌溉面积340公顷。

【开展"联学联创联建"活动】 在南京军区的高位推动下,井冈山与南京军区5省一市9个市区共同开展"联学联创联建"活动。自2013年11月到2015年底,各项工作取得明显成效。项目建设扎实有力。第一批6个"三联"单位先后投入3500多万元资金,实施了40余个项目,长宁园、长宁路、福清连心桥、福清爱心公寓、海门山地人家、巢湖广场、老年活动中心、教学楼、晟街等一大批路桥、安全饮水、镇村联动、环境改造方面的基础设施工程相继建成。产业发展成效显著。各"三联"单位累计扶持当地群众发展猕猴桃、高产油茶、井冈蜜柚等富民产业120公顷,发展娃娃鱼养殖户70户,还利用各自的渠道优势帮助农户拓宽农产品销路,其中井竹青集团得到绍兴会稽山酒业帮助,成功改进了红米酒酿造技术,拓展了企业发展空间。民生实事深入民心。各联建单位在井冈山设立爱心教育基金,帮助贫困学生圆了"大学梦"。上海市长宁区为井冈山第二人民医院捐献了一批先进医疗设备,使老区群众在家就能享受到大城市的医疗水平。福建省福清市在下七乡盖起了爱心公寓,使下七的深山移民仅花1.5万~2万元就能住进90平方米的新房。

主要领导人 市委书记:龙波舟。市人大常委会主任:傅建华。市长:陈敏。市政协主席:曾炳龙。

(黄斌)

·吉安县·

【简 况】 位于江西省中部,全县辖13镇、6乡,总面积2122平方千米。耕地面积3.69万公顷,造林面积3533公顷,有林面积11.98万公顷,森林覆盖率63.2%。总人口51.54万人,其中非农业人口20.07万人,人口自然增长率为7.56‰。全年地区生产总值142.95亿元,增长7.5%。其中:第一产业增加值26.57亿元,增长4.5%;第二产业增加值77.89亿元,增长10.1%;第三产业增加值38.49亿元,增长12.6%。全县财政总收入25.33亿元,增长12.6%;公共财政预算收入20.27亿元,增长16.3%。规模以上工业总产值336.87亿元、增加值88.19亿元,分别增长9.4%和10.7%。全社会固定资产投资206亿元,增长18%。主要工业产品:水泥23.78万吨、啤酒7.85万吨、软饮料19.23万吨、配混合饲料7.13万吨、煤炭36.6万吨。农业总产值38.73亿元,增长4.96%。主要农产品:粮食45.37万吨、水产品2.08万吨、油料2.3万吨、葡萄3.6万吨、猪肉6.81万吨。二氧化硫排放总量4156.98吨,城市污水处理率90%;单位工为增加值能耗为0.109吨标准煤,同比下降7.63%。全县城镇非私营单位在岗职工1.14万人,年平均工资为5.52万元,增长4.26%。城镇居民人均可支配收入2.55万元,增长9%;农村居民人均可支配收入8283元,增长14.5%。全社会年末存款余额106.3亿元,增长16.12%。社会消费品零售总额38.8亿元,增长14%。

【三大产业集群不断壮大】 2015年,吉安县出台支持经济平稳健康发展若干措施32条,电子信息主导产业、绿色食品优势产业、新能源和新材料三大产业集群不断壮大,电子信息产业主营业务收入突破200亿元,增长57%;博硕协讯裂变扩张,完成税收2.46亿元,增长27.7%,创建全国博士后工作站,立讯精密射频科技项目征地拆迁启动。绿色食品产业主营业务收入42亿元,实现利税5.2亿元;投资100亿元的井冈山聚能科技开工建设;锅丰米业"锅丰"商标成功获评"中国驰名商标"。新能源和新材料主营业务收入19.5亿元,吉安力莱新能源公司获得7项国家实用型专利获评"省级高新技术企业"。九洁负氧离子、伊戈尔电气、建树电子、联众线缆等项目投产。昌盛实业、富上美科技在Q板挂牌上市。全年新增规模工业企业17户,总数达123户,规模工业增加值86亿元、主营业务收入340亿元、利税40亿元,分别增长11%、12%和10%。现代服务业发展提速,物流产业税收达1.3亿元,增长30%;新增物流企业23家,增长100%;物流园获评全省现代服务业集聚区、全省重点物流园区、全市快递产业园,集聚了包括国内十大快递分拨中心等20多家快递公司。电子商务产业异军突起,电子商务企业321家,交易额2.92亿元。阿里巴巴农村淘宝县级服务中心和村服务站开业,交易额连续2年进入阿里巴巴平台交易额全国30强。

【新农村建设成绩突出】 吉安县以镇村联动、村落连片和整村推进为重点,以"三清六改四普及"基础设施建设为切入点,以村落社区建设为落脚点,美丽乡村建设由点到面纵深推进。高标准打造大广高速、105国道;按照"灰裙白墙红屋顶,错落有致马头墙"的庐陵风格特色,重点打造敦永公路沿线美丽乡村百里示范带;重点打造吉新公路沿线美丽乡村百里示范带建设和吉福公路、高塘物流园至凤凰高新区沿线美丽乡村提升工程,全县主要通道沿线村庄全部能达到和谐秀美乡村的标准。在美丽乡村建设中,吉安县探索推进一产"接二连三"的发展新路子,县财政每年安排630余万元资金,专门用于扶持农业特色产业发展,抓龙头、抓特色、抓规模,发展壮大井冈蜜柚、绿色蔬菜、花卉苗木、高产油茶等新兴产业,巩固横江葡萄、肉鸡、肉牛、生猪等传统产业。2015年,吉安县新农村建设工作连续九年获"全省新农村建设工作先进县"称号。2006—2015年,全县累计整合各类资金4.2亿元,重点建设了1125个美丽乡村建设点,涉及农户5.4万余户21.5余万人,村民实现了"走平坦路、喝干净水、上卫生厕、住整洁房、用洁净能源、居优美村"的目标,打造了一批环境优美、产业发展、功能完善、乡风文明、各具特色的美丽乡村。

【国家现代农业示范区建设卓有成效】 2015年,吉安县国家现代农业示范区建设按照"兴产业、壮龙头、强科技、活机制"思路,加快传统农业向现代农业、农业大县向农业强县的转变。重点打造吉福线、高凤线井冈蜜柚产业带,新建2个千亩以上井冈蜜柚示范基地,新增井冈蜜柚1540公顷、横江葡萄设施栽培66.67公顷和绿色蔬菜133.33公顷;新增农民专业合作社14家、家庭农场84家、市级龙头企业3家。19个乡镇都成立了农村土地流转服务中心,新增耕地流转200公顷。完成国家水土保持重点建设工程,五河治理防洪工程、中小河流治理工程和小农水重点县建设有序推进,改善灌溉面积5573.33公顷,改造高标准农田4060公顷。现代农业示范园区成型,"三区一平台"(现代农业展示区、新型产业示范区、农产品加工区和吉安农特产品电子商务平台)建设初见雏形。农业科技展示馆大楼建成;井冈蜜柚、横江葡萄、绿色蔬菜等主导产业标准化示范基地初具规模,建设光伏大棚3万平方米;成立吉安市首家电商平台,引进峰溪农业等4家企业进驻园区发展高效农业,完成投资1.6亿元,吸引民间投资约1.1亿元。

【江西燕京啤酒公司年产50万吨退城进园项目奠基开工】 8月19日,江西燕京啤酒公司退城进园项目签约暨奠基仪式举行,项目正式开工建设。该项目总体产能规划为年产啤酒50万吨(原老厂产能的3.3倍),占地面积27公顷。项目分两期建设,首期25万吨工程投资达10亿元。整体项目竣工投产后,公司年产值预计达20亿元,税金达2亿~3亿元,年利润超1亿元。江西燕京啤酒公司是燕京集团走出京门组建的第一家外埠企业。2015年,公司总资产3.5亿元,年产能15万吨,销售额3亿元,利税超7000万元。

【打造全省首个"矿居民镇直管"精品社区】 2015年,吉安县打造出全省首个"矿居民镇直管"精品社区——天河煤矿社区。江西天河煤矿矿区面积89平方千米,居民1.2万人。根据吉安县政府与天河煤矿签订的《天矿社区移交地方管理协议》,天河煤矿将退休和不在岗职工及家属移交给属地的天河镇政府管理,这在全省尚属试点。镇政府组建天矿社区党总支部和管委会,配有11个工作人员,实施网格化管理,推行"5+2""白+黑"错时工作法,实现服务时间全天候、服务内容全方位、服务对象全覆盖。社区设立计生、社保、医保低保、环卫、调解5个办事窗口,建立"一人多岗、一专多能"机制,实行岗位兼容制、错时工作制、一门受理制、首问责任制、服务承诺制、限时办结制等多项制度;同时通过发放亲情服务卡、服务监督卡及时了解社区干部的服务情况,变社区工作人员为住户"家庭保姆",增强居民对社区的认同感和归属感。天河煤矿效益连年下滑,群众心里落差大、怨气多,社区工作人员通过与群众零距离接触、亲情化沟通、保姆式服务,架起了与群众沟通的连心桥,成功化解居民与居民、居民与企业之间的各种矛盾,矿区安全指数和居民满意度连年上升。

主要领导人 县委书记:刘洪。县人大常委会主任:罗福祥。县长:李克坚。县政协主席:张迪俊。

(旷喜保 郭绢)

·新干县·

【简 况】 位于江西省中部,辖7镇、6乡、1个街道办事处、2个国有农林场。总面积1248平方千米,其中城区面积25.54平方千米。耕地面积3.36万公顷,林地面积7.25万公顷,森林覆盖率59.74%,城区绿化率44.76%。总人口35.03万人,其中城镇人口9.5万人,人口自然增长率10.7‰。全年地区生产总值103.5亿元,增长9.6%。其中:第一产业增加值19.41亿元,增长3.9%;第二产业增加值53.98亿元,增长10.5%;第三产业增加值30.1亿元,增长11.4%。财政总收入14.3亿元,增长10.1%,人均4082元,税收占财政总收入的比重73.9%;地方财政收入10.6亿元,增长4.9%;地方财政支出25亿元,增长21.7%。工业总产值250.97亿元,增长7.9%。规模以上工业增加值56亿元,占地区生产总值的比重为54.1%;外贸出口总额3亿美元,占地区生产总值的比重为18.9%。固定资产投资123.6亿元,增长20.5%;实际利用外商投资6541万美元,增长7.2%;省外投资39.63亿元,增长15.9%。主要工业产品:加工盐81.3万吨、水泥55.78万吨、大米57.97万吨、铜材4.57万吨、箱包3000万只。农业总产值29.04亿元,增长3.3%,粮食总产量34.84万吨。主要农产品:蔬菜瓜果20.13万吨、油料2.24万吨、生猪出栏89.95万头、柑橘22.21万吨、水产品2.21万吨。万元GDP(规模工业增加值)能耗0.36吨标准煤,城市污水处理率87.57%。城镇居民人均可支配收入2.50万元,增加2293元;农村居民人均可支配收入1.17万元,增加1131元。城乡居民年末储蓄余额100.78亿元,增长14.82%。全年民生事业投入20.94亿元,新增1.9亿元。新增城镇就业5706人,城镇就业率在95.5%以上,五大社会保险实现全覆盖。完成城市棚户区改造572套,公租房建设500套。积极对接争取省重点扶贫项目28个,实施扶贫项目218个,全年减贫3827人。

【被认定为全国义务教育发展基本均衡县】 2015年,新干县被认定为全国义务教育发展基本均衡县。该县坚持教育优先发展,合理配置教育资源。全面实施城区学校扩容工程,龙山小学顺利开办,新建界埠中心小学新校、城上中心小学新校等一批农村学校。高考一本上线率、二本上线率、600分以上人数及中考及格率均位居全市第一。有3名学生被清华大学录取,北京体育大学和中国美术学院各录取1名学生。县职业中专被评为江西省达标中职学校。新干县被评为全省教育工作目标考核优秀单位、全省责任督学挂牌督导工作先进县。

【获全国基层文化志愿服务示范项目】 2015年,新干县获全国基层文化志愿服务器示范项目。该县深入推进公共文化服务标准化、均等化建设。组建了一支拥有10个俱乐部、316名志愿者参与的文化志愿者协会;先后举办"走进敬老院""喜迎端午""文化进小区、快乐迎元旦"等文艺晚会;免费举办各类艺术培训班16期,为基层培养文艺人才900余人;创作了一大批艺术作品,舞蹈俱乐部创作的舞蹈节目《俏花旦》获江西省首届农民才艺大赛二等奖、吉安市赛区一等奖。

【电商产业蓬勃兴起】 自2014年12月被列入国家电子商务进农村综合示范县以来,新干县全面启动"一园一中心两基地,若干个农村电商服务站"城乡梯度战略布局,构建"工业品下乡,农产品进城"网络双向流通渠道,坚持以市场为导向,多路并举,全面推进全县电子商务产业发展。3月,该县引进国内电商龙头企业阿里巴巴落户新干,并广泛招募村淘合伙人,建设覆盖全县的农村淘宝村级电商服务站。同时,充分发挥邮政资源优势,重点推进邮政农村e邮农村电商发展模式。充分利用商贸物流园的物流资源优势,以市场为导向,高标准建设城北、城东两个电商产业园,实施专业化运营管理,开展电商千人培训,招引知名企业入驻,接入互联网大数据、互联网金融,以"互联网+"模式,推动大众创业,万众创新,驱动县城经济转型升级。同时,打造箱包皮具、灯饰照明两个专业化电子商务示范基地,培育出璐璐凯帝、贝尔森、摩迪纳等一批新干箱包网销品牌,创建"江西灯饰交易网"。与深圳电商商会签约,搭建全市首个跨境电商公共服务平台。全县电商企业600多户,开设经营网店4000多家,农村电商服务站100个,销售总额超18亿元,电商发展景气指数名列全省第三。

【培育特色市场成效显著】 该县坚持把培育特色市场作为助推服务业发展的主抓手,突出箱包皮具、灯饰照明两大特色产业,构建了"市场+基地+物流"二、三产业互动发展体系。高起点布局市场,先后在城南规划建设13.33公顷的箱包皮具城和34.47公顷的国际灯饰城,进驻商户1306家,年交易额达25亿元。在城东规划建设200公顷箱包皮具产业园,已开发73.33公顷,建成国内一流标准化厂房100万平方米,共有箱包皮具企业200家,年产拉杆箱包3000万只,产值过30亿元;在城东和河西分别规划建设106.67公顷赣中玻璃灯饰工业城和333.33公顷绿色科技照明产业园,有玻璃灯饰企业70多家,从业人员2万多人;在城东和城北分别建成1.5万平方米的电商产业园,引进阿里巴巴、南傲科技等电商企业40多家,箱包电商创业企业50多家。举办了灯饰照明节和第四届国际箱包皮具节,有力提高了产业知名度和市场竞争力。箱包皮具城被评为省级现代服务业集聚区,灯饰城和城北物流园被评为市级现代服务业集聚区。

【剪纸艺术走出国门】 新干剪纸历史悠久,题材广泛,内容丰富,融思想性、历史性、艺术性、观赏性、装饰性为一体,以其独特的艺术魅力,浓郁的地方风情,纯朴的艺术形式,丰富的创作题材,一直保持着旺盛的艺术生命力和吸引力,2011年顺利入选第三批国家级非物质文化遗产名录,新干县也被省文化厅批准命名为"剪纸之乡"。在发展经济的同时,新干县加强了非物质文化遗产的保护,设立了6个剪纸艺术培训基地,定期举办剪纸艺术培训和剪纸作品展览,经常召集作者座谈交流剪纸创作体会,鼓励支持剪纸艺人收传艺、现场展示技艺、创作剪纸作品,使新干剪纸技艺得到传承和发展。7月份,新干剪纸艺人彭许平参加了第42届意大利米兰世博会,向全世界展示了新干剪纸的风采。

主要领导人 县委书记:刘毓名。县人大常委会主任:侯建国。县长:包静。县政协主席:张梅生。

(孙雪峰)

·永丰县·

【简 况】 位于江西省中部,辖13乡、8镇、2国有个林场、1个国有垦殖场,总面积2695平方千米,县城建成区面积14.82平方千米。耕地面积4.47万公顷,有林地面积20.11万公顷,森林覆盖率72.1%,城区绿地率39.8%。总人口48.42万人,常住人口城镇化率41.4%,人口自然增长率7.98‰。全年地区生产总值125.3亿元,增长10.4%。其中:第一产业增加值20.6亿元,增长4.5%;第二产业增加值62.4亿元,增长10.7%;第三产业增加值42.3亿元,增长12.9%。财政总收入15.6亿元,增长15.5%,人均3221.8元,财政总收入占地区生产总值的比重12.5%,税收占财政总收入的比重77.2%;公共财政预算收入10.8亿元,增长14.2%,公共财政预算支出25.2亿元,增长14.2%。工业总产值246.5亿元,增长10.5%。规模以上工业增加值62.4亿元,占地区生产总值的比重49.8%。全社会固定资产投资178.5亿元,增长17.5%。实际利用省外资金30.66亿元,增长16.5%;实际利用外资6379万美元,增长23.0%。外贸出口额3.2亿美元,增长0.1%,占地区生产总值的比重16.3%。主要工业产品有白银30.8吨,增长3.3%;中成药0.51万吨,增长-6.9%;水泥82.4万吨,增长5.5%;机制纸2.67万吨,增长-14.9%。农业总产值40.15亿元,增长3.6%。主要农产品有粮食总产量18.01万吨,增长0.1%;蔬菜27.51万吨,增长5.9%;肉类总产2.71万吨,增长2.9%;水产品1.68万吨,增长5.3%。万元GDP能耗0.54吨标煤,规模工业万元增加值能耗0.68吨标煤,城市污水处理率88.7%。城镇在岗职工年均收入5.23万元,增长3.6%。农村居民人均可支配收入1.22万元,增长11.9%;城镇居民人均可支配收入2.43万元,增长10.0%。城乡居民年末储蓄余额91.75亿元,增长14.5%。

【主导产业加快集聚】 全年新增规模工业企业17家,总数达120家,居吉安市第二位。完成规模工业增加值62.4亿元,增长10.8%,税收4.65亿元,增长13.8%。石头经济、循环经济、医药食品三大主导产业主营业务收入225亿元、税收4.38亿元,分别占规模工业的86.5%、94.2%。继循环经济过百亿后,石头经济主营业务收入达102亿元,成为吉安市唯一的"双百亿产业"县;医药食品产业加速发展,生物医药产业园一期23万平方米标准厂房竣工,狼和科技即将在新三板上市,永丰县获全国食品工业强县。

【完成恩江河道非法采砂整治】 7月7日至10月31日,该县对恩江河道七都乡牛山村至八江乡八江村及恩江河麻江支流佐龙境内的所有非法采砂场开展集中整治,成立专门整治工作小组,起草《永丰县恩江河道非法采砂专项整治实施方案》,并在全县多次召开相关部门和沙场业主调度会,对下达整治单不接受处理的砂场,强行给予断电拆除,有力推进非法采砂专项整治行动。全面取缔恩江河道上的非法采砂点,依法成功组织了对恩江河道采砂权的公开拍卖工作,出让收入3931万元,恩江河道非法采砂整治工作完成,各乡镇河道采砂行为逐步规范。通过有效整治,消除了河道的行洪、桥梁和沿河两岸的安全。水清岸绿的恩江河道生态逐步显现。

【"诚商信贷通"模式在全省推广】 永丰县以创评"星级文明诚信个体户"为切入点,对个体户进行信用等级评估和信用贷款授信工作,开展"诚商信贷通"试点,推进个体户信用体系建设和小额贷款等金融服务,解决了个体户缺少抵押物贷款难和金融部门因资金安全放贷难这一两难矛盾。全年共有779名个体户分别获得一星级、二星级、三星级文明诚信个体户称号,分别可以得到20万元以内、40万元以内、60万元以内的信用或保证贷款扶持、利率优惠以及少量贴息支持等,共获得授信1.8亿元,已发放"诚商信贷通"贷款5460万元。"诚商信贷通"模式搭建起政银企真诚合作、共谋发展、合作共赢的平台,取得了较好的成效,已在全省推广。

【国有林场改革取得较好成效】 围绕"森林资源增加、职工安居乐业"目标,一体化推进国有林场改革。共争取资金4200多万元,化解林场历史债务,妥善安置1309名职工,实现社会养老、医疗保险全覆盖;实施国有林场危旧房改造工程建设,解决职工后顾之忧,为重组后的国有林场卸下包袱;将15个国有林场(所)整合重组为官山、李山、古县、沙溪4个国有生态林场,定性公益二类事业单位,人员和机构经费纳入县财政预算,有效解决了林场数量多、职工人数多、单位类型多、负担负债多、遗留问题多等"五多"问题,实现了"重组、定性、保障、减员、剥离、转换"6个到位和森林资源增长、林场职工增收、发展后劲增强、确保和谐稳定的"三增一保"目标,探索出森林资源保护与林业发展相协调、促进职工就业与落实社会保障相统一的国有林场发展新路子,其改革成功经验做法受到吉安市委、市政府特别嘉奖,并在央视《焦点访谈》栏目播出。

【县法院获评全国优秀法院】 1月,县法院被中华人民共和国最高人民法院授予"全国优秀法院"称号。县法院围绕"让人民群众在每一个司法案件中都感受到公平正义"工作目标,把握司法为民、公正司法主线,在全县234个村(居)委会设立"司法便民联系点",派驻青年法官兼任"村官",开展巡回审判,送法到基层、进社区等活动,全面加强审判执行工作和自身队伍建设,依法惩治各类刑事犯罪;坚持服务大局,参与社会综合治理,主导的信访纠纷联合化解中心化解了一大批社会矛盾,获得省委政法委、省高级法院、最高人民法院的充分肯定。县法院2012年和2014年连续两届被评为"江西省优秀法院";2013年和2014年连续两年被评为"江西省公众满意政法单位";2014年被江西省高院记集体二等功一次。

主要领导人 县委书记:朱新堂。县人大常委会主任:聂建国。县长:钟义山。县政协主席:陈全根。

(李保生)

·峡江县·

【简　况】　位于江西省中部,辖6镇、5乡,总面积1287.43平方千米,城区面积5.1平方千米。耕地面积2.49万公顷,林地面积8.48万公顷,森林覆盖率65.5%,城区绿化率46.4%。总人口18.75万人,其中非农业人口6.66万人,人口自然增长率7.9‰。全年地区生产总值59.54亿元,增长9.1%。其中:第一产业增加值11.99亿元,增长4.3%;第二产业增加值29.58亿元,增长10.6%;第三产业增加值17.97亿元,增长10.1%。财政总收入10.02亿元,增长20.1%,人均5344.8元,税收收入占财政总收入比重80.5%;公共财政预算收入7.02亿元,增长11.5%;财政总支出15.92亿元。工业总产值170亿元,增长13%。规模以上工业增加值27.13亿元,增长10.2%,占地区生产总值比重45.2%。外贸出口1.99亿美元,占地区生产总值比重12.9%;固定资产投资70.5亿元,实际利用外资3000万美元;引进省外5000万元以上项目投资27.79亿元。主要工业产品有医药化工产品4.59万吨、金属加工产品6.81万吨、造纸产品5.35万吨、绿色食品3.40万吨、服装1.51亿件。农业总产值16.98亿元,增长4.6%。粮食总产量26万吨。主要农产品有烤烟4100吨、油料4000吨、水产品1.6万吨、肉类3.17万吨。万元GDP能耗0.488吨标煤,下降3.1%,城市污水处理率85%。城镇居民人均可支配收入2.15万元,增长9.9%;农村居民人均可支配收入9519元,增长11.9%。城乡居民年末储蓄余额47.33亿元,增长10%。

【获“国家园林城市”称号】　1月,峡江县被住建部授予“国家园林城市”称号。该县围绕“小而精、绿而美”县城建设定位,重点实施“景观型、休闲型、生态型、节约型、细胞型”园林绿化工程,形成了“一路一树、一街一景,四季有花、四季有景”的绿化风格,城区建成区绿化覆盖率46.4%,绿地率42%,人均公园绿地面积13.16平方米,一座城在林中、人在绿中、城林交融的园林县城基本成形。

【打造现代农业综合体】　峡江县坚持融合创新开放发展,把“城市综合体”建设理念引入农业示范园,打造集生产示范、创业孵化、休闲旅游、农业会展、文化传承等功能为一体的现代农业综合体。2015年,投入1.5亿元,建成智能温控大棚、连栋钢架大棚、休闲家庭农场等设施农业29.2万平方米,新开发了5个千亩产业基地。7月,峡江县现代农业示范园获市级示范园授牌。

【金坪华侨农场获评“全国社区侨务工作明星社区”】　11月17日,金坪华侨农场新民村社区被国务院侨务办公室授予“全国社区侨务工作明星社区”称号。金坪华侨农场新民村地处105国道旁,距离峡江县城10千米,有归侨侨眷263户785人,占全村人口比例达97.5%,是一个典型的越南归难侨聚居村。全村以果业种植为主,有果园120公顷。该村坚持把社区侨务工作作为华侨农场改制后侨务工作的重点来抓。突出侨场“村民即侨民,村务即侨务”的特点,围绕“社区为侨服务好,侨为社区贡献多”的双向服务宗旨,开展“侨”特色活动。抓阵地、建网络,侨务工作基础扎实。做到了“八个有”,即:有机构、有牌子、有人员、有制度、有档案、有阵地、有经费、有活动,社区侨务工作实现系统化、规范化、长效化。建侨村,暖侨心,为侨服务成效显著。实施侨居工程,采取“自建+帮建”模式,完成191户侨居工程;实施清洁工程,采用“无动力厌氧+人工湿地”的工艺,新建了吉安市首个农村生活污水集中处理工程;实施畅通工程,先后兴修了2.4千米6米宽的沥青通村公路、5条6千米果园机耕道水泥路、2.8千米巷道水泥路;实施富民工程,打造田园休闲体验观光区,加快发展农家乐旅游,不断拓宽侨民增收渠道。

【峡江水利枢纽工程入围国家示范PPP项目】　8月,国家发改委公布13个具有代表性和示范性的PPP项目案例,峡江水利枢纽工程因其在以工程经营性功能和设施积极吸引社会资本等方面具有借鉴意义而入围。该项目是江西省引入市场机制、推进PPP模式的有益探索,采用特许经营方式筹集项目建设资金,通过邀请招标择优选择社会投资主体,签订多项合同文本明确权责利关系。峡江水利枢纽工程总投资达99.2亿元,是全省迄今投资规模最大的水利工程。4月29日,峡江水利枢纽工程9台发电机组安装全面完工并投产发电。

主要领导人　县委书记:徐开萍 。县人大常委会主任:王振军。县长:刘志斌 。县政协主席:毛润根。

（高小平）

·吉水县·

【简　况】　位于江西省中部,辖3乡、15镇,总面积2509.73平方千米,其中县城建成区面积16.7平方千米。耕地面积5.13万公顷,有林面积16.6万公顷,森林覆盖率63.4%,城区绿化率35.09%。总人口55.69万人,其中非农人口23.34万人,人口自然增长率7.73‰。全年地区生产总值120.16亿元,增长10.3%。其中:第一产业增加值22.8亿元,增长4.5%;第二产业增加值56.11亿元,增长10.9%;第三产业增加值41.25亿元,增长12.8%。财政总收入14.12亿元,增长12.2%,税收占财政总收入比重76.1%;地方财政收入10.8亿元,增长10.8%;地方财政支出27.1亿元,增长16.75%。规模以上工业增加值48.4亿元,占地区生产总值的比重40.3%。外贸出口4.47亿美元,占地区生产总值的比重23%。固定资产投资129.9亿元,增长17.5%,实际利用外商投资7493万美元,省外投资5000万以上项目资金33亿元。主要工业产品有原煤26.1万吨、棉纱1.2万吨、布4592.7万米、大米79.91万吨、电子元件6914万件。农业总产值27.26亿元,粮食总产64.6万吨。主要农产品有稻谷54.9万吨、水果2.58吨、豆类6008万吨。万元GDP能耗0.69吨标准煤,城市污水处理率66%。城镇居民人均可支配收入2.28万元,增加2168元;农村居民可支配收入1.26万元,增加1634元。年末居民储蓄存款余额105亿元,增长13.5%。

【推动产业集聚转型升级】　年内,吉

水县园区机制体制改革政策全面落地，完成基础设施投入1.6亿元；电子信息产业迅速发展，军民结合产业园平地46.67公顷，签约项目10个，景旺电子、吉西电子税收突破千万。对接全市“三山一江一城”旅游战略，启动大东山旅游开发，燕坊古村成功创建国家4A级景区，举办了“行游吉安 醉美家乡——吉水库区水上游”“百威英博啤酒美食节”等活动；物流大厦主体竣工，物流产业税收1.1亿元。发展各类电商实体200余家，营业额进入全省前10位。五大富民产业新增种植面积3533.33公顷，其中井冈蜜柚新增1400公顷。举办第二届吉安井冈蜜柚节，“千村万户老乡工程”（政府扶持农户种柚）新增农户6300户。现代农业示范园基本建成，示范带动作用开始显现。

【绿色食品产业发展迅速】 绿色食品产业是吉水县三大主导产业之一。2013年，园区三期启动建设规划面积200公顷的产业园，至2015年底，已基本建成100公顷。该县绿色食品产业有3个特点：一是转型升级发展加速，由原来传统型向开放型转变，由单一的粮油加工向宽领域精深加工转变，鸡鸭鹅、柚子、蔬菜、饲料、速食品等10余家企业相继建成投产，逐步实现了产业集群；二是带动效益日益凸显，通过公司+农户的模式，实现了一产接二连三，促进了农民增收致富；三是功能配套逐步厚实，一大批重大项目的落户投产，带动了配套行业的发展，如百威啤酒配套企业生力源玻璃制品企业正在加快建设，彩印包装、物流、电商等企业也纷纷入驻，进一步完善了工业园区配套设施。世界500强企业百威英博（吉水）啤酒公司，是绿色食品产业的重点企业之一，2015年9月投料，11月产品正式上市。

【万尚庐陵文化广场建成开业】 11月，由上海万尚会投资发展有限公司投资建设的万尚庐陵文化广场建成营业。规划总用地面积9公顷，建筑面积约为23万平方米，总投资10亿元，包括万尚全球购物中心、家具博览中心、庐陵风情街、庐陵雅苑四大板块，是集专业品牌展示、购物休闲、商务办公、餐饮娱乐、高档住宅为一体的大型复合式商业生活广场。吉水电子商务街为广场的重要组成部分，总投资约1.1亿元，设有大学生创新创业项目孵化区、互联网+电商产业孵化区、科技创新项目孵化区、农产品电商产业孵化区，文化创意项目孵化区等功能区，是吉水县第一座商业综合体式大学生创业孵化基地，能为大学生、农民及其他创新创业人士提供创业场所、政策扶持、创业培训、创业指导、项目推进、融资支持等一系列就业创业服务。

【市民服务中心创改革新亮点】 2月，市民服务中心运行。该中心总投资2360万元，建筑面积1万平方米。市民服务中心体现了政府机构改革成果，率先在全市实行“全集中全到位”，市场监督管理局完成了“三证合一”“一照一码”全面运行，卫生、计生实现了窗口融合，不动产登记中心完成人员进驻；展现了政府职能转变成果，精简审批环节，推行并联审批和一审一核制度，压缩办理时限70%以上，现场办结率提高30%，国地税联合办税创全省先河；承接了行政审批制度改革成果，完成“三单一网”建设，全面承接省、市下放项目，精简审批项目，精简率67%；规范了招投标领域管理，出台了“1+10”系列规范招投标、政府采购文件，使公共资源交易在阳光下运行。该中心经过近1年的运行，得到群众好评。

主要领导人 县委书记：刘兰芳。县人大常委会主任：易教顺。县长：袁守旺。县政协主席：罗定贵。

（康小琴）

·泰和县·

【简　况】 位于江西省中部偏南，辖16个镇、6个乡、2个垦殖场，总面积2660.15平方千米，其中城区面积19.23平方千米。耕地面积5.55万公顷，有林面积14.63万公顷，森林覆盖率63%。总人口58.75万人，其中城镇人口19.01万人，人口自然增长率8.07‰。全年地区生产总值133亿元，同比增长9.1%。其中：第一产业增加值26.54亿元，增长4.5%；第二产业增加值70.05亿元，增长10.1%；第三产业增加值36.42亿元，增长10.3%。一、二、三产业比为19.95∶52.67∶27.38。财政总收入19.16亿元，增长12.5%，其中公共财政预算收入14.26亿元，增长11.8%。地方一般性预算支出31.92亿元，增长26.0%。其中民生投入26.97亿元，占财政支出的84.5%。完成固定资产投资122.7亿元，增加18.4亿元，增长17.6%。社会消费品零售总额36.83亿元，增加4.65亿元，增长11.6%。金融机构各项存款余额190.9亿元，贷款余额89.5亿元，分别增加42亿元、26.1亿元，增长13.2%、26.5%。实际利用内资43.1亿元，实际利用外资7878万美元，实现外贸出口4.23亿美元，分别增长15.7%、12.5%、9.0%。新增规模工业企业17户，实现规模工业增加值66.12亿元，占全县生产总值的比重为49.7%。三大产业主营业务收入162.6亿元，占全县规模工业主营业务收入总量的65%，其中机械制造产业主营业务收入70.51亿元、电子信息产业主营业务收入63.87亿元、绿色食品产业主营业务收入28.26亿元。万元GDP能耗0.366吨标准煤。粮食播面8.76万公顷，总产量55.34万吨；蔬菜总产量35.12万吨，增长2.27万吨；饲养生猪75.1万头、肉牛33.7万头、泰和乌鸡2250万只。城镇居民人均支配收入2.26万元、农村居民人均支配收入1.14万元，分别增长8.8%、11.9%。

【风力发电项目并网发电】 落户该县的风力发电项目由中电投集团江西分公司投资建设，总投资18.2亿元，系江西省最大高山风电场。截至12月25日，完成72台单机容量为2兆瓦的风力发电机组，其中钓鱼台风场6月30日并网发电，累计发电4307.2万千瓦时；茶园Ⅱ回路9月30日并网发电，累计发电2668.98万千瓦小时。

【井冈山机场二期扩建开工】 6月15日，井冈山机场二期扩建工程奠基开工。二期主要建设内容为：候机楼扩容至1.3万平方米，新建站坪及联络道面积2.8万平方米，扩建站坪机位达9个（7C2B），空管工程改造及相关配套工程和设施设备（含供油工程）。工程预算总投资约3.92亿元，资金来源除争取民航发展基金外,航油公司由中国航空油料集团公司负责投资,其余部分由吉安市政府自筹。至年底,场道及助航灯光工程,巡场道、消防道,垂直联络道,排水沟、除水液池,助航灯光电缆改签工程、电缆井及顶馆作业和机坪消费管网等工程主体基本完成,并完成医疗救护车及部分业务用车的采购。

【获"全国食品工业强县"称号】 泰和县借力生态优势、特色产业,引进并扶持壮大以"半边天"药业、江西和泰实业、白凤米业、湖南三可食品、江西嘉润绿色食品等为龙头的食品工业企业。形成以优质稻、泰和乌鸡、肉牛生猪、井冈蜜柚、绿色蔬菜、特种水产为重点的六大特色农业产业。至年底,全县拥有规模以上农产品加工企业131家,其中省、市级龙头企业32家,产值达53亿元,食品产业成为泰和县经济增长的重要支撑。12月26日,中国食品工业协会授予全国38个县(市、区)2014—2015年度食品工业强县称号,泰和县名列其中,这是泰和县连续第三届获此荣誉。

主要领导人 县委书记:廖晓军(11月9日,因涉嫌严重违纪,接受组织调查)。县人大常委会主任:钟用洪。县长:李军。县政协主席:詹学锋。

(刘捷)

·万安县·

【简　况】 位于江西省中南部,辖9镇、7乡和1个垦殖场,总面积2038平方千米,城区面积12平方千米。耕地面积2.57万公顷,有林面积12.44万公顷,森林覆盖率68.8%,城区绿化率36.47%。总人口31.71万人,其中非农业人口10.03万人,人口自然增长率7.63‰。全年地区生产总值61.68亿元,同比增长9.4%。其中:第一产业实现12.61亿元,增长4.2%;第二产业实现28.82亿元,增长10.5%;第三产业实现20.25亿元,增长10.6%。一、二、三产业比为20.4:46.7:32.9。固定资产投资完成64.63亿元,增长16%。全县规模以上工业实现主营业务收入107.4亿元,增长7.1%。主要工业产品有水晶64.2亿片、发电16.28亿千瓦时、啤酒19.26亿千升、水泥47.25万吨。农业总产值22.25亿元,主要农产品有粮食总产28.23万吨、生猪出栏25.0万头、肉牛出栏0.20万头、水产2.52万吨。财政总收入10.15亿元,增长15.2%;公共财政预算收入7.66亿元,增长12.3%。城镇居民人均可支配收入2.10万元,增长9%;农村居民人均可支配收入7649元,增长13.3%。社会消费品零售总额15.58亿元,增长11.8%。

【团购商品房推进移民"进城进园"】

该县加大扶贫搬迁工作力度,重点推动库区、深山区、地质灾害频发区农民"进城进园"。为此,全县建设东湖洲小区、景福苑小区和工业园小区等3个安置点,由县政府向开发商统一团购商品房,再以低于市场价的优惠价出售给移民,由政府弥补市场差价,房屋产权完全归移民所有,并为移民办理完全产权的《房屋产权所有证》。同时,安置对象还可享受"四补助一奖励一支持"的优惠政策,即移民扶贫补助、旧房拆除补偿、农村危旧房土坯房改造补助、宅基地复垦补助、搬迁入住奖励、信贷支持。全县落实搬迁移民"进城进园"1313人。

【"互联网+"推动万安"法律服务超市"服务升级】 万安县司法行政服务中心将"互联网+"融入管理理念,利用新媒体、新技术,推动服务转型升级。该服务中心是万安县司法局在2013年将公证处、法律援助中心、社区矫正监管中心、远程帮教会见中心、医疗纠纷调处中心、律师事务所和司法鉴定所等7个法律执业窗口有效整合组建,实行执业机构集中办公,365天全天候提供服务,被群众称为"法律服务超市"。"超市"投资90余万元安装了LED电子显示屏,滚动显示各类执业服务信息;配备了触摸屏,群众很容易就能获得法律服务职能、工作人员情况等信息,可以自主选择服务。"超市"实行服务一站式、管理一家人、办事一条龙和一口受理、内部流转、分工落实、配合协调、反馈监督的管理运行模式,让群众享受到高效、便捷、优质的法律服务。全年,法律服务超市共办理法律援助案件291件、律师服务案件343件、公证业务258件,调处平息重大突发事件10起,为群众挽回经济损失3000多万元。

【推进农民画产业发展】 万安县把农民画作为农民致富、推进旅游兴县的特色产业进行重点打造。高陂镇田北村成为全省首个集农民画创作、展示、培训、写生、交易和休闲旅游六位一体的农民画村,被评为国家3A级、江西省4A级乡村旅游景区,高陂镇被评为"江西省十大休闲旅游小镇"之一。10月28日,"中国精神·中国梦"全国农民画展再次在田北村举办。此次画展由中国文联、中国民协、中国文学艺术基金会、江西省文联主办。专家从全国24个省、市、自治区,85个单位选送的1182幅作品中,评选出金奖作品5幅,银奖作品10幅,铜奖作品15幅,共选出300幅优秀作品参展。万安县参评作品获1金2银3铜的好成绩。同日,中国民协授予田北农民画院为"中国农民画精品展示馆",是全国首家。同时,由新华网制作的"中国农民画精品展示馆"在线展馆上线,田北村被搬上互联网,成为江西首个"互联网+"村庄。至年底,万安农民画作者1800多人,骨干农民画家300多人。全县有近3000幅作品在全国各地展出并获奖,50多幅作品获国家级大奖,400多幅作品在省级刊物上发表。

【完成北门河湿地公园改造主体工程】 北门河东起凤凰路路口,西至城中水闸,全长1770米,是万安古城的护城河。河道由于多年未疏浚,加上生活污水和县人民医院医疗污水的常年排放,整条河道污浊不堪,常年臭气熏天,给周边居民生产生活带来严重影响,周边群众怨声载道。万安县委县政府为改变这种现状,决定投入5000万元对北门河进行清理并重新建造北门河湿地公园。工程于2014年底动工兴建,2015年底完成主体工程。通过实施房屋综合整治,景观、游步道建设,景点绿化、亮化和水体综合治理等工程项目,北门河打造成了集城市重要景观轴线、生态绿色长廊和文化休闲走廊于一体的综合性湿地公园。昔日"龙须沟"形象已变成"水清岸绿、生态优美、环境清新、景观和谐”的城市“绿肺”，从此改变了老城区没有公园的历史。

主要领导人 县委书记：李伟平。县人大常委会主任：郭世辉。县长：刘军芳。县政协主席：邱炎生。

（敖淑红）

·遂川县·

【简 况】 位于江西省西南部，辖11镇、12乡、2个国有林场，总面积3144.17平方千米。耕地面积2.98万公顷，有林面积25.73万公顷，森林覆盖率78.50%。总人口61.08万人，其中非农业人口10.98万人，人口自然增长率9.46‰。全年地区生产总值102.85亿元，同比增长9. 6%。其中：第一产业增加值15.45亿元，增长3.8%；第二产业增加值49.37亿元，增长10.2%；第三产业增加值38.03亿元，增长11.6%。二、三产业占比进一步提升，三次产业结构调整为14.5:48.8:36.7。财政总收入12.94亿元，增长11.5%，税收收入9.08亿元，占财政总收入的70.2%；公共财政预算收入10.76亿元，增长15.1%。社会固定资产投资120.59亿元，增长17.1%。规模以上工业企业总产值172.04亿元，增长2.59%。主要工业产品有人造板38.63万立方米、家具74.21万件、服装281.24万件、精制茶441.81吨。农业总产值26.69亿元，增长3.5%。主要农产品有粮食26.95万吨、油料8310吨、茶叶3886吨、水果5.40万吨、生猪出栏24.52万头。社会消费品零售总额30.4亿元，增长13.1%。城镇居民可支配收入2.17万元，增长9.5%；农村居民可支配收入7677元，增长13.7%。城乡居民年末储蓄存款余额86.93亿元，增长14.9 %；贷款余额45.69亿元，增长14.1 %。

【狗牯脑茶再获“百年世博中国名茶”金奖】 遂川县一直高度重视茶叶产业发展，把狗牯脑茶定位为“遂川三宝”之一，列为“十大产业”的主导产业，出台一系列促进茶叶产业发展的惠民政策，每年县财政拿出专项资金在茶叶种植加工、品牌宣传、市场营销等方面进行产业扶持。狗牯脑被评为全省“四绿一红”茶叶品牌之首，至年底，全县有茶园面积1.33万公顷，年产量3500吨，年产值10亿元。

7月2日，由县狗牯脑茶叶协会选送的狗牯脑绿茶获“百年世博中国名茶”金奖。百年世博中国名茶金奖是为纪念1915年中国茶进入世界博览会100周年（狗牯脑曾于1915年在美国旧金山举办的巴拿马－太平洋国际博览会上荣获金奖）而举办的米兰世博会中国茶文化周设立的，是一次针对中国茶叶公共品牌规格最高、范围最广、评选最严格的非营利性全球公开评鉴。时隔100年，遂川县狗牯脑茶再次荣获世博会中国名茶金奖。7月9日下午，百年世博中国名茶国际评鉴揭晓新闻发布会在北京举行。8月3日—9日，狗牯脑茶参加在意大利米兰世博会中国馆举行的百年世博中国名茶颁奖盛典，全程参与百年世博中国名茶品牌国际高密度全媒体品牌推广，并在米兰世博会中国馆开展以“中国故事 中国茶”为主题的中国茶文化周活动，向世界展示中国发达的茶科技、至尊的茶品质和至美的茶文化。该活动由中国教育国际交流会主办，国际茶叶委员会、欧盟茶叶委员会、意大利茶叶协会、中国茶叶学会、参展品牌代表、各国驻米兰世博园媒体汇聚现场。遂川狗牯脑茶在国际评鉴活动中得到诸多国内外专家和超过35万的世界各地游客以及多家新闻媒体的关注，国际茶叶委员会主席诺曼·凯利“以一个世界 一杯茶”为结束语，盛赞中国茶文化周对世界茶业的贡献。

【《乡约》栏目走进遂川】 6月24日，央视七频道《乡约》栏目组到狗牯脑茶原产地汤湖镇现场录制大型户外相亲交友类访谈专题节目——《乡约遂川：给茶乡小伙说媒》。在节目录制过程中，三位女嘉宾和一位男嘉宾通过“相亲”的形式，充分表达茶乡青年的梦想追求与婚恋观念。通过男女嘉宾和现场乡亲的互动，将遂川独特的风土民情、丰富物产、特色资源展现给全国电视观众。该节目8月15日在央视七套首播，8月16日重播，10月17日再重播。

【举办中国遂川首届金橘板鸭文化艺术节】 12月25日，以“金橘板鸭、飘香万家，世界名茶、醉美遂川”为主题的遂川首届金橘板鸭文化艺术节暨名优农特产品交易会在文化艺术中心广场开幕。该艺术节交易会吸引省内外数家参展商，汇聚众多质优价廉的特色农产品；集中展示该县各乡镇名优农特产品发展新成就，突出各乡镇地方特色和产品特色。展会时间从12月25日持续至2016年1月8日。期间还安排“金橘板鸭、飘香万家，世界名茶、醉美遂川”书画摄影艺术展，“赏金橘板鸭、品狗牯脑茶”主题旅游等活动，大大提高遂川“三宝”及各乡镇名优土特产的知名度。

主要领导人 县委书记：张平亮。县人大常委会主任：洪刚。县长：肖凌秋。县政协主席：陈道萍。

（张春艳）

·安福县·

【简 况】 位于江西省中西部，辖7镇、12乡，总面积2795.81平方千米，其中城区面积12平方千米。耕地面积3.08万公顷，有林面积17.43万公顷，森林覆盖率70.5%。总人口41.61万人，其中非农业人口13.1万人，人口自然增长率8.54‰。全年地区生产总值119.16亿元，同比增长9.3%。其中：第一产业增加值21.57亿元，增长4.3%；第二产业增加值64.10亿元，增长10.0%；第三产业增加值33.49亿元，增长10.9%。财政总收入16.80亿元，增长3.3%，人均4088.22元，税收收入8.08亿元，占财政总收入48.11%，增长7%；地方财政收入13.46亿元，增长13.2%；地方财政支出28.67亿元，增长14.7%。工业总产值228.27亿元，增长8.5%。规模以上工业增加值55.7亿元，增长10.2%。外贸出口3.39亿美元，增长14.1%。全社会固定资产投资120.2亿元，增长18.4%；年度新增固定资产投资49.55亿元，增长25.9%。实际利用外资5794万美元。主要工业产品产量有：煤97.53万吨、铁精矿417.86万吨、水泥熟料97.79万吨、水泥90.92万吨、液压元件42.67万件。农业总产值31.56亿元，增长3.9%。

粮食总产量37.53万吨。主要农产品产量有：稻谷5.31万吨、蔬菜13.32万吨、肉类4.39万吨、油料总产2.3万吨、水果1.32万吨。城镇居民人均可支配收入2.27万元，增长9.5%；农村居民人均纯收入1.11万元，增加1078元。全社会消费品零售总额36.74亿元，增长12.8%；各金融机构年末存款余额130.38亿元，增长9.9%；贷款余额52.01亿元，增长18.8%。

【重点建设综合性现代农业示范园】

重点建设的综合性现代农业示范园完成水、电、路等配套管网建设，示范园培训服务中心和广场绿化工程基本完工，特色农产品展示厅和农产品电子商务平台完成初步设计。园内经营主体多样，已进驻4家农业企业、2个农民专业合作社、2个家庭农场。引进台商江西科隆农业发展有限公司投资7000万元，建设一座1万平方米高标准智能玻璃温室大棚，已完成主体框架和外遮阳网安装。主导产业清晰，建立设施蔬菜基地和香草莓园，完成23.33公顷精品鲜果采摘区建设，规划并建设绿化林木园、特种水产养殖场等示范基地。园区已引进新品种20个、示范推广技术4项，农业综合机械化率达90%，吸引周边县农户来园参观800余人次，带动周边农民就业2000多人次。

【开展“森林十创”活动】 坚持以“生态立县、绿色发展”战略，按照“森林十创”(创建森林乡镇、村庄、园区、社区、街道、小区、单位、学校、营区、公园)建设标准，结合小城镇和美丽乡村建设，动员组织全县各地开展植树造林和“森林十创”活动，不断提升城乡绿化水平，改善城乡居民生活环境。继成功创建省级森林城市后，金田乡、严田镇山背村、瓜畲乡金溪村、洋门乡沛溪村、泰山乡楼下村、泸水河大道、蒙岗岭省级森林公园、泸水河省级湿地公园分别被省绿化委员会命名为“森林乡镇”“森林乡村”“森林街道”“森林公园”“湿地公园”。

【全省首家县级通用机场落户安福】

1月23日，江西首家县级通用机场——江西武功山通用机场项目在安福县签约。该项目总投资5亿元，占地13.33公顷，以建设江西武功山通用机场项目为核心，兴建江西建豪通用航空产业园，配套发展其他航空服务项目，主要包括飞行培训、空姐培训、整机租赁、空中游览、农林喷洒、森林防火、医疗救护等航空服务。该机场已被命名为首批国家航空飞行营地。

【CCF森林管理示范项目执行成效验收】 1月26日—28日，江西农业大学林学院博士余社保一行8人组成外业复查组到安福，对明月山林场承担实施的亚洲开发银行气候变化基金(CCF)森林管理示范项目执行成效进行全面核查验收。复查组先后深入到明月山林场泰山分场车田管护站、西坑分场谷山管护站、山庄分场陂头管护站和荣溪管护站，对10组监测样地进行全面复查，并对该场1000余亩森林管理示范林山场进行全面检查验收。外业复查结束后，复查组在明月山林场召开专题座谈会，主要就监测样地和森林管理示范林建设中有待改进的措施进行深入探讨。

【配合闽楠次生林提质增量示范林项目】 8月，由中南林业科技大学承担、江西农业大学协作的国家林业公益性行业科研专项“闽楠、青冈栎次生林提质增量关键技术研究与示范”重大项目的闽楠次生林提质增量示范林落户安福明月山林场。该林场为项目课题之一“闽楠次生林经营模式与经营技术研究”课题闽楠次生林示范林建设实施单位，落实示范林建设任务16.67公顷。该项目将通过建立固定样地，观察人工导入措施对闽楠次生林的经营效果，课题研究的建设周期为4年。“闽楠次生林经营模式与经营技术”课题的主要研究内容有3个方面：闽楠次生林林木竞争生长模拟技术研究；闽楠次生林提质增量关键经营技术的研究；开展以闽楠为主要建群种的次生林提质增量经营技术试验与示范，为以珍贵乡土树种为主要建群种的次生林经营提供模式和样板。

主要领导人 县委书记：陈军民。县人大常委会主任：郑莲华。县长：李发芽。县政协主席：高芳林。

(郑翀)

·永新县·

【简　况】 位于江西省西部，辖13乡、10镇、2场(七溪林场、综合垦殖场)，总面积2195平方千米，其中县城建成面积14.28平方千米。全县耕地面积3.28万公顷，森林面积12.7万公顷，森林覆盖率67.76%，城区绿化率35.6%。总人口52.80万人，其中城镇人口19.58万人，人口自然增长率6.3‰。全年地区生产总值84.53亿元，同比增长9.2%。其中：第一产业16.97亿元，增长4.0%；第二产业38.36亿元，增长9.3%；第三产业29.2亿元，增长11.9%。财政总收入10.01亿元，增长13.7%，地方财政收入7.2亿元，增长12.20%；地方财政支出24.5亿元，增长8.9%。工业总产值148.60亿元，增长12.1%。全县规模工业收入148.60亿元，增长2.2%，规模以上工业增加值32.3亿元。外贸出口1.978亿美元。固定资产投资98.60亿元，实际利用外商投资3234万美元，省外投资30.26亿元。主要工业产品有轻革2638万平方米、化学药品原药2160吨、蚕丝1955吨；农业总产值28.78亿元，增长5.2%。粮食总产量30.50万吨。主要农产品有稻谷29.9万吨、红薯3304吨、油菜籽2.43万吨、蔬菜9.59万吨。万元GDP能耗0.367吨标准煤，城市污水处理率85%。城镇居民年人均可支配收入1.95万元，增长8.8%；农村居民年人均纯收入7587元，增长13.8%。城乡居民年末储蓄存款余额105.69亿元，增长14.1%。

【“江西第一难隧道”永莲隧道贯通】

1月9日，吉莲高速永莲隧道举行通车仪式，标志着吉莲高速全线贯通，同时，实现了泉州至南宁国家高速公路的全线贯通，也标志着永新县开通了向西方向的高速通道。省交通运输厅厅长朱希出席仪式并宣布通车。永莲遂道(原钟家山隧道)是吉莲高速公路的控制性工程，隧道总长4980米，是吉莲高速公路最长的隧道。遂道围岩条件极差，施工难度极大，被认为是“国内罕见、江西第一难隧道”，施工单位克服重重困难,历经4年,终于完工并通车。

【“畅行秋收起义路·融入长江经济带”主题联席会议在永新县召开】 6月6日—17日,湘赣边区域开放合作“畅行秋收起义路·融入长江经济带”主题联席会议在永新县召开。江西省苏区办副主任谢宝河,吉安市副市长王大胜,江西、湖南两省发改委、江西省交通厅相关负责人出席会议。井冈山、莲花、醴陵、浏阳、平江、上栗、铜鼓、万载、修水、永新等湘赣边区域合作10县市,以及应邀出席会议的湖南茶陵县、攸县,江西遂川县等地代表,决定共推重大交通基础设施建设,共建互联互通交通网络格局。会上签署了《湘赣边区域开放合作“畅行秋收起义路·融入长江经济带”主题联席会议备忘录》,决定在铁路建设、高速公路建设、省际公路建设和道路交通安全及超载超速联动治理等方面开展广泛而深入的合作,建设组织协调、资源共享、信息通报、协调推进等4项合作机制,共同推动包括渝长夏快速铁路长沙至赣州段项目在内的20个重大交通基础设施项目对接合作。

【湘赣汽配城项目启动】 8月1日,湘赣汽配城举行启动暨授牌仪式,中国汽车配件用品市场和江西省汽车流通行业协会授予湘赣汽配城理事单位,吉安电动车商会授予湘赣汽配城战略联盟单位,永新县汽车运输协会授予湘赣汽配城副会长单位。这标志着湘赣汽配城与全国各级汽摩配行业协会形成互动。湘赣汽配城是永新县重点项目。项目采用第五代专业市场的设计及经营理念,配备有办证服务中心、物流中心、办公中心、商服中心、休闲娱乐、美食文化、商务酒店、商务公寓等八大专业运营平台,同时项目汇聚了汽车销售、汽车零配件销售、汽车维修保养、摩托车、电动车、三轮车、二手车、农机销售八大业态,满足消费者一站式购物需求。

【举办“三湾改编学术座谈会——纪念毛主席重回永新50周年”活动】 1965年5月22日,毛主席千里寻故地,重上井冈山,回到了曾战斗、生活过的永新,在永新招待所108房吃饭休息,并接见了永新县干部群众。2015年,是毛主席重回永新50周年,也是三湾改编88周年。12月28日—29日,永新县举办“三湾改编学术座谈会——纪念毛主席重回永新50周年”活动,缅怀开国领袖毛主席,弘扬和传承三湾改编精神,探讨新形势下弘扬三湾改编精神的重要意义。毛主席亲属代表、毛主席外孙女孔东梅,部分参加三湾改编红军亲属代表:开国元帅罗荣桓之子、解放军第二炮兵原副政委、中将罗东进,开国上将宋任穷之子宋京波、开国上将陈士榘之子陈人康、开国中将韩伟之子韩京京、开国少将龙开富之孙龙钢,中央党史研究室原副主任、中共党史学会副会长章百家,中共江西省委党史研究室副主任彭勃等中央、省党史部门领导和专家,以及毛主席重回永新时合影人员亲属代表出席活动。解放军信息工程大学原副校长、少将何继明主持座谈会。代表们进行了三湾改编学术研讨和毛主席重回永新座谈,重温峥嵘岁月,探讨三湾改编精神;回顾当年毛主席重回永新时的细节,并讲述他们在毛主席身边工作学习的经历。

主要领导人 县委书记:肖兵。县人大常委会主任:甘立平。县长:孙劲涛。县政协主席:唐龙平。

(彭龙太)

抚州市

【概　况】 位于江西省东部,辖1区10县和1个国家高新技术产业开发区,总面积1.88万平方千米,其中:市中心城区建成区面积63平方千米,城镇化率44.97%。年末实有耕地面积24.53万公顷,有林面积109.94万公顷,森林覆盖率和城市绿地率、绿化覆盖率分别为63.90%、37.45%和41.34%。总人口398.47万人,其中城镇人口179.56万人。全年人口自然增长率7.08‰。2015年,地区生产总值1105.14亿元,同比增长9.2%。其中:第一产业增加值181.82亿元,增长4.1%;第二产业增加值549.30亿元,增长9.2%;第三产业增加值374.02亿元,增长11.4%。三次产业比由上年的16.7∶51.6∶31.7调整为16.5∶49.7∶33.8。全市工业增加值449.90亿元,增长8.3%,占地区生产总值比重为40.7%。规模以上工业增加值364.20亿元,增长8.6%。主要工业产品布19567万米,饮料酒21.81万吨,服装7716万件,变压器1306.95万千伏安,中成药676.4万千克。农林牧渔业总产值328.32亿元,增长4.2%。主要农业产品中粮食总产量293.07万吨,甘蔗20.95万吨,油料5.90万吨,蔬菜144.8万吨,水果182.21万吨,茶叶0.26万吨,棉花0.31万吨,肉类总产量34.48万吨,水产品产量19.38万吨。出栏肉猪283.08万头,生猪年末存栏174.45万头;家禽年末数2551.35万只。经国家环保部核定,化学需氧量、氨氮、氮氧化物和二氧化硫分别比2011年下降10.07%、10.08%、2.0%和2.8%。全市12个监测断面水质良好,集中式饮用水水源地水质达标率100%。新创建2个国家级生态文化村、1个省级生态乡镇和5个省级生态村,被中国标准化研究院评为“2015年中国大陆城市‘氧吧’50强”第一名。财政总收入165.18亿元,增长10.1%。公共财政预算收入126.82亿元,增长9.0%。公共财政预算支出294.30亿元,增长15.1%。城镇居民人均可支配收入2.51万元,增长8.5%;农村居民人均可支配收入1.14万元,增长9.9%。

【“四进四联四帮”精准扶贫撬动基层农村发展】 2015年,抚州市在全市范围内深入开展“四进四联四帮”活动,通过党员干部进农村、进社区、进基层单位、进网络,联系基层群众、联系基层干部、联系服务对象、联系广大网民,帮助化解矛盾、帮助脱贫致富、帮助产业发展、帮助村(镇)社区建设。构建新型干群关系,促进基层维稳、扶贫等工作的有效开展。该市制定《关于开展“四进四联四帮”活动加强干部作风建设工作方案》,要求“连心”小分队要实现“驻村入户进得去、留得下,联系群众联得紧、系得牢,为民办事办得实、看得见”三项目标,完成信访维稳、精准扶贫、基层组织建设三大任务。并对工作内容进行具体细化,使小分队行有方向、干有目标。6

月,从全市“四进四联四帮”活动暨精准扶贫攻坚动员大会召开,至12月底,该市共组织1808支“连心”小分队、4700余名党员干部深入一线。聚焦信访维稳、精准扶贫、基层组织建设三大重点任务,开展连心、帮扶活动。各小分队员吃住在村、工作在村,与村民建立真感情,赢得群众信任,找准村里发展的路子。共为民办实事4723件,完成为民项目672个,解决矛盾纠纷1591件,“连心”小分队也被群众称为“亲人小分队”“党的工作队”。

为保障督查工作常态化,抚州市委“四进四联四帮”活动领导小组办公室先后4次开展专项督查,督查范围覆盖12个县区,共抽查153个乡镇(街道)、389个村。每次督查,均下发督查通报,对工作不到位的点名批评,督查通报直接发县(区)委书记、县(区)长、组织部部长。统一印制“连心”小分队工作台账和民情日记,对小分队工作情况实行全程纪实。随着“四进四联四帮”活动的推进,“连心”小分队全面深入地了解了村情民意、新农村建设和产业扶贫等规划的制定,帮助基层解决了一些困难和问题,活动呈现开局良好的态势。

【荣登“2015年中国大陆城市氧吧50强”榜首】 12月9日,“2015年中国大陆城市氧吧50强”榜单揭晓,抚州市从全国291个地级以上城市中脱颖而出荣登榜首。该榜单由标准(中国)排名研究院颁布,主要从一个城市的建成区的绿化覆盖率、人均公园绿地面积以及空气质量优良天数3个维度,考量一个城市是否能称得上“氧吧”。基于数据采集的可行性,以291个地级以上城市为对象,经过数据处理、分析研究,评出110个排名靠前的样本城市,在此基础上再加权排名,最终得出排名靠前的50个城市。2015年末,该市实有耕地面积24.53万公顷,有林面积109.94万公顷,森林覆盖率和城市绿地率、绿化覆盖率分别为63.90%、37.45%和41.34%。

【“非遗”文化亮相米兰世博会】 7月18日,意大利米兰第42届世界博览会“江西主题活动日”。抚州市5名艺人(金溪手摇狮4人、乐安蛋雕1人)参加“非遗”文化展演。活动日期间,乐安县蛋雕艺人邹兆庆创作意大利文艺复兴时期著名艺术家、米兰两支世界著名足球队AC米兰和国际米兰著名球员等蛋雕作品;同时,还带去了中国历史伟人、乐安山水风光等蛋雕作品。金溪县手摇狮传承人周真、吴建华、邓辉在米兰世博会上表演“两狮一球”,现场反响强烈。

【在全省率先出台党员干部行为规范】 9月,抚州市在全省率先出台《抚州市党员干部行为规范(试行)》,这是江西第一个由设区市党委、政府制订出台的党员干部行为规范。该规范主要依据《中国共产党章程》、中央八项规定、《中国共产党党员领导干部廉洁从政若干准则》和省委《关于加强作风建设营造良好从政环境的意见》等有关要求,从思想政治行为、廉洁自律行为、工作作风行为、生活作风行为4个方面对党员干部行为进行规范,共16条。要求全市广大党员干部严守政治纪律,在政治上、思想上、行动上与党中央保持高度一致;强化宗旨意识,密切联系群众,热心为困难群众排忧解难;严守廉政规定,严禁利用职务之便为自己和他人谋取不正当利益;严守财经纪律,严禁用公款报销个人费用;严格依法行政,在公务活动中要依法办事,不徇私情;严守道德操守,严禁参与赌博,坚持勤俭节约。

【实施户籍制度改革】 7月15日,抚州市出台《抚州市人民政府关于进一步推进户籍制度改革的实施意见》。统筹兼顾经济社会发展水平和综合承载能力,对主城区和各县(区)人民政府驻地镇及其他建制镇实施不同的落户条件;建立和完善户籍管理制度改革相关配套机制,着力推进城镇基础设施和公共服务设施建设,逐步提高基本公共服务水平,切实保障农业转移人口及其他常住人口的合法权益;坚持以人为本,充分尊重农村居民的转户意愿,从保护农民根本利益出发,鼓励、引导农村剩余劳动力有序向城镇转移。通过调整完善户口迁移政策,促进有能力在城镇稳定就业和生活的常住人口有序实现市民化,妥善解决已转移到城镇就业的农业转移人口落户问题,稳步提高户籍人口城镇化水平。在全市范围内逐步取消农业户口和非农业户口的区分,建立城乡统一的居民户口登记制度,统一登记为居民户口;合理确定落户条件,实行差别化落户政策;全面落实人口“居住证”服务管理制度。到2018年实现市中心城区75万常住人口、2020年实现抚州市中心城区100万常住人口的发展目标,城镇化率提升至60%,并在此基础上实现基本公共服务对常住人口的全覆盖。

【乡村医生王文德荣登“中国好人榜”】 7月31日,中央文明办在内蒙古赤峰市举办“中国好人榜”入选名单发布仪式暨全国道德模范与身边好人现场交流活动。经过层层推荐评议,抚州市东乡县小璜镇岭上村乡村医生王文德以敬业奉献荣登“中国好人榜”。组委会评定王文德是:“乡村医生30年翻山越岭行医,步行骑行达10万千米……”他从1983年开始学医,从事卫生防疫工作,为当地儿童开展预防接种。岭上村有13个自然村,共600户,2500多人。由于地处偏远,没有公路,各个自然村之间又隔着大山,每次出诊均需翻山越岭,行走非常困难。王文德带着一把柴刀、一支手电筒、一个医药箱,翻山越岭行医32年。

【审结首例工伤保险基金先行支付案件】 8月,抚州市临川区人民法院受理一起该市首例工伤保险基金先行支付案件:一名下班途中遇车祸受工伤的职工,在肇事者无法确定的情况下,责令医保机关履行审核支付工伤医疗费的法定职责,引导行政主体实质性解决行政纠纷。

张某系江西东乡东铜铸造有限公司的员工,在下班途中遭遇交通事故,肇事者逃逸,交警认定肇事者承担事故全部责任。2014年1月29日,该市人力资源和社会保障局认定张某为工伤。张某先后在江铜集团东铜医院、南昌大学第一附属医院治疗,共花费10.42万元。2014年9月22日,市劳动能力鉴定委员会作出鉴定结论,认定张某工伤构成七级伤残。张某所在单位已依法向东乡县医保局缴纳工伤保险费,单位人员携带资料前往东乡医保局办理费用报销,但东乡县医保局以涉及第三人责任为由,且市工伤保险无一例实行先行支付的案例,没有具体实施细则,未受理此事。张某为此向法院起诉,临川区人民法院受理了此案。法院审理认为,张某下班途中发生交通事故被认定为工伤,而经交警部门确定,该起交通事故肇事者逃逸。张某要求东乡县医保局先行支付工伤医疗费的申请符合相关规定;东乡县医保局抗辩理由不符合法律规定。张某所在单位已足额缴纳工伤保险费,张某理应享受规定的工伤保险待遇,东乡县医保局不受理原告申请先行支付工伤医疗费、住院伙食补助费的行为属于行政不作为。由此判决,责令东乡县医保局受理张某的申请,依法履行审核、支付的法定职责。判决生效后,东乡县医保局迟迟没有履行法院判决,要张某或其单位提供担保才能为他支付工伤医疗费,张某随后到临川区人民法院申请执行。临川区法院主审法官和执行局工作人员到东乡县医保局送达执行裁定书,并告知如不履行法院生效判决,将根据2015年5月1日施行的新《中华人民共和国行政诉讼法》对行政机关负责人进行处罚。至2015年8月,东乡县医保局已履行法院行政判决,为张某办理了工伤医疗费用报销10.42万元 。

【临川二中学生曾奕获第31届中国数学奥林匹克赛金牌】 12月23日,中国数学会正式公布第31届中国数学奥林匹克获奖名单,抚州市临川二中高三(36)班学生曾奕获金牌。第31届中国数学奥林匹克决赛于12月14日—18日在江西省鹰潭市第一中学举行。来自中国大陆的31个省市自治区及香港、澳门特别行政区,以及俄罗斯和新加坡的35个代表队共369名中学生参加该赛事。2014年,该学生参加第11届中国东南地区数学奥林匹克和中国西部数学邀请赛均获金牌;9月,参加第31届中国数学奥林匹克全国联赛获江西省一等奖,获得参加第31届中国数学奥林匹克决赛资格。

【全市首家电商OTO展示交易中心开业运营】 5月16日,抚州市首家电商OTO展示交易中心正式运营。该中心位于抚州高新技术产业开发区,由江西亿企通电子商务有限公司投资创办,主要包括产品展示中心、产品交易中心、电商培训学校、大学生创业馆和军转地就业创业基地等功能区,与全市11个县区及高新开发区分别签订合作协议。该平台的搭建,为制造者、销售者和消费者提供了需求机会,为中小企业提供全方位移动电子商务一站式服务,进一步缩短了生产、流通、分配、消费之间的距离,提高了物流、资金流和信息流的有效传输和处理,实现线上线下真正落地。

主要领导人 市委书记:肖毅 。市人大常委会主任:魏建锋。市长:张鸿星。市政协主席:谢发明。

(饶国旺)

·临川区·

【简　况】 位于抚州市中北部,辖9乡、17镇、2个垦殖场和5个街道办事处。总面积约1962.4平方千米,其中城区面积约84平方千米。耕地面积4.8万公顷,有林面积9.8万公顷。中心城区人均公共绿地面积7.2平方米,绿地覆盖率43.31%。总人口111.25万人,其中城镇人口57.23万人,农村人口54.02万人。城镇化率51.44%。2015年,地区生产总值341.62亿元,增长9.1%。其中:第一产业增加值39.35亿元,增长3.0%;第二产业增加值189.70亿元,增长10.1%;第三产业增加值112.57亿元,增长9.2%。一、二、三产业比为11.5:55.5:33。工业总产值202.6亿元,下降6.8%。规模以上工业增加值46.34亿元,增长9.1%。主要工业产品有水泥18.36万吨、精炼铜1.30万吨、人造板2480.2万立方米、临川贡酒35吨、化学农药117.5吨、饲料1.4万吨。农业总产值74.29亿元,增长4.13%。主要农产品粮食产量64.65万吨,西瓜29.22万吨、生猪出栏46.7万头、家禽出笼504.8万只、水产品2.98万吨、果树种植面积7032.13公顷。固定资产投资183.71亿元,增长18.2%,实际利用外资4500万美元、增长12.5%。财政总收入21.17亿元,增长11.0%,税收占财政总收入的比重79.7%;地方财政收入17.04亿元,增长12.4%。城镇居民人均可支配收入3.05万元,增长9.0%;农民人均纯收入1.39万元,增长11.1%。

【以路为媒推动旅游产业加速升级】 临川区围绕“大旅游”战略,依托临川文化、生态资源,在大力推进旅游重点项目建设时,以路为“媒”,实现旅游产业提档升级。一是大投入建设温泉景区、大金山寺景区的道路。投资8000万元建设福银高速抚北互通,2月18日开通,大大缩短景区与福银高速的距离和通行时间;投资3.8亿元建设温泉大道连接温泉景区与福银高速;在景区内建设日泉路、月泉路、温泉路、温泉西路、青莲山路和展高线、上高线、抚北挂线,形成景区“三横五纵”的大路网格局;大金山寺景区投入1.8亿元建设资金,高标准建设进入景区的焕新大道及景区相关设施,已投入使用。二是高标准建设乡村旅游公路。在新开通的抚吉高速公路入口处,建了一条9千米长、40米宽的大道,不仅连通沿线连城、秋溪等乡镇的11个村庄,而且接通抚八线,与城区和景区形成快速通道。高速公路连接线对促进沿线资源开发利用、推动城镇化进程、带动区域经济发展产生积极的影响。秋溪镇抓住时机,投资1850万元新修宽20米、长4.3千米的乡间公路主动对接连接线,进而推动该镇旅游产业的全面提速。该镇引来投资超亿元的灵隐山生态农业园,并有深圳客商投巨资打造旅游休闲基地。三是建设乡村公路,带动乡村旅游业的发展。秋溪镇素有种植油菜的历史,随着福临川大道和秋溪大道的相继建成,每年的3—4月自驾到此赏花的游客络绎不绝,接待游客约6万人次,并带动了该镇休闲农业、生态农业的发展,实现了由油菜花园变游园的升级。该区有5家创评省级乡村旅游示范点。

【“三促”拓宽贫困农民增收路】 2015年,临川区采取措施拓宽贫困农民增收路:一是特色产业基地促增收。该区按照“一村一业”“一村一品”思路,在26个扶贫村实施“培育大户引导示范带动”模式,共培育种养大户40余户,形成桉树基地、辣椒基地、莲藕基地、山茶油基地等扶贫产业示范基地。二是农业龙头企业促增收。以荣裕药业、多木生态、苍源药业等6家省级、29家市级农业龙头企业为依托,采取“公司+协会+农户”的方式,不断引进和培植科技含量高、市场辐射广、联结农户多的农业龙头企业,带动农民致富。三是劳动技能培训促增收。大力实施“雨露计划”,对青壮年开展劳动力转移技能培训,通过培训,让村民掌握1~2门实用技术,全年组织群众培训40多期,培训人员4000余人,帮助2万余名群众增收致富。

【推动物流产业发展】 2015年,临川区通过多种转型推动物流产业发展。一是挂靠向实体型转变。物流企业甩开挂靠车辆,开始自购运输车辆,全区实际载货汽车由2004年500辆增至4000辆。二是零散向专业型转变。全区专业性物流运输车辆达到三分之一,由零散订单向专业型发展,涉及食用油运输、冷冻熟食运输等。三是分散向规模化转变。物流企业与省内知名物流企业合作,以专业运输为起点,扩展零担物流业务,扩大物流园规模。截至年底,全区拥有各类物流企业200余户,实际纳税企业51户,其中区本级6家,实体企业18家。全区物流总运力达5.6万吨,从业人员近3000人。全年实现物流税收1.15亿元,增长0.8%。

【大唐抚州发电公司铁路专线开通】 10月4日,江西大唐抚州发电公司铁路专用线正式全线开通运行,成为国内唯一在时速超过200千米电气化高速客运铁路上开站接轨的铁路专用线。该工程于2014年1月20日开工,2015年8月30日经南昌铁路局验收合格。这条铁路专用线是该公司新建两台百万千瓦级机组的一项重要配套工程,全长10.48千米,总投资4.1亿元,接轨于向莆铁路,在临川区腾桥镇建站中转,终点电厂站,可同时供两列火车到达、卸运,能满足设计能力为年450万吨燃煤量。该铁路专用线是大唐抚州发电公司唯一的进煤通道,承担着该公司所有燃料的运输任务。

【傅烈烈士亲属一行回临川捐赠遗物】 4月4日,傅烈烈士亲属一行回到家乡临川凭吊亲人,并向市烈士纪念馆捐赠烈士遗物,包括书桌、衣帽架以及穿衣镜。其中最为珍贵的是书桌,刻有傅烈亲手撰书的“崇实黜华”“镕经铸史”“闳中肆外”“茹古涵今”四句座右铭。傅烈,原名见贤,化名贺德、贺泽、吁伯凯。1899年8月27日出生于临川上顿渡镇的小商家庭。1917年秋考入九江南伟烈大学。1920年5月赴法勤工俭学,是旅欧共产主义组织“中国少年共产党”的筹建人之一。1923年2月,“少共”改名为“中国社会主义青年团旅欧支部”,周恩来任支部书记,傅烈任直属巴黎支部书记。1924年在法国加入中国共产党,同年秋,被中共旅欧支部选送到苏联莫斯科东方大学学习。1925年夏奉命回国,任国民军第三军政治秘书。1928年2月当选为中共四川省委书记兼军委书记,后联合各个游击队加以整编,建立一支几千人的川东游击军,从而爆发了声势浩大的“万(县)达(县)大暴动”。1928年3月9日下午,傅烈在重庆兴隆巷8号参加巴县县委成立大会时不幸被捕。4月3日,被国民党反动派残酷杀害于重庆朝天门外,年仅29岁。

主要领导人 区委书记:谭小平。区人大常委会主任:吴勇。区长:吴自胜。区政协主席:江瑞庆。

(肖玲芬)

·南城县·

【简　况】 位于抚州市中部,辖10镇、2乡。全县总面积1713平方千米,其中城区建成面积16.8平方千米(城区绿化覆盖率46.8%)。耕地面积2.2万公顷,有林面积9.34万公顷,森林覆盖率62.5%。总人口33.9万人,其中城镇人口11.44万人。人口自然增长率7.04‰。2015年,地区生产总值105.8亿元,同比增长9.4%。其中:第一产业增加值15.8亿元,增长4.0%;第二产业增加值49.3亿元,增长9.1%;第三产业增加值40.7亿元,增长12.3%。一、二、三产业比为14.9:46.6:38.5。工业总产值207.5亿元,增长19.9%。规模以上工业增加值31.2亿元,增长8.8%,占地区生产总值比重29.5%。主要工业产品有水泥70.53万吨、各类砖4.11亿块、饮料酒19.8万吨。农业总产值29.6亿元,增长4.0%。主要农产品有水产品产量4.4万吨、水果总产量10.8万吨、柑橘产量10.6万吨、粮食总产量28.4万吨、稻谷总产量26.4万吨、家禽产量368.7万只、禽蛋总产量1.54万吨、生猪(出栏)25.5万头。固定资产投资132.8亿元,增长17.9%。财政总收入14.4亿元,增长10.8%;税收收入12.6亿元,增长12.2%。占财政总收入的比重87.7%;地方财政收入10.7亿元,增长7.9%;支出24.2亿元,增长19.4%。社会消费品零售总额38.9亿元,增长11.1%;实际利用外资3798万美元,增长19.2%;万元GDP能耗0.4455吨标煤,二氧化硫排放总量0.17万吨、削减率13.2%,氮氧化物排放量0.19万吨、消减率12.5%,城市污水处理率89%。城镇居民人均可支配收入2.66万元,增长9.8%;农村居民人均可支配收入1.29万元,增长10%。城乡居民年末储蓄余额52.5亿元,增长12.9%。

【植入文化元素发展旅游业】 2015年,南城县充分发挥历史文化底蕴深厚的优势,按照“大产业、大文化、大市场、大服务”的要求,整合资源,突出特色,以建设旅游目的地为核心,以培强精品名牌为重点,提升文化旅游的产业化程度和旅游产品的核心竞争力。全年接待国内外游客211万人次,同比增35%。

叫响旅游品牌。为了有效整合境内旅游资源,该县聘请浙江专业旅游设计公司对当地旅游业进行重新规划,并确立以“寿文化、洪门文化、宗教文化”为主线,以麻姑山、洪门湖景区为突破口,积极融入海西旅游经济圈,着力打造麻姑山、从姑山、祥岗山、洪门湖、廖坊水库和城区“三山两湖一区”六大景区的发展思路。同时,采用“修古”“做新”的办法,将麻姑山、从姑山、洪门湖、廖坊水库等沿江古文化旅游资源进行重新整合,打造盱江、姑山文化旅游长廊;将磁圭古村、洪门渔社等一批富有农家生活气息的旅游景点与现代绿色生态休闲旅游结合起来,做活“农家乐”,精心打造一批有“看头”的旅游景点。

夯实旅游基础。该县成立麻姑山旅游景点文化遗产挖掘整理委员会，制定详细的抢救保护计划，组成4个搜集小组，重点搜集和整理有关麻姑文化、民间传说故事、地方民间文化、风土人情等方面的资料，并运用文字、录音、录像、数字化多媒体等方式，对旅游文化遗产进行真实、系统和全面记录，再通过博览会、推介会等形式向外宣传推介。此外，投资近3000万元，对仙都观景区、麻姑牌坊、民间文化陈列馆等进行全面修缮；县城外环线至麻姑山脚下的景区公路已完成规划设计；投资1.3亿元，拓宽洪门镇至蛟山段旅游景区公路，并完善景区指示牌、交通防护栏等安全设施。

【举行纪念罗汝芳500周年诞辰研讨会】 11月27日—29日，南城县举办罗汝芳500周年诞辰学术研讨会，全国各地近30名专家学者与会，就罗汝芳生平思想、罗汝芳与弟子汤显祖关系等主题展开讨论。罗汝芳，省南城县天井源乡罗坊村人，明中后期著名哲学家，泰州学派的代表人物。他一生深入群众，宣讲哲理，以发人"良知"和济人急难闻名于世，一扫宋明理学迂谨之腐气。明代戏曲家汤显祖少年时受学于罗汝芳。

【多措并举保护古城】 南城县是江西省最早建县的18个古县之一，为更好留住古城遗韵，该县在大力推进新型城镇化建设中，围绕打造赣东南历史文化名城的总目标，把历史文化元素融入城市精品工程，通过护其貌、铸其魂，提升城市文化品位。

在古城开发保护中，该县先后聘请同济大学、清华大学等国内优秀的设计团队参与古城规划，制定《南城古城保护与整治总体规划》等。县领导及古城保护与改造有关部门负责人先后经过近百次指导调度、研究论证和现场办公，最终形成传承、融合、创新的规划设计理念和保护历史文脉、发展旅游经济、改善城市民生的具体实施原则。

2015年，该县投资近1000万元对仙都观鲁公碑亭、麻姑洞天福地牌坊、民间文化陈列馆等重点文化遗产进行修复，重点整修聚星塔、上唐明清古民居、临坊王家祠堂等一批古迹、古建筑；并先后在城市核心景观区建设盱江书院，在滨水公园按历史原貌修建建昌帮塑像，在市民广场建设南城益王府历史文化墙，在宋城墙旧址兴建仿古一条街，实施了登高阁改造、万年桥修缮、麻姑献寿塑像等古城遗韵保护工程。同时，该县依托县博物馆等公共文化设施载体，借助图片、实物、壁画、雕像，将南城文化串珠成链，向游客综合展现，增加互动性、趣味性，使城市特色文化"立"起来。

该县坚持精品战略，严格规划设计施工，巧妙地将县域基本情况、业态定位和文化内涵充实到每座建筑中，使每座建筑的功能定位、业态布局、文化故事、风格特色等有了明确内涵；在细节追求上，一笔一画精雕细琢留有韵味。在建设6千米长的仿古一条街时，该县在充分查阅和考证历史文献的基础上，对形制、规格、风貌、尺度甚至砖墙、瓦块都一一细化，做到适用美观，又体现历史的沧桑感和厚重感。

【中国家具协会与南城共建"中国校用家具生产基地"】 5月19日，中国家具协会评审组对南城县申报的"中国校用家具生产基地"进行评审，同意与南城县共建"中国校用家具生产基地"。

南城县校具加工产业发展迅速，已成为当地的新兴支柱产业、特色产业和"十二五"期间重点发展的产业。2012年，该县获"江西省校具加工产业基地"称号；2013年校具产品远销南非，实现出口创汇零的突破。2014年，该县校具企业生产各类校具1200余万套，占全国行业的30%以上；实现主营业务收入27.5亿元，增长44.8%；利税2.65亿元，增长43.2%。

【南城醉仙湖水利风景区晋升国家级】 12月8日，水利部将南城县醉仙湖水利风景区列入全国第十五批国家水利风景区名单。

醉仙湖即洪门水库，是江西省第三大水库，位于南城县东部，面积40余平方千米，总库容量12亿立方米，水域开阔，湖内有岛屿1000余个，素有赣东"千岛湖"之称。湖区附近有明代益藩王墓群，为国家级文物保护区。

由于湖区湿地面积大，醉仙湖成了鸟类的天堂。每年冬季，上万只鸬鹚、白鹭成群结队迁徙而来。湖区内水鸟共有9目13科42种。为了加大对湖区的生态保护力度，该县专门制定生态保护细则，同时还组建了多支护鸟队，定期巡查鸟类活动情况，良好的生态环境使得鸟类聚集量年年递增。

主要领导人 县委书记：胡领高。县人大常委会主任：陈跃进。县长：王小林。县政协主席：过初良。

（吴云华）

·黎川县·

【简　况】 位于江西省中部偏东，辖7镇、8乡和1个垦殖场，总面积1728.56平方千米，耕地面积1.59万公顷，林地面积13.2万公顷，森林覆盖率68.65%。总人口23.5万人，其中非农人口5.6万人，人口自然增长率7.01‰。2015年，地区生产总值60.4亿元，同比增长9%。其中：第一产业增加值9.5亿元，增长3.4%；第二产业增加值30.8亿元，增长9.5%；第三产业增加值20.1亿元，增长11.7%；一、二、三产业比为15.71∶50.99∶33.3。工业总产值93.55亿元，同比增长6.51%。规模以上工业增加值24.5亿元，增长9%，占地区生产总值的比重为40.6%。全年固定资产投资累计完成投资额72.2亿元，同比增长16.8%。县内主要工业产品有日用瓷、服装、铜材等，年产量分别为5.49亿件、251.16万件、1103.95吨。农业总产值17.9亿元，同比增长3.87%。主要农产品及其产量如下：粮食总产量16.5万吨，烟叶产量达6.82万担，肉类总产量为2.19万吨。财政总收入10.14亿元，增长1%，税收占财政总收入的比重为87.2%；地方财政收入8.32亿元，下降1.2%；地方财政支出18.51亿元，增长8.36%。农民人均可支配收入1.09万元，增加963元。城乡居民年末储蓄余额49亿元，增长10.8%。

【油画产业蓬勃发展】 黎川县抓住文化部对口支援黎川的契机，瞄准"创世界油画基地，建文化产业名地"的目标，对油画产业进行大力支持。

建设油画创意产业园,布局油画创意大楼、油画培训中心等,建成集油画创作、生产、展览、销售、艺术交流及相关绘画用品生产、销售为一体的油画生产基地、展示平台、流通中心,2015 年入驻画师 300 余人,入驻油画公司 23 家,年交易额约 1.5 亿元。黎川油画参加深圳广交会,参加义乌文交会,58 幅油画参加“北京恭王府黎川旅游文化精品展”,51 幅作品参展泰国曼谷举办的“黎明山川梦里江南——中国江西黎川油画精品展”。黎川油画产业的蓬勃发展吸引了新华通讯社江西分社、江西电视台、江西卫视、《人民日报》、中央电视台、中央人民广播电台、《经济日报》等大批媒体记者先后前来采访。江西网络广播电视台—江西卫视新闻联播“行走江西 · 讲述精彩故事”中对黎川油画产业进行报道。央视 CCTV 新闻联播年终特稿《2015 文化强国路上的新跨越》中播放黎川油画产业。

【森林防火工作成效显著】 黎川县高度重视森林防火工作,认真落实“预防为主、积极消灭”的森林防火方针,取得显著成效。

该县严格按照《森林防火条例》和有关规定,实行三级行政领导包片负责制,即县级领导、指挥部成员及林业局班子成员包乡镇,乡镇领导包村,村干部包组,护林员包山头的负责制,切实做到山有人管、林有人护、责有人担;建立各种森林防火应急预案,确保组织、人员、扑火物资等处置工作全面落实到位;组建一支 50 人的专业森林消防队伍,编制、人员、扑火物资装备及训练经费全部落实到位,并将县森林防火指挥部办公室升格为副科级单位,配备专职主任;制定严格的野外用火计划审批程序,层层把关,责任到人,乡(镇)、村组织人员对重点地段区域的火源隐患及时进行清理和排除,节假日、重要时期组织专人在村庄林区巡山、鸣锣,有效地杜绝野外用火引发山火的发生;加大经费投入,在黎樟线、丰杉线高标准营造生物防火林带 60 千米(66.67 余公顷),共投入资金 180 余万元,有效地预防森林火灾的发生和缓延;投资 40 余万元,在县森林防火指挥部办公室安装林火远程视频监控设施 18 个,实现省、市、县三级联通、管理、监控报告制度;投资 100 余万元,把全县商品林全部纳入森林保险范围,有效地减轻森林财产的损失。通过认真落实各项措施,2013~2015 年全县未发生重大森林火灾事故和人员伤亡事故。

【环保工作成绩斐然】 2015 年,黎川县环保局全面贯彻落实环境保护工作监督管理责任制,采取各项措施狠抓环境保护工作,被省环境保护厅授予“全省环境保护工作先进单位”。一是积极宣传贯彻新法。下发新法培训通知到各企业及县直有关单位,聘请省、市环保专家对新修订《中华人民共和国环境保护法》进行授课,切实提高企业的知法守法精神和环保人员的执法水平。二是抓好污染减排工作。全县完成减排工业源 COD148.51 吨、氨氮 13.74 吨、二氧化硫 118.3 吨、氮氧化物 15.66 吨;农业源 COD89.24 吨、氨氮 15.19 吨,全面完成“十二五”减排计划。三是抓好建设项目环境管理工作。全年审批环评项目 96 个,验收项目 9 个。四是抓好四个环保专项行动。共出动执法人员 320 余人次,共检查企业 90 多家,下达《责令改正违法行为决定书》等法律文书 40 多份;建立“一企一档”企业 79 家;责令停止建设 9 家,责令停产 6 家,关停取缔 5 家,移送公安机关行政拘留 1 家,行政处罚 5 家;同时建立了县、乡、村三级监管网格,全县网格责任人共 141 人。五是积极调处环境信访。全年接待来信来访 48 件,处理回复率 100%,各种问题均得到妥善解决,既维护了群众的环境权益,又树立了环保形象。六是切实加强能力建设。该局环境监测设备标准化和环境监察标准化建设均通过省环境保护厅验收。

【洲湖村获 2015 年中国最美休闲乡村(历史古村)称号】 2015 年,洲湖村被农业部评为 2015 年中国最美休闲乡村(历史古村)。洲湖村坐落于黎川县华山垦殖场北部,距离南城县城 31 千米,面积 37 平方千米。域内资源丰富,山林植被保存完好。有黑熊、金丝猴、羚羊、鸽鸡等 10 多种珍稀动物,红豆杉、五眼子树、梨木树、九重皮树、四方竹、观音竹等 20 余种珍稀植物。辖区内的“东华山水景区”原始林保护完好,自然人文景观丰富,有着全国罕见的“船形古宅”建筑群、远近闻名天然温泉、挂标保护的千年古衫、慷慨激昂的红军标语,是集“绿、古、红”色为一体的旅游休闲胜地。

主要领导人 县委书记:李来木(任至 8 月)。县人大常委会主任:黄小明。县长:聂仕雄。县政协主席:徐小明。

(过印光)

·南丰县·

【简　况】 位于江西省东部,辖 7 镇 5 乡 1 场。总面积 1920 平方千米,其中:城区建成面积 14.5 平方千米,城区绿化覆盖率 43.4%。耕地面积 1.73 万公顷,林地面积 9.56 万公顷,森林覆盖率 75.5%。总人口 31.25 万人,其中非农业人口 6.3 万人。人口自然增长率 6.93‰。2015 年,地区生产总值 105.4 亿元,同比增长 9.1 %。其中:第一产业增加值 30.2 亿元,增长 4.5%;第二产业增加值 32.8 亿元,增长 8.4%;第三产业增加值 42.4 亿元,增长 13.9 %。一、二、三产业比例为 28.6∶31.1∶40.3。工业总产值 86.53 亿元,增长 12.58%。规模以上工业总产值 85.1 亿元,增长 8.8%,规模以上工业企业增加值 21.1 亿元,增长 8.5%。实际利用外商投资 3036 万美元。主要工业产品有中成药 220.9 吨、塑料制品 15.22 万吨、啤酒 12.24 万千升、饮料 19.01 万吨、布 1981 万米。农业总产值 55.6 亿元,增长 4.8%。粮食总产量 22.39 万吨。主要农产品有南丰蜜橘 148.8 万吨、稻谷 19.8 万吨、蔬菜 14.8 万吨、西瓜 5.3 万吨、生猪出栏 11 万头。财政总收入 11.7 亿元,增长 10.7%,人均 3979 元,税收占财政总收入的比重 85.6%;地方财政收入 9.8 亿元,增长 13.1%;财政支出 19.54 亿元,增长 9.16%。万元 GDP 能耗 0.41 吨标煤,二氧化硫排放量 1248.6 吨、削减率 2.06%,氮氧化物排放量 122.18 吨、消减率 8.6%,城市污水处理率 96.8%。农民人均纯收入 1.71 万元,增加 1459 元。城乡居民年末储蓄余额 53 亿元,增长 10.4%。

【南丰县被评为全国食品工业强县】 2015年，经各省(自治区、直辖市)食品工业协会或食品办推荐，中国食品工业协会对全国表现突出的县(市、区)授予2014—2015年度全国食品工业强县称号，南丰县名列其中，这是该县继2010年之后，再次获得此项荣誉。食品工业是南丰传统优势产业之一，该县食品业致力于改革创新，坚持绿色发展理念，实施绿色崛起战略，做到扩量与提质并举，推进绿色食品工业转型升级。积极鼓励企业绿色技术创新，不断壮大绿色食品工业，集中精力打造绿色食品集群产业和全省绿色食品加工基地。全县拥有吉香林、华夏五千年、金吉尔等绿色食品企业43家，产业集群初见成效。在国内外宏观经济趋紧背景下实现逆势增长，增长速度连续多年领衔该县各大产业榜首。截至11月底，全县食品工业增加值完成11.46亿元，增长10.3%；主营业务收入完成46亿元，增长10.74%；实现利税3.12亿元，增长11.03%。食品工业已经成为该县经济发展速度快、亮点多、潜力大的支柱产业。

【土地有序流转促进农户增收】 2015年，为引导土地有序流转，南丰县设立专项资金，一方面吸引工商资本和一些善经营、会管理、懂技术的农业企业及专业大户参与农产品规模化生产基地建设，开展集中连片经营，发展效益农业；另一方面，引导一些缺劳力、缺资金、缺技术、生产管理不善、市场营销薄弱的农户流出承包土地，向有生产能力、有技术水平、有经济实力、有营销网络的农业企业及专业大户集中，向优势产品、主导产业集聚，用现代农业代替传统农业，提高了土地效益，增加了农民收入。至年底，该县共有家庭农场180个，已成立超大果业、梦龙果业等农业产业化龙头企业24家，蜜橘、甲鱼、蔬菜、林木等各类农业专业合作社486家，入社农户近万户；发放各级补助资金3.7亿元，涌现规模种养大户119户，流转土地2533公顷，入社农户户均增收7000多元。

【包坊村获“全国民主法治示范村(社区)”称号】 8月，司法部、民政部在全国开展“民主法治示范村(社区)”评选活动，779个村(社区)被评为第六批“全国民主法治示范村(社区)”，南丰县市山镇包坊村名列其中。

包坊村把“民主法治示范村(社区)”创建作为基层民主法治建设的重要基础和维护基层社会稳定的重要举措，始终坚持民主选举、民主决策、民主管理、民主监督，利用村级信息网和政务公开宣传栏对全村村务进行公开，推进基层民主法治建设；坚持深入开展全方位、多角度的法治宣传教育，积极创办“文明村民”学校，广泛开展“十星级文明户“评选活动，使法律意识、法治观念深入人心。此外，为规范村民行为，树立良好的村风、民风，该村制定、完善了包坊村村规民约，并经全体村民讨论通过。该村规民约对社会治安、消防安全、村风民俗、邻里关系、婚姻家庭等方面进行了规定，切实推进依法治村步伐。

主要领导人 县委书记：祝宏根。县人大常委会主任：邓春水。县长：姚飞翔。县政协主席：李履才。

(李燕青)

·崇仁县·

【简　况】 位于江西省中部偏东，抚州市西部，辖7镇、8乡，总面积1520.1平方千米，其中城区面积13平方千米。耕地面积2.25万公顷，有林面积8.39万公顷，森林覆盖率60.75%，城区绿化率34.8%。总人口38.17万人，其中非农业人口7.17万人。2015年，地区生产总值96.8亿元，增长9.2%。其中：第一产业增加值23.09亿元，增长4.3%；第二产业增加值46.42亿元，增长9.7%；第三产业增加值27.30亿元，增长13.8%。一、二、三产业比例23.85:47.95:28.20。规模以上工业总产值183.82亿元，增长4.5%；规模以上工业增加值38.83亿元，增长8.7%；外贸出口1.9亿美元，增长6.7%。主要工业产品有互感器5.66万台，变压器1227.63亿千伏安，服装1739.6万件，铜材9363.4万吨，电动手提式工具70.26万台(均为规模以上工业企业的产量)。农业总产值35.56亿元，增长4.9%。粮食总产量30.7万吨。主要农业产品有麻鸡饲养7396万只，棉花1330吨，油料16436吨，蔬菜13.77万吨，烟叶1450吨。全县财政收入10.53亿元，增长4.1%：财政支出22亿元，增长12.7%。城镇居民人均可支配收入2.27万元，增长9.6%；农民人均年纯收入1.37万元，增长9.5%。二氧化硫排放总量比上年削减13.4%；城市污水处理率80%。

【工业园区获“国家新型工业化产业示范基地”称号】 2月26日，经评审和公示，工业和信息化部批准江西崇仁工业园区为第六批“国家新型工业化产业示范基地”。

崇仁县实施工业强县战略，重视以变电设备产业为主导产业的工业园区建设。出台一系列政策，从产业培育、人才引进、技术研发以及财政扶持等方面加大支持力度；建设工业园区门户网站，构建安全可靠的信息基础设施，使企业实现了信息化管理；建立完善的公共服务体系。变电设备主导产业链条全，产品有四大类35个系列2000余种，2013年变电设备企业达188家，其中规模以上企业86家，相关配套企业60家，完成主营业务收入202.71亿元，税收3.74亿元，安排就业1.8万余人，人年均收入达4.8万元；创新能力强，形成江西变电等一批具有较强竞争力的龙头企业，拥有省级企业技术中心5个、国家级高新技术企业5个，与南昌大学、沈阳变压器研究所等著名院所开展“产学研”合作；品牌效应好，有中国驰名商标2个、江西省著名商标8个、国家专利产品98个。获省优秀新产品20多个，列全省各县之首，产品销售遍及全国各地以及亚、非、欧等国家，省内市场占有率达80%，中低压变电产品全国市场覆盖达3%。崇仁工业园区2008年被命名为“江西变电设备产业基地”，2011年列为省级生态园区试点园区、“江西省森林工业园”，2012年列为江西省首批重点工业园区，2014年成为江西省首批20个省级工业示范产业集群之一。

【周毛毛获“全国初中数学优质课说课评比一等奖”】 10月11日，崇仁县第三中学教师周毛毛代表抚州市参加第五届全国新世纪杯初中数学优质课现场说课大赛,荣获一等奖。此次大赛由北京师范大学基础教育课程研究中心、新世纪初中数学教材编委会共同组织,评委由全国各省市的10名专家组成。

29岁的女教师周毛毛,是2010年通过省统一招聘考入该校任教。她好学上进,勤于钻研,教学效果明显。参赛准备过程中,她抓住新课程"授之以渔而非鱼"的理念,深究课本,联系知识体系,进行课程构思,虚心请教校内外同仁;通过试讲,不断调整设计,直到所设想效果。2013年获抚州市优质课竞赛一等奖。

【宁宏昌获"全国道德模范"称号】 10月13日,在北京召开的第五届全国道德模范座谈会上,崇仁县退休干部宁宏昌被评为"第五届全国道德模范"。

宁宏昌是崇仁县政协退休干部,1935年10月出生,1956年8月加入中国共产党,1996年退休。他并不富裕,一生清廉节俭,住的是20世纪80年代的老房子,一辈子都没有办过生日喜事。他立家训、树家风、严家教,教育儿孙乡邻为党增辉、为人尽孝、洁己奉公、俭以养廉;他时刻把别人的困难当作自己的困难,5100多个日夜言行如一,为3位困难老人撑起一片艳阳天;他扶危济困,通过一单单汇款,为他乡未曾蒙面的"亲人"送去温暖,先后帮助40多人、100余次;他报党恩,积极缴纳"特殊党费"。2008年汶川地震交纳5600元,2012年提前交纳人生最后一次特殊党费5000元,用于去世后再交36年,2013年起,每年"七一"交纳特殊党费1000元,用于帮助困难党员;他响应组织发出的献爱心号召,积极捐善款,2014年捐出一个月退休金2976元,用于县建设饮水工程;2015年,拿出10个月的"增长工资"共5200元捐给贫困学子。同年3月,宁宏昌入选"中国好人榜";5月,宁宏昌一家被全国妇联授予"全国最美家庭"光荣称号。

【崇仁县与仙游县缔结友好城市】 3月13日,崇仁县与福建省仙游县在福建仙游中国古典艺术展览中心举行缔结友好城市签约仪式,标志着崇仁县与仙游县从此缔结为友好城市。两县党政领导班子参会。会上,崇仁县委书记方百春及仙游县委书记郑瑞锦分别介绍两县的基本情况,签订缔结友好城市框架协议,就未来加强两地企业、市场开放、商贸物流、旅游交流、科教文卫、人才引进领域的合作进行交流协作、共谋发展。

【开展首届"最美崇仁人"评选活动】 为推进公民思想道德和社会主义核心价值观建设,更好地鼓励先进、树立榜样,激励引领全社会学好人、做好人、扬正气、促和谐。6月起,开展首届"最美崇仁人"评选活动。评选活动由崇仁县委宣传部、县文明办主办,分组织推荐、自荐和他荐等方法,采取自下而上、层层选拔的方式进行。为深入挖掘先进事迹,精心推选出具有代表性、品德高尚、事迹感人、影响力大的候选人物,评选活动组委会对推报人选等工作进行审核、把关。活动以"最美劳动者""最美村官""最美教师""最美医生""最美志愿者""最美军人""最美基层政法干部""最美基层党务工作者""最美客运司机""最美少年"10个类型为主广泛开展,不限行业职业,各条战线、各行业的人士均可参与,参评候选人条件是:把爱国、敬业、诚信、友善作为价值准则,具有品德高尚、甘于奉献、事迹感人、群众广泛认可。11月底,县委、县政府决定:授予裴恩华等20人"最美崇仁人"荣誉称号,12月10日举行"最美崇仁人"颁奖仪式。

【举办第二届江西·崇仁麻鸡美食文化旅游节】 12月29日,崇仁县在源野山庄举行以"品大餐、赶大集、观大赛"为主题的第二届江西·崇仁麻鸡美食文化旅游节。600余名来自全省各地的宾客赴约。

崇仁县是"中国麻鸡之乡"。崇仁麻鸡荣获"中国十大名鸡""中国名牌农产品"和"国家地理标志产品"等荣誉称号。2015年麻鸡饲养7396万只。此届崇仁麻鸡美食文化节的举办旨在展示崇仁"小麻鸡、大产业"以及乡村休闲旅游发展成果,进一步打造特色麻鸡美食品牌。

【企业申请专利大幅增长】 2015年,崇仁县坚持走科技兴企之路,重视发挥知识产权在推动企业转型升级中的作用,专利申请179件,授权107件,分别比上年增长62.7%、62.1%。

崇仁县高度重视知识产权工作,成立实施知识产权富民强县工程工作领导小组,下设办公室。制定关于加强专利工作的实施意见、《崇仁县专利资金管理办法》和《崇仁县知识产权局公开服务承诺书》。出台"专利申请奖励办法":在崇仁行政辖区内提交专利申请的企事业单位及个人,发明专利被国家知识产权局受理并进入实质审查阶段,每项奖励申请单位或个人1000元,授权后,再追加奖励2000元;实用新型专利,2015年获得授权的每项奖励申请单位或个人500元;外观设计专利,2015年获得授权的每项奖励申请单位或个人300元。深入宣传知识产权各项政策,加大企业申请专利的政策引导,邀请省、市知识产权局有关专家及专利代理机构开展专利培训。

主要领导人 县委书记:方百春。县人大常委会主任:龙雪荣。县长:程新飞。县政协主席:魏友旗。

(杨文才)

·乐安县·

【简　况】 位于江西省中部,抚州市西南部,辖9镇、7乡(含1个农林垦殖场)。总面积2412.59平方千米。有耕地面积2.26万公顷,林地面积18.48万公顷,森林覆盖率69.7%。总人口35.32万人,其中乡村人口30.8万人。人口自然增长率为7.05‰。2015年,地区生产总值50.15亿元,同比增长12.1%。其中:第一产业增加值9.40亿元,增长5.9%;第二产业增加值19.54亿元,增长7%;第三产业增加值21.38亿元,增长12.6%。一、二、三产业比例为18.4:39:42.6。全县规模以上工业企业实现产值16.96亿元。主要工业产品有蚕丝43526吨。农业总产值16.58亿元,增长5.7%。主要农产品有粮食28.02万吨、油料1728吨、烟叶4236吨、茶叶产量25吨,家禽出笼187.77万只、肉类总产量1.05万吨、水产品8738吨。公共预算财政收入5.23亿元,增长8.4%。财政总收入

6.85 亿元,增长 13%;财政支出 20.49 亿元,增长 13.1%。全县从业人员平均工资 4.56 万元,增长 19.9%。在岗职工年平均工资 4.61 万元,增长 20.6%。城镇居民可支配收入 1.91 万元,增长 7.9%;农村居民人均可支配收入 7083 元,增长 13.9%。

【何立荣获公安部个人一等功】 何立,男,1987 年 12 月出生,乐安人,中共党员,大学本科学历。2008 年 6 月入伍,现任福建省漳州市公安消防支队古雷港开发区大队古雷中队中队长,上尉警衔。

4 月 6 日,福建省漳州市公安消防支队古雷港开发区大队古雷中队中队长何立,在发生的漳州古雷石化罐体爆炸着火事故灭火救援战斗中,他率先深入核心区域腹地侦察火情,为各级指挥员及时掌握火场情况提供重要信息,带队开启油罐固定消防设施,对着火罐及毗邻罐有效实施初期冷却,避免火情进一步扩大。他自始至终战斗在最危险的区域,所坚守的阵地离着火罐不足 20 米,明火扑灭后,他仍持续留守做好工艺排险监护工作达 10 天,有效防止重大次生灾害发生,为抢救国家财产和人民群众生命财产安全作出突出贡献,中华人民共和国公安部颁布命令荣记何立个人一等功。

【农民发明家曾书良制造的智能遥控耕整机通过省农业机械鉴定站的鉴定】 2011 年以来,农民发明家曾书良先后研发出智能遥控耕整机、农用机械遥控自动控制系统、谷物收集机等产品,并获得两项国家发明专利和一项国家实用新型专利。

曾书良,男,1976 年出生在乐安县招携镇坪上村,初中毕业后便中断学业,跟着师傅学习无线电修理,并先后在招携镇望仙村和乐安县城开电器修理店。2006 年,曾书良看准农机将逐渐普及的趋势,转行在县城开了一家农机销售店。从农村出来的曾书良对农机销售事业非常认真。他每代销一个新品牌的微耕机、手扶拖拉机,都会自己先开着机器到田里去试用。几年试下来,曾书良发现,虽然用机器代替耕牛速度快了,但是人跟在机器后面,又脏又累。为了实现站在田埂上就能完成机耕作业,曾书良走上发明创造之路。2011 年,曾书良注册成立旺农农机制造有限公司,一边生产小型脱粒机,一边开始捣鼓起遥控耕整机来。经过无数次的失败,一年多后,曾书良研发的第一台智能遥控耕整机终于亮相了,他发明的农用机械智能遥控系统于 2013 年 1 月获得了国家发明专利。为了让自己的发明创造转化为现实生产力,2015 年,曾书良注册了“良发”商标,公司生产的智能遥控耕整机通过省农业机械鉴定站的鉴定,并作为农机新产品进行推广。同时,还与湖南湘潭的一家农机生产企业合作,共同培育和拓展遥控耕整机市场。6 月 16 日—17 日,中央电视台新闻中心记者何莉一行到乐安县,专程采访农民发明家曾书良。

【开展第七个全民健身日文体展示活动】 8 月 8 日,乐安县开展第七个全民健身日文体展示活动。该活动由乐安县文体广电局和鳌溪镇共同举办,展示演出场地设在县灯光球场。来自县城各社区、街道的 15 支健身队伍先后为观众表演了广场舞、交谊舞、太极拳、青少年武术、跆拳道等节目,展示全民健身成果,引导广大群众积极参与全民健身活动。8 月 9 日,《人民日报》在头版报眼位置刊登乐安县全民健身成果展示活动的新闻图片。

主要领导人 县委书记:徐建辉(任至 1 月),彭银贵(7 月任)。县人大常委会主任:陈绍平。县长:吴宜文。县政协主席:李以庚。

(王国庆)

·宜黄县·

【简 况】 位于江西省中部偏东、抚州中南部,辖 8 镇、4 乡、1 个工业园区和 2 个垦殖场,总面积 1944.2 平方千米。耕地面积 1.93 万公顷,林地面积 15.4 万公顷,森林覆盖率 76.25%。总人口(公安年报数)23.58 万人,人口自然增长率 10.16‰。2015 年,实现地区生产总值 58.03 亿元,同比增长 9.1%。其中:第一产业增加值 8.58 亿元,增长 4.4%;第二产业增加值 32.63 亿元,增长 8.9%;第三产业增加值 16.82 亿元,增长 12.4%。一、二、三产业比为 14.8∶56.2∶29。工业总产值 111.08 亿元,增长 8%。规模以上工业企业增加值 25.17 亿元,增长 8.6%,占地区生产总值比重 43.37%。主要工业产品有棉纱 0.7 万吨、有色金属 1.48 万吨、机制纸及纸板 7.89 万吨、化学药品原药 0.28 万吨、人造板 2.26 万立方米。农业总产值 14.47 亿元,增长 4.7%。主要农产品有稻谷 14.93 万吨、油料 1790 吨、烟叶 2513 吨、蔬菜 7.96 万吨、水果 3416 吨。财政总收入 8.88 亿元,增长 11%,税收占财政总收入的比重 87.28%;公共财政预算收入 7.31 亿元,增长 13.4%;财政支出 17 亿元,增长 18.87%。城镇居民人均可支配收入 2.13 万元,增长 8.3%;农村居民人均可支配收入 1.1 万元,增长 9.9%。

【获国家制种大县奖励】 宜黄县是全省唯一国家级杂交水稻种子生产基地。该县大力推动杂交水稻制种产业发展,生产优质杂交水稻种子 650 万千克以上,产值 7000 多万元。4 月,通过制种大县奖励专项答辩,获得 2015 年国家制种大县财政奖励资金 1300 多万元,3 年可获奖励资金 3000 万元以上。该资金将重点用于提高宜黄县制种基地监管与服务能力,健全县、乡、村基地监管体系;用于种子生产技术创新、模式创新、机制创新,促进种子企业与农民合作社等新型农业经营主体结合,加快培育种业社会化服务体系;用于改善种子基地发展环境和管理设施装备,加快提升基地现代化水平。

【禾杠操获全国乡村“亿万农民健身活动”传统项目优胜奖】 10 月 19 日—23 日,由中国农民体育协会主办,省农业厅、省体育局、省农民体育协会和南昌县人民政府承办的全国乡村“亿万农民健身活动”特色项目展示活动(东片)在南昌县举行,来自全国 13 个省(区、市)的乡镇和乡企代表队的 16 个特色项目参加展示。宜黄县农民展演的禾杠操,总分排名第一,获全国乡村“亿万农民健身活动”传统项目优胜奖。禾杠操是该县文化馆为丰富空巢老人生活而创作,是由禾杠舞(国家级非遗名录)演变而来。

它是以生产生活中的简易劳动工具作为道具,和着欢快的音乐节奏,做着不同的敲打运动,运用优美活泼的肢体语言,展示人们在劳动生活中的欢乐场景,是江西一大特色,深受广大群众喜爱,老少皆宜的韵律操。

【耕地保护工作成效显著】 7月10日,省政府办公厅下发《关于2014年度市县政府耕地保护责任目标考核结果的通报》,宜黄县考核为优秀县。

宜黄县把贯彻“十分珍惜、合理利用土地和切实保护耕地”的基本国策摆在重要位置,建立耕地保护责任体系。为明确落实耕地保护目标责任,县与乡(镇)政府、乡(镇)政府与村委会、村委会与村小组层层签订《耕地保护目标责任状》,将耕地保有量、基本农田保护任务逐级下达,并落实到区块,实行目标管理,形成全社会齐抓共管的局面,确保耕地保有量2.43万公顷不减少,质量不降低。注重将“两区”建设规划项目尽量避开耕地,不占基本农田,切实避开不了的,补充同等数量和质量的耕地,做到占一补一。在建立基本农田保护制度的基础上,健全耕地监管制度,充分发挥执法监察队伍的主力军作用,县执法监察大队和乡、村干部实行定期或不定期的巡查。强化土地节约集约利用。出台《关于加强工业用地管理,推进节约集约用地的意见》,严把土地供应关,采用“腾笼换鸟”方式,盘活闲置低效用地。举办培训班及利用“4·22”地球日、“6·25”土地日、“8·29”测绘日、“12·4”法制宣传日营氛围,造声势,面向农村基层,采取电视、广播、专刊、横幅、标语、发宣传单等形式向广大群众宣传耕地保护法律法规政策,提高耕地保护意识。

主要领导人 县委书记:许中伟。县人大常委会主任:万贻茂。县长:毛宗保(任至7月,2016年8月,经省委决定,撤销其党内职务、行政职务,降为主任科员)。县政协主席:谢光明。

(罗来福)

·金溪县·

【简　况】 位于江西省东部,辖8镇、5乡,总面积1358平方千米。耕地面积2.82万公顷,有林面积6.61万公顷,森林覆盖率57.2%。总人口31.8万人,其中非农业人口6.11万人。人口自然增长率6.96‰。2015年,地区生产总值72.2亿元,同比增长9.5 %。其中:第一产业增加值11.6亿元,增长4.1 %;第二产业增加值为33.1亿元,增长9.1%;第三产业增加值27.5亿元,增长12.5 %。一、二、三产业比为16.1:45.8:38.1。全县规模以上工业企业实现产值99.9亿元,增长5.7 %。农业总产值21.5亿元,增长4.7 %。主要农产品有:稻谷34.7万吨,梨3.3万吨,茶叶1996吨,肉类总产2.1万吨。地方财政收入8.1亿元,增长13.8 %;财政总收入10.1亿元,增长11%;财政总支出19.8亿元,增长17.4%。农民人均年可支配收入1.16万元,增11.1% 。

【农村土地确权登记颁证走在全省前列】 2015年,金溪县大力推进农村综合改革,农村土地确权登记颁证工作走在全省前列。全省首批农村土地承包经营权证、全省首批整村颁证、全省首个农村产权综合交易中心和全省首笔农村土地承包经营权抵押贷款均出自金溪县,陆坊乡桥上村土地合作社模式具备了较强的可复制、可推广价值。

在推进土地确权登记工作中,金溪县坚持“只组织不干预,只引导不拍板,只协调不做主”的原则,充分尊重农民主体地位,发挥农民首创精神,探索创新了“粮租平衡人口增减法”“确权确地再确股法”等多种土地确权模式。这些模式在陆坊、陈坊、合市等乡镇试行后,很快得到农民的普遍认可,随后在全县其他乡镇推广。土地确权工作的推进,为金溪催生了一大批专业大户、家庭农场、专业合作社和农业龙头企业等新型农业经营主体;推动了金溪农业发展方式的转变,加快了农业机械化、规模化、产业化、标准化进程。

【金溪法院加大执行力度】 2015年,金溪县法院充分运用法律赋予的强制执行措施,加大执行力度。一是县法院与金融机构和公安、工商、国土、房管等部门建立“点对点”“总对总”网络执行查控系统,共查得补执行人及其配偶银行存款4000余次,冻结、划拨存款400余万元,此外还采用扣押、提取、查封、拍卖和司法拘留等举措。二是充分运用与公安、检察机关构建的“打击拒执罪”机制,有效打击拒执行为,以涉嫌拒执罪移送公安机关立案侦查9案11人。充分运用失信被执行人名单制度,对被执行人进行信用惩戒。全年纳入失信被执行人名单967人次,执结案件30余件,标的额200余万元,被最高人民法院评为“有效实施失信被执行人名单制度示范法院”,成为全市唯一获此殊荣的法院。三是加大司法救助力度,积极探索“人民陪执员”制度建设。通过聘请有威望、知情况和善协调的陪执员参与执行,有效化解矛盾纷争。12月1日,省法院将全省部分法院人民陪执员试点及拒执自诉工作座谈会在金溪召开。

【关工委获“全国关心下一代先进集体”称号】 8月25日,纪念中国关心下一代工作委员会成立25周年暨全国关心下一代工作在北京召开,金溪县关工委获“全国关心下一代先进集体”称号。该县关工委成立以来,围绕培育“四有”新人的目标,立足基层,求实创新,把“急党政所急,想青少年所需,尽关工委所能”的要求落到实处,为促进青少年的健康成长发挥了积极作用,先后6次被评为全省关心下一代先进单位。截至12月,全县成立基层关工委49个,其中县直单位27个、县城中小学校7个、乡镇14个、民营企业1个;成立社区、村委会关心下一代工作小组141个,村小组关心下一代工作站33个。

【金抚高速公路建成通车】 11月6日,金溪至抚州高速公路建成通车。金抚高速是连接G35济南至广州高速公路与G70福州至银川高速公路的地方加密高速公路,全长39.58千米。沿线经过抚州市金溪县、临川区、金巢高新区两区一县,西接抚州南枢纽互通(抚吉高速公路与福银高速公路交汇)。该高速公路使两地来往的车程时间由原来的一个小时缩短至半个小时。

【开展公共文化标准化均等化建设试点】 2015年,金溪县被省文化厅列入全省公共文化标准化、均等化建设试点县。金溪县通过财政安排和争取上级资金,投入数百万元,在县城社区、街道及全县各乡镇安装调频广播1300余套,并对县文化馆、县图书馆、陆坊乡综合文化站、双塘镇综合文化站、秀谷徐坊农家书屋及左坊镇米家农家书屋6个首批抚州市百强公共文化服务示范点予以重点打造提升,共新增电脑26台、图书3万余套、书架12副及其他文化娱乐设施60余套。金溪县初步形成以县城文、博、图三馆及产业园为龙头,乡镇综合文化站为纽带,村级文化活动室(农家书屋)为基础的三级公共文化服务网络。在完善硬件建设的同时,金溪县还依托各类文化场所,创建文化品牌,积极开展丰富多彩的群众文化活动。以"三项活动"(送戏下乡、送电影下乡、支持自办文体活动)为引导,充分调动民营剧团、群众艺术团体的积极性,实现活动的常态化。

【金溪县文化研究会成立】 4月20日,金溪县文化研究会揭牌仪式暨成立大会在县委党校举行。该研究会是研究金溪文化和象山文化的群众性文化团体,首批会员约60人。武汉大学城市设计学院建筑系教授王炎松、武汉大学哲学院教授宫哲兵、江西师大南方古村镇发展与保护研究中心主任梁洪生、贵溪市象山文化筹备会代表叶航等数10位专家、学者出席大会。

【《陆九渊故事》出版】 12月,由金溪县文化研究会集体编撰的《陆九渊故事》一书,由江西人民出版社正式出版。该书由近140则故事组成,分"童年之慧心""少年之悟心""青年之砺心""中年之洞心""晚年之归心"5部分,全面讲述理学家、教育家、百世大儒陆象山一生的经历以及学问概要。这是第一部关于陆象山的故事集成,图文并茂,是不可多得的乡土文化作品。

主要领导人 县委书记:王成兵。县人大常委会主任:肖奇。县长:彭银贵(任至7月)。县政协主席:黄祖光。

(李山冕 曾铭)

·资溪县·

【简 况】 位于抚州市东部,辖5镇、2乡、5场。总面积1251平方千米,其中城区建成面积15平方千米,城区绿化覆盖率47.15%。耕地面积0.63万公顷,有林面积10.19万公顷,森林覆盖率87.3%。总人口11.66万人,其中非农业人口2.79万人。人口自然增长率7.18‰。2015年,地区生产总值30.87亿元,同比增长8%。其中:第一产业增加值3.54亿元,增长2.7%;第二产业增加值13.79亿元,增长3%;第三产业增加值13.54亿元,增长13.8%。一、二、三产业比为11.47:44.68:43.85。工业总产值10.42亿元,增长0.2%。规模以上工业企业增加值3.32亿元,占地区生产总值比重10.75%。主要工业产品有竹地板、细木工艺板、鞋帽、电子等。农业总产值6.3亿元,增长3%。主要农产品:粮食总产量3.6万吨、烟叶产量902吨、白茶产量55吨、水果产量328吨、西瓜产量1524吨,生猪出栏3.63万头、家禽出栏11.75万只。固定资产投资18.8亿元。财政总收入6.01亿元,税收占财政总收入比重80.6%;公共财政预算收入4.91亿元;财政总支出10.54亿元,增长4.15%。万元GDP能耗下降1.65%,二氧化硫排放总量1040吨、削减率6%,氮氧化物排放量57.47吨、消减率8%。城镇居民人均可支配收入2.05万元,增长8.5%;农村居民人均可支配收入1.07万元,增长9.1%。

【跻身国家可持续发展实验区】 1月,资溪县通过由科技部牵头组织国家发改委、教育部、科技部、环保部、公安部等18个部委联合评审,10月被科技部批准列入国家可持续发展区。实验区建设规划明确特色产业发展、资源利用与环境保护、社会发展、科技支撑与创新、生态文明建设5个重点建设领域,包含有机白茶标准化基地建设、城镇生活污水网管建设等41个优先项目,涉及产业转型、现代农业、民生幸福等方面。

【江西马头山国家级自然保护区管理局挂牌】 7月,江西马头山国家级自然保护区管理局在资溪县生态工业园创新大道正式挂牌。马头山自然保护区始建于1994年,2001年经江西省人民政府批准晋升为省级自然保护区,2008年经国务院批准晋升为国家级自然保护区。

江西马头山国家级自然保护区位于资溪东北部,地处闽赣交界的武夷山西麓。保护区总面积1.39万公顷,区内森林植被以天然常绿阔叶林为主,森林覆盖率达97.43%,区内有高等植物275科100属2483种,其中国家级重点保护的植物有20种。陆生脊椎动物27目1科387种,其中国家重点保护野生动物有54种。保护区以珍稀植物美毛含笑、长叶榧、蛛网萼、伯乐树等珍稀植物及其原生种群为主要保护对象,是江西唯一以野生珍稀植物为主要保护对象的国家级自然保护区。

【举办江西省第三届寒兰博览会】 11月13日—15日,江西省(资溪)第三届寒兰博览会在资溪县举办。省农业厅原厅长、省花协原会长刘初浔出席开幕式并宣布博览会开幕,省花卉协会会长姚技,省花协原顾问、抚州市花卉协会会长李宾等应邀出席开幕式,县委副书记、县长吴建华出席并致开幕词。来自广东、浙江、湖南、江西、湖北、福建等6省的12个市的400余盆寒兰参展,共评出2个特等金奖、10个金奖、20个银奖、30个铜奖。

主要领导人 县委书记:徐国义。县人大常委会主任:李莉华。县长:吴建华(8月任)。县政协主席:万鸣。

(帅建忠 谢金凤)

·广昌县·

【简 况】 位于抚州南端,辖5镇、6乡、1场,总面积1603平方千米,其中城区建成面积8.7平方千米。城区绿化覆盖率41.22%。耕地面积1.48万公顷,有林面积9.99万公顷,森林覆盖率66.64%。总人口25.02万人,其中城区人口10.65万人、乡村人口14.37万人。人口自然增长率7.42‰。2015年,地区生产总值50.13亿元,同比增长8.8%。其中:第一产业增加值8.85亿元,增长3.8%;第二产业增加值23.2亿元,增长9.1%;第三产业增加值18.08亿元,增长10.8%。一、二、三产业比为17.6:46.3:36.1。规模以上工业企业增加值17.55亿元,增长8.4%,占地区生产总值比重35%。主要工业产品有铜材2.95万吨、化纤布1.05亿米、服装924.43万件、汽车配件503万件、发电量8597万度。农业总产值15.76亿元,增长4%。主要农产品有稻谷、通芯白莲、烟叶。粮食总产量10.73万吨、通芯白莲总产量0.43万吨、生猪出栏5.57万头。固定资产投资50.05亿元,增长17.9%。财政总收入8.21亿元,增长1%,税收占财政总收入的比重81.7%;财政总支出17.12亿元,增长9.3%。万元GDP能耗0.474吨标煤,二氧化硫排放总量1479.78吨、削减率14.97%,氮氧化物排放量228.52吨,城市污水处理率76.7%。农村居民人均可支配收入7430元,增加877元;城镇居民人均可支配收入2.09万元,增加7.8%。

【快速发展电子商务】 2015底,广昌县拥有电商企业及个体户共400余家,从业人员达3500多人,电商企业年销售总额达3亿元。该县“快准实狠”发展电子商务。一是快速启动。10月成立广昌县电子商务协会,制定相关政策,从土地、财税、金融等方面给予电商企业扶持。二是瞄准特色。电商企业积极打造“莲乡”特色产品,将白莲、茶薪菇、泽泻、香扇、茶具等本地特色产品销到全国,甚至国外。三是扎实推进。自2014年开始,该县财政每年安排100万元(不含县财政投入产业园建设资金)作为县级电子商务发展基金,用于扶持电商企业做大做强,建设电子商务公共服务平台。县电子商务产业园平台建设包括中小企业孵化园和电子信息产业园两部分,其中占地5.87公顷的中小企业孵化园项目于2015年全面完成,可入驻中小企业40多家。同时,县政府对在县境内缴纳税金30万元以上的电商企业,前3年按地方所得部分的60%予以奖励。四是狠下功夫。2015年,电子商务纳入当年的县招商引资工作考评办法,对电子商务年营销额达200万元以上,按营销额50%折抵工业进资;在县委党校举办两期培训班,就网店运营、品牌策划、市场营销等内容,为创业的电商企业主及个体户“充电加油”。

【启动村卫生所的升级改造工程】 从2014年10月开始,广昌县启动村卫生所的升级改造工程,标准化规划诊疗室、治疗室、注射室、药房、值班室等用房,配备血糖仪、体重秤、血压计等设备。新的村卫生所窗明几净,墙上张贴着规章制度、药费报销流程图,一目了然。彻底改变原来卫生所房屋破旧不堪,医疗器械只有“一个听诊器、一个血压表、一个温度计”的状况。村卫生所除了为村民诊治一般性疾病,还为村民建立健康档案,每年开展两次健康体检,为高血压、糖尿病、结核病等人群提供防治指导,提供基本公共卫生服务。此次村卫生所升级改造工程,是由中央统战部协调中华海外联谊会援建的,每座卫生室建设资金为10万元,海联(“中华海外联谊会”简称)捐助5万元,其余资金由中央预算内农村卫生服务体系建设项目资金和地方配套解决。到2015年底,广昌县共收到中华海外联谊会此项援建资金455万元,有50所海联卫生室已建成使用。广昌县已配备乡村医生275人,村卫所全面实行基本药物零差率销售,村民“小病不出村”,不用往镇里或县里赶。

【发展果林产业治理水土流失】 2015年,广昌县在治理水土流失的过程中,注重提升治理措施的经济效益,突出经济果林开发,以市场为导向,发展“公司+农户”、“协会+农户”等新型农业产业开发经营模式,大力发展柑橘、脐橙、油茶、茶叶等水保产业,同时注重“猪—沼—果”配套,采取坡面水系建设和果草间作,解决了水土保持投入的问题。截至年底,全县治理面积在6.67公顷以上的治理大户有21家,累计开发种植油茶600公顷,引进嫁接300万株,高产油茶林苗木繁育基地1个,油茶深加工企业2家。

主要领导人 县委书记:许爱军。县人大常委会主任:符忠林。县长:欧阳巧文。县政协主席:揭秉华。

(谢衔生)

·东乡县·

【简　况】 位于抚州市北部,辖9镇、4乡、3个垦殖场、1个林场,总面积约1270平方千米,其中城市建成区面积达到20.6平方千米,城区绿化覆盖率45.5%。耕地面积2.57万公顷,有林面积5.13万公顷,森林覆盖率45.54%。总人口48.35万人,其中非农业人口15.94万人。人口自然增长率7.24‰。2015年,实现地区生产总值133.57亿元,同比增长9.6%。其中:第一产业增加值20.24亿元,增长3.4%;第二产业增加值79.44亿元,增长9.8%;第三产业增加值33.89亿元,增长12.3%。一、二、三产业比为15.16:59.47:25.37。规模以上工业总产值220亿元,增长1.3%;工业增加值50.97亿元,增长9.2%,占地区生产总值比重38.16%。主要工业产品有大米、化学肥料和农药、瓷质砖、纱、蚕丝及交织机织物、铜材、饲料等。农业总产值37.35亿元,增长5.05%。主要农产品有稻谷、生猪、油料、甘蔗、水果等。全年粮食总产量31.97万吨,增长1.61%;全年生猪出栏124.66万头,存栏59.72万头。固定资产投资181.22亿元,增长20.7%。财政总收入22.07亿元,增长10%,税收占财政总收入的比重81.1%;地方财政收入16.1亿元,增长8.94%;财政总支出33.45亿元,增长19.31%。万元GDP能耗0.522吨标煤,二氧化碳排放总量2397吨、削减率3.66%,氮氧化物排放量518吨、消减率8.4%,城市污水处理率97%。农民人均纯收入1.34万元,增长10%。城乡居民年末储蓄余额99.24亿元,增长12.52%。

【红星垦殖场纪念王震将军107周年诞辰】 4月11日,是王震将军107周年诞辰纪念日,200多名干部群众和中小学生聚集红星垦殖场王震公园,深切缅怀这位无产阶级革命家、新中国农垦事业的拓荒者。红星垦殖场于2014年成立红星精神研究会,已有会员60多人。王震与红星的情缘可以追溯到1958年11月,时任农垦部部长的他视察红星,给共大学生做报告,接见老红军战士,并划拨专款支持红星建起了第一个养鸡场。1969年10月至1971年9月,王震蹲点红星,与红星人结下深厚友谊。回北京后,他身居高位,仍于1973年、1978年、1981年和1985年四次"回家探亲"。红星人把农垦文化、名人文化融入项目建设,修建王震公园、王震纪念馆和将军湖,促使红星面貌焕然一新,成为全省农垦集镇建设示范点。

【举行纪念舒同110周年诞辰活动】 12月25日,纪念舒同110周年诞辰系列活动在舒同博物馆举行。抚州市委常委、宣传部部长黄玉剑宣布活动开幕。中国书协副主席、省文联副主席、省书协主席毛国典,中央政府驻港联络办北京办事处主任秦新民等出席活动开幕式。此次活动主要有:介绍舒同生平、欣赏舒同书法真迹、观看"纪念舒同诞辰110周年全国名家书法邀请展"作品、召开纪念座谈会和名家笔会。

舒同1905年出生于东乡县,为中国革命事业和书法事业作出了特殊贡献,被毛泽东誉为"红军书法家",其独创的"舒体"字广为流传。舒同晚年为家乡捐献141幅珍贵的书法作品。东乡县把书法艺术作为传承传统文化、打造文化强县的重要载体,积极开展书法普及、教育、提高和展览活动。书法教育进学校、机关、单位、企业、家庭,真正实现万户翰墨香,被评为中国书法之乡。

【人民调解宣传工作获全国先进】 12月20日,东乡县司法局被中华全国人民调解员协会授予"2015年度全国人民调解宣传工作优秀单位"称号。县司法局狠抓人民调解规范化建设,不断创新工作方法,扎实抓好矛盾纠纷排查调处,发挥了"第一道防线"的作用。同时通过电视、报纸、网络、148法律服务专线等载体,加大对人民调解工作宣传力度,收到良好的社会效果。

【东乡县获"2015中国新能源产业百强县"称号】 11月13日,在北京国家会议中心举行的2015年第七届中国新能源产业经济发展年会上,东乡县荣获"2015中国新能源产业百强县"称号,这是东乡县首次获此殊荣。该县积极抢抓国家鼓励发展新能源产业的机遇,优化投资环境,强化服务意识,大力发展新能源产业,引进1000兆瓦碲化镉薄膜太阳能电池、晶科电力等新能源项目10多个。同时推广使用风能、太阳能等清洁能源,在现代农业示范园和新农村建设中,鼓励安装太阳能节能灯和太阳能热水器,修建养殖区域沼气池,既改善了居民生产生活条件,又保护了生态环境。

【花猪保种场成为国家级畜禽遗传资源保种场】 12月23日,农业部公布了第五批国家级畜禽遗传资源保种场名单,东乡县乐平猪(东乡花猪)保种场入选,成为此次江西省唯一入选的畜禽遗传资源保种场。东乡花猪属《全国地方猪种志》收载的名种猪,其头黑、四肢白、躯干黑白花,体型结实,背腰不平,抗逆性强,繁殖率高、合群性好。该猪种生长快,瘦肉率高,且肉质鲜嫩味美。早在2005年就被列为江西省重点保护品种,2014年被列入《国家级畜禽遗传资源保护名录》。

【院士工作站揭牌】 8月19日,江西东华种畜禽有限公司中科院院士工作站揭牌。中国科学院院士吴常信等专家及省、市、县相关领导参加揭牌仪式。吴常信是中国著名的动物遗传育种领域的知名专家,有8项研究成果获国家级奖励。他10多年如一日关注东乡黑羽绿壳蛋鸡,多次亲临东乡实地考察、指导。院士工作站的设立有助于攻克世界珍稀品种东乡黑羽绿壳蛋鸡育种、饲养、防疫等技术难题。

【举办国际职业搏击王者争霸赛】 7月5日,东乡县体育馆举办了国际职业搏击王者争霸赛,来自中国、俄罗斯、泰国、哈萨克斯坦四国的18名顶级职业拳手亮相东乡,700多名观众观赛。此次比赛兼容中国武术、日本空手道、韩国跆拳道、泰拳以及西方拳击和摔跤等武道的精华。赛事设置60公斤级、65公斤级、67公斤级、70公斤级4个级别。采取一局定胜负制,9场比赛决出9个冠军。其中:60公斤级共举行3场比赛,决出3个冠军;65公斤级举行1场比赛,决出1个冠军;67公斤级举行3场比赛,决出3个冠军;70公斤级举行两场比赛,决出两个冠军。经过9场不同级别的角逐,中国选手获得其中7场的冠军,泰国选手获得两个冠军。

【农民周长根出版学术著作】 3月2日,东乡农民周长根25万字的学术性著作《龙的栽培》,由中国言实出版社正式出版发行。65岁的周长根是东乡县孝岗镇新建村委会石溪村民小组农民,酷爱读书,善于思考,发明的"多头喷雾器"曾获国家实用新型专利证书。20世纪60年代,他高中肄业后返乡务农。40岁之后,开始潜心研究智力问题,自学心理学和教育学,做了数百万字学习笔记。经过20多年的认真观察、大胆释疑和自身实践,他发现"智力构建源自大脑活动能量"这一生物学规则。为此,他积极搜集相关资料,自60岁时开始写作,把现有心理学理论整合成新的理念,破解"先天条件"这一教育上的困惑,并对先天条件创造、学前智力开发、儿童品格塑造、个人潜能挖掘、脑能强化和战胜遗忘等问题提出建设性指导意见。

【143个便民取款点覆盖东乡行政村】 8月中旬,东乡县143个乡村金融便民取款服务点,配置143台自助转账终端设备,实现了全县行政村全覆盖。从此,农村居民尤其是孤寡老人可以实现足不出村领到新农保、退耕还林等惠农补贴。此次农村金融便民取款服务点专门设在当地信誉较高且服务意识较强,具备一定金融知识的商家中,村民每卡每日累计取现限额为2000元,既满足了农村小金额取现需求,又有利于保护账户资金安全。

主要领导人 县委书记:谭小平(任至9月)。县人大常委会主任:陈文。县长:许萍乡。县政协主席:陈勤。

(方莉华)

本栏编辑 詹跃华 陈超萍

人　物

省级领导机构成员名录

中共江西省委

强　卫　书记
鹿心社　副书记
莫建成　副书记(1月任,任至12月)
史文清　(蒙古族)常委(任至1月)
姚亚平　常委
周泽民　常委
王文涛　常委(任至3月)
李炳军　常委(6月任)
朱　虹　常委(10月任)、秘书长(11月任)
周　萌　常委
蔡晓明　常委
赵爱明　(女)常委
马家利　常委(任至6月)
毛伟明　常委(7月任)
龚建华　常委、秘书长(任至3月)
张晓明　常委(6月任)

江西省人大常委会

强　卫　党组书记、主任
洪礼和　党组副书记、副主任
史文清　(蒙古族)党组成员(2月任)、副主任(1月任)
魏小琴　(女)党组成员、副主任
朱秉发　党组成员(任至2月)、副主任(任至1月)
谢亦森　党组成员、副主任
马志武　(回族)副主任
冯桃莲　(女)党组成员(2月任)、副主任(1月任)
魏　民　党组成员、秘书长

江西省人民政府

鹿心社　党组书记、省长
莫建成　党组副书记、副省长(任至9月)
李炳军　党组成员、副省长(任至7月)
朱　虹　党组成员、副省长(任至11月)
毛伟明　党组副书记(8月任)、副省长(9月任)
谢　茹　(女)副省长
胡幼桃　党组成员(任至1月)、副省长(任至7月)
李贻煌　党组成员、副省长
尹建业　(白族)党组成员(10月任)、副省长(11月任)
郑为文　党组成员、副省长
刘昌林　党组成员、副省长(7月任)
殷美根　党组成员、副省长(11月任)
孙　刚　党组成员、顾问(2月退)
熊盛文　党组成员、顾问(2月退)
谭晓林　党组成员(任至1月)、秘书长(任至3月)
张　勇　党组成员(2月任)、秘书长(3月任)
潘东军　党组成员(4月任)

政协江西省委员会

黄跃金　党组书记、主席
钟利贵　党组副书记、副主席
李华栋　副主席
汤建人　副主席
刘晓庄　副主席
郑小燕　(女)副主席
胡幼桃　党组成员、副主席(1月任)
肖光明　党组成员、副主席
刘礼祖　党组成员、副主席(11月因违纪免职,降为科员)
许爱民　党组成员、副主席(3月因违纪免职,降为副处级非领导职务)
孙菊生　副主席
肖为群　党组成员、秘书长

省直单位、中央驻赣单位领导干部名录

省委办公厅

杨伟东　省委副秘书长、省委办公厅主任(任至12月)
徐延彬　省委副秘书长、省委办公厅主任(12月任)
沈谦芳　省委副秘书长
钟金根　省委副秘书长
丁晓群　省委副秘书长、省委省政府接待办主任(任至7月)
刘义硚　省委副秘书长
毛祖逊　省委副秘书长
翟　明　省委副秘书长、省委办公厅督查专员
马　健　副主任
刘志远　副主任
李　能　副主任
吕　伟　省纪委驻办公厅纪检组组长(12月任)
熊建社　督查专员(任至11月)
巫雄军　巡视员(7月任)、厅直机关党委书记
费先志　省委机要局局长

邬裕彬 省委总值班室主任
张　锋 省国家保密局局长
邝先华 省委督查室主任(任至4月)
席　宏 省委办公厅法规室主任
黄之猛 省委省政府接待办副主任(滨江招待所所长)
徐建文 副巡视员
熊科平 督查专员(任至7月)
周益民 省委办公厅副巡视员
汤俊峰 督查专员(9月任)

省人大内司委

胡　宪 主任委员
刘和平 副主任委员(1月任)
段景来 副主任委员(1月任)
王可忠 副主任委员
陈东有 副主任委员
赵锦成 副主任委员
陈友锦 副主任委员(3月任)

省人大财经委

谢碧联 主任委员
涂勤华 副主任委员
林兴富 (布依族)副主任委员(任至7月)
伍再谦 副主任委员
高小琼 副主任委员
张贻奏 副主任委员(1月任)
周山印 副主任委员、预算工委主任
王曼萍 (女)副主任委员
谭文英 (女)副主任委员

省人大教科文卫委

李玉英 (女)主任委员(任至5月)
谭晓林 副主任委员(1月任)
王　海 副主任委员
周健儿 副主任委员(任至1月)
李水弟 副主任委员
谢秀琦 副主任委员
聂道宏 副主任委员
刘　伟 副巡视员

省人大农委

陈毓平 主任委员
梁彩云 (女)副主任委员
刘永思 副主任委员
樊　耀 副主任委员
罗小茶 (女)副主任委员(7月任)
王贤春 副巡视员
杨新华 副巡视员(8月任)

省人大环资委

汪毓华 (女)主任委员
李亚平 (女)副主任委员(任至11月)
周容兴 副主任委员(任至1月)
虞国庆 副主任委员(1月任)
屠永发 副主任委员
柳　铭 副巡视员

省人大法制委

沈亚平 主任委员(任至9月)
李　锐 副主任委员
宋才火 副主任委员(任至9月)
肖仛根 副主任委员
陈春明 副主任委员
叶敏健 副主任委员(3月任)

省人大常委会办公厅

张振球 省人大常委会副秘书长、办公厅主任
杨新民 省人大常委会副秘书长(任至5月)
刘小华 (女)省人大常委会副秘书长
李元生 副主任(任至9月)
李金秋 副主任
陈洪生 副主任

省人大常委会法工委

李　锐 主任(任至5月)
韩　军 主任(9月任)、副主任(任至9月)
周　雍 副主任
刘永亮 副主任

省人大常委会选任联工委

杨伟东 主任(任至3月)
龚绍林 主任(3月任)
李元生 副主任(9月任)
董立新 副主任(任至7月)
公艳萍 (女)副主任

省人大常委会外侨民宗工委

傅小健 (女)主任
孙学军 副主任(任至11月)

省人大常委会预算工委

周山印 主任
李　雪 副主任

省政府办公厅

谭晓林 省政府党组成员(任至1月)、秘书长(任至3月),办公厅党组书记(任至1月)
张　勇 省政府党组成员(2月任)、秘书长(3月任),办公厅党组书记(2月任)、主任
晏驹腾 省政府副秘书长(任至3月)、办公厅党组成员、省政府发展研究中心主任
肖　毅 省政府副秘书长(任至4月)
叶　磊 省政府副秘书长(任至5月)、办公厅党组成员
张小平 省政府副秘书长、办公厅党组成员
谢茂林 省政府副秘书长、办公厅党组成员
林彬杨 省政府副秘书长(任至9月)、办公厅党组成员
陈石俊 省政府副秘书长、办公厅党组成员、省政府研究室主任(7月任)
涂琼理 省政府副秘书长、办公厅党组成员
宋雷鸣 省政府副秘书长、办公厅党组成员
犹　瑝 (土家族)省政府副秘书长(2月任)、办公厅党组成员、副主任(任至2月)
刘晓艺 (女)省政府副秘书长(5月任)、办公厅党组成员、副主任(任至5月)
王亚联 省政府副秘书长(11月任)、办公厅党组成员
陈　敏 省政府副秘书长(11月任)、办公厅党组成员
徐小平 办公厅党组成员、驻厅纪检组组长

杜章彪 办公厅党组成员、副主任
朱小平 办公厅党组成员、省政府机关事务管理局局长
樊雅强 办公厅党组成员、副主任(2月任)
熊科平 办公厅党组成员、副主任(7月任)
徐松柏 办公厅党组成员、副主任
胡详圳 巡视员(5月退)
廖裕良 办公厅党组成员(11月任)、省政府应急办专职副主任
罗时跃 副巡视员
章小刚 副巡视员
闵圣忠 副厅级纪检员
曹铭文 副巡视员
贺 敏 副巡视员(11月退)
彭 林 副巡视员
彭 峰 省政府研究室副主任(7月任)
利继忠 省政府研究室副主任(7月任)
刘礼明 省政府研究室副主任(任至8月)、省政府研究室巡视员(8月任)

省政府驻外办事处

肖 毅 省政府驻北京办事处党组书记、主任(任至4月)
江枝英 省政府驻北京办事处党组副书记、副主任(4月任)
吴文凯 省政府驻北京办事处党组成员、副主任
高延平 省政府驻北京办事处党组成员、副主任
王 猛 省政府驻北京办事处巡视员
王敦范 省政府驻上海办事处党组副书记、副主任(7月任)
温浙兴 省政府驻上海办事处党组成员、副主任(1月任)
张雪萍 省政府驻上海办事处党组成员、副主任
王坚真 省政府驻上海办事处党组成员、副主任
唐晓东 省政府驻上海办事处副巡视员
杨晓琴 省政府驻深圳办事处党组书记(任至1月)、主任(任至2月)
刘友龙 省政府驻深圳办事处党组书记(1月任)、主任(2月任)

省政府法制办公室

张玉印 党组书记、主任
凌 云 党组成员、副主任
邱荣飞 党组成员、副主任
龚河兴 党组成员(4月任)、副主任(5月任)
刘晨华 副巡视员
王家利 副巡视员(8月退)

省政协办公厅

杨春燕 (女)省政协副秘书长、主任
徐良平 省政协副秘书长
曾 粮 副主任
王国龙 副主任(任至9月)
杨木生 副主任
杜 波 副主任(任至1月)
刘海华 副巡视员
周寥寥 副主任

省政协提案委员会

杨 斌 主任(专职)
张桃生 副主任
朱荣辉 副主任
陈智祥 副主任
张国轩 副主任
张康平 副主任(专职)
马岩波 副主任

省政协经济委员会

李贤书 主任
汪玉奇 副主任
钟际跃 副主任(任至1月)
谢 斌 副主任(1月任)
肖四如 副主任
朱力群 副主任
邝小平 副主任(1月任)
王 斌 副主任
尹小明 副主任(专职)

省政协人口资源环境委员会

文红莲 (女)主任
揭赣元 副主任
熊根泉 副主任
刘德意 副主任
熊 毅 副主任
李晓琼 副主任

陈 荣 副主任
樊 欣 副主任(专职)

省政协教科文卫体委员会

龚林儿 主任(专职)
刘 鹰 副主任(1月任)
石庆华 副主任(任至9月)
史蓉蓉 (女)副主任
熊正明 副主任
龚绍林 副主任(任至6月)
毛学东 副主任
陈 坚 副主任(专职)
张玉清 副主任
招则庆 副巡视员(12月任)

省政协社会和法制委员会

张 莉 (女)主任(专职)
程受锭 副主任(任至1月)
徐效钢 副主任
章凯旋 副主任
张传发 副主任(1月任)
胡淑珠 副主任
李 智 副主任
李东山 副主任(专职)

省政协民族和宗教委员会

舒国华 主任
孙晓山 副主任(1月任)
甘良淼 副主任
扶名福 副主任
方 娅 (女)副主任
张 勇 副主任
李冬妮 (女)副主任
释纯一 副主任
陈淦彬 副主任(专职)

省政协港澳台侨和外事委员会

冷芬俊 省政协副秘书长、主任(专职)
周 锦 (女)副主任
钟录生 副主任
何大欣 副主任
张知明 副主任
陈金乐 巡视员、副主任(专职)
徐景坤 副主任

省政协文史和学习委员会

黄　鹤　主任(任至9月)
姚　电　副主任(1月任)
陈绵水　副主任
沈谦芳　副主任
祝黄河　副主任
苏明宗　副主任
黄菊花　(女)副主任

省纪委(省监察厅)

陈尚云　省纪委常务副书记
潘东军　省纪委副书记、省监察厅厅长、省预防腐败局局长(兼)(2月任)
赵力平　省纪委副书记(任至4月)
陈小平　省纪委副书记
肖德福　省纪委副书记(8月任)
李建发　省纪委常委、秘书长
刘三秋　(女)省纪委常委
邓剑锋　省纪委常委(7月任)
何建洋　省监察厅副厅长、省预防腐败局副局长(兼)
汪　爽　省纪委常委
何　刚　省纪委常委
饶利萍　(女)省纪委常委
王仁辉　省纪委常委、省监察厅副厅长
裴忠彪　省预防腐败局专职副局长
鲍小慧　正厅级纪检员、监察专员
姚　平　(女)正厅级干部(抽调在中央巡视组工作,8月退)
唐舒龙　副秘书长、办公厅主任
胡国庆　组织部部长
施新华　宣传部部长
庄国良　调研法规室主任
吕　伟　党风政风监督室主任(任至12月)
单庆娇　(女)信访室主任
王爱东　委巡视工作领导小组办公室主任
杨志军　案件监督管理室主任
曾亦冰　第一纪检监察室主任
王　玮　第二纪检监察室主任
姚军章　第三纪检监察室主任
周重和　第四纪检监察室主任
景有富　第五纪检监察室主任(任至12月)
陶　亮　第六纪检监察室主任
刘永华　第七纪检监察室主任
程新生　案件审理室主任
张　明　纪检监察干部监督室主任
胡文南　(女)离退休干部室主任
刘玉椿　机关党委专职副书记
李泉新　省委巡视组组长
涂志柏　省委巡视组副组长
曾崇新　省委巡视组副组长
虞小京　(女)省委巡视组副组长
王旭景　副厅级巡视专员
胡晋茂　副厅级纪检员、监察专员
李卫平　副厅级纪检员、监察专员(任至3月)
侯永福　副厅级纪检员、监察专员(任至5月)
黄以华　副厅级纪检员、监察专员(7月任)
李启真　副厅级纪检员、监察专员(7月任)
王南平　副厅级纪检员、监察专员(7月任)

省委巡视办

王爱东　主任
王晓庆　省委第一巡视组组长(12月任)
尹　健　省委第一巡视组副组长(7月任)
沈冬阳　省委第一巡视组副厅级巡视专员
陈松远　省委第二巡视组组长
李　云　(女)省委第二巡视组正厅级巡视专员
涂志柏　省委第二巡视组副组长
李泉新　省委第三巡视组组长
晏苏节　省委第三巡视组正厅级巡视专员
熊桂生　省委巡视组副组长
谢一平　省委第四巡视组组长
吴小瑜　(女)省委第四巡视组副组长
徐森鸣　省委第五巡视组组长
虞小京　(女)省委第五巡视组副组长
王旭景　省委第五巡视组副厅级巡视专员
郭　家　省委第六巡视组组长
曾崇新　省委第六巡视组副组长
吴宜文　省委第六巡视组副厅级巡视专员
邹国荣　省委第七巡视组组长
孙正森　省委第七巡视组正厅级巡视专员(4月任)
宋江涌　省委第七巡视组副组长(4月任)
胡伟荣　省委第八巡视组组长
茆荣权　省委第八巡视组副组长(4月任)

省法院

张忠厚　党组书记、院长
方晓春　党组副书记、副院长
郭　兵　党组副书记、副院长
胡淑珠　副院长
朱　浔　党组成员、副院长
王建新　巡视员(任至7月)
纪红华　党组成员、纪检组组长
夏克勤　党组成员、副院长
勒世标　党组成员、政治部主任
赵九重　党组成员、执行局局长
楼建群　审判委员会专职委员
杨国安　审判委员会专职委员
何大新　副巡视员
刘洪芳　副巡视员、基建办主任

省检察院

刘铁流　党组书记、检察长
段景来　党组副书记(任至1月)、副检察长(任至3月)
李　智　党组副书记、副检察长
张国轩　副检察长
罗晓泉　党组成员、副检察长
邱　利　党组成员、副检察长(1月任)、反贪污贿赂局局长
魏运亭　党组成员、省纪委派驻省检察院纪检组组长
张勇玲　(女)党组成员、政治部主任
蔡　田　检察委员会专职委员(5月退)
江阶虎　检察委员会专职委员
孙牯昌　检察委员会专职委员
丁高保　省检察院巡视员(7月任)、省检察院南昌铁路运输分院党组书记、检察长
黄　杰　反渎职侵权局局长
刘恩祥　副巡视员
吴智勇　副巡视员
姜玉娟　(女)副巡视员(7月任)
邹节新　副巡视员(2月退)
程锦琯　副巡视员(8月退)

省信访局

刘义硚 局长
谢上海 正厅级信访督查专员(11月退)
徐贵闽 (女)正厅级信访督查专员
孙解生 副局长
徐 力 副局长
罗 强 副局长
乐文红 (女)副局长(任至12月)
姚学明 副巡视员
聂明慧 副巡视员

省委组织部

赵爱明 (女)部长
赵力平 常务副部长(3月任)
龚绍林 副部长(3月任)
傅世平 副部长
刘三秋 (女)副部长
宋 斌 省纪委驻省委组织部纪检组组长(12月任)
徐 忠 副部长(11月任)
俞银先 部务委员
屈 泉 部务委员(11月任)
邹绍辉 部务委员(12月任)
陈 峰 副巡视员
王家龙 省委党建工作领导小组办公室副主任
陈长根 副巡视员(7月任)
胡伟荣 省委巡视组组长(4月任)
黄式贤 省第八批援疆工作前方指挥部党委书记
熊桂生 省委巡视组副组长
尹 健 省委巡视组副组长(7月任)
刘礼育 副部长(任至10月)
褚 兢 副巡视员(任至10月)

省委老干部局

傅世平 局长
王海燕 (女)副局长
骆驭平 副巡视员(任至6月)
李维平 副巡视员(任至3月)

省关工委

范斌华 专职副主任

省委宣传部

姚亚平 部长
郭建晖 常务副部长、省委网信办主任
杨六华 副部长
欧阳苏勤 巡视员
朱民安 副部长(11月任)
张天清 省文明办主任
梅 毅 副部长(任至7月)
李晓浩 省纪委驻省委宣传部纪检组组长(12月任)
罗勇兵 副部长、省委外宣办(省政府新闻办)主任
龙和南 副部长(任至7月)
黎隆武 副部长
李绪先 省委网信办专职副主任(任至9月)、省委宣传部副部长(9月任)
涂芸芸 副巡视员
周森昆 省委网信办专职副主任(11月任)
雷 健 副巡视员(7月任)

省委统战部

蔡晓明 部长
黄小华 常务副部长(任至2月)
刘金炎 副部长(任至2月)、常务副部长(2月任)
张 勇 副部长
李青华 (女)副部长(11月任)
胡志平 副部长、部直属机关党委书记
高鹰群 副部长(12月任)
廖元柱 省纪委驻省委统战部纪检组组长(12月任)
蔡清平 副部长(任至12月)
杨建平 副巡视员
万 坚 副巡视员

省委政法委

周 萌 省委常委、政法委书记
刘和平 常务副书记(任至1月)
郑为文 副书记
胡 焯 副书记(任至2月)
张传发 副书记、省综治办主任(任至1月)
林 强 常务副书记(2月任)、省维稳办主任
沙闻麟 (回族)副书记、省综治办主任(2月任、任至9月)
徐南凯 副书记、省综治办主任(11月任)
李 煌 省610办主任(2月任)
蔡文龙 省综治办副主任
万小根 省维稳办专职副主任
龚惠民 省法学会专职副会长(任至2月)
沈亚男 省维稳办专职副主任
毛保国 省委政法委秘书长
梁启有 省610办专职副主任
张鹤翔 省法学会专职副会长(7月任)
吴 鹏 省委政法委政治部主任(11月任)
余水根 副巡视员
樊国花 (女)副巡视员(1月任)

省委农工部

毛祖逊 部长
潘晓华 副部长
倪美堂 副部长(7月任)
赖金生 副部长
龙宇闻 副部长
陈江林 巡视员
刘 伟 副巡视员
傅水根 副巡视员

省委政研室

钟金根 政研室主任、改革办副主任
陈 强 省委改革办专职副主任
何建辉 副主任
黄光明 副主任
高建华 副巡视员

省委党史研究室

王晓春 主任
卢大有 副主任
彭 勃 (女)副主任
史爱国 副巡视员

省委台办

欧阳泉华 主任
黄朋青 副主任
徐建星 副主任
陈幸福 副巡视员
林挺华 副巡视员

曾鲁台 省台联会长

省直机关工委

杨兰根 书记
邓剑锋 副书记(任至7月)、巡视员(7月任)
李跃进 (女)副书记
章官生 省直机关工委委员、组织部长
刘大胜 省直机关工委委员、宣传部长
方瑞增 省直机关工委委员、省直机关纪工委书记
喻子显 省直机关工委委员、省直机关工会工委主任(7月任)
陈圣泉 省直机关工委副巡视员、党校常务副校长(12月任)
李　穗 副巡视员(8月退)
罗卫东 副巡视员(5月退)
童水仙 (女)省政府参事

省编办

李春燕 (女)主任
何剑锋 副主任
廖　涛 (女)副主任
王云标 副主任(12月任)
胡庆华 副巡视员
王大杰 副巡视员(7月任)

省委党校(行政学院)

舒仁庆 常务副校(院)长
许晓明 巡视员(2月退)
袁小平 副校(院)长(2月退)
杨　超 副校(院)长
罗志坚 副校(院)长
黄样兴 副校(院)长
廖清成 副校(院)长
杨解生 副校(院)长(7月任)
谭洪生 副巡视员(2月退)
戚东江 副巡视员
黄世贤 副巡视员(7月任)
黄　勇 副巡视员(12月任)

省发改委

吴晓军 党组书记、主任、省鄱阳湖生态经济区建设办公室(省赣南等原中央苏区振兴发展工作办公室)主任
叶柏青 党组成员、副主任、省物价局局长
曾文明 党组成员、副主任、省鄱阳湖生态经济区建设办公室(省赣南等原中央苏区振兴发展工作办公室)常务副主任
黄国荣 巡视员(任至6月)
陈一星 党组成员、副主任(任至8月),巡视员(8月任)
宋迪维 党组成员、副主任
熊　毅 副主任
郑沐春 党组成员、省能源局局长
王前虎 党组成员、副主任(3月任),省重点工程办公室主任(任至3月)
熊燕斌 党组成员、省铁路建设办公室(省铁路投资集团公司)主任(总经理)(任至7月),省铁路投资集团公司董事长、党委书记(7月任)
李志刚 党组成员、副主任
邝先华 党组成员、驻委纪检组组长(4月任)
李庆红 党组成员、省政府投资项目评审中心主任(5月任)
杨　毅 副巡视员
刘鲁江 副巡视员(任至9月)
陈朗如 副巡视员(任至9月)
赖南京 省鄱阳湖生态经济区建设办公室副主任
郭新宇 省第八批援疆工作前方指挥部总指挥、党委副书记
刘　兵 省鄱阳湖生态经济区建设办公室副主任
严佛元 省第八批援疆工作前方指挥部副总指挥、党委委员
谢宝河 省赣南等原中央苏区振兴发展工作办公室副主任
邹　洪 省赣南等原中央苏区振兴发展工作办公室副主任
金俊平 省信息中心主任

省财政厅

胡　强 党组书记、厅长
潘昌坤 党组成员、副厅长
辜华荣 党组成员、副厅长
王　斌 副厅长
朱　斌 党组成员、副厅长
胡彦斌 党组成员、纪检组长
温治明 党组成员、省行政事业单位资产管理中心主任(任至7月)
张耀霞 (女)党组成员、总会计师
陈林芳 副巡视员(任至3月)
钟心平 副巡视员

省人社厅

刘三秋 (女)党组书记、厅长
刘滇鸣 党组成员、副厅长
侯仲华 党组成员、副厅长、省社保中心主任
吴福全 党组成员、副厅长
庄文玥 (女)党组成员、副厅长(1月任)
王书红 党组成员(4月任)、副厅长(6月任)
吴国平 省社保中心党委书记(7月任)
裴　菲 (女)巡视员(11月退)
陈利克 巡视员(11月退)
马青林 党组成员、纪检组长(任至12月)
徐国荣 党组成员、副厅长(2月退)
杨经琪 党组成员、公务员局局长(5月退)
陈蔚鹏 副厅级纪检专员、监察员(5月退)
万庆华 副巡视员
段明其 副巡视员(8月退)
万保根 副巡视员(2月退)
朱　明 副巡视员(2月退)

省审计厅

王殿军 党组书记、厅长
何萍高 巡视员
刘　达 (女)党组成员、副厅长
邹水成 党组成员、副厅长(4月任)
徐　鸿 党组成员、纪检组长(4月任)
章丁万 党组成员、副厅长
胡志勇 党组成员、副厅长
刘斌良 党组成员、总审计师
黄正宇 省经济责任审计办公室专职副主任
伍金条 副巡视员(8月任)

省民政厅

徐　毅 党组书记、厅长
凌学仁 党组成员、副厅长
刘英城 党组成员、省纪委驻省民政

厅纪检组组长
饶剑明 党组成员、副厅长
江建中 党组成员(1 月退)
刘立松 党组成员、副厅长
朱和平 党组成员、副厅长(3 月退)
龚建辉 党组成员、副厅长
罗良意 党组成员(8 月任)
李小荣 副巡视员

省老龄办

徐 毅 主任
江建中 专职副主任(1 月退)
罗良意 专职副主任(8 月任)

省统计局

王建农 党组书记、局长
彭道宾 党组成员、副局长(任至 2 月),巡视员(2 月任)
姚睿钦 党组成员、纪检组组长
韩志生 党组成员、副局长
曹青云 党组成员、副局长(8 月任)、总统计师(任至 8 月)
彭勇平 (女)党组成员、副局长
金 绮 (女)副巡视员

国家统计局江西调查总队

邓盛平 党组书记、总队长
刘文峰 党组副书记、副总队长
符史武 党组成员、副总队长
章 勤 党组成员、纪检组长
周献华 党组成员、副总队长
游会龙 巡视员(7 月退)
邓祖龙 巡视员(2 月)
李广友 副巡视员(11 月退)

省档案局

汪晓勇 党组书记、局长
方维华 (女)党组成员、副局长
史火金 党组成员、副局长(2 月退)
方华清 党组成员、副局长
谭向文 党组成员、副局长
刘平原 副巡视员(2 月退)
谭荣鹏 副巡视员

省国税局

胡立升 党组书记、局长(9 月任)
张贻奏 党组书记、局长(任至 9 月)
汤志水 党组成员、副局长(任至 6 月)
肖光远 党组成员、副局长
黄中根 党组成员、副局长
李德平 党组成员、副局长(9 月任)、总经济师(任至 9 月)
胥敏锋 党组成员、副局长(9 月任)、总审计师(任至 9 月)
王 勇 党组成员、纪检组组长
陈国英 党组成员、总会计师
姚慧玲 (女)党组成员、总经济师(10 月任)
徐谷明 副巡视员
张 成 副巡视员(5 月任)
祝洪源 副巡视员(5 月任)

省地税局

张和平 党组书记、局长(3 月任)
胡 平 党组成员、副局长
刘理达 党组成员、副局长(任至 11 月)
尹玉光 党组成员、纪检组组长
赖新生 党组成员、总经济师
王显和 党组成员、副局长
黄正逊 党组成员、副局长
李剑涛 副巡视员(1 月退)
刘金保 副巡视员
徐志刚 副巡视员

省国资委

陈永华 党委书记
陈德勤 党委副书记、主任
李晓刚 党委委员、副主任
沙甲先 党委委员、副主任
李 键 党委委员、副主任
王金林 党委委员、纪委书记
郑高清 党委委员、副主任
张爱国 副巡视员
文翠萍 副巡视员
聂志强 副巡视员
张思益 副巡视员
王成饶 省出资监管企业监事会主席
龚建平 省出资监管企业监事会主席
谢 敏 省出资监管企业监事会主席
郑德才 省出资监管企业监事会主席
钟宇晖 省出资监管企业监事会主席
谢 言 省出资监管企业监事会主席
项 文 省出资监管企业监事会主席

省工信委

胡世忠 党组书记、主任
谢光华 党组成员、副主任
万庆胜 党组成员、副主任
章志锋 党组成员、驻委纪检组组长
王亦斌 党组成员、副主任
刘 煜 党组成员、副主任
江明成 党组成员、副主任
辛清华 党组成员、总工程师
胡桂香 副巡视员
马 勇 副巡视员
贺国庆 副巡视员

省交通运输厅

朱 希 党委书记、厅长
王爱和 党委委员、副厅长
彭志先 党委委员(任至 12 月)、副厅长
成 松 党委委员、纪委书记(任至 9 月)
胡钊芳 党委委员、总工程师
梁必康 党委委员、副厅长
谢德强 党委委员、副厅长
王昭春 党委委员、副厅长
杜继涛 党委委员(12 月任)
夏太胜 副巡视员

省住房城乡建设厅

陈 平 党组书记、厅长
高 浪 党组成员、副厅长
吴昌平 党组成员、副厅长
曾绍平 党组成员、副厅长
章雪儿 党组成员、总工程师
周晓朗 党组成员、纪检组组长
李道鹏 副厅长
齐 红 副巡视员

省环保厅

邓兴明 党组书记、厅长
陈 荣 党组成员、副厅长
罗小璋 党组成员、副厅长
罗伟华 (女)党组成员、纪检组组长
石 晶 (女)党组成员、副厅长
曹永琳 党组成员、总工程师
段惠民 副巡视员
朱百鸣 副巡视员

省质量技术监督局

王福平 党组书记、局长(7月任)
蔡　玮 党组成员、副局长
张正新 党组成员、副局长
张龙飞 党组成员、副局长
马　灵 党组成员,纪检组组长(任至12月)
赵泰初 副巡视员
章志键 党组成员、总工程师(任至12月)
李　捷 党组成员、副局长(任至12月)
王　詠 党组书记、局长(5月因严重违纪被省纪委立案调查)
李安运 副巡视员(12月因严重违纪被省纪委立案调查)

省安全生产监督管理局

龙卿吉 党组书记、局长、省煤矿安全生产监督管理局局长
程应田 党组成员、副局长
汪少舟 党组成员、副局长
周　平 党组成员、总工程师
彭建华 党组成员、纪检组组长
余　钢 党组成员、副局长
张贤义 党组成员、副局长
华人民 巡视员(5月退)
周树森 巡视员
丁志明 副巡视员

江西煤矿安全监察局

赵苏启 党组书记、局长
郑江萍 党组成员、副局长(6月任)、总工程师(任至6月)
钱陈保 党组成员、副局长
马成荣 党组成员、纪检组组长
杨市龙 党组成员、总工程师(6月任)

省国防科工办

杨贵平 党组书记、主任
万广明 党组成员、副主任(任至5月)
廖晓凌 党组成员、副主任(5月任,9月因严重违纪接受组织调查)
郑正春 党组成员、副主任
邓季芳 党组成员、纪检组组长
肖建国 巡视员
刘　星 巡视员
沈　辉 副巡视员

省人防办

刘金接 党组书记(4月任)、主任
梁闽春 党组书记(任至4月)
唐高潮 党组成员、省纪委驻省人防办纪检组组长
林显君 党组成员、副主任
钟　斌 党组成员(4月任)、副主任(5月任)
申世坤 巡视员(2月退)

省烟草专卖局

魏　平 党组书记、局长、总经理
顾厚武 党组成员、副总经理
徐素珍 党组成员、副总经理
胡义强 党组成员、副局长
章建华 党组成员、纪检组组长
李　民 党组成员、副总经理
陈建辉 总会计师
熊也农 副巡视员

省邮政管理局

彭志先 党组书记、局长(任至11月)
杜继涛 党组书记、局长(11月任)
罗之光 党组成员、副巡视员(12月退)
周慧锋 党组成员
万卫国 党组成员

省通信管理局

黄建新 党组书记、局长
袁家义 党组成员、纪检组组长、巡视员(5月退)
胡素仁 党组成员、纪检组组长(2月任)、副局长
王安平 党组成员、副局长
高　伟 党组成员、省专用通信局局长

省机场集团公司

万　林 党委委员、总经理
周敏生 党委书记
李运昌 党委委员、副总经理
欧阳智 党委委员、财务总监
黄肇春 党委委员、副总经理
张　微 党委委员、副总经理
华民涛 党委副书记、纪委书记、工会主席
周　军 党委委员、副总经理

南昌铁路局

王　培 党委副书记、局长
王秋荣 党委书记
钟生贵 党委委员、常务副局长
万　军 党委副书记
任广鑫 党委副书记、纪委书记
卢文星 党委委员、工会主席
戴平峰 党委委员、副局长
任朝阳 党委委员、副局长
彭　磊 党委委员、副局长
刘明亮 党委委员、副局长
陈寿卿 党委委员、副局长
黄少雄 党委委员、副局长
詹志文 党委委员、总工程师
郭建波 党委委员、总会计师
陈乃武 党委委员、副局长(兼)(任至12月)
徐利锋 党委委员、副局长(兼)(任至12月)
宗德明 党委委员、副局长(兼)(任至12月)
王日辉 党委委员、副局长(兼)(任至12月)

省煤田地质局

黄登龙 党委书记
周锦中 党委委员、副局长
张明锋 党委委员、副局长
夏会泳 党委委员、副局长

省地矿局

苗　壮 党委书记、局长
张　华 党委委员、副局长
余忠珍 党委委员、副局长
毛　敏 党委委员、副局长
何龙清 党委委员、副局长
陶学明 党委委员、省纪委驻省地矿局纪检组组长
洪文忠 党委委员、总工程师
肖　中 副巡视员
罗卫江 副巡视员

省核工业地质局

黄江明 党组书记、局长
何观生 党组成员、总工程师
潘克森 党组成员、省纪委驻省核工业地质局纪检组组长
朱永刚 党组成员、副局长
江天红 党组成员、副局长
程祖杰 副巡视员

江西有色地质勘查局

邝颂华 党委书记
韦星林 党委委员、副局长、总工程师
朱小茅 党委委员、副局长
魏 斌 党委委员、副局长

省商务厅

王水平 党组书记、厅长
刘翠兰 (女)党组成员、副厅长、中国国际贸易促进委员会江西省分会会长
李青华 (女)党组成员(任至11月)、副厅长(任至12月)
梁小康 党组成员(11月任)、副厅长(12月任)
李文尧 党组成员、副厅长
陶莉萍 (女)党组成员、副厅长
杨远林 党组成员、驻厅纪检组组长
刘文华 党组成员、副厅长(任至12月)
朱元发 党组成员、副厅长
邓必云 副巡视员(4月退)
王仪林 副巡视员
何旭明 副巡视员(7月退)
裴晓华 副巡视员(8月任)
孔 华 江西外语外贸职业学院党委书记(4月任)
邓 宇 中国国际贸易促进委员会江西省分会副会长
黄 强 江西外语外贸职业学院院长(5月任)

省供销社

吴伏生 党组书记、主任
欧阳太来 党组成员、副主任
卢 建 党组成员、纪检组组长
卢 忠 党组成员、副主任
杨晓琴 (女)党组成员、副主任(2月任)
江际华 副巡视员
江欢平 副巡视员

省工商局

邝小平 党组书记(任至1月)、局长(任至3月)
吴治云 党组书记(2月任)、局长(3月任)
沈庆中 党组成员、副局长
刘建华 党组成员、副局长
魏晓奎 党组成员、副局长
张 新 党组成员、副局长
邹文东 党组成员、纪检组组长(任至12月)
袁建军 副巡视员
郑辅良 副巡视员(11月退)

省旅发委

王晓峰 党组书记、主任(任至7月)
丁晓群 党组书记、主任(7月任)
余晓明 (女)党组成员、副主任
胡 海 党组成员、副主任
李瑞峰 党组成员、副主任
陈 兵 党组成员、纪检组组长
丁新权 党组成员、副主任
屈乾娜 (女)巡视员
徐信国 副巡视员
焦 健 副巡视员(2月退)

省外侨办

赵 慧 (女)党组书记、主任
吴健民 巡视员
黄加文 党组成员、副主任
李雨强 党组成员、副主任
罗亦斌 党组成员、纪检组组长(12月任)
陈绪峰 党组成员、副主任

南昌海关

肖 军 党组书记、关长
辛建民 党组副书记、政治部主任
杨 绮 党组成员、纪检组组长
赵月淦 党组成员,缉私局局长、局党组书记
赵 光 党组成员、副关长
李文君 政委
胡 泽 副关长(10月退)
杨瑞华 副巡视员(12月退)

江西出入境检验检疫局

吕志平 党组书记、局长
易克钦 党组成员、副局长
刘海葆 党组成员、副局长
张国清 党组成员、副局长
陈 宇 党组成员、纪检组组长

人行南昌中心支行

王 信 党委书记、行长兼国家外汇管理局江西省分局局长
张智富 党委副书记、副行长
郭云喜 党委委员、副行长兼国家外汇管理局江西省分局副局长
吴豪声 党委委员、副行长
潘 淦 党委委员、纪委书记(任至11月)
陈 锋 党委委员、工会主任
黄火生 副巡视员(7月退)

江西银监局

李 虎 党委书记、局长
章蔚安 党委委员、副局长(任至10月)
柯愈华 党委委员、副局长
李 洪 党委委员、副局长
郭汉强 党委委员、纪委书记
曾 晖 (女)党委委员、副局长
胡德海 副巡视员

江西证监局

滕必焱 党委书记、局长
刘谷庭 党委委员、副局长
周 军 党委委员、副局长
匡晓凤 (女)党委委员、副局长
尹海安 副巡视员(任至4月)、巡视员(4月任,9月退)

江西保监局

蔡基谱 党委书记、局长
魏竹勇 党委委员、纪委书记、副巡视员(10月任)、副局长
叶慧霖 党委委员、副局长、工会主席

省农业厅

陈日武 党委书记

胡汉平 厅长
钟力民 党委委员、纪委书记(任至11月)
唐安来 党委委员、副厅长
程关怀 党委委员、副厅长
万国根 党委委员、副厅长
刘光华 党委委员、副厅长
刘建堂 党委委员、总经济师
吴国昌 党委委员(4月任)、省畜牧兽医局局长(6月任)
彭济民 巡视员(3月退)
张忠平 巡视员(任至6月)
张跃远 副巡视员
万秋根 副巡视员

省农垦事业管理办

唐安来 党组书记、主任
陈志宏 党组成员、副主任
胡位淮 党组成员、副主任

省林业厅

阎钢军 党组书记、厅长
魏运华 巡视员
詹春森 党组成员、副厅长
黄小春 党组成员
罗　勤 党组成员、副厅长
邱水文 党组成员、副厅长
李晓浩 党组成员、驻厅纪检组组长(任至12月)
胡跃进 党组成员、总工程师
毛赣华 副巡视员
郭国芸 副厅级纪检员、监察专员(任至8月)
钟　明 副巡视员

省水利厅

罗小云 党委书记、厅长,省鄱阳湖水利枢纽建设办公室党委书记
朱来友 党委委员、副厅长,省鄱阳湖水利枢纽建设办公室党委委员、主任
杨丕龙 党委委员、副厅长
张文捷 党委委员、总工程师
廖瑞钊 党委委员、副厅长
吴信根 党委委员、纪委书记
吴义泉 党委委员、副厅长
曾晓旦 党委委员、副厅长(任至11月)
周江红 (女)副巡视员
谭国良 副巡视员
纪伟涛 省鄱阳湖水利枢纽建设办公室党委委员、副主任
刘　超 省鄱阳湖水利枢纽建设办公室党委委员、副主任
罗传彬 省鄱阳湖水利枢纽建设办公室党委委员、副主任
祝水贵 省水文局党委委员、局长
朱志勇 副巡视员(2月退)

省国土资源厅

刘定明 党组书记、厅长,总指挥长
邓又林 党组成员、副厅长
项尝培 党组成员、副厅长(5月退)
侯克常 党组成员、副厅长(5月任)、总规划师(任至5月)
王敦范 党组成员、纪检组组长(任至7月)
高振华 党组成员(12月退)
李来木 党组成员、纪检组组长(7月任)
许建平 党组成员(11月任)、副厅长(12月任)
陈祥云 党组成员、副厅长(任至5月)
罗小明 副巡视员
刘铁群 副巡视员(8月退)
李爱新 副巡视员(2月退)
叶銮清 副巡视员(任至11月)
葛祖明 副巡视员
吴福才 江西应用技术职业学院党委书记(7月任)、院长(任至7月)
钟永辉 副巡视员(11月退)
梁春祥 总规划师(5月任)
李国清 江西应用技术职业学院院长(7月任)
赵建宁 副巡视员(8月任)

省测绘地理信息局

高振华 局长(12月退)
匡　猛 党委书记

省扶贫和移民办

章康华 党组书记、主任
涂俊伟 党组成员、副主任
饶振华 党组成员、副主任
胡跃明 党组成员、副主任
罗聪明 党组成员、纪检组组长
陈佩杰 副巡视员

省粮食局

黄　河 党组书记、局长
罗　洪 党组成员、副局长
刘福元 党组成员、副局长
赵　国 党组成员、纪检组组长
杜晓林 副巡视员

省气象局

薛根元 党组书记、局长
詹丰兴 党组成员、副局长
吴万友 党组成员、副局长
谢梦莉 党组成员、纪检组组长
朱胜瑞 副巡视员

省地震局

王建荣 党组书记、局长
郑　栋 党组成员、副局长(任至2月)
柴劲松 党组成员、副局长
熊　斌 党组成员、副局长、纪检组组长(5月任)
陈家兴 党组成员、副局长(5月任)

省科技厅

郭学勤 党组书记
洪三国 厅长
卢福财 党组成员、副厅长
赵金城 党组成员、副厅长
杨逸仙 党组成员、纪检组组长
戴星照 党组成员
熊绍员 党组成员
傅道言 副巡视员
曾昭德 副巡视员

省委教育工委、省教育厅

虞国庆 省委教育工委书记(任至1月)、省教育厅厅长(任至3月)
黄小华 (女)省委教育工委书记(2月任)
叶仁荪 省委教育工委副书记(2月任)、厅长(3月任)
史蓉蓉 (女)省委教育工委副书记(任至1月)
喻晓社 省委教育工委副书记、省教

育厅副厅长
郭奕珊 省委教育工委委员、省教育厅副厅长
杨慧文 省委教育工委委员、省教育厅副厅长
刘润保 省委教育工委委员、省教育考试院党委书记
汤赛南 省委教育工委委员、省教育厅总督学
肖志华 省委教育工委委员、省教育厅副厅长
杜志刚 省委教育工委委员、省教育纪工委书记
周金堂 省教育厅巡视员
吕玉琪 省教育厅副巡视员
王建元 省教育纪工委副厅级纪检员、省监察厅驻省教育厅监察室副厅级监察专员(任至11月)
曹连平 省教育厅副巡视员(任至11月)
刘雪平 省教育考试院院长(9月任)

省体育局

刘 鹰 党组书记、局长(任至3月)
晏驹腾 党组书记、局长(3月任)
李小平 党组成员、副局长
周海涛 党组成员、副局长(任至7月)
林 军 党组成员、副局长
宗玉明 党组成员、纪检组组长
谭清元 副巡视员(5月退)
古芳远 副巡视员
夏守国 副厅级纪检员、监察专员
陈建国 副巡视员(8月任)

省卫生计生委

李 利 党组书记、主任
王金平 党组成员、副主任(任至2月)
赖厚明 巡视员
李晓琼 (女)党组成员、副主任
万筱明 (女)副主任
关晏民 (满族)党组成员、副主任
程关华 党组成员、副主任
曾传美 党组成员、副主任
方 晓 (女)副巡视员
章丽莎 (女)副巡视员(2月退)
丰 华 副巡视员(5月退)
杨 华 副巡视员(11月退)

刘慧玲 (女)省计划生育协会专职副会长

省食品药品监管局

李舰海 党组书记、局长
曹 麒 党组成员、副局长
上官新晨 副局长
姜 红 (女)党组成员、纪检组组长
肖一华 党组成员、副局长
曾传美 副局长(兼)
梁义敏 党组成员、食品药品安全总监
吴 维 党组成员、副局长(7月任)

省文化厅

郜海镭 党组书记、厅长
徐琳琳 党组成员、副厅长、省文物局局长
任永新 党组成员、副厅长
郎道先 党组成员、副厅长
孙家骅 副巡视员
谌洪敏 副巡视员
王晓庆 省委巡视组正厅长级巡视专员(4月任)
魏 玮 正厅级纪检员(7月任)

省新闻出版广电局(省版权局)

杨六华 省委宣传部副部长,省新闻出版广电局(省版权局)党组书记、局长
周 文 党组副书记、副局长
杨玲玲 (女)党组成员,江西广播电视台党委书记、台长
杨 松 巡视员
王朝新 党组成员、副局长
刘玉东 党组成员、副局长
刘 平 党组成员、副局长
白文松 党组成员、副局长
刘兴英 (女)党组成员、省纪委驻省新闻出版广电局(省版权局)纪检组组长
丁晓胜 党组成员、副局长
周世敏 党组成员(12月任)
兰丽华 (女)副巡视员
肖 鹗 副巡视员(8月退)
阮小扣 副巡视员(8月任)

省民族宗教事务局

张 勇 党组书记、局长
梅仕灿 党组成员、副局长
王希贤 党组成员、副局长
肖争鸣 巡视员
费红鹰 副巡视员
宋亚平 副巡视员(8月任、任至12月)

省地方志办

梅 宏 党组书记、主任
周 慧 党组成员、副主任
杨志华 党组成员、副主任

省社科院

姜 玮 党组书记
梁 勇 党组副书记、院长
毛智勇 党组成员、副院长
吴 峰 党组成员、纪检组组长
龚建文 (女)党组成员、副院长
孔凡斌 党组成员、副院长

省公安厅

郑为文 党委书记、厅长、督察长
王国强 党委副书记、常务副厅长
余升淮 党委委员,江西警察学院党委书记
李 煌 党委委员、副厅长,省610办主任
叶国兵 党委委员、副厅长
涂建生 党委委员
王跃辉 党委委员、厅直属机关党委书记
陈光明 党委委员、政治部主任(12月任)
方府春 党委委员
张冬庆 党委委员、治安警察总队总队长(1月任)
胡满松 党委委员、副厅长(7月任)
龚惠民 党委委员、纪委书记、第一副督察长(2月任)
史克冰 党委委员、厅长助理
刘 刚 副巡视员
陈晓平 副巡视员
杨 军 副巡视员(8月任)

省公安消防总队

房凌春 总队长
洪炳辉 政治委员
宋锦龙 副总队长
欧阳漾 副总队长
蔡卫国 副总队长
饶春风 副政治委员
马 辛 总工程师
刘 辉 参谋长
关中安 政治部主任
万德庭 后勤部部长
肖纯栋 防火监督部部长

省司法厅

马承祖 党组书记、厅长、省监狱管理局第一政委(任至2月)
胡 焯 党组书记、厅长、省监狱管理局第一政委(2月任、任至9月)
沙闻麟 党组书记、厅长、省监狱管理局第一政委(9月任),党组成员、副厅长、省监狱管理局党委书记(任至2月)
邓奕强 党组成员、副厅长
肖 良 党组成员、副厅长
刘品韬 党组成员、政治部主任
陈德群 党组成员、驻厅纪检组组长
吴志坚 巡视员(任至2月)
白马京 巡视员(任至2月)
简明龙 巡视员(8月任)、副巡视员(任至8月)
吴华金 副厅级纪检员、监察专员(任至11月)
叶 青 副巡视员
叶群声 副巡视员(2月任、任至8月)
魏 伟 副巡视员(8月任)
罗 冈 省监狱管理局党委副书记、局长
阎循店 省监狱管理局党委副书记、政委
罗冬苟 省监狱管理局党委委员、副局长,省监狱企业集团公司党委书记、总经理
马金云 省监狱管理局副巡视员
于少晗 省戒毒管理局党委书记、局长(11月任),省戒毒局党委书记、局长(任至11月)

省总工会

谢亦森 主席(4月任)
傅卓成 党组书记、常务副主席(4月任)
柯进水 党组成员、副主席
林玉华 (女)党组成员、副主席
王运快 党组成员、副主席(11月退)
陈文明 党组成员、副主席
吴海平 党组成员、副主席
张 源 党组成员、经审会主任(5月退)

团省委

曾 萍 (女)党组书记、书记
孙 鑫 党组成员、副书记
廖良生 党组成员、副书记
伍复康 党组成员、副书记

省妇联

潘玉兰 (女)党组书记、主席
黄海燕 (女)党组成员、副主席
肖晓兰 (女)党组成员、副主席
胡雪梅 (女)党组成员、副主席(任至7月)
饶冬梅 (女)党组成员、副主席
蔡力群 (女)副巡视员(任至4月)

省文联

汪天行 党组书记、常务副主席
叶 青 党组成员、主席
鄢平原 党组成员、副主席
张 越 党组成员、副主席
龙 红 副主席

省社联

祝黄河 党组书记、主席(任至9月)
吴永明 党组成员、副主席
黄万林 党组成员、副主席(任至5月)
胡春晓 (女)党组成员、副主席
刘弋涛 党组成员、副主席(7月任)
熊 建 副巡视员

省科协

李华栋 省科协主席(兼)
龚绍林 党组书记、常务副主席(任至3月)
罗 莹 党组书记(3月任)、常务副主席(4月任)
彭玲华 (女)党组成员、副主席
梁纯平 党组成员、副主席
孙卫民 党组成员、副主席
曾晓安 副巡视员

省侨联

马志武 (回族)主席
张知明 (女)党组书记
周 浪 副主席(1月任)
王 强 党组成员、副主席

省台联

曾鲁台 会长

省残联

陈卫华 党组书记、理事长
李芳萍 党组成员、副理事长
肖久刚 党组成员、副理事长
李志刚 副巡视员

省红十字会

方 娅 (女)党组书记、常务副会长(任至7月)
周海涛 党组书记、常务副会长(7月任)
袁才华 党组成员、专职副会长
刘安娜 (女)党组成员、专职副会长

民革江西省委

马志武 主委
胡汉平 副主委
陈春平 省政协副秘书长、民革省委会副主委(驻会)
徐景坤 副主委
李家祥 副主委
熊 皓 副主委(3月任)
沈 勇 副巡视员

民盟江西省委

刘晓庄 主委、省社会主义学院院长
罗慧芬 (女)副主委(兼职)
任江南 省政协副秘书长、民盟省委

会副主委(专职)
王东林 副主委(兼职)
何建洋 副主委(兼职)
黄菊花 (女)副主委(兼职)

民建江西省委

孙菊生 主委
胡淑珠 (女)副主委
唐玉英 (女)副主委
杨文龙 副主委
左继生 副主委
赵 波 (女)专职副主委、省政协副秘书长
沈 翔 副巡视员、秘书长

民进江西省委

汤建人 主委
梅国平 副主委
姚燕平 (女)副主委
卢天锡 副主委
欧阳剑雄 省政协副秘书长、专职副主委
张国轩 副主委
陈洪萍 (女)副巡视员、秘书长

农工党江西省委

郑小燕 (女)全国政协常委、农工党中央常委、农工党江西省委会主委
王 斌 农工党中央委员、农工党江西省委会副主委
万筱明 (女)副主委
涂 建 专职副主委、农工党江西省监督委员会主任,省政协副秘书长
史 可 副主委
罗胜联 副主委
余少良 副主委

九三学社江西省委

李华栋 主委
洪三国 副主委
李广振 副主委
张玉清 副主委
辛洪波 副主委
肖礼庆 专职副主委、秘书长
田 荣 副巡视员

省工商联

雷元江 主席
刘金炎 党组书记(任至11月)、常务副主席
李青华 (女)党组书记(11月任)
于也明 巡视员
谭文英 (女)副主席
洪跃平 党组成员、副主席
刘星平 党组成员、副主席

南昌大学

胡永新 党委书记
周创兵 党委副书记、校长
徐求真 党委副书记
李建民 党委委员、副校长
谢明勇 党委委员、副校长
黄 云 党委委员、纪委书记
朱友林 副校长
江风益 党委委员、副校长
辛洪波 副校长
李葆明 党委委员、副校长
邓晓华 党委委员、副校长

江西师范大学

田延光 党委书记
梅国平 校长
聂 剑 党委副书记
赵 明 党委委员、副校长
张艳国 党委委员、副校长
涂宗财 党委委员、副校长
姚弋霞 (女)党委委员、副校长
项国雄 副校长
贾俊芳 党委委员、纪委书记

江西农业大学

曹国庆 党委书记
黄路生 党委副书记、校长
陈金印 党委副书记
赵小敏 副校长
贺浩华 副校长
许斌华 副校长
白 浔 纪委书记
黄英金 副校长
邱晓辉 校长助理

江西中医药大学

刘红宁 党委书记
陈明人 党委副书记、校长
徐兰宾 党委副书记(任至2月)
左铮云 党委委员、副校长
朱卫丰 (女)党委委员、副校长
杨 明 党委委员、副校长
刘 青 党委委员、纪委书记
简 晖 党委委员、副校长
章德林 党委委员、副校长
彭映梅 (女)党委委员、副校长

南昌师范学院

姚 电 党委书记(任至2月)
王金平 党委书记(2月任)
林加奇 党委副书记、校长
席芳宽 党委委员、副校长
徐晓泉 副校长
夏启国 党委委员、副校长
邬小辉 党委委员、纪委书记
谢晓国 党委委员、副校长

江西财经大学

廖进球 党委书记
王 乔 党委副书记、校长
易小明 党委副书记
吴照云 党委委员、副校长
蒋金法 党委委员、副校长
易剑东 党委委员、副校长
杨建林 党委委员、纪委书记
邓 辉 副校长
王小平 党委委员、副校长
阙善栋 党委委员、副校长(11月任)

华东交通大学

万 明 党委书记
雷晓燕 党委副书记、校长
汪立夏 党委副书记
高海生 党委委员、副校长
张玉清 副校长
张 坚 党委委员、副校长
史焕平 党委委员、副校长
刘海文 党委委员、副校长
陈梦成 党委委员、副校长
朱卫国 党委委员、纪委书记
范 勇 党委委员、副校长(7月任)

南昌航空大学

傅克刚 党委书记
罗胜联 校长(12月任)、副校长(任至12月)
黄士安 党委副书记
周世健 党委委员(4月任)、副校长(5月任)
黎　明 党委委员、副校长
王玉芝 (女)党委委员、纪委书记
唐星华 党委委员、副校长
何兴道 党委委员、副校长
刘卫东 党委委员、副校长
聂　威 党委委员、副校长
余　欢 党委副书记(任至7月)、党委委员、校长(任至7月)

江西广播电视大学

史蓉蓉 (女)省委教育工委副书记、江西电大党委书记(任至1月)
徐兰宾 党委书记(3月任)
沈建华 党委副书记、校长
刘紫春 党委副书记
钟志贤 副校长
黄平槐 党委委员、副校长
李国敏 党委委员、副校长(任至5月)
王水平 党委委员、纪委书记

江西科技师范大学

李红勇 党委书记
左和平 校长
池泽新 党委副书记
魏新华 党委委员、纪委书记
朱爱莹 (女)党委委员、副校长
胡业华 党委委员、副校长
蒲守智 党委委员、副校长
朱　笃 党委委员、副校长
徐景坤 副校长
李玉保 党委委员、副校长

江西理工大学

叶仁荪 党委书记(任至3月)
罗嗣海 党委书记(5月任),党委副书记、校长(任至5月)
杨　斌 党委委员、副校长(任至7月),党委副书记、校长(7月任)
张建中 党委副书记
肖文群 纪委书记
温和瑞 党委委员、副校长
邱廷省 党委委员、副校长
伍自强 党委委员、副校长
何舜平 党委委员、副校长
龚姚腾 党委委员
李国金 党委委员
刘祖文 党委委员(12月任)

南昌工程学院

刘谟炎 党委书记
金志农 党委副书记、院长
张立青 党委副书记
梁　钢 (女)党委委员、纪委书记
吴泽俊 党委委员、副院长
汪胜前 党委委员、副院长
李　明 党委委员、副院长
樊后保 党委委员、副院长
汪荣有 党委委员、副院长
胡　敏 党委委员、副院长
张晨曙 党委委员(任至8月)、副院长(11月退)

景德镇陶瓷学院

郭杰忠 党委书记
江伟辉 党委副书记、院长
胡林荣 党委副书记(11月任)
叶观荣 党委委员、纪委书记
吴　隽 党委委员、副院长
刘小丽 (女)党委委员、副院长
吴本荣 党委委员、副院长
宁　钢 党委委员、副院长
占启安 党委委员、副院长(12月任)

东华理工大学

徐跃进 党委书记
柳和生 党委副书记、校长
孙占学 党委委员、副校长
刘晓东 党委委员、副校长
汤　彬 副校长
郭福生 党委委员、副校长
陈晓勇 副校长
聂逢君 党委委员、副校长
李德平 党委委员、副校长
万继锋 党委委员、纪委书记(7月任)
陈焕文 校长助理
花　明 党委委员、副校长(11月退)
徐　鸿 党委委员、纪委书记(任至4月)

赣南师范学院

孙弘安 党委书记
曾志刚 党委副书记、院长
胡龙华 党委副书记(7月任)
曾泽鑫 党委委员、副院长
陈　勃 副院长
陈春生 副院长
邱小云 党委委员、副院长
吴剑波 党委委员、副院长
幸跃凌 党委委员、纪委书记

赣南医学院

黄林邦 党委书记
韩立民 党委副书记、院长
陈　新 党委副书记
刘　潜 党委委员、副院长
王柏群 副院长
刘　民 党委委员、副院长
张裕生 党委委员、纪委书记
陈　亮 党委委员、副院长

上饶师范学院

李友鸿 党委书记
詹世友 党委副书记(1月任)、副院长(任至2月)、院长(2月任)
王胜华 党委副书记
王秀章 党委委员、副院长
刘国云 党委委员、副院长
江速英 (女)党委委员、纪委书记(5月退)
王德荣 党委委员、副院长
赖明谷 党委委员、副院长
周厚丰 党委委员、副院长

宜春学院

肖华茵 党委书记
李雪南 党委副书记、院长
王宜安 党委副书记(8月退)
胡国瑞 党委副书记(11月任)
龙　进 党委委员、副院长
彭外生 党委委员、纪委书记
梅光泉 副院长
曾晓春 党委委员、副院长

李明斌 党委委员、副院长
蒋 钰 (女)党委委员、副院长
周瑾晟 党委委员、副院长(11月退)
余新卫 (女)党委委员、副院长(12月任)
罗 政 党委委员、副院长(12月任)

井冈山大学

彭涉晗 党委书记
曾建平 党委副书记、校长(3月任)
肖长春 党委副书记、副校长(任至3月)
桂国庆 党委委员、副校长
王伴青 副校长
吕玉华 党委委员、副校长
史胜平 党委委员、纪委书记
陈小林 党委委员、副校长(4月任)
黄俭根 党委委员(12月任)
肖宜安 党委委员(12月任)

九江学院

郑 翔 党委书记
甘筱青 党委副书记、院长
吴桃娥 (女)党委委员、副院长
纪岗昌 副院长
王万山 党委委员、副院长
陶春元 副院长
杨焱林 党委委员、副院长
魏立平 党委委员、纪委书记
杨耀防 党委委员、副院长

新余学院

刘 冬 党委书记
罗玉峰 党委副书记、院长
刘晓燕 (女)党委副书记
宁世春 党委委员、副院长
胡 涌 党委委员、副院长
陈裕先 党委委员、副院长
简少华 党委委员、纪委书记
李 敏 党委委员、副院长(5月任)
龚丽春 (女)党委委员、副院长(9月任)

萍乡学院

刘明初 党委书记(9月退)
范小林 党委副书记、院长
郭 伟 党委委员、副院长
邱建丁 党委委员、副院长
张武军 院长助理(12月任)

景德镇学院

蔡付斌 党委书记
陈雨前 党委副书记、院长
饶亚明 党委副书记(任至7月)
钱鸣华 (女)党委委员、纪委书记
吴 丁 党委委员、副院长
郑富年 党委委员、副院长(7月任)
郑昕芾 党委委员、副院长(7月任)

全国五一劳动奖章获得者

罗 升 江西省南昌市人,1971年出生,大专学历,江西汇仁药业有限公司固体制剂车间主任,中级工程师。身为车间主任,他在不断完善车间内部管理的同时,挖掘内部潜力,使产品质量、产量稳步上升,职工收入随着效率提升得到提高,车间各项工作进入健康发展轨道。2006年在提取车间任职后,就琢磨如何开源节流,经过数年的改造、创新积累,实现年50万元降本增效,并形成持续效益。2011年任职于口服液体制剂车间,就如何解决产品问题,组织工艺人员查阅大量文献资料,请教多位资深专家进行大量工艺试验,大幅提升了口服液体制剂产品质量,实现产品质量投诉零缺陷。2014年任职固体车间,两年时间新增4条生产线,完成公司下达的生产任务,实现生产入库产值18.75亿元。为公司的一线生产做出突出的贡献。

赖永胜 广东省梅州市人,1969年出生,大学学历,安远县中等职业技术学校校长,高级教师,中共党员。他全身心投入职教事业,把濒临倒闭的安远职校建设成为全国职业教育先进单位。他坚持以身示范拼命干,每天晚上十一二点才回家。由于操劳过度,他住院手术,刚出院又在学校忙碌。

他爱人得病,因无暇陪爱人去广州医院看病一拖再拖,导致爱人病转为癌症。他率领全校教工坚持打基础,强根本。坚持"学历教育和社会培训"双轮驱动的人才培养思路,建成5个国家、省示范专业,年培训学员8000人以上,80%的学员通过职业技能考核并取得初、中级职业技能等级证书。在教学管理中,他积极推进教学改革和课程改革,实行弹性学制及学分制,开展校企融合、校校联办,总结出"三自、两导、一扶持"模式,助推一大批毕业生成功创业。

万 强 江西省南昌市人,1975年出生,技校毕业,江铃汽车股份模具厂袁政海班组班长,中共党员。21年来,他以袁政海为榜样,努力钻研,不断攻克技术难关,个人为江铃节约资金500多万元。作为班组长和袁政海技能大师(劳模创新)工作室主要名师,他带领班组参与技术攻关、技术改进等项目38项,获得8项国家实用新型技术专利,提出合理化提案178条,为公司创造效益7200多万元。其中,"江铃新全顺客车车轮开发项目"获中国机械工业科技进步二等奖和第八届海峡两岸职工创新成果展金奖。他带领袁政海班组,推行名师带徒活动,并通过理论、实践+绩效考核方式,快速提升班组整体技能水平,获"全国工人先锋号""全国模范职工小家""社会主义劳动竞赛先进班组"等称号。以袁政海班组为基础的袁政海技能大师(劳模创新)工作室被全总授予首批示范性"劳模创新工作室"和全国机冶建材系统"示范型职工(劳模)创新工作室"。

熊晓梅 江西省南昌市人,1977年出生,九江鑫城纺织有限公司细纱车间挡车工,中共党员。她初来厂时,所在的织布车间人员懒散,是全厂最差的。

她每天上班最早,下班最晚,在练兵车上反复练习。到了月底,她的产量最高,工资最高。带动起全车间你追我赶的良好氛围,到年终织布车间成为全厂产量最高,工资、奖金最高的车间。1998年,她从织布车间调到细纱车间,一切又从零开始。为了练就好的接头技术,她每天下班都要练习2小时的接头,迅速成长为一名优秀细纱挡车工,并多年被企业评为先进生产工作者和技术操作能手。企业改制后,她依然战斗在生产第一线,主动和新员工交流,手把手地教,对难度大的动作反复分解示范,从不保守,得到企业和全公司员工的一致好评。

陈玉梅 江西省九江市人,1978年出生,大学学历,瑞昌市城东学校教师。带初三住读班时,为防夏夜蚊虫叮咬,她事先在学生宿舍点好蚊香、开好空调。孩子们入睡后,陈玉梅总要前往查看,遇到恶劣天气,还会留住在宿舍陪同和鼓励那些胆小的女生。有学生沉迷网络,她就利用双休日陪伴他,用自己的真情去感化他,使他重拾学习信心,考入重点高中。对手臂骨折的学生,她守在病床边照顾了两日两夜。长期劳累使她患上颈椎病、慢性胃炎,却从未因病请过半天假。她牺牲无数休息时间,耐心倾听家长的电话和微信,处理孩子乃至家庭的矛盾。别人不愿带的班级她主动挑起,多年担任班主任,曾先后兼任过年级组长、团委副书记,各项工作都开展得有声有色。

周　红 江西省景德镇市人,1964年出生,硕士研究生学历,景德镇市东亮陶瓷有限公司设计室主任,教授级工艺美术师,九三学社社员。她经过不断摸索创新,借鉴国内外艺术精华,把沉实丰厚的传统技艺与现代审美意识有机融合,开创了显影技法和独特的

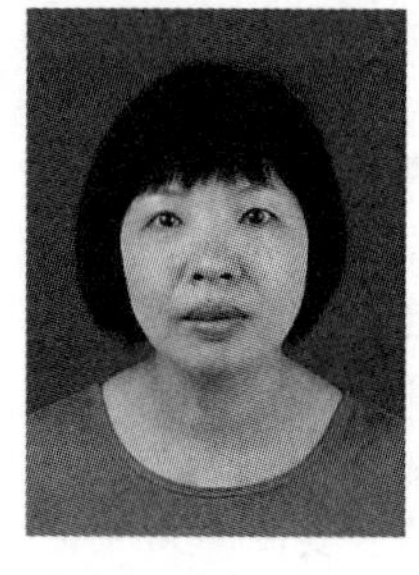

艺术风格,成为公司陶瓷艺术设计队伍中的佼佼者。作为公司设计室主任,周红不断完善自己,熟悉陶瓷工艺各项流程,相继在一些国家级刊物上发表相关论文。对科室设计员工悉心指导,毫不保留地将自己摸索创新的心得传授给员工,使员工设计水平大幅提高,产品深受市场欢迎。她还关心社会弱势群体,早在1992年就积极参加社会上的慈善活动,先后多次参加赈灾义卖。20多年来,扶危济贫,并长年捐资助学,结对帮扶贫困学生,捐赠物品资金,累计达20余万元。

钟建兵 江西省萍乡市人,1970年出生,高中学历,萍乡矿业集团有限责任公司白源煤矿放顶大工,中共党员。16年来,他井下出勤天数达4800余天,在工作面放梁达15.3万余块,落煤10万余吨。2015年12月,他所在区3184工作面,由于地质条件变化,顶板破碎,生产条件艰难,他一个月未休,工作在最困难的地方,在他的影响下,该班攻克难关,为实现工作面正规循环起到关键性作用。2016年1月,老工作面接替紧张,他毛遂自荐为快速掘进攻关小组组长,带领几位同事克服困难,一个月进尺192米,顺利围出工作面,为缓解全矿生产接替立下汗马功劳。多年来,他没有一次违章和工伤,坚持出满勤,干满点,头痛脑热坚持上班,从未因家庭琐事误过工。2015年放梁数达9600块,是其他职工的1.5倍,质量均达优良,被区领导称为"过得硬,放得心"的放顶大工。

李永秀 1973年出生,大专学历,江西省木林森光电科技有限公司财务部部长,初级会计师。她刻苦学习财会、信贷、法律、计算机等相关知识,在较短时间内熟练掌握各项新技能。受金融危机影响和会计综合业务上线重

任,她自我加压,加强对会计综合业务操作规程的学习,帮助领导进行预测和决策。2009年是公司最困难的一年,作为会计组长,她带领团队加班加点,探究问题所在,辛苦工作24天,为公司节约成本约170多万元。她严格执行规章制度,2006—2008年共记载会计账务2万多笔,未出现差错。2010年她晋升为财务部部长,牵头成立IT部,建立工作系统EAS。2012—2014年是公司第二个难关,她将宿舍搬进公司,把每一个能提高效率的地方总结出来,制作成课件培训大家。2014年公司的效率在她的带领下提升了60%。她被评为公司最具有影响力人物。

祝向辉 江西省鹰潭市人,1987年出生,硕士研究生学历,三川智慧科技股份有限公司研发部部长,中级工程师。他从技术员做起,在实际工作中不断提升和完善自身技能,先后完成超声波热量表、超声波水表、大口径水表、光电预付费水表、物联网水表等新产品的开发。为了尽快推出物联网水表,他夜以继日,加班加点,有时为了进一步论证数据,还要在校表车间和办公室两头忙。经过大量调试、测试,确保产品性能指标合格,稳定可靠。很多新员工在他的指导下,都已具备优秀的技术才能,能独立承担项目。2014年,三川股份技术中心被认定为水表行业唯一一家国家级企业技术中心。他带领的技术团队取得20多项软件著作权。由他主持开发的超声远传水表远销国外,物联网水表推出1年多,便取得近4000余万元的销售收入

李卫民 江西省赣州市人,1973年出生,大学学历,江西青峰药业有限公司设备工程部部长,助理工程师,中共党员。青峰药业初迁赣州时,技术力量薄弱。从未接触过药品生产设备的李

卫民毅然担负起设备工程部部长重任，钻研设备维修技术，解除设备故障。他带领团队利用生产间隙对设备进行维养和技术改造，使设备发挥最大效能。他进入公司时是中专学历，通过不懈努力，2005年从浙江工业大学计算机科学与技术专业本科毕业。他在机械、电气、制冷专业领域的钻研越来越精，他的专业建议使公司逐步引进先进生产设备，大大提高生产效率。为做好“节能降耗”工作，他带领团队对公司各类设施设备进行技术改造和创新，白天到各岗位检查，晚上着手检查软件编写修改情况。仅2004年就实施了20项设备的小改小革，并取得较好效果。

徐文保 江西省上饶市人，1974年出生，初中学历，广东兴发铝业（江西）有限公司挤压车间部长，中共党员。从事铝型材行业20余年，勤于学习、不耻下问，努力提高理论业务技术能力，虚心向领导、同事学习实践知识。他作风踏实，严谨敬业。不管多晚，只要机台在开，员工还在工作，他的心始终在机台。不管干什么总是自己首先留下或冲锋在前。他时刻绷紧安全生产这根弦，车间机器设备操作前都会进行检查，所有设备都在安全情况下操作，挤压车间一直以来无伤亡事故发生。生活中善于团结职工，无论是本车间职工，还是其他车间职工有困难，他都能尽自己最大的能力伸出援助之手，献一份爱心。公司有位职工妻子患有重病，徐文保积极出钱出力，同时大力倡导大家捐款帮助他。

周延芳 江西省上饶市人，1970年出生，大学学历，玉山县双明中心小学教导主任，中共党员。26年来，他先后担任小学数学教学和学校管理工作。课堂中他用亲、严、细、活、实的方法教育学生，既注重知识传授，又注重个性

特点的培养，学生在国家奥林匹克竞赛和省、市、县比赛中多次获一、二、三等奖。身为管理人员，周延芳待人处事公正宽厚。一位教师患病入住县城医院，他前往照顾，并多次安排其他教师帮助该教师所在班级辅导学生。先后与12位留守学生建立结对帮扶，并承担起4位特困学生的所有学习费用。为适应新形势下的教育工作，他潜心钻研教材，开展各种形式的教学活动，虚心向专家、同行请教，形成独特的教学风格，多篇论文在报刊上发表。作为教导主任，他悉心培养青年教师，和他们一起钻研教材、设计教案，同时全面了解他们的课堂状态，及时作出准确的定位。

郭达文 江西省吉安市人，1985年出生，大学学历，红板（江西）有限公司产前工程部经理，工程师。8年的线路板行业制作工艺技术研发及管理经验，养成他严谨的工作态度，其各项研发成果的应用，在降低公司成本的前提下又提升了公司在行业内的竞争力。2011—2012年，他主导研发跟进的精细线路制作，使红板公司线路制作技术能力远超同行业。2013年，在他的主导研发下，红板任意层互联（Anylayer）技术应用于量产，6～12层 Anylayer HDI 量产线路板顺利送到客户手中。他主导改进直接使用网版上浆漏印方式塞孔，解决了行业阻焊铝片塞孔的涨缩问题，缩短网版工具制作周期，大大降低生产成本。由他主导的 Vncviewer 脚本的运用推行及研发，大大提升了红板的资料处理速度，每人每天处理 Gerber 资料可达2～3个，远超同行业。

张　磊 河南省南阳市人，1975年出生，大学学历，江西森科实业股份有限公司销售员。2013年她进入森科实业时，欧洲次贷危机对全国的键鼠行业冲击很大，十多年来积累的人脉和

客户资源使她进入迅速工作状态，凭着精良的业务水平在入职后第二个月即接了土耳其客户61.8万套键鼠订单，是迄今江西森科最大的订单，为公司赢得海外销售近半年的业绩。接着巴西、俄罗斯一批跟随她5～6年的长期稳定老客户也纷纷开启同森科的合作。当个人利益与公司利益发生冲突时，她毫不犹豫放弃个人利益。面对国外的时差，她每天不得不工作近十五六个小时。因过度劳累导致爱女早产，产后3天即恢复工作，并在当月以全公司最高的销售纪录被评为金牌销售员。

兰　惠 江西省吉安市人，1974年出生，大学学历，江西洪都航空工业股份有限公司数控机加厂高级主管工艺师，高级工程师，中共党员。她18年来竭诚奉献、勇于担当。在某机型研制生产过程中，零件编程工作量极大，她没有一句怨言，埋头苦干；一线试制加工时，又与工人一同奋战，每天忙碌到深夜，最终完成试制加工任务。该项目获中航工业集团科学技术奖三等奖，她个人也在该型飞机首飞中荣立三等功。兰惠现拥有授权专利3项，申报专利2项。其所在科室人员更新换代快。她毫无保留地向他们传授技术知识，培养锻炼新人分析和解决问题的能力。她先后被授予江西省“五一巾帼标兵”、全国“五一巾帼标兵”等称号。“兰惠巾帼标兵创新工作室”获江西省“三八红旗集体”、江西省“五一巾帼标兵岗”和全国“五一巾帼标兵岗”称号。

程永安 安徽省黄山市人，1957年出生，大学学历，中国轻工业陶瓷研究所教育、设计创作员，教授级工艺美术师。他设计创作的艺术瓷、日用瓷、建筑陶瓷图案，投入大批量生产，为社会创造经济效益达亿元。参加研制的环保型瓷质单板连锁瓦新产品，获2013

年江西省优秀新产品三等奖。自2012年担任陶瓷学院研究生指导老师以来，先后培养了几十名陶瓷艺术专业硕士研究生，并先后在国家级学术刊物发表陶瓷学术论文12篇。先后获“江西省五一劳动奖章”“江西省工艺美术大师”“中国陶瓷设计艺术大师”等称号。他的作品共获19项金奖、13项银奖、16项铜奖，艺术瓷作品多次被选送到欧美、东南亚等国家和中国港、澳、台地区参展，受到业内人士的高度评价与称赞。他热心公益事业，先后捐款、捐物达60多万元。

文儒景　江西省南昌市人，1967年出生，大专学历，江西分宜珠江矿业有限公司科技办主任、副总工程师，高级工程师，中共党员。多年来，他立足岗位潜心钻研，在选矿、科技管理工作方面做出优异成绩。由于工作表现突出，被评为2011年度、2012年度、2014年度江钨集团“劳动模范”，2013年度“全国有色金属行业劳动模范”“江西省属企业优秀共产党员”、江钨集团“科技创新先进工作者”，2015年“江西省劳动模范”等称号。针对公司低品位多金属难分选的矿石实际，他进行一系列工艺技术改造，选矿回收率一年上一个台阶，每年可多回收综合产品产量246吨，增加效益近千万元。在省部级行业学术杂志上发表10余篇学述论文并获奖。截至2015年，个人累计专利申请量22件，专利授权量15件，其中授权的发明专利4件。

曹平良　江西省吉安市人，1967年出生，硕士研究生学历，江西省人民医院科主任，主任医师，中共党员。26年来，他诊治过十多万病人，无一次投诉、纠纷、事故。多次获“优秀共产党员”称号。主持或参加科研课题22项，其中3项科研成果达到国内先进

或领先水平。先后公开发表论文50余篇。多次被评为优秀青年学科带头人、科技工作先进个人，2007年被列为全省卫生系统学术和技术带头人第二批培养对象。他熟练掌握英语和日语，精通计算机和医学统计学。全面负责医院门户网站和个人网站的建设与维护工作，并多次参加省科技厅主持的有关计算机科技成果鉴定。他服务过6届省委省政府主要领导的医疗保健工作，任劳任怨，随叫随到，21年未休过一次病事假。妻子做手术委托别人送进手术室，父亲去世也没能照顾1天，从未向组织提过任何个人要求。

于金镒　山东省烟台市人，1963年出生，研究生学历，国网江西省电力公司总经理、党组副书记，高级工程师，中共党员。他从事电力系统运行管理和电力企业经营管理近30年。在赣工作一年多，全力争取到国家电网对江西的倾斜支持，固定资产投创历年之最；研究出台《服务和促进江西经济社会发展的二十条举措》，得到省委省政府主要领导的专门批示和高度肯定。提前半年建成红都500千伏输变电站，仅用一年时间完成农村“低电压”治理35.4万户。打造城区“一刻钟抢修响应圈”，全省故障抢修时长缩短47%，配电线路停电时间缩减近50%。

先后主持多项国家863科技攻关项目，发表论文10余篇，出版学术和管理专著2部，先后获得省部级和电力行业科技进步奖11项，管理创新奖4项，个人先后获全国安康杯竞赛“安康企业家”“全国电力行业用户满意杰出管理者”、奥运保电工作先进个人等称号。

陈　刚　浙江省绍兴市人，1976年出生，大专学历，三花股份(江西)自控元器件有限公司技术员。十几年来，

他致力于阀门红冲工作，研发出一套低成本，但具有国外机器人同等功能的自动化上下料系统，为公司节省费用272万元。创新设计自动去毛刺工装，使去毛刺效率提高200%。满足产品质量的前提下，优化产品结构，提高模具精度，他对模具的入厂检查、模具首样验证及其寿命管理规范化，减少不必要的铜材消耗，年节约铜材用量150多吨。高难度球阀毛坯结构复杂，红冲难度较大，存在开裂、折叠、夹杂等不良现象，他经过3个月攻关，成功解决该难题，使公司的红冲水平上了一个大台阶。他结合实际操作，向每一位红冲工详细讲解技术知识，遇到质量问题与员工一起讨论分析，提高员工技术水平。

吕裕荣　江西省上饶市人，1965年出生，大专学历，江西裕河水利建设工程有限公司技术员，助理技师，中共党员。他从工地学做木工开始，深知自己知识的短板，白天累得腰疼，晚上回家还坚持学习建筑专业知识的有关资料。1978年，他考上南昌工程学院就读成人院校，自费脱产学习拿到专科文凭，取得农民助理技师职称。先后在上饶市第七建设有限公司、第一建设有限公司工作，并于2001年参与组建江西省裕河水利建设工程有限公司。参与建设江西光学仪器厂、上饶市宝泽楼市场、三江客运站、民政大楼、上饶市第十三小学等各类企业、政府公用设施，并有多个项目获得省优、市优工程。在施工中，他把工程质量视为生命，注重对施工工艺的改进和创新，摸索出一套精准的施工工艺，促进了上饶市建筑施工技术的改进。

占绍林　1978年出生，高中学历，江西省景德镇市珠山区占绍林技能大师工作室领办人，国家级技能大师。

1995年，占绍林到景德镇拜师当学徒，在陶瓷拉坯成型岗位一干就是20多年。2011年，占绍林成立国家级占绍林技能大师工作室，作为陶瓷技艺培训和陶瓷实践基地，帮助和带动大批年轻人创业就业。工作室成立5年来，占绍林带出的徒弟有200多人，陶艺实践基地培训的学生8万多人次，其中有40多人来自其他国家和地区。40余所大专院校的学生定期到基地进行陶瓷艺术创作与实践。他先后获第三批江西省"赣鄱英才555工程领军人物""全国技术能手""国家级技能大师工作室""陶瓷行业技术能手"等称号。作品曾入选中国首届当代陶艺大展、第十二届全国美展、第十届全国陶瓷艺术大展，曾获第十四届江西省美术作品展览一等奖。

全国三八红旗手

钱　敏　1975年4月出生，江西省公安厅交通管理局高速公路交通警察总队直属六支队支队长，二级警督。从警21年，扎根基层，爱岗敬业，全力维护道路交通安全畅通。曾是全省交警系统唯一的女大队长，现任全1省交警系统唯一的女支队长。在直属一支队工作时，她带领的一支队二大队先后被授予"全国政法系统先进基层党组织""全国公安机关规范执法示范单位""全国公安优秀基层单位"等称号，连续7年获国家级"青年文明号"称号。她到抚州直属六支队开展筹备工作，新支队交通管控压力不小，为保障道路平安畅通，降低事故发生率，保障人民群众的生命和财产安全，在业务工作中她不断研究创新，创造佳绩。被评为江西省"十大法治人物""全省优秀人民警察"，曾立个人二等功、三等功各一次。

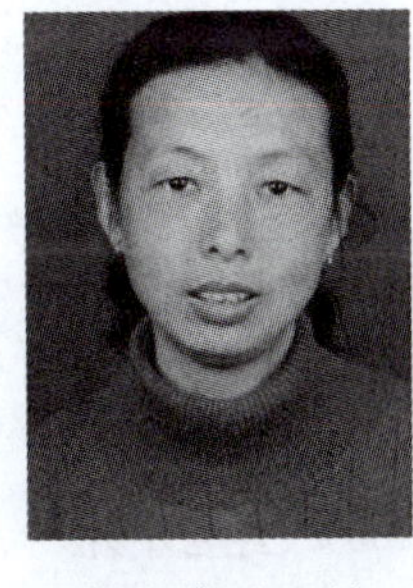

桑红霞　九江市浔阳区溢浦市容所环卫工人。17年来，清扫道路总长近6000千米。1995年10月，因工厂改制，她被分到浔阳区溢浦街道环卫所工作，不仅脏活累活抢着干，还带动了更多一同进来的同事。在工作中逐步琢磨出"两头堵"的清扫方式及利用夹棍清洁绿化带的经验。2007年入党后，更是以身边的优秀共产党员为榜样，处处严格要求自己。在2015年全市环境整治提升年活动中，带领所在环卫班组清理一个个脏乱差的死角。在全市"创卫"复检工作期间与同事一道清理建筑垃圾死角、绿化带内垃圾共166处，多次清洗环城路、滨江路等主次干道及人行道。2011年获江西省住房城乡建设系统"百优文明服务标兵"称号，2013年获"全国优秀环卫工人""江西省市容环卫先进个人"称号。

宋　燕　赣州市人民医院生殖医学科主任、主任医师。1983年分配在大余县人民医院内儿科，由于人员少，她经常需要参与抢救，积累了丰富的经验。1984年因表现出众，调入赣州市妇幼保健院任职，由住院医师到妇产科科室主任，再到业务副院长。她开办妇产科病房，拓展妇产科服务项目。1992年出任医院妇产科主任，1997年出任该院业务副院长，作为主管业务的专业领导、医院事业可持续发展的核心人物，她率领团队创建赣州市首届领先学科，赢得了"全国三八红旗集体"、省"青年文明号"、全国"巾帼文明岗"等多项荣誉，创建了列全省之先的产前诊断学科、生殖医学科和围产医学会。她本人获省"巾帼建功"标兵等荣誉。2010年，宋燕抓住赣州市人民医院招聘生殖医学科学科带头人机会，调入该院专研生殖医学科。创建了生殖医学科，规范开展了各项人类辅助生殖技术，在多次人类辅助生殖技术督查和评审中得到省内外专家高度评价。她带领团队开展"试管婴儿"项目，并使各项技术指标迅速达标，跻身于省内先进行列。

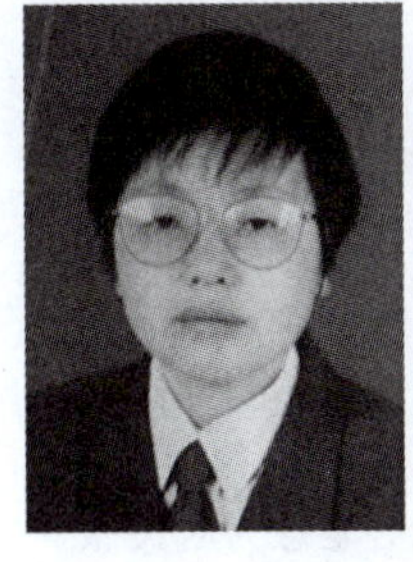

甘公荣　"农民将军"甘祖昌、全国道德模范龚全珍老人的三女儿，莲花县工商银行退休职工。退休前，她坚守在平凡的岗位上，从没有因为自己是将军的子女而要求特权，先后担任过生产队妇女队长、公社团委副书记兼大队团支部书记、县电影队工人、县工商银行储蓄员。退休后，积极投身于志愿活动，加入了龚全珍"红色革命传统教育"志愿者服务队，照顾母亲之余，把大部分时间都花在志愿服务工作上。她省吃俭用扶持贫困学生，先后捐款5万多元资助贫困学生。曾获"全国劳动模范""全国金融劳动模范"、全国工商银行系统"十佳储蓄员"、江西省"三八红旗手"等一系列荣誉。

祝卫琴　1975年9月出生，上饶市祝卫琴针灸推拿诊所负责人。她1996年毕业于江西中医学院中医针灸推拿专业，2002年11月创办上饶市首家具备医师职业资格的专业针灸推拿诊所。通过多年努力，诊所从最初的几个员工发展到40个，店面从70平方米发展到700平方米。她以高尚的医德、精湛的技术赢得患者和同道的广泛赞誉，积累了医治腰椎间盘突出症、颈椎病、急性腰扭伤等病的丰富临床经验。她坚持把"诚实守信"作为自己职业道德的"立足点"，以高尚的医德服务广大患者。她具有深厚的医学理论知识及丰富的行医实践经验，精通中医，并潜心研究疑难杂症，每月前来就诊的病人达到4000人次，治愈颈椎病、腰椎病、面瘫、风湿类、中风后遗症、三叉神经痛患者数以万计。她创新开展中医杂

病特色治疗，积极探索新的疗法，收到较好效果，受到病人好评。她加强对诊所工作的规范化、科学化管理，全力打造上饶针灸推拿的第一品牌。2011年获省“三八红旗手”称号，2014年当选上饶市女企业家协会常务副会长。

黄宝凤 鹰潭市月湖区东湖街道三角线社区书记。26年来，在社区居委会最基层的岗位上，全心全意为居民服务，出色完成上级部门交给的各项任务。多次组织下岗职工、待业人员参加市、区举办各类专业技术培训班，做好创业小额贷款工作，帮助有创业意愿的居民创业。她开展志愿服务，对留守儿童、下岗失业人员、贫困儿童、空巢老人等困难群体和家庭进行帮扶救助。建立家长学校，开展“五美女性”“五好”家庭、“五好”青少年评选活动。社区多次受到上级的表彰和奖励，先后获全国妇联基层组织建设示范社区、江西省综合治理先进单位等称号。

万春花 1968年4月出生，江西万马投资发展有限公司总经理、江西万马欧韩服装城董事长。2003年，她在南昌洪城商圈中心建成全省规模最大的

服装城。经多年发展，该服装城以品专业女装批发零售市场——万马欧韩种全、款式新、价格优成为洪城商圈高档服装批发的代名词，商铺出租率达100%，经营中外服饰品牌2000余个，安置就业人员1500余人。她诚信从业、关心商户，形成一套和谐、健康的发展机制。从家乡带出近百人外出打工，招聘员工总是尽量照顾下岗工人和待业青年，先后数十次出资近100万元帮助家乡修桥、修路。设立企业慈善基金，资助贫困学生、困难户，捐建万马谷希望小学，并为敬老院及灾区热心捐物、捐款。2008年发生冰冻灾害后，万春花主动捐资1万元；汶川大地震后，她带动全体员工捐资将近11万元，企业在捐款活动中被评为“先进集体”。曾获省“三八红旗手”“全国巾帼建功标兵”等称号。现任南昌市人民政府纠风办监督员组长、中国女企业家协会理事、江西省女企业家协会副会长、南昌市洪城商会副会长。

梁 安 抚州市妇联党组书记、主席。在她的带领下，抚州市妇联先后获全国维护妇女儿童权益先进集体、全省妇联系统宣传工作市级先进集体等

30多项荣誉。策划创办《时代巾帼展风采·幸福抚州建新功》专题栏目，开通抚州女性网。在全省率先成立首家具有自己培训资格的“红杜鹃”家政服务职业培训学校，配备多媒体教室、实操室，开设有月嫂、育儿嫂、家政服务等多种技能培训班。借鉴江西卫视“金牌调解”节目模式，邀请相关当事人到妇联，举办“回娘家”调解活动24期。评选表彰600户“和谐之家”“守法之家”“育才之家”“平安之家”和“爱心之家”等特色家庭。组建巾帼志愿者总队、分队、服务队三级组织网络，拥有巾帼志愿服务队1200多支。成立市女书法家协会、女画家协会、女作家协会等新兴女性团体组织，建立党政领导干部、文艺人才、经营管理人才、专业技术人才、农村实用人才5类女性人才数据库；新建“农村留守妇女互助组”“妈妈帮教团”“巾帼调解队”等各类新型妇女组织3620个。举办“春风送岗位”女性专场招聘会60多场，发放妇女小额担保贷款近3亿元，发展妇女来料加工点近百个，创建各级巾帼示范基地35个。

·资 料·

江西历代进士名录（八）

姓名	籍贯	朝代	上榜时间	姓名	籍贯	朝代	上榜时间
余从周	分宁	宋	皇祐元年(1049)	刘 恕	高安	宋	皇祐元年(1049)
黄 雍	分宁	宋	皇祐元年(1049)	王安仁	临川	宋	皇祐元年(1049)
叶虞仲	玉山	宋	皇祐元年(1049)	朱 玠	临川	宋	皇祐元年(1049)
查文规	星子	宋	皇祐元年(1049)	王 衮	临川	宋	皇祐元年(1049)
李宗晏	建昌	宋	皇祐元年(1049)	晏崇让	临川	宋	皇祐元年(1049)
李 常	建昌	宋	皇祐元年(1049)	江巨源	临川	宋	皇祐元年(1049)
周良卿	建昌	宋	皇祐元年(1049)	戴经臣	宜黄	宋	皇祐元年(1049)
葛文通	建昌	宋	皇祐元年(1049)	王建中	庐陵	宋	皇祐元年(1049)
邓润甫	南城	宋	皇祐元年(1049)	李 洵	庐陵	宋	皇祐元年(1049)
李山甫	南城	宋	皇祐元年(1049)	王 亿	泰和	宋	皇祐元年(1049)
曾 谊	南城	宋	皇祐元年(1049)	萧良肱	泰和	宋	皇祐元年(1049)
许 抗	南城	宋	皇祐元年(1049)	谭 繇	泰和	宋	皇祐元年(1049)
刘 嵩	瑞州	宋	皇祐元年(1049)	杨淳师	吉水	宋	皇祐元年(1049)

本栏编辑 朱岳

专　　录

江西省人民政府关于印发促进经济平稳健康发展的若干措施的通知

2015 年 5 月 12 日

各市、县(区)政府,省政府各部门:

现将《促进经济平稳健康发展的若干措施》印发给你们,请认真贯彻执行。

促进经济平稳健康发展的若干措施

为认真贯彻落实党中央、国务院关于稳增长的一系列决策部署,促进全省经济平稳健康发展,结合江西实际,现提出以下措施:

一、降低企业用能成本。下调工商业电价,实现工商业用电同价。下调非居民用气价格,实现工商业用气同价。(省发改委、省电力公司负责)

二、降低失业保险费率。全省失业保险缴费比例从3%降至2%,其中用人单位缴纳的失业保险缴费比例从2%降至1.5%,职工个人缴纳的失业保险缴费比例从1%降至0.5%。将失业保险基金支持企业稳岗政策实施范围扩大到所有符合条件的企业,按该企业及其职工上年度实际缴纳失业保险费总额的50%给予稳岗补贴,所需资金从失业保险基金中列支。稳岗补贴主要用于职工生活补助、缴纳社会保险费、转岗培训、技能提升培训等相关支出。(省人社厅、省财政厅负责)

三、降低企业物流成本。对持有赣通卡的货运车辆通行我省高速公路,车辆通行费优惠标准在现行基础上(储值卡优惠5%、记账卡优惠2%),再增加2个百分点(暂定执行一年)。对通行我省高速公路合法装载的国际标准集装箱车辆,计费标准由每车每公里1.6元降至1.15元。推进物流企业(个体运输业户)普货道路运输车辆省内异地年审。(省交通运输厅、省发改委负责)

四、减少涉企收费。实施经营服务性收费清单制度,凡没有法律法规依据且未按规定批准、越权设立的涉企收费基金项目一律取消,凡没有法律法规依据的行政审批中介服务及收费全部取消,收费项目清减率达到70%左右。(省发改委、省财政厅负责)

五、加强信贷支持。扩大信贷规模,争取全年新增贷款2500亿元以上。优化信贷结构,确保今年制造业贷款增速和增量高于去年。全年"财园信贷通"发放贷款300亿元,"财政惠农信贷通"发放贷款100亿元。将工业园区外的农业、林业龙头企业纳入"财园信贷通"支持范围。建立企业融资定向对接机制,切实保障有市场、有订单、有效益企业的融资需求。8月底前,尚未建立地方政府倒贷机制的市、县(区)要通过设立倒贷基金或财政控股融资担保公司等方式建立倒贷机制。全面推进市、县(区)组建政府性担保机构。(省政府金融办、省财政厅、人行南昌中心支行、江西银监局、省工信委、省农业厅、省林业厅负责)

六、支持企业上市融资。省财政安排资金对在"新三板"成功挂牌的省内企业每户一次性补助50万元,对在上海、深圳及境外证券交易所上市的省内企业每户一次性补助500万元,上市企业所在地政府也要给予适当补助。(省政府金融办、江西证监局、省财政厅负责)

七、扶持工业企业发展。加大工业企业增产增效奖励力度,重点对新增用电量较大的战略性新兴产业企业和行业优强企业给予奖励。调整峰谷分时电价政策,落实今年25.22亿度直供电交易合同,减轻企业电费负担。(省工信委、省财政厅、省发改委、省电力公司负责)

八、鼓励企业壮大规模。对新增纳入统计范围的规模以上工业企业和限额以上商贸流通企业,给予财政资金奖励。(省统计局、省工信委、省商务厅、省财政厅负责)

九、推进重大项目建设。今年重点协调推进 88 个事关全局和长远发展、带动作用大的重大项目。对按期保质保量完成建设任务的参建单位予以表彰鼓励,将拖延工期、不讲诚信的参建单位列入信誉评价"黑名单"。对省重大项目调度会明确的项目用地,确保 10 个工作日内完成用地审核。对未能列入省重大项目调度会,且各设区市、省直管试点县(市)年度新增建设用地计划确实无法保障的重大项目,按照集约节约的原则,由省统筹解决用地。(省发改委、省国土资源厅、省政府有关部门负责)

十、提高项目审批效率。除规划选址、用地预审仍作为项目核准的前置审批之外,其他审批事项与项目核准实行并联审批。凡省级核准的投资项目,企业通过全省网上并联审批系统申报,并在 30 个工作日内完成项目审批。(省发改委、省国土资源厅、省住房城乡建设厅、省环保厅、省政府有关部门负责)

十一、加快财政预算执行进度。中央预算内基建投资和各项财政补助资金要在收到文件之日起 20 个工作日内下达。建立健全财政预算支出进度通报制度,各市、县(区)要加快财政预算执行进度,坚决杜绝资金滞留。(省财政厅、省发改委负责)

十二、加快农村危旧房改造进度。在国家下达今年农村危旧房改造计划任务的基础上,提前实施 13 万户左右农村危旧房改造任务。省财政安排 15.2 亿元,对提前实施的改造任务,中央和省财政补助部分由省财政先行统一垫付;新增县财政配套补助 1.6 亿元,由县财政先行垫付。(省住房城乡建设厅、省财政厅、省发改委负责)

十三、加大污水处理设施和管网建设力度。统筹安排财政性资金 5 亿元,重点支持环鄱阳湖和重点流域的污水处理厂的管网配套和运营达标。省财政安排 1.92 亿元,对百强中心镇污水处理及管网项目进行奖补。鼓励支持设区市自行开展城市地下综合管廊建设试点,通过政府和社会资本合作、发行专项债券等方式,加快推进城市地下综合管廊建设。(省住房城乡建设厅、省发改委、省财政厅、省新村办、省环保厅、省政府金融办负责)

十四、支持光伏发电项目建设。确保今年新增 60 万千瓦光伏发电项目在 5 月底前全部开工。支持企业采取租赁荒山荒坡的方式建设光伏电站,降低企业投入成本。(省发改委、省国土资源厅、省林业厅负责)

十五、加快实施"互联网 +"行动。出台江西省"互联网 +"行动计划,设立省级专项引导基金,重点支持互联网基础设施提升、公共平台建设、重点项目孵化、初创企业补助、商业模式创新等。(省发改委、省工信委、省财政厅、省通信管理局负责)

十六、培育消费热点。对组织境外及省外包机、专列来赣的旅游企业进行奖励。将养老服务设施用地纳入土地利用总体规划和年度国有建设用地供应计划,优先安排、保障供应。设立首期 15 亿元的养老产业发展基金,支持养老产业发展。(省旅发委、省商务厅、省财政厅、南昌铁路局、省发改委、省国土资源厅、省民政厅负责)

十七、促进住房消费。全面落实国家稳定房地产市场的各项政策。加大棚户区改造力度,争取国开行贷款 150 亿元以上,确保年内完成 16.3 万户改造任务。推行保障房建设"以购代建""以租代建"政策。提高住房公积金贷款额度,放宽公积金提取条件,实施提贷并举政策,推行全省个人住房公积金异地个人住房贷款"一体化"政策,确保符合条件的职工购房应贷尽贷,力争上半年全省住房公积金个贷率达到 70% 以上、年底达到 90% 以上。(省住房城乡建设厅、省财政厅、国开行江西省分行、人行南昌中心支行负责)

十八、扩大外贸出口。扩大省级外贸发展基金规模,对今年省产品出口前 50 位且保持增长的企业每家奖励 50 万元。对出口企业境外参展、产品认证、短期出口信用保险、产品升级和技术改造等费用,给予相应支持。(省商务厅、省财政厅负责)

十九、强化招商引资工作。以产业集群和产业链招商为重点,在全省组建 30 个重点产业招商小分队,多层次、多形式开展招商活动,确保每个月举办 1 次以上较大规模的对外招商活动。狠抓招商引资签约项目落地,认真落实近日国务院下发的《关于税收等优惠政策相关事项的通知》(国发〔2015〕25 号)精神,保持相关政策的连续性、稳定性。(省商务厅、省政府有关部门负责)

二十、鼓励创新创业。创新体制机制,加快科技服务业和众创空间发展,促进大众创新创业。支持高校、科研院所等专业技术人员在职和离岗创业,对经同意离岗的可在 3 年内保留人事关系。科研院所在编在岗科技人员在按要求完成岗位职责任务的前提下,可依法利用本人及所在研发团队的科技成果在岗创新创业。大力发展小额担保贷款,提高贴息贷款额度,其中个人最高 10 万元、合伙企业最高 50 万元、劳动密集型小企业(含促进就业基地等)最高 400 万元。各市、县(区)要落实对劳动密集型小企业按 25%、促进就业基地按 75% 比例配套的贴息资金。(省科技厅、省人社厅、省财政厅、人行南昌中心支行负责)

二十一、加快推进商事制度改革。放宽新注册企业场所登记条件限制,加快推进"一址多照"、集群注册等改革。鼓励地方盘活闲置厂房,提供低成本的创业场所。建设全省"三证合一"登记统一信息平台,年内实现"一证一号"。开通"创业咨询一点通"服务平台,为创业提供"一站式"全程咨询服务。(省工商局负责)

二十二、支持创新创业园区和标准厂房建设。在国家级、省级工业园区和产业基地建设一批创新创业园区,鼓励新建统一规划、功能配套的标准厂房,省财政每平方米补助 100 元,市县财政每平方米配套补助 50 元。对项目所涉及的行政事业性收费全免,服务性收费按最低标准减半。(省工信委、省财政厅、省发改委负责)

各地各部门要按照职责分工,对上述有关措施进一步细化实化,出台操作办法,确保执行到位;要敢于担当、主动作为,强化调度、破解难题,促进全省经济平稳健康发展,确保实现全年经济社会发展目标。省政府对贯彻落实情况开展督查,对工作不力的追究有关人员责任。

江西省人民政府关于大力推进大众创业万众创新若干政策措施的实施意见

2015年7月18日

各市、县(区)政府,省政府各部门:

为进一步优化创业创新环境,激发全社会创业创新活力,以创业带动就业、以创新促进发展,根据《国务院关于大力推进大众创业万众创新若干政策措施的意见》(国发〔2015〕32号)精神,结合江西实际,现提出以下实施意见。

一、降低准入门槛

(一)营造宽松便捷的准入环境。加大简政放权、放管结合、优化服务等改革力度,消除对市场主体不合理的束缚和羁绊。落实注册资本登记制度改革,放宽新注册企业场所登记条件限制,试行电子商务秘书企业登记注册。推动"一址多照""集群注册"等住所登记改革,分行业、分业态释放住所资源。加快实施工商营业执照、组织机构代码证和税务登记证"三证合一""一照一码",简化工作流程。允许创业者依法将家庭住所、租借房、临时商业用房等作为创业经营场所。建设"创业咨询一点通"服务平台。依托企业信用信息公示系统建立小微企业名录,增强创业企业信息透明度。(省工商局牵头,省发改委、省人社厅、省审改办、省国税局、省地税局等有关部门配合)

(二)维护公平竞争市场秩序。进一步转变政府职能,增加公共产品和服务供给,为创业者提供更多机会。逐步清理并废除妨碍创业发展的制度和规定,打破地方保护主义。建立统一透明、有序规范的市场环境。依法反垄断和反不正当竞争,消除不利于创业创新发展的垄断协议和滥用市场支配地位以及其他不正当竞争行为。把创业主体信用与市场准入、享受优惠政策挂钩。(省工商局、省发改委牵头,人行南昌中心支行、省国税局、省地税局等有关部门配合)

(三)推动个体工商户转型为企业。对个体工商户转型为企业的,在不违反法律法规的前提下,简化有关办理手续。对转型后企业参加失业保险符合条件的,按规定给予稳岗补贴。对转型后企业在政策性担保贷款上给予倾斜支持。加强创业培训辅导,提高初创企业活跃度。(省工商局牵头,省地税局、省人社厅、省财政厅、省政府金融办等有关部门配合)

(四)减免有关行政事业性收费、服务性收费。进一步规范全省涉企行政事业性收费项目并制定目录,不在目录内的行政事业性收费项目一律不得收取。落实创业负担举报反馈机制。对初创企业免收登记类、证照类、管理类行政事业性收费。事业单位服务性收费,以及依法开展的各类行政审批前置性、强制性评估、检测、论证等专业服务性收费,对初创企业可按不高于物价主管部门核定标准的50%收取。(省财政厅牵头,省发改委等有关部门配合)

二、激发主体活力

(五)提高科研技术人员创业创新积极性。完善高校、科研院所等事业单位专业技术人员在职创业、离岗创业有关政策。对离岗创业的,经原单位同意,可在3年内保留人事关系,与原单位其他在岗人员同等享有参加职称评聘、岗位等级晋升和社会保险等方面的权利。原单位应当根据专业技术人员创业实际情况,与其签订或变更聘用合同,明确权利义务。(省人社厅牵头,省教育厅、省科技厅配合)

(六)允许国有企事业单位职工停职创业。国有企业和事业单位(参照公务员法管理的事业单位除外)职工经单位批准,可停职领办创办企业。3年内不再领办创办企业的职工允许回原单位工作,3年期满后继续领办创办企业的职工按辞职规定办理。经单位批准辞职的职工,按规定参加社会保险,缴纳社会保险费,享受社会保险待遇。加快推进社会保障制度改革,破除人才自由流动制度障碍,实现党政机关、企事业单位、社会各方面人才顺畅流动。(省人社厅牵头)

(七)建立科学的职业资格体系。再取消一批职业资格许可和认定事项,落实国家职业资格目录清单制度,完善职业资格监管措施,让广大劳动者更好施展才能,推动形成创业创新蓬勃局面。(省人社厅牵头,省卫生计生委、省教育厅、省财政厅、省住房城乡建设厅等有关部门配合)

(八)引领大学生为主的青年创业创新。实施大学生创业引领计划,力争每年引领万名大学生创业。将求职补贴调整为求职创业补贴,对象范围扩展到已获得国家助学贷款的毕业年度高校毕业生,一次性求职补贴标准由每人800元提高到1000元。对符合条件的大学生(在校及毕业5年内)给予一次性创业补贴,补贴标准由2000元提高到5000元。对已进行就业创业登记并参加社会保险的自主创业大学生,可按灵活就业人员待遇给予社会保险补贴。建立健全弹性学制管理办法,支持大学生保留学籍休学创业。(省人社厅、省教育厅牵头,省财政厅、团省委、省妇联配合)

(九)鼓励农村劳动力创业创新。支持农民工返乡创业,发展农民合作社、家庭农场等新型农业经营主体,落实税收减免和普遍免费政策。支持各地依托现有各类园区,整合创建100个农民工返乡创业园,强化财政扶持和金融服务。支持各地发展农产品加工、休闲农业、乡村旅游、农村服务业等劳动密集型产业项目,促进农村产业融合。支持农民网上创业,积极组织创新创业农民与企业、小康村、市场和园区对接,创建农村科技致富示范基地,推进农村青年创业富民行动。开发家庭服务、手工制品、来料加工等适合妇女创业就

业特点的项目,激发妇女创业创新积极性。(省农业厅牵头、省人社厅、省科技厅、团省委、省妇联配合)

(十)吸引海外高层次人才和赣商回乡创业创新。实施高端外国专家项目,吸引高端海外人才来赣创业创新,有计划、有重点地引进100名能够突破关键技术、发展高新产业、带动新兴学科的战略科学家和领军人才、杰出人才、青年拔尖人才,推动我省创新升级。启动海外医疗科研人才引进计划,支持各级医疗卫生单位及科研机构引进海外医疗科研人才并予以资助。开展引才引智创业创新基地建设试点。实施赣商回乡创业工程,加大对赣商回乡创业的财政、税收、融资服务、用地保障、科技创新、人才支撑等政策扶持力度。(省人社厅牵头,省工信委、省教育厅、省卫生计生委、省商务厅等有关部门配合)

(十一)鼓励电子商务创业就业。经工商登记注册的网络商户从业人员,同等享受各项就业创业扶持政策;未进行工商登记注册的网络商户从业人员,可认定为灵活就业人员,享受灵活就业人员扶持政策,其中通过网上交易平台实名制认证、稳定经营三个月以上且信誉良好的网络商户从业人员,可按规定享受创业担保贷款及贴息政策。(省人社厅牵头,省财政厅、省商务厅、省教育厅配合)

三、加大资金扶持

(十二)加大财政资金支持和统筹力度。各级财政要根据创业创新需要,统筹安排各类支持小微企业和创业创新的资金,加大对创业创新支持力度,强化资金预算执行和监管,加强资金使用绩效评价。支持有条件的地方政府设立创业基金,扶持创业创新发展。在确保公平竞争前提下,鼓励对众创空间等孵化机构的办公用房、用水、用能、网络等软硬件设施给予适当优惠,减轻创业者负担。(省财政厅牵头,省发改委、省工信委、省科技厅、省人社厅配合)

(十三)发挥政府采购支持作用。落实促进中小企业发展的政府采购政策,加强对采购单位的政策指导和监督检查,督促采购单位改进计划编制和项目预留管理,增强政策对小微企业发展的支持效果。加大创新产品和服务的采购力度,把政府采购与支持创业发展紧密结合起来。(省财政厅牵头)

(十四)创新融资模式。实施新兴产业"双创"三年行动计划,建立一批新兴产业"双创"示范基地,引导社会资金支持大众创业。建立国有创业投资机构激励约束机制、监督管理机制。按照"政府引导、市场化运作、专业化管理"原则,统筹安排省中小企业发展专项资金和战略性新兴产业投资引导资金,加快设立工业创业投资引导基金,促进风险投资、创业投资、天使投资等投资创业创新企业发展,加大对初创企业支持力度。充分发挥资本市场作用,引导和鼓励创业创新企业在主板、中小板、创业板、"新三板"和江西联合股权交易中心上市(挂牌)融资。加大宣传推广和辅导力度,帮助具有持续盈利能力、主营业务突出、规范运作、成长性好的创业创新企业在境内外资本市场首发上市、在"新三板"挂牌;推动创业创新企业通过发行各类债券、资产支持证券(票据)、吸收私募投资基金等方式融资。(省发改委、省政府金融办牵头,省财政厅、省工信委、省国资委、人行南昌中心支行等有关部门配合)

(十五)完善融资政策。强化财政资金杠杆作用,运用"财园信贷通""财政惠农信贷通"等融资模式,强化对创业创新企业、新型农业经营主体的信贷扶持。通过省级小微企业创业园创业风险补偿引导基金,择优筛选部分小微创业园启动小微企业创业风险补偿金试点,引导金融机构为入园小微企业、科技创新型企业提供流动资金贷款。建立完善金融机构、企业和担保公司等多方参与、科学合理的风险分担机制。(省财政厅牵头,省政府金融办、省工信委、省科技厅、人行南昌中心支行等有关部门配合)

(十六)加强创业担保贷款扶持。将小额担保贷款调整为创业担保贷款,个体创业担保贷款最高额度为10万元;对符合二次扶持条件的个人,贷款最高限额30万元;对合伙经营和组织起来创业的,贷款最高限额50万元;对劳动密集型小企业(促进就业基地)等,贷款最高限额400万元。各市、县(区)财政要按规定落实对劳动密集型小企业25%、对促进就业基地75%的地方配套贴息资金。降低创业担保贷款反担保门槛,对创业项目前景好,但自筹资金不足且不能提供反担保的,通过诚信度评估后,可采取信用担保或互联互保方式进行反担保,给予创业担保贷款扶持。(省人社厅牵头,人行南昌中心支行、省财政厅配合)

(十七)落实促进就业创业税收优惠政策。将企业吸纳就业税收优惠的人员范围由失业一年以上人员调整为失业半年以上人员。高校毕业生、登记失业人员等重点群体创办个体工商户、个人独资企业的,可按国家规定享受税收最高上浮限额减免等政策。落实国家有关推广中关村国家自主创新示范区税收试点政策,包括职工教育经费税前扣除政策、企业转增股本分期缴纳个人所得税政策、股权奖励分期缴纳个人所得税政策。对符合条件的创业投资企业采取股权投资方式投资未上市的中小高新技术企业2年以上的,可以按照其投资额的70%在股权持有满2年的当年抵扣该创业投资企业的应纳税所得额,当年不足抵扣的,可在以后纳税年度结转抵扣。对企业为开发新技术、新产品、新工艺发生的研究开发费,未形成无形资产计入当期损益的,在按照规定据实扣除的基础上,按照研究开发费用的50%加计扣除;形成无形资产的,按照无形资产成本的150%摊销。(省财政厅牵头,省国税局、省地税局、省人社厅、省科技厅等有关部门配合)

(十八)提高创业费用补贴标准。对入驻创业孵化基地的企业、个人,在创业孵化基地3年内发生的物管费、卫生费、房租费、水电费等给予补贴,补贴标准由原来不超过50%提高到60%,所需资金由就业资金统筹安排。(省人社厅牵头,省教育厅、省财政厅配合)

(十九)资助优秀创业项目。鼓励举办各种类型创业创新大赛,主办单位可对获奖项目给予一定的资助。各地可推荐评选一批优秀创业项目,建立项目库,并给予重点扶持,所需资金由就业资金统筹安排。对获得国家和省有关部门、单位联合组织的创业大赛奖项并在江西登记注册经营的创业项目,给予一定额度的资助,其中获得国家级大赛奖项的,每个项目给予10万元~20万元;获得省级大赛前三名的,每个项目给予5万元~10万元。对创业大赛评选出的优秀创业项目,给予创业担保贷款重点支持,鼓励各种创投基金给予扶持。(省人社厅、省教育厅牵头,省财政

厅、省科技厅、团省委配合）

四、提升服务水平

（二十）培育众创空间。以行业领军企业、创业投资机构、社会组织等为主力，以开发区、大学科技园、科技企业孵化器、高新技术产业化基地、高校、科研院所和知名电商为载体，培育一批众创空间。鼓励各类创新主体在高新技术和战略性新兴产业等领域，集成人才、技术、资本、市场等各种要素，兴办创新与创业相结合、线上与线下相结合、孵化与投资相结合的孵化机构。打造60个以高校为主的包括“创业咖啡”“创新工场”“创新创业实验室”在内的各种形式众创空间，鼓励所在高校提供不少于100平方米工作场所。对省级科技企业孵化器等优秀众创空间给予100万元支持，所需资金从省企业技术创新基地（平台和载体）建设工程专项资金中统筹安排。（省科技厅、省教育厅牵头，省财政厅、省工信委配合）

（二十一）创新服务模式。加快发展“互联网+”创业网络体系，建设一批小微企业创业创新基地。加强政府数据开放共享，鼓励和引导大型互联网企业和基础电信企业向创业者开放计算、存储和数据资源。积极推广众包、用户参与设计、云设计等新型研发组织模式和创业创新模式。大力发展企业管理、财务咨询、人力资源、法律顾问、现代物流等第三方专业服务。（省发改委牵头，省工信委、省科技厅等有关部门配合）

（二十二）整合众创资源。鼓励省级以上科技创新服务平台、高校科研机构、省级以上重点实验室、工程技术研究中心、分析测试中心、省部属科研院所、省级企业研究院等各类创新平台和载体向创客开放，共享科技资源，使用资源费用可减半收取。支持社会资金购买的大型科学仪器设备以合理收费方式，向创客企业提供服务。认定培育一批省级小微企业创业园和公共服务示范平台，不断提升服务能力和水平。（省科技厅、省工信委牵头，省教育厅、省人社厅等有关部门配合）

（二十三）促进技术成果转移转化。完善成果发布机制，建设成果转化项目库，积极推动网上成果对接常态化，培育扶持一批科技成果转移示范机构，推动高校、科研院所科技成果向创客企业转移转化。加大对创新型企业专利申请扶持力度，在申请费用减免、专利资助方面给予倾斜，开辟绿色通道，简化办理程序。专利技术成果转化根据《江西省战略性新兴产业专利技术研发引导与产业化示范专项资金项目和资金管理暂行办法》给予资助。加快知识产权（专利）孵化平台建设，力争3年内基本覆盖所有设区市。加强创新型企业聚集区维权援助能力建设。（省科技厅、省教育厅牵头，省财政厅等有关部门配合）

（二十四）推进创业创新教育。在普通高等学校、职业学校、技工院校全面推进创业创新教育，把创业创新课程纳入国民教育体系和学分制管理。优化教育师资结构，吸纳有实践经验的创业者、职业经理人和其他专业人员加入师资队伍。推进创业创新教育示范学校建设，鼓励有条件的学校充分依托现有资源建设创业型学院。（省教育厅牵头，省人社厅配合）

（二十五）加大创业培训力度。对具有创业要求和培训愿望、具备一定创业条件的城乡各类劳动者，参加创业培训可按规定申请创业培训补贴，补贴标准为每人1000元至1600元。组建创业导师志愿团队，建立创业导师（专家）库，对创业者分类、分阶段进行指导；开展创业创新系列宣讲、咨询服务活动。培训一批农民创业创新辅导员。省里每年评选100名有发展潜力和带头示范作用的初创企业经营者，并按每人1万元的标准资助其参加高层次进修学习或交流考察，所需资金由就业资金统筹安排。（省人社厅牵头，省农业厅、省教育厅、省财政厅、省工信委、省科技厅、团省委、省妇联等有关部门配合）

（二十六）加快创业孵化基地建设。鼓励各地、各部门和社会力量新建或利用各种场地资源改造建设创业孵化基地，搭建促进创业的公共服务平台，有条件的地方可探索采取政府和社会资本合作（PPP）模式共同投资建设。全面推动高校建立大学生创业孵化基地，对符合条件的大学生项目享受创业优惠政策。省直有关单位每年评估10个左右省级创业创新带动就业示范基地，每个给予100万元的一次性奖补；对达到国家级示范性基地建设标准的，每个给予200万元的一次性奖补，所需资金由就业资金统筹安排。（省人社厅、省教育厅牵头，省财政厅、省科技厅、省农业厅、团省委配合）

（二十七）夯实公共就业创业服务基础。健全公共就业创业服务经费保障机制，将县级以上公共就业创业服务机构和基层公共就业创业服务平台经费纳入同级财政预算。将职业介绍补贴和扶持公共就业服务补助合并调整为就业创业服务补贴。创新服务供给模式，向社会力量购买基本就业创业服务成果，形成多元参与、公平竞争格局，提高服务质量和效率。发布创业政策，集中办理创业事项，为创业者提供“一站式”创业服务。（省人社厅牵头，省科技厅、省财政厅等有关部门配合）

（二十八）营造创业创新良好氛围。支持举办创业训练营、创业创新大赛、创新成果和创业项目展示推介等活动，搭建创业者交流平台，培育创业文化，营造鼓励创业、宽容失败的良好社会氛围。发挥广播、电视、报刊、网络、微信、微博等各类媒介作用，采取多形式、多渠道，加大对大众创业、万众创新的新闻宣传和舆论引导，树立一批创业创新典型人物，让大众创业、万众创新蔚然成风。积极开展创业型城市创建活动，对政策落实好、创业环境优、工作成效显著的，按规定予以奖励。（省人社厅牵头，省教育厅、省科技厅、省财政厅等有关部门配合）

各地、各有关部门要加强组织领导，建立健全经济发展、创业创新与扩大就业的联动协调机制，结合本地区、本部门实际，抓紧制定具体操作办法，明确任务分工、落实工作责任、强化督促检查、加强舆论引导，推动本实施意见确定的各项政策措施落实到位，不断拓展大众创业、万众创新的空间，汇聚经济社会发展新动能，促进全省经济加快发展、转型升级。省政府对贯彻落实情况将开展督查，对工作不力的追究有关人员责任。

本栏编辑　詹跃华

统计资料

国民经济和社会发展主要指标与发展速度

指　标	2015 年	2015 年比 2014 年增长(%)
人口(万人)		
年末总人口	4565.63	0.5
男性人口	2343.70	0.4
女性人口	2221.93	0.7
城镇人口	2356.78	3.3
乡村人口	2208.85	-2.3
就业(万人)		
年末社会就业人数	2615.8	0.5
职工人数	440.1	3.3
年末城镇登记失业人数	29.95	1.8
地区生产总值(亿元)	16723.78	9.1
第一产业	1772.98	3.9
第二产业	8411.57	10.9
第三产业	6539.23	9.1
人均生产总值(元)	36724	8.5
固定资产投资(亿元)		
全社会固定资产投资总额	17388.13	15.3
房地产开发投资	1520.10	14.9
新增固定资产	12304.33	21.5
财政(亿元)		
财政总收入	3021.83	12.7
公共财政预算收入	2165.52	15.1
公共财政预算支出	4412.55	13.6
能源生产与消费(万吨标准煤)		
能源生产总量	2356.86	-3.9
能源消费总量	8440.34	4.8
价格指数(上年=100)		
居民消费价格指数	101.5	1.5
商品零售价格指数	100.5	0.5
工业生产者出厂价格指数	93.7	-6.3
工业生产者购进价格指数	93.6	-6.4
固定资产投资价格指数	96.8	-3.2
人民生活		
城镇非私营单位职工平均工资(元)	50932	7.7
城镇居民人均年可支配收入(元)	26500.12	9.0
农村居民人均年可支配收入(元)	11139.08	10.1
人民币居民存款年末余额(亿元)	12389.73	14.8
城镇居民人均住宅建筑面积(平方米)	41.50	1.2

注:1. 地区生产总值、农业总产值、工业增加值的发展速度均按可比价格计算。

2. 固定资产投资项目统计起点为计划投资500万元及以上。

续表1

指　标	2015年	2015年比2014年增长(%)
农村居民人均住房面积(平方米)	51.80	3.2
城市建设、环境保护		
人工煤气供气量(万立方米)	25097	-19.0
液化石油气供气量(吨)	228912	-3.5
道路长度(千米)	8185.16	12.9
排水管道长度(千米)	11982.75	10.8
公共车辆(汽、电车)运营数(辆)	10385	12.9
绿化覆盖面积(公顷)	58510	5.8
工业用水重复利用率(%)	80.49	
一般工业固体废物综合利用量(万吨)	5748.81	-6.1
一般工业固体废物综合利用率(%)	57.02	
农业		
农业总产值(亿元)	2859.10	4.0
主要农产品产量		
粮食(万吨)	2148.7	0.2
棉花(万吨)	11.52	-13.8
油料折油(万吨)	47.57	0.8
油料(万吨)	123.96	1.9
黄红麻(万吨)	0.06	-2.9
烟叶(万吨)	5.46	-7.3
茶叶(吨)	51868	17.0
蚕茧(吨)	7134	2.5
甘蔗(万吨)	65.82	2.0
水果(万吨)	450.32	8.8
肉类总产量(万吨)	355.08	-0.05
水产品(万吨)	264.25	4.1
生猪年末存栏(万头)	1892.83	-2.6
生猪当年出栏(万头)	3242.55	-2.5
工业		
主要工业产品产量		
化学纤维(万吨)	46.88	2.0
布(混合数)(万米)	114447	7.0
机制纸及纸板(万吨)	173.60	7.9
卷烟(万箱)	135.60	0.2
原煤产量(万吨)	2090.22	-7.6
原油加工量(万吨)	555.50	17.9
发电量(亿千瓦时)	843.41	7.0
粗钢(万吨)	2210.95	-1.1
钢材(万吨)	2577.57	-1.5
水泥(万吨)	9438.01	-4.2
汽车(万辆)	42.15	-8.7
照相机(万架)	337.40	38.0
化学肥料(折合100%)(万吨)	140.81	5.2
化学农药(原药)(吨)	50881	9.5
规模以上工业企业主要指标(亿元)		
工业增加值	7268.86	9.2
资产总计	18971.56	22.1
主营业务收入	32459.41	6.1

注:1. 工业产品产量为规模以上产量。

2. 公路通车里程包括村道。

续表2

指 标	2015年	2015年比2014年增长(%)
利税总额	3543.76	5.5
建筑业(资级企业)		
建筑业企业人数(万人)	142.31	9.2
建筑业总产值(亿元)	4602.49	11.6
施工房屋面积(万平方米)	28895.36	4.2
竣工房屋面积(万平方米)	14255.60	12.0
交通运输业		
铁路营业里程(千米)	3909	8.5
公路通车里程(千米)	156625	0.7
货物周转量(亿吨千米)	3753.24	-2.0
铁路(亿吨千米)	496.96	-8.2
公路(亿吨千米)	3022.72	-1.6
水运(亿吨千米)	233.56	8.4
旅客周转量(亿人千米)	953.81	-1.8
铁路(亿人千米)	668.72	2.2
公路(亿人千米)	284.74	-10.0
水运(亿人千米)	0.35	-6.4
邮电通信业		
邮电业务总量(亿元)	619.12	38.8
函件(万件)	3632	-23.9
移动电话用户(万户)	3056.2	4.0
固定电话用户(万户)	568.4	-1.5
城市	363.8	2.7
农村	204.6	-8.4
计算机互联网用户(万户)	442.0	1.8
内外贸易和旅游		
社会消费品零售总额(亿元)	5925.50	12.0
海关进出口总额(万美元)	4239960	-0.8
出口额	3311674	3.4
进口额	928287	-13.3
外商直接投资合同金额(万美元)	736757	-31.3
外商直接投资实际使用金额(万美元)	947321	12.1
旅游总收入(亿元)	3637.65	37.3
涉外旅游人数(人次)	1552833	-9.5
涉外旅游收汇(万美元)	56700	1.8
金融业(亿元)		
金融机构人民币存款余额	24785.15	15.1
金融机构人民币贷款余额	18348.00	18.6
教育、文化、卫生		
高等学校在校学生数(人)	984489	7.4
中等专业学校在校学生数(人)	249810	-3.4
普通中学在校学生数(万人)	269.31	1.4
小学在校学生数(万人)	422.31	2.3
学龄儿童入学率(%)	99.92	0.1
报纸出版数量(万份)	114169	0.5
期刊出版数量(万册)	7476	-1.8
图书出版数量(万册)	19175	-2.5
卫生机构数(个)	7860	0.1
卫生技术人员(人)	210946	4.8
医生	76814	3.0
病床数(张)	197873	5.9

国民经济主要比例关系

单位:%

指　标	2014 年	2015 年
地区生产总值		
第一产业	10.7	10.6
第二产业	52.5	50.3
工业	43.6	41.4
建筑业	8.9	8.9
第三产业	36.8	39.1
交通运输邮电业	4.5	4.4
批零贸易和住宿餐饮业	9.3	9.4
金融业	4.7	5.4
全省总人口		
城镇人口	50.2	51.3
乡村人口	49.8	48.7
社会就业人员		
第一产业	30.8	30.0
第二产业	32.2	32.5
第三产业	37.0	37.5
农业总产值		
农业	42.0	46.4
林业	10.0	10.3
牧业	29.9	25.2
渔业	14.7	14.7
服务业	3.4	3.5
规模以上工业增加值		
轻工业	36.2	37.6
重工业	63.8	62.4
全社会固定资产投资		
第一产业	2.4	2.7
第二产业	52.9	52.0
第三产业	44.7	45.3
财政支出		
文教科学卫生	30.1	30.3
科学	1.5	1.7
教育	18.3	18.0

主要指标每人年平均水平

指 标	2014 年	2015 年
地区生产总值(元)	34674	36724
第一产业	3715	3893
第二产业	18199	18471
第三产业	12760	14360
财政总收入(元)	5915	6635
年末居民储蓄存款余额(元)	23809	27207
主要农产品产量(千克)		
粮食	472.95	471.84
棉花	2.95	2.53
油料折油	10.41	10.45
甘蔗	14.24	14.45
水果	91.29	98.89
肉类总产量	78.38	77.97
牛奶	2.83	2.53
水产品	55.99	58.03
主要工业产品产量		
化学纤维(千克)	10.14	10.29
布(混合数)(米)	21.35	25.13
机制纸及纸板(千克)	34.09	38.12
原煤(千克)	498.97	459.00
原油加工量(千克)	1039.81	1219.83
发电量(千瓦时)	1723.79	1852.06
粗钢(千克)	493.20	485.51
钢材(千克)	576.12	566.01
水泥(千米)	2163.12	2072.51
化学肥料(千克)	29.72	30.92
化学农药(千克)	1.02	1.12
主要消费品消费量		
农村居民食品消费量(千克)		
粮食	161.90	181.53
植物油	12.90	13.28
猪牛羊肉	18.19	18.43
蛋类	5.49	6.32
水产品	7.33	7.91
城镇居民购买量(千克)		
粮食	113.59	117.10
油脂类	14.09	14.48
肉禽及其制品类	38.16	41.09
蛋类	7.49	8.70
水产品	15.39	16.94

地区生产总值

本表按当年价格计算　　单位:亿元

年　份	地区生产总　值	第一产业	第二产业	第三产业	人均地区生产总值
2014	15714.63	1683.72	8247.93	5782.98	34674
2015	16723.78	1772.98	8411.57	6539.23	36724

按城乡分的人口数(年末数)

年　份	总人口(人)	按城乡分		以年末总人口为100	
		城镇人口	乡村人口	城镇人口	乡村人口
2014	45421607	22810731	22610876	50.22	49.78
2015	45656316	23567790	22088526	51.62	48.38

劳动力资源

单位:万人

年　份	劳动力资源总　　数	社　会就业人数	职　工人　数	劳动力资源总数占人口数的比重(%)	劳动力资源利　用　率(%)
2014	3551.6	2603.3	426.0	78.2	73.3
2015	3577.6	2615.8	440.1	78.1	73.1

全社会固定资产投资

年　份	全社会固定资产投资		房地产开发投资	
	绝对数(万元)	发展速度(上年=100)	绝对数(万元)	发展速度(上年=100)
2014	150792554	117.3	13224909	112.6
2015	173881278	115.3	15200985	114.9

外商直接投资情况

年　份	项目数(个)	合同外资金额(万美元)	实际使用外资(万美元)
2014	822	1072711	845074
2015	640	736757	947321

能源生产总量及构成

年　份	能源生产总量（万吨标准煤）	占能源生产总量的比重（%）			
		原　煤	原　油	天然气	水电风电
2014	2451.9	82.0		0.2	17.8
2015	2356.9	66.9		0.2	26.5

能源消费总量及构成

年　份	能源消费总量（万吨标准煤）	占能源消费总量的比重（%）			
		煤　炭	石　油	天然气	水电风电
2014	8055.4	68.0	16.9	2.5	5.4
2015	8440.3	66.8	17.3	2.7	7.4

财政收支总额及增长速度

年　份	财政总收入（万元）	公共财政预算支出（万元）	收支差额（万元）	比上年增长（%）	
				财政总收入	公共财政预算支出
2014	26809635	38827011	-12017376	13.7	11.9
2015	30218303	44125491	-13907188	12.7	13.6

各种价格指数

（上年=100）

年　份	商品零售价格指数			居民消费价格指数		
		城　市	农　村		城　市	农　村
2014	101.2	101.1	101.4	102.3	102.4	102.2
2015	100.5	100.4	100.6	101.5	101.5	101.5

农、林、牧、渔业总产值和商品产值

本表按当年价格计算　　　　单位：万元

年　份	农林牧渔业总产值						农林牧渔业商品产值	农林牧渔业商品率（%）
		农业产值	林业产值	牧业产值	渔业产值	服务业产值		
2014	27265352	11440813	2741804	8148821	4006521	927394	19865218	72.9
2015	28591035	13269019	2936851	7198345	4199894	986926	20906221	73.1

农作物播种面积和产量(2015 年)

类　　别	播种面积 (千公顷)	单　产 (千克/公顷)	总产量 (粮食:万吨　其他:吨)	总产量比上年增长(%)
总计	5579.09			
粮食作物	3705.60	5799	2148.71	0.2
谷物	3393.21	6025	2044.27	0.1
稻谷	3342.40	6065	2027.20	0.1
早稻	1391.53	5835	811.90	-1.0
中稻及一季晚稻	399.87	6980	279.10	2.4
二季晚稻	1551.00	6036	936.20	0.4
小麦	12.20	2148	2.62	2.3
玉米	30.28	4227	12.80	4.5
大(米)麦	0.32	2500	0.08	33.3
豆类合计	165.40	1999	33.06	3.5
大豆	103.47	2349	24.30	3.6
杂豆	61.93	1415	8.76	4.3
薯类(按折粮计算)	146.99	4856	71.38	1.9
油料合计	739.92	1675	1239636	1.9
花生	164.15	2827	464130	1.7
油菜籽	545.02	1357	739408	2.2
芝麻	30.74	1173	36047	-2.7
棉花	81.10	1421	115221	-13.8
麻类合计	4.00	1662	6654	-8.0
黄红麻	0.11	5755	610	-2.9
苎麻	3.90	1551	6044	-8.4
甘蔗	14.45	45553	658244	2.0
烟叶合计	27.57	1980	54590	-7.3
烤烟	26.89	1986	53402	-7.1
晒烟	0.68	1747	1188	-14.4
中药材	20.50			
蔬菜类及食用菌	585.44	23215	13590920	3.6
瓜果类	78.97	26986	2130991	3.3
其他作物	321.54			
莲子	15.45	1823	28162	3.9
青饲料	76.31	13767	1050545	3.7

注:本表粮食作物均为农产量抽样调查数。

规模以上工业企业经济指标

指　标	2014 年	2015 年
企业单位数(个)	8271	9226
亏损企业	448	632
资产总计(万元)	155356630	189715620
流动资产合计(万元)	69060974	79390445
负债总计(万元)	80419911	94007411
所有者权益(万元)	74936719	95708209
主营业务收入(万元)	305971151	324594081
主营业务税金及附加	3185553	3761951
营业费用(销售)	5057432	5513344
利润总额(万元)	20439279	21279702
利润和税金总额(万元)	33587083	35437596
全部从业人员年平均人数(人)	2448000	2563214
工业总产值(万元)	287923469	307784908
工业增加值(万元)	68337197	72688565
总资产贡献率(%)	24.91	21.99
资本保值增值率(%)	118.66	121.67
资产负债率(%)	51.76	49.55
流动资产周转率(次)	4.77	4.44
成本费用利润率(%)	7.23	7.07
全员劳动生产率(元/人)	292275	298393
产品销售率(%)	98.86	99.00
工业经济效益综合指数(%)	339.33	334.13

工业产品产量

品 名	2015 年	2015 年比 2014 年增长(%)
硫铁矿生产量(折含硫 35%)(万吨)	306.08	2.2
钨精矿折含量(万吨)	4.95	-4.0
原盐(万吨)	219.30	-17.2
配混合饲料(万吨)	1016.90	-3.4
乳制品(万吨)	33.24	0.2
罐头(万吨)	14.81	0.6
软饮料(万吨)	405.93	23.6
白酒(万千升)	18.24	11.1
啤酒(万千升)	134.00	0.0
精制茶(吨)	66330.20	-8.7
卷烟(亿支)	678	0.2
纱(万吨)	166.91	3.5
布(万米)	114447.30	7.0
纯棉布	29489.30	-0.7
棉混纺交织布	69543.70	22.1
纯化纤布	15414.30	-24.1
印染布(万米)	6169.10	6.6
服装(万件)	127946.40	0.1
皮鞋(万双)	19132.00	6.7
人造板(万立方米)	596.96	6.9
机制纸及纸板(万吨)	173.60	7.9
家具(万件)	1422.19	-1.3
硫酸(万吨)	334.09	0.1
烧碱(万吨)	32.35	-22.4
电石(折 300 升/千克)(万吨)	6.04	24.5
合成氨(万吨)	8.98	-41.7
化学肥料(折有效成分 100%)(万吨)	140.81	5.2
氮肥	121.50	8.7
磷肥	19.31	-12.5
化学农药(吨)	50881.10	9.5
纯苯(吨)	58014	37.5
涂料(吨)	70252.90	-16.1
塑料树脂及共聚物(万吨)	29.10	92.2
合成洗涤剂(吨)	5998.00	19.6
化学药品原药(吨)	55569.70	10.3
中成药(吨)	120250.20	8.9
化学纤维(万吨)	46.88	2.0
粘胶纤维	37.77	1.1
合成纤维	9.11	6.1
轮胎外胎(万条)	242.25	-17.5
塑料制品(吨)	1326174.6	45.2
水泥(万吨)	9438.01	-4.2
平板玻璃(万重量箱)	384.99	-25.0
日用玻璃制品(万吨)	4.30	21.5
玻璃保温容品(万个)	1383.40	4.6

续表

品　名	2015 年	2015 年比 2014 年增长(%)
耐火材料制品(万吨)	24.85	0.4
生铁(万吨)	2083.25	0.4
粗钢(万吨)	2210.95	-1.1
钢材(万吨)	2577.57	-1.5
中小型型材	7.08	-56.9
棒材	62.01	-22.7
钢筋	1024.90	5.8
线材	427.86	-6.5
厚钢板	159.48	-0.7
中板	182.46	-10.3
热轧窄钢带		
冷轧窄钢带	73.85	3.8
电工钢板	99.13	-7.2
无缝钢管	11.45	-19.5
焊接钢管	2.62	-66.0
十种有色金属(万吨)	167.80	0.1
精炼铜	132.02	-0.1
铁合金(万吨)	2.10	-3.6
工业锅炉(蒸发量吨)	1445.00	18.1
金属切削机床(台)	6091.00	5.5
数控机床	1487.00	0.8
泵(万台)	21.94	82.9
风机(万台)	16.77	6.9
气体压缩机(台)	43984445	-1.0
轴承(万套)	1.14	-0.5
矿山设备(吨)	305029.20	11.5
印刷机(吨)	611.00	-19.5
小型拖拉机(万台)	0.81	-30.6
汽车(万辆)	42.15	-8.7
载货汽车	19.64	-2.4
民用钢质船舶(万总吨)	7.37	-40.6
发电设备(万千瓦)	33.16	-11.8
交流电动机(万千瓦)	358.83	-6.3
变压器(万千伏安)	2874.64	11.6
通信及电子网络用电缆(对千米)	1828016.30	8.9
冷柜(台)	93415	-79.6
家用电冰箱(万台)	85.86	-21.6
房间空气调节调器(万台)	372.87	13.5
电风扇(万台)	146.69	7.1
电光源(万只)	175557.50	-2.5
电话单机(万部)	119.53	15.0
彩色电视机(万台)	23.56	20.4
照相机(万台)	337.39	38.0

建筑业主要经济指标

指 标	2014 年	2015 年
企业个数(个)	1786	1817
建筑业合同情况(万元)		
签订的合同额	73558388	81309249
上年结转合同额	27126188	34845152
本年新签合同额	46432199	46464098
承包工程完成情况(万元)		
直接从建设单位承揽工程完成的产值	40546626	45187737
自行完成施工产值	39922202	44525933
分包出去工程的产值	624424	661803
从建设单位以外承揽工程完成的产值	1304134	1498987
建筑业总产值(万元)	41244502	46024920
装饰装修产值	2901744	3325397
在外省完成的产值	13023891	15274400
建筑工程产值	35578445	39671083
安装工程产值	2789331	3313600
其他产值	2876726	3040237
竣工产值(万元)	23318601	30139659
房屋建筑施工及竣工面积(万平方米)		
房屋建筑施工面积	27732.04	28895.36
本年新开工面积	14874.24	14187.28
实行投标承包面积	18668.15	18713.68
房屋建筑竣工面积	12725.69	14255.60
住宅房屋	8511.51	9097.43
商业及服务用房屋	823.89	1126.87
商厦房屋(批发和零售用房)	333.26	437.98
宾馆用房屋(住宿用房)	87.93	105.82
餐饮用房屋(餐饮用房)	43.59	73.77
商务会展用房屋	6.94	26.97
其他商业及服务用房屋(居民服务业用房)	352.17	482.33
办公用房屋	1002.42	1001.46
科研、教育、医疗用房屋	502.58	690.69
科学研究用房屋	40.27	40.35
教育用房屋	365.44	535.97
医疗用房屋(卫生医疗用房)	96.88	114.37
文化、体育、娱乐用房屋	160.24	213.94
厂房及建筑物	1378.53	1683.37
厂房	685.84	964.06
仓库	94.87	137.03
其他未列明的房屋建筑物	251.63	304.80

注:建筑业统计范围为具有建筑业资质等级的独立核算建筑业企业。

运输线路长度

单位:千米

指　标	2014 年	2015 年
铁路营业里程	3602	3909
公路通车里程	155515	156625
等级公路	128261	129948
高速公路	4484	5058
一级公路	1902	1952
二级公路	9941	10148
三级公路	10619	11586
等外公路	27254	26676
内河通航里程	5638	5638
等级航道	2349	2349
等外航道	3289	3289

全社会运输周转量

单位:万吨千米、万人千米

指　标	2014 年	2015 年
货物周转量	38299712	37532370
民航		
铁路	5412900	4969574
公路	30733082	30227179
水运	2153730	2335617
内河	1518022	1825577
沿海	601710	510040
远洋	33998	
旅客周转量	9713303	9538100
民航		
铁路	6545000	6687232
公路	3164601	2847402
水运	3702	3466
内河	3702	3466

社会消费品零售总额

单位:万元

年　份	社会消费品零售总额	按行业分				按所在地分		
		批发业	零售业	住宿业	餐饮业	城　镇	城　区	乡村
2014	52926290	10185926	36168150	717601	5854613	44222325	28362972	8703965
2015	59255007	8525589	43724881	688651	6315887	49150612	31187097	10104395

旅游业发展情况

年　份	旅游总收入(亿元)	为全省地区生产总值(%)	为全省地区生产总值中第三产业(%)
2014	2649.70	16.86	45.82
2015	3637.65	21.75	56.28

金融机构本外币信贷资金平衡表年末余额(2015年)

单位:万元

指　标	年末余额	比年初增加	比年初增长(%)
各项存款	250429725	30539378	13.9
境内存款	250321010	30542012	13.9
住户存款	124404864	13586712	12.3
活期存款	51234128	5733915	12.6
定期及其他存款	73170736	7852797	12.0
非金融企业存款	68932135	9648362	16.3
活期存款	33609531	7138397	27.0
定期及其他存款	35322603	2509965	7.6
广义政府存款	47248517	3246600	7.4
财政性存款	5211669	-952396	-15.5
机关团体存款	42036849	4198996	11.1
非银行业金融机构存款	9735494	4060338	71.5
境外存款	108715	-2634	-2.4
各项贷款	185610896	28633354	18.2
境内贷款	185420514	28631756	18.3
住户贷款	69282992	9262143	15.4
短期贷款	27179844	2701926	11.0
长期贷款	42103148	6560217	18.5
非金融机构及机关团体贷款	116135564	19376877	20.0
短期贷款	46293331	4586037	11.0
长期贷款	61194307	10594237	20.9
票据融资	8054399	3833693	90.8
融资租赁	180120	180120	
各项垫款	413407	182790	79.3
非银行业金融机构贷款	1958	-7264	-78.8
境外贷款	190382	1598	0.8

注:本表统计口径包括中国人民银行、政策性银行、国有独资商业银行、邮政信汇局、其他商业银行、农村合作银行、城市信用社、农村信用社、信托投资公司、财务公司等金融机构。

房地产开发与经营主要指标

指　标	2014年	2015年
企业个数(个)	2077	2187
房地产开发投资(万元)	13224909	15200985
按登记注册类型分		
内资	12528103	14579617
国有	164216	270560
集体	2503	0
股份合作	5565	21623
联营		
有限责任公司	7068110	8750866
股份有限公司	696300	585573
私营	4575744	4927575
其他	15665	23420
港澳台商投资	546515	545447
外商投资	150291	75921
按构成分		

续表

指　标	2014 年	2015 年
建筑工程	9411069	10448626
安装工程	1241277	1821665
设备工器具购置	176563	231538
其他费用	2396000	2699156
土地购置费	1796430	2105429
按工程用途分		
住宅	9719227	11130924
别墅、高档公寓	338386	333958

各类全日制学校基本情况(2015 年)

单位:人

类　别	学校数(所)	在校学生数	招生数	毕业生数	教职工数	
						专任教师
研究生		28868	10313	8829		6889
普通高等学校	97	984489	309992	234541	78938	57271
普通中专学校	75	249810	85644	82176	6953	5314
普通中学	2591	2693114	921110	843369	210511	173885
高中	460	929129	320383	286870	86343	53156
初中	2131	1763985	600727	556499	124168	120729
职业中学	238	171793	66881	54826	9686	7845
高中	238	171193	66881	54826	9686	7845
技工学校	97	122254	48032	35500	8904	6952
小学	9465	4223124	715910	593894	199618	215906
特殊教育学校	88	23761	4745	1925	1333	1221
幼儿园	11870	1662501	946900	693719	123459	73221
工读学校	2	305	251	112	36	31

卫生机构、床位及人员数

年　份	机构数(个)		床位数(张)		人员数(人)	卫生技术人员	
		医　院 卫生院		医　院 卫生院			医　生
2014	38873	2158	186857	170042	280681	201327	74605
2015	38557	2201	197873	184120	291571	210946	76814

注:1. 卫生技术人员数据不包括乡村医生和卫生员。

2. 机构合计中包括村卫生室。

本栏编辑　朱岳

索　引

说明：本索引为主题索引，按主题词首字汉语拼音字母（同音字按声调）顺序排列。主题词后的阿拉伯数字表示该词所在页码，数字后的英文字母a、b、c分别表示该页文字的左、中、右栏。同一主题的内容在文中多处出现的，在其主题词后用不同的页码标明。对特载、大事记、专记、人物、专录、统计资料等类目不作主题索引。

C

D

G

H

K

M

N

O

P

Q

R

S

T

W

Y

Z